W9-AYG-390

THE BEST
INEXPENSIVE DICTIONARY
OF THE SPANISH LANGUAGE
EVER PUBLISHED

This dictionary contains a wealth of words and phrases, many of recent origin, that have never been included in a Spanish dictionary before. It also includes encyclopedic, scientific, and literary material that is generally found only in much larger works. One of its distinctive features is the complete list of model conjugations of irregular Spanish verbs. All irregular verbs in the dictionary itself are referred to this list by precise reference numbers.

The inclusion of so vast an amount of material was made possible by space-saving lexicographical innovations and by the fact that, like the *Merriam-Webster Pocket Dictionary* and the *Larousse de Poche,* this is a comprehensive monolingual dictionary designed to fulfill the basic needs of native speakers of the language.

With the addition of an extensive English-Spanish word list, the *Diccionario del Idioma Español* also becomes the ideal dictionary for English-speaking students of Spanish, travelers, and business men. The new bilingual list makes it possible, starting with an English word, to find the precise Spanish equivalent, while the 35,000 Spanish entries provide all of the definitions that are likely to be required.

EL MEJOR Y MÁS
ECONÓMICO DICCIONARIO
DEL IDIOMA ESPAÑOL
QUE JAMÁS SE HAYA PUBLICADO

Este diccionario contiene un caudal de voces y frases, muchas de origen reciente, que hasta ahora jamás se han incluído en un diccionario español. Además contiene material enciclopédico, científico y literario que suele encontrarse sólo en obras de mayor alcance. Uno de sus rasgos distintivos es la lista completa de modelos de conjugación de los verbos irregulares españoles. Todos los verbos irregulares que constan en el diccionario se relacionan con esta lista mediante números precisos de referencia.

La inclusión de tan gran acopio de material se hizo posible mediante innovaciones lexicográficas que ahorran espacio y porque este libro, como el *Merriam-Webster Pocket Dictionary* y el *Larousse de Poche,* es un amplio diccionario monolingüe destinado a satisfacer las necesidades básicas de los hablantes nativos de la lengua.

Con la adición de un gran léxico inglés-español, el *Diccionario del Idioma Español* es al mismo tiempo el diccionario ideal para personas de habla inglesa: estudiantes de español, viajeros y hombres de negocios. La nueva lista bilingüe posibilita el que, tomando una palabra inglesa como punto de partida, se encuentre la equivalente española precisa que se necesite, al paso que los 35.000 artículos españoles suministran todas las definiciones que puedan necesitarse.

DICTIONARY
OF THE
SPANISH
LANGUAGE

A new edition,
revised and enlarged,
with an English Index

DICCIONARIO
DEL
IDIOMA
ESPAÑOL

Una nueva edición,
revisada y aumentada,
con un Índice Inglés

Edwin B. Williams
A.B., A.M., Ph.D., LL.D., L.H.D., Doct. d'Univ.

PUBLISHED BY POCKET BOOKS NEW YORK

DICCIONARIO DEL IDIOMA ESPAÑOL

POCKET BOOK edition published June, 1959
20th printing....................December, 1976

Diccionario del Idioma Español was formerly published under the imprint of WASHINGTON SQUARE PRESS, a division of Simon & Schuster, Inc.

This original POCKET BOOK edition is printed from brand-new plates made from newly set, clear, easy-to-read type.
POCKET BOOK editions are published by
POCKET BOOKS,
a division of Simon & Schuster, Inc.,
A GULF+WESTERN COMPANY
630 Fifth Avenue,
New York, N.Y. 10020.
Trademarks registered in the United States
and other countries.

ISBN: 0-671-80629-7
Copyright, ©, 1959, 1967, by Simon & Schuster, Inc.
All rights reserved.
Printed in the U.S.A.

CHARACTERISTICS OF THIS DICTIONARY

This dictionary was designed first of all for the use of people all over the world whose native tongue is Spanish. For them it contains a wealth of words and meanings, many of recent origin, that have never been included in a Spanish dictionary before and a wealth of encyclopedic and scientific information that is generally found only in much larger works. While the book contains much literary material, e.g., words like **mester de clerecía, mester de juglaría, prerrafaelista, prerromanticismo, tremendismo, vanguardismo,** it was devised for the much more comprehensive needs of persons interested in history, science, world affairs, business, travel, matters of everyday life, etc., as well as literature. See, for example, the list of entries on page v.

The book was also designed for the use of English-speaking students of Spanish. The brief, precise, comprehensive, up-to-date definitions readily lend themselves to question-and-answer exercises at all levels of study. The brief history of the Spanish language should be interesting and instructive to all. And the book should render all the services to English-speaking students that it renders to people whose native tongue is Spanish.

The inclusion of so vast an amount of heterogeneous material in so little space was made possible by some of the lexicographical innovations listed below, especially by the two space-saving techniques set forth in sections 3 and 5.

1. Transitive verbs are defined by strictly transitive definitions and intransitive verbs by strictly intransitive definitions. Where the subject and/or object of a verb are necessary to the understanding of the definition of the verb they are included in parentheses and printed in italics:

> **pacer** §19 *tr* comer (*el ganado la hierba de los campos*)

See **picar** for further examples and see **grabar** and **inocular** for important distinctions that are made possible by this technique.

2. Definitions are presented in a fixed order according to the parts of speech, as follows: adjective, pronoun, masculine and feminine noun, masculine noun, feminine noun, adverb, preposition, conjunction, interjection, transitive verb, intransitive verb, impersonal verb, auxiliary verb, reflexive verb. This method eliminates subjective and arbitrary order and facilitates finding the definition sought.

3. Words not defined because their meaning is clear from the meaning of another word in the entry which is defined, are separated from the other word by parallels; such words may come before the word defined:

> **alineación** *f* || **alinear** *tr* poner en línea recta

or after it:

> **bacteriología** *f* ciencia que estudia las bacterias || **bacterio-**
> **lógico -ca** *adj* || **bacteriólogo -ga** *mf*

Thus, while preserving strict alphabetical order, we have avoided the constant and useless repetition of such expressions as "acción y efecto de . . .," "calidad de . . .," "natural de . . .," "perteneciente a . . .," and "persona que tiene por oficio . . .," and we have saved space for the inclusion of many additional entries.

4. The feminine form of an adjective used as a noun (or a feminine noun having identical spelling with the feminine form of an adjective) which falls alphabetically in a separate position from the adjective is treated in that position and is listed again as a cross reference under the adjective:

> **helada** *f* congelación producida por el tiempo frío
>
> **helado -da** *adj* . . . ; *f* véase **helada**
>
> **cara** *f* parte anterior de la cabeza
>
> **caro -ra** *adj* . . . ; *f* véase **cara**

5. The noun to which a definition of an adjective is applied or limited is shown in parentheses and in italics and placed before the definition:

> **trillado -da** *adj* (*camino*) muy frecuentado

6. The use of the definite article with certain geographical and other proper nouns is always indicated, e.g., **el Japón, la Nueva Escocia, la Tierra del Fuego, el Ramadán.**

7. The Latin names of the genus and species of plants, fish, birds, and other animals are generally shown:

> **guindo** *m* árbol parecido al cerezo, de fruto agrio (*Prunus cerasus*)

8. The symbols, atomic numbers, and atomic weights are given as part of the definition of all chemical elements:

> **cobre** *m* cuerpo simple metálico, muy buen conductor del calor y la electricidad (*símbolo* Cu; *núm. atómico* 29; *peso atómico* 63,54)

9. Astronomical, Biblical, classical, geographical, and mythological proper nouns are listed in their alphabetical position in the main body of the dictionary. Thus **Alemania** and **alemán** do not have to be looked up in two separate listings.

10. The names of the great figures of classical antiquity are provided with the dates of their birth and death:

Cicerón *m* estadista y orador romano (106-43 a. de J.C.)

11. The complete list of model verbs includes many models that show a combination of two irregularities, e.g., arcaizar, ceñir, cegar. Numbers referring to the model conjugations are placed before the abbreviation indicating the part of speech. If the verb is also conjugated regularly, this is indicated by the addition of: o regular.

12. All irregular plurals of nouns and adjectives are shown in the entries themselves:

almirez *m* (*pl:* -reces) mortero de metal

EDWIN B. WILLIAMS

CARACTERÍSTICAS DE ESTE DICCIONARIO

Este diccionario ha sido concebido en primer término para el uso de las personas de todo el mundo cuya lengua nativa es el español. Para ellos contiene un caudal de voces y acepciones, muchas de origen reciente, que hasta ahora jamás se han incluido en un diccionario español y una riqueza de información enciclopédica y científica que por lo general sólo se encuentra en obras de mayor alcance. Al mismo tiempo que contiene un gran acopio de material literario, p. ej., las palabras **mester de clerecía, mester de juglaría, prerrafaelista, prerromanticismo, tremendismo, vanguardismo,** ha sido también planeado para las necesidades, mucho más amplias, de personas que se interesan en la historia, la ciencia, los asuntos internacionales, los negocios, los viajes, las cosas de cada día, etc., así como en la literatura. Véase, por ejemplo, las palabras siguientes:

aerofumigación
aeromodelo
aeromoza
aerosol
antideportivo
antiproyectil
astronauta
automatización
autoservicio
auto-stop
auto-teatro
Brasilia
casco (5ª y 7ª definiciones)
coctel (2ª definición)
cohetero (2ª definición)
cortina de bambú
desviacionismo
estraperlo
fluorizar
genocidio
guerra fría
guión (2ª definición)
haiga
hincha (1ª definición)
hombre rana
lectura (4ª definición)

lisencoísmo
·mojado
motor de reacción
neutralismo
No-Do
partisano
performance
plató
playero (2ª definición)
polifacético
polo (6ª y 7ª definiciones)
presentación (3ª definición)
puente aéreo
Renfe
República Árabe Unida
revisionismo
rodaje (2ª y 3ª definiciones)
segundero central
stajanovismo
taquimeca
telesilla
telón de acero
tiempo (8ª definición)
turborreactor
vino (2ª definición)

Se ha concebido el libro asimismo para el uso de estudiantes de español cuya lengua nativa es el inglés. Las definiciones, breves, exactas, completas y al día, se prestan fácilmente a los ejercicios de preguntas y respuestas en todos los planos de la enseñanza. La breve historia de la lengua española debe ser interesante e instructiva para todos. Y el libro debe proporcionar a los estudiantes de habla inglesa los mismos servicios que proporciona a las personas cuya lengua nativa es el español.

La inclusión de tan gran acopio de material heterogéneo en tan pequeño espacio se hizo posible mediante algunas de las innovaciones lexicográficas que se consignan más adelante, especialmente mediante las dos técnicas que ahorran espacio, expuestas en los párrafos 3 y 5.

1. Los verbos transitivos se definen con definiciones rigurosamente transitivas y los intransitivos con definiciones rigurosamente intransitivas. En los casos en que el sujeto o el objeto o ambos son necesarios para la comprensión de la definición del verbo, se encierran dentro de un paréntesis y se imprimen en bastardilla:

pacer §19 *tr* comer (*el ganado la hierba de los campos*)

Para otros ejemplos, véase picar, y para distinciones importantes que se hacen posibles con esta técnica, véase grabar e inocular.

2. Las definiciones se han ordenado de acuerdo con las funciones gramaticales que desempeñan las palabras como partes de la oración, así: adjetivo, pronombre, nombre masculino y femenino, nombre masculino, nombre femenino, adverbio, preposición, conjunción, interjección, verbo transitivo, verbo intransitivo, verbo impersonal, verbo auxiliar, verbo reflexivo. Este método elimina el orden subjetivo y arbitrario y ayuda a encontrar la definición que se busca.

3. Las palabras que no se definen porque su sentido se puede deducir de otra palabra ya definida en el mismo artículo, se separan de ésta con doble raya vertical; tales palabras pueden venir antes de la palabra definida:

alineación *f* || **alinear** *tr* poner en línea recta

o después de ella:

bacteriología *f* ciencia que estudia las bacterias || **bacteriológico** -ca *adj* || **bacteriólogo** -ga *mf*

De esta manera, al conservar rigurosamente el orden alfabético, se ha evitado la repetición constante e inútil de ciertos giros, tales como "acción y efecto de . . . ," "calidad de . . . ," "natural de . . . ," "perteneciente a . . ." y "persona que tiene por oficio . . ." y se ha ahorrado espacio para poder incluir muchos artículos adicionales.

4. La forma femenina de un adjetivo usado como nombre (o un nombre femenino que se escribe lo mismo que la forma femenina de un adjetivo), que alfabéticamente cae en lugar distinto del adjetivo, se trata en este lugar y se consigna otra vez bajo el adjetivo con una referencia a la palabra anteriormente definida:

helada *f* congelación producida por el tiempo frío

helado -da *adj* . . . ; *f* véase **helada**

cara *f* parte anterior de la cabeza

caro -ra *adj* . . . ; *f* véase **cara**

5. El nombre a que la definición de un adjetivo se aplica o se limita, se pone antes de la definición dentro de un paréntesis y en bastardilla:

trillado -da *adj* (*camino*) muy frecuentado

6. Se indica siempre el uso del artículo definido con ciertos nombres geográficos y algunos otros nombres propios, p. ej., el Japón, la Nueva Escocia, la Tierra del Fuego, el Ramadán.

7. Se dan generalmente los nombres latinos de géneros y especies de plantas, peces, aves y otros animales:

guindo *m* árbol parecido al cerezo, de fruto agrio (*Prunus cerasus*)

8. Los símbolos, números atómicos y pesos atómicos se incluyen en la definición de todos los elementos químicos:

cobre *m* cuerpo simple metálico, muy buen conductor del calor y la electricidad (*símbolo* Cu; *núm. atómico* 29; *peso atómico* 63,54)

9. Los nombres propios astronómicos, bíblicos, clásicos, geográficos y mitológicos se consignan en su propio lugar alfabético en el mismo texto del diccionario. Así no hay que buscar **Alemania** y **alemán** en dos listas alfabéticas distintas.

10. Los nombres de las grandes figuras de la antigüedad clásica van acompañados de las fechas de su nacimiento y muerte:

Cicerón *m* estadista y orador romano (106-43 a. de J.C.)

11. La lista completa de los modelos de conjugación incluye muchos que muestran una combinación de dos irregularidades, p. ej., **arcaizar**, **ceñir**, **cegar**. Y los números que se refieren a los modelos de conjugación se han colocado antes de la abreviatura que indica la parte de la oración. Si el verbo se conjuga también regularmente, se indica añadiendo: **o regular**.

12. Todos los plurales irregulares de nombres y adjetivos aparecen en los artículos mismos:

almirez *m* (*pl:* -reces) mortero de metal

o

EDWIN B. WILLIAMS

BRIEF HISTORY OF THE SPANISH LANGUAGE

1. Vulgar Latin. Latin as a living language was subject to constant change. While the language of the cultivated classes (Classical Latin) became more and more uniform under the conservative influence of culture, learning, and tradition, the language of the people (Vulgar Latin) became transformed through contact with other languages, rejuvenated through additions and innovations, and diversified as it spread with the Roman Empire over the continent of Europe. Classical Latin became a dead language while Vulgar Latin turned into what we call the Neo-Latin or Romance languages.

No great literature has been transmitted to us which testifies to the existence of Vulgar Latin. Our knowledge of that language comes from the following sources: 1. colloquial expressions condemned by the Latin grammarians, 2. mistakes made by Classical authors, 3. popular expressions intentionally used in Classical Latin comedy, 4. the language of works written by persons of little culture, 5. popular forms preserved in the inscriptions of stonecutters, 6. glosses in popular form inserted in documents written in a more cultivated language, and finally 7. the Romance languages themselves, a comparative study of which leads us to the hypothetical reconstruction of a Latin which differs greatly from Classical Latin.

2. The Romance Languages. The differentiation of Vulgar Latin from one region to another, which led to its being transformed into the Romance languages and their dialects, is attributed to the following causes: 1. the different periods of Romanization, 2. the relative geographic isolation of one people from another, 3. the variety of cultural and educational conditions, 4. the dialectal differences in the language of the Italic colonizers, 5. the original languages encountered by the Romans in the lands they conquered, 6. the languages of later invaders of Romanized territory, and 7. the formation of separate political entities. The degree of differentiation is shown by the large number of Romance languages and dialects. The principal Romance languages are Spanish, Portuguese, Catalan, French, Provençal, Italian, Rhaeto-Romanic, and Rumanian.

3. Castilian. The principal Romance languages of the Iberian Peninsula were Castilian, Leonese, Navarro-Aragonese, Gallaeco-Portuguese, and Catalan. Castilian, by absorbing Leonese and Navarro-Aragonese, became the language of Spain and with Spanish discovery and colonization spread to the New World. It is important as the medium of one of the great literatures of the world and it is spoken by more than 150 million human beings in Spain, Spanish America, southwestern United States, the Philippine Islands, and many other islands of the Atlantic and the Pacific.

4. From Latin to Spanish. The chief changes from Latin to Spanish are the following:

1. The diphthongization of stressed ĕ to ie, e.g., metum > miedo, pedem > pie and the diphthongization of stressed ŏ to ue, e.g., cornu > cuerno, focum > fuego. These changes explain in part the formation of radical-changing verbs for when the vowels of these verbs are not stressed they do not diphthongize. Hence we have tiento alongside tentamos and cuento alongside contamos. And they also explain the difference in the radical syllable of such forms as fuerte and fortísimo, valiente and valentón.

2. The voicing or disappearance of certain intervocalic consonants, e.g., acutum > agudo, lupum > lobo, profectum > provecho, credo > creo, reginam > reina.

3. The development of yod and the consequent palatalization of adjacent consonants, e.g., meliorem > mejor, seniorem > señor, factum > fecho > hecho, oculum > ojo.

4. The velarization of **b, p, v,** and **l,** e.g., **captivum** > **cautivo, civitatem** > **ciudad, alterum** > **autro** > **otro.**

5. The change of **cl, fl,** and **pl** to **ll,** e.g., **clavem** > **llave, flammam** > **llama, plorare** > **llorar.**

6. The fall of unaccented vowels in certain positions, e.g., **delicatum** > **delgado, consuturam** > **costura** and the consequent formation of new consonant groups, e.g., **hominem** > **homne** > **hombre, comitem** > **conde, judicare** > **juzgar.**

7. The partial disappearance of nominal, adjectival, and verbal inflection, e.g., the neuter gender, all cases except the accusative, many tenses, and the passive voice.

8. The appearance of word order instead of inflection as the chief instrument of syntax.

In addition to the words of popular origin, which constitute the chief wealth of the Spanish vocabulary, new Latin words passed into the spoken language from the earliest times. These words came first through the church and the law, later through the work of scholars, and finally through science and medicine. They have not undergone all the changes of popular words, first, because they came into the language after certain changes stopped operating and, second, because of a conscious striving to preserve their Latin form. The word **politico** is an example of a learned word. It has lost none of its sounds and it has not undergone any fundamental change.

Sometimes a learned or semilearned word already existed as a popular word. In this case the two forms are called doublets, e.g., **limite** and **linde, minuto** and **menudo, ración** and **razón.** Borrowings from dialects and from other languages may at times become doublets, e.g., **juerga** (an Andalucian word) and **huelga,** both coming from the Latin verb **follicare, jefe** (from French **chef**) and **cabo,** both from Latin **caput.**

Sometimes a popular word was modified or replaced by the Latin word from which it was derived. Such a word is called regressive. Thus Old Spanish **aorar** was replaced by **adorar** and **viesso** by **verso.**

5. Non-Latin Elements in Spanish. Many other languages have exercised an influence on Spanish in the course of its evolution. Yet, everybody agrees that with few exceptions this influence was limited to the vocabulary without changing the inherent nature of the language.

Except for a large number of place names, only a few words, such as **izquierdo, páramo,** and **vega,** were adopted from the original Iberian language.

Greek words came into the language at different periods, often through Latin and occasionally through Arabic. The words **be ga, escuela, golpe,** and **huérfano** are popular words of Greek origin while the words **geografia, fisiologia, mecánica,** and **telégrafo** are learned words of Greek origin.

In the Middle Ages many words were taken from the Germanic and Arab invaders. The Germanic words were Visigothic, Suevian, and Vandal and for the most part had to do with war and violent action, e.g., **guerra, tregua, yelmo,** and **robar.** Of Germanic origin also were many names of persons, e.g., **Elvira, Fernando,** and **Ramiro.**

The Arabic words are fairly numerous and embrace almost all aspects of human activity. They give to the Spanish vocabulary an appearance which distinguishes it clearly from the French and Italian vocabularies. Here are some examples of Arabic words: **albacea, albañil, alcalde, algodón, atalaya, noria, quilate,** and **zaguán.**

Beginning with the thirteenth century, that is, after Spanish had passed through its period of greatest development, the languages from which it took the largest number of words are French and Italian. The words taken from French are chiefly ecclesiastical, chivalric, diplomatic, and literary terms, e.g., **fraile, galán, homenaje, jardín, jaula, linaje, mensaje, monje, preste,** and **vergel** while the words taken from Italian are derived chiefly from literature and the arts, e.g., **esbozo, fachada, gaceta, novela, piano,** and **soneto.**

With the discovery of America many words were adopted from native dialects. Some of these have not gone beyond the area of their origin, others have spread through Spanish America, and still others have reached Spain to become incorporated in the metropolitan language, e.g., **alpaca, cacique, canoa, chocolate, huracán, maíz,** and **tomate.**

6. Old and Modern Spanish. The first traces of Spanish are found in Latin documents of the eighth century and the first great monument of Spanish literature, the Poem of the Cid, was composed toward the middle of the twelfth century. Since the early period of the history of Spanish extends to the end of the fifteenth century, the memorable year of 1492 may be considered the turning point to Modern Spanish. In that year the troops of Queen Isabella expelled the Moors from Granada and thus completed the Reconquest, the great humanist, Antonio de Nebrija, published his famous grammar of the Spanish language, and Columbus discovered the New World. Thus, the influence which the Arabs had exerted on thought, action, and speech, which had been so profound and vigorous for so many centuries, came to an end, Spanish began to feel the full impact of the Renaissance, which brought with it, besides new ideas and new ways to express them, the stabilizing influence of grammar, literature, and logic, and finally, discovery and colonization, by taking Spanish to new and distant lands, brought in new scientific facts and a new view of the universe which required a richer and more flexible language.

Thus the new forces to which the Spanish language was subjected were as complex as those of the Middle Ages. The similarity of the language of today to that of the sixteenth century is due to the stabilizing influence of grammar, literature, and logic mentioned above. This influence was reinforced by the invention of printing, the spread of French Classicism, and the establishment in 1713 of the Royal Spanish Academy, which has the significant motto: *Limpia, fija y da esplendor*. At the same time, as a result of its vast geographic spread, the luxuriant growth of the Spanish language has kept abreast of the developments of science, art, industry, and commerce in the nineteenth and twentieth centuries.

E.B.W.

BREVE HISTORIA DE LA LENGUA ESPAÑOLA

1. El latín vulgar. El latín como lengua viva estuvo sujeto a cambios constantes. Mientras la lengua de las clases cultas (el latín clásico) se uniformaba cada vez más bajo la influencia conservadora de la cultura, erudición y tradición, la lengua del pueblo (el latín vulgar) se transformaba con el contacto de otras lenguas, se remozaba con adquisiciones e innovaciones y se diversificaba al extenderse con el Imperio romano por el continente de Europa. El latín clásico llegó a ser lengua muerta, al paso que el latín vulgar se convertía en las que llamamos neolatinas o romances.

No nos ha sido transmitida ninguna gran literatura que atestigüe la existencia del latín vulgar. Nuestro conocimiento de esa lengua emana de las fuentes siguientes: 1.° locuciones familiares condenadas por los gramáticos latinos, 2.° faltas cometidas por los autores clásicos, 3.° vulgarismos intencionados en la comedia clásica latina, 4.° el lenguaje de algunas obras escritas por gente de poca cultura, 5.° formas populares conservadas en inscripciones grabadas por canteros, 6.° glosas en forma popular intercaladas en documentos escritos en un lenguaje más culto y, finalmente, 7.° las lenguas romances mismas cuyo estudio comparativo nos lleva a la reconstrucción hipotética de un latín que difiere muchísimo del clásico.

2. Las lenguas romances. La diferenciación del latín vulgar de una región a otra, que terminó por transformarse en las lenguas romances y sus dialectos, se atribuye a las causas siguientes: 1.° las épocas diversas de romanización, 2.° el relativo aislamiento geográfico de los pueblos, 3.° la variedad de las condiciones culturales y docentes, 4.° las diferencias dialectales de la lengua de los colonizadores itálicos, 5.° las lenguas originales encontradas por los romanos en las tierras conquistadas, 6.° las lenguas de los invasores posteriores en territorios romanizados y 7.° la formación de entidades políticas separadas. El grado de diferenciación se revela en el gran número de lenguas y dialectos romances que existen. Las lenguas romances principales son el español, el portugués, el catalán, el francés, el provenzal, el italiano, el retorromano y el rumano.

3. El castellano. Las lenguas romances principales de la Península Ibérica eran el castellano, el leonés, el navarro-aragonés, el gallego-portugués y el catalán. El castellano, al absorber al leonés y al navarro-aragonés, se convirtió en la lengua de España y, con los descubrimientos y las colonizaciones de los españoles, se propagó al Nuevo Mundo. Es importante como vehículo de una de las grandes literaturas del mundo y lo hablan más de 150 millones de seres humanos en España, Hispanoamérica, el sudoeste de los Estados Unidos, las Islas Filipinas y otras muchas islas del Atlántico y el Pacífico.

4. Del latín al español. Los cambios principales en la transición del latín al español son los siguientes:

1.° Diptongación de ĕ acentuada en **ie**, p. ej., **metum > miedo, pedem > pie** y diptongación de ŏ acentuada en **ue**, p. ej., **cornu > cuerno, focum > fuego.** Estas mutaciones explican, en parte, la formación de los verbos que cambian la vocal de la raíz, pues cuando las vocales de tales verbos no van acentuadas no se diptongan. De ahí que tenemos **tiento** junto a **tentamos** y **cuento** junto a **contamos.** Y explican también la diferencia de la sílaba radical de formas tales como **fuerte** y **fortísimo, valiente** y **valentón.**

2.° Sonorización o desaparición de ciertas consonantes intervocálicas, p. ej., **acutum > agudo, lupum > lobo, profectum > provecho, credo > creo, reginam > reina.**

3.° Evolución de yod y palatalización consiguiente de las consonantes contiguas, p. ej., **meliorem > mejor, seniorem > señor, factum > fecho > hecho, oculum > ojo.**

4.° Velarización de b, p, v y l, p. ej., **captivum > cautivo, civitatem > ciudad, alterum > autro > otro.**

5.° Cambio de cl, fl y pl en **ll**, p. ej., **clavem > llave, flammam > llama, plorare > llorar.**

6.° Caída de vocales inacentuadas en ciertas posiciones, p. ej., **delicatum > delgado, consuturam > costura,** y formación consiguiente de nuevos grupos consonánticos, p. ej., **hominem > homne > hombre, comitem > conde, judicare > juzgar.**

7.° Desaparición parcial de la inflexión nominal, adjetival y verbal, p. ej., el género neutro, todos los casos menos el acusativo, muchos tiempos y la voz pasiva.

8.° Aparición del orden de las palabras en vez de la inflexión como instrumento principal de la sintaxis.

Además de las palabras de origen popular, que constituyen la riqueza principal del léxico español, nuevas palabras latinas han pasado a la lengua hablada desde los tiempos más remotos. Vinieron estas palabras primero a través de la Iglesia y la administración, más tarde en la obra de los eruditos y finalmente, por medio de la ciencia y la medicina. No han experimentado todos los cambios de las palabras populares, en primer lugar, porque han pasado a la lengua después de haber dejado de producirse ciertos cambios y, en segundo lugar, por el afán consciente de conservar la forma latina. La palabra **político** es un ejemplo de palabra culta. No ha perdido ninguno de sus sonidos ni ha experimentado ningún cambio fundamental.

Algunas veces una palabra culta o semiculta existía ya como palabra popular. En este caso las dos formas se llaman dobletes, p. ej., **límite** y **linde, minuto** y **menudo, ración** y **razón.** Los préstamos de los dialectos y de otros idiomas pueden a veces ser dobletes, p. ej., **juerga** (voz andaluza) y **huelga,** ambos procedentes del verbo latino **follicare, jefe** (del francés **chef**) y **cabo,** ambos del latín **caput.**

A veces una palabra popular era modificada o substituída por la palabra latina de la cual se derivó. Tal palabra se llama regresiva. Así el español antiguo **aorar** fué substituído por **adorar** y **viesso** por **verso.**

5. Elementos no latinos en el español. Muchas otras lenguas han ejercido su influencia en el español en el decurso de su evolución. Sin embargo, todos están de acuerdo en que, con pocas excepciones, tal influencia se ha limitado al léxico, sin cambiar el carácter intrínseco de la lengua.

Salvo un número considerable de nombres de lugar, no se adoptaron sino unas pocas palabras del idioma original ibérico, como **izquierdo, páramo, vega.**

Palabras griegas han pasado al español en diferentes épocas, a menudo a través del latín y ocasionalmente a través del árabe. Las palabras **bodega, escuela, golpe** y **huérfano** son palabras populares de origen griego, mientras que las palabras **geografía, fisiología, mecánica** y **telégrafo** son palabras cultas de origen griego.

En la Edad Media se tomaron muchas palabras de los invasores germánicos y árabes. Las palabras germánicas fueron visigóticas, suevas y vandálicas y en su mayor parte se relacionaban con la guerra y con acciones violentas, p. ej., **guerra, tregua, yelmo** y **robar.** También son de origen germánico muchos nombres de personas, p. ej., **Elvira, Fernando** y **Ramiro.**

Las palabras árabes son bastante numerosas y abarcan casi todos los aspectos de la actividad humana. Dan al léxico español una fisonomía que lo distingue claramente del francés y el italiano. He aquí algunos ejemplos de palabras árabes: **albacea, albañil, alcalde, algodón, atalaya, noria, quilate** y **zaguán.**

A partir del siglo XIII, o sea, después de que el español había pasado a través de su período de mayor evolución, las lenguas de las cuales ha tomado el mayor número de palabras son el francés y el italiano. Las palabras tomadas del francés son, en su mayoría, términos eclesiásticos, caballerescos, diplomáticos y literarios, p. ej., **fraile, galán, homenaje, jardín, jaula, linaje, mensaje, monje, preste, vergel,** mientras que las tomadas del italiano derivan, en su mayoría, de la literatura y de las artes, p. ej., **esbozo, fachada, gaceta, novela, piano, soneto.**

Con el descubrimiento de América se adoptaron muchas palabras de los dialectos indígenas. Algunas de éstas no han salido del país de origen, otras se han extendido por toda Hispanoamérica y otras han llegado a España para incorporarse a la lengua metropolitana, p. ej., **alpaca, cacique, canoa, chocolate, huracán, maíz, tomate.**

6. El español antiguo y el moderno. Los primeros indicios del español se encuentran en documentos latinos del siglo VIII y el primer gran monumento de la literatura española, el Poema del Cid, se compuso a mediados del siglo XII. Ya que el primer período de la historia del español llega hasta fines del siglo XV, el año memorable de 1492 puede considerarse como el punto de transición hacia el español moderno. En ese año las tropas de la reina Isabel expulsaron a los moros de Granada, completando así la Reconquista, el gran humanista Antonio de Nebrija publicó su famosa gramática del idioma español y Colón descubrió el

Nuevo Mundo. De este modo terminó la influencia que los árabes habían ejercido en el pensamiento, la acción y el habla y que había sido tan profunda y vigorosa durante tantos siglos, el español comenzó a sentir de lleno el impacto del Renacimiento, que trajo consigo, a más de las nuevas ideas y maneras de expresarlas, la influencia estabilizadora de la gramática, la literatura y la lógica y, finalmente, el descubrimiento y colonización, al llevar el español a nuevas y lejanas tierras, aportaron nuevos hechos científicos y una nueva perspectiva del universo que hicieron necesario un lenguaje más rico y flexible.

Así es como las nuevas fuerzas a las cuales el idioma español se vió sometido fueron tan complejas como las de la Edad Media. La semejanza del idioma de hoy con el del siglo XVI se debe a la influencia estabilizadora de la gramática, la literatura y la lógica arriba mencionada. Esta influencia se reforzó con la invención de la imprenta, la propagación del clasicismo francés y el establecimiento, en 1713, de la Real Academia Española, que ostenta el lema significativo: Limpia, fija y da esplendor. Al mismo tiempo, como resultado de su vasta expansión geográfica, el desarrollo pujante del idioma español ha corrido parejas con el desenvolvimiento de las ciencias y las artes, de la industria y el comercio de los siglos XIX y XX.

E. B. W.

MODELOS DE CONJUGACIÓN

ORDEN DE LOS TIEMPOS

(a) gerundio
(b) participio pasivo
(c) imperativo
(d) presente de indicativo
(e) presente de subjuntivo
(f) imperfecto de indicativo
(g) futuro de indicativo
(h) pretérito de indicativo

Por ser de fácil derivación no damos ni el potencial simple ni el imperfecto de subjuntivo, y de los demás tiempos simples damos solamente aquellos en que hay una o más formas irregulares.

§1 acertar:
(c) acierta, acertad
(d) acierto, aciertas, acierta, acertamos, acertáis, aciertan
(e) acierte, aciertes, acierte, acertemos, acertéis, acierten

§2 agorar: como §63 pero con diéresis en las formas diptongadas
(c) agüera, agorad
(d) agüero, agüeras, agüera, agoramos, agoráis, agüeran
(e) agüere, agüeres, agüere, agoremos, agoréis, agüeren

§3 aislar:
(c) aísla, aislad
(d) aíslo, aíslas, aísla, aislamos, aisláis, aíslan
(e) aísle, aísles, aísle, aislemos, aisléis, aíslen

§4 andar:
(h) anduve, anduviste, anduvo, anduvimos, anduvisteis, anduvieron

§5 arcaizar: combinación de §3 y §62
(c) arcaíza, arcaizad
(d) arcaízo, arcaízas, arcaíza, arcaizamos, arcaizáis, arcaízan
(e) arcaíce, arcaíces, arcaíce, arcaicemos, arcaicéis, arcaícen
(h) arcaicé, arcaizaste, arcaizó, arcaizamos, arcaizasteis, arcaizaron

§6 argüir: como §27 pero con diéresis en las formas con i acentuada
(a) arguyendo
(b) argüido
(c) arguye, argüid
(d) arguyo, arguyes, arguye, argüimos, argüís, arguyen
(e) arguya, arguyas, arguya, arguyamos, arguyáis, arguyan
(h) argüí, argüiste, arguyó, argüimos, argüisteis, arguyeron

§7 asir:
(d) asgo, ases, ase, asimos, asís, asen
(e) asga, asgas, asga, asgamos, asgáis, asgan

§8 aullar:
(c) aúlla, aullad
(d) aúllo, aúllas, aúlla, aullamos, aulláis, aúllan
(e) aúlle, aúlles, aúlle, aullemos, aulléis, aúllen

§9 avergonzar: combinación de §2 y §62
(c) avergüenza, avergonzad
(d) avergüenzo, avergüenzas, avergüenza, avergonzamos, avergonzáis, avergüenzan
(e) avergüence, avergüences, avergüence, avergoncemos, avergoncéis, avergüencen
(h) avergoncé, avergonzaste, avergonzó, avergonzamos, avergonzasteis, avergonzaron

§10 averiguar:
(e) averigüe, averigües, averigüe, averigüemos, averigüéis, averigüen
(h) averigüé, averiguaste, averiguó, averiguamos, averiguasteis, averiv
guaron

§11 bendecir:
(a) bendiciendo
(c) bendice, bendecid
(d) bendigo, bendices, bendice, bendecimos, bendecís, bendicen
(e) bendiga, bendigas, bendiga, bendigamos, bendigáis, bendigan
(h) bendije, bendijiste, bendijo, bendijimos, bendijisteis, bendijeron

§12 bruñir:
(a) bruñendo
(h) bruñí, bruñiste, bruñó, bruñimos, bruñisteis, bruñeron

§13 bullir:
(a) bullendo
(h) bullí, bulliste, bulló, bullimos, bullisteis, bulleron

§14 caber:
(d) quepo, cabes, cabe, cabemos, cabéis, caben
(e) quepa, quepas, quepa, quepamos, quepáis, quepan
(g) cabré, cabrás, cabrá, cabremos, cabréis, cabrán
(h) cupe, cupiste, cupo, cupimos, cupisteis, cupieron

§15 caer:
(a) cayendo
(b) caído
(d) caigo, caes, cae, caemos, caéis, caen
(e) caiga, caigas, caiga, caigamos, caigáis, caigan
(h) caí, caíste, cayó, caímos, caísteis, cayeron

§16 cegar: combinación de §1 y §45
(c) ciega, cegad
(d) ciego, ciegas, ciega, cegamos, cegáis, ciegan
(e) ciegue, ciegues, ciegue, ceguemos, ceguéis, cieguen
(h) cegué, cegaste, cegó, cegamos, cegasteis, cegaron

§17 cocer: combinación de §49 y §77
(c) cuece, coced
(d) cuezo, cueces, cuece, cocemos, cocéis, cuecen
(e) cueza, cuezas, cueza, cozamos, cozáis, cuezan

§18 comenzar: combinación de §1 y §62
(c) comienza, comenzad
(d) comienzo, comienzas, comienza, comenzamos, comenzáis, comienzan
(e) comience, comiences, comience, comencemos, comencéis, comiencen
(h) comencé, comenzaste, comenzó, comenzamos, comenzasteis, comen-
zaron

§19 conocer:
(d) conozco, conoces, conoce, conocemos, conocéis, conocen
(e) conozca, conozcas, conozca, conozcamos, conozcáis, conozcan

§20 continuar:
(c) continúa, continuad
(d) continúo, continúas, continúa, continuamos, continuáis, continúan
(e) continúe, continúes, continúe, continuemos, continuéis, continúen

§21 creer:
(a) creyendo
(b) creído
(h) creí, creíste, creyó, creímos, creísteis, creyeron

§22 dar:
(d) doy, das, da, damos, dais, dan
(e) dé, des, dé, demos, deis, den
(h) di, diste, dió, dimos, disteis, dieron

§23 decir:
(a) diciendo
(b) dicho
(c) di, decid
(d) digo, dices, dice, decimos, decís, dicen
(e) diga, digas, diga, digamos, digáis, digan
(g) diré, dirás, dirá, diremos, diréis, dirán
(h) dije, dijiste, dijo, dijimos, dijisteis, dijeron

§24 deducir:
(d) deduzco, deduces, deduce, deducimos, deducís, deducen
(e) deduzca, deduzcas, deduzca, deduzcamos, deduzcáis, deduzcan
(h) deduje, dedujiste, dedujo, dedujimos, dedujisteis, dedujeron

§25 delinquir:
(d) delinco, delinques, delinque, delinquimos, delinquís, delinquen
(e) delinca, delincas, delinca, delincamos, delincáis, delincan

§26 desosar: como §63 pero con h en las formas diptongadas
(c) deshuesa, desosad
(d) deshueso, deshuesas, deshuesa, desosamos, desosáis, deshuesan
(e) deshuese, deshueses, deshuese, desosemos, desoséis, deshuesen

§27 destruir:
(a) destruyendo
(b) destruido
(c) destruye, destruid
(d) destruyo, destruyes, destruye, destruimos, destruís, destruyen
(e) destruya, destruyas, destruya, destruyamos, destruyáis, destruyan
(h) destruí, destruiste, destruyó, destruimos, destruisteis, destruyeron

§28 dirigir:
(d) dirijo, diriges, dirige, dirigimos, dirigís, dirigen
(e) dirija, dirijas, dirija, dirijamos, dirijáis, dirijan

§29 discernir:
(c) discierne, discernid
(d) discierno, disciernes, discierne, discernimos, discernís, disciernen
(e) discierna, disciernas, discierna, discernamos, discernáis, disciernan

§30 distinguir:
(d) distingo, distingues, distingue, distinguimos, distinguís, distinguen
(e) distinga, distingas, distinga, distingamos, distingáis, distingan

§31 dormir:
(a) durmiendo
(c) duerme, dormid
(d) duermo, duermes, duerme, dormimos, dormís, duermen
(e) duerma, duermas, duerma, durmamos, durmáis, duerman
(h) dormí, dormiste, durmió, dormimos, dormisteis, durmieron

§32 empeller:
(a) empellendo
(h) empellí, empelliste, empelló, empellimos, empellisteis, empelleron

§33 erguir:
(a) irguiendo
(c) yergue o irgue, erguid
(d) yergo, yergues, yergue,} erguimos, erguís, {yerguen
irgo, irgues, irgue, {irguen
(e) yerga, yergas, yerga,} irgamos, irgáis, {yergan
irga, irgas, irga, {irgan
(h) erguí, erguiste, irguió, erguimos, erguisteis, irguieron

§34 errar: como §1 pero con ye en vez de ie en las formas diptongadas
(c) yerra, errad
(d) yerro, yerras, yerra, erramos, erráis, yerran
(e) yerre, yerres, yerre, erremos, erréis, yerren

§35 escoger:
    (d) escojo, escoges, escoge, escogemos, escogéis, escogen
    (e) escoja, escojas, escoja, escojamos, escojáis, escojan

§36 esparcir:
    (d) esparzo, esparces, esparce, esparcimos, esparcís, esparcen
    (e) esparza, esparzas, esparza, esparzamos, esparzáis, esparzan

§37 estar:
    (c) está, estad
    (d) estoy, estás, está, estamos, estáis, están
    (e) esté, estés, esté, estemos, estéis, estén
    (h) estuve, estuviste, estuvo, estuvimos, estuvisteis, estuvieron

§38 forzar: combinación de §62 y §63
    (c) fuerza, forzad
    (d) fuerzo, fuerzas, fuerza, forzamos, forzáis, fuerzan
    (e) fuerce, fuerces, fuerce, forcemos, forcéis, fuercen
    (h) forcé, forzaste, forzó, forzamos, forzasteis, forzaron

§39 garantir: verbo defectivo que sólo se usa en las formas cuya desinencia
                contiene la vocal i

§40 haber:
    (c) hé, habed
    (d) he, has, ha, hemos, habéis, han
    (e) haya, hayas, haya, hayamos, hayáis, hayan
    (g) habré, habrás, habrá, habremos, habréis, habrán
    (h) hube, hubiste, hubo, hubimos, hubisteis, hubieron

§41 hacer:
    (b) hecho
    (c) haz, haced
    (d) hago, haces, hace, hacemos, hacéis, hacen
    (e) haga, hagas, haga, hagamos, hagáis, hagan
    (g) haré, harás, hará, haremos, haréis, harán
    (h) hice, hiciste, hizo, hicimos, hicisteis, hicieron

§42 inquirir:
    (c) inquiere, inquirid
    (d) inquiero, inquieres, inquiere, inquirimos, inquirís, inquieren
    (e) inquiera, inquieras, inquiera, inquiramos, inquiráis, inquieran

§43 ir:
    (a) yendo
    (c) vé, vamos, id
    (d) voy, vas, va, vamos, vais, van
    (e) vaya, vayas, vaya, vayamos, vayáis, vayan
    (f) iba, ibas, iba, íbamos, ibais, iban
    (h) fui, fuiste, fué, fuimos, fuisteis, fueron

§44 jugar:
    (c) juega, jugad
    (d) juego, juegas, juega, jugamos, jugáis, juegan
    (e) juegue, juegues, juegue, juguemos, juguéis, jueguen
    (h) jugué, jugaste, jugó, jugamos, jugasteis, jugaron

§45 ligar:
    (e) ligue, ligues, ligue, liguemos, liguéis, liguen
    (h) ligué, ligaste, ligó, ligamos, ligasteis, ligaron

§46 lucir:
    (d) luzco, luces, luce, lucimos, lucís, lucen
    (e) luzca, luzcas, luzca, luzcamos, luzcáis, luzcan

§47 mecer:
    (d) mezo, meces, mece, mecemos, mecéis, mecen
    (e) meza, mezas, meza, mezamos, mezáis, mezan

§48 mentir:
(a) mintiendo
(c) miente, mentid
(d) miento, mientes, miente, mentimos, mentís, mienten
(e) mienta, mientas, mienta, mintamos, mintáis, mientan
(h) mentí, mentiste, mintió, mentimos, mentisteis, mintieron

§49 morder:
(c) muerde, morded
(d) muerdo, muerdes, muerde, mordemos, mordéis, muerden
(e) muerda, muerdas, muerda, mordamos, mordáis, muerdan

§50 oír:
(a) oyendo
(b) oído
(c) oye, oíd
(d) oigo, oyes, oye, oímos, oís, oyen
(e) oiga, oigas, oiga, oigamos, oigáis, oigan
(h) oí, oíste, oyó, oímos, oísteis, oyeron

§51 oler: como §49 pero con h inicial en las formas diptongadas
(c) huele, oled
(d) huelo, hueles, huele, olemos, oléis, huelen
(e) huela, huelas, huela, olamos, oláis, huelan

§52 perder:
(c) pierde, perded
(d) pierdo, pierdes, pierde, perdemos, perdéis, pierden
(e) pierda, pierdas, pierda, perdamos, perdáis, pierdan

§53 placer:
(d) plazco, places, place, placemos, placéis, placen
(e) plazca, plazcas, plazca, plazcamos, plazcáis, plazcan
(h) plací, placiste, plació o plugo, placimos, placisteis, placieron

§54 poder:
(a) pudiendo
(d) puedo, puedes, puede, podemos, podéis, pueden
(e) pueda, puedas, pueda, podamos, podáis, puedan
(g) podré, podrás, podrá, podremos, podréis, podrán
(h) pude, pudiste, pudo, pudimos, pudisteis, pudieron

§55 poner:
(b) puesto
(c) pon, poned
(d) pongo, pones, pone, ponemos, ponéis, ponen
(e) ponga, pongas, ponga, pongamos, pongáis, pongan
(g) pondré, pondrás, pondrá, pondremos, pondréis, pondrán
(h) puse, pusiste, puso, pusimos, pusisteis, pusieron

§56 querer:
(c) quiere, quered
(d) quiero, quieres, quiere, queremos, queréis, quieren
(e) quiera, quieras, quiera, queramos, queráis, quieran
(g) querré, querrás, querrá, querremos, querréis, querrán
(h) quise, quisiste, quiso, quisimos, quisisteis, quisieron

§57 raer:
(a) rayendo
(b) raído
(d) raigo o rayo, raes, rae, raemos, raéis, raen
(e) raiga, raigas, raiga, raigamos, raigáis, raigan
(h) raí, raíste, rayó, raimos, raísteis, rayeron

§58 regir: combinación de §28 y §80
   (a) rigiendo
   (c) rige, regid
   (d) rijo, riges, rige, regimos, regís, rigen
   (e) rija, rijas, rija, rijamos, rijáis, rijan
   (h) regí, registe, rigió, regimos, registeis, rigieron

§59 reír:
   (a) riendo
   (b) reído
   (c) ríe, reíd
   (d) río, ríes, ríe, reímos, reís, ríen
   (e) ría, rías, ría, riamos, riáis, rían
   (h) reí, reíste, rió, reímos, reísteis, rieron

§60 reñir: combinación de §12 y §80
   (a) riñendo
   (c) riñe, reñid
   (d) riño, riñes, riñe, reñimos, reñís, riñen
   (e) riña, riñas, riña, riñamos, riñáis, riñan
   (h) reñí, reñiste, riñó, reñimos, reñisteis, riñeron

§61 reunir:
   (c) reúne, reunid
   (d) reúno, reúnes, reúne, reunimos, reunís, reúnen
   (e) reúna, reúnas, reúna, reunamos, reunáis, reúnan

§62 rezar:
   (e) rece, reces, rece, recemos, recéis, recen
   (h) recé, rezaste, rezó, rezamos, rezasteis, rezaron

§63 rodar:
   (c) rueda, rodad
   (d) ruedo, ruedas, rueda, rodamos, rodáis, ruedan
   (e) ruede, ruedes, ruede, rodemos, rodéis, rueden

§64 roer:
   (a) royendo
   (b) roído
   (d) roo, roigo o royo, roes, roe, roemos, roéis, roen
   (e) roa, roiga o roya, roas, roigas o royas, etc.
   (h) roí, roíste, royó, roímos, roísteis, royeron

§65 rogar: combinación de §45 y §63
   (c) ruega, rogad
   (d) ruego, ruegas, ruega, rogamos, rogáis, ruegan
   (e) ruegue, ruegues, ruegue, roguemos, roguéis, rueguen
   (h) rogué, rogaste, rogó, rogamos, rogasteis, rogaron

§66 saber:
   (d) sé, sabes, sabe, sabemos, sabéis, saben
   (e) sepa, sepas, sepa, sepamos, sepáis, sepan
   (g) sabré, sabrás, sabrá, sabremos, sabréis, sabrán
   (h) supe, supiste, supo, supimos, supisteis, supieron

§67 salir:
   (c) sal, salid
   (d) salgo, sales, sale, salimos, salís, salen
   (e) salga, salgas, salga, salgamos, salgáis, salgan
   (g) saldré, saldrás, saldrá, saldremos, saldréis, saldrán

§68 seguir: combinación de §30 y §80
   (a) siguiendo
   (c) sigue, seguid
   (d) sigo, sigues, sigue, seguimos, seguís, siguen
   (e) siga, sigas, siga, sigamos, sigáis, sigan
   (h) seguí, seguiste, siguió, seguimos, seguisteis, siguieron

§69 ser:
  (c) sé, sed
  (d) soy, eres, es, somos, sois, son
  (e) sea, seas, sea seamos, seáis, sean
  (f) era, eras, era, éramos, erais, eran
  (h) fui, fuiste, fue, fuimos, fuisteis, fueron

§70 tañer:
  (a) tañendo
  (h) tañí, tañiste, tañó, tañimos, tañisteis, tañeron

§71 tener:
  (c) ten, tened
  (d) tengo, tienes, tiene, tenemos, tenéis, tienen
  (e) tenga, tengas, tenga tengamos, tengáis, tengan
  (g) tendré, tendrás tendrá, tendremos, tendréis, tendrán
  (h) tuve, tuviste, tuvo, tuvimos, tuvisteis, tuvieron

§72 tocar:
  (e) toque, toques, toque, toquemos, toquéis, toquen
  (h) toqué, tocaste, tocó, tocamos, tocasteis, tocaron

§73 torcer: combinación de §49 y §77
  (c) tuerce, torced
  (d) tuerzo, tuerces, tuerce, torcemos, torcéis, tuercen
  (e) tuerza, tuerzas, tuerza, torzamos, torzáis, tuerzan

§74 traer:
  (a) trayendo
  (b) traído
  (d) traigo, traes, trae, traemos, traéis, traen
  (e) traiga, traigas traiga, traigamos, traigáis, traigan
  (h) traje, trajiste, trajo, trajimos, trajisteis, trajeron

§75 valer:
  (d) valgo, vales, vale, valemos, valéis, valen
  (e) valga, valgas valga, valgamos, valgáis, valgan
  (g) valdré, valdrás, valdrá, valdremos, valdreis, valdrán

§76 variar:
  (c) varía, variad
  (d) varío, varías, varía, variamos, variáis, varían
  (e) varíe, varíes, varíe, variemos, variéis, varíen

§77 vencer:
  (d) venzo, vences, vence, vencemos, vencéis, vencen
  (e) venza, venzas, venza, venzamos, venzáis, venzan

§78 venir:
  (a) viniendo
  (c) ven, venid
  (d) vengo, vienes, viene, venimos, venís, vienen
  (e) venga, vengas venga, vengamos, vengáis, vengan
  (g) vendré, vendrás vendrá, vendremos, vendréis, vendrán
  (h) vine, viniste, vino, vinimos, vinisteis, vinieron

§79 ver:
  (b) visto
  (d) veo, ves, ve, vemos, veis, ven
  (e) vea, veas, vea, veamos, veáis, vean
  (f) veía, veías, veía, veíamos, veíais, veían

§80 vestir:
  (a) vistiendo
  (c) viste, vestid
  (d) visto, vistes, viste, vestimos, vestís, visten
  (e) vista, vistas, vista, vistamos, vistáis, vistan
  (h) vestí, vestiste, vistió, vestimos, vestisteis, vistieron

§81 volcar: combinación de §63 y §72
    (c) vuelca, volcad
    (d) vuelco, vuelcas, vuelca, volcamos, volcáis, vuelcan
    (e) vuelque, vuelques, vuelque, volquemos, volquéis, vuelquen
    (h) volqué, volcaste, volcó, volcamos, volcasteis, volcaron

§82 yacer:
    (c) yace o yaz, yaced
    (d) yazco, yazgo o yago, yaces, yace, yacemos, yacéis, yacen
    (e) yazca, yazga o yaga, etc.

§83 Los verbos siguientes y sus compuestos tienen el participio pasivo irre-
    gular:

abrir	abierto	morir	muerto
cubrir	cubierto	poner	puesto
decir	dicho	proveer	provisto
escribir	escrito	pudrir	podrido
freír	frito	romper	roto
hacer	hecho	ver	visto
imprimir	impreso	volver	vuelto

DICCIONARIO

DEL IDIOMA ESPAÑOL

ABREVIATURAS EMPLEADAS EN ESTE DICCIONARIO

a.	antes	*intr*	verbo intransitivo
abr.	abreviatura	*invar*	invariable
adj	adjetivo	*m*	nombre masculino
adv	adverbio	m.	muerto
aer.	aeronáutica	mar.	marina
álg.	álgebra	mat.	matemáticas
Amér.	América	mec.	mecánica
anat.	anatomía	med.	medicina
ant.	antiguo	Méx.	México
Arg.	Argentina	*mf*	nombre masculino o
arit.	aritmética		nombre femenino se-
arm.	armadura		gún el sexo
arq.	arquitectura	mil.	milicia
astr.	astronomía	mit.	mitología
aux	verbo auxiliar	*m o f*	nombre masculino o fe-
b.a.	bellas artes		menino según el subs-
bact.	bacteriología		tantivo cuyas fun-
Bib.	Biblia		ciones desempeña
biol.	biología	*mpl*	nombre masculino plu-
Bol.	Bolivia		ral
bot.	botánica	*msg*	nombre masculino sin-
box.	boxeo		gular
cap.	mayúscula	mús.	música
Col.	Colombia	*m y f*	nombre masculino y
com.	comercio		femenino sin tener
conj	conjunción		en cuenta el sexo
d.	después	ópt.	óptica
def	definido	pat.	patología
dem	demostrativo	pint.	pintura
dep.	deportes	*pl*	plural
desp.	despectivo	poét.	poético
elec.	electricidad	pop.	popular
electrón.	electrónica	*pp*	participio pasivo
esp.	especialmente	P.R.	Puerto Rico
f	nombre femenino	*prep*	preposición
fam.	familiar	*pron*	pronombre
f.c.	ferrocarril	quím.	química
fig.	figurado	rad.	radio
fís.	física	*ref*	verbo reflexivo
fot.	fotografía	*rel*	relativo
fpl	nombre femenino plural	ret.	retórica
geol.	geología	*s*	substantivo
geom.	geometría	*spl*	substantivo plural
gram.	gramática	teat.	teatro
Guat.	Guatemala	telg.	telegrafía
Hond.	Honduras	telp.	telefonía
impers	verbo impersonal	telv.	televisión
indef	indefinido	*tr*	verbo transitivo
inf	infinitivo	trig.	trigonometría
interj	interjección	Venez.	Venezuela
interr	interrogativo	zool.	zoología

A

A, a f primera letra del alfabeto

a prep tiene sentido y uso muy varios; indica dirección, p.ej., voy a Sevilla; complemento indirecto, p.ej., daré un libro a María; complemento directo, p.ej., he visto a Juan en la esquina

A. abr. de **Alteza** y aprobado

ababol m amapola

abacá m planta tropical (*Musa textilis*)

abacería f tienda de comestibles ‖ **abacero -ra** mf

ábaco m tablero contador; parte superior del capitel

abad m superior de un monasterio; cura

abadejo m bacalao; reyezuelo

abadengo -ga adj perteneciente al señorío del abad

abadesa f superiora de religiosas

abadía f dignidad del abad o abadesa; monasterio

abajo adv hacia lugar o situación inferior; interj denota desaprobación

abalanzar §62 tr equilibrar, igualar; lanzar violentamente; ref arrojarse

abaldonar tr afrentar, ofender

abalorio m cuenta de vidrio agujereada

abanderado m el que lleva la bandera

abanderar tr matricular (un buque) bajo la bandera de un Estado

abandonar tr dejar sin amparo; desistir de; ref entregarse; descuidar su interés o su aseo

abandonismo m inclinación a abandonar sin lucha una posesión, derecho, etc. ‖ **abandonista** adj y mf

abandono m acción de abandonar; descuido, desaliño

abanicar §72 tr hacer pasar el aire sobre, mediante el abanico

abanico m instrumento para hacer aire

abaniqueo m acción de abanicarse; bamboleo, vaivén; (fam.) movimiento exagerado de manos

abanto adj (toro) espantadizo; m buitre (*Neophron percnopterus*)

abaratar tr hacer barato; intr y ref ponerse barato

abarca f calzado basto de cuero

abarcar §72 tr ceñir con los brazos; ceñir, rodear; comprender

abarquillar tr dar forma de barquillo a

abarrancadero m atascadero

abarrancar §72 tr hacer barrancos en; meter en un barranco

abarrotar tr apretar con barrotes; atestar, llenar

abarrote m bulto adecuado para llenar los huecos en la estiba

abastecedor -dora adj y mf ‖ **abastecer** §19 tr proveer (a una persona, ciudad, etc.) ‖ **abastecimiento** m

abasto m provisión de todo lo necesario

abatanar tr batanar

abatimiento m ‖ **abatir** tr derribar; desalentar; humillar; ref bajar, caer; descender (p.ej., el ave de rapiña); separarse (un buque) hacia sotavento de su rumbo

abdicación f ‖ **abdicar** §72 tr e intr renunciar; abandonar

abdomen m cavidad que contiene el estómago, los intestinos, etc. ‖ **abdominal** adj

abecé m alfabeto; rudimentos

abecedario m alfabeto; cartel para enseñar a leer

abedul m árbol maderable (*Betula*)

abeja f insecto que produce la cera y la miel

abejarrón m abejorro (*abeja*)

abejaruco m ave que se alimenta de abejas

abejón m abejorro (*abeja*); zángano

abejorro m abeja que zumba mucho al volar (*Bombus*); insecto que roe las plantas (*Melolontha vulgaris*)

abemolar tr suavizar (la voz); poner bemoles a (una nota)

aberenjenado -da adj de figura o color de berenjena

aberración f desvío aparente de un astro; error, extravío

abertura f acción de abrir; agujero, grieta; franqueza

1

abeto *m* árbol de copa cónica (*Abies*); abeto del Norte, falso o rojo árbol conífero (*Picea*)

abierto -ta *adj* no cerrado; llano, despejado; franco, sincero

abigarrar *tr* dar varios colores a; dar varios colores mal combinados a

Abisinia *f* país del África oriental ‖ abisinio -nia *adj* y *mf*

abismar *tr* hundir en un abismo; abatir, confundir

abismo *m* profundidad grande; infierno; cosa inmensa e insondable

abjuración *f* ‖ **abjurar** *tr* renunciar (*una religión; un error, una opinión*); *intr* cometer un perjurio; abjurar de renunciar

ablandamiento *m* ‖ **ablandar** *tr* poner blando, suavizar; *intr* y *ref* ponerse blando; disminuir (*el frío, las nieves*)

ablativo *m* caso de la declinación que hace oficio de complemento circunstancial

ablución *f* acción de lavar; purificación ritual por medio del agua

abnegación *f* ‖ **abnegar** §16 *tr* renunciar a (*sus afectos o intereses*); *ref* sacrificarse

abobar *tr* hacer bobo; *ref* volverse bobo

abocado -da *adj* próximo; (*vino*) grato por su suavidad

abocar §72 *tr* asir con la boca; aproximar; *intr* y *ref* aproximarse

abocardado -da *adj* de boca semejante a la de una trompeta

abocardar *tr* ensanchar la boca de (*un tubo o agujero*)

abocetar *tr* trazar un boceto de

abocinar *tr* dar forma de bocina a; *intr* (fam.) caer de bruces

abochornar *tr* causar bochorno a; *ref* sentir bochorno; sonrojarse; enfermar (*las plantas*) a causa del calor

abofetear *tr* dar bofetadas a

abogacía *f* profesión del abogado

abogado -da *mf* persona que se dedica a defender en juicio los intereses de los litigantes; intercesor, medianero

abogar §45 *intr* defender en juicio; abogar por hablar en favor de

abolengo *m* ascendencia de antepasados; herencia, patrimonio que viene de los abuelos

abolición *f* acción de abolir

abolicionismo *m* doctrina que defendía la abolición de la esclavitud ‖ **abolicionista** *adj* y *mf*

abolir §39 *tr* suprimir, hacer desaparecer

abolsar *ref* tomar figura de bolsa

abolladura *f* ‖ **abollar** *tr* formar bollo en; *ref* hacerse bollos

abollonadura *f* ‖ **abollonar** *tr* repujar, labrar a realce (*una chapa de metal*)

abombar *tr* dar forma convexa a; (fam.) aturdir, atontar

abominable *adj* digno de ser abominado

abominación *f* acción de abominar; cosa abominable

abominar *tr* tener aversión a; condenar, maldecir

abonado -da *adj* que es de fiar; capaz, dispuesto; *mf* persona que ha tomado un abono

abonanzar §62 *intr* serenarse (*el tiempo; una situación borrascosa*)

abonar *tr* acreditar de bueno; fertilizar; pagar; asentar en el haber; tomar un abono para; *ref* tomar un abono o subscripción

abonaré *m* documento que promete el pago de una cantidad de dinero

abono *m* acción de abonar; substancia con que se fertiliza la tierra; asiento en el haber; subscripción, derecho

abordaje *m* (mar.) acción de abordar

abordar *tr* acercarse a; plantear, emprender; (mar.) tomar (*tierra*); (mar.) chocar con; (mar.) atracar; *intr* (mar.) tomar puerto

aborigen *adj* originario del país en que vive; **aborígenes** *mpl* primitivos moradores de un país

aborrascar §72 *ref* ponerse borrascoso; conmoverse violentamente

aborrecer §19 *tr* tener aversión a; abandonar (*los huevos, las crías, el nido*) ‖ **aborrecible** *adj* ‖ **aborrecimiento** *m*

aborregar §45 *ref* cubrirse (*el cielo*) de nubes blanquecinas

abortar *intr* malparir; fracasar

abortivo -va *adj* nacido antes de tiempo; que produce el aborto; *m* substancia o práctica que produce el aborto

aborto *m* acción de abortar; cosa abortada

abotagar §45 *ref* hincharse (*el cuerpo*)

abotonador *m* instrumento que sirve para abotonar

abotonar *tr* cerrar con botones; *intr* echar botones (*las plantas*)

abovedar *tr* cubrir con bóveda; dar forma de bóveda a

abozalar *tr* poner bozal a

abra *f* ensenada; abertura entre dos montañas; sitio despejado, en un bosque

abracadabrante *adj* maravilloso, muy divertido

Abrahán *m* patriarca hebreo, padre de los hebreos y árabes

abrasar *tr* reducir a brasas; secar (*una planta el calor o el frío*); *ref* estar muy agitado; asarse

abrasión *f* acción o efecto de arrancar algo por fricción; acción de raspar

abrasivo *m* substancia áspera que se usa para pulimentar

abrazadera *f* pieza para asegurar una cosa ciñéndola

abrazar §62 *tr* ceñir con los brazos; comprender, incluir; adoptar, seguir (*p.ej., una religión*) ‖ **abrazo** *m*

abrebotellas *m* (*pl· -llas*) instrumento que se usa para abrir botellas

abrecartas *m* (*pl· -tas*) cuchillo que sirve para abrir las cartas

abrecoches *m* (*pl: -ches*) portero de un hotel

ábrego *m* viento del sudoeste, en Europa

abrelatas *m* (*pl: -tas*) instrumento que sirve para abrir envases metálicos

abreostras *m* (*pl: -tras*) instrumento para sacar la ostra de su concha

abrevadero *m* lugar donde se abreva el ganado

abrevar *tr* dar de beber a (*las bestias*)

abreviación *f* ‖ **abreviar** *tr* hacer más breve; apresurar

abreviatura *f* representación de una palabra por una o varias de sus letras

abrigada *f*, **abrigadero** o **abrigaño** *m* sitio abrigado de los vientos

abrigar §45 *tr* defender contra el frío, el viento, etc.; amparar, patrocinar; tener (*ciertas ideas, esperanzas, etc.*)

abrigo *m* defensa contra el frío; sitio abrigado; amparo; prenda que se pone sobre las demás para abrigar

abril *m* cuarto mes del año ‖ **abrileño -ña** *adj*

abrillantar *tr* dar brillo a; labrar en facetas

abrir §83 *tr* descubrir (*lo cerrado*); descorrer (*el cerrojo*); extender (*lo doblado o encogido*); romper, rasgar; despegar; hacer (*un camino, un agujero*); dar principio a; ir a la cabeza de; excitar (*el apetito*); *intr* salir (*la flor*) del botón

abrochador *m* abotonador

abrochar *tr* fijar con broches, botones, etc.

abrogación *f* ‖ **abrogar** §45 *tr* anular, revocar

abrojo *m* planta perjudicial a los sembrados (*Tribulus*); cardo estrellado (*Centaurea calcitrapa*); **abrojos** *mpl* (mar.) peñas a flor de agua

abroncar §72 *tr* avergonzar; aburrir, disgustar

abrótano *m* planta que se usa como vermífugo (*Artemisia abrotanum*)

abrumar *tr* agobiar, causar gran molestia a; apesadumbrar; *ref* llenarse de bruma

abrupto -ta *adj* escarpado

Absalón *m* (Bib.) hijo tercero de David, que se sublevó contra su padre

absceso *m* formación de pus en un tejido orgánico

abscisa *f* (geom.) una de las dos coordenadas que fijan la posición de un punto en un plano

absenta *f* licor hecho con esencia de ajenjo

absentismo *m* costumbre de alejarse el propietario de los pueblos donde radican sus bienes ‖ **absentista** *adj y mf*

ábside *m* parte abovedada y semicircular, situada en la fachada posterior de la iglesia

absolución *f* acción de absolver

absolutismo *m* sistema de gobierno en que los poderes están concentrados en una sola persona ‖ **absolutista** *adj y mf*

absoluto -ta *adj* que excluye toda relación; no concreto; (fam.) imperioso, despótico

absolver §49 y §83 *tr* dar por libre; disculpar, perdonar

absorber *tr* sorber con fuerza; embeber; consumir por completo; cautivar (*p.ej., la atención*) ‖ **absorción** *f*

absorto -ta *adj* admirado, asombrado

abstemio -mia *adj* ‖ *mf* persona que no toma bebidas alcohólicas

abstención *f* acción de abstenerse

abstener §71 *ref* no declararse; ayunar; abstenerse de privarse de

absterger §35 *tr* limpiar (*una herida*)

abstinencia *f* abstención; ayuno ‖ **abstinente** *adj*

abstracción *f* acción de abstraer; preocupación; apartamiento del trato social

abstracto -ta *adj* que indica alguna cualidad con exclusión del sujeto

abstraer §74 *tr* separar mentalmente; *ref* entregarse a la meditación

abstraído -da *adj* retirado del trato social; ensimismado

abstruso -sa *adj* difícil de comprender

absurdidad *f* cosa absurda

absurdo -da *adj* contrario a la razón; *m* cosa absurda

abubilla *f* pájaro insectívoro (*Upupa epops*)

abuchear *tr* reprobar ruidosamente (*p.ej., a un actor*) ‖ **abucheo** *m*

abuela *f* madre del padre o la madre

abuelo *m* padre del padre o la madre; **abuelos** *mpl* abuelo y abuela; ascendientes

abulense *adj y mf* natural de Ávila

abulia *f* falta de voluntad ‖ **abúlico -ca** *adj y mf*

abultado -da *adj* grande, voluminoso

abultar *tr* aumentar el bulto de; exagerar; *intr* hacer bulto

abundamiento *m* abundancia; **a mayor abundamiento** con mayor razón

abundancia *f* gran cantidad; recursos considerables ‖ **abundante** *adj*

abundar *intr* haber en gran cantidad; **abundar en estar adherido a** (*un parecer*)

abundoso -sa *adj* copioso

abur *interj* ¡adiós!

aburrido -da *adj* que aburre o cansa

aburrimiento *m* ‖ **aburrir** *tr* cansar, molestar; (fam.) arriesgar o gastar (*dinero, tiempo*)

abusar *tr* engañar; *intr* propasarse; **abusar de** usar mal o indebidamente

abusivo -va *adj* que se verifica por abuso

abuso *m* acción de abusar; costumbre injusta

abusón -sona *adj* (fam.) que se propasa en sus atribuciones

abyección *f* bajeza, envilecimiento

abyecto -ta *adj* bajo, vil, humillado

A.C. abr. de año de Cristo

acá *adv* aquí, de por aquí

acabado -da *adj* perfecto; arruinado, viejo. *m* acción de acabar, perfeccionamiento

acaballado -da *adj* que parece de caballo

acaballerado -da *adj* que se porta como caballero

acabamiento *m* fin, término; cumplimiento; muerte

acabar *tr* dar fin a; consumir; poner esmero en hacer; *intr* terminar; morir; **acabar de** + *inf* ahora mismo, p.ej., **acaba de salir**

acabóse *m* (fam.) colmo, ruina, desastre

acacia *f* árbol o arbusto leguminoso de flores olorosas en racimos; **acacia falsa** árbol de la América del Norte (*Robinia pseudoacacia*)

academia *f* sociedad de artistas, literatos u hombres de ciencia; escuela; (b.a.) estudio de una figura desnuda tomada del natural

académico -ca *adj* perteneciente a la academia; exacto, puro, riguroso; *mf* miembro de una academia

Acadia *f* antigua colonia francesa del Canadá ‖ **acadiense** *adj y mf*

acaecedero -ra *adj* posible

acaecer §19 *intr* suceder, efectuarse

acaecimiento *m* suceso

acalambrar *ref* contraerse a causa del calambre

acalenturar *ref* sufrir calentura

acalorado -da *adj* ardiente; encolerizado

acaloramiento *m* ‖ **acalorar** *tr* dar calor a; encender; *ref* tomar calor; encenderse; irritarse

acallar *tr* hacer callar; aplacar, sosegar

acamar *tr* derribar (*las mieses el viento o la lluvia*)

acampanado -da *adj* de forma de campana

acampar *tr* alojar en un campamento; *intr y ref* hacer un descanso en el campo

acanalado -da *adj* que pasa por un lugar estrecho; de figura de canal; estriado

acanalar *tr* hacer canales o estrías en; dar la forma de canal a

acanallado -da *adj* canallesco

acanelado -da *adj* de color o sabor de canela

acantilado -da *adj* escarpado; cortado a pico; *m* escarpa casi vertical; costa cortada a pico

acanto *m* planta de hojas espinosas; adorno que imita las hojas de esta planta

acantonar *tr* instalar (*las tropas*) en edificios públicos y privados

acaparamiento *m* ‖ **acaparar** *tr* adquirir toda la existencia de (*un producto*) para aumentar su precio; apoderarse de (*una cosa*) en perjuicio de los demás

acaramelar *tr* bañar de caramelo; *ref* (fam.) mostrarse muy dulce y galante

acardenalar *tr* producir cardenales en (*el cuerpo*); *ref* cubrirse (*el cutis*) de manchas de color cárdeno

acareamiento *m* ‖ **acarear** *tr* poner cara a cara; arrostrar

acariciar *tr* hacer caricias a; rozar suavemente; pensar con placer en

ácaro *m* artrópodo diminuto, que es parásito o que infesta ciertos alimentos

acarrear *tr* transportar, esp. en carro; causar, ocasionar ‖ **acarreo** *m*

acartonar *ref* quedarse enjuto pero sano

acaso *m* casualidad; *adv* por casualidad; tal vez; **por si acaso** por si llega a ocurrir

acatamiento *m* ‖ **acatar** *tr* respetar; obedecer

acatarrar *ref* contraer catarro; (Amér.) achisparse

Acates *m* compañero de Eneas; persona muy fiel

acaudalado -da *adj* que tiene mucho caudal

acaudalar *tr* adquirir (*riquezas, sabiduría, etc.*)

acaudillar *tr* conducir, ponerse a la cabeza de; *ref* elegir caudillo

acceder *intr* consentir; ceder en su opinión

accesibilidad *f* ‖ **accesible** *adj* que tiene acceso; de fácil trato

accesión *f* acción de acceder; cosa accesoria; entrada

accésit *m* recompensa inferior e inmediata al premio

acceso *m* entrada; entrada al trato con alguien; ataque, acometimiento de un mal

accesorio -ria *adj* que depende de lo principal; secundario; *m* utensilio auxiliar; pormenor de poca importancia

accidentado -da *adj* agitado; fragoso, quebrado; *mf* víctima de un accidente

accidental *adj* casual; que desempeña ocasionalmente un cargo

accidentar *tr* producir accidente a; *ref* sufrir un accidente que priva de sentido o movimiento

accidente *m* suceso fortuito de que resulta daño; indisposición que priva de sentido o movimiento; (gram.) modificación en la forma de una palabra; (mús.) signo que modifica la tonalidad

Accio *m* promontorio de Grecia

acción *f* ejecución; ejercicio de una potencia; asunto de un drama, novela, etc.; batalla; derecho de pedir en juicio; (com.) parte del capital de una empresa; (com.) título que representa la posesión de una o varias de estas partes; acción de gracias expresión de agradecimiento por favores recibidos.

accionar *tr* poner en movimiento (*un mecanismo*); *intr* mover mucho las manos al hablar

accionista *mf* (com.) poseedor de acciones

acebo *m* arbusto que tiene las hojas espinosas, lustrosas y siempre verdes (*Ilex*)

acebuche *m* olivo silvestre

acecinar *tr* salar y ahumar (*la carne*)

acechar *tr* observar cautelosamente ‖ **acecho** *m*

acedar *tr* poner agrio; disgustar

acedera *f* árbol cuyas hojas se emplean como condimento (*Rumex acetosa*)

acederaque *m* árbol asiático que se planta para dar sombra (*Melia azedarach*)

acedía *f* calidad de acedo; indisposición del estómago que ocasiona un sabor agrio

acedo -da *adj* ácido, agrio; desapacible

acéfalo -la *adj* falto de cabeza; que no tiene jefe

aceitar *tr* bañar o untar con aceite

aceite *m* líquido graso, vegetal, animal o mineral, que se emplea como lubricante o comestible; aceite que se saca de la aceituna

aceitera *f* recipiente en que se pone aceite; **aceiteras** *fpl* vinagreras

aceitería *f* tienda donde se vende aceite

aceitero -ra *adj* perteneciente al aceite; *mf* persona que vende aceite; *f* véase aceitera

aceitoso -sa *adj* grasiento; que tiene aceite

aceituna *f* fruto del olivo

aceitunado -da *adj* de color de aceituna

aceituno *m* olivo

aceleración *f* acción de acelerar; incremento de velocidad en la unidad de tiempo

acelerador -dora *adj* que acelera; *m* mecanismo del automóvil con el cual se puede regular la velocidad del motor

acelerar *tr* hacer más rápido; anticipar

acelga *f* planta comestible (*Beta vulgaris cicla*)

acémila *f* macho o mula de carga

acemita *f* pan de acemite

acemite *m* mezcla de afrecho y harina

acendrado -da *adj* puro, sin mancha

acendrar *tr* purificar (*metales*); dejar sin mancha

acento *m* mayor fuerza que se da a determinada sílaba o a ciertos sonidos musicales; signo que la indica; pronunciación particular; voz, canto

acentuación *f* ‖ **acentuar** §20 *tr* dar acento prosódico a; poner acento ortográfico a; pronunciar (*alguna palabra o frase*) con énfasis; destacar

aceña *f* molino harinero movido por agua ‖ **aceñero -ra** *f*

acepción *f* significado, sentido

acepilladura *f* acción de acepillar; viruta

acepillar *tr* quitar (*el polvo*) con cepillo; alisar (*la madera*) con cepillo

aceptabilidad *f* ‖ **aceptable** *adj* que se puede aceptar

aceptación *f* ‖ **aceptar** *tr* admitir o recibir (*lo que se ofrece*); mostrarse dispuesto a; obligarse por escrito al pago de (*una letra*)

acepto -ta *adj* agradable, admitido con gusto

acequia *f* canal para conducir el agua

acera *f* parte lateral de la calle para uso de los peatones

acerado -da *adj* de acero o parecido al acero; mordaz

acerar *tr* dar las propiedades del acero a; vigorizar; poner aceras a

acerbo -ba *adj* áspero al gusto; cruel, duro

acerca: acerca de sobre, respecto a

acercamiento *m* ‖ **acercar** §72 *tr* poner cerca, *ref* aproximarse

acería *f* fábrica de acero

acerico *m* almohadilla para clavar agujas y alfileres

acero *m* hierro combinado con una cantidad pequeña de carbono; arma blanca

acerola *f* fruto del acerolo

acerolo *m* árbol rosáceo (*Crataegus azarolus*)

acertado -da *adj* hábil, perito; que tiene acierto

acertante *mf* persona que acierta, persona que gana

acertar §1 *tr* dar en (*el punto que se desea*); conseguir (*lo propuesto*); hallar; hacer con acierto; *intr* tener razón; obrar con tino; dar con lo cierto; **acertar a** + *inf* suceder por casualidad que + *ind*; lograr + *inf*; **acertar con** hallar

acertijo *m* enigma; cosa problemática

acervo *m* montón de cosas menudas; haber que pertenece en común a varias personas; tesoro

acetanilida *f* compuesto orgánico que se emplea para combatir la fiebre

acetato *m* sal o éster del ácido acético

acético -ca *adj* perteneciente al vinagre y al ácido acético (CH_3COOH)

acetileno *m* hidrocarburo que se emplea para el soplete y el alumbrado

acetona *f* líquido inflamable que se usa como disolvente

acetre *m* caldero para sacar agua de los pozos; calderillo para el agua bendita

acezar §62 *intr* jadear

aciago -ga *adj* funesto, de mal agüero

acial *m* instrumento para sujetar las bestias por el labio

aciano *m* planta de flores azules (*Centaurea cyanus*)

acíbar *m* jugo extraído del áloe; sinsabor, disgusto

acibarar *tr* echar acíbar en; (fig.) amargar

acicalamiento *m* ‖ **acicalar** *tr* bruñir, pulimentar; adornar, componer

acicate *m* espuela de una punta; estímulo

acidez *f* calidad de ácido

acidificar §72 *tr* convertir en ácido

ácido -da *adj* de sabor de vinagre; perteneciente a un ácido; *m* (quím.) compuesto que contiene hidrógeno que puede ser substituido por un metal o un radical para formar una sal

acidular *tr* poner acídulo

acídulo -la *adj* ligeramente ácido

acierto *m* acción de acertar; tino, habilidad; destreza; éxito; casualidad

ácimo *adj* ázimo

acimut *m* (*pl*: -muts) ángulo que forma con el meridiano de un lugar cualquiera el plano vertical de un astro

ación *m* correa del estribo

acirate *m* loma que divide las heredades; lomo de tierra entre dos surcos

acitrón *m* cidra confitada

aclamación *f* ‖ **aclamar** *tr* dar voces (*la multitud*) en honor de; nombrar por voz común

aclaración *f* ‖ **aclarar** *tr* volver claro (*lo turbio*); hacer menos espeso; lavar (*la ropa*) por segunda vez y sin jabón, poner en claro; *intr* ponerse claro (*el tiempo*)

aclimatación *f* ‖ **aclimatar** *tr* adaptar a clima diferente; introducir en otro país

acobardar *tr* poner miedo a; *ref* cobrar miedo

acocear *tr* dar coces contra; (fam.) maltratar

acochinar *tr* (fam.) matar (*a una persona*) sin que pueda defenderse; (fam.) en las damas, encerrar (*un peón*)

acodar *tr* apoyar (*el brazo*); enterrar (*p.ej., vides*) sin separarlas del tronco para que echen raíces; *ref* apoyar los codos

acodillar *tr* doblar en forma de codo

acodo *m* vástago acodado

acoger §35 *tr* admitir, recibir con afecto; dar amparo a; aprobar; *ref* refugiarse

acogido -da *mf* persona mantenida en un establecimiento benéfico; *f* acción de acoger; hospitalidad que ofrece una persona o lugar; refugio

acogimiento *m* acción de acoger

acogotar *tr* matar de un golpe en el cogote; (fam.) vencer (*a una persona*) sujetándola por el cogote;

(Amér.) poner en un aprieto económico

acolchar *tr* bastear (*dos telas*) poniendo lana o algodón entre ellas

acólito *m* clérigo que ha recibido la cuarta y última de las órdenes menores; monaguillo; (fam.) el que sigue constantemente a otro

acollar *tr* cobijar con tierra (*el pie de las plantas*)

acollarar *tr* poner collar o collera a; *ref* (fam.) casarse

acometer *tr* atacar con ímpetu; venir súbitamente (*una enfermedad, el sueño, etc.*) sobre (*una persona*)

acometida *f* acción de acometer; lugar por donde una línea conductora de fluído enlaza con la principal

acometimiento *m* acción de acometer; ramal de cañería que se abre en la alcantarilla general

acometividad *f* propensión a atacar

acomodación *f* acción o efecto de acomodar

acomodadizo -za *adj* que a todo se aviene fácilmente

acomodado -da *adj* conveniente; adinerado; de precio razonable; amigo de la comodidad

acomodador -dora *mf* persona que indica a cada espectador el sitio que debe ocupar

acomodamiento *m* comodidad; transacción

acomodar *tr* poner en lugar conveniente; adaptar, ordenar; concertar (*a los que riñen*); *intr* convenir, venir bien; *ref* avenirse, conformarse

acomodaticio -cia *adj* acomodadizo

acomodo *m* empleo, ocupación

acompañado -da *adj* concurrido

acompañamiento *m* acción de acompañar; gente que acompaña; comparsa, figurantes; (mús.) conjunto de instrumentos que acompañan la melodía; (Col.) comestibles con que se toman el chocolate, el café o el té

acompañar *tr* estar o ir en compañía de; escoltar; juntar; (mús.) ejecutar el acompañamiento de

acompasado -da *adj* hecho a compás; lento, pausado

acompasar *tr* medir con el compás; dar cadencia a

acondicionamiento *m* ‖ **acondicionar** *tr* dar cierta condición o calidad a; disponer a determinado fin; *ref* adquirir cierta condición o calidad

aconıojar *tr* afligir, apenar

acónito *m* planta medicinal y de jardín (*Aconitum napellus*)

aconsejable *adj* que puede aconsejarse

aconsejar *tr* dar consejo a; *ref* tomar consejo

aconsonantar *tr* rimar (*versos*) en consonante; *intr* ser (*una palabra*) consonante de otra

acontecer §19 *intr* suceder, efectuarse

acontecimiento *m* suceso, suceso importante

acopiar *tr* juntar en gran cantidad

acoplamiento *m* ‖ **acoplar** *tr* unir (*dos piezas*) de manera que ajusten; unir o parear (*dos animales*); reunir (*p.ej., dos coches de ferrocarril*); (elec.) agrupar (*p.ej., dos o más pilas*)

acoquinar *tr* y *ref* acobardar

acorazado *m* buque grande de guerra, blindado

acorazar §62 *tr* blindar (*buques, fortificaciones*); *ref* (fam.) prepararse, defenderse

acorazonado -da *adj* de figura de corazón

acorchar *tr* forrar con corcho; *ref* ponerse como el corcho; entorpecerse (*un miembro del cuerpo*)

acordadamente *adv* de común acuerdo; con reflexión

acordar §63 *tr* resolver; resolver de común acuerdo; conciliar; templar (*instrumentos*); *intr* concordar; *ref* ponerse de acuerdo; acordarse de traer a la propia memoria

acorde *adj* conforme; con armonía; *m* (mús.) conjunto de tres o más sonidos diferentes combinados con armonía

acordeón *m* instrumento músico, compuesto de lengüetas de metal, un teclado y un fuelle ‖ **acordeonista** *mf*

acordonar *tr* ajustar con cordones; incomunicar con un cordón de gente

acornear *tr* dar cornadas a

ácoro *m* planta de raíz aromática (*Acorus calamus*)

acorralar *tr* encerrar en el corral; dejar sin escape posible; dejar sin respuesta; intimidar

acortamiento *m* ‖ **acortar** *tr* reducir la longitud, duración o cantidad de

acosar *tr* perseguir con empeño ‖ **acoso** *m*

acostar §63 *tr* tender (*a uno*) para que descanse o duerma; *ref* echarse en el suelo o en la cama

acostumbrado -da *adj* habitual, usual

acostumbrar *tr* hacer adquirir costumbre; *intr* tener costumbre; *ref* tomar costumbre

acotación *f* o **acotamiento** *m* ‖ **acotar** *tr* señalar términos a (*un terreno*); poner cotas en (*un plano o mapa*);

fijar, señalar; poner citas al margen de (*un escrito*)

acotiledóneo -a *adj* que no tiene cotiledones

acotillo *m* martillo grueso de herrero

acoyundar *tr* poner la coyunda a (*los bueyes*)

acre *adj* picante; desabrido

acrecentamiento *m* ‖ acrecentar §1 *tr* aumentar; hacer que (*una persona*) adelante en empleo, autoridad, etc.

acrecer §19 *tr* y *ref* aumentar

acreditación *f* ‖ acreditar *tr* dar crédito o reputación a; asegurar que (*una persona o cosa*) es lo que representa; abonar en cuenta; *ref* cobrar crédito

acreedor -dora *adj* que tiene derecho a reclamar el pago de una deuda; merecedor; *mf* persona a quien se debe algo

acribillar *tr* agujerear como una criba; (fam.) molestar mucho

acriminación *f* ‖ acriminar *tr* acusar de un crimen o culpa

acrimonia *f* calidad de acre; aspereza en el trato ‖ acrimonioso -sa *adj*

acriollar *ref* (Amér.) adquirir (*el extranjero*) las costumbres del país americano en que vive

acrisolar *tr* depurar en el crisol; poner de manifiesto (*una cualidad moral*)

acritud *f* calidad de acre o desabrido

acrobacia *f* ejercicios del acróbata

acróbata *mf* persona que da saltos o hace habilidades en el trapecio o sobre la cuerda; persona que deslumbra por medio de ejercicios extraordinarios ‖ acrobático -ca *adj*

acromático -ca *adj* (ópt.) que deja pasar la luz sin irisaciones

acrónimo *m* palabra formada de las letras o sílabas iniciales de una serie de palabras

acrópolis *f* (*pl:* -lis) parte alta de la ciudadela de las antiguas ciudades griegas; la Acrópolis la de Atenas

acróstico -ca *adj* ‖ *m* composición métrica en que las letras iniciales, medias o finales de los versos forman un vocablo o expresión

acta *f* relación de lo tratado en una junta; documento que certifica el resultado de una elección; actas *fpl* hechos de la vida de un mártir

actinio *m* cuerpo simple radiactivo (*símbolo* Ac; *núm. atómico* 89; *peso atómico* ¿227?)

actitud *f* postura del cuerpo; disposición de ánimo

activación *f* ‖ activar *tr* acelerar, avivar; hacer más activo

actividad *f* facultad de obrar; prontitud, diligencia; operación, tarea

activo -va *adj* que obra; que obra prontamente; diligente; que implica acción; *m* importe total que una persona o empresa tiene a su favor

acto *m* acción; realización solemne de algo; división de una obra teatral; en el acto inmediatamente

actor *m* el que representa en el teatro o cine; el que demanda en juicio

actriz *f* (*pl:* -trices) la que representa en el teatro o cine

actuación *f.* acción de actuar

actual *adj* del momento presente

actualidad *f* tiempo presente; noticias de sucesos recientes

actualizar §62 *tr* volver actual; poner en acto

actualmente *adv* en el tiempo presente

actuar §20 *tr* poner en acción; ejercer las funciones propias de su naturaleza u oficio; (teat.) hacer un papel

actuarial *adj* ‖ actuario *m* perito en matemáticas de seguros

acuarela *f* pintura con colores diluídos en agua ‖ acuarelista *mf*

acuario *m* vivero de peces; (*cap.*) *m* undécimo signo del zodíaco

acuartelamiento *m* ‖ acuartelar *tr* alojar (*la tropa*) en cuarteles; *ref* recogerse en un cuartel

acuático -ca *adj* perteneciente al agua; que vive en el agua

acuatinta *f* grabado que imita el dibujo lavado

acuatizaje *m* ‖ acuatizar §62 *intr* (aer.) posarse en el agua

acucia *f* diligencia, prisa; anhelo

acuciamiento *m* ‖ acuciar *tr* estimular, apresurar; desear vehementemente

acuchillar *tr* dar cuchilladas a; matar a cuchillo

acudimiento *m* ‖ acudir *intr* ir; ir con frecuencia; ir en socorro

acueducto *m* conducto artificial para llevar las aguas

ácueo -a *adj* de agua; parecido al agua

acuerdo *m* armonía, unión; convenio; resolución de una junta; recuerdo, memoria

acuidad *f* carácter agudo; visión distinta

acular *tr* arrimar por detrás; (fam.) arrinconar

acullá *adv* a la parte opuesta de donde uno está

acumulación *f* acción de acumular

acumulador *m* aparato que almacena electricidad para su consumo a voluntad

acumular *tr* amontonar; almacenar; imputar

acunar *tr* mecer en la cuna

acuñación *f* ‖ **acuñar** *tr* imprimir (*monedas*) por medio de cuño o troquel; fabricar (*moneda*); meter cuñas a

acuosidad *f* ‖ **acuoso -sa** *adj* que contiene agua; abundante en agua o jugo

acurrucar §72 *ref* encogerse para ocultarse

acusación *f* acción de acusar

acusado -da *adj* notable, manifiesto; *mf* persona a quien se acusa

acusador -dora *adj* ‖ *mf* persona que acusa

acusar *tr* imputar un acto ilícito a; tachar; notificar (*el recibo de algo*)

acusativo *m* caso de la declinación que corresponde al complemento directo

acuse *m* acción de acusar recibo

acusón -sona *adj* ‖ *mf* (fam.) persona que acostumbra acusar a los demás

acústico -ca *adj* perteneciente al oído o a la acústica; *f* ciencia que trata de los sonidos

acutángulo *adj* (*triángulo*) que tiene sus tres ángulos agudos

achacar §72 *tr* atribuir, imputar

achacoso -sa *adj* que padece achaques; levemente enfermo

achaflanar *tr* hacer chaflanes en

achaparrado -da *adj* grueso y bajo

achaque *m* enfermedad crónica de poca gravedad; defecto; asunto; pretexto

achatamiento *m* ‖ **achatar** *tr* poner chato

achicadura *f* o **achicamiento** *m* ‖ **achicar** §72 *tr* reducir a menos; sacar (*el agua que inunda un sitio*); acobardar, humillar

achicoria *f* planta de raíces amargas que se emplea como sucedáneo del café (*Cichorium intybus*)

achicharradero *m* sitio donde el calor es excesivo

achicharrar *tr* freír o asar demasiado; calentar demasiado; molestar mucho

achispar *tr* embriagar ligeramente

achocar §72 *tr* arrojar contra la pared; herir con palo o piedra; (fam.) guardar (*mucho dinero*)

achuchar *tr* azuzar, excitar; (fam.) estrujar, aplastar; (fam.) sobar, manosear

achuchón *m* (fam.) acción de achuchar o estrujar

achulado -da *adj* (fam.) que tiene modales de chulo

adagio *m* sentencia breve y moral; ritmo musical lento

adalid *m* jefe de gente de guerra

adamar *ref* adelgazarse (*el hombre*); hacerse delicado como la mujer

adamascar §72 *tr* labrar (*telas*) con labores parecidas al damasco

adán *m* (fam.) hombre desaseado, hombre apático; (*cap.*) *m* primer hombre y padre del género humano

adaptación *f* ‖ **adaptar** *tr* acomodar o ajustar; *ref* avenirse a condiciones, circunstancias, etc.

adaraja *f* saliente que se deja en una pared para continuarla

adarga *f* escudo de cuero

adargar §45 *tr* cubrir con la adarga; defender

adarve *m* camino en lo alto de una muralla

A. de C. abr. de año de Cristo

adecentar *tr* poner decente; *ref* ponerse decente; (fam.) ponerse camisa limpia

adecuación *f* acción de adecuar

adecuado -da *adj* apropiado, conveniente

adecuar *tr* apropiar, ajustar

adefesio *m* (fam.) disparate; (fam.) traje ridículo; (fam.) persona ridícula

adehala *f* lo que se da de gracia sobre el precio o salario

adehesar *tr* convertir en dehesa

adelantado -da *adj* (*reloj*) que adelanta; precoz; osado

adelantamiento *m* ‖ **adelantar** *tr* mover hacia adelante; acelerar; apresurar; dejar atrás; anticipar; aumentar, mejorar; *intr* progresar; andar con más velocidad que la debida; *ref* anticiparse; andar con más velocidad que la debida

adelante *adv* más allá; *interj* ¡siga!; ¡entre!

adelanto *m* progreso; anticipo

adelfa *f* arbusto hermoso, siempre verde y venenoso (*Nerium oleander*)

adelgazamiento *m* ‖ **adelgazar** §62 *tr* poner delgado; purificar; sutilizar; *intr* y *ref* enflaquecer

ademán *m* actitud con que se manifiesta un afecto del ánimo; ademanes *mpl* modales

además *adv* por otra parte; también; además de a más de

adentellar *tr* hincar los dientes en

adentrar *intr* y *ref* penetrar en lo interior; (fam.) entrarse, introducirse

adentro *adv* a o en lo interior; adentros *mpl* lo interior del ánimo

adepto -ta *adj* ‖ *mf* persona afiliada a una asociación o secta; partidario de una persona o idea

aderezar §62 *tr* hermosear; preparar; guisar, condimentar; componer (*una bebida*); indicar el camino a

aderezo *m* acción de aderezar; aquello con que se aderezo; juego de joyas

adestrar §1 *tr* adiestrar

adeudar *tr* deber (*dinero*); estar sujeto al pago de (*impuestos*); cargar en el debe; *intr* emparentar; *ref* endeudarse

adeudo *m* deuda; lo que se debe a las aduanas; asiento en el debe

adherencia *f* acción de adherirse; unión anormal de dos partes del cuerpo; parentesco; atracción molecular entre dos superficies en contacto

adherente *adj* unido, pegado; *m* partidario, adicto; requisito

adherir §48 *intr y ref* pegarse, unirse; adherir a o adherirse a abrazar, aceptar

adhesión *f* acción de adherirse; atracción molecular entre dos superficies en contacto; devoción, apego

adhesivo -va *adj* capaz de pegarse

adición *f* acción de añadir; suma

adicional *adj* que se agrega

adicionar *tr* añadir; sumar; poner adiciones a

adicto -ta *adj* apegado, dedicado; agregado a otro en algún asunto; *mf* partidario

adiestramiento *m* ‖ **adiestrar** *tr* hacer diestro; enseñar, instruir

adietar *tr* someter a dieta

adinerado -da *adj* que tiene mucho dinero

adiós *m* despedida; *interj* para saludar o despedirse

adiposidad *f* ‖ **adiposo** -sa *adj* lleno de grasa; de muchas carnes

aditamento *m* añadidura

aditivo -va *adj* que se debe agregar

adivinación *f* acción de adivinar

adivinanza *f* adivinación; acertijo

adivinar *tr* descubrir por conjeturas; descubrir por medios sobrenaturales; descifrar (*un enigma*)

adivino -na *mf* persona que predice lo futuro o descubre lo oculto; persona que conjetura

adjetivar *tr* aplicar adjetivos a; dar valor de adjetivo a; calificar

adjetivo -va *adj* perteneciente al adjetivo; *m* parte de la oración que se une al substantivo para calificarlo o determinarlo

adjudicación *f* ‖ **adjudicar** §72 *tr* declarar que (*una cosa*) pertenece a una persona; *ref* apropiarse

adjudicatario -ria *mf* persona a quien se adjudica algo

adjuntar *tr* incluir, mandar adjunto

adjunto -ta *adj* que va unido con otra cosa; que acompaña a otro en un trabajo; *m* añadidura

Admeto *m* (mit.) rey tesalio y uno de los argonautas

adminículo *m* cosa que sirve de ayuda, medio auxiliar

administración *f* acción de administrar; cargo y oficina del administrador

administrador -dora *adj* ‖ *mf* persona que administra

administrar *tr* gobernar, regir; conferir; aplicar; hacer tomar (*medicamentos*)

administrativo -va *adj* perteneciente a la administración

admirable *adj* digno de admiración

admiración *f* acción de admirar; cosa admirada; sensación que se experimenta ante una cosa admirada; signo ortográfico que expresa admiración

admirar *tr* considerar con asombro, placer o aprobación; causar sorpresa o placer a; *ref* sentir admiración

admisibilidad *f* ‖ **admisible** *adj* que se puede admitir

admisión *f* acción de admitir; recepción; en las máquinas de vapor, comunicación de la caldera con el cilindro

admitir *tr* dar entrada a, recibir; aceptar; permitir

admonición *f* amonestación; reconvención

adobar *tr* componer; aderezar; curtir (*pieles*)

adobe *m* ladrillo secado al sol

adobo *m* acción de adobar; salsa para sazonar manjares; mezcla para curtir

adocenado -da *adj* vulgar, de escaso mérito

adocenar *tr* ordenar por docenas; comprender entre gente de menor calidad

adoctrinar *tr* enseñar, instruir

adolecer §19 *intr* padecer una enfermedad; tener un defecto o vicio; *ref* condolerse

adolescencia *f* edad desde la pubertad hasta el completo desarrollo ‖ **adolescente** *adj y mf*

Adolfo *m* nombre propio de varón

adonde *conj* a la parte que

adónde *adv* a qué parte

adondequiera *adv* a cualquier parte

adonis *m* (*pl*: -nis) mancebo hermoso; (*cap.*) *m* (mit.) joven griego, tipo de la belleza masculina

adopción *f* ‖ **adoptar** *tr* acoger y seguir (*una opinión o doctrina*); prohijar; tomar (*una resolución*)

adoptivo -va *adj* adoptado; que adopta; ajeno, postizo

adoquín *m* piedra labrada para pavimentar; (fam.) persona ignorante

adoquinado *m* suelo pavimentado con adoquines

adorable *adj* ‖ **adoración** *f* acción de adorar

adorador -dora *adj* ‖ *mf* persona que adora; *m* pretendiente de una mujer

adorar *tr* rendir culto a; amar extremadamente

adormecer §19 *tr* causar sueño a; calmar; *ref* comenzar a dormir; entorpecerse (*un miembro*) ‖ **adormecimiento** *m*

adormidera *f* planta papaverácea de cuyo fruto se extrae el opio

adormilar o **adormitar** *ref* dormirse a medias

adornar *tr* decorar, hermosear; dotar de ciertas cualidades

adornista *mf* persona que adorna habitaciones, muebles, etc.

adorno *m* lo que sirve para adornar

adosar *tr* arrimar de espalda; apoyar

adquirir §42 *tr* conseguir, empezar a poseer

adquisición *f* acción de adquirir; cosa adquirida

adquisividad *f* deseo fuerte de poseer

adral *m* zarzo que se pone a los lados del carro

adrede *adv* de propósito

adrenalina *f* substancia, sacada de las cápsulas suprarrenales, que detiene las hemorragias

Adriano *m* emperador romano (76—138 d. de J.C.)

adriático -ca *adj* ‖ **mar Adriático** gran golfo entre Italia, Dalmacia y Albania

adscribir §83 *tr* asignar, destinar; inscribir ‖ **adscripción** *f*

aduana *f* oficina y administración que percibe los derechos sobre las mercaderías que se exportan o importan ‖ **aduanero -ra** *adj* y *m*

aduar *m* población de beduínos; barracas de los gitanos; (Amér.) ranchería de indios

adúcar *m* seda exterior del capullo

aducir §24 *tr* presentar (*razones o pruebas*)

aduendado -da *adj* parecido a los duendes

adueñar *ref* hacerse dueño, apoderarse

adufe *m* pandero morisco

adulación *f* ‖ **adular** *tr* halagar con fin interesado

adulón -lona *adj* ‖ *mf* (fam.) persona que adula servilmente

adulteración *f* ‖ **adulterar** *tr* desnaturalizar, falsificar; *intr* cometer adulterio

adulterio *m* violación de la fe entre esposos ‖ **adúltero -ra** *adj* y *mf*

adulto -ta *adj* que ha alcanzado pleno desarrollo; *mf* persona que ha llegado al término de la adolescencia

adulzar §62 *tr* hacer dulce (*al hierro*); endulzar

adustez *f* ‖ **adusto -ta** *adj* tostado, ardiente; poco tratable; melancólico

advenedizo -za *adj* ‖ *mf* forastero; intruso; persona de origen humilde que pretende figurar entre gente de más alta condición social

advenimiento *m* venida; subida al trono

advenir §78 *intr* venir; suceder

adventicio -cia *adj* que sobreviene inesperadamente

adverbial *adj* ‖ **adverbio** *m* parte de la oración que modifica la significación del verbo, del adjetivo o de otro adverbio

adversario -ria *mf* enemigo, contrario

adversativo -va *adj* (gram.) que indica oposición de sentido

adversidad *f* infortunio, mala suerte

adverso -sa *adj* opuesto materialmente; contrario, desfavorable

advertencia *f* acción de advertir; aviso; introducción

advertido -da *adj* avisado, experto, apto

advertir §48 *tr* fijar la atención en; llamar la atención sobre; aconsejar, avisar; *ref* caer en la cuenta

adviento *m* período de cuatro domingos que preceden la Nochebuena

advocación *f* título de un templo, capilla o altar

adyacente *adj* inmediato, contiguo

aeración *f* acción de airear

aéreo -a *adj* perteneciente al aire; perteneciente a la aviación; alto, elevado; fantástico

aerobio *m* ser microscópico que vive en el aire

aerobús *m* avión grande para el transporte de pasajeros

aerodinámico -ca *adj* perteneciente a la aerodinámica; que ofrece poca resistencia a la velocidad del aire; *f* parte de la mecánica que estudia el movimiento del aire y demás gases

aeródromo *m* terreno destinado a la maniobra de aeroplanos

aerofotografía f acción de fotografiar desde un aeroplano; fotografía tomada desde un aeroplano

aerofumigación f fumigación de los sembrados, hecha con aviones

aerolínea f vía aérea; empresa de aviación

aerolito m fragmento de un bólido que cae del espacio

aeromedicina f estudio y tratamiento de los trastornos vasomotores y otros estados morbosos observados en los aviadores

aeromodelismo m construcción de aeromodelos ‖ aeromodelista m

aeromodelo m pequeño modelo de avión que se utiliza para entretenimiento, aprendizaje o ensayo

aeromotor m máquina movida por la fuerza del viento

aeromoza f azafata

aeronauta mf persona que conduce un avión, globo, etc.

aeronáutico -ca adj ‖ f arte de la navegación aérea

aeronave f globo dirigible

aeroplano m aparato para la navegación aérea más pesado que el aire

aeroplano-nodriza m avión que reaprovisiona a otro de combustible, estando ambos en el aire

aeropostal adj pertenciente al correo aéreo

aeropuerto m lugar para la salida y llegada de aviones comerciales

aerosol m suspensión de partículas coloidales en un gas

aerostación f navegación aérea con aparatos más ligeros que el aire

aerostático -ca adj ‖ f parte de la mecánica que estudia el equilibrio de los gases

aeróstato m aparato lleno de un gas ligero que puede elevarse en la atmósfera

aerovía f vía o línea aérea

afabilidad f ‖ **afable** adj de trato suave

afamado -da adj renombrado

afamar tr dar fama a

afán m trabajo abrumador; anhelo vehemente

afanar tr traer apurado a; intr y ref trabajar con solicitud penosa

afanoso -sa adj que se afana; penoso

afasia f pérdida de la palabra por enfermedad cerebral

afear tr poner feo; culpar, tachar

afección f afición, cariño; enfermedad

afectación f acción de afectar; falta de naturalidad

afectado -da adj aparente, fingido; poco natural; molestado

afectar tr poner demasiado estudio en; fingir; hacer impresión en; atañer; anexar; ref impresionarse

afecto -ta adj aficionado, inclinado; adicto; m pasión del ánimo; amor, cariño

afectuoso -sa adj amoroso, cariñoso

afeitado m acción de hacerse la barba

afeitar tr raer (la barba); raer la barba a (una persona); hermosear con afeites; ref hacerse la barba

afeite m aderezo, compostura, cosmético

afelio m punto más alejado del Sol, en la órbita de un planeta

afelpar tr dar el aspecto de felpa o terciopelo a

afeminación f ‖ **afeminar** tr inclinar (a uno) a parecerse a las mujeres; ref perder el carácter varonil

aféresis f (pl: -sis) supresión de un sonido al principio de un vocablo

aferrado -da adj obstinado

aferrar tr agarrar fuertemente; intr y ref obstinarse; aferrar o aferrarse a, con o en insistir con tenacidad en (alguna opinión)

afestonado -da adj adornado con festones

Afganistán, el país del sudoeste de Asia ‖ **afgano** -na adj y mf

afianzar §62 tr dar fianza por; asegurar, hacer firme; asir; ref sostenerse; consolidar su posición

afición f amor, inclinación; ahinco; conjunto de los aficionados a un deporte, etc.

aficionado -da adj ‖ mf persona que cultiva algún arte o deporte sin tenerlo por oficio

aficionar tr causar afición a; ref cobrar afición

afidávit m declaración jurada hecha ante una autoridad

afijo m partícula que se antepone o pospone a ciertas palabras; pronombre personal que se une al verbo

afiladera f piedra de afilar

afilador -dora adj ‖ mf persona que tiene por oficio afilar; m afilón

afiladura f acción de afilar

afilalápices m (pl: -ces) instrumento para sacar punta a los lápices

afilamiento m adelgazamiento de la cara, la nariz o los dedos

afilar tr sacar filo o punta a; ref adelgazarse (la cara, la nariz o los dedos)

afiliación f ‖ **afiliar** §76 o regular tr hacer entrar como miembro en una sociedad, partido político, etc.

afiligranado -da adj de filigrana; fino y delicado

afiligranar *tr* hacer filigrana en; hermosear, pulir

afilón *m* correa para asentar el filo; chaira para afilar

afín *adj* próximo, contiguo; que guarda afinidad; *mf* pariente por afinidad

afinación *f* acción de afinar

afinador -dora *mf* persona que afina instrumentos músicos; *m* llave para afinar instrumentos músicos

afinar *tr* perfeccionar; purificar (*metales*); templar (*instrumentos músicos*); *intr* cantar o tocar entonando con perfección

afinidad *f* parentesco derivado del matrimonio; analogía, semejanza; atracción molecular

afino *m* afinación de metales

afirmación *f* ‖ afirmar *tr* poner firme; dar por cierto

afirmativo -va *adj* ‖ *f* proposición que afirma

aflicción *f* congoja, pesar, pena

afligir §28 *tr* apenar, herir; causar dolor moral a

aflojar *tr* disminuir la presión o tirantez de; soltar; *intr* perder fuerza; *ref* ponerse flojo

aflorar *tr* cerner; *intr* asomar a la superficie (*una capa mineral o un filón*)

afluencia *f* acción de afluir; abundancia; facundia; gentío

afluente *adj* que afluye; abundante en palabras; *m* río que desemboca en otro

afluir §27 *intr* acudir en abundancia; desaguar

afollar §63 *tr* soplar con fuelles; plegar en forma de fuelle

aforador -dora *mf* persona que afora; (fam.) gran bebedor de vino

aforar *tr* valuar para el pago de derechos; medir (*la cantidad de agua que lleva una corriente*); calcular la capacidad de

aforismo *m* sentencia breve y doctrinal ‖ aforístico -ca *adj*

aforo *m* acción de aforar; capacidad de las localidades de un teatro

aforrar *tr* forrar; *ref* ponerse mucha ropa interior

afortunado -da *adj* que tiene buena suerte; feliz; borrascoso

afrancesado -da *adj* ‖ *mf* persona que imita a los franceses; partidario de los franceses

afrecho *m* cáscara del trigo molido

afrenta *f* dicho o hecho ofensivo; vergüenza

afrentar *tr* causar afrenta a ‖ afrentoso -sa *adj*

África *f* una de las cinco partes del mundo

africado -da *adj* ‖ *f* consonante que resulta de la articulación mixta de oclusión y fricación

africanista *adj* ‖ *mf* persona dedicada al estudio de las cosas de África

africano -na *adj* y *mf* natural de África

afroamericano -na *adj* ‖ *mf* negro de América

afrodisíaco -ca *adj* ‖ *m* substancia que excita el apetito venéreo

Afrodita *f* (mit.) diosa griega del amor

afrontar *tr* poner enfrente; carear; arrostrar

afta *f* úlcera pequeña en la boca

aftoso -sa *adj* perteneciente al afta; que padece afta

afuera *adv* en la parte exterior; *interj* ¡que se retire!; afueras *fpl* alrededores de una población

afuste *m* armazón sobre la cual descansa la pieza de artillería

agachadiza *f* ave limícola (*Capella*)

agachar *tr* (fam.) inclinar (*p.ej., la cabeza*); *ref* (fam.) inclinarse hacia el suelo; (fam.) retirarse algún tiempo del trato de la gente

agalla *f* excrecencia formada en ciertos árboles; órgano de la respiración de los peces; agallas *fpl* (fam.) ánimo esforzado

Agamenón *m* (mit.) jefe de los griegos que sitiaron a Troya

agamí *m* (*pl: -míes*) ave zancuda del tamaño de la gallina (*Psophia crepitans*)

ágape *m* convite de caridad entre los primeros cristianos; banquete

agarbanzado -da *adj* de color de garbanzo

agareno -na *adj* y *mf* mahometano

agárico *m* hongo parásito de ciertos árboles

agarrada *f* (fam.) riña, altercado

agarradero *m* asa, mango

agarrado -da *adj* tacaño; *f* véase agarrada

agarrador *m* almohadilla para asir la plancha sin quemarse

agarrar *tr* asir con fuerza; (fam.) conseguir; *intr* y *ref* arraigar (*las plantas*)

agarrochar *tr* herir (*al toro*) con la garrocha

agarrotar *tr* apretar fuertemente; oprimir mucho; *ref* entorpecerse (*los miembros*)

agasajar *tr* tratar cariñosamente; obsequiar ‖ agasajo *m*

ágata *f* cuarzo jaspeado, de vivos colores

agavanza *f* fruto del agavanzo

agavanzo *m* escaramujo (*planta*)

agave *m* planta amarillenta textil

agavillar *tr* juntar (*las mieses*) en gavillas; *ref* reunirse en cuadrillas

agazapar *tr* (fam.) asir, agarrar; *ref* (fam.) agacharse, esconderse

agencia *f* empresa que presta determinados servicios; administración u oficina del agente

agenciar *tr* conseguir con diligencia; *ref* componérselas

agenda *f* libro en que se apuntan cosas que se han de hacer cada día; temario

agente *m* persona o cosa que obra para producir un efecto; el que obra por otro; empleado de seguridad y vigilancia

Ageo *m* (Bib.) uno de los doce profetas menores de Israel

agigantado -da *adj* muy grande; notable

ágil *adj* rápido, ligero, suelto ‖ **agilidad** *f*

agio o **agiotaje** *m* especulación; especulación abusiva ‖ **agiotista** *mf*

agitación *f* acción de agitar; inquietud

agitador -dora *adj* que agita; *mf* persona que promueve revueltas; *m* aparato para remover un líquido

agitanado -da *adj* parecido a los gitanos

agitar *tr* mover violentamente; remover, sacudir; inquietar

Aglaia *f* (mit.) una de las tres Gracias

aglomeración *f* acción de aglomerar; acumulación de personas o cosas

aglomerar *tr* amontonar, juntar

aglutinación *f* ‖ **aglutinar** *tr* pegar, unir; *ref* reunirse entre sí (*ciertas materias*)

agnosticismo *m* doctrina según la cual el entendimiento no puede conocer lo absoluto ‖ **agnóstico** -ca *adj y mf*

agobiar *tr* inclinar hacia el suelo; fatigar, oprimir; humillar ‖ **agobio** *m*

agolpamiento *m* ‖ **agolpar** *ref* juntarse de golpe; acudir o concurrir en cantidad excesiva

agonía *f* congoja del moribundo ‖ **agónico** -ca *adj*

agonizante *adj* ‖ *mf* persona que agoniza; religioso de la orden que asiste a los moribundos

agonizar §62 *tr* asistir (*al moribundo*); (fam.) molestar; *intr.* estar en la agonía

ágora *f* plaza pública de la Grecia antigua

agorar §2 *tr* predecir (*lo futuro*)

agorero -ra *adj* ‖ persona que adivina por agüeros o cree en ellos; persona que predice males

agorgojar *ref* criar gorgojo (*las semillas*)

agostar *tr* secar (*el excesivo calor las plantas*)

agosteño -ña, **agostino** -na o **agostizo** -za *adj* ‖ agosto *m* octavo mes del año; cosecha

agotamiento *m* ‖ **agotar** *tr* extraer todo el líquido de; consumir, gastar del todo; debilitar

agracejo *m* uva que nunca llega a madurar; arbusto de bayas rojas (*Berberis vulgaris*)

agraciado -da *adj* gracioso, hermoso

agraciar *tr* aumentar el buen parecer de; conceder una gracia a

agradable *adj* grato, apacible

agradar *tr* complacer, gustar

agradecer §19 *tr* corresponder con gratitud a

agradecido -da *adj* que agradece

agradecimiento *m* acción de agradecer

agrado *m* trato agradable; gusto, voluntad

agramadera *f* instrumento para agramar

agramadiza *f* desperdicio que resulta del lino o cáñamo agramado

agramar *tr* majar (*el lino o el cáñamo*) para separar la fibra

agrandamiento *m* ‖ **agrandar** *tr* hacer más grande

agrario -ria *adj* perteneciente al campo

agravación *f* o **agravamiento** *m* ‖ **agravar** *tr* aumentar el peso de; hacer más grave o peligroso; encarecer la gravedad de; oprimir con tributos

agraviar *tr* hacer agravio a; *ref* darse por sentido

agravio *m* ofensa; daño, perjuicio ‖ **agravioso** -sa *adj*

agraz *m* (*pl:* -graces) uva sin madurar; zumo de tal uva

agrazada *f* bebida hecha con agraz y azúcar

agredir §39 *tr* atacar, acometer

agregación *f* acción de agregar

agregado *m* conjunto de cosas que forman un solo cuerpo; empleado sin plaza efectiva; auxiliar de embajada

agregar §45 *tr* añadir, juntar

agremán *m* pasamanería en forma de cinta

agremiar *tr* reunir en gremio

agresión *f* acción de agredir

agresividad *f* ‖ **agresivo** -va *adj* que ataca o provoca

agresor -sora *adj* ‖ *mf* persona que comete agresión

agreste *adj* campestre; rudo, inculto

agriar §76 o regular *tr* poner agrio; irritar el ánimo de

agrícola *adj* perteneciente a la agricultura; *mf* agricultor

agricultor -tora *mf* persona dedicada a la agricultura

agricultura *f* cultivo o labranza de la tierra

agridulce *adj* que tiene mezcla de agrio y dulce

agriera *f* (Chile) acedía de estómago; **agrieras** *fpl* (Col.) vinagreras

agrietar *tr* abrir grietas en

agrimensor *m* ‖ **agrimensura** *f* arte de medir tierras

agrio -gria *adj* ácido; peñascoso; frágil; *m* zumo ácido; **agrios** *mpl* frutas como la naranja y el limón

Agripa *m* general romano (m. 12 a. de J.C.)

Agripina *f* madre de Nerón (m. 59 d. de J.C.)

agrisado -da *adj* que tira a gris

agro *m* campo

agronomía *f* ciencia de la agricultura ‖ **agronómico -ca** *adj* ‖ **agrónomo -ma** *mf*

agropecuario -ria *adj* perteneciente a la agricultura y la ganadería

agrumar *tr* formar grumos en; *ref* hacer grumos

agrupación *f* ‖ **agrupar** *tr* reunir en grupo

agua *f* líquido cuya molécula está formada por la combinación de un átomo de oxígeno y dos de hidrógeno; lluvia; vertiente de un tejado; **aguas** *fpl* visos de algunas sedas, piedras preciosas y plumas

aguacate *m* árbol cuyo fruto se asemeja a una pera (*Persea gratissima*); fruto de este árbol

aguacero *m* lluvia repentina y fuerte

aguachirle *m* vino de mala calidad; líquido sin substancia

aguada *f* sitio donde hay agua potable; color diluído en agua; obra hecha con él; (mar.) provisión de agua

aguadero *m* abrevadero

aguadija *f* humor en los granos o llagas

aguador -dora *mf* persona que lleva o vende agua

aguaducho *m* puesto donde se vende agua; avenida impetuosa de agua

aguafiestas *mf* (*pl:* -tas) persona que turba los regocijos ajenos

aguafuerte *f* ácido nítrico; grabado trabajado con ácido nítrico

aguaitar *tr* espiar, acechar

aguaje *m* aguadero; corriente impetuosa del mar; estela

aguamanil *m* jarro de tocador; palangana

aguamanos *m* (*pl:* -nos) agua para lavar las manos; jarro de tocador

aguamar *m* medusa

aguamarina *f* berilo verde transparente

aguamiel *f* agua mezclada con miel

aguanieve *f* lluvia mezclada con nieve

aguanoso -sa *adj* muy húmedo, lleno de agua

aguantar *tr* sostener, mantener; tolerar, soportar

aguante *m* fuerza, vigor; tolerancia, paciencia

aguar §10 *tr* mezclar agua con; turbar, frustrar

aguardar *tr* esperar; dar tiempo a

aguardentoso -sa *adj* que tiene aguardiente, que parece de aguardiente; (*voz*) áspera del bebedor

aguardiente *m* bebida alcohólica que, por destilación, se saca del vino

aguarrás *m* esencia de trementina

aguaturma *f* planta de raíz tuberculosa y comestible (*Helianthus tuberosus*)

aguaviento *m* lluvia con viento

aguazal *m* charca de agua de lluvia

aguazar §62 *tr* cubrir de agua, inundar

agudeza *f* calidad de agudo; dicho agudo

agudizar §62 *tr* hacer más agudo; *ref* agravarse (*una enfermedad*)

agudo -da *adj* afilado, delgado; perspicaz; vivo, penetrante; gracioso; (*sonido*) alto; acentuado en la última sílaba

Águeda *f* nombre propio de mujer

agüero *m* señal o presagio supersticioso

aguerrir §39 *tr* acostumbrar a la guerra; acostumbrar a sufrimientos

aguijada *f* vara con punta de hierro para picar los bueyes

aguijar *tr* picar con la aguijada; estimular, excitar

aguijón *m* dardo del insecto; púa de una planta; estímulo

aguijonear *tr* aguijar; picar con el aguijón

águila *f* ave rapaz falcónida, muy grande y robusta; *m* hombre listo y perspicaz

aguileño -ña *adj* largo y delgado; encorvado como pico de águila

aguilera *f* nido de águila

aguilucho *m* pollo de águila

aguinaldo *m* regalo de Navidad o año nuevo

agüista *mf* persona que va a beber aguas minerales

aguja *f* varilla de acero que sirve para coser o para tocar el fonógrafo; instrumento para inyectar medicamentos; manecilla del reloj; obelisco; chapitel estrecho y alto; riel movible para desviar trenes; brújula

agujazo *m* pinchazo con la aguja

agujerear *tr* hacer uno o más agujeros en

agujero *m* abertura más o menos redonda

agur *interj* ¡adiós!

agusanar *ref* llenarse de gusanos

Agustín, San el más célebre de los padres de la Iglesia latina (354-430)

agustinianismo *m* doctrina teológica de San Agustín ‖ **agustiniano -na** *adj*

agustino -na *adj* ‖ *mf* religioso de la orden de San Agustín

aguzadura *f* acción de aguzar

aguzanieves *f* (*pl:* -ves) pájaro que vive en parajes húmedos (*Motacilla alba*)

aguzar §62 *tr* sacar punta o filo a; aguijar

A.H. abr. de amperio hora

ah *interj* expresa admiración o pena

ahechaduras *fpl* granzas

ahechar *tr* cribar (*el trigo*) ‖ **ahecho** *m*

ahelear *tr* poner amargo con hiel; *intr* saber a hiel

aherrojar *tr* poner prisiones de hierro a; subyugar

aherrumbrar *ref* adquirir color o sabor de hierro; cubrirse de herrumbre

ahí *adv* a o en ese lugar; en esto

ahijado -da *mf* persona apadrinada por otra; protegido

ahijar *tr* adoptar como hijo

ahilar *intr* ir en fila; *ref* adelgazar en una enfermedad

ahincar §72 *tr* incitar con ahínco, apremiar; *ref* apresurarse

ahinco *m* deseo vehemente

ahitar *tr* causar ahíto a; *ref* sufrir ahíto

ahíto -ta *adj* harto, hastiado; *m* indigestión

ahogadero *m* sitio demasiado lleno de gente

ahogado -da *adj* estrecho, sin ventilación; morir o perecer ahogado morir por asfixia causada por sumersión; *mf* persona que muere por falta de respiración, esp. en el agua

ahogamiento *m* ‖ **ahogar** §45 *tr* matar impidiendo la respiración, esp. en el agua; apagar, sofocar (*el fuego*); acongojar

ahogo *m* angustia, aprieto; falta de recursos; ahoguío

ahoguío *m* opresión en el pecho

ahondar *tr* hacer más hondo; profundizar; *intr* penetrar mucho ‖ **ahonde** *m*

ahora *adv* en este momento; hace poco tiempo; dentro de poco tiempo; ahora bien esto supuesto

ahorcado -da *mf* persona colgada en la horca

ahorcar §72 *tr* matar (*a una persona*) colgándolo del cuello

ahormar *tr* ajustar a horma o molde

ahornagar §45 *ref* abrasarse (*la tierra y sus frutos*) por el mucho calor

ahorquillar *tr* afianzar con horquillas; dar figura de horquilla a

ahorrar *tr* reservar (*dinero*) separándolo del gasto ordinario; evitar (*esfuerzo, trabajo*)

ahorrativo -va *adj* que ahorra; tacaño

ahorro *m* acción de ahorrar; lo que se ahorra

ahoyar *tr* hacer hoyos en

ahuchar *tr* guardar en parte segura; ahorrar

ahuecar §72 *tr* poner hueco; mullir

ahumada *f* señal con humo en las atalayas

ahumadero *m* edificio destinado a ahumar las carnes

ahumar *tr* poner al humo; llenar de humo; *intr* humear; (fam.) emborracharse

ahusar *tr* dar forma de huso a; *ref* adelgazar en forma de huso

ahuyentar *tr* hacer huir

ailanto *m* árbol de hojas compuestas, flores en panoja y madera dura

airado -da *adj* encolerizado; depravado, vicioso

airar §3 *tr* encolerizar, irritar

aire *m* fluido gaseoso que forma la atmósfera; viento; apariencia; gracia, primor, garbo; melodía; aire acondicionado aire suministrado en determinadas condiciones térmicas en el interior de un edificio

aireación *f* ‖ **airear** *tr* poner al aire; *ref* contraer resfriado

airón *m* garza real; penacho de plumas; adorno de plumas

airosidad *f* garbo, gallardía

airoso -sa *adj* (*sitio*) en que hace mucho aire o viento; garboso, gallardo; lucido, victorioso

aislacionismo *m* movimiento de opinión que procura apartar a la nación de alianzas internacionales ‖ **aislacionista** *adj y mf*

aislador -dora *adj* que aísla; *m* cuerpo que no permite el paso de la electricidad o el calor; pieza de porcelana o vidrio que impide el paso de la electricidad

aislamiento *m* ‖ **aislar** §3 *tr* incomunicar; apartar; recubrir (*un alambre eléctrico*) de un material mal conductor

ajá *interj* denota aprobación

ajada *f* salsa de pan con ajos y sal

ajar *tr* maltratar, estropear

ajedrecista *mf* ‖ **ajedrez** *m* juego entre dos personas, que se juega con 32 piezas sobre un tablero de 64 escaques; conjunto de las piezas de este juego

ajedrezado -da *adj* que forma cuadros de dos colores

ajenjo *m* planta amarga y aromática (*Artemisia*); licor hecho con esencia de esta planta

ajeno -na *adj* extraño; libre; de otra persona

ajete *m* ajo tierno; salsa de ajo

ajetrear *ref* (fam.) ir y venir sin descanso, fatigarse ‖ **ajetreo** *m*

ají *m* (*pl:* **-jies**) pimiento pequeño y picante

ajilimoje *m* o **ajilimójili** *m* (fam.) salsa hecha con aceite y ajos

ajimez *m* (*pl:* **-meces**) ventana arqueada partida por una columna

ajipuerro *m* puerro silvestre

ajo *m* planta de olor fuerte que se usa como condimento (*Allium sativum*)

ajobar *tr* llevar a cuestas

ajobo *m* carga; trabajo penoso

ajolote *m* anfibio de Suramérica

ajonjear *tr* (Col.) mimar, acariciar

ajonjolí *m* (*pl:* **-lies**) planta de semillas oleaginosas (*Sesamum indicum*)

ajorca *f* argolla para adorno de los brazos o las piernas

ajornalar *tr* contratar a jornal

ajuar *m* muebles de una casa; muebles y ropas que trae la novia

ajuiciar *tr* inducir (*a uno*) a tener juicio

ajustado -da *adj* justo, recto; apretado

ajustador *m* jubón ajustado al cuerpo

ajustamiento *m* ‖ **ajustar** *tr* poner justo, arreglar; adaptar; concertar, concordar; contraer para algún servicio; concertar el precio de; comprobar (*una cuenta*); reconciliar; *intr* juntarse bien ‖ **ajuste** *m*

ajusticiar *tr* aplicar la pena de muerte a

al contracción de la preposición a y el artículo el

ala *f* parte del cuerpo del ave y el insecto que les sirve para volar; plano rígido de sustentación del

aeroplano; parte que se parece a un ala; parte lateral de un edificio o un ejército; **ala en flecha** (aer.) cada una de las dos alas que dan al avión la forma de flecha para aumentar las velocidades

Alá *m* nombre árabe del Ser Supremo

alabamio *m* cuerpo simple halógeno (*símbolo* Ab; *núm. atómico* 85) - véase astatino

alabancioso -sa *adj* (fam.) jactancioso

alabanza *f* ‖ **alabar** *tr* elogiar, loar; *ref* jactarse

alabarda *f* lanza con cuchilla de figura de media luna

alabardero *m* soldado armado de alabarda. (fam.) el que por oficio aplaude en los teatros

alabastrino -na *adj* ‖ **alabastro** *m* piedra caliza translúcida, fácil de trabajar

álabe *m* rama combada hacia la tierra; paleta curva de una rueda hidráulica

alabear *ref* torcerse o combarse (*la madera*) ‖ **alabeo** *m*

alacena *f* hueco en la pared para servir de armario; armario

alacrán *m* arácnido de picadura venenosa (*Buthus occitanus*)

alacridad *f* presteza de ánimo para ejecutar algo

aladierna *f* arbusto ramnáceo que produce materia tintórea

alado -da *adj* que tiene alas; veloz, rápido

alamar *m* presilla y botón que se cosen a la orilla de un vestido

alambicado -da *adj* dado con escasez y muy poco a poco; muy sutil

alambicar §72 *tr* destilar; examinar atentamente; volver demasiado sutil

alambique *m* aparato de destilación

alambrada *f* (mil.) red de alambre espinoso

alambrado *m* cerco de alambres afianzado en postes; red metálica que se pone en las ventanas

alambrar *tr* cercar con alambre; proveer de alambre eléctrico

alambre *m* hilo de metal

alambrera *f* cobertura de red de alambre; red metálica que se pone en las ventanas

alameda *f* paseo arbolado; sitio poblado de álamos

álamo *m* árbol de madera blanca y ligera (*Populus*)

alampar *ref* tener ansia grande

alancear *tr* herir con lanza

alano *m* perro mestizo de dogo y lebrel

alar *m* alero del tejado

alárabe o **alarbe** *adj* ‖ *mf* árabe; *m* hombre brutal

alarde *m* ostentación, gala; (mil.) revista

alardear *intr* hacer alarde ‖ **alardeo** *m*

alargadera *f* tubo con que se alarga el cuello de una retorta

alargamiento *m* ‖ **alargar** §45 *tr* hacer más largo; prolongar; *ref* alejarse; extenderse en lo que se habla o escribe

Alarico *m* rey de los visigodos que saqueó Roma (370–410)

alarido *m* grito lastimero

alarife *m* maestro de obras; (Arg.) persona lista

alarma *f* señal que anuncia el peligro; inquietud

alarmar *tr* dar alarma a; inquietar, asustar

alarmista *adj* ‖ *mf* persona que difunde noticias alarmantes

Alaska península al noroeste de América, uno de los estados de los EE. UU. ‖ **alaskano -na** *adj y mf*

alazán -zana *adj* de color de canela; *mf* caballo o yegua de color de canela

alazor *m* planta cuyas flores se emplean en tintorería (*Carthamus tinctorius*)

alba *f* primera luz del día; vestidura del sacerdote

albacea *mf* ejecutor testamentario ‖ **albaceazgo** *m*

albacora *f* bonito; primer fruto de la higuera

albada *f* alborada

albahaca *f* planta de flores blancas y olor aromático (*Ocimum*)

albahaquero *m* tiesto para plantas

albaicín *m* barrio en cuesta

albanés -nesa *adj y mf* ‖ Albania *f* estado balcánico

albañal *m* conducto para aguas inmundas

albañil *m* oficial de albañilería

albañilería *f* construcción en que se emplean ladrillos, piedras, cal, arena, etc.

albar *adj* blanco

albarán *m* papel fijado en una casa en señal de que se alquila; relación duplicada de mercancías

albarda *f* silla grosera de las bestias de carga

albardilla *f* almohadilla para agarrar la plancha sin quemarse; tejadillo que se pone sobre los muros

albardín *m* esparto o atocha

albaricoque *m* fruto del albaricoquero

albaricoquero *m* árbol rosáceo, de fruto muy estimado (*Prunus armeniaca*)

albarizo -za *adj* blanquecino

albarrada *f* pared de piedra seca

albatros *m* (*pl:* -tros) ave palmípeda de los mares australes

albayaldar *tr* ‖ **albayalde** *m* carbonato de plomo que se usa en pintura

albear *intr* tirar a blanco

albedrío *m* libertad de la voluntad humana; antojo, capricho

albéitar *m* veterinario

alberca *f* depósito artificial de agua

albérchiga *f* fruto de alberchiguero

albérchigo *m* alberchiguero; albérchiga

alberchiguero *m* variedad de melocotonero

albergar §45 *tr* dar albergue a; *intr y ref* tomar albergue

albergue *m* hospedaje, alojamiento; lugar donde se halla hospedaje; madriguera

Alberto *m* nombre propio de varón; Alberto Magno filósofo alemán (1193–1280)

albigense *adj* ‖ **albigenses** *mpl* herejes de los siglos XII y XIII en el mediodía de Francia

albinismo *m* falta del pigmento que colora la piel, el iris, el pelo, etc. ‖ **albino -na** *adj y mf*

albo -ba *adj* (poét.) blanco; *f* véase **alba**

albóndiga *f* bola de carne o pescado picado

albor *m* blancura; luz del alba

alborada *f* amanecer; música al amanecer

alborear *intr* amanecer

albornoz *m* (*pl:* -noces) tela de estambre muy torcido y fuerte; capote de baño, hecho de esta tela; capa con capucha de los árabes

alborotadizo -za *adj* que se alborota fácilmente

alborotado -da *adj* que obra sin reflexión

alborotapueblos *mf* (*pl:* -blos) perturbador del orden público; (fam.) amigo de jaranas

alborotar *tr* amotinar, sublevar; inquietar; *intr* hacer gran ruido

alboroto *m* griterío; desorden, sublevación; sobresalto

alborozar §62 *tr* causar suma alegría o gozo a

alborozo *m* suma alegría, regocijo grande

albricias *fpl* regalo al que trae una buena noticia; *interj* expresa el júbilo por una buena noticia

albufera *f* laguna de agua del mar en playas bajas

álbum *m* (*pl:* álbumes o álbums) libro en blanco para coleccionar fotografías, sellos, etc.

albumen *m* envoltura del embrión de algunas semillas

albúmina *f* substancia, compuesta de carbono, hidrógeno, nitrógeno, oxígeno y azufre, que se encuentra en la organización animal y vegetal

albuminuria *f* presencia de albúmina en la orina

albur *m* pez de río; riesgo, azar

albura *f* blancura perfecta; clara de huevo; madera blanquecina que se halla debajo de la corteza de los árboles

alburno *m* albura del árbol

alcacel *m* cebada verde y en hierba

alcachofa *f* planta hortense (*Cynara scolymus*); cabezuela comestible de esta planta

alcachofera *f* alcachofa (*planta*)

alcahaz *m* (*pl:* -haces) jaula grande para aves

alcahuete -ta *mf* persona que concierta o encubre un amor ilícito; ocultador de delincuentes o de objetos robados

alcaide *m* jefe de una cárcel; guardián de un castillo o fortaleza

alcaldada *f* abuso de autoridad

alcalde *m* jefe de un municipio o ayuntamiento ‖ **alcaldesa** *f*

alcaldía *f* cargo de alcalde; casa del alcalde

álcali *m* óxido metálico soluble que puede actuar como base

alcalinidad *f* ‖ **alcalino** -na *adj* que contiene álcali; que tiene sus propiedades

alcaloide *m* substancia orgánica nitrogenada, de propiedades básicas, que existe en ciertas plantas

alcana *f* alheña

alcance *m* distancia máxima a que llega una cosa; capacidad, talento; transcendencia; correo extraordinario; noticias recibidas a última hora; saldo deudor

alcancía *f* vasija pequeña para guardar ahorros

alcándara *f* percha para colgar la ropa; percha para las aves de cetrería

alcanfor *m* substancia cristalina, aromática y volátil que se saca del alcanforero y de otras plantas lauráceas

alcanforero *m* árbol lauráceo (*Cinnamomum camphora*)

alcantarilla *f* cloaca, sumidero; puentecillo

alcantarillado *m* conjunto de alcantarillas

alcanzar §62 *tr* llegar a juntarse con; llegar a igualarse con; poder coger o tocar; llegar a o hasta; conseguir;

comprender; percibir; *intr* llegar; lograr; ser suficiente

alcaparra *f* arbusto que crece en las tierras del Mediterráneo (*Capparis spinosa*); botón floral de esta planta que se come encurtido

alcaparrón *m* baya de la alcaparra

alcaraván *m* ave zancuda que caza de noche (*Burhinus oedicnemus*)

alcaravea *f* planta de semillas aromáticas (*Carum carvi*); semilla de esta planta

alcarraza *f* vasija de arcilla porosa para conservar fresca el agua

alcarria *f* terreno alto y de escasa vegetación

alcatifa *f* tapete o alfombra fina

alcatraz *m* (*pl:* -traces) pelícano americano; ave de la parte septentrional del Atlántico (*Sula bassana*); cucurucho; aro (*planta*)

alcaudón *m* pájaro que se usó en cetrería (*Lanius*)

alcayata *f* clavo acodado

alcazaba *f* castillo, plaza fuerte

alcázar *m* fortaleza; palacio real; (mar.) espacio entre el palo mayor y la entrada de la cámara alta

alce *m* porción que se corta después de haber barajado; rumiante muy corpulento (*Alces alces*)

Alcestes *f* (mit.) esposa de Admeto, cuya vida redimió a costa de la suya

Alcibíades *m* general ateniense y discípulo de Sócrates (450–404 a. de J.C.)

alción *m* martín pescador; (*cap.*) *m* la estrella más brillante de las Pléyades

alcista *mf* (com.) persona que juega al alza

alcoba *f* habitación para dormir

alcohol *m* líquido incoloro e inflamable que se obtiene de la destilación de substancias azucaradas, madera, etc.

alcohólico -ca *adj* perteneciente al alcohol; afectado de alcoholismo; *mf* persona que padece alcoholismo

alcoholímetro *m* aparato para medir la cantidad de alcohol contenida en un líquido

alcoholismo *m* abuso del alcohol; enfermedad que produce

alcoholizado -da *adj* ‖ *mf* persona que padece alcoholismo

alcoholizar §62 *tr* añadir alcohol a; *ref* contraer alcoholismo

alcor *m* colina, cerro

Alcorán *m* libro sagrado de los musulmanes

alcornoque *m* árbol cupulífero (*Quercus suber*); (fam.) persona estúpida ‖ **alcornoqueño -ña** *adj*
alcorza *f* pasta de azúcar y almidón ‖ **alcorzar** §62 *tr*
Alcuino *m* teólogo y filósofo inglés (735–804)
alcurnia *f* ascendencia, linaje
alcuza *f* recipiente en que se pone aceite
alcuzcuz *m* pasta de harina y miel que comen los moros
aldaba *f* pieza de metal que se pone a las puertas para llamar golpeando con ella; barreta para asegurar postigos o puertas; aldabilla
aldabada *f* o **aldabazo** *m* golpe de aldaba
aldabilla *f* gancho que entrando en una hembrilla sirve para cerrar
aldabón *m* aldaba para llamar; asa grande de cofre o baúl
aldea *f* lugar de poco vecindario ‖ **aldeano -na** *mf*
aldehído *m* cuerpo derivado del alcohol por eliminación de hidrógeno
aleación *f* mezcla de dos o más metales
alear *tr* mezclar (*dos o más metales*) por la fusión; *intr* mover las alas; mover los brazos a modo de alas
aleccionamiento *m* ‖ **aleccionar** *tr* enseñar; adiestrar
aledaño -ña *adj* colindante; *m* confín, límite
alegación *f* ‖ **alegar** §45 *tr* citar (*hechos, razones, etc.*) en favor de algo
alegato *m* alegación por escrito; exposición, defensa
alegoría *f* ficción que representa una cosa con otra; obra literaria de sentido simbólico ‖ **alegórico -ca** *adj*
alegrar *tr* causar alegría a; avivar (*el fuego*); *ref* sentir alegría
alegre *adj* que causa o que siente alegría; (fam.) medio embriagado
alegría *f* sentimiento de regocijo y viva satisfacción; ajonjolí
alegrón *m* llamarada fugaz; (fam.) alegría repentina e intensa
alejamiento *m* acción o efecto de alejar
Alejandría *f* ciudad y puerto de Egipto
alejandrino -na *adj* y *mf* natural de Alejandría; *m* verso de 14 sílabas
Alejandro *m* nombre propio de varón; Alejandro el Grande o Alejandro Magno rey de Macedonia (356–323 a. de J.C.)
alejar *tr* poner lejos o más lejos; *ref* ir lejos o más lejos
Alejo *m* nombre propio de varón

alelamiento *m* ‖ **alelar** *tr* poner lelo
alelí *m* (*pl:* -líes) alhelí
aleluya *m* y *f* voz que usa la Iglesia en señal de júbilo; *m* tiempo de Pascua; *f* planta que florece por Pascua (*Oxalis*); aleluya navideña tarjeta navideña; *interj* para demostrar júbilo
alemán -mana *adj* y *mf* natural de Alemania; *m* idioma alemán; alto alemán el alemán literario y oficial de los países elevados del Sur; antiguo alto alemán el de los años 800 a 1100; bajo alemán el alemán de las tierras bajas del Norte; medio alto alemán el de los años 1100 a 1500
Alemania *f* estado de la Europa central
alentado -da *adj* valiente; altanero; *f* (fam.) respiración no interrumpida
alentar §1 *tr* animar; *intr* respirar; *ref* restablecerse
Alepo ciudad de Siria
alerce *m* árbol conífero (*Larix*)
alergia *f* hipersensibilidad para una substancia que es innocua para la mayoría de las personas ‖ **alérgico -ca** *adj*
alero *m* parte saliente del tejado; pieza lateral del coche que defiende de las salpicaduras de lodo a los que van dentro
alerón *m* parte movible del ala del aeroplano
alerta *adv* con vigilancia; *m* aviso para que se vigile
alertar *tr* avisar (*a una persona*) para que esté alerta
alerto -ta *adj* cuidadoso, vigilante
alesaje *m* diámetro interior de un cilindro
aleta *f* membrana espinosa con que nadan los peces
aletargar §45 *tr* causar letargo a; *ref* padecer letargo
aletazo *m* golpe de ala o de aleta
aletear *intr* agitar las alas sin echar a volar ‖ **aleteo** *m*
Aleutas (islas) archipiélago que se extiende desde la península de Alaska hasta cerca de la costa oriental de Asia
aleve *adj* y *mf* traidor, pérfido; *m* traición, perfidia
alevosía *f* traición, perfidia ‖ **alevoso -sa** *adj*
alfa *f* primera letra del alfabeto griego
alfabético -ca *adj* perteneciente al alfabeto
alfabetizar §62 *tr* poner por orden alfabético

alfabeto *m* serie ordenada de las letras de una lengua

alfalfa *f* planta forrajera (*Medicago sativa*)

alfaneque *m* ave rapaz (*Buteo buteo*)

alfanje *m* sable morisco, ancho y curvo

alfaque *m* banco de arena en la boca de un río

alfaquí *m* (*pl:* -quíes) doctor de la ley mahometana

alfar *m* obrador de alfarero; arcilla

alfarería *f* arte de fabricar vasijas de barro; obrador o tienda donde se venden vasijas de barro || **alfarero** *m*

alfarje *m* artefacto para moler la aceituna; techo de maderas labradas y entrelazadas

alféizar *m* derrame de la pared en el corte de una puerta o ventana

alfeñicar §72 *ref* (fam.) adelgazarse; (fam.) afectar delicadeza

alfeñique *m* pasta de azúcar amasada con aceite de almendras; (fam.) persona delicada

Alfeo *m* (mit.) cazador a quien Diana convirtió en un río

alferecía *f* cargo o dignidad de alférez; epilepsia infantil

alférez *m* (*pl:* -reces) oficial militar de grado inmediatamente inferior al de teniente; alférez de fragata grado de la marina de guerra, equivalente al de segundo teniente

alfil *m* pieza de ajedrez que se mueve diagonalmente

alfiler *m* clavillo metálico para sujetar; joya a modo de alfiler; **alfileres** *mpl* dinero para gastos personales

alfilerazo *m* punzada de alfiler; mirada provocativa

alfiletero *m* cañuto para guardar alfileres y agujas

alfombra *f* tejido con que se cubre el suelo

alfombrado *m* acción de alfombrar; conjunto de alfombras

alfombrar *tr* cubrir con alfombra

alfombrilla *f* erupción cutánea parecida al sarampión

alfóncigo *m* árbol que da una almendra comestible (*Pistacia vera*)

alfonsino -na *adj* perteneciente a alguno de los reyes españoles llamados Alfonso

Alfonso *m* nombre propio de varón; Alfonso el Sabio rey de Castilla y León y poeta (1252–1284)

alforfón *m* planta cuya semilla sirve para hacer pan (*Fagopyrum esculentum*)

alforjas *fpl* talega con dos bolsas

Alfredo *m* nombre propio de varón; Alfredo el Grande rey anglosajón y protector de las letras (849–899)

alga *f* planta talofita, provista de clorofila

algaida *f* sitio lleno de maleza; médano

algalia *f* substancia de olor fuerte que se obtiene del gato de algalia; sonda para las operaciones de la vejiga; *m* gato de algalia

algarabía *f* lengua árabe; (fam.) lenguaje o escritura ininteligible; (fam.) estrépito, ruido

algarada *f* gran vocerío; tumulto

algarroba *f* arveja; fruto del algarrobo

algarrobo *m* árbol leguminoso (*Ceratonia siliqua*)

algazara *f* ruido, gritería

álgebra *f* parte de las matemáticas que trata de la cantidad en abstracto || algebraico -ca o algébrico -ca *adj* || **algebrista** *mf*

Algeciras ciudad de España, frente a Gibraltar || algecireño -ña *adj y mf*

álgido -da *adj* frío, glacial

algo *pron indef* alguna cosa; *adv* un poco, hasta cierto punto

algodón *m* substancia blanca y suave que recubre las semillas del algodonero; tejido hecho con ella; algodonero (*arbusto*)

algodonero -ra *adj* perteneciente al algodón; *mf* persona que trata en algodón; *m* arbusto que produce el algodón (*Gossypium*)

algodonoso -sa *adj* que tiene aspecto de algodón

alguacil *m* oficial inferior de justicia

alguacilillo *m* jinete que en la plaza de toros precede a la cuadrilla y recibe del presidente la llave del toril

alguien *pron indef* alguna persona

algún *adj* apócope de alguno

alguno -na *adj indef* indeterminado; cierto; bastante, ni poco ni mucho; *pron indef* alguna persona o cosa

alhaja *f* joya; adorno o mueble precioso; persona de excelentes cualidades

alhajar *tr* adornar con alhajas; amueblar

alharaca *f* demostración excesiva de algún sentimiento, hecho con poco motivo

alhelí *m* (*pl:* -líes) planta de jardín con flores olorosas (*Cheiranthus y Matthiola*)

alheña *f* arbusto cuyas hojas en polvo se emplean para teñir (*Lawsonia inermis*)

alheñar *tr y ref* teñir con polvos de alheña

alhóndiga *f* local público para la compra y venta de granos

alhucema *f* espliego

alhumajo *m* hojas de los pinos

aliado -da *adj* ‖ *mf* persona coligada con otra; *m* país coligado con otro

aliadófilo -la *adj y mf* partidario de las naciones aliadas en contra de Alemania

aliaga *f* aulaga

alianza *f* acción de aliarse; parentesco por casamiento

aliar §76 *ref* unirse, coligarse

alias *m* apodo; *adv* por otro nombre

alicaído -da *adj* caído de alas; (fam.) abatido; (fam.) venido a menos; (fam.) falto de fuerzas

alicántara *f* víbora muy venenosa

alicante *m* alicántara; vino de Alicante; (*cap.*) ciudad y puerto de España en el Mediterráneo

alicantino -na *adj y mf* natural de Alicante; *f* (fam.) treta, malicia

alicatado *m* obra de azulejos con arabescos

alicates *mpl* tenacillas de acero

Alicia *f* nombre propio de mujer

aliciente *m* atractivo, incentivo

alicuanta *adj* (mat.) (*parte*) que no divide exactamente un todo

alicuota *adj* (mat.) (*parte*) que divide exactamente un todo

alidada *f* regla fija o móvil que sirve para dirigir visuales

alienación *f* acción de alienar; trastorno mental

alienado -da *adj y mf* loco, demente

alienar *tr y ref* enajenar

alienista *adj y mf* especialista en enfermedades mentales

aliento *m* respiración; soplo; valor, ánimo, esfuerzo; **de mucho aliento** de larga duración

alifafe *m* tumor en los corvejones del caballo; (fam.) achaque habitual

aligación *f* unión; mezcla, liga

aligeramiento *m* ‖ **aligerar** *tr* hacer menos pesado; aliviar; abreviar; apresurar

alijar *m* terreno inculto; *tr* aligerar (*un buque*); transbordar o echar a tierra (*géneros de contrabando*); separar la borra de la simiente en (*el algodón*); pulir con lija

alijo *m* acción de alijar; conjunto de géneros de contrabando; (Cuba) ténder

alimaña *f* animal perjudicial a la caza menor

alimentación *f* ‖ **alimentar** *tr* dar alimento a; sustentar; fomentar

alimenticio -cio *adj* que alimenta

alimento *m* substancia que sirve para nutrir; sostén. fomento; *alimentos mpl* asistencia en dinero que se da a una persona

alimón: al alimón asiendo dos toreros sendos extremos del capote

alindar *tr* señalar los lindes a; poner lindo; *intr* lindar

alineación *f* ‖ **alinear** *tr* poner en línea recta

aliñar *tr* aderezar, condimentar; adornar, preparar; (Chile) concertar (*un hueso dislocado*) ‖ **aliño** *m*

aliquebrado -da *adj* (fam.) alicaído, triste

alisar *m* terreno poblado de alisos; *tr* poner liso; arreglar ligeramente (*el cabello*); planchar ligeramente (*la ropa*)

alisios *adj pl* ‖ *mpl* vientos fijos que soplan de los trópicos

alisma *f* planta que crece en los estanques

aliso *m* árbol que se cría en terrenos húmedos (*Alnus*)

alistamiento *m* ‖ **alistar** *tr* sentar o escribir en lista; aprontar, disponer; *ref* sentar plaza

aliteración *f* empleo de voces en que se repiten las mismas letras

aliviar *tr* hacer menos pesado; mitigar; dar mejoría a; acelerar ‖ **alivio** *m*

alizar *m* friso de azulejos

aljaba *f* caja para flechas

aljama *f* junta de judíos o moros; mezquita, sinagoga

aljamía *f* lo escrito en castellano con caracteres árabes

aljamiado -da *adj* escrito en aljamía

aljez *m* mineral de yeso

aljibe *m* cisterna para el agua llovediza

aljófar *m* perla pequeña de figura irregular; conjunto de ellas

aljofifa *f* paño para fregar el suelo ‖ **aljofifar** *tr*

alma *f* substancia espiritual que anima al cuerpo humano; lo que da aliento y fuerza a una cosa; individuo, persona; hueco del cañón de arma de fuego

almacén *m* local donde se tienen mercancías para su custodia; tienda; (fot.) depósito de placas; (Arg.) abacería

almacenaje *m* derecho que se paga por guardar una cosa en un depósito

almacenamiento *m* ‖ **almacenar** *tr* poner en almacén; reunir o conservar (*muchas cosas*)

almacenista *mf* dueño de un almacén; dependiente de un almacén

almáciga *f* sitio donde se siembran semillas para transplantarlas; resina aromática

almácigo *m* lentisco

almádana o **almádena** *f* mazo de hierro para romper piedras

almadía *f* armadía, balsa

almadraba *f* pesca de atunes; red para pescar atunes; sitio donde se hace esta pesca

almadreña *f* zapato de madera

almagesto *m* antiguo libro de astronomía

almagrar *tr* teñir de almagre

almagre *m* óxido rojo de hierro

almanaque *m* calendario con indicaciones de festividades religiosas, actos civiles, etc.

almarjo *m* barrilla

almártaga *f* litargirio

almaste *m* o **almástiga** *f* almáciga (*resina*)

almazara *f* molino de aceite

almazarrón *m* almagre

almea *f* danzarina oriental; estoraque

almeja *f* molusco bivalvo comestible

almena *f* cada uno de los dientes que coronan los muros de las fortalezas

almenar *m* pie de hierro sobre el cual se ponían teas encendidas; *tr* coronar de almenas

almenara *f* fuego en atalayas para señal o aviso

almendra *f* fruto del almendro; semilla de cualquier fruto drupáceo

almendrado -**da** *adj* de figura de almendra; *m* pasta de almendras, harina y miel o azúcar; *f* bebida de leche de almendras

almendro *m* árbol rosáceo (*Prunus amygdalus*)

Almería *f* ciudad de España en la región andaluza ‖ **almeriense** *adj* y *mf*

almez *m* árbol de la familia de las ulmáceas (*Celtis*)

almeza *f* fruto del almez

almiar *m* pajar al descubierto

almíbar *m* azúcar disuelto en agua y espesado al fuego; jugo de frutas

almibarado -**da** *adj* (*fam.*) excesivamente halagüeño y dulce

almibarar *tr* cubrir con almíbar; suavizar (*las palabras*)

almidón *m* fécula que se extrae de algunos cereales

almidonado -**da** *adj* (*fam.*) ataviado con excesiva pulcritud

almidonar *tr* mojar en almidón desleído en agua

almilla *f* jubón ajustado al cuerpo

almimbar *m* púlpito de las mezquitas

alminar *m* torre de una mezquita

almirantazgo *m* dignidad de almirante; alto consejo de la armada

almirante *m* oficial que tiene el cargo supremo de la armada

almirez *m* (*pl:* -reces) mortero de metal

almizclar *tr* perfumar con almizcle

almizcle *m* substancia odorífera que se saca del almizclero

almizcleño -**ña** *adj* que huele a almizcle

almizclero -**ra** *adj* almizcleño; *m* rumiante que segrega el almizcle (*Moschus moschiferus*); *f* mamífero roedor (*Fiber zibethicus*)

almo -**ma** *adj* (*poét.*) criador, vivificador; (*fam.*) santo, venerable; *f* véase alma

almodrote *m* salsa de aceite, ajos y queso; (*fam.*) mezcla confusa

almohada *f* colchoncillo para reclinar la cabeza o para sentarse; su funda

almohadilla *f* cojincillo; relleno de algodón; acerico; resalto labrado en un sillar

almohadón *m* almohada grande

almohaza *f* instrumento para estregar las caballerías ‖ **almohazar** §62 *tr*

almoneda *f* venta de bienes muebles en subasta; venta de géneros a bajo precio

almorrana *f* tumorcillo sanguíneo en el ano

almorta *f* planta leguminosa (*Lathyrus sativus*); su semilla

almorzada *f* lo que cabe en el hueco de ambas manos juntas

almorzar §38 *tr* comer en el almuerzo; *intr* tomar el almuerzo

almozárabe *adj* y *mf* mozárabe

almuecín *m* o **almuédano** *m* sacerdote musulmán que desde el alminar llama al pueblo a la oración

almuerzo *m* comida que se toma hacia la mitad del día

alnado -**da** *mf* hijastro

alocado -**da** *adj* que tiene cosas de loco

alocución *f* discurso o arenga breve

aloe *m* o **áloe** *m* planta liliácea de la cual se extrae un jugo purgante; este jugo

aloja *f* bebida hecha con miel y especias; (*Arg.*) bebida hecha con algarrobas

alojamiento *m* ‖ **alojar** *tr* hospedar, aposentar; meter, introducir; *ref* situarse (*las tropas*)

alón *m* ala entera de ave sin las plumas

alondra *f* ave canora (*Alauda arvensis*)

alópata *adj y mf* ‖ **alopatía** *f* empleo de remedios que en el hombre sano producen efectos diversos de los síntomas de la enfermedad ‖ **alopático -ca** *adj*

alopecia *f* caída del pelo por enfermedad de la piel

aloque *m* vino tinto claro; mixtura del vino tinto y blanco

alotropía *f* (quím.) diferencia que presenta un mismo cuerpo simple en su aspecto o propiedades ‖ **alotrópico -ca** *adj*

alpaca *f* rumiante de Suramérica parecido a la llama; su pelo; tejido hecho con él; metal blanco

alpargata *f* sandalia de cáñamo

alpechín *m* líquido fétido que sale de las aceitunas apiladas

alpende *m* cubierta voladiza; casilla para guardar herramientas en las obras

alpenstock *m* bastón puntiagudo del alpinista

Alpes *mpl* cordillera de la Europa central entre Francia, Suiza, Italia, Austria y Yugoslavia ‖ **alpestre** *adj*

alpinismo *m* deporte consistente en escalar montañas ‖ **alpinista** *mf*

alpino -na *adj* perteneciente a los Alpes

alpiste *m* planta cuyas semillas se dan a los pájaros (*Phalaris canariensis*); semilla de esta planta

alquería *f* casa de campo destinada a la labranza

alquibla *f* punto hacia donde los mahometanos deben mirar cuando rezan

alquicel *m* o **alquicer** *m* capa morisca blanca

alquiladizo -za *adj* ‖ *mf* (desp.) persona que se alquila

alquilador -dora *mf* persona que alquila

alquilar *tr* dar o tomar el uso de (*una cosa*) por precio convenido; *ref* darse en alquiler; ponerse a servir a una persona por cierto estipendio

alquiler *m* acción de alquilar; precio en que se alquila una cosa

alquilón -lona *adj* ‖ *mf* (desp.) alquiladizo

alquimia *f* arte que pretendía transmutar en oro los demás metales ‖ **alquimista** *mf*

alquitara *f* alambique

alquitrán *m* substancia resinosa que se obtiene de la destilación de la hulla o la madera ‖ **alquitranar** *tr*

alrededor *adv* en círculo; alrededor de rodeando; (fam.) cerca de, poco más o menos de; **alrededores** *mpl* contornos

Alsacia *f* antigua provincia de Francia

Alsacia-Lorena *f* territorio que se extiende desde los Vosgos hasta el Rin

alsaciano -na *adj y mf* natural de Alsacia

álsine *f* planta cuya semilla se da a los pájaros (*Stellaria*)

alta *f* entrada en servicio de un militar; documento que lo acredita; ingreso como socio; orden de dejar el hospital

altamente *adv* en extremo, en gran manera

altanería *f* altivez, soberbia ‖ **altanero -ra** *adj*

altar *m* mesa para celebrar misas; ara para los sacrificios; **conducir** o **llevar al altar** casarse con (*una mujer*)

altavoz *m* (*pl:* -voces) aparato para la amplificación eléctrica del sonido

altea *f* malvavisco

alteración *f* ‖ **alterar** *tr* cambiar la forma o la esencia de; perturbar, trastornar

altercación *f* o **altercado** *m* ‖ **altercar** §72 *intr* disputar, contender

alternación *f* acción de alternar

alternador *m* generador de corriente eléctrica alterna

alternancia *f* sucesión alternativa; cada uno de los cambios de sentido de una corriente eléctrica alterna

alternar *tr* hacer por turnos y sucesivamente; *intr* sucederse por turno o repetidamente; tener trato social

alternativo -va *adj* que se hace con alternación; *f* opción entre dos cosas; derecho de alternar; acto por el cual un matador de toros eleva a un matador de novillos a su misma categoría

alterno -na *adj* alternativo; (*corriente eléctrica*) que cambia periódicamente de polaridad

alteza *f* elevación, sublimidad; tratamiento que se da a los príncipes

altibajo *m* golpe dado de alto a bajo; **altibajos** *mpl* desigualdades de un terreno; cambios en la fortuna

altilocuencia *f* grandilocuencia ‖ **altilocuente** o **altilocuo -cua** *adj*

altillo *m* cerrillo; construcción en alto en el interior de una tienda

altimetría *f* arte de medir alturas ‖ **altimétrico -ca** *adj*

altímetro -tra *adj* perteneciente a la altimetría; *m* instrumento para medir alturas

altiplanicie *f* meseta extensa y a gran altitud

altísimo -ma *adj* muy alto; **el Altísimo** Dios

altisonante o altisono -na *adj* muy sonoro y elevado

altitud *f* altura

altivez *f* orgullo, soberbia ‖ altivo -va *adj*

alto -ta *adj* elevado, levantado; de gran estatura; superior; caro; (*voz o sonido*) fuerte; (*río*) crecido; pasar por alto callar, omitir; ponerse tan alto resentirse, dando muestras de superioridad; *m* altura; detención, parada; alto el fuego cese de hostilidades; alto *adv* en lugar superior; en voz fuerte; ¡alto! se usa para detener a uno; *f* véase alta

altoparlante *m* altavoz

altorrelieve *m* relieve en que las figuras salen del plano más de la mitad de su grueso

altozano *m* cerro de poca altura en terreno llano; (Amér.) atrio de una iglesia

altramuz *m* (*pl*: -muces) planta leguminosa (*Lupinus albus*); su semilla

altruismo *m* benevolencia en beneficio ajeno ‖ altruista *adj y mf*

altura *f* calidad de alto; elevación sobre la superficie de la tierra; dimensión de un objeto perpendicular a su base; coyuntura; cumbre de los montes; elevación moral o intelectual; alturas *fpl* cielo; a la altura de capaz de hacer frente a (*p.ej., cierta tarea*); (mar.) frente a

alubia *f* planta hortense (*Phaseolus vulgaris*)

alucinación *f* acción de alucinar; sensación debida a ilusiones

alucinar *tr* producir sensaciones falsas a; cautivar irresistiblemente

alud *m* masa de nieve que rueda de los montes a los valles

aluda *f* hormiga con alas

aludir *tr e intr* hacer referencia (a)

alumbrado *m* sistema de iluminación; conjunto de luces

alumbramiento *m* acción de alumbrar; parto

alumbrar *tr* iluminar; dar vista a (*un ciego*); enseñar, ilustrar; tratar con alumbre; *intr* parir; *ref* (fam.) achisparse

alumbre *m* sulfato doble de alúmina y potasa

alúmina *f* óxido de aluminio

alumínico -ca *adj* ‖ aluminio *m* cuerpo simple metálico, muy ligero y maleable (*símbolo* Al; *núm. atómico* 13; *peso atómico* 26,97)

alumnado *m* conjunto de alumnos

alumno -na *mf* discípulo

alusión *f* acción de aludir ‖ alusivo -va *adj*

aluvión *m* avenida impetuosa de agua; depósito de arena; (fam.) torrente, tropel

álveo *m* cauce de un río

alveolar *adj* ‖ alvéolo *m* celdilla del panal; cavidad en que está engastado un diente; cangilón de noria

alza *f* aumento de precio; jugar al alza (com.) especular con valores contando con su alza

alzacuello *m* corbatín del traje eclesiástico

alzada *f* estatura de las caballerías hasta la cruz; recurso de apelación

alzado *m* diseño de un edificio en su proyección vertical; precio fijado por un total; ordenación de los pliegos de una obra impresa para formar los ejemplares de la misma

alzamiento *m* acción de alzar; puja en una subasta; levantamiento; quiebra fraudulenta

alzapaño *m* gancho o lazo que sirve para recoger la cortina hacia los lados

alzaprima *f* palanca para alzar cosas pesadas ‖ alzaprimar *tr*

alzar §62 *tr* levantar; elevar (*la hostia y el cáliz*); llevarse; guardar, ocultar; ordenar (*los pliegos de un volumen*); *ref* sublevarse; quebrar fraudulentamente

allá *adv* en aquel lugar; en otro tiempo

allanamiento *m* ‖ allanar *tr* poner llano; vencer (*un obstáculo*); entrar a la fuerza en (*casa ajena*); *ref* caerse a plomo; conformarse

allegado -da *adj* cercano; *mf* pariente; partidario

allegar §45 *tr* recoger, juntar; arrimar; *intr* llegar; *ref* llegar; arrimarse

allende *prep* más allá de; allende de además de

allí *adv* a o en aquel lugar; entonces

ama *f* dueña de la casa; propietaria; criada principal; nodriza

amabilidad *f* ‖ amable *adj* digno de ser amado; afable, afectuoso

amadís *m* hombre caballeresco

amadrigar §45 *ref* meterse en la madriguera; retraerse

amaestramiento *m* ‖ amaestrar *tr* enseñar, adiestrar

amagar §45 *tr* hacer ademán de; amenazar; *intr* estar próximo a sobrevenir ‖ amago *m*

amainar *tr* (mar.) recoger (*las velas*); *intr* aflojar (*el viento*); aflojar ‖ amaine *m*

amalgama f aleación de mercurio con otro metal; mezcla

amalgamación f ‖ **amalgamar** tr alear el mercurio con; unir, mezclar (p.ej., *dos sociedades*)

Amalia f nombre propio de mujer

amamantamiento m ‖ **amamantar** tr dar de mamar a

amancebamiento m ‖ **amancebar** ref vivir juntos (*hombre y mujer*) sin estar casados

amancillar tr manchar; ajar, deslucir

amanecer m llegada del día; §19 intr empezar a rayar el día; llegar a un lugar al clarear el día; empezar a manifestarse

amanerado -da adj afectado, estudiado

amaneramiento m ‖ **amanerar** ref adquirir maneras afectadas

amansar tr hacer manso; sosegar, mitigar

amante adj que ama; amante de apasionado por; **amantes** mpl hombre y mujer que se aman

amanuense mf persona que escribe al dictado; escribiente

amañado -da adj dispuesto, diestro; falsificado

amañar tr disponer con maña; ref darse maña, acomodarse

amaño m disposición para hacer algo con maña; **amaños** mpl herramientas; traza, artificio

amapola f planta que abunda en los sembrados (*Papaver rhoeas*)

amar tr tener amor a

amaraje m acción de amarar

amaranto m planta de adorno, de flores aterciopeladas

amarar intr (aer.) posarse en el agua

amargar §45 tr comunicar sabor de la hiel a; comunicar sabor desagradable a; causar disgusto o pesar a

amargo -ga adj que tiene sabor de hiel; áspero, desagradable; m amargor

amargor m sabor amargo; disgusto, pesar

amarguera f planta de sabor amargo (*Bupleurum*)

amargura f amargor

amarilis f planta de flores hermosas y suave olor

amarillear intr tirar a amarillo

amarillecer §19 intr ponerse amarillo

amarillento -ta adj que tira a amarillo

amarillez f ‖ **amarillo -lla** adj del color del limón; m color del limón

amariposado -da adj parecido a la mariposa

amaro m planta de olor nauseabundo (*Salvia sclarea*)

amarra f cabo para asegurar la embarcación

amarradero m poste o argolla donde se ata un caballo; sitio donde se amarran embarcaciones

amarrar tr atar por medio de cuerdas, sogas, cadenas ‖ **amarre** m

amartelar tr enamorar, cortejar; amar; dar celos a

amartillar tr poner en el disparador (*un arma de fuego*); martillar

amasadura f acción de amasar; harina amasada

amasamiento m acción de amasar; masaje

amasar tr trabajar (*la masa de harina, agua y levadura*) para hacer pan; mezclar (*yeso y agua*); friccionar (*el cuerpo*) con fin terapéutico; amontonar, acumular (*dinero*)

amasijo m acción de amasar; porción de masa; obra, tarea; (fam.) mezcla confusa

Amata f nombre propio de mujer

amatista f piedra preciosa de color violeta

amatorio -ria adj perteneciente al amor; que induce a amar

amazacotado -da adj pesado, falto de proporción

amazona f mujer de ánimo varonil; mujer que monta a caballo; vestido de mujer para equitación; (mit.) mujer de una raza guerrera

Amazonas m gran río de Suramérica

ambages mpl rodeos, circunloquios

ámbar m resina fósil, electrizable por frotación; ámbar gris substancia de origen animal, de olor almizcleño ‖ **ambarino -na** adj

Amberes f provincia de Bélgica y capital de esta provincia ‖ **amberino -na** adj y mf

ambición f pasión por alcanzar fama, poder, caudal; cosa ambicionada

ambicionar tr tener ambición por

ambicioso -sa adj que tiene ambición

ambidextro -tra adj que emplea lo mismo la mano izquierda que la derecha

ambiente m aire que rodea los cuerpos; medio social

ambigú m (pl: -gúes) servicio de manjares en los bailes y espectáculos; local donde se sirven

ambigüedad f ‖ **ambiguo -gua** adj que admite más de una interpretación; (*nombre*) que se usa en ambos géneros sin alteración de sentido

ámbito m espacio dentro de ciertos límites; su contorno

ambladura f ‖ **amblar** intr andar (*un cuadrúpedo*) moviendo a un tiempo el pie y la mano de un mismo lado

ambo m en la lotería casera, suerte de dos números; (Chile) traje compuesto de saco y pantalón

ambos -bas *adj y pron indef* los dos, el uno y el otro

ambrosia f manjar de los dioses; cosa deleitosa

Ambrosio m nombre propio de varón

ambulancia f vehículo destinado al transporte de heridos y enfermos; hospital ambulante; oficina postal en un tren

ambulante *adj* que va de un lugar a otro; m empleado de correos encargado de una ambulancia

amedrentar *tr* infundir miedo a

amén voz hebrea que significa así sea; amén de (fam.) a excepción de; (fam.) además de

amenaza f ‖ **amenazar** §62 *tr* dar a entender que se quiere hacer algún mal a; *intr* parecer inminente (*una cosa mala*)

amenguar §10 *tr* disminuir; deshonrar, infamar

amenidad f calidad de ameno

amenizar §62 *tr* hacer ameno

ameno -na *adj* grato, placentero, deleitable

amenorrea f supresión anormal del flujo menstrual

amento m (bot.) espiga compuesta de flores de un mismo sexo

América f una de las cinco partes del mundo

americana f saco, chaqueta

americanismo m vocablo o giro propio de los países hispanoamericanos; carácter de las cosas de América; afición a ellas

americanista *mf* persona que estudia las cosas de América

americanización f ‖ **americanizar** §62 *tr* dar carácter americano a; *ref* volverse americano

americano -na *adj y mf* natural de América; f véase **americana**

americio m cuerpo simple radiactivo (*símbolo* Am; *núm. atómico* 95; *peso atómico ¿* 241)

ametralladora f fusil de tiro rápido y automático

ametrallar *tr* disparar metralla contra; disparar la ametralladora contra; atacar violentamente

amianto m mineral blanco y filamentoso que resiste al fuego

amiba f animal microscópico unicelular, caracterizado por la mutabilidad de su aspecto ‖ **amibiano -na** *adj*

amigabilidad f ‖ **amigable** *adj* amistoso

amigdala f glándula situada a la entrada del esófago

amigdalitis f inflamación de las amígdalas

amigo -ga *adj* que tiene amistad; aficionado; *mf* persona que tiene amistad; conocido con quien tenemos roce o trato

amiláceo -a *adj* que contiene almidón

amilanamiento m ‖ **amilanar** *tr* acobardar, causar miedo a

Amílcar m general cartaginés, padre de Aníbal (m. 228 a. de J.C.)

aminorar *tr* minorar

amir m caudillo o príncipe árabe

amistad f afecto desinteresado; amistades *fpl* amigos

amistar *tr* unir en amistad; reconciliar

amistoso -sa *adj* perteneciente a la amistad; propio de amigos

amito m lienzo con una cruz que lleva el sacerdote debajo del alba

amnesia f pérdida de la memoria ‖ **amnésico -ca** *adj*

amnistía f perdón general para delitos políticos ‖ **amnistiar** §76 *tr*

amo m jefe de la familia; propietario

amoblar §63 *tr* amueblar

amodorramiento m ‖ **amodorrar** *ref* caer en modorra

amohinar *tr* causar mohina a

amojamar *ref* quedarse muy enjuto de carnes

amojonar *tr* señalar con mojones

amoladera f piedra de amolar

amolar §63 *tr* afilar o aguzar con la muela; (fam.) molestar, enfadar

amoldar *tr* ajustar al molde; conformar a una pauta

amonedar *tr* reducir a moneda

amonestación f ‖ **amonestar** *tr* reprender, advertir por vía de corrección; publicar los nombres de (*los que quieren contraer matrimonio*)

amoniacal *adj* ‖ **amoníaco** m gas de olor fuerte compuesto de nitrógeno e hidrógeno; goma resinosa usada en medicina

amontar *tr* hacer huir; *ref* huirse al monte

amontillado m vino de Jerez, generoso y pálido

amontonar *tr* poner en montón, juntar sin orden; *ref* juntarse sin orden; (fam.) montar en cólera

amor m sentimiento que inclina el ánimo hacia alguien o algo; persona amada; suavidad

amoral *adj* ni moral ni inmoral ‖ **amoralidad** f

amoratar *tr* poner de color morado; poner lívido

amordazar §62 *tr* poner mordaza a
amorfo -fa *adj* sin forma determinada
amorío *m* (fam.) enamoramiento
amormío *m* planta de flores blancas (*Pancratium maritimum*)
amoroso -sa *adj* que siente o manifiesta amor; suave, apacible
amortajar *tr* poner la mortaja a
amortecer §19 *tr* amortiguar; *ref* desmayarse
amortiguador *m* dispositivo del automóvil destinado a amortiguar las sacudidas
amortiguar §10 *tr* templar, amenguar la viveza o la violencia de; (fís.) disminuir la amplitud de (*ondas u oscilaciones sucesivas*)
amortizar §62 *tr* pagar el capital de (*un préstamo o deuda*); suprimir (*un empleo*)
Amós *m* nombre propio de varón
amoscar §72 *ref* (fam.) enfadarse, irritarse
amostazar §62 *tr* (fam.) enojar, irritar
amotinar *tr* inquietar, turbar; alzar en motín
amovible *adj* que se puede separar de su lugar
amparar *tr* defender, favorecer, proteger
amparo *m* acción de amparar; defensa, protección; (*cap.*) *f* nombre propio de mujer
amperaje *m* intensidad de una corriente eléctrica expresada en amperios
amperímetro *m* aparato para medir amperios
amperio *m* unidad de medida de la intensidad de la corriente eléctrica; amperio hora *m* (*pl:* amperios hora) cantidad de electricidad que la corriente de un amperio produce en una hora
amperio-vuelta *f* producto del número de espiras de un carrete por el número de amperios que lo atraviesa
ampliación *f* acción de ampliar; fotografía ampliada
ampliador -dora *adj* que amplía; *f* aparato que sirve para obtener fotografías ampliadas
ampliar §76 *tr* extender, aumentar; reproducir a mayor tamaño
amplificación *f* acción de amplificar
amplificador -dora *adj* que amplifica; *m* aparato que sirve para amplificar la intensidad de una corriente eléctrica
amplificar §72 *tr* aumentar, agrandar
amplio -plia *adj* extenso, dilatado

amplitud *f* extensión, dilatación; (elec.) valor máximo de una corriente alterna
ampo *m* blancura; copo de nieve
ampolla *f* vejiga en la piel; vasija de vidrio de cuello largo; tubito con un líquido inyectable; bombilla eléctrica
ampollar *tr* hacer ampollas en (*la piel*); poner hueco y cóncavo
ampolleta *f* reloj de arena
ampulosidad *f* ‖ **ampuloso -sa** *adj* hinchado, pomposo
amputación *f* ‖ **amputar** *tr* cortar y separar del cuerpo (*un miembro o parte de él*)
amuchachado -da *adj* que se parece a los muchachos
amueblar *tr* poner muebles en
amuleto *m* objeto portátil a que se atribuye virtud sobrenatural para alejar algún daño o peligro
amunicionar *tr* municionar
amura *f* parte de los costados de un buque donde éste se estrecha para formar la proa
amurallar *tr* murar
amusgar §45 *tr* echar hacia atrás (*un animal las orejas*); recoger (*la vista*) para ver mejor
ana *f* medida de longitud (*z metro*); (*cap.*) *f* nombre propio de mujer
anacarado -da *adj* nacarado
anacardo *m* árbol de fruto acorazonado; este fruto
anaconda *f* gran serpiente de Suramérica (*Eunectes murinus*)
anacoreta *mf* asceta que vive en lugar solitario
Anacreonte *m* poeta lírico griego (563–478 a. de J.C.)
anacreóntico -ca *adj* propio de Anacreonte; que canta los placeres del amor, del vino, etc.
anacrónico -ca *adj* que adolece de anacronismo; anticuado
anacronismo *m* error cronológico; antigualla
ánade *m* pato
anadear *intr* andar como los ánades
anadón *m* pollo del ánade
anaerobio -bia *adj* ‖ *m* ser que puede vivir en ausencia del oxígeno del aire
anagrama *m* transposición de las letras de una palabra para formar otra; palabra que resulta de tal transposición
anal *adj* perteneciente al ano
anales *mpl* relaciones de sucesos por años
analfabetismo *m* ‖ **analfabeto -ta** *adj* ‖ *mf* persona ignorante; persona que no sabe leer ni escribir

analgesia f ausencia de dolor

analgésico -ca adj perteneciente a la analgesia; m medicamento que produce analgesia

análisis m y f (pl: -sis) descomposición de un todo; examen crítico minucioso

analista mf autor de anales; persona que analiza; persona que psicoanaliza

analítico -ca adj perteneciente al análisis

analizar §62 tr hacer análisis de

analogía f similitud, correspondencia; parte de la gramática que estudia el valor de las palabras aisladamente

analógico -ca adj semejante; perteneciente a la analogía

análogo -ga adj semejante

ananá m o ananás m (pl: -naes o -nases) planta con fruto en forma de piña; este fruto

anapesto m pie de la poesía clásica, de dos sílabas breves y una larga

anaquel m cada una de las tablas horizontales de un armario, estante, etc.

anaranjado -da adj ‖ m color parecido al de la naranja

anarquía f falta de gobierno; desorden ‖ anárquico -ca adj

anarquismo m doctrina política que desconoce todo principio de autoridad ‖ anarquista adj y mf

anatema m y f maldición; excomunión ‖ anatematizar §62 tr

anatomía f estructura de un ser orgánico; ciencia que la estudia; disección de un cuerpo orgánico ‖ anatómico -ca adj ‖ anatomista mf

Anaxágoras m filósofo griego (500-428 a. de J.C.)

Anaximandro m filósofo griego (611-547 a. de J.C.)

anca f cuarto trasero del animal; (fam.) nalgas

ancianidad f ‖ anciano -na adj ‖ mf persona de mucha edad

ancla f gancho de hierro que se echa al mar para asegurar los buques

anclaje m acción de anclar; sitio donde se ancla

anclar intr echar el ancla

ancón m o anconada f pequeña ensenada

áncora f ancla; pieza del reloj que regula el escape; lo que sirve de amparo

ancorar intr anclar

ancho -cha adj que tiene anchura; holgado, amplio; m anchura

anchoa f pez que se conserva en salmuera (Engraulis encrasicholus)

anchor m anchura

anchova f anchoa

anchura f dimensión en sentido opuesto a la longitud; holgura, desahogo

anchuroso -sa adj muy ancho, espacioso

andaderas fpl aparato que sostiene al niño para que aprenda a andar

andador -dora adj ‖ mf persona que anda mucho; andadores mpl tirantes que sostienen al niño para que aprenda a andar

andadura f acción de andar; paso llano del caballo

Andalucía f región meridional de España ‖ andaluz -luza adj y mf

andaluzada f (fam.) exageración

andamiada f o andamiaje m conjunto de andamios

andamio m armazón de tablas para trabajar en las obras; esqueleto

andana f orden de cosas puestas en línea

andanada f descarga cerrada de toda la batería de un buque; gradería cubierta en las plazas de toros; (fam.) reprensión

andantesco -ca adj perteneciente a la caballería o a los caballeros andantes

andanza f fortuna, suerte

andar m manera de andar; §4 tr recorrer (p.ej., un camino, tres kilómetros); intr moverse de un lugar a otro; caminar; funcionar

andaraje m rueda de noria

andariego -ga o andarín -rina adj ‖ mf persona que anda mucho o velozmente

andarivel m maroma tendida de orilla a orilla en un río para guiar una barca o balsa

andarríos m (pl: -rríos) aguzanieves

andas fpl tablero con dos varas para llevar algo en hombros; féretro con varas

andén m sitio para andar a lo largo de una vía de ferrocarril o muelle; acera de puente

Andes mpl gran cordillera occidental de Suramérica

andorga f (fam.) vientre

Andorra f pequeña república de los Pirineos ‖ andorrano -na adj y mf

andrajo m pedazo de ropa rota y usada ‖ andrajoso -sa adj

Andrés m nombre propio de varón

androceo m conjunto de los estambres de una flor

Ándrocles m esclavo romano, perdonado por el león de cuya pata había arrancado una espina

androide *m* autómata de figura de hombre

Andrómaca *f* (mit.) princesa troyana, esposa de Héctor

Andrómeda *f* (mit.) esposa de Perseo, quien la libertó de un monstruo marino; constelación del hemisferio boreal

andrómina *f* (fam.) embuste, enredo

andurriales *mpl* parajes fuera de camino

anea *f* planta herbácea (*Typha angustifolia y T. latifolia*)

anécdota *f* relato breve de algo notable o curioso ‖ **anecdótico -ca** *adj*

anegadizo -za *adj* que se inunda frecuentemente

anegar §45 *tr* inundar; ahogar en el agua

anejar *tr* anexar

anejo -ja *adj* anexo; *m* suplemento

anélido -da *adj* ‖ *m* gusano de cuerpo segmentado y sangre roja

anemia *f* empobrecimiento de la sangre ‖ **anémico -ca** *adj* y *mf*

anemómetro *m* aparato para medir la velocidad del viento

anemona o **anemone** *f* planta de flores vistosas

aneroide *adj* sin líquido; *m* barómetro que mide la presión atmosférica por las deformaciones de la tapa de una cajita metálica en que se ha hecho el vacío

anestesia *f* privación de la sensibilidad ‖ **anestesiar** *tr*

anestésico -ca *adj* ‖ *m* agente o substancia que produce anestesia

anestesiología *f* estudio de la anestesia y los anestésicos ‖ **anestesiológico -ca** *adj* ‖ **anestesiólogo -ga** *mf*

aneurisma *m* y *f* tumor en las paredes de una arteria

anexar *tr* unir (*una cosa*) a otra con dependencia de ella

anexión *f* ‖ **anexionar** *tr* anexar

anexionista *adj* y *mf* partidario de la anexión de un país a otro

anexo -xa *adj* unido a otra cosa con dependencia de ella

anfibio -bia *adj* ‖ *m* animal que puede vivir dentro y fuera del agua; animal de sangre fría y circulación incompleta, como la rana; avión que puede aterrizar y amarar; *f* planta terrestre que puede acomodarse a la vida acuática

anfibología *f* doble sentido, ambigüedad ‖ **anfibológico -ca** *adj*

anfión *m* opio; (*cap.*) *m* (mit.) príncipe

tebano que edificó la ciudad de Tebas al son de la lira

anfiscio -cia *adj* ‖ **anfiscios** *mpl* habitantes de la zona tórrida

anfiteatro *m* conjunto de asientos en semicírculo en las aulas y los teatros; edificio redondo u oval con gradas alrededor

anfitrión *m* el que tiene convidados a su mesa; acompañante de damas; (*cap.*) *m* (mit.) rey de Tebas, espléndido en sus banquetes

ánfora *f* cántaro de cuello largo, usado por los griegos y romanos

anfractuosidad *f* ‖ **anfractuoso -sa** *adj* sinuoso, tortuoso, desigual

angarillas *fpl* andas para transportar materiales; armazón para transportar materiales en cabalgaduras; vinagreras

ángel *m* espíritu celeste; persona muy buena; gracia, simpatía ‖ **angelical** o **angélico -ca** *adj*

angelote *m* figura grande de ángel; (fam.) niño gordo y tranquilo

ángelus *m* (*pl:* -lus) oración que se reza al amanecer, al mediodía y a la tarde

angina *f* inflamación del istmo de las fauces; angina de pecho afección caracterizada por dolor paroxismal en el tórax

anglicanismo *m* religión oficial de Inglaterra ‖ **anglicano -na** *adj* y *mf*

anglicismo *m* giro o vocablo propio del idioma inglés

angloamericano -na *adj* perteneciente a ingleses y americanos; perteneciente a los naturales de los EE. UU.; *mf* natural de los EE.UU.

anglófilo -la *adj* ‖ *mf* amigo de los ingleses

anglófobo -ba *adj* ‖ *mf* persona que tiene odio a los ingleses

anglomanía *f* afición exagerada a las cosas inglesas ‖ **anglómano -na** *adj* y *mf*

angloparlante *adj* ‖ *mf* persona que habla inglés

anglosajón -jona *adj* ‖ *mf* individuo procedente de los pueblos germanos invasores de Inglaterra en el siglo V; inglés; *m* lengua de los anglosajones

angosto -ta *adj* estrecho

angostura *f* calidad de angosto; paso angosto

angstrom *m* (*pl:* -troms) (fís.) unidad equivalente a una diezmillonésima de milímetro

anguila *f* pez de agua dulce, de cuerpo cilíndrico y viscoso

angula *f* cría de la anguila

angular *adj* ‖ ángulo *m* abertura entre dos líneas o dos planos que se cortan; rincón; esquina

anguloso -sa *adj* que tiene ángulos; de rasgos salientes

angustia *f* aflicción, congoja ‖ **angustiar** *tr*

angustioso -sa *adj* que causa angustia; que la padece

anhelar *tr* tener anhelo de; *intr* respirar con dificultad

anhélito *m* respiración fatigosa

anhelo *m* deseo vehemente

anheloso -sa *adj* que tiene anhelo o que lo causa; *(aliento)* fatigoso

anhídrido *m* óxido capaz de formar un ácido o una base al combinarse con el agua; cuerpo resultante de la deshidratación de un ácido

anhidro -dra *adj* que no tiene agua

Aníbal *m* famoso general cartaginés (247–183 a. de J.C.)

anidar *tr* albergar; *intr* hacer nido; morar

anilina *f* alcaloide artificial que se emplea en tintorería

anilla *f* anillo de cortinaje, colgadura, etc.

anillar *tr* dar figura de anillo a; sujetar con anillos

anillo *m* aro pequeño; sortija

ánima *f* alma; alma en el purgatorio

animación *f* acción de animar; vivacidad, movimiento

animador -dora *mf* persona que presenta y comenta los números de un programa de cabaret o de radio

animadversión *f* enemistad, mala voluntad

animal *adj* ‖ *m* ser viviente que siente y se mueve por propio impulso; persona ignorante y necia

animalada *f* (fam.) necedad, estupidez

animálculo *m* animal microscópico

animalucho *m* animal de figura desagradable

animar *tr* dar la vida a; dar fuerza a; alentar, excitar; *ref* cobrar ánimo

ánimo *m* alma o espíritu; brío, valor; designio; pensamiento

animosidad *f* ojeriza tenaz

animoso -sa *adj* que tiene ánimo o valor

aniñado -da *adj* que se parece a los niños; infantil

anión *m* ion negativo

aniquilación *f* o **aniquilamiento** *m* ‖ **aniquilar** *tr* reducir a la nada, destruir por entero

anís *m* planta herbácea *(Pimpinella anisum)*; grano de anís bañado en azúcar; anisado

anisado *m* aguardiente aromatizado con anís

anisar *tr* aromatizar con anís

anisete *m* licor compuesto con alcohol, azúcar y anís

aniversario -ria *adj* anual; *m* día en que se cumplen años de algún suceso; cumpleaños; oficio fúnebre al año del fallecimiento

ano *m* orificio por donde se expele el excremento

anoche *adv* en la noche de ayer

anochecer *m* caída de la noche; §19 *intr* venir la noche; llegar a un lugar al empezar la noche

anodino -na *adj* insignificante; inofensivo; que calma el dolor; *m* medicamento que calma el dolor

ánodo *m* polo o electrodo positivo

anofeles *m* (pl. -les) mosquito propagador del paludismo

anomalía *f* ‖ **anómalo -la** *adj* irregular

anona *f* árbol tropical y su fruto *(Anona muricata)*

anonadar *tr* aniquilar; disminuir; abatir, humillar

anónimo -ma *adj* que no lleva nombre de autor; de nombre desconocido; *m* escrito sin nombre de autor; carta sin firma; secreto del autor que oculta su nombre

anormal *adj* contra la regla ‖ **anormalidad** *f*

anotación *f* ‖ **anotar** *tr* poner notas en; tomar nota de

anquilosar *tr y ref* ‖ **anquilosis** *f* privación de los movimientos en una articulación móvil

ánsar *m* ganso

Anselmo *m* nombre propio de varón

ansia *f* congoja; anhelo; ansias *fpl* náuseas

ansiar §76 o regular *tr* desear con ansia

ansiedad *f* ‖ **ansioso -sa** *adj* angustioso, muy inquieto; vivamente deseoso; codicioso

anta *f* rumiante muy corpulento *(Alces alces)*

antagónico -ca *adj* ‖ **antagonismo** *m* contrariedad, oposición, rivalidad ‖ **antagonista** *mf*

antaño *adv* en tiempos pasados

antártico -ca *adj* perteneciente o cercano al polo sur; *(cap.) m* océano al sur del círculo polar antártico; la Antártica continente alrededor del polo sur

Antártida, la la Antártica

ante *m* anta; piel de ante adobada; *prep* delante de, en presencia de

anteanoche *adv* en la noche de anteayer

anteayer *adv* en el día inmediatamente anterior a ayer

antebrazo *m* parte del brazo desde el codo hasta la muñeca

antecámara *f* pieza delante de la sala principal

antecedente *adj* que antecede; *m* todo lo que sirve para juzgar hechos posteriores; término a que se refiere un pronombre relativo; (mat.) primer término de una razón

anteceder *tr* ser anterior a; ir delante de

antecesor -sora *adj* anterior; *mf* persona que ha precedido a otra en algo; *m* antepasado

anteco -ca *adj* ‖ antecos *mpl* habitantes de la Tierra que están bajo un mismo meridiano y a igual distancia del ecuador, pero en distinto hemisferio

antedata *f* fecha anterior a la real

antedecir §23 *tr* anunciar de antemano

antedicho -cha *adj* dicho antes

antediluviano -na *adj* anterior al diluvio universal

antefirma *f* tratamiento que se pone antes de la firma

antelación *f* anticipación, anterioridad

antemano: de antemano anteriormente

antemeridiano -na *adj* anterior al mediodía

antena *f* apéndice móvil en la cabeza de los insectos; dispositivo que permite radiar o captar las ondas electromagnéticas; entena

Anteo *m* (mit.) gigante africano, invencible en la lucha mientras tocaba tierra

anteojo *m* instrumento para ver desde lejos; anteojos *mpl* armazón con cristales para los dos ojos, destinada a corregir los defectos de la visión; prismáticos

antepalco *m* pequeña pieza a la entrada de los palcos

antepasado *m* ascendiente, abuelo

antepecho *m* pretil; reborde de ventana para apoyar los codos

antepenúltimo -ma *adj* inmediatamente anterior al penúltimo

anteponer §55 *tr* poner delante; preferir

anteportada *f* hoja que precede a la portada de un libro

antepuerto *m* parte avanzada de un puerto

antera *f* parte del estambre de las flores que contiene el polen

anterior *adj* que precede en lugar o tiempo ‖ anterioridad *f*

antes *adv* anteriormente; en otro tiempo; más bien

antesala *f* pieza delante de la sala principal; hacer antesala aguardar a ser recibido

antever §79 *tr* ver con anticipación

antiaéreo -a *adj* perteneciente a la defensa contra aviones militares; *m* cañón para derribar los aviones

antialcohólico -ca *adj* que combate el alcoholismo

antiartístico -ca *adj* poco artístico

antibiótico -ca *adj* ‖ *m* substancia como los mohos que tiene propiedades bactericidas

anticartel *adj* contrario a los carteles o trusts

anticátodo *m* placa contra la cual va a chocar la corriente catódica en una válvula de rayos X

anticientífico -ca *adj* poco científico

anticipación *f* ‖ anticipar *tr* hacer antes de tiempo; adelantar (*fechas, plazos, etc.*); dar o entregar (*dinero*) antes del tiempo señalado; *ref* ocurrir antes del tiempo regular

anticipo *m* acción de anticipar; dinero anticipado

anticlerical *adj* opuesto al clero

anticomunismo *m* doctrina contraria al comunismo ‖ anticomunista *adj* y *mf*

anticongelante *m* substancia que disminuye la temperatura de congelación del agua en los radiadores de automóviles

anticonstitucional *adj* contrario a la constitución

anticristo *m* enemigo de Cristo y de la Iglesia, cuya venida se ha anticipado para poco antes del fin del mundo

anticuado -da *adj* fuera de época o de uso

anticuar *ref* hacerse antiguo, dejar de usarse

anticuario -ria *mf* persona que colecciona antigüedades o comercia con ellas

anticuerpo *m* substancia que, producida en el cuerpo por contacto con un antígeno, neutraliza las bacterias

antideportivo -va *adj* contrario al espíritu de los deportes; poco leal, poco honrado

antideslizante *adj* que impide a las ruedas el resbalar

antidetonante *adj* ‖ *m* substancia que anula o reduce la detonación en los motores de explosión

antídoto *m* contraveneno; preservativo

antieconómico -ca *adj* contrario a los principios de la economía; poco económico

antiestético -ca *adj* poco estético

antifaz *m* (*pl*: -faces) velo, máscara

antífona *f* breve pasaje bíblico que se canta en el oficio divino

antifonal *m* o **antifonario** *m* libro de antífonas

antigás *adj* que preserva de los gases tóxicos

antígeno *m* substancia que, introducida en el organismo animal, es capaz de provocar la formación de anticuerpos

Antígona *f* (mit.) hija de Edipo, que fué condenada a ser enterrada viva y evitó el suplicio ahorcándose

antigramatical *adj* contrario a los principios de la gramática

antigripal *adj* que contrarresta la gripe

antigualla *f* cosa antigua o que ya no está de moda

antigüedad *f* calidad de antiguo; tiempo antiguo; **antigüedades** *fpl* monumentos u objetos de arte antiguos

antiguo -gua *adj* que existe desde hace mucho tiempo o existió en tiempo remoto

antihigiénico -ca *adj* contrario a las leyes de la higiene

antihistamínico -ca *adj* que contrarresta los efectos de la histamina

antílope *m* rumiante bóvido

antillano -na *adj* y *mf* ‖ **Antillas** *fpl* archipiélago del Atlántico, situado a la entrada del golfo de Méjico

antimilitarismo *m* oposición a todo lo militar ‖ **antimilitarista** *adj* y *mf*

antimonio *m* cuerpo simple metálico (*símbolo* Sb; *núm. atómico* 51; *peso atómico* 121,76)

antinomia *f* contradicción entre dos principios o leyes

antiobrero -ra *adj* contrario a los intereses de los obreros

antioqueno -na *adj* y *mf* natural de Antioquía

antioqueño -ña *adj* y *mf* ‖ **Antioquia** *f* departamento y ciudad de Colombia

Antioquía *f* antigua capital de Siria, hoy ciudad de Turquía

antipapa *m* el que, no habiendo sido elegido papa, pretende ser reconocido por tal

antipara *f* cancel, biombo

antiparras *fpl* (fam.) ⸱ nteojos, gafas

antipasto *m* (italiano) manjar ligero que se sirve antes del primer plato

antipatía *f* ‖ **antipático -ca** *adj* repugnante, desagradable

antipirético -ca *adj* ‖ **antipirina** *f* medicamento febrífugo

antípoda *adj* enteramente contrario; *m* lugar de la Tierra diametral-

mente opuesto a otro; **antípodas** *mpl* habitantes de un punto cualquiera de la Tierra, con respecto a los de otro lugar diametralmente opuesto; **Antípodas** *fpl* grupo de islas inhabitadas de la Oceanía

antipoliomielítico -ca *adj* que previene u obra contra la poliomielitis

antiprohibicionista *adj* y *mf* enemigo de la prohibición de bebidas alcohólicas

antiproyectil *adj* (*proyectil*) que busca y destruye los proyectiles del enemigo

antirrábico -ca *adj* que combate la rabia

antiscio -cia *adj* ‖ **antiscios** *mpl* antecos de las zonas templadas

antisemita *adj* y *mf* enemigo de la raza judía ‖ **antisemitismo** *m*

antisepsia o **antisepsis** *f* destrucción de los gérmenes patógenos

antiséptico -ca *adj* ‖ *m* substancia que destruye los gérmenes patógenos

antisocial *adj* contrario al orden social

Antístenes *m* filósofo griego (444–365 a. de J.C.)

antisubmarino -na *adj* destinado a destruir los submarinos

antitanque *adj* (mil.) que se usa contra los tanques

antítesis *f* (*pl*: -sis) oposición de dos juicios o afirmaciones ‖ **antitético -ca** *adj*

antitóxico -ca *adj* ‖ **antitoxina** *f* suero sanguíneo que destruye las toxinas y sus efectos

antojadizo -za *adj* que tiene caprichos con frecuencia

antojar *impers* y *ref* hacerse objeto de deseo vehemente, generalmente caprichoso; parecer probable

antojo *m* capricho, deseo vehemente y pasajero

antología *f* colección de trozos literarios escogidos

antónimo -ma *adj* ‖ *m* vocablo de significado opuesto a otro

Antonio *m* nombre propio de varón

antonomasia *f* figura que consiste en poner el nombre apelativo por el propio o viceversa

antorcha *f* hacha de alumbrar

antracita *f* carbón de piedra, seco y que da poca llama

ántrax *m* inflamación dolorosa del tejido subcutáneo

antro *m* caverna

antropofagia *f* costumbre de algunos pueblos salvajes de comer carne humana ‖ **antropófago -ga** *adj* y *mf*

antropoide *adj* de forma de hombre; *m* gran mono sin cola

antropología *f* ciencia que trata del hombre ‖ **antropológico -ca** *adj* ‖ **antropólogo -ga** *mf*

antropometría *f* medida de las dimensiones del cuerpo humano ‖ **antropométrico -ca** *adj*

antropomórfico -ca *adj* ‖ **antropomorfismo** *m* atribución a la divinidad de la figura o las cualidades del hombre

antruejo *m* los tres días de carnaval

antuvión *m* (fam.) golpe o acometimiento repentino; **de antuvión** (fam.) de repente

anual *adj* que se hace cada año; que dura un año

anualidad *f* calidad de anual; renta o pago de cada año

anuario *m* guía o libro que se publica cada año

anubarrado -da *adj* cubierto de nubes

anublar *tr* ocultar (*las nubes el cielo*); obscurecer; marchitar

anudar *tr* hacer nudos en; juntar, unir mediante nudos; juntar, unir

anuencia *f* consentimiento ‖ **anuente** *adj*

anulación *f* acción de anular

anular *adj* perteneciente al anillo; de figura de anillo; *m* cuarto dedo de la mano; *tr* dar por nulo; incapacitar; desautorizar

anunciación *f* ‖ **anunciar** *tr* dar noticia de; pronosticar; dar a conocer (*un artículo comercial o un servicio*) mediante periódicos, carteles, etc.

anuncio *m* acción de anunciar; aviso al público, p.ej., en un periódico; pronóstico

anuo -nua *adj* anual

anverso *m* cara principal de las monedas y medallas

anzuelo *m* arponcillo para pescar; (fam.) atractivo, aliciente

añadido -da *adj* que no es natural; *m* postizo

añadidura *f* lo que se añade

añadir *tr* agregar; acrecentar

añafil *m* trompeta recta morisca

añagaza *f* señuelo para cazar aves; recurso para atraer con engaño

añal *adj* anual; (*res*) que tiene un año cumplido

añejar *tr* hacer añejo; *ref* mejorarse o deteriorarse con el transcurso del tiempo

añejo -ja *adj* que tiene uno o más años; (fam.) que tiene mucho tiempo

añicos *mpl* trozos pequeños de una cosa que se rompe

añil *m* arbusto del cual se saca una materia colorante azul; esta materia; color de esta materia

año *m* tiempo que emplea la Tierra en recorrer su órbita; **año luz** unidad astronómica, equivalente al espacio recorrido por la luz durante un año

añoranza *f* aflicción causada por la ausencia o pérdida de una persona o cosa amada

añorar *tr* recordar con pena (*una persona o cosa ausente o perdida*)

añoso -sa *adj* que tiene muchos años

añublo *m* enfermedad de los cereales producida por algunos hongos

aojar *tr* hacer mal de ojo a ‖ **aojo** *m*

aorta *f* arteria principal que nace del ventrículo izquierdo

aovado -da *adj* de figura de huevo

aovar *intr* poner huevos

ap. abr. de aparte y apóstol

apabullar *tr* (fam.) aplastar, humillar

apacentar §1 *tr* dar pasto a; cebar (*los deseos*); enseñar

apacibilidad *f* ‖ **apacible** *adj* pacífico, suave; bonancible

apaciguar §10 *tr* aquietar, sosegar; desenojar

apache *adj* ‖ *m* individuo de una tribu de indios norteamericanos; malhechor

apadrinar *tr* acompañar como padrino; patrocinar, proteger

apagador *m* pieza cónica de metal para apagar las velas; pieza del piano que apaga las vibraciones sonoras de las cuerdas

apagafuego *m* extintor

apagar §45 *tr* extinguir (*el fuego, la luz*); cortar (*la radio*); aplacar, disipar; saciar (*la sed*); echar agua a (*la cal viva*)

apagón *m* extinción repentina de las luces

apaisado -da *adj* de figura rectangular, con la base mayor que la altura

Apalaches (montes) cordillera en el este de los Estados Unidos

apalancar §72 *tr* mover con la palanca

apalear *tr* golpear con palo; aventar con pala; (fam.) tener en abundancia (*dinero, oro*) ‖ **apaleo** *m*

apandar *tr* (fam.) coger, pillar

apandillar *tr* reunir en pandillas

apañar *tr* asir; recoger; apoderarse ilícitamente de; ataviar; remendar; *ref* (fam.) darse maña

aparador *m* mueble donde se guarda el servicio de la mesa; escaparate; taller

aparar *tr* adornar, disponer; poner las manos, la falda, el pañuelo para recibir o coger (*alguna cosa*)

aparato *m* preparación; pompa, fausto; dispositivo, máquina; teléfono

aparatoso -sa *adj adj* pomposo, ostentoso

aparcamiento *m* ‖ **aparcar** §72 *tr* colocar o situar (*artillería, automóviles, etc.*)

aparcería *f* ‖ **aparcero -ra** *mf* persona que tiene parte con otra u otras en una finca u otra cosa que poseen en común

aparear *tr* juntar para igualar; juntar formando par

aparecer §19 *intr y ref* mostrarse, dejarse ver; parecer, encontrarse

aparecido *m* espectro de un difunto

aparejado -da *adj* adecuado, idóneo

aparejador *m* técnico que ayuda al arquitecto

aparejar *tr* preparar; poner el aparejo a (*las caballerías*); poner el aparejo a (*un buque*)

aparejo *m* preparación; sistema de poleas; conjunto de jarcias, palos, velas, etc. de un buque; arreos, **aparejos** *mpl* instrumentos, útiles

aparentar *tr* manifestar o dar a entender (*lo que no es o no hay*)

aparente *adj* que se muestra a la vista; que parece y no es

aparición *f* acción de aparecer; visión de un ser sobrenatural o fantástico

apariencia *f* aspecto exterior; probabilidad; cosa que parece y no es

apartadero *m* lugar o vía que sirve en los caminos o ferrocarriles para dejar paso libre

apartado -da *adj* retirado, distante; *m* cajita que tiene una persona o entidad en la casa de correos, y en la cual se le deposita la correspondencia

apartamiento *m* acción de apartar; vivienda, piso

apartar *tr* separar, alejar; *ref* desviarse

aparte *adv* en otro lugar; separadamente; *m* párrafo; (teat.) lo que dice un actor como hablando para sí

apartheid *m* política de segregación racial contra los negros en la Unión Sudafricana

apasionado -da *adj* poseído de una pasión o afecto; tierno, afectuoso

apasionar *tr* excitar una pasión a

apatía *f* dejadez, falta de energía ‖ **apático -ca** *adj*

apátrida *adj* ‖ *mf* persona que no tiene patria, que carece de nacionalidad

apeadero *m* poyo para montar en las caballerías; estación secundaria de ferrocarril

apear *tr* bajar (*a una persona*) de una caballería o coche; apuntalar;

caballería o coche

apechugar §45 *intr* empujar con el pecho; **apechugar con** (fam.) aceptar (*una cosa*) venciendo la repugnancia que causa

apedazar §62 *tr* despedazar; remendar

apedrear *tr* tirar piedras a; *ref* padecer daño con el granizo

apegar §45 *ref* cobrar apego

apego *m* afición o cariño

apelación *f* ‖ **apelar** *intr* recurrir; recurrir (*al juez o tribunal superior*) para que revoque la sentencia del inferior

apelativo -va *adj* ‖ *m* (gram.) nombre común

Apeles *m* pintor griego (360–315 a. de J.C.)

apelmazar §62 *tr* poner muy espeso

apelotonar *tr* convertir en pelotón o pelotones; *ref* formar pelotones

apellidar *tr* nombrar, llamar; nombrar por el apellido

apellido *m* nombre; nombre de familia; sobrenombre

apenar *tr* causar pena a

apenas *adv* casi no; *conj* luego que

apencar §72 *intr* (fam.) apechugar

apéndice *m* cosa añadida a otra; prolongación delgada del intestino ciego

apendicitis *f* inflamación del apéndice vermiforme

Apeninos *mpl* cadena de montañas de Italia

apeo *m* acción de apear; sostén

aperar *tr* fabricar (*vehículos y aperos de labranza*)

apercibir *tr* preparar, disponer, prevenir

apergaminar *ref* (fam.) acartonarse

aperitivo -va *adj* ‖ *m* estimulante del apetito

aperos *mpl* conjunto de útiles agrícolas o de cualquier oficio

aperrear *tr* echar perros a; (fam.) molestar, fatigar ‖ **aperreo** *m*

apertura *f* acción de abrir; inauguración

apesadumbrar *tr* causar pesadumbre a

apestar *tr* comunicar la peste a; *intr* despedir mal olor

apestoso -sa *adj* maloliente; (fam.) fastidioso

apétalo -la *adj* que carece de pétalos

apetecer §19 *tr* desear, tener gana de

apetencia *f* gana de comer; (fam.) ansia, deseo

apetito *m* gana de comer

apetitoso -sa *adj* que excita el apetito; gustoso, sabroso

apiadar *tr* causar piedad a; tratar con piedad; *ref* tener piedad

apical *adj* ‖ ápice *m* punta o extremo superior; parte pequeñísima

apícola *adj* ‖ apicultor -tora *mf* ‖ apicultura *f* cuidado y cría de abejas

apilar *tr* poner en montón o pila

apiñar *tr* juntar o agrupar estrechamente, apretar

apio *m* planta hortense (*Apium graveolens*)

apisonadora *f* máquina para apisonar

apisonar *tr* apretar con el pisón

aplacar §72 *tr* amansar, suavizar

aplacible *adj* ameno, agradable

aplanadera *f* herramienta para aplanar el suelo

aplanar *tr* hacer llano o plano; (fam.) dejar pasmado; *ref* quedar sin ánimo

aplastar *tr* aplanar (*una cosa*) disminuyendo su grueso, por presión o golpe; (fam.) dejar confuso

aplaudir *tr* celebrar palmoteando; alabar, aprobar ‖ aplauso *m*

aplazar §62 *tr* convocar para tiempo señalado; diferir

aplicación *f* acción de aplicar; diligencia; adorno sobrepuesto

aplicado -da *adj* estudioso; diligente

aplicar §72 *tr* sobreponer; adaptar; destinar; *ref* tener gran diligencia

aplomado -da *adj* de color de plomo; formal, serio

aplomar *tr* examinar con la plomada; poner verticalmente; *ref* desplomarse; cobrar aplomo

aplomo *m* gravedad, serenidad; confianza, seguridad; perpendicularidad

apocado -da *adj* de poco ánimo; vil, bajo

Apocalipsis *m* último libro del Nuevo Testamento que contiene las revelaciones del apóstol San Juan

apocalíptico -ca *adj* perteneciente al Apocalipsis; enigmático; espantoso

apocamiento *m* timidez; vileza, bajeza

apocar §72 *tr* disminuir, limitar; *ref* humillarse

apocopar *tr* suprimir uno o más sonidos al fin de (*una palabra*) ‖ apócope *f*

apócrifo -fa *adj* fabuloso, supuesto

apodar *tr* poner apodo a

apoderado -da *adj* ‖ *m* representante, delegado

apoderar *tr* dar poderes a; *ref* hacerse dueño violentamente

apodo *m* nombre que se da a uno, inspirado en sus defectos u otra circunstancia

apódosis *f* (*pl:* -sis) segunda parte de una oración condicional

apófisis *f* (*pl:* -sis) eminencia natural de un hueso

apofonía *f* alteración de vocal en una palabra de la misma raíz que otra

apogeo *m* punto en que un planeta dista más de la Tierra; auge, esplendor

apolillar *tr* roer (*la polilla, p.ej., las ropas*)

Apolo *m* dios griego de la luz, la música, la medicina, los oráculos

apología *f* alabanza o defensa de una persona o cosa

apólogo *m* fábula moral

apoltronar *ref* dejarse vencer por la pereza

apomazar §62 *tr* alisar con piedra pómez

apoplejía *f* suspensión de la acción cerebral debida al derrame de sangre en el cerebro ‖ apoplético -ca *adj y mf*

aporcar §72 *tr* cubrir con tierra (*ciertas hortalizas*)

aporrear *tr* golpear con palo o porra; importunar, molestar; *ref* trabajar con suma fatiga

aportación *f* ‖ aportar *tr* contribuir; llevar (*cada cual su parte*); *intr* tomar puerto; llegar a parte impensada

aposentar *tr* dar hospedaje a; *ref* alojarse

aposento *m* cuarto, pieza de una casa; hospedaje

aposición *f* reunión de dos substantivos seguidos en que el segundo explica el primero

apósito *m* remedio que se aplica exteriormente

aposta *adv* adrede

apostadero *m* sitio donde hay gente apostada; sitio donde se reúnen buques de guerra

apostar *tr* situar (*una o más personas*) en un paraje determinado con algún fin; §63 *tr* en el juego o una disputa, empeñar (*cierta cantidad*) contra igual cantidad empeñada por otro, pactando los dos interesados que perderá lo empeñado el que no tuviere razón; *intr* rivalizar

apostasía *f* acción de apostatar

apóstata *mf* persona que comete apostasía

apostatar *intr* negar la fe cristiana; abandonar un partido o doctrina

apostilla *f* nota a un texto

apostillar *tr* poner apostillas a; *ref* llenarse de postillas

apóstol *m* discípulo de Cristo; propagador de una doctrina

apostolado *m* ministerio de apóstol; pontificado

apostólico -ca *adj* perteneciente a los apóstoles o al Papa

apostrofar *tr* dirigir apóstrofes a; poner apóstrofo a

apóstrofe *m y f* palabras dirigidas en un discurso a una persona presente o ausente; dicterio

apóstrofo *m* signo ortográfico que indica la elisión de una vocal

apostura *f* gentileza, buena disposición personal

apotegma *m* dicho breve y sentencioso

apotema *f* perpendicular que une el centro de un polígono regular con cualquiera de sus lados

apoteosis *f* (*pl:* -sis) deificación; ensalzamiento; cuadro final de gran espectáculo

apoyar *tr* estribar, descansar; sostener; confirmar; ayudar, patrocinar

apoyatura *f* (mús.) nota de adorno

apoyo *m* lo que sirve para sostener; ayuda, patrocinio

apreciable *adj* capaz de ser apreciado; digno de estimación

apreciación *f* ‖ apreciar *tr* poner precio a; formar juicio de (*la magnitud o intensidad de una cosa*); tener en buen concepto

aprecio *m* alto concepto, estima

aprehender *tr* coger, prender; percibir sin juzgar ‖ aprehensión *f*

apremiar *tr* apretar, dar prisa a; oprimir

apremio *m* acción de apremiar; recargo de impuestos por demora en el pago

aprender *tr* adquirir (*conocimientos*) por el estudio o la experiencia

aprendiz -diza *adj* ‖ *mf* persona que aprende un arte u oficio, principiante

aprendizaje *m* acción de aprender un arte u oficio; tiempo que se emplea en ello

aprensión *f* miedo, temor; falsa idea, opinión extraña

aprensivo -va *adj* que teme por su salud

apresar *tr* asir, hacer presa de; aprisionar; apoderarse de (*una nave*)

aprestar *tr* disponer, preparar ‖ apresto *m*

apresurar *tr* acelerar, dar prisa a; *ref* darse prisa

apretado -da *adj* comprimido; estrecho; peligroso; (fam.) tacaño

apretar §1 *tr* comprimir con fuerza; poner más tirante; estrechar ciñendo; hacer más estricto; acosar, apurar; afligir; aguijar; apiñar;

activar; *intr* obrar con mayor fuerza

apretón *m* acción de apretar rápida y fuertemente; (fam.) dolor brusco y violento; (fam.) conflicto, apuro; (fam.) carrera corta y violenta

apretura *f* opresión causada por el gentío excesivo; aprieto

aprieto *m* opresión; conflicto, apuro; necesidad de dinero

aprisa *adv* con presteza, rápidamente

aprisco *m* local para resguardo del ganado lanar

aprisionar *tr* poner prisiones a; atar, sujetar; poner en prisión

aprobación *f* acción de aprobar

aprobado *m* nota de suficiencia en los exámenes

aprobar §63 *tr* dar por bueno; declarar apto; asentir a (*una opinión*)

aprontar *tr* disponer con presteza; entregar sin demora

apropiado -da *adj* conveniente para un fin

apropiar *tr* hacer propio de alguien; acomodar, aplicar; *ref* tomar para sí

aprovechado -da *adj* que lo aprovecha todo; diligente, aplicado; tacaño

aprovechamiento *m* ‖ aprovechar *tr* emplear útilmente; *intr* servir de provecho; adelantar, progresar

aprovisionamiento *m* ‖ aprovisionar *tr* proveer, avituallar, municionar

aproximación *f* acción de aproximar o aproximarse

aproximadamente *adv* poco más o menos

aproximar *tr* poner cerca, arrimar; *ref* venir cerca

aptitud *f* ‖ apto -ta *adj* que tiene disposición natural para algo; hábil, a propósito; apropiado

apuesto -ta *adj* garboso, ataviado; *f* acción de apostar; lo que se apuesta

Apuleyo *m* escritor latino (n. 125 a. de J.C.)

apuntación *f* acción de apuntar; notación musical

apuntador *m* el que dicta a los actores lo que deben recitar

apuntalar *tr* poner puntales a; sostener

apuntar *tr* asestar (*un arma*); señalar con el dedo; tomar por escrito nota de; hacer un dibujo ligero de; unir ligeramente mediante puntadas; leer a (*un actor*) lo que debe recitar; decir en voz baja a (*un compañero*) lo que debe contestar; jugar (*dinero*) a una carta o número; *intr* empezar a manifestarse; *ref* (fam.) achisparse

apunte *m* acción de apuntar; nota por escrito; boceto; apuntador de teatro apuñalar *tr* dar de puñaladas a

apuñear *tr* (fam.) dar de puñadas a

apurado -da *adj* dificultoso, peligroso; necesitado

apurar *tr* purificar; llevar hasta el cabo; agotar; averiguar; molestar; apremiar; *ref* afligirse; apresurarse

apuro *m* escasez grande; aflicción; (Amér.) prisa

aquejar *tr* afligir

aquel, aquella *adj dem* con que se designa la persona o cosa que está lejos de la persona que habla y de la persona con quien se habla

aquél, aquélla *pron dem* que corresponde al adjetivo aquel; *m* (fam.) donaire, gracia

aquelarre *m* conciliábulo de brujas

aquello *pron dem neutro* con que se representa lo que está lejos de la persona que habla y de la persona con quien se habla

aquenio *m* (bot.) fruto seco monospermo e indehiscente

aquerenciar *ref* tomar querencia

Aqueronte *m* (mit.) río de los infiernos

aquí *adv* a en este lugar

aquiescencia *f* consentimiento ‖ aquiescente *adj*

aquietar *tr* dar calma o sosiego a

aquilatar *tr* graduar los quilates de; apreciar las cualidades de

Aquiles *m* (mit.) héroe griego que fué mortalmente herido en el talón por una flecha envenenada

aquilino -na *adj* aguileño

aquilón *m* norte; viento del norte

Aquisgrán ciudad de Alemania

Aquitania *f* región de la antigua Galia

ara *f* altar

árabe *adj* y *mf* natural de Arabia

arabesco -ca *adj* arábico; *m* adorno caprichoso propio de las construcciones arábigas

Arabia, la vasta península del sudoeste de Asia; la Arabia Saudita reino de la Arabia central

arábico -ca *adj* árabe

arábigo -ga *adj* árabe; *m* idioma árabe

arabi·ta *mf* persona que estudia la cultura árabe

arable *adj* susceptible de ser arado

Aracne *f* (mit.) joven lidia que fué metamorfoseada en araña

arado *m* acción de arar; instrumento para arar

arador *m* el que ara; ácaro que produce la sarna

Aragón *m* comarca del nordeste de España, antes reino y provincia ‖ aragonés -nesa *adj* y *mf*

arambel *m* andrajo, harapo

arancel *m* tarifa oficial de derechos de aduanas, ferrocarriles, etc. ‖ arancelario -ria *adj*

arándano *m* arbusto de fruto en baya y comestible (*Vaccinium myrtillus*); su fruto

arandela *f* anillo para evitar el roce en las máquinas; disco que se pone en el candelero

arandillo *m* pájaro insectívoro (*Acrocephalus palustris*)

araña *f* insecto de ocho patas que hila una red sutil; lámpara colgante de varios brazos

arañar *tr* rasgar con las uñas, un alfiler, etc.; (fam.) recoger con afán

arañazo *m* rasguño hecho en el cutis

arañuela *f* planta de jardín (*Nigella damascena*)

aráquida *f* cacahuete

arar *tr* abrir surcos en (*la tierra*)

Araucania *f* antigua comarca de Chile central

arbitraje *m* ‖ arbitrar *tr* deter·minar libremente; juzgar como árbitro; *ref* ingeniarse

arbitrariedad *f* ‖ arbitrario -ria *adj* que depende del arbitrio; caprichoso; abusivo, tiránico

arbitrio *m* libre voluntad; medio para un fin; sentencia del árbitro

arbitrista *mf* persona que propone planes financieros disparatados

árbitro -tra *adj* independiente; *m* hombre a quien el tribunal somete una disputa; (dep.) juez

árbol *m* planta de tronco leñoso; eje en una máquina; palo de buque

arbolado -da *adj* poblado de árboles; *m* conjunto de árboles

arboladura *f* mástiles y vergas de un buque

arbolar *tr* levantar en alto; poner los árboles a (*un buque*)

arboleda *f* sitio poblado de árboles

arbóreo -a *adj* perteneciente al árbol; semejante al árbol

arboricultor -tora *mf* ‖ arboricultura *f* cultivo de los árboles

arbotante *m* arco que contrarresta el empuje de otro arco o bóveda

arbusto *m* planta de tronco leñoso y menor que el árbol

arca *f* caja de madera con tapa llana; caja de caudales

arcabuz *m* (*pl:* -buces) arma de fuego antigua, parecida al fusil

arcada *f* serie de arcos; ojo de puente; arcadas *fpl* contracción del estómago que precede al vómito

árcade *adj* y *mf* ‖ la Arcadia región montañosa de la antigua Grecia, mansión de la vida pastoril sencilla y apacible

arcaduz *m* (*pl:* -duces) caño para el agua; cangilón de noria

arcaico -ca *adj* antiguo, anticuado

arcaísmo *m* voz o frase anticuada; imitación de lo antiguo ‖ **arcaísta** *mf*

arcaizar §5 *tr* dar carácter arcaico a (*una lengua*); *intr* usar arcaísmos

arcángel *m* ángel de orden superior

arcano -na *adj* secreto, impenetrable; *m* secreto, misterio

arce *m* árbol de madera dura (*Acer*)

arcediano *m* dignidad en el cabildo catedral

arcilla *f* tierra plástica formada principalmente por un silicato alumínico ‖ **arcilloso -sa** *adj*

arcipreste *m* el primero de los presbíteros; presbítero que ejerce cierta autoridad sobre los curas de un territorio

arco *m* porción de línea curva; construcción en forma de arco; arma para disparar flechas; varita con cerdas para tocar el violín y otros instrumentos; luz producida por una pequeña separación en un circuito eléctrico; **arco iris** arco formado por la descomposición de la luz solar por las gotas de lluvia

archi *adj* (fam.) superfino, excelente

archiducado *m* ‖ **archiduque** *m* príncipe de la casa de Austria ‖ **archiduquesa** *f*

archipámpano *m* (fam.) gran personaje imaginario

archipiélago *m* parte del mar poblada de islas; conjunto de islas; (*cap.*) *m* mar Egeo

archivador -dora *mf* empleado que archiva cartas y otros documentos; *m* mueble de oficina para archivar cartas y otros documentos

archivar *tr* poner o guardar en archivo; poner en el archivador

archivero -ra *mf* persona que cuida de un archivo

archivo *m* sitio donde se guardan documentos; conjunto de éstos

archivolta *f* molduras que decoran el paramento exterior de un arco

arder *tr* quemar; *intr* estar en combustión; estar muy agitado

ardid *m* treta, medio mañoso

ardiente *adj* que arde; que causa ardor; fogoso, muy vivo

ardilla *f* mamífero roedor de cola peluda (*Sciurus*)

ardimiento *m* intrepidez, denuedo

ardite *m* (fam.) bicoca, bledo

ardor *m* calor grande; vehemencia; valentía ‖ **ardoroso -sa** *adj*

arduo -dua *adj* muy difícil

área *f* superficie; medida agraria (*100 metros cuadrados*)

areca *f* palma del Asia tropical y su fruto

arena *f* conjunto de partículas sueltas de piedra; lugar de una lucha; redondel de la plaza de toros

arenal *m* terreno arenoso; arena movediza

arenga *f* discurso; (fam.) discurso largo ‖ **arengar** §45 *tr e intr*

arenisco -ca *adj* que tiene arena; *f* roca formada por partículas de cuarzo unidas por un cemento natural

arenoso -sa *adj* que tiene arena; parecido a la arena

arenque *m* pez comestible (*Clupea harengus*)

areómetro *m* instrumento para medir la densidad de líquidos

Areópago *m* colina rocosa al oeste de la Acrópolis; tribunal superior de la antigua Atenas

Ares *m* dios griego de la guerra

arete *m* anillo que por adorno llevan las mujeres en las orejas

Aretusa *f* ninfa de Diana, transformada en fuente

argadijo o **argadillo** *m* devanadera; (fam.) persona revoltosa

argamandijo *m* (fam.) conjunto de cosas menudas

argamasa *f* mezcla de arena, agua y cal ‖ **argamasar** *tr*

árgana *f* grúa para subir cosas pesadas; **árganas** *fpl* alforjas o serones

arganeo *m* argolla en el extremo superior del ancla

Argel capital de Argelia

Argelia *f* territorio del norte de África ‖ **argelino -na** *adj* y *mf*

argentar *tr* platear; guarnecer con plata; dar color de plata a

argentería *f* bordadura hecha con plata u oro

argentino -na *adj* de color o sonido parecido al de la plata; *adj* y *mf* natural de la Argentina; *m* moneda de la Argentina; **la Argentina** estado de la América del Sur

argo *m* cuerpo simple gaseoso (*símbolo* A; *núm. atómico* 18; *peso atómico* 39,944)

Argólida, la región de la Grecia antigua

argolla *f* aro grueso de metal

árgoma *f* aulaga

argón *m* argo

argonauta *m* (mit.) cada uno de los héroes griegos que fueron a la conquista del vellocino de oro

argos *m* persona muy vigilante; (*cap.*) *m* (mit.) gigante que tenía cien ojos; *f* ciudad de la Grecia antigua; (mit.) nave de los argonautas

argot *m* caló, germanía; lenguaje especial de ciertos oficios

argucia *f* sutileza, sofisma

argüir §6 *tr* deducir; probar; acusar; *intr* disputar

argumentación *f* ‖ **argumentar** *tr* deducir; probar; *intr* disputar

argumento *m* razonamiento; asunto de una obra

aria *f* pieza de canto para una voz

Ariadna *f* (mit.) hija de Minos que suministró a Teseo el hilo que le permitió salir del laberinto

aridez *f* ‖ **árido -da** *adj* estéril, seco; falto de amenidad; **áridos** *mpl* granos, legumbres

Aries *m* primer signo del zodíaco; constelación zodiacal

ariete *m* antigua máquina para batir murallas

ario -ria *adj y mf* indoeuropeo; *f* véase **aria**

arisco -ca *adj* áspero, intratable, huraño

arista *f* filamento del cascabillo de algunos cereales; filo o borde saliente; (geom.) línea de intersección de dos planos

aristarco *m* crítico severo

Aristides *m* general ateniense (530–468 a. de J.C.)

aristocracia *f* gobierno de la clases altas; clase noble; clase que sobresale entre las demás ‖ **aristócrata** *mf* ‖ **aristocrático -ca** *adj*

Aristófanes *m* poeta cómico griego (448–385 a. de J.C.)

Aristóteles *m* célebre filósofo griego (384–322 a. de J.C.) ‖ **aristotélico -ca** *adj y mf* ‖ **aristotelismo** *m*

aritmético -ca *adj y mf* ‖ *f* ciencia de los números

arlequín *m* gracioso de la antigua farsa italiana; su vestidura; (fam.) persona ridícula

arma *f* instrumento de ataque o defensa; cuerpo militar

armada *f* marina de guerra; escuadra; **la Armada Invencible** flota que Felipe II de España envió contra Isabel de Inglaterra en 1588

armadia *f* conjunto de maderos unidos entre sí para conducirlos a flote

armadijo *m* trampa para cazar

armadillo *m* mamífero americano con el lomo cubierto de escamas córneas

armado -da *adj* (*hormigón*) provisto de una armadura de barras de hierro o acero; *m* acción de armar; *f* véase **armada**

armador *m* constructor de naves

armadura *f* antigua vestidura férrea del guerrero; armazón; parte rotativa de un motor o dínamo; parte de hierro dulce sobre la cual actúa el imán

armamentismo *m* política que aboga por la preparación militar ‖ **armamentista** *adj y mf*

armamento *m* conjunto de armas; prevención de todo lo necesario para la guerra

armar *tr* poner armas a; proveer de armas; aprestar (*un arma*) para dispararla; concertar las piezas de; aprestar (*una embarcación*); mover (*una pendencia*); *ref* prepararse para la guerra

armario *m* mueble cerrado que tiene anaqueles

armatoste *m* máquina o mueble tosco; (fam.) persona corpulenta e inútil

armazón *f* conjunto de piezas sobre el que se arma algo

armella *f* anillo de metal con una espiga para fijarlo

Armenia *f* antigua región del Asia occidental ‖ **armenio -nia** *adj y mf*

armería *f* museo de armas; comercio donde se venden; arte de fabricarlas

armero *m* el que fabrica o vende armas; aparato en que se colocan; armario en que se guardan

armiño *m* mamífero de piel parda en verano y blanca en invierno (*Mustela erminea*); su piel

armisticio *m* suspensión de hostilidades

armón *m* juego delantero de la cureña

armonía *f* arte de formar los acordes musicales; combinación de sonidos agradables; concordancia, proporción; amistad; paz

armónico -ca *adj* perteneciente a la armonía; *m* sonido producido por la resonancia de otro; *f* instrumento musical de viento

armonio *m* (mús.) órgano pequeño

armonioso -sa *adj* que tiene armonía; grato al oído

armonizar §62 *tr* poner en armonía

arnés *m* armadura defensiva; **arneses** *mpl* arreos de las caballerías

árnica *f* planta medicinal; tintura de la misma, empleada en heridas

aro *m* pieza en forma de circunferencia; cerco de madera o hierro; planta de raíz feculenta (*Arum*)

aroma *m* olor agradable, fragancia; *f* flor del aromo

aromático -ca *adj* que tiene fragancia

aromatizar §62 *tr* dar o comunicar aroma a

aromo *m* árbol de flores amarillas muy olorosas (*Acacia farnesiana*)

arpa *f* instrumento músico triangular con cuerdas verticales

arpado -da *adj* que termina en forma dentada; (poét.) (*pájaro*) de armonioso canto

arpar *tr* rasgar con las uñas

arpegio *m* (mús.) sucesión de sonidos acordes

arpía *f* ave fabulosa con rostro de mujer y cuerpo de ave de rapiña; (fam.) mujer perversa o fea

arpista *mf* persona que toca el arpa

arpón *m* dardo con ganchos para la pesca mayor ‖ **arponero** *m*

arquear *tr* dar forma de arco a; medir la cabida de (*un buque*); *intr* nausear ‖ **arqueo** *m*

arqueología *f* estudio de la cosas de la antigüedad ‖ **arqueológico** -ca *adj* ‖ **arqueólogo** -ga *mf*

arquero *m* soldado armado de arco

arquetipo *m* modelo original; ejemplar

Arquímedes *m* matemático y físico griego (287–212 a. de J.C.)

arquimesa *f* mueble que es mesa y armario al mismo tiempo

arquitecto -ta *mf* ‖ **arquitectónico** -ca *adj* ‖ **arquitectura** *f* arte de proyectar y construir edificios

arquitrabe *m* parte inferior del cornisamento

arrabal *m* barrio fuera del recinto de la población

arracada *f* arete con adorno colgante

arracimar *ref* unirse en forma de racimo

arraclán *m* árbol de madera flexible (*Rhamnus frangula*)

arraigar §45 *tr* establecer; *intr* echar raíces; *ref* echar raíces; establecerse en un lugar

arraigo *m* acción de arraigar; bienes raíces

arramblar *tr* dejar (*un río el suelo*) cubierto de arena; arrastrar

arrancar §72 *tr* sacar de raíz; quitar o separar con violencia; *intr* empezar a andar; empezar a correr; traer su origen; (fam.) salir

arranque *m* acción de arrancar; arrebato de cólera; ocurrencia; prontitud excesiva; principio de un arco o bóveda

arrapiezo *m* andrajo; (fam.) persona de poca edad, persona de humilde condición

arras *fpl* lo que se da como prenda en un contrato

arrasar *tr* allanar, alisar; destruir; llenar hasta el borde; *intr y ref* despejarse, serenarse

arrastrado -da *adj* pobre; pícaro; *mf* pícaro

arrastrar *tr* llevar por el suelo, llevar tras de sí; *intr* caminar rozando con el cuerpo en el suelo; tocar el piso (*lo que cuelga*); *ref* caminar rozando con el cuerpo en el suelo; humillarse en extremo ‖ **arrastre** *m*

arrayán *m* arbusto oloroso de flores blancas (*Myrtus communis*)

arre *interj* se usa para hacer andar las bestias

arrear *tr* estimular (*a las bestias*) con la voz o el látigo; *intr* (fam.) ir o caminar de prisa

arrebañar *tr* recoger sin dejar residuos

arrebatado -da *adj* precipitado, violento; (*rostro*) encendido

arrebatar *tr* quitar con violencia; llevarse con fuerza irresistible; *ref* dejarse dominar por una pasión

arrebatiña *f* acción de recoger apresuradamente una cosa que se disputan varios

arrebato *m* furor, éxtasis

arrebol *m* color rojo de las nubes; colorete, afeite

arrebolar *tr* poner o teñir de color de arrebol

arrebozar §62 *tr* rebozar

arrebujar *tr* coger sin orden ni cuidado; cubrir bien con la ropa de cama

arreciar *intr y ref* ir creciendo en fuerza e intensidad

arrecife *m* calzada; banco o bajo de rocas a flor de agua

arrecir §39 *ref* entumecerse por efecto del frío

arrechucho *m* (fam.) arranque, viveza excesiva; (fam.) leve y pasajera indisposición

arredrar *tr* hacer volver atrás; amedrentar

arregazar §62 *tr* recoger (*las faldas*) hacia el regazo

arreglar *tr* sujetar a regla; poner en orden; concertar, componer

arreglo *m* acción de arreglar; regla, orden; convenio; (fam.) sobriedad; con arreglo a según

arrellanar *ref* extenderse en el asiento con toda comodidad

arremangar §45 *tr* recoger hacia arriba (*las mangas o la ropa*)

arremeter *tr* acometer con ímpetu ‖ **arremetida** *f*

arremolinar *ref* apiñarse desordenadamente; hacer o formar remolinos

arrendador -dora *mf* ‖ *mf* persona que da o toma una cosa en arriendo

arrendajo *m* pájaro que imita el canto de otras aves (*Garrulus glandarius*);

(fam.) persona que remeda a las demás

arrendamiento m acción de arrendar; precio en que se arrienda

arrendar §1 tr dar o tomar el uso de (una cosa) por precio y tiempo convenidos; atar por las riendas; imitar

arrendatario -ria adj || mf persona que toma algo en arriendo

arreo m adorno, atavío; **arreos** mpl guarniciones de las caballerías

arrepentimiento m || **arrepentir** §48 ref tener pesar o contrición; volverse atrás

arrequesonar ref cuajarse (la leche)

arrequives mpl (fam.) adornos, atavíos; (fam.) circunstancias

arrestar tr poner preso; ref precipitarse, arriesgarse

arresto m acción de arrestar; breve reclusión; audacia, determinación

arrezagar §45 tr arremangar; elevar

arrianismo m herejía de Arrio || **arriano -na** adj y mf

arriar §76 tr bajar (velas o banderas); soltar (un cabo)

arriate m terreno para flores algo elevado del resto del suelo

arriba adv a, hacia o en lo alto; en sitio anterior; interj ¡que se levante!; ¡viva!

arribada f || **arribar** intr llegar a puerto

arribismo m || **arribista** adj || mf persona ambiciosa y capaz de todo por alcanzar una posición privilegiada

arribo m llegada

arriendo m arrendamiento

arriería f || **arriero** m el que trajina con bestias de carga

arriesgado -da adj peligroso; audaz, osado

arriesgar §45 tr poner a riesgo

arrimar tr acercar; poner en contacto; dar (golpes); arrinconar; estibar; ref acercarse; apoyarse

arrimo m acción de arrimar; ayuda, protección; afición, apego

arrinconar tr poner en un rincón; no hacer caso de; dejar por inútil

Arrio m hereje de Alejandría que negó la divinidad de Jesucristo (280–336 d. de J.C.)

arriscado -da adj atrevido, resuelto; ágil, gallardo; lleno de riscos

arritmia f anormalidad en las contracciones del corazón || **arrítmico -ca** adj

arroba f peso de 25 libras; medida para líquidos

arrobamiento m || **arrobar** tr embelesar; ref extasiarse || **arrobo** m

arrocero -ra adj perteneciente al arroz; mf persona que cultiva el arroz

arrodillar tr hacer hincar las rodillas; ref ponerse de rodillas

arrodrigonar tr poner rodrigones a

arrogancia f || **arrogante** adj soberbio, orgulloso; brioso; gallardo

arrogar §45 ref atribuirse, apropiarse (facultades, poder, etc.)

arrojadizo -za adj hecho de propósito para arrojar o lanzar; fácil de arrojar

arrojado -da adj atrevido, resuelto

arrojar tr lanzar con fuerza; despedir, echar; vomitar; ref precipitarse

arrojo m intrepidez, osadía

arrollar tr envolver en forma de rollo; atropellar; confundir; derrotar

arropar tr cubrir o abrigar con ropa; echar arrope a (vino)

arrope m mosto cocido; jarabe espeso; almíbar de miel

arropía f melcocha

arrostrar tr hacer frente a; resistir; ref lanzarse a luchar cara a cara

arroyada f valle por donde corre un arroyo; surco que el agua hace en la tierra

arroyo m corriente de agua de poco caudal; parte de la calle por donde corren las aguas

arroz m planta cuyo grano se come cocido (Oryza sativa); fruto de esta planta || **arrozal** m

arruga f pliegue en la piel; pliegue que se hace en la tela, la ropa, etc. || **arrugar** §45 tr y ref

arruinar tr causar ruina a

arrullar tr enamorar (el palomo o el tórtolo a la hembra) con arrullos; adormecer (a un niño) con arrullos; (fam.) enamorar con dulces palabras

arrullo m canto del macho o la hembra de las palomas y tórtolas; canto para adormecer a los niños

arrumaco m (fam.) demostración de cariño

arrumbar tr arrinconar, desechar; intr y ref (mar.) fijar el rumbo

arsenal m depósito de armas; sitio en que se construyen y reparan naves

arsénico m cuerpo simple que tiene propiedades de metal y metaloide (símbolo As; núm. atómico 33; peso atómico 74,91)

arseniuro m combinación del arsénico con un metal o un radical

art. abr. de artículo

Artajerjes m nombre de tres reyes de Persia

arte m y f conjunto de procedimientos para la realización de una concepción; producción de la belleza; maña, habilidad; astucia, cautela;

aparato para pescar; **el séptimo arte** el arte del cine

artefacto *m* obra de arte mecánica; dispositivo

artejo *m* nudillo; articulación de los artrópodos

artemisa *f* planta aromática y medicinal; (*cap.*) *f* diosa griega de la caza

artemisia *f* artemisa (*planta*)

arteria *f* vaso que lleva la sangre desde el corazón por todo el cuerpo; gran vía; (elec.) conductor de alimentación

artería *f* astucia, amaño

arterial *adj* perteneciente a las arterias

arteriosclerosis *f* endurecimiento de las paredes de las arterias

artero -ra *adj* astuto, mañoso

artesa *f* cajón para amasar el pan y otros usos

artesanía *f* profesión de artesano; conjunto de artesanos

artesano -na *mf* persona que ejerce un arte mecánico

artesiano -na *adj* perteneciente al Artois, antigua provincia de Francia; (*pozo*) muy profundo para sacar el agua contenida entre dos capas impermeables

artesón *m* artesa para fregar; ornato que se pone en el interior de bóvedas y techos

artesonado -da *adj* adornado con artesones; *m* techo adornado con artesones

ártico -ca *adj* perteneciente o cercano al polo norte; (*cap.*) *m* océano al norte del círculo polar ártico

articulación *f* acción de articular; unión de dos piezas; unión de dos huesos; nudo en el tallo de una planta; pronunciación clara

articulado -da *adj* que tiene articulaciones; *m* animal que tiene el cuerpo dividido en segmentos anulares; serie de artículos

articular *adj* perteneciente a las articulaciones; *tr* unir, enlazar; pronunciar claramente

articulista *mf* persona que escribe artículos para un periódico

artículo *m* cosa comerciable; escrito en un periódico; división de un escrito; parte correspondiente a cada voz de un diccionario; parte de la oración que se antepone al substantivo para determinarlo

artífice *mf* persona que ejecuta una obra mecánica; artista; autor

artificial *adj* hecho por mano del hombre; no natural

artificio *m* arte, habilidad; aparato, dispositivo; astucia, disimulo

artificioso -sa *adj* hecho con arte o habilidad; artero, engañoso

artilugio *m* (desp.) aparato de poca importancia

artillar *tr* armar de artillería

artillería *f* arte de construir máquinas y municiones de guerra; conjunto de cañones, obuses, morteros; cuerpo militar que los sirve

artillero *m* soldado que sirve en la artillería

artimaña *f* trampa para cazar; (fam.) ardid

artista *mf* persona que ejerce alguna bella arte

artístico -ca *adj* perteneciente a las artes; bello

artolas *fpl* aparato compuesto de dos asientos, que sirve para transportar dos personas sobre una caballería

artrítico -ca *adj y mf* ‖ **artritis** *f* inflamación de las articulaciones

artrópodo -da *adj* ‖ *m* animal invertebrado de cuerpo segmentado y patas articuladas

Arturo *m* nombre propio de varón; rey legendario del país de Gales; estrella de primera magnitud de la constelación de Bootes

Artús *m* Arturo (*rey legendario*)

arúspice *m* sacerdote de la antigua Roma, que examinaba las entrañas de las víctimas para hacer presagios

arveja *f* planta leguminosa (*Vicia sativa*)

arz. o **arzbpo.** abr. de arzobispo

arzobispal *adj* ‖ **arzobispo** *m* obispo de una iglesia metropolitana

arzón *m* fuste de la silla de montar

as *m* naipe que lleva el número uno; el primero en su clase

asa *f* parte saliente de una vasija o cesta, que sirve para asirlas

asado *m* carne asada

asador *m* aparato para asar; varilla en que se pone al fuego lo que se quiere asar

asadura *f* entrañas de un animal; (fam.) pachorra

asaetear *tr* disparar saetas contra; herir o matar con saetas

asalariar *tr* señalar salario a

asaltar *tr* acometer (*una fortaleza*); acometer por sorpresa; acometer de pronto (*p.ej., una enfermedad a uno*)

asalto *m* acción de asaltar; en la esgrima, combate simulado; cada división de un combate de boxeo

asamblea *f* reunión de personas convocadas para un fin; cuerpo deliberante y político ‖ **asambleísta** *mf*

asar *tr* cocer a la acción directa del fuego o del aire caldeado de un horno

asaz *adj y adv* (poét.) bastante

asbesto *m* amianto de fibras duras y rígidas

áscari *m* soldado indígena de infantería marroquí

ascendencia *f* conjunto de ascendientes o abuelos

ascendente *adj* que asciende o sube

ascender §52 *tr* dar un ascenso a; *intr* subir; adelantar en empleo

ascendiente *adj* ascendente; *mf* antecesor; *m* influjo moral

ascensión *f* acción de ascender

ascenso *m* elevación a mayor empleo

ascensor *m* aparato para subir personas o cosas ‖ **ascensorista** *mf*

asceta *mf* ‖ **ascético -ca** *adj* ‖ **ascetismo** *m* vida consagrada al ejercicio de la perfección cristiana

ascio -cia *adj* ‖ habitante de la zona tórrida, cuyo cuerpo no proyecta sombra a mediodía dos veces al año

Asclepio *m* dios griego de la medicina

asco *m* repugnancia que mueve a vomitar; impresión desagradable; cosa que repugna

ascórbico -ca *adj* (*ácido*) constituído por la vitamina C

ascua *f* pedazo de materia en estado incandescente

Asdrúbal *m* general cartaginés, hermano de Aníbal (m. 207 a. de J.C.)

aseado -da *adj* limpio, pulcro

asear *tr* limpiar, componer

asechanza *f* ‖ **asechar** *tr* armar trampas contra; conspirar contra ‖ **asecho** *m*

asediar *tr* poner sitio a; importunar con pretensiones o exigencias ‖ **asedio** *m*

asegurado -da *adj* ‖ *mf* persona que ha contratado un seguro

asegurador -dora *adj* ‖ *m* persona o empresa que asegura riesgos ajenos

asegurar *tr* fijar, dar firmeza a; afirmar, garantizar; preservar de daño; garantizar por un precio contra determinado accidente o pérdida

asemejar *tr* representar como semejante; hacer semejante; *intr y ref* mostrarse semejante

asendereado -da *adj* cansado de trabajar; (*camino*) frecuentado

asenso *m* acción de asentir

asentaderas *fpl* (fam.) nalgas

asentar §1 *tr* sentar; poner, colocar; establecer, fundar; aplanar; anotar; afinar el filo de; *ref* posarse (*un ave; un líquido*); hacer asiento (*un edificio*)

asentimiento *m* ‖ **asentir** §48 *intr* convenir en un dictamen o parecer

asentista *m* contratista de suministros para un servicio del Estado

aseo *m* limpieza; adorno; esmero; cuarto de aseo

asepsia *f* ausencia de gérmenes patógenos; método para evitar el acceso de gérmenes patógenos ‖ **aséptico -ca** *adj*

asequible *adj* que se puede conseguir

aserción *f* acción de afirmar

aserradero *m* lugar donde se asierra la madera

aserradizo -za *adj* serradizo

aserrar §1 *tr* serrar

aserrín *m* serrín

aserto *m* acción de afirmar

asesinar *tr* matar alevosamente ‖ **asesinato** *m*

asesino -na *adj* ‖ *mf* persona que asesina

asesor -sora *adj y mf* ‖ **asesorar** *tr* dar consejo o dictamen a; *ref* tomar consejo

asesoría *f* oficio y oficina de asesor

asestar *tr* dirigir (*un arma, una pedrada, un golpe*); intentar causar daño a

aseveración *f* ‖ **aseverar** *tr* afirmar la certeza de

asfaltar *tr* ‖ **asfalto** *m* betún que se emplea, mezclado con arena, en pavimentos

asfixia *f* privación de los sentidos por falta de respiración ‖ **asfixiar** *tr y ref*

así *adv* de esta manera; **así que** tan pronto como

Asia *f* una de las cinco partes del mundo; **el Asia Menor** península del Asia occidental entre el mar Negro y el Mediterráneo ‖ **asiático -ca** *adj y mf*

asibilar *tr* hacer sibilante

asidero *m* parte por donde se ase una cosa; ocasión, pretexto

asiduidad *f* ‖ **asiduo -dua** *adj* aplicado, constante, perseverante

asiento *m* mueble o lugar para sentarse; parte inferior de una vasija; definitiva estabilidad de un edificio; sedimento; anotación; cordura; trasero

asignación *f* ‖ **asignar** *tr* señalar, destinar; fijar; nombrar

asignatura *f* cada una de las materias del plan de estudios

asilar *tr* dar asilo a; recoger en un asilo

asilo *m* lugar de refugio; establecimiento benéfico; amparo, protección

asimetría f falta de simetría ‖ **asimétrico -ca** adj
asimilación f ‖ **asimilar** tr comparar; ref parecerse; apropiarse (un organismo las substancias con que se nutre); adoptar (una idea)
asimismo adv del mismo modo
asincronismo m falta de simultaneidad
asíndeton m omisión de las conjunciones
asíntota f (mat.) recta que aproximándose constantemente a una curva, no llega nunca a encontrarla
asir §7 tr coger con la mano; tomar, coger; intr arraigar; ref contender
Asiria f antiguo imperio de Asia, en la cuenca del Tigris ‖ **asirio -ria** adj y mf
asistencia f acción de asistir; personas presentes; ayuda
asistenta f criada que no reside en la casa
asistente adj que asiste; mf persona presente; m soldado destinado al servicio personal de un oficial
asistir tr acompañar; ayudar; intr estar presente
asistolia f debilidad de las contracciones cardíacas ‖ **asistólico -ca** adj
asma f enfermedad que se manifiesta por sofocaciones intermitentes ‖ **asmático -ca** adj y mf
asna f hembra del asno
asnal adj ‖ **asno** m bestia de carga y de tiro de menor tamaño que el caballo
asociación f ‖ **asociado -da** adj y mf ‖ **asociar** tr dar o tomar como compañero; juntar; ref juntarse
asolamiento m ‖ **asolar** §63 tr arrasar, destruir; ref posarse (un líquido)
asolear tr tener al sol; ref acalorarse tomando el sol
asomar tr mostrar o sacar por una abertura o por detrás de una cosa; intr y ref empezar a mostrarse
asombradizo -za adj espantadizo
asombrar tr hacer sombra a; asustar; causar grande admiración a
asombro m susto; grande admiración
asombroso -sa adj que causa asombro
asomo m acción de asomar; indicio, señal; ni por asomo de ningún modo
asonada f motín, reunión turbulenta
asonancia f rima de vocales
asonante adj ‖ **asonar** §63 intr hacer asonancia
asordar tr causar sordera a
aspa f maderos en forma de X; devanadera en forma de X; cruz

giratoria del molino de viento; cada brazo de ésta; paleta de hélice de avión
aspar tr hacer madeja (el hilo) en el aspa; clavar en el aspa; (fam.) causar pena a
aspaviento m demostración exagerada de supuestas emociones
aspecto m presencia exterior; semblante
aspereza f calidad de áspero
asperjar tr rociar; rociar con el hisopo
áspero -ra adj desapacible al tacto, al oído o al gusto; escabroso; desabrido; severo, rígido
asperón m roca arenisca; piedra de amolar
aspersión f acción de asperjar
aspersorio m instrumento para asperjar o rociar
áspid m o **áspide** m víbora muy venenosa
aspillera f abertura en una muralla para disparar contra el enemigo
aspiración f acción de aspirar
aspirador m aparato mecánico de limpieza que aspira el polvo
aspirante adj (bomba) que utiliza la presión atmosférica; m candidato, solicitante; m empleado sin sueldo; **aspirante de marina** alumno de la Escuela Naval Militar
aspirar tr atraer (el aire) a los pulmones; atraer (un líquido, un gas); intr tener deseo o ambición
aspirina f compuesto analgésico
asquear tr tener asco de; intr tener asco
asquerosidad f ‖ **asqueroso -sa** adj que causa asco; que es propenso a tenerlo
asta f palo de una bandera, pica o lanza; lanza; cuerno; mango
astado -da adj que tiene asta; m toro
astatino o **ástato** m cuerpo simple halógeno, antes llamado alabamio (símbolo At; número atómico 85)
astenia f debilidad, falta de fuerzas
asterisco m signo ortográfico en forma de estrella
asteroide adj de figura de estrella; m pequeño planeta
Astianacte m (mit.) hijo de Héctor y de Andrómaca
astigmático -ca adj ‖ **astigmatismo** m defecto de una lente o del ojo que origina turbación de la vista
astil m mango de varias herramientas; varita de saeta; eje de la pluma de ave; barra de la balanza
astilla f fragmento que salta de una cosa que se rompe
astillar tr hacer astillas de

Astillejos *mpl* Cástor y Pólux, estrellas de la constelación de Géminis

astillero *m* lugar donde se construyen
buques; percha para lanzas

astracán *m* piel de cordero nonato o
recién nacido; (*cap.*) ciudad de
Rusia en el bajo Volga

astrágalo *m* tragacanto; anillo que
rodea una columna; hueso del talón

astral *adj* perteneciente a los astros

astreñir §60 *tr* astringir ‖ astricción *f*

astringencia *f* ‖ astringente *adj* ‖ *m*
medicamento que astringe

astringir §28 *tr* contraer, estrechar
(*los tejidos orgánicos*); obligar, sujetar

astro *m* cuerpo celeste

astrofísico -ca *adj y mf* ‖ *f* ciencia que
estudia la naturaleza física de los
astros

astrolabio *m* antiguo instrumento
para observar los astros

astrología *f* supuesta ciencia de
adivinación por la observación de
los astros ‖ astrológico -ca *adj* ‖
astrólogo -ga *adj y mf*

astronauta *m* ‖ astronáutico -ca *adj* ‖ *f*
navegación del espacio

astronomía *f* ciencia de los astros ‖
astronómico -ca *adj* ‖ astrónomo
-ma *mf*

astroso -sa *adj* vil, despreciable;
descuidado, sucio

astucia *f* calidad de astuto; ardid

astur o **asturiano -na** *adj y mf* ‖
Asturias *f* región del norte de
España, antes reino

astuto -ta *adj* hábil, agudo, sagaz

asueto *m* vacación breve, descanso

asumir *tr* atraer a sí, tomar para sí

asunción *f* acción de asumir; (*cap.*) *f*
elevación de la Virgen al Cielo;
capital del Paraguay

asunto *m* materia de que se trata;
tema, argumento; negocio

asustadizo -za *adj* que se asusta
fácilmente

asustar *tr* dar o causar susto a

atabal *m* timbal; tamboril

atacar §72 *tr* acometer, embestir; ir
en contra de; contradecir; meter y
apretar el taco en (*un arma o mina*);
abrochar, atar

atadero *m* lo que sirve para atar;
parte por donde se ata

atadijo *m* (fam.) bulto pequeño y mal
hecho

atado *m* conjunto de cosas atadas;
(Arg.) paquete de cigarrillos

atadura *f* acción de atar; cosa con que
se ata; unión

ataharre *m* banda de cuero que rodea
las ancas de la caballería

atajar *tr* detener el curso de; salir por
un atajo al encuentro de; interrumpir; *intr* ir por el atajo

atajo *m* camino por donde se abrevia
la distancia

atalaya *f* torre o altura de observación; *m* hombre que registra
desde la atalaya

atalayar *tr* observar desde una atalaya;
(fam.) espiar

Atanasio, San obispo de Alejandría
(299-373 d. de J.C.)

atañer §70 *tr* concernir

ataque *m* acción de atacar; acometimiento de una enfermedad

atar *tr* sujetar con cuerda, cinta, etc.;
impedir el movimiento de

atarantar *tr* aturdir, atolondrar

atarazana *f* arsenal para la construcción de buques; cobertizo de
cordelero

atardecer *m* fin de la tarde; §19 *intr*
empezar a caer la tarde

atarear *tr* marcar tarea a; *ref* entregarse mucho al trabajo

atarjea *f* conducto que lleva las aguas
al sumidero

atarugar §45 *tr* asegurar o tapar con
tarugos; (fam.) hacer callar; *ref*
atragantarse

atascadero *m* sitio donde se atascan
los carruajes; impedimento, embarazo

atascar §72 *tr* obstruir; dificultar; *ref*
quedarse detenido en un lodazal o
por algún estorbo

atasco *m* obstáculo; obstrucción

ataúd *m* caja para un cadáver

ataujía *f* embutido de metales y
esmaltes

ataviar §76 *tr* adornar, componer

atávico -ca *adj* perteneciente al
atavismo

atavío *m* adorno; atavíos *mpl* objetos
para adorno

atavismo *m* reaparición de características que habían quedado latentes
durante una o varias generaciones

ateísmo *m* doctrina que niega la
existencia de Dios ‖ ateísta *adj y
mf*

ateleje *m* guarniciones de las bestias
de tiro; tiro de caballerías

atemorizar §62 *tr* causar temor a

Atena *f* diosa griega de la sabiduría

atenacear *tr* arrancar con tenazas la
carne a; afligir cruelmente

Atenas *f* ciudad principal de la antigua Grecia y capital de la Grecia
moderna

atenazar §62 *tr* atenacear

atención *f* acción de atender; cortesía,
obsequio; cuidado

atender §52 *tr* aplicar el entendimiento a; tener en cuenta; cuidar de

Atenea *f* Atena

ateneo *m* sociedad científica o literaria

atener §71 *ref* ajustarse; adherirse, arrimarse

ateniense *adj y mf* natural de Atenas

atentado *m* procedimiento ilegal; delito, esp. contra una autoridad

atentar *intr* intentar cometer un delito; §1 *ref* irse con tiento; moderarse

atento -ta *adj* que tiene la atención fija; comedido, cortés

atenuación *f* ‖ **atenuar** §20 *tr* poner tenue o delgado; minorar

ateo -a *adj y mf* partidario del ateísmo

aterciopelado -da *adj* como terciopelo

aterrajar *tr* labrar con la terraja

aterrar *tr* causar terror a; §1 *tr* echar por tierra, derribar; *intr* llegar a tierra

aterrizaje *m* ‖ **aterrizar** §62 *intr* (aer.) descender a tierra

aterrorizar §62 *tr* causar terror a

atesar §1 *tr* poner tirante o tieso

atesorar *tr* acumular y guardar (*dinero, cosas de valor*); tener (*virtudes, gracias*)

atestación *f* deposición de testigo

atestado -da *adj* testarudo; *m* testimonio oficial escrito

atestar *tr* testificar; §1 *tr* llenar apretando

atestiguar §10 *tr* declarar como testigo

atezado -da *adj* tostado por el sol; de color negro

atezar §62 *tr* dar el color del tanino a (*las pieles*); ennegrecer

atiborrar *tr* llenar de borra muy apretada; llenar apretando; (fam.) hartar

Ática, el comarca de la antigua Grecia

aticismo *m* elegancia, gusto exquisito en el estilo literario ‖ **aticista** *adj y mf*

ático -ca *adj* perteneciente al aticismo; agudo; *adj y mf* natural del Ática o de Atenas; *m* antiguo dialecto de Atenas; último piso de un edificio; *f* véase el **Ática**

atigrado -da *adj* manchado como la piel del tigre; parecido al tigre

Atila *m* rey de los hunos, llamado el azote de Dios (m. 453 d. de J.C.)

atildar *tr* poner tildes a; asear, componer; censurar

atinar *tr* hallar (*lo que se busca*); *intr* dar, topar; atinar a, con o en hallar; acertar

atiplar *tr* levantar el tono de (*la voz o un instrumento*) hasta el tiple

atirantar *tr* poner tirante; afirmar con tirantes

atisbar *tr* observar con cuidado

atisbo *m* acción de atisbar; vislumbre, barrunto

atizador *m* instrumento para atizar el fuego

atizar §62 *tr* remover (*el fuego*); avivar; despabilar (*la luz*); (fam.) dar (*un golpe*)

atlante *m* estatua de hombre, que sirve de columna; (cap.) *m* (mit.) Atlas

atlántico -ca *adj* ‖ (cap.) *m* océano que se extiende entre Europa, África y América

atlas *m* (pl: -las) colección de mapas; (cap.) *m* (mit.) semidiós condenado a sostener el cielo sobre sus hombros; el Atlas cordillera del África septentrional

atleta *mf* persona que se distingue en la práctica de algunos deportes; persona fuerte y ágil ‖ **atlético -ca** *adj*

atletismo *m* práctica de los ejercicios atléticos

atmósfera *f* masa de aire que envuelve a la Tierra; ambiente moral ‖ **atmosférico -ca** *adj*

atocha *f* esparto

atolón *m* isla de coral

atolondrar *tr* causar perturbación física o moral a

atolladero *m* atascadero

atollar *intr y ref* dar en un atolladero

atómico -ca *adj* ‖ **átomo** *m* partícula muy pequeña; elemento constitutivo de la materia, formado por un complejo de protones, neutrones y electrones, cuyo número y distribución determinan la naturaleza de un cuerpo simple

atonía *f* falta de energía; falta de vigor en los tejidos orgánicos

atónito -ta *adj* sorprendido, pasmado

átono -na *adj* sin acentuación; sin vigor

atontar *tr* volver tonto; aturdir

atormentar *tr* afligir; dar dolor físico a

atornillar *tr* sujetar con tornillo

atosigar §45 *tr* envenenar; apremiar

atrabiliario -ria *adj* ‖ **atrabilis** *f* bilis negra y acre; mal genio

atracadero *m* sitio donde atracan embarcaciones menores

atracador *m* salteador de caminos

atracar §72 *tr* arrimar (*una embarcación*) a otra o a tierra; salir a robar; (fam.) hartar; *intr* arrimarse (*una embarcación*)

atracción *f* acción de atraer; espectáculo que atrae al público atraco *m* acción de atracar a los transeúntes

atracón *m* (fam.) hartazgo

atractivo -va *adj* que atrae; *m* donaire, gracia; aliciente

atraer §74 *tr* traer hacia sí; causar; captar la voluntad de

atragantar *ref* tener en la garganta algo que no puede tragarse; (fam.) turbarse en la conversación

atraillar §3 *tr* atar con traílla

atrancar §72 *tr* e *intr* trancar

atrapar *tr* coger (*al que huye*); coger, conseguir; engañar

atrás *adv* en lugar posterior; en tiempo anterior

atrasar *tr* hacer andar más despacio; dejar para después; hacer retroceder (*las agujas del reloj*); *intr* marchar despacio; *ref* quedarse atrás

atraso *m* efecto de atrasar; atrasos *mpl* pagas o rentas vencidas

atravesado -da *adj* algo bisojo; de mala intención

atravesar §1 *tr* poner de una parte a otra; pasar sobre; pasar cruzando; pasar penetrando de parte a parte

Atreo *m* (mit.) rey de Micenas, famoso por su odio a su hermano

atrever *ref* aventurarse; faltar al respeto debido

atrevido -da *adj* que se atreve; hecho o dicho con audacia; irrespetuoso ‖ atrevimiento *m*

atribución *f* ‖ atribuir §27 *tr* aplicar, conferir, imputar; asignar

atribular *tr* causar congoja a

atributivo -va *adj* ‖ atributo *m* cualidad o propiedad; símbolo; (gram.) palabra que expresa la cualidad que se atribuye a un substantivo

atrición *f* frotación; desgaste; rozadura superficial; dolor de haber ofendido a Dios

atril *m* mueble para sostener libros o papeles abiertos

atrincherar *tr* fortificar con trincheras; *ref* apostarse en ellas

atrio *m* pórtico; patio rodeado de pórticos; zaguán

atrocidad *f* crueldad grande; (fam.) exceso; (fam.) necedad

atrofia *f* consunción por defecto de nutrición de un órgano

atrofiar *ref* padecer atrofia

atronar §63 *tr* asordar con ruido; atontar, aturdir

atropar §63 *tr* juntar en cuadrillas

atropellar *tr* empujar, derribar; pasar con precipitación por encima de; hacer precipitadamente; ofender, vejar; *ref* apresurarse demasiado ‖ atropello *m*

atropina *f* alcaloide venenoso, usado en medicina

Átropos *f* (mit.) una de las tres Parcas, la que cortaba el hilo de la vida

atroz *adj* (*pl: -troces*) cruel; (fam.) desmesurado

atto. abr. de atento

atuendo *m* vestido, atavío; pompa

atufar *tr* enfadar, enojar; *ref* tomar tufo

atún *m* pez marino de gran tamaño (*Thunnus*)

aturdir *tr* causar perturbación física o moral a; causar gran admiración a

aturrullar *tr* (fam.) confundir, desconcertar

atusar *tr* recortar o alisar (*el pelo*); *ref* adornarse demasiado

audacia *f* ‖ audaz *adj* (*pl: -daces*) atrevido, osado

audible *adj* que puede oírse

audición *f* acción de oír; sesión de música; programa de radiotelefonía

audiencia *f* acción de oír una autoridad a los litigantes; tribunal de justicia; admisión a presencia de un soberano u otra dignidad

audífono *m* aparato usado por los sordos para oír mejor; auricular

audio *m* audiofrecuencia; la parte de una emisión televisora correspondiente al sonido en contraposición a la parte correspondiente a la imagen

audiofrecuencia *f* frecuencia correspondiente a la de las ondas sonoras

audiómetro *m* aparato para apreciar la sensibilidad auditiva de una persona

audio-visual *adj* (*enseñanza*) que utiliza el gramófono, el cine, etc. en vez de libros

auditivo -va *adj* perteneciente al oído; *m* auricular

auditor *m* juez de guerra o de marina; interventor de cuentas

auditorio *m* conjunto de oyentes; local para dar audiciones o conciertos

auge *m* elevación grande en dignidad, fortuna; prosperidad repentina; boga, moda; (astr.) apogeo

augur *m* adivino en la antigua Roma

augurar *tr* agorar; (Amér.) desear, felicitar

augurio *m* agüero; (Amér.) deseo, felicitación

augusto -ta *adj* que infunde veneración; (*cap.*) *m* primer emperador romano (63 a. de J.C.–14 d. de J.C.)

aula *f* sala de clase

aulaga *f* planta que se emplea como pienso (*Ulex*)

aullar §8 *intr* dar aullidos

aullido *m* quejido prolongado del perro, el lobo, etc.; sonido desagradable en un altoparlante

aumentar *tr* dar mayor extensión, número o materia a; *intr* tomar mayor extensión, número o materia

aumentativo -va *adj* ‖ *m* vocablo que aumenta la significación de otro

aumento *m* acción de aumentar

aun *adv* todavía; también; **ni aun ni** siquiera

aún *adv* todavía

aunar §8 *tr* juntar, unificar

aunque *conj* a pesar de que

aúpa *interj* (fam.)¡levántate!; **de aúpa** (fam.) elegante

aupar §8 *tr* (fam.) ayudar a subir; enaltecer

aura *f* viento suave; popularidad; ave rapaz (*Cathartes aura*)

auranciáceo -a *adj* parecido al naranjo

Aurelio, Marco emperador romano (121–180 d. de J.C.)

áureo -a *adj* de oro; dorado

aureola *f* círculo luminoso que se pone en la cabeza de las imágenes; fama, gloria ‖ **aureolar** *tr*

aureomicina *f* antibiótico que posee un fuerte poder bactericida

aurícula *f* cada una de las cavidades superiores del corazón

auricular *adj* perteneciente al oído; perteneciente a una aurícula; *m* pieza del teléfono que se aplica al oído; dedo meñique

auriga *m* (poét.) cochero

aurora *f* claridad sonrosada que precede al día; anuncio de tiempo mejor; (*cap.*) *f* diosa de la mañana

ausencia *f* estado del que está ausente; tiempo en que está ausente; falta

ausentar *ref* irse a otra parte, estar ausente

ausente *adj* alejado de cierto lugar, esp. de su domicilio; falto, carente; *mf* persona ausente

auspicio *m* agüero; favor, protección

austeridad *f* ‖ **austero -ra** *adj* rígido, severo; áspero al gusto

austral *adj* perteneciente al sur

Australia *f* continente en la Oceanía, el más pequeño del mundo ‖ **australiano -na** *adj y mf*

Austria *f* estado de la Europa central ‖ **austríaco -ca** o **austriaco -ca** *adj y mf*

Austria-Hungría *f* imperio de la Europa central, que se desmembró después de la P.G.M.

austro *m* sur; viento del sur

austrohúngaro -ra *adj y mf* natural de Austria-Hungría

autenticidad *f* ‖ **auténtico -ca** *adj* verdadero, real

autillo *m* ave rapaz nocturna (*Strix aluco*)

auto *m* decreto judicial; composición dramática religiosa; (fam.) automóvil; **auto de fe** castigo público infligido por la Inquisición

autobiografía *f* biografía que escribe uno de sí mismo ‖ **autobiográfico -ca** *adj* ‖ **autobiógrafo -fa** *mf*

autobombo *m* elogio desmesurado que uno hace de sí mismo

autobús *m* ómnibus automóvil

autocamión *m* camión automóvil

autocar *m* autobús para servicio de carretera

autoclave *f* aparato para obtener esterilizaciones por medio del vapor comprimido

autocracia *f* gobierno absoluto de un solo hombre ‖ **autócrata** *mf* ‖ **autocrático -ca** *adj*

autodominio *m* dominio de sí mismo

autódromo *m* pista para automóviles

autógeno -na *adj* que se desarrolla por sí mismo; (*soldadura de un metal*) que se hace sin materia extraña

autogiro *m* aparato volador que se eleva y aterriza verticalmente

autógrafo -fa *adj y m* escrito de mano de su propio autor

autoinducción *f* (elec.) inducción de un circuito sobre sí mismo

autómata *m* máquina que imita a un ser vivo; *mf* (fam.) persona que se deja regir por otra

automático -ca *adj* que funciona por medios puramente mecánicos; maquinal

automatización *f* procedimiento por el cual se llevan a cabo muchas operaciones industriales sin controles humanos

automotor *m* coche con motor de explosión que circula por la vía férrea

automóvil *adj* que se mueve por sí mismo; *m* coche movido por un motor de explosión

automovilismo *m* uso del automóvil; industria del automóvil ‖ **automovilista** *adj y mf*

autonomía *f* independencia; independencia política; radio de acción de un buque o avión ‖ **autónomo -ma** *adj*

autopiano *m* (Amér.) pianola

autopista *f* carretera para automóviles

autopsia *f* examen anatómico de un cadáver

autor -tora *mf* persona que hace o causa una cosa; escritor

autoridad f poder de una persona sobre otras; crédito o fe que se da a una persona o cosa; persona o cosa que tiene autoridad

autoritario -ria adj fundado en la autoridad; imperioso; mf partidario del principio de autoridad

autorización f ‖ **autorizar** §62 tr dar autoridad a; aprobar; confirmar; legalizar

autorretrato m retrato que una persona hace de sí misma

autoservicio m sistema de ciertos restaurantes y tiendas donde uno se sirve a sí mismo

auto-stop m modo de viajar a pie, pidiendo ser llevado en los automóviles que pasan

autosugestión f sugestión que ejerce una persona sobre sí misma

auto-teatro m cine al aire libre en que los automovilistas ven la cinta desde los coches

autovía m automotor; f autopista

auxiliar adj que auxilia; m empleado subalterno; profesor suplente; verbo empleado para formar ciertos tiempos o la voz pasiva; §76 o regular tr dar ayuda a

auxilio m ayuda, socorro

aval m firma con que se garantiza un documento de crédito

avalancha f alud

avalar tr garantizar por medio de aval

avalorar tr justipreciar; infundir valor a

avaluar §20 tr determinar el valor de ‖ **avalúo** m

avance m acción de avanzar; anticipo

avante adv (mar.) adelante

avanzada f partida de soldados destacada para explorar el campo

avanzar §62 tr adelantar; proponer; intr y ref ir hacia adelante; progresar

avaricia f afán inmoderado de poseer riquezas ‖ **avaricioso -sa**, **avariento -ta** o **avaro -ra** adj y mf

avasallar tr dominar, someter a obediencia

ave f vertebrado ovíparo con alas, pico y plumas

avecinar tr acercar; avecindar

avecindar tr admitir en el número de los vecinos

avechucho m ave fea; (fam.) sujeto despreciable

avefría f ave con un moño eréctil (Vanellus vanellus)

avejentar tr poner viejo antes de tiempo; ref parecer viejo antes de serlo

avellana f fruto del avellano

avellanar tr ensanchar (un agujero) para la cabeza de un tornillo; ref arrugarse

avellano m árbol parecido al abedul (Corylus avellana)

avemaría f oración que empieza con las palabras con que el arcángel San Gabriel saludó a la Virgen; ángelus; cuenta del rosario

avena f hierba anual cuyo grano se da a las caballerías; su grano

avenencia f concierto, convenio; conformidad, unión

avenida f creciente impetuosa; calle ancha

avenir §78 tr conciliar, concordar; ref entenderse bien

aventajado -da adj provechoso; notable

aventajar tr mejorar; llevar ventaja a; preferir; ref sobresalir

aventar §1 tr hacer aire a; echar al viento (los granos) para limpiarlos; ref llenarse de viento; (fam.) huir

aventura f suceso extraño; casualidad; riesgo, peligro

aventurar tr arriesgar; decir (una cosa atrevida)

aventurero -ra adj ‖ mf persona que busca aventuras; persona que por medio de intrigas trata de elevarse

avergonzar §9 tr causar vergüenza a; ref sentir vergüenza

avería f deterioro de uno de los órganos de un aparato, que impide su funcionamiento normal; daño sufrido por un buque o su carga ‖ **averiar** §76 tr y ref

averiguación f ‖ **averiguar** §10 tr indagar, descubrir

averío m conjunto de muchas aves

averno m (poét.) infierno; (cap.) m lago de Italia, considerado por los antiguos como una de las puertas del infierno

aversión f odio, repugnancia

avestruz m (pl: -truces) ave corredora del África y la Arabia (Struthio camelus)

avezar §62 tr acostumbrar

aviación f navegación aérea, esp. con aparatos más pesados que el aire

aviador -dora adj ‖ mf persona que gobierna o tripula un aparato de aviación

aviar §76 tr disponer para el camino; (fam.) aprestar, arreglar; (Amér.) prestar

avícola adj ‖ **avicultor -tora** mf ‖ **avicultura** f cría de aves

avidez f ‖ **ávido -da** adj codicioso en extremo

avieso -sa *adj* torcido; de mala índole
Ávila *f* provincia central de España;
     capital de esta provincia ‖ avilés
     -lesa *adj* y *mf*
avinagrado -da *adj* (fam.) acedo, acre,
     desapacible
avinagrar *tr* poner acedo o agrio
avío *m* prevención, apresto; avíos *mpl*
     utensilios para algo
avión *m* aeroplano; vencejo (*Cheli-
     don urbica*); avión a reacción el pro-
     pulsado por un motor de reacción
avisar *tr* dar noticia a; dar noticia de;
     aconsejar ‖ aviso *m*
avispa *f* insecto himenóptero provisto
     de un aguijón (*Vespa vulgaris*)
avispado -da *adj* (fam.) despierto, vivo
avispero *m* panal fabricado por avis-
     pas; grupo de diviesos
avispón *m* avispa mayor que la común
     (*Vespa crabro*)
avistar *tr* alcanzar con la vista; *ref*
     reunirse para algún negocio
avituallar *tr* vituallar
avivar *tr* animar, dar viveza a; en-
     cender
avizor *m* el que avizora
avizorar *tr* acechar
avutarda *f* ave de vuelo corto y pe-
     sado (*Otis tarda*)
axila *f* sobaco; ángulo que forma una
     parte de la planta con el tronco o
     la rama
axioma *m* verdad tan clara que no
     necesita demostración ‖ axiomático
     -ca *adj*
ay *interj* expresa dolor; *m* quejido
Áyax *m* (mit.) héroe griego de la
     guerra de Troya
ayer *adv* en el día inmediatamente
     anterior al día de hoy; antes; *m* el
     día inmediatamente anterior al día
     de hoy; tiempo pasado
ayo -ya *mf* persona encargada de criar
     o educar a un niño
ayuda *f* acción de ayudar; persona o
     cosa que ayuda; enema
ayudante *m* el que está a las órdenes
     de un superior y le ayuda en sus
     funciones ‖ ayudantía *f*
ayudar *tr* prestar cooperación a; tra-
     bajar a las órdenes de; socorrer
ayunar *intr* no comer; guardar el
     ayuno religioso
ayuno -na *adj* que no ha comido; ig-
     norante de lo que se habla; *m* acción
     de ayunar
ayuntamiento *m* corporación que go-
     bierna un municipio; casa consisto-
     rial
azabache *m* lignito negro y lustroso
     que se emplea para hacer dijes, bo-
     tones, etc.

azada *f* pala cuadrangular que sirve
     para remover y cavar la tierra
azadón *m* azada larga de forma curva
azafata *f* camarera en un avión; criada
     al servicio de la reina
azafate *m* canastillo llano
azafrán *m* planta cuyos estigmas se
     usan para teñir y condimentar
     (*Crocus sativus*)
azafranado -da *adj* de color de azafrán
azafranar *tr* teñir de azafrán; poner
     azafrán en
azahar *m* flor blanca del naranjo, del
     limonero o del cidro
azalea *f* arbusto ericáceo de adorno
azar *m* casualidad; desgracia impre-
     vista
azarar *ref* torcerse por causas im-
     previstas; perder la serenidad
azaroso -sa *adj* arriesgado, inseguro;
     desgraciado
ázimo *adj* (pan) sin levadura
azimut *m* (*pl:* -muts) acimut
azófar *m* latón
azogar §45 *tr* cubrir con azogue; *ref*
     enfermar por absorber azogue
azogue *m* cuerpo simple metálico,
     líquido a la temperatura ordinaria
     (*símbolo* Hg; *núm* atómico 80; *peso
     atómico* 200,61)
azor *m* ave de rapiña que se empleó
     en cetrería (*Accipiter gentilis*)
azorar *tr* turbar, sobresaltar
Azores *fpl* archipiélago del Atlántico,
     que pertenece a Portugal
azotacalles *mf* (*pl:* -lles) (fam.) per-
     sona callejera
azotaina *f* (fam.) tunda de azotes
azotar *tr* dar azotes a; golpear violen-
     tamente
azotazo *m* golpe de azote; manotada
     en las nalgas
azote *m* látigo o instrumento con que
     se azota; golpe; manotada en las
     nalgas; calamidad; el azote de Dios
     Atila
azotea *f* plataforma en el tejado de un
     edificio
azteca *adj* ‖ *mf* individuo de un pueblo
     que dominó en Méjico antes de la
     conquista por los españoles
azúcar *m* substancia dulce que se
     extrae de la caña de varias plantas
azucarado -da *adj* que tiene azúcar;
     dulce; (fam.) afable, meloso
azucarar *tr* bañar o endulzar con
     azúcar; (fam.) suavizar
azucarero -ra *adj* perteneciente al
     azúcar; *m* y *f* vasija para el azúcar
azucarillo *m* masa esponjosa de almí-
     bar, zumo de limón y clara de huevo
azucena *f* planta de flores blancas y
     olorosas (*Lilium candidum*)

azud *m* o **azuda** *f* máquina para sacar agua de los ríos; presa en el río

azuela *f* herramienta de carpintero para desbastar la madera

azufaifa *f* fruto del azufaifo

azufaifo *m* árbol de fruto comestible y dulce (*Zizyphus vulgaris*)

azufrar *tr* impregnar de azufre, sahumar con él

azufre *m* cuerpo simple de color amarillo (*símbolo* S; *núm. atómico* 16; *peso atómico* 32,066)

azufrera *f* mina de azufre

azul *adj* ‖ *m* color del cielo sin nubes

azulado -da *adj* azul, que tira a azul

azular *tr* poner azul; teñir de azul

azulear *intr* mostrar el color azul, tirar a azul

azulejo *m* ladrillo pequeño esmaltado

azulete *m* viso azul que se da a la ropa blanca

azulino -na *adj* que tira a azul

azumbre *m* medida para líquidos: 2,13 litros

azuzar §62 *tr* incitar (*a un perro*) para que embista; (fam.) irritar, excitar

B

B, b *f* segunda letra del alfabeto

B. abr. de Beato y Bueno (*en examen*)

baba *f* saliva que fluye de la boca; saliva viscosa de ciertos animales; jugo viscoso de ciertas plantas; (Col. y Venez.) especie de caimán

babador *m* lienzo que por limpieza se suspende al cuello de los niños

babaza *f* baba de ciertos animales y plantas; molusco gasterópodo (*Limax*)

babear *intr* expeler baba; (fam.) embelesarse contemplando a la persona amada

Babel *m* y *f* ciudad antigua donde los descendientes de Noé quisieron edificar una torre para alcanzar el cielo; (fam.) lugar de desorden y confusión; (fam.) desorden, confusión ‖ **babélico -ca** *adj*

babera *f* o **babero** *m* babador

Babia: estar en Babia (fam.) no prestar atención a aquello de que se trata

babieca *adj* y *mf* (fam.) imbécil, bobo

Babilonia *f* ciudad e imperio a orillas del Éufrates (2700–538 a. de J.C.); cualquier gran ciudad rica y desmoralizada ‖ **babilónico -ca** *adj* ‖ **babilonio -nia** *adj* y *mf*

bable *m* dialecto asturiano

babor *m* lado izquierdo de la embarcación, mirando a proa

babosa *f* molusco gasterópodo (*Limax*)

babosear *tr* llenar de babas; *intr* (fam.) obsequiar a una mujer con demostraciones de amor

baboso -sa *adj* que echa muchas babas; sucio, mal aseado; (fam.) demasiado obsequioso con personas del otro sexo; *m* pez acantopterigio (*Blennius ocellaris*); *f* véase **babosa**

babucha *f* zapato ligero y sin talón

bacaladero -ra *adj* ‖ **bacalao** *m* pez comestible que se conserva salado (*Gadus morrhua*); (fam.) persona flaca y seca de carnes; (Chile) persona miserable y mezquina

bacán *m* (Cuba) masa hecha con carne de puerco, tomate y ají, envuelta en hoja de plátano y cocida; (Arg.) especie de Don Juan de cabaret; (Arg.) chulo, rufián

bacanal *adj* perteneciente al dios Baco; *f* orgía tumultuosa; **bacanales** *fpl* fiestas paganas en honor de Baco

bacante *f* sacerdotisa de Baco; (fam.) mujer desvergonzada e impúdica

baceta *f* naipes que quedan después de dar

bacía *f* vasija baja; jofaina que usan los barberos

bacilar *adj* ‖ **bacilo** *m* bacteria en forma de bastoncillo que produce esporas en presencia del oxígeno libre

bacin *m* orinal alto; bacía pequeña para pedir limosna; (fam.) hombre despreciable

Baco *m* (mit.) dios romano de las vendimias y el vino

bacteria *f* microorganismo fermentógeno y patógeno ‖ **bacteriano -na** *adj*

bactericida *adj* ‖ *m* destructor de bacterias

bacteriología *f* ciencia que estudia las bacterias ‖ **bacteriológico -ca** *adj* ‖ **bacteriólogo -ga** *mf*

báculo *m* palo o cayado; amparo, consuelo; báculo pastoral el de los obispos

bache *m* hoyo en el camino; señal que aparece en el radarscopio; **bache aéreo** (aer.) depresión, bolsa de aire

bachicha *m* (Arg.,Chile y Perú) italiano; (Méx.) colilla de cigarro; **bachichas** *fpl* (Méx.) residuos de comidas; (Méx.) asientos de pulque

bachiller -**llera** *adj y mf* (fam.) hablador e impertinente; **bachiller** *mf* persona que ha terminado la enseñanza media y ha obtenido el grado correspondiente

bachillerar *tr* dar el grado de bachiller a; *ref* recibir este grado

bachillerato *m* grado de bachiller; estudios necesarios para este grado

bachillerear *tr* (Méx.) dar repetidamente el tratamiento de bachiller a; *intr* (fam.) hablar mucho e impertinentemente

bachillería *f* (fam.) locuacidad impertinente; (fam.) cosa dicha sin fundamento

badajada *f* o **badajazo** *m* golpe del badajo en la campana; (fam.) despropósito, disparate

badajo *m* pieza pendiente del centro de las campanas que las hace sonar; (fam.) persona parlanchina y tonta

badana *f* piel curtida de carnero u oveja

badén *m* zanja que dejan las aguas; cauce en una carretera para dar paso a las aguas

badián *m* árbol magnoliáceo de Oriente (*Illicium verum*)

badiana *f* badián; fruto del badián

badil *m* o **badila** *f* paleta para remover la lumbre

badulaque *m* (fam.) persona de poco juicio

baga *f* cápsula del lino que contiene la semilla

bagaje *m* equipaje militar; bestia que conduce el equipaje militar; suma de conocimientos

bagatela *f* cosa fútil; cosa frívola; (Chile) billar romano

bagazo *m* cáscara de la baga del lino; residuos de las frutas exprimidas

bah *interj* denota desdén o incredulidad

bahía *f* entrada de mar en la costa

bailable *adj* que se puede bailar; *m* danza en una ópera

bailador -**dora** *mf* ‖ **bailar** *tr* ejecutar (*p.ej.*, *un vals*); hacer bailar (*un trompo*); *intr* mover el cuerpo a compás de la música; girar rápidamente; bambolear (*p. ej.*, *una silla*)

bailarín -**rina** *mf* bailador; bailador profesional

baile *m* acción de bailar; danza; fiesta en que se baila; espectáculo teatral en que se representa una acción por medio de la mímica y la danza;

baile de San Vito enfermedad convulsiva

bailotear *intr* bailar mucho y sin gracia

baja *f* disminución del precio; (mil.) pérdida de un individuo; **jugar a la baja** (com.) especular con valores contando con su baja

bajá *m* (*pl*: -**jaes**) título de honor en Turquía

bajada *f* acción de bajar; sitio por donde se baja; (rad.) alambre que une la antena al aparato

bajamar *f* término del reflujo del mar; tiempo que éste dura

bajar *tr* poner (*una cosa*) en lugar inferior; hacer más bajo; inclinar hacia abajo; disminuir el precio de; abatir, humillar; *intr* descender; disminuir; apear; *ref* inclinarse hacia el suelo; humillarse

bajel *m* barco, buque

bajeza *f* calidad de bajo; acción vil e indigna; miseria, poquedad

bajío *m* banco de arena; (Amér.) terreno bajo

bajista *mf* (com.) persona que juega a la baja

bajo -**ja** *adj* poco alto; situado en lugar inferior; inclinado hacia abajo; (*sonido*) grave; (*color*) poco vivo; (*precio*) poco considerable; humilde; tosco, vulgar; *m* lugar hondo; bajío (*en los mares o ríos*); instrumento de música que produce los sonidos más graves; persona que toca este instrumento; la más grave de las voces humanas; persona que tiene esta voz; *f* véase baja; *m* véase bajío; *adv* abajo; en voz baja; **bajo** *prep* debajo de

bajón *m* (fam.) disminución en el caudal, los precios, la salud, la inteligencia; instrumento músico de viento de madera de sonido grave; bajonista

bajonista *mf* músico que toca el bajón

bajorrelieve *m* relieve en que las figuras resaltan poco

bakelita *f* materia plástica que se usa como aislante eléctrico y para otras aplicaciones industriales

bala *f* proyectil de arma de fuego; fardo de mercancías; **bala fría** la que ha perdido su fuerza

balada *f* composición poética que canta hechos tradicionales y legendarios; composición musical de carácter íntimo y expresivo

baladí *adj* (*pl*: -**díes**) de poca substancia

baladrar *intr* dar baladros

baladro *m* grito, chillido

baladrón -drona *adj y mf* fanfarrón, bravucón

baladronada *f* hecho o dicho propio de baladrones

baladronear *intr* hacer o decir baladronadas

balalaica o balalaika *f* especie de guitarra de tres cuerdas y caja triangular, usada por los rusos

balance *m* movimiento de un cuerpo ya a un lado ya a otro; cuenta que demuestra el estado de un negocio; vacilación; (Col.) negocio

balancear *tr* poner en equilibrio; *intr y ref* dar balances; columpiarse, mecerse; dudar ‖ **balanceo** *m*

balancín *m* madero paralelo al eje de las ruedas de un coche; madero que se cuelga de las varas de un coche y a cuyos extremos se enganchan los tirantes de los caballos; palo largo de volatinero; barra para transformar un movimiento rectilíneo en otro circular continuo; madero en que se columpian dos personas

balandra *f* embarcación pequeña con cubierta y un solo palo

bálano o balano *m* cabeza del miembro viril; crustáceo marino

balanza *f* aparato usado para pesar; balanza de comercio estado comparativo de la importación y exportación de un país

balar *intr* dar balidos; **balar por** (fam.) desear con ansia

balastar *tr* cubrir de balasto

balasto *m* capa de grava que constituye el firme de las vías férreas

balaustrado -da *adj* de forma de balaustre; *f* serie de balaustres

balaustre *m* o **balaústre** *m* columnita para formar las barandillas

balazo *m* golpe de bala; herida que produce

balboa *m* moneda de Panamá

balbucear *tr e intr* pronunciar con dificultad ‖ **balbucencia** *f* o **balbuceo** *m*

balbucir §39 *intr* pronunciar con dificultad

Balcanes (montes) cadena de montañas que se extiende desde Bulgaria hasta el mar Negro ‖ **balcánico -ca** *adj*

balcón *m* ventana grande con barandilla saliente; esta barandilla

balda *f* anaquel

baldadura *f* o **baldamiento** *m* impedimento físico de un miembro del cuerpo

baldaquín *m* o **baldaquino** *m* dosel de seda; pabellón del altar, del trono

baldar *tr* lisiar, paralizar

balde *m* cubo de cuero, lona o madera; **de balde** gratis; **de más; en balde** en vano

baldear *tr* regar con baldes; sacar (*agua*) con baldes ‖ **baldeo** *m*

baldés *m* piel de oveja, curtida, para guantes

baldío -a *adj* (*terreno*) inculto; vano, inútil; sin fundamento; vagabundo

baldo -da *adj* en los naipes, falto de un palo; *f* véase balda

baldón *m* ‖ **baldonar** *tr* afrentar, ofender

baldosa *f* ladrillo delgado, para solar

Balduino *m* nombre propio de varón

balduque *m* cinta angosta para atar legajos

balear *adj y mf* natural de las islas Baleares, **islas Baleares** archipiélago del Mediterráneo, que constituye una provincia de España; *tr* (Amér.) herir o matar a balazos

balido *m* voz del carnero, el cordero, la oveja, el gamo y el ciervo

balístico -ca *adj*. ‖ *f* estudio del movimiento de los proyectiles

baliza *f* (mar.) señal que sirve de guía; señal que advierte obras en la carretera

balizar §62 *tr* señalar con balizas

balneario -ria *adj* ‖ *m* establecimiento donde se toman baños medicinales

balompédico -ca *adj* ‖ **balompié** *m* juego del fútbol

balón *m* pelota grande de viento; fardo de mercancías

baloncéstico -ca *adj* ‖ **baloncestista** *mf* ‖ **baloncesto** *m* juego de dos equipos, cada uno de los cuales procura introducir el balón en un cesto

balota *f* bolilla para votar ‖ **balotar** *intr*

balsa *f* plataforma flotante hecha con tablas y maderos; charca

balsadera *f* o **balsadero** *m* paraje de un río donde hay balsa para pasarlo

balsámico -ca *adj* ‖ **bálsamo** *m* líquido resinoso y aromático que fluye de ciertos árboles; alivio, consuelo

balsear *tr* pasar (*el río*) en balsa

balsero *m* el que conduce una balsa

Baltasar *m* nombre propio de varón; último rey de Babilonia (m. 538 a. de J. C.); uno de los tres Reyes Magos

báltico -ca *adj* ‖ **mar Báltico** gran golfo del Atlántico comprendido entre Dinamarca, Suecia, Alemania, Finlandia y Rusia

baluarte *m* obra de fortificación; defensa, protección

ballena *f* mamífero cetáceo, el animal de mayor tamaño que se conoce;

lámina córnea y elástica que tiene la ballena en la mandíbula superior

ballenato *m* hijuelo de la ballena

ballenero -ra *adj* ‖ *m* pescador de ballenas; *f* embarcación para la pesca de la ballena

ballesta *f* arma para arrojar saetas y piedras; en los coches, muelle de suspensión

ballico *m* planta que se usa para formar céspedes (*Lolium italicum*)

ballueca *f* avena que crece entre los trigos y los perjudica (*Avena fatua*)

bamba *f* en el billar, acierto casual

bambalear *intr y ref* bambolear

bambalina *f* tira de lienzo pintado que decora la parte más alta del escenario

bambarria *adj y mf* tonto, bobo; *f* en el billar, acierto casual

bamboche *m* (fam.) persona rechoncha y de rostro encendido

bambolear *intr y ref* moverse a un lado y otro, no estar bien firme ‖ **bamboleo**

bambolla *f* (fam.) ostentación excesiva, pompa fingida ‖ **bambollero** -ra *adj*

bambú *m* (*pl:* -búes) planta gramínea del género *Bambusa*; caña de esta planta; bastón hecho de la caña del bambú

banal *adj* trivial, vulgar

banana *f* planta y fruto comestible (*Musa sapientum y M. paradisiaca*) (*rad.*) clavija

banano *m* banana (*planta*)

banasta *f* cesto grande

banca *f* comercio de los establecimientos de crédito; en el juego, dinero del banquero; asiento sin respaldo ‖ **bancario** -ria *adj*

bancarrota *f* quiebra, esp. la fraudulenta; fracaso ‖ **bancarrotero** -ra *adj y mf*

banco *m* establecimiento de crédito; asiento largo; mesa de trabajo de artesanos; conjunto de peces que van juntos; banco de sangre reserva de sangre o de plasma para transfusiones

banda *f* faja, lista; cinta ancha que cruza el pecho; partido, facción; manada; borde; borde de la mesa de billar; lado; costado de la nave; grupo de músicos

bandada *f* gran número de aves que vuelan juntas

bandazo *m* balance violento de una nave o automóvil

bandeja *f* platillo usado para servir dulces, refrescos, etc.; (Col. y Méx.) fuente en que se sirven viandas

bandera *f* pedazo de tela que sirve de insignia; **bandera blanca** la de paz; **bandera negra** la de los piratas

banderilla *f* dardo adornado de los toreros

banderillear *tr* poner banderillas a (*un toro*) ‖ **banderillero** *m*

banderín *m* bandera pequeña; depósito para enganchar reclutas

banderola *f* cinta llevada en las lanzas; bandera pequeña usada en la topografía; (Arg.) ventana transversal en la parte superior de las puertas

bandidaje *m* ‖ **bandido** *m* salteador de caminos

bando *m* edicto; partido, facción

bandolera *f* mujer que vive con bandoleros; correa ancha que cruza por el pecho y la espalda

bandolerismo *m* ‖ **bandolero** *m* salteador de caminos

bandolina *f* cosmético para fijar el pelo

bandurria *f* instrumento de doce cuerdas, parecido a la guitarra

banjo *m* instrumento músico de cuerdas ‖ **banjoísta** *mf*

banquero *m* el que se dedica a operaciones bancarias; en el juego, el que lleva el naipe

banqueta *f* asiento sin respaldo; banquillo para poner los pies; (Méx.) acera de la calle

banquete *m* comida espléndida para muchas personas ‖ **banquetear** *tr e intr*

banquillo *m* banco pequeño; asiento del procesado

banquisa *f* masa de hielo flotante

bañador -dora *adj* ‖ *mf* persona que baña; (Ecuad.) persona que toma baños; *m* traje de baño; recipiente para bañar, p.ej., velas de cera

bañar *tr* meter o sumergir en un líquido; lavar; lavar en un baño; cubrir con una capa de materia extraña; *ref* tomar un baño

bañero -ra *mf* dueño de un baño; persona que cuida de los baños; *f* pila para bañarse

bañista *mf* persona que va a tomar baños o a beber aguas minerales

baño *m* acción de bañar o bañarse; líquido para bañarse; pila para este uso; cuarto en que se halla esta pila; capa de una materia extraña

bao *m* (mar.) madero que va de un costado a otro del buque para sostener la cubierta

baptisterio *m* pila bautismal; capilla donde está

baque *m* golpe que da una cosa cuando cae

baquelita *f* bakelita

baqueta *f* vara para atacar las armas de fuego; palillo de tambor; **a baqueta** o **a la baqueta** (fam.) con desprecio; (fam.) con severidad; **correr baquetas** recorrer la calle formada por soldados que azotan las espaldas desnudas de la víctima

baquetear *tr* hacer sufrir el castigo de baquetas; hacer trabajar con exceso; incomodar mucho

baquiano -na *adj* experto, práctico; práctico de los caminos; *m* guía para transitar por ellos

bar *m* despacho de bebidas y manjares ligeros

barahúnda *f* ruido y confusión grandes

baraja *f* conjunto de naipes

barajar *tr* mezclar, revolver; mezclar (*los naipes*) antes de repartirlos; parar (*un golpe*)

baranda *f* barandilla; borde de las mesas de billar

barandilla *f* antepecho de los balcones, escaleras, etc.

barata *f* bajo precio; trueque, cambio; (Méx.) venta a bajo precio; (Chile y Perú) cucaracha

baratear *tr* vender por menos del justo precio

baratija *f* cosa pequeña y sin valor

baratillo *m* cosas de lance o de poco precio; sitio donde se venden

barato -ta *adj* vendido o comprado a bajo precio; que cuesta poco trabajo; *m* venta a bajo precio; *f* véase barata; **barato** *adv* a bajo precio

baratura *f* bajo precio

baraúnda *f* barahúnda

barba *f* parte de la cara debajo de la boca; pelo en ella y en los carrillos; lámina córnea que tiene la ballena en la mandíbula superior; acción de afeitar; *m* (teat.) el que hace el papel de anciano

barbacana *f* obra de defensa avanzada; tronera; muro que rodea la plaza de una iglesia

barbacoa *f* (Amér.) zarzo que sirve de camastro; (Amér.) pequeña casa construída sobre árboles o estacas; (Amér.) armazón a manera de parrilla en que se asan animales enteros o en trozos pequeños; (Amér.) carne asada así

Barbada, la la más oriental de las Antillas Menores

barbado -da *adj* que tiene barbas

barbaridad *f* acto bárbaro; necedad; (fam.) gran cantidad

barbarie *f* incultura, rusticidad; crueldad, fiereza

barbarismo *m* vicio de lenguaje; extranjerismo; incultura; crueldad

bárbaro -ra *adj* cruel; fiero, temerario, inculto, grosero, salvaje; perteneciente a los bárbaros; *m* individuo de cualquiera de los pueblos que invadieron el imperio romano

barbechar *tr* arar (*la tierra*) para la siembra; arar (*la tierra*) para que se descanse

barbecho *m* tierra que se deja sin cultivar; tierra barbechada

barbería *f* establecimiento y oficio de barbero

barberil *adj* (fam.) ‖ **barbero** *m* el que afeita y corta el pelo

barbián -biana *adj* (fam.) gallardo, desenvuelto

barbilla *f* remate de la barba

barbiturato *m* cualquier sal del ácido barbitúrico, que se emplea para calmar la agitación o el dolor

barbitúrico -ca *adj* (*ácido*) en forma de polvo cristalino $(C_4H_4O_3N_2)$

barboquejo *m* cinta que sujeta el sombrero por debajo de la barba

barbullar *tr* pintarrajar; hablar atropelladamente

barca *f* embarcación pequeña

barcada *f* carga que transporta la barca

barcarola *f* canción de los gondoleros venecianos o música que la imita

Barcelona *f* provincia de España y capital de esta provincia ‖ **barcelonés -nesa** *adj* y *mf*

barco *m* vehículo construído para flotar y correr por el agua

barda *f* cubierta de zarzas sobre una tapia

bardana *f* lampazo

bardo *m* poeta de los antiguos celtas; poeta

bargueño *m* especie de escritorio con muchos cajoncitos y gavetas

bario *m* cuerpo simple metálico (*símbolo* Ba; *núm. atómico* 56; *peso atómico* 137,36)

barítono *m* voz media entre las de tenor y bajo; el que la tiene

barlovento *m* (mar.) parte de donde viene el viento

barniz *m* (*pl:* -nices) líquido resinoso para dar lustre; afeite para el rostro; apariencia; **barniz del Japón** ailanto

barnizar §62 *tr* dar barniz a

barométrico -ca *adj* ‖ **barómetro** *m* instrumento para medir la presión atmosférica

barón *m* título de nobleza de más o menos preeminencias según el país

baronesa *f* mujer del barón

baronía *f* dignidad o territorio del barón

barquear *tr* atravesar en barca; *intr* ir en barca ‖ **barqueo** *m*

barquero -ra *mf* persona que gobierna una barca

barquilla *f* cesto del globo aerostático; instrumento que mide lo que anda la nave

barquillero -ra *mf* persona que hace o vende barquillos; *m* molde para hacer barquillos

barquillo *m* hoja delgada de pasta arrollada en canuto

barquinazo *m* (fam.) tumbo recio, vuelco; (fam.) golpe que da una cosa cuando cae

barra *f* pieza alargada de cualquier substancia; bajío en la desembocadura de un río; mostrador de un bar; **barras paralelas** aparato para hacer gimnasia

Barrabás *m* (Bib.) asesino cuya libertad pidieron los judíos a Pilatos en vez de la de Jesucristo; (fam.) persona muy mala

barrabasada *f* (fam.) barbaridad, acción perversa

barraca *f* caseta tosca

barracuda *f* pez de los mares tropicales (*Sphyraena*)

barranca *f* o **barranco** *m* quiebra profunda que hacen las aguas; despeñadero; dificultad

barrear *tr* cerrar, fortificar; afianzar con barras de hierro

barredero -ra *adj* que se lleva cuanto encuentra; *f* máquina para barrer las calles

barredura *f* acción de barrer; **barreduras** *fpl* residuos, desperdicios

bárrelotodo *m* (*pl:* bárrelotodo) el que todo lo recoge y aprovecha

barreminas *m* (*pl:* -nas) barco de guerra que rastrea y levanta las minas

barrena *f* instrumento para taladrar; **entrar en barrena** caer (*un avión*) verticalmente y en giro

barrenar *tr* taladrar con la barrena; dar barreno a; desbaratar

barreno *m* barrena grande; agujero hecho con la barrena; **dar barreno a** agujerear (*un barco*) para hundirlo

barreño *m* vasija de barro para lavar platos

barrer *tr* limpiar (*el suelo*) con la escoba; quitar (*el polvo*) con la escoba; dejar (*un sitio*) desembarazado; rozar

barrera *f* valla para atajar un camino o cerrar un sitio; primera fila de asientos; antepecho en la plaza de toros; sitio de donde se saca barro; obstáculo

barriada *f* barrio o parte de él

barrica *f* vasija cilíndrica de madera, algo abombada en el centro

barricada *f* fortificación hecha en las calles para estorbar el paso del enemigo

barriga *f* vientre; comba de un muro; parte abultada de una vasija

barrigón -gona *adj* (fam.) de barriga grande

barril *m* barrica

barrilla *f* planta salsolácea de cuyas cenizas se prepara la sosa; estas cenizas ‖ **barrillero -ra** *adj*

barrio *m* parte de un pueblo o una ciudad

barrizal *m* sitio lleno de barro

barro *m* masa de tierra y agua; arcilla de alfareros; granillo rojizo en el rostro

barroco -ca *adj* ‖ *m* estilo arquitectónico caracterizado por la profusión de volutas y adornos

barrote *m* barra gruesa; barra de hierro para afianzar alguna cosa

barruntar *tr e intr* conjeturar, presentir ‖ **barrunte** *m* o **barrunto** *m*

bartola: a la bartola (fam.) sin ningún cuidado

bartolina *f* (Méx.) calabozo estrecho

bártulos *mpl* enseres, efectos

Baruc *m* (Bib.) uno de los doce profetas menores de Israel

barullo *m* (fam.) confusión, desorden, ruido

basa *f* asiento de la columna o estatua; fundamento, principio

basáltico -ca *adj* ‖ **basalto** *m* roca volcánica negruzca y verdosa

basar *tr* poner sobre una base; apoyar, fundar

basca *f* gana de vomitar; (fam.) ímpetu colérico

bascosidad *f* suciedad, inmundicia

báscula *f* aparato para pesar objetos grandes

base *f* apoyo, fundamento; sitio donde las tropas se concentran; cada uno de los cuatro puestos del losange en el béisbol; (geom.) línea o superficie inferior de una figura; (quím.) compuesto que combinado con los ácidos forma sales ‖ **básico -ca** *adj*

Basilea *f* cantón y ciudad de Suiza

basílica *f* iglesia antigua; cada una de las trece iglesias principales de Roma

basilisco *m* animal fabuloso que mataba con la mirada; lagarto de América basket-ball *m* baloncesto

basta *f* hilván; puntada para sujetar el relleno del colchón

bastante *adj* suficiente; *adv* ni mucho ni poco; no poco

bastar *intr* ser suficiente; abundar

bastarda *f* lima de cerrajero de grano fino

bastardear *tr* adulterar, viciar; *intr y ref* degenerar de su origen

bastardía *f* calidad de bastardo; dicho o hecho indigno del estado de uno

bastardilla *f* letra cursiva

bastardo -da *adj* que degenera de su origen; nacido de padres no casados; *mf* persona nacida de padres no casados; *f* véase **bastarda**

bastear *tr* echar bastas a

bastidor *m* armazón sobre la que se extienden lienzos, telas, etc. para varios usos; (teat.) decoración lateral; entre bastidores (fam.) reservadamente, en secreto

bastilla *f* doblez que se cose en la orilla de una tela

bastillar *tr* hacer bastillas en

basto -ta *adj* tosco, grosero; rústico; *m* albarda; naipe del palo de bastos; as de bastos; bastos *mpl* uno de los palos de la baraja; *f* véase **basta**

bastón *m* palo para apoyarse al andar; empuñar el bastón tomar el mando

basura *f* inmundicia; estiércol

basurero *m* el que recoge la basura; sitio donde se la echa

bata *f* ropa larga usada para estar en casa

batacazo *m* golpe que da una cosa cuando cae

bataclán *m* (Cuba) espectáculo teatral caracterizado por cantos y bailes algo groseros

bataclana *f* (Cuba) corista en un bataclán

batahola *f* (fam.) gran ruido, bulla

batalla *f* combate entre ejércitos; lucha, pelea; torneo; agitación del ánimo

batallar *intr* reñir con armas; luchar, pelear; vacilar

batallón -llona *adj* reñido, que causa discordia; *m* unidad de infantería compuesta de tres o más compañías

batán *m* máquina para enfurtir paños

batanar *tr* batir en el batán

batata *f* planta de tubérculo comestible (*Ipomoea batatas*)

batazo *m* golpe, en la pelota base

bate *m* pala con que se juega a la pelota base

batea *f* bandeja; vagón de plataforma

batear *tr e intr* golpear con el bate

batel *m* bote, embarcación pequeña

bateo *m* (fam.) bautizo

batería *f* conjunto de piezas de artillería, de instrumentos de percusión, de utensilios de cocina, de pilas o acumuladores eléctricos, etc.

batido -da *adj* (*camino*) trillado; *m* masa de que se hacen los bizcochos; bebida hecha de leche muy fría batida con chocolate o frutas; *f* acción de reconocer el monte

batidor *m* instrumento para batir; (mil.) explorador; batidor de oro el que hace panes de oro para dorar

batiente *m* parte del marco en que baten las puertas al cerrarse; hoja de puerta

batihoja *m* obrero que bate oro y plata, o cualquier otro metal

batimiento *m* acción de batir; (ffs.) efecto obtenido cuando se producen dos fenómenos periódicos a frecuencias próximas

batintín *m* campana china que se golpea con un mazo

batir *tr* golpear; martillar; reconocer, recorrer; derrotar; revolver para mezclar; *ref* combatir

batista *f* lienzo blanco muy fino

batracio -cia *adj* ‖ *m* anfibio de respiración branquial en la primera edad y pulmonar después, como la rana

baturrillo *m* mezcla de cosas diversas

batuta *f* (mús.) varita con que el director marca el compás

baúl *m* cofre que se emplea para viaje

bauprés *m* palo horizontal que sale de la proa

bautismal *adj* ‖ bautismo *m* sacramento que confiere carácter de cristiano

bautizar §62 *tr* administrar el bautismo a; (fam.) dar nombre a; (fam.) echar agua en (*el vino*); ‖ bautizo *m*

bauxita *f* hidrato alumínico

bávaro -ra *adj y mf* ‖ Baviera *f* uno de los estados de Alemania

baya *f* fruto de pericarpio pulposo

bayadera *f* bailarina y cantora de la India

bayeta *f* tela de lana poco tupida; aljofifa

bayo -ya *adj* blanco amarillento; *f* véase baya

Bayona *f* ciudad de Francia ‖ bayonense o bayonés -nesa *adj y mf*

bayoneta *f* arma blanca que se ajusta a la boca del fusil

baza *f* naipes que recoge el que gana la mano

bazar *m* tienda de artículos diversos; mercado público, en Oriente

bazo -za *adj* moreno amarillento; *m* víscera vascular en el hipocondrio izquierdo; *f* véase baza

bazofia *f* desechos de comidas

bazuca *f* cañón cohete portátil

bazucar **§72** *tr* revolver (*un líquido*) moviendo la vasija

be *m* balido

beata *f* mujer que, sin ser monja, viste hábito; mujer devota o que afecta devoción

beatería *f* afectación de piedad o virtud

beatificación *f* ‖ **beatificar** **§72** *tr* colocar entre los bienaventurados

beatitud *f* bienaventuranza eterna; tratamiento que se da al Papa

beato -ta *adj* beatificado; que viste hábito sin pertenecer a una comunidad; devoto; que afecta devoción; que afecta virtud; *f* véase beata

Beatriz *f* nombre propio de mujer

bebé *m* nene, rorro; muñeca (*juguete*)

bebedero -ra *adj* bueno de beber; *m* lugar donde beben animales y aves; pico de un jarro

bebedizo -za *adj* potable; *m* bebida medicinal; veneno; filtro mágico

bebedor -dora *adj* ‖ *mf* persona que bebe; persona que bebe con exceso vino y licores

beber *tr* absorber (*un líquido*) por la boca; *intr* absorber un líquido por la boca; abusar de bebidas alcohólicas; brindar

bebible *adj* (fam.) que se puede beber

bebido -da *adj* casi borracho; *f* líquido que se bebe

bebistrajo *m* (fam.) bebida desagradable

beborrotear *intr* (fam.) beber a menudo pero en poca cantidad

beca *f* subvención que percibe un estudiante

becada *f* ave zancuda, de carne sabrosa (*Scolopax rusticola*)

becario -ria *mf* estudiante que disfruta una beca

becerro -rra *mf* toro o vaca menor de un año

becuadro *m* (mús.) signo que indica que una nota debe sonar con su entonación natural

bedel *m* empleado encargado de mantener el orden en un centro docente

beduino -na *adj* ‖ *mf* árabe nómada del desierto

befa *f* burla grosera e insultante

befar *tr* burlar, mofar; *intr* mover los labios (*el caballo*)

befo -fa *adj* que tiene el labio inferior abultado; que tiene los labios gruesos; *m* labio del caballo y otros animales; *f* véase befa

behaviorismo *m* teoría que reduce la psicología al estudio de las maneras de comportarse la conciencia

béisbol *m* pelota base ‖ **beisbolista** *m*

bejuco *m* planta tropical que corre por el suelo o se arrolla a otros vegetales

Belcebú *m* (Bib.) príncipe de los ángeles rebeldes

beldad *f* hermosura; mujer bella

belén *m* representación del nacimiento de Jesucristo; (fam.) lugar de confusión; (fam.) confusión; (*cap.*) *m* pueblo de Palestina, donde nació Jesucristo

beleño *m* planta venenosa (*Hyoscyamus niger*)

Belerofonte *m* (mit.) héroe griego que mató a la Quimera

belfo -fa *adj* y *m* befo

belga *adj* y *mf* ‖ **Bélgica** *f* estado de la Europa central ‖ **bélgico -ca** *adj*

Belgrado capital de Yugoslavia

bélico -ca *adj* marcial

belicoso -sa *adj* marcial; agresivo

beligerancia *f* ‖ **beligerante** *adj* que está en guerra; *m* país que está en guerra

Belisario *m* general bizantino (505-565 d. de J.C.)

belitre *m* (fam.) pícaro, ruin

Beluchistán, el país del Asia meridional

bellaco -ca *adj* y *mf* malo, pícaro; astuto

belladona *f* planta venenosa (*Atropa belladonna*)

bellaquería *f* acción o dicho de bellaco

belleza *f* hermosura; mujer bella

bello -lla *adj* hermoso

bellota *f* fruto de la encina y el roble

bemol *adj* ‖ *m* (mús.) alteración que baja la nota medio tono; signo que la representa

bencedrina *f* substancia empleada en inhalación en los resfriados y como estimulante del sistema nervioso central

benceno *m* hidrocarburo extraído del alquitrán

bencina *f* líquido incoloro y volátil, mezcla de hidrocarburos

bendecir **§11** *tr* alabar, ensalzar; invocar la protección divina en favor de; consagrar al culto

bendición *f* acción de bendecir; **bendiciones** *fpl* ceremonia del matrimonio

bendito -ta *adj* bienaventurado; bendecido por el sacerdote; (fam.) sencillo, de pocos alcances

benedictino -na *adj* ‖ *m* monje de la orden de San Benito; licor fabricado por los monjes de esta orden

Benedicto *m* nombre de varios papas

benefactor -tora *adj* y *mf* bienhechor

beneficencia *f* virtud de hacer bien al prójimo; conjunto de instituciones benéficas

beneficiación -ría ‖ **beneficiar** *tr* hacer bien a; aprovechar, utilizar; hacer fructificar; explotar (*una mina*); someter (*un metal*) al tratamiento metalúrgico; *ref* sacar beneficio

beneficiario -ria *mf* persona que goza de un beneficio; persona a la cual beneficia un contrato de seguro

beneficio *m* bien hecho o recibido; provecho, utilidad; cargo eclesiástico que goza de renta

beneficioso -sa *adj* provechoso, útil

benéfico -ca *adj* que hace bien

benemérito -ta *adj* digno de recompensa

beneplácito *m* aprobación, aceptación

benevolencia *f* buena voluntad, simpatía ‖ **benévolo -la** *adj*

bengala *f* caña de Indias; pieza de pirotecnia; (aer.) señal luminosa; (*cap.*) *f* territorio del Indostán

bengalí (*pl:* -líes) *adj* y *mf* natural de Bengala

benignidad *f* ‖ **benigno -na** *adj* afable, bueno; templado, suave; sin gravedad

benito -ta *adj* ‖ *m* monje de la orden de San Benito; (*cap.*) *m* nombre proprio de varón; San Benito monje italiano (480-543)

benjamín *m* el hijo menor; (*cap.*) *m* nombre propio de varón

benjuí *m* bálsamo resinoso que se extrae de un árbol de las Indias

beocio -cia *adj* y *mf* natural de Beocia; estúpido; la Beocia región de la Grecia central

beodez *f* ‖ **beodo -da** *adj* y *mf* borracho

Berbería *f* región que comprende Marruecos, Argelia, Túnez y Trípoli ‖ **berberisco -ca** *adj* y *mf*

berbiquí *m* (*pl:* -quíes) manubrio que lleva una broca o taladro

bereber *adj* y *mf* natural de Berbería

berenjena *f* planta y fruto comestible (*Solanum melongena*)

bergantín *m* buque de dos palos con velas cuadradas

beriberi *m* enfermedad de los nervios periféricos debida a la falta de vitamina B_1

berilio *m* cuerpo simple metálico (*símbolo* Be; *núm. atómico* 4; *peso atómico* 9,02)

berilo *m* silicato de alúmina y berilio

berkelio *m* cuerpo simple radiáctivo (*símbolo* Bk; *núm. atómico* 97; *peso atómico* ¿243?)

Berlín *m* ciudad de Alemania, capital a. de 1945

berlina *f* coche cerrado de dos asientos; en las diligencias, departamento delantero

berlinés -nesa *adj* y *mf* natural de Berlín

bermejar *tr* teñir de color bermejo; *intr* tirar a bermejo; *ref* ponerse de color bermejo

bermejo -ja *adj* rubio rojizo

bermellón *m* cinabrio en polvo; rojo de cinabrio

Bermudas, las archipiélago del Atlántico, al este de la Carolina del Norte, EE.UU. ‖ **bermudeño -ña** *adj* y *mf*

Berna *f* cantón de Suiza; capital de Suiza

berrear *intr* dar berridos

berrido *m* voz del becerro; (fam.) grito desaforado

berrín *m* (fam.) persona muy irritable

berrinche *m* (fam.) enojo grande

berro *m* planta crucífera que se come en ensalada (*Nasturtium officinale*)

Berta *f* nombre propio de mujer; **Gran Berta** cañón gigantesco con el cual los alemanes bombardearon París durante la P.G.M.

bertillonaje *m* uso de la antropometría en la identificación de personas, esp. criminales

berza *f* col

besalamano *m* esquela escrita en tercera persona y sin firma, que empieza con la abreviatura B. L. M.

besamanos *m* ceremonia en que se besa la mano al soberano u otra persona de alta jerarquía; saludo que se hace acercando la mano a la boca y apartándola de ella varias veces

besar *tr* tocar con los labios, en señal de cariño

Besarabia, la comarca de la Unión Soviética, antes provincia de Rumania

beso *m* acción de besar

bestia *f* animal cuadrúpedo; *adj* y *mf* estúpido, ignorante

bestial *adj* brutal, irracional; (fam.) enorme ‖ **bestialidad** *f*

besugo *m* pez marino de carne apreciada (*Pagellus centrodontus*)

besuquear *tr* besar repetidamente ‖ **besuqueo** *m*

beta *f* segunda letra del alfabeto griego

betatrón *m* aparato acelerador de electrones

Bética f comarca de la España antigua, hoy Andalucía ‖ **bético -ca** adj y mf

betlemita adj y mf natural de Belén

Betsabé f esposa de David y madre de Salomón

betún m substancia inflamable que se encuentra en el seno de la tierra; pasta o líquido para lustrar calzado

bezo m labio grueso; carne que se forma alrededor de una herida inflamada

bezudo -da adj de labios gruesos

biberón m frasco con un chupador para la lactancia artificial

Biblia f la Sagrada Escritura ‖ **bíblico -ca** adj

bibliófilo -la mf persona aficionada a los libros

bibliografía f catálogo de libros o escritos; descripción de libros ‖ **bibliográfico -ca** adj ‖ **bibliógrafo -fa** mf

bibliomanía f pasión por los libros ‖ **bibliómano -na** mf

biblioteca f colección de libros; local en que hay libros ordenados para su lectura

bibliotecario -ria mf persona que dirige una biblioteca

B.I.C. abr. de Brigada de Investigación Criminal

bicameral adj (parlamento) que tiene dos cámaras

bicarbonato m un carbonato ácido

bicéfalo -la adj de dos cabezas

biceps adj ‖ m músculo que tiene un extremo dividido en dos

bici f (fam.) bicicleta

bicicleta f vehículo de dos ruedas en que la segunda es motriz ‖ **biciclista** mf

bicoca f cosa de poco aprecio

bicolor adj de dos colores

bicromía f impresión en dos colores

bicúspide adj ‖ m cada una de las ocho primeras muelas, que tienen dos puntas en su corona

bicharraco m bicho feo; (fam.) persona fea o ridícula

bichero m palo con un gancho para atracar y desatracar

bicho m animal pequeño, sabandija; persona ridícula; toro de lidia

bidé m cubeta sobre la que puede una persona sentarse a horcajadas para lavarse

bidón m lata, bote; tonel de metal

biela f barra que transforma un movimiento circular en otro de rotación o viceversa

bieldar tr aventar (las mieses trilladas)

bieldo m instrumento para bieldar

Bielorrusia f la Rusia Blanca ‖ **bielorruso -sa** adj y mf

bien m lo que produce bienestar o dicha; beneficio, utilidad; **bienes** mpl caudal, hacienda; **bienes inmuebles** o raíces los que consisten en tierras o edificios: **bienes muebles** los que se pueden llevar de una parte a otra; adv perfectamente, acertadamente

bienal adj que dura dos años; que se repite cada dos años

bienandante adj ‖ **bienandanza** f felicidad, buena suerte

bienaventurado -da adj y mf ‖ **bienaventuranza** f felicidad; beatitud, la gloria eterna

bienestar m vida fácil, situación tranquila, comodidad

bienhablado -da adj que habla cortésmente

bienhadado -da adj que tiene buena suerte

bienhechor -chora adj ‖ mf persona que hace bien a otra

bienio m período de dos años

bienquerer §56 tr querer bien, estimar

bienquistar tr poner bien (a una o más personas) con otra u otras

bienquisto -ta adj estimado, de buena fama

bienvenido -da adj acogido con placer; f llegada feliz; parabién por la llegada feliz

bifilar adj de dos hilos o alambres

bifocal adj de doble foco

biftec m (pl: -tecs) bistec

bifurcación f ‖ **bifurcar** §72 ref dividirse en dos ramales

bigamia f delito de quien contrae matrimonio con dos personas a un tiempo ‖ **bígamo -ma** adj y mf

bigardo -da adj de vida licenciosa; vago, vicioso

bigornia f yunque con dos puntas opuestas

bigote m pelo que cubre el labio superior

bigotudo -da adj que tiene mucho bigote

bilabial adj que se pronuncia con los dos labios

bilateral adj perteneciente a ambos lados; que compromete a los dos contratantes

bilbaíno -na adj y mf ‖ Bilbao capital de la provincia de Vizcaya

biliar o **biliario -ria** adj perteneciente a la bilis

bilingüe adj que habla dos lenguas; escrito en dos idiomas

bilioso -sa adj caracterizado por exceso de bilis; causado por exceso de bilis; irritable

bilis *f* líquido amargo segregado por el hígado; irritabilidad

billar *m* juego que se realiza empujando con tacos bolas de marfil sobre una mesa forrada de paño verde; esta mesa; **billar romano** juego en que se hace correr unas bolitas sobre un tablero inclinado y erizado de púas o clavos

billete *m* carta breve; tarjeta que da derecho a entrar en un teatro, vehículo, etc.; cédula que acredita participación en una lotería; papel moneda

billón *m* un millón de millones

bimensual *adj* que sucede dos veces al mes

bimestre *adj* ‖ *m* tiempo de dos meses; sueldo, pensión, etc., que se cobra o paga al fin de cada dos meses

bimotor *adj* ‖ *m* avión provisto de dos motores

binar *tr* dar segunda labor a (*las tierras*); *intr* celebrar (*el sacerdote*) dos misas en un día

binario -ria *adj* compuesto de dos elementos

binaural *adj* para los dos oídos

binóculo *m* anteojo con lunetas para ambos ojos

binomio *m* expresión algebraica formada por la suma o la diferencia de dos términos

binza *f* película del huevo, la cebolla, etc.

biofísico -ca *adj y mf* ‖ *f* ciencia que estudia los estados físicos de la materia viva

biografía *f* historia de la vida de una persona ‖ **biográfico -ca** *adj* ‖ **biógrafo -fa** *mf*

biología *f* ciencia que estudia los seres vivos ‖ **biológico -ca** *adj* ‖ **biólogo -ga** *mf*

biombo *m* mampara plegable

biometría *f* aplicación de métodos matemáticos y estadísticos al estudio de los organismos vivos ‖ **biométrico -ca** *adj*

biopsia *f* examen histológico de una parte del órgano enfermo

bioquímico -ca *adj y mf* ‖ *f* química de los seres vivos

bipartito -ta *adj* dividido en dos partes; subscrito entre dos partes contratantes

biplano *m* avión con dos planos de sustentación paralelos

biplaza *m* avión que tiene dos plazas

bipolar *adj* de dos polos

birimbao *m* instrumento músico en forma de herradura y con una len-güeta de acero que se hace vibrar con el dedo

birlar *tr* (fam.) derribar o matar de un golpe; (fam.) hurtar; (fam.) burlar, chasquear

birlibirloque: por arte de birlibirloque (fam.) por medios ocultos y extraordinarios

birlocho *m* carruaje ligero de cuatro ruedas y cuatro asientos

Birmania *f* país de la Indochina ‖ **birmano -na** *adj y mf*

birreactor *adj* (aer.) que tiene dos motores de reacción

birreta *f* solideo rojo de los cardenales; dignidad de cardenal

birrete *m* birreta; gorro con borla, distintivo de profesores universitarios

bis *m* (teat.) repetición de una escena o trozo musical; *adv* para repetirse; *interj* (teat.) ¡otra vez!; ¡que se repita!

bisabuelo -la *mf* padre o madre del abuelo o de la abuela

bisagra *f* herraje de dos piezas y un pasador que sirve para hacer girar las puertas

bisar *tr* repetir (*una escena, un trozo musical*)

bisbisar *tr* decir entre dientes ‖ **bisbiseo** *m*

bisecar §72 *tr* dividir en dos partes iguales ‖ **bisección** *f* ‖ **bisector -triz** (*pl: -tores -trices*) *adj y f*

bisel *m* corte oblicuo en el borde de una plancha

bisemanal *adj* que se hace dos veces por semana

bisiesto -ta *adj* ‖ *m* año de 366 días

bisílabo -ba *adj* de dos sílabas

bismuto *m* cuerpo simple metálico (*símbolo* Bi; *núm. atómico* 83; *peso atómico* 209,00)

bisnieto -ta *mf* hijo o hija del nieto o nieta

bisojo -ja *adj* ‖ *mf* persona que tuerce la vista

bisonte *m* rumiante de tamaño y figura de toro pero con una crin larga y el lomo arqueado

bisoño -ña *adj y mf* novicio, inexperto

bistec *m* (*pl: -tecs*) lonja de carne de vaca

bisturí *m* (*pl: -ríes*) instrumento para hacer incisiones

bisulfito *m* sal formada por el ácido sulfuroso

bisulfuro *m* combinación de un cuerpo simple o un radical con dos átomos de azufre

bisutería *f* joyería de imitación

bita *f* poste que sirve para dar vuelta a los cables cuando se fondea la nave

bitácora *f* (mar.) caja en que se suspende la brújula

bitoque *m* tarugo para cerrar el agujero de un tonel

bitter *m* licor alcohólico amargo

bituminoso -sa *adj* que tiene betún o la naturaleza del betún

bivalencia *f* valencia química doble de la de hidrógeno ‖ **bivalente** *adj*

bivalvo -va *adj* que tiene dos valvas

Bizancio ciudad griega a orillas del Bósforo, hoy Estambul ‖ **bizantino** -na *adj y mf*

bizarría *f* gallardía; generosidad ‖ **bizarro** -rra *adj*

bizcar §72 *tr* guiñar (*el ojo*); *intr* mirar torcido

bizco -ca *adj* ‖ *mf* persona que tiene los ojos torcidos

bizcocho *m* pan que se cuece segunda vez; masa de harina, huevos y azúcar cocida al horno; loza sin barnizar; **bizcocho borracho** el empapado en almíbar y vino

bizcotela *f* bizcocho con un baño blanco de azúcar

bizma *f* emplasto confortante

bizmar *tr* aplicar bizmas a

bizna *f* película interior de la nuez

biznieto -ta *mf* bisnieto

blanco -ca *adj* de color de nieve; de la raza indoeuropea; de color más claro que otras cosas de una misma especie, p.ej., uvas blancas; (*arma*) cortante; (fam.) cobarde; *mf* individuo de la raza indoeuropea; *m* color blanco; espacio sin llenar en los escritos; objeto sobre el que se tira; fin, objeto; *f* moneda antigua; dinero; (*cap.*) *f* nombre propio de mujer ‖ **blancor** *m* o **blancura** *f*

blandear *tr* mover con movimiento trémulo; hacer mudar de propósito; *intr y ref* aflojar, ceder

blandengue *adj* (fam.) demasiado blando y dócil; *m* (Arg.) lancero que defendía la frontera de la provincia de Buenos Aires

blandir §39 *tr* mover con movimiento trémulo; *intr y ref* moverse vivamente a un lado y a otro

blando -da *adj* que cede fácilmente a la presión; templado; suave, dulce, agradable; apacible; afeminado; (fam.) cobarde; (fís.) poco penetrante; **blando** *adv* suavemente ‖ **blandura** *f*

blanquear *tr* poner blanco; enjalbegar; descolorar (*materiales coloridos*); *intr* mostrar blancura natural; tirar a blanco

blanquecino -na *adj* que tira a blanco

blasfemar *intr* decir blasfemias

blasfemia *f* palabra injuriosa contra Dios o algún santo; palabra injuriosa contra una persona

blasfemo -ma *adj* que blasfema o contiene blasfemia; *mf* persona que blasfema

blasón *m* arte de explicar los escudos de armas; escudo de armas; gloria, honor

blasonar *tr* disponer (*el escudo de armas*) según las normas de la heráldica; *intr* jactarse

bledo *m* planta quenopodiácea (*Blitum*); (fam.) cosa de poca importancia

blenda *f* sulfuro de cinc natural

blindaje *m* revestimiento de acero de un buque, tanque, etc.; (elec.) lámina metálica para detener las líneas de fuerza

blindar *tr* resguardar con blind·je

b.l. m. o B. L. M. abr. de besa la mano

bloc *m* (*pl:* bloques) taco de papel; taco de calendario exfoliador

blocao *m* reducto fortificado

blondo -da *adj* rubio; *f* encaje de seda

bloque *m* trozo grande de cualquier materia; taco de papel; pieza que contiene los cilindros de un motor de explosión; grupo político

bloquear *tr* cortar las comunicaciones a (*p.ej., un puerto*); inmovilizar (*la autoridad fondos, créditos, etc.*) por cierto tiempo ‖ **bloqueo** *m*

blusa *f* túnica corta; cuerpo ligero de señora

boa *f* serpiente de América de gran tamaño; *m* prenda de abrigo para el cuello

Boabdil *m* último rey moro de Granada (m. en 1492)

Boadicea *f* reina britana que sublevó a su pueblo contra los romanos y se envenenó en el año 61

boardilla *f* buharda

boato *m* manifestación ostensible de riqueza

bobalicón -cona *adj y mf* (fam.) bobo, tonto, necio

bobear *intr* hacer o decir boberías; (fam.) emplear el tiempo en cosas vanas

bobería *f* hecho o dicho necio

bóbilis: de bóbilis (fam.) de balde; (fam.) sin trabajo

bobina *f* cilindro taladrado en que se arrollan el hilo, el alambre de metal, etc. para varios usos

bobo -ba *adj* tonto; muy cándido; lelo, chocho; *mf* tonto; persona muy cándida; *m* gracioso de teatro

boca *f* abertura donde se introducen los alimentos y por la que se emite la voz; entrada o salida; agujero; parte superior de un recipiente; boca de riego abertura en un conducto de agua en la que se enchufa una manga para regar

bocacalle *f* entrada de una calle

bocadillo *m* panecillo relleno con jamón

bocado *m* porción de alimento que cabe en la boca; un poco de comida; mordedura; parte del freno que entra en la boca del caballo

bocallave *f* ojo de la cerradura

bocamanga *f* parte de la manga más cercana de la muñeca

bocanada *f* cantidad de líquido que de una vez se arroja por la boca; humo lanzado de una vez cuando se fuma

bocel *m* moldura lisa, de forma cilíndrica

bocera *f* lo que queda pegado a los labios después de comer o beber

boceto *m* borrón que hace el artista antes de comenzar la obra; proyecto de obra escultórica

bocina *f* concha que se hace sonar soplando; trompeta para hablar de lejos; pabellón del fonógrafo; aparato avisador de los automóviles

bocio *m* tumor en el cuello producido por el desarrollo morboso de la glándula tiroides

bock *m* (*pl:* bocks) vaso de cerveza de un cuarto de litro

bocoy *m* barril grande

bocha *f* bola de madera para el juego de bochas; **bochas** *fpl* juego que consiste en arrojar bolas de manera que se arrimen unas a otras

boche *m* hoyo pequeño que hacen los muchachos en el suelo para jugar; (desp.) alemán; (Méx. y Venez.) desaire

bochinche *m* alboroto, bullicio

bochorno *m* calor sofocante; aire caliente y molesto; encendimiento, vergüenza

bochornoso -sa *adj* que causa bochorno; infame

boda *f* ceremonia matrimonial; fiesta con que se solemniza; **boda de negros** reunión en que hay mucho griterío; **bodas de diamante** sexagésimo aniversario; **bodas de oro** quincuagésimo aniversario; **bodas de plata** vigésimo quinto aniversario

bodega *f* lugar donde se guarda el vino; cosecha o abundancia de vino en algún lugar; hombre que bebe mucho vino; espacio en un buque debajo de la cubierta inferior

bodegón *m* comercio rústico donde sirven comidas y bebidas; pintura donde se representan cosas comestibles

bodeguero -ra *mf* persona que cuida una bodega

bodijo *m* (fam.) casamiento desigual; (fam.) boda sin aparato

bodoque *m* pella, bulto pequeño; (fam.) persona torpe

bodorrio *m* (fam.) boda ridícula; (Méx.) fiesta ruidosa

bodrio *m* guiso mal aderezado

bóer *adj* ‖ *mf* habitante del África austral de origen holandés

bofe *m* (fam.) pulmón; **echar los bofes** (fam.) trabajar mucho

bofetada *f* golpe dado en el rostro con la mano abierta

bofetón *m* bofetada muy fuerte

boga *f* buena aceptación; acción de bogar

bogar §45 *intr* remar; navegar

bogavante *m* primer remero de cada banco de la galera; crustáceo del tamaño de la langosta (*Homarus*)

bogie *m* carro giratorio de uno o más pares de ruedas sobre el cual se montan los coches de ferrocarril

Bogotá capital de Colombia ‖ **bogotano** -na *adj y mf*

bohardilla *f* buharda

bohemio -mia *adj* ‖ *mf* natural de Bohemia; gitano; artista de vida desordenada; *f* vida de artista entregada a los desórdenes; conjunto de artistas de conducta desordenada; (*cap.*) *f* provincia de Checoslovaquia

bohemo -ma *adj* ‖ *mf* natural de Bohemia

bohío *m* (Amér.) cabaña de madera y caña o paja

bohordo *m* lanza arrojadiza; junco de la espadaña; tallo sin hojas que sostiene las flores y el fruto de algunas plantas

boicot *m* (*pl:* -cots) ‖ **boicotear** *tr* privar de toda relación comercial ‖ **boicoteo** *m*

boina *f* gorra chata y sin visera

boj *m* arbusto del género *Buxus*; madera dura de este arbusto que se emplea para el grabado

bol *m* taza grande y sin asa; ponchera

bola *f* cuerpo esférico; betún para lustrar el calzado; en ciertos juegos de naipes, lance en que hace uno todas las bazas; (fam.) embuste

bolazo *m* golpe de bola; (Arg.) mentira, disparate

bolchevique *adj y mf* comunista ruso; comunista

bolcheviquismo *m* doctrina de los bolcheviques ‖ **bolcheviquista** *adj y mf*

bolchevismo *m* bolcheviquismo ‖ **bolchevista** *adj y mf*

bolchevización *f* ‖ **bolchevizar** §62 *tr* dar carácter bolchevique a, organizar según los principios del bolcheviquismo

bolero -ra *adj* (fam.) embustero; *mf* persona que baila el bolero; *m* baile popular español; chaquetilla de señora; *f* lugar donde se juega a los bolos

boleta *f* cédula de entrada; (Amér.) cédula para votación

boletín *m* periódico administrativo, científico o mercantil; cédula de subscripción

boleto *m* (Amér.) billete de ferrocarril, teatro, lotería, etc.

boliche *m* juego de bolos; lugar donde se juega a los bolos; bola pequeña en el juego de las bochas; juego que consiste en ensartar una bola taladrada en un palo, al que está unida por un cordón

bolichear *intr* (Arg.) ocuparse en negocios de poca importancia

bólido *m* aerolito inflamado que atraviesa la atmósfera; coche de carreras

bolígrafo *m* estilográfica en la que la plumilla ha sido substituída por una esfera

bolillo *m* palito torneado para hacer encajes

bolina *f* (mar.) cabo con que se hala la relinga de una vela; **navegar de bolina** (mar.) navegar de modo que la dirección de la quilla forme con la del viento el ángulo menor posible

bolívar *m* moneda de Venezuela

Bolivia *f* estado de la América del Sur

boliviano -na *adj y mf* natural de Bolivia; *m* moneda de Bolivia

bolo *m* trozo de palo que se pone derecho en el suelo; en ciertos juegos de naipes, bola; tonto, necio; **bolos** *mpl* juego que se hace con nueve bolos a los que se tira cada jugador con una bola

bolsa *f* saco pequeño para guardar dinero; saco para contener cereales, harina, etc.; arruga, seno; caudal, dinero; mercado de valores; edificio donde se reúnen los bolsistas; cavidad llena de materia orgánica; (box.) premio en metálico del que gana; **jugar a la bolsa** especular con valores

bolsillo *m* saquillo cosido en los vestidos; bolsa para el dinero

bolsista *mf* persona que se dedica a la compra y venta de valores

bolso *m* bolsa para guardar dinero y otros objetos

bollo *m* panecillo amasado con harina, leche y huevos; hueco hecho por un golpe; chichón, hinchazón

bollón *m* clavo de adorno

bomba *f* aparato para elevar o comprimir líquidos o gases; aparato o proyectil explosivo; pieza hueca de cristal que se pone en las lámparas para que la luz no ofenda a la vista; **bomba atómica** bomba cuya fuerza explosiva se debe a la energía liberada en la desintegración atómica del uranio o plutonio que contiene; **bomba de hidrógeno** bomba atómica de gran potencia destructora cuyo elemento principal es un isótopo del hidrógeno

bombacho *adj* (*calzón o pantalón*) muy ancho y ceñido por la parte inferior

bombarda *f* antigua máquina militar con un gran cañón

bombardear *tr* atacar con artillería o bombas de aviación ‖ **bombardeo** *m*

bombazo *m* golpe o estallido de la bomba

bombear *tr* arrojar bombas contra; elogiar en exceso; (Cuba) sacar (*agua*) con la bomba

bombero *m* el que trabaja con la bomba hidráulica; individuo del cuerpo destinado a combatir los incendios

bombilla *f* lámpara eléctrica de incandescencia

bombillo *m* aparato de sifón en los retretes; tubo para sacar líquidos

bombista *mf* (fam.) persona que da muchos bombos

bombo *m* tambor que sirve de bajo y que se toca con un mazo; el que lo toca; elogio exagerado y ruidoso

bombón *m* confite, dulce

bombona *f* vasija de vidrio o loza, muy barriguda

bonachón -chona *adj* amable, dócil

bonaerense *adj y mf* natural de Buenos Aires

bonancible *adj* tranquilo, sereno

bonanza *f* prosperidad; (mar.) tiempo sereno; (Méx.) veta muy rica en las minas

bondad *f* calidad de bueno; inclinación natural a hacer el bien ‖ **bondadoso -sa** *adj*

bonderizar §62 *tr* proteger (*el hierro o el acero*) contra el orín mediante una película de fosfatos de hierro

bonhomía f (Arg.) bondad ingénita

boniato m variedad de batata

Bonifacio m nombre propio de varón

bonificación f ‖ **bonificar** §72 tr conceder descuento a; mejorar

bonitamente adv con tiento y maña; despacio

bonito -ta adj lindo, bien parecido; m pez semejante al atún

bono m vale; título de deuda

bonzo m sacerdote búdico

boñiga f excremento de la vaca

Bootes m constelación boreal cuya estrella principal es Arturo

boqueada f acción de abrir la boca el que está para morir

boquear tr pronunciar; intr abrir la boca; estar expirando; (fam.) estar acabándose

boquerón m abertura grande; anchoa

boquete m entrada angosta; rotura en una muralla

boquilla f pieza por donde se sopla en algunos instrumentos; tubito para fumar cigarros o cigarrillos, pieza por donde salla la llama en ciertos aparatos de alumbrado

boquirrubio -bia adj (niño) de labios rubicundos; que dice cuanto sabe; parlanchín; m (fam.) mozalbete presumido de lindo

borato m sal de un ácido bórico

bórax m tetraborato sódico

borbollar o **borbollear** intr hacer borbollones

borbollón m erupción que hace un líquido elevándose sobre la superficie; a borbollones atropelladamente

borbollonear intr borbollar

Borbón m individuo de una familia francesa que dió reyes a Francia, España e Italia ‖ **borbónico -ca** adj

borbor m acción de borbotar

borborigmo m ruido de tripas

borbotar intr manar o hervir impetuosamente

borbotón m borbollón

borceguí m (pl: -guíes) calzado alto que se sujeta con cordones

borda f canto superior del costado de una embarcación; choza; arrojar o echar por la borda echar al mar; (fig.) apartar, rechazar, remover

bordada f camino que recorre un barco entre dos viradas

bordado m acción de bordar; labor en relieve hecha con la aguja

bordador -dora mf persona que se dedica a bordar

bordadura f bordado

bordar tr adornar con bordadura; embellecer con primores

borde m orilla; costado exterior de la nave

bordear tr ribetear, orlar; ir por el borde de; intr andar por el borde

bordelés -lesa adj y mf natural de Burdeos

bordo m costado exterior de la nave; a bordo en la embarcación

bordón m bastón de peregrinos; cuerda gruesa de un instrumento de música; voz o frase que repite con frecuencia una persona en la conversación

boreal adj del norte

bóreas m viento del norte, en Europa; (cap.) m dios griego del viento del norte

borgoña m vino elaborado en la Borgoña; la Borgoña comarca de Francia, antes reino, ducado y provincia ‖ **borgoñés -ñesa** o **borgoñón -ñona** adj y mf

bórico -ca adj que contiene el boro

boricua o **borinqueño -ña** adj y mf puertorriqueño

borla f botón del que penden muchos hilos; insignia en el birrete de los doctores en las universidades

borne m botón para sujetar un conductor eléctrico

boro m metaloide que sólo existe combinado en la naturaleza (símbolo B; núm. atómico 5; peso atómico 10,82)

borona f mijo, maíz; pan de maíz

borra f parte más grosera de la lana; pelusa del algodón; pelo de cabra; cordera de un año

borrachera f embriaguez; orgía; disparate

borrachez f embriaguez; turbación del juicio o la razón

borracho -cha adj ‖ mf persona que ha bebido mucho; persona que se embriaga habitualmente

borrador m escrito de primera intención que se ha de poner en limpio; libro comercial de apuntes; (Amér.) goma elástica para borrar trazos de lápiz

borradura f acción o efecto de borrar

borrajear tr escribir sin asunto determinado; trazar (rasgos, etc.) por entretenimiento

borrar tr hacer desaparecer (lo escrito) con la goma o la esponja; tachar (lo escrito); hacer que la tinta se corra y manche (lo escrito); desvanecer, quitar

borrasca f tempestad; peligro, riesgo ‖ **borrascoso -sa** adj

borrego -ga mf cordero de uno o dos años; **borregos** mpl (fam.) nubes blanquecinas y enmarañadas

borricada *f* conjunto de borricos; cabalgata hecha en borrico; (fam.) hecho o dicho necio

borrico -ca *mf* asno; (fam.) persona necia

borriquete *m* armazón en la que los carpinteros apoyan la madera para labrarla

borrón *m* mancha de tinta en un escrito; proyecto para un cuadro; escrito de primera intención que se ha de poner en limpio; imperfección; mancha, deshonra

borronear *tr* borrajear

borroso -sa *adj* lleno de borra o heces; confuso; difícil de distinguir

borujo *m* pella, bulto pequeño

boscaje *m* grupo espeso de árboles y plantas

boscoso -sa *adj* abundante en bosques

bósforo *m* estrecho; (*cap.*) *m* estrecho que une el mar Negro y el de Mármara

Bosnia *f* antigua comarca de la Turquía de Europa ‖ **bosnio -nia** *adj y mf*

bosque *m* sitio poblado de árboles

bosquejar *tr* trazar los primeros rasgos de; indicar con vaguedad ‖ **bosquejo** *m*

bosquimán *m* individuo de una tribu del África meridional

bostezar §62 *intr* abrir mucho la boca aspirando y espirando lentamente por efecto del sueño ‖ **bostezo** *m*

bota *f* calzado que cubre el pie y la pierna; borceguí, botina; cuba, tonel; bolsa de cuero para el vino

botadura *f* acción de botar un buque

botalón *m* palo largo que sale fuera de la embarcación

botánico -ca *adj* perteneciente a la botánica; *mf* botanista; *f* ciencia que estudia las plantas

botanista *mf* persona que se dedica a la botánica

botar *tr* arrojar con violencia; echar (*un buque*) al agua; *intr* saltar después de chocar con el suelo

botarate *m* (fam.) hombre sin juicio; (fam.) ignorante que presume de instruido

botarga *f* vestido ridículo

botasilla *f* (mil.) toque de clarín para que los soldados ensillen los caballos

bote *m* barco pequeño; vasija pequeña; salto; golpe dado con una lanza; de bote en bote (fam.) completamente lleno de gente

botella *f* vasija de vidrio con el cuello estrecho

botellazo *m* golpe dado con una botella

botica *f* tienda donde se preparan y venden medicinas

boticario -ria *mf* farmacéutico; *f* mujer del farmacéutico

botija *f* vasija de barro redonda y de cuello estrecho y corto

botijo *m* vasija de barro con asa y boca en la parte superior y con un pitón para beber

botillería *f* tienda de refrescos y bebidas heladas ‖ **botillero -ra** *mf*

botín *m* despojo tomado al enemigo; calzado que cubre la parte superior del pie y parte de la pierna

botina *f* calzado que pasa algo del tobillo

botiquín *m* caja con medicamentos para casos de urgencia

boto -ta *adj* romo; rudo, torpe; *f* véase **bota**

botón *m* disco en los vestidos para abrocharlos o adornarlos; asidero o tirador de un mueble; yema de las plantas; flor cerrada; (elec.) pieza que se oprime para cerrar un circuito

botones *m* (*pl:* -nes) muchacho en los hoteles para recados

bóveda *f* techo que forma concavidad; cripta para depósito de difuntos

bovedilla *f* espacio abovedado entre viga y viga

bovino -na *adj* perteneciente al ganado vacuno

boxeador *m* el que se dedica al boxeo; (Méx.) pieza de metal con que se resguardan los nudillos

boxear *intr* (dep.) luchar a puñetazos ‖ **boxeo** *m*

bóxer *m* (*pl:* boxers) perro de talla mediana y de pelo corto; pieza de metal con que se resguardan los nudillos

boxibalón *m* pelota de goma hinchada y sujeta que sirve para entrenamiento de boxeo

boya *f* cuerpo flotante sujeto al fondo del agua que sirve de señal

boyada *f* manada de bueyes

boyante *adj* que boya o flota; próspero; (*toro*) que da fácil juego; (*buque*) que lleva poca carga y no cala lo que debe

boyar *intr* volver a flotar; flotar

boyarín *m* boya pequeña para barcos menores y redes de pesca

boyera *f* establo para bueyes

boyero *m* el que conduce o guarda bueyes

boyuno -na *adj* bovino

bozal *m* aparato que se pone en la boca a los animales para que no muerdan

bozo *m* vello que apunta en el labio superior

B.p. abr. de Bendición papal

br. o **Br.** abr. de bachiller

bracear *intr* mover los brazos repetidamente; nadar sacando los brazos fuera del agua; esforzarse, forcejear ‖ braceo *m*

bracero *m* el que da el brazo a otro; peón, jornalero

bráctea *f* órgano foliáceo situado en la proximidad de las flores y distinto por su forma, color, etc. de las hojas normales

bractéola *f* bráctea que se halla sobre un eje lateral de cualquier inflorescencia

braga *f* cuerda con que se ciñe un objeto para suspenderlo; pañal de niño; **bragas** *fpl* prenda interior de mujer que cubre desde la cintura hasta el arranque de las piernas

bragadura *f* entrepiernas del hombre o el animal

bragazas *m* (*pl*: -zas) (fam.) hombre que se deja dominar fácilmente, esp. por una mujer

braguero *m* vendaje para sujetar las hernias

bragueta *f* abertura del pantalón por delante

Brahma *m* dios supremo de la religión de la India

brahmán *m* individuo de la casta sacerdotal de la India

brahmanismo *m* religión y sistema de las castas de la India

bramadera *f* tabla delgada, atada a una cuerda, que, volteada en el aire, produce un ruido semejante al del viento

bramante *m* cordel delgado de cáñamo

bramar *intr* dar bramidos

bramido *m* voz del toro y otros animales; grito de cólera

branquia *f* órgano respiratorio de los peces ‖ **branquial** *adj*

braquial *adj* perteneciente al brazo

brasa *f* leña o carbón encendido y pasado del fuego

brasero *m* vasija de metal en que se pone lumbre para calentarse

Brasil, el estado de la América del Sur ‖ **brasileño -ña** *adj y mf*

Brasilia *f* capital del Brasil

bravata *f* amenaza arrogante; baladronada

bravear *intr* echar bravatas

braveza *f* fiereza de los elementos; fiereza de los brutos; valentía

bravío -a *adj* feroz, salvaje; silvestre; rústico; *m* fiereza

bravo -va *adj* valiente; fiero; (fam.) excelente; (fam.) guapo; (fam.) áspero de genio; ¡bravo! ¡muy bien!

bravucón -cona *adj* ‖ *mf* (fam.) persona valiente sólo en la apariencia; *m* toro que demuestra poco coraje

bravuconada *f* (fam.) baladronada

bravura *f* fiereza de los brutos; valentía; bravata

braza *f* medida de longitud: 1,6718 m.

brazada *f* movimiento de los brazos; brazado

brazado *m* lo que se puede abarcar con los brazos

brazal *m* tira de tela que se lleva ciñendo el brazo

brazalete *m* joya que se lleva en la muñeca

brazo *m* parte del cuerpo que va del hombro hasta la mano; pata delantera del cuadrúpedo; cosa de figura de brazo; **brazos** *mpl* braceros, jornaleros; protectores; brazo derecho persona de la mayor confianza de uno

brazuelo *m* parte del brazo del cuadrúpedo entre el codillo y la rodilla

brea *f* substancia resinosa que se extrae de ciertos árboles coníferos; mezcla de brea, pez, aceite, etc. que se emplea para calafatear

brebaje *m* bebida desagradable

brécol *m* variedad de col cuyas hojas no se apiñan

brecha *f* rotura en una muralla

brega *f* ‖ **bregar** §45 *intr* luchar, reñir; trabajar afanosamente

Brema *f* ciudad y puerto de Alemania ‖ **bremense** *adj y mf*

breña *f* tierra quebrada y poblada de maleza ‖ **breñoso -sa** *adj*

Bretaña *f* antigua provincia de Francia; la **Gran Bretaña** isla que comprende Inglaterra, Escocia y el país de Gales

brete *m* cepo que se pone al reo en los pies; aprieto

bretón -tona *adj y mf* natural de Bretaña

breva *f* primer fruto de la higuera; cigarro puro aplastado; ganga, ventaja

breve *adj* de corta duración o extensión; en breve muy pronto, dentro de poco tiempo

brevedad *f* corta duración o extensión; concisión

breviario *m* compendio, resumen; libro de rezo eclesiástico

brezo *m* arbusto de hojas escamosas (*Erica y Calluna vulgaris*)

Briareo *m* (mit.) gigante griego que tenía cincuenta cabezas y cien brazos

briba f holgazanería picaresca

bribón -bona adj y mf pícaro, bellaco

bribonada f especie de bribón

bribonear intr hacer bribonadas; vivir como bribón

bricbarca f bergantín grande que, además de sus dos palos, lleva otro menor a popa

brida f freno y correaje de la cabeza del caballo

brigada f unidad de dos regimientos; conjunto de obreros

brigadier m oficial militar entre coronel y general de división

Brígida f nombre propio de mujer

brillante adj que brilla; excelente, sobresaliente; m diamante brillante

brillantez f brillo

brillantina f polvo para pulir metales; cosmético para dar brillo al cabello

brillar intr despedir rayos de luz; sobresalir

brillo m lustre o resplandor; gloria, lucimiento

brilloso -sa adj (Amér.) que tira a brillante, que brilla por el mucho uso

brincar §72 tr pasar; pasar saltando; intr dar brincos

brinco m movimiento que se hace levantando los dos pies del suelo con ligereza

brindar tr ofrecer; convidar; intr manifestar, al ir a beber, un deseo; ref ofrecerse

brindis m (pl: -dis) acción de brindar; dicho que precede al acto de beber; convite

brío m pujanza; resolución; gallardía ‖ **brioso -sa** adj

briqueta f conglomerado de carbón

brisa f airecillo; viento del nordeste; orujo de la uva

brisca f juego de naipes

Briseida f (mit.) cautiva de Aquiles, a quien se la arrebató Agamenón

bristol m especie de cartulina

británico -ca adj perteneciente a la Gran Bretaña; **Islas Británicas** archipiélago que comprende la Gran Bretaña e Irlanda

britano -na adj y mf inglés

brizna f parte muy delgada de una cosa; hilo delgado

broca f barrena que se usa con las máquinas de taladrar; carrete dentro de la lanzadera

brocado m tela de seda con dibujos en relieve

brocal m antepecho en la boca de un pozo

brocatel m mármol con vetas de varios colores; tejido de cáñamo y seda

bróculi m brécol

brocha f escobilla de cerdas para pintar o para afeitarse; **de brocha gorda** (pintor o pintura) de puertas, ventanas, etc.; (fam.) (artista u obra) de tosca factura, de mal gusto

brochada f o **brochazo** m golpe de brocha

broche m conjunto de dos piezas que se enganchan por presión; alfiler de adorno; **broches** mpl (Ecuad.) gemelos de camisa

broma f chanza, burla; diversión; molusco que destruye las maderas bañadas por el mar (Teredo navalis)

bromazo m broma pesada

bromear intr y ref usar de bromas

bromista adj ‖ mf persona aficionada a dar bromas

bromo m metaloide líquido de color rojo (símbolo Br; núm. atómico 35; peso atómico 79,916)

bromuro m combinación del bromo con otro cuerpo simple

bronca f (fam.) pendencia; (fam.) protesta ruidosa; (fam.) regaño

bronce m aleación de cobre y estaño; (poét.) cañón, campana, trompeta

broncear tr dar color de bronce a

bronco -ca adj áspero; de sonido desagradable y áspero; poco dúctil; f véase bronca

broncoscopia f examen de los bronquios por medio del broncoscopio

broncoscopio m instrumento para el examen de los bronquios y para la extracción de cuerpos extraños

bronquedad f calidad de bronco

bronquial adj ‖ **bronquio** m cada uno de los dos conductos en que se divide la tráquea

bronquitis f inflamación de los bronquios

broquel m escudo pequeño; defensa, amparo

brotar tr echar (la tierra plantas, hierbas, etc.); producir; intr nacer (las plantas); salir (las hojas, flores, etc.); manar

brote m acción de brotar; pimpollo, yema de una planta

broza f despojo de las plantas; desperdicio; maleza; cosas inútiles dichas o escritas ‖ **brozoso -sa** adj

bruces: de bruces boca abajo; de hocicos

bruja f mujer que, según creencia vulgar, tiene poderes sobrenaturales y diabólicos; (fam.) mujer fea y vieja; (Cuba y P.R.) persona que se envuelve en una sábana para espantar a las gentes

Brujas f ciudad de Bélgica

brujería f hecho o dicho de brujos o brujas ‖ **brujesco -ca** adj

brujo m hombre que, según creencia vulgar, tiene poderes sobrenaturales y diabólicos

brújula f aguja imantada que se dirige siempre al norte magnético; lo que sirve de guía

bruma f niebla ‖ **brumoso -sa** adj

bruno -na adj de color oscuro o negro

bruñir §12 tr sacar lustre a (un metal, piedra, etc.); acicalar (el rostro) demasiado

brusco -ca adj súbito; áspero, desapacible; m planta ornamental (Ruscus aculeatus)

brusela f planta herbácea vivaz (Vinca major); **bruselas** fpl tenacillas pequeñas de acero

Bruselas f capital de Bélgica ‖ **bruselense** adj y mf

brusquedad f calidad de brusco

brutal adj que se caracteriza por su falta de razón o su violencia; brusco; (fam.) enorme, estupendo ‖ **brutalidad** f

bruto -ta adj necio; torpe; tosco; mf necio; m animal irracional; (cap.) m general romano, uno de los asesinos de César (86–42 a. de J. C.); **en bruto** sin labrar o pulir; sin descontar la tara

bu m fantasma con que se asusta a los niños

bubón m tumefacción inflamatoria de un ganglio linfático ‖ **bubónico -ca** adj

bucal adj perteneciente a la boca

bucanero m corsario en los mares de América

búcaro m arcilla olorosa; vasija hecha con ella

bucear intr nadar y mantenerse bajo el agua; trabajar como buzo; investigar con maña

bucéfalo m (fam.) hombre estúpido; (cap.) m caballo de Alejandro Magno

buceo m acción de bucear

bucle m rizo de cabello

bucólico -ca adj pastoril; campestre; f poesía del género bucólico; (fam.) comida; (Col.) hambre

buche m bolsa en el cuello de las aves; líquido que cabe en la boca; bolsa que hace la ropa; pecho, interior; (fam.) estómago

Buda m célebre reformador religioso de la India (fines del siglo VI a. de J.C.)

búdico -ca adj perteneciente al budismo

budión m pez acantopterigio (Blennius ocellaris)

budismo m religión fundada por Buda ‖ **budista** adj y mf

buen adj apócope de bueno

buenamente adv fácilmente; voluntariamente

buenaventura f dicha, prosperidad; adivinación supersticiosa que hacen las gitanas

bueno -na adj que tiene bondad; conforme a la moral; útil; gustoso; sano; grande, suficiente

Buenos Aires f provincia y capital de la República Argentina

buey m toro castrado

bufa f burla, bufonada

búfalo -la mf rumiante parecido al toro, de cuernos vueltos hacia atrás

bufanda f prenda de abrigo para el cuello y la boca

bufar intr resoplar con ira

bufete m mesa para escribir; despacho de abogado; clientela del abogado

bufido m voz del animal que bufa; demostración de enojo

bufo -fa adj cómico, rayano en lo grotesco; m gracioso de la ópera italiana; f véase bufa

bufón -fona adj que dice chistes groseros; mf truhán que se ocupa en hacer reír; m buhonero

bufonada f hecho o dicho de bufón

buharda o **buhardilla** f ventana en el tejado; desván

buharro m ave rapaz parecida al buho, del género Scops

buho m ave rapaz grande (Bubo bubo)

buhonero m vendedor ambulante

buitre m ave que se alimenta de carroña (Gyps fulvus)

buje m pieza cilíndrica que guarnece el interior del cubo de las ruedas

bujería f baratija, chuchería; mercadería de poco valor

bujía f vela de cera; dispositivo en que salta la chispa eléctrica en el motor de explosión; unidad de medida luminosa

bula f documento pontificio

bulbo m órgano vegetal subterráneo; protuberancia redondeada parecida al bulbo ‖ **bulboso -sa** adj

bulevar m avenida ancha y arbolada

Bulgaria f estado de la Europa oriental ‖ **búlgaro -ra** adj y mf

bulo m noticia falsa

bulón m perno

bulto m volumen de una cosa; cuerpo que sólo se distingue confusamente; hinchazón; cualquier caja o saco que sirve para transportar equipaje; escurrir el bulto (fam.) eludir un riesgo, compromiso o trabajo

bulla f ruido de personas; concurrencia grande

bullanga f motín, gritería

bullebulle mf (fam.) persona muy viva e inquieta

bullicio m rumor de muchas personas; alboroto, tumulto ‖ **bullicioso -sa** adj

bullir §13 tr mover, menear; intr hervir; agitarse; darse en abundancia; moverse; ref moverse

buniato m boniato

buñolería f tienda de buñuelos ‖ **buñolero -ra** mf

buñuelo m masa de harina frita en aceite; (fam.) cosa mal hecha

buque m casco de la nave; barco con cubierta

buqué m gustillo o perfume de los vinos

burbuja f glóbulo de aire en los líquidos

burbujear intr hacer burbujas ‖ **burbujeo** m

burdeos m vino procedente de la región de Burdeos; (cap.) f ciudad y puerto de Francia

burdo -da adj soez, tosco

bureo m (fam.) solaz, entretenimiento

burga f manantial de agua caliente

burgalés -lesa adj y mf natural de Burgos

burgo m población pequeña

burgomaestre m primer magistrado municipal de algunas ciudades alemanas

Burgos capital de la provincia de Burgos y antes, de Castilla la Vieja

burgués -guesa adj perteneciente a la burguesía; vulgar, antiartístico; mf individuo de la burguesía

burguesía f clase media acomodada

buril m instrumento de acero que usan los grabadores

burla f acción o palabras con que se procura ridiculizar a una persona; chanza, engaño

burladero m refugio para los peatones en medio de la calle; en las plazas de toros, valla para resguardo de los toreros

burlador -dora adj que burla; mf persona que burla; m libertino

burlar tr ridiculizar; engañar, frustrar; intr y ref hacer burla

burlesco -ca adj (fam.) festivo, jocoso

burlete m tira que se pone al canto de puertas y ventanas para impedir la entrada al aire en las habitaciones

burlón -lona adj que implica burla; aficionado a hacer o decir burlas; mf persona aficionada a hacer o decir burlas

burocracia f influencia excesiva de los empleados públicos en el gobierno; conjunto de empleados públicos

burócrata mf empleado público ‖ **burocrático -ca** adj

burra f asna; (fam.) mujer muy ignorante

burrada f manada de burros; (fam.) necedad

burrajear tr borrajear

burrero m el que conduce burras para vender su leche; (Méx.) dueño o arriero de burros

burro m asno; (fam.) hombre muy ignorante

bursátil adj perteneciente a los negocios de Bolsa

burujo m borujo

bus m (fam.) autobús

busca f acción de buscar

buscapié m especie que se suelta en la conversación para averiguar algo

buscapiés m (pl: -piés) cohete que corre por el suelo

buscar §72 tr tratar de hallar

buscarruidos mf (pl: -dos) (fam.) persona pendenciera

buscavidas mf (pl: -das) persona muy trabajadora; (fam.) persona demasiado curiosa

buscón -cona mf persona que busca; persona que hurta con habilidad; f (fam.) ramera

busilis m (pl: -lis) punto en que estriba una dificultad

búsqueda f busca

busto m parte superior del cuerpo humano; escultura o pintura que la representa sin brazos

butaca f silla de brazos con respaldo echado hacia atrás; (teat.) asiento de patio

butano m cada una de dos formas isoméricas del hidrocarburo C_4H_{10}

butileno m hidrocarburo del etileno (C_4H_8)

buzo m el que trabaja debajo del agua

buzón m ranura por donde se echan las cartas para el correo; caja con esta ranura; conducto de desagüe en un estanque

C

C, c *f* tercera letra del alfabeto
c. abr. de capítulo, **compañía, corriente y cuenta**
c/ abr. de **caja, cargo, contra y corriente**
c/a abr. de **cuenta abierta**
C.A. abr. de **corriente alterna**
ca *interj* ¡quia!
Caaba *f* pequeño edificio cuadrado en la principal mezquita de La Meca, santuario central de toda la Arabia
cabal *adj* ajustado a peso y medida; acabado, completo
cábala *f* ciencia mágica de adivinación; enredo, intriga; **cábalas** *fpl* conjetura
cabalgada *f* tropa de jinetes
cabalgadura *f* bestia para cabalgar o de carga
cabalgar §45 *intr* montar o andar a caballo
cabalgata *f* grupo de jinetes en son de fiesta
cabalístico -ca *adj* perteneciente a la cábala; misterioso
caballa *f* pez comestible (*Scomber scombrus*)
caballada *f* manada de caballos
caballar *adj* perteneciente al caballo
caballeresco -ca *adj* propio de caballero y de los caballeros andantes
caballerete *m* (fam.) joven presumido
caballería *f* caballo, mulo o asno; cuerpo de soldados de a caballo; orden militar; institución de los caballeros que hacían profesión de las armas
caballeriza *f* cuadra para los caballos
caballerizo *m* el que cuida la caballeriza
caballero *m* hidalgo noble; el que procede con nobleza; individuo de una orden de caballería; señor, persona de consideración; **caballero andante** persona que se embarca en aventuras fantásticas; **hidalgo pobre y ocioso**
caballerosidad *f* ‖ **caballeroso -sa** *adj* propio de caballero o que obra como tal
caballete *m* arista superior de un tejado; artificio de madera de cuatro patas, usado como soporte; bastidor para sostener un cuadro, pizarra, etc.
caballista *mf* persona que monta bien a caballo

caballitos *mpl* tiovivo; juego en que se apuesta a unos caballitos mecánicos
caballo *m* mamífero solípedo doméstico que presta múltiples servicios al hombre; pieza del ajedrez; figura de la baraja española; **caballo de vapor** unidad de medida de la potencia (*736 vatios; en Inglaterra y EE.UU.: 746 vatios*)
caballón *m* lomo de tierra entre dos surcos
cabaña *f* casilla rústica; rebaño; ganado
cabaret *m* (*pl:* **-rets**) café cantante
cabecear *intr* mover la cabeza; dar cabezadas por el sueño; balancearse (*un buque*) de proa a popa ‖ **cabeceo** *m*
cabecera *f* parte principal de una cosa; sitio de preferencia en una mesa; parte superior de la cama; capital de provincia, de una nación, etc.
cabecilla *mf* persona de mala conducta o poco juicio; *m* jefe de una partida de malhechores
cabellera *f* pelo de la cabeza; pelo postizo; ráfaga luminosa del cometa
cabello *m* pelo o conjunto de los pelos de la cabeza humana
cabelludo -da *adj* de mucho cabello
caber §14 *intr* poder entrar o contenerse; tener lugar o entrada; pertenecer; corresponder; ser posible
cabestrillo *m* banda para sostener la mano o el brazo lesionados
cabestro *m* ramal atado a la cabeza de la caballería; buey que guía a la torada
cabeza *f* parte superior del cuerpo humano y anterior del de los animales; lo que va delante; res; superior, jefe; jefe de familia; cabecera, capital; principio; talento
cabezada *f* golpe con la cabeza; inclinación de cabeza de un durmiente; inclinación de la cabeza al saludar; correaje que ciñe la cabeza de una caballería
cabezal *m* almohada que abarca la cabecera de la cama
cabezazo *m* golpe con la cabeza
cabezón -zona *adj* de cabeza grande; terco
cabezudo -da *adj* de cabeza grande; *m* figura de enano de gran cabeza

cabezuela *f* harina gruesa; inflorescencia de las plantas compuestas; *mf* (fam.) persona de poco juicio

cabida *f* espacio o capacidad de una cosa

cabila *f* tribu berberisca

cabildear *intr* intrigar en los negocios o en las votaciones de una corporación ‖ **cabildeo** *m*

cabildo *m* comunidad de eclesiásticos de una catedral; ayuntamiento, municipio

cabillo *m* pezón o rabillo de la hoja o la flor

cabina *f* camarote; locutorio telefónico; lugar del conductor en un camión, avión, etc.

cabizbajo -ja *adj* que va con la cabeza inclinada por abatimiento o melancolía

cable *m* maroma; haz de alambres; medida de longitud: 120 brazas; cablegrama

cablegrafiar §76 *tr* transmitir por cablegrama

cablegráfico -ca *adj* ‖ **cablegrama** *m* telegrama transmitido por cable submarino

cabo *m* extremo de algo; fin, término; cuerda; hilo, hebra; punta de tierra que penetra en el mar; individuo de tropa superior al soldado; **Cabo de Buena Esperanza** cabo en el extremo sur de la costa occidental de África; **Cabo de Hornos** cabo que pertenece a Chile, en el extremo sur del continente americano; **llevar a cabo** ejecutar, concluir

cabotaje *m* navegación comercial hecha a lo largo de la costa

cabra *f* rumiante doméstico de cuernos arqueados hacia atrás (*Capra hircus*)

cabrero -ra *mf* pastor de cabras

cabrestante *m* torno vertical para mover grandes pesos

cabria *f* grúa de tres cabrillas y un torno horizontal

cabrilla *f* viga o sostén de una cabria; **cabrillas** *fpl* pequeñas olas espumosas; (*cap.*) *fpl* las siete estrellas principales de las Pléyades

cabrillear *intr* rizarse (*la superficie del mar*) con pequeñas olas ‖ **cabrilleo** *m*

cabrío -a *adj* perteneciente a las cabras

cabriola *f* salto, brinco; voltereta

cabriolé *m* coche ligero de dos ruedas

cabritilla *f* piel curtida de cabrito o cordero

cabrito *m* cría de la cabra

cabrón *m* macho de la cabra; consentidor del adulterio de su mujer

cabruno -na *adj* perteneciente a la cabra

cabujón *m* rubí sin tallar

caca *f* (fam.) excremento humano

cacahuete *m* planta herbácea y su fruto (*Arachis hypogaea*)

cacao *m* arbolillo tropical (*Theobroma cacao*); semillas de este arbolillo que se emplean para hacer el chocolate

cacarear *intr* dar gritos repetidos (*el gallo o la gallina*) ‖ **cacareo** *m*

cacatúa *f* especie de loro de la Oceanía (*Kakatoë*)

cacea *f* modo de pesca que consiste en ir navegando y llevando el anzuelo por la popa

cacear *tr* revolver con el cazo; *intr* pescar a la cacea

cacera *f* zanja de riego

cacería *f* partida de caza; las piezas cobradas en ella

cacerola *f* vasija con mango, para guisar

cacicato o **cacicazgo** *m* dignidad o territorio de cacique

cacique *m* jefe de una tribu de indios; (fam.) el que por influencia política ejerce autoridad desmedida en un pueblo ‖ **caciquesco -ca** *adj* ‖ **caciquismo** *m*

caco *m* ladrón muy diestro

cacofonía *f* repetición frecuente de las mismas letras o sílabas; asociación de sonidos que produce efecto desagradable al oído ‖ **cacofónico -ca** *adj*

cacto *m* planta con las hojas reducidas a espinas, que vive en terrenos áridos

cacumen *m* (fam.) agudeza, perspicacia

cacha *f* cada una de las dos piezas laterales del mango de las navajas

cachalote *m* cetáceo de cabeza enorme (*Physeter macrocephalus*)

cacharrería *f* tienda de loza ordinaria‖ **cacharrero -ra** *mf*

cacharro *m* vasija tosca; pedazo útil de vasija; máquina que no marcha bien

cachaza *f* (fam.) flema, indolencia ‖ **cachazudo -da** *adj*

cachear *tr* registrar (*un sospechoso*) para quitarle las armas

cachemir *m* casimir

cachete *m* puñetazo en la cara; carrillo, carrillo abultado

cachetero *m* puñal corto y agudo; el que remata al toro con este puñal

cachetina *f* (fam.) pelea a cachetes o bofetadas

cachiporra f palo abultado en uno de sus extremos

cachivache m utensilio ordinario, trasto viejo

cacho -cha adj gacho; m pedazo pequeño; f véase **cacha**

cachorrillo m pistola pequeña

cachorro -rra mf cría de perro, león, lobo, oso, etc.

cachucha f bote, lancha; gorra; baile popular andaluz

cachupín -pina mf español que se establece en América

cachupinada f (desp.) convite casero

cada adj indef uno o más separadamente

cadalso m tablado erigido para un acto solemne; patíbulo para la ejecución de un reo

cadáver m cuerpo muerto ‖ **cadavérico -ca** adj

caddie m (inglés) muchacho que lleva los palos de los golfistas

cadena f conjunto de eslabones unidos entre sí; cuerda de presidiarios; sujeción; serie de montañas; sucesión de cosas

cadencia f repetición armoniosa de sonidos o movimientos; distribución proporcionada de los acentos en la prosa o verso ‖ **cadencioso -sa** adj

cadeneta f labor de aguja en figura de cadena muy delgada

cadenilla f cadena pequeña; **cadenilla de tiro** (elec.) tirador de bombilla

cadente adj que amenaza ruina; cadencioso

cadera f parte del cuerpo donde se unen el muslo y el tronco

cadete m alumno de una academia militar

cadí m (pl: -díes) juez turco o moro

Cádiz provincia de España; su capital y puerto de mar sobre el Atlántico

cadmio m cuerpo simple metálico (símbolo Cd; núm. atómico 48; peso atómico 112,41)

Cadmo m (mit.) príncipe fenicio que sembró los dientes de dragón

caducar §72 intr chochear; acabarse o arruinarse por gastado o viejo

caduceo m vara con alas y serpientes entrelazadas, insignia de Mercurio y emblema de la profesión médica

caducidad f ‖ **caduco -ca** adj decrépito; de poca duración; (hoja) que cae cada año

caedizo -za adj que cae fácilmente

caer §15 intr venir de arriba abajo; colgar; decaer; desvanecer; dejarse vencer por la tentación; morir en la batalla; hallarse; cumplirse (un

plazo); sentar (bien o mal); comprender; ref venir de arriba abajo

café m cafeto; su semilla; bebida preparada con ella; casa en que se vende o se bebe; **café cantante** teatro en pequeño en que se sirven café y licores

cafeína f alcaloide que se encuentra en el café y el té

cafetal m lugar poblado de cafetos

cafetera f vasija en que se hace y sirve el café

cafetería f tienda donde se vende café; despacho donde se sirven café y otras bebidas y comidas

cafetero -ra adj perteneciente al café; mf vendedor de café; dueño de un café; f véase **cafetera**

cafetín m despacho de bebidas de ínfima categoría

cafeto m árbol tropical que produce el café (Coffea arabica)

cáfila f (fam.) gran número de personas, animales o cosas

cafre adj y mf natural de Cafrería; bárbaro, cruel

Cafrería f comarca del sudeste de África

caftán m túnica turca o morisca

cagafierro m escoria del hierro

cagar §45 tr (fam.) echar a perder; intr v ref (fam.) evacuar el vientre

cagarria f colmenilla

cagarruta f excremento del ganado menor

cagatintas m (pl: -tas) (desp.) oficinista

caída f acción de caer; cosa que cuelga; ruina; culpa; **caída radiactiva** precipitación de partículas radiactivas producida por la bomba atómica o la de hidrógeno

caído m soldado muerto en acción de guerra

Caifás m (Bib.) sumo sacerdote judío que condenó a Jesucristo

caimán m pequeño cocodrilo americano

Caín m (Bib.) primogénito de Adán y Eva que mató a su hermano Abel

cairel m cerco de cabellera postiza; guarnición a modo de fleco

cairino -na adj y mf ‖ El Cairo capital del estado de Egipto ‖ **cairota** adj y mf

caja f recipiente que se cierra con una tapa; mueble donde se guarda dinero; tambor; ataúd; oficina donde se efectúan cobros y pagos; **caja de ahorros** institución de crédito; **caja registradora** caja que señala y suma automáticamente el importe de cada venta

cajero -ra mf persona que hace cajas; persona encargada de la caja en una casa de comercio, un hotel, etc.

cajetilla *f* paquete de cigarrillos

cajista *m* oficial que compone lo que se ha de imprimir

cajón *m* caja grande; caja movible de ciertos muebles; casilla de madera

cal *f* óxido de calcio

cala *f* pequeña ensenada; parte más baja en lo interior de un buque; pedazo cortado del melón para probarlo; planta acuática y su flor; supositorio

calabacear *tr* (fam.) reprobar en un examen; (fam.) desairar (*una mujer a su galán*)

calabacera *f* planta cucurbitácea de fruto vario en forma y color

calabaza *f* calabacera; su fruto; **dar calabazas a** (fam.) calabacear

calabobos *m* (fam.) lluvia continua y suave

calabozo *m* lugar para encerrar presos; sitio para incomunicar a un reo

calabrés -bresa *adj y mf* ‖ **Calabria** *f* vasta comarca de la Italia meridional

calabrote *m* (mar.) cabo grueso

calado *m* labor que se hace sacando hilos de una tela; recorte en papel, madera, etc. a modo de encaje; profundidad a que llega la quilla de un buque

calafate *m* el que calafatea; carpintero de obras navales

calafatear *tr* cerrar (*las junturas de las tablas de las naves*) con estopa y brea

calamar *m* molusco que segrega un líquido negro (*Loligo y Ommastrephes*)

calambre *m* contracción involuntaria y dolorosa de un músculo

calamidad *f* desgracia que alcanza a muchos ‖ **calamitoso -sa** *adj*

cálamo *m* (poét.) pluma para escribir; (poét.) flauta antigua

calamocano -na *adj* (fam.) achispado; (fam.) chocho

calandrajo *m* andrajo; (fam.) bobo, tonto

calandria *f* máquina para prensar y satinar telas y papel; alondra grande (*Melanocorypha calandra*)

calaña *f* índole; modelo, tipo

calar *tr* sumergir (*las redes*); alcanzar (*un buque cierta profundidad*); penetrar; atravesar; hacer calados en; comprender; *ref* mojarse; (fam.) ponerse de golpe (*el sombrero, las gafas*)

calavera *f* cráneo, cabeza de muerto; *m* (fam.) hombre de poco juicio; (fam.) hombre vicioso

calaverada *f* acción propia de calavera

calcañar *m* parte posterior de la planta del pie

calcar §72 *tr* sacar copia de (*p.ej., un dibujo*) por contacto; imitar con exactitud o servilmente

calcáreo -a *adj* que tiene cal

Calcas *m* (mit.) adivino griego que asistió al sitio de Troya

calce *m* cuña; llanta de hierro de rueda

calcedonia *f* ágata translúcida, azulada o lechosa

calceta *f* media de punto que llega hasta la rodilla

calcetín *m* media corta

calcinación *f* ‖ **calcinar** *tr* reducir a óxido (*el carbonato de calcio*); someter a calor muy elevado

calcio *m* cuerpo simple metálico, cuyo óxido es la cal (*símbolo* Ca; *núm. atómico* 20; *peso atómico* 40,08)

calco *m* copia que se obtiene calcando

calcomanía *f* procedimiento que consiste en pasar imágenes convenientemente preparadas de un papel a objetos diversos

calculador -dora *adj* que calcula; interesado, egoísta; *f* máquina con la que se ejecutan operaciones matemáticas

calcular *tr* determinar (*el valor de una cantidad*) mediante las operaciones matemáticas apropiadas; conjeturar

calculista *mf* persona dada a hacer proyectos o cálculos

cálculo *m* cuenta matemática; concreción en la vejiga, el hígado o los riñones

calda *f* acción de caldear; **caldas** *fpl* baños termales

caldaico -ca *adj* ‖ **Caldea** *f* antigua comarca en la cuenca del Éufrates y el Tigris

caldear *tr* calentar mucho

caldeo -a *adj y mf* natural de Caldea; *m* acción de caldear; *f* véase **Caldea**

caldera *f* recipiente de metal para calentar algo o para generar vapor en las máquinas

calderero *m* el que hace o vende calderas

calderilla *f* numerario de metal no precioso

caldero *m* caldera pequeña

calderón *m* la doble raya vertical que se usaba en vez del párrafo; (mús.) signo que indica suspensión del compás

calderoniano -na *adj* perteneciente a Calderón de la Barca

caldo *m* líquido que resulta de cocer carne, legumbres, etc.; aderezo de

la ensalada; **caldo de cultivo** (bact.)
líquido preparado para el desarrollo de un microbio; **caldos** *mpl*
líquidos alimenticios como vino,
aceite, vinagre

caldoso -sa *adj* que contiene demasiado caldo

calducho *m* caldo de poca substancia

calefacción *f* acción de calentar; aparatos que dan calor artificial

calendario *m* cuadro de los días, semanas, meses y fiestas del año

calendas *fpl* en el calendario romano,
primer día del mes

calentador *m* aparato o vasija para
calentar; (fam.) reloj de bolsillo muy
grande

calentar §1 *tr* hacer subir la temperatura de

calentón *m* (fam.) calor brusco

calentura *f* fiebre ‖ **calenturiento** -ta
adj y mf

calera *f* cantera de cal; horno de cal

calesa *f* coche con la caja abierta por
delante

caletre *m* (fam.) tino, discernimiento

calibrador *m* instrumento para calibrar

calibrar *tr* medir el calibre de

calibre *m* diámetro interior de un
tubo, cilindro hueco, arma de fuego; diámetro de un alambre, un
proyectil; tamaño; (fam.) calidad

calicanto *m* mampostería

calidad *f* carácter, índole, manera de
ser; condición; importancia; **calidades** *fpl* prendas morales

cálido -da *adj* que tiene o da calor;
caluroso

calidoscópico -ca *adj* ‖ **calidoscopio** *m*
tubo con espejos que multiplican
simétricamente las imágenes

calientapiés *m* (*pl:* -piés) calorífero
para calentar los pies

calientaplatos *m* (*pl:* -tos) aparato
para mantener calientes los platos

caliente *adj* que tiene calor; ardiente,
acalorado

califa *m* príncipe sarraceno, sucesor
de Mahoma ‖ **califato** *m*

calificación *f* acción de calificar; nota
de examen

calificar §72 *tr* apreciar o expresar la
calidad de ‖ **calificativo** -va *adj y m*

California *f* uno de los estados de los
EE.UU. ‖ **californiano** -na *adj y mf*

californio -nia *adj y mf* californiano;
m cuerpo simple radiactivo (*símbolo*
Cf; *núm. atómico* 98; *peso atómico*
¿244?); (*cap.*) *f.* véase **California**

caligine *f* (poét.) niebla, oscuridad ‖
caliginoso -sa *adj*

caligrafía *f* arte de escribir con buena

letra ‖ **caligráfico** -ca *adj* ‖ **calígrafo** -fa *mf*

calina *f* niebla que enturbia ligeramente el aire

Calíope *f* (mit.) musa de la poesía
épica

calipso *m* ritmo africano en forma de
balada improvisada; (*cap.*) *f* (mit.)
ninfa que dió hospitalidad a Ulises

calistenia *f* gimnasia encaminada a
desarrollar la fuerza y la belleza
física ‖ **calisténico** -ca *adj*

Calisto *f* (mit.) joven transformada en
osa por Juno

cáliz *m* (*pl:* -lices) cubierta externa
de las flores; vaso sagrado que sirve
en la misa

calizo -za *adj* que contiene cal; *f* carbonato de cal natural

calma *f* sosiego, tranquilidad; falta
de viento; suspensión; cachaza

calmante *adj y m* ‖ **calmar** *tr* sosegar,
adormecer; *intr* estar en calma

calmoso -sa *adj* que está en calma;
(fam.) indolente, perezoso

caló *m* lenguaje de los gitanos y la
gente baja

calofriar §76 *ref* sentir calofríos

calofrío *m* sensación de calor y frío al
mismo tiempo

calomel *m* o **calomelanos** *mpl* cloruro
mercurioso usado como purgante

calor *m* elevación de la temperatura;
temperatura elevada; sensación producida por el calor; actividad, viveza; grata acogida

caloría *f* unidad de medida térmica;
unidad de medida del poder nutritivo de los alimentos

calórico -ca *adj* perteneciente al calor

calorífero -ra *adj* que produce el calor;
m aparato para dar calor en las
habitaciones

calumnia *f* ‖ **calumniar** *tr* acusar falsamente ‖ **calumnioso** -sa *adj*

caluroso -sa *adj* que tiene o causa
calor; ardiente, vivo

calva *f* parte de la cabeza que ha perdido el cabello; espacio sin árboles
en un bosque

calvario *m* camino de las estaciones
de la cruz; sufrimiento moral;
(*cap.*) *m* lugar donde Cristo fué
crucificado

calvero *m* claro en un bosque

calvicie *f* falta de cabello

calvinismo *m* ‖ **calvinista** *adj y mf* ‖
Calvino, Juan propagador de la Reforma en Francia y Suiza y jefe de
la secta de los calvinistas (1509–
1564)

calvo -va *adj* que ha perdido el cabello; sin vegetación; *f* véase **calva**

calza f cuña; (fam.) media
calzada f camino pavimentado y ancho
calzado m todo género de zapato, bota, media o calcetín
calzador m instrumento para hacer que entre el pie en el zapato
calzar §62 tr poner el calzado, los guantes, las espuelas a; meter cuña a; usar (cierto tamaño de zapatos, guantes, etc.); ref ponerse el calzado, los guantes
calzonazos m (pl: -zos) (fam.) hombre falto de carácter
calzoncillos mpl calzones interiores
calzones mpl prenda de vestir que cubre desde la cintura hasta la rodilla
callado -da adj silencioso; que procede sin hacer ruido; **de callada** (fam.) secretamente
callar tr no decir; pasar en silencio; intr y ref no hablar, guardar silencio
calle f camino entre casas o edificios
calleja f callejuela
callejear intr vagar por las calles ‖ **callejero -ra** adj
callejón m calle estrecha; **callejón sin salida** (fam.) situación difícil o embrollada
callejuela f calle estrecha y corta; (fam.) efugio, pretexto
callicida m remedio contra los callos
callo m dureza que produce en la piel el roce de un cuerpo duro; **callos** mpl pedazos del estómago de los rumiantes que se comen guisados
callosidad f ‖ **calloso -sa** adj que tiene callo
cama f mueble donde duermen las personas; sitio donde se echan los animales
camada f hijuelos que tiene de una vez un animal; capa tendida horizontalmente; (fam.) cuadrilla de ladrones
camafeo m piedra preciosa con una figura en relieve; esta figura
camaleón m reptil que tiene la facultad de cambiar de color; (fam.) persona inconstante
camándula f (fam.) astucia, bellaquería
camandulería f ‖ **camandulero -ra** adj y mf (fam.) hipócrita, bellaco
cámara f pieza principal de una casa o buque; cuerpo legislador; aparato fotográfico; tubo de goma del neumático; mueble donde se conservan a baja temperatura los alimentos; mf camarógrafo; **cámaras** fpl diarrea
camarada m compañero

camaranchón m desván
camarero -ra mf criado que sirve en hoteles, restaurantes, buques, etc.; m oficial de la cámara del papa; mozo de café; f criada de cierta consideración
camarilla f grupo de personas que influyen en los asuntos del Estado
camarín m aposento de aseo; cuarto donde se visten los actores
camarlengo m cardenal que administra los asuntos de la Iglesia mientras está vacante la sede apostólica
camarógrafo -fa mf operador de la cámara cinematográfica
camarón m pequeño crustáceo comestible (Palaemon)
camarote m dormitorio en buques, trenes y aviones
camastro m lecho desaliñado y pobre
camastrón -trona adj ‖ mf (fam.) persona astuta, taimada
cambalache m cambio, trueque
cámbaro m crustáceo marino
cambiadiscos m (pl: -cos) aparato que cambia automáticamente los discos fonográficos
cambiante adj que cambia; m el que se dedica al cambio de dinero; **cambiantes** mpl visos y colores
cambiar tr dar, tomar o poner (una cosa) por otra; reemplazar; convertir; intr y ref mudar, variar
cambio m acción de cambiar; dinero de vuelta; valor relativo de las monedas de países diferentes
Cambises m rey de Persia (m. en 522 a. de J. C.)
cambista mf persona que cambia moneda
Camboya , estado de la Indochina meridional ‖ **camboyano -na** adj y mf
cambronera f arbusto espinoso (Lycium)
camelar tr (fam.) galantear; (fam.) engañar con adulaciones
camelia f arbusto oriundo del Japón, de flores blancas o rojas; su flor
camello -lla mf rumiante de cuello largo con una o dos gibas en el dorso
camilla f cama portátil para enfermos; mesita bajo la cual se pone el brasero
caminante adj ‖ mf persona que camina; viajero
caminar tr recorrer (cierta distancia); intr ir a pie; ir de viaje; seguir su curso
caminata f (fam.) paseo largo; (fam.) viaje corto

caminero -ra *adj* ‖ **camino** *m* vía para el tránsito; vía de comunicación; viaje; medio para hacer algo

camión *m* carro o automóvil para transportar cargas pesadas

camionista *mf* persona que conduce un camión

camisa *f* prenda interior de tela ligera; piel que deja la culebra; envoltura de metal

camisería *f* tienda donde se venden camisas ‖ **camisero -ra** *mf*

camiseta *f* camisa corta y sin cuello que se pone a raíz de la carne

camisola *f* camisa fina de hombre

camisolín *m* pechera que se usa para excusar la camisola

camisón *m* camisa larga de dormir

camomila *f* hierba cuyas flores se usan en infusión (*Matricaria chamomilla*); esta infusión

camorra *f* (fam.) pendencia ‖ **camorrista** *adj y mf*

campa *adj* (*tierra*) sin árboles

campal *adj* (*batalla*) decisiva

campamento *m* acción de acampar; lugar donde se acampa; tropa acampada

campana *f* instrumento de metal de forma de copa, que suena herido por un badajo o martillo; cosa que tiene semejanza con la campana

campanada *f* toque de campana; suceso ruidoso

campanario *m* torre de las campanas

campaneo *m* toque repetido de campanas; (fam.) contoneo

campanilla *f* campana pequeña; flor de corola acampanada; úvula

campanillazo *m* toque fuerte de campanilla

campano *m* cencerro

campante *adj* (fam.) ufano, satisfecho

campanudo -da *adj* de figura de campana; hinchado, retumbante

campaña *f* campo llano; expedición militar; esfuerzos encaminados a obtener un resultado

campar *intr* acampar; sobresalir

campear *intr* salir (*los animales*) a pacer; sobresalir; (mil.) estar en campaña

campechano -na *adj* (fam.) franco, amistoso

campeche *m* árbol americano y su madera dura (*Haematoxylon campechianum*)

campeón -ona *mf* persona que vence en un juego o deporte; defensor esforzado de una causa ‖ **campeonato** *m* ‖ **campeonil** *adj*

campesino -na *adj* campestre; labrador; *mf* persona que vive y trabaja en el campo

campestre *adj* perteneciente al campo

campiña *f* espacio grande de tierra cultivable

campo *m* terreno espacioso en despoblado; campiña; sitio que ocupa un ejército; esfera de actividad; sitio donde se practica un deporte; (fís.) espacio en que se hace perceptible cierto fenómeno

camposanto *m* cementerio

camuesa *f* fruto del camueso

camueso *m* manzano de fruto muy perfumado; (fam.) necio, ignorante

camuflaje *m* ‖ **camuflar** *tr* encubrir bajo una falsa apariencia

can *m* perro; gatillo de arma de fuego

cana *f* cabello blanco

Canadá, el confederación británica al norte de los EE.UU. ‖ **canadiense** *adj y mf*

canal *m* río excavado por el hombre; estrecho en el mar; vaso, conducto del cuerpo; (rad. y telv.) vía a la que se han asignado varias frecuencias; *f* conducto para las aguas, el gas; conducto en el tejado; estría de columna

canalización *f* acción o efecto de canalizar; conjunto de conductores destinados a la transmisión o distribución de la electricidad

canalizar §62 *tr* abrir canales en; regularizar el cauce de; aprovechar (*el agua*) por medio de canales para el riego o la navegación; proveer de alambres eléctricos

canalón *m* conducto que recibe el agua del tejado

canalla *m* hombre despreciable y malo; *f* gente baja y ruin

canallada *f* acción propia de canalla ‖ **canallesco -ca** *adj*

canana *f* cinto para llevar cartuchos

canapé *m* asiento largo con respaldo

canard *m* (francés) noticia falsa, embuste

canario -ria *adj y mf* natural de Canarias; *m* pájaro de plumaje amarillo (*Serinus canarius*); **las Canarias** *fpl* archipiélago del Atlántico que pertenece a España

canasta *f* cesto de mimbre con dos asas; juego de naipes

canastilla *f* cesto pequeño; ajuar de la novia; ropa para el niño que ha de nacer

canasto *m* canasta recogida de boca

cancel *m* contrapuerta interior

cancela *f* verjilla puesta en el umbral de una puerta

cancelar *tr* anular; extinguir (*una deuda*)

cáncer *m* tumor que destruye los tejidos orgánicos; (*cap.*) *m* cuarto signo del zodiaco; constelación zodiacal

cancerar *ref* volverse canceroso; padecer cáncer

Cancerbero *m* portero incorruptible de modales bruscos; (mit.) perro de tres cabezas

canceroso -sa *adj* semejante al cáncer; que tiene cáncer

cancilla *f* puerta a modo de verja

canciller *m* jefe del gobierno; empleado de embajada o consulado ‖ **cancillería** *f*

canción *f* composición en verso para cantar

cancionero *m* colección de canciones y poesías

cancionista *mf* persona que compone o canta canciones

cancro *m* cáncer

cancha *f* lugar o campo donde se practican deportes

candado *m* cerradura suelta o de quitapón

cande *adj* (*azúcar*) reducido a cristales transparentes

candeal *adj* (*harina, pan*) de calidad superior

candela *f* vela para alumbrar; lumbre, fuego; flor del castaño

candelabro *m* candelero de dos o más brazos

candelaria *f* fiesta de la purificación de la Virgen (*2 de febrero*)

candelero *m* utensilio para poner la vela o candela

candelizo *m* (fam.) carámbano

candente *adj* enrojecido por el fuego

candidato -ta *mf* persona que pretende algún cargo o título ‖ **candidatura** *f*

candidez *f* ‖ **cándido -da** *adj* sencillo, ingenuo

candil *m* lámpara de aceite; pitón de la cuerna de los ciervos

candileja *f* recipiente del candil; **candilejas** *fpl* línea de luces del proscenio del teatro

candiota *f* barril o vasija de barro para vino

candor *m* suma blancura; sencillez, pureza ‖ **candoroso -sa** *adj*

caneca *f* frasco de barro vidriado

canelo -la *adj* de color de canela; *m* árbol tropical de corteza aromática; *f* corteza de las ramas del canelo usada como condimento

canelón *m* canalón; carámbano

canesú *m* (*pl: -súes*) pieza superior de la blusa o camisa

canfín *m* (Costa Rica) petróleo

canfinflero o **canflinflero** *m* (Arg.) rufián

cangilón *m* vasija de barro; vasija de noria

cangrejo *m* crustáceo comestible (*Astacus*)

canguro *m* mamífero marsupial de Australia

caníbal *adj* ‖ *mf* salvaje de las Antillas; antropófago; persona cruel y feroz ‖ **canibalismo** *m*

canica *f* bolita con que juegan los niños

canicie *f* blancura del pelo del hombre

canícula *f* período más caluroso del verano ‖ **canicular** *adj*

canijo -ja *adj* ‖ *mf* (fam.) persona enfermiza y débil

canilla *f* hueso largo de la pierna o el brazo; tubo para sacar líquidos de cubas; carrete para devanar el hilo o la seda; (Amér.) grifo

canillera *f* defensa para la canilla en ciertos deportes; pieza de la armadura que cubría la canilla

canino -na *adj* perteneciente al perro; *m* colmillo

canje *m* cambio, trueque ‖ **canjear** *tr*

cano -na *adj* que tiene canas; *f* véase cana

canoa *f* embarcación ligera de remo o motor

canon *m* regla, precepto; regla establecida en un concilio de la Iglesia; parte de la misa; pago periódoco; modelo, prototipo ‖ **canónico -ca** *adj*

canónigo *m* miembro del cabildo de una catedral

canonización *f* ‖ **canonizar** §62 *tr* declarar santo (*al siervo de Dios ya beatificado*)

canonjía *f* dignidad y prebenda del canónigo; (fam.) empleo fácil y bien pagado

canoro -ra *adj* (*ave*) de canto melodioso; grato, armonioso

canoso -sa *adj* que tiene muchas canas

canotié *m* sombrero rígido de paja

cansado -da *adj* que cansa, que molesta; fatigado; que ya sirve poco

cansancio *m* falta de fuerzas causada por el demasiado trabajo o ejercicio

cansar *tr* causar cansancio a; aburrir, molestar

cantable *adj* que se puede cantar

Cantabria *f* antigua región del norte de España

cantábrico -ca *adj* perteneciente a Cantabria; mar Cantábrico parte del océano Atlántico entre las costas septentrionales de España y las sudoccidentales de Francia

cantador -dora mf persona que canta coplas populares

cantaleta f confusión de voces e instrumentos en son de burla; (fam.) chasco, broma

cantante adj ‖ mf persona que canta por profesión

cantar m composición poética destinada a ser cantada; tr recitar (una composición lírica) con sonidos modulados de la voz

cántara f medida para líquidos: 13,16 litros; cántaro

cantárida f insecto que se emplea como vejigatorio (Lytta vesicatoria); parche de cantáridas

cantarín -rina adj aficionado a cantar

cántaro m vasija ventruda con una o más asas; **a cántaros** con mucha fuerza

cantata f composición poética puesta en música

cantatriz f (pl: -trices) mujer que se dedica al canto

cante m canto popular de Andalucía

cantera f sitio de donde se saca piedra

cantero m el que labra la piedra

cántico m canto de acción de gracias

cantidad f todo lo que puede expresarse por una medida o un número; porción grande; porción de dinero

cantiga o **cántiga** f canción de los trovadores

cantil m lugar que forma escalón en la costa

cantilena f composición breve hecha para ser cantada; (fam.) repetición molesta

cantimplora f sifón; garrafa

cantina f puesto de bebidas y comestibles en estaciones, campamentos, etc.

cantinero -ra mf encargado de la cantina; f mujer que vende bebidas a la tropa

cantizal m terreno peñascoso

canto m acción o arte de cantar; composición hecha para ser cantada; música de canto; parte de un poema; trozo de piedra; extremo, borde, esquina; lado del cuchillo opuesto al filo

cantón m esquina; región; división administrativa de ciertos países

cantonera f pieza de refuerzo en las esquinas de ciertas cosas; rinconera

cantor -tora adj ‖ mf persona que canta por oficio; m poeta

canturrear intr (fam.) cantar a media voz ‖ **canturreo** m

cánula f tubo de la jeringa; tubo para varios usos

caña f tallo de las gramíneas; planta gramínea que crece en parajes húmedos (Arundo donax); parte de la bota que cubre la pierna; vaso alto y estrecho; instrumento de pesca; **caña de azúcar** planta gramínea de cuyo tallo se extrae el azúcar (Saccharum officinarum)

cañada f espacio de terreno entre dos alturas

cañamazo m tela de tejido ralo que sirve para bordar

cañamiel m caña de azúcar

cáñamo m planta textil (Cannabis sativa); fibra o lienzo de cáñamo

cañamón m semilla del cáñamo

cañar m o **cañaveral** m sitio poblado de cañas

cañería f tubo por donde pasan las aguas o el gas

cañero -ra adj perteneciente a la caña de azúcar; m el que hace cañerías o cuida de ellas

caño m tubo de metal, vidrio o barro; chorro de líquido

cañón m pieza hueca por donde sale el proyectil; pieza de artillería; parte hueca de la pluma del ave; valle estrecho

cañonazo m tiro de cañón

cañonear tr batir a cañonazos ‖ **cañoneo** m

cañonero -ra adj ‖ m barco que monta cañones; f abertura para disparar cañones

cañutero m alfiletero

cañutillo m tubito muy pequeño de vidrio usado en pasamanería; hilo de oro o plata rizado para bordar

cañuto m entrenudo; tubo o caño corto

caoba f árbol de América de madera muy estimada (Swietenia mahagoni); su madera

caolín m arcilla blanca usada en la fabricación de la porcelana

caos m estado de confusión y desorden ‖ **caótico -ca** adj

capa f prenda de vestir suelta y sin mangas; mano de pintura u otra substancia

capacidad f propiedad de contener o admitir cierta cantidad de varias cosas; aptitud; talento

capacitar tr habilitar, facultar

capacho m espuerta

capar tr extirpar los órganos genitales a

caparazón m cubierta que se pone al caballo; envoltura rígida que protege el cuerpo de los crustáceos y quelonios; serón en que se da el pienso a los caballos

caparrosa *f* sulfato de cobre, hierro o cinc

capataz *m* (*pl:* -taces) el que vigila a cierto número de trabajadores

capaz *adj* (*pl:* -paces) que tiene espacio para contener algo; grande, espacioso; apto, de talento

capciosidad *f* ‖ **capcioso** -sa *adj* artificioso, engañoso

capear *tr* hacer suertes con la capa a (*un toro*); (fam.) entretener con engaños; *intr* (mar.) ponerse a cubierto del mal tiempo

capelo *m* sombrero rojo de cardenal

capellán *m* sacerdote de una capilla u oratorio privado

capellanía *f* fundación para misas y otras cargas pías

caperuza *f* bonete rematado en punta hacia atrás

capicúa *m* (fam.) palabra o número que es igual leído de derecha a izquierda que de izquierda a derecha

capilar *adj* perteneciente al cabello; perteneciente a la capilaridad

capilaridad *f* propiedad que tiene un cuerpo sólido de hacer subir por sus paredes al líquido que las moja y de hacer bajar al que no las moja

capilla *f* capucha; iglesia pequeña; parte de una iglesia con altar; oratorio; cuerpo de músicos de una iglesia

capillo *m* gorrito de lienzo que se pone a los niños

capirotazo *m* golpe dado con un dedo haciéndolo resbalar sobre la yema del pulgar

capirote *m* cucurucho que usan los penitentes en las procesiones; muceta de doctor de universidad; capirotazo

capitación *f* repartimiento de impuestos por cabezas

capital *adj* principal, importante, mortal; *m* dinero que produce renta; *f* población principal de la nación, provincia, etc.

capitalismo *m* régimen económico fundado en la propiedad indiviual de los capitales ‖ **capitalista** *adj y mf*

capitalizar §62 *tr* valuar el capital representado por (*determinado rendimiento o interés*); agregar al capital (*los intereses*)

capitán *m* (mil.) el que manda una compañía, escuadrón o batería; (mar.) comandante de un barco; (dep.) jugador que dirige un equipo

capitana *f* nave que lleva la insignia de una escuadra

capitanear *tr* mandar como capitán

capitanía *f* empleo de capitán

capitel *m* parte que corona la columna

capitolio *m* edificio majestuoso

capitulación *f* ‖ **capitular** *tr* hacer (*un ajuste o concierto*); acusar; *intr* entregarse, rendirse (*p.ej., un ejército*)

capítulo *m* división en los libros; cabildo; junta de religiosos regulares; cargo, reprensión

capó *m* (*pl:* -pós) cubierta del motor del automóvil

capoc *m* borra finísima que llena el interior de los frutos del capoquero (*Ceiba pentandra*)

capón *m* pollo castrado y cebado; (*fam.*) golpe dado con los nudillos en la cabeza

capota *f* cubierta plegable de un carruaje o automóvil

capotaje *m* ‖ **capotar** *intr* dar la vuelta sobre sí mismo (*un coche, un avión*) por causa de una detención violenta

capote *m* capa con mangas; gabán militar; capa corta de torero; (fam.) ceño, enfado

Capricornio *m* décimo signo del zodíaco; constelación zodiacal

capricho *m* idea repentina y no fundada en razón; antojo ‖ **caprichoso** -sa *adj*

cápsula *f* casquete que cierra a presión la boca de las botellas; envoltura soluble de ciertos medicamentos; membrana en forma de saco; cilindro hueco con fulminante

captación *f* ‖ **captar** *tr* atraer a sí (*los afectos de una persona*); aprovechar (*una caída de agua*) para generar electricidad; sintonizar; comprender

captura *f* ‖ **capturar** *tr* aprehender, aprisionar

capucha *f* pieza de un vestido para cubrir la cabeza, que puede echarse a la espalda

capuchino -na *adj* ‖ *mf* religioso franciscano

capuchón *m* abrigo de señora en forma de capucha; dominó corto; tapita de válvula de neumático

capullo *m* envoltura de gusano de seda; botón de las flores

caqui *m* tela de color pardo amarillento; color de esta tela

cara *f* parte anterior de la cabeza; semblante; superficie de una cosa; frente, fachada; **cara a** hacia, mirando hacia

carabao *m* búfalo de las Filipinas

carabela *f* embarcación usada por los españoles y portugueses en los siglos XIII al XVI carabina *f* arma de fuego menor que el fusil; (fam.) señora de compañía

carabinero *m* soldado que persigue el contrabando

cárabo *m* embarcación morisca; insecto coleóptero

Caracas *f* capital de Venezuela

caracol *m* molusco de concha en espiral; movimiento en redondo que se hace ejecutar al caballo; espiral

caracola *f* caracol marino grande que sirve de bocina

carácter *m* (*pl:* caracteres) conjunto de distintivos de una persona o cosa; modo de ser de una persona o pueblo; individualidad moral; condición; signo de escritura e imprenta; marca, señal

característico -ca *adj* propio, típico; *mf* actor o actriz que hace papeles de personas de edad; *f* rasgo o nota distintiva; parte entera de un logaritmo

caracterizar §62 *tr* determinar por las cualidades peculiares; dar carácter a; representar (*un actor su papel*) con fuerza expresiva; *ref* pintarse y vestirse (*el actor*)

caramba *interj* expresa extrañeza o enfado

carámbano *m* pedazo de hielo largo y puntiagudo

carambola *f* lance del billar en que una bola toca a las otras dos

caramelo *m* pasta de azúcar hecho almíbar y endurecido; pastilla redonda o cuadrada de caramelo

caramillo *m* especie de barrilla; flautilla de caña; montón mal hecho; chisme, enredo

carantoña *f* (fam.) mujer vieja que usa muchos afeites; carantoñas *fpl* (fam.) halagos, lisonjas

carapacho *m* caparazón de la tortuga, el cangrejo, etc.

caraqueño -ña *adj* y *mf* natural de Caracas

carátula *f* careta, máscara

caravana *f* grupo de viajeros que atraviesan juntos el desierto; (fam.) gran número de viajeros que van juntos

caray *interj* ¡caramba!

carbón *m* materia sólida y combustible que resulta de la combustión incompleta de ciertas substancias; hulla; carboncillo; electrodo de carbono de la pila y la lámpara de arco

carbonato *m* sal del ácido carbónico

carboncillo *m* palillo de carbón para dibujar

carbonera *f* lugar donde se fabrica o guarda el carbón

carbonería *f* lugar donde se vende el carbón

carbonero -ra *adj* perteneciente al carbón; *mf* persona que fabrica o vende carbón; *f* véase carbonera

carbónico -ca *adj* perteneciente al carbono; (*ácido*) que tiene por fórmula: CO_2H.

carbonífero -ra *adj* (*terreno*) que produce carbón mineral

carbonilla *f* carbón menudo

carbonizar §62 *tr* reducir a carbón

carbono *m* cuerpo simple, componente principal del carbón (*símbolo* C; *núm. atómico* 6; *peso atómico* 12,01)

carborundo *m* carburo de silicio que se emplea en substitución del esmeril

carbunclo *m* carbunco; carbúnculo

carbunco *m* enfermedad mortífera en el ganado

carbúnculo *m* rubí

carburador *m* pieza del automóvil donde se mezcla el aire con los vapores del carburante

carburante *adj* ‖ *m* hidrocarburo empleado como combustible

carburar *tr* mezclar (*el aire u otro gas*) con un carburante

carburo *m* combinación del carbono con otro cuerpo simple

carcaj *m* aljaba

carcajada *f* risa ruidosa

carcamal *adj* ‖ *m* (fam.) persona vieja y achacosa

cárcava *f* hoya; zanja; sepultura

cárcel *f* edificio para reclusión de presos ‖ carcelario -ria *adj* ‖ carcelero -ra *mf*

carcoma *f* insecto cuya larva roe la madera; cuidado grave y continuo ‖ carcomer *tr* y *ref*

carda *f* acción de cardar; instrumento para cardar

cardamomo *m* planta de semilla medicinal (*Elettaria*)

cardán *m* junta universal del automóvil

cardar *tr* preparar (*una materia textil*) para el hilado; sacar el pelo a (*los paños y felpas*)

cardelina *f* jilguero

cardenal *m* cada uno de los setenta prelados que componen el Sacro Colegio; mancha producida por un golpe en la piel; pájaro cantor de alto penacho rojo (*Richmondina cardinalis*) ‖ cardenalato *m*

cardenillo *m* materia verdosa que se forma sobre los objetos de cobre

cárdeno -na *adj* amoratado

cardiaco -ca *adj* perteneciente al corazón; *mf* persona que padece del corazón

cardias *m* orificio superior del estómago

cardillo *m* planta compuesta, de hojas comestibles (*Scolymus hispanicus*)

cardinal *adj* principal, fundamental; (*número*) que expresa cuántas son las personas o cosas de que se trata

cardiógrafo *m* aparato para registrar los movimientos del corazón

cardiograma *m* diagrama de los movimientos del corazón

cardiología *f* estudio del corazón, sus funciones y enfermedades ‖ cardiólogo -ga *adj y mf*

cardo *m* planta de hojas espinosas y flores azules en cabezuela

cardume *m* o cardumen *m* banco de peces

carear *tr* poner cara a cara

carecer §19 *intr* estar desprovisto; carecer de tener falta de

carenar *tr* reparar el casco de (*un buque*)

carencia *f* falta, privación ‖ carente *adj*

carestía *f* falta, escasez; precio subido de las cosas de uso común

careta *f* máscara para cubrir o resguardar la cara

carey *m* tortuga marina de concha muy apreciada; materia córnea que se extrae de su caparazón

carga *f* acción de cargar; peso que se transporta; proyectil y explosivo para un disparo; gravamen; obligación; ataque al enemigo; cantidad de electricidad contenida en o sobre un aparato eléctrico; carga de familia familiar dependiente

cargadero *m* lugar donde se carga y descarga

cargador *m* el que embarca mercancías en un buque; cargador de acumulador rectificador que transforma la corriente alterna y carga los acumuladores

cargamento *m* carga de un buque

cargante *adj* (fam.) molesto, fastidioso

cargar §45 *tr* poner peso o mercancías sobre (*una persona, animal o vehículo*); imponer (*tributo u obligación a una persona*); imputar (*culpa*); anotar en las cuentas (*las partidas del debe*); acometer (*al enemigo*); cansar, incomodar; introducir la cargar en (*un arma de fuego*); proveer cierta cantidad de electricidad

a (*un acumulador*); *intr* estribar; caer (*el acento de una palabra*); *ref* nublarse (*el cielo*); fastidiarse

cargazón *f* cargamento; multitud de nubes

cargo *m* acción de cargar; carga o peso; obligación; empleo, oficio; falta de que se acusa a uno

cariacontecido -da *adj* (fam.) de semblante triste

cariar §76 *tr* producir caries en; *ref* padecer caries

cariátide *f* figura humana que sirve de columna

Caribdis *f* (mit.) monstruo del estrecho de Mesina, personificación del torbellino de su nombre

caribe *adj* ‖ *mf* individuo de un antiguo pueblo antillano; *m* hombre cruel e inhumano

caricatura *f* pintura o dibujo en que se ridiculiza a una persona o se exagera sus rasgos ‖ caricaturista *mf* ‖ caricaturizar §62 *tr*

caricia *f* demostración de afecto o cariño

caridad *f* filantropía; auxilio, limosna; amor al prójimo

caries *f* destrucción progresiva de un hueso o del esmalte de los dientes

carilla *f* plana o página

carillón *m* grupo de campanas acordadas en una misma torre

cariño *m* afecto, amor; expresión del afecto ‖ cariñoso -sa *adj*

caritativo -va *adj* que ejercita la caridad; perteneciente a la caridad

cariz *m* aspecto de la atmósfera, de un negocio, etc.

carlinga *f* (aer.) sitio en que va el piloto

carlismo *m* partido político de los partidarios de don Carlos de Borbón o sus descendientes ‖ carlistas *adj y mf*

Carlomagno *m* rey de los francos y emperador de Occidente (742-814)

Carlos *m* nombre propio de varón

Carlota *f* nombre propio de mujer

carlovingio -gia *adj* perteneciente a Carlomagno o su dinastía

carmelita *adj* ‖ *mf* religioso del Carmen ‖ carmelitano -na *adj*

carmen *m* en Granada, quinta con jardín; el Carmen orden de religiosos mendicantes, fundada en el siglo XII; (*cap*) *f* nombre propio de mujer

carmenar *tr* desenredar y limpiar (*el pelo, la lana, etc.*); (fam.) tirar del pelo a; (fam.) robar

carmesí (*pl*: -síes) *adj* ‖ *m* color de la grana

carmín *m* color rojo encendido

carnada *f* cebo de carne

carnal *adj* perteneciente a la carne; lascivo; (*pariente*) colateral en primer grado

carnaval *m* los tres días que preceden al miércoles de ceniza ‖ **carnavalesco -ca** *adj*

carne *f* parte blanda del cuerpo animal; parte mollar del fruto; carne de vaca, ternera, etc. comestible; el cuerpo en contraposición al espíritu

carnero *m* rumiante doméstico de carne y lanas estimadas

carnestolendas *fpl* carnaval

carnet *m* (*pl*: -nets) librito de memorias; tarjeta de identificación

carnicería *f* tienda donde se vende carne por menor; mortandad

carnicero -ra *adj* (*animal*) que se come a otros; inhumano; *mf* persona que vende carne; *m* animal carnívoro

carnívoro -ra *adj* ‖ *m* animal que se alimenta de carne

carnosidad *f* gordura extremada; carne superflua que cría una llaga

carnoso -sa *adj* de carne; que tiene muchas carnes

caro -ra *adj* amado, querido; de subido precio; de mucho valor; *f* véase **cara**; **caro** *adv* a un precio alto

Carolina *f* nombre propio de mujer; **la Carolina del Norte** uno de los estados de los EE. UU.; **la Carolina del Sur** uno de los estados de los EE.UU.

carolingio -gia *adj* carlovingio

Carón *m* o **Caronte** *m* (mit.) barquero del Aqueronte

carótida *f* cada una de las dos arterias que llevan la sangre del corazón a la cabeza

carpa *f* gajo de uvas; pez de agua dulce (*Cyprinus carpio*); (Amér.) tienda de campaña, tienda de circo

Cárpatos *mpl* cadena de montañas de la Europa central

carpeta *f* tapete pequeño; cubierta de un legajo; cartera

carpintería *f* ‖ **carpintero** *m* el que trabaja y labra madera

carpo *m* conjunto de los huesos de la muñeca

carraca *f* instrumento de madera para hacer ruido; barco o artefacto viejo

carraspear *intr* tener ronquera en la garganta ‖ **carraspeo** *m* o **carraspera** *f*

carrera *f* paso del que corre; curso de los astros; profesión; pugna de

velocidad; hilera; línea de puntos que se suelta en una media; movimiento del émbolo del motor de explosión en uno de los dos sentidos

carrerista *mf* persona que concurre o apuesta a las carreras de caballos; persona que hace carreras de automóviles o bicicletas

carreta *f* carro rústico

carretada *f* carga de una carreta o carro; (fam.) gran cantidad

carrete *m* cilindro que sirve para devanar hilo; ruedecilla de la caña de pescar; conductor eléctrico aislado y arrollado sobre sí mismo en una o varias capas

carretear *tr* llevar en carreta o carro; *intr* desplazarse (*un avión*) sin elevarse sobre el terreno

carretela *f* coche de cuatro asientos con cubierta plegadiza

carretera *f* camino pavimentado para carros y automóviles

carretero *m* el que hace o guía carros

carretilla *f* carro pequeño de mano con una sola rueda y dos pies o con dos o más ruedas; buscapiés

carretón *m* carro pequeño

carricoche *m* coche de mala traza

carricuba *f* carro de riego

carril *m* huella que las ruedas dejan en el suelo; riel de ferrocarril

carrillo *m* parte de la cara debajo de la mejilla

carrizo *m* planta gramínea acuática (*Phragmites communis*)

carro *m* vehículo de tracción a sangre para transportar cargas; parte móvil de varios aparatos; (Amér.) automóvil, tranvía, coche de ferrocarril; **carro de combate** (mil.) tanque

carrocería *f* caja de un coche o automóvil

carromato *m* carro bajo con toldo, para cargas pesadas

carroño -ña *adj* podrido; *f* carne corrompida

carroza *f* coche grande y lujoso

carruaje *m* vehículo montado sobre ruedas

carta *f* comunicación escrita que una persona envía a otra; constitución escrita de un país; naipe; mapa; **carta blanca** plenos poderes

cartabón *m* escuadra para dibujar en forma de triángulo rectángulo; marco para medir la longitud del pie

Cartagena *f* ciudad del sur de España ‖ **cartagenero -ra** *adj* y *mf*

cartaginés -nesa *adj* y *mf* ‖ **Cartago** *f* ciudad del África septentrional,

destruída por los romanos en 146
a. de J. C.

cartapacio *m* funda para documentos;
cartera escolar; cuaderno de apuntes

cartear *intr* jugar cartas sin valor
para tantear el juego; *ref* corres-
ponderse por escrito

cartel *m* papel que se fija en sitios
públicos; asociación de industriales

cartelera *f* armazón para fijar carteles

carteo *m* acción de cartearse

cárter *m* caja que cubre ciertos meca-
nismos de los motores de explosión

cartera *f* estuche de piel para guardar
papeles, billetes, etc.; solapa que
cubre el bolsillo; empleo de ministro;
valores que forman parte del activo
de un comerciante o un establecimiento de crédito

carterista *m* ladrón de carteras de
bolsillo

cartero *m* repartidor de correspondencia a domicilio

cartilaginoso -sa *adj* ‖ **cartílago** *m*
tejido conjuntivo sólido, resistente
y elástico

cartilla *f* cuaderno de uso personal;
abecedario para niños

cartografía *f* arte de trazar mapas
geográficos ‖ **cartográfico -ca** *adj* ‖
cartógrafo -fa *mf*

cartomancia *f* arte de adivinar por
medio de los naipes

cartón *m* conjunto de hojas de pasta
de papel unidas por compresión

cartuchera *f* estuche para llevar cartuchos; canana

cartucho *m* cilindro que contiene la
carga para un arma de fuego; lío
cilíndrico de monedas

cartujo -ja *adj* ‖ *m* religioso de la Cartuja; (fam.) hombre taciturno; *f*
monasterio de cartujos; **la Cartuja**
orden religiosa fundada por San
Bruno en 1086

cartulina *f* cartón delgado y fino

casa *f* edificio para habitar; establecimiento comercial o industrial;
linaje; escaque; **casa consistorial**
edificio de la administración municipal

casaca *f* vestidura ceñida al cuerpo
con mangas y faldones

casación *f* anulación de una sentencia

casadero -ra *adj* en edad de casarse

casamata *f* bóveda para instalar
piezas de artillería

casamentero -ra *adj* ‖ *mf* persona que
propone y arregla bodas

casamiento *m* acción de casar o casarse

Casandra *f* (mit.) hija de Príamo, que
tenía el don de profecía pero que
nunca fué creída

casar *tr* autorizar o disponer el matrimonio de; unir; anular; *intr y ref*
contraer matrimonio

cascabel *m* esferita hueca de metal
con un pedacito de hierro dentro
para que suene

cascabillo *m* cascabel; cáscara del
grano de trigo; cúpula de la bellota

cascada *f* caída impetuosa de agua

cascajo *m* guijo; (fam.) trasto roto e
inútil

cascanueces *m* (*pl*: **-ces**) instrumento
para romper nueces

cascar §72 *tr* quebrar, romper; (fam.)
dar golpes a

cáscara *f* corteza o cubierta exterior
de huevos y ciertas frutas

cascarilla *f* corteza medicinal de un
arbusto de América (*Croton eluteria*)

cascarón *m* cáscara del huevo

cascarrabias *mf* (*pl*: **-bias**) (fam.) persona que se enoja fácilmente

casco *m* cráneo; uña de la caballería;
cuerpo de la nave: pedazo de vasija rota; botella, tonel; auricular;
recinto de la población; pieza de la
armadura que cubre la cabeza;
pieza semejante usada por los soldados, bomberos y buzos; copa de
sombrero; cascos *mpl* (fam.) cabeza

cascote *m* fragmento de un edificio
derribado; conjunto de ellos

caseína *f* substancia de la leche que,
con la manteca, forma el queso

casería *f* casa de campo

caserío *m* conjunto de casas

casero -ra *adj* que se hace en casa;
(fam.) dado a salir poco; *mf* dueño
de una casa de alquiler

caserón *m* casa grande y destartalada

caseta *f* casa pequeña; garita para
bañistas

casi *adv* aproximadamente, poco más
o menos, por poco

casilla *f* casa pequeña; escaque; cada
una de las divisiones del papel
rayado o de un casillero; (Chile y
Perú) apartado de correos

casillero *m* mueble con divisiones
para papeles y otros objetos

casimir *m* tejido de lana muy fino

casino *m* sociedad de recreo; centro
de diversión y juego

Casiopea *f* constelación boreal; (mit.)
madre de Andrómeda

caso *m* suceso, lance, ocasión; asunto
de consulta; (gram.) cada una de
las varias funciones que desempeñan los substantivos, pronom-
bres y adjetivos

casorio m (fam.) casamiento mal concertado

caspa f escamitas formadas a raíz de los cabellos

Caspio (mar) mar interior entre Europa y Asia

cáspita interj expresa sorpresa

casquete m gorro muy ajustado al casco de la cabeza; auricular; pieza de la armadura que defendía el casco de la cabeza; media peluca

casquijo m guijo

casquivano -na adj (fam.) atolondrado, de poco juicio

casta f origen, descendencia; calidad, clase

castaña f fruto del castaño; damajuana; moño

castañetear tr tocar (p.ej., una seguidilla) con las castañuelas; hacer chasquear (los dedos); intr producir ruido (los dientes) al chocar unos con otros

castaño -ña adj del color de la castaña; m árbol alto y grueso (Castanea sativa); castaño de Indias árbol de adorno (Aesculus hippocastanum); f véase castaña

castañuela f instrumento compuesto de dos piezas cóncavas de madera que se hacen sonar con los dedos

castellano -na adj y mf natural de Castilla; m idioma nacional de España

casticismo m afición a lo castizo

castidad f virtud opuesta al apetito carnal

castigar §45 tr imponer castigo a; mortificar; corregir

castigo m pena que se impone por un delito o falta

Castilla f región de España situada al centro y al norte de la Península

castillo m edificio fuerte amurallado

castizo -za adj de buena casta; (lenguaje) puro

casto -ta adj que guarda castidad; puro y limpio; f véase casta

castor m roedor cuya piel es muy estimada

Cástor m (mit.) hermano gemelo de Pólux y muy unido con él; estrella alfa de la constelación de Géminis

castrar tr capar

castrense adj perteneciente al ejército

casual adj fortuito, imprevisto ‖ **casualidad** f

casuario m ave corredora, semejante al avestruz pero más pequeña

casuístico -ca adj ‖ f parte de la teología moral que estudia los casos de conciencia

casulla f vestidura que el sacerdote se pone para celebrar la misa

cata f acción de catar; porción que se prueba

catabolismo m fase del metabolismo en la cual se destruye la substancia de los seres vivos

cataclismo m trastorno grande del globo terráqueo; transformación violenta en lo político o social

catacumbas fpl subterráneos donde los primitivos cristianos practicaban el culto y enterraban a sus muertos

catadura f acción de catar; aspecto, semblante

catafalco m túmulo alto para exequias solemnes

catalán -lana adj y mf natural de Cataluña; m idioma de Cataluña

catalejo m anteojo de larga vista

catalepsia f rigidez muscular con suspensión de toda señal de vida

Catalina f nombre propio de mujer

catálisis f (pl: -sis) reacción química producida por un cuerpo que permanece intacto ‖ **catalítico -ca** adj

catalizador m cuerpo que produce la catálisis

catalogar §45 tr ‖ **catálogo** m lista de cosas puestas por orden

Cataluña f región del ángulo nordeste de España

cataplasma f emplasto blando que se aplica como calmante o emoliente

catapulta f máquina antigua para lanzar piedras; mecanismo para lanzar un avión desde la cubierta de un buque

catar tr gustar, probar, examinar

catarata f salto grande de agua; opacidad en el cristalino del ojo que produce ceguera

catarral adj ‖ **catarro** m inflamación de las membranas mucosas

catarsis f purgación ‖ **catártico -ca** adj

catastro m censo estadístico de fincas

catástrofe f acontecimiento improvisto e infausto ‖ **catastrófico -ca** adj

catavino m pipeta para extraer el vino; taza con que se prueba el vino

catecismo m libro escrito en forma de preguntas y respuestas, esp. el de la doctrina cristiana

catecúmeno -na mf persona que se instruye en el catolicismo para bautizarse; neófito

cátedra f asiento desde donde el maestro enseña; aula; empleo de catedrático

catedral *adj* ‖ *f* iglesia principal de una diócesis

catedrático -ca *mf* profesor que tiene cátedra

categoría *f* clase, rango, jerarquía

categórico -ca *adj* claro y decisivo

catequista *mf* ‖ **catequizar** §62 *tr* instruir en la religión; atraer, convencer

caterva *f* multitud desordenada

catéter *m* algalia, sonda metálica de cirujano

cateterizar §62 *tr* introducir un catéter en

catión *m* ion positivo

cátodo *m* polo o electrodo negativo

catolicismo *m* religión de la Iglesia romana

católico -ca *adj* universal; sano y perfecto; perteneciente al catolicismo y a la Iglesia romana; que profesa el catolicismo; *mf* persona que profesa el catolicismo

catón *m* censor severo; (*cap.*) *m* romano célebre por su austeridad (234–149 a. de J. C.)

catorce *adj* ‖ *m* diez más cuatro

catorzavo -va *adj* ‖ *m o f* cada una de las catorce partes en que se divide un todo

catre *m* cama plegadiza

catrecillo *m* silla plegadiza con asiento de lona

Catulo *m* poeta latino (84–54 a. de J. C.)

Cáucaso *m* cordillera entre el mar Negro y el mar Caspio

cauce *m* lecho de un río; acequia

caución *f* cautela; promesa de cumplir lo pactado

cauchero -ra *adj* ‖ *m* el que busca o labra el caucho; *f* planta de la cual se extrae el caucho

caucho *m* substancia que se encuentra en el jugo lechoso de muchas plantas tropicales; goma elástica

cauchotar *tr* tratar con caucho

caudal *m* cantidad de agua; abundancia; riqueza ‖ **caudaloso -sa** *adj*

caudillo *m* jefe, capitán

causa *f* lo que es origen de algo; motivo, razón; pleito, proceso ‖ **causal** *adj*

causante *mf* persona que da origen a una cosa

causar *tr* ser causa o motivo de

causticidad *f* ‖ **cáustico -ca** *adj* que quema o corroe; mordaz

cautela *f* precaución, reserva; astucia ‖ **cauteloso -sa** *adj*

cauterio *m* agente químico o instrumento para quemar los tejidos; lo que corrige un mal ‖ **cauterizar** §62 *tr*

cautín *m* instrumento para soldar

cautivar *tr* aprisionar; atraer, prendar

cautiverio *m* ‖ **cautivo -va** *adj* ‖ *mf* prisionero

cauto -ta *adj* que obra con cautela

cava *f* acción de cavar; bodega

cavar *tr* mover (*la tierra*) con la azada, pico, etc.; *intr* penetrar

cavatina *f* (mús.) aria breve

caverna *f* cavidad natural en la tierra

caviar *m* manjar de huevas de esturión

cavidad *f* espacio hueco

cavilación *f* ‖ **cavilar** *tr* meditar con insistencia sobre; *intr* inquietarse, quejarse

caviloso -sa *adj* receloso, suspicaz

cayado *m* palo de los pastores; báculo de los obispos

Cayena *f* capital de la Guayana Francesa

cayo *m* isleta casi rasa

caz *m* (*pl:* caces) canal para tomar y conducir el agua de un río

caza *m* avión de guerra que sirve para rechazar ataques aéreos; *f* acción de cazar; animales que se cazan; **caza mayor** la de jabalíes, ciervos, etc.; **caza menor** la de liebres, perdices, etc.

cazadero *m* sitio para cazar

cazador -dora *adj* ‖ *mf* persona que se dedica a la caza; *m* soldado de infantería ligera; *f* chaqueta cerrada

cazar §62 *tr* perseguir (*animales*) para cogerlos o matarlos; (fam.) adquirir con destreza

cazasubmarinos *m* (*pl:* -nos) embarcación destinada a la destrucción de submarinos enemigos

cazcarria *f* lodo seco pegado a la ropa

cazo *m* vasija semiesférica con mango

cazoleta *f* pieza en figura de cazo, con que se resguarda la mano en algunas espadas

cazón *m* pez selacio marino

cazuela *f* vasija de barro para guisar

cazurro -rra *adj* (fam.) desconfiado, de pocas palabras

C. C. abr. de corriente continua

C. de J. abr. de Compañía de Jesús

ceba *f* alimentación que se da al ganado para cebarlo

cebada *f* planta parecida al trigo (*Hordeum*)

cebar *tr* sobrealimentar (*a un animal*) para engordarlo o atraerlo; poner cebo en (*un arma*); atizar, fomentar (*una pasión*); *ref* encarnizarse

cebo *m* comida que se da a los animales para atraerlos o cebarlos;

explosivo con que se hace estallar la carga en un arma de fuego; fomento, pábulo

cebolla f planta con bulbo comestible (*Allium cepa*); este bulbo

cebolleta f planta parecida a la cebolla, de bulbo pequeño (*Allium fistulosum*)

cebón -bona adj ‖ m animal cebado

cebra f animal parecido al asno, de pelo amarillento con listas transversales

cebú m (*pl:* -búes) buey de África y la India con una o dos gibas

cecal adj perteneciente al intestino ciego

cecear intr pronunciar la s como la c castellana ‖ **ceceo** m ‖ **ceceoso -sa** adj

Cecilia f nombre propio de mujer

cecina f carne salada y seca

cedazo m tela de cerdas que sirve para cerner

ceder tr transferir, traspasar; intr rendirse; disminuirse

cedilla f letra c con una virgulilla debajo; esta misma virgulilla

cedro m árbol conífero de madera aromática

cédula f papel escrito o para escribir; documento, certificado

céfiro m viento suave del poniente; viento suave

cegajoso -sa adj que tiene los ojos cargados y llorosos

cegar §16 tr quitar la vista a; ofuscar; obstruir; intr perder la vista

cegato -ta adj (fam.) corto o escaso de vista

ceguedad f privación total de la vista; alucinación

ceguera f ceguedad; oftalmía que deja ciego al enfermo

Ceilán gran isla del océano Índico ‖ **ceilanés -nesa** adj y mf

ceja f parte cubierta de pelo sobre la cuenca de los ojos; parte que sobresale de ciertas cosas

cejar intr retroceder; ceder

cejijunto -ta adj (fam.) que tiene las cejas casi juntas; (fam.) ceñudo

cejudo -da adj de cejas muy pobladas

celada f emboscada; engaño, trampa

celaje m cielo surcado de nubes tenues; presagio, indicio

celar tr vigilar; cuidar del cumplimiento de

celda f aposento del preso, del religioso; casilla de panal

celdilla f casilla de panal; hueco que ocupa la semilla del fruto

celebrar tr conmemorar; aplaudir; dar solemnidad a; realizar (*una*

sesión o reunión); decir (*misa*); intr alegrarse; decir misa

célebre adj famoso; (fam.) chistoso

celebridad f renombre; persona famosa; fiesta

celemín m medida para áridos: 4,625 litros

celeridad f rapidez, prontitud

celeste adj perteneciente al cielo; azul claro

celestial adj perteneciente al cielo; perfecto, delicioso

celibato m ‖ **célibe** adj ‖ mf persona que no ha tomado estado de matrimonio

célico -ca adj (poét.) celeste

celo m cuidado, esmero; interés ardiente; envidia; apetito de la generación en las bestias; **celos** mpl temor de que la persona amada ponga su cariño en otra

celofán m o **celofana** f viscosa solidificada en forma de hojas finas y transparentes

celosía f enrejado de listoncillos en una ventana; celotipia

celoso -sa adj que tiene celo; que tiene celos; receloso

celotipia f pasión de la persona que tiene celos

celta adj ‖ mf individuo de una raza indoeuropea integrada por los galos, gaélicos y galeses ‖ **céltico -ca** adj

célula f elemento fundamental de los animales y vegetales; tubo fotoeléctrico ‖ **celular** adj

celuloide m substancia dura y transparente, y excesivamente inflamable

celulosa f substancia que forma la parte esencial de la membrana celular de los vegetales

cellisca f temporal de agua y nieve

cementar tr calentar (*un metal*) con otra materia en pasta o polvo

cementerio m lugar destinado a enterrar cadáveres

cemento m cal hidráulica; hormigón

cena f comida que se toma por la noche; (*cap.*) f última cena de Jesucristo con sus apóstoles

cenáculo m reunión de artistas, literatos, etc.; (*cap.*) m sala en que Jesucristo celebró la última cena

cenacho m espuerta para llevar comestibles

cenador -dora mf persona que cena mucho; m construcción rústica en los jardines

cenagal m sitio lleno de cieno

cenar tr comer (*cierto manjar*) en la cena; intr comer por la noche cenceño -ña *adj* delgado, enjuto

cencerrada *f* (fam.) ruido que se hace por burla de una persona

cencerro *m* campanilla tosca que llevan las reses

cendal *m* tela delgada y transparente

cenefa *f* lista en el borde de un pañuelo, cortina, etc.

cenicero *m* sitio para recoger la ceniza; platillo donde se echa la ceniza del cigarro

ceniciento -ta *adj* de color de ceniza; *f* persona injustamente menospreciada; la Cenicienta heroína de un cuento de hadas

cenit *m* punto del firmamento que corresponde verticalmente a un lugar de la Tierra

ceniza *f* residuo de color gris que resulta de la combustión; cenizas *fpl* restos mortales

cenobita *mf* persona que profesa la vida monástica

cenotafio *m* sepulcro vacío, erigido en memoria de una persona

censo *m* lista de la población y riqueza de una nación; contrato que sujeta una finca al pago de una pensión; esta pensión

censor *m* el que examina los escritos para juzgar si pueden ser publicados; crítico

censura *f* oficio de censor; examen y juicio que hace el censor; desaprobación; murmuración

censurar *tr* examinar y formar juicio de (*un escrito*); criticar

centauro *m* monstruo fabuloso mitad hombre y mitad caballo

centavo -va *adj* centésimo; *m* centésimo (*cada una de cien partes*); moneda americana equivalente a la centésima parte del peso

centella *f* rayo; chispa ‖ centellar o centellear *intr*

centena *f* conjunto de cien unidades

centenar *m* centena; a centenares en gran cantidad, en gran número

centenario -ria *adj* ‖ *mf* persona que tiene cien años; *m* siglo; fecha que se conmemora cada cien años

centeno -na *adj* centésimo; *m* planta parecida al trigo (*Secale cereale*); *f* véase centena

centésimo -ma *adj* ‖ *m o f* cada una de las cien partes iguales en que se divide un todo; persona o cosa que sigue a la nonagésima novena

centigrado -da *adj* que tiene la escala dividida en cien grados

centigramo *m* peso que es la centésima parte del gramo

centilitro *m* medida de capacidad que tiene la centésima parte del litro

centímetro *m* medida de longitud equivalente a la centésima parte del metro

céntimo -ma *adj* centésimo; *m* centésima parte de la unidad monetaria

centinela *m y f* soldado que se pone de guardia; *mf* persona que está en acecho

centolla *f* crustáceo marino comestible (*Maia squinado*)

central *adj* perteneciente al centro; *f* oficina principal; edificio donde se transforma la energía mecánica producida por un salto de agua o una máquina de vapor en energía eléctrica; estación telefónica donde se establece la comunicación entre los abonados

centralizar §62 *tr* reunir en un centro común; hacer depender de un poder central

centrar *tr* determinar el centro de; colocar en el centro

céntrico -ca *adj* central; del centro de la ciudad

centrífugo -ga *adj* que aleja del centro

centrípedo -da *adj* que atrae hacia el centro

centro *m* punto medio; lugar de donde parten o a donde convergen acciones coordenadas; sitio más concurrido de una población; sociedad, círculo

Centro América *f* la parte de Norteamérica entre Méjico y Suramérica ‖ centroamericano -na *adj y mf*

cénts. abr. de céntimos

centuplicar §72 *tr* hacer cien veces mayor

céntuplo -pla *adj* ‖ *m* producto de multiplicar una cantidad por ciento

centuria *f* siglo; compañía de cien hombres en la milicia romana

centurión *m* jefe de una centuria

ceñidor *m* faja, cinta o correa para ceñir la cintura

ceñir §60 *tr* ajustar, rodear; *ref* reducirse en los gastos; amoldarse; arrimarse

ceño *m* fruncimiento de las cejas en señal de enojo; aspecto amenazador; aro, cerco

ceñoso -sa o ceñudo -da *adj* que tiene ceño; adusto, severo

cepa *f* parte del tronco junto a la raíz; origen de una familia

cepillar *tr* acepillar

cepillo *m* utensilio para aseo, limpieza y pulimento; instrumento para alisar la madera; cepo para limosnas

cepo *m* madero en que se asienta el

yunque; trozo de tronco o de la rama del árbol; trampa; caja para recoger limosnas; instrumento para sujetar a un reo

ceporro *m* (fam.) hombre rudo

cera *f* substancia con que las abejas fabrican los panales; cerumen

cerámico -ca *adj* ‖ *f* arte de fabricar objetos de barro o loza

cerbatana *f* cañuto para disparar flechas o bodoques; trompetilla para los sordos

cerca *f* muro, tapia, alambrado; *adv* no lejos, cercano; **de cerca** próximamente; **cerca de** junto a; ante; casi

cercanía *f* proximidad; **cercanías** *fpl* contornos

cercano -na *adj* próximo, inmediato

cercar §72 *tr* rodear; rodear con cerca; poner cerco a (*una fortaleza*)

cercenar *tr* cortar las extremidades de; acortar, disminuir

cerceta *f* ave palmípeda (*Anas querquedula*)

cerciorar *tr* dar garantía a; *ref* asegurarse

cerco *m* lo que cerca o rodea; aro; marco de puerta; asedio

cerda *f* pelo grueso y áspero del cuerpo del cerdo y de la cola y crin del caballo; hembra del cerdo

Cerdeña *f* isla del Mediterráneo, que pertenece a Italia

cerdo *m* paquidermo de carne y grasa muy apreciadas; (fam.) hombre sucio

cereal *adj* ‖ *m* planta de semillas farináceas

cerebelo *m* parte inferior y posterior del encéfalo

cerebral *adj* ‖ **cerebro** *m* parte superior y anterior del encéfalo; inteligencia

ceremonia *f* actos exteriores arreglados por ley o costumbre en celebración de una solemnidad; ademán afectado

ceremonial *adj* perteneciente a la práctica de las ceremonias; *m* conjunto de ceremonias

ceremonioso -sa *adj* que gusta de ceremonias

céreo -a *adj* de cera

cerería *f* ‖ **cerero -ra** *mf* persona que trabaja o vende cera

Ceres *f* diosa romana de la agricultura

cereza *f* fruto del cerezo

cerezo *m* árbol rosáceo cuyo fruto es una pequeña drupa encarnada

cerilla *f* vela delgada; fósforo para encender; cerumen

cerio *m* cuerpo simple metálico (*símbolo* Ce; *núm. atómico* 58; *peso atómico* 140,13)

cerner §52 *tr* separar con el cedazo las partes finas de (*una materia molida*); *ref* sostenerse (*un ave*) en el aire sin moverse del sitio en que está

cernícalo *m* ave rapaz de cabeza abultada (*Falco tinnunculus*)

cero *m* signo sin valor propio

cerote *m* mezcla de pez y cera, usada por los zapateros; (fam.) miedo

cerquillo *m* corona de cabello en la cabeza de los religiosos

cerradura *f* acción de cerrar; mecanismo que se fija en las puertas para cerrarlas

cerraja *f* cerradura (*mecanismo*); hierba medicinal (*Sonchus oleraceus*)

cerrajería *f* ‖ **cerrajero** *m* el que hace o vende cerraduras, llaves, etc.

cerrar §1 *tr* interceptar la entrada o salida de; sujetar con llave, cerrojo, etc.; volver a introducir (*un cajón*) en un mueble; cegar (*una abertura*); ocupar el último puesto en (*una columna*); poner término a; cicatrizar

cerrazón *f* obscuridad que precede a una tempestad

cerril *adj* indómito, salvaje; áspero; (fam.) grosero, rústico

cerro *m* elevación de tierra aislada

cerrojo *m* barreta de hierro para sujetar puertas, ventanas, etc.

certamen *m* concurso literario, artístico o científico

certero -ra *adj* diestro en tirar; acertado, seguro

certeza o **certidumbre** *f* calidad de cierto; conocimiento seguro

certificación *f* ‖ **certificar** §72 *tr* asegurar como cierto; dejar libre de duda; hacer registrar (*un envío por correo*)

cerúleo -a *adj* del color del cielo

cerumen *m* cera de los oídos

cervantino -na *adj* perteneciente a Cervantes

cervato *m* ciervo menor de seis meses

cervecería *f* fábrica de cerveza; establecimiento donde se vende cerveza

cervecero -ra *adj* perteneciente a la cerveza; *mf* persona que hace o vende cerveza

cerveza *f* bebida fermentada de cebada y lúpulo

cervical *adj* ‖ **cerviz** *f* (*pl:* -vices) parte posterior del cuello

cesante *adj* ‖ *mf* persona que queda sin empleo

cesantía *f* estado de cesante; paga que disfruta

cesar *intr* suspenderse; dejar de hacer lo que se está haciendo

César, Julio general y estadista romano (100–44 a. de J.C.)

cesáreo -a *adj* perteneciente a César; imperial

cese *m* acción o efecto de cesar; cese de fuego suspensión de hostilidades

cesio *m* cuerpo simple metálico (*símbolo* Cs; *núm. atómico* 55; *peso atómico* 132,91)

cesión *f* acción de ceder; renuncia en favor de alguien

césped *m* hierba menuda y tupida

cesta *f* utensilio cóncavo portátil hecho con mimbres o juncos; pala cóncava para jugar a la pelota

cestería *f* ‖ **cestero -ra** *mf* persona que hace o vende cestas o cestos

cesto *m* cesta grande

cesura *f* corte o pausa en un verso

cetáceo -a *adj* ‖ *m* mamífero pisciforme

cetrería *f* caza con aves de rapiña

cetrino -na *adj* amarillo verdoso; melancólico

cetro *m* vara usada como símbolo de poder real

Ceuta ciudad española en la costa de Marruecos ‖ **ceuti** (*pl:* -ties) *adj y mf*

cf. abr. de confesor

cg. abr. de centigramo o centigramos

C. I. abr. de cociente intelectual

cía *f* hueso de la cadera

cianamida *f* sólido blanco y cristalino (CNNH₂)

cianhídrico -ca *adj* (*ácido*) que tiene olor de almendras amargas (CNH)

cianosis *f* coloración azul de la piel

cianotipia *f* reproducción de grabados en color azul

cianuro *m* sal del ácido cianhídrico

ciar §76 *intr* andar hacia atrás; remar hacia atrás

ciático -ca *adj* ‖ *f* inflamación dolorosa del nervio del muslo

Cibeles *f* (mit.) diosa de la Tierra, llamada madre de los dioses

cibernética *f* estudio comparativo de las máquinas autogobernadas y el sistema nervioso humano

cicatero -ra *adj* ruin, mezquino

cicatriz *f* (*pl:* -trices) señal que deja una herida

cicatrizar §62 *tr* curar completamente (*una herida o llaga*)

Cicerón *m* estadista y orador romano (106–43 a. de J. C.)

Cicladas *fpl* archipiélago del mar Egeo

ciclamor *m* árbol de jardín (*Cercis siliquastrum*)

ciclismo *m* deporte de los aficionados a la bicicleta ‖ **ciclista** *mf*

ciclo *m* período de tiempo que, acabado, se vuelve a contar de nuevo

ciclón *m* huracán que avanza girando con extrema velocidad

Ciclope *m* (mit.) gigante que tenía un ojo en la frente ‖ **ciclópeo -a** *adj*

ciclorama *m* pista pintada en el interior de un gran cilindro hueco

ciclostilo *m* aparato para la reproducción múltiple de escritos y dibujos

ciclotrón *m* aparato para el bombardeo del núcleo de los átomos

cicuta *f* planta venenosa (*Conicum maculatum*)

cidra *f* fruto del cidro

cidro *m* árbol auranciáceo (*Citrus medica*)

ciego -ga *adj* privado de la vista; obstruido; *m* parte del intestino grueso situado entre el íleon y el colon

cielo *m* atmósfera que rodea a la Tierra; mansión de los bienaventurados; parte superior que sirve de cubierta; **cielo raso** techo interior plano y liso

ciempiés *m* (*pl:* -piés) miriápodo (*Scolopendra*); obra disparatada

cien *adj* apócope de ciento

ciénaga *f* lugar lleno de cieno

ciencia *f* conocimiento sistemático del mundo físico; ramo del saber humano; saber, erudición; pericia, habilidad

cieno *m* lodo blando de los ríos

científico -ca *adj* perteneciente a la ciencia; *mf* persona que posee alguna ciencia

cientista *mf* persona que posee una ciencia

ciento *adj* ‖ *m* centena

cierre *m* acción de cerrar; cortina metálica plegadiza; broche que cierra; cierre relámpago o de cremallera cierre de las prendas de vestir que consiste en una corredera y dos series de dientes metálicos

cierto -ta *adj* fijo; seguro; sabedor; un, algún; cierto *adv* ciertamente

cierva *f* hembra del ciervo

ciervo *m* rumiante esbelto y ligero de cuernos ramosos

cierzo *m* viento frío del norte

cifra *f* número; escritura secreta; abreviatura; monograma; suma

cifrar *tr* escribir en cifra; compendiar

cigarra *f* insecto que produce un ruido muy estridente y monótono

cigarrera *f* mujer que hace o vende cigarros; caja para cigarros

cigarrillo *m* tabaco picado en papel de fumar

cigarro *m* rollo de hojas de tabaco para fumar

cigarrón *m* saltamontes

cigoñal *m* aparato para extraer agua de los pozos; eje principal del motor donde van las bielas

cigüeña *f* ave grande con el cuello y pico largos; manubrio

cigüeñal *m* cigoñal

cilantro *m* hierba medicinal (*Coriandrum sativum*)

cilicio *m* vestidura áspera que usaban los penitentes

cilíndrico -ca *adj* ‖ **cilindro** *m* cuerpo limitado por una superficie curva y dos planos circulares y paralelos; tubo en que se mueve el émbolo; rodillo

cima *f* lo más alto de un monte, un árbol, etc.; fin, complemento

címbalo *m* campana pequeña

cimbra *f* armadura de madera sobre la que se construye un arco o bóveda

cimbrar *tr* hacer vibrar o doblar (*una cosa flexible*)

cimbreante *adj* flexible

cimbrear *tr* cimbrar

cimentación *f* ‖ **cimentar §1** *tr* poner los cimientos de; fundar

cimera *f* adorno sobre el casco o gorra militar

cimiento *m* parte del edificio debajo de la tierra; principio, raíz

cimitarra *f* sable curvo de los pueblos orientales

cinabrio *m* sulfuro de mercurio natural

cinanquia *f* afección de la garganta, con sofocación intensa

cinc *m* cuerpo simple metálico (*símbolo* Zn; *núm. atómico* 30; *peso atómico* 65,38)

cincel *m* herramienta para labrar y grabar piedras y metales ‖ **cincelar** *tr*

cinco *adj* ‖ *m* cuatro y uno

cincuenta *adj* ‖ *m* cinco veces diez

cincuentena *f* conjunto de cincuenta unidades

cincha *f* faja con que se asegura la silla o albarda

cinchar *tr* asegurar con la cincha; asegurar con cinchos

cincho *m* aro o fleje de hierro

cine *m* (fam.) película cinematográfica y local donde se exhibe

cineasta *mf* director o actor de cine

cinegético -ca *adj* ‖ *f* arte de la caza

cineísta *mf* cineasta; persona aficionada al cine

cinema *m* (fam.) cine

cinemático -ca *adj* ‖ *f* parte de la física que estudia las leyes del movimiento

cinematografía *f* arte e industria del cine ‖ **cinematográfico -ca** *adj*

cinematógrafo *m* película cinematográfica; aparato que proyecta sobre una pantalla las imágenes de una película, cuyo paso rápido produce la ilusión del movimiento; local donde se exhiben estas películas

cinerama *m* cine de visión panorámica sobre pantalla cóncava

cinescopio *m* kinescopio

cinético -ca *adj* causado por el movimiento; *f* ciencia que trata del movimiento producido por las fuerzas

cingalés -lesa *adj y mf* natural de Ceilán

cíngaro -ra *adj y mf* gitano

cinglar *tr* hacer avanzar (*un bote*) con un remo puesto a popa

cíngulo *m* cordón con que el sacerdote se ciñe el alba

cínico -ca *adj* impúdico; desaseado ‖ **cinismo** *m*

cínife *m* mosquito

cinta *f* tejido largo y estrecho para atar, ceñir o adornar; película; tira

cintillo *m* cordoncillo para ceñir la copa de los sombreros; sortija pequeña

cinto *m* faja de cuero para ceñir la cintura

cintura *f* parte más estrecha del cuerpo humano sobre las caderas

cinturón *m* cinto; cinta que ciñe la cintura; lo que rodea

ciprés *m* árbol conífero de madera rojiza y olorosa

circe *f* mujer astuta y engañosa; (*cap.*) *f* (mit.) hechicera que transformó en cerdos a los compañeros de Ulises

circense *adj* ‖ **circo** *m* recinto circular donde se representan ejercicios acrobáticos y ecuestres; lugar destinado a los juegos públicos entre los romanos

circón *m* silicato de circonio

circonio *m* cuerpo simple metálico (*símbolo* Zr; *núm. atómico* 40; *peso atómico* 91,22)

circuir §27 *tr* cercar, rodear

circuito *m* contorno; viaje circular; pista deportiva; camino que sigue una corriente eléctrica; **corto circuito** accidente que se produce cuando dos conductores eléctricos entran en contacto

circulación *f* acción de circular; tránsito por las calles

circular *adj* perteneciente al círculo; de figura de círculo; *f* carta dirigida a diversas personas; *tr* dirigir o propagar de un sitio central; *intr* moverse en derredor; ir y venir; pasar de unas a otras personas

circulatorio -ria *adj* perteneciente a la circulación

círculo *m* superficie limitada por la circunferencia; circunferencia; sociedad, club

circuncidar *tr* cortar una porción del prepucio de ‖ **circuncisión** *f*

circundar *tr* circuir

circunferencia *f* línea curva cerrada, cuyos puntos están todos a igual distancia de otro interior llamado centro

circunflejo *adj* (acento) compuesto de agudo y grave, unidos por encima

circunlocución *f* o **circunloquio** *m* expresión en que se usan más palabras que las necesarias

circunnavegación *f* ‖ **circunnavegar** §45 *tr* navegar alrededor de

circunscribir §83 *tr* trazar una figura alrededor de (otra figura); reducir

circunscripción *f* acción de circunscribir; división administrativa, electoral, etc.

circunspección *f* ‖ **circunspecto -ta** *adj* discreto, cuerdo, prudente

circunstancia *f* accidente de tiempo, lugar o modo que acompaña a un acto ‖ **circunstancial** *adj*

circunstante *adj* ‖ *mf* persona presente

circunvalación *f* ‖ **circunvalar** *tr* cercar, rodear

circunvolución *f* vuelta alrededor de un centro común

Cirenaica, la comarca de África en las costas del Mediterráneo ‖ **cirenaico -ca** *adj* y *mf*

cirial *m* candelero alto de acólito

cirílico -ca *adj* perteneciente a San Cirilo y al alfabeto atribuido a él y usado hoy por los rusos, búlgaros, etc.

Cirilo, San apóstol de los eslavos (827–869)

cirio *m* vela grande de cera

Ciro *m* rey y fundador del imperio persa (600–529 a. de J. C.)

cirro *m* tumor duro e indoloro; zarcillo; aglomeración de nubes de textura fibrosa

cirrosis *f* enfermedad que produce degeneración del hígado

ciruela *f* fruto del ciruelo

ciruelo *m* árbol rosáceo cuyo fruto es una druga con hueso oblongo

cirugía *f* arte de curar por medio de operaciones ‖ **cirujano -na** *mf*

cisalpino -na *adj* situado entre los Alpes y Roma

cisandino -na *adj* de este lado de los Andes

cisco *m* carbón menudo; (fam.) alboroto

cisma *m* escisión religiosa o política; desavenencia ‖ **cismático -ca** *adj* y *mf*

cisne *m* ave palmípeda de cuello largo y flexible

cisterna *f* depósito donde se recoge el agua

cita *f* señalamiento de día, hora y lugar para verse; nota que se alega como prueba de lo que se afirma

citación *f* ‖ **citar** *tr* dar cita a; referir (textos o autores) en comprobación de algo

cítara *f* instrumento músico formado por una caja llana con cuerdas horizontales, que se toca con púa

citerior *adj* de la parte de acá

citrato *m* sal del ácido cítrico

cítrico -ca *adj* perteneciente al limón; (ácido) que se encuentra en el limón y otras frutas ($C_8H_8O_7$)

ciudad *f* población grande

ciudadanía *f* ‖ **ciudadano -na** *adj* ‖ *mf* vecino de una ciudad

ciudadela *f* recinto fortificado para defensa de una plaza de armas

cívico -ca *adj* perteneciente a los ciudadanos; patriótico

civil *adj* perteneciente a la ciudad; no militar; no eclesiástico; urbano, cortés

civilidad *f* urbanidad, cortesía

civilización *f* acción de civilizar; ilustración, cultura; artes, costumbres e ideas de un pueblo o raza

civilizar §62 *tr* sacar del estado salvaje; educar

civismo *m* celo patriótico

cizalla *f* tijeras para cortar metales

cizaña *f* planta gramínea perjudicial a los sembrados; discordia

cizañar *tr* sembrar la discordia entre

cl. abr. de centilitro o centilitros

clac *m* (pl: claques) sombrero de copa alta y plegable; sombrero de tres picos

clamar *tr* pedir con voces lastimosas; *intr* dar voces lastimosas

clamor *m* grito; voz lastimosa; toque de difuntos

clamorear *tr* pedir con lamentos; *intr* gritar, quejarse ‖ **clamoreo** *m* ‖ **clamoroso -sa** *adj*

clan *m* tribu; grupo de personas unidas

clandestino -na *adj* secreto, hecho ilícitamente, ocultado por temor

claque *f* conjunto de los que aplauden por oficio en el teatro

clara *f* materia blanca que rodea la yema del huevo

claraboya *f* ventana en el techo o en la parte superior de las paredes

clarear *tr* dar claridad a; *intr* empezar a amanecer; *ref* transparentarse

clarete *m* vino tinto algo claro

claridad *f* calidad de claro; efecto de la luz; transparencia; nitidez de estilo; palabra con que se dice algo desagradable

clarificar §72 *tr* aclarar; iluminar; poner claro (*lo turbio*)

clarín *m* especie de trompeta de sonidos agudos

clarinete *m* instrumento músico de aire, compuesto de boquilla y lengüeta, y un tubo con agujeros y llaves

clarión *m* pasta hecha de yeso y greda, que se emplea para escribir en la pizarra

clarividencia *f* ‖ **clarivivente** *adj* ‖ *mf* persona que percibe las cosas con claridad

claro -ra *adj* brillante; que se distingue bien; poco subido; transparente; ralo; perspicaz; evidente; *m* espacio; espacio entre dos palabras; *f* véase clara; claro *adv* claramente; ¡claro! ¡por supuesto!

clase *f* conjunto de personas o cosas de la misma calidad o grado; aula; lección, curso; conjunto de alumnos del mismo año; clases *fpl* oficiales inferiores del ejército

clasicismo *m* escuela literaria y artística que se inspira en los escritores grecolatinos ‖ **clasicista** *adj y mf*

clásico -ca *adj* perteneciente a la literatura y al arte grecolatinos; considerado como modelo en cualquier literatura; *mf* partidario del clasicismo; *m* autor clásico

clasificación *f* ‖ **clasificar** §72 *tr* ordenar o disponer por clases

claudicar §72 *intr* faltar a sus deberes

Claudio *m* nombre propio de varón

claustral *adj* ‖ **claustro** *m* galería de un convento; estado monástico; los profesores de una universidad

claustrofobia *f* temor morboso a permanecer en espacios cerrados

cláusula *f* cada una de las disposiciones de un contrato, testamento, etc.; frase o período con sentido completo

clausura *f* recinto interior de un convento; aislamiento; cierre

clausurar *tr* cerrar, poner fin a

clava *f* palo toscamente labrado cuyo grueso va en aumento desde la empuñadura

clavar *tr* introducir (*un clavo o cosa puntiaguda*); asegurar con clavos; fijar (*los ojos*); ref (Méx.) zambullirse

clave *adj* principal; *m* clavicordio; *f* piedra que cierra un arco o bóveda; explicación de una escritura secreta; signo en el pentágrama para determinar el nombre de las notas

clavel *m* planta de flores muy olorosas (*Dianthus caryophyllus*); flor de esta planta

clavero -ra *mf* persona encargada de las llaves; *m* árbol tropical que produce los clavos de especia

clavetear *tr* guarnecer con clavos; herretear

clavicordio *m* antiguo instrumento, precursor del piano

clavícula *f* hueso que une el esternón con el hombro

clavija *f* pedazo de metal o madera que pasa por un agujero para asegurar algo; (elec.) vástago para establecer una conexión

clavillo *m* clavo pequeño; pasador

clavo *m* pieza de hierro con cabeza y punta; capullo seco de la flor del clavero

clemátide *f* planta medicinal de olor suave

clemencia *f* virtud que atenúa el rigor de la justicia

clemente *adj* que tiene clemencia; (*cap.*) *m* nombre propio de varón

Cleón *m* general ateniense (m. 422 a. de J.C.)

Cleopatra *f* reina de Egipto, célebre por su belleza (m. 30 a. de J.C.)

clepsidra *f* reloj de agua

cleptomanía *f* propensión morbosa al robo ‖ **cleptomaníaco -ca** o **cleptómano -na** *adj y mf*

clerecía *f* clero; oficio de clérigos

clerical *adj* perteneciente al clero

clérigo *m* el que ha recibido las órdenes sagradas

clero *m* clase o conjunto de los clérigos

cliché *m* expresión estereotipada y banal

cliente *mf* persona que confía sus intereses a otra; parroquiano

clientela *f* conjunto de clientes

clima *m* condiciones atmosféricas de una región; país, región; ambiente; **clima artificial** aire acondicionado ‖ **climático -ca** *adj*

clímax *m* (*pl:* -max) punto culminante; etapa primera del desenlace

clínico -ca *adj* ‖ *f* enseñanza práctica de la medicina; departamento donde se da esta enseñanza en los hospitales; hospital privado

Clío *f* (mit.) musa de la historia

clisé *m* plancha para reproducir un grabado

Clitemnestra *f* (mit.) esposa de Agamenón

clítoris *m* cuerpo eréctil en la parte más elevada de la vulva

cloaca *f* conducto para las aguas su-
cias
Clodoveo *m* rey franco (466-511)
Cloe *f* (mit.) sobrenombre de Ceres
cloquear *intr* hacer clo clo (*la gallina
clueca*) ‖ cloqueo *m*
clorato *m* sal del ácido clórico
clorhídrico -ca *adj* (*ácido*) gaseoso
e incoloro (ClH)
clórico -ca *adj* (*ácido*) incoloro
(ClO$_3$H)
cloro *m* cuerpo simple gaseoso de
color amarillo verdoso (*símbolo* Cl;
núm. atómico 17; *peso atómico*
35,457)
clorofila *f* materia colorante de los
vegetales
cloroformizar §62 *tr* ‖ cloroformo *m*
líquido compuesto de carbono,
hidrógeno y cloro que se emplea
como anestésico
clorosis *f* empobrecimiento de la
sangre ‖ clorótico -ca *adj*
cloruro *m* combinación del cloro con
un cuerpo simple
Cloto *f* (mit.) una de las tres Parcas,
la que presidía el nacimiento
clown *m* (inglés) payaso de circo
club *m* (*pl:* clubs) sociedad política,
deportiva o de recreo ‖ clubista *mf*
clueca *adj* ‖ *f* gallina que quiere
empollar
C.M.B. o c.m.b. abr. de cuyas manos
beso
coacción *f* violencia que se hace a uno
para que haga o diga algo
coadyutor -tora *mf* persona que ayuda
a otra; *m* eclesiástico que ayuda a
un párroco
coadyuvar *tr* ayudar o contribuir al
logro de
coagular *tr* convertir (*un líquido*) en
una masa espesa
coágulo *m* sangre coagulada; masa
coagulada; grumo
coalición *f* confederación, liga, unión
coartada *f* ausencia del acusado del
sitio en que se verificó el delito
coartar *tr* limitar, restringir
coautor -tora *mf* autor con otro
coaxial o coaxil *adj* que tiene un eje
común; (*cable eléctrico*) con un conductor colocado dentro de otro
cobalto *m* cuerpo simple metálico
(*símbolo* Co; *núm. atómico* 27; *peso
atómico* 58,94)
cobarde *adj* ‖ *mf* persona falta de
valor, persona pusilánime ‖ cobardía *f*
cobayo *m* roedor, parecido al conejo,
pero de menor tamaño
cobertera *f* pieza llana para tapar
ollas, vasijas, etc.

cobertizo *m* sitio cubierto para guarecerse; tejado saledizo
cobertor *m* cubierta de abrigo para la
cama
cobertura *f* cosa que cubre a otra
cobijar *tr* cubrir, tapar; albergar ‖
cobijo *m*
cobranza *f* ‖ cobrar *tr* percibir (*lo que
se acredita*); exigir el pago de (*una
deuda*); adquirir; *ref* volver en sí
cobre *m* cuerpo simple metálico, muy
buen conductor del calor y la electricidad (*símbolo* Cu; *núm. atómico*
29; *peso atómico* 63,54) ‖ cobrizo
-za *adj*
cobro *m* acción de cobrar
coca *f* arbusto del Perú (*Erythroxy-
lon coca*); hojas estimulantes de
este arbusto; baya pequeña y redonda; (fam.) cabeza
cocaína *f* alcaloide de la coca, usado
como anestésico local
cocción *f* acción de cocer
cóccix *m* (*pl: -cix*) hueso que constituye la terminación del espinazo
cocear *intr* dar o tirar coces
cocer §17 *tr* preparar (*un manjar*) por
medio del fuego; someter a la acción del calor; *intr* hervir
cocido *m* puchero, guisado
cociente *m* resultado de dividir una
cantidad por otra; cociente intelectual medida de la inteligencia,obte-
nida dividiendo la edad mental por
la real
cocina *f* pieza donde se preparan las
comidas; arte o manera de guisar;
aparato de calefacción para guisar
cocinero -ra *mf* persona que guisa
coco *m* cocotero y su fruto; fantasma
para asustar a los niños; gusanillo
de los frutos
cocodrilo *m* reptil grande con piel
escamosa y dura y de color verdoso
cócora *adj* ‖ *mf* (fam.) persona muy
molesta
cocotero *m* palma cuyo fruto contiene
una pulpa blanca comestible y un
líquido dulce (*Cocos nucifera*)
coctel *m* o cóctel *m* bebida hecha a
base de diversos licores y sazonada
con varios ingredientes; reunión
por la tarde donde se sirven coc-
teles
coctelera *f* vasija en que se elabora
el coctel
coche *m* carruaje; vagón para viajeros
en el ferrocarril; tranvía; automóvil; caminar en el coche de San
Francisco (fam.) ir a pie
cochecillo *m* cuna portátil sobre ruedas; sillón portátil sobre ruedas,
para inválidos

cochera *f* lugar donde se guardan o se alquilan los coches

cochero *m* el que guía un coche

cochinada *f* (fam.) porquería; (fam.) acción ruin

Cochinchina, la territorio del extremo meridional de la Indochina ‖ **co-chinchino -na** *adj* y *mf*

cochinilla *f* crustáceo pequeño que, cuando se le toca, se hace una bola; insecto que da una materia colorante roja; esta materia

cochinillo *m* cerdo pequeño

cochino -na *mf* cerdo; (fam.) persona sucia

cochitril *m* (fam.) pocilga; (fam.) habitación sucia

cochura *f* cocción; masa de pan para cocer

coda *f* adición al final de una pieza de música

codazo *m* golpe con el codo

codear *intr* mover los codos; *ref* tratarse de igual con otras personas

codeína *f* alcaloide que se extrae del opio

codera *f* remiendo en el codo

codeso *m* mata de flores amarillas (*Adenocarpus hispanicus*)

códice *m* libro manuscrito antiguo

codicia *f* apetito desordenado de riquezas; deseo vehemente ‖ **codiciar** *tr* ‖ **codicioso -sa** *adj*

codificar §72 *tr* reunir (*leyes, estatutos*) en un código

código *m* cuerpo de leyes; conjunto de reglas o preceptos; letras, números o palabras a que se da un valor convencional

codillo *m* coyuntura del brazo próximo al pecho, en los cuadrúpedos

codo *m* articulación del brazo con el antebrazo; trozo de tubo o cañería que forma ángulo

codorniz *f* (*pl.:* **-nices**) ave gallinácea de paso, parecida a la perdiz

coeducación *f* educación que se da en común a ambos sexos

coeficiente *m* (mat.) factor escrito a la izquierda de una cantidad, que hace de multiplicador

coercer §77 *tr* contener, refrenar, sujetar ‖ **coerción** *f* ‖ **coercitivo -va** *adj*

coetáneo -a *adj* que es de la misma edad o época

coexistencia *f* existencia simultánea en el mismo lugar ‖ **coexistente** *adj* ‖ **coexistir** *intr*

cofa *f* meseta en el cuello de un mástil

cofia *f* gorro de mujer; red para el cabello

cofrade *mf* ‖ **cofradía** *f* hermandad religiosa; asociación, gremio

cofre *m* arca con tapa convexa

cogedor *m* pala para recoger la basura o la ceniza

coger §35 *tr* asir, agarrar; tomar; recoger; alcanzar; contener; *ref* (fam.) caber

cogida *f* cosecha; acto de coger el toro a un torero

cogitabundo -da *adj* muy pensativo

cogollo *m* lo interior y más apretado de una col, lechuga, etc.; brote; lo mejor de una cosa

cogote *m* parte posterior del cuello

cogujada *f* alondra copetuda (*Galerita cristata*)

cogulla *f* hábito de ciertos monjes y la capucha del hábito

cohabitar *intr* habitar juntamente; hacer vida marital

cohechar *tr* sobornar (*al juez o a un funcionario público*) ‖ **cohecho** *m*

coheredero -ra *mf* heredero con otro u otros

coherencia *f* conexión de unas cosas con otras; (fís.) cohesión ‖ **coherente** *adj*

cohesión *f* acción de adherirse las cosas entre sí; enlace; (fís.) unión íntima entre las moléculas ‖ **cohesivo -va** *adj*

cohete *m* tubo lleno de pólvora o un combustible que se lanza a lo alto

cohetería *f* ‖ **cohetero -ra** *mf* persona que hace o vende cohetes; perito en materia de cohetes militares o interplanetarios

cohibir *tr* refrenar, reprimir

cohombro *m* pepino

cohonestar *tr* dar semejanza de bueno a (*algo malo*)

cohorte *f* número, serie; antiguo cuerpo romano de infantería

coima *f* gaje del coime; manceba; (Amér.) soborno

coime *m* el que cuida del garito y presta con usura a los jugadores; mozo de billar

coincidencia *f* ‖ **coincidente** *adj* ‖ **coincidir** *intr* ocurrir (*dos o más cosas*) al mismo tiempo o en el mismo sitio; convenir, concordar

coito *m* unión sexual del hombre con la mujer

cojear *intr* andar de un modo desigual por no sentar bien los pies; moverse (*un mueble*) por defecto de las patas o desnivel del piso; (fam.) adolecer de un defecto o vicio

cojera *f* defecto del que cojea

cojijoso -sa *adj* que se queja por poca cosa

cojín *m* almohadón para sentarse o apoyar los pies en él

cojinete *m* almohadilla; pieza con que se sujetan los rieles a las traviesas; pieza en que descansa y gira un eje

cojo -ja *adj* ‖ *mf* persona que cojea

cok *m* (*pl:* coques) coque

col *f* planta hortense (*Brassica oleracea*); col de Bruselas planta con brotes en forma de diminutas coles (*Brassica oleracea gemmifera*)

cola *f* apéndice posterior del perro y otros animales; hilera de gentes que esperan vez; pasta para pegar

colaboración *f* ‖ **colaborador -dora** *adj y mf* ‖ **colaborar** *intr* trabajar para realizar un fin común; trabajar traidoramente en una misma obra

colación *f* cotejo; refacción ligera

colacionar *tr* cotejar

colada *f* acción de colar; ropa colada; lejía en que se cuela la ropa

coladero o **colador** *m* utensilio en que se cuela un líquido

coladura *f* acción de colar; (fam.) desacierto, plancha

colapso *m* agotamiento repentino de las fuerzas vitales; decadencia, principio de ruina

colar §63 *tr* pasar (*un líquido*) por un cedazo o paño; blanquear (*la ropa*) con lejía y agua caliente; *ref* introducirse sin ser llamado; equivocarse; decir inconveniencias

colateral *adj* que está a uno y otro lado; *mf* pariente que no lo es por línea recta; *m* lo que corresponde en valor a lo que se entrega o presta

colcha *f* cobertura de cama

colchón *m* saco rectangular de pluma, lana, etc., acondicionado para dormir sobre él

colear *intr* mover la cola

colección *f* conjunto de cosas de una misma clase

coleccionar *tr* formar colección de ‖ **coleccionista** *mf*

colecta *f* recaudación de donativos; oración de la misa antes de la Epístola

colectar *tr* recaudar

colectividad *f* sociedad, comunidad, corporación

colectivismo *m* sistema según el cual los medios de producción han de pertenecer al Estado

colectivizar §62 *tr* establecer el colectivismo en; poner (*la propiedad privada*) en manos de colectividades

colectivo -va *adj* formado o hecho por varios; (gram.) (*nombre*) que en singular encierra en sí idea de pluralidad

colector *m* recaudador; anillo en el eje del inducido de un motor o dínamo

colega *m* compañero de profesión

colegial *adj* perteneciente al colegio; (*iglesia*) que tiene cabildo; *m* alumno de un colegio

colegiala *f* alumna de un colegio

colegiar *ref* reunirse para formar colegio o gremio

colegiata *f* iglesia colegial

colegio *m* comunidad destinada a la enseñanza; casa que ocupa; corporación de individuos de la misma profesión

colegir §58 *tr* deducir, inferir; juntar

colegislador -dora *adj* que legisla con otro

coleóptero -ra *adj* ‖ *m* insecto que tiene las alas del primer par convertidas en una especie de estuche

cólera *m* enfermedad contagiosa, caracterizada por vómitos, diarrea y calambres; *f* bilis; enojo, ira ‖ **colérico -ca** *adj y mf*

colesterol *m* compuesto craso, hallado en la bilis, la yema de huevo, etc.

coleta *f* parte posterior del cabello, trenzada a manera de cola; (fam.) adición breve

coleto *m* (fam.) cuerpo; (fam.) fuero interior

colgadero *m* garfio o clavo de que se cuelga alguna cosa

colgadura *f* conjunto de tapices o telas con que se adornan las paredes, balcones, etc.

colgajo *m* trapo que cuelga; porción de frutas colgadas

colgar §65 *tr* poner pendiente; adornar con colgaduras; (fam.) ahorcar; *intr* pender

colibrí *m* (*pl:* -bríes) avecilla americana qne liba el néctar de las flores

cólico *m* enfermedad de los intestinos, caracterizada por retortijones y estreñimiento

coliflor *f* col con los brotes transformados en cabezuelas blancas (*Brassica oleracea botrytis*)

coligar §45 *ref* confederarse, unirse

colilla *f* punta del cigarro o cigarrillo que se tira

colina *f* elevación del terreno, menor que una montaña

colindante *adj* ‖ **colindar** *intr* lindar entre sí

colirio *m* medicamento que se aplica sobre la conjuntiva del ojo

coliseo *m* anfiteatro romano; teatro o cine de alguna importancia

colisión *f* choque de dos cuerpos; pugna de ideas, principios, etc.

colista *mf* (fam.) persona que espera en una cola

colitis *f* inflamación del colon

colmado *m* figón, bodegón; tienda de comestibles

colmar *tr* llenar hasta el borde; llenar (*a una persona, p.ej., de favores*); cumplir llenamente (*p.ej., esperanzas*)

colmena *f* receptáculo en que las abejas hacen los panales || **colmenero -ra** *mf*

colmenilla *f* hongo comestible (*Morchella*)

colmillo *m* diente agudo entre los incisivos y molares; incisivo prolongado de elefante

colmo *m* lo que rebasa la medida; techo de paja; último grado

colocación *f* || **colocar** §72 *tr* poner; poner en un empleo; invertir (*dinero*); vender

colodión *m* disolución de algodón pólvora en éter y alcohol

colodra *f* vasija de madera usada para ordeñar

colodrillo *m* parte posterior de la cabeza

colofón *m* anotación al final de un libro con el nombre del impresor, lugar y fecha; comentario al final de un texto

colofonia *f* resina amarillenta, sólida y traslúcida

coloide *adj* || *m* cuerpo que al disgregarse en un líquido aparece como disuelto sin estarlo

Colombia *f* estado de la América del Sur || **colombiano -na** *adj y mf*

colombino -na *adj* perteneciente a Cristóbal Colón

colombio *m* cuerpo simple metálico raro (*símbolo* Cb; *núm. atómico* 41; *peso atómico* 92,91)

colon *m* parte del intestino grueso comprendido entre el ciego y el recto

colón *m* moneda de Costa Rica y El Salvador; (*cap.*) *m* descubridor de América (1446–1506)

colonia *f* territorio fuera de un país y dependiente de él; conjunto de individuos de un país que viven en otro; agua de Colonia, perfume; (*cap.*) *f* ciudad de Alemania a orillas del Rin

colonial *adj* perteneciente a la colonia; **coloniales** *mpl* géneros o comestibles traídos de allende el mar

colonialismo *m* política de expansión colonial

colonización *f* || **colonizador -dora** *adj y mf* || **colonizar** §62 *tr* establecer colonia en

colono *m* habitante de una colonia; labrador que arrienda y cultiva una heredad

coloquio *m* conversación, plática

color *m* impresión que produce en la retina la luz reflejada por los cuerpos; substancia para pintar; pretexto, motivo

coloración *f* acción de colorar; estado de un cuerpo colorado

colorado -da *adj* de color rojo; libre, obsceno

colorar *tr* dar color a, teñir

colorear *tr* cohonestar; *intr* tomar el color encarnado

colorete *m* afeite encarnado

colorido *m* efecto que resulta de la mezcla y empleo de los colores; pretexto, motivo

colorín *m* color chillón

colosal *adj* gigantesco; extraordinario, sobresaliente

coloso *m* estatua gigantesca; gigante; persona o cosa sobresaliente

colquico *m* hierba de raíz amarga y medicinal

Cólquida, la (mit.) tierra legendaria del vellocino de oro

columbrar *tr* divisar desde lejos, vagamente

columna *f* pilar cilíndrico, con basa y capitel; división vertical de una página; tropa en línea con más fondo que frente; quinta columna todo elemento que en el interior de un país obra contra los intereses de éste

columnata *f* serie de columnas

columnista *mf* periodista encargado de una columna especial

columpiar *tr* mecer en un columpio

columpio *m* asiento suspendido entre dos cuerdas para mecerse; balancín

colusión *f* convenio o trato en perjuicio de un tercero

colza *f* nabo cuyas semillas dan un aceite industrial

collado *m* depresión que facilita el paso de una sierra; colina

collar *m* adorno femenil que rodea el cuello; aro que se ciñe al pescuezo de los animales

collera *f* collar de cuero para las caballerías

coma *m* sopor profundo; *f* signo ortográfico que indica las divisiones de la frase y que se emplea en aritmética para separar los enteros de las fracciones decimales

comadre *f* madrina de un niño con relación al padrino y a los padres; partera; (*fam.*) mujer charlatana; (*fam.*) vecina y amiga

comadreja *f* mamífero nocturno muy perjudicial (*Mustela*)

comadrona *f* (*fam.*) partera

comandancia f ‖ **comandante** m militar que ejerce un mando; jefe militar inmediatamente superior al capitán

comandar tr mandar (un ejército, una flota)

comandita f sociedad comercial en que parte de los socios suministran los fondos sin participar en la gestión de la misma

comanditar tr adelantar los fondos para (una empresa comercial o industrial)

comando m mando militar

comarca f región, territorio

comatoso -sa adj perteneciente al coma

comba f inflexión de un cuerpo encorvado; cuerda que las niñas usan para saltar; juego de niñas en que se salta con una cuerda

combar tr encorvar, torcer

combate m lucha, pelea ‖ **combatiente** adj y m

combatir tr embestir; intr y ref luchar, pelear

combinación f acción o efecto de combinar; prenda interior femenina

combinar tr unir, juntar o mezclar (cosas diversas) para formar un compuesto; disponer en orden

combustible adj que puede arder o que arde fácilmente; m materia que sirve de alimento al fuego

combustión f acción de arder o quemar

comedero -ra adj comestible; m vasija o cajón donde se echa la comida a los animales

comedia f obra dramática, esp. la de enredo o costumbres. teatro; suceso que mueve a risa, (fig.) farsa

comediante -ta mf actor; (fam.) hipócrita

comedido -da adj cortés; moderado, prudente ‖ **comedimiento** m

comedir §80 ref contenerse. moderarse

comedor -dora adj que come mucho; m sala destinada para comer

comendador m dignidad superior a la de caballero en ciertas órdenes

comensal mf cada una de las personas que comen en una misma mesa

comentar tr hacer comentarios sobre

comentario m observación, explicación; (fam.) conversación sobre personas o cosas de la vida diaria ‖ **comentarista** mf

comenzar §18 tr dar principio a; intr tener principio

comer tr masticar y tragar; corroer; consumir; intr tomar alimento; tomar la comida principal del día

comercial adj perteneciente al comercio

comerciante adj ‖ mf persona que se dedica al comercio

comerciar intr comprar y vender para ganar dinero

comercio m trato entre empresas u hombres de negocio; comunicación; conjunto de comerciantes; establecimiento comercial

comestible adj que se puede comer; m artículo alimenticio

cometa m cuerpo celeste que lleva una cola o cabellera luminosa; f juguete que los muchachos hacen elevar por el aire

cometer tr dar encargo de; incurrir en (error o culpa)

cometido m encargo, comisión

comezón f desazón que causa lo que pica; desazón producida por el deseo

comicastro m mal cómico

cómico -ca adj que hace reír; perteneciente a la comedia; mf comediante

comida f alimento; el que se toma a horas señaladas; el principal de cada día

comidilla f (fam.) cosa a que uno es muy aficionado; (fam.) tema preferido de conversación

comienzo m principio, origen

comilón -lona adj ‖ mf (fam.) persona que come mucho; f (fam.) comida abundante

comillas fpl signo ortográfico en que se encierran las citas

comino m hierba de semillas aromáticas; su semilla

comisaría f o **comisariato** m ‖ **comisario** m el que tiene poder para hacer ejecutar una orden o reglamento

comisión f acción de cometer; encargo; lo que se cobra por ejecutar un encargo; conjunto de personas encargadas de algo

comisionar tr dar comisión o encargo a

comisionista mf persona que desempeña comisiones mercantiles

comiso m acción de confiscar

comistrajo m (fam.) comida extravagante y mala

comisura f punto de unión de los labios o párpados

comité m junta de personas delegadas por otras

comitiva f acompañamiento, séquito

como adv a semejanza de; en calidad de; conj ya que; cuando; según

cómo adv de qué modo; por qué motivo o razón

cómoda f mueble con tablero de mesa y cajones

comodidad f calidad de cómodo; conveniencia; utilidad; oportunidad

comodín m lo que sirve para todo; pretexto poco justificado; naipe que sirve para cualquier lance favorable

cómodo -da adj conveniente; útil; oportuno, fácil; f véase **cómoda**

comodón -dona adj (fam.) amante de la comodidad y buena vida

comodoro m oficial inmediatamente inferior al contraalmirante; capitán que manda más de tres barcos; presidente de un club náutico; (Arg.) coronel de aviación

compacto -ta adj de textura apretada; apretado, apiñado

compadecer §19 tr sentir compasión por; ref ponerse de acuerdo; **compadecerse** de sentir compasión por

compadraje m concierto de varias personas para ayudarse mutuamente

compadrazgo m compadraje; relación de compadres

compadre m padrino de un niño con relación a la madrina y a los padres; (fam.) amigo, compañero

compaginar tr poner en buen orden; poner en orden (las páginas de un libro)

compañerismo m vínculo y amistad entre compañeros

compañero -ra mf persona que acompaña a otra; persona que hace una cosa con otra; amigo; socio; m y f cosa que hace juego con otra

compañía f persona o personas que acompañan a alguien; personas reunidas; sociedad comercial o industrial; cuerpo de actores; (mil.) unidad mandada por un capitán

comparación f ‖ **comparable** adj ‖ **comparar** tr examinar la relación que hay entre; cotejar

comparativo -va adj que indica comparación; (gram.) (grado) intermedio de comparación

comparecer §19 intr presentarse

comparsa mf (teat.) persona del acompañamiento; f (teat.) acompañamiento, gente que sale a la escena y no habla

compartimiento m acción de compartir; departamento

compartir tr repartir; tener o usar en común

compás m instrumento para medir distancias y trazar curvas; (mús.) medida del tiempo

compasión f sentimiento que se experimenta por los males ajenos

compasivo -va adj que siente compasión

compatibilidad f ‖ **compatible** adj que puede existir con otro

compatricio -cia o **compatriota** mf persona de la misma patria que otra

compeler tr obligar con fuerza

compendiar tr ‖ **compendio** m resumen, exposición sumaria ‖ **compendioso -sa** adj

compenetración f ‖ **compenetrar** ref penetrarse mutuamente (dos cosas); identificarse en ideas y sentimientos

compensación f acción de compensar; extinción de obligaciones vencidas entre personas recíprocamente acreedoras y deudoras

compensar tr igualar o neutralizar el efecto de (una cosa) con el de otra; indemnizar, resarcir

competencia f rivalidad; incumbencia; aptitud

competente adj propio, conveniente; capaz de entender en un asunto

competer intr incumbir, pertenecer

competición f rivalidad, esp. en los deportes

competir §80 intr contender, rivalizar

compilación f ‖ **compilar** tr juntar en un solo cuerpo (materias de varios libros, documentos, etc.)

compinche mf (fam.) camarada, amigo

complacencia f ‖ **complacer** §19 tr acceder a los gustos o deseos de; ref tener satisfacción

complejo -ja adj que se compone de elementos diversos; m unión de varias cosas; complejo de inferioridad conjunto de sentimientos de menosprecio de sí mismo

complementar tr dar complemento a

complementario -ria adj que completa o perfecciona; (ángulo) que con otro completa un recto

complemento m lo que es menester agregar a una cosa para completarla

completar tr hacer completo, perfeccionar

completo -ta adj lleno, cabal; acabado, perfecto

complexión f constitución física del individuo; color y aspecto de la cara

complicación f ‖ **complicado -da** adj ‖ **complicar** §72 tr hacer complejo; enredar

cómplice mf compañero en el delito ‖ **complicidad** f

complot m (pl: -plots) confabulación, intriga, trama

complutense adj y mf natural de Alcalá de Henares

componedor -dora mf persona que compone; m regla en que el tipógrafo coloca las letras para formar los renglones

componenda *f* solución amistosa; convenio censurable

componente *adj* ‖ *m* cada uno de los elementos que entran en la composición de un todo; miembro

componer §55 *tr* formar de varias partes; formar de varias personas; producir (*obras literarias o musicales*); reproducir (*un texto*) reuniendo los caracteres tipográficos; poner en paz; aderezar; arreglar, concertar; ataviar

comportamiento *m* conducta, manera de portarse

comportar *tr* tolerar; *ref* portarse

composición *f* acción de componer; obra de ingenio, esp. la musical; tarea que se da a un alumno; ajuste, arreglo

compositor -tora *mf* persona que compone obras musicales; *m* (Arg.) el que prepara caballos de carrera y gallos de pelea

compostelano -na *adj y mf* natural de Santiago de Compostela

compostura *f* formación de un todo compuesto de partes diversas; reparación; aseo, adorno; circunspección

compota *f* fruta cocida con agua y azúcar

compotera *f* vasija en que se sirve compota

compra *f* acción de comprar; cosa comprada

comprador -dora *mf* ‖ **comprar** *tr* adquirir por dinero; sobornar

comprender *tr* abrazar, ceñir; contener; entender ‖ **comprensión** *f*

comprensivo -va *adj* que abarca o incluye; capaz de entender fácilmente

compresa *f* tira de lienzo que se aplica debajo del vendaje

compresión *f* ‖ **comprimir** *tr* reducir a menor volumen por presión; contener, reprimir

comprobación *f* ‖ **comprobante** *adj y m* ‖ **comprobar** §63 *tr* confirmar mediante prueba o por cotejo

comprometer *tr* exponer a un riesgo; poner en obligación; poner en manos de un tercero la decisión de

compromiso *m* palabra dada; dificultad; convenio entre litigantes

comps. abr. de **compañeros**

compuerta *f* puerta movible en las esclusas; media puerta

compuesto -ta *adj* formado por varios elementos; circunspecto; *m* agregado de cosas que forman un todo

compulsar *tr* cotejar (*textos*)

compulsión *f* acción de compeler

compunción *f* aflicción por haber obrado mal; dolor del mal ajeno

compungir §28 *tr* mover a compunción; *ref* afligirse

computar *tr* determinar por el cálculo ‖ **computista** *mf* ‖ **cómputo** *m*

comulgar §45 *tr* dar la sagrada comunión a; *intr* recibirla

común *adj* perteneciente a todos; ordinario; vulgar, muy sabido; bajo, sin distinción; *m* todo el pueblo; retrete

comunal *adj* común; municipal; *m* todo el pueblo

comunicación *f* acción de comunicar; escrito en que se comunica algo; trato, relación; comunicaciones *fpl* correos, telégrafos, teléfonos, etc.

comunicado *m* escrito que se dirige a un periódico

comunicar §72 *tr* transmitir; hacer parte de; *intr* conversar, tratar; *ref* conversar, tratar; tener paso o unión

comunicativo -va *adj* de fácil trato

comunidad *f* personas que viven unidas y bajo ciertas reglas

comunión *f* participación en lo común; partido político; Santísimo Sacramento del altar; acto de recibir la sagrada Eucaristía

comunismo *m* sistema que suprime la propiedad privada ‖ **comunista** *adj y mf*

comunistoide *adj* ‖ *mf* persona que parece comunista

con *prep* en compañía de; por medio de; a pesar de

conato *m* esfuerzo; intento, propósito

concavidad *f* ‖ **cóncavo** -va *adj* que tiene más deprimido el centro que las orillas

concebir §80 *tr* formar idea o concepto de; formar (*idea o concepto*); dar existencia a (*un nuevo ser*); *intr* quedar preñada (*la hembra*)

conceder *tr* dar u otorgar; asentir a

concejal -jala *mf* individuo de un concejo

concejil *adj* ‖ **concejo** *m* ayuntamiento

concentración *f* ‖ **concentrar** *tr* reunir en un centro; hacer más fuerte; fijar

concéntrico -ca *adj* con un mismo centro

concepción *f* acción de concebir; facultad de comprender; producto de la inteligencia

conceptismo *m* estilo excesivamente alambicado ‖ **conceptista** *adj y mf*

concepto *m* idea; opinión, juicio; agudeza

conceptuar §20 *tr* formar juicio de

conceptuoso -sa *adj* agudo, ingenioso

concernir §29 *tr* tocar, referirse a

concertar §1 *tr* componer, ordenar; pactar; poner de acuerdo; acordar (*un instrumento de música*); *intr* concordar

concertina *f* especie de acordeón

concertista *mf* persona que canta o toca en un concierto

concesión *f* acción de conceder; cosa concedida

conciencia *f* sentimiento interior del bien y del mal; conocimiento íntimo que uno tiene de su propia existencia

concienzudo -da *adj* que trabaja con cuidado; que se hace con cuidado

concierto *m* buen orden; convenio; sesión musical

conciliábulo *m* junta en que se fragua algo ilícito

conciliación *f* || conciliar *tr* poner de acuerdo; *ref* granjearse (*p.ej.*, *respeto, amistad*) || conciliatorio -ria *adj*

concilio *m* junta, congreso

concisión *f* || conciso -sa *adj* breve en la expresión

concitar *tr* conmover, instigar; promover discordias en

conclave *m* o cónclave *m* reunión en que los cardenales eligen Papa; junta, reunión

concluir §27 *tr* acabar; deducir; determinar; convencer; *intr* finalizar || conclusión *f*

concluyente *adj* que convence, terminante

concordancia *f* || concordar §63 *tr* poner de acuerdo; *intr* estar de acuerdo

concordato *m* tratado entre un Estado y la Santa Sede

concordia *f* buena armonía; buena inteligencia; unión, sortija

concreción *f* acumulación de partículas que forman una masa sólida

concretar *tr* combinar; espesar; reducir a lo más esencial; *ref* limitarse

concreto -ta *adj* condensado, espeso; determinado; material; *m* concreción; (Arg. y Chile) hormigón

concubina *f* mujer que vive con un hombre que no es su esposo

conculcar §72 *tr* hollar; quebrantar (*una ley*)

concuñado -da *mf* cónyuje de una persona respecto del cónyuge de otra persona hermana de aquélla

concupiscencia *f* deseo inmoderado de los bienes terrenos y de los placeres sensuales || concupiscente *adj*

concurrencia *f* acción de concurrir;

gente que concurre; competencia comercial

concurrente *adj* que concurre; *mf* competidor, rival; persona presente

concurrir *intr* juntarse en un mismo lugar o tiempo; cooperar; convenir; competir

concurso *m* reunión; asistencia, ayuda; certamen; competencia; fuera de concurso sin competir

concha *f* cubierta exterior de muchos moluscos y crustáceos; carey; (teat.) mueble en el cual se oculta el apuntador

conchabar *tr* asociar, unir; *ref* (fam.) asociarse, unirse para un fin no muy lícito

condado *m* título o territorio de un conde

condal *adj* perteneciente al conde; la Ciudad Condal Barcelona

conde *m* dignatario de la nobleza entre barón y marqués

condecoración *f* || condecorar *tr* conceder una insignia de distinción a

condena *f* imposición de una pena; pena impuesta

condenación *f* || condenar *tr* declarar culpable e imponer pena a; reprobar; inutilizar (*pasos, puertas, ventanas*); *ref* incurrir en la pena eterna

condensación *f* acción de condensar

condensador *m* aparato para condensar electricidad, vapor, etc.

condensar *tr* reducir a menor extensión o volumen; compendiar

condesa *f* mujer de conde o que tiene condado

condescendencia *f* || condescender *intr* acomodarse por complacencia || condescendiente *adj*

condestable *m* antiguo oficial superior de la milicia

condición *f* estado; estado social; carácter, genio; calidad, naturaleza; circunstancia; circunstancia con que se promete o se hace algo

condicional *adj* que incluye condición; (gram.) que denota o que expresa condición

condicionar *tr* hacer depender de alguna condición

condimentar *tr* || condimento *m* lo que sirve para sazonar la comida

condiscípulo -la *mf* discípulo con otro; compañero de estudio

condolencia *f* || condoler §49 *ref* sentir compasión

condonar *tr* remitir o perdonar (*una pena o deuda*)

cóndor *m* buitre sudamericano de gran tamaño (*Sarcorhamphus gryphus*)

conducción f acción de conducir; conjunto de conductos; **conducción interior** automóvil cerrado

conducir §24 tr llevar, transportar; dirigir, guiar; ref portarse

conducta f modo de portarse; dirección, gobierno

conductible adj que puede ser conducido

conductivo -va adj que puede conducir

conducto m tubo, cañería, canal; intermediario

conductor -tora adj ‖ mf persona que conduce, p. ej., un automóvil; m cuerpo que conduce bien el calor o la electricidad

condumio m fam.) manjar que se come con pan

conectar tr poner en contacto; transmitir el movimiento de un aparato a (otro); (elec.) unir (dos o más aparatos o circuitos) mediante un conductor

conejero -ra adj que caza conejos; f madriguera de conejos

conejillo de Indias m cobayo

conejo m roedor domesticable (Lepus cuniculus)

conexión f trabazón, enlace; unión eléctrica ‖ **conexionar** tr y ref ‖ **conexo -xa** adj

confabular ref confabular ref ponerse de acuerdo en negocio ilícito

confección f acción de confeccionar; preparación farmacéutica; ropa hecha

confeccionar tr hacer, fabricar; preparar (medicamentos)

confederación f unión de diversas entidades o estados ‖ **confederar** tr y ref

conferencia f disertación en público; reunión para tratar de un negocio; conversación

conferenciante mf persona que hace una disertación pública

conferenciar intr reunirse para tratar de un negocio

conferir §48 tr conceder (dignidad, empleo, etc.); cotejar; intr conferenciar

confesar §1 tr manifestar (sus ideas o actos ocultos); reconocer (lo que no se puede negar); decir (sus pecados); oír (el confesor al penitente); intr y ref hacer una confesión

confesión f acción de confesar; profesión de fe religiosa

confeso -sa adj que ha confesado su culpa o delito

confesonario m garita desde la que el confesor oye al penitente

confesor m cristiano que profesa su fe; sacerdote que confiesa a los penitentes

confeti m papel picado que se arroja en ciertas fiestas

confiable adj de confianza

confiado -da adj crédulo; presumido

confianza f esperanza firme; ánimo para obrar; familiaridad en el trato

confiar §76 tr depositar sin más seguridad que la buena fe; encargar (los bienes, un secreto, etc.); intr y ref tener confianza

confidencia f confianza; revelación secreta

confidencial adj hecho o dicho en confidencia

confidente -ta adj fiel y seguro; mf persona en quien se confía; m canapé de dos asientos

configuración f ‖ **configurar** tr dar forma y figura a

confín m borde, límite, término

confinar tr desterrar a lugar determinado; intr lindar, estar contiguo; ref encerrarse

confirmación f acción de confirmar; sacramento que confirma en la fe

confirmar tr corroborar la verdad de; revalidar (lo aprobado); dar mayor firmeza a; administrar la confirmación a

confiscar §72 tr posesionarse (el fisco u otra autoridad) de

confitar tr cubrir (frutas) con baño de azúcar; cocer (las frutas) en almíbar

confite m dulce pequeño

confitera f caja o vasija para dulces o confites

confitería f establecimiento donde se hacen o venden dulces y confites ‖ **confitero -ra** mf ‖ f véase confitera

confitura f fruta u otra cosa confitada

conflagración f incendio; conmoción violenta de pueblos o naciones

conflicto m choque de ideas, intereses, etc.; lucha; trance apurado

confluencia f ‖ **confluir** §27 intr juntarse (dos o más ríos o caminos); concurrir (mucha gente) a un sitio

conformación f disposición de las partes de un todo

conformador m aparato para modelar los sombreros

conformar tr dar forma a; poner de acuerdo; intr y ref acomodarse, resignarse

conforme adj semejante; acorde; resignado; adv conforme a con arreglo a; de acuerdo con; conj tan pronto como; del mismo modo que; al paso que; según

conformidad *f* semejanza; armonía, correspondencia; asentimiento; resignación

conformista *adj y mf* partidario de la religión oficial en Inglaterra

confort *m* comodidad, bienestar, desahogo ‖ **confortable** *adj*

confortar *tr* animar, consolar; dar vigor y fuerza a

confraternidad *f* hermandad; amistad íntima

confrontar *tr* carear; cotejar; *intr* lindar, estar contiguo

confucianismo *m* ‖ Confucio *m* filósofo chino (551–478 a. de J. C.)

confundir *tr* mezclar; no hacer la distinción debida entre; tomar (*una persona o cosa*) por otra; dejar desarmado (*al contrario en una discusión*); turbar ‖ **confusión** *f* ‖ **confuso -sa** *adj*

confutar *tr* impugnar de modo convincente (*la opinión contraria*)

congelar *tr* solidificar (*un líquido*) por la acción del frío; inmovilizar (*saldos, créditos*) por cierto tiempo

congeniar *intr* tener carácter o inclinaciones que concuerdan

congénito -ta *adj* nacido con uno

congestión *f* acumulación de sangre en una parte del cuerpo; aglomeración

conglomerado *m* efecto de conglomerarse

conglomerar *tr* aglomerar

conglutinar *tr* aglutinar; *ref* aglutinarse

Congo *m* río y comarca del África central

congoja *f* angustia, aflicción

congraciar *tr* conseguir el afecto o la benevolencia de

congratular *tr* felicitar, dar el parabién a

congregación *f* reunión para tratar de negocios; cofradía

congregar §45 *tr* juntar, reunir; *ref* reunirse

congresista *mf* ‖ **congreso** *m* asamblea legislativa; junta para deliberar sobre intereses comunes

congrio *m* pez marino comestible, parecido a la anguila

congruencia *f* ‖ **congruente** *adj* conforme, correspondiente; apropiado

cónico -ca *adj* que tiene forma de cono

conífero -ra *adj* que produce conos, como el pino y el abeto; *f* árbol o arbusto conífero

conjetura *f* ‖ **conjeturar** *tr* formar juicio de (*algo*) por apariencias o indicios

conjugación *f* ‖ **conjugar** §45 *tr* recitar o escribir (*un verbo*) con sus diferentes terminaciones; enlazar, unir

conjunción *f* parte de la oración que enlaza vocablos o frases; aproximación, reunión

conjuntiva *f* membrana mucosa que cubre la parte interior del párpado

conjuntivitis *f* inflamación de la conjuntiva

conjunto -ta *adj* contiguo, unido; incorporado; *m* unión de varias cosas, todo, totalidad

conjuración *f* trama contra el Estado

conjurado -da *mf* persona que entra en una conjuración

conjurar *tr* rogar encarecidamente; exorcizar; tomar juramento a; *intr y ref* ligarse con juramento; conspirar

conjuro *m* ruego; exorcismo; imprecación supersticiosa

conllevar *tr* soportar (*a una persona*); sufrir con paciencia (*las adversidades*)

conmemoración *f* ‖ **conmemorar** *tr* hacer solemnemente memoria o recuerdo de

conmensurable *adj* sujeto a medida o valuación; que tiene medida común con otra cantidad

conmigo = **con** + **mí**

conmillitón *m* soldado compañero de otro

conminar *tr* amenazar

conmiseración *f* compasión

conmoción *f* sacudida violenta; tumulto; trastorno funcional por golpe

conmovedor -dora *adj* ‖ **conmover** §49 *tr* perturbar, trastornar; impresionar hondamente; enternecer; *ref* enternecerse

conmutador *m* (elec.) interruptor que cierra un circuito mientras abre otro

conmutar *tr* trocar, permutar

conmutatriz *f* (*pl:* **-trices**) (elec.) máquina que funciona como motor y generador al mismo tiempo, transformando la corriente alterna en continua y viceversa

connatural *adj* conforme a la naturaleza de uno

connivencia *f* tolerancia culpable; confabulación

cono *m* sólido limitado por un plano y una superficie curva terminada en una cúspide; fruto de las coníferas

conocedor -dora *adj y mf* ‖ **conocer** §19 *tr* tener idea de; advertir, echar de ver; distinguir; reconocer; saber, entender; estar o venir en relaciones con (*una persona*)

conocido -da *adj* distinguido, ilustre; *mf* persona a quien se trata con intimidad

conocimiento *m* acción de conocer; sentido, facultad de sentir; conocido; documento que garantiza un embarque; **conocimientos** *mpl* ciencia, saber

conque *adv* pues, por lo tanto; *m* (fam.) condición

conquista *f* acción de conquistar; persona o cosa conquistada

conquistador -dora *adj y mf* ‖ **conquistar** *tr* adquirir a fuerza de armas; ganar la voluntad de

Conrado *m* nombre propio de varón

consabido -da *adj* sabido, conocido; ya mencionado

consagración *f* ‖ **consagrar** *tr* hacer sagrado; hacer duradero; dedicar a Dios; deificar; dedicar, emplear; pronunciar las palabras transformando (*el pan y el vino*) en el cuerpo y la sangre de Jesucristo

consanguíneo -a *adj* ‖ **consanguinidad** *f* parentesco entre personas que descienden de un mismo tronco

consciente *adj* que tiene cabal conocimiento de lo que hace o dice

conscripción *f* quinta, reclutamiento

conscripto *m* quinto, recluta

consecución *f* acción de conseguir

consecuencia *f* hecho que se sigue o resulta de otro; proposición que se deduce de otra; correspondencia entre actos y principios; importancia

consecuente *adj* que tiene consecuencia; *m* segundo término de una proposición o de una razón

consecutivo -va *adj* que sigue a continuación

conseguir §68 *tr* obtener, lograr

conseja *f* fábula, cuento, patraña

consejero -ra *adj* ‖ *mf* individuo de un consejo; persona que aconseja

consejo *m* parecer o dictamen que se da o toma; junta para aconsejar, administrar, dirigir, gobernar, etc.

consenso *m* asenso general o unánime

consentido -da *adj* mimado; (*marido*) que tolera la infidelidad de su mujer

consentimiento *m* ‖ **consentir** §48 permitir; mimar; admitir; *ref* cascarse, romperse

conserje *m* el que tiene a su cuidado la custodia y limpieza de una casa o establecimiento ‖ **conserjería** *f*

conserva *f* fruta, carne, pescado en almíbar, vinagre, aceite, etc. envasados al vacío; unión de buques mercantes navegando juntos para auxiliarse

conservador -dora *adj* ‖ *mf* individuo del partido político enemigo de las innovaciones que modifican el orden social; *m* individuo encargado del cuidado de un museo

conservaduría *f* cargo del conservador de museo

conservadurismo *m* doctrina y partido de los conservadores políticos

conservar *tr* mantener en buen estado; hacer durar; guardar con cuidado; poner en conserva

conservatorio *m* escuela dedicada a la enseñanza de la música; (Chile) invernáculo

conservero -ra *adj* ‖ *mf* persona que tiene por oficio hacer conservas

considerable *adj* digno de consideración; grande

consideración *f* ‖ **considerar** *tr* meditar con atención; juzgar, estimar; imaginar; tratar con respeto

consigna *f* orden que se da al que guarda algo; en las estaciones, despacho donde se custodian los equipajes

consignar *tr* depositar para un pago; poner por escrito; enviar (*mercancías*) a un representante

consigo = con + sí

consiguiente *adj* que depende y se deduce de otra cosa

consistencia *f* duración, estabilidad; trabazón, solidez

consistente *adj* que consiste; que tiene consistencia

consistir *intr* descansar, residir; consistir en estribar en; ser efecto de; estar incluido en o compuesto de

consistorial *adj* ‖ **consistorio** *m* consejo del Papa y los cardenales; corporación municipal; casa donde se reúne esta corporación

consocio -cia *mf* socio con respecto a otro

consola *f* mesa de adorno, arrimada a la pared

consolación *f* ‖ **consolar** §63 *tr* aliviar la pena o aflicción de

consolidar *tr* dar solidez a; volver a juntar (*lo roto*); convertir (*una deuda flotante*) en deuda perpetua

consomé *m* consumado, caldo

consonancia *f* reunión de sonidos acordes; identidad de sonidos en la terminación de las palabras; armonía, conformidad

consonante *adj* ‖ *m* vocablo que consuena con otro; *f* letra que no puede pronunciarse sin el auxilio de una vocal

consonántico -ca *adj* perteneciente a las consonantes

consonar §63 *intr* formar o tener consonancia

consorcio *m* asociación; armonía, unión; agrupación de empresas

consorte *mf* persona que comparte la suerte de otra; cónyuge

conspicuo -cua *adj* insigne, sobresaliente

conspiración *f* ‖ conspirar *intr* tomar parte en un complot; concurrir a un mismo fin

Const. abr. de Constitución

constancia *f* ‖ constante *adj* firme, perseverante; cierto, exacto; *f* (mat.) cantidad que guarda valor fijo

Constantino *m* emperador romano, que trasladó el imperio a Constantinopla (288–337 d. de J. C.)

Constantinopla *f* ciudad de la Turquía europea

constar *intr* ser cierto y manifiesto; constar de estar compuesto de

constelación *f* grupo de estrellas fijas al que se ha atribuido cierta figura

consternación *f* ‖ consternar *tr* conturbar mucho el ánimo de

constipación *f* constipado; estreñimiento

constipado *m* refriado, catarro

constipar *tr* causar resfriado a; *ref* resfriarse

constitución *f* acción de constituir; ley fundamental de una nación; complexión física ‖ constitucional *adj*

constituir §27 *tr* formar, componer; fundar, establecer ‖ constitutivo -va *adj y m*

constreñimiento *m* ‖ constreñir §60 *tr* obligar, compeler; apretar y cerrar; estreñir

constricción *f* encogimiento, estrechamiento

construcción *f* ‖ constructivo -va *adj* ‖ constructor -tora *adj y mf* ‖ construir §27 *tr* hacer, fabricar, edificar

consuelo *m* alivio de una pena o aflicción; alegría, gozo; (*cap.*) *f* nombre propio de mujer

consueta *m* apuntador

consuetudinario -ria *adj* establecido por la costumbre

cónsul *m* cada uno de dos magistrados romanos que ejercían la suprema autoridad; agente encargado de proteger los intereses de sus compatriotas en una población extranjera ‖ consulado *m* ‖ consular *adj*

consulta *f* ‖ consultar *tr* pedir consejo a; buscar datos en; darse cuenta de; *intr* pedir consejo; deliberar ‖

consultivo -va *adj* ‖ consultor -tora *adj y mf*

consultorio *m* lugar donde un médico recibe a los enfermos

consumación *f* acción de consumar; extinción total

consumado -da *adj* perfecto en su línea; *m* caldo de carne

consumar *tr* llevar a cabo enteramente

consumición *f* consumo, gasto; lo que se toma en un café o bar

consumido -da *adj* (fam.) macilento, muy flaco

consumidor -dora *mf* cliente de un café; *m* individuo en quien termina el ciclo de la producción

consumir *tr* destruir, extinguir; agotar (*comestibles u otros géneros*)

consumo *m* acción de consumir; conjunto de consumidores; consumos *mpl* impuesto municipal sobre víveres introducidos en una población

consunción *f* acción de consumir; enflaquecimiento; tisis

consuno: de consuno de común acuerdo

contabilidad *f* arte de llevar las cuentas; administración de las cuentas

contacto *m* acción de tocarse los cuerpos; trato; punto en que se tocan dos órganos eléctricos

contado -da *adj* determinado, señalado; contados -das pocos, raros; al contado con dinero contante; por de contado por supuesto

contador -dora *mf* persona que lleva la contabilidad; *m* aparato que mide el volumen de agua o gas que pasa por una cañería o la cantidad de electricidad que pasa por un conductor

contaduría *f* oficio y oficina del contador; contabilidad; sitio donde se venden los billetes de teatro con anticipación

contagiar *tr* comunicar una enfermedad a; pervertir con el mal ejemplo ‖ contagio *m* ‖ contagioso -sa *adj*

contaminación *f* ‖ contaminar *tr* ensuciar, manchar; contagiar; corromper, pervertir

contante *adj* (*dinero*) efectivo

contar §63 *tr* notar uno por uno para determinar la suma de; narrar; *intr* hacer cuentas; contar con confiar en

contemplación *f* ‖ contemplar *tr* considerar, mirar; complacer, mimar; meditar ‖ contemplativo -va *adj*

contemporáneo -a *adj* existente al mismo tiempo que otra persona o cosa

contemporizar §62 *intr* acomodarse, amoldarse

contención f acción de contener; contienda, emulación

contencioso -sa adj que disputa o contradice; que es objeto de litigio

contender §52 intr pelear, lidiar; disputar; rivalizar ‖ **contendiente** mf

contener §71 tr encerrar dentro de sí; mantener en ciertos límites; reprimir

contenido -da adj moderado; m lo que una cosa contiene dentro de sí

contentar tr satisfacer el gusto de

contento -ta adj satisfecho, alegre; m satisfacción, alegría

contera f pieza de metal en el extremo de un bastón, paraguas, etc.

contestación f acción de contestar; disputa, altercación

contestar tr responder a; intr convenir

contexto m estructura de un tejido; hilo de la narración

contextura f unión de las partes de un todo

contienda f pelea, disputa

contigo = con + ti

contiguo -gua adj que toca a otra cosa

continencia f abstinencia de los placeres sensuales

continental adj perteneciente al continente

continente adj que tiene continencia; m cosa que contiene en sí a otra; aspecto; aire; gran extensión de tierra rodeada por los océanos

contingencia f ‖ **contingente** adj posible, que puede suceder o no suceder

continuación f ‖ **continuar** §20 tr proseguir (lo comenzado); intr permanecer; ref seguir, extenderse

continuidad f ‖ **continuo -nua** adj que obra, dura, se extiende o se hace sin interrupción; (fís.) (onda) cuya amplitud se mantiene constante

contonear ref mover afectadamente los hombros y las caderas ‖ **contoneo** m

contornear tr dar vueltas alrededor de; perfilar ‖ **contorneo** m

contorno m conjunto de las líneas que limitan una figura; **contornos** mpl territorio que rodea un lugar o población

contorsión f contracción de los miembros o las facciones

contorsionista mf persona que ejecuta contorsiones acrobáticas en el circo

contra m concepto opuesto o contrario; f dificultad, inconveniente; prep en oposición a; mirando hacia

contraalmirante m oficial inmediatamente inferior al vicealmirante

contraataque m reacción ofensiva contra un ataque

contrabajo m el mayor y más grave de los instrumentos de cuerda y arco; persona que lo toca

contrabalancear tr hacer equilibrio a, en la balanza; compensar ‖ **contrabalanza** f

contrabandear intr ‖ **contrabandista** adj y mf ‖ **contrabando** m introducción fraudulenta de géneros prohibidos o que no han pagado derechos de aduana

contrabarrera f segunda fila de asientos en la plaza de toros

contracción f acción de contraer o contraerse

contracepción f prevención de la fecundación ‖ **contraceptivo -va** adj y m

contradanza f danza de figuras que ejecutan varias parejas a un tiempo

contradecir §23 tr decir lo contrario de (lo que otro dice) ‖ **contradicción** f ‖ **contradictor -tora** adj y mf ‖ **contradictorio -ria** adj

contraer §74 tr reducir a menor volumen; reducir (dos vocales) a una; adquirir (costumbres, enfermedades, obligaciones, etc.); ref encogerse

contraespionaje m defensa contra el espionaje del enemigo

contrafase f (rad.) montaje simétrico de dos válvulas de salida en oposición de fase

contrafuerte m refuerzo en la parte posterior del calzado; pilar saliente para reforzar un muro

contrahacer §41 tr imitar; falsificar; fingir; ref fingirse

contrahaz f (pl: -haces) revés en las ropas

contrahecho -cha adj de cuerpo torcido o corcovado

contralto m voz media entre la de tiple y la de tenor; mf persona que tiene esta voz

contraluz f vista de las cosas del lado opuesto a la luz

contramaestre m jefe de un taller; oficial de mar que dirige las faenas de a bordo

contramarcha f marcha en sentido inverso ‖ **contramarchar** intr

contraorden f orden que revoca otra anterior

contrapelo: a contrapelo contra la inclinación natural del pelo; (fam.) con desgana

contrapeso m peso que contrabalancea otro

contraponer §55 tr cotejar; oponer; poner (una cosa) delante ‖ **contraposición** f

contrapuerta *f* puerta que separa el zaguán del resto de la casa; puerta detrás de otra puerta

contrapunto *m* arte de combinar melodías diferentes

contrariar §76 *tr* oponerse a; disgustar, enojar

contrariedad *f* oposición; obstáculo; disgusto

contrario -ria *adj* opuesto; nocivo; desfavorable; *mf* enemigo, adversario; *m* contradicción, obstáculo

contrarreforma *f* reforma católica que siguió en el siglo XVI a la reforma protestante

contrarrestar *tr* resistir; (dep.) volver (*la pelota*)

contrasentido *m* acto o dicho contrario al sentido natural; deducción opuesta a sus antecedentes

contraseña *f* seña para ser reconocido

contrastar *tr* resistir; comprobar la ley de (*los objetos de oro y plata*); comprobar la exactitud de (*las pesas y medidas*); *intr* mostrar notables diferencias (*dos cosas, cuando se las compara entre sí*)

contraste *m* resistencia; el que tiene por oficio contrastar; diferencia notable entre dos cosas

contratiempo *m* accidente perjudicial, desdicha

contrato *m* pacto entre dos o más personas

contratorpedero *m* pequeño buque de guerra que persigue a los torpederos

contravención *f* acción de contravenir

contraveneno *m* medicamento contra el veneno

contravenir §78 *intr* obrar contrariamente; contravenir a infringir, violar

contraventana *f* puerta que interiormente o exteriormente cierra sobre la vidriera

contrayente *adj* ‖ *mf* persona que contrae matrimonio

contribución *f* acción de contribuir; impuesto pagado al Estado

contribuir §27 *tr* dar (*ayuda, tiempo, dinero*) con otras personas; pagar (*dinero*) por un impuesto; *intr* dar (*cada uno*) la parte que le cabe

contribuyente *adj* ‖ *mf* persona que paga contribución al Estado

contrición *f* dolor intenso por haber pecado

contrincante *mf* competidor, rival

contristar *tr* entristecer

contrito -ta *adj* que siente contrición

control *m* ‖ **controlar** *tr* comprobar, verificar; dirigir, mandar

controversia *f* ‖ **controversista** *mf* ‖ **controvertir** §48 *tr* e *intr* disputar, discutir

contubernio *m* cohabitación ilícita; alianza vituperable

contumacia *f* ‖ **contumaz** *adj* (*pl: -maces*) tenaz en mantener un error

contumelia *f* ‖ **contumelioso -sa** *adj* injurioso, ofensivo

contundente *adj* que contunde; convincente, concluyente

contundir *tr* magullar, golpear

conturbar *tr* inquietar, turbar

contusión *f* daño por golpe sin herida exterior ‖ **contuso -sa** *adj*

convalecencia *f* ‖ **convalecer** §19 *intr* reponerse de una enfermedad ‖ **convaleciente** *adj y mf*

convalidar *tr* confirmar, ratificar

convección *f* transmisión de calor por movimiento de un gas o un líquido

convecino -na *adj* cercano; *mf* vecino de un mismo pueblo que otro

convencer §77 *tr* persuadir con pruebas o argumentos

convención *f* ajuste, acuerdo; asamblea nacional que asume todos los poderes; (Amér.) reunión política o electoral

convencional *adj* establecido por la costumbre ‖ **convencionalismo** *m*

conveniencia *f* correlación, conformidad; ajuste, convenio; utilidad, provecho; abundancia de las cosas necesarias para vivir a gusto; **conveniencias** *fpl* haberes, rentas

convenienciero -ra *adj* ‖ *mf* (fam.) persona en extremo aficionada a sus conveniencias

conveniente *adj* útil, provechoso; conforme; decente

convenio *m* ajuste, pacto, trato

convenir §78 *intr* ser de un mismo parecer; ser conveniente; reunirse en un sitio; *ref* ajustarse, concordarse

convento *m* casa en que vive una comunidad religiosa ‖ **conventual** *adj*

convergencia *f* ‖ **convergente** *adj* ‖ **converger** §35 o **convergir** §28 *intr* concurrir (*dos o más líneas*) en un punto; concurrir a un fin (*dos o más cosas*)

conversación *f* ‖ **conversacional** *adj* ‖ **conversar** *intr* hablar, platicar (*dos o más personas*)

conversión *f* acción de convertir

convertidor *m* aparato para convertir el hierro fundido en acero; (elec.) transformador; (elec.) conmutatriz convertir §48 *tr* enderezar, volver; cambiar, transformar; hacer mudar de religión, partido o método de vida

convexidad *f* ‖ convexo -xa *adj* que tiene más prominente el centro que las orillas

convicción *f* certeza de la verdad

convicto -ta *adj* ‖ *mf* reo cuya culpabilidad se ha probado legalmente

convidado -da *mf* persona a quien se convida; *f* (fam.) invitación a beber

convidar *tr* solicitar la presencia o la participación de; incitar, mover

convincente *adj* que convence

convite *m* acción de convidar; banquete, fiesta

convivencia *f* ‖ convivir *intr* vivir con otro u otros

convocación *f* ‖ convocar §72 *tr* llamar (*a varias personas*) para que se reúnan

convocatoria *f* escrito con que se convoca

convoy *m* escolta, guardia; conjunto de cosas escoltadas; tren

convoyar *tr* escoltar (*lo que se transporta*)

convulsión *f* sacudida involuntaria y violenta; agitación violenta ‖ convulsivo -va *adj*

convulso -sa *adj* que padece convulsiones; trémulo

conyugal *adj* ‖ cónyuge *mf* marido respecto de la mujer, y viceversa

coñac *m* (*pl:* -ñacs o -ñaques) aguardiente francés muy estimado

cooperación *f* ‖ cooperar *intr* obrar juntamente para un fin común

cooperativo -va *adj* fundado en la cooperación; *f* sociedad para vender y comprar en común

coordenado -da *adj* ‖ *f* (mat.) cualquier magnitud que determina la posición de un punto, línea o plano

coordinación *f* ‖ coordinar *tr* disponer metódicamente; concertar para una acción común

copa *f* vaso con pie para beber; parte alta del árbol; parte del sombrero en que entra la cabeza; trofeo deportivo; naipe del palo de copas; copas *fpl* uno de los palos de la baraja

copaiba *f* copayero; bálsamo de copaiba

copar *tr* conseguir (*todos los puestos*) en una elección; apresar por sorpresa (*a una fuerza militar*)

copayero *m* árbol sudamericano, del cual se obtiene un bálsamo medicinal

copear *intr* vender las bebidas por copas

Copenhague *f* capital de Dinamarca

copernicano -na *adj* y *mf* ‖ Copérnico *m* astrónomo polaco (1473-1543)

copete *m* cabello levantado sobre la frente; penacho de ave: colmo de un vaso de helado; altanería, presunción

copetudo -da *adj* que tiene copete; altanero, vanidoso

copia *f* abundancia; reproducción de un escrito o de una obra de arte; imitación

copiador -dora *adj* que copia; *m* libro en que se copia la correspondencia

copiar *tr* hacer una copia de; representar exactamente (*la naturaleza*); imitar

copioso -sa *adj* abundante

copista *mf* persona que se dedica a copiar

copla *f* estrofa; canción popular breve; coplas *fpl* (fam.) versos

coplero -ra *mf* persona que vende coplas; mal poeta

copo *m* porción de lana, seda, lino, etc. dispuesta para hilarse; cada una de las porciones de nieve que cae al nevar

copón *m* vaso en que se guarda el Santísimo Sacramento

copto -ta *adj* ‖ *mf* cristiano de Egipto

cópula *f* unión; acción de copularse; (gram.) verbo que une el sujeto con el atributo

copular *ref* unirse carnalmente

copyright *m* (inglés) derechos de propiedad literaria o artística

coque *m* carbón procedente de la combustión incompleta de la hulla

coqueta *adj* ‖ *f* mujer que suele coquetear; mueble con espejo

coquetear *intr* procurar agradar (*una mujer*) a los hombres por vanidad ‖ coquetería *f*

coquetón -tona *adj* (fam.) gracioso, mono; *m* (fam.) hombre que procura agradar a las mujeres

coquito *m* gesto con que se procura hacer reír al niño

coracero *m* soldado de caballería armado de coraza

coraje *m* valor, ánimo; ira, cólera

corajina *f* (fam.) explosión de cólera

coral *adj* perteneciente al coro; *m* pólipo que vive en colonias; soporte calizo del coral

corambre *f* conjunto de cueros; odre

Corán *m* Alcorán

coraza *f* armadura que protege el pecho y la espalda; blindaje; concha

corazón *m* órgano central de la circulación de la sangre; centro de una cosa; sentimiento interior; ánimo, valor; amor

corazonada *f* impulso espontáneo; presentimiento

corbata *f* tira de seda o de lienzo que por adorno se anuda al cuello ‖ **corbateria** *f* ‖ **corbatero -ra** *mf*

corbatín *m* corbata pequeña de lazo

Córcega *f* isla del Mediterráneo que pertenece a Francia

corcel *m* caballo brioso y ligero

corcova *f* corvadura anómala de la columna vertebral o del pecho ‖ **corcovado -da** *mf*

corcovo *m* salto que da un animal encorvando el lomo

corchea *f* nota musical cuyo valor es la mitad de una semínima

corcheta *f* hembra del corchete

corchete *m* broche metálico compuesto de macho y hembra; macho del corchete; signo para abrazar palabras, números, etc.; ministro inferior de justicia

corcho *m* corteza del alcornoque; tapón de corcho ‖ **corchoso -sa** *adj*

cordaje *m* conjunto de cuerdas; (mar.) jarcia

cordal *adj* ‖ *f* muela del juicio

cordel *m* cuerda delgada

cordelería *f* ‖ **cordelero -ra** *mf* persona que hace o vende cordeles o cuerdas

cordero -ra *mf* cría de la oveja; persona mansa y humilde; **el Cordero** Nuestro Señor Jesucristo

cordial *adj* sinceramente afectuoso; *m* bebida confortante ‖ **cordialidad** *f*

cordillera *f* serie de montañas

córdoba *f* moneda de Nicaragua; (cap.) *f* provincia y capital del sur de España; provincia y capital del centro de la República Argentina

cordobán *m* piel curtida de cabra

cordobés -besa *adj y mf* natural de Córdoba

cordón *m* cuerda delgada y redonda; conjunto de hombres colocados a intervalos para impedir el paso

cordura *f* prudencia, juicio

corea *f* baile de San Vito; (cap.) *f* país del Asia oriental, dividida en la Corea del Norte (*soviética*) y la Corea del Sur (*independiente*) ‖ **co-reano -na** *adj y mf*

corear *tr* acompañar con coros (*una composición musical*)

coreografía *f* arte de la danza; arte de componer bailes ‖ **coreográfico -ca** *adj* ‖ **coreógrafo -fa** *mf*

coriáceo -a *adj* parecido al cuero

corifeo *m* director del coro en la tragedia clásica; jefe de una secta o partido

corindón *m* alúmina nativa cristalizada

corintio -tia *adj y mf* ‖ **Corinto** *f* ciudad de Grecia

Coriolano *m* general romano del siglo V a. de J. C.

corista *mf* persona que canta en un coro

coriza *f* catarro nasal

cornada *f* golpe dado con la punta del cuerno; herida que produce

cornalina *f* ágata roja

cornamenta *f* cuernos de algunos animales

córnea *f* membrana transparente en la parte anterior del globo del ojo

cornear *tr* acornear

corneja *f* pájaro parecido al cuervo; buharro

cornejo *m* arbusto muy ramoso (*Cornus*)

córneo -a *adj* de cuerno o parecido a él; *f* véase **córnea**

corneta *f* instrumento de viento parecido al clarín, pero mayor; *m* el que lo toca

cornezuelo *m* hongo parásito del centeno (*Claviceps purpurea*)

cornijal *m* punta, ángulo, esquina; lienzo con que se enjuga los dedos el sacerdote en la misa

cornisa *f* coronamiento compuesto de molduras saledizas

cornisamento *m* conjunto de cornisas

Cornualles condado del sudoeste de Inglaterra

cornucopia *f* vaso de figura de cuerno, rebosando frutas y flores; espejo con brazos para poner velas

cornudo -da *adj* que tiene cuernos; *m* (fam.) marido a quien su mujer le es infiel

cornúpeta *m* (fam.) toro de lidia

coro *m* conjunto de personas que cantan juntas; pieza que canta el coro; rezo y canto de las horas canónicas; parte de la iglesia destinada al coro

corola *f* cubierta interior de la flor completa

corolario *m* proposición que se deduce por sí sola de lo ya demostrado

corona *f* círculo de ramas, flores, metal, etc. con que se ciñe la cabeza; tonsura; aureola; dignidad real; reino; moneda de varios países; parte visible de una muela

coronación *f* acción de coronar; fin de una obra

coronamiento *m* adorno en la parte superior de un edificio; fin de una obra

coronar *tr* poner una corona en la cabeza de; en las damas, poner un peón sobre (*otro*); acabar, completar; cubrir (*una torre, eminencia, etc.*)

coronel *m* jefe de regimiento

coronilla *f* parte superior de la cabeza

corpachón *m* o **corpanchón** *m* (fam.) cuerpo grande

corpiño *m* jubón sin mangas; (Arg.) portasenos

corporación *f* asociación o entidad de carácter público; asociación reconocida por la ley como persona jurídica

corporal *adj* perteneciente al cuerpo; *m* lienzo sobre el cual se ponen la hostia y el cáliz en el altar

corporativo -va *adj* perteneciente a la corporación

corpóreo -a *adj* corporal; que tiene cuerpo

corpulencia *f* ‖ **corpulento -ta** *adj* que tiene mucho cuerpo

Corpus *m* jueves en que la Iglesia celebra la fiesta de la Eucaristía

corpuscular *adj* ‖ **corpúsculo** *m* partícula pequeña; elemento componente del átomo

corral *m* sitio cercado y descubierto, esp. el destinado a los animales

corraliza *f* corral de una casa

correa *f* tira de cuero; flexibilidad de una cosa correosa

correaje *m* conjunto de correas

corrección *f* acción de corregir; calidad de correcto; represión

correccional *adj* perteneciente a la corrección; *m* establecimiento penitenciario

correctivo -va *adj* ‖ *m* medicamento que corrige; castigo para corregir

correcto -ta *adj* libre de errores; cortés, tratable

corrector *m* el encargado de corregir las pruebas tipográficas

corredera *f* ranura o carril por donde resbala una pieza; tabla corrediza; cucaracha

corredizo -za *adj* que corre fácilmente

corredor -dora *mf* deportista que interviene en carreras; persona que interviene en compras y ventas; *m* pasillo; galería

corregible *adj* capaz de corrección

corregidor *m* antiguo alcalde o gobernador

corregir §58 *tr* enmendar; reprender

correhuela *f* mata de tallo tendido (*Convolvulus arvensis*)

correlación *f* relación recíproca entre dos o más cosas ‖ **correlativo -va** *adj*

correligionario -ria *adj* ‖ *mf* persona que tiene la misma religión o partido que otra

correntón -tona *adj* amigo de corretear; festivo, chancero

correo *m* servicio público de transporte de la correspondencia; casa en donde se recibe y se despacha la correspondencia; la misma correspondencia; tren rápido para el transporte de pasajeros y correspondencia; cómplice; correo aéreo el despachado por vía aérea; echar al correo poner (*una carta*) en el buzón de correos

correoso -sa *adj* flexible y elástico como el cuero; que se mastica con dificultad

correr *tr* atravesar de una parte a otra; acosar, perseguir; echar (*una cerradura*); echar o levantar (*una cortina*); hacer correr; deslizar; exponerse a (*peligro*); avergonzar; lidiar (*toros*); *intr* caminar velozmente; moverse (*los líquidos*); transcurrir (*el tiempo*); circular; *ref* hacerse (*a derecha o a izquierda*); derretirse (*una vela o bujía*); deslizarse; avergonzarse

correría *f* excursión; incursión por tierra enemiga

correspondencia *f* acción de corresponder; trato recíproco; cartas, correo; estación en donde dos ferrocarriles empalman

corresponder *intr* guardar proporción, conformidad, semejanza; tocar, pertenecer; estar en comunicación; corresponder a pagar, compensar; *ref* comunicarse por escrito; amarse

correspondiente *adj* proporcionado; que corresponde; *mf* persona con quien se está en relación epistolar

corresponsal *mf* entre periodistas y comerciantes, correspondiente

corretaje *m* gestión y estipendio del corredor

corretear *intr* (fam.) correr jugando; (fam.) andar callejeando

correvedile *mf* o **correveidile** *mf* (fam.) persona que trae chismes y cuentos; (fam.) alcahuete

corrido -da *adj* escrito con soltura; experimentado; avergonzado; continuo, seguido; *f* carrera, acción del que corre; lidia de toros

corriente *adj* que corre; (*mes o año*) en curso; cierto, sabido; usual; llano en el trato; *f* masa de aire o de agua que se mueve en una dirección; paso de la electricidad a través de un conductor; *adv* conforme, está bien

corrillo *m* pequeña reunión de personas separadas de las demás

corrimiento *m* acción de correr; fluxión de humores; rubor, vergüenza

corro *m* cerco de gente; espacio circular

corroboración *f* ‖ **corroborar** *tr* dar mayores fuerzas a (*una persona débil*); dar nueva fuerza a (*un argumento, opinión, etc.*)

corroer §64 *tr* desgastar lentamente

corromper *tr* echar a perder; pudrir; pervertir; sobornar; *intr* oler mal

corrosión *f* acción de corroer ‖ **corrosivo -va** *adj*

corrupción *f* acción de corromper; mal olor

corruptela *f* mala costumbre o abuso ilegal; corrupción

corruptible *adj* que puede corromperse

corsario -ria *adj* (*buque*) armado en corso; *m* el que manda un buque armado en corso; pirata

corsé *m* prenda interior de mujer para ajustarse el cuerpo ‖ **corsetería** *f* ‖ **corsetero -ra** *mf*

corso -sa *adj* y *mf* natural de Córcega; *m* campaña de buques, con patente de su gobierno, contra piratas o enemigos

corta *f* acción de cortar árboles

cortacésped *m* máquina de cortar césped

cortacircuitos *m* (*pl:* -tos) aparato que interrumpe automáticamente la corriente eléctrica

cortadillo *m* vaso pequeño y cilíndrico

cortador -dora *adj* ‖ *mf* en las sastrerías, zapaterías, etc., persona que corta; *m* carnicero

cortadura *f* división por instrumento cortante; paso entre montañas; **cortaduras** *fpl* recortes

cortafrío *m* cincel para cortar hierro frío a golpes de martillo

cortalápices *m* (*pl:* -ces) afilalápices

cortante *adj* que corta; *m* carnicero; cuchilla grande de carnicero

cortapisa *f* gracia, sal; estorbo, restricción

cortaplumas *m* (*pl:* -mas) navaja pequeña de bolsillo

cortar *tr* dividir o seccionar con instrumento afilado; dividir (*la baraja*); interrumpir, suprimir; atajar; omitir; *intr* ser muy penetrante (*el aire*); *ref* turbarse; descomponerse (*p. ej., la leche*)

corte *m* acción de cortar; filo de un arma o cuchillo; figura que resulta-

ría si se cortara un cuerpo por un plano; tela que se necesita para un vestido; *f* familia y séquito de un soberano; población donde reside el soberano; galanteo; (Amér.) tribunal de justicia; **Cortes** *fpl* parlamento

cortedad *f* pequeñez; escasez de instrucción, talento, valor; timidez

cortejar *tr* acompañar, asistir; galantear (*a una mujer*)

cortejo *m* acción de cortejar; comitiva, séquito; agasajo; galanteo; (fam.) persona que tiene amores con otra

cortés *adj* atento, afable, obsequioso

cortesanía *f* atención, urbanidad

cortesano -na *adj* perteneciente a la corte; cortés, urbano; *m* palaciego; *f* mujer de mala vida que se distingue por su elegancia o su talento

cortesía *f* calidad de cortés; atención, respeto

corteza *f* capa exterior del árbol y de algunas frutas; rusticidad, falta de crianza

cortijo *m* finca de campo con casa de labor

cortina *f* tela colgante con que se cubre una puerta, ventana, etc.; lo que encubre y oculta; lienzo de muralla entre dos baluartes; **cortina de bambú** línea divisoria que separa la China roja del mundo anticomunista; **cortina de hierro** línea divisoria que separa Rusia y sus satélites de los países de la Europa occidental

cortinaje *m* conjunto o juego de cortinas

cortisona *f* esteroide de la corteza suprarrenal que se emplea en el tratamiento de las artritis reumáticas

corto -ta *adj* que no tiene la debida longitud; de poca duración; escaso; de poco talento; tímido; falto de palabras; *f* véase **corta**

cortocircuito *m* accidente que se produce cuando dos conductores eléctricos entran en contacto

cortometraje *m* película cinematográfica de corta duración

cortón *m* insecto, parecido al grillo, que corta las raíces de las plantas

Coruña, La provincia y capital del noroeste de España ‖ **coruñés -ñesa** *adj* y *mf*

corva *f* parte de la pierna opuesta a la rodilla

corvejón *m* articulación entre la pierna y la caña de los cuadrúpedos; espolón de un ave

corveta f movimiento del caballo al empinarse sobre las patas traseras ‖ **corvetear** intr

corvino -na adj perteneciente al cuervo; f pez marino comestible

corvo -va adj arqueado, combado; m garfio; f véase corva

corzo -za mf rumiante rabón de cuernas ahorquilladas (*Capreolus capreolus*)

cosa f objeto inanimado; algo que no tiene nombre; asunto; hecho, acto

cosaco -ca adj ‖ mf habitante del sudeste de Rusia; m soldado ruso de un cuerpo de caballería

coscoja f árbol parecido a la encina (*Quercus coccifera*)

coscojo m agalla producida por el quermes en la coscoja

coscorrón m golpe dado con los nudillos en la cabeza

cosecante m (trig.) secante del complemento de un ángulo o un arco

cosecha f frutos que se recogen en un momento dado; tiempo de la recolección; conjunto de cosas no materiales ‖ **cosechar** tr e intr ‖ **cosechero -ra** mf

coselete m antigua coraza; tórax de los insectos

coseno m (trig.) seno del complemento de un ángulo o un arco

coser tr unir con hilo (*dos pedazos de tela*); unir estrechamente; molestar (*p.ej., con preguntas*); herir (*p.ej., con golpes de puñal*)

cosmético -ca adj ‖ m substancia para hermosear el rostro o el cabello

cósmico -ca adj perteneciente al cosmos; (*rayo*) muy penetrante que viene de los espacios sidéreos

cosmopolita adj común a muchos países; que considera al universo como patria suya

cosmos m (pl: -mos) el universo considerado como un todo ordenado

coso m plaza donde se lidian toros y para otras diversiones públicas; calle principal

cosquillas fpl sensación que produce en ciertas partes del cuerpo una sucesión rápida de toques ligeros

cosquillear tr hacer cosquillas a ‖ **cosquilleo** m

cosquilloso -sa adj que siente mucho las cosquillas; quisquilloso

costa f cantidad que se paga por algo; orilla del mar; **costas** fpl gastos judiciales

costado m parte lateral del cuerpo humano; lado de un buque, un ejército, etc.

costal adj perteneciente a las costillas; m saco grande

costalada f golpe que uno se da al caer de espaldas

costanero -ra adj perteneciente a la costa; que está en cuesta; f cuesta, pendiente

costanilla f calle corta y en cuesta

costar §63 tr causar (*cuidado, trabajo, etc.*); intr ser comprado o adquirido por (*cierto precio*)

Costa Rica f estado de la América Central ‖ **costarricence** o **costarriqueño -ña** adj y mf

coste m costa, precio

costear tr pagar el coste de

costilla f cada uno de los huesos encorvados que forman la caja torácica; cada uno de los maderos curvos que forman los costados de un buque

costo m costa, precio

costoso -sa adj que cuesta mucho

costra f cubierta endurecida; postilla de llaga o grano ‖ **costroso -sa** adj

costumbre f modo de obrar establecido por un largo uso; lo que se hace más comúnmente

costumbrista mf escritor que se dedica a temas sobre costumbres

costura f acción de coser; labor que se cose; línea de la unión de dos piezas cosidas; alta costura corte y confección de prendas de vestir de última moda

costurera f la que cose por oficio

costurero m mesa o cuarto para la costura

costurón m costura tosca; cicatriz marcada

cota f antiguo jubón de cuero, mallas de hierro, etc.; número en un plano topográfico para indicar la altura de un punto

cotangente m (trig.) tangente del complemento de un ángulo o un arco

cotejar tr confrontar, comparar ‖ **cotejo** m

cotidiano -na adj de todos los días

cotiledón m hoja rudimentaria del embrión de las plantas

cotillón m danza con figuras

cotización f ‖ **cotizar** §62 tr asignar el precio de; intr pagar o recaudar una cuota

coto m terreno acotado; término, límite

cotorra f papagayo pequeño; (fam.) persona parlanchina

cotufa f tubérculo de la raíz de la aguaturma; golosina

coturno m calzado grecorromano de lujo; calzado usado en la tragedia antigua

covacha f cueva pequeña
covachuela f (fam.) oficina de mal aspecto
covachuelista m (fam.) oficinista del Estado
coxal adj perteneciente a la cadera
coyote m especie de lobo gris (Canis latrans)
coyunda f correa con que se uncen los bueyes; unión conyugal
coyuntura f oportunidad, ocasión; articulación de dos huesos
coz m (pl: coces) golpe que da un animal con una pata trasera; retroceso del arma de fuego
C.P.B. o c.p.b. abr. de cuyos pies beso
cps. abr. de compañeros
crabrón m avispón
crac m quiebra comercial
Cracovia f ciudad de Polonia
craneal adj ‖ cráneo m caja ósea que encierra el encéfalo
crápula f borrachera; libertinaje ‖ crapuloso -sa adj
crascitar intr graznar (el cuervo)
crasitud f ‖ craso -sa adj grueso, gordo; grave, indisculpable; (cap.) m triunfato con César y Pompeyo (115–53 a. de J.C.)
cráter m boca de un volcán
creación f acción de crear; cosa creada; la Creación el Universo
creador -dora adj ‖ mf persona que crea; el Creador Dios
crear tr sacar de la nada; establecer, fundar; concebir; hacer, componer ‖ creativo -va adj
crecedero -ra adj que puede crecer; (vestido) algo grande que se hace a un niño, de modo que le pueda servir aunque crezca
crecer §19 intr hacerse más grande; recibir algún aumento
creces fpl aumento
crecido -da adj grande, numeroso; f subida del nivel de un río o arroyo
creciente adj que crece; m media luna; f subida de la marea
crecimiento m acción de crecer
credencial adj que acredita; f documento que acredita un nombramiento
crédito m reputación de solvencia; derecho que tiene uno a recibir algo; deuda que uno tiene a su favor; plazo para el pago
credo m conjunto de doctrinas; oración en que se afirma la fe cristiana
credulidad f ‖ crédulo -la adj que cree fácilmente
creedero -ra adj creíble; creederas fpl (fam.) demasiada facilidad en creer

creencia f fe y crédito que se da a algo; religión, secta
creer §21 tr tener por cierto; tener fe en; pensar, juzgar
creíble adj que puede ser creído
crema f nata de la leche; pasta para el cutis; pasta para lustrar calzado; lo escogido
cremación f acción de quemar
cremallera f barra dentada para engranar con un piñón; cierre relámpago
crematorio -ria adj ‖ m edificio destinado a la cremación de cadáveres
crémor m tartrato ácido de potasa
crencha f raya que divide el pelo en dos mitades y cada una de éstas
creosota f líquido oleaginoso, obtenido del alquitrán y empleado como antiséptico y para preservar la madera ‖ creosotar tr
crepitación f ‖ crepitar intr hacer ruidos semejantes a los de la leña que arde
crepuscular adj ‖ crepúsculo m claridad que hay al amanecer y al anochecer
cresa f larva de insecto; huevecillos de moscas
Creso m rey de Libia, célebre por sus riquezas (m. 546 a. de J.C.); hombre muy rico
crespo -pa adj ensortijado, rizado; irritado
crespón m tejido ligero, de superficie arrugada y mate
cresta f penacho de carne roja que tienen sobre la cabeza el gallo y algunas otras aves; cima de montaña, ola, etc.
crestomatía f colección de escritos selectos
creta f carbonato de cal terroso; (cap.) f isla griega en el Mediterráneo
cretáceo -a adj que contiene creta
cretense adj y mf natural de Creta
cretinismo m enfermedad que detiene el desarrollo físico y mental ‖ cretino -na adj y mf
cretona f tejido de algodón, blanco o estampado
creyente adj ‖ mf persona que cree
cría f acción de criar; niño o animal en su primera edad; conjunto de hijos que tienen de una vez los animales
criadero m sitio para criar animales; vivero; yacimiento de mineral
criadilla f patata (el tubérculo); testículo; criadilla de tierra especie de trufa
criado -da mf persona empleada en el servicio doméstico

criador -dora *mf* persona que cría animales

crianza *f* acción de criar; cortesía, urbanidad

criar §76 *tr* nutrir con la lactancia; alimentar, cuidar y cebar (*animales*); educar, instruir; crear

criatura *f* toda cosa criada; niño de poca edad; persona que debe su cargo a otra

criba *f* cerco con una tela metálica para limpiar minerales, semillas, etc.

cribado *m* ‖ cribar *tr* pasar por la criba

cric *m* (*pl:* crics) máquina para levantar pesos

cricquet *m* juego de pelota de origen inglés

Crimea *f* península del sur de Rusia

crimen *m* delito grave

criminal *adj* ‖ *mf* persona que ha cometido un crimen ‖ criminalidad *f*

crin *f* cerdas que tienen algunos animales en la cerviz

criollo -lla *adj* propio de los países americanos; *mf* blanco nacido en las colonias; español nacido en América

cripta *f* lugar subterráneo en una iglesia, donde se enterraba a los muertos

criptógamo -ma *adj* ‖ *f* planta que no se reproduce por semillas formadas en flores

criptograma *m* documento escrito en lenguaje cifrado

criptón *m* cuerpo simple gaseoso (*símbolo* Kr; *núm. atómico* 36; *peso atómico* 83,7)

crisálida *f* ninfa de insecto

crisantema *f* o crisantemo *m* planta compuesta, oriunda de China

Criseida *f* (mit.) hija de Crises, sumo sacerdote de Apolo

crisis *f* (*pl:* -sis) cambio súbito en una enfermedad; momento decisivo en un negocio grave; dificultad que obliga a un ministerio a dimitir

crisma *m y f* óleo santo; *f* (fam.) cabeza

crisol *m* vaso para fundir metales, vidrio, etc.; cavidad en la parte inferior de los hornos

Crisóstomo, San Juan arzobispo de Constantinopla (347–407 d. de J.C.)

crispar *tr* causar contracción repentina de (*los músculos*) ‖ crispatura *f*

cristal *m* cuerpo que se ha solidificado en forma poliédrica; vidrio transparente; objeto de cristal; hoja de cristal o vidrio; espejo; (poét.) agua

cristalino -na *adj* de cristal o parecido al cristal; *m* cuerpo transparente situado detrás de la pupila del ojo

cristalizar §62 *tr* hacer tomar forma cristalina; *intr y ref* tomar forma cristalina; tomar forma precisa y clara

cristalografía *f* ciencia que estudia los cristales

Cristián *m* nombre propio de varón

cristianar *tr* (fam.) bautizar

cristiandad *f* conjunto de los cristianos

cristianismo *m* religión cristiana; bautizo

cristiano -na *adj* ‖ *mf* persona que profesa la religión de Cristo; *m* (fam.) persona o alma viviente; (fam.) idioma español; (fam.) vino aguado

Cristina *f* nombre propio de mujer

Cristo *m* el Mesías; Jesús o el Nazareno; crucifijo

Cristóbal *m* nombre propio de varón

criterio *m* norma para conocer la verdad; juicio, discernimiento

crítica *f* arte de juzgar; juicio; murmuración

criticar §72 *tr* juzgar (*una obra artística, literaria, etc.*); censurar

crítico -ca *adj* perteneciente a la crítica; perteneciente a la crisis; *mf* persona que juzga las obras de arte; *f* véase crítica

criticón -cona *adj* ‖ *mf* (fam.) persona que todo lo critica por hábito

Croacia *f* comarca de Yugoslavia

croar *intr* cantar (*la rana*)

croata *adj y mf* natural de Croacia

cromar *tr* dar un baño de cromo a

cromático -ca *adj* perteneciente a los colores; que presenta irisaciones; (mús.) que procede por semitonos ‖ cromatismo *m*

cromo *m* cuerpo simple metálico (*símbolo* Cr; *núm. atómico* 24; *peso atómico* 52,01); cromolitografía (*estampa*)

cromolitografía *f* impresión en colores al cromo; estampa así obtenida

cromosfera *f* capa de gases incandescentes de la atmósfera solar

cromosoma *m* elemento nucleario de una célula durante su partición

crónico -ca *adj* que viene de tiempo atrás; arraigado, inveterado; habitual, incurable; *f* relación ordenada de hechos acaecidos; artículo de información periodística

cronista *mf* persona que escribe crónicas

cronología *f* manera de computar los tiempos; ciencia que determina el orden y fechas de los sucesos ‖ cronológico -ca *adj*

cronometrador -dora *mf* ‖ **cronometraje** *m* ‖ **cronometrar** *tr* (dep.) medir con el cronómetro

cronómetro *m* reloj de mucha precisión

Cronos *m* (mit.) el más joven de los titanes

croqueta *f* fritura de carne con pan rallado

croquis *m* (*pl:* -quis) diseño o dibujo ligero

crótalo *m* castañuela; serpiente venenosa que hace un ruido con la cola cuando se mueve

croupier *m* (francés) auxiliar de banquero en casa de juego

cruce *m* acción de cruzar; punto donde se cruzan dos caminos, calles, etc.

crucero *m* encrucijada; buque de guerra rápido; acción de ir y venir un buque en un mismo paraje para vigilar la navegación

crucial *adj* decisivo, crítico

crucífero -ra *adj* ‖ *f* planta que tiene flores con pétalos en forma de cruz

crucificar §72 *tr* clavar en una cruz

crucifijo *m* imagen de Cristo crucificado

crucifixión *f* acción de crucificar

crucigrama *m* acertijo que consiste en formar palabras cruzando sus letras

crudeza *f* ‖ **crudo -da** *adj* que no está en sazón; que no está cocido; no curado, no preparado; (*tiempo*) frío y destemplado; cruel

cruel *adj* que hace sufrir o se deleita en hacer sufrir ‖ **crueldad** *f*

cruento -ta *adj* sangriento

crujía *f* corredor de un edificio; sala larga de un hospital con camas a ambos lados

crujido *m* ‖ **crujir** *intr* dar un ruido de cuerpos que luden unos con otros o que se rompen

crup *m* difteria laríngea ‖ **crupal** *adj*

crustáceo -a *adj* ‖ *m* artrópodo acuático cubierto por un caparazón

cruz *f* (*pl:* cruces) armazón formada de dos piezas atravesadas perpendicularmente; representación de la cruz en que murió Jesucristo; señal o condecoración en forma de cruz; reverso de las monedas; parte más alta del espinazo del cuadrúpedo; (fig.) peso, sacrificio; **Cruz Roja** distintivo de neutralidad en tiempo de guerra; sociedad que presta servicios a los heridos en los campos de batalla y en otros siniestros

cruzado -da *adj* en cruz; (*animal*) nacido de padres de distintas castas; *m* soldado que tomaba parte en una cruzada; *f* expedición en la Edad Media a Tierra Santa contra los infieles; campaña en pro de una reforma

cruzamiento *m* ‖ **cruzar** §62 *tr* atravesar; juntar (*hembras y machos de distintas castas*); *intr* ir y venir (*un buque*) en un mismo paraje para vigilar la navegación; *ref* pasar (*dos personas, vehículos, etc.*) en dirección opuesta

cs. abr. de **céntimos y cuartos**

cte. abr. de **corriente**

cto. abr. de **corriente**

cts. abr. de **céntimos y cuartos**

c/u abr. de **cada uno**

cuadernillo *m* conjunto de cinco pliegos de papel

cuaderno *m* libro de hojas en blanco, para escribir

cuadra *f* caballeriza, establo; sala de cuartel, hospital, etc.; parte de calle entre dos bocacalles

cuadradillo *m* regla cuadrada para rayar papel; azúcar partido en piezas cuadradas

cuadrado -da *adj* de forma cuadrangular; cabal, perfecto; (mat.) (*raíz*) de segundo grado; *m* cuadrilátero rectángulo de lados iguales; segunda potencia de un número

cuadragésimo -ma *adj* ‖ *m o f* cada una de las cuarenta partes iguales en que se divide un todo; persona o cosa que sigue a la trigésima nona

cuadrangular *adj* que tiene cuatro ángulos; *m* en el béisbol, batazo que permite una carrera sin parar alrededor de todas las bases

cuadrángulo -la *adj* ‖ *m* figura que tiene cuatro ángulos

cuadrante *m* cuarta parte del círculo limitada por dos radios perpendiculares; reloj de sol

cuadrar *tr* dar forma de cuadro a; (mat.) elevar a la segunda potencia; *intr* conformarse; *ref* quedarse parado con los pies en escuadra

cuadratura *f* acción de cuadrar una figura

cuadriga *f* carro tirado por cuatro caballos de frente

cuadrilátero -ra *adj* ‖ *m* figura cerrada de cuatro lados; (box.) tablado en que se efectúa el combate

cuadrilla *f* grupo de personas; banda, tropa; conjunto de toreros bajo la dirección de un espada

cuadrimotor *m* avión de cuatro motores

cuadrivio *m* paraje donde concurren cuarto caminos; conjunto de las cuatro artes matemáticas en la Edad Media: aritmética, geometría, astronomía y música

cuadro *m* tela o tabla con una pintura; marco; rectángulo; espectáculo, escena; formación de la infantería en forma de cuadrilátero; conjunto de los jefes de un ejército; división de un acto teatral; tablero para establecer comunicaciones en una central eléctrica o en una central telefónica

cuadrumano -na o **cuadrúmano -na** *adj* ‖ *m* mamífero que tiene cuatro manos, como el mono

cuadrúpedo -da *adj* ‖ *m* animal que tiene cuatro pies

cuádruple *adj* cuatro veces mayor

cuadruplicar §72 *tr* multiplicar por cuatro

cuádruplo -pla *adj* cuádruple

cuajada *f* parte de la leche que se separa del suero

cuajar *m* última de las cuatro divisiones del estómago de los rumiantes; *tr* coagular; recargar de adornos; (*fam.*) gustar, agradar; *intr* y *ref* lograrse

cuajarón *m* porción de líquido cuajado

cuajo *m* cuajar; materia que cuaja la leche

cual *pron rel* que; *conj* como

cuál *pron interr* qué

cualidad *f* carácter o circunstancia que distingue ‖ cualitativo **-va** *adj*

cualquier *adj indef* (*pl:* cualesquier) un ... o algún ..., sea el que fuere

cualquiera *pron indef* (*pl:* cualesquiera) uno o alguno, sea el que fuere; *m* persona poco importante

cuán *adv* qué, p.ej., ¡cuán triste está!

cuando *conj* en el tiempo que; *prep* (fam.) en tiempo de

cuándo *adv* en qué tiempo

cuantía *f* cantidad; importancia

cuantioso -sa *adj* grande en cantidad o número

cuanto -ta *adj* todo el ... que; unos cuantos algunos; **cuanto** *pron* todo lo que; **cuanto** *adv* tan pronto como; cuanto antes lo más pronto posible; en cuanto mientras, así que; en cuanto a por lo que toca a

cuánto -ta *adj interr* qué cantidad de; **cuántos -tas** qué número de; **cuánto** *adv* qué cantidad; en qué grado; de qué manera; durante cuánto tiempo

cuaquerismo *m* ‖ **cuáquero -ra** *mf* miembro de una secta religiosa, sin culto externo ni jerarquía eclesiástica

cuarenta *adj* ‖ *m* cuatro veces diez

cuarentena *f* conjunto de cuarenta unidades; incomunicación temporal que se impone a personas que se sospecha pueden traer un contagio

cuaresma *f* tiempo entre el miércoles de ceniza y la pascua ‖ **cuaresmal** *adj*

cuarta *f* cuarta parte; palmo

cuartana *f* fiebre que se presenta en períodos de cuatro días

cuartear *tr* dividir en cuatro partes; dividir; descuartizar; *ref* agrietarse

cuartel *m* cuarta parte; distrito de una ciudad; edificio destinado a alojar la tropa; buen trato que se ofrece a los vencidos

cuarteo *m* acción de cuartear; esguince para evitar un golpe

cuarterón -rona *adj* ‖ *mf* hijo de blanco y mestiza o al contrario; *m* adorno cuadrado en las puertas

cuarteta *f* redondilla; estrofa de cuatro versos octosílabos

cuartete *m* o **cuarteto** *m* estrofa de cuatro versos endecasílabos; conjunto de cuatro voces o instrumentos; composición para ellos; grupo de cuatro

cuartilla *f* hoja de papel; parte entre el menudillo y el casco de las caballerías

cuarto -ta *adj* ‖ *m* o *f* cada una de las cuatro partes iguales en que se divide un todo; persona o cosa que sigue a la tercera; *m* habitación, aposento; cuarta parte de una hora; cuarta parte de una lunación; antigua moneda de cobre; *f* véase **cuarta**

cuarzo *m* sílice cristalizada, muy dura y lustrosa ‖ **cuarzoso -sa** *adj*

cuasia *f* planta amarga y medicinal

cuasimodo *m* el primer domingo después de pascua

cuaternario -ria *adj* que consta de cuatro elementos; *m* período geológico actual; terreno que pertenece a este período

cuatrero *m* ladrón de ganado

cuatrillizo -za *mf* cada uno de los cuatro hermanos nacidos de un parto

cuatrimotor *m* cuadrimotor

cuatro *adj* ‖ *m* tres y uno

cuatrocientos -tas *adj* ‖ **cuatrocientos** *m* cuatro veces ciento

cuba *f* tonel grande; recipiente de madera abierto por su cara superior; (*fam.*) persona que tiene mucho vientre o bebe mucho vino; (*cap.*) *f* isla de la América Central, la mayor de las Antillas ‖ **cubano -na** *adj y mf*

cubeta *f* cubo, herrada; recipiente que se usa en operaciones químicas y fotográficas

cubicar §72 *tr* determinar la capacidad o el volumen de; elevar (*un número*) al cubo

cúbico -ca *adj* perteneciente al cubo; (mat.) (*raíz*) de tercer grado

cubierta *f* lo que tapa o cubre algo; forro de un libro; cada uno de los suelos de un buque

cubierto *m* techumbre; servicio de mesa para cada comensal; juego de cuchara, tenedor y cuchillo; comida que se da por un precio determinado

cubil *m* guarida de los animales

cubilete *m* vaso de metal en forma de cono truncado

cubismo *m* escuela pictórica caracterizada por el predominio de figuras geométricas ‖ **cubista** *adj y mf*

cúbito *m* el hueso más largo y grueso del antebrazo

cubo *m* vasija en forma de cono truncado; pieza central en que encajan los rayos de las ruedas; (arit.) tercera potencia de un número; (geom.) sólido regular de seis caras cuadradas

cubrecama *f* colcha, cobertor

cubrir §83 *tr* ocultar y tapar; proteger, defender; *ref* ponerse el sombrero

cucamonas *fpl* (fam.) carantoñas

cucaña *f* palo enjabonado por el cual se ha de trepar para alcanzar un premio; (fam.) cosa que se logra con poco trabajo

cucaracha *f* insecto corredor que se esconde en los sitios oscuros de las casas y los barcos

cuclillas: en cuclillas con el cuerpo doblado y sentado sobre los talones

cuclillo *m* ave trepadora cuyo canto consiste en repetir la voz cucú

cuco -ca *adj* astuto, taimado; (fam.) lindo; *m* cuclillo

cucú *m* (*pl:* **-cúes**) canto del cuclillo

cucurbitáceo -a *adj* ‖ *f* planta rastrera o trepadora de fruto en baya grande con muchas semillas

cucurucho *m* papel arrollado en forma cónica

cuchara *f* instrumento de mesa compuesto de un mango con una pala cóncava

cucharada *f* lo que cabe en una cuchara

cucharilla *f* cuchara pequeña

cucharón *m* cuchara grande

cuchichear *intr* hablar al oído o en voz baja ‖ **cuchicheo** *m*

cuchilla *f* cuchillo de hoja ancha; hoja de un arma blanca; (elec.) barra de interruptor

cuchillada *f* golpe o herida de cuchillo

cuchillo *m* instrumento cortante con mango; añadidura triangular en los vestidos

cuchipanda *f* (fam.) comida alegre

cuchitril *m* (fam.) cochitril

cuchufleta *f* (fam.) dicho de broma o chanza ‖ **cuchufletear** *intr*

cuello *m* parte del cuerpo que sostiene la cabeza; parte de una prenda que cubre el cuello; parte estrecha de una botella

cuenca *f* cavidad del cráneo en que está el ojo; depresión por donde corre un río; territorio cuyas aguas afluyen todas a un mismo río, lago o mar

cuenco *m* vaso de barro sin borde

cuenta *f* acción de contar; adición, factura; resumen de partidas que se suman; registro de transacciones pecuniarias; bolilla ensartada; razón, satisfacción; cuidado, incumbencia; **darse cuenta de** enterarse de, notar, observar

cuentacorrentista *mf* persona que tiene cuenta corriente en un banco

cuentagotas *m* (*pl:* **-tas**) instrumento para verter un líquido gota a gota

cuentakilómetros *m* (*pl:* **-tros**) aparato con que se mide la distancia recorrida por un automóvil

cuentista *adj* (fam.) chismoso; *mf* autor de cuentos; (fam.) persona chismosa

cuento *m* relación de un suceso imaginario; contera; cómputo, cálculo; (fam.) chisme

cuerda *f* conjunto de hilos que, torcidos, forman un solo cuerpo; (mús.) hilo de metal o tripa; muelle de un reloj; (geom.) línea recta que une dos puntos de un arco; **cuerdas vocales** ligamentos de la laringe que producen la voz; **dar cuerda al reloj** dar tensión al muelle para que marche la máquina

cuerdo -da *adj* que está en su juicio; prudente, sensato; *f* véase **cuerda**

cuerna *f* vaso de cuerno; cornamenta; trompa de cuerno

cuerno *m* prolongación ósea de algunos animales en la región frontal; materia de que se compone; antena de los insectos; instrumento de viento de forma corva

cuero *m* piel del animal; la misma piel curtida; odre; **cuero cabelludo** piel en que nace el cabello

cuerpo *m* todo lo que tiene existencia

material; conjunto orgánico de todo ser viviente; tronco del cuerpo; parte del vestido que lo cubre; parte principal de una cosa; espesor, grueso; conjunto de personas o cosas; parte de un ejército; cadáver; **cuerpo simple** elemento químico

cuervo m pájaro carnívoro de plumaje negro (*Corvus corax*)

cuesco m hueso de fruta

cuesta f terreno en pendiente; **a cuestas** sobre los hombros; sobre sí, a su cargo

cuestación f petición de limosnas

cuestión f objeto de discusión; riña, pendencia; cosa, asunto

cuestionable *adj* dudoso

cuestionar *tr* controvertir

cuestionario m serie de preguntas

cueva f caverna; sótano

cuévano m cesto grande y hondo

cuezo m artesilla de albañil para amasar el yeso

cuidado m atención y solicitud; recelo, temor; asunto a cargo de uno

cuidadoso -sa *adj* atento, vigilante; diligente, solícito

cuidar *tr* poner cuidado en; asistir, guardar; *ref* darse buena vida, preocuparse de su salud

cuita f aflicción, trabajo, desventura || **cuitado -da** *adj*

culantrillo m helecho que se cría en sitios húmedos (*Adiantum capillus-veneris*)

culata f anca; parte posterior de un arma de fuego; parte del cilindro donde están las válvulas

culatazo m golpe de culata

culebra f reptil de cuerpo cilíndrico, largo y estrecho

culebrear *intr* andar haciendo eses

culebrón m (fam.) hombre muy solapado; (Méx.) comedia mala

culero -ra *adj* perezoso; m pañal; f mancha que deja un niño en los pañales; remiendo en los calzones

culinario -ria *adj* perteneciente a la cocina

culminar *tr* completar; *intr* alcanzar el punto más elevado

culo m nalgas; ancas; ano; fondo de un vaso

culombio m unidad de masa eléctrica

culón -lona *adj* de culo abultado; m soldado inválido

culote m zócalo de las lámparas electrónicas

culpa f falta más o menos grave; causa, responsabilidad

culpabilidad f || **culpable** *adj* || *mf* persona que tiene culpa

culpar *tr* atribuir la culpa a

culteranismo m falta de sencillez en el lenguaje y en el estilo || **culterano -na** *adj* y *mf*

cultismo m palabra culta o erudita

cultivar *tr* dar a (*la tierra o a las plantas*) las labores necesarias; desarrollar (*el entendimiento*); ejercitarse en; en bacteriología, hacer producir en materiales apropiados (*microbios y gérmenes*) || **cultivo** m

culto -ta *adj* que posee ilustración o cultura; cultivado; (*vocablo*) erudito; m homenaje religioso; veneración profunda

cultura f cultivo, esp. de las facultades humanas; conjunto de conocimientos de una persona, pueblo o época

cumbre f cima; punto culminante; *adj* culminante

cúmel m bebida alcohólica hecha a base de comino

cúmplase m fórmula para confirmar un documento

cumpleaños m (*pl:* **-ños**) aniversario del nacimiento

cumplido -da *adj* cabal, completo; holgado; atento, cortés; m muestra de cortesía

cumplimentar *tr* felicitar; hacer visita de cumplimiento a; poner en ejecución (*una orden*)

cumplimiento m acción de cumplir; muestra de cortesía; oferta meramente cortés

cumplir *tr* ejecutar, realizar; llegar a (*cierta edad*); *intr* vencer un plazo; **cumplir con** ejecutar (*una obligación*); *ref* verificarse

cúmulo m montón; gran cantidad

cuna f cama para niños, que puede mecerse; patria; estirpe

cundir *intr* extenderse, propagarse; dar mucho de sí

cunear *tr* acunar; *ref* balancearse

cuneiforme *adj* de figura de cuña

cuneta f zanja de desagüe en los lados de un camino

cuña f pieza de metal que sirve para hender, ajustar, rellenar

cuñado -da *mf* hermano o hermana del cónyuge

cuñete m pequeño barril

cuño m troquel; impresión que hace

cuota f parte de cada uno en una contribución o reparto

cupé m berlina; automóvil cerrado de dos puertas

Cupido m (mit.) dios del amor

cupla f (fís.) sistema de dos fuerzas iguales, paralelas y opuestas

cupo m cuota

cupón *m* parte de una obligación, vale o bono que se corta a cada vencimiento

cúprico -ca *adj* perteneciente al cobre; (*compuesto*) de cobre bivalente

cuprífero -ra *adj* que lleva cobre

cúpula *f* bóveda hemisférica de algunos edificios; torrecilla de hierro redonda de un buque blindado; involucro de la avellana, la bellota, etc.

cura *m* sacerdote; párroco; este cura (fam.) yo; *f* método curativo; aplicación de remedios

curable *adj* que se puede curar

curaca *m* (Amér.) cacique

curación *f* acción de curar

curador -dora *adj* que cuida; que cura; *mf* persona que cuida los bienes de un menor o un incapaz

curaduría *f* cargo de curador de un menor

curandero -ra *mf* persona que sin título ejerce la medicina

curar *tr* aplicar remedios a; restituir la salud a; curtir (*pieles*); ahumar o salar (*carnes*); *intr* y *ref* recobrar la salud

curare *m* substancia negra que utilizan los indios americanos para emponzoñar sus armas

curatela *f* curaduría

curativo -va *adj* que sirve para curar

curato *m* cargo de párroco; feligresía, parroquia

cúrcuma *f* raíz de la India; resina que se extrae de esta raíz y que sirve para teñir de amarillo

Curdistán, el comarca del Asia occidental, parte en Turquía y parte en el Irán || curdo -da *adj* y *mf*

cureña *f* carro sobre que se monta un cañón

curia *f* conjunto de abogados, jueces, escribanos, etc.; tribunal eclesiástico || curial *adj*

curie *m* unidad de medida radiactiva

curio *m* cuerpo simple radiactivo (*símbolo* Cm; *núm. atómico* 96; *peso atómico* ¿ 242 ?)

curiosear *tr* andar indagando con disimulo; *intr* tratar de averiguar lo que otros hacen o dicen

curiosidad *f* || curioso -sa *adj* deseoso de saber; extraño; raro; aseado, limpio

curro -rra *adj* (fam.) majo, guapo

curruca *f* pájaro canoro, insectívoro (*Sylvia*)

currutaco -ca *adj* || *mf* persona muy afectada en el vestir

cursar *tr* frecuentar; seguir un curso de; dar curso a (*p. ej., una solicitud*)

cursi *adj* (fam.) que presume de elegante sin serlo; (fam.) ridículo, de mal gusto

cursillo *m* curso de poca duración

cursivo -va *adj* || *f* letra o escritura rápida y corrida

curso *m* camino que sigue una cosa; serie, continuación; tiempo que dura el año escolar; serie de lecciones; cursos *mpl* diarrea

cursor *m* pieza de un aparato que se desliza a lo largo de otra

curtido *m* acción de curtir; cuero curtido

curtir *tr* aderezar (*las pieles*); tostar (*el cutis*); acostumbrar a los trabajos o las privaciones

curva *f* línea curva

curvatura *f* desvío de la dirección recta

curvilíneo -a *adj* compuesto de líneas curvas

curvo -va *adj* que se aparta constantemente de la dirección recta; *f* véase curva

cúspide *f* cumbre puntiaguda de un monte; vértice del cono y de la pirámide

custodia *f* guardia, vigilancia; sagrario; receptáculo en que se expone el Santísimo Sacramento || custodiar *tr*

custodio *m* el que guarda o custodia

cutáneo -a *adj* || cutis *m* piel del hombre, esp. la del rostro

cuyo -ya *adj rel* de quien

CV abr. de caballo de vapor

Ch

Ch, ch *f* cuarta letra del alfabeto

chabacanada o chabacanería *f* || chabacano -na *adj* grosero, de mal gusto

chabola *f* choza, caseta en el campo

chacal *m* lobo pequeño de Asia y África (*Canis aureus*)

chacó *m* (*pl*: -cós) morrión de caballería ligera

chacolí *m* (*pl*: -líes) vino de las provincias vascongadas

chacolotear *intr* hacer ruido (*la herradura floja*)

chacona *f* antiguo baile español

chacota f broma, burla; alegría ruidosa ‖ chacotear intr

cháchara f (fam.) charla inútil

chafallar tr (fam.) hacer sin arte ‖
chafallo m

chafar tr aplastar; arrugar, deslucir,
ajar

chaflán m cara que se obtiene cortan-
do por un plano un ángulo diedro

chaflanar tr achaflanar

chaira f cuchilla de zapatero; varilla
de acero para afilar

chal m prenda de vestir para cubrir
los hombros

chalado -da adj (fam.) medio loco;
(fam.) muy enamorado

chalán -lana adj ‖ mf negociante que
tiene maña para el comercio, esp.
el que trata en caballos; f embarcación de fondo plano

chalanear tr tratar (negocios) con
maña; (Perú) adiestrar (caballos);
intr comerciar con maña ‖ chalaneo
m

chaleco m prenda masculina sin
mangas que se lleva encima de la
camisa

chalet m (pl: -lets) casa de estilo suizo

chalina f corbata de caídas largas

chalote m planta hortense usada como
condimento (Allium ascalonicum)

chalupa f embarcación pequeña con
cubierta y dos palos; canoa, lancha

chamarasca f leña menuda que hace
mucha llama; esta misma llama

chamarilero -ra mf traficante en
trastos viejos

chamba f casualidad favorable

chambelán m gentilhombre de cámara; camarlengo

chambergo m antiguo sombrero de
ala ancha y levantada por un lado

chambón -bona adj (fam.) torpe, poco
hábil; (fam.) torpe en el juego;
(fam.) que llega a conseguir algo
por chiripa ‖ chambonada f ‖
chambonear intr

chambra f blusa casera de mujer

chamiza f hierba gramínea que se
emplea para techumbre; leña menuda

chamizo m árbol medio quemado;
leño medio quemado; choza

chamorro -rra adj (fam.) que tiene la
cabeza esquilada; f (fam.) cabeza
esquilada

champaña m vino blanco espumoso;
la Champaña comarca de Francia,
antes provincia

champú m (pl: -púes) lavado del
cabello

chamuscar §72 tr quemar por la parte
exterior

chamusquina f acción de chamuscar;
(fam.) pendencia, riña

chancear intr y ref usar de chanzas o
bromas ‖ chancero -ra adj

chancleta f chinela

chancletear intr andar haciendo ruido
con las chancletas

chanclo m zapato con suela de madera;
zapato de goma para el pie calzado

chanchullo m (fam.) manejo ilícito

chanfaina f guisado de bofes picados

chanflón -flona adj grosero, tosco

chango m (Méx.) mono, simio

chantaje m acción de sacar dinero a
uno con amenazas de difamación ‖
chantajista mf

chanza f dicho gracioso y festivo

chanzoneta f copla ligera y festiva;
(fam.) chanza

chapa f hoja de metal, madera, etc.;
(fam.) seso, cordura

chapalear intr agitar los pies o las
manos en el agua; chacolotear

chapar tr cubrir con chapas; platear

chaparro m mata baja de encina o
roble

chaparrón m lluvia fuerte de corta
duración

chapear tr cubrir con chapas

chapín m chanclo de corcho; zapato
para baile, de suela muy suave

chapista m hojalatero; reparador de
guardabarros y carrocerías

chapitel m remate de las torres en
figura de pirámide; capitel

chapodar tr podar (los árboles) a la
ligera

chapotear tr humedecer con la esponja; intr agitar los pies o las manos
en el agua ‖ chapoteo m

chapucear tr hacer pronto y sin arte ‖
chapucería f ‖ chapucero -ra adj y
mf

chapurrar tr hablar muy mal (un
idioma extranjero)

chapuza f obra mal hecha, obra de
poca importancia

chapuzar §62 tr meter (a uno) de
cabeza en el agua ‖ chapuzón m

chaqué m traje masculino de ceremonia, con faldones abiertos por
delante

chaqueta f prenda exterior de vestir
que llega hasta las caderas

chaquete m juego de tablero que se
juega con peones y dados

charada f acertijo que consiste en
adivinar una palabra por las combinaciones que resultan de sus
sílabas

charanga f música militar de instrumentos de metal

charca f agua detenida en el terreno

charco *m* charca pequeña; (fam.) el mar

charla *f* ‖ charlador -dora *adj y mf* ‖ charlar *intr* (fam.) hablar mucho y sin substancia; conversar por pasatiempo

charlatán -tana *adj* ‖ *mf* persona que habla sin substancia; hablador indiscreto; embaucador, curandero

charlatanería *f* locuacidad

charlatanismo *m* explotación de la credulidad del público; charlatanería

charnela *f* bisagra

charol *m* barniz muy lustroso; cuero preparado con él ‖ charolar *tr*

charqui *m* (Amér.) carne salada y secada al sol; tajada de fruta secada al sol

charrán *m* bribón, pillo ‖ charranada *f*

charretera *f* divisa militar que se sujeta en las hombreras

charro -rra *adj* basto, rústico; de mal gusto, adornado con mal gusto; *mf* aldeano de la provincia de Salamanca; *m* (Méx.) hombre de a caballo

chascarrillo *m* (fam.) cuento picante

chascás *m* morrión de lanceros

chasco *m* burla, engaño; decepción

chasis *m* (*pl:* -sis) armazón inferior del automóvil y del aparato radiofónico; bastidor para placas fotográficas

chasquear *tr* dar chasquidos con (*el látigo*); dar chasco a; *intr* dar chasquidos; *ref* sufrir un desengaño

chasquido *m* estallido que se hace sacudiendo una correa; ruido seco y súbito

chatarra *f* hierro viejo

chatedad *f* ‖ chato -ta *adj* que tiene menos altura que la ordinaria; de nariz poco prominente; (*nariz*) poco prominente; *m* vaso de vino

chauvinismo *m* exageración del patriotismo ‖ chauvinista *adj y mf*

chaval -vala *adj y mf* (fam.) joven

chaveta *f* clavo hendido; **perder la chaveta** (fam.) perder el juicio

checo -ca *adj y mf* bohemio de raza eslava; (*cap.*) *f* policía secreta soviética

checoslovaco -ca *adj y mf* ‖ Checoslovaquia *f* estado de la Europa central

chelín *m* moneda inglesa

chepa *f* (fam.) joroba, corcova

cheque *m* orden de pago

chic *adj* elegante; *m* elegancia, gracia

chicana *f* placa desviadora; (fam.) enredo, embrollo

chicle *m* resina medicinal; goma de mascar

chico -ca *adj* pequeño; *mf* niño, muchacho

chicolear *intr* (fam.) decir galanterías a las mujeres ‖ chicoleo *m*

chicote -ta *mf* (fam.) persona joven y robusta; *m* (fam.) cigarro puro; (fam.) cabo de cigarro puro; (mar.) trozo de cuerda

chicozapote *m* zapote

chicha *f* bebida hecha con maíz fermentada; *adj* (*calma*) completa

chícharo *m* guisante

chicharra *f* cigarra; (fam.) persona que habla mucho

chicharrón *m* residuo de la manteca del cerdo; (fam.) persona muy tostada por el sol

chichón *m* bulto que sale en la cabeza por efecto de un golpe

chifla *f* acción de silbar; silbato

chiflado -da *adj* (fam.) maniático, loco

chifladura *f* acción de chiflar; (fam.) manía, locura

chiflar *tr* hacer burla de; (fam.) beber a grandes tragos; *intr* silbar; *ref* perder el seso

chifle *m* silbato; reclamo para cazar aves

chiflido *m* silbido

chiflo *m* silbato o pito

chilaba *f* vestidura morisca con capucha

chile *m* planta hortense y su fruto (*Capsicum frutescens*); (*cap.*) *m* estado de la América del Sur ‖ chileno -na *adj y mf*

chilindrina *f* (fam.) chascarrillo; (fam.) cosa de poca importancia

chilla *f* reclamo de cazador; tabla delgada de baja calidad

chillar *intr* ‖ chillido *m* grito agudo y desapacible

chillón -llona *adj* que chilla mucho; demasiado vivo y mal combinado

chimenea *f* conducto por donde sale el humo; hogar, fogón

chimpancé *m* mono antropoide del África ecuatorial

china *f* piedra pequeña; porcelana; la China vasto estado del Asia central y oriental

chinche *m y f* insecto fétido que chupa la sangre humana; clavito de cabeza circular para asegurar papeles

chinchilla *f* roedor sudamericano parecido a la ardilla; su piel

chinchorrería *f* (fam.) chisme, cuento; (fam.) importunidad molesta

chinchoso -sa *adj* (fam.) molesto, pesado

chinela *f* zapato casero de suela ligera

chinero *m* armario para vajilla

chinesco -ca *adj* que es o parece de la China; *m* instrumento músico a modo de sombrero con campanillas

chino -na *adj* y *mf* natural de la China; *f* véase china

chipirón *m* calamar

Chipre *f* isla del Mediterráneo oriental ‖ **chipriota** o **chipriote** *adj* y *mf*

chiquero *m* pocilgo; toril

chiquilicuatro *m* (fam.) hombre entremetido

chiquillada *f* acción propia de chiquillos

chiquillería *f* (fam.) multitud de chiquillos

chiquillo -lla *mf* niño, chico

chiquitín -tina *mf* (fam.) niño en la infancia

chiribita *f* chispa, partícula inflamada

chiribitil *m* desván; (fam.) cuarto muy pequeño

chirigota *f* (fam.) cuchufleta

chirimbolo *m* (fam.) utensilio, mueble que estorba, objeto de poco valor

chirimía *f* instrumento parecido al clarinete

chirimoya *f* fruto del chirimoyo

chirimoyo *m* árbol americano de fruto en baya grande (*Annona cherimolia*)

chiripa *f* casualidad favorable

chirivía *f* planta de raíz comestible (*Pastinaca sativa*)

chirlata *f* (fam.) casa de juego de ínfima categoría

chirle *adj* (fam.) insípido, insubstancial

chirlo *m* herida o cicatriz en la cara

chirriar §76 *intr* dar un sonido agudo; ludir con ruido; chillar (*los pájaros no canoros*); (fam.) cantar mal ‖ **chirrido** *m*

chirumen *m* (fam.) tino, discernimiento

chis *interj* ¡silencio!

chisgarabís *m* (fam.) hombre entremetido

chisme *m* cuento en descrédito de alguien, hablilla; (fam.) cosa de poca importancia, trasto pequeño

chismear *intr* llevar chismes

chismografía *f* (fam.) afición a chismear

chismorrear *intr* (fam.) chismear ‖ **chismorreo** *m*

chismoso -sa *adj* ‖ *mf* persona que chismea

chispa *f* partícula suelta de un cuerpo encendido; viveza de ingenio; porción pequeña de cualquier cosa; gota de lluvia menuda; descarga de electricidad en las nubes; (fam.) borrachera

chispazo *m* acción de saltar la chispa

chispear *intr* echar chispas; relucir; lloviznar un poco

chispo -pa *adj* (fam.) ligeramente borracho; *f* véase chispa

chisporrotear *intr* (fam.) despedir chispas con ruido y continuidad ‖ **chisporroteo** *m*

chistar *intr* hacer ademán de hablar; sin chistar sin decir palabra

chiste *m* dicho agudo y gracioso; suceso gracioso

chistera *f* sombrero de copa alta

chistoso -sa *adj* que usa de chistes; gracioso

chita *f* astrágalo, hueso del pie

chiticallando *adv* (fam.) en silencio, con disimulo

chito o **chitón** *interj* ¡silencio!

chivato *m* chivo que no llega al año

chivo -va *mf* cría de la cabra

cho *interj* para hacer que se paren las caballerías

chocante *adj* que choca; extraño, raro; extravagante

chocar §72 *tr* (fam.) causar disgusto o extrañeza a; *intr* encontrarse con violencia; pelear

chocarrería *f* broma o chiste grosero ‖ **chocarrero -ra** *adj* y *mf*

chocolate *m* pasta de cacao y azúcar con vainilla; bebida hecha con ella

chocolatera *f* vasija para hacer chocolate

chocolatería *f* establecimiento donde se hace, vende o sirve chocolate

chocolatero -ra *adj* muy aficionado a tomar chocolate; *mf* persona que hace o vende chocolate; *f* véase chocolatera

chocha *f* becada

chochear *intr* tener debilitadas las facultades mentales por la edad; (fam.) estar locamente enamorado

chocho -cha *adj* que chochea; (fam.) lelo de puro cariño; *m* semillas del altramuz; *f* véase chocha

chófer *m* conductor de automóvil

chola o **cholla** *f* (fam.) cabeza; (fam.) intelecto

chopo *m* álamo negro; (fam.) fusil

choque *m* acción de chocar; combate de breve duración; contienda; (elec.) bobina que ofrece una alta reactancia a la frecuencia que se desea bloquear; (pat.) estado de honda depresión

choquezuela *f* hueso de la rodilla

choricería *f* ‖ **choricero -ra** *mf* persona que hace o vende chorizos

chorizo *m* embutido de carne de cerdo curado al humo

chorlito m ave zancuda (*Pluvialis*); (fam.) persona tonta

chorrear *intr* salir a chorros; salir lentamente y goteando ‖ **chorreo** m

chorrillo m (fam.) chorro continuo, p. ej., de dinero

chorro m golpe de un líquido o gas que sale con fuerza; abundancia, flujo

chotacabras m (*pl:* -bras) ave insectívora, trepadora (*Caprimulgus europaeus*)

choto -ta *mf* cría de la cabra mientras mama; ternero

chova *f* pájaro de plumaje negro (*Corvus frugilegus*)

choza *f* casilla rústica

christmas [ch = k] m (*pl:* -mas) tarjeta de navidad

chubasco m aguacero con mucho viento

chubasquero m prenda que se pone para preservarse de la lluvia

chucrut *f* o **chucruta** *f* col picada que se hace fermentar en salmuera

chuchería *f* baratija delicada; dulce, bocadillo

chucho m (fam.) perro; *interj* para espantar al perro

chufa *f* planta de raíz rastrera (*Cyperus esculentus*); tubérculo de esta planta con los cuales se hace horchata

chulería *f* gracia o donaire en palabras y ademanes; conjunto de chulos; guapeza, majeza

chuleta *f* costilla de carnero, cerdo, etc. asada o frita; (fam.) papel con notas que se usa para copiar en los exámenes escritos

chulo -la *adj* gracioso, picaresco, guapo; *mf* individuo del pueblo bajo de Madrid; m ayudante en la plaza de toros; rufián

chumacera *f* pieza en que descansa y gira un eje

chumbera *f* planta cactácea (*Opuntia vulgaris*)

chumbo -ba *adj* véase higo e **higuera**

chunga *f* (fam.) burla, broma

chupado -da *adj* (fam.) muy flaco; *f* acción de chupar

chupador -dora *adj* que chupa; m pieza de caucho que se da a chupar al niño

chupar *tr* sacar o atraer con los labios; absorber; (fam.) ir quitando (*a uno el caudal*)

chupatintas *mf* (*pl:* -tas) (desp.) cagatintas

chupete m chupador de niño

chupetear *tr* e *intr* chupar poco y muchas veces ‖ **chupeteo** m

chupetón m acción de chupar con fuerza

chupón -pona *adj* que chupa; *mf* (fam.) persona que saca dinero con engaño; m vástago o brote inútil

churre m (fam.) pringue gruesa y sucia ‖ **churriento** -ta *adj*

churrigueresco -ca *adj* ‖ **churriguerismo** m exceso de ornamentación en la arquitectura española del siglo XVIII

churro m fruta de sartén, de forma redonda y alargada; (fam.) cosa mal hecha

churrusco m pedazo de pan demasiado tostado

churumbel m (fam.) niño

chuscada *f* dicho o hecho de chusco

chusco -ca *adj* gracioso, divertido; *mf* persona que tiene gracia o donaire

chusma *f* conjunto de galeotes; gente soez

chuzo m palo armado con una punta aguzada de hierro

D

D, d *f* quinta letra del alfabeto

D. abr. de **don**

dable *adj* posible

dáctilo m pie de la poesía clásica, de una sílaba larga y dos breves

dactilografía *f* ‖ **dactilógrafo** -fa *mf* persona que escribe con máquina

dactilología *f* arte de hablar con los dedos

dactiloscopia *f* sistema de identificación por las impresiones digitales

dádiva *f* regalo, don

dadivoso -sa *adj* generoso, liberal

dado -da *adj* concedido, supuesto; dado que supuesto que; siempre que; m pieza cúbica de marfil, hueso, etc. que sirve para juegos de azar; pieza cúbica que sirve de apoyo para ejes, tornillos, etc.

Dafne *f* (mit.) ninfa transformada en laurel

daga *f* espada corta

dalia *f* planta compuesta de jardín

Dalila *f* (Bib.) mujer filistea, que cortó los cabellos a Sansón

Dalmacia *f* comarca de Yugoslavia ‖ **dálmata** *adj y mf*

dalmática *f* túnica de heraldos; vestidura sagrada que se pone sobre el alba

daltonismo *m* defecto de la vista que consiste en confundir unos colores con otros

dama *f* mujer distinguida; actriz; peón coronado en las damas; reina en el ajedrez y los naipes; **damas** *fpl* juego de tablero con 64 escaques y 24 piezas iguales

damajuana *f* bombona de cristal envuelta en mimbre

damasceno -na *adj y mf* natural de Damasco

damasco *m* tejido de lana o seda que forma dibujos; (*cap.*) *f* capital de Siria

damasquinado *m* hierro o acero con líneas ondeantes; obra de metal adornada con embutidos de oro, plata y esmaltes

damisela *f* señorita que presume de dama

damnificar §72 *tr* causar daño o perjuicio a

Damocles *m* (mit.) cortesano de Siracusa que tenía una espada suspendida de un cabello sobre su cabeza

Damón *m* (mit.) siracusano célebre por la amistad que le unía a Pitias

dandi *m* hombre que se compone mucho ‖ **dandismo** *m*

danés -nesa *adj y mf* natural de Dinamarca

Daniel *m* (Bib.) uno de los cuatro profetas menores de Israel

dantesco -ca *adj* perteneciente al poeta Dante

danubiano -na *adj* ‖ **Danubio** *m* gran río de Europa central

danza *f* baile

danzante *mf* persona que danza; (fam.) persona de poco juicio

danzar §62 *tr* ejecutar (*p. ej.*, *un vals*); *intr* mover el cuerpo a compás de la música

danzarín -rina *mf* danzante

dañar *tr* hacer daño a; echar a perder

dañino -na *adj* que daña o destruye

daño *m* perjuicio, agravio; avería

dañoso -sa *adj* dañino

dar §22 *tr* ceder gratuitamente el dominio de; entregar; repartir (*los naipes*); producir (*fruto un árbol*); aplicar, causar, proporcionar, ofrecer, conferir; ejecutar; golpear; *intr* caer; sonar; acertar; tropezar; *ref* rendirse; considerarse

Dardanelos (estrecho de los) canal que separa la Turquía europea de la asiática

dardo *m* flecha que se arroja con la mano

Darío *m* nombre de tres reyes de Persia

dársena *f* sección interior de un puerto

darviniano -ne *adj* ‖ **darvinismo** *m* teoría del naturalista inglés Darwin, para explicar el origen de las especies vivientes ‖ **darvinista** *adj y mf*

data *f* fecha; orificio de salida

datar *tr* poner data a; *intr* **datar de** existir desde (*cierto tiempo*)

dátil *m* fruto de la palmera

dativo *m* caso del complemento indirecto

dato *m* antecedente necesario para el conocimiento de una cosa

David *m* (Bib.) vencedor del gigante Goliat

D.D.T. *m* diclorodifeniltricloroetano – substancia de asombrosas propiedades insecticidas y desinfectantes

de *prep* indica posesión, p.ej., la casa de mi tío; procedencia, p.ej., salió del teatro; el asunto de que se trata, p.ej., hablamos de política

deán *m* cabeza del cabildo después del prelado ‖ **deanato** *m*

debajo *adv* en lugar o puesto inferior; **debajo de** en puesto inferior a; cubierto de; con sumisión a

debate *m* ‖ **debatir** *tr* discutir; combatir; *intr* pelear, combatir; *ref* forcejear

debe *m* parte de una cuenta en que se anotan los cargos

debelar *tr* rendir a fuerza de armas

deber *m* aquello a que uno está obligado; *tr* estar obligado a pagar; estar obligado a; *aux* tener obligación de, tener que; **deber de** ser probable que

débil *adj* falto de fuerza; falto de energía moral ‖ **debilidad** *f*

debilitación *f* ‖ **debilitar** *tr* disminuir la fuerza o el poder de

débito *m* deuda; obligación

Débora *f* (Bib.) profetisa y juez de Israel

debut *m* (*pl:* -buts) ‖ **debutante** *adj y mf* ‖ **debutar** *intr* estrenarse en el teatro

década *f* período de diez días o años

decadencia *f* ‖ **decadente** *adj* que decae; *mf* escritor que busca un refinamiento exagerado ‖ **decadentismo** *m* ‖ **decadentista** *adj y mf*

decaedro *m* sólido de diez caras

decaer §15 *intr* perder fuerza, importancia o valor

decágono -na *adj* ‖ *m* polígono de diez lados

decagramo *m* peso de diez gramos

decaimiento *m* debilidad, flaqueza

decalaje *m* (elec.) variación de la posición de una pieza con respecto a otra

decalitro *m* medida de diez litros

decálogo *m* los diez mandamientos

decámetro *m* medida de diez metros

decanato *m* ‖ decano -na *mf* persona que preside una facultad; persona más antigua de una comunidad

decantar *tr* trasegar (*un líquido*) sin que salga el poso; ponderar, engrandecer

decapitación *f* ‖ decapitar *tr* cortar la cabeza a

decasílabo -ba *adj* ‖ *m* verso de diez sílabas

decatlón *m* conjunto de diez pruebas atléticas de los juegos deportivos

decembrino -na *adj* perteneciente a diciembre

decena *f* conjunto de diez unidades; diez días

decenal *adj* que se repite cada decenio; que dura un decenio

decencia *f* honestidad, recato; dignidad; aseo, compostura

decenio *m* período de diez años

decentar §1 *tr* empezar a cortar o gastar; ulcerarse (*una parte del cuerpo*) por haber estado echado mucho tiempo de un mismo lado en la cama

decente *adj* conforme a la decencia; que obra con decencia; limpio; moderadamente satisfactorio

decepción *f* engaño; resultado contrario a lo que se esperaba ‖ decepcionar *tr*

decibel *m* o decibelio *m* unidad de intensidad del sonido

decidido -da *adj* resuelto, determinado

decidir *tr* formar juicio determinado sobre; persuadir; *intr y ref* tomar una resolución

decidor -dora *adj* ‖ *mf* persona que habla con facilidad y gracia

deciduo -dua *adj* (bot.) que cae después de la fecundación o antes de la salida de la hoja

decigramo *m* décima parte del gramo

decilitro *m* décima parte del litro

décima *f* cada una de las diez partes iguales de un todo; combinación de diez versos

decimal *adj* que tiene por base el número diez; dícese de la décima parte de un todo; *m* cada una de las cifras que, en un número mixto, van a la derecha de la coma

decímetro *m* décima parte del metro

décimo -ma *adj* ‖ *m* o *f* cada una de las diez partes iguales de un todo; persona o cosa que sigue a la novena; *f* véase **décima**

decir *m* cosa que se dice; §23 *tr* manifestar con palabras habladas o escritas; afirmar, asegurar; pronunciar; **es decir** esto es

decisión *f* resolución adoptada; firmeza de carácter

decisivo -va *adj* que decide o resuelve

declamación *f* ‖ declamar *tr* recitar con arte; *intr* hablar en público; expresarse con vehemencia ‖ declamatorio -ria *adj*

declaración *f* ‖ declarante *mf* ‖ declarar *tr* manifestar, dar a conocer; *ref* producirse (*un incendio, una epidemia, etc.*)

declinable *adj* (gram.) que se declina

declinación *f* ‖ declinar *tr* renunciar; poner (*las palabras*) en los casos gramaticales; *intr* desviarse, inclinarse; decaer, menguar; aproximarse a su término

declive *m*, **declividad** *f* o **declivio** *m* cuesta, inclinación, pendiente

decocción *f* acción o efecto de cocer en agua

decomisar *tr* confiscar ‖ decomiso *m*

decoración *f* o decorado *m* acción de decorar; adorno; conjunto de lienzos pintados de la escena

decorador -dora *mf* ‖ decorar *tr* adornar, hermosear ‖ decorativo -va *adj*

decoro *m* sentimiento del propio respeto; honestidad, recato; circunspección ‖ decoroso -sa *adj*

decrecer §19 *intr* disminuir, menguar ‖ decreciente *adj* ‖ decrecimiento *m*

decremento *m* disminución; (elec.) disminución de la amplitud de dos máximos sucesivos de la corriente de un circuito oscilante

decrépito -ta *adj* ‖ *mf* persona muy vieja o decaída ‖ decrepitud *f*

decretal *adj* ‖ *f* epístola en que el Papa aclara alguna duda

decretar *tr* ordenar por decreto

decreto *m* decisión del jefe de estado o su gobierno, o un tribunal o juez

decúbito *m* posición del cuerpo tendido horizontalmente

décuplo -pla *adj* ‖ *m* número que contiene una cantidad diez veces exactamente

decurso *m* sucesión del tiempo

dechado *m* muestra, modelo, ejemplo

dedada *f* porción que se toma con el dedo

dedal *m* utensilio para proteger la extremidad del dedo cuando se cose

dédalo *m* laberinto; (*cap.*) *m* (mit.) arquitecto griego que se fugó de su cárcel utilizando alas construidas con plumas y cera

dedeo *m* destreza en los dedos al tocar un instrumento

dedicación *f* ‖ dedicar §72 *tr* aplicar, destinar, emplear; dirigir obsequiosamente; consagrar al culto divino

dedicatoria *f* homenaje que hace un autor de un libro suyo

dedil *m* dedal de cuero o goma

dedillo *m* dedo pequeño; **al dedillo** (fam.) perfectamente

dedo *m* cada una de las cinco partes en que terminan las manos y los pies; porción del ancho de un dedo

deducción *f* ‖ deducir §24 *tr* sacar (*consecuencias*); descontar, rebajar ‖ deductivo -va *adj*

defecación *f* ‖ defecar §72 *intr* expeler los excrementos

defección *f* abandono, traición

defectivo -va *adj* que tiene algún defecto; de conjugación incompleta

defecto *m* imperfección; falta, carencia ‖ defectuoso -sa *adj*

defender §52 *tr* amparar, proteger; sostener la inocencia de; sostener contra el dictamen ajeno

defensa *f* acción de defender; cosa con que uno se defiende; amparo, protección; colmillo del elefante; cuerno del toro

defensivo -va *adj* ‖ *f* situación de defensa

defensor -dora *adj* ‖ *mf* persona que defiende; abogado que defiende al acusado

deferencia *f* ‖ deferente *adj* condescendiente, respetuoso

deferir §48 *intr* ceder, condescender

deficiencia *f* ‖ deficiente *adj* falto, incompleto; imperfecto

déficit *m* (pl: -cit) suma que falta en un presupuesto para cubrir los gastos ‖ deficitario -ria *adj*

definición *f* acción de definir

definido -da *adj* que tiene límites precisos; (gram.) (*artículo*) que determina con precisión el nombre a que va unido

definir *tr* fijar con exactitud el significado de; delimitar la naturaleza de

definitivo -va *adj* concluyente, terminante

deflación *f* acción de desinflar; reducción del volumen de la circulación fiduciaria

deflagración *f* ‖ deflagrar *intr* arder súbitamente con llama y sin explosión

deformación *f* acción de deformar; (rad.) distorsión

deformar *tr* alterar la forma de; hacer deforme

deforme *adj* de forma anómala; contrahecho; feo

deformidad *f* calidad de deforme; cosa deforme; error grosero

defraudación *f* ‖ defraudar *tr* privar con engaño; frustrar, malograr

defuera *adv* exteriormente

defunción *f* muerte de un ser humano

degeneración *f* acción de degenerar; perversidad moral

degenerado -da *adj* ‖ *mf* persona depravada

degenerar *intr* declinar, decaer; pasar a una condición peor

deglución *f* ‖ deglutir *tr* e *intr* tragar

degollación *f* acción de degollar

degolladero *m* matadero; cuello; escote del vestido

degolladura *f* herida en el cuello; escote del vestido

degollar §2 *tr* cortar la garganta o el cuello a; escotar el cuello de (*un vestido*)

degollina *f* (fam.) matanza

degradación *f* ‖ degradante *adj* ‖ degradar *tr* despojar de títulos o grados; humillar

degüello *m* acción de degollar; parte más delgada

degustación *f* ‖ degustar *tr* probar, catar (*alimentos o bebidas*)

dehesa *f* tierra destinada a pastos

dehiscencia *f* ‖ dehiscente *adj* (bot.) (*fruto*) que se abre espontáneamente en llegando la oportunidad

deidad *f* ser divino; dios de los gentiles; (fam.) beldad

deificar §72 *tr* elevar a la categoría de dios; ensalzar excesivamente

deífico -ca *adj* perteneciente a Dios

Deípara *adj* perteneciente a la Virgen María

deísmo *m* doctrina que reconoce un Dios, pero niega la revelación y rechaza el culto ‖ deísta *adj* y *mf*

dejación *f* acción de dejar

dejadez *f* abandono, pereza, negligencia; debilidad física

dejado -da *adj* perezoso, negligente; caído de ánimo

dejar *tr* soltar; abandonar; permitir; encargar; designar; dar, legar; *intr* cesar; *ref* descuidarse

dejo *m* acento particular de algunas personas; gusto que deja alguna comida o bebida

del contracción de la preposición **de** y el artículo **el**

delación *f* acción de delatar

delantal *m* prenda que cubre la parte delantera del vestido

delante *adv* en lugar anterior; **delante de** en la parte anterior de; enfrente de; en presencia de

delantero -ra *adj* que está o va delante; *f* parte anterior; distancia con que uno se adelanta a otro; primera fila de asientos

delatar *tr* acusar, denunciar; descubrir, revelar || **delator -tora** *adj y mf*

dele *m* signo en las pruebas de imprenta que indica que ha de suprimirse algo

delectación *f* placer, gusto

delegación *f* acción de delegar; oficina o cargo de delegado; conjunto de delegados

delegado -da *mf* || **delegar** §45 *tr* dar poderes (*una persona a otra*) para que haga sus veces; transferir (*el poder*) a otra persona

deleitable *adj* || **deleitación** *f* || **deleitar** *tr* dar mucho gusto o placer a || **deleite** *m* || **deleitoso -sa** *adj*

deletéreo -a *adj* letal, venenoso

deletrear *tr* pronunciar separadamente las letras de (*una palabra*); descifrar; interpretar (*lo oscuro*) || **deletreo** *m*

deleznable *adj* fácil de romper; resbaladizo; poco duradero

delfín *m* cetáceo carnívoro de dos o tres metros de largo; primogénito del rey de Francia

Delfos *f* ciudad de la antigua Grecia

delga *f* (elec.) lámina de cobre del colector de un motor o dínamo

delgadez *f* || **delgado -da** *adj* flaco; de poco grueso; fino, sutil

deliberación *f* || **deliberar** *tr* resolver después de cuidadoso examen; *intr* examinar el pro y el contra || **deliberativo -va** *adj*

delicadez *f* susceptibilidad; pereza; debilidad

delicadeza *f* calidad de delicado; ligereza, habilidad; perfección de gusto o juicio; escrupulosidad; debilidad

delicado -da *adj* exquisito; hecho con gusto; de buen juicio; embarazoso; ingenioso; escrupuloso; débil; quebradizo

delicia *f* placer intenso || **delicioso -sa** *adj*

delictivo -va o **delictuoso -sa** *adj* perteneciente al delito

delimitar *tr* fijar los límites de

delincuencia *f* || **delincuente** *adj* || *mf* persona que comete un delito

delineación *f* || **delineante** *adj y mf* || **delinear** *tr* trazar las líneas de; exponer los rasgos peculiares de

delinquir §25 *intr* cometer un delito

deliquio *m* desfallecimiento, desmayo

delirante *adj* || **delirar** *intr* dar muestras de perturbación mental; disparatar || **delirio** *m*

delirium tremens *m* delirio violento ocasionado por el alcoholismo

delito *m* violación de la ley

Delos *f* isla griega, cuna de Apolo y Diana

delta *f* cuarta letra del alfabeto griego; *m y f* isla triangular en la desembocadura de un río

demacración *f* || **demacrar** *tr* poner flaco, debilitar; *ref* perder carnes

demagogia *f* halago de las pasiones de la plebe || **demagógico -ca** *adj* || **demagogo -ga** *mf*

demanda *f* súplica, petición; empresa; pregunta; busca

demandado -da *mf* persona a quien se pide algo en juicio

demandante *mf* persona que pide algo en juicio

demandar *tr* rogar; pedir justicia contra

demarcación *f* || **demarcar** §72 *tr* marcar los límites de

demás *adv* además; **por demás** en vano; excesivamente; *adj y pron invar* otro, otros

demasía *f* exceso; atrevimiento, insolencia; maldad; **en demasía** excesivamente

demasiado -da *adj* sobrado, excesivo; **demasiado** *adv* excesivamente

demencia *f* || **demente** *adj* || *mf* persona loca, persona que ha perdido la razón

demérito *m* falta de mérito, acción vituperable

Deméter *f* diosa griega de la agricultura y la tierra

democracia *f* forma de gobierno en que el pueblo ejerce la soberanía || **demócrata** *adj y mf* || **democrático -ca** *adj* || **democratizar** §62 *tr*

Demócrito *m* filósofo griego del siglo V. a. de J. C.

demografía *f* estudio estadístico de la población

demoler §49 *tr* arrasar, derribar, destruir || **demolición** *f*

demoníaco -ca *adj* || **demonio** *m* diablo; (fam.) persona perversa

demontre *m* (fam.) diablo; *interj* ¡caramba!

demora *f* || **demorar** *tr* retardar; *ref* detenerse

Demóstenes *m* célebre orador de la

antigua Grecia (384–322 a. de J.C.); (fig.) hombre muy elocuente

demostrable *adj* ‖ **demostración** *f* ‖ **demostrar** §63 *tr* probar de un modo evidente; manifestar con muestras inequívocas ‖ **demostrativo** -va *adj*

demudar *tr* alterar, mudar, disfrazar; *ref* cambiarse súbitamente el color o la expresión del rostro; inmutarse

denario *m* moneda romana de plata

denegación *f* ‖ **denegar** §16 *tr* no conceder (*lo que se solicita*)

dengoso -sa *adj* melindroso

dengue *m* melindre mujeril; esclavina de paño

denigrar *tr* ofender la fama de; injuriar

denodado -da *adj* resuelto, intrépido

denominación *f* nombre, designación

denominador *m* (mat.) divisor en un quebrado

denominar *tr* nombrar, designar con un nombre

denostar §63 *tr* insultar u ofender de palabra

denotar *tr* indicar, significar, señalar

densidad *f* ‖ **denso** -sa *adj* apretado, compacto, espeso; confuso, obscuro

dentado -da *adj* que tiene dientes; *m* dentadura; engranaje

dentadura *f* conjunto de dientes, muelas y colmillos

dental *adj* perteneciente a los dientes

dentar §1 *tr* formar dientes en; *intr* endentecer

dentellada *f* mordedura fuerte; herida que produce

dentellar *intr* dar diente con diente

dentellear *tr* morder ligera y frecuentemente

dentera *f* sensación desagradable en los dientes al oír ciertos ruidos estridentes o al comer ciertas cosas; (fam.) envidia; (fam.) deseo

dentición *f* acción de endentecer

dentífrico -ca *adj* ‖ *m* preparación para limpiar la dentadura

dentista *adj* ‖ *mf* cirujano que cura las enfermedades dentales

dentro *adv* a o en la parte interior

denuedo *m* resolución, intrepidez

denuesto *m* injuria de palabra, palabra insultante

denuncia *f* ‖ **denunciar** *tr* avisar; publicar, revelar; delatar; pronosticar; declarar oficialmente el estado ilegal de (*una cosa*)

deparar *tr* dar, proporcionar; presentar

departamento *m* parte o división de un territorio, edificio, vehículo, gobierno

departir *intr* hablar, conversar

depauperar *tr* empobrecer; debilitar

dependencia *f* hecho de depender; cosa que depende de otra; conjunto de dependientes; agencia, negocio

depender *intr* provenir; depender de ser consecuencia de; estar subordinado a; estar bajo el dominio o la autoridad de

dependiente *m* el que depende de otro; empleado, esp. de comercio

depilar *tr* quitar el pelo o el vello de

deplorable *adj* ‖ **deplorar** *tr* sentir mucho; lamentar

deponente *adj* ‖ *mf* persona que depone o declara; *m* verbo con forma pasiva y significación activa

deponer §55 *tr* dejar; privar de empleo, honores, etc.; declarar ante el juez; *intr* evacuar el vientre

deportación *f* ‖ **deportar** *tr* desterrar a un lugar lejano

deporte *m* juego o ejercicio de destreza o fuerza, generalmente al aire libre

deportismo *m* ‖ **deportista** *adj* ‖ *mf* persona que practica un deporte; persona aficionada a los deportes ‖ **deportivo** -va *adj*

deposición *f* declaración; privación de empleo, honores, etc.; evacuación del vientre

depositar *tr* poner bajo la custodia de persona abonada; poner en un sitio determinado; *ref* separarse del líquido (*una materia que está en suspensión*)

depositario -ria *mf* persona a quien se confía un depósito

depósito *m* acción de depositar; cosa depositada; lugar donde se deposita; sedimento

depravación *f* ‖ **depravar** *tr* corromper, viciar, pervertir

deprecación *f* ‖ **deprecar** §72 *tr* rogar, suplicar con instancia

depreciación *f* ‖ **depreciar** *tr* disminuir el valor o el precio de

depredar *tr* saquear con violencia y gran destrozo; malversar

depresión *f* ‖ **depresivo** -va o **deprimente** *adj* ‖ **deprimir** *tr* reducir por presión el volumen de; hundir parte de la superficie de; quitar las fuerzas a; abatir, desalentar; humillar

depurar *tr* purificar

derecha *f* mano derecha; en política, los partidos que sustentan teorías conservadoras y tradicionalistas

derechismo *m* ‖ **derechista** *adj* y *mf* partidario de la derecha política

derecho -cha *adj* recto, seguido; vertical; justo; colocado del lado opuesto al del corazón; *m* autoridad que se tiene de actuar o de exigir una cosa; razón, justicia; cuerpo y ciencia de las leyes; lado mejor labrado de una cosa; **derechos** *mpl* lo que se cobra por ciertas cosas; *f* véase **derecha**; **derecho** *adv* en derechura

derechura *f* calidad de derecho; **en derechura** por el camino más recto; sin detenerse

deriva *f* desviación de un buque o avión de su rumbo; **a la deriva** sin gobierno, a merced de las olas o del viento

derivación *f* ‖ **derivar** *tr* sacar (*una palabra*) de otra; encaminar, conducir; *intr* y *ref* traer su origen; separarse (*un buque o avión*) de su rumbo

dermatología *f* estudio de las enfermedades de la piel ‖ **dermatológico -ca** *adj* ‖ **dermatólogo -ga** *mf*

dermis *f* capa profunda de la piel, bajo la epidermis

derogación *f* acción de derogar; disminución, deterioro

derogar §45 *tr* anular, suprimir, dejar sin efecto

derramar *tr* dejar caer (*un líquido*); esparcir; repartir (*impuestos*); *ref* esparcirse; desbordar

derrame *m* acción de derramar; sesgo en el hueco de una puerta o ventana

derredor *m* contorno; **al derredor de** alrededor de

derrengar §16 o §45 *tr* lastimar los lomos de; inclinar a un lado

derretimiento *m* acción de derretir; amor intenso

derretir §80 *tr* liquidar por medio del calor; disipar (*el dinero*); *ref* liquidarse por el calor; (fam.) enamorarse locamente; (fam.) estar muy impaciente

derribar *tr* echar por tierra, hacer caer; demoler; abatir, humillar ‖ **derribo** *m*

derrocar §72 o §81 *tr* despeñar; derribar, destruir; hacer caer (*un gobierno*)

derrochar *tr* dilapidar, malgastar ‖ **derroche** *m*

derrota *f* camino, senda; rumbo, ruta de embarcación; fuga desordenada; desorden, ruina

derrotar *tr* hacer huir en desorden; vencer; arruinar; destrozar; *ref* desviarse de su rumbo

derrote *m* cornada

derrotero *m* camino, dirección; ruta que debe seguir un buque

derrotismo *m* propagación de ideas pesimistas acerca del resultado de

una guerra u otra empresa ‖ **derrotista** *adj* y *mf*

derrubiar *tr* desgastar, llevarse poco a poco (*las aguas corrientes la tierra de las riberas*)

derruir §27 *tr* arruinar, derribar; minar, socavar

derrumbadero *m* despeñadero; riesgo, peligro

derrumbamiento *m* ‖ **derrumbar** *tr* despeñar, precipitar; *ref* precipitarse; hundirse

derviche *m* monje musulmán

desabastecer §19 *tr* dejar de abastecer

desabillé *m* ropa suelta, traje de casa

desabollar *tr* quitar las abolladuras a

desabor *m* insipidez

desaborido -da *adj* insípido; (fam.) soso, indiferente

desabotonar *tr* desasir los botones de (*una prenda*); *intr* abrirse (*las flores*)

desabrido -da *adj* sin sabor, de mal sabor; destemplado; áspero, desapacible

desabrigar §45 *tr* quitar el abrigo a ‖ **desabrigo** *m*

desabrimiento *m* falta de sabor; aspereza en el trato; disgusto

desabrochar *tr* desasir los broches o botones de (*una prenda*)

desacatar *tr* faltar al respeto debido a ‖ **desacato** *m*

desacertar §1 *intr* no tener acierto

desacierto *m* error, equivocación; disparate

desacomodar *tr* privar de la comodidad; quitar el empleo a; *ref* perder el empleo ‖ **desacomodo** *m*

desaconsejar *tr* disuadir

desacorde *adj* que no está acorde

desacostumbrado -da *adj* insólito, raro

desacostumbrar *tr* hacer perder la costumbre

desacreditar *tr* disminuir el crédito de (*una persona*) o la estimación de (*una cosa*)

desacuerdo *m* discordia; error; olvido; enajenación

desafección *f* aversión, malquerencia

desafecto -ta *adj* que no siente afecto; contrario, opuesto; *m* desafección

desaferrar *tr* desasir, soltar; disuadir; levantar (*las áncoras*)

desafiar §76 *tr* provocar a duelo, discusión o contienda; competir con; afrontar (*un peligro*)

desafinar *intr* apartarse de la debida entonación; (fam.) hablar fuera de tono; *ref* apartarse de la debida entonación

desafío *m* acción de desafiar; duelo; rivalidad

desaforado -da *adj* muy grande, desmedido; que obra contra la ley; que es contra fuero

desafortunado -da *adj* falto de fortuna

desafuero *m* acto contra la ley o la sana razón

desagraciado -da *adj* que carece de gracia

desagradable *adj* ‖ **desagradar** *tr* disgustar, repugnar

desagradecido -da *adj* ingrato, olvidadizo ‖ **desagradecimiento** *m*

desagrado *m* disgusto, descontento

desagraviar *tr* reparar el agravio hecho a; compensar el perjuicio causado a ‖ **desagravio** *m*

desagregar §45 *tr* desunir, disgregar

desaguadero *m* conducto de desagüe; (fig.) motivo continuo de gasto

desaguar §10 *tr* extraer el agua de; disipar; *intr* desembocar

desagüe *m* acción de desaguar; desaguadero

desaguisado -da *adj* hecho contra la ley o razón; *m* agravio, desafuero

desahogado -da *adj* descarado; desembarazado; que dispone de recursos para vivir bien

desahogar §45 *tr* aliviar; dar rienda suelta a (*deseos o pasiones*); *ref* recobrarse de la fatiga; librarse de deudas; manifestar (*uno*) su sentimiento o queja, decir lo que siente

desahogo *m* alivio; esparcimiento; descaro; comodidad, bienestar; abundancia de medios

desahuciar *tr* quitar la esperanza a; desalojar (*a un inquilino*) ‖ **desahucio** *m*

desairado -da *adj* que carece de donaire; que sale mal de un negocio; desatendido

desairar *tr* no hacer caso de, no prestar atención a

desaire *m* afrenta, acción de desairar; falta de garbo

desajustar *tr* desconcertar (*lo ajustado*); *ref* desconvenirse

desalar *tr* quitar la sal a; quitar las alas a; *ref* sentir anhelo vehemente; apresurarse

desalentar §1 *tr* dificultar el aliento de; abatir, desanimar

desaliento *m* desfallecimiento del ánimo; falta de vigor o esfuerzo

desalinear *tr* hacer perder la línea recta

desaliñar *tr* descomponer el atavío o adorno de

desaliño *m* descompostura de la persona; negligencia, descuido

desalmado -da *adj* falto de conciencia, inhumano

desalojamiento *m* ‖ **desalojar** *tr* hacer salir de un lugar; *intr* dejar un sitio voluntariamente ‖ **desalojo** *m*

desalquilar *tr* dejar (*lo que se tenía alquilado*); *ref* quedar sin alquilar

desalterar *tr* apaciguar, calmar; quitar la sed a

desamar *tr* dejar de amar, odiar

desamarrar *tr* desasir, soltar; quitar las amarras a

desamoblar §63 *tr* quitar los muebles de

desamor *m* desafecto; enemistad

desamparar *tr* abandonar; dejar sin amparo ‖ **desamparo** *m*

desamueblar *tr* quitar los muebles de

desanalfabetizar §62 *tr* instruir (*al analfabeto*)

desandar §4 *tr* deshacer (*el camino ya andado*)

desangrar *tr* sacar mucha sangre a; empobrecer; *ref* perder mucha sangre

desanimar *tr* hacer flaquear el ánimo a, abatir ‖ **desánimo** *m*

desanublar *tr* aclarar, despejar; *ref* despejarse (*el cielo*)

desanudar *tr* deshacer el nudo en; desenredar

desapacible *adj* que desagrada o contraría

desaparecer §19 *intr* quitarse de la vista; no encontrarse

desaparecidos *mpl* personas cuyo paradero se ignora

desaparejar *tr* quitar el aparejo a (*una caballería*); quitar o destruir el aparejo de (*un buque*)

desaparición *f* acción de desaparecer

desapasionado -da *adj* imparcial

desapegar §45 *tr* separar (*una cosa que estaba pegada*); *ref* desprenderse; separarse del apego o afecto

desapego *m* falta de afecto, indiferencia

desapercibido -da *adj* desprevenido; inadvertido

desapercibimiento *m* imprevisión, falta de preparación

desapiadado -da *adj* cruel, inhumano

desaplicado -da *adj* desatento, perezoso

desapoderado -da *adj* precipitado; desenfrenado

desapoderar *tr* desposeer; quitar los poderes a

desapolillar *tr* quitar la polilla a

desaprensión *f* ‖ **desaprensivo -va** *adj* falto de delicadeza, falto de vergüenza

desaprobación *f* ‖ **desaprobar** §63 *tr* no aprobar

desapropiar *tr* desposeer

desaprovechado -da *adj* que no adelanta; que no produce

desaprovechar *tr* no emplear, emplear mal

desarbolar *tr* derribar los mástiles de (*una nave*)

desarmar *tr* quitar las armas a; desunir las piezas de ǁ desarme *m*

desarraigar §45 *tr* arrancar de raíz ǁ desarraigo *m*

desarreglar *tr* sacar de regla, descomponer

desarrollar *tr* extender (*lo arrollado*); hacer pasar a un estado más perfecto ǁ desarrollo *m*

desarropar *tr* quitar la ropa que presta abrigo a

desarzonar *tr* hacer caer de la silla (*al jinete*)

desaseado -da *adj* falto de aseo, sucio ǁ desaseo *m*

desasimiento *m* ǁ desasir §7 *tr* soltar; *ref* desprenderse

desasnar *tr* (fam.) hacer perder la rudeza o la ignorancia

desasociar *tr* desunir, separar

desasosegar §16 *tr* intranquilizar, inquietar ǁ desasosiego *m*

desastrado -da *adj* desgraciado; mal vestido, desaseado

desastre *m* desgracia grande, suceso funesto ǁ desastroso -sa *adj*

desatar *tr* desenlazar; *ref* excederse en hablar; descomedirse; perder la timidez; desencadenarse

desatascar §72 *tr* sacar del atascadero; desobstruir (*una cañería*); sacar de un apuro

desatención *f* falta de atención; descortesía

desatender §52 *tr* no prestar atención a; no hacer caso de; no asistir

desatentado -da *adj* que habla u obra sin tino; desordenado, excesivo

desatento -ta *adj* que no pone atención; descortés

desatiento *m* pérdida del tacto; inquietud

desatinar *tr* hacer perder el tino; *intr* perder el tino; decir despropósitos

desatino *m* falta de tino; despropósito

desatollar *tr* sacar del atolladero

desatornillar *tr* sacar (*un tornillo*) dándole vueltas; desprender (*lo atornillado*)

desatracar §72 *tr* apartar (*la nave atracada*)

desatrancar §72 *tr* quitar la tranca a

desautorizar §62 *tr* quitar autoridad, poder o estimación a

desavenencia *f* discordia, enemistad

desavenir §78 *tr* enemistar; *ref* discordar

desayunar *intr* y *ref* ǁ desayuno *m* primer alimento que se toma por la mañana

desazón *f* falta de sabor; inquietud; disgusto; indisposición

desazonar *tr* quitar el sabor a; disgustar; *ref* sentirse indispuesto

desbancar §72 *tr* robar (*a una persona*) la amistad o cariño de otra persona

desbandada *f* ǁ desbandar *ref* huir en desorden, dispersarse; desertar

desbarajustar *tr* poner en desorden ǁ desbarajuste *m*

desbaratar *tr* arruinar, deshacer; malgastar; poner en confusión (*al enemigo*); *intr* disparatar

desbarrar *tr* quitar las barras de (*una puerta*); *intr* escurrirse; disparatar

desbastar *tr* quitar las partes bastas de; quitar la rusticidad a

desbaste *m* acción de desbastar; estado de una pieza desbastada

desbloquear *tr* levantar el bloqueo de (*p.ej.*, *una ciudad*); levantar el bloqueo de (*fondos, crédito, etc.*) ǁ desbloqueo *m*

desbocar §72 *tr* romper la boca a (*una vasija*); *intr* desembocar; *ref* desobedecer el freno y dispararse (*una caballería*); prorrumpir en denuestos y vergüenzas

desbordamiento *m* ǁ desbordar *intr* salir de los bordes; *ref* salir de los bordes; desmandarse

desbravar *tr* amansar (*el ganado*); *intr* perder la braveza (*un toro*); *ref* perder la fuerza; perder fuerza (*los licores*)

desbrozar §62 *tr* quitar la broza a ǁ desbrozo *m*

desbullar *tr* sacar (*la ostra*) de su concha

descabal *adj* ǁ descabalar *tr* dejar incompleto

descabalgar §45 *intr* apearse de una caballería

descabellado -da *adj* desrazonable, que va sin orden o razón

descabellar *tr* deshacer el peinado de; matar instantáneamente (*al toro*) hiriéndole en la cerviz

descabello *m* acción de descabellar a un toro

descabezar §62 *tr* cortar la cabeza a; descabezar el sueño adormilarse

descalabradura *f* herida en la cabeza; cicatriz que queda

descalabrar *tr* herir en la cabeza; maltratar; causar perjuicio a

descalabro *m* infortunio, contratiempo

descalificación *f* ǁ descalificar §72 *tr* privar de derecho; desacreditar; (dep.) privar del derecho de participar en un partido por infracción de las reglas

descalzar §62 *tr* quitar (*el calzado*); quitar el calzado a; socavar; quitar un calce a; *ref* perder (*una caballería*) la herradura

descalzo -za *adj* que va sin calzado

descaminar *tr* apartar del buen camino

descamisado -da *adj* sin camisa, pobre, desharrapado

descampado -da *adj* (*terreno*) libre y desembarazado

descansar *tr* aliviar en el trabajo; apoyar; *intr* cesar en el trabajo; calmarse; dormir; yacer en el sepulcro; descansar en confiar en

descansillo *m* meseta de una escalera

descanso *m* alivio en el trabajo o fatiga; asiento, apoyo; descansillo; (teat.) intermedio

descantillar *tr* romper los cantos o aristas de

descañonar *tr* quitar los cañones a (*las aves*); afeitar a contrapelo

descapotable *adj* ‖ *m* automóvil con capota plegable

descapsulador *m* abrebotellas

descarado -da *adj* que habla u obra con desvergüenza

descarar *ref* hablar u obrar con desvergüenza

descarga *f* acción de descargar

descargadero *m* sitio donde se descarga

descargar §45 *tr* quitar la carga a; disparar (*un arma*); liberar de una obligación; anular la carga de (*un aparato o conductor eléctrico*)

descargo *m* acción de descargar; satisfacción o excusa de un cargo

descarnar *tr* separar la carne de (*un hueso*); desapegar de las cosas terrenas

descaro *m* desvergüenza

descarriar §76 *tr* apartar del camino; apartar del rebaño; *ref* extraviarse

descarrilar *intr* salir (*p.ej., un tren*) fuera del carril

descarrío *m* acción de descarriar

descartar *tr* rechazar; *ref* deshacerse de naipes inútiles en ciertos juegos

descarte *m* acción de descartar; las cartas desechadas

descascarar *tr* quitar la cáscara a

descaspar *tr* quitar la caspa a

descastado -da *adj* ingrato; que tiene poco cariño a los parientes

descendencia *f* sucesión, estirpe

descendente *adj* que desciende

descender §52 *tr* poner en lugar inferior; *intr* bajar; derivarse; proceder (*de una persona o linaje*); fluir

descendiente *mf* persona que desciende de otra

descenso *m* acción de descender; caída a situación inferior

descentralizar §62 *tr* hacer menos dependiente del gobierno central

descentrar *tr* sacar de su centro

desceñir §60 *tr* quitar a (*una persona*) lo que le ciñe; quitar (*lo que ciñe*)

descepar *tr* arrancar de raíz (*una planta o árbol que tiene cepa*); exterminar

descerezar §62 *tr* quitar la baya a (*la semilla del café*)

descerrajar *tr* arrancar o violentar la cerradura de; (fam.) disparar, descargar (*un tiro*)

descifrar *tr* leer (*lo escrito en cifra*); llegar a leer o a comprender (*lo obscuro o difícil*) ‖ descifre *m*

desclasificar §72 *tr* (dep.) descalificar

desclavar *tr* arrancar los clavos a; desprender (*lo clavado*)

desclorurar *tr* privar de sal en el régimen alimenticio

descoagular *tr* liquidar (*lo que está coagulado*)

descocado -da *adj* (fam.) desenvuelto, desvergonzado

descocar §72 *tr* quitar los cocos o gusanillos a (*los árboles*); *ref* (fam.) actuar con excesiva desenvoltura

descoco *m* (fam.) desvergüenza, excesiva desenvoltura

descoger §35 *tr* extender (*lo plegado*)

descolgar §65 *tr* bajar (*lo colgado*); quitar las colgaduras de; *ref* ir bajando; aparecer inesperadamente; dejarse caer de arriba abajo

descolorar *tr* quitar el color a

descolorido -da *adj* que tiene el color bajo o pálido

descolorir *tr* descolorar

descollar §63 *intr* sobresalir

descombrar *tr* despejar, desembarazar ‖ descombro *m*

descomedido -da *adj* excesivo, desproporcionado; descortés

descomedimiento *m* descortesía, falta de respeto

descomedir §80 *ref* faltar al respeto

descomponer §55 *tr* separar las diversas partes de; desorganizar; indisponer los ánimos de; *ref* entrar en putrefacción; desarreglarse; perder la serenidad ‖ descomposición *f*

descompostura *f* desarreglo; desaliño, desaseo; descaro

descompuesto -ta *adj* que ha sufrido putrefacción; irritado; inmodesto, descortés

descomulgado -da *adj* malvado, perverso

descomunal *adj* extraordinario, enorme

desconceptuar §20 *tr* desacreditar

desconcertar §1 *tr* sacar de regla; dislocar; sorprender; turbar, confundir; *ref* enemistarse; perder la serenidad ‖ **desconcierto** *m*

desconchar *tr* quitar a (*la loza, porcelana, etc.*) parte del esmalte

desconectar *tr* interrumpir la comunicación mecánica o el enlace eléctrico entre (*dos piezas, aparatos, líneas, etc.*) ‖ **desconexión** *f*

desconfianza *f* ‖ **desconfiar** §76 *intr* no tener confianza

desconforme *adj* que no está conforme ‖ **desconformidad** *f*

descongelar *tr* liquidar (*lo helado*); levantar la congelación de (*fondos, créditos, etc.*)

descongestionar *tr* disminuir o quitar la congestión o aglomeración de

desconocer §19 *tr* no conocer; negar haber hecho; no reconocer; rechazar

desconocido -da *adj* ignorado; ingrato; muy cambiado; *mf* persona no conocida

desconsiderar *tr* dejar de considerar; no guardar la consideración debida a

desconsolar §63 *tr* afligir, privar de consuelo ‖ **desconsuelo** *m*

descontaminar *tr* librar de contaminación; librar de gas asfixiante

descontar §63 *tr* rebajar de una cuenta; rebajar; dar por hecho

descontentadizo -za *adj* difícil de contentar

descontentar *tr* disgustar, desagradar ‖ **descontento -ta** *adj* y *m*

desconvenir §78 *intr* y *ref* no convenir, no concordar

descorazonar *tr* desalentar, desanimar

descorchador *m* sacacorchos

descorchar *tr* arrancar el corcho a (*el alcornoque*); quitar el corcho a (*una botella*)

descorche *m* acción de descorchar el alcornoque

descornar §63 *tr* quitar los cuernos a

descorrer *tr* volver a correr (*el camino ya corrido*); plegar (*la cortina corrida*); *intr* y *ref* escurrir o correr (*un líquido*)

descortés *adj* falto de cortesía ‖ **descortesía** *f*

descortezar §62 *tr* quitar la corteza a; (fam.) quitar la rusticidad a

descoser *tr* soltar las puntadas de

descosido -da *adj* desordenado, falto de trabazón; indiscreto, hablador; *m* parte descosida en un vestido

descoyuntar *tr* desencajar (*un hueso*); fastidiar, molestar

descrédito *m* pérdida de la reputación

descreer §21 *tr* dejar de creer en; negar el debido crédito a

descreído -da *adj* ‖ *mf* persona que ha dejado de creer ‖ **descreimiento** *m*

describir §83 *tr* referir minuciosamente; dibujar, delinear ‖ **descripción** *f* ‖ **descriptible** *adj* ‖ **descriptivo -va** *adj*

descristianizar §62 *tr* apartar de la fe cristiana

descuadernar *tr* desencuadernar; desbaratar, descomponer

descuajar *tr* descoagular; arrancar de raíz

descuaje *m* acción de descuajar las plantas

descuartizar §62 *tr* dividir en cuartos; (fam.) despedazar

descubierto -ta *adj* sin sombrero; expuesto a graves cargos; no poblado; *m* déficit; exposición del Santísimo Sacramento; **al descubierto** sin tener disponible el objeto de una operación mercantil; *f* (mil.) reconocimiento del terreno

descubridor -dora *adj* y *mf* ‖ **descubrimiento** *m* ‖ **descubrir** §83 *tr* hallar (*lo ignorado o escondido*); inventar; destapar; alcanzar a ver; inaugurar (*p.ej., una estatua*); *ref* quitarse el sombrero, la gorra, etc.

descuello *m* superioridad; altanería

descuento *m* acción de descontar; rebaja

descuidado -da *adj* negligente; desaseado; desprevenido

descuidar *tr* no cuidar de; *intr* y *ref* no cuidar

descuidero -ra *adj* ‖ *mf* ratero que hurta aprovechando descuidos

descuido *m* negligencia; inadvertencia; desliz

desde *prep* de, a partir de; después de; **desde que** después de que

desdecir §23 *intr* degenerar; no conformarse; *ref* retractarse

desdén *m* desprecio, menosprecio

desdentado -da *adj* que ha perdido los dientes; *m* mamífero que carece de dientes incisivos y a veces de toda la dentadura

desdeñar *tr* tratar con desdén; *ref* desdeñarse de odiar, detestar; no dignarse ‖ **desdeñoso -sa** *adj*

desdicha *f* ‖ **desdichado -da** *adj* infeliz, desgraciado; muy pobre, mísero; (fam.) pusilánime; *mf* persona infeliz

desdoblar *tr* extender (*lo doblado*); dividir en dos o más elementos

desdorar *tr* quitar el oro a; deslucir, mancillar

desdoro *m* mancha en la reputación ‖ desdoroso -sa *adj*

desear *tr* aspirar a la posesión de; tener voluntad de que se haga (*algo*)

desecación *f* o **desecamiento** *m* ‖ **desecar** §72 *tr* extraer la humedad de, eliminar el agua de

desechar *tr* arrojar, expeler; apartar de sí; rechazar; dejar por inútil

desecho *m* residuo; cosa que no sirve, lo que se deja de usar; desprecio

deselectrizar §62 *tr* descargar de electricidad

desellar *tr* quitar el sello a

desembalaje *m* ‖ **desembalar** *tr* deshacer el embalaje de

desembalse *m* pérdida de agua en un embalse

desembarazar §62 *tr* dejar libre; desocupar; *ref* librarse; desembarazarse de apartar o separar de sí (*lo que estorba*)

desembarazo *m* despejo, desenfado

desembarcadero *m* sitio para desembarcar

desembarcar §72 *tr* sacar de una embarcación; *intr* y *ref* salir de una embarcación

desembarco *m* acción de desembarcar personas

desembargar §45 *tr* quitar el impedimento a; levantar el embargo de ‖ desembargo *m*

desembarque *m* acción de desembarcar mercancías

desembarrancar §72 *tr* poner a flote (*la nave embarrancada*); *intr* salir a flote

desembocadura *f* ‖ **desembocar** §72 *intr* tener salida (*un río, calle o camino*)

desembolsar *tr* sacar de la bolsa; entregar, pagar

desembolso *m* acción de desembolsar; entrega o pago de dinero

desembozar §62 *tr* quitar el embozo a ‖ desembozo *m*

desembragar §45 *tr* desconectar (*un mecanismo*) del eje motor ‖ desembrague *m*

desembrollar *tr* (fam.) aclarar (*lo embrollado*)

desembuchar *tr* echar (*el ave lo que hay en el buche*); (fam.) decir (*todo cuanto se sabe y se tenía callado*)

desemejante *adj* diferente, diverso ‖ desemejanza *f*

desemejar *tr* desfigurar; *intr* diferenciarse, no parecerse

desempapelar *tr* quitar a (*una cosa*) el papel que la cubre; quitar a (*una pared*) el papel que la reviste

desempaquetar *tr* desenvolver (*lo empaquetado*)

desempatar *tr* deshacer el empate entre

desempedrar §1 *tr* arrancar las piedras de (*un sitio empedrado*); pasear mucho por (*un lugar empedrado*)

desempeñar *tr* librar (*lo empeñado*); liberar de deudas u otros empeños; cumplir; sacar (*a uno*) airoso de un lance; hacer (*un papel dramático*); ejercer (*un cargo*) ‖ desempeño *m*

desempleo *m* paro, falta de trabajo

desempolvar *tr* quitar el polvo a

desencadenar *tr* quitar la cadena a; soltar, lanzar; *ref* estallar con violencia

desencajar *tr* sacar de su encaje; *ref* demudarse, descomponerse (*el semblante*)

desencallar *tr* poner a flote (*la embarcación encallada*)

desencaminar *tr* descaminar

desencantar *tr* deshacer el encantamiento de; hacer perder las ilusiones ‖ desencanto *m*

desencapotar *ref* serenarse, despejarse; desenojarse

desencoger §35 *tr* extender (*lo encogido*); *ref* perder la timidez

desencolar *tr* despegar (*lo pegado con cola*)

desencolerizar §62 *tr* apaciguar, calmar

desencuadernar *tr* quitar la encuadernación de

desenchufar *tr* desconectar (*lo que está enchufado*)

desenfadado -da *adj* libre, desembarazado; espacioso; despreocupado

desenfadar *tr* quitar el enfado a

desenfado *m* despejo del ánimo; despreocupación; descaro

desenfrenar *tr* quitar el freno a; *ref* entregarse a los vicios; desencadenarse; faltar al respeto ‖ desenfreno *m*

desenfundar *tr* quitar la funda a

desenganchar *tr* soltar (*lo que está enganchado*)

desengañar *tr* hacer conocer (*a uno*) el engaño en que está; quitar las ilusiones a

desengaño *m* acción de desengañar; claridad, verdad desagradable

desengrasar *tr* quitar la grasa a; *intr* (fam.) enflaquecer

desenhebrar *tr* sacar la hebra de (*la aguja*); desenredar

desenjaular *tr* sacar de la jaula; sacar de la cárcel

desenlace *m* acción de desenlazar; final, solución de una acción dramática o de un asunto cualquiera

desenlazar §62 *tr* soltar (*lo que está atado con lazos*); resolver el enredo de (*la obra dramática*); dar desenlace a (*un asunto cualquiera*)

desenlutar *tr* quitar el luto a

desenmarañar *tr* deshacer la maraña de; poner en claro

desenmascarar *tr* quitar la máscara a

desenmohecer §19 *tr* quitar el moho a

desenojar *tr* calmar el enojo a; *ref* esparcir el ánimo

desenredar *tr* deshacer el enredo de; poner en orden; *ref* salir de una dificultad

desenrollar *tr* extender (*lo enrollado*)

desensillar *tr* quitar la silla a (*la caballería*)

desentender §52 *ref* afectar ignorancia; desentenderse de fingir que no se entiende; no tomar parte en

desenterrar §1 *tr* sacar (*lo que está debajo de tierra*); traer a la memoria

desentoldar *tr* quitar los toldos de; despojar del adorno

desentonar *tr* humillar el orgullo de; *intr* salirse del tono; *ref* faltar al respeto

desentono *m* falta de proporción en el tono; descomedimiento en la manera de hablar

desentorpecer §19 *tr* sacudir la torpeza de; desasnar

desentrampar *tr* (fam.) librar de deudas

desentrañar *tr* sacar las entrañas a; penetrar, averiguar (*lo difícil*); *ref* privarse de todo en provecho de otro

desentumecer §19 *tr* sacudir la torpeza de (*un miembro*)

desentumir *tr* desentumecer

desenvainar *tr* sacar de la vaina

desenvoltura *f* facilidad, facundia; facilidad de los movimientos; desvergüenza

desenvolver §49 y §83 *tr* deshacer (*lo arrollado*); hacer pasar a un estado más perfecto; descifrar; *ref* manejarse con tino ‖ **desenvolvimiento** *m*

desenvuelto -ta *adj* ágil y libre de modales; resuelto, audaz; descarado

deseo *m* aspiración a la posesión de algo ‖ **deseoso** -sa *adj*

desequilibrar *tr* hacer perder el equilibrio; *ref* perder el equilibrio mental ‖ **desequilibrio** *m*

deserción *f* ‖ **desertar** *tr* abandonar (*las banderas, los amigos, una causa*); *intr* huir del ejército; separarse de los amigos, etc. ‖ **desertor** *m*

deservicio *m* falta cometida contra uno a quien se debe servir

desesperación *f* pérdida de toda esperanza; cólera, enojo

desesperado -da *adj* lleno de desesperación

desesperante *adj* que quita la esperanza

desesperanzado -da *adj* que no tiene esperanza

desesperanzar §62 *tr* quitar la esperanza a; *ref* perder la esperanza

desesperar *tr* quitar la esperanza a; (fam.) exasperar, impacientar; *ref* perder toda esperanza

desestalinización *f* desarraigo del culto a Stalin

desestañar *tr* quitar el estaño de

desestimar *tr* tener en poco; desechar

desfachatado -da *adj* (fam.) descarado, desvergonzado ‖ **desfachatez** *f*

desfalcar §72 *tr* quitar parte de; tomar para sí (*un caudal que se tenía en custodia*) ‖ **desfalco** *m*

desfallecer §19 *tr* disminuir las fuerzas a; *intr* decaer, debilitarse; padecer desmayo ‖ **desfallecimiento** *m*

desfavorable *adj* contrario, poco favorable

desfavorecer §19 *tr* dejar de favorecer

desfigurar *tr* cambiar la figura de, afear; disfrazar; *ref* demudarse

desfiladero *m* paso estrecho entre montañas

desfilar *intr* marchar en fila, caminar en fila; pasar uno tras otro ‖ **desfile** *m*

desflorar *tr* ajar, quitar la flor a; hacer perder la entereza virginal; tratar ligeramente

desfogar §45 *tr* dar salida a (*un horno*); manifestar con vehemencia (*una pasión*); *intr* deshacerse en lluvia

desfondar *tr* quitar el fondo a; romper el fondo de; arar profundamente; *ref* perder el fondo

desgaire *m* desaliño; desaliño afectado; ademán despreciativo

desgajar *tr* arrancar (*una rama*) del tronco; separar, romper; *ref* soltarse, desprenderse ‖ **desgaje** *m*

desgalichado -da *adj* (fam.) desaliñado, desgarbado

desgana *f* inapetencia; falta de voluntad; disgusto

desganar *tr* quitar la gana a; *ref* perder el apetito; disgustarse

desgañitar *ref* (fam.) esforzarse gritando

desgarbado -da *adj* falto de garbo o gracia

desgarrado -da *adj* (fam.) desvergonzado, licencioso

desgarrar *tr* rasgar, romper; herir vivamente (*el corazón, el alma*)

desgarro *m* rotura, rompimiento; arrojo; descaro

desgarrón *m* desgarro grande; jirón

desgasificar §72 *tr* quitar el gas a; descontaminar

desgastar *tr* consumir poco a poco; *ref* perder fuerza o vigor ‖ **desgaste** *m*

desgausar *tr* neutralizar el magnetismo de (*un buque*) para librarlo de ser destruído por una mina

desgobernar §1 *tr* perturbar el gobierno de; gobernar mal (*un buque*); dislocar

desgobierno *m* falta de gobierno, desorden

desgracia *f* acontecimiento funesto; suerte adversa; falta de gracia; pérdida del favor ‖ **desgraciado -da** *adj y mf*

desgraciar *tr* desagradar; echar a perder; *ref* malograrse; desavenirse

desgranar *tr* sacar el grano de; *ref* soltarse (*las piezas ensartadas*)

desgreñar *tr* descomponer los cabellos de; *ref* andar a la greña

desguarnecer §19 *tr* quitar la guarnición de; quitar las guarniciones a (*un caballo*); quitar la fuerza a (*una plaza fuerte*); desunir las piezas de

desguazar §62 *tr* desbastar (*un madero*); deshacer (*un buque*)

deshabillé *m* desabillé

deshabitado -da *adj* que no está habitado

deshacer §41 *tr* destruir (*lo hecho*); abrir, desatar; derretir; poner en fuga; desarmar; *ref* estropearse; desvanecerse; trabajar con mucho ahinco; **deshacerse de** apartar o separar de sí (*lo que estorba*)

desharrapado -da *adj* andrajoso, lleno de harrapos

deshebrar *tr* destejer y sacar las hebras de; deshacer en partes muy delgadas

deshecho -cha *adj* muy grande; (*temporal*) impetuoso, violento; *f* disimulo; despedida cortés

deshelar §1 *tr* liquidar (*el hielo, la nieve*)

desherbar §1 *tr* arrancar (*las hierbas perjudiciales*); limpiar (*un terreno*) de hierbas perjudiciales

desheredar *tr* excluir de la herencia

deshielo *m* acción de deshelar

deshilachar *tr* sacar hilachas de

deshilar *tr* sacar hilos de; reducir a hilos

deshilvanado -da *adj* sin trabazón ni enlace

deshinchar *tr* quitar la hinchazón a; rebajar la importancia de

deshojar *tr* quitar las hojas a

deshoje *m* acción de deshojar; caída de las hojas

deshollinar *tr* limpiar de hollín (*las chimeneas*)

deshonestidad *f* ‖ **deshonesto -ta** *adj* impúdico, indecoroso

deshonor *m* ignominia, infamia, descrédito

deshonrar *tr* difamar, infamar; privar del empleo, dignidad, etc.; afear

deshonra *f* pérdida del respeto de sí mismo; cosa deshonrosa

deshonrar *tr* ultrajar, afrentar; escarnecer; desflorar

deshonroso -sa *adj* indecoroso, indecente

deshora *f* tiempo inoportuno; **a deshora** fuera de hora; de repente

deshuesar *tr* quitar los huesos a (*la carne de un animal o fruto*)

desiderátum (*pl:* -rata) *m* objeto de vivo deseo; lo mejor en su línea

desidia *f* descuido, negligencia, pereza ‖ **desidioso -sa** *adj y mf*

desierto -ta *adj* despoblado, solitario; *m* lugar despoblado y árido

designación *f* ‖ **designar** *tr* tener propósito de hacer; denominar; destinar para un fin

designio *m* intención, proyecto

desigual *adj* no igual; lleno de asperezas; arduo; inconstante ‖ **desigualdad** *f*

desilusión *f* ‖ **desilusionar** *tr* hacer perder las ilusiones

desimanar o **desimantar** *tr* hacer perder la imantación a (*un imán*)

desinencia *f* (gram.) terminación que expresa un accidente gramatical

desinfección *f* ‖ **desinfectante** *adj y m* ‖ **desinfectar** *tr* quitar o evitar la infección de

desinflar *tr* sacar el aire o gas de (*un cuerpo inflado*)

desinsectar *tr* exterminar los insectos de

desintegración *f* ‖ **desintegrar** *tr* descomponer en los elementos integrantes

desinterés *m* ‖ **desinteresado -da** *adj* apartado del interés personal, generoso

desinteresar *ref* perder el interés

desintonizar §62 *tr* desajustar (*un circuito o un aparato radiofónico*); interrumpir la recepción de (*cierta frecuencia o cierta emisora*)

desistir *intr* cesar

deslavar *tr* lavar muy por encima; quitar color y vigor a

desleal *adj* sin lealtad ‖ **deslealtad** *f*

desleír §59 *tr* disolver en un líquido

deslenguado -da *adj* desvergonzado, malhablado

desliar §76 *tr* desatar

desligar §45 *tr* desatar las ligaduras de; dispensar

deslindar *tr* fijar los límites de; apurar, aclarar ‖ **deslinde** *m*

desliz *m* (*pl.:* **-lices**) acción de deslizar; falta, error

deslizar §62 *tr* hacer correr sobre una superficie lisa; *intr* correr sobre una superficie lisa; *ref* escaparse; caer en una flaqueza

deslomar *tr* maltratar o lastimar los lomos de

deslucir §46 *tr* quitar el lustre o la gracia a; desacreditar

deslumbrar *tr* ofuscar con demasiada luz; dejar confuso

deslustrar *tr* quitar el lustre a; quitar la transparencia a (*el vidrio*) frotándolo con esmeril ‖ **deslustre** *m*

desmagnetizar §62 *tr* desimanar

desmán *m* exceso; desgracia; mamífero insectívoro (*Galemys pyrenaicus*)

desmandar *ref* descomedirse, propasarse

desmantelar *tr* echar por tierra (*las fortificaciones*); desamueblar; (*mar.*) desarbolar; (*mar.*) desaparejar

desmaña *f* ‖ **desmañado -da** *adj* torpe, inhábil

desmayado -da *adj* lánguido, débil; (*color*) apagado

desmayar *tr* desanimar; *intr* perder el valor; *ref* perder el conocimiento

desmayo *m* desaliento; deliquio, síncope; sauce llorón

desmedido -da *adj* grande, excesivo

desmedir §80 *ref* desmandarse, excederse

desmedrar *tr* deteriorar; *intr* perder la salud o la fuerza ‖ **desmedro** *m*

desmejorar *tr* hacer perder el lustre y la perfección; *intr y ref* ir perdiendo la salud

desmelenar *tr* desgreñar

desmembrar *tr* separar los miembros de (*un cuerpo*); separar, dividir

desmemoriado -da *adj* falto de memoria

desmentir §48 *tr* decir a (*una persona*) que miente; sostener la falsedad de; proceder contrariamente a

desmenuzar §62 *tr* dividir en partes menudas; examinar minuciosamente

desmerecer §19 *tr* no merecer; deteriorar; *intr* perder mérito; **desmerecer de** ser inferior a

desmesura *f* exceso, falta de mesura

desmesurado -da *adj* grande, excesivo; descarado, descortés

desmigajar *tr* hacer migajas

desmigar §45 *tr* desmigajar

desmilitarización *f* ‖ **desmilitarizar** §62 *tr* quitar el carácter militar a

desmirriado -da *adj* (fam.) flaco, extenuado

desmochar *tr* quitar la parte superior a; eliminar parte de ‖ **desmoche** *m*

desmonetizar §62 *tr* abolir el uso de (*un metal*) para la acuñación de moneda; despojar (*una moneda o billete*) de su valor

desmontable *adj* que se puede desmontar; *m* instrumento para desmontar las llantas de los neumáticos

desmontar *tr* cortar (*el monte, los árboles*); allanar (*un terreno*); desarmar; privar de cabalgadura; *intr y ref* bajar de una caballería

desmoralizar §62 *tr* corromper (*las costumbres*); desalentar

desmoronar *tr* deshacer poco a poco por disgregación lenta

desmovilización *f* ‖ **desmovilizar** §62 *tr* licenciar (*las fuerzas movilizadas*)

desnacionalizar §62 *tr* hacer perder el carácter nacional

desnatar *tr* quitar la nata a

desnaturalizado -da *adj* que no cumple con los deberes de la naturaleza; cruel, inhumano

desnaturalizar §62 *tr* quitar el derecho de naturaleza y patria a; alterar, pervertir

desnazificar §72 *tr* librar de las ideas del nazismo

desnivel *m* diferencia de nivel

desnivelar *tr* sacar de nivel

desnudamente *adv* sin rebozo, con claridad

desnudar *tr* quitar la ropa a; despojar (*una cosa*) de lo que la cubre o adorna

desnudez *f* ‖ **desnudo -da** *adj* falto de ropa; falto de lo que cubre o adorna; pobre; claro

desnutrición *f* falta de nutrición; depauperación del organismo

desobedecer §19 *tr* no obedecer ‖ **desobediencia** *f* ‖ **desobediente** *adj*

desobstruir §27 *tr* quitar las obstrucciones o los obstáculos a; desembarazar

desocupación *f* desempleo; ociosidad

desocupado -da *adj* ‖ *mf* persona que no tiene empleo

desocupar *tr* dejar libre (*un lugar*); dejar vacío

desodorante *adj* ‖ *m* agente que destruye malos olores

desoír §50 *tr* no prestar atención a

desolación *f* acción de desolar; angustia

desolar §63 *tr* asolar, arruinar; *ref* angustiarse

desoldar §63 *tr* quitar la soldadura a

desollado -da *adj* (fam.) descarado

desollar §63 *tr* quitar la piel a; causar grave daño a

desorden *m* falta de orden, confusión; exceso

desordenar *tr* poner en desorden, confundir; *ref* salir de regla, excederse

desorganización *f* ‖ **desorganizar** §62 *tr* destruir la organización de; llenar de confusión

desorientar *tr* hacer perder la orientación o el rumbo; confundir

desosar §26 *tr* deshuesar

desovar *intr* poner (*los peces, los insectos, etc.*) sus huevos ‖ **desove** *m*

desoxidar *tr* quitar el oxígeno a; limpiar (*un metal*) del oxígeno

despabilar *tr* cortar el pabilo ya quemado de

despacio *adv* lentamente, poco a poco

despachar *tr* resolver, concluir; enviar; vender; despedir; (fam.) matar; *intr y ref* darse prisa

despacho *m* acción de despachar; comunicación telegráfica; tienda; oficina; taller; despedida

despachurrar *tr* (fam.) aplastar, estrujar

despampanante *adj* (fam.) formidable, brutal

despampanar *tr* quitar los pámpanos a (*las vides*); (fam.) dejar atónito

despanzurrar *tr* (fam.) despachurrar, reventar

desparejar *tr* descomponer (*una pareja*)

desparpajado -da *adj* ‖ **desparpajo** *m* (fam.) sumo desembarazo y desenvoltura

desparramar *tr* esparcir por el suelo; disipar (*el caudal*)

despatarrar *tr* hacer abrir mucho las piernas; llenar de asombro; *ref* abrir mucho las piernas

despavorido -da *adj* lleno de pavor

despear *ref* maltratarse los pies por haber caminado con exceso

despectivo -va *adj* que indica desprecio

despechar *tr* causar despecho a; (fam.) destetar

despecho *m* disgusto causado por una humillación o repulsa; desesperación; a despecho de a pesar de

despechugar §45 *tr* quitar la pechuga a (*un ave*); *ref* (fam.) descubrirse el pecho

despedazar §62 *tr* hacer pedazos

despedida *f* ‖ **despedir** §80 *tr* arrojar,

lanzar; echar de sí; esparcir; quitar el empleo a; acompañar por obsequio a (*la persona que se va*); *ref* separarse afectuosamente

despegado -da *adj* (fam.) áspero, desabrido en el trato

despegar §45 *tr* desprender (*lo pegado*); *intr* (aer.) separarse del suelo o el agua; *ref* desapegarse

despego *m* desapego

despegue *m* acción de despegar un avión

despeinar *tr* deshacer el peinado de; desgreñar

despejado -da *adj* ancho, espacioso; claro, inteligente; que habla con soltura y desembarazo; sin nubes

despejar *tr* desocupar; aclarar; (mat.) hallar el valor de (*una incógnita*); *ref* mostrar desenvoltura en el trato; serenarse (*el cielo, el tiempo*)

despejo *m* acción de despejar; desembarazo; inteligencia, talento

despeluzar §62 *tr* desordenar el pelo de; erizar los cabellos a (*una persona*) por horror o miedo

despeluznante *adj* pavoroso, horrendo

despellejar *tr* desollar; (fam.) hablar mal de

despenar *tr* consolar; (fam.) matar

despensa *f* provisión de comestibles; sitio en una casa donde se guardan las cosas de comer ‖ **despensero -ra** *mf*

despeñadero *m* lugar escarpado y peñascoso; peligro

despeñar *tr* precipitar de una eminencia

despeño *m* acción de despeñar; ruina; fracaso

despepitar *tr* quitar las pepitas a (*un fruto*); *ref* gritar o hablar excesivamente; despepitarse por (fam.) mostrar gran afición por

desperdiciar *tr* malgastar, malbaratar, no aprovechar

desperdicio *m* acción de desperdiciar; residuo inservible

desperdigar §45 *tr* esparcir

desperezar §62 *ref* estirar los miembros para desentumecerlos o sacudir la pereza ‖ **desperezo** *m*

desperfecto *m* defecto; ligero deterioro

despernado -da *adj* fatigado de caminar

despertador *m* reloj con timbre para despertar

despertar §1 *tr* cortar el sueño a; mover, excitar; *intr* dejar de dormir

despiadado -da *adj* cruel, inhumano, impío

despierto -ta *adj* que no duerme; advertido, avisado

despilfarrado -da *adj* andrajoso; pródigo

despilfarrador -dora *adj y mf* ‖ **despilfarrar** *tr* malgastar, disipar ‖ **despilfarro** *m*

despintar *tr* borrar o raer (*lo pintado*)

despiojar *tr* quitar los piojos a

despistar *tr* hacer perder la pista; *ref* perder (*un automóvil u otro vehículo*) el terreno que pisaba ‖ **despiste** *m*

desplacer *m* desazón, disgusto; §19 *tr* desagradar

desplazado -da *adj* ‖ *mf* persona que no tiene patria y que se encuentra en el extranjero de resultas de una guerra

desplazamiento *m* volumen y peso del agua desalojada por un buque; movimiento, cambio de lugar

desplazar §62 *tr* trasladar; desalojar (*un buque cierto volumen y peso de agua*); *ref* trasladarse

desplegar §16 *tr* desdoblar; aclarar, exponer; poner en obra (*una aptitud*); (mil.) hacer pasar del orden compacto al abierto ‖ **despliegue** *m*

desplomar *tr* hacer perder la posición vertical; *ref* perder la posición vertical; caer, arruinarse; caer sin conocimiento ‖ **desplome** *m*

desplumar *tr* quitar las plumas a; (fam.) dejar sin dinero

despoblado *m* sitio no poblado

despoblar §63 *tr* tornar desierto (*lo poblado*); despojar (*un sitio*) de lo que hay en él

despojar *tr* privar, quitar, robar; *ref* desnudarse; desposeerse

despojo *m* acción de despojar; botín del vencedor; vientre, entrañas, cabeza y patas de la res muerta; **despojos** *mpl* sobras; restos mortales

despolarizar §62 *tr* destruir o interrumpir el estado de polarización de

despolvar *tr* desempolvar

despopularizar §62 *tr* privar de la popularidad

desposado -da *adj* aprisionado con esposas; recién casado

desposar *tr* autorizar el matrimonio de; *ref* contraer esponsales; contraer matrimonio

desposeer §21 *tr* privar (*a uno*) de lo que posee; *ref* renunciar (*uno*) lo que posee ‖ **desposeimiento** *m*

desposorios *mpl* promesa mutua de matrimonio

déspota *m* soberano absoluto; el que abusa de su poder o autoridad ‖ **despótico -ca** *adj* ‖ **despotismo** *m*

despotricar §72 *intr y ref* (fam.) hablar sin reparo ni consideración

despreciable *adj* que merece desprecio

despreciar *tr* tener en poco; desdeñar

despreciativo -va *adj* ‖ **desprecio** *m* falta de aprecio; desaire, desdén

desprender *tr* desunir, despegar; *ref* separarse; deducirse

desprendido -da *adj* liberal, desinteresado

desprendimiento *m* acción de desprenderse; liberalidad, desinterés

despreocupación *f* ‖ **despreocupado -da** *adj* libre de preocupaciones; que no sigue o que hace alarde de no seguir las creencias o usos generales; indiferente

despreocupar *ref* librarse de una preocupación; desentenderse

desprestigiar *tr* quitar el prestigio a ‖ **desprestigio** *m*

desprevención *f* ‖ **desprevenido -da** *adj* que no está prevenido

desproporción *f* falta de proporción

desproporcionar *tr* quitar la proporción a

despropósito *m* dicho o hecho fuera de razón o sentido

desproveer §21 y §83 *tr* despojar de lo necesario

después *adv* con posterioridad

despulido -da *adj* (*vidrio*) deslustrado

despuntar *tr* quitar o gastar la punta de; *intr* empezar a brotar; comenzar a amanecer; sobresalir

desquiciar *tr* sacar de quicio (*una puerta*); desconcertar; desorganizar; arruinar; turbar

desquitar *tr* vengar; *ref* tomar satisfacción ‖ **desquite** *m*

desratizar §62 *tr* limpiar de ratas

desrazonable *adj* (fam.) que no es razonable

destacamento *m* (mil.) tropa separada del cuerpo principal

destacar §72 *tr* hacer notable; (mil.) separar del cuerpo principal; *intr y ref* sobresalir, descollar

destajista *mf* persona que trabaja a destajo

destajo *m* trabajo que se contrata por un tanto; **a destajo** por un tanto

destalinización *f* desestalinización

destapador *m* descapsulador

destapar *tr* quitar la tapa o el tapón a; descubrir (*lo tapado*)

destartalado -da *adj* descompuesto, sin orden

destejer *tr* deshacer (*lo tejido*); desbaratar

destellar *tr* despedir (*chispas, rayos luminosos vivos*); *intr* despedir chispas o rayos luminosos vivos ‖ **destello** *m*

destemplado -da *adj* falto de mesura; disonante; desagradable; (*pulso*) alterado; indispuesto ‖ **destemplanza** f

destemplar tr alterar el buen orden de; alterar la armonía de; ref perder la moderación; sentir malestar; perder su temple (el acero)

destemple m disonancia; indisposición

desteñir §60 tr quitar el tinte a; apagar (los colores); intr y ref perder el tinte o color

desternillar ref romperse las ternillas; desternillarse de risa reírse hasta no poder más

desterrar §1 tr arrojar del país; apartar de sí

destetar tr quitar la teta a; apartar del regalo de la casa ‖ **destete** m

destiempo: a destiempo inoportunamente, fuera de tiempo

destierro m pena del desterrado; lugar en que vive

destilación f ‖ **destilar** tr evaporar la parte volátil de (un líquido) y reducirla luego a líquida por medio del frío; filtrar; intr correr gota a gota

destilería f sitio donde se destila

destinar tr señalar para algún fin; designar para un empleo o servicio

destinatario -ria mf persona a quien va dirigida alguna cosa

destino m aplicación de algo para un fin; empleo; lugar a donde va dirigido un envío o un viajero; hado

destitución f ‖ **destituir** §27 tr privar; quitar el cargo o empleo a

destornillado -da adj de poco juicio, sin seso

destornillador m instrumento para destornillar o atornillar

destornillar tr desatornillar; ref obrar sin juicio

destoser ref fingir la tos

destral m hacha pequeña

destreza f habilidad, primor, arte

destripacuentos m (pl: -tos) (fam.) persona que interrumpe a quien hace un relato

destripar tr sacar las tripas a; despachurrar

destripaterrones m (pl: -nes) (fam.) gañán, labrador del campo

destriunfar tr obligar a echar los triunfos

destronar tr echar del trono

destrozar §62 tr hacer trozos; (mil.) derrotar ‖ **destrozo** m

destrozón -zona adj que destroza mucho las prendas de vestir

destrucción f acción de destruir

destructivo -va adj que destruye mucho

destructor -tora adj ‖ mf persona que destruye; m buque de guerra muy veloz

destruir §27 tr arruinar, deshacer; ref (álg.) anularse (dos cantidades de signo contrario)

desuellacaras m (pl: -ras) (fam.) mal barbero; (fam.) desvergonzado

desuello m acción de desollar; descaro; (fam.) precio excesivo

desuncir §36 tr desatar del yugo

desunión f ‖ **desunir** tr separar (lo que estaba unido); introducir discordia entre

desusado -da adj que no se usa; que ha perdido la práctica

desvaído -da adj alto y desgarbado; (color) bajo, disipado

desvainar tr sacar de las vainas

desvalido -da adj falto de protección

desvalijar tr robar, despojar; robar en los caminos

desvalorizar §62 tr disminuir el valor de

desván m parte de la casa inmediatamente debajo del tejado

desvanecer §19 tr hacer perderse de vista gradualmente; ref evaporarse; desaparecer; desmayarse

desvanecimiento m acción de desvanecer; envanecimiento; desmayo

desvariar §76 intr delirar, decir locuras ‖ **desvarío** m

desvelado -da adj falto de sueño

desvelar tr quitar el sueño a; ref no dormir; desvelarse por poner gran cuidado en

desvelo m falta de sueño; cuidado grande

desvencijado -da adj desunido, destartalado

desvendar tr quitar la venda a; desengañar

desventaja f mengua, perjuicio, inferioridad ‖ **desventajoso** -sa adj

desventura f desdicha, desgracia ‖ **desventurado** -da adj

desvergonzado -da adj ‖ mf persona que habla u obra con desvergüenza

desvergonzar §9 ref hablar u obrar con desvergüenza

desvergüenza f insolencia, falta de vergüenza; dicho o hecho insolente o impúdico

desvestir §80 tr desnudar

desviación f acción de desviar; vía que se aparta de la principal

desviacionismo m desviación de un comunista de la doctrina ortodoxa ‖ **desviacionista** adj y mf

desviar §76 tr alejar, separar de su lugar o camino; disuadir

desvincular tr romper el lazo entre

desvío m desviación; desapego; vía que se aparta de la principal

desvirtuar §20 tr echar a perder, quitar la virtud a

desvitalizar §62 *tr* quitar la vida o la vitalidad a

desvivir *ref* mostrar sumo interés o viva solicitud

desvolvedor *m* instrumento para aflojar o apretar tuercas

detall: al detall al por menor

detallar *tr* referir con todos los pormenores; vender al detall

detalle *m* pormenor, circunstancia

detección *f* ∥ **detectar** *tr* descubrir o poner de manifiesto la existencia de

detective *m* informante que descubre crímenes o hechos secretos

detector *m* aparato que sirve para detectar, p. ej., las mentiras de un acusado; (rad.) aparato que elimina la onda portadora de la de baja frecuencia

detención *f* acción de detener; tardanza; cuidado, esmero; arresto

detener §71 *tr* parar; guardar; arrestar; *ref* pararse

detenimiento *m* tardanza; cuidado

detergente *adj* ∥ *m* substancia que limpia o purifica

deteriorar *tr* hacer peor, echar a perder, dañar ∥ **deterioro** *m*

determinación *f* acción de determinar; resolución

determinado -da *adj* resuelto; cierto; (gram.) definido

determinar *tr* fijar; causar, producir; distinguir; decidir

detersivo -va o **detersorio -ria** *adj* y *m* detergente

detestable *adj* execrable, abominable

detestación *f* ∥ **detestar** *tr* aborrecer; maldecir

detonación *f* acción de detonar; explosión en el cilindro de un motor antes de la ignición

detonar *intr* dar estampido, estallar

detracción *f* ∥ **detractar** *tr* denigrar, infamar ∥ **detractor -tora** *adj* y *mf*

detraer §74 *tr* tomar parte de; denigrar, infamar

detrás *adv* en lugar posterior; **detrás de** en la parte posterior de; en ausencia de

detrimento *m* daño, perjuicio

detrito *m* residuos de la desagregación de un cuerpo

Deucalión *m* (mit.) el Noé de la mitología griega

deuda *f* obligación de pagar algo; lo que se debe; culpa, pecado

deudo -da *mf* pariente; *m* parentesco

deudor -dora *adj* ∥ *mf* persona que debe

deuterio *m* el isótopo H² del hidrógeno

deuterón *m* núcleo de un átomo de deuterio

Deuteronomio *m* quinto libro del Pentateuco

deutón *m* deuterón

devaluación *f* ∥ **devaluar** §20 *tr* disminuir legalmente el valor de (*la moneda*)

devanadera *f* aparato que sirve para devanar

devanar *tr* arrollar en ovillo o carrete

devaneo *m* delirio, desconcierto; ocupación vana

devastación *f* ∥ **devastar** *tr* arrasar, asolar, destruir

develación *f* ∥ **develar** *tr* descubrir, poner de manifiesto

devengar §45 *tr* ganar (*un salario*); adquirir derecho a (*intereses*)

devoción *f* fervor religioso; manifestación de tal fervor; afición, inclinación

devocionario *m* libro de oraciones sagradas

devolución *f* ∥ **devolver** §49 y §83 *tr* restituir; corresponder a (*un favor*); (fam.) vomitar

devorar *tr* tragar con ansia; consumir

devoto -ta *adj* que tiene devoción; que mueve a devoción; *mf* persona que tiene devoción; *m* objeto de la devoción

dextrina *f* substancia que se obtiene del almidón

dextrosa *f* glucosa

D.F abr. de Distrito Federal

d/f abr. de días fecha

dg. abr. de decigramo o decigramos

Dg. abr. de decagramo o decagramos

dho. abr. de dicho

día *m* tiempo que tarda la Tierra en dar una vuelta sobre su eje; tiempo comprendido entre el alba y el anochecer; tiempo que hace; **días** *mpl* cumpleaños; festividad del santo de una persona

diabetes *f* enfermedad que se manifiesta por la presencia de glucosa en la orina ∥ **diabético -ca** *adj* y *mf*

diablear *intr* (fam.) hacer diabluras

diablillo *m* persona disfrazada de diablo; (fam.) persona enredadora

diablo *m* ángel malo; persona de mal genio o muy traviesa

diablura *f* travesura; temeridad

diabólico -ca *adj* propio del diablo; (fam.) muy malo, travieso; (fam.) muy difícil

diácono *m* ministro eclesiástico de grado inmediato inferior al sacerdote

diacrítico -ca *adj* (*acento*) que se coloca en una palabra para distinguirla de otra palabra homónima

diadema *f* corona; cinta blanca que ceñía la cabeza de los reyes; adorno femenino en forma de media corona; (fig.) monarquía

diafanidad f ‖ **diáfano -na** adj transparente

diafragma m músculo que separa el pecho del vientre; lámina que separa dos partes de un aparato; disco vibrante de un teléfono; disco perforado para regular la luz

diagnosis f (pl: -sis) conocimiento de los síntomas de una enfermedad

diagnosticar §72 tr hacer el diagnóstico de (una enfermedad)

diagnóstico -ca adj ‖ m determinación de una enfermedad por los signos que le son propios; conjunto de signos de ésta

diagonal ‖ f recta que se traza de un ángulo a otro ángulo no contiguo en una figura geométrica

diagrama m dibujo con que se demuestra algo gráficamente

dialectal adj perteneciente a un dialecto

dialéctico -ca adj ‖ f arte de razonar

dialecto m variedad regional de un idioma

diálogo m conversación entre dos o más personas

diamagnético -ca adj ‖ **diamagnetismo** m propiedad de ciertos cuerpos de ser repelidos por los imanes; parte de la física que trata de los fenómenos diamagnéticos

diamante m piedra preciosa formada de carbono cristalizado ‖ **diamantino -na** adj

diamantista mf persona que labra o vende diamantes

diametral adj ‖ **diámetro** m recta que divide el círculo en dos mitades

diana f toque militar al amanecer; punto central de un blanco de tiro; (cap.) f (mit.) diosa romana de la caza

diantre m (fam.) diablo

diapasón m varilla metálica en forma de U, por cuya vibración se regula el tono de los instrumentos musicales

diapositiva f fotografía positiva sacada en cristal

diario -ria adj de todos los días; m libro en que se anota algo día por día; gasto de cada día en una casa; periódico que aparece cada día

diarista mf persona que publica un periódico

diarrea f evacuaciones de vientre líquidas y frecuentes

diástole f movimiento de dilatación del corazón y las arterias ‖ **diastólico -ca** adj

diatermia f procedimiento electroterápico que produce calor en las partes profundas del cuerpo ‖ **diatérmico -ca** adj

diatriba f crítica violenta e injuriosa

dibujante adj y mf ‖ **dibujar** tr representar por medio de lápiz, pluma, etc.; describir

dibujo m arte o acción de dibujar; imagen dibujada

dicacidad f ‖ **dicaz** adj (pl: -caces) chistoso, agudo, mordaz

dicción f manera de hablar; palabra

diccionario m libro que contiene las palabras de un idioma con sus definiciones o su traducción

diciembre m último mes del año

dicotiledón m planta cuyas semillas tienen dos cotiledones opuestos

dictado m acción de dictar; lo que se dicta; título, calificativo; **dictados** mpl preceptos

dictador m el que gobierna un país con plenos poderes ‖ **dictadura** f

dictáfono m aparato que registra lo que se le va dictando

dictamen m opinión, parecer, juicio ‖ **dictaminar** tr e intr

dictar tr decir (algo) para que otro lo escriba; pronunciar (un fallo, leyes, etc.); (Amér.) pronunciar (una conferencia)

dictatorial adj perteneciente al dictador; absoluto, arbitrario

dictatorio -ria adj perteneciente al dictador

dicterio m dicho denigrante

dicha f felicidad, buena suerte

dicharachero -ra adj (fam.) propenso a prodigar dichos bajos y vulgares

dicharacho m (fam.) dicho demasiado vulgar

dicho m frase cabal; ocurrencia chistosa; (fam.) expresión insultante

dichoso -sa adj feliz; (fam.) enfadoso

didáctico -ca adj ‖ f arte de enseñar

didimio m mezcla de neodimio y praseodimio

Dido f (mit.) fundadora de Cartago

diecinueve adj ‖ m diez y nueve

dieciocho adj ‖ m diez y ocho

dieciséis adj ‖ m diez y seis

diecisiete adj ‖ m diez y siete

diedro adj (ángulo) formado por dos planos

Diego m nombre propio de varón

dieléctrico -ca adj ‖ m cuerpo no conductor pero a través del cual se puede crear un campo eléctrico

diente m hueso engastado en la mandíbula; cada punta de un engranaje o de ciertos instrumentos

diéresis f (pl: -sis) pronunciación en dos sílabas de las dos letras de un diptongo; signo ortográfico que consiste en dos puntos sobre una vocal

diésel adj (motor) de combustión interna en el cual la ignición se produce por el calor de la presión y no por chispa eléctrica

dieselización f transformación de los ferrocarriles haciendo que su sistema de tracción sea por medio de motores diésel

diestro -tra adj derecho; hábil; m torero de a pie; matador de toros; ronzal; f mano derecha

dieta f régimen en el comer y beber; asamblea en ciertos países; **dietas** fpl honorarios que cobran ciertos funcionarios

diez adj ‖ m nueve y uno

diezmar tr sacar o castigar de diez uno de (un grupo); pagar el diezmo de; causar gran mortandad en

diezmo m décima parte de los frutos que se pagaban a la Iglesia

difamación f ‖ **difamar** tr hacer perder el crédito y la buena fama ‖ **difamatorio** -ria adj

diferencia f falta de semejanza; residuo de una sustracción; disensión, disputa

diferencial adj perteneciente a la diferencia; m mecanismo de tres engranajes que impone proporción entre sus velocidades simultáneas; f (mat.) diferencia infinitamente pequeña de una variable

diferenciar tr hacer distinción entre; variar el uso o aplicación de; intr discordar; ref distinguirse; hacerse notable o famoso

diferente adj no semejante, no igual

diferir §48 tr dilatar, retardar; intr ser diferente

difícil adj que no se consigue sin gran esfuerzo; descontentadizo

dificultad f calidad de difícil; inconveniente; reparo, obstáculo

dificultar tr hacer difícil; poner dificultades a

dificultoso -sa adj difícil; (fam.) que a todo pone dificultades; (fam.) feo

difidencia f ‖ **difidente** adj que no tiene confianza

difracción f división e inflexión de los rayos luminosos cuando pasan por los bordes de un cuerpo opaco

difteria f enfermedad infecciosa caracterizada por la producción de una falsa membrana que puede matar por asfixia ‖ **diftérico** -ca adj

difundir tr esparcir, extender; divulgar, propagar; (rad.) emitir

difunto -ta adj ‖ mf persona muerta; m cadáver

difusión f acción de difundir; calidad de difuso; (rad.) emisión

difuso -sa adj ancho, dilatado; superabundante en citas y palabras

digerible adj ‖ **digerir** §48 tr convertir en el aparato digestivo (los alimentos) en substancia propia para la nutrición; meditar ‖ **digestible** adj ‖ **digestión** f ‖ **digestivo** -va adj

digitación f (mús.) movimiento de los dedos al tocar un instrumento

digital adj perteneciente a los dedos; f planta de cuyas hojas se extrae un tónico cardíaco

dígito m (arit.) cada uno de los nueve primeros números

dignación f condescendencia con lo que el inferior desea ‖ **dignar** ref

dignatario m el que ejerce una dignidad elevada

dignidad f gravedad, nobleza en los modales; cargo honorífico; excelencia; respeto; persona que posee una dignidad

dignificar §72 tr dar dignidad a

digno -na adj que tiene dignidad; merecedor; proporcionado al mérito

dígrafo m grupo de dos letras que representa un solo sonido

digresión f efecto de romper el hilo del discurso para hablar de algo ajeno al asunto de que se trata

dije m pequeña joya que suele llevarse colgada; (fam.) persona de excelentes cualidades

dilacerar tr desgarrar las carnes de

dilación f tardanza

dilapidar tr malgastar, disipar

dilatación f ‖ **dilatar** tr hacer mayor; aumentar el volumen de, sin que aumente la masa; diferir, retrasar; ref extenderse

dilema m alternativa en que hay que optar entre dos cosas igualmente desagradables

diletante adj ‖ mf persona apasionada por el arte ‖ **diletantismo** m

diligencia f cuidado, esmero; prontitud; antiguo coche de camino; (fam.) negocio, recado

diligente adj cuidadoso; pronto

dilucidar tr aclarar, explicar

dilución f ‖ **diluir** §27 tr desleír; repartir (responsabilidad, mando, etc.)

diluviar intr llover torrencialmente

diluvio m lluvia muy copiosa; inundación causada por la lluvia; gran cantidad; el Diluvio el universal, de que da cuenta la Biblia

dimanar intr proceder de los manantiales; provenir

dimensión *f* medida, tamaño; extensión en una dirección determinada

dimes: andar en dimes y diretes (fam.) altercar, disputar

diminutivo -va *adj* que disminuye; *m* vocablo que disminuye la significación de otro

diminuto -ta *adj* muy pequeño

dimisión *f* ‖ **dimisionario -ria** o **dimitente** *adj y mf* ‖ **dimitir** *tr* renunciar (*un cargo o comisión*)

din *m* (fam.) dinero, riqueza

dina *f* unidad de fuerza; (*cap.*) *f* (Bib.) hija de Jacob y Lía

Dinamarca *f* estado del norte de Europa ‖ **dinamarqués -quesa** *adj y mf*

dinámico -ca *adj* perteneciente a la fuerza cuando produce movimiento; activo, emprendedor; *f* parte de la mecánica que trata de las fuerzas y el movimiento que producen

dinamita *f* explosivo a base de nitroglicerina ‖ **dinamitar** *tr*

dínamo *f* máquina que transforma la energía mecánica en energía eléctrica

dinastía *f* familia de reyes que se suceden ‖ **dinástico -ca** *adj*

dinerada *f* o **dineral** *m* gran cantidad de dinero

dinero *m* moneda corriente; (fam.) caudal, fortuna

dintel *m* parte superior de la puerta o ventana que descansa sobre las jambas

diocesano -na *adj* ‖ **diócesi** *f* o **diócesis** *f* (*pl:* -sis) distrito de la jurisdicción de un prelado

Diocleciano *m* emperador romano (245-313 d. de J.C.)

diodo *m* (rad.) lámpara de dos electrodos

Diógenes *m* filósofo griego de la escuela cínica (412-323 a. de J.C.)

dioico -ca *adj* (*planta*) que tiene en pie separado las flores de cada sexo

Diomedes *m* (mit.) el héroe más valeroso después de Aquiles

dionisíaco -ca *adj* ‖ **Dionisios** *m* o **Dionisos** *m* (mit.) dios griego del vino

dios *m* deidad de los paganos; (*cap.*) *m* Ser Supremo

diosa *f* deidad femenina; mujer de extraordinaria belleza

diploma *m* documento que acredita un grado académico o establece un privilegio

diplomacia *f* servicio de los estados en sus relaciones internacionales; (fam.) astucia, disimulo

diplomático -ca *adj y mf* ‖ *f* diplomacia

dipolar *adj* ‖ **dipolo** *m* conjunto de dos cargas eléctricas o magnéticas iguales y de signo contrario

dipsomanía *f* tendencia irresistible al abuso de las bebidas ‖ **dipsomaníaco -ca** o **dipsómano -na** *adj y mf*

díptero -ra *adj* ‖ *m* insecto que tiene dos alas

diptongar §45 *tr* ‖ **diptongo** *m* unión de dos letras vocálicas en una sola sílaba

diputación *f* acción de diputar; cargo de diputado; conjunto de diputados; local en que celebran sus juntas

diputado -da *mf* persona elegida por otras para que las represente

diputar *tr* elegir o destinar; designar

dique *m* muro para contener las aguas; lugar en los puertos para reparar los buques

dirección *f* acción de dirigir; cargo u oficina de director; línea de movimiento; señas que se ponen a una carta o paquete; mecanismo que permite orientar a derecha o a izquierda las ruedas delanteras de un automóvil

directivo -va *adj* que tiene facultad de dirigir; *f* junta de gobierno de una sociedad; orden, prescripción

directo -ta *adj* en línea recta; sin intermediario; que va sin detenerse

director -tora *adj* ‖ *mf* persona que dirige una administración

directorio -ria *adj* ‖ *m* junta de directores; instrucción para gobernarse; libro de señas

directriz *f* (*pl:* -trices) instrucción expedida por una oficina central; (geom.) línea fija que se emplea en la descripción de una curva o una superficie

dirigente *adj* ‖ *mf* persona que dirige un negocio, partido político, etc.

dirigible *adj* que puede ser dirigido; *m* globo dirigible

dirigir §28 *tr* conducir, guiar; gobernar; poner las señas a (*una carta*); *ref* ir, encaminarse

discernimiento *m* ‖ **discernir** §29 *tr* distinguir, apreciar, diferenciar

disciplina *f* reglamentación de conducta; arte, facultad, ciencia; doctrina; azote

disciplinar *tr* imponer disciplina a; instruir; azotar

discípulo -la *mf* persona que sigue la opinión de una escuela; alumno

disco *m* objeto plano y circular; lámina circular en que están inscritas las vibraciones del sonido; órgano del teléfono automático para seleccionar el número con que se desea comunicar; tejo circular que se arroja en los juegos gimnásticos; señal en los ferrocarriles

discófilo -la *mf* persona aficionada a coleccionar discos fonográficos

díscolo -la *adj* avieso, indócil

discontinuar §20 *tr* interrumpir la continuación de

discontinuidad *f* ‖ **discontinuo -nua** *adj* no continuo

discordancia *f* ‖ **discordante** *adj* ‖ **discordar** §63 *intr* estar en desacuerdo; ser discordes; (mús.) no estar acordes

discorde *adj* desconforme; disonante ‖ **discordia** *f*

discoteca *f* mueble o local en que se guardan discos fonográficos

discreción *f* prudencia; arbitrio; agudeza, ingenio

discrecional *adj* que se hace libremente

discrepancia *f* ‖ **discrepante** *adj* ‖ **discrepar** *intr* diferenciar; disentir

discreto -ta *adj* prudente; agudo, ingenioso; que se compone de partes separadas

discriminación *f* ‖ **discriminar** *tr* distinguir, diferenciar

disculpa *f* ‖ **disculpar** *tr* dar excusa para descargar (*a uno*) de culpa; (fam.) perdonar; *ref* dar excusa en descargo de una culpa

discurrir *tr* inventar, idear; conjeturar; *intr* andar, correr; reflexionar; razonar; fluir; transcurrir

discursear *intr* (fam.) pronunciar un discurso

discurso *m* arenga, alocución; oración gramatical; transcurso del tiempo; raciocinio

discusión *f* ‖ **discutible** *adj* ‖ **discutir** *tr* examinar el pro y el contra de, alegar razones acerca de; controvertir

disecar §72 *tr* dividir (*un cadáver o una planta*) en partes para su estudio; preparar (*un animal muerto*) haciendo que conserve apariencia de vivo; preparar (*una planta*) para que se conserve seca ‖ **disección** *f* ‖ **disector -tora** *mf*

diseminación *f* ‖ **diseminar** *tr* sembrar, esparcir; difundir, divulgar

disensión *f* acción de disentir; contienda

disentería *f* enfermedad que se caracteriza por la diarrea dolorosa ‖ **disentérico -ca** *adj*

disentimiento *m* ‖ **disentir** §48 *intr* ser de otro parecer

diseñador -dora *mf* ‖ **diseñar** *tr* delinear, dibujar ‖ **diseño** *m*

disertación *f* ‖ **disertar** *intr* razonar metódicamente; hacer un discurso

disfavor *m* desaire, desatención

disforme *adj* deforme ‖ **disformidad** *f*

disfraz *m* (*pl:* -fraces) ‖ **disfrazar** §62 *tr* vestir con un vestido desacostumbrado; disimular

disfrutar *tr* emplear útilmente; *intr* sentir placer; **disfrutar de** poseer; tener gusto en ‖ **disfrute** *m*

disfumino *m* lápiz para esfumar

disgregación *f* ‖ **disgregar** §45 *tr* desunir las partes integrantes de

disgustar *tr* desagradar, repugnar, contrariar; *ref* perder la amistad ‖ **disgusto** *m*

disidencia *f* ‖ **disidente** *adj* y *mf* ‖ **disidir** *intr* no estar acorde; separarse por cuestiones doctrinales

disílabo -ba *adj* bisílabo

disimetría *f* falta de simetría ‖ **disimétrico -ca** *adj*

disimilación *f* ‖ **disimilar** *tr* alterar (*un sonido*) para diferenciarlo de otro análogo en la misma palabra

disimilitud *f* desemejanza, diferencia

disimulación *f* ‖ **disimular** *tr* encubrir con astucia; afectar ignorancia de; ocultar; perdonar, dispensar

disimulo *m* disimulación; tolerancia, indulgencia; cautela

disipación *f* acción de disipar; conducta de quien se entrega a los placeres

disipado -da *adj* ‖ *mf* persona que malgasta su hacienda; persona crapulosa

disipar *tr* hacer desaparecer; hacer cesar; malgastar; *ref* evaporarse; desaparecer

dislate *m* disparate

dislocar §72 *tr* sacar (*p.ej., un hueso*) de su lugar

disloque *m* (fam.) cosa excelente, la flor de la canela

disminución *f* ‖ **disminuir** §27 *tr* hacer menor; *intr* y *ref* decrecer, menguar

disociación *f* ‖ **disociar** *tr* desunir, separar

disoluble *adj* que se puede disolver

disolución *f* acción de disolver; vida licenciosa

disoluto -ta *adj* ‖ *mf* persona licenciosa, crapulosa

disolvente *adj* ‖ *m* líquido que se emplea para disolver

disolver §49 y §83 *tr* desleír, diluir; separar, desunir; destruir

disonancia *f* ‖ **disonante** *adj* ‖ **disonar** §63 *intr* sonar desagradablemente; discrepar; parecer mal

dispar *adj* diferente, desigual

disparador *m* pieza en un arma que sirve para dispararla; escape del reloj

disparar *tr* hacer que (*un arma*) despida el proyectil; arrojar (*un proyectil*); *ref* partir o correr precipitadamente

disparatado -da *adj* que disparata; contrario a la razón

disparatar *intr* decir o hacer cosas fuera de razón

disparate *m* dicho o hecho fuera de razón; (fam.) atrocidad, exceso

disparidad *f* calidad de dispar

disparo *m* acción de disparar; estampido

dispendio *m* gasto excesivo ‖ **dispendioso -sa** *adj*

dispensa *f* excepción, privilegio

dispensación *f* ‖ **dispensar** *tr* distribuir; eximir; absolver, excusar

dispensario *m* establecimiento donde los enfermos reciben asistencia médica sin estar hospitalizados

dispepsia *f* enfermedad que consiste en digerir con dificultad ‖ **dispéptico -ca** *adj y mf*

dispersar *tr* separar y diseminar; poner en fuga ‖ **dispersión** *f*

displicencia *f* ‖ **displicente** *adj* desagradable; desalentado; de mal humor

disponer §55 *tr* arreglar, poner en orden; preparar; mandar; *intr* resolver; disponer de valerse de; tener; testar acerca de; *ref* prepararse; hacer testamento

disponibilidad *f* calidad o estado de disponible; cantidad disponible

disponible *adj* que puede utilizarse; libre de compromisos

disposición *f* acción o facultad de disponer; colocación ordenada; preparación; inclinación; mandato, orden

dispositivo *m* artefacto, mecanismo

disprosio *m* cuerpo simple metálico, la substancia más magnética que se conoce (*símbolo* Dy; *núm. atómico* 66; *peso atómico* 162,46)

dispuesto -ta *adj* apuesto; apto, hábil

disputa *f* ‖ **disputar** *tr* debatir, discutir; contender para alcanzar; *intr* altercar, porfiar

disquisición *f* exposición muy extensa

distancia *f* intervalo entre dos hechos o lugares; diferencia; desafecto

distanciar *tr* apartar, alejar; rezagar

distante *adj* lejano, remoto

distar *intr* estar apartado en el tiempo o el espacio; diferenciarse

distender §52 *tr* aflojar (*lo que está tirante*); causar tensión violenta en (*una parte del cuerpo*) ‖ **distensión** *f*

distinción *f* acción de distinguir; calidad de distinguido; diferencia; honor; elegancia

distinguido -da *adj* notable, ilustre

distinguir §30 *tr* conocer la diferencia entre; diferenciar; ver a lo lejos, en la obscuridad; hacer particular aprecio de; otorgar algún honor a; *ref* sobresalir

distintivo -va *adj* que distingue; *m* divisa, insignia

distinto -ta *adj* claro, inteligible; diferente

distorsión *f* torsión; (rad.) cambio de forma de una onda durante su propagación

distracción *f* ‖ **distraer** §74 *tr* apartar la atención de; divertir; malversar; *ref* divertirse

distraído -da *adj* que no fija la atención

distribución *f* acción de distribuir; sistema que hace llegar la energía eléctrica a los consumidores; mecanismo que distribuye la admisión y expulsión del flúido en el cilindro de las máquinas de vapor o los motores de combustión interna

distribuidor -dora *adj y mf* ‖ *m* aparato que distribuye la chispa a las bujías en los motores de explosión; distribuidor automático especie de tragaperras que vende automáticamente comestibles, bebidas, billetes, etc.; *f* máquina agrícola para distribuir abonos

distribuir §27 *tr* dividir, repartir; ordenar

distrito *m* división de un territorio o población

distrofia *f* desorden de la nutrición

disturbar *tr* perturbar, trastornar ‖ **disturbio** *m*

disuadir *tr* inducir a desitir ‖ **disuasión** *f*

disyunción *f* desunión, separación

disyuntivo -va *adj* que desune; *f* situación en que hay que optar entre dos cosas opuestas

disyuntor *m* (elec.) interruptor automático para evitar daños

diurno -na *adj* perteneciente al día

diva *f* cantatriz de gran mérito; (poét.) diosa

divagación *f* ‖ **divagar** §45 *intr* errar a la ventura; hablar sin concierto

diván *m* sofá con almohadones

divergencia *f* ‖ **divergente** *adj* ‖ **divergir** §28 *intr* ir apartándose (*dos líneas o superficies*); disentir, discrepar

diversidad *f* desemejanza, variedad; abundancia

diversificar §72 *tr* hacer diverso, variar

diversión *f* acción de divertir; entretenimiento

diverso -sa *adj* diferente, desemejante; diversos -sas *adj pl* varios

divertido -da *adj* que divierte; festivo; (Arg. y Chile) ebrio

divertimiento *m* diversión; distracción momentánea

divertir §48 *tr* entretener, recrear; (mil.) atraer la atención de (*un enemigo*) en varios puntos para vencerle en otro; *ref* entretenerse, recrearse

dividendo *m* número que ha de dividirse; suma que corresponde a cada acción en un reparto de ganancias

dividir *tr* partir, separar; repartir; malquistar; (mat.) separar en partes iguales; *ref* enemistarse

divieso *m* tumor duro y puntiagudo que se forma en la piel

divinidad *f* naturaleza divina; dios del paganismo; persona o cosa dotada de gran hermosura

divinizar §62 *tr* hacer divino; santificar; ensalzar

divino -na *adj* perteneciente a Dios o a los dioses; muy excelente

divisa *f* señal exterior para distinguir personas, estados, etc.; moneda; moneda extranjera

divisar *tr* percibir a distancia o confusamente

divisible *adj* que se puede dividir

división *f* acción de dividir; discordia; parte de un cuerpo de ejército

divisor *m* número que divide a otro

divisorio -ria *adj* que separa o divide; *f* línea que separa dos vertientes o cuencas

divo -va *adj* (poét.) divino; *m* cantante de ópera de gran mérito; (poét.) dios; *f* véase diva

divorciar *tr* separar (*los cónyuges*); apartar, separar ‖ divorcio *m*

divulgación *f* ‖ divulgar §45 *tr* llevar al conocimiento público

dl. abr. de decilitro o decilitros

Dl. abr. de decalitro o decalitros

dm. abr. de decímetro o decímetros

Dm. abr. de decámetro o decámetros

Dna. abr. de docena

dobladillar *tr* hacer dobladillos en

dobladillo *m* pliegue cosido que se hace a la ropa en los bordes; hilo fuerte de hacer media

doblado -da *adj* bajo y recio; que finge y disimula; *m* acción de doblar una película

doblar *tr* hacer doble; aplicar una sobre otra dos partes de (*una cosa flexible*); pasar al otro lado de (*un cabo, esquina, etc.*); poner en lengua distinta de la original las palabras de (*una película*); *intr* tocar a muerto; *ref* plegarse; ceder

doble *adj* que contiene un número dos veces; formado por dos cosas iguales; (*letra*) de dos signos; fuerte; fornido; artificioso; *m* parte que se pliega; señal que queda; toque de difuntos; actor que dobla una película

doblegar §45 *tr* doblar, torcer, inclinar; obligar a ceder

doblez *m* (*pl*: -bleces) parte que se pliega y señal que queda; falsedad

doce *adj* ‖ *m* diez y dos

docena *f* conjunto de doce; docena del fraile conjunto de trece

docente *adj* perteneciente a la enseñanza; que enseña

dócil *adj* obediente, de fácil gobierno ‖ docilidad *f*

dock *m* muelle con almacenes

Doct. abr. de Doctor

docto -ta *adj* y *mf* sabio, erudito

doctor -tora *mf* persona que ha recibido el grado académico más alto; médico

doctorado *m* grado de doctor; estudios para doctorarse

doctoral *adj* perteneciente al doctor

doctorar *tr* conferir el grado de doctor a; *ref* graduarse de doctor

doctrina *f* conjunto de dogmas o principios; enseñanza ‖ doctrinal *adj*

doctrinario -ria *adj* ‖ *mf* persona que atiende más a las teorías abstractas que a la realidad

documental *adj* que se basa en documentos; *m* película en que lo principal es la difusión de los hechos históricos del día, las curiosidades de la naturaleza, etc.

documentar *tr* probar con documentos; proporcionar documentos a

documento *m* papel escrito que sirve para acreditar alguna cosa; lo que sirve para probar algo

dodecaedro *m* sólido de doce caras

dodecágono -na *adj* ‖ *m* polígono de doce lados

Dodecaneso, el grupo de doce islas del mar Egeo

dodecasílabo -ba *adj* ‖ *m* verso de doce sílabas

dogal *m* cuerda para ahorcar; opresión, tiranía

dogaresa *f* mujer del dux

dogma *m* punto fundamental de un sistema, ciencia, doctrina o religión, proclamado como cierto ‖ dogmático -ca *adj* ‖ dogmatismo *m*

dogo -ga *mf* perro de cuerpo grueso y de hocico obtuso

dólar *m* moneda de EE.UU. y Canadá

dolencia *f* achaque, indisposición

doler §49 *tr* causar dolor a; causar disgusto a; *intr* padecer dolor (*una parte del cuerpo*); *ref* quejarse; arrepentirse; compadecerse

doliente *adj* que duele; que se duele; enfermo; afligido, triste

dolmen *m* megalito en forma de mesa

dolo *m* engaño, fraude

dolor *m* sensación penosa de una parte del cuerpo; pena, congoja; arrepentimiento

doloroso -sa *adj* que causa dolor; que mueve a compasión; **la Dolorosa** imagen de la Virgen afligida por la muerte de Jesucristo

doloso -sa *adj* engañoso, fraudulento

domador -dora *mf* persona que doma animales

domadura *f* ‖ **domar** *tr* amansar (*a un animal salvaje o fiero*); sujetar, reprimir

domeñar *tr* sujetar, rendir

domesticar §72 *tr* acostumbrar (*a un animal salvaje*) a la compañía del hombre

domesticidad *f* ‖ **doméstico -ca** *adj* perteneciente a la casa; que se cría en la casa; *mf* criado

Domiciano *m* emperador romano (51–96 d. de J. C.)

domiciliar *tr* dar domicilio a; *ref* fijar su domicilio

domiciliario -ria *adj* perteneciente al domicilio; *mf* persona que tiene domicilio en un lugar

domicilio *m* casa en que uno vive; morada permanente

dominar *tr* tener bajo su poder; sujetar, reprimir; ser más alto que; conocer a fondo; *intr* sobresalir; *ref* reprimirse

dómine *m* maestro de latín; (desp.) persona que adopta el tono de maestro

domingo *m* primer día de la semana; **Santo Domingo** fundador de la orden que lleva su nombre (1170–1221)

dominguero -ra *adj* (fam.) que suele usarse en domingo

dominica *f* domingo ‖ **dominical** *adj*

dominicano -na *adj* ‖ *mf* natural de la República Dominicana; religioso de la orden de Santo Domingo

dominico -ca *adj* ‖ *mf* religioso de la orden de Santo Domingo

dominio *m* poder que uno tiene sobre lo suyo o sobre otra persona; territorio sujeto al poder de un estado o soberano

dominó *m* (*pl:* -nós) juego que se hace con 28 fichas con puntos; disfraz talar con capucha

domo *m* bóveda semiesférica

don *m* dádiva, presente; habilidad especial; tratamiento de cortesía que se da a los hombres

donación *f* acción de donar

donado -da *mf* lego de un monasterio

donador -dora *adj* ‖ *mf* persona que hace donación

donaire *m* gracia, discreción; gallardía, gentileza; agudeza ‖ **donairoso -sa** *adj*

donante *adj* y *mf* donador

donar *tr* traspasar graciosamente el dominio de

donativo *m* dádiva

doncel *m* joven que no ha conocido mujer; joven noble que no ha sido armado caballero

doncella *f* mujer virgen; criada

doncellez *f* virginidad

donde *conj* en el lugar en que

dónde *adv* en qué lugar

dondequiera *adv* en cualquier parte

dondiego *m* planta cuyas flores sólo están abiertas de noche (*Mirabilis jalapa*); **dondiego de día** planta cuyas flores sólo están abiertas de día (*Convolvulus tricolor*)

donoso -sa *adj* que tiene donosura

donostiarra *adj* y *mf* natural de San Sebastián, España

donosura *f* gracia, donaire

doña *f* tratamiento de cortesía que se da a las señoras

doquier o doquiera *adv* dondequiera

dorada *f* pez marino (*Chrysophrys aurata*)

doradillo *m* hilo delgado de latón

dorado -da *adj* de color de oro; *m* acción de dorar; *f* véase dorada

dorador -dora *mf* ‖ **doradura** *f* ‖ **dorar** *tr* cubrir con oro; dar color de oro a

dórico -ca *adj* perteneciente a la Dóride; (*orden*) que tiene la columna caracterizada por la ausencia de adornos

Dóride, la comarca de la antigua Grecia ‖ **dorio -ria** *adj* y *mf*

dormán *m* chaqueta de húsar

dormilón -lona *adj* ‖ *mf* (fam.) persona muy inclinada a dormir; *f* pendiente con piedra preciosa; butaca muy cómoda

dormir §31 *intr* descansar con el sueño; pernoctar; *ref* adormecerse

dormitar *intr* estar medio dormido

dormitorio *m* habitación destinada para dormir

dornajo *m* artesa pequeña y redonda

Dorotea *f* nombre propio de mujer

dorsal *adj* ‖ **dorso** *m* espalda, revés, lomo

dos *adj* ‖ *m* uno y uno

doscientos -tas *adj* ‖ **doscientos** *m* dos veces ciento

dosel *m* ornamento que forma techo de altar o trono y cae por detrás a modo de colgadura

dosificar §72 *tr* determinar la dosis de; distribuir en dosis

dosis *f* (*pl*: -sis) cantidad de medicina que ha de tomarse cada vez; porción de cualquier cosa

dotación *f* acción de dotar; tripulación de un buque o avión; personal de un taller, oficina, etc.

dotar *tr* asignar o dar dote a; señalar (*bienes*) para una fundación; adornar (*la naturaleza a uno*) con ciertas cualidades; proveer de tripulación, empleados, etc.

dote *m y f* caudal que lleva la mujer al tomar estado; *f* cualidad moral o intelectual

dovela *f* piedra tallada en forma de cuña

dozavo -va *adj* ‖ *m o f* cada una de las doce partes en que se divide un todo

d/p abr. de días plazo

dracma *f* moneda griega; octava parte de la onza

Dracón *m* legislador ateniense (siglo VII a. de J. C.) ‖ **draconiano -na** *adj*

draga *f* máquina para dragar; barco que la lleva

dragado *m* acción de dragar

dragaminas *m* (*pl*: -nas) buque que limpia de minas los mares

dragar §45 *tr* limpiar con la draga (*los puertos, ríos, etc.*)

dragón *m* animal fabuloso, especie de serpiente; reptil saurio (*Draco volans*); planta hortense (*Antirrhinum majus*)

drama *m* obra teatral de un género mixto entre la tragedia y la comedia; suceso conmovedor de la vida real

dramático -ca *adj* perteneciente al drama; conmovedor; *mf* autor o actor de obras dramáticas; *f* arte de componer obras dramáticas

dramatizar §62 *tr* dar forma dramática a

dramaturgia *f* arte de componer obras dramáticas

dramaturgo *m* autor de dramas

drástico -ca *adj* decisivo, enérgico, eficaz

dravidiano -na *adj* ‖ *mf* individuo de una raza antigua del Indostán, anterior a la invasión aria

dren *m* zanja de drenaje; tubo de drenaje quirúrgico

drenaje *m* ‖ **drenar** *tr* encañar, sanear; practicar el desagüe de (*una llaga*)

Dresde *l* ciudad de Alemania, capital de Sajonia

dríada o **dríade** *f* (mit.) ninfa de los bosques

dril *m* tela fuerte de hilo o algodón crudos

driza *f* cuerda para izar o arriar banderas, velas, etc. ‖ **drizar** §62 *tr*

dro. abr. de derecho

droga *f* substancia empleada en química, industria, medicina, bellas artes; estupefaciente; embuste ‖ **droguería** *f* ‖ **droguero -ra** *mf*

dromedario *m* camello con una sola giba

druida *m* sacerdote de los antiguos britanos, galos y celtas ‖ **druídico -ca** *adj*

drupa *f* pericarpio carnoso con un solo hueso ‖ **drupáceo -a** *adj*

druso -sa *adj* ‖ *mf* habitante de la región del Líbano, que profesa una religión derivada de la mahometana

dualidad *f* condición de reunir dos caracteres distintos

ducado *m* título y territorio del duque; antigua moneda de oro

ducal *adj* perteneciente al duque

dúctil *adj* que puede adelgarse, alargarse y estirarse; acomodadizo ‖ **ductilidad** *f*

ducha *f* chorro de agua para bañarse; aparato para dar duchas

duchar *tr* dar una ducha a

ducho -cha *adj* diestro, experto; *f* véase ducha

duda *f* irresolución, vacilación del ánimo

dudar *tr* no creer; *intr* estar en duda; vacilar ‖ **dudoso -sa** *adj*

duela *f* cada una de las tablas encorvadas que forman la pared de las cubas y barriles

duelista *m* el que combate en duelos; el que anda en desafíos

duelo *m* combate entre dos personas; aflicción, dolor; reunión de parientes y amigos que asisten a un entierro; fatiga, trabajo

duende *m* espíritu travieso familiar

dueño -ña *mf* amo, propietario; *f* ama de llaves; señora o mujer principal casada

dulcamara *f* planta medicinal (*Solanum dulcamara*)

dulce *adj* del sabor de la miel o el azúcar; apacible, grato; afable; suave; *m* manjar hecho con azúcar, almíbar, etc. ‖ **dulcedumbre** *f*

dulcera f vaso en que se guarda el dulce

dulcería f establecimiento donde se hacen o venden dulces

dulcero -ra adj (fam.) muy aficionado al dulce; mf persona que hace o vende dulces; f véase dulcera

dulcificar §72 tr volver dulce; mitigar la acrimonia de

dulcinea f (fam.) mujer amada

dulía f culto que se tributa a los ángeles y santos

dulzaino -na adj (fam.) demasiado dulce; f antiguo instrumento parecido a la chirimía

dulzarrón -rrona o **dulzón -zona** adj (fam.) empalagoso por lo muy dulce

dulzor m o **dulzura** f calidad de dulce

duma f asamblea nacional rusa

duna f montecillo de arena movediza que se forma en los desiertos y playas

dúo m grupo de dos; composición que se canta o toca entre dos

duodécimo -ma adj ‖ m o f cada una de las doce partes iguales en que se divide un todo; persona o cosa que sigue a la undécima

duodenal adj ‖ **duodeno** m primera sección del intestino delgado

duplicado m copia exacta de un escrito

duplicador m aparato para sacar copias de un escrito

duplicar §72 tr hacer doble; multiplicar por dos

duplicata f duplicado

duplicidad f disimulo, falsedad

duplo -pla adj ‖ m número que con-

tiene otro número dos veces exactamente

duque m dignatario de la nobleza entre marqués y príncipe

duquesa f mujer de duque o que tiene ducado

durabilidad f ‖ **durable** adj que dura o puede durar mucho

duración f acción de durar; período de tiempo

duradero -ra adj durable

duraluminio m aleación de aluminio con el magnesio, el cobre y el manganeso

duramadre f o **duramáter** f membrana fibrosa que protege el cerebro y la médula espinal

duramen m parte central y dura del tronco de los árboles

durante prep en el decurso de, a lo largo de

durar intr continuar siendo, obrando, sirviendo, viviendo; permanecer, subsistir

duraznero m variedad de melocotonero

durazno m duraznero; fruto de este árbol

dureza f calidad de duro

durmiente adj ‖ mf persona que duerme; m madero horizontal; traviesa de la vía férrea

duro -ra adj resistente, difícil de labrar, cortar o comprimir; fuerte; cruel; obstinado; penoso; áspero; tacaño; (fís.) penetrante; m moneda de 5 pesetas

dux m (pl: dux) jefe de las antiguas repúblicas de Venecia y Génova

d/v abr. de días vista

E

E, e f sexta letra del alfabeto

E. abr. de este (oriente)

e conj y (se usa en vez de y antes de palabras que empiezan por i o hi que no formen diptongo o triptongo con la vocal siguiente)

ea interj para infundir aliento

ebanista m el que trabaja en maderas finas

ebanistería f arte o taller del ebanista

ébano m árbol de madera dura y negra (Diospyros ebenum); madera de este árbol

ebonita f caucho vulcanizado muy duro

ebrio -bria adj y mf borracho

Ebro m río de España que desemboca en el Mediterráneo

ebullición f acción de hervir

ebúrneo -a adj de marfil, parecido al marfil

eccehomo m imagen de Jesucristo, coronado de espinas; persona de lastimoso aspecto

Ecequiel m (Bib.) uno de los cuatro profetas mayores

eclecticismo m método que consiste en reunir opiniones y doctrinas diversas ‖ **ecléctico -ca** adj y mf

Eclesiastés m libro del Antiguo Testamento

eclesiástico -ca adj perteneciente a la iglesia; m clérigo

eclipsar tr causar el eclipse de; obscurecer, deslucir; ref experimentar eclipse; desaparecer

eclipse *m* ocultación de un astro por interposición de otro

eclíptica *f* órbita que parece describir el Sol alrededor de la Tierra

eco *m* repetición de un sonido por su choque con un cuerpo duro; (*cap.*) *f* (mit.) ninfa a quien Juno convirtió en roca

economato *m* cargo de ecónomo; tienda donde se vende más barato que en el comercio

economía *f* administración prudente de los bienes; riqueza pública; buena distribución del tiempo y de otras cosas; ciencia que estudia la producción, distribución y consumo de las riquezas; escasez, miseria; economías *fpl* ahorros

económico -ca *adj* perteneciente a la economía; poco costoso; que gasta poco; avaro

economista *mf* persona versada en la ciencia de la economía

economizar §62 *tr* ahorrar

ecónomo -ma *mf* persona encargada de la administración de una casa; *m* sacerdote que regenta una parroquia vacante

ecuación *f* igualdad entre dos cantidades o expresiones

ecuador *m* círculo máximo de la Tierra, perpendicular al eje de la misma; el Ecuador estado de la América del Sur

ecuánime *adj* de ánimo igual, imparcial ‖ **ecuanimidad** *f*

ecuatorial *adj* perteneciente al ecuador; *m* telescopio con el cual se puede seguir la marcha aparente de un astro cualquiera

ecuatoriano -na *adj y mf* natural del Ecuador

ecuestre *adj* perteneciente a la equitación

ecuménico -ca *adj* universal

eczema *f* enfermedad cutánea caracterizada por vesículas que al secarse producen escamas

echar *tr* arrojar, despedir de sí; hacer salir; producir (*raíces, hojas, flores*); correr (*cerrojos, llaves*); comenzar; poner; hacer, decir; apostar; echar a perder estropear, deteriorar; echar de menos advertir la falta de; tener pena por la falta de; *ref* arrojarse, precipitarse; acostarse, tenderse; calmarse (*el viento*)

edad *f* tiempo que ha vivido una persona o que ha durado una cosa; período de la vida humana; período histórico; **Edad Media** tiempo transcurrido desde el siglo V hasta el siglo XV de nuestra era

edecán *m* (mil.) ayudante

edema *m* acumulación de líquido seroso en el tejido celular

edén *m* paraíso terrenal; lugar delicioso y ameno

edición *f* impresión y publicación de un libro u otro escrito; conjunto de lo que se imprime de una vez

edicto *m* ley, ordenanza

edificación *f* acción de edificar; conjunto de edificios

edificante *adj* que da buen ejemplo

edificar §72 *tr* construir (*un edificio*); dar buen ejemplo a

edificio *m* obra construída para vivienda, tienda, templo, etc.

edil, edila *mf* concejal

Edimburgo capital de Escocia

Edipo *m* (mit.) rey de Tebas, que adivinó el enigma de la Esfinge

editar *tr* publicar ‖ **editor -tora** *adj y mf*

editorial *adj* perteneciente al editor o a la edición; *m* artículo de periódico que expone el criterio de la redacción sobre temas de actualidad; *f* empresa editora

Edmundo *m* nombre propio de varón

edredón *m* plumón del eíder; almohadón usado como cobertor

Eduardo *m* nombre propio de varón

educación *f* acción de educar; cortesía, urbanidad

educador -dora *adj* ‖ *mf* persona que enseña o instruye

educando -da *adj* ‖ *mf* persona que recibe educación

educar §72 *tr* enseñar, instruir; dirigir, desarrollar, afinar; enseñar cortesía y urbanidad a

educativo -va *adj* que sirve para educar

EE.UU. abr. de Estados Unidos

efectismo *m* afán de impresionar ‖ **efectista** *adj y mf*

efectivamente *adv* realmente, ciertamente

efectividad *f* ‖ **efectivo -va** *adj* real, verdadero; eficaz; *m* dinero disponible; **efectivos** *mpl* tropas

efecto *m* consecuencia de una causa; impresión; valor mercantil; artículo de comercio; movimiento giratorio que toma la bola de billar; **efectos** *mpl* enseres, objetos

efectuar §20 *tr* ejecutar, poner por obra

efedrina *f* alcaloide que se emplea para constreñir los vasos sanguíneos

efeméride *f* aniversario

efervescencia *f* ‖ **efervescente** *adj* que desprende gas a través de un líquido; agitado

efesino -na o efesio -sia *adj y mf* ‖
    Efeso *f* antigua ciudad del Asia
    Menor
eficacia *f* ‖ eficaz *adj* (*pl: -caces*)
    activo, que produce el efecto dese-
    ado
eficiencia *f* calidad de eficiente; (mec.)
    rendimiento
eficiente *adj* que logra un efecto
efigie *f* imagen de una persona o cosa
efímero -ra *adj* que dura sólo un día;
    pasajero
efluvio *m* emanación de partículas
    sutilísimas; descarga eléctrica sin
    producción de chispas
Efraín *m* (Bib.) jefe de una de las doce
    tribus de Israel
efugio *m* recurso para huir de una
    dificultad
efusión *f* derramamiento de un lí-
    quido; intensidad afectiva
efusivo -va *adj* afable, cariñoso; muy
    franco y comunicativo
Egeo (mar) mar que separa Grecia del
    Asia Menor
egida o égida *f* escudo, protección
egipciaco -ca o egipcio -cia *adj y mf* ‖
    Egipto *m* país del nordeste de África
égloga *f* poema pastoril
egoísmo *m* ‖ egoísta *adj* ‖ *mf* persona
    que tiene inmoderado amor de sí
    mismo
egregio -gia *adj* insigne, ilustre
eh *interj* para advertir, llamar, re-
    prender, preguntar
eider *m* ganso de plumaje suave
    (*Somateria*)
eje *m* pieza alrededor de la cual gira
    un cuerpo; línea que divide en dos
    mitades; barra que une las ruedas
    por su centro; idea básica; (geom.)
    recta alrededor de la cual se supone
    que gira una figura; Eje Roma-Ber-
    lín compenetración política de la
    Alemania nazi y la Italia fascista
ejecución *f* acción de ejecutar
ejecutante *adj* ‖ *mf* persona que eje-
    cuta, esp. una obra musical
ejecutar *tr* poner por obra; desempe-
    ñar con arte y facilidad; ajusticiar
ejecutivo -va *adj* que ejecuta; que no
    admite espera
ejecutor -tora *adj* ‖ *mf* persona que
    ejecuta; ejecutor de la justicia ver-
    dugo
ejecutoria *f* título o carta de nobleza
ejemplar *adj* que da buen ejemplo; *m*
    cada copia de un impreso, escrito,
    dibujo, etc.; cada uno de los in-
    dividuos de una especie o género;
    caso que sirve de escarmiento
ejemplificar §72 *tr* demostrar o ilustrar
    con ejemplos

ejemplo *m* caso o hecho digno de
    imitación o que sirve de escarmien-
    to; hecho o texto para ilustrar o
    comprobar un aserto; conducta
    que mueve a otros a que la imiten;
    por ejemplo para citar un ejemplo
ejercer §77 *tr* practicar (*una facultad,
    virtud, oficio*)
ejercicio *m* acción de ejercer o ejer-
    citar; trabajo para la adquisición
    de una aptitud o habilidad; esfuerzo
    corporal para conservar la salud;
    período durante el cual rige una
    ley de presupuestos
ejercitar *tr* dedicarse al ejercicio de
    (*una profesión, arte, etc.*); enseñar
    mediante la práctica; *ref* adies-
    trarse
ejército *m* fuerzas armadas de una
    nación; tropas al mando de un ge-
    neral
ejido *m* campo vecinal en las afueras
    de un pueblo
el *artículo determinado*, p.ej., el libro;
    pronombre demostrativo, p.ej., el de
    mi hermano
él *pron personal de tercera persona, en
    nominativo y con preposiciones*
elaborar *tr* preparar, trabajar; dis-
    poner; hacer asimilable (*lo que se
    come*)
elástica *f* prenda interior de punto
elasticidad *f* ‖ elástico -ca *adj* que
    tiende a recobrar su forma y exten-
    sión; que se acomoda fácilmente;
    m tejido que tiene elasticidad; *f*
    véase elástica
eléboro *m* planta de raíz medicinal
    (*Helleborus niger*)
elección *f* acción de elegir; votación;
    opción
electivo -va *adj* que se da o se hace por
    elección
electo -ta *adj* ‖ *mf* persona elegida para
    un empleo, dignidad, etc. mientras
    no toma posesión
elector -tora *adj* ‖ *mf* persona que
    elige o tiene derecho de elegir
electorado *m* conjunto de los electores
electoral *adj* perteneciente a los elec-
    tores o las elecciones
electorero *m* muñidor de elecciones
Electra *f* (mit.) hija de Agamenón y
    Clitemnestra
electricidad *f* agente natural que se
    manifiesta por fenómenos mecáni-
    cos, luminosos, fisiológicos y quími-
    cos
electricista *mf* persona entendida en
    la instalación de los aparatos
    eléctricos
eléctrico -ca *adj* perteneciente a la
    electricidad

electrificar §72 *tr* aplicar la electricidad a (*los trenes, la maquinaria industrial*)

electrizar §62 *tr* comunicar electricidad a; inflamar los ánimos de

electro *m* ámbar; electroimán

electrocución *f* ‖ **electrocutar** *tr* matar por medio de la electricidad

electrodinámico -ca *adj* ‖ *f* estudio de la electricidad en movimiento

electrodo *m* pieza terminal de parte de un circuito

electrógeno -na *adj* que engendra electricidad; *m* generador eléctrico

electroimán *m* barra de hierro dulce que se imanta por la acción de una corriente eléctrica

electrólisis *f* descomposición química de un cuerpo producida por una corriente eléctrica ‖ **electrolítico -ca** *adj*

electrólito *m* cuerpo sometido a la electrólisis

electrolizar §62 *tr* descomponer por medio de la electrólisis

electromagnético -ca *adj* perteneciente al electromagnetismo; (*onda*) producida por la oscilación de una carga eléctrica

electromagnetismo *m* magnetismo producido por una corriente eléctrica

electromotor -tora o **-triz** *adj* ‖ *m* aparato que transforma la corriente eléctrica en fuerza mecánica

electrón *m* partícula pequeñísima de electricidad negativa

electrónico -ca *adj* perteneciente a los electrones; *f* ciencia que estudia los electrones en el vacío y en los gases

electroscopio *m* aparato para indicar la presencia y el signo de las cargas electrostáticas

electrostático -ca *adj* ‖ *f* estudio de la electricidad en reposo

electrotecnia *f* estudio de las aplicaciones técnicas de la electricidad ‖ **electrotécnico -ca** *adj*

electrotipia *f* arte de reproducir los caracteres de imprenta por medio de la galvanoplastia ‖ **electrotípico -ca** *adj* ‖ **electrotipista** *mf*

electrotipo *m* clisé que se obtiene por medio de la electrotipia

elefante *m* mamífero de gran tamaño con la nariz en forma de trompa y dos incisivos muy largos

elegancia *f* ‖ **elegante** *adj* airoso, gallardo; de buen gusto; *mf* persona que viste con sujeción a la moda

elegía *f* poesía lírica triste o tierna

elegíaco -ca *adj* perteneciente a la elegía; triste

elegible *adj* que puede ser elegido

elegir §58 *tr* escoger, optar; designar por votación

elemental *adj* perteneciente al elemento; fundamental

elemento *m* parte integrante; ambiente en que se vive; medio favorito o natural; cada uno de los pares de un acumulador o de una pila eléctrica; substancia que no se puede descomponer en otras de distinta naturaleza por medios químicos; **elementos** *mpl* fuerzas naturales; fundamentos; recursos, medios

Elena *f* (mit.) esposa de Menelao y causa de la guerra de Troya

elenco *m* catálogo; personal de una compañía de teatro

eleusino -na *adj y mf* ‖ Eleusis *f* ciudad del Ática, famosa por los misterios que allí se celebraban

elevación *f* acción de elevar; altura; exaltación

elevado -da *adj* alto; sublime

elevador *m* (Amér.) ascensor

elevar *tr* alzar, levantar; exaltar; *ref* extasiarse; envanecerse

Elí *m* (Bib.) sumo sacerdote y juez de Israel

Elías *m* (Bib.) célebre profeta judío

elidir *tr* suprimir (*la vocal final de una palabra*) si la siguiente empieza con vocal

eliminación *f* ‖ **eliminar** *tr* suprimir, excluir; hacer desaparecer

elipse *f* (geom.) curva cerrada, simétrica respecto de dos ejes perpendiculares entre sí, con dos focos

elipsis *f* (pl.: -sis) (gram.) supresión de palabras sin afectar la claridad del concepto

elíptico -ca *adj* perteneciente a la elipse o la elipsis

eliseo -a *adj* ‖ (cap.) *m* (mit.) estancia de los héroes después de su muerte; (fig.) lugar delicioso

elisión *f* acción de elidir

elixir *m* o **elixir** *m* licor estomacal; remedio maravilloso

elocución *f* manera de usar el lenguaje con acierto

elocuencia *f* ‖ **elocuente** *adj* que se expresa en forma convincente y conmovedora

elogiar *tr* alabar, ensalzar ‖ **elogio** *m*

elote *m* (Amér.) mazorca tierna de maíz

elucidar *tr* explicar, poner en claro

eludir *tr* evitar, librarse de

ella *pron personal de tercera persona, femenino de él*

ello *pron personal en género neutro*

ellos *pron personal de tercera persona, plural de él*

E.M. abr. de Estado Mayor

emanación f acción de emanar; efluvio

emanar intr desprenderse (una substancia volátil); proceder, derivarse

emancipación f ‖ emancipar tr libertar de la esclavitud

embadurnar tr cubrir o manchar con barro, pintarrajear

embair §39 tr engañar

embajada f cargo de embajador; residencia del embajador; mensaje

embajador -dora mf agente que representa a un Estado o a su jefe cerca de otro gobierno; f mujer del embajador

embalaje m acción de embalar; cosa con que se embala

embalar tr colocar (mercancías) dentro de cajas u otras cubiertas; intr (dep.) apretar la carrera; acelerar el motor

embaldosar tr revestir con baldosas

embalsamar tr preparar (un cadáver) para evitar su putrefacción; perfumar

embalsar tr detener (las aguas corrientes); meter en balsa

embalse m acción de embalsar; agua detenida en una balsa

embarazar §62 tr estorbar, impedir; poner encinta (a una mujer)

embarazo m estorbo, impedimento; falta de soltura; preñez de la mujer

embarazoso -sa adj que estorba o embaraza

embarcación f cualquier barco o nave; embarco

embarcadero m sitio destinado para embarcar

embarcar §72 tr dar ingreso en una embarcación; despachar por ferrocarril; meter en un negocio

embarco m acción de embarcar personas

embargar §45 tr detener, paralizar; retener en virtud de mandato judicial

embargo m acción de embargar; retención judicial; sin embargo no obstante

embarque m acción de embarcar mercancías

embarrancar §72 intr (mar. y fig.) encallar

embarrar tr cubrir o manchar con barro

embarullar tr (fam.) confundir, mezclar; (fam.) hacer con precipitación

embastar tr hilvanar ‖ embaste m

embate m acometida impetuosa; golpe violento de mar

embaucar §72 tr alucinar, engañar

embaular §8 tr meter en un baúl; (fam.) comer con ansia

embebecer §19 tr divertir, entretener

embeber tr absorber (un cuerpo sólido otro líquido); empapar; encajar; intr encogerse (una tela)

embelecar §72 tr engañar con falsas apariencias

embeleco m engaño, embuste

embelesar tr arrebatar, encantar

embeleso m efecto de embelesar; cosa que embelesa

embellecer §19 tr hermosear

emberrenchinar ref (fam.) encolerizarse

embestida f ‖ embestir §80 tr acometer impetuosamente; (fam.) acometer (a uno) pidiendo limosna o prestado

emblema m representación, símbolo; jeroglífico con lema ‖ emblemático -ca adj

embobar tr embelesar

embocadura f boquilla de algunos instrumentos; boca de un río, de un escenario; gusto de un vino

embocar §72 tr meter por la boca; meter por una parte estrecha; hacer creer (lo que no es cierto); (fam.) engullir; comenzar

embolar tr poner bolas de madera en las astas de (un toro); dar bola o betún a (los zapatos)

embolia f obstrucción de un vaso sanguíneo por un coágulo

embolismo m confusión, enredo; (fam.) chisme

émbolo m disco que corre a lo largo del cilindro de una bomba o motor; coágulo en un vaso sanguíneo

embolsar tr guardar en la bolsa; cobrar

emboquillar tr poner boquilla a; preparar la entrada de (un túnel)

emborrachar tr poner borracho; adormecer, atontar; ref beber algún licor hasta perder el uso de la razón

emborrar tr llenar de borra

emborronar tr llenar de borrones; escribir de prisa y sin arte

emboscada f acción de emboscar; asechanza

emboscado m el que trata de evitar el frente de batalla

emboscar §72 tr ocultar (tropas) en un sitio para sorprender al enemigo; poner en acecho; ref ocultarse entre el ramaje

embotar tr engrosar el filo o la punta de (un arma o instrumento cortante); entorpecer, debilitar

embotellamiento m acción de embotellar; bloqueo del tráfico

embotellar tr echar en botellas; acorralar, inmovilizar

embozalar tr poner bozal a

embozar §62 *tr* cubrir (*el rostro por la parte inferior*); disimular; poner bozal a

embozo *m* parte de una prenda con que se emboza

embragar §45 *tr* conectar (*un mecanismo*) con el eje motor; *intr* acoplar el eje motor con el eje de cambio de marchas mediante el embrague

embrague *m* acción de embragar; mecanismo para acoplar el eje motor con el eje de cambio de marchas

embravecer §19 *tr* enfurecer, irritar

embrear *tr* cubrir o untar con brea

embriagar § 45 *tr* poner borracho; enajenar, transportar

embriaguez *f* pérdida de la razón causada por el alcohol; enajenación del ánimo

embriología *f* estudio del embrión ‖ embriológico -ca *adj* ‖ embriólogo -ga *mf*

embrión *m* germen de un cuerpo organizado; principio informe de una cosa ‖ embrionario -ria *adj*

embrollar *tr* confundir, enredar

embrollo *m* confusión, enredo; embuste; situación embarazosa

embromar *tr* burlarse de; engañar

embrujar *tr* hechizar, encantar

embrutecer §19 *tr* volver bruto

embuchado *m* tripa llena de carne de cerdo; (fam.) intención oculta

embudo *m* utensilio hueco de forma cónica para transvasar líquidos; hoyo producido en el terreno por la explosión de una bomba; trampa, enredo

embuste *m* mentira, impostura ‖ embustero -ra *adj y mf*

embutido *m* acción de embutir; obra de taracea; embuchado

embutir *tr* encajar; apretar; taracear; trabajar con martillo (*una hoja de metal*); (fam.) engullir

emenagogo -ga *adj* ‖ *m* preparado que provoca la menstruación

emergencia *f* acción de emerger; ocurrencia, incidente

emerger §35 *intr* salir, brotar del agua

emeritense *adj y mf* natural de Mérida

emético -ca *adj* ‖ *m* medicamento que provoca el vómito

emigración *f* acción de emigrar

emigrado -da *mf* persona que reside fuera de su patria por causas políticas

emigrante *mf* persona que emigra

emigrar *intr* salir de su país para vivir en otro; cambiar periódicamente de clima (*algunos animales*)

Emilia *f* nombre propio de mujer

eminencia *f* altura del terreno; excelencia; persona eminente; (*cap.*) *f* título que se da a los cardenales

eminente *adj* alto, elevado; distinguido, notable

emir *m* jefe árabe

emisario **ria** *mf* persona encargada de una misión, por lo general, secreta

emisión *f* acción de emitir; títulos o efectos públicos creados de una vez; (rad.) transmisión; emisión seriada (rad.) la de una obra dramática dada por episodios

emisor -sora *adj* que emite; *m* (rad.) aparato productor de ondas electromagnéticas; *f* estación radiofónica

emitir *tr* exhalar; lanzar (*ondas luminosas, electromagnéticas, etc.*); expresar; poner en circulación (*títulos*); exponer (*opiniones*)

emoción *f* excitación del ánimo

emocionar *tr* conmover, causar emoción a

emoliente *adj* ‖ *m* medicamento que sirve para ablandar las partes inflamadas

emolumento *m* gratificación, utilidad, honorario

empacar §72 *tr* empaquetar

empachar *tr* estorbar; ahitar, hartar; *ref* avergonzarse ‖ empacho *m*

empadronar *tr* inscribir en el padrón

empalagar §45 *tr* hartar de dulce; causar hastío a ‖ empalagoso -sa *adj*

empalar *tr* espetar en un palo

empalizada *f* cerca hecha de palos o estacas

empalmar *tr* unir por los extremos; *intr* unirse o combinarse (*p.ej., un tren con otro*)

empalme *m* acción de empalmar; sitio o punto en que se empalma

empanada *f* manjar encerrado en masa y cocido al horno

empanar *tr* cubrir con pan rallado; sembrar de trigo

empantanar *tr* encharcar, inundar; atascar, embarazar

empañar *tr* envolver en pañales; quitar el brillo o la transparencia a; obscurecer la fama o el honor de

empapar *tr* mojar (*una cosa*) en forma que el líquido la penetre; penetrar los poros de; absorber; *ref* imbuirse; (fam.) ahitarse

empapelado *m* ‖ empapelador -dora *mf* ‖ empapelar *tr* envolver en papel; forrar de papel; procesar

empaque *m* acción de empaquetar; (fam.) aspecto, figura; (fam.) gravedad afectada

empaquetar *tr* encerrar en paquete, caja, fardo, etc.

emparedado *m* trocito de jamón, queso, etc. entre dos trozos de pan

emparedar *tr* encerrar entre paredes

emparejar *tr* formar pareja con; nivelar; poner a nivel; *intr* alcanzar a quien iba delante

emparentar *intr* trabar parentesco por casamiento

emparrado *m* conjunto de vástagos y hojas de una parra que forman cubierto

emparrillar *tr* asar en parrillas

empastar *tr* cubrir con pasta; encuadernar en pasta; rellenar (*un diente cariado*) ‖ empaste *m*

empatar *intr* obtener igual número de votos o puntos ‖ empate *m*

empavesar *tr* engalanar (*un buque*) con banderas y gallardetes

empecatado -da *adj* incorregible; desdichado

empecinar *tr* untar de pez; llenar de lodo; *ref* obstinarse

empedernido -da *adj* duro de corazón; porfiado

Empédocles *m* filósofo griego (siglo V a. de J.C.)

empedrado *m* acción de empedrar; pavimento de piedras

empedrar §1 *tr* pavimentar con piedras; cubrir, llenar

empegar §45 *tr* cubrir o bañar con pez

empeine *m* parte inferior del vientre; parte superior del pie; parte de la bota desde la caña a la pala; eczema

empelotar *ref* (fam.) confundirse, enredarse

empellar *tr* empujar

empeller §32 *tr* empellar

empellón *m* fuerte empujón

empenachado -da *adj* que tiene penacho

empenaje *m* sistema de planos en la cola de un avión

empeñar *tr* dejar en prenda; poner (*a uno*) de medianero; obligar; trabar (*una lucha*); *ref* endeudarse; insistir con tesón

empeño *m* acción de empeñar; obligación; deseo vehemente; tesón; influencia; protector; (Méx.) casa de empeños

empeorar *tr* volver o poner peor; *intr y ref* ponerse peor

empequeñecer §19 *tr* hacer más pequeño; disminuir, minorar

emperador *m* soberano de un imperio

emperatriz *f* (*pl: -trices*) mujer del emperador; soberana de un imperio

emperejilar *tr* (fam.) adornar con mucho esmero

emperezar §62 *tr* diferir, retardar; *intr y ref* dejarse dominar por la pereza

emperifollar *tr* adornar exageradamente

empernar *tr* asegurar con pernos

empero *conj* pero, sin embargo

emperrar *ref* obstinarse

empezar §18 *tr* dar principio a; *intr* tener principio

empicar §72 *ref* aficionarse en extremo

empiema *m* acumulación de pus en la cavidad de la pleura

empinado -da *adj* muy alto; orgulloso

empinar *tr* levantar en alto; (fam.) inclinar (*el codo*) para beber; *intr* (fam.) beber mucho; *ref* ponerse sobre las puntas de los pies; levantarse sobre las patas traseras; alcanzar gran altura

empingorotado -da *adj* de elevada posición social; ensoberbecido

empíreo -a *adj* ‖ *m* cielo, firmamento

empírico -ca *adj* basado en la experiencia; que procede empíricamente; perteneciente al empirismo; *mf* partidario del empirismo

empirismo *m* uso exclusivo de la experiencia; doctrina que toma la experiencia como única base de los conocimientos humanos

empitonar *tr* coger (*el toro al torero*) con los pitones

empizarrar *tr* cubrir (*una techumbre*) con pizarras

emplasto *m* medicamento extendido en un lienzo y aplicado sobre la piel

emplazamiento *m* acción de emplazar; posición, situación

emplazar §62 *tr* citar en determinado tiempo y lugar; poner, colocar

empleado -da *mf* persona que desempeña un empleo

emplear *tr* ocupar (*a un obrero, un dependiente*); usar, utilizar

empleo *m* acción de emplear; ocupación, destino

emplomar *tr* asegurar o cubrir con plomo; poner sellos de plomo a

emplumar *tr* poner plumas a

emplumecer §19 *intr* echar plumas (*las aves*)

empobrecer §19 *tr* hacer pobre; *intr y ref* caer en la pobreza

empolvar *tr* llenar de polvo; echar polvos en; *ref* llenarse de polvo; echarse polvos; (Méx.) perder la práctica

empollar *tr* calentar (*el ave los huevos*); (fam.) estudiar con mucha detención

empollón -llona *adj* ‖ *mf* (desp.) estudiante que prepara mucho sus lecciones

emponzoñar *tr* dar ponzoña a; inficionar con ponzoña; corromper

emporcar §81 *tr* ensuciar

emporio *m* centro comercial muy importante; gran casa de comercio; lugar famoso por las ciencias, artes, etc.

empotrar *tr* asegurar sólidamente en el suelo, la pared, etc.

emprendedor -dora *adj* que emprende resueltamente cosas nuevas y difíciles

emprender *tr* acometer y empezar (*una obra de importancia*)

empreñar *tr* fecundar (*el macho a la hembra*)

empresa *f* obra que se emprende; sociedad mercantil o industrial; lema o divisa

empresario -ria *mf* persona que dirige una empresa

emprestar *tr* pedir prestado

empréstito *m* acción de prestar; cosa prestada; préstamo público

empujar *tr* hacer fuerza contra; echar (*a una persona*) de su puesto o empleo

empuje *m* acción de empujar; brío, resolución

empujón *m* impulso violento; avance rápido

empuñadura *f* puño de la espada

empuñar *tr* asir por el puño o con la mano; lograr (*un empleo*)

emulación *f* ‖ emular *tr* tratar de igualar, o exceder o aventajar ‖ émulo -la *adj* y *mf*

emulsión *f* líquido de aspecto lácteo que contiene en suspensión partículas de substancias insolubles; suspensión de agua en aceite o de aceite en agua; (fot.) suspensión de sales de plata en gelatina

emulsionar *tr* convertir en emulsión; (fot.) aplicar la capa de emulsión a (*placas, películas, papeles*)

en *prep* tiene uso muy vario; indica en qué lugar, p.ej., **María está en Madrid**; en qué tiempo, p.ej., **me gusta el campo en primavera**; en qué modo, p.ej., **contesté en francés**

enaguachar *tr* llenar de agua; empachar (*el mucho beber o el comer mucha fruta*)

enaguas *fpl* prenda interior femenina a modo de falda

enajenación *f* acción de enajenar; distracción, falta de atención

enajenar *tr* transmitir (*propiedad*); sacar (*a uno*) fuera de sí; *ref* privarse; malquistarse

enaltecer §19 *tr* exaltar, alabar

enamoradizo -za *adj* que se enamora fácilmente

enamorado -da *adj* ‖ *mf* persona que tiene amor

enamorar *tr* excitar amor en; decir amores a; *ref* prendarse de amor; aficionarse

enano -na *adj* diminuto; *mf* persona muy pequeña

enarbolar *tr* levantar en alto (*p. ej., una bandera*); *ref* encabritarse

enarcar §72 *tr* dar figura de arco a; poner aros a

enardecer §19 *tr* avivar, excitar; *ref* encenderse (*una parte del cuerpo*)

enarenar *tr* cubrir de arena; *ref* (mar.) encallar

enastar *tr* poner mango o asta a

encabalgar §45 *intr* descansar, apoyarse

encaballar *tr* colocar (*una pieza sobre otra*), p. ej., encaballar pizarras

encabestrar *tr* poner cabestro a; atraer, seducir

encabezamiento *m* acción de encabezar; cabeza de un escrito

encabezar §62 *tr* poner en padrón; poner el encabezamiento de (*un escrito*); mejorar (*un vino*) con otro más fuerte o con alcohol; dirigir

encabritar *ref* levantarse sobre las patas traseras; (aer. y mar.) levantarse (*la parte anterior*) súbitamente hacia arriba

encadenar *tr* atar o ligar con cadena; enlazar, trabar

encajar *tr* meter o unir ajustadamente; arrojar, dar, disparar, decir; (fam.) hacer tomar a desgana; *intr* juntarse bien; (fam.) venir al caso; *ref* meterse en parte estrecha; ponerse (*una prenda*)

encaje *m* acción de encajar; hueco donde se encaja algo; tejido labrado de seda, hilo, etc.; labor de taracea

encajonar *tr* meter en un cajón; meter en un sitio angosto

encalabrinar *tr* turbar (*a uno el vino, un olor*) la cabeza; excitar, irritar; *ref* (fam.) obstinarse

encalar *tr* blanquear o espolvorear con cal

encalmar *ref* calmarse (*el tiempo, el viento, las personas*)

encallar *intr* dar (*la nave*) en la arena o piedras; atascarse (*un negocio*)

encallecer §19 *intr* criar callos; *ref* criar callos; acostumbrarse a los trabajos o los vicios

encamar *ref* echarse (*las mieses*); (fam.) meterse en cama por enfermedad

encaminar *tr* enseñar el camino a; dirigir

encanallar *tr* envilecer; *ref* alternar con gente perdida

encandecer §19 *tr* hacer ascua

encandilado -da *adj* (fam.) erguido; (fam.) (*sombrero*) que tiene muy levantado el pico de delante

encandilar *tr* deslumbrar; avivar (*la lumbre*); *ref* encenderse (*los ojos*)

encanecer §19 *intr y ref* ponerse cano; envejecer

encanijar *tr* poner flaco y enfermizo

encantar *tr* ejercer un poder mágico sobre; cautivar la atención de; causar placer o agrado a ‖ **encanto** *m*

encañado *m* conducto de caños; enrejado de cañas

encañar *tr* conducir (*el agua*) por encañados; sanear (*las tierras*); poner cañas a (*las plantas*)

encañonar *tr* dirigir (*las aguas*) por un cauce cerrado; apuntar con un arma de fuego; encajar (*un pliego*) dentro de otro; *intr* echar cañones (*las aves*)

encapotar *tr* cubrir con el capote; *ref* ponerse ceñudo; cubrirse (*el cielo*) de nubes

encaprichar *ref* empeñarse en un capricho

encarado -da *adj*: bien encarado que tiene buen aspecto; mal encarado que tiene mal aspecto

encaramar *tr* levantar; (fam.) colocar en puestos altos u honoríficos; *ref* trepar, subir

encarar *tr* apuntar (*un arma*), considerar; *intr y ref* ponerse cara a cara

encarcelar *tr* poner en la cárcel

encarecer §19 *tr* aumentar el precio de; alabar mucho; recomendar con empeño

encargado -da *mf* representante; persona que tiene algo a su cargo; encargado de negocios agente diplomático inferior al ministro

encargar §45 *tr* poner al cuidado de uno; aconsejar, recomendar; pedir (*mercancías*)

encargo *m* acción de encargar; cosa encargada; cargo, empleo

encariñar *tr* despertar cariño en; *ref* tomar cariño

encarnación *f* acción de encarnar; personificación; (pint.) color de carne

encarnado -da *adj* de color de carne; colorado

encarnar *tr* personificar; representar (*un papel*); dar color de carne a;

intr tomar naturaleza humana; criar carne (*una herida*)

encarnizado -da *adj* encendido, ensangrentado; porfiado, sangriento

encarnizamiento *m* saña, crueldad, ferocidad, furor

encarnizar §62 *tr* hacer cruel o feroz; *ref* irritarse; mostrarse cruel; batirse con furor

encarrilar *tr* poner en el carril; encaminar, dirigir

encarrujar *ref* ensortijarse, retorcerse

encartonar *tr* resguardar con cartones; encuadernar con cartones

encasillar *tr* poner en casillas o en el casillero; clasificar y distribuir

encasquetar *tr* encajar bien en la cabeza (*el sombrero, gorra, etc.*); meterle a uno (*una idea*) en la cabeza

encastillar *tr* fortificar con castillos; *ref* hacerse fuerte dentro de un castillo; guarecerse en un paraje alto y áspero

encatusar *tr* engatusar

encauchar *tr* cubrir con caucho

encausar *tr* procesar

encáustico -ca *adj* perteneciente a la pintura al encausto; *m* preparado para dar brillo

encausto *m* mezcla de trementina y cera; modo de pintar aplicando el color por medio del fuego; pintura o grabado hechos al fuego

encauzar §62 *tr* dar cauce a; encaminar

encefalitis *f* inflamación del encéfalo

encéfalo *m* parte central del sistema nervioso, encerrada en el cráneo

encelajar *ref* cubrirse de nubes tenues

encelar *tr* dar celos a; *ref* concebir celos; estar en celo

encenagar §45 *ref* meterse en el cieno; entregarse al vicio

encendedor *m* aparato de bolsillo que sirve para encender cigarros

encender §52 *tr* hacer arder, pegar fuego a; poner (*la luz, la radio*); enardecer, incitar; causar ardor a; suscitar

encendido -da *adj* encarnado muy subido; ruborizado; ardiente, entusiasta; *m* acción de encender

encerado *m* acción de encerar; brillo dado con cera; lienzo impermeabilizado; cuadro barnizado que sirve de pizarra

encerador -dora *mf* persona que encera pavimentos; *f* máquina eléctrica que encera pavimentos

encerar *tr* aderezar con cera; manchar con cera; lustrar con cera

encerrar §1 *tr* meter en sitio de donde no se pueda salir; incluir, contener

encerrona f (fam.) retiro voluntario; (fam.) engaño, trampa

encia f carne que cubre la raíz de los dientes

enciclica f carta que dirige el Papa a todos los obispos

enciclopedia f conjunto de los conocimientos humanos; obra en que se expone ‖ **enciclopédico -ca** adj

encierro m acción de encerrar; lugar donde se encierra; recogimiento; prisión estrecha y aislada

encima adv en lugar o puesto superior; además; encima de sobre; por encima superficialmente

encina f árbol siempreverde (*Quercus ilex*); su madera

encinta adj preñada

encintado m borde de piedra de la acera

encizañar tr cizañar

enclaustrar tr encerrar en un claustro; esconder

enclavar tr fijar con clavos; atravesar, traspasar; encerrar, rodear

enclave m territorio encerrado dentro de otro

enclenque adj ‖ mf persona enfermiza

enclítico -ca adj ‖ f partícula que se une al vocablo precedente formando con él una sola palabra

enclocar §81 intr y ref o **encloquecer** §19 intr ponerse clueca (*un ave*)

encobar intr y ref echarse (*las aves*) sobre los huevos para empollarlos

encocorar tr (fam.) fastidiar, exasperar

encofrado m revestimiento de madera dispuesto para recibir el hormigón de una pared

encoger §35 tr contraer; apocar el ánimo de; intr apretarse, contraerse (*una tela al mojarse*); ref contraer una parte del cuerpo; tener timidez

encogido -da adj apocado, tímido

encolar tr pegar con cola; dar una capa de cola caliente a (*una superficie que ha de pintarse*)

encolerizar §62 tr hacer montar en cólera

encomendar §1 tr confiar, encargar; ref confiarse, entregarse

encomiar tr alabar mucho

encomienda f comisión, encargo; recomendación, elogio; concesión de tierras y familias a un español en las antiguas posesiones españolas; (Amér.) paquete postal

encomio m alabanza

enconar tr inflamar (*una herida o llaga*); irritar

encono m rencor, mala voluntad

encontrado -da adj contrario, opuesto

encontrar §63 tr tropezar con; hallar; intr chocar; ref concurrir en un mismo lugar; oponerse; sentirse; estar; encontrarse con tropezar con, por casualidad

encontrón m o **encontronazo** m golpe, empellón

encopetado -da adj altanero, engreído; linajudo

encorajar tr animar, alentar; ref encolerizarse

encorar §63 tr cubrir con cuero; meter dentro de un cuero; cicatrizar (*una llaga*); intr cicatrizarse

encorchar tr forrar, cubrir o tapar con corcho

encordar §63 tr poner cuerdas a; ceñir con una cuerda

encordelar tr poner cordeles a; atar con cordeles

encordonar tr poner cordones a; sujetar con cordones

encornadura f disposición o forma de los cuernos de un animal

encorralar tr meter (*el ganado*) en el corral

encorvar tr poner corvo; ref inclinarse; mostrar parcialidad

encovar §63 tr meter en una cueva; encerrar, guardar

encrespar tr ensortijar, rizar; erizar (*el pelo, el plumaje*); agitar (*las olas*); encolerizar

encrucijada f punto donde se cruzan dos o más calles o caminos; emboscada

encrudecer §19 tr poner crudo; irritar

encuadernación f acción de encuadernar; cubierta o forro de un libro; taller en que se encuaderna

encuadernar tr coser y poner cubiertas a (*los libros*)

encuadrar tr encerrar en marco o cuadro; encajar; abarcar

encubar tr meter en cubas

encubiertamente adv a escondidas; fraudulentamente; recatadamente

encubrir §83 tr ocultar, disimular; tapar

encuentro m acción de encontrarse; choque; contienda deportiva; (mil.) combate

encuesta f averiguación; cuestionario para conocer la opinión pública

encumbrado -da adj alto, elevado; poderoso

encumbrar tr levantar en alto; elevar, ensalzar; subir a la cumbre de; ref subir a la cumbre; elevarse mucho; ser muy alto

encurtir tr conservar (*frutos o legumbres*) en vinagre

encharcar §72 tr convertir en charco; enaguachar (*el estómago*)

enchilada f (Guat. y Méx.) torta de maíz aderezada con chile

enchiquerar tr encerrar (el toro) en el chiquero; (fam.) encarcelar

enchufar tr meter la boca de (un tubo) en la de otro; juntar (dos tubos) boca a boca; combinar (dos negocios); (elec.) encajar (las dos piezas del enchufe); (elec.) conectar (un artefacto) con la línea mediante un enchufe; intr juntarse bien (p.ej., dos tubos); ref juntarse bien (p.ej., dos tubos); combinarse (dos negocios); (fam.) obtener un enchufe

enchufe m acción o efecto de enchufar; sitio donde se enchufan dos tubos; extremo macho de un tubo; (elec.) aparato compuesto de dos piezas que se encajan una en otra para establecer una conexión; (elec.) clavija para la toma de corriente; (fam.) cargo público retribuído, debido a la influencia política; (fam.) protección, favor

enchufismo m (fam.) afición a obtener enchufes; (fam.) conjunto de enchufistas; (fam.) existencia de gran número de enchufistas

enchufista mf (fam.) persona que disfruta enchufes

ende: por ende por tanto, por tal razón

endeble adj débil; de escaso valor ‖ **endeblez** f

endecágono -na adj ‖ m polígono de once lados

endecasílabo -ba adj ‖ m verso de once sílabas

endecha f canción triste

endemia f enfermedad propia de un país ‖ **endémico** -ca adj

endemoniado -da adj poseído del demonio; perverso; atolondrado; mf persona poseída del demonio

endentar §1 tr poner dientes a (una rueda); enlazar por medio de dientes; intr engranar

endentecer §19 intr empezar (un niño) a echar dientes

enderezar §62 tr poner vertical; poner derecho (lo torcido); poner en buen estado; corregir; dirigir; ref encaminarse

endeudar ref llenarse de deudas; reconocerse obligado

endilgar §45 tr (fam.) encaminar, enviar; encajar, espetar

Endimión m (mit.) pastor condenado por Júpiter a dormir eternamente

endiosamiento m orgullo desmedido; abstracción

endiosar tr divinizar; ref hincharse de soberbia

endocardio m membrana interna del corazón

endocarpio m capa interna del pericarpio

endocrino -na adj perteneciente a las secreciones internas

endocrinología f parte de la medicina que trata de las glándulas de secreción interna

endomingar §45 ref vestirse con ropa de fiesta

endosar tr escribir en el dorso de (un documento de crédito) para traspasarlo; trasladar (una carga, trabajo, etc.)

endósmosis f corriente que va del líquido menos denso al más denso

endoso m acción de endosar un documento

endriago m monstruo fabuloso

endrino -na adj de color parecido al de la endrina; m ciruelo silvestre (Prunus spinosa); f fruto del endrino

endulzar §62 tr hacer dulce; hacer soportable

endurancia f resistencia en los ejercicios deportivos

endurecer §19 tr poner duro; fortalecer; hacer severo o exigente

eneágono -na adj ‖ m polígono de nueve lados

Eneas m (mit.) príncipe troyano, fundador de Roma

enebrina f fruto del enebro

enebro m árbol conífero de fruto en baya (Juniperus communis)

eneldo m planta medicinal (Anethum graveolens)

enema f medicamento líquido que se introduce en el cuerpo por el recto

enemigo -ga adj ‖ mf persona que es objeto de enemistad; persona que tiene aversión a una cosa; competidor; m nación armada con quien se está en guerra; f odio, enemistad

enemistad f aversión, odio, mala voluntad

enemistar tr causar enemistad entre; ref perder la amistad

energía f aptitud que tienen los cuerpos para realizar un trabajo; actividad, vigor; fuerza de voluntad ‖ **enérgico** -ca adj

energúmeno -na mf persona endemoniada; persona furiosa

enero m primer mes del año

enervar tr quitar las fuerzas a; quitar fuerza a (un argumento)

enésimo -ma adj indeterminadamente grande o pequeño

enfadar *tr* molestar, disgustar, irritar ‖ enfado *m* ‖ enfadoso -sa *adj*

enfaldar *ref* recoger las faldas

enfaldo *m* falda recogida; bolsa que hacen las ropas enfaldadas

enfangar §45 *tr* meter en el fango; *ref* entregarse a los vicios

enfardar *tr* hacer fardos de; empaquetar

énfasis (*pl:* -sis) *m* y *f* entonación especial con que se realza lo que se dice ‖ enfático -ca *adj*

enfermar *tr* causar enfermedad a; *intr* caer enfermo

enfermedad *f* alteración de la salud

enfermería *f* local en que se atienden enfermos

enfermero -ra *mf* persona que por oficio asiste a los enfermos

enfermizo -za *adj* de poca salud; que causa enfermedades

enfermo -ma *adj* ‖ *mf* persona en estado de enfermedad

enfervorizar §62 *tr* infundir entusiasmo a

enfilar *tr* poner en fila; asestar (*un arma*); ensartar; (mil.) batir de flanco

enfisema *m* hinchazón producida por infiltración de gases en un tejido

enflaquecer §19 *tr* poner flaco; debilitar; *intr* y *ref* ponerse flaco

enfocar §72 *tr* hacer que (*la imagen obtenida por un aparato óptico*) se produzca exactamente en un plano determinado; mover (*una lente o parte de ella*) para formar una imagen nítida; analizar, estudiar ‖ enfoque *m*

enfoscar §72 *ref* ponerse hosco; encapotarse (*el cielo*)

enfrascar §72 *tr* echar en frascos; *ref* aplicarse con gran intensidad

enfrenar *tr* contener o guiar (*al caballo*) con el freno; contener, refrenar

enfrentar *tr* poner frente a frente; arrostrar

enfrente *adv* a la parte opuesta; enfrente de delante de; contra

enfriadera *f* vasija para enfriar bebidas

enfriar §76 *tr* poner frío; amortiguar, entibiar

enfundar *tr* poner dentro de una funda; henchir, llenar

enfurecer §19 *tr* poner furioso

enfurruñar *ref* (fam.) ponerse enfadado

enfurtir *tr* dar cuerpo a (*los paños, fieltros, etc.*)

engaitar *tr* engañar con halagos

engalanar *tr* adornar, embellecer

engallado -da *adj* erguido; orgulloso

engallador *m* correa del freno que obliga al caballo a alzar la cabeza

enganchar *tr* agarrar con gancho; colgar de un gancho; sujetar (*las caballerías*) a los carruajes; atraer con arte; *ref* sentar plaza de soldado ‖ enganche *m*

engañabobos *m* (*pl:* -bos) (fam.) persona que embauca; (fam.) cosa engañosa

engañar *tr* hacer creer lo que no es; distraer, entretener; *ref* equivocarse; cerrar los ojos a la verdad

engañifa *f* (fam.) engaño artificioso

engaño *m* acción de engañar; falsedad, mentira; error ‖ engañoso -sa *adj*

engarabitar *ref* (fam.) subir a lo alto; (fam.) entumecerse de frío

engargantar *tr* introducir por la garganta; *intr* engranar

engarrafar *tr* (fam.) agarrar fuertemente

engarzar §62 *tr* trabar formando cadena; rizar; engranar

engastar *tr* encajar y embutir ‖ engaste *m*

engatusar *tr* (fam.) captarse con halagos la voluntad de

engendrar *tr* dar origen a (*un nuevo ser*); producir, ocasionar

engendro *m* feto; criatura informe; obra mal ideada

englobar *tr* incluir en un conjunto

engolfar *intr* entrar en alta mar; *ref* entrar en alta mar; ocuparse intensamente

engolosinar *tr* excitar con alicientes el deseo de; *ref* aficionarse

engomar *tr* cubrir o untar de goma

engordar *tr* poner gordo; *intr* ponerse gordo; (fam.) hacerse rico ‖ engorde *m*

engorro *m* cosa molesta; obstáculo ‖ engorroso -sa *adj*

engoznar *tr* poner goznes a, fijar con goznes

Engracia *f* nombre propio de mujer

engranaje *m* efecto de engranar; conjunto de las piezas que engranan; enlace, trabazón

engranar *tr* enlazar, trabar; *intr* (mec.) enlazarse por sus dientes

engrandecer §19 *tr* hacer grande, aumentar; elevar, exaltar

engrapar *tr* asegurar con grapas

engrasador *m* pieza de una máquina que sirve para alimentar de grasas; utensilio a modo de aceitera

engrasar *tr* manchar o untar con grasa; (mec.) introducir una substancia grasa en ‖ engrase *m*

engravar *tr* cubrir con grava
engreído -da *adj* ‖ **engreimiento** *m* ‖ **engreír** §59 *tr* llenar de vanidad
engrescar 72 *tr* excitar a la riña
engringar §45 *ref* imitar el modo de ser y vivir de los gringos
engrosar §63 *tr* hacer grueso; aumentar el número de; *intr* tomar carnes
engrudar *tr* untar con engrudo
engrudo *m* masa para pegar, hecha con harina cocida
engualdrapar *tr* poner la gualdrapa a
enguijarrar *tr* empedrar con guijarros
enguirnaldar *tr* adornar con guirnaldas
engullir §13 *tr* tragar atropelladamente
enharinar *tr* cubrir con harina
enhebrar *tr* pasar la hebra por el ojo de (*la aguja*); ensartar
enhestar §1 *tr* poner derecho; levantar en alto
enhiesto -ta *adj* derecho, levantado
enhilar *tr* enhebrar; ordenar (*sus ideas*); dirigir
enhorabuena *f* felicitación; *adv* con bien, felizmente
enhoramala *adv* con mala suerte; con desaprobación
enhornar *tr* poner en el horno
enigma *m* cosa que se da a acertar; cosa difícil de comprender ‖ **enigmático -ca** *adj*
enjabonar *tr* fregar con jabón y agua; (fam.) adular; (fam.) tratar mal de palabra
enjaezar §62 *tr* poner los jaeces a
enjalbegar §45 *tr* blanquear con cal, yeso, etc.; componer (*el rostro*) con afeites
enjalma *f* albarda ligera de bestia de carga
enjambrar *tr* sacar un enjambre de (*la colmena*); encerrar en las colmenas; *intr* salir de la colmena para formar nueva colonia; multiplicar
enjambre *m* conjunto de abejas con su maestra que salen de la colmena; multitud de personas o cosas
enjaretado *m* tablero en forma de enrejado
enjaretar *tr* hacer o decir atropelladamente
enjaular *tr* poner en una jaula; (fam.) encarcelar
enjoyar *tr* adornar con joyas
enjuagadientes *m* (*pl:* -tes) porción de líquido que se toma en la boca para enjuagar los dientes
enjuagar §45 *tr* aclarar con agua limpia (*p.ej., lo que se ha enjabonado*); limpiar (*la boca*) con algún líquido

enjuague *m* acción de enjuagar; líquido para enjuagar; intriga
enjugamanos *m* (*pl:* -nos) toalla
enjugaparabrisas *m* (*pl:* -sas) aparato para limpiar el cristal del parabrisas
enjugar §45 *tr* quitar la humedad a; secar; limpiar (*el sudor, las lágrimas*)
enjuiciar *tr* someter a juicio
enjundia *f* gordura de un animal; substancia; fuerza, vigor ‖ **enjundioso -sa** *adj*
enjuto -ta *adj* delgado, flaco; *f* (arq.) cada uno los triángulos que deja en un cuadrado del círculo inscripto en él
enlace *m* acción de enlazar; unión; parentesco; casamiento; empalme de trenes
enladrillar *tr* solar con ladrillos
enlatar *tr* meter en latas
enlazar §62 *tr* coger con lazo; unir con lazo; atar; *intr* empalmar (*dos trenes o autobuses*); *ref* contraer matrimonio
enligar §45 *tr* untar con liga
enlobreguecer §19 *tr* poner lóbrego
enlodar *tr* manchar con lodo; envilecer
enloquecer §19 *tr* hacer perder la razón; *intr* perder la razón
enlosar *tr* solar con losas
enlucir §46 *tr* poner una capa de yeso a; poner brillante (*un metal*)
enlutar *tr* cubrir de luto; entristecer; obscurecer
enmaderar *tr* cubrir o revestir con madera
enmadrar *ref* encariñarse demasiado (*el hijo*) con la madre
enmangar §45 *tr* poner mango a
enmarañar *tr* desarreglar, revolver; confundir, enredar
enmascarar *tr* cubrir con máscara; disfrazar, encubrir
enmelar §1 *tr* untar con miel; hacer agradable y suave
enmendar §1 *tr* quitar defectos a; resarcir
enmienda *f* corrección de un defecto o error; modificación a un escrito, a un proyecto de ley; satisfacción de un daño; **enmiendas** *fpl* substancias con que se fertilizan las tierras
enmohecer §19 *tr* cubrir de moho; dejar en desuso
enmudecer §19 *tr* hacer callar; *intr* guardar silencio
ennegrecer §19 *tr* teñir o pintar de negro
ennoblecer §19 *tr* hacer noble; dar dignidad a
enojar *tr* causar enojo a; molestar

enojo m ira, enfado; molestia || enojoso -sa adj

enología f arte de la elaboración de los vinos

enorgullecer §19 tr llenar de orgullo

enorme adj desmedido, excesivo; grave; (fam.) bueno, hermoso, lujoso

enormidad f calidad de enorme; exceso de maldad; dicho o hecho disparatado

enotecnia f enología

enquistar ref envolverse en un quiste

enrabiar tr encolerizar

enraizar §5 intr echar raíces

enramada f adorno o cobertizo de ramas

enramar tr adornar o cubrir con ramaje

enrarecer §19 tr hacer menos denso y dilatar (un cuerpo gaseoso); hacer raro o escaso

enrasar tr igualar en altura, nivelar || enrase m

enredadera f planta que trepa por varillas, cuerdas, etc.

enredar tr prender con red; entretejer, enmarañar; envolver en negocios peligrosos; intr travesear; ref (fam.) amancebarse

enredo m enlace desordenado de cosas flexibles; complicación difícil de resolver; travesura; engaño; trama de una pieza dramática || enredoso -sa adj

enrejado m conjunto de rejas; celosía de cañas entretejidas; labor de hilos entretejidos

enrejar tr cercar con rejas; disponer en forma de enrejado

enrevesado -da adj difícil; travieso, revoltoso

Enrique m nombre propio de varón

enriquecer §19 tr hacer rico

Enriqueta f nombre propio de mujer

enriscado -da adj lleno de riscos

enrocar §81 tr revolver (el copo) en la rueca; §72 intr en el ajedrez, mover en una misma jugada el rey y la torre

enrojecer §19 tr poner rojo; intr ruborizarse

enrolar tr inscribir para el servicio militar; alistar en un partido, etc.

enrollar tr envolver en forma de rollo

enronquecer §19 tr poner ronco

enroque m acción de enrocar, en el ajedrez

enroscar §72 tr poner en forma de rosca; introducir a vuelta de roscas

ensacar §72 tr meter en sacos

ensaimada f bollo de pasta hojaldrada, arrollada en espiral

ensalada f hortalizas aderezadas con sal, aceite, vinagre; mezcla confusa

ensaladera f vasija para servir la ensalada

ensalmar tr componer (un hueso roto); curar con ensalmos

ensalmo m palabras mágicas con que los embaucadores pretenden curar

ensalzar §62 tr alabar, exaltar

ensamblar tr juntar, unir (esp. piezas de madera)

ensanchar tr aumentar el ancho de

ensanche m acción de ensanchar; terreno fuera del casco de la ciudad, destinado a nuevas edificaciones

ensangrentar §1 tr manchar con sangre; ref irritarse mucho en una disputa

ensañar tr encolerizar; ref deleitarse en hacer daño

ensartar tr pasar por un hilo, alambre, etc.; atravesar, espetar; decir (p.ej., tonterías) sin orden ni medida; enhebrar

ensayar tr probar; hacer la prueba de (un espectáculo); probar la calidad de (minerales o metales); ref ejercitarse

ensaye m prueba de la calidad de los metales

ensayista mf escritor de ensayos

ensayo m acción de ensayar; escrito en que se trata brevemente una materia; representación de una obra teatral antes de presentarla al público

ensebar tr untar con sebo

ensenada f seno que forma la mar en la costa

enseña f insignia, divisa, estandarte

enseñanza f || enseñar tr dar instrucción a; amaestrar; mostrar

enseñorear tr hacerse señor o dueño

enseres mpl muebles, utensilios, efectos

ensillar tr poner la silla a (una caballería)

ensimismar ref concentrarse en sí mismo; ensoberbecerse

ensoberbecer §19 tr causar o excitar soberbia en; ref agitarse (las olas)

ensopar tr mojar o empapar (el pan)

ensordecer §19 tr causar sordera a; ref volverse sordo

ensortijar tr torcer en redondo

ensuciar tr poner sucio, manchar; ref evacuar el vientre en la cama o los vestidos

ensueño m imagen de la fantasía durante el sueño; ilusión, fantasía

entablamento m techo formado de tablas

entablar tr cubrir o cercar con tablas; trabar (batalla, una conversación); entablillar

entablillar *tr* asegurar (*un hueso roto*) con tablillas y vendaje

entallar *tr* hacer figuras de relieve en; ajustar al talle (*una prenda*); hacer corte en (*una pieza de madera*); *intr* venir bien o mal al talle

entallecer §19 *intr y ref* echar tallos (*las plantas*)

entapizar §62 *tr* cubrir o adornar con tapices

entarimar *tr* pavimentar (*el suelo*) con tablas

ente *m* el que es o existe; (fam.) sujeto ridículo

enteco -ca *adj* flaco, enfermizo

entena *f* palo encorvado al cual va asegurada la vela latina

entenado -da *mf* hijastro

entendederas *fpl* (fam.) inteligencia

entender §52 *tr* tener clara idea de; creer, juzgar; comprender; conocer;querer; *intr* tener conocimiento, aptitud, autoridad; *ref* ir de acuerdo

entendido -da *adj* sabio, docto; perito, diestro

entendimiento *m* facultad de comprender; buen sentido; convenio

entenebrecer §19 *tr* llenar de tinieblas

enterar *tr* hacer saber, informar; *intr* (Chile) mejorar (*un enfermo*)

entereza *f* integridad, perfección; rectitud; firmeza, fortaleza; severa observación de la disciplina

entérico -ca *adj* intestinal

enteritis *f* inflamación de la mucosa del intestino

enterizo -za *adj* de una sola pieza

enternecer §19 *tr* poner tierno, mover a ternura

entero -ra *adj* íntegro, perfecto; recto; firme, constante; robusto, sano; *m* (mat.) número que consta de unidades completas

enterrar §1 *tr* dar sepultura a; sobrevivir a; arrinconar

entibar *tr* apuntalar; *intr* estribar

entibiar *tr* poner tibio

entidad *f* esencia; ente o ser; importancia; empresa

entierro *m* acción de enterrar; acompañamiento que va con el cadáver; (fam.) tesoro oculto

entintar *tr* untar, teñir o manchar con tinta

entoldado *m* acción de entoldar; conjunto de toldos

entoldar *tr* cubrir con toldos; cubrir con tapices; *ref* nublarse; engreírse

entomología *f* ciencia que estudia los insectos ‖ **entomológico -ca** *adj* ‖ **entomólogo -ga** *mf*

entonar *tr* empezar a cantar; dar viento a (*un órgano*); armonizar

(*colores*); dar vigor a (*el organismo*); *intr* afinar la voz; *ref* engreírse

entonces *adv* en aquel tiempo, siendo así, en tal caso

entontecer §19 *tr* poner tonto; *intr y ref* volverse tonto

entorchado *m* bordado de oro o plata que sirve como signo de categoría militar

entornar *tr* cerrar a medias (*una puerta; los ojos*); inclinar, volcar

entorpecer §19 *tr* poner torpe; dificultar, retardar; turbar

entrada *f* acción de entrar; sitio por donde se entra; principio; conjunto de personas que asisten a un espectáculo; billete para entrar; dinero que ingresa; (elec.) circuito por donde entra la corriente

entramado *m* armazón de madera de una pared

entrambos -bas *adj y pron indef* ambos

entrampar *tr* hacer caer en una trampa; (fam.) gravar con deudas; *ref* (fam.) endeudarse

entrañable *adj* íntimo, muy querido

entrañar *tr* meter en lo más hondo; llevar dentro de sí; *ref* estrecharse, unirse íntimamente

entrañas *fpl* órganos contenidos en las cavidades del pecho y el vientre; centro; genio, índole; voluntad, afecto; lo más escondido

entrapajar *tr* envolver con trapos

entrar *tr* introducir; atacar; *intr* pasar de fuera adentro; pasar; penetrar; encajar; ser admitido; formar parte; tener principio; desembocar

entre *prep* en medio de; en el intervalo de; en el número de; en lo interior de

entreabrir §83 *tr* abrir a medias

entreacto *m* intermedio entre dos actos

entrecano -na *adj* medio cano

entrecejo *m* espacio entre las cejas; ceño

entrecoger §35 *tr* asir, coger; acosar, apremiar

entrecortado -da *adj* (*voz o sonido*) que se emite con intermitencias

entrecubierta *f* o **entrecubiertas** *fpl* espacio entre las cubiertas de un buque

entredós *m* tira de encaje que se cose entre dos telas

entrefino -na *adj* de calidad media entre lo basto y lo fino

entrega *f* acción de entregar; cuaderno de una obra que se vende periódicamente

entregar §45 *tr* poner en poder de otro; entregarla (fam.) morir; *ref* someterse; dedicarse por entero; abandonarse; **entregarse de hacerse cargo de**

entrehierro *m* (fís.) espacio ocupado por una substancia no magnética entre otras dos magnéticas; (elec.) espacio de aire entre el inducido y el inductor

entrelazar §62 *tr* enlazar, entretejer

entrelínea *f* lo que está escrito entre dos líneas

entrelucir §46 *intr* dejarse ver al través o confusamente

entremedias *adv* entre una y otra cosa; entretanto; **entremedias de** entre

entremés *m* manjar ligero que se sirve como aperitivo; pieza de teatro jocosa de un solo acto

entremeter *tr* meter (*una cosa*) entre otras; *ref* meterse (*uno*) donde no le llaman

entremetido -da *adj* ‖ *mf* persona que se mete donde no le llaman

entremezclar *tr* mezclar sin confundir

entrenador -dora *adj y mf* ‖ **entrenamiento** *m* ‖ **entrenar** *tr* (dep.) ejercitar, adiestrar

entrenudo *m* parte del tallo de una planta entre dos nudos

entreoír §50 *tr* oír a medias, oír sin entender bien

entrepaño *m* espacio de pared comprendido entre dos pilastras, columnas o huecos

entrepierna *f* o **entrepiernas** *fpl* parte interior de los muslos

entreplanta *f* entresuelo

entrepuente *m* o **entrepuentes** *mpl* entrecubierta

entrerrenglonar *tr* escribir entre los renglones

entresacar §72 *tr* sacar (*una cosa*) de entre otras, escoger

entresijo *m* redaño; cosa oculta

entresuelo *m* piso intermedio entre la planta baja y el primero

entretallar *tr* esculpir, grabar; labrar a bajo relieve

entretanto *adv* mientras tanto

entretejer *tr* mezclar (*hilos de calidad diferente*); trabar, enlazar

entretela *f* lienzo que se pone entre la tela y el forro; **entretelas** *fpl* (fam.) lo más íntimo del alma

entretener §71 *tr* mantener en suspenso; divertir, recrear; retardar; mantener, conservar

entretenido -da *adj* alegre, divertido; (fís.) de amplitud constante; *f* mujer que vive a expensas de un amante

entretenimiento *m* acción de entretener; cosa que entretiene; manutención, conservación

entretiempo *m* meses de primavera y otoño

entreuntar §61 *tr* untar ligeramente

entreventana *f* espacio de pared entre dos ventanas

entrever §79 *tr* ver confusamente; adivinar, conjeturar

entreverar *tr* introducir (*una cosa*) entre otras

entrevía *f* espacio entre los rieles de un ferrocarril

entrevista *f* conferencia entre dos o más personas

entrevistar *ref* tener una entrevista

entristecer §19 *tr* causar tristeza a; *ref* sentir tristeza

entrojar *tr* guardar en la troje (*grano, frutos, etc.*)

entroncar §72 *tr* demostrar el parentesco de; *intr* empalmar

entronizar §62 *tr* colocar en el trono; ensalzar

entronque *m* parentesco; empalme

entruchada *f* o **entruchado** *m* ‖ **entruchar** *tr* (fam.) meter con engaño en un negocio ‖ **entruchón -chona** *mf*

entuerto *m* agravio, ofensa; **entuertos** *mpl* dolores después del parto

entullecer §19 *tr* suspender el movimiento de; *ref* perder el uso de los miembros

entumecer §19 *tr* impedir el movimiento de (*un miembro*); *ref* hincharse (*el río, los mares*)

enturbiar *tr* poner turbio; alterar el orden de; obscurecer

entusiasmar *tr* ‖ **entusiasmo** *m* gran admiración; adhesión fervorosa; exaltación del ánimo ‖ **entusiasta** *adj y mf* ‖ **entusiástico -ca** *adj*

enumerar *tr* expresar una por una (*las cosas que constituyen serie*)

enunciar *tr* dar a conocer, manifestar

envainar *tr* meter en la vaina

envalentonar *tr* infundir valentía a

envanecer §19 *tr* infundir vanidad a; *ref* tener vanidad

envarar *tr* entumecer

envasar *tr* echar o meter en envase; beber con exceso

envase *m* acción de envasar; recipiente para ciertos géneros; lo que contiene artículos de comercio para su conservación o transporte

envedijar *ref* enredar, enmarañar; reñir, venir a las manos

envejecer §19 *tr* hacer viejo; *intr y ref* hacerse viejo

envenenar *tr* dar veneno a; poner veneno en; interpretar en mal sentido

enverar *intr* empezar (*las frutas*) a madurar y tomar color

envergadura *f* anchura de la vela; distancia entre las puntas de las alas del ave cuando están abiertas; distancia entre los extremos de las alas de un aeroplano; energía, fuerza; importancia

envero *m* color de las frutas que empiezan a madurar

envés *m* parte posterior, revés; (fam.) espalda

enviado *m* mensajero; representante diplomático

enviar §76 *tr* hacer que (*una persona*) vaya; hacer que (*una cosa*) sea llevada

enviciar *tr* corromper; *intr* echar (*las plantas*) muchas hojas y poco fruto; *ref* aficionarse demasiado

envidia *f* pesar que causa el bien ajeno; deseo

envidiable *adj* ‖ **envidiar** *tr* tener envidia de, sentir envidia de; desear ‖ **envidioso** -sa *adj y mf*

envilecer §19 *tr* hacer vil o despreciable

envio *m* acción de enviar; lo que se envía; dedicatoria

envión *m* empujón

enviscar §72 *tr* untar con liga

envite *m* apuesta en ciertos juegos de naipes; ofrecimiento

enviudar *intr* quedar viudo o viuda

envoltorio *m* bulto o lío de ropa; lo que sirve para envolver

envoltura *f* pañales de un niño; capa que envuelve una cosa

envolver §49 y §83 *tr* cubrir; arrollar; acorralar con argumentos; encerrar; rodear; *ref* enredarse

enyesar *tr* cubrir con yeso; agregar yeso a; endurecer (*un vendaje*) por medio del yeso

enyugar §45 *tr* sujetar al yugo

enzarzar §62 *tr* cubrir de zarzas; malquistar; *ref* enredarse; reñir

enzima *f* fermento soluble orgánico, formado por células vivas

enzootia *f* enfermedad habitual de ganado en una región determinada

eólico -ca *adj* ‖ la Eólide antigua comarca del Asia Menor ‖ **eolio** -lia *adj y mf*

Éolo *m* (mit.) dios griego de los vientos

Eos *f* (mit.) diosa griega de la aurora

E.P.D. abr. de en paz descanse

epéntesis *f* (*pl*: -sis) intercalación de letras en medio de un vocablo ‖ **epentético** -ca *adj*

eperlano *m* pez de río parecido a la trucha (*Osmerus eperlanus*)

épica *f* poesía épica

epicarpio *m* piel de los frutos

epiceno -na *adj* (gram.) (*género*) de los nombres que tienen una sola forma para ambos sexos

epicentro *m* punto central de un temblor de tierra

epiciclo *m* círculo con el centro fijo en la circunferencia de otro círculo de radio mayor

épico -ca *adj* perteneciente a la epopeya; perteneciente a la poesía heroica; *m* autor de obras épicas; *f* véase **épica**

Epicteto *m* filósofo estoico del siglo I de nuestra era

epicureísmo *m* ‖ **epicúreo** -a *adj* ‖ *mf* persona que sigue la doctrina de Epicuro; persona que antepone el placer personal a toda consideración moral o religiosa

Epicuro *m* filósofo griego (342–270 a. de J.C.)

epidemia *f* enfermedad que reina en forma pasajera en una región o nación ‖ **epidémico** -ca *adj*

epidemiología *f* estudio de las epidemias; tratado sobre las epidemias ‖ **epidemiológico** -ca *adj* ‖ **epidemiólogo** -ga *mf*

epidérmico -ca *adj* ‖ **epidermis** *f* membrana exterior de la piel

Epifanía *f* fiesta de la Adoración de los Reyes, celebrada el 6 de enero

epigastrio *m* parte superior del vientre

epiglotis *f* órgano detrás de la lengua que cierra la glotis

epígrafe *m* inscripción puesta al frente de un edificio; encabezamiento de un escrito; título, rótulo

epigrafía *f* estudio de las inscripciones ‖ **epigráfico** -ca *adj*

epigrama *m* pensamiento expresado con brevedad y agudeza; composición poética breve y satírica ‖ **epigramático** -ca *adj*

epilepsia *f* enfermedad nerviosa caracterizada por convulsiones y pérdida de conocimiento ‖ **epiléptico** -ca *adj y mf*

epilogar §45 *tr* compendiar

epílogo *m* compendio; conclusión de un discurso, etc.

Epiro, el comarca de la Grecia antigua ‖ **epirota** *adj y mf*

episcopado *m* dignidad de obispo; tiempo en que gobierna; conjunto de obispos ‖ **episcopal** *adj*

episcopalismo *m* doctrina que defiende la potestad de los obispos; secta protestante de origen inglés ‖ **episcopalista** *adj y mf*

episódico -ca *adj* || episodio *m* acción secundaria; hecho accesorio de otros que forman un conjunto

epistemología *f* teoría del conocimiento con referencia a sus límites y validez || epistemológico -ca *adj*

epístola *f* carta; carta en verso; carta escrita por un apóstol y que forma parte de la Sagrada Escritura; parte de la misa sacada de las epístolas de los apóstoles || epistolar *adj*

epitafio *m* inscripción sepulcral

epitalamio *m* himno nupcial

epitelial *adj* || epitelio *m* cubierta externa de las mucosas

epíteto *m* adjetivo que se emplea para realzar una cualidad característica

epitomar *tr* || epítome *m* resumen de una obra extensa

epizootia *f* epidemia del ganado || epizoótico -ca *adj*

E.P.M. abr. de en propia mano

época *f* espacio de tiempo; período notable de tiempo; hacer época dejar recuerdo duradero

epónimo -ma *adj* que da nombre a una tribu, época, pueblo, etc.

epopeya *f* poema heroico de empresas nobles y elevado estilo; serie de hechos gloriosos

épsilon *m* y *f* quinta letra del alfabeto griego

equiángulo -la *adj* que tiene ángulos iguales

equidad *f* justicia natural; rectitud; igualdad de ánimo; moderación en los precios

equidistancia *f* || equidistante *adj* || equidistar *intr* estar a la misma distancia

equilátero -ra *adj* que tiene todos los lados iguales

equilibrado -da *adj* sensato, prudente

equilibrar *tr* poner en equilibrio

equilibrio *m* estado de reposo de un cuerpo sobre el cual actúan fuerzas contrarias que se destruyen; contrapeso entre cosas diversas; sensatez, prudencia

equilibrista *adj* || *mf* persona diestra en hacer ejercicios o juegos de equilibrio, funámbulo

equimosis *f* (*pl:* -sis) mancha lívida en la piel, producida por un golpe

equino -na *adj* perteneciente al caballo; *m* animal marino que tiene la piel erizada de púas (*Echinus*)

equinoccial *adj* || equinoccio *m* época del año en que los días son iguales a las noches

equipaje *m* conjunto de efectos de uso personal que se llevan en un viaje; (mar.) tripulación

equipar *tr* proveer, suministrar

equiparar *tr* comparar, cotejar; igualar

equipier *m* (*pl:* -piers) (dep.) compañero de equipo

equipo *m* conjunto de ropas para uso de una persona; conjunto de instrumentos para el ejercicio de una profesión; grupo de personas para un servicio, deporte, etc.

equitación *f* arte de montar a caballo

equitativo -va *adj* justo, que tiene equidad

equivalencia *f* || equivalente *adj* y *m* || equivaler §75 *intr* ser igual; ser iguales; equivaler a ser igual a, valer lo mismo que

equivocación *f* || equivocar §72 *tr* tomar (*una cosa*) por otra; *ref* obrar con error

equívoco -ca *adj* que puede entenderse en varios sentidos; *m* confusión de palabras; sentido incierto; juego de palabras

era *f* período de tiempo; punto de partida para establecer una cronología; espacio donde se trillan las mieses; terreno en que se cultivan verduras

eral *m* novillo que no pasa de dos años

erario *m* tesoro público

Erato *f* (mit.) musa de la poesía lírica y erótica

erbio *m* cuerpo simple metálico (*símbolo* Er; *núm. atómico* 68; *peso atómico* 167,2)

Erebo *m* (mit.) infierno

erección *f* acción de erigir; acción de ponerse rígido; fundación, institución

eréctil *adj* capaz de erección

eremita *m* ermitaño, anacoreta

ergio *m* unidad de trabajo

ergosterol *m* compuesto orgánico que es transformado en vitamina D bajo la acción de los rayos ultravioletas

erguir §33 *tr* levantar, poner derecho; *ref* ensoberbecerse

erial *adj* || *m* tierra sin cultivar ni labrar

erigir §28 *tr* construir; fundar; elevar; *ref* ser elevado; erigirse en arrogarse la calidad de

erisipela *f* enfermedad cutánea caracterizada por gran inflamación, placas rojas y fiebre

eritreo -a *adj* y *mf* (*cap.*) *f* región de la costa africana del mar Rojo

erizado -da *adj* cubierto de espinas o púas

erizar §62 *tr* poner rígido (*p.ej., el pelo*); armar de púas; llenar de obstáculos

erizo *m* mamífero insectívoro (*Erinaceus europaeus*); (fam.) persona de genio áspero; **erizo marino** equino

ermit. abr. de ermitaño

ermita *f* capilla o santuario en lugar despoblado

ermitaño -ña *mf* religioso que vive en la ermita; *m* asceta solitario

Ernesto *m* nombre propio de varón

Eros *m* (mit.) dios griego del amor

erosión *f* desgaste producido por algo que roe; destrucción lenta causada por un agente físico

erótico -ca *adj* perteneciente al amor sensual; *f* poesía erótica

errabundo -da *adj* errante

erradicar §72 *tr* arrancar de raíz

errado -da *adj* que yerra

errante *adj* que anda vagando de una parte a otra

errar §34 *tr* no acertar; *intr* andar vagando; equivocarse; *ref* equivocarse, obrar con error

errata *f* error en lo escrito o impreso

errático -ca *adj* errante, vagabundo

errátil *adj* incierto, variable

erróneo -a *adj* que contiene error

error *m* juicio falso; equivocación; culpa, defecto

ersatz *m* (alemán) sucedáneo

eructación *f* ‖ eructar *intr* expeler con ruido los gases del estómago por la boca ‖ eructo *m*

erudición *f* vasta instrucción enciclopédica

erudito -ta *adj* ‖ *mf* persona que tiene erudición; **erudito a la violeta** el que tiene instrucción muy superficial

erupción *f* aparición de granos en la piel; salida de la lava del seno de los volcanes

Esaú *m* (Bib.) hermano de Jacob a quien vendió la primogenitura

esbeltez *f* ‖ esbelto -ta *adj* airoso, gallardo, elegante

esbirro *m* alguacil, polizonte

esbozar §62 *tr* bosquejar ‖ esbozo *m*

escabechar *tr* echar (*p.ej.*, *pescado*) en escabeche; teñir (*las canas*); (fam.) matar

escabeche *m* salsa de vinagre para la conservación de pescados y otros manjares; pescado puesto en escabeche; líquido para teñir el pelo

escabel *m* asiento pequeño sin respaldo; banquillo para apoyar los pies

escabioso -sa *adj* perteneciente a la sarna; *f* planta herbácea de tallo velloso

escabrosidad *f* ‖ escabroso -sa *adj* áspero, desigual; que linda con lo inmoral

escabullir §13 *ref* irse de entre las manos; desaparecer con el mayor disimulo

escafandra *f* aparato usado por los buzos para poder trabajar debajo del agua

escala *f* escalera de mano; línea graduada de termómetro u otro instrumento; proporción entre las dimensiones de un dibujo, mapa, etc. y el objeto que representa; sucesión ordenada; (mar.) puerto donde tocan de ordinario las embarcaciones; (mús.) serie de las siete notas musicales

escalafón *m* lista de los individuos de un cuerpo clasificados por mérito, antigüedad, etc.

escálamo *m* estaca a la cual se sujeta el remo

escalar *tr* entrar en (*un sitio*) por medio de escalas o rompiendo puertas, muros, etc.; trepar por

escalatorres *mf* (*pl*: -rres) persona que trepa por los muros de edificios altos

escaldado -da *adj* (fam.) receloso; (fam.) (*mujer*) libre, de trato deshonesto

escaldar *tr* abrasar con agua hirviendo; *ref* escocerse

escaleno *adj* (*triángulo*) que tiene los tres lados desiguales

escalera *f* serie de peldaños para subir y bajar; **escalera de mano** la portátil

escalfar *tr* cocer en agua hirviendo (*un huevo sin la cáscara*)

escalinata *f* escalera exterior de piedra

escalo *m* acción de escalar; trabajo de zapa para entrar o salir

escalofrío *m* calofrío

escalón *m* peldaño; grado de un empleo

escalona *f* chalote

escalonar *tr* situar de trecho en trecho

escalpar *tr* cortar la piel del cráneo de

escalpelo *m* bisturí

escama *f* plaquita rígida que cubre la piel de ciertos animales; lo que tiene forma de escama; recelo; resentimiento

escamar *tr* quitar las escamas a; (fam.) recelar; *ref* (fam.) tener miedo

escamondar *tr* quitar las ramas inútiles a (*un árbol*); quitar lo superfluo a

escamoso -sa *adj* que tiene escamas

escamoteador -dora *adj* y *mf* ‖ escamotear *tr* hacer desaparecer a ojos vistas (*el prestidigitador una cosa de las que maneja*); hacer desaparecer; robar con agilidad || **escamoteo** *m*

escampar *intr* dejar de llover

escampavia *f* barco pequeño que sirve de explorador o que persigue el contrabando

escanciar *tr* servir (*vino*); beber (*vino*); *intr* beber vino

escandalizar §62 *tr* causar escándalo a; *ref* enojarse

escándalo *m* dicho o hecho indecoroso; mal ejemplo, desvergüenza; indignación que causa el mal ejemplo || **escandaloso** -sa *adj*

escandallo *m* (mar.) sonda; prueba; determinación del precio de coste o venta de una mercancía

Escandinavia *f* región de la Europa septentrional que comprende Suecia, Noruega y Dinamarca || **escandinavo** -va *adj* y *mf*

escandio *m* cuerpo simple metálico (*símbolo* Sc; *núm. atómico* 21; *peso atómico* 45,10)

escaño *m* banco con respaldo para dos o más personas

escapada *f* || **escapar** *intr* y *ref* salir de un peligro, encierro o apuro; salir ocultamente o de prisa; *ref* salirse (*un líquido o gas*) por un resquicio

escaparate *m* hueco con cristales en la fachada de una tienda para exponer mercancías; alacena con vidrieras

escapatoria *f* acción de escapar; (fam.) excusa, efugio

escape *m* acción de escapar; fuga apresurada; fuga de un líquido o gas; válvula para la salida de los gases de un motor; pieza que debía obrar un muelle o rueda que sujetaba; a escape a todo correr; escape de rejilla (rad.) resistencia para determinar el voltaje negativo de rejilla de una válvula

escápula *f* omóplato || **escapular** *adj*

escapulario *m* pedazo de tela con una imagen religiosa que se lleva colgado al cuello

escaque *m* casilla del tablero de ajedrez o de damas; escaques *mpl* juego de ajedrez

escarabajear *tr* (fam.) molestar; *intr* moverse desordenadamente; escribir mal

escarabajo *m* coleóptero de cuerpo oval (*Scarabaeus*); escarabajos *mpl* (fam.) letras mal formadas

escaramujo *m* rosal silvestre y su fruto (*Rosa canina*); percibe

escaramuza *f* ligero encuentro, refriega de poca importancia || **escaramuzar** §62 *intr*

escarapela *f* riña, esp. entre mujeres; pequeño distintivo en forma de rosa, lazo, etc.

escarbadientes *m* (*pl:* -tes) mondadientes

escarbar *tr* arañar; remover (*la lumbre*); limpiar (*los dientes, los oídos*); averiguar

escarcela *f* mochila de cazador; bolsa que se llevaba colgada de la cintura

escarceo *m* cabrilleo de las olas; escarceos *mpl* vueltas que dan los caballos

escarcha *f* rocío congelado

escarchar *tr* preparar (*confituras*) de modo que queden cubiertas de una capa de azúcar cristalizado; *intr* formarse escarcha

escardar *tr* limpiar de malas hierbas; separar (*lo malo*) de lo bueno

escariar *tr* agrandar y redondear (*un agujero o el diámetro de un tubo*)

escarificar §72 *tr* labrar (*la tierra*) cortándola verticalmente pero sin volverla; hacer incisiones superficiales en

escarlata *f* color más bajo que el de la grana; tela de este color; enfermedad caracterizada por alta fiebre, inflamación de la garganta y manchas rojas en el cuerpo

escarlatina *f* escarlata (*enfermedad*)

escarmentar §1 *tr* corregir con rigor; *intr* corregirse por la experiencia

escarmiento *m* prudencia adquirida por la experiencia; castigo, ejemplo

escarnecer §19 *tr* hacer mofa de, hacer burla de || **escarnio** *m*

escarola *f* achicoria que se come en ensalada (*Cichorium endivia*)

escarolado -da *adj* rizado como la escarola

escarpa *f* declive áspero || **escarpado** -da *adj*

escarpia *f* clavo acodado

escarpidor *m* peine de púas gruesas

escarpín *m* zapato de una costura y una suela; calzado interior de abrigo

escarzano *adj* (*arco*) menor que la semicircunferencia del mismo radio

escasear *tr* dar poco y de mala gana; *intr* faltar, ir faltando

escasez *f* || **escaso** -sa *adj* poco abundante; falto, no cabal; mezquino, poco liberal

escatimar *tr* escasear (*lo que se da*)

escayola *f* yeso calcinado; estuco

escena *f* parte del teatro donde se representan las obras; lo que allí se representa; teatro; subdivisión de un acto; suceso notable de la vida real

escenario *m* parte del teatro donde se disponen las decoraciones; lugar en que pasa un suceso o acción

escénico -ca *adj* perteneciente a la escena

escenificar §72 *tr* adaptar (*una obra*) para la escena

escenografía *f* arte de poner objetos en perspectiva; arte de pintar decoraciones escénicas ‖ **escenográfico -ca** *adj* ‖ **escenógrafo -fa** *adj y mf*

escepticismo *m* doctrina que niega la existencia de la verdad; incredulidad ‖ **escéptico -ca** *adj y mf*

Escila *f* (mit.) monstruo del estrecho de Mesina, personificación del escollo de su nombre; **entre Escila y Caribdis** entre dos peligros, de manera que es difícil evitar uno sin caer en el otro

escindir *tr* cortar, hender

Escipión *m* nombre de una ilustre familia de la antigua Roma; **Escipión Africano** general romano que venció a Aníbal (234–183 a. de J.C.)

escisión *f* acción de escindir; discordia, disidencia

escita *adj y mf* ‖ **la Escitia** región que entre los antiguos comprendía todos los países septentrionales y orientales extraños a la civilización

esclarecer §19 *tr* iluminar; poner en claro; ennoblecer; *intr* empezar a amanecer

esclarecido -da *adj* insigne, noble

esclavina *f* capa corta que cubre el cuello y los hombros

esclavista *adj y mf* partidario de la esclavitud

esclavitud *f* condición de esclavo; sujeción

esclavizar §62 *tr* reducir a la esclavitud

esclavo -va *adj* ‖ *mf* persona que pertenece en propiedad a otra; persona que está dominada por alguien o algo

esclerosis *f* (*pl:* -sis) endurecimiento de un tejido o un órgano ‖ **escleroso -sa** *adj*

esclerótica *f* membrana blanca que cubre el globo del ojo

esclusa *f* recinto con puertas en un canal para el paso de los barcos de un tramo a otro de distinto nivel

escoba *f* manojo de ramas atadas a un mango, que sirve para barrer

escobajo *m* escoba vieja; racimo de uvas después de desgranado

escobar *tr* barrer con la escoba

escobazo *m* golpe de escoba

escobén *m* (mar.) agujero por donde sale el cable del ancla

escobilla *f* escoba pequeña; cepillo; (elec.) pieza de carbón destinada a mantener el contacto entre el rotor de un motor y el circuito exterior

escocer §17 *tr* causar escozor a; desagradar, molestar; *intr* sentir escozor; *ref* dolerse, ofenderse; inflamarse (*la piel*); tener la piel inflamada

escocés -cesa *adj y mf* ‖ **Escocia** *f* división de la Gran Bretaña, situada al norte de Inglaterra

escoda *f* martillo para labrar piedras ‖ **escodar** *tr*

escofina *f* lima de dientes gruesos para desbastar ‖ **escofinar** *tr*

escoger §35 *tr* elegir, preferir

escogido -da *adj* selecto

escolapio -pia *adj* ‖ *mf* religioso de la orden de las Escuelas Pías; estudiante que asiste a estas Escuelas

escolar *adj* perteneciente a la escuela; *m* estudiante o alumno

escolástica *f* escolasticismo

escolasticismo *m* filosofía de la Edad Media en la que predominan los preceptos de Aristóteles ‖ **escolástico -ca** *adj y mf*; *f* véase escolástica

escoliar *tr* ‖ **escolio** *m* nota que se pone a un texto para explicarlo; advertencia referente a una proposición ya demostrada

escolopendra *f* miriápodo que tiene uñas venenosas

escolta *f* persona o personas que acompañan a otra u otras; tropa o embarcación que acompañan para proteger, custodiar, etc. ‖ **escoltar** *tr*

escollera *f* obra de resguardo en los puertos, hecha con piedras arrojadas al fondo del agua

escollo *m* peñasco a flor de agua; peligro; obstáculo

escombrar *tr* limpiar de escombros; desembarazar, despejar

escombro *m* caballa; desecho que queda de un edificio derribado

esconder *tr* encubrir, ocultar; encerrar (*algo no manifiesto a todos*)

escondidas: a escondidas ocultamente

escondite *m* escondrijo; juego de muchachos en que unos se esconden y otros los buscan

escondrijo *m* lugar para esconder algo

escopeta *f* arma larga de fuego

escopetazo *m* tiro de escopeta y herida que causa

escopetear *tr* hacer disparos de escopeta a

escoplear *tr* ‖ **escoplo** *m* herramienta de acero para hacer cortes

escopolamina *f* alcaloide que se emplea para producir un estado de anestesia

escora *f* línea céntrica del buque; inclinación de la nave por la fuerza del viento; puntal

escorar *tr* apuntalar con escoras; *intr* inclinarse (*la nave*) por la fuerza del viento

escorbútico -ca *adj* ‖ **escorbuto** *m* enfermedad caracterizada por debilidad general y causada por la mala alimentación

escorchar *tr* desollar

escoria *f* residuo de la fundición de los metales; cosa vil, desecho

escorial *m* montón de escorias; el Escorial pueblo en la provincia de Madrid; monasterio y palacio fundado por Felipe II, en este pueblo

escorpión *m* alacrán; (*cap.*) *m* octavo signo del zodíaco; constelación zodiacal

escota *f* (mar.) cabo para atesar las velas

escotadura *f* cortadura; corte hecho en una prenda por la parte del cuello

escotar *tr* cortar a la medida. cortar (*un vestido*) por la parte del cuello; *intr* pagar el escote

escote *m* escotadura en un vestido de mujer; parte que paga cada uno de un gasto hecho en común

escotilla *f* abertura en la cubierta de un buque

escotillón *m* trampa o puerta en el suelo

escozor *m* sensación como la de una quemadura; sentimiento penoso

escriba *m* doctor e intérprete de la ley judaica

escribanía *f* profesión o despacho de escribano; recado de escribir

escribano *m* secretario judicial

escribiente *mf* empleado que copia o escribe al dictado

escribir §83 *tr* representar por medio de letras; comunicar por escrito; componer (*libros, novelas, etc.*)

escrito *m* carta, documento; obra literaria

escritor -tora *mf* persona que escribe

escritorio *m* mueble para escribir en él o para guardar papeles oficina

escritura *f* acción o arte de escribir; sistema de signos usado en la escritura; documento autorizado por un notario; la Sagrada Escritura conjunto de los libros del Antiguo y Nuevo Testamento

escriturar *tr* hacer constar con escritura pública; contratar mediante escritura

escrnía. abr. de escribanía

escrno. abr. de escribano

escrófula *f* tumor frío de los ganglios linfáticos ‖ **escrofuloso -sa** *adj*

escroto *m* bolsa exterior que envuelve los testículos

escrúpulo *m* recelo de obrar mal; peso de 24 granos

escrupuloso -sa *adj* que tiene escrúpulos; minucioso, exacto

escrutar *tr* examinar con cuidado; computar (*los votos*) en una elección ‖ **escrutinio** *m*

escuadra *f* instrumento de dibujo que tiene un ángulo recto; grupo de soldados al mando de un cabo; conjunto de buques de guerra que forman una unidad táctica; a o en escuadra en ángulo recto

escuadrar *tr* labrar o disponer a escuadra

escuadrilla *f* escuadra de buques menores; grupo de aviones que vuelan juntos

escuadrón *m* división de un regimiento de caballería

escualidez *f* ‖ **escuálido -da** *adj* asqueroso, sucio; flaco, macilento

escucha *f* acción de escuchar; centinela adelantado

escuchar *tr* prestar atención a (*lo que se oye*); dar oídos a; *ref* hablar con pausa y afectación

escudero *m* paje que acompañaba a un caballero; criado que servía a una señora

escuderón *m* (desp.) el que pretende hacer más figura de la que en realidad le corresponde

escudete *m* escudo pequeño; escudo de cerradura

escudilla *f* vasija de forma de una media esfera para servir sopa y caldo

escudo *m* arma defensiva que se lleva al brazo; cuerpo de blasón de figura de escudo; nombre de diversas monedas; amparo, defensa; chapa de metal con un hueco por donde se introduce la llave en la cerradura

escudriñar *tr* examinar con minuciosidad

escuela *f* establecimiento de enseñanza; doctrina, sistema; Escuelas Pías orden religiosa fundada en 1597

escuerzo *m* sapo; (fam.) persona flaca y desmedrada

escueto -ta *adj* libre; sin adornos

Esculapio *m* (mit.) dios de la medicina; (fig.) médico

esculpir *tr* labrar a mano (*p.ej., una estatua*)

escultor -tora *mf* ‖ **escultórico -ca** *adj* ‖ **escultura** *f* arte de representar de bulto la figura en mármol, madera, etc.; obra esculpida ‖ **escultural** adj

escupidera f recipiente para escupir

escupidura f lo que se escupe

escupir tr arrojar (saliva, flema, etc.) por la boca; echar de sí con desprecio

escupitajo m o **escupitina** f (fam.) escupidura

escurreplatos m (pl: -tos) mueble donde se ponen los platos fregados para que se escurra el agua

escurribanda f (fam.) excusa, efugio; (fam.) flujo de vientre

escurriduras fpl últimas gotas que quedan en un recipiente o vaso

escurrir tr apurar las últimas gotas de; secar (una cosa) poniéndola en forma que caiga naturalmente el agua; estrujar; intr caer gota a gota; deslizar; ref caer gota a gota; deslizar; escapar

escúter m motoneta

esdrújulo -la adj ‖ m vocablo que se acentúa en la antepenúltima sílaba

ese -sa adj dem con que se designa la persona o cosa que está más cerca de la persona con quien se habla; **ese** f la letra s

ése -sa pron dem que corresponde al adjetivo ese

esencia f naturaleza de las cosas; lo permanente en ellas; extracto concentrado y muy aromático; gasolina; **quinta esencia** lo más puro y sutil

esencial adj necesario, principal, primordial

esfera f cuerpo sólido en el que todos los puntos de la superficie equidistan de otro interior llamado centro; medio de actividad; círculo en que giran las manecillas del reloj; esfera armilar aparato de varios círculos que representa la esfera celeste ‖ **esférico -ca** adj

esferoidal adj ‖ **esferoide** m sólido engendrado por la rotación de una elipse

esfinge f animal fabuloso con cuerpo de león y cabeza humana; persona impenetrable

esfínter m músculo anular que abre y cierra un orificio natural

esforzado -da adj arrojado, valiente

esforzar §38 tr dar fuerza y vigor a; infundir valor a; ref hacer esfuerzos

esfuerzo m empleo enérgico de la fuerza; ánimo, brío, valor; (ffs.) fuerza que produce la deformación de un cuerpo

esfumar tr (pint.) rebajar los tonos de; ref desvanecerse

esgrima f arte de esgrimir

esgrimir tr manejar (una espada); utilizar como arma; intr manejar la espada

esguince m ademán que se hace para evitar un golpe; distención de una articulación

eslabón m pieza que, trabada con otras, forma una cadena; hierro con que se saca fuego del pedernal

eslabonar tr unir (eslabones) formando cadena; enlazar, trabar

eslavo -va adj ‖ mf individuo de un pueblo del oriente y centro europeo, como los rusos, polacos, checos, etc.; m idioma de un eslavo

eslora f longitud de un buque de proa a popa

eslovaco -ca adj y mf ‖ **Eslovaquia** f provincia de Checoslovaquia

Eslovenia f comarca de Yugoslavia ‖ **esloveno -na** adj y mf

esmaltar tr cubrir con esmalte; adornar de colores

esmalte m capa vítrea que con la fusión se adhiere a un metal, porcelana, etc.; materia dura y blanca que cubre los dientes

esmerado -da adj que se esmera; hecho con esmero

esmeralda f piedra preciosa de color verde

esmerar tr pulir; ref obrar con mucho cuidado; obrar con acierto

esmeril m mineral durísimo que se emplea para afilar ‖ **esmerilar** tr

esmero m sumo cuidado, gran diligencia

Esmirna f ciudad y puerto de Turquía

esmirriado -da adj (fam.) desmirriado

esnob adj ‖ mf (pl: esnobs) persona con pretensiones sociales ‖ **esnobismo** m

eso pron dem neutro con que se representa lo que está más cerca de la persona con quien se habla

esófago m conducto que va de la faringe al estómago

Esopo m fabulista griego (620–560 a. de J.C.)

esotérico -ca adj oculto, misterioso

esotro -tra adj y pron dem (ant.) contracción de ese y otro

espacial adj perteneciente al espacio

espaciar tr poner espacio entre; esparcir; ref extenderse; divertirse

espacio m extensión indefinida; extensión superficial limitada; capacidad de sitio; intervalo de tiempo; lentitud

espacioso -sa *adj* muy grande, amplio; lento

espada *f* arma blanca larga y cortante; naipe del palo de espadas; espadas *fpl* uno de los palos de la baraja; *m* torero que mata al toro

espadachín *m* el que maneja bien la espada y es amigo de pendencias

espadaña *f* campanario formado por una sola pared; planta con cuyas hojas se hacen esteras y asientos (*Typha latifolia*)

espádice *m* flor compuesta encerrada en la espata

espadilla *f* instrumento para macerar el lino; remo que sirve de timón; as de espadas

espadón *m* (fam.) militar de jerarquía elevada

espahí *m* (*pl*: -híes) soldado de caballería turca, o del ejército francés en Argelia

espalda *f* parte posterior del tronco humano o de un vestido; envés o parte posterior de una cosa

espaldar *m* respaldo de un asiento; armazón para plantas trepadoras

espaldarazo *m* golpe dado en las espaldas

espaldera *f* armazón para plantas trepadoras

espaldilla *f* omóplato

espantadizo -za *adj* que se espanta fácilmente

espantajo *m* espantapájaros; cosa que infunde vano temor; (fam.) persona fea

espantapájaros *m* (*pl*: -ros) muñeco grotesco que se pone en los sembrados para ahuyentar a los pájaros

espantar *tr* causar o infundir miedo a; ahuyentar; *ref* sentir espanto; admirarse

espanto *m* terror, miedo ‖ espantoso -sa *adj*

España *f* estado de la Europa occidental ‖ español -ñola *adj* y *mf*

españolismo *m* amor a España y a lo español; carácter español; giro español

españolizar §62 *tr* adaptar al español; imponer influencia española a; *ref* tomar costumbres españolas

esparadrapo *m* tira de lienzo cubierto de emplasto que se aplica a las heridas

esparaván *m* tumor en el corvejón del caballo; gavilán

esparavel *m* tabla pequeña con mango para la mezcla del albañil

esparcir §36 *tr* extender (*lo amontonado*); divulgar, publicar; divertir; *ref* divertirse

espárrago *m* tallo y yema comestibles de la esparraguera; esparraguera; varilla redonda, roscada en sus dos extremos

esparraguera *f* planta liliácea (*Asparagus officinalis*)

esparrancar §72 *ref* abrirse de piernas

Esparta *f* ciudad de la antigua Grecia, en el Peloponeso ‖ espartano -na *adj y mf*

espartería *f* ‖ espartero -ra *mf* persona que hace o vende obras de esparto

esparto *m* planta cuyas hojas se usan para hacer cuerdas, esteras, etc. (*Stipa tenacissima*)

espasmo *m* contracción involuntaria de los músculos ‖ espasmódico -ca *adj*

espata *f* bolsa membranosa que envuelve el espádice

espato *m* mineral de estructura laminar

espátula *f* paleta de farmacéutico, pintor, etc.; ave zancuda (*Spatula y Platalea*)

especia *f* substancia aromática usada como condimento

especial *adj* diferente de lo común o general; propio para algún efecto; principal

especialidad *f* calidad de especial; ramo de la ciencia o arte a que se dedica una persona

especialista *adj* ‖ *mf* persona que cultiva un ramo determinado de una ciencia o arte

especializar §62 *intr y ref* cultivar una especialidad

especie *f* clase, variedad, categoría; categoría básica de la clasificación biológica; caso, asunto; noticia; chisme, cuento; apariencia; en especie en géneros y no en dinero

especificar §72 *tr* explicar o determinar con individualidad

específico -ca *adj* que caracteriza una especie; *m* medicamento especial para determinada enfermedad

espécimen *m* (*pl*: especímenes) muestra, modelo, ejemplar

especioso -sa *adj* que sólo tiene apariencia de verdad; hermoso, perfecto

espectáculo *m* diversión o función pública; lo que se ofrece a la vista; suceso que causa escándalo

espectador -dora *mf* persona que asiste a un espectáculo

espectral *adj* ‖ espectro *m* resultado de la dispersión de la luz a través de un prisma; (rad.) escala de radiaciones que difieren entre sí en sus respectivas longitudes de onda; fantasma

espectroscopio *m* instrumento para estudiar el espectro de los cuerpos luminosos

especulación *f* ‖ **especular** *tr* meditar, reflexionar; *intr* comerciar, traficar

espéculo *m* instrumento para dilatar y examinar ciertas cavidades del cuerpo

espejear *intr* relucir como un espejo

espejismo *m* fenómeno que produce la ilusión de ver invertidas, a corta distancia, las imágenes de objetos distantes; ilusión

espejo *m* plancha de vidrio azogado, en que se reflejan los objetos; modelo, dechado

espejuelo *m* yeso cristalizado; espejuelos *mpl* anteojos

espeleología *f* estudio de las cavernas ‖ **espeleólogo -ga** *mf*

espelunca *f* caverna

espeluznar *tr* despeluzar

espera *f* acción de esperar; plazo; paciencia

esperantista *adj y mf* ‖ **esperanto** *m* idioma artificial, inventado en 1887

esperanza *f* confianza de lograr una cosa; objeto de tal confianza

esperanzar §62 *tr* dar esperanza a

esperar *tr* quedar en un sitio o quedarse inactivo hasta que llegue (*una persona o cosa*) o suceda (*algo*); *intr* tener esperanza

esperezar §62 *ref* desperezarse

esperma *f* semen; esperma de ballena grasa sólida que se extrae de la cabeza del cachalote

espermatozoo *m* elemento del semen, que sirve para impregnar el óvulo

espesar *tr* hacer espeso; apretar (*un tejido*); *ref* apretarse

espeso -sa *adj* denso, trabado; apretado, tupido; grueso

espesor *m* grueso de un sólido; densidad de un líquido o gas

espesura *f* calidad de espeso; lugar muy poblado de árboles y matorrales; cabellera espesa

espetar *tr* atravesar con el asador; atravesar con un arma o instrumento; (fam.) decir (*algo que causa sorpresa o molestia*)

espetera *f* tabla con garfios para colgar utensilios de cocina

espetón *m* hierro a modo de asador; hurgón; alfiler grande

espía *mf* persona que se encarga de espiar

espiar §76 *tr* observar con disimulo (*a otro; lo que hace o dice otro*); *intr* observar con disimulo

espiga *f* conjunto de frutos o flores agrupadas a lo largo de un eje co-

mún; cabeza del tallo de trigo; clavo de madera; extremo rebajado de un madero que entra en un hueco

espigado -da *adj* alto, crecido de cuerpo

espigar §45 *tr* recoger (*las espigas que han quedado en el rastrojo*); *intr* echar espigas (*las plantas*); *ref* crecer mucho

espina *f* púa de algunas plantas; huesecillo puntiagudo de los peces; astilla pequeña; recelo; pesar duradero; espina dorsal espinazo

espinaca *f* planta hortense de hojas comestibles (*Spinacia oleracea*)

espinal *adj* perteneciente al espinazo

espinapez *m* entarimado con rectángulos colocados oblicuamente a las cintas

espinar *tr* herir con espinas; herir con palabras picantes

espinazo *m* conjunto de vértebras desde la nuca hasta la rabadilla

espinela *f* piedra fina parecida al rubí

espineta *f* clavicordio pequeño

espingarda *f* escopeta morisca muy larga; antigua arma de fuego; (fam.) mujer alta y desgarbada

espinilla *f* parte anterior de la canilla de la pierna

espinillera *f* canillera

espino *m* arbolillo rosáceo de ramas espinosas (*Crataegus oxyacantha*)

espinoso -sa *adj* lleno de espinas; arduo, difícil

espión *m* espía

espionaje *m* acción de espiar

espira *f* vuelta de hélice o de espiral

espiral *adj* perteneciente a la espira; *f* muelle espiral de reloj; curva que da vueltas alrededor de un punto, alejándose de él cada vez más

espirar *tr* expeler (*el aire*) de los pulmones; exhalar (*un olor*)

espiritado -da *adj* (fam.) extremadamente flaco

espiritismo *m* doctrina que afirma que los espíritus de los muertos acuden al ser evocados ‖ **espiritista** *adj y mf*

espiritoso -sa *adj* animoso, brioso; que contiene mucho alcohol

espíritu *m* substancia incorpórea y dotada de razón; ánimo, brío; substancia que se extrae por destilación; aparecido, fatasma

espiritual *adj* perteneciente al espíritu; agudo, ingenioso

espiroqueta *f* bacteria filamentosa con muchas espiras

espita *f* grifo, canilla de cuba; (fam.) persona que toma mucho vino

esplendidez *f* ‖ **espléndido -da** *adj* admirable, magnífico, suntuoso; generoso; (poét.) resplandeciente

esplendor *m* lustre, magnificencia; resplandor

espliego *m* mata aromática (*Lavandula officinalis*)

esplín *m* tedio, melancolía

espolear *tr* aguijar con la espuela; estimular

espoleta *f* detonador de bomba, torpedo, etc.; espoleta de aproximación o de proximidad la que busca el blanco por sí misma

espolón *m* protuberancia ósea que tienen ciertas aves en el tarso; remate de la proa del buque; malecón; contrafuerte

espolvorear *tr* esparcir (*cosa hecha polvo*); quitar el polvo de

esponja *f* animal acuático que tiene las paredes del cuerpo perforadas y los tejidos sostenidos por un esqueleto silíceo o calcáreo; este esqueleto; masa porosa

esponjar *tr* ahuecar, hacer más poroso; *ref* envanecerse; (fam.) adquirir lozanía

esponjoso -sa *adj* muy poroso y ligero

esponsales *mpl* compromiso solemne de casamiento ‖ **esponsalicio -cia** *adj*

espontaneidad *f* ‖ **espontáneo -a** *adj* hecho por impulso propio; que procede de un impulso interior; *m* espectador que se arroja al ruedo a intentar alguna suerte

espora *f* célula única que se aísla y separa del organismo materno y sirve para la multiplicación de él

esporádico -ca *adj* ocasional, aislado

esportilla *f* o **esportillo** *m* espuerta pequeña

esposar *tr* sujetar con esposas

esposo -sa *mf* cónyuge; **esposas** *fpl* aros de hierro con que se sujeta a los presos por la muñeca

espuela *f* clavo de metal con puntas, que se ajusta al talón de la bota para picar al caballo; estímulo

espuerta *f* cesta flexible de esparto, palma, etc. con dos asas

espulgar §45 *tr* limpiar de piojos o pulgas; examinar minuciosamente

espuma *f* agregado de burbujas que se forman en la superficie de los líquidos; impurezas que sobrenadan en una substancia al cocerla; espuma de mar silicato de magnesia hidratado, de color blanco amarillento, que se emplea para hacer pipas de fumar

espumadera *f* cucharón con agujeros para quitar la espuma

espumajear *intr* echar espumarajos

espumar *tr* quitar la espuma de; *intr* hacer espuma; aumentar rápidamente

espumarajo *m* saliva espumosa que se echa por la boca

espumoso -sa *adj* que hace o tiene mucha espuma; que se convierte en espuma

espurio -ria *adj* bastardo; falso, adulterado

espurrear *tr* rociar con un líquido expelido por la boca

esputar *tr* escupir, expectorar

esputo *m* lo que se esputa de una vez

esq. abr. de **esquina**

esqueje *m* tallo cortado que se introduce en tierra para multiplicar la planta

esquela *f* carta breve; comunicación impresa de una invitación, una cita o algún suceso

esquelético -ca *adj* ‖ **esqueleto** *m* armazón ósea de los vertebrados; (fam.) persona muy flaca

esquema *m* representación gráfica; representación de las relaciones o el funcionamiento de un aparato o problema ‖ **esquemático -ca** *adj*

esquí *m* (*pl:* **-quís**) plancha larga de madera dura para deslizarse por la nieve

esquiador -dora *adj y mf* ‖ **esquiar** §76 *intr* deslizarse sobre la nieve con esquís

esquifar *tr* proveer (*un navío*) de pertrechos y marineros

esquife *m* bote que se lleva a bordo de los buques

esquila *f* campana pequeña; cencerro; esquileo

esquilar *tr* cortar el pelo o la lana de (*un animal*)

esquileo *m* acción y tiempo de esquilar

esquilmar *tr* cosechar; empobrecer; chupar (*las plantas el jugo de la tierra*)

esquilmo *m* frutos y provechos de las haciendas y ganados

Esquilo *m* poeta trágico griego (525-456 a. de J.C.)

esquilón *m* esquila grande

esquimal *adj* ‖ *mf* habitante de las tierras boreales entre Groenlandia y Alaska

esquina *f* ángulo saliente que forman dos superficies

esquinado -da *adj* que tiene esquina; difícil de tratar

esquinazo *m* (fam.) esquina; (Arg. y Chile) serenata; **dar esquinazo a** dejar plantado o burlado

esquinencia *f* cinanquia

Esquines *m* orador ateniense (389–314 a. de J.C.)

esquirla *f* astilla de hueso, piedra, vidrio, etc.

esquirol *m* obrero que substituye a otro que está en huelga

esquisto *m* roca de estructura laminar

esquivar *tr* rehuir, evitar; *ref* excusarse, retirarse

esquivo -va *adj* desdeñoso, huraño

esquizofrenia *f* desdoblamiento de las funciones psíquicas

estabilidad *f* calidad de estable o firme

estabilizador -dora *adj* que estabiliza; *m* mecanismo que sirve para dar mayor estabilidad a un buque, avión, globo, etc.

estabilizar §62 *tr* dar estabilidad o firmeza a

estable *adj* constante, durable, firme

establecer §19 *tr* fundar, instituir; *ref* tomar vecindad; abrir un establecimiento mercantil

establecimiento *m* acción de establecer; fundación, institución; casa comercial o industrial

establo *m* lugar cubierto en que se encierra el ganado

estaca *f* palo con punta; rama verde plantada para que eche raíces; garrote

estacada *f* cerca hecha de estacas; lugar del desafío

estacar §72 *tr* atar (*una bestia*) a una estaca; señalar (*una línea*) con estacas

estacazo *m* golpe de estaca

estación *f* cada una de las cuatro divisiones del año; sitio en que paran los trenes; oficina de emisión radiofónica; temporada, tiempo; estado actual; visita que se hace a las iglesias en determinadas ocasiones

estacionar *tr* situar, colocar; aparcar; *ref* quedarse en el mismo lugar o estado

estacionario -ria *adj* que permanece en el mismo lugar o estado

estada *f* parada en un lugar

estadía *f* permanencia del modelo ante el pintor o escultor; (com.) tiempo que transcurre después del plazo estipulado para la carga o descarga de un buque; (Amér.) estada

estadillo *m* cuadro estadístico; (mil.) lista de altas, bajas, enfermos, etc.

estadio *m* lugar destinado a competiciones deportivas; fase, período

estadista *mf* persona versada en asuntos de Estado; perito en estadística

estadístico -ca *adj* ‖ *f* ciencia que tiene por objeto el recuento y la

comparación de todos los hechos de un mismo orden; conjunto de estos hechos contados y clasificados

estadizo -za *adj* que está mucho tiempo sin moverse o renovarse

estado *m* situación o modo de estar; clase, condición; país independiente; cuerpo político de una nación; lista, resumen; estado mayor (mil.) cuerpo de oficiales que dirigen el ejército; **Estados Unidos** *msg* república federal de la América del Norte; **los Estados Unidos** *mpl* Estados Unidos

estadounidense o **estadunidense** *adj* y *mf* natural de los Estados Unidos

estafa *f* ‖ **estafar** *tr* robar con engaño; hacer pagar más del valor de una cosa

estafeta *f* oficina del correo; correo ordinario a caballo

estafilococo *m* microbio de forma redondeada que se agrupa con otros en racimo

estalactita *f* concreción pendiente del techo de una caverna

estalagmita *f* concreción formada sobre el suelo de una caverna

estallar *intr* reventar con estruendo; sobrevenir de repente; sentir cólera repentina ‖ **estallido** *m*

estambre *m* lana de hebras largas; hilo formado de ellas; órgano masculino de la flor

Estambul ciudad de la Turquía europea

estameña *f* tejido ordinario de estambre

estampa *f* figura impresa; imprenta; aspecto, facha; huella, señal

estampar *tr* reproducir (*una figura*) por la presión; imprimir; imprimir en el ánimo; dejar huella de

estampería *f* sitio en que se estampan láminas; tienda donde se venden estampas

estampero *m* el que hace o vende estampas

estampía: de estampía de repente

estampida *f* estampido; (Amér.) carrera rápida e impetuosa de animales

estampido *m* ruido fuerte y seco producido por una detonación

estampilla *f* sello con una firma en facsímile; (Amér.) sello de correos

estancar §72 *tr* detener el curso de; monopolizar la venta de

estancia *f* mansión; aposento; estrofa

estanco -ca *adj* que no deja pasar el agua; *m* prohibición de la venta libre de una mercancía; tienda donde se venden mercancías estancadas, como tabaco, timbres, cerillas

estandarte *m* insignia, bandera

estandartizar §62 *tr* hacer uniforme

estanque *m* receptáculo de agua para el riego y otros usos

estanquero -ra *mf* persona encargada de un estanco

estante *adj* fijo en un lugar; *m* armario con anaqueles y sin puertas; tabla horizontal de un armario

estantigua *f* fantasma, visión; (fam.) persona seca y alta, mal vestida

estañadura *f* ‖ **estañar** *tr* bañar, cubrir o soldar con estaño

estaño *m* cuerpo simple metálico (*símbolo* Sn; *núm. atómico* 50; *peso atómico* 118,70)

estar §37 *intr* encontrarse, hallarse; existir, permanecer

estarcir §36 *tr* reproducir (*un dibujo*) pasando una brocha por un modelo previamente picado o recortado

estatal *adj* perteneciente al estado

estático -ca *adj* perteneciente a la fuerza en equilibrio; que permanece en un mismo estado; parado de asombro o de emoción; **estáticos** *mpl* (rad.) parásitos atmosféricos; *f* parte de la mecánica que trata de los cuerpos y las fuerzas en reposo o en equilibrio

estatificar §72 *tr* pasar a explotar (*el Estado empresas que eran de propiedad privada*)

estatismo *m* tendencia a exaltar la preeminencia del Estado en todos los órdenes; inmovilidad de lo estático

estatizar §62 *tr* estatificar

estator *m* parte fija de un motor o dínamo

estatorreactor *m* (aer.) motor de reacción en el que el aire sale a una velocidad superior a la de entrada

estatua *f* figura de bulto labrada a imitación del natural

estatuario -ria *adj* ‖ *m* el que hace estatuas; *f* arte de hacer estatuas

estatuir §27 *tr* determinar, establecer; demostrar, comprobar

estatura *f* altura de una persona

estatuto *m* regla con fuerza de ley

estay *m* (mar.) cabo que sujeta la cabeza de un mástil

este -ta *adj dem* con que se designa la persona o cosa que está más cerca de la persona que habla; *m* punto cardinal por donde sale el Sol; viento que viene de este punto

éste -ta *pron dem* que corresponde al adjetivo este

esteárico -ca *adj* ‖ **estearina** *f* substancia blanca y grasa, que se emplea en la fabricación de velas

Esteban *m* nombre propio de varón

estela *f* rastro de un buque en el agua y de un astro en el cielo

estelar *adj* perteneciente a las estrellas

estenografía arte de escribir de prisa valiéndose de signos especiales ‖ **estenográfico -ca** *adj* ‖ **estenógrafo -fa** *mf*

estenotipia *f* estenografía mecánica

Estentor *m* (mit.) guerrero griego, célebre por su sonora voz

estentóreo -a *adj* (*voz*) muy fuerte o retumbante

estepa *f* llanura extensa y árida; planta resinosa (*Cistus*)

ester *m* o **éster** *m* (quím.) producto de la reacción entre un ácido y un alcohol

Ester *f* nombre propio de mujer

estera *f* tejido grueso de esparto, junco, etc. para cubrir pisos, hacer cortinas, etc.

estercolar *m* depósito de estiércol; §63 *tr* beneficiar (*la tierra*) con estiércol

estercolero *m* depósito de estiércol

estéreo *m* medida para leña, equivalente a un metro cúbico

estereocinema *m* cine tridimensional

estereofónico -ca *adj* que da la sensación del relieve acústico

estereoscópico -ca *adj* ‖ **estereoscopio** *m* instrumento óptico que da la sensación del relieve

estereotipado -da *adj* fijo, invariable; banal

estereotipar *tr* fundir en planchas (*una composición tipográfica*); imprimir con estas planchas ‖ **estereotipia** *f* ‖ **estereotípico -ca** *adj*

estéril *adj* que no da fruto, que no produce nada ‖ **esterilidad** *f*

esterilizar §62 *tr* hacer estéril; destruir los gérmenes patógenos en

esterlina *adj* véase libra

esternón *m* hueso plano de la parte anterior del tórax

estero *m* terreno bajo a orillas de un río

estertor *m* respiración anhelosa del moribundo; ruido como de burbuja en ciertas enfermedades del aparato respiratorio

estético -ca *adj* y *mf* ‖ *f* estudio de la belleza y de la teoría del arte

estetoscopio *m* instrumento para escuchar los sonidos que producen el corazón, los pulmones, etc.

esteva *f* pieza corva del arado, que empuña el labrador

estevado -da *adj* que tiene las piernas torcidas en arco

estiaje *m* caudal mínimo de un río en época de sequía

estiba *f* colocación conveniente de los pesos en un buque

estibador *m* cargador y descargador de mercancías en los muelles

estibar *tr* apretar (*p.ej.*, *la lana*) para que ocupe poco espacio; colocar la carga en (*un buque*)

estibio *m* antimonio (*símbolo* Sb)

estiércol *m* excremento del animal; materias vegetales descompuestas que sirven de abono

estigio -gia *adj* (poét.) infernal; (*cap.*) *f* (mit.) río de los infiernos

estigma *m* marca o señal en el cuerpo; extremo del pistilo; orificio exterior para la respiración, en los insectos; señal de deshonra

estigmatizar §62 *tr* marcar con hierro candente; afrentar, infamar

estilar *intr y ref* estar de moda

estilete *m* punzón pequeño; puñal estrecho; aguja empleada en la grabación de discos

estilista *mf* escritor que se distingue por lo esmerado y elegante de su estilo

estilo *m* manera peculiar de un escritor, orador, artista; uso, costumbre; modo; varilla del reloj de sol; aguja empleada en la grabación de discos; parte del pistilo que sostiene el estigma

estilográfico -ca *adj* ‖ *f* pluma fuente

estima *f* aprecio y consideración; (mar.) concepto que se forma de la situación de un buque por las distancias recorridas, etc.

estimable *adj* ‖ **estimación** *f* ‖ **estimar** *tr* apreciar, valuar; tener en buen concepto; creer, juzgar

estimativa *f* facultad de juzgar; instinto de los animales

estimulante *adj* ‖ *m* agente o medicamento que estimula

estimular *tr* aguijonear; avivar, excitar

estímulo *m* lo que estimula

estío *m* verano

estipendiar *tr* ‖ **estipendio** *m* paga que se da por trabajo o servicio

estíptico -ca *adj* y *m* astringente

estipulación *f* ‖ **estipular** *tr* fijar los términos o condiciones de; contratar por medio de convenio o promesa

estirado -da *adj* que viste con esmero y afecta gravedad; orgulloso; muy económico

estirar *tr* alargar, extender con fuerza; alargar (*un escrito, discurso*);

planchar ligeramente; alargar (*el metal*) para la obtención de alambres; *ref* desperezarse

Estiria *f* provincia de Austria

estirón *m* acción de arrancar una cosa con fuerza; crecimiento muy rápido

estirpe *f* raíz o tronco de una familia; (fam.) sangre, cuna, nacimiento

estival *adj* perteneciente al estío

esto *pron dem* neutro con que se representa lo que está más cerca de la persona que habla

estocada *f* golpe que se da de punta con la espada; herida que resulta

Estocolmo capital de Suecia

estofa *f* tejido de labores de seda; calidad, clase

estofado -da *adj* ataviado, engalanado; *m* guisado de carne hecho a fuego lento

estofar *tr* labrar a manera de bordado (*una tela acolchada*); hacer estofado guisando (*p.ej., carne, legumbres*)

estoicismo *m* ‖ **estoico -ca** *adj* ‖ *mf* persona que sigue la doctrina de Zenón, que aconseja obedecer sólo los dictados de la razón; persona que manifiesta indiferencia por el placer y el dolor

estolidez *f* ‖ **estólido -da** *adj* estúpido, tonto

estomacal *adj* perteneciente al estómago; *m* medicamento que favorece la digestión

estómago *m* víscera en la que empieza la digestión

estomatitis *f* inflamación de la mucosa bucal

Estonia *f* estado del norte de Europa ‖ **estonio -nia** *adj y mf*

estopa *f* parte basta del cáñamo o del lino; tela gruesa de la hilaza de la estopa; jarcia vieja deshilada

estoque *m* espada angosta con punta aguda y sin filo

estoquear *tr* herir con estoque o espada

estor *m* cortina o transparente de una ventana

estoraque *m* árbol del cual se obtiene un bálsamo oloroso (*Styrax officinalis*); este bálsamo

estorbar *tr* poner obstáculo a; incomodar, molestar ‖ **estorbo** *m* ‖ **estorboso -sa** *adj*

estornino *m* pájaro de plumaje negro (*Sturnus vulgaris*)

estornudar *intr* despedir estrepitosamente por la boca y la nariz el aire aspirado ‖ **estornudo** *m*

estotro -tra *adj y pron dem* (ant.) contracción de este y otro

estrabismo *m* defecto visual de los bizcos

Estrabón m geógrafo griego del siglo I a. de J.C.

estrado m tarima del trono o de una mesa presidencial; **estrados** mpl sala de tribunales

estrafalario -ria adj desaliñado; extravagante, ridículo

estragamiento m ‖ **estragar** §45 tr corromper, viciar; dañar, arruinar

estrago m daño, ruina, destrucción

estragón m hierba que se usa como condimento (*Artemisia dracunculus*)

estrambote m versos al fin de una composición poética

estrambótico -ca adj (fam.) extravagante, extraño, estrafalario

estramonio m hierba narcótica y medicinal (*Datura stramonium*)

estrangul m boquilla de ciertos instrumentos músicos

estrangular tr ahogar oprimiendo el cuello

estrapalucio m (fam.) rotura estrepitosa; (fam.) ruido y confusión grande

estraperlear intr ‖ **estraperlista** adj y mf ‖ **estraperlo** m mercado clandestino

estrapontín m asiento suplementario plegable (*de automóvil, ferrocarril, teatro, etc.*)

Estrasburgo ciudad de Alsacia

estratagema f ardid de guerra; astucia

estratega m ‖ **estrategia** f arte de dirigir las operaciones militares; habilidad para dirigir un asunto ‖ **estratégico -ca** adj

estratificar §72 tr formar en estratos

estrato m masa mineral en forma de capa; nube en forma de faja

estratosfera f región de la atmósfera a partir de unos 12.000 metros ‖ **estratosférico -ca** adj

estraza f trapo, pedazo de ropa basta

estrechar tr reducir a menor ancho o espacio; apretar; obligar; ref unirse estrechamente; reducir el gasto

estrechez f ‖ **estrecho -cha** adj que tiene poca anchura; apretado; íntimo; (*parentesco*) cercano; tacaño; rígido, severo; m paso angosto entre dos tierras ‖ **estrechura** f

estregar §16 tr frotar con fuerza ‖ **estregón** m

estrella f astro que no sea el Sol o la Luna; astro fijo que brilla por su propia luz; objeto de figura de estrella; suerte, destino; artista de fama

estrellado -da adj de forma de estrella; lleno de estrellas; (*huevo*) frito

estrellamar f animal radiado marino de forma de estrella (*clase: Asteroidea*)

estrellar tr freír (*huevos*); (fam.) arrojar con violencia (*una cosa*) haciéndola pedazos; ref caer o chocar brutalmente; fracasar

estrellato m condición de estrella de cine o teatro

estremecer §19 tr hacer temblar, turbar; ref temblar repentinamente; sentir un repentino sobresalto

estrena f regalo que se da en señal de felicidad o agradecimiento

estrenar tr usar por primera vez; representar o exhibir por primera vez; ref actuar por primera vez; darse a conocer por primera vez; representarse por primera vez ‖ **estreno** m

estreñido -da adj que padece estreñimiento; avaro, mezquino

estreñimiento m acción de estreñir; evacuación difícil y poco frecuente de las materias fecales

estreñir §60 tr producir estreñimiento en

estrépito m ruido grande, estruendo; ostentación

estrepitoso -sa adj ruidoso, estruendoso; ruidosamente famoso; muy escandaloso

estreptococo m microbio de forma redondeada que se agrupa con otros en cadenas

estreptomicina f antibiótico dotado de un increíble poder bactericida

estría f raya en hueco; mediacaña hueca de una columna

estriar §76 tr formar estrías en

estribar intr descansar (*una cosa en otra*); apoyarse, fundarse

estribillo m letrilla que se repite después de cada estrofa; voz o frase que uno repite con frecuencia

estribo m pieza en que apoya los pies el jinete; escalón para subir y bajar de los carruajes y los coches; ramal que se desprende de una cordillera; contrafuerte de un muro; apoyo, fundamento

estribor m lado derecho de la embarcación, mirando a proa

estricnina f alcaloide venenoso que se extrae de la nuez vómica

estricto -ta adj estrecho, riguroso; severo, rígido

estridente adj agudo, chirriante ‖ **estridor** m

estro m entusiasmo poético; período de celo

estroboscopio m aparato para la observación de los movimientos periódicos de los cuerpos iluminados

estrofa *f* división de una composición poética

estroncio *m* cuerpo simple metálico (*símbolo* Sr; *núm. atómico* 38; *peso atómico* 87,63)

estropajo *m* porción de esparto para fregar

estropajoso -sa *adj* (fam.) desaseado; (fam.) fibroso y áspero; (fam.) que pronuncia de una manera confusa

estropear *tr* maltratar; echar a perder

estropicio *m* (fam.) rotura estrepitosa; (fam.) trastorno ruidoso de poca importancia

estructura *f* distribución y orden de las partes de un todo

estruendo *m* ruido grande; confusión, bullicio; (fam.) fausto, pompa

estrujar *tr* apretar para sacar el zumo; apretar y magullar; forzar (*el metal caliente*) a través de una matriz adecuada

estuario *m* desembocadura de un río

estucar §72 *tr* dar con estuco, blanquear con estuco

estuco *m* pasta de cal y mármol pulverizada o masa de yeso y agua de cola

estuche *m* caja pequeña en que se guardan joyas u objetos delicados

estudiado -da *adj* afectado, rebuscado

estudiante *mf* persona que estudia en un establecimiento docente ‖ estudiantil *adj*

estudiar *tr* aplicar el entendimiento para adquirir el conocimiento de; *intr* cursar estudios

estudio *m* acción de estudiar; aposento donde abogados, literatos, pintores, músicos, etc. estudian y trabajan; boceto; ensayo; taller cinematográfico; lugar donde está instalado el micrófono de una emisora; aplicación, diligencia; pieza de música que tiene forma más natural que los ejercicios

estudioso -sa *adj* dado al estudio; *mf* sabio, erudito

estufa *f* calorífero; aparato para desinfectar, secar, etc. por medio del calor; invernáculo; sala destinada en los baños termales a producir sudor

estulticia *f* ‖ estulto -ta *adj* tonto, necio

estupefacción *f* estupor; sorpresa, extrañeza

estupefaciente *adj* que causa estupefacción; *m* narcótico, soporífero

estupefacto -ta *adj* atónito, pasmado

estupendo -da *adj* admirable, asombroso; (fam.) magnífico

estupidez *f* ‖ estúpido -da *adj* ‖ *mf* persona muy torpe para comprender las cosas

estupor *m* suspensión de las facultades intelectuales; asombro, pasmo

estuprar *tr* violar (*a una doncella*) ‖ estupro *m*

esturión *m* pez con cuyas huevas se prepara el caviar (*Acipenser sturio*)

esviaje *m* oblicuidad de un muro o del eje de una bóveda

eta *f* séptima letra del alfabeto griego

etano *m* hidrocarburo que se encuentra en el petróleo bruto (C_2H_6)

etapa *f* avance parcial en el desarrollo de una acción; lugar en que se detiene de noche la tropa cuando marcha; período; (electrón.) paso de amplificación

etcétera *f* voz, que se escribe etc. o & y que se usa para indicar que se omite lo que queda por decir

éter *m* cielo, firmamento; (fís.) fluido invisible que se suponía llenaba todo el espacio; (quím.) líquido volátil y anestésico (R_2O) ‖ etéreo -a *adj*

eterizar §62 *tr* anestesiar con éter; (quím.) combinar con el éter

eternal *adj* ‖ eternidad *f* duración infinita; vida futura ‖ eterno -na *adj*

ético -ca *adj* ‖ *mf* moralista; tísico; *f* parte de la filosofía que trata de la moral

etileno *m* hidrocarburo que se emplea para acelerar la madurez de los frutos

etilo *m* el radical monovalente C_2H_5

étimo *m* vocablo que, por transformaciones más o menos profundas, ha dado origen a un vocablo en otra lengua

etimología *f* origen de las palabras; estudio del origen de las palabras ‖ etimológico -ca *adj* ‖ etimologista *mf* o etimólogo -ga *mf*

étimon *m* étimo

etiología *f* estudio del origen de las enfermedades

etíope *adj* y *mf* ‖ Etiopía *f* país del África oriental ‖ etiópico -ca *adj*

etiqueta *f* letrero, marbete; ceremonia en el trato; ceremonial; traje de ceremonia

etiquetero -ra *adj* amigo de hacer muchos cumplidos

Etna, el volcán de Sicilia

étnico -ca *adj* perteneciente a una nación o raza; gentil; (gram.) gentilicio

etnografía *f* descripción de las razas o pueblos ‖ etnográfico -ca *adj* ‖ etnógrafo -fa *mf*

etnología *f* estudio del origen y la distribución de las razas ‖ etnológico -ca *adj* ‖ etnólogo -ga *mf*

Etruria *f* región de la antigua Italia ‖ etrusco -ca *adj y mf*

E.U.A. abr. de Estados Unidos de América

Eubea *f* isla del mar Egeo

eucalipto *m* árbol mirtáceo de cuyas hojas se extrae una esencia medicinal

Eucaristía *f* el Santísimo Sacramento del altar ‖ eucarístico -ca *adj*

Euclides *m* geómetra griego del siglo IV a. de J.C. ‖ euclidiano -na *adj*

eufemismo *m* modo de expresar con suavidad conceptos cuya franca expresión sería desagradable ‖ eufemístico -ca *adj*

eufonía *f* grata armonía de sonidos y palabras ‖ eufónico -ca *adj*

euforia *f* sensación de bienestar; momento culminante de una situación favorable ‖ eufórico -ca *adj*

Éufrates *m* gran río del Asia occidental

Eufrosina *f* (mit.) una de las tres Gracias

eufuismo *m* estilo literario, puesto de moda en Inglaterra a fines del siglo XVI, análogo al gongorismo ‖ eufuista *adj y mf* ‖ eufuístico -ca *adj*

eugenesia *f* estudio de los medios para el perfeccionamiento de la raza humana ‖ eugenésico -ca *adj*

Eugenia *f* nombre propio de mujer

Eugenio *m* nombre propio de varón

Euménides *fpl* (mit.) las Furias

eunuco *m* hombre castrado

Eurasia *f* conjunto continental formado por Europa y Asia

Eurídice *f* (mit.) esposa de Orfeo

Eurípides *m* poeta trágico griego (480–406 a. de J.C.)

euritmia *f* armonía y proporción; ritmo normal del pulso ‖ eurítmico -ca *adj*

Europa *f* una de las cinco partes del mundo ‖ europeo -a *adj y mf*

europio *m* cuerpo simple metálico (símbolo Eu; núm. atómico 63; peso atómico 152)

éuscaro -ra *adj y m* vascuence

Eustaquio *m* nombre propio de varón

eutanasia *f* muerte provocada con anestésicos para evitar el dolor de una prolongada agonía

Euterpe *f* (mit.) musa de la música y la poesía lírica

Eva *f* primera mujer y compañera de Adán

evacuación *f* ‖ evacuar *tr* dejar, desocupar; expeler del cuerpo; des-

empeñar (*un encargo*); hacer (*una visita*)

evadir *tr* evitar, eludir; *ref* escaparse, fugarse

evaluar §20 *tr* fijar el valor de

evangélico -ca *adj* ‖ evangelio *m* (fam.) verdad indiscutible; (*cap.*) *m* religión cristiana; relación de la vida de Jesús hecha por los apóstoles

Evangelista *m* cada uno de los cuatro autores del Evangelio

evangelizar §62 *tr* predicar la fe de Cristo a

evaporación *f* ‖ evaporar *tr* hacer pasar a estado de vapor; *ref* convertirse en vapor; disiparse, desvanecerse

evasión *f* huída, fuga; efugio, salida

evasivo -va *adj* que no responde claramente; *f* subterfugio

evento *m* suceso incierto

eventual *adj* sujeto a cualquier evento

evidencia *f* calidad de evidente; prueba judicial

evidenciar *tr* hacer evidente

evidente *adj* claro, patente, manifiesto

evitar *tr* huir de; impedir; apartar, desviar

evocar §72 *tr* traer a la memoria; llamar (*a los espíritus*)

evolución *f* cambio progresivo; cambio de formación de tropas o buques

evolucionar *intr* pasar por una serie de cambios progresivos; hacer evoluciones

ex *adj* antiguo, que fué, p.ej., su ex mujer

ex abrupto *adv* bruscamente; *m* brusquedad

exacción *f* acción de exigir impuestos, multas; cobro injusto y violento

exacerbar *tr* irritar; agravar (*una enfermedad*)

exactitud *f* ‖ exacto -ta *adj* puntual; justo, preciso; riguroso

exagerar *tr* dar proporciones excesivas a (*lo que se dice o escribe*)

exaltado -da *adj* que se exalta; exagerado; avanzado, radical

exaltar *tr* elevar a mayor dignidad; realzar el mérito de; *ref* entusiasmarse, arrebatarse

examen *m* indagación cuidadosa; prueba a que es sometida una persona para conocer su idoneidad

examinador -dora *mf* persona que examina

examinando -da *mf* persona que se somete a examen

examinar *tr* hacer el examen de; mirar atentamente; someter a examen; *ref* someterse a examen

exangüe *adj* carente de sangre; sin fuerzas; muerto

exánime *adj* sin señal de vida; desmayado

exantema *m* erupción cutánea, con fiebre

exasperar *tr* hacer más intenso; dar motivo de enojo grande a

excarcelar *tr* poner en libertad

excavadora *f* máquina destinada a excavar la tierra

excavar *tr* hacer hoyo o cavidad en; hacer en el terreno (*un hoyo*)

excedente *adj* sobrante; excesivo; *m* resto, exceso

exceder *tr* aventajar; ser mayor que; *ref* pasar los límites justos

excelencia *f* calidad superior, grado eminente de perfección; (*cap*) *f* tratamiento de respeto que se da a ministros, embajadores, etc.; por excelencia en muy alto grado

excelente *adj* que sobresale en bondad, mérito, etc.

excelsitud *f* || **excelso -sa** *adj* muy alto, elevado; **el Excelso** Dios

excéntrica *f* pieza giratoria cuyo centro de rotación es distinto de su centro de figura

excentricidad *f* || **excéntrico -ca** *adj* que está fuera de centro; raro, extravagante; *f* véase **excéntrica**

excepción *f* acción de exceptuar; cosa exceptuada

excepcional *adj* que forma excepción; que sucede rara vez

excepto *prep* salvo, a excepción de

exceptuar §20 *tr* excluir, no comprender; eximir

excesivo -va *adj* que excede la medida; que lleva las cosas al exceso

exceso *m* cantidad que se encuentra de más; lo que pasa los límites; abuso, violencia

excitable *adj* || **excitación** *f* || **excitar** *tr* estimular, provocar, instigar; animar; producir un campo eléctrico o magnético en

exclamación *f* voz o frase en que se refleja una emoción

exclamar *tr* proferir con gritos o palabras vehementes; *intr* expresarse con gritos o palabras vehementes

excluir §27 *tr* no admitir la entrada o la participación de; descartar o negar la posibilidad de || **exclusión** *f*

exclusiva *f* privilegio de hacer algo prohibido a los demás; repulsa

exclusive *adv* exclusivamente; excluyendo éste, p.ej., hasta el 4 de julio exclusive

exclusivo -va *adj* que excluye; único, solo; *f* véase **exclusiva**

excogitar *tr* descubrir pensando

excomulgar §45 *tr* expulsar de la comunidad de los fieles || **excomunión** *f*

excoriar *tr* desollar

excrecencia *f* prominencia anormal que se cría en ciertos tejidos animales y vegetales

excreción *f* acción de excretar; cosa excretada

excremento *m* materia que despide el cuerpo por las vías naturales

excretar *tr* eliminar del cuerpo; *intr* expeler el excremento

exculpar *tr* descargar de culpa

excursión *f* ida a algún paraje para estudio, recreo, ejercicio, etc.; correría, incursión

excusa *f* acción de excusar; disculpa, pretexto, motivo que se alega

excusabaraja *f* cesta de mimbres con tapa

excusado -da *adj* inútil; innecesario; separado del uso común; *m* retrete

excusar *tr* disculpar, perdonar; rehusar hacer; evitar; eximir

execrable *adj* || **execración** *f* || **execrar** *tr* maldecir; abominar

exégesis *f* (*pl*: -sis) explicación e interpretación de la Biblia

exención *f* acción de eximir

exento -ta *adj* libre, desembarazado

exequias *fpl* honras fúnebres

exfoliador -dora *adj* (*cuaderno*) que tiene las hojas ligeramente pegadas para desprenderlas fácilmente

exfoliar *tr* dividir en láminas o escamas

exhalación *f* acción de exhalar; centella, rayo; estrella fugaz; vaho

exhalar *tr* despedir (*gases, olores*); lanzar (*suspiros*)

exhaustivo -va *adj* que agota; que lo abarca todo

exhausto -ta *adj* completamente agotado; (fam.) consumido

exhibición *f* || **exhibir** *tr* presentar, mostrar en público

exhortar *tr* alentar o excitar con razones o ruegos

exhumar *tr* desenterrar

exigencia *f* || **exigente** *adj* || **exigir** §28 *tr* pedir en virtud de un derecho o por fuerza; necesitar

exiguo -gua *adj* escaso, insuficiente

exilar *tr* expulsar de un territorio o lugar || **exilio** *m*

eximio -mia *adj* superior, muy excelente

eximir *tr* libertar de una obligación, carga, etc.

existencia *f* acción de existir; la vida; **existencias** *fpl* mercancías que no han sido vendidas existencialismo *m* sistema filosófico que insiste en la libertad personal del individuo en un mundo sin dirección ni propósito ‖ existencialista *adj y mf*

existir *intr* tener ser real; durar; vivir

éxito *m* fin o término de un asunto; resultado feliz

exitoso -sa *adj* (Arg.) que tiene éxito

ex libris *m* (*pl:* -bris) grabado con el nombre del propietario que se pega en un libro

éxodo *m* emigración en masa; (*cap.*) *m* segundo libro del Pentateuco

exonerar *tr* aliviar de cargo o peso; destituir; *intr* defecar

exorbitante *adj* desmesurado, excesivo

exorcismo *m* ‖ exorcista *m* ‖ exorcizar §62 *tr* ahuyentar (*a los espíritus malignos*) con palabras e invocaciones

exordio *m* introducción, preámbulo

exornar *tr* adornar

exósmosis *f* corriente que va del líquido más denso al menos denso

exotérico -ca *adj* accesible para el vulgo

exótico -ca *adj* extranjero, peregrino, raro

expandir *tr* dilatar, extender

expansión *f* acción de expandir; esparcimiento del ánimo; desahogo

expansionar *tr* ampliar, extender; *ref* desahogarse; divertirse

expansivo -va *adj* que tiende a dilatarse; franco, comunicativo

expatriar §76 o regular *tr* desterrar a país extranjero; *ref* abandonar su patria

expectación *f* espera de una cosa; afán con que se espera una cosa

expectante *adj* que espera observando

expectativa *f* esperanza de conseguir algo

expectorar *tr* arrojar de la boca (*saliva, flema, etc.*)

expedición *f* acción de expedir; remesa; agilidad, facilidad; excursión con fines científicos, artísticos, etc.; incursión armada

expedicionario -ria *adj* ‖ *mf* persona que lleva a cabo una expedición

expedidor -dora *mf* persona que envía mercancías

expediente *m* medio que se emplea para conseguir un fin; asunto administrativo; documentos que integran un proceso administrativo; recurso para salir de una dificultad; excusa, efugio; expediente académico documento en que por constan escritas las notas que ha conseguido un estudiante

expedienteo *m* tramitación lenta y engorrosa

expedir §80 *tr* remitir, enviar; extender por escrito; despachar, cursar

expeditivo -va *adj* que obra rápidamente

expedito -ta *adj* libre de estorbos; dispuesto, pronto

expeler *tr* arrojar, despedir

expendeduría *f* tienda en que se vende al menudo efectos monopolizados

expender *tr* gastar; vender (*efectos monopolizados*)

expensas *fpl* gastos, costas

experiencia *f* enseñanza que se adquiere con la práctica o sólo con el vivir; experimento

experimentación *f* acción de experimentar; uso de experimentos

experimental *adj* fundado en los experimentos

experimentalismo *m* sistema científico que se funda en la experiencia y los experimentos

experimentar *tr* probar y examinar prácticamente; sufrir, sentir en sí; *intr* hacer operaciones experimentales

experimento *m* ensayo, prueba

experto -ta *adj* hábil, diestro; *m* perito

expiación *f* ‖ expiar §76 *tr* reparar (*una culpa*) por medio de un sacrificio; ser castigado por ‖ expiatorio -ria *adj*

expirar *intr* acabarse, llegar a su fin (*un plazo*); morir

explanada *f* espacio de terreno llano

explanar *tr* allanar; explicar

explayar *tr* ensanchar, extender; *ref* esparcirse; dilatarse; desahogarse

expletivo -va *adj* (*vocablo*) que entra en la frase sin ser necesario

explicable *adj* que se puede explicar

explicación *f* acción de explicar; satisfacción que se da de una ofensa

explicaderas *fpl* (fam.) modo de explicarse

explicar §72 *tr* exponer (*un texto, un problema*); enseñar en la cátedra; dar a conocer; *ref* comprender ‖ explicativo -va *adj*

explícito -ta *adj* claro, manifiesto

exploración *f* acción de explorar

explorador -dora *adj* ‖ *mf* persona que explora; *m* soldado que observa la situación del enemigo; muchacho afiliado a una asociación educativa, patriótica y deportiva, fundada en Inglaterra en 1908

explorar *tr* tratar de descubrir lo que hay en; sondear; reconocer; (telv.) recorrer rápidamente (*una superficie*) con un haz luminoso o electrónico para transmitir o reproducir una imagen

explosión *f* acción de explotar, estallido con estrépito; combustión rápida; manifestación viva y súbita

explosivo -va *adj* ‖ *m* substancia que hace explosión

explotar *tr* extraer de (*las minas*) las riquezas que contienen; sacar provecho de; beneficiarse abusando de; *intr* hacer explosión

expoliar *tr* despojar con violencia

exponencial *adj* ‖ **exponente** *m* (álg.) número o expresión que indica el grado de una potencia

exponer §55 *tr* poner de manifiesto o a la vista; explicar, interpretar; poner en peligro; dejar abandonado (*a un niño recién nacido*); colocar (*una cosa*) para que reciba la acción de un agente

exportación *f* ‖ **exportador -dora** *adj y mf* ‖ **exportar** *tr* enviar del propio país a otro

exposición *f* acción de exponer; narración, relato; riesgo; manifestación pública de productos del arte, la industria; tiempo durante el cual recibe la luz una placa o película fotográfica

exposímetro *m* aparato que permite calcular la exposición que exige una placa o película fotográfica

expósito -ta *adj* ‖ *mf* niño abandonado sin padres conocidos

expositor -tora *adj* ‖ *mf* persona que expone

exprés *adj* ‖ *m* tren muy rápido; café a presión; (Méx.) empresa de transportes

expresar *tr* manifestar con palabras (*lo que uno quiere dar a entender*)

expresión *f* acción de expresar; acción de exprimir y zumo exprimido; viveza; voz, locución; **expresiones** *fpl* recuerdos

expresivo -va *adj* que expresa vivamente; afectuoso

expreso -sa *adj* claro, especificado; *m* tren muy rápido; correo extraordinario

exprimidera *f* instrumento para sacar zumo

exprimir *tr* apretar o retorcer (*una cosa*) para extraer el zumo o líquido; expresar, manifestar

expropiar *tr* desposeer a uno legalmente de (*su propiedad*)

expuesto -ta *adj* peligroso

expugnar *tr* tomar por fuerza de armas

expulsanieves *m* (*pl:* -ves) aparato

para apartar la nieve de las vías del ferrocarril

expulsar *tr* despedir, echar fuera ‖ **expulsión** *f*

expulsor *m* dispositivo para expulsar los cartuchos vacíos

expurgación *f* ‖ **expurgar** §45 *tr* limpiar, purificar; tachar o suprimir palabras o pasajes ofensivos de (*un libro u otro impreso*)

expurgo *m* acción de expurgar; pasajes expurgados

exquisito -ta *adj* muy delicado; primoroso; que deleita el paladar

extasiar §76 o **regular** *ref* caer en éxtasis

éxtasis *m* (*pl:* -sis) estado que un intenso y grato sentimiento de admiración produce en el ánimo ‖ **extático -ca** *adj*

extemporáneo -a *adj* inoportuno, fuera de tiempo

extender §52 *tr* aumentar la superficie de; desenvolver (*lo arrollado*); esparcir; poner por escrito; *ref* ocupar cierta extensión; propagarse; explicar dilatadamente ‖ **extensible** *adj* ‖ **extensión** *f*

extenso -sa *adj* dilatado, vasto

extenuar §20 *tr* enflaquecer, debilitar mucho

exterior *adj* que está por la parte de afuera; perteneciente a otros países; *m* parte de afuera, superficie externa; apariencia, porte; países extranjeros

exterioridad *f* calidad de exterior; apariencia; **exterioridades** *fpl* pompa, ostentación

exteriorizar §62 *tr* hacer patente, revelar

exterminar *tr* acabar con, destruir; asolar, devastar ‖ **exterminio** *m*

externo -na *adj* que está fuera o viene de fuera; *mf* alumno no hospedado en el colegio

extinción *f* ‖ **extinguir** §30 *tr* matar (*el fuego o la luz*); anonadar; cumplir (*un tiempo, un plazo determinado*)

extinto -ta *adj* extinguido; (Arg. y Méx.) muerto

extintor *m* aparato para extinguir incendios

extirpar *tr* arrancar de raíz

extorno *m* parte de prima que el asegurador devuelve al asegurado a consecuencia de alguna modificación en la póliza

extorsión *f* acción de arrebatar por fuerza; daño, perjuicio

extra *adj* extraordinario; **extra de** (fam.) además de; *m* gasto fuera

de presupuesto o del precio establecido; gaje, plus

extracción f acción de extraer; origen,
linaje

extractar tr reducir a extracto

extracto m resumen de un escrito;
substancia que se extrae de otra

extracurricular adj ajeno a los cursos
de estudios

extradición f entrega de un reo, refugiado en un país extranjero, a las
autoridades del suyo

extradós m superficie convexa exterior de una bóveda o arco

extraer §74 tr sacar; hacer un extracto de; (mat.) averiguar (la
raíz)

extralimitar ref excederse en sus facultades o atribuciones

extramural adj que está situado u
ocurre fuera de los recintos de la
universidad

extramuros adv fuera del recinto de
la ciudad

extranjerismo m desmedida afición a
lo extranjero; vocablo, frase o
giro procedente de lengua extranjera

extranjero -ra adj ‖ mf persona que
viene de otro país; m todo país que
no es el propio

extrañar tr desterrar a país extranjero; ver u oír con asombro o sorpresa; sorprender

extrañeza f calidad de extraño; cosa
extraña; asombro, sorpresa

extraño -ña adj de distinta nación,
familia o profesión; ajeno; raro,
inexplicable; mf persona de distinta nación, familia o profesión

extraordinario -ria adj que sale fuera
de lo común; m plato que se añade
a la comida diaria

extrapolación f ‖ **extrapolar** tr (mat.)
calcular (el valor de una función que
se halla fuera de cierto límite) basán-
dose en valores dentro de dicho límite

extrarradio m zona que rodea al casco de una población

extrasensorial adj que ocurre fuera
de la percepción usual de los sentidos

extrasístole f sístole prematura del
corazón independiente del ritmo
normal

extraterritorialidad f inmunidad que
exime ciertas personas de la juris-

dicción del Estado en que se encuentran

extravagancia f ‖ **extravagante** adj
que se hace o dice fuera de lo normal o lo razonable; que procede
de este modo

extravasar ref salirse (un líquido) de
su vaso o conducto

extraviar §76 tr hacer perder el
camino; poner (una cosa) en otro
lugar que el que debía ocupar; ref
perderse; descarriarse; padecer
error; hacer mala vida ‖ **extravío** m

extremado -da adj excesivo, muy
grande; muy bueno, muy malo

Extremadura f región de España occidental

extremar tr llevar al extremo; ref es-
merarse

extremaunción f sacramento que se
administra a los moribundos

extremeño -ña adj ‖ mf persona que
habita en los extremos de una
región; natural de Extremadura

extremidad f parte extrema o última
de una cosa; **extremidades** fpl pies
y manos del hombre; cabeza, patas
y cola de los animales

extremista mf partidario de ideas
extremas o exageradas

extremo -ma adj muy intenso, muy
elevado, muy distante; último;
desemejante; excesivo, sumo; m
parte última de una cosa; cada uno
de los dos puntos, grados, momen-
tos, etc. de una cosa más distantes el uno del otro; **extremos** mpl
manifestaciones exageradas

extremoso -sa adj que exagera; muy
expresivo en demostraciones cari-
ñosas

extrínseco -ca adj accidental, no
esencial

exuberancia f ‖ **exuberante** adj abundante en exceso

exudar tr exhalar o destilar (un líquido); intr salir (un líquido) a modo
de sudor

exultar intr mostrar gran alegría

exvoto m ofrenda hecha en recuerdo
de un beneficio

eyaculación f ‖ **eyacular** tr echar
fuera con fuerza (el contenido de un
órgano)

Ezequías m (Bib.) rey de Judá

Ezequiel m (Bib.) uno de los cuatro
grandes profetas del Antiguo
Testamento

F

F, f *f* séptima letra del alfabeto
F. abr. de fulano
fab. abr. de fabricante
Fabián *m* nombre propio de varón
fábrica *f* local en que se fabrica; acción de fabricar; edificio; construcción hecha con piedra o ladrillo y argamasa; invención
fabricación *f* ‖ **fabricante** *mf* ‖ **fabricar** §72 *tr* hacer por medios mecánicos; construir; hacer, inventar ‖ **fabril** *adj*
fábula *f* poema moral en que se hace hablar a seres irracionales; hablilla, rumor; relato falso o imaginario; objeto de burla
fabulista *mf* persona que escribe fábulas
fabuloso -sa *adj* extraordinario, increíble; falso, de pura invención; antiquísimo
faca *f* cuchillo corvo; cuchillo largo y puntiagudo
facción *f* partido, bando; cualquier parte del rostro humano; batalla; acto del servicio militar
faccionario -ria *adj y mf* partidario de una parcialidad o bando
faccioso -sa *adj* ‖ *mf* persona que forma parte de una facción; perturbador de la paz pública
faceta *f* cada una de las caras de un poliedro pequeño; aspecto
facial *adj* perteneciente al rostro
fácil *adj* que cuesta poco trabajo; que hace las cosas sin trabajo; dócil; probable
facilidad *f* calidad de fácil; disposición para hacer algo sin gran trabajo; ocasión propicia
facilitar *tr* hacer fácil; proporcionar
facineroso -sa *adj* ‖ *mf* malvado; delincuente habitual
facistol *m* atril grande de las iglesias
facsímil *m* o **facsímile** *m* reproducción exacta de un escrito, dibujo, forma, etc.
factible *adj* que puede hacerse
facticio -cia *adj* artificial
factor *m* agente comercial; empleado de ferrocarril encargado de los equipajes, mercancías, etc.; elemento que contribuye a un resultado; (mat.) cada una de las cantidades que multiplicadas entre sí forman un producto

factoría *f* establecimiento comercial en país extranjero; (Méx.) fábrica
factótum *m* (fam.) el que todo lo hace en una casa o empresa; (fam.) entremetido que se presta a todo género de servicios
factura *f* hechura; cuenta detallada de géneros vendidos o comprados
facturación *f* ‖ **facturar** *tr* poner en factura; registrar en las estaciones de ferrocarril (*equipajes o mercancías*) para su expedición
facultad *f* aptitud moral o física; autorización, derecho; poder; permiso; ciencia, arte; cuerpo de profesores universitarios
facultar *tr* autorizar, permitir
facultativo -va *adj* perteneciente a una facultad; que puede hacerse o no hacerse; *m* médico
facundia *f* ‖ **facundo -da** *adj* abundante en palabras
facha *f* (fam.) aspecto, figura, traza; (fam.) persona mal encarada o vestida con mal gusto
fachada *f* parte anterior de un edificio; portada de un libro; (fam.) aspecto exterior
fachado -da *adj*: bien **fachado** (fam.) que tiene buen aspecto; mal **fachado** (fam.) que tiene mal aspecto
fachenda *m* (fam.) persona fachendosa; *f* (fam.) jactancia, vanidad
fachendear *intr* (fam.) jactarse
fachendoso -sa *adj* ‖ *mf* (fam.) persona jactanciosa
faena *f* tarea, quehacer; suerte
faetón *m* carruaje descubierto, alto y ligero; carruaje con dos asientos paralelos; (*cap.*) *m* (mit.) hijo del Sol
fagocito *m* elemento orgánico que destruye los microbios patógenos
fagot *m* (*pl:* **-gotes**) instrumento músico de viento; músico que lo toca
faisán *m* ave gallinácea de hermoso plumaje y carne exquisita
faja *f* toda lista mucho más larga que ancha; prenda de vestir que se pone alrededor de la cintura; tira de papel que se pone como cubierta a un impreso enviado por correo
fajar *tr* ceñir con faja
fajardo *m* pastel de hojaldre relleno con carne picada

fajín *m* distintivo de los oficiales superiores del ejército

fajina *f* pila de haces de mies; trabajo, tarea; haz de ramas delgadas; (mil.) toque para la comida

fajo *m* haz, lío, atado; **fajos** *mpl* ropas con que se envuelven a los recién nacidos

falacia *f* mentira; hábito de mentir

falange *f* cuerpo de infantería de la antigua Grecia; hueso del dedo; muchedumbre; (poét.) ejército; (*cap.*) *f* partido político fundado en España en el año 1933

falaz *adj* (*pl:* -laces) falso, mentiroso

falbalá *m* (*pl:* -laes) adorno en forma de volante

falda *f* parte del vestido talar de la cintura abajo; parte inferior de una montaña; regazo; (fam.) mujer; **falda de tubo** falda muy ajustada al cuerpo

faldear *tr* caminar por la falda de (*una montaña*)

faldellín *m* falda corta; saya interior

faldero -ra *adj* perteneciente a la falda; aficionado a estar entre mujeres; *m* perro que por ser pequeño puede estar en las faldas de las mujeres

faldistorio *m* asiento bajo y sin respaldo que se usa en algunas funciones religiosas

faldón *m* falda corta o suelta; parte inferior de una ropa, tapiz o colgadura; vertiente triangular de un tejado

falible *adj* que puede equivocarse

falsario -ria *adj* ‖ *mf* persona que falsifica; persona que usa falsedades

falsear *tr* adulterar, contrahacer; *intr* perder firmeza; disonar

falsedad *f* falta de verdad

falsete *m* voz más aguda que la natural

falsía *f* falsedad, deslealtad

falsificar §72 *tr* adulterar, contrahacer

falsilla *f* papel rayado que puesto debajo de otro blanco sirve de guía en la escritura

falso -sa *adj* contrario a la verdad; falto de realidad; contrahecho; desleal, engañoso; postizo; *m* pieza de refuerzo que se pone interiormente en ciertas partes del vestido

falta *f* defecto, privación; acción contraria al deber u obligación; ausencia, p.ej., de la clase; equivocación; **hacer falta** no estar pronto; ser necesario; **hacerle a uno falta** carecer de; echar de menos

faltar *tr* ofender; *intr* estar ausente; no acudir a una cita; acabar, consumirse; no funcionar; cometer una falta; ser desleal; ser necesario

falto -ta *adj* defectuoso; escaso; necesitado; mezquino; *f* véase **falta**

faltriquera *f* bolsillo del vestido

falúa *f* embarcación menor de remos

falucho *m* embarcación costanera con una vela latina

falla *f* defecto, deterioro; avería; (geol.) quiebra

fallar *tr* jugar triunfo por no tener (*el palo que se juega*); decidir (*un litigio o proceso*); *intr* frustrarse

falleba *f* varilla de hierro, acodillada en sus dos extremos, con que se cierran puertas y ventanas

fallecer §19 *intr* morir

fallido -da *adj* frustrado; quebrado, sin crédito

fallo -lla *adj* en los naipes, falto de un palo; *m* decisión, sentencia; *f* véase **falla**

fama *f* reputación; celebridad, renombre; noticia o voz pública

famélico -ca *adj* que tiene mucha hambre

familia *f* personas que viven juntas y están ligadas entre sí por vínculos de parentesco; estirpe; parentela; conjunto de los parientes; categoría de la clasificación biológica entre el orden y el género

familiar *adj* perteneciente a la familia; llano, sencillo; que se sabe o se conoce muy bien; *m* allegado, pariente; el que trata frecuentemente a otro

familiaridad *f* confianza, llaneza, intimidad

familiarizar §62 *tr* hacer familiar, acostumbrar; *ref* acostumbrarse

famoso -sa *adj* que tiene fama; (fam.) excelente; (fam.) que llama la atención

fámulo -la *mf* criado

fanal *m* farol grande en un puerto, nave, etc.; campana de cristal para resguardar algún objeto del aire o el polvo

fanático -ca *adj* ‖ *mf* persona que manifiesta celo excesivo por una religión u opinión; (dep.) aficionado ‖ **fanatismo** *m*

fanatizar §62 *tr* volver fanático

fandango *m* antiguo baile popular español; su música; (fam.) bullicio, desorden

fanega *f* medida para áridos: 55,5 litros; medida agraria

fanfarria *f* (fam.) bravata, jactancia

fanfarrón -rrona *adj* ‖ *mf* (fam.) persona que alardea de lo que no es

fanfarronada f (fam.) dicho o hecho de fanfarrón

fanfarronear intr (fam.) echar fanfarronadas

fanfarronería f (fam.) modo de portarse el fanfarrón

fango m lodo espeso; **llenar de fango** vilipendiar ‖ **fangoso -sa** adj

fantasear tr imaginar (algo fantástico); intr dejar correr la fantasía; vanagloriarse

fantasía f imaginación; ficción ingeniosa; capricho (fam.) presunción, vanidad; (mús.) composición hecha de fragmentos de una obra; de fantasía muy vistoso y de poco precio

fantasioso -sa adj (fam.) presuntuoso, vano

fantasma m visión quimérica; hombre muy serio y erguido; f espantajo

fantasmagoría f arte de representar imágenes por medio de una ilusión óptica; ilusión de los sentidos ‖ **fantasmagórico -ca** adj

fantasmón -mona adj ‖ mf (fam.) persona muy vanidosa

fantástico -ca adj imaginario, quimérico; perteneciente a la fantasía; presuntuoso

fantoche m títere; (fam.) hombre fatuo

faquín m el que gana la vida haciendo mandados

faquir m santón mahometano o hindú que vive de limosnas

faradio m (elec.) unidad de capacidad

faralá m (pl: -laes) volante de los vestidos de las mujeres; (fam.) adorno excesivo

farallón m roca alta que sobresale en el mar

faramalla f (fam.) charla encaminada a engañar; (fam.) hojarasca

farándula f baile de origen provenzal; (fam.) charla, faramalla; profesión de los histriones

farandulero -ra adj perteneciente al teatro; (fam.) charlatán, trapacero; mf actor

faraón m antiguo rey de Egipto

faraute m heraldo, mensajero; (fam.) persona entremetida

fardo m lío grande y apretado

fárfara f telilla del huevo; planta herbácea que se emplea como pectoral (Tussilago farfara)

farfolla f envoltura de las panojas del maíz; cosa de mucha apariencia y poca entidad

farfulla f (fam.) defecto del que farfulla

farfullar tr (fam.) decir atropelladamente; (fam.) hacer atropella-

damente; intr (fam.) hablar atropelladamente

farináceo -a adj de la naturaleza de la harina

faringe f conducto situado en el fondo de la boca y unido al esófago

faringitis f inflamación de la faringe

faringoscopio m aparato que permite la exploración de la faringe

farisaico -ca adj ‖ **fariseísmo** m ‖ **fariseo** m miembro de una secta judía que afectaba austeridad y rigor; hipócrita

farmacéutico -ca adj ‖ mf persona que ejerce la farmacia

farmacia f ciencia y arte de preparar los medicamentos; botica

farmacología f estudio de la preparación y usos de las drogas ‖ **farmacológico -ca** adj ‖ **farmacólogo -ga** mf

farmacopea f libro que trata de las substancias medicinales

faro m torre alta en la costa, con luz para guía de los navegantes; farol con potente reverbero; proyector de luz de automóvil

farol m caja de vidrio en que se pone una luz; (fam.) sujeto muy vano

farola f farol grande con varios brazos y focos de luz para el alumbrado público; (mar.) faro

farolear intr (fam.) fachendear

farolero -ra adj ‖ mf (fam.) persona ostentosa; m el que enciende y apaga el alumbrado público

farolillo m planta trepadora (Campanula medium)

fárrago m mezcla de cosas inconexas

farruco -ca adj (fam.) impávido, valiente

farsa f pieza cómica breve; enredo para engañar

farsante adj ‖ mf (fam.) persona que pretende pasar por lo que no es

fas: por fas o por nefas por una cosa o por otra; justa o injustamente

fasces fpl segur rodeada de un haz, insignia del cónsul romano

fascículo m entrega o cuaderno de un libro

fascinar tr alucinar, deslumbrar; hacer mal de ojo a

fascismo m dictadura italiana iniciada por Mussolini en 1922 ‖ **fascista** adj y mf

fase f cualquiera de los aspectos, estados o períodos de un fenómeno, negocio, etc.; cada uno de los aspectos de la Luna y los planetas

fastidiar tr causar hastío a; molestar, enojar; dejar burlado ‖ **fastidio** m ‖ **fastidioso -sa** adj

fasto -ta adj feliz, venturoso; m pompa, suntuosidad; **fastos** mpl anales

fastuosidad f ‖ **fastuoso -sa** adj ostentoso, amigo de fausto

fatal adj mortal; desgraciado, malo; inevitable

fatalidad f calidad de fatal; desgracia, infortunio; hado

fatalismo m creencia que considera como inevitables todos los sucesos ‖ **fatalista** adj y mf

fatídico -ca adj que vaticina el porvenir; ominoso, siniestro

fatiga f cansancio causado por el trabajo u otro esfuerzo; molestia en la respiración; disminución de resistencia a la rotura de las piezas metálicas en servicio; **fatigas** fpl molestia, penalidad

fatigar §45 tr e intr cansar; molestar; ref cansarse trabajando

fatigoso -sa adj que causa fatiga; (fam.) laborioso, cargante

fatuidad f ‖ **fatuo -tua** adj falto de entendimiento; lleno de presunción

faucal adj ‖ **fauces** fpl parte posterior de la faringe

fauna f conjunto de los animales de una región ‖ **fáunico -ca** adj

fauno m semidiós romano de los campos y selvas

fausto -ta adj feliz, próspero; m lujo extraordinario

fautor -tora mf persona que ayuda o provoca a otra a cometer una acción culpable

favonio m (poét.) viento suave

favor m amparo, ayuda, protección; gracia, beneficio; (Col.) lazo de cinta

favorable adj que favorece; propicio

favorecer §19 tr amparar, ayudar; tratar con favor

favoritismo m preferencia del favor sobre el mérito

favorito -ta adj ‖ mf persona que es estimada con preferencia

faz f (pl: faces) cara, rostro

F.C. o **f.c.** abr. de ferrocarril

fe f confianza; palabra o promesa; fidelidad; religión; certificado; **fe de erratas** lista de las erratas de un libro inserta en el mismo

fealdad f calidad de feo

Febe f sobrenombre de Artemisa; (poét.) la Luna

Febo m sobrenombre de Apolo; (poét.) el Sol

febrero m segundo mes del año

febrífugo -ga adj ‖ m medicamento que quita la fiebre

febril adj perteneciente a la fiebre; ardiente, inquieto

fecal adj perteneciente al excremento

fécula f substancia blanca y pulverulenta que se extrae de varias plantas y raíces

feculento -ta adj que contiene fécula; que tiene heces

fecundación f ‖ **fecundar** tr hacer fecundo o productivo

fecundidad f calidad de fecundo

fecundizar §62 tr hacer fecundo o fértil

fecundo -da adj que produce; abundante, fértil

fecha f indicación del día en que se hace una cosa; tiempo actual

fechar tr poner fecha a; determinar la fecha de

fechoría f mala acción

federación f acción de federar; confederación

federal adj que pertenece a la confederación; federalista

federalismo m sistema de federación entre Estados ‖ **federalista** adj y mf

federar tr reunir en confederación

federativo -va adj perteneciente a la confederación

Federica f nombre propio de mujer

Federico m nombre propio de varón

Fedra f (mit.) esposa de Teseo e hija de Minos, rey de Creta

fehaciente adj auténtico, fidedigno

feldespato m silicato de alúmina con potasa, sosa o cal, que forma parte principal de muchas rocas

felicidad f placer, satisfacción; suerte feliz

felicitación f ‖ **felicitar** tr dar el parabién a; expresar el deseo de que (una persona) sea feliz

feligrés -gresa adj ‖ mf persona que pertenece a una parroquia ‖ **feligresía** f

Felipe m nombre propio de varón

feliz adj (pl: -lices) que tiene felicidad; que ocasiona felicidad; acertado, oportuno

felón -lona adj ‖ mf persona desleal, persona traidora ‖ **felonía** f

felpa f tejido que tiene pelo por el haz; (fam.) represión áspera; (fam.) zurra ‖ **felposo -sa** adj

f.e.m. abr. de fuerza electromotriz

femenil adj perteneciente a las mujeres

femenino -na adj perteneciente a la mujer; dotado de órganos para ser fecundado; (gram.) del género femenino; m (gram.) género que significa mujer, animal hembra o cosa que pertenece a esta clase por su terminación o uso

fementido -da adj desleal; engañoso

feminismo *m* doctrina social y política que concede a la mujer los mismos derechos que al hombre ‖ **feminista** *adj y mf*

fémur *m* hueso del muslo

fenecer §19 *tr* poner fin a; *intr* acabarse; morir

Fenicia *f* antigua región del Asia occidental ‖ **fenicio -cia** *adj y mf*

fénico -ca *adj* (*ácido*) que se extrae de la hulla y es poderoso desinfectante

fénix *m* (*pl:* -nix o -nices) ave fabulosa que renacía de sus cenizas; lo único en su clase; **el fénix de los ingenios** Lope de Vega

fenobarbital *m* polvo blanco usado como hipnótico

fenomenal *adj* perteneciente al fenómeno; extraordinario, tremendo

fenómeno *m* toda apariencia o manifestación; cosa extraordinaria; (*fam.*) persona monstruosa

feo -a *adj* falto de belleza; de aspecto malo; que causa aversión; *m* (fam.) desaire grosero; **feo** *adv* (Arg., Col. y Méx.) de mal olor o sabor

feraz *adj* (*pl:* -races) (*tierra, cultivo, etc.*) fértil

féretro *m* caja en que se lleva a enterrar un difunto

feria *f* cualquier día de la semana que no sea sábado o domingo; mercado en paraje público; fiesta en día señalado; suspensión del trabajo; exposición comercial anual

feriar *tr* comprar, vender o permutar; comprar en la feria; *intr* suspender el trabajo por uno o más días

fermentar *tr* transformar (*un cuerpo orgánico*) en otros más simples por la acción de bacilos, bacterias, levaduras, etc.; *intr* transformarse por la acción de bacilos, bacterias, levaduras, etc.

fermento *m* substancia que hace fermentar

Fernando *m* nombre propio de varón

ferocidad *f* ‖ **feroz** *adj* (*pl:* -roces) fiero, cruel, inhumano

ferrar §1 *tr* guarnecer con hierro

férreo -a *adj* de hierro; fuerte, tenaz

ferrería *f* sitio donde se beneficia el mineral de hierro

ferretería *f* ferrería; tienda donde se venden artefactos de hierro

ferretero -ra *mf* persona que vende artefactos de hierro

férrico -ca *adj* (*compuesto*) de hierro en que este elemento es trivalente

ferrocarril *m* camino con dos rieles paralelos sobre los cuales ruedan los trenes; conjunto de ferrocarriles

que, con los vagones, estaciones, etc., constituyen una sola propiedad

ferrocarrilero -ra *adj y mf* (Amér.) ferroviario

ferroso -sa *adj* perteneciente al hierro; (*compuesto*) de hierro en que este elemento es bivalente

ferroviario -ria *adj* perteneciente al ferrocarril; *m* empleado del ferrocarril

ferruginoso -sa *adj* que contiene hierro o alguna de sus sales

fértil *adj* muy productivo; abundante ‖ **fertilidad** *f*

fertilizar §62 *tr* hacer fértil (*la tierra*)

férula *f* tabla pequeña que se usaba para pegarles a los muchachos en la mano; tablilla flexible para el tratamiento de las fracturas; dominio, sujeción

férvido -da *adj* ardiente

ferviente *adj* ‖ **fervor** *m* calor muy intenso; celo vehemente ‖ **fervoroso -sa** *adj*

festejar *tr* agasajar, obsequiar; galantear; *ref* divertirse ‖ **festejo** *m*

festín *m* banquete espléndido

festival *m* fiesta, esp. musical

festividad *f* fiesta o solemnidad; día festivo; agudeza

festivo -va *adj* de fiesta, solemne; (*día*) de fiesta; agudo, chistoso; alegre

festón *m* bordado, dibujo o recorte en forma de ondas, que adorna el borde de una cosa ‖ **festonear** *tr*

fetiche *m* ídolo entre los salvajes

fetichismo *m* culto de los fetiches; veneración excesiva ‖ **fetichista** *adj y mf*

fetidez *f* ‖ **fétido -da** *adj* que huele mal

feto *m* producto de la concepción antes de su cabal desarrollo

feudal *adj* perteneciente al feudo o al feudalismo

feudalismo *m* sistema de organización social de la Edad Media

feudatario -ria *adj* ‖ *m* el que tenía un feudo

feudo *m* contrato por el cual un señor concedía tierras, rentas, etc., a cambio de un juramento de vasallaje; cosa dada en feudo; respeto, vasallaje

fez *m* gorro rojo que usan los árabes y turcos

fiable *adj* digno de confianza

fiado: **al fiado** sin pagar en seguida

fiador -dora *mf* persona que fía a otra; *m* presilla; cerrojo; pieza con que se afirma una cosa

fiambre *adj* ‖ *m* manjar que después

de asado o cocido se come frío;
(fam.) cosa ya sabida

fiambrera *f* utensilio portátil para
llevar comida caliente; cesto para
llevar comidas

fianza *f* obligación que uno contrae
para garantizar otra ajena; prenda
dada en seguridad del cumplimiento de una obligación

fiar §76 *tr* asegurar (*lo prometido por
otra persona*); vender a crédito;
confiar; *intr* confiar

fiasco *m* fracaso, mal éxito

fibra *f* filamento de un tejido orgánico
o de la textura de un mineral;
vigor, energía

fibroso -sa *adj* que tiene muchas
fibras

ficción *f* acción de fingir; invención
poética

ficticio -cia *adj* fingido; falso

ficha *f* pieza usada en substitución
de moneda o para señalar los
tantos en el juego; pieza del dominó; cédula de cartulina; pieza
del enchufe eléctrico provista de
dos clavijas metálicas; antecedentes penales

fichar *tr* en el dominó, poner (*ficha*);
archivar; (fam.) poner en la lista
negra

fichero *m* mueble para cédulas o
fichas

fidedigno -na *adj* digno de fe

fideicomiso *m* donación testamen-
taria hecha a una persona encargada a restituirla a otra o ejecutar
alguna voluntad del testador; administración de un país autorizada
por la ONU

fidelidad *f* calidad de fiel; alta fidelidad (electrón.) reproducción de los
sonidos sin distorsión

fideo *m* (fam.) persona muy delgada;
fideos *mpl* pasta para sopa en forma
de hilo

Fidias *m* escultor griego (500–432 a.
de J.C.)

fiduciario -ria *adj* que depende del
crédito y confianza

fiebre *f* aumento de la temperatura del
cuerpo; agitación viva

fiel *adj* que llena sus compromisos;
constante en su afección; exacto;
m cristiano, feligrés; inspector;
aguja que en las balanzas marca el
equilibrio

fieltro *m* tela de pelo o lana entrete-
jida

fiero -ra *adj* cruel, intratable, duro;
terrible, horroroso; feo; grande; *m*
bravata, amenaza; *f* bruto carnicero y feroz; persona cruel

fiesta *f* día de solemnidad religiosa o
civil; día de descanso; agasajo,
caricia; alegría, diversión; la fiesta
brava el toreo

figón *m* casa de comidas

figura *f* forma exterior; cosa que representa otra; rostro; personaje;
nota musical; (geom.) espacio cerrado por líneas o superficies; representación en el mundo; modificación en el sentido de las palabras
para lograr un efecto

figurado -da *adj* (*sentido*) diferente del
sentido propio; (*estilo*) en que entran figuras

figurante -ta *mf* comparsa de teatro

figurar *tr* representar la figura de;
aparentar; *intr* formar parte de un
grupo; tener representación en el
mundo; *ref* imaginarse

figurería *f* mueca, además ridículo

figurín *m* dibujo o patrón de modas;
currutaco

figurón *m* (fam.) hombre vanidoso

fijador *m* compuesto para fijar el
cabello; líquido para fijar fotografías

fijar *tr* asegurar, clavar, pegar; dirigir
(*la atención, mirada*); señalar, precisar; establecer (*residencia*); hacer
insensible a la luz la imagen fotográfica de (*la película, el papel*); *ref*
permanecer en determinado lugar;
fijarse en poner atención en

fijeza *f* firmeza, seguridad; persistencia

fijo -ja *adj* firme, seguro; que no se
mueve; invariable

fila *f* serie de personas o cosas dispuestas en línea; fila india la de
varias personas una tras otra

Filadelfia *f* ciudad del este de los
EE.UU. ‖ **filadelfiano -na** *adj* y
mf

filamento *m* cuerpo de forma de hilo;
hilo que produce la luz en las lámparas de incandescencia; (electrón.) hilo de una válvula que
emite electrones cuando una corriente fluye por él ‖ **filamentoso -sa**
adj

filantropía *f* amor al género humano ‖
filantrópico -ca *adj* ‖ **filántropo
-pa** *mf*

filarmonía *f* amor a la música ‖ **filar-
mónico -ca** *adj* y *mf*

filástica *f* (mar.) hilos de cables des-
torcidos

filatelia *f* estudio de los sellos de
correo y arte de coleccionarlos ‖
filatélico -ca *adj* ‖ **filatelista** *mf*

filatería *f* tropel de palabras para
embaucar

filete m moldura pequeña; línea fina de adorno; resalto de un tornillo; lonja de carne magra

filetear tr adornar con filetes; labrar un filete a (un tornillo)

filfa f (fam.) engaño, mentira

filiación f descendencia; dependencia; señas personales

filial adj perteneciente al hijo; f sucursal

filiar §76 o regular tr tomar la filiación a; ref afiliarse

filibustero m pirata del mar de las Antillas en el siglo XVII

filigrana f obra delicada de hilos de oro o plata; cosa delicada y pulida; marca transparente en el papel

filili m (pl: -lies) (fam.) persona o cosa primorosa

filípica f censura acre y violenta

filipino -na adj y mf ‖ las Filipinas archipiélago de Oceanía

Filipo m nombre de cinco reyes de Macedonia

filisteo -a adj ‖ mf (Bib.) natural de una antigua nación situada en la costa del Mediterráneo al oeste de Palestina; persona sin gusto artístico; m hombre alto y corpulento

film m (pl: films) película cinematográfica; film de bulto o en relieve película tridimensional

filmoteca f colección de films

filo m borde agudo de un instrumento cortante

filobús m tranvía eléctrico sin rieles

filología f estudio del lenguaje ‖ filológico -ca adj ‖ filólogo -ga mf

filón m masa de mineral situada entre capas de terreno diferentes; asunto de mucho provecho

filosofía f estudio de la esencia, propiedades, causas y efectos de los fenómenos del mundo; fortaleza de ánimo para sobrellevar las vicisitudes ‖ filosófico -ca adj ‖ filósofo -fa mf

filoxera f insecto que ataca las raíces de la vid

filtración f ‖ filtrar tr hacer pasar por un filtro; intr penetrar; dejar pasar un líquido; ref desaparecer (el dinero)

filtro m materia porosa a través de la cual se hace pasar un líquido para clarificarlo; brebaje mágico; (elec.) aparato destinado a eliminar ciertas frecuencias

filván m corte áspero que queda en el filo de una cuchilla después de afilado

fin m conclusión; límite de un espacio; finalidad, objeto; muerte; a fin de que para que

finado -da mf persona muerta

final adj que termina; m fin, conclusión; f (dep.) partido que cierra un campeonato

finalidad f motivo, objeto

finalista mf (dep.) jugador o equipo que llega al partido final

finalizar §62 tr dar fin a; intr acabarse

financiar tr proporcionar el capital necesario para

financiero -ra adj perteneciente a las finanzas; mf banquero, bolsista

finanzas fpl hacienda pública, caudal; ciencia de la administración bancaria

finar intr fallecer, morir

finca f propiedad inmueble

fincar §72 intr y ref adquirir fincas

finchado -da adj (fam.) engreído, vano

finés -nesa adj y mf natural de Finlandia

fineza f calidad de fino; bondad; regalo

fingir §28 tr aparentar; ref fingir ser

finiquitar tr saldar (una cuenta) ‖ finiquito m

finisecular adj perteneciente a los últimos años del siglo XIX

finito -ta adj que tiene fin o término

finlandés -desa adj y mf ‖ Finlandia f estado del norte de Europa

fino -na adj de buena calidad; delgado, sutil; esbelto; muy cortés; sagaz; precioso; puro

finta f movimiento que se hace para engañar

finura f excelencia, primor; cortesía, urbanidad

fiord o **fiordo** m desfiladero profundo en las costas de los mares polares

firma f acción de firmar; nombre y apellido que una persona pone al pie de un escrito; empresa comercial

firmamento m la bóveda celeste

firmante adj ‖ mf persona que firma

firmar tr poner su firma en

firme adj estable, seguro; constante; m capa sólida con que se consolida el piso de una carretera ‖ firmeza f

firuletes mpl (Arg., Bol. y Perú) arrequives

fiscal adj perteneciente al fisco o al oficio del fiscal; m agente del fisco; acusador público en los tribunales; el que averigua acciones ajenas

fiscalía f empleo y oficina del fiscal

fiscalizar §62 tr sujetar a la inspección fiscal; averiguar, criticar

fisco m tesoro público

fisga f tridente para pescar; burla, zumba

fisgar §45 *tr* pescar con fisga; husmear; atisbar; *intr* y *ref* burlarse

fisgón -gona *adj* y *mf* ‖ fisgonear *tr* (desp.) curiosear por costumbre

físico -ca *adj* perteneciente a la física; material; perteneciente a la naturaleza corpórea; *mf* persona que se dedica a la física; *m* exterior de una persona; *f* ciencia que estudia las propiedades, cambios, relaciones, etc. de la materia y la energía

fisiografía *f* descripción de las producciones de la naturaleza

fisiología *f* ciencia que estudia las funciones de los seres orgánicos ‖ fisiológico -ca *adj* ‖ fisiólogo -ga *mf*

fisión *f* separación en dos o más fragmentos; separación de un núcleo atómico en dos ‖ fisionable *adj*

fisionar *tr* producir la fisión en

fisioterapia *f* tratamiento de las enfermedades por medio del masaje, los ejercicios, etc. ‖ fisioterápico -ca *adj*

fisonomía *f* aspecto particular del rostro de una persona ‖ fisonómico -ca *adj*

fisonomista *mf* persona que se dedica al estudio de la fisonomía

fístula *f* conducto anormal ulcerado en la piel o las mucosas ‖ fistular *adj*

fisura *f* grieta, hendidura; fractura longitudinal de un hueso

fitografía *f* descripción de las plantas

flabelo *m* abanico grande de plumas, ornamento del Papa

fláccido -da *adj* flaco, flojo

flaco -ca *adj* de pocas carnes; sin fuerzas, flojo; *m* afición o defecto predominante

flagelar *tr* azotar; vituperar

flagelo *m* azote, látigo; calamidad, plaga

flagrante *adj* que se ejecuta actualmente; (poét.) llameante; en flagrante en el acto de cometer un delito

flamante *adj* resplandeciente; nuevo, acabado de hacer o estrenar

flameante *adj* (arq.) gótico rico de los siglos XV y XVI

flamear *intr* despedir llamas; ondear (*una bandera o una vela*)

flamenco -ca *adj* de Flandes; andaluz agitanado; (fam.) achulado, garboso; *mf* natural de Flandes; *m* idioma de Flandes; baile, canción o música de los andaluces agitanados; ave palmípeda (*Phoenicopterus ruber*)

flamígero -ra *adj* (arq.) flameante; (poét.) que despide llamas

flámula *f* gallardete

flan *m* plato de dulce hecho con yemas de huevo, leche y azúcar cuajados en un molde

flanco *m* costado, lado

Flandes *f* región costera del mar del Norte, que pertenece hoy a Holanda, Bélgica y Francia

flanquear *tr* colocarse al flanco de; (mil.) atacar por los flancos

flaquear *intr* debilitarse; amenazar ruina; decaer de ánimo

flaqueza *f* calidad de flaco; desliz

flato *m* formación de gases en el tubo digestivo

flatulencia *f* ‖ flatulento -ta *adj* ‖ *mf* persona que padece flatos

flauta *f* instrumento de viento en forma de tubo; *m* músico que lo toca ‖ flautista *mf*

flebitis *f* inflamación de las venas

fleco *m* adorno de hilos colgantes; flequillo

flecha *f* arma arrojadiza

flechar *tr* estirar (*el arco para colocar la flecha*); herir o matar con flecha; (fam.) inspirar amor a

flechazo *m* disparo o herida de flecha; (fam.) amor repentino

fleje *m* tira de hierro

flema *f* mucosidad que se arroja por la boca; apatía, lentitud ‖ flemático -ca *adj*

flemón *m* tumor en las encías; inflamación aguda del tejido conjuntivo

flequillo *m* porción de cabello recortado que cae sobre la frente

fletar *tr* alquilar (*una nave o parte de ella*)

flete *m* carga de un buque; precio del alquiler de un buque

flexible *adj* que se dobla o cede fácilmente; *m* sombrero flexible; conductor eléctrico de hilos finos de cobre recubiertos de una capa aisladora

flexión *f* acción de doblar o doblarse; (gram.) cambio de forma de las palabras ‖ flexional *adj*

flinflanear *intr* producir el sonido del tintín

flirteador -dora *adj* y *mf* ‖ flirtear *intr* galantear, coquetear ‖ flirteo *m*

flojear *intr* obrar con flojedad; flaquear

flojedad *f* debilidad, flaqueza; descuido, pereza; cobardía

flojel *m* pelusa del paño; plumón de las aves

flojo -ja *adj* poco tirante; falto de vigor; perezoso, negligente; cobarde

flor f parte de la planta con los órganos de reproducción; planta que produce las flores; dicho agudo; requiebro; lo más escogido; **a flor de** sobre o cerca de la superficie de; **la flor de la canela** (fam.) lo muy excelente, lo mejor

flora f conjunto de las plantas de una región

floración f florescencia

floral adj perteneciente a la flor

florear tr adornar con flores; escoger lo mejor de; intr vibrar (la punta de la espada); (fam.) decir requiebros

florecer §19 intr echar flor; estar en auge; ref ponerse mohoso

floreciente adj que florece; próspero

Florencia f ciudad de Italia central; ‖ **florentino -na** adj y mf

floreo m conversación de pasatiempo; dicho ingenioso; dicho vano; acción de florear

florero -ra adj ‖ mf persona que usa de palabras chistosas o lisonjeras; florista; m vasija para colocar flores

florescencia f acción de florecer

floresta f terreno arbolado y frondoso; antología

florete m espadín de cuatro aristas para la esgrima

floretista mf persona diestra en el juego del florete

Florida, la uno de los estados de los EE.UU. ‖ **floridano -na** adj y mf

florido -da adj que tiene flores; adornado de galas retóricas; escogido, selecto; y véase la Florida

florilegio m colección de trozos literarios escogidos

floripondio m arbusto solanáceo del Perú (Datura arborea); adorno de mal gusto en forma de flor grande; lenguaje florido

florista mf persona que hace o vende flores de mano; persona que vende flores ‖ **floristería** f

florón m ornato esculpido con temas florales

flota f conjunto de buques o aviones mercantes o de guerra de un país

flotar intr mantenerse (un cuerpo) en la superficie de un líquido; ondear al aire

flote m acción de flotar

flotilla f flota de buques pequeños

fluctuar §20 intr vacilar (un cuerpo) sobre las aguas; dudar, vacilar; oscilar (los precios)

fluidez f ‖ **flúido -da** adj que puede fluir, no sólido; (estilo) corriente y fácil; m substancia que puede fluir, es decir, líquido o gas

fluir §27 intr correr (un líquido); brotar, manar

flujo m movimiento de las cosas flúidas; subida de la marea; abundancia, exceso

flúor m cuerpo simple gaseoso (símbolo F; núm. atómico 9; peso atómico 19,00)

fluorescencia f propiedad de algunos cuerpos de emitir luz al recibir ciertas radiaciones; luz así emitida ‖ **fluorescente** adj

fluorización f ‖ **fluorizar** §62 tr añadir fluoruros a (agua potable) para reducir la incidencia de la caries dental

fluoroscopio m pantalla fluorescente empleada en el examen de los tejidos profundos por los rayos X

fluoruro m combinación del flúor con un radical

fluvial adj perteneciente a los ríos

flux m suerte en que son de un mismo palo todos los naipes de un jugador; (Amér.) traje de hombre

fluxión f acumulación morbosa de humores en una parte del cuerpo

fobia f aversión o miedo intenso

foca f mamífero carnicero que vive en los mares polares (Phoca vitulina)

focal adj ‖ **foco** m punto donde convergen los rayos de luz, calor, etc. reflejados o refractados; punto de donde salen los rayos luminosos o caloríficos; lugar en que una cosa está reconcentrada; centro, p.ej., de vicios

fofo -fa adj blando, poco consistente, esponjoso

fogarada f llama que se apaga pronto

fogata f fuego que levanta llama

fogón m lugar donde se hace lumbre en las cocinas y en las calderas de vapor

fogonazo m llama que levantan la pólvora, el magnesio, etc.

fogonero m el que cuida el fogón de una máquina de vapor

fogosidad f ‖ **fogoso -sa** adj ardiente, impetuoso

foguear tr limpiar con fuego (una escopeta); acostumbrar a los inconvenientes; acostumbrar al fuego de la pólvora

foja f ave zancuda nadadora (Fulica atra)

fol. abr. de folio

folía f música ligera de gusto popular

foliáceo -a adj perteneciente a las hojas

foliación f acción de foliar; acción de echar hojas las plantas

foliar *adj* de la hoja; *tr* numerar los folios de

folículo *m* (anat.) glándula que tiene forma de saquito; (bot.) pericarpio membranoso que contiene las semillas

folio *m* hoja de libro o cuaderno

foliolo *m* hojuela de una hoja compuesta

folklore *m* conjunto de leyendas, costumbres populares, etc. de un país o región ‖ **folklórico -ca** *adj* ‖ **folklorista** *mf*

follaje *m* conjunto de hojas; abundancia de palabras vanas

follar *tr* componer en hojas; §63 *tr* **afollar**; *ref* soltar una ventosidad sin ruido

folletín *m* novela que se publica por partes en los periódicos

folletinesco -ca *adj* propio de folletín; complicado y novelesco

folletinista *mf* escritor de folletines

folleto *m* obra impresa de menor cantidad de páginas que el libro

follón -llona *adj* flojo, perezoso; cobarde, ruin; *m* cohete sin trueno; ventosidad sin ruido

fomentar *tr* promover, excitar; calentar; aplicar paños medicinales a

fon *m* unidad de intensidad subjetiva del sonido; sonido del lenguaje hablado

fonda *f* casa de comidas y hospedaje

fondeadero *m* sitio donde pueden fondear las embarcaciones

fondear *tr* registrar (*una embarcación*) en busca de contrabando; examinar; *intr* anclar

fondillos *mpl* parte trasera de los pantalones

fondista *mf* persona que tiene una fonda

fondo *m* parte inferior o posterior de una cosa hueca; lo que no está en primer plano; lecho de un río, del mar, etc.; parte sumergida de un buque; campo de una tela, pintura, etc.; lo principal o esencial; **fondos** *mpl* caudal, dinero; **a fondo** de una manera extensa y minuciosa

fonema *m* clase de sonidos del lenguaje hablado considerados como un solo sonido y representados por un solo símbolo

fonético -ca *adj* ‖ *f* parte de la lingüística que estudia los sonidos ‖ **fonetista** *mf*

fónico -ca *adj* perteneciente a la naturaleza de los sonidos

fonocaptor *m* dispositivo que traduce las vibraciones de la aguja del fonó-

grafo eléctrico en corrientes de audiofrecuencia

fonógrafo *m* aparato que registra y reproduce los sonidos

fonología *f* estudio de los sonidos y del desarrollo de los sonidos de un idioma ‖ **fonológico -ca** *adj*

fontanería *f* arte de conducir las aguas; conductos por donde se las dirige

fontanero -ra *adj* perteneciente a las fuentes; *m* artífice que hace, instala y arregla las cañerías de agua

foque *m* vela triangular que se orienta sobre el bauprés

forajido -da *adj* ‖ *m* bandido, facineroso que anda en despoblado

foráneo -a o **forastero -ra** *adj* ‖ *mf* persona que es o viene de fuera

forcejar o **forcejear** *intr* hacer fuerza; resistir, hacer oposición

fórceps *m* (pl: -ceps) instrumento quirúrgico a modo de tenaza

forense *adj* perteneciente al foro

forestal *adj* perteneciente a los bosques

forja *f* acción de forjar; fragua de platero; ferrería

forjar *tr* dar forma a (*el metal*) con el martillo; fingir, inventar

forma *f* figura exterior; manera, modo; molde; tamaño de un libro

formal *adj* perteneciente a la forma; juicioso, serio; estricto, preciso

formalidad *f* juicio, seriedad; exactitud, puntualidad; condición, requisito; modo de ejecutar debidamente un acto público

formalismo *m* observancia rigurosa y excesiva de las formas y tradiciones ‖ **formalista** *adj* y *mf*

formalizar §62 *tr* dar la última forma a; revestir de los requisitos legales; concretar, precisar; *ref* ponerse serio

formar *tr* dar forma a; juntar; constituir; educar; (mil.) poner en orden; *intr* colocarse en una formación o cortejo; *ref* desarrollarse

formato *m* forma de un libro

fórmico -ca *adj* (*ácido*) líquido, incoloro y de sabor picante

formidable *adj* muy temible o asombroso; enorme, imponente; excelente, superior

formillón *m* instrumento que perfecciona la cintura de los sombreros

formón *m* escoplo ancho

fórmula *f* forma establecida para explicar, pedir o resolver una cosa con palabras determinadas; receta; representación simbólica

formular *tr* expresar en términos claros y precisos; expresar en una fórmula

formulario -ria *adj* perteneciente a las fórmulas; que se hace por pura fórmula; *m* libro de fórmulas

formulismo *m* apego excesivo a las fórmulas

fornicar §72 *intr* tener cópula carnal fuera del matrimonio

fornido -da *adj* robusto y fuerte

foro *m* curia; sitio en que actúan los tribunales; fondo del escenario; plaza en la Roma antigua donde se trataban los asuntos públicos

forraje *m* pasto para el ganado

forrajear *intr* segar y recoger el forraje; (mil.) salir en busca de forraje

forrar *tr* poner forro a, cubrir con forro

forro *m* resguardo, cubierta o abrigo con que se reviste algo; tela interior de los vestidos

fortalecer §19 *tr* dar fuerza y vigor a

fortaleza *f* fuerza, vigor; firmeza, entereza; virtud que da fuerza para soportar la adversidad; recinto fortificado; **fortaleza volante** gran avión de guerra fuertemente blindado

fortificación *f* acción de fortificar; obra de defensa

fortificar §72 *tr* dar fuerza y vigor a; proteger con fortificaciones

fortín *m* fuerte pequeño; obra de defensa en los atrincheramientos

fortuito -ta *adj* casual, imprevisto

fortuna *f* casualidad, suerte; buena suerte; tempestad; riqueza

forzado -da *adj* no espontáneo; que no se puede evitar; *m* presidiario; galeote

forzar §38 *tr* obligar a ceder con fuerza; ocupar por fuerza; obligar; abusar de (*una mujer*)

forzoso -sa *adj* que no se puede evitar

forzudo -da *adj* que tiene grandes fuerzas

fosa *f* sepultura; cavidad natural del cuerpo

fosco -ca *adj* hosco; obscuro

fosfatar *tr* abonar con fosfatos; agregar fosfato a

fosfato *m* sal del ácido fosfórico

fosforecer §19 *intr* manifestar fosforescencia

fosforera *f* cajita para fósforos

fosforescencia *f* propiedad de un cuerpo de despedir luz en la obscuridad ‖ **fosforescente** *adj*

fosfórico -ca *adj* perteneciente al fósforo; (*ácido*) compuesto de fósforo,

oxígeno e hidrógeno en su mayor grado de oxidación

fósforo *m* cuerpo simple, metaloide sólido y amarillento (*símbolo* P; *núm atómico* 15; *peso atómico* 30, 98); trozo de madera o cerilla con cabeza inflamable que sirve para encender luz

fosfuro *m* combinación del fósforo con otro elemento o radical

fósil *adj* ‖ *m* cuerpo de origen orgánico que se encuentra petrificado en las capas terrestres; (fam.) persona que no está a tono con su época

fosilizar §62 *ref* convertirse en fósil

foso *m* hoyo; piso inferior del escenario; excavación que rodea una fortaleza

fotingo *m* (Amér.) automóvil ordinario y barato

foto *f* fotografía

fotocélula *f* célula fotoeléctrica

fotocopia *f* copia fotográfica

fotoeléctrico -ca *adj* perteneciente a la acción eléctrica o electrónica de la luz

fotofobia *f* horror a la luz

fotogénico -ca *adj* perteneciente a los efectos químicos de la luz; que se reproduce bien fotográficamente

fotograbado *m* procedimiento para grabar planchas por medios fotográficos; grabado así obtenido

fotografía *f* arte de producir imágenes por la acción química de la luz; imagen así obtenida; oficina en que se ejerce este arte

fotografiar §76 *tr* reproducir la imagen de, por medio de la fotografía; describir con precisión

fotográfico -ca *adj* ‖ **fotógrafo -fa** *mf* persona que se dedica a la fotografía

fotometría *f* medición de la intensidad de la luz

fotomontaje *m* superposición de fotografías distintas en forma tal que forman un conjunto armónico

fotón *m* (fís.) un quántum de luz

fotosfera *f* atmósfera luminosa del Sol

fotosíntesis *f* combinación química producida por la acción de la luz en la clorofila

fototipia *f* arte de obtener clisés tipográficos por medio de la fotografía

fototropismo *m* inclinación de los organismos por la influencia de la luz

fox-trot *m* (inglés) baile de compás cuaternario y de pasos cortos y rápidos

Fr. abr. de **Fray**

fra. abr. de **factura**

frac *m* (*pl:* fraques) vestidura de hombre que tiene por detrás dos faldones y llega por delante hasta la cintura

fracasar *intr* ‖ **fracaso** *m* mal éxito; caída estrepitosa

fracción *f* división en partes; parte de un todo; número quebrado

fraccionar *tr* dividir en partes

fractura *f* ‖ **fracturar** *tr* romper o quebrar con esfuerzo

fragancia *f* olor suave y delicioso

fragante *adj* que despide fragancia; flagrante

fragata *f* buque de tres palos con cofas y vergas

frágil *adj* quebradizo; que cae fácilmente en pecado ‖ **fragilidad** *f*

fragmentar *tr* reducir a fragmentos

fragmentario -ria *adj* perteneciente al fragmento; incompleto

fragmento *m* pedazo de una cosa quebrada

fragor *m* ruido atronador, estruendo ‖ **fragoroso -sa** *adj*

fragoso -sa *adj* áspero, breñoso; ruidoso, estrepitoso

fragua *f* fogón en que se caldea el metal que se ha de forjar

fraguar §10 *tr* forjar; idear, inventar; *intr* trabarse (*la cal o el yeso*)

fraile *m* individuo de ciertas órdenes religiosas

frailuno -na *adj* (desp.) propio de fraile; (Arg.) amigo del clero

frambuesa *f* fruto del frambueso

frambueso *m* planta rosácea espinosa (*Rubus idaeus*)

francachela *f* (fam.) comida alegre, (Arg.) trato demasiado familiar

francés -cesa *adj* y *mf* ‖ **Francia** *f* estado de la Europa occidental

franciano *m* dialecto de la Isla de Francia, del que se deriva el francés actual

francio *m* cuerpo simple metálico (*símbolo* Fr; *núm. atómico* 87; *peso atómico* ¿223?)

Francisca *f* nombre propio de mujer

franciscano -na *adj* ‖ *mf* individuo de la orden de San Francisco de Asís

Francisco *m* nombre propio de varón

francmasón *m* ‖ **francmasonería** *f* asociación secreta que usa símbolos tomados de la albañilería ‖ **francmasónico -ca** *adj*

franco -ca *adj* sincero, leal, llano; desembarazado; dadivoso; exento; que no paga; perteneciente al pueblo franco y su idioma; *mf* individuo del pueblo germánico que dominó la Galia; *m* idioma de este pueblo; moneda de Francia, Bélgica y Suiza

francófilo -la *adj* ‖ *mf* amigo de los franceses

francófobo -ba *adj* ‖ *mf* persona que tiene odio a los franceses

franela *f* tejido fino de lana

frangollar *tr* (fam.) hacer de prisa y mal

franja *f* guarnición, fleco; borde, faja, lista

franquear *tr* exceptuar; dar libertad a (*un esclavo*); desembarazar; pagar en sellos el porte de (*una carta*); atravesar; *ref* descubrir sus sentimientos

franqueza *f* sinceridad, llaneza; liberalidad; libertad, exención

franquicia *f* exención de un pago o tributo

frasco *m* botella alta y estrecha; tarro pequeño de vidrio

frase *f* conjunto de palabras que forma sentido

fraseología *f* modo en que un orador o escritor forma y ordena las frases; palabrería

fraterna *f* represión áspera

fraternal *adj* perteneciente a los hermanos

fraternidad *f* unión entre hermanos

fraternizar §62 *intr* tratarse como hermanos; tratarse amistosamente

fraterno -na *adj* fraternal; *f* véase **fraterna**

fratricida *adj* ‖ *mf* persona que mata a su hermano

fratricidio *m* crimen del fratricida

fraude *m* acción de mala fe

fraudulento -ta *adj* que se hace con fraude

fray *m* apócope de **fraile**

frazada *f* manta peluda para la cama

frecuencia *f* repetición frecuente; número de ondulaciones de un movimiento vibratorio en la unidad de tiempo; **alta frecuencia** radiofrecuencia; **baja frecuencia** audiofrecuencia

frecuentar *tr* repetir a menudo; ir con frecuencia a

frecuente *adj* que ocurre o se hace a menudo; común, usual

fregadero *m* artesón en que se friegan las vasijas, platos, etc.

fregar §16 *tr* estregar con fuerza; limpiar y lavar (*los platos, el pavimento, etc.*)

fregatriz *f* (*pl:* -trices) o **fregona** *f* (desp.) criada que friega

freiduría *f* tienda donde se fríe pescado

freír §59 y §83 *tr* cocer en aceite, manteca o grasa hirviendo

frenar *tr* enfrenar (*al caballo*); moderar o parar con el freno; contener

frenesí *m* (*pl*: -síes) delirio furioso; exaltación violenta‖ **frenético -ca** *adj*

frenillo *m* membrana que sujeta la lengua por la parte inferior; bozal

freno *m* pieza de la brida en la boca de la caballería para gobernarla; aparato para moderar o parar el movimiento de un vehículo; sujeción

frenología *f* estudio del carácter e inteligencia del hombre, basado en la conformación del cráneo‖ **frenológico -ca** *adj*‖ **frenólogo -ga** *mf*

frente *m* parte anterior; fachada de un edificio; anverso; (mil.) extensión de la primera fila de la tropa; *f* parte superior de la cara

freón *m* gas incoloro usado como agente frigorífico

fresa *f* planta rosácea de fruto rojo y suculento; este fruto; gorguera; herramienta para ensanchar agujeros

fresca *f* aire fresco; (fam.) dicho picante

frescachón -chona *adj* muy robusto y sano

fresco -ca *adj* nuevo, reciente; moderadamente frío; sereno; desvergonzado; robusto y sano; *m* frío moderado; pintura hecha sobre una capa de estuco fresco; *f* véase fresca‖ **frescura** *f*

fresno *m* árbol oleáceo y su madera (*Fraxinus excelsior*)

fresón *m* fresa grande

fresquera *f* armario para conservar frescos algunos alimentos

freudiano -na *adj y mf*‖ **freudismo** *m* teorías y método del creador del psicoanálisis

freza *f* estiércol; desove y huevos de los peces

friable *adj* que se desmenuza fácilmente

frialdad *f* sensación de frío; indiferencia; falta de animación

fricación *f*‖ **fricar** §72 *tr* trotar, estregar

fricativo -va *adj*‖ *f* letra cuya articulación hace salir al aire con cierto roce de los órganos bucales

fricción *f* acción de friccionar; linimento para friegas; (mec.) resistencia que se opone al resbalamiento de un cuerpo sobre otro; desavenencia

friccionar *tr* estregar, frotar; dar friegas a

friega *f* fricción dada en una parte del cuerpo

Frigia *f* antigua comarca del Asia Menor

frigidez *f* frialdad; falta de sensibilidad sexual

frigio -gia *adj y mf* natural de Frigia; *f* véase Frigia

frigorífico -ca *adj* que produce frío; *m* cámara o establecimiento donde se conservan los alimentos por medio del frío artificial

frijol *m* alubia

frío -a *adj* que tiene una temperatura inferior a la del cuerpo humano; indiferente; sin gracia; *m* disminución de la temperatura; temperatura disminuida; sensación producida por el frío; indiferencia; bebida enfriada

friolento -ta *adj* muy sensible al frío

friolero -ra *adj* friolento; *f* cosa de poca monta

frisar *tr* rizar (*el pelo de un tejido*); *intr* acercarse

Frisia *f* provincia de Holanda‖ **frisio -sia** *adj y mf*

friso *m* faja en la parte superior o inferior de una pared; (arq.) parte entre el arquitrabe y la cornisa

frisón -sona *adj y mf* frisio

fritada, fritanga o **fritura** *f* conjunto de cosas fritas

frivolidad *f*‖ **frívolo -la** *adj* ligero, inconstante; baladí, de poca monta

fronda *f* hoja de planta; **frondas** *fpl* conjunto de hojas o ramas que forman espesura

frondoso -sa *adj* que abunda en hojas o en árboles

frontera *f* límite de una nación; fachada

fronterizo -za *adj* que está enfrente; que está en la frontera

frontero -ra *adj* que está enfrente; *f* véase frontera

frontis *m* (*pl*: -tis) fachada

frontispicio *m* fachada o delantera de un edificio o libro; (arq.) frontón; (fam.) cara

frontón *m* pared o edificio para el juego de pelota; (arq.) remate triangular

frotar *tr* estregar con fuerza

frotis *m* (*pl*: -tis) preparación microscópica entre dos cristales

fructífero -ra *adj*‖ **fructificar** §72 *intr* dar fruto‖ **fructuoso -sa** *adj*

frufrú *m* ruido del roce de las telas de seda

frugal *adj* parco, sobrio, moderado‖ **frugalidad** *f*

frugívoro -ra *adj* que se alimenta de frutos

fruición f complacencia, goce; complacencia del mal ajeno

fruncir §36 tr arrugar (la frente o las cejas); hacer arrugas pequeñas en (una tela)

fruslería f cosa de poco valor; (fam.) dicho o hecho insubstancial

fruslero -ra adj de poco valor

frustrar tr estorbar (los deseos, las esperanzas de una persona); dejar sin efecto

fruta f fruto comestible de las plantas

frutal adj ‖ m árbol que da fruta

frutería f tienda donde se vende fruta

frutero -ra adj que sirve para llevar o contener fruta; mf vendedor de fruta; m plato para servir fruta

fruto m producto de las plantas que sigue a la flor y contiene la semilla; producto, resultado

fu m bufido del gato; ni fu ni fa (fam.) ni bueno ni malo

fucilazo m relámpago sin ruido

fucsia f arbusto de jardín (Fuchsia)

fuego m calor y luz producidos por la combustión; incendio; efecto de disparar un arma de fuego; ardor pasional

fueguino -na adj y mf natural de la Tierra del Fuego

fuelle m instrumento para soplar; arruga en un vestido; pieza plegable de varios objetos; (fam.) persona soplona

fuente f manantial de agua; construcción con caños por donde sale el agua; pila bautismal; plato grande; principio, origen; manantial eléctrico

fuer: a fuer de a título de, a modo de

fuera adv a o en la parte exterior; fuera de a o en la parte exterior de; excepto; además de

fuero m compilación de leyes; jurisdicción; exención, privilegio; fueros mpl arrogancia; fuero interior la conciencia de cada uno

fuerte adj que tiene fuerza; poderoso; de mala índole; versado; m aquello en que uno sobresale; (mil.) fortaleza; adv con fuerza o intensidad

fuerza f vigor físico; poder; potencia de la naturaleza; solidez; actividad; violencia; fuerzas fpl gente de guerra; fuerza electromotriz causa que origina el movimiento de la electricidad producida por un generador; fuerza mayor la que, por no poderse resistir, exime del cumplimiento de una obligación; fuerza pública agentes de la autoridad que mantienen el orden; ser fuerza ser necesario

fufar intr dar bufidos (el gato)

fuga f acción de huir; escape de un gas o líquido; ardor; (mús.) composición repetida sobre un tema repetido en diferentes tonos

fugar §45 ref huir, escaparse

fugaz adj (pl: -gaces) que desaparece con rapidez; de muy breve duración

fugitivo -va adj que huye; que pasa muy aprisa; perecedero; mf persona que huye

fuguillas m (pl: -llas) (fam.) hombre muy rápido en obrar

fuina f garduña

fulano -na mf persona imaginaria o indeterminada

fulcro m punto de apoyo de la palanca

fulgente o fúlgido -da adj ‖ fulgor m ‖ fulgurar intr resplandecer

fulmicotón m pólvora de algodón

fulminar tr matar (a una persona el rayo); hacer morir bruscamente; arrojar (bombas o balas); dictar (censuras, excomunión, etc.)

fullería f trampa en el juego; astucia, maña

fullero -ra adj ‖ mf persona que hace fullerías

fumada f porción de humo que, al fumar, se toma de una vez

fumadero m sitio para fumar

fumador -dora adj y mf ‖ fumar tr aspirar y despedir el humo de (tabaco, opio); intr humear; ref gastar indebidamente; dejar de acudir a (la clase)

fumarola f grieta en la tierra por donde salen gases y vapores

fumigar §45 tr desinfectar con humo o gas

fumista m el que hace, arregla y vende cocinas, estufas, chimeneas ‖ fumistería f

fumoso -sa adj que contiene o despide humo

funámbulo -la mf volatinero que hace ejercicios sobre una cuerda o alambre

función f acción de un órgano o una máquina; ejercicio de un empleo; espectáculo teatral; (mat.) magnitud cuyo valor depende del de otra variable

funcional adj perteneciente a una función; que sirve un fin útil o actividad especial

funcionar intr ejecutar una función, marchar, obrar

funcionario -ria mf empleado público

fund. abr. de fundador

funda f cubierta, envoltura con que se resguarda una cosa

fundación f acción de fundar; obra benéfica o cultural

fundamental adj que sirve de fundamento; cardinal, principal

fundamentar tr echar los cimientos a; asegurar, establecer

fundamento m cimiento de un edificio; base, principio; razón, motivo; seriedad

fundar tr construir, edificar; establecer, instituir; apoyar con razones o motivos

fundente adj ‖ m medicamento que resuelve los tumores; (quím.) substancia que facilita la fusión

fundición f acción de fundir; fábrica en que se funden metales; hierro colado; surtido de letras de imprimir

fundir tr derretir; dar forma en moldes a; romper quemando el filamento de (una bombilla eléctrica); unir (intereses, partidos, etc.)

fundo m finca rústica

fúnebre adj perteneciente a los muertos; triste

funeral adj perteneciente al entierro; m solemnidad de un entierro; exequias

funerario -ria adj funeral; m agente de entierros; f empresa encargada del entierro de los difuntos

funesto -ta adj aciago; triste; fatal

fungoso -sa adj esponjoso, fofo

funicular adj ‖ m ferrocarril que funciona por medio de cables o cuerdas

furgón m carro para transportes; vagón de ferrocarril para los equipajes

furia f ira exaltada; acceso de demencia; agitación; prisa; persona muy colérica; (cap.) f (mit.) cada una de las tres divinidades infernales

furibundo -da adj que denota furia; lleno de furia; frenético

furioso -sa adj poseído de furia; violento; muy grande, excesivo

furor m furia, cólera; demencia pasajera; entusiasmo, inspiración

furtivo -va adj oculto, disimulado; (cazador) que caza sin permiso

furúnculo m divieso

fusa f nota o silencio musical que vale media semicorchea

fusco -ca adj obscuro; (color) casi negro

fuselaje m cuerpo de los aviones

fusible adj que puede fundirse; m cortacircuitos de hilo de plomo que se funde e interrumpe la corriente cuando es excesiva

fusil m arma de fuego portátil

fusilamiento m ‖ fusilar tr ejecutar con una descarga de fusiles

fusilazo m tiro de fusil; fucilazo

fusilería f conjunto de fusiles o de fusileros

fusilero m soldado armado de fusil

fusión f efecto de fundir; paso del estado sólido al líquido; unión de intereses, partidos, etc.

fusionar tr unir (intereses, partidos, etc.)

fusionista adj y mf partidario de una fusión política o industrial

fusta f leña menuda y ramas; látigo delgado

fustán m tejido grueso de algodón con pelo por una cara

fuste m madera; asta de lanza; parte de la columna que media entre el capitel y la base; pieza de madera de la silla de montar; (fam.) importancia, tono

fustigar §45 tr azotar; criticar vivamente

fut. abr. de futuro

fútbol m juego de pelota en que ésta se lanza con el pie ‖ **futbolista** m

fútil adj insubstancial, de poca importancia ‖ futilidad f

futura f (fam.) novia, prometida

futurismo m modernismo artístico exagerado ‖ **futurista** adj y mf

futuro -ra adj que está por venir; (gram.) que expresa acción que ha de suceder; m (fam.) novio, prometido; (gram.) tiempo del verbo que expresa acción que ha de suceder; f véase futura

Fz. abr. de Fernández

G

G, g f octava letra del alfabeto

g. abr. de gramo o gramos

G. abr. de gracia

gabacho -cha adj ‖ mf (desp.) francés; m (fam.) castellano lleno de galicismos

gabán m abrigo, sobretodo

gabardina f sobretodo de tela impermeable; tela de tejido diagonal

gabarra f embarcación que se emplea para la carga y la descarga en los puertos

gabela f contribución, impuesto

gabinete m aposento destinado al estudio; habitación de recibo; sala donde se guardan objetos para estudio o enseñanza; conjunto de los ministros del Estado

Gabriel m nombre propio de varón; (Bib.) arcángel, mensajero divino

gacela f antílope, ágil y hermoso

gaceta f periódico que trata de algún ramo especial; (Col.) periódico

gacetilla f noticia corta en un periódico; persona que lleva y trae noticias

gacho -cha adj inclinado hacia tierra; f masa muy blanda; **gachas** fpl manjar compuesto de harina y agua

gachón -chona adj (fam.) que tiene gracia y atractivo

gaditano -na adj y mf natural de Cádiz

gadolinio m cuerpo simple metálico (símbolo Gd; núm. atómico 64; peso atómico 156,9)

gaélico -ca adj ‖ mf habitante celta de Escocia; m cada uno de los dialectos célticos de ciertas comarcas de Irlanda y Escocia

gafa f grapa; **gafas** fpl anteojos con enganches para sujetarlos detrás de las orejas

gafete m corchete, broche

gafo -fa adj ‖ mf persona que tiene encorvados los dedos; f véase gafa

gaita f instrumento músico de viento formado por un odre y varios tubos ‖ **gaitero** -ra mf

gajes mpl emolumento, salario

gajo m rama de árbol; parte del racimo de uvas; división interior de una fruta; punta de horca, las cuernas, etc.

gala f vestido rico, adorno suntuoso; gracia, garbo; ostentación; lo más selecto; **galas** fpl artículos de lujo

galafate m ladrón astuto

galaico -ca adj perteneciente a Galicia

galán m hombre gallardo; hombre que galantea a una mujer; actor que hace alguno de los principales papeles serios

galano -na adj elegante, gallardo; bien adornado

galante adj obsequioso, esp. con las damas; (mujer) que gusta de galanteos

galantear tr procurar captarse el amor de (una mujer); alabar los atractivos de (una mujer) ‖ **galanteo** m

galantería f acción o expresión obsequiosa; gracia, elegancia; generosidad

galantina f ave deshuesada, rellena, que se sirve prensada y fría

galanura f gracia, gallardía, elegancia

galápago m tortuga de vida lacustre (Clemmys y Emys); las Galápagos archipiélago del Pacífico perteneciente al Ecuador

galardón m ‖ **galardonar** tr premiar, recompensar

Galatea f (mit.) una de las nereidas

galaxia f Vía láctea; sistema estelar semejante a la Vía láctea

galbana f (fam.) pereza

gálbula f fruto en forma de cono corto del ciprés y plantas análogas

galena f sulfuro natural de plomo (SPb)

galeno m (fam.) médico; (cap.) m médico de la antigüedad (131–210 d. de J.C.)

galeón m antigua nave de gran porte

galeote m forzado que remaba en las galeras

galera f barco antiguo de velas y remos; carro grande, cubierto, de cuatro ruedas; cárcel de mujeres; tabla en que se ponen las líneas a medida que se componen; crustáceo marino comestible (Squilla mantis); **galeras** fpl pena de remar

galerada f carga de una galera de ruedas; trozo de composición que se pone en una galera; prueba que se saca del mismo para corregirla

galería f habitación larga y cubierta; corredor con vidrieras; colección de obras artísticas; camino subterráneo; paraíso del teatro

galerna f viento de noroeste en la costa septentrional de España

Gales (el país de) región del oeste de la Gran Bretaña ‖ **galés** -lesa adj y mf

galgo -ga mf perro muy ligero, de cuerpo delgado y patas largas; f piedra grande; palo que sirve de freno a las ruedas de un carro

Galia f, la vasta comarca antigua entre los Alpes, el Océano, los Pirineos y el Rin

gálibo m arco de hierro en forma de U invertida que sirve para ver si los vagones cargados pueden circular por los túneles

Galicia f región del noroeste de España; comarca del sur de Polonia

galicismo m giro o vocablo propio de la lengua francesa

Galilea f antigua comarca de Palestina ‖ **galileo** -a adj y mf

galimatías m (fam.) lenguaje obscuro; (fam.) confusión

galio m cuerpo simple metálico (símbolo Ga; núm. atómico 31; peso atómico 69,72); hierba que sirve para cuajar la leche

galiparlista *mf* persona que usa galicismos

galo -la *adj y mf* natural de la Galia

galocha *f* zueco; (Amér.) zapato de goma para andar por la nieve, el agua y el lodo

galón *m* cinta que se aplica a una prenda como adorno o como distintivo; medida inglesa para líquidos (*4,546 litros; en EE.UU.: 3,7853 litros*)

galop *m* danza húngara

galopante *adj* que galopa; (*enfermedad*) de evolución muy rápida

galopar *intr* ‖ **galope** *m* (la) marcha más rápida del caballo

galopillo *m* pinche de cocina

galopín *m* muchacho sucio y desharrapado; pícaro, bribón

galvánico -ca *adj* ‖ **galvanismo** *m* electricidad producida por la acción química

galvanizar §62 *tr* recubrir (*un metal*) con una ligera capa de otro mediante una corriente eléctrica; infundir nuevos ánimos a

galvanómetro *m* aparato para medir la intensidad y el sentido de una corriente eléctrica

galvanoplastia *f* operación por medio de la cual se cubren los cuerpos con capas metálicas por la acción de la electrólisis ‖ **galvanoplástico** -ca *adj*

gallardete *m* banderita estrecha de forma triangular

gallardía *f* ‖ **gallardo** -da *adj* airoso, apuesto; valiente; excelente, grande

gallear *intr* sobresalir; (fam.) alzar la voz con amenaza

gallego -ga *adj y mf* natural de Galicia, España

gallera *f* reñidero de gallos

galleta *f* pan sin levadura, cocido dos veces

gallina *f* hembra del gallo; (fam.) cobarde

gallináceo -a *adj* perteneciente o parecido a la gallina

gallinazo -za *mf* ave rapaz (*Cathartes aura*); *f* excremento de las gallinas

gallinero -ra *mf* persona que trata en gallinas; *m* lugar donde se crían aves de corral; paraíso del teatro; (fam.) lugar de confusión

gallipavo *m* pavo; (fam.) nota falsa

gallito *m* el que figura sobre los demás

gallo *m* ave de la familia de las gallinas, de plumaje lustroso, cresta roja y tarsos fuertes con espolones; nota falsa; (box.) peso entre el peso mosca y el peso pluma; (fam.) el que todo lo manda o lo quiere mandar

gallocresta *f* planta de hojas parecidas a la cresta de un gallo (*Salvia verbenaca*)

gama *f* hembra del gamo; escala musical; serie gradual de colores

gamarra *f* correa que aprieta el freno e impide que el caballo levante la cabeza

gamba *f* crustáceo comestible (*Pandalus*)

gamberro -rra *mf* libertino; pendenciero, malhechor

gambito *m* lance del ajedrez que permite dar mate al empezar a jugar

gambusino -na *mf* (Méx.) buscador de yacimientos minerales; (Méx.) buscador de fortuna

gamella *f* arco que se forma en cada extremo del yugo; artesa para dar de comer a los animales

gameto *m* cada una de las dos células que se unen para dar origen a un nuevo ser

gamma *f* tercera letra del alfabeto griego

gamo *m* ciervo de pelaje rojizo y cuernos en forma de pala (*Dama dama*)

gamón *m* planta de flores blancas y hojas en figura de espada (*Asphodelus albus*)

gamuza *f* antílope del tamaño de una cabra (*Rupicapra rupicapra*); piel de la gamuza adobada; tejido que la imita

gana *f* deseo, voluntad

ganadería *f* ganados; cría de ganados; raza especial de ganado

ganadero -ra *adj* ‖ *mf* propietario de ganado

ganado *m* conjunto de animales domésticos; ganado mayor bueyes, mulas, yeguas; ganado menor cabras, ovejas

ganancia *f* acción o efecto de ganar ‖ **ganancial** *adj*

ganancioso -sa *adj* que ocasiona ganancia; que la obtiene

ganapán *m* faquín; el que hace trabajos rudos; (fam.) hombre tosco y rudo

ganapierde *m y f* modo de jugar a las damas, en que gana el que pierde todas las piezas

ganar *tr* adquirir; conseguir tras una lucha; conseguir por casualidad; alcanzar; captar la voluntad de; *intr* prosperar, mejorar

ganchero *m* el que guía las maderas por el río; caballo de montar muy manso

ganchillo *m* aguja de gancho; labor hecha con ella

gancho m instrumento corvo y puntiagudo para prender o colgar algo || **ganchudo -da** adj

gándara f tierra baja e inculta

gandaya f (fam.) vida holgazana

gandujar tr encoger, fruncir, plegar

gandul -dula adj || mf (fam.) holgazán, vagabundo || **gandulear** intr || **gandulería** f

ganga f lo que se adquiere a poca costa; materia inútil que acompaña los minerales

ganglio m nudo o abultamiento en los nervios o en los vasos linfáticos

gangoso -sa adj que ganguea

gangrena f descomposición del tejido orgánico || **gangrenar** ref || **gangrenoso -sa** adj

gángster m bandido, malhechor || **gangsterismo** m

ganguear intr hablar con marcado sonido nasal || **gangueo** m

ganguero -ra o **ganguista** adj || mf (fam.) amigo de procurarse gangas

Ganimedes m (mit.) copero de Zeus

ganoso -sa adj deseoso

ganso -sa mf persona tarda y necia; m ave palmípeda doméstica

Gante f ciudad de Bélgica || **gantés -tesa** adj y mf

ganzúa f garfio con que se pueden abrir las cerraduras sin llave; (fam.) persona hábil en sonsacar secretos

gañán m mozo de labranza; hombre rudo y fuerte

gañido m grito del perro maltratado || **gañir** §12 intr

gañote m (fam.) garguero

garabatear tr escribir mal; intr escribir mal; echar un garabato para asir algo; andar por rodeos || **garabateo** m

garabato m gancho de hierro para asir o colgar una cosa; rasgo irregular; (fam.) gracia femenina

garaje m cochera para automóviles

garambaina f adorno de mal gusto; **garambainas** fpl (fam.) visajes, muecas

garante adj || mf persona que da garantía

garantía f fianza; acción de garantizar

garantir §39 o **garantizar** §62 tr responder de

garañón m asno padre

garapiña f estado de un líquido helado en grumos; galón que se usa para guarniciones

garapiñar tr poner en estado de garapiña; bañar en almíbar

garapiñera f heladora

garapito m insecto que nada de espaldas en las aguas estancadas

garatusa f (fam.) caricia, halago

garbanzo m planta leguminosa y su semilla alimenticia (*Cicer arietinum*)

garbear intr afectar garbo

garbillar tr limpiar con el garbillo

garbillo m criba, cedazo

garbo m || **garboso -sa** adj airoso, gallardo; desinteresado, generoso

garceta f ave de plumaje blanco con un penacho (*Egretta garzetta*)

gardenia f planta de flores blancas y muy olorosas

garduño -ña mf (fam.) ratero mañoso; f mamífero muy perjudicial (*Mustela foina*)

garete: al garete (mar. y fig.) sin gobierno

garfa f uña corva de animal

garfio m gancho de hierro

garganta f parte anterior del cuello; espacio entre el velo del paladar y el esófago; parte superior del pie e inferior de la pierna; estrechura de montes, ríos, etc.; ranura de la polea

gargantear intr gorgoritear

gargantilla f collar que se ajusta a la garganta

gárgaras fpl acción de impregnar la garganta con un líquido, manteniéndolo en la entrada y agitándolo constantemente con el aire que expele el pulmón

gargarismo m acción de gargarizar; licor para hacer gárgaras

gargarizar §62 intr hacer gárgaras

gárgola f caño o canal adornado de tejado o fuente

garguero m parte superior de la tráquea; caña del pulmón

garita f casilla del centinela; quiosco para el portero; casilla de madera; retrete con un solo asiento

garito m casa de juego

garla f || **garlar** intr (fam.) charlar

garlito m (fam.) celada, asechanza

garlopa f cepillo grande de carpintero

garnacha f vestido talar de los togados; uva roja dulce y delicada, y vino hecho con ella

garra f mano o pata de animal con uñas corvas; mano del hombre

garrafa f vasija esférica de cuello largo y angosto

garrafal adj muy grande, extraordinario

garrafón m damajuana

garrancha f espada; espata

garrapata f insecto que vive parásito sobre ciertos animales garrapatear *intr* hacer garrapatos

garrapato *m* rasgo irregular y caprichoso, rasgo mal formado

garrido -da *adj* galano, gentil, hermoso

garrocha *f* vara para picar a los toros; (dep.) vara larga para saltos

garrón *m* espolón de ave; extremo de la pata de los cuadrúpedos

garrote *m* palo grueso; instrumento con que se estrangula al reo

garrotero -ra *adj* (Chile) cicatero, mezquino; *m* (Méx.) guardafrenos

garrotillo *m* crup

garrucha *f* polea

garrulería *f* locuacidad

gárrulo -la *adj* muy hablador; que hace ruido continuo; (*ave*) que canta mucho

garzo -za *adj* azulado; *f* ave zancuda con moño gris (*Ardea purpurea*); garza real la de moño negro (*Ardea cinerea*)

garzota *f* ave zancuda (*Nycticorax griseus*)

gas *m* flúido sin forma ni volumen propios, semejante al aire

gasa *f* tela muy clara y sutil

gascón -cona *adj* y *mf* ‖ Gascuña *f* antigua provincia de Francia

gasear *tr* saturar de gases; matar o intoxicar con gases

gaseoso -sa *adj* que se encuentra en estado de gas; que contiene o despide gases; *f* bebida refrescante, efervescente y sin alcohol

gasificar §72 *tr* convertir en gas

gasista *m* el que coloca y arregla los aparatos e instalaciones de gas

gasoducto *m* cañería que conduce el gas de alumbrado desde la fábrica hasta los depósitos abastecedores de una ciudad

gasógeno *m* aparato para fabricar un gas

gas-oil *m* carburante que se emplea en los motores diésel

gasolina *f* mezcla inflamable de hidrocarburos que se obtiene de la destilación del petróleo

gasolinera *f* embarcación con motor de gasolina; estación de servicio de gasolina

gasómetro *m* depósito donde se almacena el gas de alumbrado

Gaspar *m* nombre propio de varón; uno de los tres Reyes Magos

gastar *tr* emplear (*el dinero*); echar a perder con el uso; tener o usar habitualmente

gasterópodo -da *adj* ‖ *m* molusco que se arrastra mediante un pie en el vientre

gasto *m* acción de gastar; lo que se gasta

gástrico -ca *adj* perteneciente al estómago

gastritis *f* inflamación del estómago

gastrointestinal *adj* perteneciente al estómago y a los intestinos

gastronomía *f* afición a los manjares delicados; arte de prepararlos ‖ gastronómico -ca *adj* ‖ gastrónomo -ma *mf*

gata *f* hembra del gato; a gatas con pies y manos en el suelo

gatada *f* acción propia de gata; (fam.) astucia, engaño

gatear *tr* arañar; (fam.) hurtar; *intr* andar a gatas, trepar

gatera *f* agujero para que pasen los gatos

gatería *f* (fam.) concurrencia de gatos; (fam.) halago para conseguir algo

gatillo *m* disparador de un arma de fuego; instrumento para sacar muelas y dientes

gato *m* mamífero doméstico (*Felis catus*); máquina que sirve para levantar pesos grandes; bolsa, dinero; gato de algalia mamífero carnicero (*Viverra civetta*)

gatuña *f* hierba leguminosa (*Ononis spinosa*)

gatuperio *m* mezcla de cosas inconexas; (fam.) embrollo, intriga

gaucho -cha *adj* ‖ *mf* natural de las pampas argentinas y uruguayas; *m* jinete de estas regiones

gausio *m* unidad de intensidad del campo magnético

gaveta *f* cajón de un escritorio

gavia *f* zanja; (mar.) vela del mastelero

gavilán *m* punta de la pluma de escribir; ave rapaz parecida al halcón (*Accipiter nisus*)

gavilla *f* haz de espigas, mieses, sarmientos, etc.; grupo de gente maleante

gaviota *f* ave palmípeda que se alimenta de peces (*Larus argentatus*)

gavota *f* antigua danza de origen francés

gayo -ya *adj* alegre, vistoso; *f* lista de diverso color en una tela

gayola *f* jaula; (fam.) cárcel

gayuba *f* mata con fruto en drupa roja (*Arctostaphylos uva-ursi*)

gazapa *f* (fam.) mentira, embuste

gazapatón *m* (fam.) disparate en el hablar

gazapera *f* madriguera de los conejos; (fam.) guarida de gentes de mal vivir

gazapo *m* conejito; (fam.) gazapa; (fam.) equivocación

gazmoñería f ‖ **gazmoño -ña** adj ‖ mf persona que afecta mucha devoción, piedad, modestia, escrúpulos, etc.

gaznápiro -ra adj y mf bobo, palurdo

gaznate m garguero

gazpacho m sopa fría de pan, aceite, agua, vinagre, ajos, cebollas, etc.

gazuza f (fam.) hambre aguda

gea f descripción del reino inorgánico de un país; (cap.) f diosa griega de la Tierra

Gedeón m (Bib.) juez de Israel y vencedor de los madianitas

gehena m (Bib.) valle de Palestina, sitio de horror, infierno

géiser m surtidor termal de origen volcánico

geisha f bailarina y cantante japonesa

gel m coloide de consistencia firme aunque contiene mucho líquido

gelatina f substancia sólida y transparente que se obtiene de los tejidos animales ‖ **gelatinoso -sa** adj

gema f piedra preciosa; botón, yema

gemelo -la adj ‖ mf cada uno de dos hermanos nacidos al mismo tiempo; **gemelos** mpl anteojos de teatro o campaña; botones para los puños de las camisas

gemido m acción de gemir

Géminis m tercer signo del zodíaco; constelación zodiacal

gemir §80 intr expresar dolor con sonido quejumbroso; aullar

gen m unidad elemental de la herencia

genciana f planta vivaz de raíz aperitiva (Gentiana officinalis)

gendarme m guardia civil, agente de policía

genealogía f serie de los ascendientes de una persona; documento que los detalla ‖ **genealógico -ca** adj ‖ **genealogista** mf

generación f acción de engendrar; línea de descendientes directos; conjunto de los coetáneos

generador m caldera de las máquinas de vapor; aparato que produce electricidad

general adj que es común a muchos; frecuente, usual; vago; m oficial superior del ejército; prelado superior de una orden religiosa

generala f mujer del general; toque para que las fuerzas se pongan sobre las armas

generalato m empleo de general; conjunto de los generales

generalidad f calidad de general; la mayor parte; vaguedad en la expresión

generalísimo m general en jefe

generalización f ‖ **generalizar** §62 tr hacer general o común; formar concepto general de

generar tr engendrar

generatriz f (pl: -trices) línea o superficie que moviéndose engendran respectivamente una superficie o un cuerpo geométrico; máquina que produce energía eléctrica

genérico -ca adj común a varias especies; (gram.) perteneciente al género; (gram.) (nombre) común

género m conjunto de cosas o seres que tienen entre sí analogías importantes y constantes; clase, manera; mercancía; clase de tela; (gram.) accidente que indica el sexo de las personas o los animales, y el que se atribuye a las cosas; de género (b.a.) que representa escenas de costumbres

generosidad f ‖ **generoso -sa** adj dadivoso, liberal; noble; excelente

génesis f (pl: -sis) principio, origen; el Génesis primer libro de la Biblia

genética f parte de la biología que trata de los problemas de la herencia

geneticista mf persona versada en genética

genético -ca adj perteneciente a la génesis; perteneciente a la genética; f véase genética

genial adj propio del genio; que tiene genio

genialidad f rareza, singularidad

genio m don altísimo de invención; persona que lo posee; carácter de una persona; disposición para una cosa; deidad pagana

genista f retama

genital adj que sirve para la generación; **genitales** mpl órganos de la reproducción

genitivo -va adj ‖ m caso de la declinación que indica posesión, pertenencia o materia de que está hecha una cosa

genitourinario -ria adj perteneciente a los aparatos de la generación y la orina

genocidio m destrucción sistemática de una raza o nación

Génova f ciudad y puerto del norte de Italia ‖ **genovés -vesa** adj y mf

gente f personas; reunión de personas; tropa de soldados; (fam.) familia; nación, pueblo

gentil adj pagano; amable, gracioso; grande; mf pagano

gentileza f gracia, garbo; gala, ostentación; cortesía

gentilhombre *m* (*pl:* gentileshombres) noble que servía en casa de los reyes; buen mozo

gentilicio -cia *adj* perteneciente a las naciones; perteneciente al linaje

gentílico -ca *adj* pagano

gentilidad *f* o gentilismo *m* conjunto de los gentiles; religión de los gentiles

gentío *m* afluencia de gente, multitud

gentuza *f* gente despreciable

genuflexión *f* acción de arrodillarse

genuino -na *adj* puro, auténtico, verdadero

geocéntrico -ca *adj* que tiene la Tierra como centro; perteneciente al centro de la Tierra

geodesia *f* estudio de la figura y magnitud de la superficie terrestre ‖ **geodésico** -ca *adj*

geofísico -ca *adj y mf* ‖ *f* estudio de la física terrestre

Geofredo *m* nombre propio de varón

geognosia *f* parte de la geología que estudia la composición de la Tierra

geografía *f* ciencia que describe la Tierra ‖ **geográfico** -ca *adj* ‖ **geógrafo** -fa *mf*

geología *f* estudio de la formación y naturaleza de la Tierra ‖ **geológico** -ca *adj* ‖ **geólogo** -ga *mf*

geomagnético -ca *adj* perteneciente al magnetismo terrestre

geómetra *mf* ‖ **geometría** *f* parte de las matemáticas que trata de la extensión ‖ **geométrico** -ca *adj*

geopolítico -ca *adj* ‖ *f* parte de la geografía humana que trata del origen y desarrollo de los Estados

geopónico -ca *adj* ‖ *f* agricultura

geórgica *f* obra poética sobre la agricultura

geranio *m* planta de jardín de flores en umbela

gerencia *f* ‖ **gerente** *m* director de una empresa mercantil

geriatría *f* parte de la medicina que trata de las enfermedades de la vejez ‖ **geriátrico** -ca *adj*

gerifalte *m* ave rapaz (*Falco rusticolus*)

Germania *f* comarca antigua que corresponde a la actual Alemania

germanía *f* jerga de gitanos y ladrones

germánico -ca *adj* perteneciente a Germania o a Alemania; *m* idioma indoeuropeo hablado por los germanos

germanio *m* cuerpo simple metálico (*símbolo* Ge; *núm. atómico* 32; *peso atómico* 72,60)

germano -na *adj y mf* natural de Germania; alemán; *m* hermano carnal

germen *m* principio rudimental de un ser orgánico; bacteria; origen, principio ‖ **germinal** *adj*

germinar *intr* nacer, comenzar a crecer; brotar (*las semillas o las esporas*)

Gerona *f* ciudad de España

gerontología *f* estudio de los fenómenos de la vejez

Gertrudis *f* nombre propio de mujer

gerundense *adj y mf* natural de Gerona

gerundio *m* (gram.) forma no personal del verbo que expresa la acción ejecutándose de presente

gesta *f* conjunto de hechos memorables de una persona

gestación *f* tiempo que dura la preñez; preliminares de un suceso

gestapo *f* policía secreta nazi

gestatorio -ria *adj* que se ha de llevar en brazos

gestear o **gesticular** *intr* hacer gestos o muecas; hacer movimientos

gestión *f* acción de administrar; diligencia

gestionar *tr* hacer diligencias para el logro de

gesto *m* expresión del rostro; mueca; ademán, movimiento

gestor -tora *adj* ‖ *mf* persona que gestiona; socio que dirige una empresa

gestudo -da *adj* ‖ *mf* (fam.) persona que pone mal gesto

Getsemaní *m* (Bib.) sitio próximo a Jerusalén donde estaba el jardín de los Olivos

giba *f* corcova

gibelino -na *adj* ‖ *m* partidario de los emperadores alemanes contra los Papas, en la Edad Media

giboso -sa *adj* corcovado

Gibraltar ciudad, plaza fuerte y estrecho en la extremidad sur de España ‖ **gibraltareño** -ña *adj y mf*

giga *f* antigua danza y música de origen italiano

giganta *f* mujer muy grande

gigante *adj* muy grande, enorme; *m* hombre muy grande; gigantón

gigantesco -ca *adj* muy grande, enorme; extraordinario

gigantón -tona *mf* figura gigantesca que se lleva en procesiones

gigote *m* guisado de carne picada en pedazos menudos

Gijón ciudad en la provincia de Oviedo ‖ **gijonés** -nesa *adj y mf*

Gil *m* nombre propio de varón

gimnasia *f* arte de dar fuerza y ligereza al cuerpo por medio del ejercicio; tal ejercicio gimnasio *m* sitio destinado a la gimnasia

gimnasta *mf* persona ejercitada en gimnasia

gimnástico -ca *adj* perteneciente a la gimnasia; *f* gimnasia

gimotear *intr* (fam.) gemir con frecuencia

ginebra *f* alcohol aromatizado con bayas de enebro; (*cap.*) *f* ciudad de Suiza

ginebrés -bresa *o* ginebrino -na *adj y mf* natural de Ginebra

ginecología *f* estudio de las enfermedades de la mujer ‖ ginecológico -ca *adj* ‖ ginecólogo -ga *mf*

giralda *f* veleta de torre; (*cap.*) *f* torre de la catedral de Sevilla

girándula *f* rueda de cohetes; artificio que arroja el agua de las fuentes con variedad de juegos; candelero de varios brazos

girar *tr* hacer (*una visita*); expedir (*letras y otras órdenes de pago*); *intr* dar vueltas, moverse circularmente

girasol *m* planta de flores amarillas que se vuelven hacia el Sol (*Helianthus annuus*)

giratorio -ria *adj* que gira o da vueltas

giro *m* acción de girar; frase; dirección que toma una cosa; documento bancario que ordena un pago

girocompás *m* brújula giroscópica

giroscópico -ca *adj* ‖ giroscopio *o* giróscopo *m* disco que, al girar rápidamente, tiende a mantener inmóvil el eje de rotación

gitanada *f* acción propia de gitanos; zalamería

gitanería *f* conjunto de gitanos; caricia, halago

gitanesco -ca *adj* propio de gitanos

gitano -na *adj* ‖ *mf* individuo de un pueblo errante que procede del norte de la India

glacial *adj* frío, helado

glaciar *m* masa de hielo en las altas montañas

gladiador *m* el que en los juegos romanos batallaba a muerte

gladiolo *m* espadaña (*Typha latifolia*)

glande *m* bálano

glándula *f* órgano que produce una secreción ‖ glandular *adj*

glasé *m* tafetán muy brillante

glasear *tr* abrillantar, satinar (*el papel*)

glauco -ca *adj* de color verde claro

glaucoma *m* dilatación morbosa del humor vítreo, que produce a menudo la ceguera

gleba *f* terrón que levanta el arado; tierra de labor

glicerina *f* líquido incoloro y dulce que se extrae de las grasas

global *adj* total; mundial

globo *m* cuerpo esférico; aparato que, lleno de un gas, se eleva en el aire; bomba de una lámpara ‖ globoso -sa *adj*

globular *adj* de forma de globo; compuesto de glóbulos

glóbulo *m* cuerpo esférico diminuto; corpúsculo esférico que se halla en la sangre ‖ globuloso -sa *adj*

gloria *f* honor, renombre y fama que adquiere uno por sus hechos, su virtud o sus talentos; bienaventuranza; cielo de los bienaventurados; esplendor; gusto, placer

gloriar §76 *ref* preciarse, jactarse; complacerse

glorieta *f* cenador de jardín; plazoleta; encrucijada de calles

glorificar §72 *tr* conferir la gloria a; ensalzar la gloria de; *ref* gloriarse

glorioso -sa *adj* digno de gloria; famoso; jactancioso; bienaventurado

glosa *f* explicación de un texto

glosario *m* vocabulario de un autor, texto, dialecto, etc.; colección de glosas; diccionario de voces obscuras o desusadas

glosopeda *f* enfermedad contagiosa de los ganados

glótico -ca *adj* ‖ glotis *f* orificio superior de la laringe

glotón -tona *adj* ‖ *mf* persona que come con exceso y con ansia ‖ glotonear *intr* ‖ glotonería *f*

glucinio *m* berilio

glucosa *f* azúcar que se encuentra en las uvas y otros frutos, y también en la sangre

gluglú *m* sonido del agua y de la voz del pavo ‖ gluglutear *intr*

gluten *m* substancia pegajosa que se encuentra en la sangre

gneis *m* roca parecida al granito

gnomo *m* enano fantástico, dotado de poder sobrenatural

gnomon *m* indicador de las horas en el reloj solar

gob. abr. de gobierno

gobernación *f* gobierno; administración del orden interior del Estado

gobernador -dora *adj* ‖ *m* jefe superior de un territorio

gobernalle *m* timón de la nave

gobernar §1 *tr* mandar, regir; conducir, dirigir; *intr* obedecer al timón

gobierno *m* acción de gobernar; conjunto de ministros de un Estado;

empleo y oficina del gobernador;
forma política de un Estado; (fam.)
advertencia; (fam.) arreglo

gobio m pez de río comestible

goce m acción de gozar

godo -da adj ‖ mf individuo de un
antiguo pueblo de Germania que
invadió el imperio romano

gol m (dep.) los dos postes de la meta
y acción de introducir la pelota
entre ellos

gola f gaznate, garganta; pieza de la
armadura que cubría la garganta

goleta f embarcación ligera de dos o
tres palos

golf m juego de origen escocés en que
se trata de meter una pelota en
ciertos hoyos, dándole con un palo ‖
golfista mf

golfo -fa mf pilluelo, vagabundo; m
brazo de mar que avanza tierra
adentro

Gólgota, el (Bib.) lugar en que Cristo
fué crucificado

Goliat m (Bib.) gigante que fué muerto
por David de una pedrada

golilla f cuello almidonado de los togados

golondrina f pájaro migratorio de alas
largas (*Hirundo rustica*)

golosina f manjar delicado; deseo;
cosa más agradable que necesaria

goloso -sa adj ‖ mf persona aficionada
a las golosinas

golpe m choque violento; latido del
corazón; desgracia imprevista; suceso repentino; sorpresa; multitud;
abundancia; gracia, ocurrencia

golpear tr dar golpe o golpes a; intr dar
golpes

golpetear tr e intr golpear repetidas
veces

gollería f manjar delicado; (fam.) delicadeza, superfluidad

gollete m parte superior de la garganta; cuello estrecho de una botella

goma f substancia viscosa que fluye
de ciertas plantas; caucho; tira de
goma elástica; (Amér.) malestar
que se experimenta después de
pasada una borrachera

Gomorra f (Bib.) ciudad de Palestina
que fué destruída por su corrupción y sus vicios

gomorresina f jugo lechoso que participa de las cualidades de la goma
y la resina

gomoso -sa adj que tiene goma o se
parece a ella; m (fam.) currutaco

góndola f bote de recreo usado esp.
en Venecia ‖ gondolero -ra mf

gong m o **gongo** m batintín

gongorismo m culteranismo, imitación de Góngora

goniómetro m instrumento para medir ángulos

gonococo m microbio patógeno de la
gonorrea

gonorrea f flujo de la uretra

gordiano -na adj perteneciente a Gor-
dio, rey de Frigia; nudo gordiano
nudo enredado o difícil de desatar;
dificultad insoluble

gordiflón -flona o **gordinflón -flona**
adj (fam.) grueso pero de carnes
flojas

gordo -da adj que tiene muchas carnes; muy abultado; graso; m grasa
del animal; premio mayor de la
lotería

gordura f exceso de carnes; grasa del
cuerpo

gorgojo m insecto coleóptero que
ataca a los cereales ‖ gorgojoso -sa
adj

Gorgona f (mit.) cada una de tres
mujeres cuyas cabezas estaban
cubiertas de serpientes

gorgoritear intr (fam.) hacer gorgori-
tos

gorgorito m (fam.) quiebro que se
hace con la voz al cantar

gorgoteo m ruido que produce un
líquido o gas en una cavidad

gorila m mono antropoide, grande
y feroz

gorja f garganta

gorjear intr hacer quiebros con la
voz; ref empezar a hablar (*el niño*) ‖
gorjeo m

gorra f prenda con visera para abrigar
la cabeza; de gorra a costa ajena

gorrero -ra mf persona que hace o
vende gorras; persona que vive o
se divierte de gorra

gorrino -na mf cerdo pequeño; cerdo

gorrión m pájaro con plumaje gris
obscuro (*Passer domesticus*)

gorrista adj ‖ mf persona que vive o
se divierte de gorra

gorro m prenda redonda de punto o
de tela para abrigar la cabeza

gorrón -rrona adj ‖ mf gorrista; m
espiga de un eje que entra en una
chumacera

gota f partícula de un líquido; enfermedad de índole reumática

gotear intr caer gota a gota

gotera f caída de gotas en el interior
de un espacio techado; hendidura
del techo por donde caen y señal
que dejan

goterón m gota grande de lluvia

gótico -ca adj perteneciente a los
godos; (estilo) que tiene como carac-

terística el arco ojival; noble, ilustre; *m* lengua de los godos

gotoso -sa *adj* ‖ *mf* persona que padece gota

gozar §62 *tr* tener, poseer; *intr y ref* tener gusto, sentir placer

gozne *m* bisagra, charnela

gozo *m* placer, deleite, alegría

gozoso -sa *adj* que siente gozo

gozque *m* perro pequeño muy ladrador

gr. abr. de gramo

Graal *m* Grial

grabado *m* acción o arte de grabar; procedimiento para grabar; estampa

grabador -dora *adj* ‖ *mf* persona que ejerce el arte del grabado; *m* dispositivo destinado a grabar sonidos en un disco

grabar *tr* labrar sobre una plancha de metal o madera (*letras, figuras, etc.*); registrar (*el sonido*) en un disco; registrar el sonido en (*un disco*)

gracejo *m* donaire en la expresión

gracia *f* atractivo, donaire; favor que se hace sin estar obligado a ello; indulto, perdón; ayuda que nos concede Dios; chiste; (fam.) nombre de una persona; **gracias** expresión de agradecimiento; **¡gracias!** ¡le agradezco!; **la gracia de Dios** el aire y el sol; el pan; **las Gracias** (mit.) las tres hermanas que dispensan belleza, bienestar, alegría, gracia, etc.

grácil *adj* muy delgado, sutil

gracioso -sa *adj* que tiene gracia; agudo, chistoso; gratuito; *mf* actor que desempeña papeles festivos

grada *f* peldaño; asiento colectivo en teatros, estadios, etc.; instrumento agrícola para allanar la tierra; **gradas** *fpl* escalinata

gradación *f* serie de cosas en progresión

gradería f conjunto de gradas, p.ej., en un teatro

gradilla *f* escalerita portátil; soporte para los tubos de ensayo en un laboratorio

grado *m* escalón o peldaño; cada uno de los estados, valores o calidades que puede tener una cosa; división de una escala que sirve de unidad de medida; cada una de las 360 partes en que se divide el círculo; categoría en el ejército, la marina, etc.; sección de una escuela; título universitario; gusto, voluntad

graduación *f* acción de graduar; categoría de un militar

gradual *adj* que va de grado en grado

graduando -da *adj* ‖ *mf* persona próxima a graduarse en la universidad

graduar §20 *tr* dar a (*una cosa*) el grado debido; dividir u ordenar en grados; conferir un grado académico a; ajustar, arreglar; *ref* recibir un grado académico

grafía *f* modo de escribir un sonido

gráfico -ca *adj* perteneciente a la escritura, a la imprenta, al dibujo; vívido, expresivo; *m* dibujo esquemático; *f* línea que indica las variaciones de un fenómeno

grafito *m* mineral de carbono, negro y lustroso

gragea *f* confite menudo de colores

grajo *m* pájaro parecido al cuervo (*Corvus frugilegus*)

gral. abr. de general

grama *f* planta gramínea medicinal (*Cynodon dactylon*)

gramático -ca *adj* perteneciente a la gramática; *mf* persona entendida en gramática; *f* composición, accidentes y función de las palabras de un idioma; arte de hablar y escribir bien un idioma; texto en que se enseña; **gramática parda** (fam.) astucia

gramil *m* instrumento para trazar paralelas en la madera

gramíneo -a *adj* perteneciente a la familia de las hierbas

gramo *m* unidad de masa, equivalente al peso de un centímetro cúbico de agua destilada

gramófono *m* instrumento que reproduce sonidos grabados en un disco

gramola *f* gramófono portátil

gran *adj* apócope de grande

grana *f* acción de granar las plantas; época en que ocurre; cochinilla; color que se extrae de la cochinilla; paño de este color

granada *f* fruto del granado; proyectil explosivo; (*cap.*) *f* ciudad y provincia del sur de España

granadero *m* soldado de elevada estatura

granadilla *f* flor y fruto de la pasionaria

granadino -na *adj y mf* natural de Granada; *f* refresco hecho con zumo de granada

granado -da *adj* notable, principal; alto; espigado; *m* árbol frutal (*Punica granatum*); *f* véase granada

granalla *f* metal en granos menudos

granar *intr* formar granos (*las mieses, los racimos, etc.*)

granate *m* piedra de color rojo obscuro

granazón f acción de granar las plantas

grande adj que excede a lo común o regular; m persona de alta nobleza; **grande de España** el que tiene derecho a cubrirse delante del rey

grandeza f calidad de grande; nobleza, majestad; dignidad de grande de España

grandilocuencia f elocuencia elevada, estilo sublime ‖ **grandilocuente** o **grandílocuo -cua** adj

grandillón -llona adj (fam.) demasiado grande

grandioso -sa adj magnífico, imponente

grandor m tamaño

grandote -ta adj muy grande

granel: a granel sin orden, en montón; sin envasar, sin empaquetar

granero m sitio donde se guarda el grano; país que produce mucho grano

granito m roca compacta y dura, compuesta de feldespato, cuarzo y mica

granizada f copia de granizo que cae de una vez

granizado m hielo machacado al que se agrega jugo de fruta

granizar §62 intr ‖ **granizo** m agua congelada que cae de las nubes en granos

granja f finca de campo en que se explotan industrias rurales; quinta de recreo

granjear tr adquirir traficando; captar, conseguir

granjero -ra mf persona que posee o cuida de una granja

grano m fruto de los cereales; baya, semilla; trozo pequeño redondeado; tumorcillo en la piel; unidad pequeña de peso; **ir al grano** ir directamente al asunto

granuja m bribón, pillo; (fam.) muchacho vagabundo; f uva desgranada

granular tr reducir a gránulos; ref cubrirse de granos (una parte del cuerpo)

gránulo m grano pequeño; pildorilla

granza f planta rubiácea (Rubia tinctorum); antracita de tamaño pequeño; **granzas** fpl residuos que quedan después de aventar o cerner alguna cosa

grapa f pieza metálica cuyos extremos, doblados, se clavan para unir o sujetar dos cosas

grasa f sebo del animal; mugre, suciedad; lubricante graso

grasiento -ta adj untado o lleno de grasa

graso -sa adj que tiene grasa o aspecto de grasa; m calidad de graso; f véase grasa

grasoso -sa adj grasiento

gratificación f ‖ **gratificar** §72 tr recompensar con dinero; dar extra o plus a; dar gusto a

grátil m (mar.) borde de la vela por donde se une a la verga

gratín: al gratín cubierto con pan rallado y cocido después en el horno

gratis adv sin retribución

gratitud f agradecimiento

grato -ta adj agradable, gustoso; gratuito, gracioso

gratuito -ta adj que se da o se hace sin interés; arbitrario, injusto

grava f guijo; piedra machacada

gravamen m carga, obligación; carga impuesta sobre un inmueble

gravar tr cargar; imponer un gravamen sobre

grave adj que pesa; serio, circunspecto; importante; peligroso; arduo; (sonido) hueco y bajo; (vocablo) que se acentúa en la penúltima sílaba

gravedad f calidad de grave; fuerza de atracción hacia el centro de la Tierra; **de gravedad** de cuidado, peligrosamente

grávido -da adj (mujer) embarazada; (poét.) cargado, lleno

gravitación f acción de gravitar; atracción universal

gravitar intr descansar, apoyar; obedecer (un cuerpo celeste) a la atracción universal

gravoso -sa adj molesto, pesado; oneroso

graznar intr ‖ **graznido** m canto del cuervo, el grajo, etc.; canto que disuena mucho

greca f adorno geométrico formado por un encadenamiento de ángulos rectos

Grecia f estado de la Europa meridional, al sur de la península de los Balcanes

grecizar §62 tr dar forma griega a

grecolatino -na adj perteneciente al griego y al latín

greda f arcilla arenosa usada para quitar manchas ‖ **gredoso -sa** adj

gregario -ria adj que vive o está confundido con otros; falto de ideas propias

gregoriano -na adj (canto) reformado por Gregorio I; (calendario) que reformó Gregorio XIII

Gregorio m nombre de varón; nombre de diez y seis Papas

greguería f gritería confusa

gregüescos *mpl* calzones muy anchos usados en los siglos XVI y XVII

gremial *adj* ‖ **gremio** *m* corporación de personas de un oficio, profesión, etc.

greña *f* cabellera descuidada y revuelta

gresca *f* algazara, bulla; riña

grey *f* rebaño; congregación de los fieles; conjunto de personas que tienen algún carácter común

Grial *m* vaso místico que se supone en los libros de caballería haber servido a Cristo en la Cena

griego -ga *adj y mf* natural de Grecia

grieta *f* abertura, hendidura

grifo -fa *adj* crespo; *m* llave para dar salida a un líquido; animal fabuloso, mitad águila y mitad león

grilla *f* (Amér.) rejilla de válvula electrónica

grillete *m* aro de hierro para fijar una cadena al pie de un preso

grillo *m* insecto que produce un sonido agudo y monótono; tallo que arrojan las semillas al nacer; **grillos** *mpl* conjunto de dos grilletes

grima *f* disgusto, horror que causa una cosa ‖ **grimoso -sa** *adj*

grímpola *f* gallardete corto

gringo -ga *mf* (desp.) extranjero, inglés; (Amér.) norteamericano; *m* (fam.) lenguaje ininteligible

gripe *f* enfermedad infecciosa causada por un virus

gris *adj* ceniciento; apagado, triste; *m* color gris; ardilla de Siberia

grisáceo -a *adj* que tira a gris

grisú *m* (pl: -súes) mezcla gaseosa de metano y aire que produce explosiones en las minas de hulla

grita *f* gritería; voces de desagrado

gritar *intr* levantar mucho la voz

gritería *f* o **griterío** *m* confusión de gritos y voces altas

grito *m* voz muy alta y levantada; **el último grito** (fam.) la última novedad

gro. abr. de género

gro *m* tela de seda de más cuerpo que el tafetán

Grocio *m* jurisconsulto holandés (1583-1645)

groenlandés -desa *adj y mf* ‖ **Groenlandia** *f* vasta isla dinamarquesa de la región ártica

grog *m* bebida de ron, agua caliente, azúcar y limón

grosella *f* fruto del grosellero

grosellero *m* arbusto ramoso (*Ribes rubrum*)

grosería *f* ‖ **grosero -ra** *adj* ordinario, basto; descortés; indecente, obsceno

grosor *m* espesor o cuerpo de una cosa

grotesco -ca *adj* ridículo y extravagante; grosero y de mal gusto; (b.a.) grutesco; *m* (b.a.) grutesco

grúa *f* máquina montada sobre un eje giratorio y con un brazo para levantar pesos

grueso -sa *adj* abultado, corpulento; grande; gordo, pesado; (*mar*) agitado; *m* grosor; parte principal de una cosa; la menor de las tres dimensiones; *f* doce docenas

gruir §27 *intr* gritar (*las grullas*)

grulla *f* ave zancuda de paso (*Grus cinerea*)

grumete *m* aprendiz de marinero

grumo *m* cuajarón; conjunto de cosas apiñadas ‖ **grumoso -sa** *adj*

gruñido *m* voz del cerdo; voz amenazadora de otros animales; sonido inarticulado que produce el que está de mal humor ‖ **gruñir** §12 *intr*

grupa *f* anca de una caballería

grupo *m* conjunto de objetos o seres; (elec. y mec.) acoplamiento de dos aparatos

gruta *f* caverna, cueva

grutesco -ca *adj* ‖ *m* (b.a.) adorno caprichoso de bichos, quimeras, follajes, etc.

gruyere *m* queso amarillo con grandes ojos

gte. abr. de gerente

guacamayo *m* papagayo americano de plumaje rojo, azul y amarillo (*Ara tricolor*)

guadamací (pl: -cíes) *m*, **guadamacil** *m*, **guadameci** (pl: -cíes) *m* o **guadamecil** *m* cuero adornado con dibujos de relieve

guadaña *f* cuchilla corva para segar a ras de tierra ‖ **guadañar** *tr*

guadarnés *m* lugar donde se guardan los arneses

guadijeño -ña *adj y mf* ‖ **Guadix** ciudad en la provincia de Granada, España

guajiro -ra *mf* (Cuba) campesino blanco

guajolote *m* (Méx.) pavo

gualdo -da *adj* amarillo; *f* hierba que sirve para teñir de amarillo (*Reseda luteola*)

gualdrapa *f* cobertura para las ancas de la caballería

gualdrapazo *m* golpe de las velas de un buque contra los palos

guanaco *m* rumiante sudamericano (*Lama huanacos*)

guano *m* excremento de ciertas aves marinas usado como abono; (Amér.) palmera

guantada *f* o **guantazo** *m* golpe dado en la cara con la mano abierta

guante *m* prenda que cubre la mano

guantelete *m* pieza de la armadura antigua con que se guarnecía la mano

guantería *f* ‖ **guantero -ra** *mf* persona que hace o vende guantes

guapetón -tona *adj* (fam.) de bello rostro y aspecto saludable; *m* (fam.) perdonavidas

guapeza *f* ‖ **guapo -pa** *adj* (fam.) de bellas facciones; (fam.) ostentoso en el vestir; (Amér.) animoso, valiente; *m* hombre pendenciero; (fam.) galán

guarapo *m* jugo de la caña de azúcar; bebida fermentada que se prepara con este jugo

guarda *mf* persona que guarda; *f* acción de guardar; varilla exterior del abanico; guarnición de la espada; hoja en blanco que se pone al principio y al fin de un libro; hierro de la cerradura que corresponde a un hueco de la llave

guardabarrera *mf* (f.c.) persona que cuida de un paso a nivel

guardabarros *m* (*pl:* -rros) alero de coche

guardabosque *m* guarda de un bosque

guardabrisa *m* bastidor con cristal en la parte delantera del automóvil; fanal que resguarda la luz contra el viento

guardacantón *m* poste de piedra en las esquinas de los edificios y a los lados de los caminos

guardacostas *m* (*pl:* -tas) buque destinado a guardar las costas y a perseguir el contrabando

guardaespaldas *m* (*pl:* -das) persona que acompaña a otra para protegerla

guardafrenos *m* (*pl:* -nos) el que maneja los frenos de los trenes

guardagujas *m* (*pl:* -jas) el que maneja las agujas de las vías férreas

guardainfante *m* (ant.) tontillo hueco

guardalmacén *m* el que guarda un almacén, depósito, etc.

guardamano *m* guarnición de la espada

guardameta *m* (dep.) el que defiende la meta

guardamonte *m* pieza que protege el disparador de un arma

guardamuebles *m* (*pl:* -bles) aposento destinado a guardar muebles

guardapolvo *m* resguardo para preservar del polvo; prenda de tela para preservar la demás ropa del polvo

guardar *tr* cuidar, custodiar; preservar de daño; conservar; retener; observar, cumplir; *ref* evitar; **guardarse de** abstenerse de; preservarse de

guardarropa *mf* persona encargada del guardarropa; *m* armario o lugar para guardar la ropa

guardarropía *f* conjunto de trajes de un teatro; lugar donde se guardan

guardasilla *f* moldura colocada en las paredes para evitar el roce de los respaldos de las sillas

guardavía *m* empleado encargado de vigilar un trozo de la vía férrea

guardería *f* empleo del guarda; local donde se guardan los niños durante las horas de trabajo de sus madres

guardesa *f* mujer que guarda; mujer del guarda

guardia *f* defensa, custodia; tropa que guarda un puesto; en la esgrima, posición de defensa; **de guardia** de servicio; *m* individuo de una guardia; **guardia marina** cadete de la armada

guardián -diana *mf* persona que custodia algo; *m* prelado de un convento de franciscanos

guarecer §19 *tr* acoger, dar asilo a; guardar, preservar; *ref* refugiarse

guarida *f* lugar donde se refugian los animales; refugio; paraje donde se encuentra a una persona con frecuencia

guarismo *m* cifra arábiga; cantidad expresada con dos o más cifras

guarnecer §19 *tr* poner guarnición a; adornar; revestir; equipar; engastar; revocar (*una pared*)

guarnición *f* adorno de las ropas; guardamano de la espada; engaste; tropa que defiende un lugar; **guarniciones** *fpl* arreos

guarnicionero -ra *mf* persona que hace o vende guarniciones para caballerías

guarro -rra *mf* cochino

guasa *f* (fam.) burla, broma; (fam.) falta de gracia

guasear *ref* (fam.) burlarse, chancearse

guaso -sa *adj* (Amér.) tosco, grosero; *mf* (Chile) rústico, campesino; *f* véase **guasa**

Guatemala *f* estado de la América Central ‖ **guatemalteco -ca** *adj y mf*

guau *m* ladrido del perro

guay *interj* ¡ay!

guayaba *f* fruto del guayabo; jalea de este fruto

guayabera *f* chaquetilla corta de hombre

guayabo *m* árbol americano de fruto comestible (*Psidium guajava*)

guayaco *m* árbol cuya madera se emplea en ebanistería; madera de este árbol

Guayana *f* vasta región del nordeste de la América del Sur ‖ guayanés -nesa *adj* y *mf*

gubernamental *adj* perteneciente o favorable al gobierno

gubia *f* formón para labrar superficies curvas

guedeja *f* cabellera larga; melena del león

güelfo -fa *adj* ‖ *m* partidario de los Papas contra los gibelinos, en la Edad Media

guerra *f* lucha armada entre naciones o partidos; pugna, lucha; guerra fría pugna diplomática y económica entre naciones, esp. entre los EE.UU. y la U.R.S.S.; guerra relámpago guerra ofensiva y rápida de aniquilación por sorpresa

guerrear *intr* hacer la guerra

guerrero -ra *adj* perteneciente a la guerra; que toma parte en una guerra; *m* soldado; *f* chaqueta de soldado

guerrilla *f* partida de paisanos que hostiliza al enemigo; grupo de tropa ligera que hace las descubiertas ‖ guerrillero *m*

guía *mf* persona que enseña el camino a otra; maestro, preceptor; *f* lo que dirige o encamina; libro de indicaciones; extremo del bigote retorcido

guiar §76 *tr* enseñar el camino a; dirigir, encaminar

guija *f* piedra rodada y chica; almorta

guijarro *m* piedra lisa y redonda ‖ guijarroso -sa *adj*

guijo *m* conjunto de guijas

guilladura *f* pérdida parcial del juicio; afición extremada

guillame *m* cepillo estrecho de carpintero

Guillermina *f* nombre propio de mujer

Guillermo *m* nombre propio de varón

guillotina *f* máquina para decapitar; aparato para cortar papel ‖ guillotinar *tr*

guinda *f* fruto del guindo

guindar *tr* colgar de lo alto; (fam.) ahorcar; (fam.) ganar

guindo *m* árbol parecido al cerezo, de fruto agrio (*Prunus cerasus*)

guindola *f* aparato salvavidas que va colocado en la popa del buque

guineo -a *adj* y *mf* natural de Guinea; *m* plátano o banana; *f* moneda inglesa (21 chelines); (cap.) *f* vasta

comarca de la costa occidental de África

guiñada *f* acción de guiñar

guiñapo *m* andrajo, trapo roto

guiñar *tr* cerrar (*un ojo*) momentáneamente; *ref* hacerse señas con los ojos

guiño *m* guiñada

guión *m* signo ortográfico que divide palabras compuestas o que marca la división de una palabra entre dos líneas; argumento de una obra cinematográfica, con los pormenores necesarios para su realización; cruz que precede a un prelado; bandera que se lleva delante de una procesión

guionista *mf* autor de un guión cinematográfico

guipur *m* encaje de mallas gruesas

Guipúzcoa *f* provincia del norte de España ‖ guipuzcoano -na *adj* y *mf*

guirigay *m* (fam.) lenguaje ininteligible; (fam.) gritería y confusión

guirlache *m* turrón de almendras y azúcar quemado

guirnalda *f* corona de flores y ramos

guisa *f* modo, manera; semejanza

guisado *m* manjar preparado al fuego y con una salsa

guisante *m* planta leguminosa y su semilla (*Pisum sativum*); guisante de olor planta leguminosa (*Lathyrus odoratus*)

guisar *tr* preparar (*los manjares*) por medio del fuego

guiso *m* manjar guisado

guisote *m* (fam.) bodrio, comistrajo

guita *f* cuerda delgada de cáñamo; (fam.) dinero

guitarra *f* instrumento músico compuesto de una caja, seis cuerdas y un mástil con trastes ‖ guitarrista *mf*

gula *f* exceso en la comida o la bebida ‖ guloso -sa *adj*

gulusmear *intr* andar oliendo lo que se guisa

gumía *f* daga encorvada de los moros

gurrumino -na *adj* enclenque, desmedrado; *m* (fam.) marido que tiene condescendencia excesiva con la mujer propia; *f* (fam.) condescendencia excesiva del marido con su mujer

gurullada *f* (fam.) cuadrilla de gente de mal vivir

gusanear *intr* hormiguear

gusanera *f* lugar donde se crían gusanos; (fam.) pasión fuerte y dominante

gusaniento -ta *adj* que tiene gusanos

gusanillo *m* rosca puntiaguda en que terminan las barrenas

gusano *m* animal invertebrado de cuerpo blando contráctil y dividido en anillos; hombre humilde y abatido

gusarapiento -ta *adj* que tiene gusarapos; muy sucio

gusarapo *m* animalejo de forma de gusano que se cría en el agua o entre la suciedad

gustar *tr* sentir en el paladar el sabor de; experimentar, probar; agradar; *intr* dar gusto; **gustar de** tener complacencia en

Gustavo *m* nombre propio de varón

gustazo *m* (fam.) gusto grande

gustillo *m* dejo, saborcillo

gusto *m* sentido que nos permite distinguir los sabores; sabor; deleite, placer; facultad de apreciar lo bello; manera de apreciar las cosas; antojo, capricho

gutapercha *f* goma sólida, flexible y más blanda que el caucho, que se obtiene con incisiones en el tronco de un árbol de la India

gutural *adj* perteneciente a la garganta; que se pronuncia contrayendo la garganta

H

H, h *f* novena letra del alfabeto

ha *interj* ¡ah!

haba *f* planta leguminosa; su semilla comestible; semilla del café, del cacao; roncha

Habacuc *m* (Bib.) uno de los doce profetas menores

Habana, la capital de Cuba

habanero -na *adj y mf* natural de la Habana; *f* danza propia de la Habana

habano -na *adj* perteneciente a la Habana; *m* cigarro puro de Cuba; *f* véase la Habana

haber *m* hacienda, caudal; sueldo; lo que se acredita, en contabilidad; §40 *impers* acontecer, efectuarse; existir; *aux* sirve para formar los tiempos compuestos, p.ej., **he** estudiado mi lección; *ref* portarse

habichuela *f* alubia, judía

hábil *adj* apto, capaz, diestro ‖ **habilidad** *f*

habilitar *tr* hacer hábil; comanditar; proveer; equipar

habitación *f* acción de habitar; morada, vivienda; aposento, pieza

habitante *mf* persona que habita en un país, provincia, ciudad, etc.

habitar *tr* vivir en; *intr* vivir, morar

hábito *m* vestido, ropa exterior; vestido de religioso o religiosa; costumbre

habitual *adj* que se hace, experimenta o posee por hábito

habituar §20 *tr* acostumbrar

habla *f* acción o facultad de hablar; idioma, lenguaje

habladuría *f* chisme, cuento, especie injuriosa

hablar *tr* emplear (*un idioma*); decir (*necedades*); *intr* expresarse por

medio de palabras; expresarse de un modo cualquiera; articular palabras; conversar

hablilla *f* habladuría, rumor

hablista *mf* persona que se expresa con propiedad y elegancia

hacedero -ra *adj* que puede hacerse

hacedor -dora *mf* persona que hace o crea; el Hacedor Supremo Dios

hacendado -da *adj ‖ mf* persona que tiene tierras, casas, ganados, etc.

hacendista *mf* persona que estudia los problemas de la hacienda pública

hacendoso -sa *adj* diligente, laborioso

hacer §41 *tr* formar, crear, producir, realizar; arreglar, disponer; causar; obligar, habituar; actuar, ejercer; representar (*un papel*); *intr* importar; adaptarse; *impers* haber transcurrido (*cierto tiempo*); sobrevenir (*algo que se refiere al buen o mal tiempo*), p.ej., **hace calor**; *ref* volverse, transformarse; acostumbrarse; apartarse; proveerse

hacia *prep* dirigiéndose a; cerca de (*cierta hora, día, mes, etc.*)

hacienda *f* finca en el campo; bienes de una persona; ganado; tesoro público; **haciendas** *fpl* faenas caseras

hacina *f* montón; conjunto de haces apilados

hacinar *tr* amontonar; formar hacinas de

hacha *f* herramienta cortante enastada; soga embreada para alumbrar; vela grande con cuatro pábilos

hachazo *m* golpe de hacha

hachero *m* candelero para poner el hacha; el que trabaja con hacha en cortar maderas

hacho *m* sitio elevado cerca del mar

hada f ser fantástico en forma de mujer, con poder mágico

Hades m (Bib.) infierno; (mit.) Plutón

hado m destino, suerte

hafnio m cuerpo simple metálico (*símbolo* Hf; *núm. atómico* 72; *peso atómico* 178,6)

hagiografía f biografía de santos ‖ hagiográfico **-ca** *adj* ‖ **hagiógrafo** m

haiga m (pop.) automóvil lujoso y llamativo

Haití m estado de la isla de Santo Domingo ‖ **haitiano -na** *adj y mf*

hala *interj* ¡ea!; ¡anda!

halagar §45 *tr* demostrar cariño a; adular; agradar; lisonjear; atraer con suavidad ‖ **halago** m ‖ halagüeño **-ña** *adj*

halar *tr* (mar.) tirar de

halcón m ave rapaz diurna (*Falco peregrinus*)

halconería f caza con halcones

hálito m aliento que se exhala por la boca; vapor exhalado; (poét.) soplo suave del aire

halitosis f aliento fétido

halo m círculo luminoso que aparece alrededor del Sol o la Luna; aureola

halógeno m cada uno de los cuatro elementos – bromo, cloro, flúor y yodo – que producen sales combinándose directamente con un metal

halterio m aparato formado de dos esferas de metal reunidas por una barra de metal, que se emplea en ciertos ejercicios gimnásticos

hall m (inglés) salón grande; vestíbulo

hallar *tr* dar con, encontrar; averiguar; observar; inventar; *ref* encontrarse; estar

hallazgo m acción de hallar; cosa hallada; premio al que ha hallado una cosa perdida

hamaca f red que, colgada por las extremidades, sirve de cama

hambre f gana y necesidad de comer; escasez; deseo ardiente

hambrear *tr* causar hambre a; *intr* padecer hambre

hambriento -ta *adj* que tiene hambre

Hamburgo ciudad y puerto de Alemania

hamburgués -guesa *adj y mf* natural de Hamburgo; f emparedado de carne de vaca picada y frita

hampa f vida de holgazanería y hurtos; (fam.) gente maleante

handball m juego entre dos equipos, que consiste en lanzar con las manos una pelota contra una pared

handicap m desventaja; (dep.) prueba en que unos concurrentes dan a otros algunos tantos u otras ventajas

handicapar *tr* poner trabas a; (dep.) establecer handicapes para

hangar m cobertizo para los aparatos de aviación

haplología f síncope de una de dos sílabas que tienen sonidos iguales o casi iguales

haragán -gana *adj y mf* ‖ **haraganear** *intr* rehuir el trabajo ‖ **haraganería** f

harakiri m suicidio cortándose el vientre, practicado en el Japón

harapiento -ta *adj* ‖ **harapo** m andrajo, guiñapo ‖ **haraposo -sa** *adj*

harem m o **harén** m habitación de las mujeres, entre los musulmanes; conjunto de mujeres de un musulmán

harina f polvo que resulta de moler granos, semillas, etc. ‖ **harinoso -sa** *adj*

harnero m criba

harpía f arpía

harpillera f tejido basto para hacer sacos o cubiertas

hartar *tr* saciar el apetito de (*una persona*); satisfacer; cansar, fastidiar

hartazgo o **hartazón** m incomodidad que resulta de comer o beber con exceso

harto -ta *adj* bastante, sobrado; cansado; **harto** *adv* bastante

hartura f hartazgo; abundancia; satisfacción

hasta *adv* aun; *prep* continuando a (*cierta hora, día, lugar, etc.*); ascendiendo a (*cierta cantidad*)

hastial m fachada de un edificio terminada por las dos vertientes del tejado; hombre rústico

hastiar §76 *tr* ‖ **hastío** m repugnancia a la comida; disgusto; tedio

hatajo m pequeña porción de ganado; (fam.) conjunto, copia

hato m ropa y pequeño ajuar para el uso ordinario; porción de ganado; junta, corrillo; conjunto, copia

hauaiano -na *adj y mf* ‖ **Islas Hauaii** archipiélago de la Polinesia, uno de los estados de los EE.UU.

haya f árbol muy alto de corteza gris (*Fagus*); su madera; **La Haya** capital de Holanda

hayuco m fruto del haya

haz m (*pl:* haces) porción atada de leña, hierba, etc.; conjunto de rayos luminosos; f (*pl:* haces) faz, rostro; cara anterior de las telas

haza f porción de tierra de labor

hazaña f acción o hecho ilustre, singular y heroico

hazmerreír *m* persona ridícula que sirve de juguete y diversión

he *adv* aquí está, aquí están; **he aquí** aquí tiene Vd.

hebdómada *f* semana; siete años

hebdomadario -ria *adj* semanal

Hebe *f* (mit.) diosa de la juventud

hebilla *f* pieza de metal con un clavillo en medio que sirve para ajustar correas o cintas

hebra *f* porción de hilo que se pone en el ojo de la aguja; fibra; filamento; hilo del discurso

hebraico -ca *adj* hebreo

hebraísmo *m* sistema religioso de los judíos; giro propio de la lengua hebrea

hebraísta *mf* persona que cultiva la lengua y literatura hebreas

hebreo -a *adj* ‖ *mf* individuo de un pueblo semítico que conquistó la Palestina; persona que profesa la ley mosaica; *m* idioma hebreo

Hébridas, las islas inglesas al oeste de Escocia

Hécate *f* (mit.) diosa griega de la luna y las regiones infernales

hecatombe *f* sacrificio de cien bueyes que hacían los gentiles; gran matanza

hect. abr. de hectárea

hectárea *f* medida agraria (*100 áreas*)

hectogramo *m* medida de peso (*100 gramos*)

hectolitro *m* medida de capacidad (*100 litros*)

hectómetro *m* medida de longitud (*100 metros*)

Héctor *m* (mit.) el más valiente de los jefes troyanos, muerto por Aquiles

Hécuba *f* (mit.) esposa de Príamo y madre de Héctor

hechicería *f* ‖ **hechicero -ra** *adj* ‖ *mf* persona que practica el arte de hechizar; persona que cautiva y embelesa

hechizar §62 *tr* practicar maleficio contra; cautivar el ánimo de

hechizo -za *adj* postizo; hecho según ley y arte; fabricado; *m* acción de hechizar; palabra, acción u objeto empleados para hechizar; persona o cosa que deleita o embelesa

hecho -cha *adj* perfecto; semejante a, convertido en; (*ropa*) que se hace sin medidas de persona determinada; *m* acción, obra; suceso; materia, asunto

hechura *f* acción de hacer; forma de las cosas; toda cosa, respecto del que la ha hecho o creado; persona que debe a otra cuanto tiene

heder §52 *tr* cansar, fastidiar; *intr* despedir mal olor

hediondez *f* ‖ **hediondo -da** *adj* que despide mal olor; molesto; sucio

hedonismo *m* doctrina que considera el placer como único fin de la vida ‖ **hedonista** *adj* y *mf*

hedor *m* mal olor

Hefestos *m* (mit.) el Vulcano de los griegos

hegemonía *f* supremacía de un pueblo sobre otros

hégira o **héjira** *f* era musulmana que se cuenta desde el 15 de julio de 622

helada *f* congelación producida por el tiempo frío; escarcha

Hélade *f* nombre que dan los griegos a su país

helado -da *adj* muy frío; pasmado, suspenso; *m* bebida congelada; sorbete; *f* véase helada

heladora *f* máquina para hacer helados

helar §1 *tr* congelar; pasmar, sobrecoger

helecho *m* planta de rizoma ramoso y frondas coriáceas, del orden *Filicales*

helénico -ca *adj* perteneciente a Grecia

helenio *m* planta de raíz amarga y medicinal (*Inula helenium*)

helenismo *m* influencia ejercida por la civilización griega; giro de la lengua griega

helenista *mf* persona que cultiva la lengua y literatura griegas

helenizar §62 *tr* grecizar

heleno -na *adj* y *mf* griego

helero *m* masa de hielo en las altas montañas

Helesponto *m* antiguo nombre de los Dardanelos

hélice *f* línea trazada en forma de tornillo en la superficie de un cilindro; aparato de propulsión de buques y aviones en forma de segmentos de hélice ‖ **helicoidal** *adj*

helicón *m* instrumento músico de metal; (*cap.*) *m* monte en la Beocia, consagrado a las musas; lugar de donde viene la inspiración poética

helicóptero *m* aparato de aviación, capaz de ascender y descender verticalmente

helio *m* cuerpo simple gaseoso (*símbolo* He; *núm. atómico* 2; *peso atómico* 4,003)

heliocéntrico -ca *adj* que tiene el Sol como centro; perteneciente al centro del Sol

heliograbado *m* procedimiento para obtener grabados por medio de la luz solar; estampa obtenida por este medio heliotropo *m* planta de jardín, de flores azuladas y olorosas

helipuerto *m* espacio reservado para el despegue y el aterrizaje de los helicópteros

helminto *m* lombriz, tenia

helvecio -cia *adj y mf* ‖ la Helvecia provincia oriental de la Galia, correspondiente a la actual Suiza ‖ helvético -ca *adj y mf*

hematie *m* glóbulo rojo de la sangre

hematita o hematites *f* óxido de hierro rojizo (Fe₂O₃)

hembra *f* animal del sexo femenino; mujer; planta que es fecunda y da fruto; pieza en que penetra y se ajusta otra

hembrilla *f* pieza en que se introduce o asegura otra; armella

hemeroteca *f* biblioteca de publicaciones periódicas

hemiciclo *m* semicírculo; gradería semicircular

hemiplejía *f* parálisis de un lado del cuerpo

hemisférico -ca *adj* ‖ hemisferio *m* cada una de las dos mitades de una esfera

hemistiquio *m* parte del verso separado por una cesura

hemofilia *f* estado patológico, generalmente hereditario, que se manifiesta por una tendencia a la hemorragia ‖ hemofílico -ca *adj y mf*

hemoglobina *f* materia colorante de los glóbulos rojos de la sangre

hemorragia *f* pérdida de sangre ‖ hemorrágico -ca *adj*

hemorroide *f* almorrana

hemostático -ca *adj* ‖ *m* medicamento que contiene la hemorragia

hemostato o hemóstato *m* instrumento que detiene la hemorragia

henchir §80 *tr* llenar; colmar

hendedura *f* hendidura

hender §52 *tr* abrir una hendidura en; cortar (*un fluido o líquido*); abrirse paso entre

hendidura *f* abertura prolongada, raja, grieta

henil *m* sitio en que se guarda el heno

heno *m* hierba segada y seca, para alimento del ganado; conjunto de vegetales que forman los prados naturales; hierba anual (*Trifolium incarnatum*)

henrio *m* (elec.) unidad de inductancia

heñir §60 *tr* sobar (*la masa del pan*) con los puños

hepático -ca *adj* perteneciente al hígado

heptaedro *m* sólido de siete caras

heptágono -na *adj* ‖ *m* polígono de siete lados

heptasílabo -ba *adj* ‖ *m* verso de siete sílabas

Heptateuco *m* los siete primeros libros de la Biblia

Hera *f* (mit.) esposa de Zeus

Heracles *m* (mit.) nombre griego de Hércules

Heráclito *m* filósofo griego (540-480 a. de J.C.)

heráldico -ca *adj y mf* ‖ *f* ciencia del blasón

heraldo *m* ministro que tenía a su cargo transmitir mensajes, llevar los registros de la nobleza, etc.; mensajero

herbáceo -a *adj* que tiene la naturaleza de la hierba

herbazal *m* terreno poblado de hierbas

herbicida *m* agente que destruye las malas hierbas

herbívoro -ra *adj* ‖ *m* animal que se alimenta de vegetales

herbolario -ria *mf* persona que recoge y vende plantas medicinales

herborizar §62 *intr* recoger plantas y hierbas

herboso -sa *adj* poblado de hierba

herciano -na *adj* perteneciente a las ondas electromagnéticas, cuya relación con las ondas ópticas fué descubierta por el físico alemán Hertz

Herculano antigua ciudad que fué sepultada por la erupción del Vesubio

hercúleo -a *adj* ‖ hércules *m* hombre de mucha fuerza; (*cap.*) *m* (mit.) héroe griego, célebre por su fuerza y sus hazañas; (astr.) constelación boreal

heredad *f* finca rural

heredar *tr* suceder en (*bienes, títulos, etc.*); suceder (*a una persona*) en bienes, títulos, etc.; poseer (*ciertos caracteres*) por herencia biológica

heredero -ra *adj* ‖ *mf* persona a quien pertenece una herencia

hereditario -ria *adj* perteneciente a la herencia; que se adquiere por herencia

hereje *mf* persona que defiende una herejía

herejía *f* doctrina que contradice el dogma; disparate en materia científica

herencia *f* acción de heredar; lo que se hereda; transmisión de caracteres biológicos

heresiarca *m* jefe de una secta herética

herético -ca *adj* perteneciente a la herejía

herido -da *adj* ‖ *mf* persona que ha recibido una herida; *f* lesión producida por un choque o un arma; agravio, ofensa

herir §48 *tr* causar lesión o herida a; batir, golpear; caer (*los rayos del sol*) sobre; chocar desagradablemente; pulsar (*un instrumento de cuerda*); ofender

hermafrodita *adj* que tiene órganos reproductores de los dos sexos

hermanar *tr* unir, juntar; armonizar, uniformar

hermanastro -tra *mf* hijo de uno de los dos consortes con respecto al del otro

hermandad *f* parentesco entre hermanos; cofradía; gran amistad

hermano -na *mf* persona nacida de los mismos padres o sólo del mismo padre o la misma madre; individuo de una cofradía

Hermes *m* (mit.) nombre griego de Mercurio

hermético -ca *adj* perfectamente cerrado

hermosear *tr* poner o hacer hermoso

hermoso -sa *adj* que deleita el ojo, que excita la admiración

hermosura *f* calidad de hermoso; mujer muy hermosa

hernia *f* tumor producido por la salida total o parcial de una víscera

herniado -da o **hernioso -sa** *adj* ‖ *mf* persona que padece hernia

Hero *f* (mit.) sacerdotisa de Afrodita, de quien se enamoró Leandro

Herodes *m* (Bib.) rey de Judea, que ordenó la degollación de los inocentes

Heródoto *m* historiador griego (484-425 a. de J.C.)

héroe *m* varón ilustre por sus hazañas; personaje principal de un poema épico, leyenda, etc.; semidiós ‖ heroico **-ca** *adj*

heroína *f* mujer heroica; personaje femenino principal de un drama, etc.; alcaloide derivado de la morfina

heroísmo *m* lo que es propio de héroes; acción heroica

herrada *f* cubo de madera con aros de hierro

herradero *m* acción de marcar con hierro el ganado; sitio donde lo hacen

herrador *m* el que hierra las caballerías

herradura *f* hierro semicircular que se clava a las caballerías en los cascos

herraje *m* conjunto de piezas metálicas con que se guarnece algo

herramienta *f* instrumento de trabajo manual

herrar §1 *tr* clavar las herraduras a; marcar con hierro candente; guarnecer de hierro

herrería *f* ‖ herrero *m* el que trabaja el hierro

herrete *m* cabo metálico que se pone en los extremos de los cordones ‖ herretear *tr*

herrumbre *f* óxido rojizo que se forma en la superficie del hierro ‖ herrumbroso **sa** *adj*

hertziano -na *adj* herciano

herventar §1 *tr* cocer en agua hirviendo

hervidero *m* manantial de donde surge el agua a borbollones; ruido de los humores en el cuerpo; muchedumbre

hervir §48 *intr* agitarse (*un líquido*) por crearse en su interior gases o vapores; excitarse (*las pasiones*); abandar

hervor *m* acción de hervir; fogosidad

Hesiodo *m* poeta griego (siglo VIII a. de J.C.)

Hespérides *fpl* (mit.) ninfas que guardaban las manzanas de oro

heterodinar *tr* (rad.) combinar (*una serie de ondas*) con otra serie, de frecuencias distintas ‖ heterodino **-na** *adj*

heterodoxia *f* ‖ heterodoxo **-xa** *adj* contrario a una doctrina establecida

heterogeneidad *f* ‖ heterogéneo **-a** *adj* formado de partes de diversa naturaleza

hexaedro *m* sólido de seis caras

hexágono -na *adj* ‖ *m* polígono de seis lados

hexámetro *adj* ‖ *m* verso formado por seis pies

hexápodo -da *adj* ‖ *m* animal de seis patas; insecto

hexasílabo -ba *adj* ‖ *m* verso de seis sílabas

Hexateuco *m* los seis primeros libros de la Biblia

hez *f* (*pl:* heces) poso de un líquido; lo más vil y despreciable de algo; heces *fpl* excrementos

Hg. abr. de hectogramo

hialino -na *adj* parecido al vidrio

hiato *m* encuentro de dos vocales sin contracción

hibernés -nesa *adj* y *mf* ‖ Hibernia *f* antiguo nombre de Irlanda

híbrido -da *adj* ‖ *m* animal o vegetal procreado por dos individuos de distinta especie; vocablo sacado de dos lenguas distintas

hidalgo -ga *adj* generoso, noble; *mf* persona de noble cuna ‖ **hidalguez** *f* o **hidalguía** *f*

hidra *f* pólipo de agua dulce; (*cap.*) *f* (mit.) monstruo con siete cabezas; constelación austral

hidratar *tr* combinar con el agua

hidrato *m* combinación de un cuerpo con el agua

hidráulico -ca *adj* que se mueve por medio del agua; que se endurece con el agua; perteneciente a la hidráulica; *f* mecánica de los flúidos; estudio de la conducción y elevación de las aguas

hidro o **hidroavión** *m* aeroplano con flotadores para posarse en el agua

hidrocarburo *m* compuesto en que entran sólo el carbono y el hidrógeno

hidroeléctrico -ca *adj* perteneciente a la electricidad obtenida por fuerza hidráulica

hidrófilo -la *adj* que vive en el agua; que absorbe fácilmente el agua

hidrofobia *f* enfermedad infecciosa que ataca a algunos animales y se transmite por mordedura; horror al agua

hidrófugo -ga *adj* que protege contra la humedad

hidrógeno *m* cuerpo simple gaseoso, inflamable, el más ligero de todos (*símbolo* H; *núm. atómico* 1; *peso atómico* 1,0080)

hidrografía *f* parte de la geografía que trata de los mares, ríos y lagos ‖ **hidrográfico** -ca *adj* ‖ **hidrógrafo** -fa *mf*

hidromel *m* aguamiel

hidropesía *f* acumulación anormal de humor seroso

hidrópico -ca *adj* que padece hidropesía; sediento con exceso; insaciable

hidroplano *m* hidro o hidroavión

hidropónico -ca *adj* que consiste en cultivar las plantas únicamente en el agua

hidrostático -ca *adj* ‖ *f* parte de la mecánica que trata del equilibrio de los líquidos

hidroterapia *f* tratamiento de las enfermedades por la aplicación del agua

hidróxido *m* (quím.) base

hidroxilo *m* el radical monovalente OH

hiedra *f* planta trepadora (*Hedera helix*)

hiel *f* bilis; pena, amargura

hielo *m* agua congelada; acción de helar

hiena *f* mamífero carnívoro nocturno (*Hyaena*)

hierba *f* planta cuyo tallo no desarrolla tejido leñoso; **mala hierba** hierba que, sin sembrarla, medra en gran profusión

hierbabuena *f* planta aromática (*Mentha sativa*)

hierro *m* cuerpo simple metálico, gris azulado, dúctil, maleable y muy tenaz (*símbolo* Fe; *núm. atómico* 26; *peso atómico* 55,85); arma de hierro; marca candente que se pone a los ganados; **hierros** *mpl* grillos; **hierro colado** aleación de hierro y carbono que sale fundida de los altos hornos

hígado *m* víscera que segrega la bilis; ánimo

higiene *f* parte de la medicina que enseña la conservación de la salud; aseo, limpieza ‖ **higiénico** -ca *adj* ‖ **higienista** *adj* y *mf*

higo *m* segundo fruto de la higuera; **higo chumbo** fruto de la higuera chumba o nopal

higrometría *f* medida de la cantidad de humedad que hay en el aire ‖ **higrométrico** -ca *adj*

higrómetro *m* instrumento para determinar la humedad del aire

higroscopio *m* instrumento que indica las variaciones de la humedad del aire

higuera *f* árbol frutal que produce la breva y el higo (*Ficus carica*); **higuera chumba** chumbera, nopal

hijastro -tra *mf* respecto de un cónyuge, hijo o hija del otro en matrimonio anterior

hijo -ja *mf* persona o animal respecto de sus padres; persona respecto del lugar en que nació; fruto, producto; **hijos** *mpl* descendientes

hijuela *f* canal que va de una acequia al campo; parte de cada heredero en una herencia; cosa subordinada

hijuelo *m* retoño, renuevo

hila *f* orden en línea recta; acción de hilar; **hilas** *fpl* hebras que se sacan de un lienzo para curar heridas

hilacha *f* hilo que se desprende de la tela

hilada *f* hilera

hilado *m* acción de hilar; cáñamo, lino, etc. reducido a hilo

hilandería *f* arte de hilar; fábrica de hilados ‖ **hilandero** -ra *mf*

hilar *tr* reducir a hilo; *intr* hilar delgado (fam.) proceder con sumo cuidado

hilarante *adj* que mueve a risa; (*gas*) que produce risa y se usa como anestésico

hilaridad *f* risa y algazara

hilatura *f* acción y arte de hilar

hilaza *f* hilo de una tela; hilo grueso y desigual

hilera *f* orden en línea recta; parhilera; instrumento para reducir a alambre un metal

hilo *m* hebra delgada que se forma retorciendo una materia textil; hebra que producen ciertos insectos; chorro delgado; continuidad de un discurso; tejido de lino; (elec.) alambre

hilván *m* costura provisional de puntadas largas

hilvanar *tr* asegurar con hilvanes; hacer de prisa

Himalaya (**montes**) cordillera del Asia central que comprende las cimas más altas del globo

himen *m* membrana que reduce el orificio externo de la vagina

himeneo *m* casamiento

himenóptero -ra *adj* ‖ *m* insecto con dos pares de alas membranosas

Himeto *m* monte de Grecia, célebre por su miel

himno *m* canto de honor, adoración o alabanza

hincapié *m* acción de hincar el pie con fuerza; **hacer hincapié en** (fam.) insistir con tesón en

hincar § 72 *tr* clavar, plantar; *ref* arrodillarse

hincha *mf* (dep.) partidario fanático; *f* (fam.) odio

hinchado -da *adj* vano, presumido; afectado; *f* (dep.) conjunto de partidarios fanáticos

hinchar *tr* aumentar el volumen de; exagerar; *ref* ponerse más abultado; envanecerse

hinchazón *f* efecto de hincharse; vanidad; defecto del estilo hinchado

hindú -dúa *adj* y *mf* (*pl:* -dúes -dúas) natural de la India; natural de la India que pertenece a una de las castas

hiniesta *f* retama

hinojo *m* planta comestible y medicinal (*Foeniculum vulgare*); de **hinojos** de rodillas

hipar *intr* sufrir el hipo; lloriquear; **hipar por** ansiar mucho

hipérbola *f* curva plana en la cual es constante la diferencia entre los radios vectores de cualquiera de sus puntos

hipérbole *f* (ret.) exageración

hiperbóreo -a *adj* muy septentrional

hiperestesia *f* sensibilidad excesiva

hipertensión *f* presión arterial anormalmente alta

hipertrofia *f* crecimiento anormal de un órgano

hípico -ca *adj* ‖ **hipismo** *m* cría y educación del caballo; equitación; carreras de caballos

hipnosis *f* sueño provocado artificialmente

hipnótico -ca *adj* perteneciente a la hipnosis; *m* medicamento que produce sueño

hipnotismo *m* procedimiento para provocar el sueño artificialmente ‖ **hipnotista** *mj* ‖ **hipnotizar** §62 *tr*

hipo *m* movimiento convulsivo del diafragma; ansia; odio

hipocondría *f* depresión morbosa del ánimo ‖ **hipocondríaco -ca** *adj* y *mf*

Hipócrates *m* médico griego (460–357 a. de J.C.)

Hipocrene *f* (mit.) fuente consagrada a las Musas

hipocresía *f* ‖ **hipócrita** *adj* ‖ *mf* persona que finge y representa lo que no es o no siente

hipodérmico -ca *adj* que está o se aplica debajo de la piel

hipódromo *m* pista para carreras de caballos

hipogastrio *m* parte inferior del vientre

hipogrifo *m* animal fabuloso, **mitad** grifo, mitad caballo

hipopótamo *m* paquidermo corpulento que vive en los grandes ríos de África

hipoteca *f* derecho sobre un inmueble con que se garantiza el pago de un crédito

hipotecar §72 *tr* gravar (*un inmueble*) con hipoteca

hipotenusa *f* lado opuesto al ángulo recto de un triángulo rectángulo

hipótesis *f* (*pl:* -sis) suposición para sacar de ella una consecuencia ‖ **hipotético -ca** *adj*

hipotiroidismo *m* actividad deficiente de la glándula tiroides

hirsuto -ta *adj* peludo; cubierto de púas o espinas

hisopear *tr* rociar con el hisopo

hisopo *m* mata olorosa (*Hyssopus officinalis*); aspersorio para el agua bendita; (Arg., Col. y Chile) brocha

hispalense *adj* y *mf* sevillano

Hispania *f* nombre antiguo de la Península Ibérica

hispánico -ca *adj* español

hispanidad *f* calidad de español; comunidad espiritual de todos los pueblos de raza española

hispanismo *m* giro propio de la lengua española; afición del hispanófilo

hispanista *mf* persona dedicada a los estudios hispánicos

hispano -na *adj y mf* español; hispanoamericano

hispanoamericano -na *adj* perteneciente a América y España; de la América española; *mf* natural de la América española

hispanófilo -la *adj* ‖ *mf* amigo de España y de lo español

hispanófobo -ba *adj* ‖ *mf* persona que tiene odio a los españoles

hispanohablante *adj* ‖ *mf* persona que habla español

histamina *f* base cristalina que tiene la propiedad de rebajar la tensión arterial y de estimular la contracción del útero

histerectomía *f* operación de extirpar el útero

histeria *f* histerismo

histérico -ca *adj y mf* ‖ **histerismo** *m* estado de excitabilidad emocional exagerada

histidina *f* base cristalina formada como producto de proteínas

histología *f* estudio de los tejidos orgánicos ‖ **histólogo -ga** *mf*

historia *f* relato de sucesos pasados; cuento; (fam.) chisme

historiador -dora *mf* persona que escribe historia

historial *adj* perteneciente a la historia; *m* reseña de los antecedentes de un negocio o de la carrera de una persona

historiar §76 o regular *tr* escribir la historia de; (b.a.) representar (*un suceso histórico o fabuloso*)

histórico -ca *adj* perteneciente a la historia

historieta *f* cuento, narración breve; **historieta gráfica** la expuesta en una serie de dibujos

histrión *m* actor; juglar, bufón ‖ **histriónico -ca** *adj*

hita *f* clavito sin cabeza

hitleriano -na *adj y mf* ‖ **hitlerismo** *m* doctrina del nacionalsocialismo alemán ‖ **hitlerista** *adj y mf*

hito -ta *adj* fijo, firme; inmediato; *m* poste indicador; blanco; *f* véase hita

Hl. abr. de hectolitro

Hm. abr. de hectómetro

Hno. abr. de Hermano

hocicar §72 *tr* hozar; (fam.) besuquear; *intr* dar con los hocicos en el suelo

hocico *m* parte de la cabeza de ciertos animales que comprende la boca y las narices; (fam.) gesto de enfado

hockey *m* juego de pelota inglés que se juega con un palo curvado

hogaño *adv* (fam.) en este año; (fam.) en esta época

hogar *m* sitio donde se enciende la lumbre; casa, domicilio; vida de familia; hoguera

hogareño -ña *adj* amante de la vida de familia

hogaza *f* pan de más de dos libras; pan de salvado o harina mal cernida

hoguera *f* montón de materias combustibles que levantan llama

hoja *f* cada una de las partes, verdes y planas, que brotan en las ramas de los vegetales y que son órganos de la respiración; pétalo; cuchilla de un arma o herramienta; lámina de cualquier materia; parte movible de una puerta o ventana

hojalata *f* hoja de hierro bañada de estaño

hojalatería *f* ‖ **hojalatero -ra** *mf* persona que hace o vende piezas de hojalata

hojaldre *m y f* masa de harina con manteca que, al cocerse al horno, hace hojas

hojarasca *f* conjunto de hojas caídas de los árboles; cosa inútil

hojear *tr* pasar ligeramente las hojas de (*un libro*); *intr* formar hojas (*un metal*)

hojuela *f* fruta de sartén muy delgada; hoja muy delgada de metal

hol. abr. de holandés

hola *interj* para expresar extrañeza, o para llamar o saludar

holanda *f* lienzo muy fino; (cap.) *f* estado de la Europa central ‖ **holandés -desa** *adj y mf*

holgado -da *adj* desocupado; ancho; que vive sin apuros

holganza *f* ociosidad, descanso; placer

holgar §65 *intr* estar ocioso, descansar; estar sin uso; alegrarse; *ref* alegrarse; divertirse

holgazán -zana *adj* ‖ *mf* persona que no trabaja, que no quiere trabajar ‖ **holgazanear** *intr* ‖ **holgazanería** *f*

holgorio *m* (fam.) diversión bulliciosa

holgura *f* anchura; diversión; abundancia

holmio *m* cuerpo simple metálico (*símbolo* Ho; *núm. atómico* 67; *peso atómico* 164,94)

holocausto *m* sacrificio en que se quemaba la víctima; sacrificio, ofrenda

Holofernes *m* (Bib.) general de Nabucodonosor, muerto por Judit

hollar §63 *tr* pisar con el pie; abatir, humillar

hollejo *m* piel delgada de algunas frutas y legumbres

hollín *m* substancia crasa y negra que

deposita el humo ‖ holliniento -ta *adj*

hombrada *f* acción que requiere valor y nobleza

hombradía *f* calidad de hombre; entereza, valor

hombre *m* animal racional; ser humano del sexo masculino; adulto; (fam.) marido; hombre rana buzo equipado con traje y aletas de goma para la natación submarina; *interj* para expresar sorpresa, reconvención, etc.

hombrear *intr* presumir (*el joven*) de hombre hecho; hacer fuerza con los hombros; hombrear con querer igualarse con; *ref* hombrearse con querer igualarse con

hombrecillo *m* hombre pequeño; lúpulo

hombrera *f* pieza que refuerza o adorna un traje en la parte del hombro

hombría *f* hombradía; hombría de bien honradez

hombro *m* parte superior del tronco humano, de donde nace el brazo

hombruno -na *adj* que se parece al hombre; que parece de hombre

homenaje *m* juramento de fidelidad; sumisión, veneración; fiesta en honor de alguien

homenajear *tr* festejar

homeópata *adj y mf* ‖ homeopatía *f* empleo de remedios que producen efectos semejantes a los síntomas de la enfermedad ‖ homeopático -ca *adj*

homérico -ca *adj* ‖ Homero *m* poeta épico de Grecia del siglo IX a. de J.C.

homicida *adj* ‖ *mf* persona que causa la muerte de otra persona

homicidio *m* acción de matar a un ser humano

homilía *f* plática en que se explican materias de religión; (fam.) plática moral enfadosa

hominicaco *m* (fam.) hombre cobarde y de mala facha

homogeneidad *f* ‖ homogéneo -a *adj* formado de partes de igual naturaleza

homologar §45 *tr* confirmar; (dep.) confirmar (*una marca*) oficialmente

homólogo -ga *adj* semejante, igual

homonimia *f* ‖ homónimo -ma *adj* ‖ *mf* persona que tiene el mismo nombre que otra; *m* vocablo que tiene la misma pronunciación que otro

homosexual *adj y mf* ‖ homosexualidad *f* perversión sexual respecto a individuos del mismo sexo

homúnculo *m* (fam.) hombre pequeño; (fam.) tipo, sujeto

honda *f* tirador de cuero o goma para tirar piedras

hondear *tr* reconocer el fondo de (*un puerto*) con la sonda

hondo -da *adj* profundo; bajo; intenso; (*canto*) gitano; *m* fondo de una cosa hueca; *f* véase honda

hondonada *f* terreno hondo

hondura *f* profundidad

Honduras *f* estado de la América Central ‖ hondureño -ña *adj y mf*

honestidad *f* ‖ honesto -ta *adj* decente; recatado, modesto; honrado, probo; justo, razonable

hongo *m* planta de consistencia esponjosa, sin clorofila y de forma de sombrero sostenido por un piececillo; sombrero de fieltro de forma redonda

honor *m* virtud, probidad; recato; buena reputación; obsequio; dignidad, cargo; distinción

honorable *adj* digno de ser honrado

honorario -ria *adj* que sirve para honrar; *m* estipendio por un trabajo en las profesiones

honorífico -ca *adj* que da honor

honra *f* respeto de sí mismo; buena reputación; honestidad en la mujer; honras *fpl* oficio solemne que se hace por los difuntos

honradez *f* ‖ honrado -da *adj* que procede con rectitud; que se hace con rectitud

honrar *tr* respetar; enaltecer el mérito de; *ref* tener a honra

honrilla *f* pundonor; por la negra honrilla por el qué dirán

honroso -sa *adj* que da honra; decente

hora *f* cada una de las veinticuatro partes del día; momento determinado para algo

Horacio *m* poeta latino (65–8 a. de J.C.)

horadar *tr* agujerear

horario -ria *adj* perteneciente a las horas; *m* saetilla que señala las horas en el reloj; cuadro indicador de las horas de diferentes cosas

horca *f* aparato para ahorcar a un condenado; palo rematado en dos o más puntas para levantar la paja, etc.; ristra

horcajadas: a horcajadas a caballo, con una pierna a cada lado

horchata *f* bebida refrescante de chufas, almendras, etc. machacadas con agua y azúcar

horda *f* tropa de salvajes nómadas

horizontal *adj* que está en el horizonte o paralelo a él

horizonte m límite extremo de la tierra o el mar a que alcanza la vista

horma f molde; pared de piedra seca

hormiga f insecto himenóptero que vive en sociedad (*Formica*)

hormigón m mezcla de piedras menudas y mortero de cal y arena; hormigón armado fábrica de hormigón sobre armadura de barras de acero

hormigonera f aparato para hacer el hormigón

hormiguear *intr* bullir, moverse (*una multitud de gente o animales*); abundar; experimentar una sensación parecida a la que producirían las hormigas corriendo por el cuerpo ‖ **hormigueo** m

hormiguero m lugar donde se crían y se recogen las hormigas; lugar donde hay mucha gente en movimiento

hormón m u **hormona** f substancia química producida en un órgano y que, transportada por la circulación sanguínea, produce efectos en otros órganos

hornacina f nicho en una pared para una estatua

hornada f cantidad que se cuece de una vez en el horno

hornaguera f carbón de piedra

hornero -ra mf persona que cuece pan en el horno; m ave que construye un nido a modo de horno (*Furnarius rufus*)

hornija f leña menuda

hornilla f hueco en el hogar con una rejilla para sostener la lumbre; nicho en la pared del palomar para que aniden las palomas

hornillo m horno pequeño que se emplea en la cocina para guisar

horno m obra de fábrica que sirve para producir temperaturas elevadas para asar viandas, fundir minerales, etc.; **alto horno** el dispuesto para fundir mena de hierro

horóscopo m predicción supersticiosa basada en el aspecto de los astros en la hora del nacimiento de una persona

horquilla f horca, bieldo; alfiler doblado que sirve para sujetar el pelo; pieza de un mecanismo que tiene forma de horca

horrendo -da *adj* que causa horror

hórreo m granero; en Asturias y Galicia, granero sostenido en el aire por cuatro pilares

horrible u **hórrido** -da *adj* horrendo

horripilante *adj* ‖ **horripilar** *tr* hacer que se ericen los cabellos a (*una persona*); causar horror a

horro -rra *adj* liberto; libre, desembarazado

horror m profunda aversión causada por algo terrible o repugnante

horrorizar §62 *tr* causar horror a

horroroso -sa *adj* que causa horror; (fam.) muy feo

hortaliza f planta hortense comestible

hortelano -na *adj* ‖ mf persona que cultiva una huerta; m pájaro de carne muy estimada (*Emberiza hortulana*)

hortense *adj* perteneciente a las huertas

hortensia f arbusto de jardín de flores muy hermosas (*Hydrangea hortensia*)

hortera m dependiente de tienda; f escudilla de madera

horticultor -tora mf ‖ **horticultura** f cultivo de los huertos y huertas; parte de la agricultura que enseña este cultivo

Hos. abr. de **Hermanos**

hosco -ca *adj* ceñudo, de mal genio

hospedaje m ‖ **hospedar** *tr* dar alojamiento a

hospedería f habitación destinada a los huéspedes en las comunidades religiosas; casa para alojamiento de visitantes; alojamiento

hospedero -ra mf persona que da alojamiento y comida a huéspedes

hospiciano -na mf persona pobre que vive en hospicio

hospicio m casa destinada para albergar peregrinos y pobres; asilo de huérfanos, ancianos, etc.

hospital m establecimiento en que se curan enfermos y heridos

hospitalario -ria *adj* que ejerce la hospitalidad

hospitalidad f buen recibimiento que se hace a los visitantes; virtud de acoger a los menesterosos; estancia de un enfermo en el hospital

hospitalizar §62 *tr* admitir en el hospital

hostelería f profesión de hostelero; gremio de hosteleros

hostelero -ra mf persona que tiene a su cargo una hostería

hostería f casa donde se da de comer y alojamiento por dinero

hostia f lo que se ofrece en sacrificio; oblea comestible; oblea que consagra el sacerdote en el sacrificio de la misa

hostigar §45 *tr* azotar; acosar, molestar, perseguir; (Amér.) empalagar

hostil *adj* contrario, enemigo

hostilidad f calidad de hostil; acción hostil; agresión armada

hostilizar §62 *tr* acometer (*al enemigo*)

hotel *m* fonda lujosa; casa particular, rodeada de jardín

hotelería *f* profesión de hotelero; gremio de hoteleros

hotelero -ra *adj* perteneciente al hotel; *mf* persona que tiene a su cargo un hotel

hotentote -ta *adj* ‖ *mf* individuo de una raza negra sudafricana

hoy *adv* en el día presente; en el tiempo presente; *m* este día; el tiempo presente

hoya *f* hoyo grande en la tierra; sepultura

hoyanca *f* (fam.) fosa común en el cementerio

hoyo *m* hueco en una superficie; sepultura

hoyuelo *m* hoyo en el centro de la barba o en las mejillas

hoz *f* (*pl:* hoces) instrumento de hoja corva para segar; estrechura en un valle o río; la hoz y el martillo el emblema del partido comunista

hozar §62 *tr* levantar (*el puerco la tierra*) con el hocico

hta. abr. de hasta

hucha *f* arca de labriego; alcancía; dinero ahorrado

hueco -ca *adj* cóncavo, vacío; mullido; vano, presumido; afectado; (*voz*) retumbante; *m* intervalo de tiempo o lugar; cavidad; (fam.) puesto o empleo vacante

huecograbado *m* procedimiento de fotograbado en cilindros de cobre y con máquinas rotativas; grabado así obtenido

huelga *f* cesación del trabajo en señal de protesta; tiempo en que está uno sin trabajar; recreación; sitio que convida a la recreación

huelgo *m* respiración; anchura, holgura; hueco entre dos piezas que deben encajar

huelguista *mf* obrero que se pone en huelga

Huelva *f* provincia y ciudad en el sudoeste de España ‖ **huelveño -na** *adj y mf*

huella *f* acción de hollar; señal que deja el pie; rastro, vestigio

huérfano -na *adj* ‖ *mf* persona de menor edad que ha perdido a sus padres o a uno de ellos

huero -ra *adj* (*huevo*) que no produce cría; vano, sin substancia

huerta *f* huerto grande; tierra de regadío

huerto *m* trozo de terreno en que se cultivan verduras, legumbres o árboles frutales

Huesca *f* provincia y ciudad en el este de España

hueso *m* cualquiera de las piezas del esqueleto de los vertebrados; parte dura en lo interior de ciertas frutas; tarea ingrata y trabajosa ‖ **huesoso -sa** *adj*

huésped -peda *mf* persona alojada en casa ajena; persona que hospeda a otra en su casa

hueste *f* ejército, tropa; secuaces, partidarios

huesudo -da *adj* que tiene mucho hueso

hueva *f* masa compacta que forman los huevos de ciertos peces

huevera *f* copa para comer huevos pasados por agua

huevería *f* tienda de huevos

huevero -ra *mf* persona que vende huevos; *f* véase huevera

huevo *m* cuerpo más o menos esférico que sueltan las aves, insectos, peces, etc. de donde sale el nuevo ser; huevo a la plancha huevo frito sin batir; huevo de Colón o de Juanelo cosa difícil al parecer, y fácil después de sabido en qué consiste; huevo pasado por agua el cocido ligeramente con la cáscara

huf *interj* ¡uf!

hugonote -ta *adj y mf* calvinista francés

huída *f* ‖ **huir** §27 *tr* evitar, esquivar; hurtar (*el cuerpo*); *intr* escaparse, evadirse; apartarse rápidamente; desvanecerse; *ref* escaparse, evadirse

hule *m* tela impermeable barnizada; caucho

hulla *f* carbón de piedra; hulla azul energía motriz de las mareas, y también del viento; hulla blanca energía motriz de una corriente de agua

hullero -ra *adj* ‖ *f* mina de hulla

humanar *tr* hacer humano o más humano

humanidad *f* conjunto de los seres humanos; naturaleza humana; compasión; (fam.) corpulencia; humanidades *fpl* literatura griega y latina; bellas artes

humanismo *m* cultivo de las humanidades; sistema que trata de los intereses humanos ‖ **humanista** *mf* ‖ **humanístico -ca** *adj*

humanitario -ria *adj* ‖ **humanitarismo** *m* interés por el bien de la humanidad

humanizar §62 *tr* humanar

humano -na *adj* perteneciente al hombre; compasivo; *m* hombre, persona

humareda *f* abundancia de humo

Humberto *m* nombre propio de varón

humear *intr* arrojar humo, vapor o vaho

humedad *f* calidad de húmedo; agua o vapor de agua que impregna un cuerpo o el aire

humedecer §19 *tr* poner húmedo

húmedo -da *adj* impregnado de agua o de otro líquido

humeral *adj* perteneciente al húmero; *m* paño blanco que se pone sobre los hombros el sacerdote para tomar la custodia

humero *m* cañón o tubo de chimenea

húmero *m* hueso del brazo entre la espaldilla y el codo

humildad *f* ‖ humilde *adj* que se rebaja voluntariamente; sumiso, obediente; bajo, pobre

humilladero *m* cruz o imagen que suele haber a la entrada de los pueblos

humillar *tr* inclinar (*la cabeza, el cuerpo*); abatir el orgullo de; *ref* rebajarse voluntariamente

humo *m* producto gaseoso de la combustión incompleta; vapor que exhala una cosa que fermenta; **humos** *mpl* casas, hogares; altivez, vanidad

humor *m* disposición del espíritu; humorismo; cualquier líquido del organismo animal

humorada *f* dicho o hecho festivo; capricho

humorismo *m* facultad de descubrir y expresar los elementos cómicos de una situación ‖ **humorista** *adj y mf* ‖ **humorístico -ca** *adj*

humus *m* parte orgánica del suelo

hundimiento *m* ‖ **hundir** *tr* hincar, sumir; abatir; arruinar; confundir con razones; *ref* desplomarse (*un edificio*); sumergirse; perder la fortuna; desaparecer (*una cosa*) sin que se sepa cómo

Hunfredo *m* nombre propio de varón

húngaro -ra *adj y mf* ‖ **Hungría** *f* país de la Europa central

húnico -ca *adj* ‖ **huno -na** *adj* ‖ *mf* individuo de un antiguo pueblo bárbaro asiático que ocupó el territorio entre el Volga y el Danubio

huracán *m* viento violento a modo de torbellino; viento muy fuerte ‖ **huracanado -da** *adj*

huraña *f* ‖ **huraño -ña** *adj* que huye del trato social

hurgar §45 *tr* remover, menear; manosear; azuzar, incitar

hurgón *m* hierro para atizar la lumbre

hurgonear *tr* remover o atizar con el hurgón

hurí *f* (*pl*: **-ríes**) mujer hermosa del paraíso de Mahoma

hurón -rona *mf* mamífero que se emplea para la caza de conejos (*Putorius furo*); (fam.) persona huraña; (fam.) persona que todo lo averigua

huronear *tr* cazar con hurón; (fam.) andar indagando con disimulo

huronera *f* guarida del hurón; (fam.) escondrijo, madriguera

hurra *interj* para expresar entusiasmo

hurtadillas: a hurtadillas a escondidas

hurtar *tr* robar aprovechando descuidos; desviar (*el cuerpo*); *ref* desviarse, ocultarse

hurto *m* acción de hurtar; cosa hurtada

húsar *m* soldado de caballería ligera vestido a la húngara

husillo *m* tornillo de una prensa; canal de desagüe; eje de la escalera de caracol

husmear *tr* rastrear con el olfato; (fam.) indagar con disimulo; *intr* empezar a oler mal ‖ **husmeo** *m*

husmo *m* olor de las carnes que comienzan a pasarse

huso *m* instrumento que sirve para hilar; instrumento que sirve para devanar la seda; **huso esférico** porción de superficie comprendida entre dos semicírculos máximos; **huso horario** cada uno de los 24 husos esféricos en que se considera dividida la superficie de la Tierra y en que todos los puntos tienen la misma hora

huy *interj* que expresa dolor físico repentino, asombro o admiración

I

I, i *f* décima letra del alfabeto

ib. abr. de ibidem

Iberia *f* antiguo nombre de España y Portugal

ibérico -ca o **iberio -ria** *adj* perteneciente a Iberia; español

íbero -ra *adj y mf* natural de Iberia

Iberoamérica *f* conjunto de los países

americanos de habla española y portuguesa ‖ **iberoamericano -na** *adj y mf*

íbice *m* cabra salvaje con los cuernos muy grandes y echados hacia atrás (*Capra ibex*)

ibicenco -ca *adj y mf* natural de Ibiza

ibidem *adv* en el mismo lugar

ibis *f* (*pl:* ibis) ave zancuda venerada por los antiguos egipcios (*Threskiornis aethiopica*)

Ibiza *f* la tercera en extensión de las islas Baleares

Ícaro *m* (mit.) hijo de Dédalo, que cayó al mar por despegarse sus alas

iceberg *m* (*pl:* -bergs) gran masa flotante de hielo en el mar

icón o **icono** *m* en la iglesia griega, imagen pintada en tablilla

iconoclasta *adj* ‖ *mf* persona que niega el culto a las sagradas imágenes

iconografía *f* descripción de estatuas, imágenes, etc.

iconoscopio *m* (telv.) aparato para explorar electrónicamente y enfocar las imágenes

ictericia *f* enfermedad causada por la difusión de la bilis en la sangre

ictiología *f* estudio de los peces ‖ **ictiológico -ca** *adj* ‖ **ictiólogo -ga** *mf*

íd. abr. de ídem

ida *f* acción de ir; acción impensada; **ida y vuelta** ida con regreso al punto de salida

idea *f* representación de una cosa en la mente; opinión; designio; manía; **idea fija** obsesión

ideal *adj* excelente, perfecto en su línea; que sólo existe en el pensamiento; *m* modelo de perfección ‖ **idealidad** *f*

idealismo *m* tendencia a dejarse guiar más por lo ideal que por lo práctico; doctrina filosófica que considera la idea como principio del ser y del conocer; doctrina estética que tiene por finalidad la representación de un ideal más hermoso que la realidad ‖ **idealista** *adj y mf*

idealizar §62 *tr* atribuir características ideales a

idear *tr* formar idea de; inventar, proyectar

ídem *pron latino* lo mismo

idéntico -ca *adj* igual; muy parecido

identidad *f* calidad de idéntico; igualdad completa; hecho de ser una persona o cosa la misma que se supone

identificación *f* ‖ **identificar** §72 *tr* reconocer que (*una persona o cosa*) es la misma que se supone; demostrar la identidad de

ideografía *f* representación de ideas por medio de símbolos

ideología *f* conjunto de ideas de un autor, escuela, etc. ‖ **ideológico -ca** *adj* ‖ **ideólogo -ga** *mf*

idílico -ca *adj* ‖ **idilio** *m* poema bucólico de carácter amoroso; coloquio amoroso

idioma *m* lengua de un país; modo especial de hablar

idiomático -ca *adj* propio de un idioma o lengua

idiosincrasia *f* modo de ser propio y peculiar de cada individuo

idiota *adj y mf* ‖ **idiotez** *f* falta congénita de las facultades mentales; estupidez

idiotismo *m* idiotez; ignorancia; (gram.) modismo

idólatra *adj* que adora ídolos; que ama apasionadamente; *mf* persona que adora ídolos

idolatrar *tr* amar excesivamente; *intr* adorar ídolos

idolatría *f* culto de los ídolos; amor excesivo

ídolo *m* figura de falsa deidad a que se da adoración; lo que es excesivamente amado

Idomeneo *m* (mit.) rey de Creta y uno de los héroes de la guerra de Troya

idoneidad *f* ‖ **idóneo -a** *adj* apto, capaz, competente

idus *mpl* en el antiguo calendario romano, el 15 de marzo, mayo, julio y octubre, y el 13 de los demás meses

i.e. abr. de id est esto es, es decir

Ifigenia *f* (mit.) hija de Agamenón y Clitemnestra

iglesia *f* congregación de los fieles cristianos; templo cristiano; clero

iglú *m* (*pl:* iglúes) choza de nieve, morada de los esquimales

Ignacio *m* nombre propio de varón

ígneo -a *adj* de fuego; de color de fuego

ignición *f* acción de encender; estado de encendido o incandescente

ignífugo -ga *adj* que protege contra el incendio

ignominia *f* deshonra pública ‖ **ignominioso -sa** *adj*

ignorancia *f* falta general de instrucción; falta de conocimiento de una materia dada ‖ **ignorante** *adj y mf*

ignorar *tr* no saber, no tener noticia de; no tener experiencia de

ignoto -ta *adj* no conocido

igual *adj* que no difiere; que no varía; liso, llano; de la misma clase o condición; proporcionado; indiferente; *m* persona de la misma clase o condición; (mat.) signo de la igualdad

igualar *tr* hacer igual; allanar; juzgar igual; *intr* y *ref* ser igual

igualdad *f* calidad o condición de igual; (mat.) expresión de la equivalencia de dos cantidades

igualmente *adv* con igualdad; asimismo, también

iguana *f* gran reptil saurio americano

ijada *f* cavidad situada entre las costillas falsas y los huesos de la cadera; dolor en estas partes

ilación *f* acción de inferir; trabazón ordenada de las partes de un discurso ‖ **ilativo -va** *adj*

ilegal *adj* contrario a la ley ‖ **ilegalidad** *f*

ilegibilidad *f* ‖ **ilegible** *adj* que no se puede leer

ilegítimo -ma *adj* no legítimo

íleo *m* enfermedad ocasionada por oclusión intestinal

íleon *m* tercer intestino delgado; ilion

ilerdense *adj* y *mf* natural de Lérida

ileso -sa *adj* que no ha recibido daño

iletrado -da *adj* falto de instrucción

ilícito -ta *adj* que no es lícito

ilimitado -da *adj* que no tiene límites

ilion *m* hueso que forma la cadera; íleon

Ilión uno de los nombres de Troya

ilógico -ca *adj* que carece de lógica, contrario a la lógica

ilota *mf* esclavo de los lacedemonios; siervo, paria

iluminación *f* ‖ **iluminar** *tr* bañar de luz; adornar con muchas luces; dar color a (*letras, libros, estampas, manuscritos*); poner en claro (*lo que estaba confuso*); dar luz al entendimiento de

ilusión *f* falsa percepción de un objeto; esperanza infundada; ensueño, fantasía; celo, entusiasmo; **forjarse ilusiones** engañarse

ilusionar *tr* llenar de ilusión; *ref* forjarse ilusiones

ilusionista *mf* prestidigitador

iluso -sa *adj* propenso a ilusionarse; engañado

ilusorio -ria *adj* falso, engañoso

ilustración *f* acción de ilustrar; estampa, grabado; cultura; revista ilustrada

ilustrar *tr* adornar (*un texto*) con grabados; hacer ilustre; instruir; dar luz al entendimiento de; aclarar; *ref* llegar a ser ilustre

ilustre *adj* célebre, insigne; de distinguido linaje

imagen *f* representación de una persona o cosa en pintura, escultura o dibujo; representación de un objeto

en la mente; objeto repetido en un espejo; semejanza

imaginación *f* facultad de representarse los objetos en la mente

imaginar *tr* representar o crear en la mente; inventar; creer, sospechar; *intr* formar imágenes en la mente; *ref* creer, suponer

imaginario -ria *adj* que sólo existe en la imaginación

imaginativo -va *adj* que imagina fácilmente; *f* facultad de imaginar; sentido común

imán *m* mineral de hierro que atrae el hierro; barra de hierro, acero, etc. que tiene la misma propiedad; atractivo

imanación *f* ‖ **imanar** *tr* dar las propiedades del imán a

imantación *f* ‖ **imantar** *tr* imanar

imbécil *adj* tonto, mentecato ‖ **imbecilidad** *f*

imberbe *adj* (*joven*) que aun no tiene barba

imbornal *m* abertura en la calle que conduce a las cloacas; (mar.) agujero de desagüe en las cubiertas

imbricado -da *adj* compuesto de elementos sobrepuestos como las escamas o las tejas

imbuir §27 *tr* infundir, penetrar

imitable *adj* ‖ **imitación** *f* ‖ **imitar** *tr* copiar, tomar por modelo; simular; contrahacer ‖ **imitativo -va** *adj*

impaciencia *f* falta de paciencia

impacientar *tr* hacer perder la paciencia; *ref* perder la paciencia

impaciente *adj* que no tiene paciencia; anhelante, ansioso

impacto *m* choque de un proyectil en el blanco; punto donde el proyectil da en el blanco

impar *adj* que no tiene igual; que no es divisible por dos; *m* número que no es divisible por dos

imparcial *adj* equitativo, desinteresado, neutral ‖ **imparcialidad** *f*

impartir *tr* comunicar, dar

impasibilidad *f* ‖ **impasible** *adj* incapaz de padecer, que no experimenta emoción por nada

impavidez *f* ‖ **impávido -da** *adj* sereno, libre de pavor

impecable *adj* perfecto, sin defecto; correcto

impedancia *f* (elec.) resistencia total aparente que ofrece un circuito al paso de una corriente alterna

impedido -da *adj* que no puede hacer uso de los miembros

impedimento *m* obstáculo

impedir §80 *tr* imposibilitar la ejecución de; privar, prohibir

impeler *tr* comunicar movimiento a; incitar

impenetrable *adj* que no se puede penetrar; difícil de comprender

impenitente *adj* ‖ *mf* persona que no se arrepiente de lo que ha hecho

impensado -da *adj* inesperado, imprevisto

imperar *intr* ejercer la dignidad imperial; dominar, mandar, regir

imperativo -va *adj* que manda; autoritario, despótico; (gram.) que expresa orden o mandato; *m* (gram.) modo del verbo que expresa orden o mandato

imperceptible *adj* que no se puede percibir; que no se puede notar

imperdible *adj* que no se puede perder; *m* alfiler de seguridad en forma de broche

imperdonable *adj* que no se puede perdonar

imperecedero -ra *adj* eterno, que no perece

imperfección *f* falta de perfección; defecto

imperfecto -ta *adj* no acabado; que tiene defectos; (gram.) (*tiempo*) que expresa una acción pasada en su continuidad o como contemporánea de otra también pasada; *m* (gram.) tiempo imperfecto

imperial *adj* perteneciente al emperador o al imperio; **Ciudad Imperial** Toledo; *f* sitio con asientos sobre la cubierta de un vehículo

imperialismo *m* sistema político que aboga por la extensión y dominación de un estado sobre otros ‖ **imperialista** *adj y mf*

imperio *m* acción de imperar; dignidad de emperador; nación que obedece a un emperador; estados sujetos a una nación; ascendiente, influencia

imperioso -sa *adj* que manda con imperio; necesario, indispensable

impermeable *adj* impenetrable al agua; *m* sobretodo de tela que posee esta cualidad

impersonal *adj* que no se aplica a nadie personalmente; (gram.) (*verbo*) que sólo se emplea en la tercera persona del singular

impertinencia *f* ‖ **impertinente** *adj* que no viene al caso; insolente; molesto, enfadoso; **impertinentes** *mpl* anteojos con mango

imperturbable *adj* que no se perturba

impetrar *tr* conseguir (*una cosa solicitada*); solicitar con insistencia

ímpetu *m* movimiento acelerado y violento; arrebato, embate

impetuosidad *f* ‖ **impetuoso -sa** *adj* violento, precipitado; fogoso

impío -a *adj* cruel, falto de piedad; irreligioso

implacable *adj* que no se puede aplacar

implantar *tr* establecer, introducir

implicar §72 *tr* envolver, encerrar; contener como consecuencia; *intr* envolver contradicción

implícito -ta *adj* que se considera incluído sin expresarlo

implorar *tr* pedir con ruegos o lágrimas

implosivo -va *adj* ‖ *f* oclusiva que sólo posee el primer tiempo de su articulación y carece, por tanto, de explosión

impolítico -ca *adj* falto de política o tacto; descortés; *f* descortesía

impoluto -ta *adj* limpio, sin mancha

imponderable *adj* que no puede pesarse; superior a todo cálculo

imponente *adj* grandioso, majestuoso; *mf* persona que impone dinero a réditos

imponer §55 *tr* poner (*carga, tributo, etc.*); infundir (*respeto, miedo*); instruir; imputar falsamente; poner (*dinero*) a réditos; *ref* enterarse; imponerse a dominar

impopular *adj* que no es grato al pueblo

importación *f* acción de importar; cosas importadas

importancia *f* calidad de importante; extensión, tamaño

importante *adj* de consideración, de significación; que tiene autoridad; grande

importar *tr* introducir (*mercaderías, costumbres, etc. extranjeras*); sumar, valer; llevar consigo; *intr* interesar, ser importante

importe *m* cantidad a que asciende una cuenta

importunar *tr* molestar con solicitudes

importunidad *f* ‖ **importuno -na** *adj* fuera de sazón; molesto

imposibilidad *f* falta de posibilidad

imposibilitar *tr* hacer imposible

imposible *adj* no posible; muy difícil; inaguantable

imposición *f* acción de imponer; carga, obligación

imposta *f* hilada de sillares sobre la cual se asienta un arco

impostor -tora *adj* ‖ *mf* persona que engaña con apariencia de verdad; persona que calumnia ‖ **impostura** *f*

impotencia *f* ‖ **impotente** *adj* falto de potencia; que es incapaz de engendrar o concebir

impracticable *adj* que no se puede ejecutar; intransitable

imprecación *f* ‖ imprecar §72 *tr* manifestar deseo de (*daño*) para una persona

impregnar *tr* embeber, empapar, saturar

imprenta *f* arte de imprimir; establecimiento donde se imprime; lo que se publica impreso

imprescindible *adj* indispensable, esencial

impresión *f* acción de imprimir; clase de letra con que está impresa una obra; obra impresa; señal o huella que una cosa deja en otra por presión; efecto que las cosas producen en el ánimo

impresionable *adj* fácil de impresionar

impresionar *tr* afectar, conmover; exponer (*una película o placa fotográfica*) a la acción de la luz; fijar las vibraciones acústicas en (*un disco fonográfico*)

impresionismo *m* forma de arte o literatura que consiste en reproducir la naturaleza, atendiendo más a la impresión que produce que a la realidad ‖ **impresionista** *adj y mf*

impreso -sa *pp de* imprimir; *m* obra impresa

impresor -sora *adj* ‖ *mf* obrero que imprime; dueño de una imprenta

imprevisión *f* ‖ **imprevisor -sora** *adj* falto de previsión; inadvertido

imprevisto -ta *adj* inesperado, impensado

imprimátur *m* (*pl*: -tur) permiso de imprimir un escrito

imprimir §83 *tr* estampar (*una figura, un dibujo, etc.*); dejar una huella de (*p.ej., pasos*); dar (*un libro*) a la prensa; fijar en el ánimo; comunicar (*movimiento*)

improbabilidad *f* ‖ **improbable** *adj* no probable

improbo -ba *adj* falto de probidad; (*trabajo*) excesivo y continuado

improcedente *adj* no conforme a derecho; impropio

improductivo -va *adj* que no produce

improperio *m* injuria grave de palabra

impropiedad *f* falta de propiedad en las palabras

impropio -pia *adj* falto de las cualidades convenientes; ajeno, extraño

improvisación *f* acción de improvisar; cosa improvisada; medra rápida en la carrera o fortuna de una persona

improvisar *tr* hacer sin previo estudio

improviso -sa o improvisto -ta *adj* imprevisto

imprudencia *f* ‖ **imprudente** *adj* que no tiene prudencia

impúber -bera o impúbero -ra *adj* ‖ *mf* persona que no ha llegado a la pubertad

impudencia *f* ‖ **impudente** *adj* falto de pudor, descarado, insolente

impúdico -ca *adj* deshonesto, falto de pudor

impuesto *m* aportación pecuniaria que exige el estado, la provincia o el municipio

impugnar *tr* atacar, combatir, refutar

impulsar *tr* impeler

impulsivo -va *adj* que impulsa; que obra sin reflexión; (*carácter*) vehemente

impulso *m* acción de impulsar; movimiento del instinto que nos mueve a obrar sin reflexión; (mec.) producto de una fuerza por el tiempo que actúa

impune *adj* que queda sin castigo ‖ **impunemente** *adv* ‖ **impunidad** *f*

impureza *f* ‖ **impuro -ra** *adj* no puro; deshonesto

imputar *tr* atribuir (*una cosa censurable*) a una persona

inacción *f* falta de acción

inacentuado -da *adj* que no tiene acento

inactividad *f* ‖ **inactivo -va** *adj* que carece de acción o movimiento; ocioso

inadecuado -da *adj* no adecuado

inadmisible *adj* que no puede admitirse

inadvertencia *f* falta de advertencia, descuido

inadvertido -da *adj* que no advierte o repara en las cosas que debiera; no advertido

inagotable *adj* que no se puede agotar

inaguantable *adj* que no se puede aguantar

inalámbrico -ca *adj* (*telégrafo, teléfono*) sin hilos

inalterable *adj* que no se puede alterar

inamovible *adj* que no se puede remover

inanición *f* extrema debilidad por falta de alimento

inanimado -da *adj* que no tiene vida

inapelable *adj* que no admite apelación; inevitable

inapetencia *f* falta de apetito ‖ **inapetente** *adj*

inapreciable *adj* que no se puede apreciar por su mucho valor o por su pequeñez

inarmónico -ca *adj* falto de armonía

inarrugable *adj* que no se puede arrugar
inarticulado -da *adj* no articulado
inartístico -ca *adj* no artístico, falto de arte
inasequible *adj* no asequible
inastillable *adj* que no se astilla al romperse
inatacable *adj* que no se puede atacar; (*cuerpo*) que no reacciona químicamente con otro cuerpo
inaudito -ta *adj* nunca oído; raro, extraño; monstruoso
inauguración *f* ‖ **inaugural** *adj* ‖ **inaugurar** *tr* dar principio a; abrir solemnemente; celebrar el estreno de (*una obra, una estatua, etc.*)
inca *m* rey, príncipe o varón de estirpe regia entre los antiguos peruanos; individuo del imperio de los incas ‖ **incaico -ca** *adj*
incalculable *adj* que no se puede calcular
incalificable *adj* que no se puede calificar; vergonzoso
incandescencia *f* ‖ **incandescente** *adj* que brilla con luz propia por efecto del calor
incansable *adj* difícil de cansarse; muy activo
incapacidad *f* condición de incapaz
incapacitar *tr* hacer incapaz; declarar incapaz
incapaz *adj* (*pl:* -paces) falto de capacidad o aptitud; rudo, ignorante; (fam.) fastidioso, insoportable
incautar *ref* incautarse de tomar (*la autoridad competente*) posesión de (*bienes que están en litigio*)
incauto -ta *adj* que obra sin cautela
incendiar *tr* poner fuego a
incendiario -ria *adj* que causa incendio; sedicioso, subversivo; *mf* persona que causa un incendio maliciosamente
incendio *m* fuego violento que abrasa edificios, bosques, etc.; pasión
incensar §1 *tr* dirigir el humo del incienso hacia; lisonjear
incensario *m* braserillo con cadenillas para incensar
incentivo *m* lo que mueve a hacer o desear una cosa
incertidumbre *f* falta de certidumbre
incesante *adj* que no cesa
incesto *m* comercio carnal entre parientes próximos ‖ **incestuoso -sa** *adj* y *mf*
incidencia *f* suceso, lance; caída de un rayo luminoso sobre una superficie; (geom.) coincidencia parcial de dos figuras
incidente *m* acontecimiento de mediana importancia

incidir *tr* hacer una incisión en; *intr* caer en una falta, error, etc.; incidir en herir, dar sobre
incienso *m* gomorresina aromática que se quema en las ceremonias religiosas; lisonja
incierto -ta *adj* no cierto; inconstante
incinerar *tr* reducir a cenizas (*esp. cadáveres*)
incipiente *adj* que empieza
incisión *f* corte que se hace con instrumento cortante; crítica sarcástica
incisivo -va *adj* a propósito para cortar; mordaz, punzante; *m* diente situado en la parte anterior de la boca, que sirve para cortar
inciso -sa *adj* cortado, dividido; *m* frase u oración intercalada en la principal
incitar *tr* estimular, excitar
inclemencia *f* ‖ **inclemente** *adj* falto de clemencia; (*tiempo*) muy riguroso
inclinación *f* acción de inclinar; reverencia, cortesía; propensión, tendencia; oblicuidad de una línea o superficie respecto de otra
inclinar *tr* desviar de la posición vertical; mover, persuadir; *ref* desviarse de la posición vertical; propender
ínclito -ta *adj* esclarecido, ilustre
incluir §27 *tr* encerrar, comprender, contener; adjuntar
inclusa *f* asilo de niños expósitos
inclusión *f* acción de incluir; amistad
inclusive *adv* con inclusión; incluyendo éste, p.ej., hasta el 4 de julio inclusive; *prep* con inclusión de
inclusivo -va *adj* que incluye
incluso -sa *adj* encerrado, adjunto; *f* véase inclusa; incluso *adv* con inclusión; aun, hasta; *prep* con inclusión de
incoar *tr* comenzar (*un proceso, pleito, etc.*)
incoativo -va *adj* (gram.) (*verbo*) que expresa acción incipiente
incógnito -ta *adj* no conocido; *m* secreto de una persona que no revela su identidad; de incógnito sin ser conocido; *f* cosa o razón oculta; (mat.) cantidad desconocida de una ecuación
incoherencia *f* ‖ **incoherente** *adj* no coherente; que habla o procede sin continuidad
incoloro -ra *adj* que carece de color
incólume *adj* sano, intacto, sin daño
incombustible *adj* que no se puede quemar; incapaz de enamorarse
incomodar *tr* causar incomodidad, enfado o molestia a

incomodidad *f* falta de comodidad; molestia; enojo

incómodo -da *adj* que incomoda; que carece de comodidad; *m* incomodidad

incomparable *adj* que no admite comparación

incompatible *adj* que no puede existir con otro

incompetente *adj* no competente

incompleto -ta *adj* no completo

incomprensible *adj* que no se puede comprender

incomunicación *f* ‖ **incomunicar** §72 *tr* privar de comunicación (*esp. a un preso*); *ref* apartarse del trato social

inconcebible *adj* que no se puede concebir

inconciliable *adj* que no puede conciliarse

inconcuso -sa *adj* cierto, que no da lugar a dudas

incondicional *adj* absoluto, sin condición ni restricción

inconexión *f* ‖ **inconexo -xa** *adj* que no tiene conexión, relación o enlace

inconfeso -sa *adj* que no confiesa su delito

incongruente *adj* no congruente

inconmensurable *adj* no conmensurable

inconmovible *adj* firme, perenne; que no se puede conmover o alterar

inconquistable *adj* que no se puede conquistar; que no se deja vencer o conmover

inconsciencia *f* ‖ **inconsciente** *adj* no consciente; *m* parte de la actividad mental de que el sujeto no tiene conocimiento

inconsecuencia *f* falta de consecuencia en dichos y hechos

inconsecuente *adj* que procede con inconsecuencia; inconsiguiente

inconsiderado -da *adj* no considerado; que no considera ni reflexiona

inconsiguiente *adj* no consiguiente

inconsistente *adj* no consistente; mudable; veleidoso

inconsolable *adj* que no puede consolarse

inconstante *adj* no constante

inconstitucional *adj* no conforme con la constitución

inconsútil *adj* que no tiene costuras

incontable *adj* que no puede contarse

incontestable *adj* que no se puede negar ni dudar

incontinencia *f* falta de continencia; emisión involuntaria de la orina

incontinente *adj* que no tiene continencia; que padece incontinencia de la orina; *adv* al instante

incontrastable *adj* que no se puede vencer; que no se deja convencer

incontrovertible *adj* que no admite duda ni discusión

inconveniencia *f* incomodidad; falta de conformidad; grosería

inconveniente *adj* no conveniente; descortés; *m* obstáculo; daño

incorporación *f* ‖ **incorporar** *tr* combinar o unir (*una cosa*) con algo ya formado; *ref* asociarse, unirse para formar un cuerpo; levantar la parte superior del cuerpo (*el que está echado*)

incorpóreo -a *adj* no corpóreo

incorrección *f* ‖ **incorrecto -ta** *adj* que no es correcto

incorregible *adj* no corregible

incorruptible *adj* no corruptible

incredulidad *f* ‖ **incrédulo -la** *adj* que no cree con facilidad; que no tiene creencias religiosas; *mf* persona que no tiene creencias religiosas

increíble *adj* muy difícil o imposible de creer

incremento *m* aumento, acrecentamiento

increpar *tr* reprender con severidad

incriminar *tr* acriminar

incrustar *tr* cubrir con una costra dura; embutir por adorno (*piedras, nácar, etc.*)

incubación *f* acción de incubar; desarrollo de una enfermedad desde la introducción en el organismo del germen hasta la aparición de los primeros síntomas

incubador -dora *adj* ‖ *m* estufa apropiada para la incubación de cultivos; *f* aparato para la incubación artificial de los huevos; aparato en que se mantienen los niños prematuros a una temperatura conveniente

incubar *tr* empollar; *intr* encobar

inculcar §72 *tr* imprimir (*ideas, conceptos, etc.*) en la mente de uno a fuerza de repetírselas

inculpar *tr* acusar, culpar

inculto -ta *adj* no cultivado; falto de cultura intelectual o moral; descuidado ‖ **incultura** *f*

incumbencia *f* obligación, competencia

incumbir *intr* ser obligatorio; incumbir a estar a cargo de

incumplimiento *m* falta de cumplimiento

incunable *adj* ‖ *m* libro impreso antes del siglo XVI

incurable *adj* que no se puede curar; que no tiene remedio

incuria *f* negligencia, descuido

incurrir *intr* caer, incidir; incurrir en caer en (*culpa, error*); merecer (*pena, castigo*); atraerse (*odio, ira*)
incursión *f* invasión, ataque impetuoso
indagación *f* ∥ indagar §45 *tr* tratar de descubrir, inquirir
indebido -da *adj* que no se debe hacer; que no se debe exigir
indecencia *f* ∥ indecente *adj* no decente
indecible *adj* que no se puede expresar
indecisión *f* ∥ indeciso -sa *adj* incierto, dudoso; irresoluto
indeclinable *adj* que ha de hacerse forzosamente; (gram.) que no se declina
indecoroso -sa *adj* falto de decoro
indefectible *adj* que no puede faltar
indefenso -sa *adj* que no tiene defensa
indefinible *adj* que no se puede definir; incomprensible
indefinido -da *adj* que no tiene límites precisos; vago; (gram.) (*artículo*) que no determina con precisión el nombre a que va unido; (gram.) (*pronombre*) que designa de un modo vago o general las personas o cosas a que alude
indehiscencia *f* ∥ indehiscente *adj* (bot.) no dehiscente
indeleble *adj* que no se puede borrar
indemne *adj* libre de daño
indemnidad *f* garantía que se da a alguien de que no sufrirá daño; estado de indemne
indemnización *f* ∥ indemnizar §62 *tr* resarcir de un daño
independencia *f* ∥ independiente *adj* que no depende de otra persona o cosa; que no tiene relación con otra cosa; que sostiene sus derechos u opiniones sin hacer caso de la autoridad u opiniones de otros
independizar §62 *tr* emancipar, hacer independiente
indescifrable *adj* que no se puede descifrar
indescriptible *adj* que no se puede describir
indestructible *adj* que no se puede destruir
indeterminado -da *adj* no determinado; (gram.) (*artículo*) indefinido
India, la vasta región del Asia meridional; nuevo Estado en la parte central de esta región
indiano -na *adj* ∥ *mf* hispanoamericano; natural de las Indias Occidentales; natural de las Indias Orientales; persona que vuelve rico de América a España; *f* tela de lino o algodón pintada por un lado

indicación *f* acción de indicar
indicado -da *adj* evidente; a propósito
indicar §72 *tr* designar, señalar; mostrar; exponer
indicativo -va *adj* que indica; *m* (gram.) modo del verbo que expresa la acción o estado como real
índice *m* segundo dedo de la mano; lista ordenada o alfabética; saeta de reloj u otro instrumento; (mat.) número que indica el grado de una raíz
indicio *m* señal que indica la existencia de una cosa
índico -ca *adj* perteneciente a las Indias Orientales; océano Índico el que se extiende entre Asia, Australia y África
indiferencia *f* ∥ indiferente *adj* que no presenta motivo de preferencia; que tiene poco o ningún interés; que por nada se conmueve
indígena *adj* ∥ *mf* persona que trae su origen del país de que se trata
indigencia *f* ∥ indigente *adj* ∥ *mf* persona muy pobre
indigenismo *m* estudio de las razas indígenas, esp. de América ∥ indigenista *adj* y *mf*
indigestar *ref* sufrir indigestión; no digerirse con facilidad; (fam.) no agradar
indigestible *adj* de difícil digestión
indigestión *f* falta de digestión, mala digestión
indignación *f* cólera, enojo; cólera que se experimenta al presenciar una injusticia o una acción odiosa
indignar *tr* encolerizar, enojar; *ref* sentir indignación
indignidad *f* calidad de indigno; acción indigna
indigno -na *adj* que no es digno; que no es propio; vil, ruin
índigo *m* añil
indio -dia *adj* ∥ *mf* natural de la India; indígena americano; *m* cuerpo simple metálico (*símbolo* In; *núm. atómico* 49; *peso atómico* 114,76); *f* véase la India
indirecto -ta *adj* no directo; *f* manera indirecta para dar a entender algo
indisciplina *f* falta de disciplina
indiscreción *f* ∥ indiscreto -ta *adj* que obra sin discreción; hecho sin discreción
indisculpable *adj* que no se puede disculpar
indiscutible *adj* no discutible
indisoluble *adj* que no se puede disolver
indispensable *adj* de absoluta necesidad

indisponer §55 *tr* alterar ligeramente la salud de; malquistar

indisposición *f* ‖ **indispuesto -ta** *adj* que se siente algo enfermo

indisputable *adj* que no puede ser disputado

indistinto -ta *adj* que no se distingue bien

individual *adj* perteneciente al individuo; destinado sólo para un individuo

individualidad *f* lo que constituye el individuo

individualismo *m* propensión a obrar por propio impulso o albedrío; sistema que considera al individuo como fundamento y fin de las leyes ‖ **individualista** *adj y mf*

individuo -dua *adj* individual; indivisible; *mf* (fam.) persona, sujeto; *m* cualquier ser, vegetal o animal, respecto de su especie; miembro de una clase o corporación

indivisible *adj* que no se puede dividir

indo -da *adj y mf* natural de la India; (*cap.*) *m* río de la India

indócil *adj* que no es dócil

indocto -ta *adj* no docto, ignorante

Indochina, la península situada al sudeste de Asia ‖ **indochino -na** *adj y mf*

indoeuropeo -a o indogermánico -ca *adj* ‖ *mf* individuo de las razas blancas procedentes de un origen común y extendidas desde la India hasta la mayor parte de las regiones de Europa; *m* cada una de las lenguas de estas razas; lengua que dió origen a estas lenguas

índole *f* inclinación natural del individuo; calidad, clase

indolencia *f* ‖ **indolente** *adj* flojo, perezoso; que no duele

indoloro -ra *adj* que no causa dolor

indómito -ta *adj* que no se puede domar; difícil de reprimir

indonesio -sia *adj y mf* natural de la Indonesia; *m* grupo de lenguas habladas desde la isla de Formosa hasta Madagascar, pasando por las Filipinas, Java y Borneo; **la Indonesia** archipiélago Malayo; república que comprende partes de Java, Sumatra y Madura

Indostán, el la vasta península del Asia meridional; la India propiamente dicha ‖ **indostanés -nesa** *adj y mf*

indostaní *m* lengua moderna que se habla en el Indostán

inducción *f* acción de inducir; razonamiento que va de lo particular a lo general; (fís.) acción que un campo eléctrico o magnético ejerce sobre un conductor u otro campo

inducido *m* parte rotativa de un motor o dínamo

inducir §24 *tr* mover, instigar; establecer (*un principio*) a base de una serie de observaciones empíricas; producir por inducción (*fenómenos eléctricos o magnéticos*)

inductancia *f* (elec.) propiedad que tiene un circuito eléctrico, por cuya virtud una corriente variable induce una fuerza electromotriz en ese circuito o en otro circuito próximo

inductivo -va *adj* que se realiza por inducción

inductor -tora *adj* que induce; *m* parte fija de un motor o dínamo

indudable *adj* que no deja lugar a duda

indulgencia *f* facilidad en perdonar; remisión de las penas concedida por la Iglesia

indulgente *adj* fácil en perdonar

indultar *tr* perdonar (*a una persona*) ‖ **indulto** *m*

indumentaria *f* estudio histórico de los trajes; vestido

industria *f* destreza, habilidad, ingenio; conjunto de operaciones necesarias para la transformación de las materias primas; conjunto de las industrias de un país o región

industrial *adj* perteneciente a la industria; *m* el que ejerce la industria

industrialismo *m* sistema económico organizado sobre una base industrial

industrializar §62 *tr* dar carácter industrial a

industrioso -sa *adj* que obra con industria; que se hace con industria; aplicado, laborioso

inédito -ta *adj* escrito y no publicado; nuevo, que no se ha dado a conocer

inefable *adj* que no se puede expresar con palabras

ineficacia *f* ‖ **ineficaz** *adj* (*pl:* -caces) no eficaz

inelegancia *f* ‖ **inelegante** *adj* que no tiene elegancia

ineluctable *adj* fatal, inevitable

ineludible *adj* que no se puede eludir

inenarrable *adj* inefable

inencogible *adj* que no se contrae

inepcia *f* necedad

ineptitud *f* falta de aptitud

inepto -ta *adj* no apto; necio, torpe

inequívoco -ca *adj* que no admite duda o equivocación

inercia *f* inacción, flojedad; propiedad por la cual un cuerpo no puede alterar por sí mismo su estado de movimiento o de reposo

inerme *adj* sin armas

inerte *adj* que tiene inercia

Inés *f* nombre propio de mujer

inescrutable *adj* que no se puede saber ni averiguar

inesperado -da *adj* que sucede sin esperarse

inestable *adj* no estable

inestimable *adj* que no puede ser estimado

inevitable *adj* que no se puede evitar

inexactitud *f* ‖ **inexacto -ta** *adj* no exacto

inexcusable *adj* que no se puede excusar

inexhausto -ta *adj* que no se agota ni acaba

inexistente *adj* que no existe

inexorable *adj* que no se deja vencer por súplicas; duro, severo

inexperiencia *f* ‖ **inexperto -ta** *adj* falto de experiencia

inexplicable *adj* que no se puede explicar

inexpugnable *adj* inconquistable

inextinguible *adj* que no se puede extinguir; de larga duración

inextricable *adj* difícil de desenredar

infalible *adj* no falible; cierto, seguro

infamar §48 *tr* quitar la honra y fama a

infame *adj* que no goza de honra; malo, vil; sucio ‖ **infamia** *f*

infancia *f* edad del niño hasta los siete años; primer período

infante -ta *mf* niño o niña durante la infancia; hijo o hija del rey, posterior al primogénito; *m* soldado de a pie

infantería *f* tropa que sirve a pie

infanticida *adj* ‖ *mf* persona que comete un infanticidio

infanticidio *m* muerte que se da a un niño

infantil *adj* propio de la infancia

infanzón *m* hidalgo que tenía señorío limitado

infatigable *adj* incansable

infatuación *f* ‖ **infatuar** §20 *tr* engreír, envanecer

infausto -ta *adj* desgraciado, infortunado

infección *f* ‖ **infeccionar** *tr* implantar microbios en; contagiar; corromper

infeccioso -sa *adj* que produce infección; susceptible de ser comunicado por infección

infectar *tr* infeccionar

infelicidad *f* ‖ **infeliz** *adj* (*pl:* -lices) desgraciado; (*fam.*) bondadoso y sencillo

inferencia *f* acción de inferir

inferior *adj* que está debajo o más bajo; menor; menos importante; de peor calidad, muy malo; *m* persona sujeta o subordinada a otra ‖ **inferioridad** *f*

inferir §48 *tr* sacar (*una consecuencia*); llevar consigo, ocasionar; causar (*ofensa, herida, daño, etc.*)

infernal *adj* perteneciente al infierno; muy malo

infernillo *m* lamparilla de alcohol para calentar agua y hacer pequeños guisos

infestar *tr* invadir (*un lugar los animales o plantas perjudiciales*); apestar

inficionar *tr* infeccionar

infidelidad *f* ‖ **infiel** *adj* falto de fidelidad; no exacto; no cristiano; *m* persona que no profesa la fe cristiana

infierno *m* lugar de castigo eterno; lugar de desorden; suplicio moral

infiltrar *tr* introducir (*un líquido*) entre los poros de un sólido; infundir (*ideas, doctrinas, etc.*); *ref* penetrar aislada y secretamente

ínfimo -ma *adj* muy bajo; último en orden; muy vil y despreciable

infinidad *f* calidad de infinito; gran número

infinitesimal *adj* infinitamente pequeño; *f* (mat.) variable que se aproxima a cero como límite

infinitivo -va *adj* ‖ *m* (gram.) modo del verbo que expresa la acción o estado de una manera impersonal

infinito -ta *adj* que no tiene fin ni límites; muy numeroso, muy grande; *m* lo que no tiene fin ni límites; Dios; (mat.) signo en forma de ocho tendido, que representa un valor mayor que cualquier cantidad; **infinito** *adv* muchísimo

inflación *f* acción de inflar; alza general de los precios; vanidad

inflacionista *adj* y *mf* partidario de la inflación económica

inflamable *adj* fácil de inflamarse

inflamación *f* ‖ **inflamar** *tr* encender levantando llama; enardecer, excitar; *ref* hincharse enrojeciéndose (*una parte del cuerpo*)

inflar *tr* hinchar con aire o gas; exagerar; engreír, envanecer

inflexible *adj* incapaz de torcerse o doblarse; de ánimo firme y constante

inflexión *f* torcimiento de lo derecho; cambio de tono o acento en la voz; (gram.) desinencia de una palabra variable

infligir §28 *tr* imponer (*penas o castigos*)

inflorescencia f disposición de las flores en una planta

influencia f acción de influir; autoridad, poder; acción que se supone ejercen los astros sobre el hombre

influenciar tr influir sobre

influenza f gripe

influir §27 intr tener influencia; influir con ejercer predominio en el ánimo de; influir en o sobre ejercer una acción física sobre

influjo m influencia; flujo de la marea

influyente adj que influye, que tiene influencia

infolio m libro cuyo tamaño iguala a la mitad de un pliego de papel ordinario

información f acción de informar; noticias

informal adj que no tiene formalidad

informar tr hacer saber, dar noticia a

informativo -va adj que informa; noticiero

informe adj que no tiene forma; mal formado; m acción de informar; noticia

infortunado -da adj ‖ **infortunio** m desgracia

infracción f acción de infringir

infraestructura f trabajos subterráneos de una construcción; (aer.) todo el material que no vuela; (f. c.) obras que sostienen la vía

infrahumano -na adj más bajo que humano

infranqueable adj difícil o imposible de franquear o atravesar

infrarrojo -ja adj ‖ m parte del espectro invisible situada más allá del color rojo

infrascrito -ta adj que firma al pie de un escrito

infringir §28 tr quebrantar (p. ej., una ley)

infructífero -ra adj que no da fruto ni utilidad

infructuoso -sa adj que no da resultado

ínfulas fpl presunción, vanidad

infundado -da adj sin fundamento

infundio m (fam.) embuste, patraña ‖ **infundioso** -sa adj

infundir tr comunicar (un sentimiento, un impulso moral, etc.); poner (un simple, un medicamento) en un licor

infusión f acción de infundir; producto líquido obtenido por la infusión de una substancia

infusorio -ria adj ‖ m animalillo unicelular microscópico del tipo de los protozoarios que vive en los líquidos

ingeniar tr imaginar, inventar; ref esforzarse ingeniosamente

ingeniería f ‖ **ingeniero** m profesional entendido en la construcción de máquinas, caminos, puentes, etc.

ingenio m facultad de inventar; persona que posee esta facultad; habilidad, maña; artificio, máquina; (Amér.) fábrica de azúcar

ingenioso -sa adj dotado de ingenio; hecho con ingenio; agudo, sutil

ingénito -ta adj no engendrado; nacido con uno

ingente adj muy grande

ingenuo -nua adj inocente, sencillo, candoroso

ingerencia f injerencia

ingerir §48 tr y ref injerir

ingestión f acción de injerir alimentos o medicamentos

Inglaterra f parte central y meridional de la Gran Bretaña

ingle f parte del cuerpo en que se juntan los muslos con el vientre

inglés -glesa adj y mf natural de Inglaterra; m idioma inglés; inglés antiguo el de los años 500 a 1100; inglés básico inglés simplificado para convertirlo en una lengua universal; inglés medio el de los años 1100 a 1500

ingratitud f ‖ **ingrato** -ta adj desagradecido, no agradecido; que no corresponde al trabajo que cuesta; desagradable

ingrediente m substancia que entra con otras en un compuesto

ingresar tr depositar, colocar; intr entrar; ref (Méx.) alistarse

ingreso m acción de ingresar; dinero recibido

ingurgitar tr deglutir, tragar

inhábil adj falto de habilidad; incapaz, inepto ‖ **inhabilidad** f

inhabilitar tr incapacitar

inhabitable adj no habitable

inhalación f ‖ **inhalar** tr absorber por las vías respiratorias

inherente adj propio, inseparable

inhibición f ‖ **inhibir** tr impedir; ref abstenerse, retirarse

inhospitalario -ria adj que no ejerce la hospitalidad ‖ **inhospitalidad** f

inhumano -na adj bárbaro, cruel; (Chile) muy sucio

inhumar tr dar sepultura a

iniciación f acción de iniciar

inicial adj perteneciente al principio; f primera letra de una palabra

iniciar tr comenzar; admitir en alguna cosa secreta; instruir

iniciativa f acción del que propone o hace una cosa por primera vez; decisión, resolución, empresa

inicuo -cua adj injusto, malvado

inimaginable *adj* no imaginable

inimitable *adj* no imitable

ininteligible *adj* no inteligible

iniquidad *f* acción inicua

injerencia *f* acción de entremeterse

injerir §48 *tr* introducir; incluir; injertar (*parte de una planta*); (Amér.) tragar; *ref* entremeterse

injertar *tr* insertar (*parte de una planta*) en una rama de otra; implantar (*una porción de un tejido vivo*) en una lesión

injerto *m* acción o modo de injertar; parte o porción que se injerta; planta injertada

injuria *f* ‖ injuriar *tr* agraviar, ofender, insultar; dañar ‖ injurioso -sa *adj*

injusticia *f* ‖ injusto -ta *adj* que no es justo

inmaculado -da *adj* que no tiene mancha; la Inmaculada la Virgen María

inmanente *adj* inherente; constante, imperecedero

inmarcesible *adj* que no puede marchitarse

inmaterial *adj* no material

inmediación *f* calidad de inmediato; inmediaciones *fpl* alrededores

inmediato -ta *adj* que sucede sin tardanza; cercano, contiguo

inmejorable *adj* que no se puede mejorar

inmemorial *adj* tan antiguo que no hay memoria de cuándo ocurrió

inmensidad *f* ‖ inmenso -sa *adj* tan grande que no puede medirse; muy grande

inmergir §28 *tr* sumergir ‖ inmersión *f*

inmigración *f* ‖ inmigrar *intr* llegar a un país para establecerse en él

inminencia *f* ‖ inminente *adj* que está para acaecer muy pronto

inmiscuir §27 o regular *tr* mezclar; *ref* entremeterse

inmobiliario -ria *adj* perteneciente a los inmuebles

inmolación *f* ‖ inmolar *tr* ofrecer en sacrificio; sacrificar

inmoral *adj* que no es moral ‖ inmoralidad *f*

inmortal *adj* no mortal; que perdura en la memoria de los hombres ‖ inmortalidad *f*

inmortalizar §62 *tr* perpetuar en la memoria de los hombres

inmóvil *adj* que no se mueve ‖ inmovilidad *f*

inmovilizar §62 *tr* hacer inmóvil; impedir el movimiento de

inmueble *adj* ‖ *m* terreno con o sin edificio; inmuebles *mpl* bienes que consisten en tierras o edificios

inmundicia *f* ‖ inmundo -da *adj* sucio, repugnante; impuro

inmune *adj* exento, libre; protegido contra una enfermedad determinada ‖ inmunidad *f*

inmunizar §62 *tr* hacer inmune

inmunología *f* estudio de la inmunidad ‖ inmunológico -ca *adj* ‖ inmunólogo -ga *mf*

inmutable *adj* no mudable

inmutar *tr* alterar; *ref* sentir conmoción repentina, manifestándola por la alteración de las facciones

innato -ta *adj* de nacimiento, nacido con uno

innecesario -ria *adj* no necesario

innegable *adj* que no se puede negar

innoble *adj* infame, vil, no noble

innocuo -cua *adj* que no hace daño

innovación *f* ‖ innovar *tr* introducir novedades en

innumerable o innúmero -ra *adj* incontable, muy numeroso

inocencia *f* estado de inocente

Inocencio *m* nombre de trece Papas

inocentada *f* (fam.) dicho o hecho simple; (fam.) engaño ridículo en que uno cae por falta de malicia

inocente *adj* libre de culpa o pecado; que no encierra malicia; cándido, sencillo; que no daña

inocentón -tona *adj* ‖ *mf* (fam.) persona fácil de engañar

inoculación *f* ‖ inocular *tr* comunicar (*una enfermedad contagiosa*) introduciendo en el organismo un germen o un virus; contagiar (*a una persona*) de este modo; contaminar con malos ejemplos o falsas doctrinas

inodoro -ra *adj* que no tiene olor; *m* aparato para impedir el paso de los malos olores de un excusado; excusado inodoro que funciona con agua corriente

inofensivo -va *adj* que no puede dañar u ofender

inolvidable *adj* que no se puede olvidar

inopia *f* gran pobreza

inoportuno -na *adj* que no es oportuno

inorgánico -ca *adj* que carece de órganos vitales; (quím.) que no pertenece al grupo de los compuestos de carbono

inoxidable *adj* que no puede oxidarse; (*acero*) que presenta una notable resistencia a la oxidación

inquietar *tr* turbar el sosiego de, poner inquieto

inquieto -ta *adj* no tranquilo; revoltoso; solícito ‖ inquietud *f*

inquilinato *m* alquiler de una casa

inquilino -na *mf* persona que toma en alquiler una casa o habitación inquina f aversión, mala voluntad

inquirir §42 tr averiguar, indagar

inquisición f acción de inquirir; (cap.) f tribunal eclesiástico que castigaba los delitos contra la fe

inquisidor -dora adj ‖ mf persona que inquiere; (cap.) m juez de la Inquisición

insaciable adj que no se puede saciar

insalubre adj dañoso a la salud

insania f ‖ insano -na adj loco, demente

inscribir §83 tr apuntar en lista; grabar en metal, piedra, etc.; (geom.) trazar (una figura) dentro de otra ‖ inscripción f

insecticida adj que mata insectos; m substancia que mata insectos

insectívoro -ra adj que se alimenta de insectos

insecto m artrópodo con el cuerpo dividido en tres secciones, con un par de antenas y tres pares de patas

inseguridad f ‖ inseguro -ra adj falto de seguridad

insensatez f ‖ insensato -ta adj necio, tonto, extravagante

insensibilizar §62 tr hacer insensible

insensible adj que no experimenta sensación; duro de corazón; privado de sentido; imperceptible

inseparable adj que no se puede separar; íntimamente unido; m pequeño papagayo (Agapornis)

insepulto -ta adj sin sepultar

inserción f ‖ insertar tr meter, introducir, incluir; ref (bot. y zool.) adherirse (un órgano a otro)

inserto -ta adj insertado

inservible adj que carece de utilidad

insidioso -sa adj traidor, malicioso bajo apariencia inofensiva

insigne adj célebre, distinguido

insignia f señal honorífica, distintivo; estandarte, bandera

insignificancia f ‖ insignificante adj que no significa nada, sin importancia; pequeño

insinuación f ‖ insinuar §20 tr dar a entender con maña; ref captar la gracia o voluntad de una persona; introducirse suavemente en el ánimo (un afecto, un vicio)

insipidez f ‖ insípido -da adj falto de sabor; falto de gracia o espíritu

insistencia f ‖ insistente adj ‖ insistir intr porfiar; insistir en o sobre instar porfiadamente, mantenerse firme en

insociable adj intratable, huraño

insolación f exposición a los rayos del sol; congestión cerebral por efecto del sol

insolencia f ‖ insolente adj groseramente irrespetuoso

insólito -ta adj no común, raro, desacostumbrado

insoluble adj que no se puede disolver; que no se puede resolver

insolvencia f ‖ insolvente adj que no tiene con qué pagar

insomne adj que no puede dormir ‖ insomnio m

insondable adj que no se puede sondear; difícil de averiguar

insoportable adj que no se puede soportar

insoslayable adj inevitable

insostenible adj que no se puede sostener; que no se puede defender

inspección f acción de inspeccionar; oficina o cargo de inspector

inspeccionar tr examinar, reconocer detenidamente

inspector -tora adj ‖ mf persona que por oficio inspecciona

inspiración f acción de inspirar; estímulo creador; idea feliz espontánea

inspirar tr aspirar (el aire); infundir (ideas artísticas, literarias, etc.); dar inspiración a (p.ej., un poeta); intr aspirar el aire; ref cobrar inspiración

instalación f acción de instalar; conjunto de cosas instaladas

instalar tr colocar (p.ej., cañerías, aparatos, etc. para algún servicio como agua, electricidad, gas) en un edificio u otro lugar; poner (a una persona) en posesión de un cargo o dignidad; establecer; ref establecerse

instancia f petición, solicitud; cada uno de los actos de un juicio

instantáneo -a adj que sólo dura un instante; que se produce de repente; f fotografía hecha en un instante

instante m segundo; parte brevísima de tiempo

instar tr pedir con insistencia; intr urgir

instaurar tr renovar; establecer de nuevo

instigación f ‖ instigar §45 tr incitar, provocar

instilar tr echar gota a gota (un licor); infundir insensiblemente (un principio, doctrina, etc.)

instintivo -va adj ‖ instinto m impulso interior que dirige a los animales; impulso maquinal

institución f acción de instituir; cosa instituida ‖ institucional adj

instituir §27 tr establecer, fundar; dar principio a

instituto m corporación científica, literaria o artística y edificio en que funciona; establecimiento de segunda enseñanza; constitución, estatuto, regla

institutor -tora *adj* ‖ *mf* persona que instituye; *m* maestro de escuela

institutriz *f* (*pl:* -trices) maestra en una casa particular

instrucción *f* acción de instruir; caudal de conocimientos adquiridos; enseñanza; precepto, regla

instructivo -va *adj* que instruye

instructor -tora *adj* ‖ *mf* maestro, profesor

instruir §27 *tr* enseñar; informar

instrumental *adj* perteneciente a los instrumentos músicos; *m* conjunto de instrumentos músicos o quirúrgicos

instrumentar *tr* arreglar (*una composición musical*) para varios instrumentos

instrumentista *mf* músico de instrumento; fabricante de instrumentos

instrumento *m* máquina o herramienta que sirve para ejecutar algún trabajo; aparato para producir sonidos musicales; documento, escritura; (fig.) lo que se emplea para alcanzar un resultado

insubordinación *f* ‖ **insubordinado -da** *adj* que falta a la subordinación

insuficiencia *f* ‖ **insuficiente** *adj* no suficiente

insuflador *m* (med.) jeringa

insuflar *tr* (med.) introducir soplando (*aire, gas, un líquido*) en una cavidad del cuerpo

insufrible *adj* que no se puede sufrir

insular *adj* ‖ *mf* habitante de una isla

insulina *f* extracto pancreático que se utiliza contra la diabetes

Insulindia, la la Indonesia

insulsez *f* ‖ **insulso -sa** *adj* insípido; falto de gracia

insultante *adj* ‖ **insultar** *tr* ofender con acciones o palabras ‖ **insulto** *m*

insumiso -sa *adj* no sumiso, desobediente

insuperable *adj* no superable

insurgente *adj* y *mf* insurrecto, rebelde

insurrección *f* ‖ **insurreccional** *adj* ‖ **insurreccionar** *tr* alzar en motín; *ref* alzarse en motín ‖ **insurrecto -ta** *adj* y *mf*

intacto -ta *adj* no tocado; que no ha sufrido menoscabo; puro

intachable *adj* que no admite tacha

intangible *adj* que no puede tocarse

integración *f* acción de integrar

integral *adj* entero, completo; (*parte*) que entra a componer un todo; *f* (mat.) signo con que se representa

la integración; (mat.) resultado de integrar una expresión diferencial

integrante *adj* que integra; integral; *mf* miembro

integrar *tr* constituir; formar parte de; reembolsar; (mat.) determinar la integral de

integridad *f* ‖ **íntegro -gra** *adj* que tiene todas sus partes; honrado, probo, recto

integumento *m* envoltura, cubierta; piel; disfraz

intelectivo -va *adj* que tiene virtud de entender; *f* facultad de entender

intelecto *m* inteligencia, mente

intelectual *adj* ‖ *mf* persona que se dedica a las ocupaciones de la inteligencia

intelectualidad *f* conjunto de los intelectuales de una nación, lugar, etc.

inteligencia *f* facultad de saber, comprender y aprender; comprensión; habilidad, experiencia, destreza; substancia espiritual; ser inteligente; trato secreto; información secreta

inteligente *adj* dotado de inteligencia; sabio, instruído

inteligible *adj* que puede ser entendido; que se oye distintamente

intemperancia *f* ‖ **intemperante** *adj* falto de templanza en el comer y el beber

intemperie *f* destemplanza del tiempo; a la intemperie al raso

intempestivo -va *adj* fuera de tiempo y sazón

intención *f* deseo deliberado de hacer una cosa; instinto dañino de ciertos animales; de intención de propósito

intendencia *f* ‖ **intendente -ta** *mf* jefe superior económico; (Amér.) alcalde

intensidad *f* grado de energía de un agente natural o mecánico; suma fuerza; vehemencia

intensificar §72 *tr* hacer más intenso

intensión *f* intensidad

intensivo -va *adj* que intensifica; que tiene intensidad

intenso -sa *adj* que tiene intensidad; muy vehemente

intentar *tr* tratar de hacer; procurar

intento *m* designio, propósito; cosa intentada

intentona *f* (fam.) intento temerario, y esp. si fracasa

interacción *f* acción recíproca

intercalar *tr* poner entre los elementos de una serie

intercambiable *adj* ‖ **intercambiar** *tr* cambiar entre sí ‖ **intercambio** *m*

interceder *intr* rogar o mediar por otro

interceptar *tr* apoderarse de (*una persona o cosa*) antes que llegue a su destino; cerrar el paso de; destruir (*una comunicación, la vista de una cosa*) ‖ **interceptor -tora** *adj y mf*

intercesión *f* acción de interceder ‖ **intercesor -sora** *adj y mf*

intercolumnio *m* espacio entre dos columnas

intercomunicador *m* aparato telefónico que enlaza diversas dependencias de un edificio

intercontinental *adj* entre dos continentes

intercostal *adj* (anat.) entre las costillas

interdecir §23 *tr* prohibir, vedar ‖ **interdicción** *f*

interés *m* inclinación hacia una persona o cosa; beneficio que se saca del dinero prestado; inversión de dinero en una empresa; conveniencia de carácter colectivo; **intereses** *mpl* bienes de fortuna

interesado -da *adj* que tiene interés en algo; que se deja dominar por el afán de lucro; *mf* persona que tiene interés en algo

interesante *adj* que despierta el interés

interesar *tr* dar participación a; cautivar la atención de; inspirar interés a; *ref* tener interés

interferencia *f* ‖ **interferir** §48 *intr* chocar; entremeterse; (fís.) reforzarse o neutralizarse (*dos ondulaciones*); (rad.) producir señales ajenas a las que se desea captar

interin *m* (*pl:* **ínterines**) tiempo que dura el desempeño interino de un cargo; *adv* entretanto; *conj* mientras que

interinidad *f* calidad de interino; tiempo que dura el desempeño interino de un cargo

interino -na *adj* que temporalmente suple a una persona o cosa; temporal, provisional

interior *adj* que está por la parte de adentro; doméstico; que sólo se siente en el alma; *m* parte de dentro; alma, espíritu; **interiores** *mpl* entrañas, adentros

interioridad *f* calidad de interior; parte de dentro; informes confidenciales; **interioridades** *fpl* asuntos privados de una persona o familia

interiorizar §62 *tr* informar con todo detalle

interjección *f* parte de la oración que expresa por sí sola un afecto del ánimo

interlínea *f* espacio entre dos líneas; regleta

interlocutor -tora *mf* cada una de las personas que toman parte en una conversación

intérlope *adj* fraudulento; (*buque*) que comercia fraudulentamente

intermediario -ria *adj* ‖ *mf* persona que media entre dos o más personas, y esp. entre el productor y el consumidor para facilitar el comercio

intermedio -dia *adj* que está entre dos extremos; *m* espacio, intervalo; (teat.) entreacto

interminable *adj* que no tiene término o fin; que dura mucho tiempo

intermitente *adj* que obra por intervalos

internacional *adj* perteneciente a dos o más naciones; que se hace de nación a nación

internacionalismo *m* carácter internacional; principio de la cooperación internacional para el bien común ‖ **internacionalista** *adj y mf*

internacionalizar §62 *tr* dar carácter internacional a

internado *m* estado de alumno interno; conjunto de alumnos internos; colegio de internos

internar *tr* conducir tierra adentro; encerrar; obligar (*un Estado beligerante a los prisioneros de guerra o los extranjeros enemigos*) a residir en un campo de concentración u otro lugar adecuado hasta el fin de la guerra; obligar (*un Estado neutral a los buques beligerantes*) a permanecer en sus puertos hasta el fin de la guerra; *intr y ref* avanzar hacia adentro

internista *mf* médico que se dedica a las enfermedades internas no quirúrgicas

interno -na *adj* que está dentro o viene de dentro; *mf* alumno hospedado en el colegio; alumno de medicina que tiene residencia en el hospital

interpelar *tr* implorar el auxilio de; pedir explicaciones a

interplanetario -ria *adj* situado entre dos o más planetas

interpolar *tr* interponer; introducir (*palabras o frases que no se hallaban en el original*); interrumpir brevemente (*una cosa*) volviendo luego a proseguirla; (mat.) interponer términos intermedios en

interponer §55 *tr* poner (*una cosa*) entre otras; hacer intervenir; *ref* intervenir ‖ **interposición** *f*

interpretación *f* ‖ **interpretar** *tr* explicar el sentido de; atribuir determinado fin a; traducir; representar (*un papel*); ejecutar (*una composición musical*) ‖ **intérprete** *mf*

interracial *adj* perteneciente a la relación entre razas diferentes

interregno *m* tiempo en que un Estado está sin soberano o jefe; interrupción, suspensión

interrogación *f* pregunta; signo ortográfico de interrogación

interrogante *adj* que interroga; *m* signo ortográfico de interrogación

interrogar §45 *tr* hacer preguntas a

interrogativo -va *adj* que denota o encierra interrogación; *m* pronombre o adverbio que figuran en oraciones interrogativas

interrogatorio *m* serie de preguntas

interrumpir *tr* impedir la continuación de; cortar la palabra a ‖ **interrupción**

interruptor -tora *adj* ‖ *m* aparato destinado a interrumpir o establecer una corriente eléctrica

intersección *f* encuentro de dos líneas o dos superficies; (*Amér.*) cruce de dos o más calles o caminos

intersticio *m* espacio pequeño entre dos cuerpos o dos partes de un cuerpo; intervalo

intertropical *adj* situado entre los dos trópicos

interurbano -na *adj* entre poblaciones distintas

intervalo *m* espacio entre dos tiempos o lugares

intervención *f* acción de intervenir; operación quirúrgica

intervencionista *mf* partidario de la intervención, esp. en asuntos internacionales

intervenir §78 *tr* fiscalizar; examinar (*cuentas*) autorizadamente; *intr* tomar parte en un asunto; acaecer; mediar; interponer su autoridad; en las relaciones internacionales, dirigir (*una o varias potencias*) ciertos asuntos de otra

interventor *m* el que vigila la regularidad de la votación en las elecciones para diputado, etc.; empleado que fiscaliza ciertas operaciones

interviev *f* o **interviú** *f* entrevista, conferencia

intervocálico -ca *adj* (*consonante*) que se halla entre vocales

intestado -da *adj* ‖ *mf* persona que muere sin hacer testamento

intestinal *adj* perteneciente a los intestinos

intestino -na *adj* interno; civil, doméstico; *m* conducto que se extiende desde el estómago hasta el ano

intimar *tr* declarar con autoridad; *intr* trabar amistad íntima; *ref* trabar amistad íntima; empaparse

intimidación *f* acción de intimidar

intimidad *f* calidad de íntimo; amistad íntima; lo más íntimo o personal

intimidar *tr* infundir miedo a

íntimo -ma *adj* más interior, más profundo; entrañable; (*amistad*) estrecha; privado, secreto

intitular *tr* poner o dar título a

intocable *mf* persona de la casta ínfima en la India

intolerable *adj* que no se puede tolerar

intolerancia *f* ‖ **intolerante** *adj* ‖ *mf* persona que no tiene tolerancia

intonso -sa *adj* que no tiene el pelo cortado; (*libro*) encuadernado sin cortar los bordes de los pliegos; ignorante, rústico

intoxicación *f* ‖ **intoxicar** §72 *tr* envenenar

intradós *m* superficie cóncava interior de una bóveda o arco

intransigencia *f* ‖ **intransigente** *adj* que no transige

intransitable *adj* no transitable

intransitivo -va *adj* (*verbo*) que no tiene complemento directo

intratable *adj* no tratable; arisco, huraño; intransitable

intrepidez *f* ‖ **intrépido -da** *adj* atrevido, osado, arrojado

intriga *f* maquinación secreta; enredo

intrigante *adj* ‖ *mf* persona que arma intrigas

intrigar §45 *tr* excitar la curiosidad o el interés de; *intr* armar intrigas

intrincado -da *adj* enredado, revuelto; confuso, obscuro

intríngulis *m* (*pl:* -lis) (fam.) razón o intención oculta

intrínseco -ca *adj* esencial, propio, íntimo

introducción *f* acción de introducir; prólogo, preámbulo

introducir §24 *tr* dar entrada a (*una persona*); hacer entrar (*una cosa*); hacer adoptar, poner en uso; ocasionar; *ref* lograr entrar; entremeterse

introito *m* principio de un escrito o un discurso

introspección *f* observación que uno hace de su propia alma ‖ **introspectivo -va** *adj*

intrusión *f* acción de introducirse sin derecho

intruso -sa *adj* ‖ *mf* persona que se introduce sin derecho

intuición *f* percepción clara e instantánea de una verdad sin el auxilio de la razón ‖ **intuitivo -va** *adj*

inundación f ‖ inundar tr cubrir (el agua un terreno, una población, etc.); (fig.) llenar

inusitado -da adj no usado; no habitual

inútil adj que no es útil ‖ inutilidad f ‖ inutilizar §62 tr

invadir tr entrar por fuerza y en tropel en; entrar para apoderarse de

invalidar tr hacer inválido, anular

invalidez f ‖ inválido -da adj nulo, sin valor; falto de fuerza o vigor; mf persona que no tiene fuerza o vigor; m soldado herido o viejo

invar m aleación de acero y níquel, de escasa dilatación

invariable adj que no varía

invasión f acción de invadir ‖ invasor -sora adj y mf

invectiva f palabra acre y violenta, expresión injuriosa ‖ invectivar tr

invencible adj que no puede ser vencido

invención f acción de inventar; cosa inventada; hallazgo; engaño

inventar tr descubrir o crear (algo nuevo); crear (su obra el poeta o el artista); fingir (hechos falsos)

inventariar §76 o regular tr ‖ inventario m relación ordenada de los bienes de alguien; estado detallado de los bienes de una empresa y de las sumas que debe

inventivo -va adj capaz de inventar; f facultad para inventar

invento m cosa inventada

inventor -tora mf persona que inventa

invernáculo m lugar cerrado y con cristales para proteger las plantas contra el frío

invernada f estación de invierno

invernadero m sitio a propósito para pasar el invierno; invernáculo

invernal adj perteneciente al invierno

invernar §1 intr pasar el invierno; ser tiempo de invierno

invernizo -za adj perteneciente al invierno; propio del invierno

inverosímil adj que no tiene apariencia de verdad ‖ inverosimilitud f

inversión f acción de invertir; empleo de dinero

inversionista mf persona que invierte dinero

invertebrado -da adj ‖ m animal que carece de columna vertebral

invertido -da mf homosexual

invertir §48 tr poner en orden opuesto, poner al revés; emplear (el dinero) en aplicaciones productivas; gastar (el tiempo)

investigación f ‖ investigar §45 tr hacer diligencias para descubrir

investir §80 tr poner en posesión; investir con o de poner en posesión de (un cargo o dignidad)

inveterado -da adj arraigado, viejo

invicto -ta adj no vencido

invidente adj ‖ mf persona privada de la vista

invierno m estación más fría del año, cuando el Sol proyecta sus rayos oblicuamente sobre la Tierra

inviolable adj que no se puede violar

invisible adj que no puede ser visto; m (Méx.) red para el cabello

invitación f acción de invitar; tarjeta con que se invita

invitado -da mf persona que ha recibido invitación

invitar tr convidar

invocación f ‖ invocar §72 tr llamar (a una persona) pidiéndole auxilio; pedir (auxilio); citar en defensa propia

involucrar tr introducir en un escrito (cuestiones extrañas al objeto principal); mezclar, confundir indebidamente

involucro m conjunto de brácteas en el arranque de una umbela

involuntario -ria adj no voluntario

invulnerable adj que no puede ser herido

inyección f acción de inyectar; substancia que se inyecta

inyectable adj que se puede inyectar; m ampolla (tubito)

inyectado -da adj encendido, encarnizado

inyectar tr introducir (un líquido) en un cuerpo con algún instrumento

inyector m aparato para introducir el agua en las calderas de vapor

iñiguista adj y m jesuíta

Io f (mit.) joven convertida por Zeus en una blanca novilla

ion m átomo o grupo de átomos que en la electrólisis llevan carga eléctrica

ionio m isótopo radiactivo del torio (símbolo Io; núm. atómico 90; peso atómico 230)

ionizar §62 tr disociar en iones

ionosfera f parte superior de la atmósfera terrestre

iota f novena letra del alfabeto griego

ipecacuana f planta sudamericana y su raíz medicinal (Cephaëlis ipecacuanha)

ir intr moverse de un lugar a otro; moverse del lugar donde uno está al lugar de destino; dirigirse; extenderse de un punto a otro; funcionar, marchar; diferenclarse; sentar; **ir a** + *inf* haber de o estar a punto de + *inf*; **ir por ir a buscar**, **ir a traer**; **ir y venir** caminar de un lado a otro; *ref* partir, salir; deslizarse; acabarse; morirse; **salirse** (*un recipiente*)

ira *f* cólera, furia; deseo de venganza

iracundia *f* ‖ **iracundo -da** *adj* propenso a la ira

Irak, el estado de Asia, situado en la cuenca del Tigris y el Éufrates

Irán, el estado de Asia al sur del mar Caspio, antes Persia ‖ **iranio -nia** *adj y mf*

iraqués -quesa *adj y mf* natural del Irak

irascible *adj* fácilmente irritable

iridio *m* cuerpo simple metálico, parecido al platino (*símbolo* Ir; *núm. atómico* 77; *peso atómico* 193,1)

iridiscente *adj* que presenta los colores del iris

iris *m* (*pl:* iris) arco formado por la descomposición de la luz solar por las gotas de la lluvia; membrana contráctil en cuyo centro está la pupila del ojo; (*cap.*) *f* (mit.) mensajera de los dioses y diosa del arco iris

irisación *f* ‖ **irisar** *tr* comunicar los colores del arco iris a; *intr* despedir los colores del arco iris

Irlanda *f* una de las Islas Británicas ‖ **irlandés -desa** *adj y mf*

ironía *f* burla con que se da a entender lo contrario de lo que se dice; contraste fortuito que parece una burla ‖ **irónico -ca** *adj*

irracional *adj* contrario a la razón; (*ser*) que carece de razón

irradiación *f* ‖ **irradiar** *tr* despedir (*rayos de luz, calor, etc.*) en todas direcciones; difundir, radiar

irrazonable *adj* no razonable

irreal *adj* falto de realidad ‖ **irrealidad** *f*

irrealizable *adj* que no se puede realizar

irreconciliable *adj* que no quiere reconciliarse; incompatible

irrecusable *adj* que no se puede recusar

irreflexión *f* ‖ **irreflexivo -va** *adj* que no reflexiona; dicho o hecho sin reflexionar

irregular *adj* que se aparte de la regla; no conforme con las reglas de la moral ‖ **irregularidad** *f*

irreligión *f* ‖ **irreligioso -sa** *adj* falto de religión; que se opone a la religión

irrellenable *adj* (*botella*) que no se puede volver a llenar

irremediable *adj* que no se puede remediar

irreparable *adj* que no se puede reparar o enmendar

irreprensible *adj* que no merece reprensión

irreprochable *adj* que no merece reproche

irresistible *adj* que no se puede resistir

irresoluble *adj* que no se puede resolver

irresolución *f* ‖ **irresoluto -ta** *adj* vacilante, que carece de resolución

irrespetuoso -sa *adj* no respetuoso

irresponsabilidad *f* ‖ **irresponsable** *adj* que no tiene responsabilidad

irreverencia *f* ‖ **irreverente** *adj* no reverente

irrevocable *adj* que no se puede revocar

irrigación *f* ‖ **irrigar** §45 *tr* llevar agua a (*las tierras*) mediante acequias; regar; (med.) rociar (*una cavidad del cuerpo*)

irrisión *f* burla, desprecio; (fam.) objeto de risa

irrisorio -ria *adj* que mueve a risa y burla; insignificante

irritable *adj* que se irrita fácilmente

irritación *f* ‖ **irritar** *tr* hacer sentir ira; incitar; (med.) causar inflamación o dolor en (*una parte del cuerpo*)

irrompible *adj* que no se puede romper

irruir §27 *va* acometer, invadir

irrumpir *intr* entrar violentamente; invadir ‖ **irrupción** *f*

Irún ciudad española en la frontera de Francia ‖ **irunés -nesa** *adj y mf*

Isaac *m* (Bib.) patriarca hebreo

Isabel *f* nombre propio de mujer

isabelino -na *adj* perteneciente a cualquiera de las reinas de España o Inglaterra que llevaron el nombre de Isabel

Isaías *m* (Bib.) uno de los profetas mayores

iscariote *m* (fam.) traidor

Isidoro *m* nombre propio de varón

isidro -dra *mf* (fam.) aldeano forastero e incauto

Isis *f* (mit.) diosa de los antiguos egipcios

isla *f* tierra rodeada de agua; manzana de casas

islam, el religión mahometana; conjunto de pueblos que profesan esta religión ‖ **islámico -ca** *adj*

islamismo *m* religión mahometana ‖ **islamita** *adj y mf*

islandés -desa *adj y mf* ‖ **Islandia** *f* gran isla del norte de Europa, en el Atlántico

isleño -ña *adj y mf* natural de una isla

isleta *f* isla pequeña

islote *m* isla pequeña e inhabitada; peñasco en el mar

Ismael *m* (Bib.) hijo de Abrahán y tronco de los ismaelitas o árabes ‖ **ismaelita** *adj y mf*

ismo *m* doctrina, teoría, sistema; istmo

isóbara *f* línea que une los puntos de la superficie terrestre en los que la presión barométrica media tiene el mismo valor, y también en los que la presión barométrica en un momento dado tiene el mismo valor

isóbaro *m* cada uno de dos elementos químicos que tienen igual peso atómico pero diferente número atómico

isoclino -na *adj* que tiene la misma inclinación magnética

Isócrates *m* orador griego (436–338 a. de J.C.)

isócrono -na *adj* que se efectúa en tiempos de igual duración

isoglosa *f* línea ficticia que señala el límite de un fenómeno lingüístico en un territorio

isomería *f* ‖ **isomérico -ca** *adj* ‖ **isómero -ra** *adj* ‖ *m* (quím.) compuesto que, estando formado por los mismos elementos y en las mismas proporciones que otro compuesto, tiene propiedades distintas

isopreno *m* hidrocarburo que se obtiene en la destilación seca del caucho y que se emplea para preparar materias sintéticas parecidas al caucho

isósceles *adj* (geom.) (*triángulo*) que tiene dos lados iguales

isotópico -ca *adj* ‖ **isótopo** *m* cada una de dos o más formas de un elemento que tienen propiedades iguales o muy parecidas y el mismo número atómico pero pesos atómicos distintos

isótropo -pa *adj* (fís.) (*cuerpo*) que presenta las mismas propiedades en todas direcciones

isquión *m* hueso posterior e inferior de los tres que forman el hueso coxal

Israel *m* el pueblo judío; Estado de Israel estado del Asia occidental que comprende gran parte del territorio de Palestina; Reino de Israel uno de los dos reinos de Judea, formado a la muerte de Salomón

israelí (*pl:* **-líes**) *adj y mf* natural del Estado de Israel

israelita *adj y mf* natural del Reino de Israel; hebreo, judío ‖ **israelítico -ca** *adj*

Istambul Estambul

istmo *m* lengua de tierra que une dos continentes o una península con un continente

Ítaca *f* una de las islas jónicas

Italia *f* estado de la Europa meridional

italianismo *m* giro o vocablo propio del idioma italiano

italiano -na *adj y mf* natural de Italia

itálico -ca *adj* perteneciente a Italia y esp. a la Italia antigua; *f* bastardilla

ítem *adv latino* además, otrosí; *m* artículo; añadidura

iterbio *m* cuerpo simple metálico (*símbolo* Yb; *núm. atómico* 70; *peso atómico* 173,04)

itinerario -ria *adj* perteneciente a caminos; *m* descripción de un camino o viaje

itrio *m* cuerpo simple metálico (*símbolo* Y; *núm. atómico* 39; *peso atómico* 88,92)

izar §62 *tr* (mar.) hacer subir (*una cosa*) tirando del cabo de que pende

izq. abr. de izquierdo

izquierda *f* mano izquierda; en política, los partidos que sustentan teorías radicales y liberales

izquierdismo *m* ‖ **izquierdista** *adj* ‖ *mf* partidario de la izquierda política

izquierdo -da. *adj* torcido, no recto; colocado del lado del corazón; zurdo; *f* véase izquierda

J

J, j *f* undécima letra del alfabeto

jabalí *m* (*pl:* **-líes**) cerdo salvaje (*Sus scrofa*)

jabalina *f* hembra del jabalí; lanza arrojadiza

jabardillo *m* multitud ruidosa de insectos o avecillas; (fam.) remolino de gente

jabato *m* cachorro de la jabalina

jabeque *m* embarcación de tres mástiles con velas latinas; (fam.) herida de arma blanca en la cara

jabón *m* producto que se obtiene por la acción de un álcali sobre una grasa y que sirve para lavar; trozo de jabón

jabonadura *f* acción de jabonar; **jabonaduras** *fpl* agua mezclada con jabón; espuma de jabón

jabonar *tr* fregar con jabón y agua; (fam.) tratar mal de palabra

jaboncillo *m* pastilla de jabón aromático; silicato de magnesia que los sastres emplean para trazar rayas en las telas; árbol americano y su fruto (*Sapindus saponaria*)

jabonero -ra *adj* perteneciente al jabón; (*toro*) de color blanco sucio; *mf* persona que hace o vende jabón; *f* cajita para colocar el jabón

jabonoso -sa *adj* de jabón o de la naturaleza del jabón

jaca *f* caballo de poca alzada

jácara *f* romance de carácter festivo; ronda de gente alegre que canta de noche por las calles; (fam.) cuento; (fam.) molestia

jacarandoso -sa *adj* desenvuelto, donairoso; (fam.) garboso, elegante

jacarero -ra *adj* || *mf* (fam.) persona chancera

jácena *f* viga maestra

jacinto *m* planta liliácea y su flor (*Hyacinthus orientalis*); circón; (*cap.*) *m* (mit.) hermoso joven, muerto por Apolo y de cuya sangre salió la flor de su nombre

jaco *m* caballo pequeño y ruin

Jacob *m* (Bib.) hermano gemelo de Esaú quien le vendió la primogenitura

jacobeo -a *adj* perteneciente al apóstol Santiago

Jacobo *m* nombre propio de varón, igual a Jaime

jactancia *f* || **jactancioso -sa** *adj* || **jactar** *ref* alabarse presuntuosamente

jaculatorio -ria *adj* breve y fervoroso; *f* oración breve y fervorosa

jade *m* piedra muy dura, formada por silicato de magnesia y cal

jadear *intr* respirar con dificultad || **jadeo** *m*

Jaén ciudad de Andalucía || **jaenés -nesa** *adj* y *mf*

jaez *m* (*pl*: jaeces) cualquier adorno de las caballerías; calidad

jaguar *m* mamífero carnicero de América (*Felis onca*)

Jahel *f* (Bib.) mujer que hundió un clavo en la cabeza de un general enemigo

Jaime *m* nombre propio de varón

jalbegar §45 *tr* enjalbegar

jalde o jaldo -da *adj* amarillo vivo

jalea *f* conserva gelatinosa de ciertas frutas

jalear *tr* excitar con palmadas (*a los que bailan y cantan*); llamar a voces (*a los perros*); *ref* menearse con gracia bailando

jalifa *m* autoridad suprema del protectorado español en Marruecos; lugarteniente, en Marruecos; || **jalifato** *m*

jalón *m* vara que se clava en tierra para determinar puntos fijos; (Méx.) trago; (Bol.) trecho

jalonar *tr* señalar con jalones

jamaica *m* ron procedente de Jamaica; *f* (Méx.) feria para recoger fondos con un fin benéfico; (*cap.*) *f* una de las cuatro grandes Antillas || **jamaicano -na** *adj* y *mf*

jamás *adv* nunca

jamba *f* cada una de las dos piezas que sostienen el dintel

jamelgo *m* (fam.) caballo flaco

jamón *m* carne curada de la pierna del cerdo

jamona *adj* || *f* (fam.) mujer entrada en carnes y años

jamugas *fpl* silla de tijera para montar a mujeriegas

jangada *f* (fam.) tontería; (fam.) mala pasada

Janículo *m* una de las siete colinas de Roma

Jano *m* (mit.) rey del Lacio con dos caras, que tenía el don de ver en lo pasado y en lo porvenir

jansenismo *m* doctrina teológica que limitaba el libre albedrío del hombre || **jansenista** *adj* y *mf*

Jantipa *f* mujer de Sócrates, famosa por su mal carácter

Japón, el imperio insular del Asia oriental || **japonés -nesa** *adj* y *mf*

jaque *m* lance del ajedrez en que el rey está en peligro; (fam.) perdonavidas; **jaque mate** lance del ajedrez que pone término al juego

jaquear *tr* dar jaque a (*el rey*) en el juego de ajedrez; hostigar (*al enemigo*)

jaqueca *f* dolor en una parte de la cabeza

jaquetón *m* (fam.) perdonavidas, valentón

jáquima *f* cabezada de cordel, que sirve de cabestro

jara *f* planta de flores blancas (*Cistus ladaniferus*)

jarabe *m* bebida dulce medicinal o refrescante, de consistencia de almíbar; bebida dulce en exceso; jarabe de pico (fam.) promesas que no se han de cumplir

jaramago *m* planta que crece entre ruinas y escombros (*Diplotaxis virgata*)

jarana *f* (fam.) diversión bulliciosa; (fam.) alboroto, tumulto

jaranear *intr* (fam.) andar en jaranas

jaranero -ra *adj y mf* (fam.) amigo de jaranas

jarano *m* sombrero de fieltro blanco o gris, falda ancha y bajo de copa

jarcia *f* aparejos y cuerdas de un buque; aparejos de pesca; (fam.) conjunto de muchas cosas desordenadas

jardín *m* terreno en que se cultivan plantas y flores de adorno; jardín de la infancia escuela de párvulos

jardinera *f* la que cuida de un jardín; mueble para macetas con flores; carruaje ligero de cuatro asientos; tranvía abierto, usado en verano

jardinería *f* arte de cultivar los jardines

jardinero *m* el que cuida de un jardín

jardinista *mf* artista que diseña jardines

jareta *f* dobladillo por el que se puede pasar una cinta o cordón

jarifo -fa *adj* lujoso, vistoso, bien compuesto

jaro *m* aro (*planta*)

jarope *m* jarabe; (fam.) bebida desagradable

jarra *f* vasija de boca ancha y una o más asas; de o en jarras con los brazos arqueados y las manos en la cadera

jarrete *m* corva; corvejón; parte alta y carnuda de la pantorrilla

jarretera *f* liga con hebilla; (*cap.*) *f* orden caballeresca inglesa

jarro *m* vasija a modo de jarra y con una sola asa

jarrón *m* jarro de adorno; adorno semejante al jarro que se pone en los remates de las construcciones

Jasón *m* (mit.) jefe de los argonautas

jaspe *m* variedad opaca de cuarzo, susceptible de buen pulimiento

jaspear *tr* cubrir o pintar imitando el jaspe

Jauja *f* país maravilloso, lugar de abundancia y prosperidad; vivir en Jauja (fam.) vivir en la abundancia

jaula *f* caja hecha con alambres, mimbres, etc. para encerrar animales pequeños y fieras; armazón para bajar y subir en las minas; embalaje de listones colocados a cierta distancia unos de otros

jauría *f* conjunto de perros que cazan juntos

Java *f* isla de la Indonesia ‖ **javanés -nesa** *adj y mf*

Javier *m* nombre propio de varón

jayán -yana *mf* persona alta y de muchas fuerzas

jazmín *m* arbusto de jardín de flores olorosas y su flor (*Jasminum officinale*)

jazz *m* música de baile norteamericana, caracterizada por síncopas y el rápido paso de un tono a otro

J.C. abr. de Jesucristo

jedive *m* título que usó el virrey de Egipto

jefa *f* superiora de un cuerpo u oficio

jefatura *f* ‖ jefe *m* superior de un cuerpo u oficio

Jefté *m* (Bib.) juez de Israel

Jehová *m* nombre de Dios en el Antiguo Testamento

Jehú *m* (Bib.) rey de Israel

jején *m* mosquito pequeño

jeme *m* distancia desde el extremo del pulgar al del índice, separado el uno del otro todo lo posible

jengibre *m* planta cuyo rizoma se usa en medicina (*Zingiber officinale*); su rizoma

jenízaro *m* soldado de infantería de la antigua guardia del emperador de los turcos

Jenofonte *m* historiador ateniense (434–355 a. de J.C.)

jeque *m* jefe entre los musulmanes

jerarquía *f* orden, gradación, categoría; de jerarquía de importancia

Jeremías *mf* (*pl:* -as) (fam.) persona que se lamenta continuamente; (*cap.*) *m* (Bib.) uno de los profetas mayores

jerez *m* vino blanco de fina calidad; Jerez de la Frontera ciudad en el sudoeste de España ‖ **jerezano -na** *adj y mf*

jerga *f* tela gruesa y basta; lenguaje especial de ciertos oficios; lenguaje difícil de entender

jergón *m* colchón de paja y sin bastas; (fam.) vestido mal hecho

Jericó antigua ciudad de Palestina

jerife *m* descendiente de Mahoma; individuo de la dinastía que reina en Marruecos ‖ **jerifiano -na** *adj*

jerigonza *f* lenguaje difícil de entender

jeringa *f* instrumento para inyectar líquidos, para introducir materias blandas o para echar ayudas

jeringar §45 *tr* inyectar (*un líquido*) con jeringa; lavar o limpiar con jeringa; (fam.) molestar

jeringazo *m* acción de jeringar; líquido introducido con la jeringa

Jerjes *m* rey de Persia (519–465 a. de J. C.)

jeroglífico -ca *adj* ‖ *m* carácter de la escritura formada por figuras y símbolos de los antiguos egipcios; escritura difícil de leer o de comprender; juego de ingenio que consiste en expresar una frase por medio de figuras

jerónimo -ma *adj* ‖ *mf* religioso de la orden de San Jerónimo; **San Jerónimo** doctor de la Iglesia y traductor de la Biblia al latín (340–420 d. de J.C.)

jerosolimitano -na *adj y mf* natural de Jerusalén

jersey *m* jubón de tejido elástico

Jerusalén ciudad de Palestina, antigua capital de Judea

Jesucristo *m* fundador de la religión cristiana

jesuita *adj* ‖ *m* religioso de la orden fundada por San Ignacio de Loyola en 1534; (fam.) intrigante ‖ **jesuítico -ca** *adj*

Jesús *m* Jesucristo; representación de Cristo niño

jeta *f* boca saliente; hocico del cerdo; (fam.) rostro ‖ **jetudo -da** *adj*

Jezabel *f* (Bib.) reina impía de Israel, devorada por los perros

ji *interj* denota la risa

jíbaro -ra *adj y mf* (Amér.) campesino, rústico

jibia *f* molusco comestible con una concha caliza (*Sepia*)

jícara *f* taza para tomar el chocolate

jifero -ra *adj* perteneciente al matadero; (fam.) sucio; *m* matarife; cuchillo del matadero

jigote *m* gigote

jilguero *m* pájaro cantor de plumaje pardo (*Carduelis*)

jineta *f* mamífero carnicero pequeño (*Genetta genetta*)

jinete *m* el que monta a caballo, el que es diestro en la equitación

jingoísmo *m* patriotería exagerada, que quiere la guerra ‖ **jingoísta** *adj y mf*

jinjol *m* azufaifa

jinjolero *m* azufaifo

jipijapa *f* planta de hojas palmeadas (*Carludovica palmata*); paja de esta planta; *m* sombrero fabricado con esta paja

jira *f* trozo que se corta o rasga de una tela; excursión y comida campestre; viaje circular

jirafa *f* rumiante de África, de cuello alto y esbelto (*Giraffa camelopardalis*)

jirón *m* pedazo desgarrado de una tela; parte pequeña de un todo

jiu-jitsu *m* lucha japonesa de defensa personal

jo *interj* ¡so!

Joaquín *m* nombre propio de varón

job *m* (pl: jobs) hombre de mucha paciencia; (cap.) *m* (Bib.) personaje célebre por su paciencia

jockey *m* jinete que monta en las carreras de caballos

jocoserio -ria *adj* serio y jocoso a la vez

jocosidad *f* ‖ **jocoso -sa** *adj* chistoso, festivo, gracioso

jofaina *f* vasija en forma de taza que sirve para lavarse el rostro y las manos

Jonás *m* (Bib.) uno de los profetas menores que vivió tres días en el vientre de una ballena

Jonatás *m* (Bib.) hijo del rey Saúl

Jonia *f* comarca del Asia Menor en la costa del mar Egeo ‖ **jónico -ca** o **jonio -nia** *adj y mf*

jonrón *m* en el béisbol, cuadrangular

Jordán *m* río de Palestina; **ir al Jordán** (fam.) remozarse

Jordania *f* estado del Asia anterior ‖ **jordano -na** *adj y mf*

Jorge *m* nombre propio de varón

jorguín -guina *mf* hechicero ‖ **jorguinería** *f*

jornada *f* camino que se recorre en un día; camino, viaje; trabajo de un día; día; (teat.) acto

jornal *m* salario de un día; **a jornal** mediante salario cotidiano

jornalero -ra *mf* persona que trabaja a jornal

joroba *f* corcova; (fam.) molestia ‖ **jorobado -da** *mf*

jorobar *tr* (fam.) molestar

Josafat *m* (Bib.) rey de Judá

José *m* nombre propio de varón; (Bib.) patriarca hebreo; **José de Arimatea** (Bib.) ciudadano de Jerusalén que bajó a Jesús de la cruz

Josefo *m* historiador judío del siglo I de nuestra era

Josías *m* (Bib.) rey de Judá

Josué *m* (Bib.) sucesor de Moisés

jota *f* baile popular español; potaje de verduras; cosa mínima

Jove *m* (mit.) Júpiter

joven *adj* ‖ *mf* persona de poca edad

jovial *adj* alegre, festivo ‖ **jovialidad** *f*

joya *f* objeto precioso que sirve para adorno; persona o cosa de mucha valía; **joyas** *fpl* equipo de novia

joyería *f* tienda, taller o comercio de joyas

joyero -ra *mf* persona que hace o vende joyas; *m* caja o armario para guardarlas

Juan *m* nombre propio de varón; Juan de las viñas títere de cartón; San Juan Bautista (Bib.) el Precursor, que bautizó a Jesucristo

Juana *f* nombre propio de mujer; **juanas** *fpl* instrumento que usan los guanteros para ensanchar los guantes

juanete *m* extremo posterior abultado de la primera falange del dedo gordo; pómulo saliente

jubilar *tr* eximir del servicio por razón de ancianidad o enfermedad; (fam.) desechar por inútil; *intr y ref* alegrarse; conseguir la pensión o el retiro

jubileo *m* (fam.) entrada y salida frecuente de mucha gente en una casa; por jubileo (fam.) rara vez

júbilo *m* viva alegría ‖ **jubiloso -sa** *adj*

jubón *m* vestidura ajustada al cuerpo, que va desde los hombros hasta la cintura

Judá *m* (Bib.) cuarto hijo de Jacob; (Bib.) la tribu más poderosa de Israel; (Bib.) uno de los dos reinos hebreos que se formaron a la muerte de Salomón

judaico -ca *adj* perteneciente a los judíos

judaísmo *m* religión de los judíos

judaizar §5 *intr* abrazar la religión judía

Judas *m* (Bib.) uno de los doce apóstoles; (fig.) traidor; Judas Iscariote (Bib.) uno de los doce apóstoles, el que vendió traidoramente a Jesús

Judea *f* parte meridional de Palestina en la cual vivía la tribu de Judá

judería *f* barrio de los judíos; raza judaica

judía *f* planta leguminosa con semillas en forma de riñón (*Phaseolus vulgaris*); su fruto y semilla

judicatura *f* cargo de juez; cuerpo constituido por los jueces de un país

judicial *adj* perteneciente al juicio o a la judicatura

judío -a *adj* ‖ *mf* hebreo; natural de Judea;

Judit *f* (Bib.) heroína judía que cortó la cabeza a Holofernes

juego *m* acción de jugar; entretenimiento; ejercicio recreativo en el cual se gana o se pierde; tantos necesarios para ganar la partida; vicio de jugar; conjunto de muebles u otras cosas que sirven al mismo fin; unión de partes de una máquina dispuesta de suerte que puedan tener movimiento sin separarse; el mismo movimiento; visos, cam-

biantes; hacer juego convenirse (*dos cosas*); juego de manos agilidad de manos con que los titiriteros engañan la vista del público; juego de palabras uso festivo de una palabra en sentido equívoco o de dos palabras de acepciones distintas que sólo se diferencian en una o dos letras; juego de suerte aquel cuyo resultado no depende de la destreza sino del acaso

juerga *f* (fam.) holgorio, jarana ‖ **juerguista** *adj y mf*

juev. abr. de jueves

jueves *m* (*pl:* -ves) quinto día de la semana

juez *m* (*pl:* jueces) magistrado encargado de administrar la justicia; persona que se nombra para resolver una duda

jugada *f* lance de juego; acción mala e inesperada contra una persona

jugador -dora *mf* persona que juega; integrante de un equipo; persona que tiene el vicio de jugar; jugador de manos prestidigitador

jugar §44 *tr* llevar a cabo (*un juego o una partida de juego*); hacer uso de (*los naipes o las piezas de juego*); arriesgar; manejar (*las armas*); *intr* tomar parte en un juego; entretenerse; travesear; comprometerse a ganar el juego; hacer juego (*dos cosas*); moverse; intervenir; jugar a tomar parte en el juego de (*p.ej., los naipes, el tenis*); *ref* arriesgar (*el caudal, la vida*)

jugarreta *f* (fam.) jugada mal hecha; (fam.) acción mala e inesperada contra una persona

juglar *m* el que se ganaba la vida recitando versos y tocando música; jugador de manos; trovador; poeta ‖ **juglaresco -ca** *adj*

jugo *m* líquido contenido en ciertos tejidos animales o vegetales; secreción líquida fisiológica; lo útil y provechoso de una cosa ‖ **jugoso -sa** *adj*

juguete *m* objeto con que los niños juegan; pieza teatral breve y ligera; burla

juguetear *intr* divertirse retozando y jugando

juguete-sorpresa *m* (*pl:* juguetes-sorpresa) muñeco en una caja de resorte

juguetón -tona *adj* aficionado a retozar y jugar

juicio *m* acción o efecto de juzgar; facultad de juzgar; opinión; cordura; vista de una causa; sentencia de un tribunal ‖ **juicioso -sa** *adj*

Jul. abr. de julio

julepe *m* poción compuesta de agua, jarabes, etc.; (fam.) reprimenda

Julia *f* nombre propio de mujer

juliano -na *adj* perteneciente a Julio César; (*sopa*) de verduras cortadas en tiritas y conservadas secas

julio *m* séptimo mes del año; unidad de trabajo, equivalente a 10^7 ergios; (*cap.*) *m* nombre propio de varón

juma *f* (fam.) borrachera

jumento -ta *mf* asno

Jun. abr. de junio

juncal *adj* perteneciente al junco; airoso, flexible, esbelto

juncia *f* planta olorosa y medicinal (*Cyperus*); vender juncia (fam.) jactarse

junco *m* planta de tallos flexibles y cilíndricos, que se cría en parajes húmedos (*Juncus effusus*); bastón de rota; embarcación de vela usada en Oriente

jungla *f* terreno pantanoso en las llanuras de la India; terreno selvático impenetrable

junio *m* sexto mes del año

júnior *adj* (dep.) más joven, menos adelantado

Juno *m* (mit.) esposa de Júpiter

junquillo *m* planta de jardín de flores olorosas (*Narcissus jonquilla*)

junta *f* reunión de personas para tratar un asunto; individuos que dirigen los asuntos de una institución; unión de dos o más cosas; juntura; junta universal articulación entre dos ejes acoplados que giran según ángulos variables

juntamente *adj* a un mismo tiempo; juntamente con en unión con

juntar *tr* unir; acopiar; *ref* reunirse

junto -ta *adj* unido, contiguo; *f* véase junta; junto *adv* a la vez; **junto a** cerca de

juntura *f* punto en que se juntan dos o más cosas; unión de dos huesos

Júpiter *m* (mit.) dios supremo romano; el mayor planeta del sistema solar

jura *f* acción de jurar; juramento

jurado -da *adj* que ha prestado juramento; *m* conjunto de ciudadanos encargados de juzgar en materia criminal; individuo de tal grupo; grupo de jueces de un examen, concurso, etc.; cada uno de estos jueces

juramentar *tr* tomar juramento a; *ref* obligarse con juramento

juramento *m* afirmación o negación de una cosa apelando a Dios o invocando algo sagrado; blasfemia, voto

jurar *tr* afirmar con juramento; reconocer con juramento la soberanía de; *intr* blasfemar, echar votos

jurídico -ca *adj* que se hace según forma legal

jurisconsulto *m* el que se dedica a la ciencia del derecho

jurisdicción *f* autoridad para gobernar y juzgar; territorio a que se extiende esa autoridad

jurisperito *m* el que conoce perfectamente la ciencia del derecho

jurisprudencia *f* ciencia del derecho; enseñanza dimanante de las decisiones de autoridades judiciales

jurista *mf* persona que se dedica al derecho

justa *f* combate singular a caballo y con lanza; torneo; certamen

justamente *adv* con justicia; exactamente; precisamente

justar *intr* combatir en las justas

justicia *f* calidad de justo; virtud de dar a cada cual lo que le pertenece; lo que debe hacerse según razón y derecho; ejercicio de la justicia por los jueces y tribunales; castigo público; (fam.) pena de muerte

justiciero -ra *adj* que observa estrictamente la justicia; muy severo en el castigo de los delincuentes

justificar §72 *tr* probar, demostrar; probar la inocencia de; igualar la longitud de (*las líneas impresas*)

Justiniano *m* emperador de Oriente (483–565 d. de J.C.)

justipreciar *tr* apreciar con exactitud ‖ **justiprecio** *m*

justo -ta *adj* que obra con justicia; conforme a la justicia; exacto, cabal; apretado; *f* véase justa; **justo** *adv* justamente; apretadamente; con apuro

Jutlandia *f* parte peninsular de Dinamarca

Juvenal *m* poeta satírico latino (60–140 d. de J.C.)

juvenil *adj* ‖ **juventud** *f* edad que va desde la niñez hasta la edad viril; conjunto de jóvenes

juzgado *m* tribunal de justicia; oficina del juez

juzgar §45 *tr* pronunciar como juez una sentencia acerca de; enunciar un juicio sobre; creer; considerar, estimar

K

K, k *f* duodécima letra del alfabeto
kamikaze *m* o **kamikazo** *m* aviador
    suicida japonés
kan *m* príncipe o jefe entre los tártaros;
    sitio donde descansan las caravanas
kantiano -na *adj y mf* ‖ **kantismo** *m*
    sistema filosófico de Kant ‖ **kantista**
    adj y mf
kc. abr. de kilociclo
kepis *m (pl: -pis)* quepis
kermes *m (pl: -mes)* quermes
kermese *f* quermese
kg. abr. de kilogramo
kgm. abr. de kilográmetro
kilo *m* kilogramo
kilociclo *m* unidad eléctrica formada
    por 1.000 ciclos
kilográmetro *m* unidad de trabajo
    mecánico, equivalente al esfuerzo
    capaz de levantar un kilogramo a
    un metro de altura
kilogramo *m* peso de mil gramos

kilometraje *m* distancia medida en
    kilómetros
kilométrico -ca *adj* ‖ **kilómetro** *m*
    medida de longitud de mil metros
kilovatio *m* unidad de potencia eléctri-
    ca, equivalente a mil vatios
kilovatio-hora *m (pl: kilovatios-hora)*
    unidad industrial de trabajo eléc-
    trico equivalente al que produce un
    kilovatio durante una hora
kimono *m* quimono
kinescopio *m (telv.)* tubo catódico
    para reproducir las imágenes
kiosco *m* quiosco
km. abr. de kilómetro
kodak *m* cámera fotográfica de pe-
    queñas dimensiones
kph. abr. de kilómetros por hora
Kremlin *m* fortaleza de Moscú; resi-
    dencia del gobierno ruso; gobierno
    ruso o su política
kv. abr. de kilovatio

L

L, l *f* décimotercera letra del alfabeto
la *artículo determinado y pronombre*
    demostrativo, femenino de el; *pro-*
    nombre personal de tercera persona,
    en acusativo
laberinto *m* lugar formado de pasajes
    intrincados de donde es difícil ha-
    llar la salida; cosa enredada
labia *f* (fam.) facilidad y gracia en el
    hablar
labial *adj* perteneciente a los labios;
    que se pronuncia con los labios
labio *m* cada una de las dos partes
    exteriores, que cubren la dentadura;
    borde de ciertas cosas
labiolectura *f* lectura de los movi-
    mientos de los labios
labor *f* trabajo; cultivo de los campos;
    obra de coser, bordar, etc.; adorno
    tejido, esmaltado, esculpido, etc.
laborable *adj* que se puede trabajar;
    (día) de trabajo
laborar *tr* labrar, trabajar; *intr* intrigar
laboratorio *m* lugar donde se realizan
    experimentos científicos
laborear *tr* labrar, trabajar; hacer
    excavaciones en *(una mina)*

laboriosidad *f* ‖ **laborioso -sa** *adj*
    aficionado al trabajo; penoso
laborismo *m* partido obrero inglés ‖
    laborista *adj y mf*
labrador -dora *adj* ‖ *mf* persona que
    labra la tierra; persona que tiene
    tierras y las cultiva; el Labrador
    península del Canadá y territorio
    de Terranova
labrantín *m* labrador pobre
labrantío -a *adj* ‖ *m* campo o tierra de
    labor
labranza *f* cultivo de los campos;
    tierras de labor
labrar *tr* trabajar artísticamente;
    cultivar *(la tierra)*; arar; causar
labriego -ga *mf* labrador rústico
labrusca *f* vid americana *(Vitis
    labrusca)*; planta trepadora *(Ampe-
    lopsis cordata)*
laca *f* substancia resinosa que se
    forma en ciertos árboles de Oriente;
    barniz hecho con ella; objeto
    barnizado con laca
lacayo *m* criado de librea
lacayuno -na *adj* propio de lacayos
Lacedemonia, la antigua comarca del

Peloponeso || **lacedemonio -nia** _adj_ y _mf_

lacerar _tr_ herir, lastimar; dañar; _intr_ pasar trabajos y miserias

laceria _f_ trabajo, molestia; pobreza

lacería _f_ conjunto de lazos; adorno de lazos

lacio -cia _adj_ flojo, sin vigor; marchito; el Lacio antigua región de la Italia central

Laconia _f_ antigua región y actualmente provincia de Grecia, en el Peloponeso

lacónico -ca _adj_ breve, conciso

laconio -nia _adj_ y _mf_ natural de Laconia; _f_ véase **Laconia**

laconismo _m_ calidad de lacónico

lacra _f_ señal dejada por una enfermedad; defecto, vicio; (Venez.) llaga, úlcera

lacrar _tr_ dañar la salud de; cerrar o sellar con lacre

lacre _m_ cera endurecida que se usa, derretida, para cerrar y sellar cartas, pliegos, etc.

lacrimal _adj_ perteneciente a las lágrimas

lacrimógeno -na _adj_ que produce lágrimas

lacrimoso -sa _adj_ que tiene lágrimas; que hace llorar; afligido

lactación _f_ acción de lactar

lactancia _f_ lactación; tiempo que dura la lactación

lactar _tr_ amamantar; _intr_ nutrirse con leche

lácteo -a _adj_ perteneciente a la leche

lacustre _adj_ perteneciente a los lagos; que vive en los lagos

ladear _tr_ inclinar, torcer hacia un lado; _intr_ caminar por las laderas; desviarse del camino derecho; _ref_ inclinarse; **ladearse con** estar al igual de

ladera _f_ pendiente lateral de un monte

ladilla _f_ insecto parásito del hombre (_Pediculus pubis_)

ladino -na _adj_ astuto, sagaz

lado _m_ lo que está situado a la derecha o a la izquierda de una persona o cosa; paraje, sitio; aspecto; anverso o reverso; línea genealógica; (geom.) línea recta que limita una superficie; **lados** _mpl_ personas que aconsejan a otra

ladrar _intr_ || **ladrido** _m_ voz del perro

ladrillar _m_ fábrica de ladrillos; _va_ enladrillar || **ladrillero -ra** _mf_

ladrillo _m_ prisma rectangular de arcilla cocida, usado en construcciones; lo que tiene forma de ladrillo

ladrón -drona _adj_ || _mf_ persona que hurta o roba

ladronera _f_ escondrijo de ladrones; latrocinio

lagar _m_ sitio donde se pisa uva, se prensa aceituna o se machaca manzana

lagarta _f_ hembra del lagarto; (fam.) mujer taimada

lagartija _f_ lagarto pequeño y muy espantadizo (_Lacerta muralis_)

lagarto _m_ reptil saurio de cuatro patas (_Lacerta_); (fam.) hombre taimado

lago _m_ gran masa de agua rodeada de tierra

lagotear _tr_ e _intr_ || **lagotería** _f_ (fam.) halago interesado, zalamería || **lagotero -ra** _adj_ y _mf_

lágrima _f_ gota de humor que vierten los ojos; gota de humor que destilan ciertas plantas; corta cantidad de un licor; **lágrimas de cocodrilo** las fingidas || **lagrimal** _adj_

lagrimear _intr_ llorar a menudo

lagrimoso -sa _adj_ (_ojo_) húmedo; que tiene los ojos húmedos; conmovedor

laguna _f_ lago pequeño; hueco, omisión, vacío

laicismo _m_ doctrina que defiende la independencia del Estado de toda influencia eclesiástica || **laicista** _adj_ y _mf_

laico -ca _adj_ que no pertenece a la Iglesia; ajeno a la influencia religiosa

laísmo _m_ vicio de emplear los pronombres la y las como dativos || **laísta** _adj_ y _mf_

laja _f_ lastra, losa

lama _m_ sacerdote budista del Tibet; _f_ cieno del fondo del agua

lameculos _mf_ (_pl:_ -los) (fam.) adulón

lamedal _m_ sitio con mucho cieno

lamedura _f_ acción de lamer

lamentable _adj_ || **lamentación** _f_ || **lamentar** _tr_ sentir con muestras de dolor; _intr_ y _ref_ quejarse

lamento _m_ queja dolorosa

lamentoso -sa _adj_ que se queja; triste

lameplatos _mf_ (_pl:_ -tos) (fam.) persona golosa; (fam.) persona que vive de sobras

lamer _tr_ pasar la lengua por; tocar suavemente

lámina _f_ plancha delgada de metal; plancha grabada; figura estampada; pintura en cobre

laminador _m_ el que tiene por oficio hacer láminas de metal; máquina para laminar metales

laminar _adj_ de forma de lámina; _tr_ estirar (_el metal_) en láminas; cubrir con láminas

lampadario _m_ lámpara con brazos, sostenida por un poste ornamental

lámpara *f* artefacto de alumbrado; tubo de vacío; pequeño aparato que produce una llama para calentar

lampareria *f* ‖ **lamparero -ra** *mf* persona que hace o vende o cuida de lámparas

lamparilla *f* lámpara pequeña; lámpara de noche; candela pequeña flotante en un vaso con aceite; (fam.) copa de aguardiente

lampazo *m* planta de raíz diurética (*Arctium lappa*)

lampiño -ña *adj* que no tiene barba; liso, sin vello

lampista *mf* lamparero; *m* hojalatero, vidriero, electricista

lamprea *f* pez comestible de cuerpo casi cilíndrico (*Petromyzon marinus*)

lana *f* pelo de ovejas y carneros; tejido o vestido de lana

lanar *adj* (*ganado*) que tiene lana

lance *m* acción de lanzar; accidente en el juego; suerte de capa en los toros; trance, ocasión crítica; encuentro, riña; pesca que se saca de una vez; de lance barato; de ocasión; lance de honor desafío

lancero *m* soldado armado con lanza; **lanceros** *mpl* baile de figuras

lanceta *f* instrumento quirúrgico que sirve para sangrar y abrir tumores

lancinar *tr* causar un dolor punzante a

lancha *f* bote, barco pequeño; bote bastante grande que ayuda en las faenas de los puertos; piedra lisa, plana y delgada ‖ **lanchero** *m*

landó *m* (*pl:* -dós) coche de doble capota, con cuatro ruedas

landre *f* tumorcillo en el cuello, los sobacos o las ingles; bolsa secreta

lanero -ra *adj* ‖ *m* el que trata en lanas; almacén donde se guarda lana

langosta *f* insecto saltador que destruye los sembrados (*Pachytylus*); crustáceo comestible (*Palinurus vulgaris*); (fam.) lo que consume o destruye

langostín *m* o **langostino** *m* crustáceo marino, mucho menor que la langosta (*Peneus*)

langostón *m* insecto de mayor tamaño que la langosta (*Locusta viridissima*)

Languedoc, el antigua provincia del sur de Francia ‖ **languedociano -na** *adj y mf*

languidecer §19 *intr* ‖ **languidez** *f* flaqueza, debilidad; abatimiento, falta de ánimo o espíritu ‖ **lánguido -da** *adj*

lanilla *f* tejido delgado de lana mezclada con algodón; pelillo del paño

lanolina *f* substancia untuosa que se extrae de la lana y se emplea como vehículo en las pomadas

lanoso -sa *adj* lanudo

lantano *m* cuerpo simple metálico (*símbolo* La; *núm. atómico* 57; *peso atómico* 138,92)

lanudo -da *adj* que abunda en lana o vello

lanza *f* arma compuesta de un asta con punta de hierro; palo de un coche a cuyos lados se enganchan los caballos; tubo metálico que termina una manga de riego

lanzacohetes *m* (*pl:* -tes) aparato que sirve para lanzar los proyectiles cohete

lanzada *f* golpe o herida de lanza

lanzadera *f* instrumento que lleva la trama cuando se teje; instrumento que lleva el hilo en las máquinas de coser

lanzahélices *m* (*pl:* -ces) en el tiro de pichón artificial, aparato para arrojar al aire discos que substituyen al ave

lanzallamas *m* (*pl:* -mas) aparato para lanzar chorros de líquido o gas inflamados

lanzamiento *m* ‖ **lanzar** §62 *tr* arrojar, echar; soltar, dar libertad a; botar (*un buque*); dejar caer desde un avión; dirigir (*una mirada, una maldición*); dar a conocer (*p.ej., un producto nuevo*); vomitar

lanzatorpedos *m* (*pl:* -dos) buque dispuesto para lanzar torpedos; tubo por donde se lanzan los torpedos

laña *f* grapa ‖ **lañar** *tr*

Laocoonte *m* (mit.) sacerdote de Apolo, que se opuso a la entrada del caballo de madera en Troya

lapa *f* lampazo; molusco comestible (*Patella vulgata*)

lapicero *m* instrumento en que se coloca el lápiz; lápiz de mina mudable

lápida *f* piedra plana en que se graba una inscripción

lapidar *tr* matar a pedradas

lapidario -ria *adj* perteneciente a las piedras preciosas; perteneciente a las inscripciones en lápidas; *m* el que labra piedras preciosas

lapislázuli *m* piedra de color azul intenso, que se emplea en objetos de adorno

lápiz *m* (*pl:* -pices) substancia mineral que sirve para dibujar; barra de esta substancia envuelta en madera; barrita de una substancia cosmética que se emplea para pintar los labios

lapo *m* (fam.) golpe dado de plano

con la espada; (fam.) golpe de bastón

lapón -pona *adj. y mf* ‖ **Laponia** *f* vasta región que comprende el norte de la península escandinava, el norte de Finlandia y el noroeste de Rusia

lapso *m* espacio de tiempo; caída en error o culpa

Láquesis *f* (mit.) una de las tres Parcas, la que distribuía los destinos humanos

lardear *tr* untar con lardo

lardero *adj* (*jueves*) que precede a las carnestolendas

lardo *m* gordo del tocino; grasa de los animales ‖ **lardoso -sa** *adj*

lares *mpl* (mit.) dioses protectores de la casa; (fig.) casa u hogar

larga *f* el más largo de los tacos de billar

largar §45 *tr* aflojar, soltar; desplegar (*la bandera, las velas*); *ref* (fam.) irse con rapidez o disimulo; (mar.) hacerse a la mar

largo -ga *adj* que tiene longitud; que tiene mucha o demasiada longitud; que dura mucho; extenso; generoso; (fam.) astuto, listo; **largos -gas** *adj pl* muchos (*p.ej., años*); ponerse de largo presentarse en sociedad; *m* longitud; *f* véase **larga**; **largo** *adv* abundantemente

largor *m* longitud

larguero *m* palo puesto a lo largo de una obra de carpintería; almohada larga

largueza *f* longitud; generosidad

largura *f* longitud

laringe *f* cavidad en la parte superior de la tráquea, que contiene las cuerdas vocales ‖ **laríngeo -a** *adj*

laringitis *f* inflamación de la laringe

laringología *f* estudio de las enfermedades de la laringe ‖ **laringólogo -ga** *mf*

laringoscopia *f* exploración de la laringe ‖ **laringoscópico -ca** *adj*

laringoscopio *m* instrumento para explorar la laringe

larva *f* insecto cuando sale del huevo y antes de su metamorfosis ‖ **larval** *adj*

lascivia *f* ‖ **lascivo -va** *adj* propenso a los placeres carnales; juguetón

lasitud *f* ‖ **laso -sa** *adj* cansado, sin fuerzas; flojo; (*hilo*) sin torcer

lástima *f* compasión; cosa que provoca compasión; cosa que causa disgusto

lastimar *tr* causar daño a, herir; *ref* quejarse mucho; sentirse

lastimero -ra *adj* que hace daño; que mueve a lástima

lastimoso -sa *adj* que mueve a lástima

lastra *f* lancha, piedra plana

lastrar *tr* ‖ **lastre** *m* peso que se pone en el fondo del buque para favorecer su equilibrio; juicio

lat. abr. de latín y latitud

lata *f* hojalata o envase hecho con ella; tabla delgada sobre la cual se aseguran las tejas; (fam.) cosa fastidiosa

latente *adj* que existe sin manifestarse exteriormente

lateral *adj* que está situado al lado de una cosa; perteneciente al lado

látex *m* jugo de ciertos vegetales que da el caucho, la gutapercha, etc.

latido *m* movimiento de contracción y dilatación del corazón y las arterias; ladrido entrecortado

latifundio *m* propiedad rural muy extensa ‖ **latifundista** *mf*

latigazo *m* golpe de látigo; reprensión áspera

látigo *m* azote largo, delgado y flexible; (fam.) persona muy alta y delgada

latiguillo *m* (fam.) frases de actor de efecto forzado

latín *m* lengua que hablaban los romanos, de la cual se derivan las lenguas romances; **bajo latín** el usado durante la Edad Media; **latín clásico** el de los escritores del siglo de oro de la literatura latina; **latín rústico** o **vulgar** el popular y conversacional de los romanos

latinajo *m* (fam.) latín malo; (fam.) voz o expresión latina usada en español

latinidad *f* latín; conjunto de los pueblos latinos

latinismo *m* voz o giro propio de la lengua latina

latinista *mf* persona que cultiva la lengua latina y su literatura

latinizar §62 *tr* dar forma latina a; acomodar al modo de los latinos

latino -na *adj* perteneciente al Lacio; perteneciente al latín; perteneciente a los pueblos donde se hablan lenguas derivadas del latín; (*vela*) triangular; que tiene vela triangular; *mf* natural del Lacio o de cualquier pueblo de la Italia romana; natural de pueblos donde se hablan lenguas derivadas del latín

latir *intr* dar latidos (*el corazón*); dar latidos (*el perro*)

latitud *f* la menor de las dos dimensiones de una figura plana; distancia de un lugar al ecuador de la Tierra medida sobre el meridiano que pasa por dicho lugar; extensión; libertad, facultad

lato -ta adj amplio, extenso; f véase lata

latón m aleación de cobre y cinc

latoso -sa adj (fam.) fastidioso, molesto

latrocinio m hurto o hábito de hurtar

Latvia f Letonia ‖ **latvio -via** adj y mf

laúd m antiguo instrumento de cuerda; embarcación parecida al falucho

laudable adj digno de alabanza

láudano m tintura de opio

laudatorio -ria adj que contiene alabanza

laudo m fallo de árbitros

lauráceo -a adj perteneciente a una familia de árboles aromáticos que incluye el laurel

laureando -da mf graduando

laurear tr coronar con laurel; condecorar, premiar

laurel m árbol siempre verde (Laurus nobilis); corona, premio, triunfo

lauréola f corona de laurel; aureola

lauro m laurel; gloria, triunfo

lava f materia en fusión que arrojan los volcanes

lavable adj que se puede lavar

lavabo m mueble con jofaina para el aseo personal; cuarto para este aseo

lavacaras mf (pl: -ras) (fam.) persona aduladora

lavacoches mf (pl: -ches) empleado de garaje que lava los coches

lavadedos m (pl: -dos) recipiente con agua que se pone en la mesa para enjuagarse los dedos

lavadero m sitio donde se lava

lavado m acción de lavar; pintura a la aguada con un solo color; lavado a seco sistema de quitar manchas que excluye el uso del agua

lavadora f aparato para el lavado de la ropa en que ésta se agita por medio mecánico

lavadura f acción de lavar; agua sucia

lavafrutas m (pl: -tas) recipiente con agua que se pone en la mesa para lavar las frutas

lavamanos m (pl: -nos) pila con agua para lavarse las manos; jarro de tocador

lavamiento m acción de lavar; ayuda, enema

lavanda f espliego; agua de espliego

lavandero -ra mf persona que lava ropa

lavándula f espliego

lavaojos m (pl: -jos) copita de cristal que sirve para aplicar al ojo un líquido medicamentoso

lavaplatos (pl: -tos) mf persona que lava los platos; m aparato para lavar los platos

lavar tr limpiar con agua u otro líquido; purificar (minerales) por medio del agua; (fig.) purificar

lavativa f ayuda, enema; jeringa que sirve para echar ayudas; (fam.) molestia

lavatorio m acción de lavar; lavabo; lavamanos

lavazas fpl agua sucia en que se ha lavado alguna cosa

lavotear tr (fam.) lavar aprisa y mal ‖ **lavoteo** m

laxante adj ‖ m medicamento purgante suave

laxar tr aflojar; ablandar, suavizar

laxativo -va adj y m laxante

laxitud f ‖ **laxo -xa** adj flojo, no tirante; libre, relajado

laya f pala para remover la tierra; calidad, especie

layar tr remover (la tierra) con la laya

Layo m (mit.) padre de Edipo

lazada f nudo que se desata tirando de uno de sus cabos

lazar §62 tr coger con lazo

lazareto m lugar donde se hacen las cuarentenas; hospital de enfermedades contagiosas

lazarillo m muchacho que guía a un ciego

lazarino -na adj y mf leproso

lázaro m pobre andrajoso; (cap.) m (Bib.) mendigo lleno de llagas; (Bib.) hermano de María y Marta, resucitado por Jesús

lazo m nudo de cintas; lazada; artificio para coger perdices y otras aves; cuerda con lazada corrediza para sujetar y derribar toros, caballos, etc.; unión, vínculo, ardid, trampa

lb. abr. de **libra**

Ldo. abr. de **Licenciado**

le pronombre personal de tercera persona, en acusativo o dativo

leal adj incapaz de traicionar; propio de la persona leal ‖ **lealtad** f

Leandro m (mit.) joven, querido de Hero, que se ahogó en el Helesponto

lebrato m liebre joven

lebrel -brela adj ‖ mf perro para cazar liebres

lebrillo m barreño que sirve para varios usos

lección f lo que el maestro enseña cada vez; ejemplo que nos enseña; interpretación de un texto

lectivo -va adj (período o parte de un período) que se destina para dar lección en los centros docentes

lector -tora adj ‖ mf persona que lee; m empleado que anota el consumo registrado por el contador de agua, gas o electricidad; profesor adjunto

lectura f acción de leer; cosa leída; interpretación de un texto; (elec.) acción de tocar una grabación fonográfica o magnetofónica acabada de registrar; lectura de la mente supuesta facultad de leer mentes ajenas

lecha f semen de los peces; bolsa que lo contiene

lechada f masa fina de cal o yeso para blanquear o para unir piedras o ladrillos

lechal adj ‖ mf animal que mama todavía; m jugo blanco de ciertas plantas y frutos

leche f líquido nutritivo que se forma en las tetas de las hembras; jugo blanco de ciertas plantas

lechecillas fpl mollejas de cordero, cabrito, etc.; asadura

lechera f vasija para la leche

lechería f ‖ **lechero -ra** adj ‖ mf persona que vende o reparte leche; f véase lechera

lechigada f camada, cría; (fam.) cuadrilla de pícaros

lecho m cama para dormir; cauce de un río; estrato

lechón -chona adj ‖ mf cochino pequeño que mama todavía; cerdo; (fam.) persona desaseada y sucia

lechoso -sa adj parecido a la leche

lechuga f planta hortense que se come en ensalada (*Lactuca sativa*)

lechuguino -na adj (fam.) elegante; mf (fam.) petimetre

lechuza f ave rapaz nocturna, a la que se atribuye influencia maléfica (*Strix flammea*)

Leda f (mit.) madre de Cástor, Clitemnestra, Elena y Pólux

leer §21 tr pasar la vista por (*lo escrito o impreso*) para enterarse del sentido; interpretar (*los signos musicales*)

leg. abr. de legal y legislatura

lega f monja que sirve en las faenas caseras del convento

legación f representación diplomática; personal y oficina del que tiene tal representación

legado m enviado diplomático; eclesiástico que representa al Papa; don que se hace por testamento

legajo m atado de papeles o documentos

legal adj conforme a la ley; prescrito por la ley ‖ **legalidad** f

legalizar §62 tr dar estado legal a; certificar la autenticidad de

légamo m barro pegajoso

legaña f humor que se seca en los párpados

legar §45 tr dejar en testamento; dejar, transmitir; enviar de legado

legatario -ria mf persona a quien se lega por testamento

legendario -ria adj perteneciente a las leyendas

legible adj que se puede leer

legión f cuerpo de tropa; multitud

legionario -ria adj ‖ m soldado que sirve en una legión

legislación f ‖ **legislador -dora** adj y mf ‖ **legislar** intr dictar leyes ‖ **legislativo -va** adj

legislatura f período en que funciona un cuerpo legislativo; (Amér.) cuerpo legislativo

legista m jurisperito; profesor de jurisprudencia

legítima f parte de la herencia que la ley asigna a determinados herederos

legitimar tr probar la legitimidad de; reconocer como legítimo

legitimidad f ‖ **legítimo -ma** adj conforme a la ley; auténtico, genuino; nacido dentro del matrimonio; f véase legítima

lego -ga adj ‖ mf persona que no ha recibido órdenes sagradas; persona falta de noticias; m religioso que no tiene opción a las órdenes sagradas; f véase lega

legua f medida itineraria, equivalente a 5.572 metros

leguleyo m el que, echándolas de legista, tiene poco conocimiento de las leyes

legumbre f todo fruto o semilla que se cría en vainas; hortaliza

leíble adj legible

leído -da adj que ha leído mucho y sabe mucho; leído y escrito (fam.) que presume de instruído; f acción de leer

leísmo m empleo exclusivo del pronombre le como acusativo masculino ‖ **leísta** adj y mf

lejanía f ‖ **lejano -na** adj distante, que está lejos

lejía f agua que tiene en disolución una sal alcalina; (fam.) represión fuerte

lejos adv a gran distancia; en lugar o tiempo remoto

lelo -la adj ‖ mf persona necia o simple

lema m tema; letra o sentencia de los emblemas y empresas

lempira m moneda de Honduras

lencería f conjunto de géneros de lienzo; tienda donde se vende

lienzo; lugar donde se custodia la ropa blanca

lencero -ra *mf* persona que comercia en lienzos

lendroso -sa *adj* que tiene muchas liendres

lengua *f* órgano móvil de la boca, propio para gustar y hablar; cosa en forma de lengua; sistema de vocablos y modos de hablar y escribir que utiliza una comunidad para expresarse

lenguado *m* pez comestible, de cuerpo casi plano (*Solea vulgaris*)

lenguaje *m* medio que se emplea para expresar los pensamientos; modo de hablar; facultad de expresar los pensamientos

lenguaraz (*pl*: -races) *adj* deslenguado; que conoce dos o más lenguas; *mf* intérprete

lengüeta *f* laminita que produce el sonido en ciertos instrumentos de viento; tira de piel que tienen los zapatos por debajo de los cordones; espiga que se labra en el canto de una tabla para que encaje en la ranura de otra; epiglotis

lenidad *f* carencia de severidad en castigar

lenificar §72 *tr* ablandar, suavizar

Leningrado ciudad de Rusia, a orillas del golfo de Finlandia

lenitivo -va *adj* ‖ *m* medicamento que ablanda; medio para mitigar las penas y sufrimientos

lente *m* y *f* cristal limitado por dos caras curvas o una curva y otra plana, que hace convergir o divergir los rayos que lo atraviesan; **lentes** *mpl* anteojos que se sujetan en la nariz

lentecer §19 *intr* y *ref* ponerse blando

lenteja *f* planta de semillas alimenticias (*Lens culinaris*); su semilla; peso, en forma de lenteja, de la péndola del reloj

lentejuela *f* pequeño disco de metal para adornar la ropa

lentisco *m* árbol terebintáceo (*Pistacia lentiscus*)

lentitud *f* ‖ **lento -ta** *adj* tardo; poco veloz; poco vigoroso; pegajoso

leña *f* trozos de madera de los árboles que sirven para lumbre; (fam.) castigo, paliza

leñador -dora *mf* persona que se dedica a cortar leña; leñero

leñame *m* madera; provisión de leña

leñero -ra *mf* persona que vende leña; *m* y *f* sitio donde se guarda la leña

leño *m* trozo de árbol, limpio de ramas; parte más dura del tallo

de los vegetales; (fam.) persona torpe; (poét.) nave

leñoso -sa *adj* duro y consistente como la madera; perteneciente al leño

león *m* mamífero carnicero de dientes y garras temibles (*Felis leo*); hombre valiente; **león marino** especie de foca grande (*Otaria jubata*); (*cap.*) *m* provincia de España; capital de esta provincia; **el León** quinto signo del zodíaco

leona *f* hembra del león; mujer valiente

leonado -da *adj* de color rubio obscuro

Leonardo *m* nombre propio de varón

leonera *f* jaula para leones; (fam.) casa de juego; (fam.) cuarto en que se guardan muchas cosas en desorden

leonés -nesa *adj* y *mf* natural de León

Leónidas *m* rey de Esparta, héroe de las Termópilas (m. 480 a. de J.C.)

leonino -na *adj* perteneciente al león; (*contrato*) en que todas las ventajas son para una de las partes

Leonor *f* nombre propio de mujer

leopardo *m* mamífero carnicero de piel rojiza con manchas negras (*Felis pardus*)

leopoldina *f* cadena de reloj de bolsillo; ros sin orejeras

Leopoldo *m* nombre propio de varón

Lépido *m* triunviro romano (m. 13 a. de J. C.)

lepidóptero -ra *adj* ‖ *m* insecto de alas escamosas y vistosas

leporino -na *adj* perteneciente a la liebre; (*labio superior*) hendido por defecto congénito

lepra *f* enfermedad que se manifiesta por manchas leonadas y ulceraciones

leprosería *f* hospital de leprosos

leproso -sa *adj* ‖ *mf* persona que padece lepra

lerdo -da *adj* torpe, pesado

Lérida *f* provincia de España y su capital ‖ **leridano -na** *adj* y *mf*

lesbianismo *m* homosexualidad femenina

lesbiano -na o **lesbio -bia** *adj* ‖ *mf* natural de Lesbos; *f* mujer homosexual

Lesbos *f* isla del mar Egeo

lesión *f* daño, herida; perjuicio, detrimento ‖ **lesionar** *tr* ‖ **lesivo -va** *adj*

leso -sa *adj* agraviado, dañado, ofendido

letal *adj* mortífero

letanía *f* plegaria formada por una larga serie de breves invocaciones; (fam.) retahíla

letárgico -ca *adj* ‖ **letargo** *m* suspensión del uso de los sentidos, con privación del conocimiento; modorra

Lete, el (mit.) río del olvido en el Infierno

leteo -a *adj* ‖ **el Leteo** (mit.) el Lete

letón -tona *adj y mf* ‖ **Letonia** *f* estado del norte de Europa

letra *f* cada uno de los signos con que se representan los sonidos de un idioma; modo de escribir propio de una persona; sentido material de un texto; palabras de una canción; (com.) documento de giro; bellas **letras** literatura; primeras **letras** rudimentos; **letra de molde** carácter de imprenta

letrado -da *adj* docto, instruído; (fam.) pedante; *mf* abogado

letrero *m* escrito que sirve para indicar, anunciar o publicar una cosa

letrina *f* lugar destinado para expeler los excrementos; cosa sumamente sucia

letrista *mf* persona que escribe las letras de las canciones

leucemia *f* enfermedad mortal caracterizada por el aumento permanente del número de leucocitos de la sangre

leucocito *m* glóbulo blanco de la sangre

leucorrea *f* flujo blanco de los genitales femeninos

leudar *tr* dar fermento a (*la masa*) con levadura

leudo -da *adj* (*masa o pan*) fermentado con levadura

leva *f* salida de las embarcaciones del puerto; recluta de gente; álabe de la rueda hidráulica; palanca; en los motores de explosión, prominencia del árbol en que va montada, que levanta la válvula de su asiento

levadizo -za *adj* (*puente*) que se ponía sobre el foso y de noche se levantaba para hacer imposible la entrada al castillo

levadura *f* substancia que, mezclada con otra, la hace fermentar

levantamiento *m* acción de levantar; rebelión; sublimidad

levantar *tr* mover de abajo arriba; poner en sitio más alto; poner derecho; dirigir (*p.ej., los ojos*) hacia arriba; edificar; establecer; aumentar; dar mayor fuerza a (*la voz*); hacer, producir; quitar; abandonar; dar por concluído; reclutar; imputar (*una cosa falsa*); ensalzar; esforzar, vigorizar; trazar (*un plano*);

ref ponerse en pie; salir de la cama; dejar la cama (*el enfermo*); rebelarse

levante *m* oriente, este; viento que sopla de esta parte; (*cap.*) *m* países de la parte oriental del Mediterráneo; comarcas mediterráneas de España ‖ **levantino -na** *adj y mf*

levantisco -ca *adj* de genio revoltoso y turbulento

levar *tr* recoger (*el ancla fondeada*); *ref* hacerse a la vela

leve *adj* de poco peso; poco importante

Leví *m* (Bib.) hijo de Jacob y Lía

levita *m* (Bib.) israelita de la tribu de Leví; diácono; *f* prenda masculina con mangas y faldones cruzados

levitación *f* fenómeno espiritista de la elevación del suelo de cuerpos más pesados que el aire

levítico -ca *adj* perteneciente a los levitas; aficionado a la iglesia y los sacerdotes; (*cap.*) *m* tercer libro del Pentateuco

levitón *m* levita de abrigo, más larga que la común

léxico -ca *adj* ‖ *m* diccionario; caudal de voces y giros de un autor

lexicografía *f* procedimiento y técnica de componer diccionarios ‖ **lexicográfico -ca** *adj* ‖ **lexicógrafo -fa** *mf*

lexicón *m* diccionario

ley *f* regla invariable a que están sujetas las cosas; precepto dictado por la autoridad suprema; estatuto; proporción de metal fino que deben tener las ligas de metales preciosos; adhesión, amor, fidelidad; religión

leyenda *f* relato de sucesos tradicionales; vida de algún santo; acción de leer; obra que se lee; inscripción al pie de un dibujo, o en una moneda, lápida, etc.

leyendario -ria *adj* legendario

lezna *f* punzón fuerte para agujerear la suela

lía *f* soga de esparto; poso de un líquido; (*cap.*) *f* (Bib.) primera esposa de Jacob

liana *f* bejuco

liar §76 *tr* atar; envolver en un compromiso; **liarlas** (fam.) huir, escaparse; (fam.) morir; *ref* envolverse en un compromiso; contraer relaciones amorosas ilícitas

libación *f* acción de libar; acción de beber vino u otro licor; ceremonia religiosa del paganismo que consistía en probar el vino y derramarlo luego

libanés -nesa *adj y mf* ‖ **el Líbano** estado del Asia Menor en la costa del Mediterráneo; cordillera de la parte central del estado del Líbano

libar *tr* chupar el jugo de; gustar, probar *(un licor)*; *intr* hacer la libación para el sacrificio

libelista *mf* ‖ **libelo** *m* escrito difamatorio

libélula *f* insecto de cuatro alas largas y estrechas, que caza volando a otros insectos

líber *m* parte del tronco del árbol entre la corteza y la madera

liberación *f* acción de liberar ‖ **liberador -dora** *adj y mf*

liberal *adj* generoso; partidario de la libertad; *(arte)* que exige el ejercicio del entendimiento; *mf* partidario de la libertad y el liberalismo

liberalidad *f* generosidad, desinterés

liberalismo *m* doctrina que sostiene la primacía de la libertad individual

liberar *tr* libertar

Liberia *f* estado del África occidental, fundado por los negros libertados en la América del Norte ‖ **liberiano -na** *adj y mf*

libertad *f* facultad de obrar según la propia voluntad; estado del que no está preso o en esclavitud

libertador -dora *adj y mf* ‖ **libertar** *tr* poner en libertad; librar, salvar; eximir

libertario -ria *adj y mf* partidario de la abolición de todo gobierno

liberticida *adj* ‖ *mf* persona que ataca y suprime la libertad

libertinaje *m* ‖ **libertino -na** *adj* ‖ *mf* persona de conducta desenfrenada

liberto -ta *mf* esclavo libertado

Libia, la comarca del África septentrional lindante con Egipto

libídine *f* lascivia, luxuria ‖ **libidinoso -sa** *adj*

libido *f* impulso a las actividades sexuales

libio -bia *adj y mf* natural de la Libia; *f* véase la Libia

libra *f* unidad de peso *(medio kilogramo)*; *(cap.)* *f* séptimo signo del zodíaco; constelación zodiacal; **libra esterlina** moneda inglesa

libración *f* balanceo de un cuerpo perturbado en su equilibrio

librado -da *mf* persona contra la cual se libra una letra de cambio

librador -dora *mf* persona que libra una letra de cambio

libramiento *m* acción de librar; orden de pago

libranza *f* orden de pago que se da por carta contra aquel que tiene fondos del expedidor

librar *tr* sacar o preservar de un daño, peligro, trabajo, etc.; eximir de una obligación; poner *(confianza, esperanza)*; dar, expedir; girar *(una letra de cambio)*;

libre *adj* que goza de libertad; atrevido; licencioso; independiente; exento; no ocupado; *(verso)* sin rima; *(traducción)* que no sigue servilmente el texto

librea *f* traje de la servidumbre de ciertas casas o entidades

librecambio *m* doctrina económica que defiende el comercio internacional libre de derechos aduaneros ‖ **librecambista** *adj y mf*

librepensador -dora *adj y mf* ‖ **librepensamiento** *m* doctrina del que sólo se deja guiar por la razón en materia de religión

librería *f* tienda de libros; comercio de libros; estante para libros; biblioteca

librero -ra *mf* persona que vende libros

libresco -ca *adj* perteneciente a los libros

libreta *f* cuaderno para notas

libretista *mf* ‖ **libreto** *m* texto o letra de una ópera o zarzuela

librillo *m* cuaderno de sellos de correa, papel de fumar, hojas de oro o plata

libro *m* conjunto de hojas de papel, impresas y cosidas formando un volumen; tercera cavidad del estómago de los rumiantes

licencia *f* permiso; documento en que consta la licencia; libertad abusiva; libertinaje; grado universitario entre bachiller y doctor; exención de un servicio; licencia absoluta la que exime completamente del servicio militar

licenciado -da *adj* que ha obtenido licencia; libre; *mf* persona que ha obtenido grado en una facultad; *m* soldado que ha recibido la licencia absoluta

licenciar *tr* dar licencia a; conferir el grado de licenciado a; dar la licencia a *(un soldado)*

licenciatura *f* grado de licenciado; acción de recibirlo

licencioso -sa *adj* desenfrenado, disoluto

liceo *m* establecimiento de segunda enseñanza; sociedad literaria o recreativa

Licia *f* antiguo país del Asia Menor ‖ **licio -cia** *adj y mf*

licitación *f* ‖ **licitador -dora** *mf* ‖ **licitar** *tr* ofrecer precio por *(una cosa)* en subasta

lícito -ta *adj* justo, legal; de la ley o calidad debida

licopodio *m* musgo terrestre cuyas esporas se usan en farmacia (*Lycopodium clavatum*)

licor *m* bebida espiritosa obtenida por destilación; cuerpo líquido

licorista *mf* persona que fabrica o vende licores

licoroso -sa *adj* rico en alcohol

lictor *m* en la antigua Roma, ministro que precedía con las fasces a los magistrados

licuar *tr* liquidar; fundir (*un metal*) sin que se derritan las demás materias con que está combinado

licuefacción *f* paso o tránsito de un gas al estado líquido

Licurgo *m* famoso legislador de Lacedemonia (siglo IX a. de J.C.)

lid *f* combate, pelea; disputa

líder *m* caudillo, dirigente

lidia *f* acción de lidiar; (*cap.*) *f* nombre propio de mujer; antiguo reino del Asia Menor

lidiador -dora *mf* ‖ lidiar *tr* luchar con (*el toro*) ejecutando suertes con él; *intr* combatir, pelear; lidiar con tratar con (*una persona enfadosa*)

lidio -dia *adj* y *mf* natural de Lidia; *f* véase lidia

liebre *f* mamífero roedor, tímido y veloz (*Lepus timidus*)

Lieja *f* ciudad de Bélgica

liendre *f* huevecillo del piojo

liento -ta *adj* húmedo

lienzo *m* tela de lino o cáñamo; pañuelo; pintura, cuadro; pared

liga *f* cinta elástica para asegurar las medias; materia pegajosa para cazar pájaros; aleación; mezcla, unión; alianza, confederación; muérdago

ligado *m* enlace de las letras en la escritura; (*mús.*) unión de dos o más notas sin interrupción de sonido

ligadura *f* vuelta que se da a una cosa con una cuerda o liga; sujeción; venda con que se aprieta

ligamento *m* enlace; (*anat.*) cordón fibroso que liga los huesos y los órganos entre sí

ligar §45 *tr* atar; alear (*metales*); enlazar, unir; obligar; *ref* confederarse

ligazón *f* enlace, unión

ligereza *f* ‖ ligero -ra *adj* que pesa poco; ágil, veloz; poco importante; (*sueño*) que se interrumpe fácilmente; (*alimento*) que se digiere con facilidad; que tiene poca fuerza; poco grave; superficial; atolondrado, irreflexivo; ligero de cascos (*fam.*) casquivano; ligero de lengua

(*fam.*) que dice cuanto se le viene a la boca; ligero *adv* (*Amér.*) de prisa, rápidamente, en seguida

lignito *m* carbón de piedra de color pardo en el cual aun se distingue la textura de la madera

ligur *adj* y *mf* ‖ la Liguria comarca del norte de Italia ‖ ligurino -na *adj* y *mf*

ligustre *m* flor del ligustro

ligustro *m* arbusto de adorno (*Ligustrum vulgare*)

lija *f* pez marino muy voraz (*Scyllium catulus*); piel seca de la lija que sirve para pulir; papel de lija

lijar *tr* pulir con lija o papel de lija

lila *f* arbusto de jardín de flores olorosas de color morado claro (*Syringa vulgaris*); (*cap.*) *f* ciudad del norte de Francia

liliáceo -a *adj* (*planta*) de raíz bulbosa y flores en bohordo, como la azucena, el ajo, la cebolla

liliputiense *adj* ‖ *mf* persona muy pequeña

lima *f* instrumento de acero para desgastar y alisar; fruto del limero; limero; madero del ángulo de las dos vertientes en un tejado; (*cap.*) *f* capital del Perú

limadura *f* acción de limar; limaduras *fpl* limalla

limalla *f* partículas que saltan al limar

limar *tr* desgastar o pulir con la lima; pulir, perfeccionar; cercenar

limaza *f* babosa

limazo *m* babaza, viscosidad

limbo *m* borde, orla; lugar a donde van las almas de los niños muertos sin bautismo; círculo graduado de un instrumento; contorno aparente de un astro; lámina de las hojas

limeño -ña *adj* y *mf* natural de Lima

limero *m* árbol auranciáceo de fruto jugoso y dulce (*Citrus limetta*)

limícola *adj* que vive en lugares pantanosos en el cieno

limitado -da *adj* de corto entendimiento

limitar *tr* poner límites a; acortar, reducir; *intr* confinar, lindar

límite *m* confín, frontera; fin, término

limítrofe *adj* que confina o linda

limo *m* lodo, légamo

limón *m* fruto del limonero

limonada *f* bebida de agua, azúcar y jugo de limón

limonero -ra *mf* persona que vende limones; *m* árbol auranciáceo cuyo fruto es el limón (*Citrus limonia*); *f* cada una de las dos varas de un carruaje o conjunto de ambas

limosna *f* lo que se da a un pobre por caridad

limosnero -ra *adj* inclinado a dar limosna; *m* encargado de recoger y repartir limosnas; (Amér.) mendigo

limoso -sa *adj* lleno de limo

limpia *f* acción de limpiar

limpiabarros *m* (*pl:* -rros) utensilio colocado a la entrada de las casas para limpiar el barro del calzado

limpiabotas *m* (*pl:* -tas) el que da lustre al calzado

limpiachimeneas *m* (*pl:* -as) el que deshollina las chimeneas

limpiadientes *m* (*pl:* -tes) mondadientes

limpiaparabrisas *m* (*pl:* -sas) aparato que, aplicado al parabrisas, sirve para limpiarlo del agua cuando llueve

limpiapipas *m* (*pl:* -pas) alambre flexible para limpiar pipas de fumar

limpiar *tr* quitar la suciedad a; purificar; (mil.) ahuyentar a los combatientes dispersos de (*un terreno conquistado*); (fam.) hurtar, robar

limpiaúñas *m* (*pl:* -ñas) instrumento para limpiar las uñas

limpieza *f* acción de limpiar; calidad de limpio; hábito del aseo; pureza; destreza; integridad; en los juegos, observancia de las reglas

limpio -pia *adj* que no está sucio; que tiene el hábito del aseo; que no tiene mezcla de cosas extrañas; *f* véase limpia; limpio *adv* con limpieza; con integridad

lín. abr. de línea

linaje *m* raza, familia; clase, condición

linajudo -da *adj* que es o se precia de ser de gran linaje

linaza *f* simiente del lino

lince *m* mamífero carnicero parecido al gato pero algo mayor que éste (*Lynx*); persona sagaz

lincear *tr* (fam.) descubrir (*lo que difícilmente puede notarse*)

linchamiento *m* || **linchar** *tr* dar muerte sin proceso a (*un delincuente o presunto delincuente*)

lindar *intr* tener lindes comunes; estar contiguo

linde *m* y *f* límite; término que divide dos heredades

lindero -ra *adj* que linda; *m* confín; término; *f* límite, linde de un terreno

lindeza *f* calidad de lindo; dicho o hecho ingenioso; lindezas *fpl* (fam.) denuestos

lindo -da *adj* bonito, grato a la vista; primoroso

línea *f* extensión considerada en la dimensión de la longitud; señal larga y estrecha; serie de cosas dispuestas una a continuación de otra; renglón; vía terrestre, marítima o aérea; clase, género; linaje; confín; término; contorno de una figura; la línea el ecuador; La Línea ciudad española que dista un kilómetro de Gibraltar

lineal *adj* perteneciente a la línea; hecho con líneas

lineamento *m* delineación de un cuerpo, por el cual se conoce su figura; facción del rostro

linfa *f* humor acuoso que corre por los vasos llamados linfáticos; (poét.) agua

linfático -ca *adj* perteneciente a la linfa; que abunda en linfa; apático, indolente

lingote *m* barra de metal en bruto

lingual *adj* perteneciente a la lengua

lingüista *mf* || **lingüístico -ca** *adj* || *f* ciencia del lenguaje

linimento *m* preparación de aceites y bálsamos que se usa para fricciones

lino *m* planta textil (*Linum usitatissimum*); materia textil obtenida de ella; tela de esta materia; (poét.) vela de la nave

linóleo *m* tejido impermeable de yute

linón *m* tejido de lino o algodón muy fino

linotipia *f* máquina que compone los caracteres tipográficos en líneas de una sola pieza || **linotipista** *mf*

linterna *f* farol de mano; torrecilla con ventanas que corona un edificio

lío *m* porción de ropa o de otras cosas atadas; (fam.) embrollo, enredo

liquen *m* planta constituida por la reunión de un hongo y un alga

líquida *f* cada una de las dos consonantes l y r

liquidación *f* || **liquidar** *tr* hacer líquido (*un cuerpo sólido o gaseoso*); poner término a; (com.) poner fin a (*una empresa o negocio*); vender con rebaja de precios

líquido -da *adj* || *m* cuerpo que no tiene forma propia sino que se adapta a la forma de la vasija que lo contiene y tiende a ponerse a nivel; saldo que resulta de la comparación del debe con el haber; *f* véase líquida

lira *f* antiguo instrumento de cuerda; numen poético; moneda de Italia

lírico -ca *adj* (*poesía*) propia para el canto; (*poesía*) en que el autor expone sus sentimientos personales e íntimos; (*obra teatral*) puesta en música toda ella o en su mayor parte; alegre, vehemente; *m* poeta que cultiva la poesía lírica; *f* poesía lírica

lirio *m* planta de adorno y su flor (*Iris*); lirio blanco azucena

lirismo *m* calidad de lírico, inspiración lírica

lirón *m* roedor que pasa el invierno durmiendo (*Myoxus glis*); persona dormilona

lis *f* lirio

Lisandro *m* general espartano (m. 395 a. de J.C.)

Lisboa *f* capital de Portugal ‖ lisboeta, lisbonense o lisbonés -nesa *adj* y *mf*

lisencoísmo *m* doctrina biológica rusa que se opone a la genética ortodoxa

lisiar *tr* producir lesión permanente en (*una parte del cuerpo*)

Lisipo *m* escultor griego (siglo IV a. de J.C.)

liso -sa *adj* igual, sin asperezas; sin labrar o adornar; sencillo en el trato

lisol *m* líquido de color rojo pardusco, usado como desinfectante y antiséptico

lisonja *f* ‖ **lisonjear** *tr* adular; deleitar; dar motivo de engreimiento a ‖ **lisonjero -ra** *adj* y *mf*

lista *f* tira, faja; línea o raya, esp. en los tejidos; serie de nombres, vocablos, etc. uno debajo de otro; recuento en alta voz que se hace de las personas que deben estar en un lugar; lista de correos oficina a la cual se dirigen cartas y paquetes cuyos destinatarios han de ir a ella a recogerlos

listerina *f* líquido antiséptico que contiene ácido bórico, aceites esenciales, etc.

listo -ta *adj* dispuesto, preparado; hábil, mañoso, pronto; *f* véase lista

listón *m* cinta de seda; pedazo de tabla angosta; filete, moldura

lisura *f* calidad de liso

lit. abr. de literalmente

litargirio *m* óxido de plomo

litera *f* vehículo antiguo a manera de caja y con dos varas laterales; cama fija en los camarotes

literal *adj* conforme a la letra; (*traducción*) hecha a la letra

literario -ria *adj* perteneciente a la literatura

literato -ta *adj* ‖ *mf* persona que se dedica a la literatura

literatura *f* escritos cuyo fin es la expresión de la belleza por medio de la palabra; conjunto de las producciones literarias de un país, época, género, etc.

litigar §45 *tr* pleitear sobre; *intr* contender

litigio *m* pleito; disputa

litigioso -sa *adj* que está en pleito; que está en duda; propenso a mover litigio

litio *m* cuerpo simple, el más ligero de los metales (*símbolo* Li; *núm. atómico* 3; *peso atómico* 6,940)

litografía *f* arte de grabar en piedra para la reproducción en estampa; estampa obtenida por este procedimiento ‖ **litografiar** §76 *tr* ‖ **litográfico -ca** *adj* ‖ **litógrafo -fa** *mf*

litología *f* estudio de las rocas; conocimientos relativos a los cálculos y su tratamiento

litoral *adj* ‖ *m* costa de un mar

lítote *f* figura retórica que consiste en negar lo contrario de lo que se quiere afirmar

litro *m* medida de capacidad equivalente a un decímetro cúbico

Lituania *f* estado del norte de Europa ‖ lituano -na *adj* y *mf*

liturgia *f* orden y forma en que se celebran los oficios divinos ‖ **litúrgico -ca** *adj*

liviandad *f* ‖ **liviano -na** *adj* leve, ligero; inconstante; lascivo; poco importante

lividez *f* ‖ **lívido -da** *adj* que tira a morado

Livio (Tito) historiador romano (59 a. de J.C. – 17 d. de J.C.)

liza *f* campo para lidiar; lid

Lm. abr. de lumen

lo *artículo determinado y pronombre demostrativo en género neutro; pronombre personal masculino y neutro de tercera persona, en acusativo*

loa *f* alabanza; prólogo, en el teatro antiguo; poema dramático corto

loable *adj* laudable

loar *tr* alabar

loba *f* hembra del lobo; sotana

lobanillo *m* tumor indolente debajo de la piel

lobo *m* mamífero carnicero, enemigo del ganado (*Canis lupus*); lobo de mar (fam.) marino viejo y experimentado

lóbrego -ga *adj* obscuro, sombrío; triste ‖ **lobreguez** *f*

lóbulo *m* parte redondeada del borde de una cosa o de un órgano; parte inferior de la oreja

local *adj* perteneciente al lugar; no general; municipal o provincial; *m* sitio cerrado y cubierto

localidad *f* calidad de local; lugar, pueblo; asiento en un teatro, cine, tren, etc.

localizar §62 *tr* fijar en límites determinados; determinar el lugar de; limitar ⋅

locatario -ria *mf* arrendatario

locativo *m* caso de la declinación que expresa relación de lugar

loción *f* líquido que se emplea para lavar la piel

loco -ca *adj* que ha perdido la razón; de poco juicio; extraordinario; (*polea*) que gira libremente sobre su eje; *mf* demente; **loco perenne** persona que nunca está en su juicio; (fam.) persona que siempre está de chanza

locomoción *f* traslación de un lugar a otro

locomotor -tora *adj* perteneciente a la locomoción; *f* máquina que arrastra los vagones de un tren

locomóvil *adj* que puede llevarse de un sitio a otro

locuacidad *f* ‖ **locuaz** *adj* (*pl:* -cuaces) que habla mucho o demasiado

locución *f* modo de hablar; grupo de palabras que no forman oración cabal

locura *f* pérdida de la razón; disparate, desacierto

locutor -tora *mf* persona que da avisos, lee anuncios, etc. en las estaciones de radiotelefonía

locutorio *m* departamento con un teléfono para uso del público; lugar en conventos y cárceles donde las monjas o los presos hablan con los visitantes

lodo *m* barro que forma el agua en el suelo

logarítmico -ca *adj* ‖ **logaritmo** *m* (mat.) exponente que indica a qué potencia hay que elevar una cantidad, llamada base, para que dé un número determinado

logia *f* conjunto de individuos que constituyen una asamblea de francmasones; lugar donde se reúnen

lógico -ca *adj* perteneciente a la lógica; que se produce de acuerdo con las leyes de la lógica; *mf* persona versada en lógica; *f* ciencia del raciocinio; modo de raciocinar; razonamiento

logístico -ca *adj* ‖ *f* técnica del transporte y movimiento de tropas y material de guerra

lograr *tr* conseguir, obtener; gozar, disfrutar; *ref* llegar a colmo

logrero -ra *adj* ‖ *mf* persona que da dinero con usura; persona que compra mercancías para venderlas a precio excesivo; (Chile) gorrista

logro *m* acción de lograr; ganancia; usura; **a logro** con usura

logroñés -ñesa *adj* y *mf* ‖ **Logroño** provincia en el norte de España; capital de esta provincia

loísmo *m* empleo de **lo** para el acusativo masculino en vez de **le** ‖ **loísta** *adj* y *mf*

loma *f* altura pequeña y prolongada

Lombardía *f* región del norte de Italia ‖ **lombardo -da** *adj* y *mf*

lombriz *f* (*pl:* -brices) gusano delgado y cilíndrico (*Lumbricus*)

lomo *m* parte inferior y central de la espalda; espinazo de los cuadrúpedos; carne de lomo del animal; parte del libro opuesta al corte; parte del cuchillo opuesta al filo; tierra que levanta el arado; **lomos** *mpl* costillas

lona *f* tela fuerte con que se hacen toldos, velas, etc.

loncha *f* losa; lonja, tira

londinense *adj* y *mf* ‖ **Londres** capital de Inglaterra

long. abr. de **longitud**

longanimidad *f* ‖ **longánimo -ma** *adj* constante en las adversidades

longaniza *f* embutido angosto de carne de cerdo

longevidad *f* larga vida

longevo -va *adj* muy anciano, de larga edad

Longino *m* filósofo y retórico griego (213–273 d. de J.C.)

longitud *f* la mayor de las dos dimensiones de una superficie; ángulo que forma el meridiano que pasa por un lugar con un meridiano que se toma como origen (Greenwich) medido sobre el ecuador ‖ **longitudinal** *adj*

lonja *f* sitio de contratación; abacería; cuero descarnado; parte larga y poco gruesa que se corta de otra

lontananza *f* en un cuadro, términos más distantes del plano principal; **en lontananza** a lo lejos

loor *m* alabanza

loquero -ra *mf* persona que cuida locos

lorán *m* sistema de orientación para buques y aviones mediante señales radioeléctricas transmitidas desde dos estaciones terrestres

lord *m* (*pl:* lores) título de nobleza en Inglaterra

Lorena, la antigua provincia de Francia ‖ **lorenés -nesa** *adj* y *mf*

Lorenzo *m* nombre propio de varón

loro -ra *adj* moreno obscuro; *m* papagayo

losa *f* piedra llana y poco gruesa

losange *m* rombo puesto de suerte que queden por pie y cabeza los dos ángulos agudos; campo de béisbol

lote *m* parte que corresponde a cada uno en la distribución de una cosa

lotería *f* juego público en que se premian números sacados a la suerte; juego casero en que se imita al anterior; despacho de billetes de lotería

loto *m* planta acuática de hojas muy grandes (*Nymphaea lotus*); árbol parecido al azufaifo (*Zizyphus lotus*)

Lovaina *f* ciudad de Bélgica ‖ **lovaniense** *adj* y *mf*

loza *f* barro fino, cocido y barnizado; vajilla hecha con el mismo

lozanía *f* ‖ **lozano -na** *adj* verde, frondoso; vigoroso, robusto, gallardo; orgulloso

lubricante *adj* ‖ *m* substancia que sirve para lubricar

lubricar §72 *tr* aceitar, engrasar; hacer resbaladizo

lúbrico -ca *adj* lascivo, libidinoso; resbaladizo

lubrificar §72 *tr* lubricar

Lucano *m* poeta latino, nacido en España (39–65 d. de J.C.)

Lucas *m* nombre propio de varón

lucerna *f* araña grande para alumbrar; lumbrera para proporcionar luz o ventilación; (*cap.*) *f* cantón de Suiza y capital de este cantón

lucero *m* el planeta Venus; astro grande y brillante; **luceros** *mpl* (poét.) ojos

Lucía *f* nombre propio de mujer

Luciano *m* filósofo y retórico griego (120–180 d. de J.C.)

lucidez *f* calidad de lúcido

lucido -da *adj* que obra con gracia y liberalidad; brillante

lúcido -da *adj* claro en el razonamiento, el lenguaje, etc.

luciérnaga *f* insecto cuya hembra despide una luz fosforescente (*Lampyris noctiluca*)

lucifer *m* hombre soberbio; (*cap.*) *m* el príncipe de los ángeles rebeldes; Venus, lucero de la mañana

lucimiento *m* ‖ **lucir** §46 *tr* iluminar; ostentar, hacer alarde de; enlucir; *intr* brillar, resplandecer; sobresalir; *ref* sobresalir; vestirse con esmero

lucrativo -va *adj* que produce lucro

Lucrecia *f* nombre propio de mujer

Lucrecio *m* poeta latino (96–55 a. de J.C.)

lucro *m* ganancia, utilidad

luctuoso -sa *adj* triste, lastimoso

lucubración *f* vigilia consagrada al estudio; obra que resulta de este estudio

Lúculo *m* cónsul y general romano (110–57 a. de J.C.)

lucha *f* acción de luchar; combate, lid; contienda

luchar *intr* pelear cuerpo a cuerpo; combatir, lidiar; contender; esforzarse

ludibrio *m* burla, escarnio, mofa

ludir *tr* frotar, estregar

luego *adv* pronto, en seguida; después; por consiguiente; desde luego inmediatamente; por supuesto; hasta luego a más ver; luego como o que tan pronto como

luengo -ga *adj* largo

lugar *m* espacio ocupado por un cuerpo; sitio, paraje; aldea, pueblo; motivo, ocasión; puesto, empleo; **lugar geométrico** conjunto de puntos que gozan de determinada propiedad común

lugareño -ña *adj* ‖ *mf* habitante de un lugar o pueblo

lugarteniente *m* el que con autoridad hace las veces del superior

luge *m* trineo pequeño usado para deslizar sobre la nieve por un terreno en declive

lúgubre *adj* triste, funesto, melancólico

Luis *m* nombre propio de varón

luisa *f* planta aromática de jardín (*Lippia citriodora*); (*cap.*) *f* nombre propio de mujer

Luisiana, la uno de los estados de los EE.UU.

lujo *m* suntuosidad excesivo en las comidas, el vestido, etc.; cosa con que se ostenta el lujo

lujoso -sa *adj* que tiene o gasta lujo

lujuria *f* apetito carnal desordenado; demasía, exceso

lujuriante *adj* lozano, frondoso

lujurioso -sa *adj* entregado a la lujuria

lumbago *m* dolor reumático en la región lumbar

lumbar *adj* perteneciente al lomo y a las caderas

lumbrada *f* hoguera grande

lumbre *f* materia combustible encendida; luz; llama; hueco de una puerta o ventana; brillo

lumbrera *f* cuerpo luminoso; abertura en un techo; en una máquina, orificio de entrada y salida del vapor; persona insigne por su ciencia

lumen *m* unidad de flujo luminoso

luminal *m* fenobarbital

luminar *m* astro luminoso; persona insigne

luminaria *f* luz que se pone en señal de fiesta y regocijo

luminiscencia *f* propiedad de emitir luz sin desprender calor ‖ luminiscente *adj*

luminoso -sa *adj* que despide luz; (*idea*) admirable, feliz

luminotecnia *f* arte de la iluminación artificial para fines industriales o artísticos

luminotécnico -ca *adj* perteneciente a la luminotecnia; *m* perito en luminotecnia

lun. abr. de lunes

luna *f* satélite de la Tierra; su luz; cristal azogado de un espejo; lente de los anteojos; luna de miel primer mes del matrimonio

lunación *f* período entre dos conjunciones de la Luna con el Sol

lunar *adj* perteneciente a la Luna; *m* mancha pequeña en la piel; pinta redonda sobre fondo de diferente color; defecto; mancha infamante

lunático -ca *adj* ‖ *mf* alienado; persona que padece locuras a intervalos

lunch *m* (inglés) refacción ligera, almuerzo

lunes *m* (*pl:* -nes) segundo día de la semana

luneta *f* lente de los anteojos; adorno en figura de media luna; (ant.) butaca de patio en el teatro

lunfardo *m* (Arg.) ratero, ladrón; caló argentino

lupa *f* lente de aumento con mango

lupanar *m* casa de prostitutas

lupercales *fpl* fiestas que los antiguos romanos celebraban en honor del dios Pan

lupia *f* lobanillo

lúpulo *m* planta cuyos frutos se em-

plean para dar sabor amargo a la cerveza (*Humulus lupulus*)

Lusitania *f* división de España en la época romana que corresponde al actual territorio de Portugal

lusitanismo *m* giro o vocablo propio de la lengua portuguesa

lusitano -na o luso -sa *adj y mf* natural de Lusitania; natural de Portugal

lustrabotas *m* (*pl:* -tas) (Arg.) limpiabotas

lustrar *tr* dar lustre a (*metales, piedras, botas*)

lustre *m* brillo de las cosas pulidas; fama, gloria

lustro *m* espacio de cinco años; araña de alumbrado

lustroso -sa *adj* que tiene brillo, que tiene lustre

lutecio *m* cuerpo simple metálico (*símbolo* Lu; *núm. atómico* 71; *peso atómico* 174,99)

luteranismo *m* ‖ luterano -na *adj y mf* ‖ Lutero, Martín iniciador de la Reforma y jefe de la secta de los luteranos (1483–1546)

luto *m* aflicción por la muerte de una persona querida; señal exterior de esta aflicción

Luxemburgo *m* gran ducado enclavado entre Alemania, Francia y Bélgica; capital de este estado; provincia de Bélgica ‖ luxemburgués -guesa *adj y mf*

luz *f* (*pl:* luces) forma de energía que ilumina los objetos y los hace visibles; aparato para alumbrar; día; ventana; luces *fpl* ilustración, cultura

Luzbel *m* Lucifer, el príncipe de los ángeles rebeldes

Ll

Ll, ll *f* décimocuarta letra del alfabeto

llaga *f* herida más o menos profunda en el cuerpo

llama *f* masa gaseosa en combustión que produce luz; rumiante sudamericano, variedad doméstica del guanaco; ardor, pasión

llamada *f* acción de llamar; señal en impresos y manuscritos para llamar la atención hacia notas, citas, etc.; toque para que la tropa tome las armas

llamador -dora *mf* persona que llama; *m* aldaba; botón del timbre eléctrico

llamar *tr* dar voces a; pedir (*a una persona*) que venga; convocar; dar nombre a; atraer; *intr* golpear en una puerta; hacer sonar la aldaba, la campanilla, el timbre; *ref* tener tal o cual nombre

llamarada *f* llama grande y fugaz; encendimiento del rostro; movimiento del ánimo, repentino y breve

llamativo -va *adj* demasiado vistoso; que excita la sed

llamear *intr* echar llamas

llana *f* herramienta para extender el

yeso o la argamasa; cara de una hoja de papel

llaneza *f* sencillez, naturalidad en el trato

llano **-na** *adj* liso, igual; sencillo, afable; claro, que no admite duda; (*vocablo*) que se acentúa en la penúltima sílaba; *m* terreno extenso y llano; *f* véase llana

llanta *f* cerco de hierro o caucho de las ruedas de coches, carros, etc.

llantén *m* planta medicinal (*Plantago major*)

llanto *m* efusión de lágrimas

llanura *f* igualdad de una superficie; terreno extenso y llano

llares *fpl* cadena de hierro para colgar la caldera en la chimenea

llave *adj* principal; *f* pieza de metal para abrir y cerrar las cerraduras; herramienta para asegurar las tuercas; instrumento para regular el paso de un flúido (agua, gas, electricidad) por un conducto; mecanismo para disparar las armas de fuego; lo que facilita el conocimiento de una cosa; clave del pentagrama

llavero **-ra** *mf* persona que guarda las llaves; *m* anillo en que se traen las llaves

llegada *f* acción de llegar

llegar §45 *tr* arrimar; *intr* venir; venir de un punto a otro; durar; alcanzar; ascender, importar; suceder; *ref* arrimarse

llenar *tr* ocupar enteramente; ocupar (*un puesto, empleo, etc.*); cumplir (*ciertas condiciones*); satisfacer; cargar, colmar abundantemente; *intr* llegar (*la Luna*) al plenilunio; *ref* (fam.) hartarse de comida o bebida

lleno **-na** *adj* que contiene de una cosa todo lo que su capacidad permite;

penetrado (*p.ej.*, *de agradecimiento*); (fam.) harto de comer o beber; *m* gran concurrencia en un espectáculo público; plenilunio

llevadero **-ra** *adj* tolerable

llevar *tr* conducir, transportar; traer consigo; dirigir, guiar; vestir (*una prenda*); cobrar (*cierto precio*); exceder en mérito, distancia, tiempo; producir; cuidar de; sufrir, tolerar; quitar; haber pasado (*cierto tiempo*); *ref* arrebatar, apropiarse; ganar; conducirse; avenirse

lloraduelos *mf* (*pl:* -los) persona que siempre anda llorando infortunios

lloralástimas *mf* (*pl:* -mas) (fam.) persona avara que siempre se queja de su pobreza

llorar *tr* derramar lágrimas a causa de; sentir mucho; *intr* derramar lágrimas

lloriquear *intr* gimotear ‖ **lloriqueo** *m*

lloro *m* acción de llorar; llanto

llorón **-rona** *adj* ‖ *mf* persona que llora mucho; *m* especie de sauce (*Salix babylonica*); penacho de plumas largas y péndulas; *f* plañidera

lloroso **-sa** *adj* que parece haber llorado; triste

llovedizo **-za** *adj* (*agua*) de lluvia; (*techo*) que deja pasar el agua de lluvia

llover §49 *intr* caer agua de las nubes; caer en abundancia; *ref* gotear (*un techo*) con la lluvia

llovido *m* el que se embarca clandestinamente

llovizna *f* lluvia fina que cae blandamente ‖ **lloviznar** *intr*

lluvia *f* acción de llover; agua que cae de las nubes; copia, abundancia

lluvioso **-sa** *adj* (*tiempo o país*) en que llueve mucho

M

M, m *f* décimoquinta letra del alfabeto

m. abr. de mañana, masculino, meridiano, metro, milla, minuto y muerto

M. abr. de Madre (religiosa), Maestro, Majestad, mediano y Merced

m/ abr. de mi y mes

maca *f* daño ligero; daño que un golpe produce en la fruta

macabro **-bra** *adj* que participa de lo feo de la muerte

macaco **-ca** *mf* mono pequeño de cola corta

macadam *m* o **macadán** *m* pavimento de piedras machacadas que se comprimen por medio de rodillos

macanudo **-da** *adj* (Amér.) abultado, grande; (Amér.) arduo, difícil; (Amér.) fuerte, robusto; (Amér.) excelente, estupendo

macarrón *m* bollito de pasta de almendras y azúcar; macarrones *mpl* pasta alimenticia de harina de trigo, dispuesta en cañutos largos

macarrónico **-ca** *adj* (*verso*) burlesco

compuesto de voces de la lengua vulgar con terminaciones latinas

macedonio -nia *adj* y *mf* natural de Macedonia; *f* mezcolanza, miscelánea; ensalada de legumbres; mezcla helada de frutas preparadas con azúcar; (*cap.*) *f* comarca de la Europa antigua al norte de Grecia

macerar *tr* ablandar (*una cosa*) golpeándola, estrujándola o sumergiéndola en un líquido

macero *m* el que lleva la maza delante de algún dignatario

maceta *f* vasija de barro con tierra para criar plantas; mango de algunas herramientas; martillo corto de albañil

macfarlán *m* o **macferlán** *m* gabán sin mangas y con esclavina

macilento -ta *adj* flaco, triste, descolorido

macizo -za *adj* lleno, sin hueco; sólido, bien fundado; *m* sólido; grupo de montañas; parte de pared entre dos vanos; cuadro de flores en el jardín

macolla *f* conjunto de tallos, nacidos de un mismo pie

mácula *f* mancha ‖ **macular** *tr*

machaca *mf* (fam.) persona pesada; *f* instrumento con que se machaca

machacar §72 *tr* quebrantar a golpes; *intr* insistir, porfiar

machacón -cona *adj* ‖ *mf* persona pesada e importuna ‖ **machaquería** *f*

machetazo *m* golpe de machete

machete *m* espada corta y ancha; cuchillo grande

machiega *adj* (*abeja*) que es hembra de los zánganos

machihembrar *tr* ensamblar (*dos piezas de madera*) para que encaje una en otra

macho *adj* fuerte, robusto; *m* animal del sexo masculino; planta que fecunda a otra con el polen; mulo; pieza que penetra o engancha en otra; mazo grande de herrero; banco del yunque; columna, pilar; macho de aterrajar tornillo de acero para labrar la rosca de las tuercas

machucar §72 *tr* machacar; magullar

machucho -cha *adj* juicioso, sesudo; avanzado en edad

Madagascar isla del océano Índico

madeja *f* hilo recogido en vueltas iguales para que pueda devanarse fácilmente; mata de pelo

madera *m* vino de Madera; *f* substancia dura y fibrosa de los árboles; pieza de madera; (fam.) disposición natural para determinada actividad; **saber a la madera** (fam.) tener la misma inclinación que sus

padres; (*cap.*) *f* archipiélago del Atlántico, que pertenece a Portugal

maderable *adj* (*árbol*) que da madera útil

maderaje *m* o **maderamen** *m* conjunto de maderas para una construcción

maderería *f* ‖ **maderero** *m* el que comercia en maderas

madero *m* pieza larga de madera; (poét.) buque, nave; (fam.) persona torpe

Madona *f* imagen de la Virgen

madrastra *f* esposa del padre respecto a los hijos que éste tiene de un matrimonio anterior

madraza *f* (fam.) madre que mima a sus hijos

madre *f* hembra que ha tenido un hijo; cuna de una cosa; lecho de un río; causa, origen; poso del vino o vinagre; título de ciertas religiosas

madreperla *f* molusco que produce las perlas (*Meleagrina margaritifera*)

madrépora *f* pólipo que forma escollos e islas en el Pacífico

madreselva *f* arbusto de flores olorosas (*Lonicera*)

Madrid capital de España

madrigal *m* composición poética breve en que se expresa un afecto delicado

madriguera *f* cueva pequeña o guarida de conejos y otros animales; lugar donde se reúne la gente de mal vivir

madrileño -ña *adj* y *mf* natural de Madrid

madrina *f* mujer que asiste a una persona en el bautismo, el matrimonio, etc.; protectora

madroño *m* arbusto de fruto comestible (*Arbutus unedo*); su fruto

madrugada *f* parte del día antes del amanecer; amanecer; acción de madrugar

madrugar §45 *intr* levantarse temprano; ganar tiempo

madurar *tr* volver maduro; meditar (*un proyecto*); *intr* ir sazonándose (*los frutos*); crecer en edad y juicio

madurez *f* ‖ **maduro** -ra *adj* que está en sazón; prudente, sensato; entrado en años

maesa *adj* machiega

maese *m* (ant.) maestro

maestra *f* mujer dedicada a la enseñanza; mujer del maestro; cosa que instruye

maestranza *f* conjunto de talleres y operarios de un arsenal; sociedad de equitación

maestre *m* superior de una orden militar; capitán de una embarcación

maestría f arte, habilidad; título o dignidad de maestro

maestro -tra adj de mérito extraordinario; principal; (animal) adiestrado; (abeja) machiega; m hombre dedicado a la enseñanza; perito en una materia; compositor de música; director de una agrupación musical; f véase maestra

Magallanes m descubridor del estrecho que lleva su nombre y de las islas Filipinas (1480–1521)

magdalena f pequeño bollo de forma de lanzadera; Santa María Magdalena (Bib.) cortesana convertida por Jesucristo

magia f arte con que se pretende producir fenómenos contrarios a las leyes naturales; atractivo, hechizo

magiar adj || mf individuo de una raza predominante en Hungría y Transilvania; m idioma húngaro

mágico -ca adj perteneciente a la magia; maravilloso; mf persona que ejerce la magia; encantador; f magia

magín m (fam.) imaginación; (fam.) talento

magisterio m profesión del maestro; conjunto de maestros; gravedad afectada

magistrado m persona investida de autoridad civil; miembro de un tribunal de justicia

magistral adj perteneciente al magisterio; que se hace con maestría

magistratura f dignidad y cargo de magistrado

magnanimidad f || **magnánimo -ma** adj que tiene grandeza de ánimo

magnate m persona importante y poderosa

magnesia f óxido de magnesio

magnésico -ca adj || **magnesio** m cuerpo simple metálico que arde con luz muy intensa (símbolo Mg; núm. atómico 12; peso atómico 24,32); luz de magnesia; fotografía al magnesio

magnético -ca adj || **magnetismo** m fuerza atractiva del imán; conjunto de fenómenos atractivos y repulsivos que producen los imanes y las corrientes eléctricas; influencia hipnótica

magnetita f óxido de hierro magnético (Fe_3O_4)

magnetizar §62 tr comunicar la propiedad magnética a; atraer, dominar; hipnotizar

magneto m y f generador de electricidad destinado a la ignición de los motores de explosión

magnetofónico -ca adj (cinta o alambre) que se imprime con el magnetófono

magnetófono m aparato que mediante un electroimán registra los sonidos en cinta o alambre

magnificar §72 tr aumentar por medio de instrumentos ópticos; engrandecer, ensalzar

magníficat m cántico de la Virgen al Señor que se reza o canta al final de las vísperas

magnificencia f || **magnífico -ca** adj espléndido, suntuoso; excelente; generoso; glorioso

magnitud f tamaño; grandeza, importancia

magno -na adj grande

magnolia f árbol de jardín de flores olorosas; su flor

mago -ga adj || mf persona que ejerce la magia; persona que ejerce influencia sobre otra a manera de sugestión; magos de Oriente tres reyes que fueron a Belén para adorar al niño Jesús

magra f lonja de jamón

magrez f || **magro -gra** adj flaco, enjuto; mezquino; m carne magra, lomo de cerdo; f véase magra

maguer conj (ant.) aunque

maguey m pita (planta textil)

magullar tr producir una fuerte contusión en

Maguncia f ciudad alemana a orillas del Rin || **maguntino -na** adj y mf

Mahoma m fundador de la religión musulmana (570–632) || **mahometano -na** adj y mf || **mahometismo** m

mahonesa f salsa de aceite y yema de huevo

Maimónides m filósofo judío, nacido en Córdoba (1135–1204)

maitines mpl primera de las horas canónicas, que se reza antes del amanecer

maíz m planta gramínea que produce mazorcas con granos muy nutritivos (Zea mays); su grano

majada f lugar donde se recogen de noche el ganado y los pastores; estiércol

majadería f dicho o hecho necio

majadero -ra adj || mf persona necia y molesta; m maza para majar; mano de almirez

majar tr machacar; (fam.) fastidiar, importunar

majestad f grandeza, magnificencia; (cap.) f título que se da a Dios y a los soberanos

majestuoso -da adj que tiene majestad

majeza f (fam.) calidad de majo; (fam.) ostentación de esta calidad; (fam.) insolencia

majo -ja adj (fam.) que afecta elegancia propia de la gente del pueblo; (fam.) ataviado, lujoso; (fam.) lindo, vistoso; (fam.) insolente; mf (fam.) persona que afecta elegancia; m (fam.) valentón

majuela f fruto del majuelo; correa de los zapatos

majuelo m arbusto parecido al espino (*Crataegus monogyna*); viña nueva

mal adj apócope de malo; m lo contrario al bien; lo contrario al deber o a la virtud; daño, perjuicio; desgracia; enfermedad; adv de mala manera; difícilmente; insuficientemente

malabarista mf equilibrista, escamoteador

malacate m cabrestante invertido que, movido por una caballería, sirve para extraer agua, arena, etc.

malaconsejado -da adj que obra desatinadamente

malacostumbrado -da adj que tiene malos hábitos; muy mimado y consentido

málaga m vino de Málaga; (cap.) f provincia de Andalucía y capital de esta provincia

malagueño -ña adj y mf natural de Málaga; f especie de fandango de Málaga

malandante adj desafortunado, infeliz

Malaquías m (Bib.) uno de los profetas menores

malaquita f carbonato natural de cobre, de color verde

malaria f paludismo

Malasia, la gran archipiélago que se extiende al noroeste de la Oceanía

malaventura f ‖ **malaventurado -da** adj infeliz, desgraciado ‖ **malaventuranza** f

malayo -ya adj ‖ mf individuo de una raza de piel morena de la Malasia

malbaratar tr vender a bajo precio; disipar (*el dinero*)

malcomer intr comer poco o mal

malcontento -ta adj disgustado; rebelde; mf persona rebelde

malcriado -da adj mal educado, descortés

malcriar §76 tr consentir, mimar (*a un niño*)

maldad f calidad de malo; acción mala

maldecir §11 tr echar maldiciones contra; intr echar maldiciones; maldecir de hablar mal de

maldiciente adj ‖ mf detractor, difamador

maldición f imprecación dirigida contra una persona o cosa

maldito -ta adj malévolo, perverso; de mala calidad; condenado por la justicia divina; m diablo; f (fam.) lengua

maleable adj (*metal*) que puede extenderse en planchas o láminas; (fam.) fácil de corromper; (fam.) acomodadizo

maleante adj que malea; malvado, perverso; burlón; mf perverso; burlón

malear tr dañar, echar a perder; corromper, pervertir

malecón m muralla para defensa contra las aguas

maledicencia f acción de hablar mal de una persona

maleficiar tr causar daño a; embrujar, hechizar

maleficio m hechizo; daño causado por arte de hechicería

maléfico -ca adj que hace daño; que hace daño con maleficios; m hechicero

malentendido m mala interpretación

malestar m incomodidad indefinible

maleta f cofre de mano para viaje

malevolencia f ‖ **malévolo -la** adj inclinado a hacer mal

maleza f abundancia de hierbas malas; espesura de arbustos, matas, etc.

malgastar tr emplear (*el dinero, el tiempo, el trabajo*) en cosas inútiles

malhablado -da adj descarado en el hablar

malhadado -da adj desdichado, infeliz

malhecho -cha adj deforme; m acción mala

malhechor -chora adj ‖ mf persona que comete acciones culpables

malherir §48 tr herir gravemente

malhumorado -da adj que está de mal humor

malicia f maldad; propensión a pensar mal; sagacidad; bellaquería; (fam.) sospecha

maliciar tr sospechar; malear, dañar

malicioso -sa adj que interpreta las cosas con malicia; que contiene malicia; malo; receloso

malignidad f ‖ **maligno -na** adj poco amable; propenso al mal; pernicioso; malicioso

Malinas ciudad de Bélgica

malintencionado -da adj que tiene mala intención

malmeter tr malbaratar, malgastar; malquistar; inclinar (*a uno*) a hacer mal

malo -la adj falto de bondad; opuesto a la razón o a la ley; nocivo a la salud; deteriorado; desagradable; difícil; enfermo; (fam.) travieso; el malo el diablo; lo malo es el obstáculo es

malogrado -da *adj* muerto prematuramente

malograr *tr* no aprovechar; *ref* no salir bien

malogro *m* fracaso, mal éxito

maloliente *adj* que despide mal olor

malparado -da *adj* que ha sufrido menoscabo

malparir *intr* parir antes de tiempo ‖ **malparto** *m*

malquerencia *f* aversión, mala voluntad

malquerer §56 *tr* tener mala voluntad a

malquistar *tr* poner mal (*a una persona*) con otra

malquisto -ta *adj* que está mal con otra persona

malrotar *tr*. malgastar

malsano -na *adj* dañoso a la salud; de poca salud

malsín *m* el que habla mal de otro

malsonante *adj* que suena mal; contrario a la decencia

malta *m* cebada germinada para fabricar cerveza; *f* (Chile) cerveza de primera clase; (cap.) *f* isla del Mediterráneo ‖ **maltés -tesa** *adj y mf*

maltratar *tr* tratar mal; echar a perder

maltrecho -cha *adj* maltratado, malparado

maltusianismo *m* teoría del economista británico Malthus de que la población del mundo crecía más rápidamente que los medios de subsistencia ‖ **maltusiano -na** *adj y mf*

malva *f* planta de flores vistosas y cuyos tallos y hojas contienen un jugo viscoso

malvado -da *adj* ‖ *mf* persona muy mala y perversa

malvarrosa *f* planta de jardín (*Althaea rosea*)

malvasía *f* uva muy dulce y fragante; vino hecho de ella

malvavisco *m* planta cuya raíz se usa como emoliente (*Althaea officinalis*)

malvender *tr* vender a bajo precio

malversar *tr* gastar ilícitamente (*los caudales ajenos que uno tiene a su cargo*)

malvís *m* tordo de plumaje verde con manchas negras y rojas (*Turdus musicus*)

malla *f* tejido de la red; cada uno de los cuadriláteros que forman el tejido de la red; tejido metálico de las cotas; traje de acróbata,

ajustado al cuerpo; vestido de baño; (rad.) rejilla de lámpara

mallo *m* martillo de madera

Mallorca *f* la mayor de las islas Baleares ‖ **mallorquín -quina** *adj y mf*

mama *f* teta; (fam.) madre

mamá *f* (*pl:* -más) (fam.) madre

mamar *tr* chupar (*la leche de los pechos*); aprender en la infancia

mamarracho *m* (fam.) figura ridícula; (fam.) cosa extravagante; (fam.) hombre ridículo

mameluco *m* soldado de una antigua milicia privilegiada de Egipto; (fam.) hombre necio y bobo

mamífero -ra *adj* ‖ *m* animal cuyas hembras dan de mamar a sus crías

mamola *f* caricia o burla que se hace pasando la mano debajo de la barba de uno

mamón -mona *adj* que mama todavía; que mama demasiado; *m* vástago inútil

mamotreto *m* (fam.) libro o legajo muy abultado

mampara *f* cancel o tabique movible; biombo; (Méx.) puerta; (Perú) puerta de cristales

mamparo *m* tabique divisorio en los buques

mamporro *m* golpe que hace poco daño

mampostería *f* obra de mampuestos

mampuesto *m* piedra sin labrar que se puede colocar en obra con la mano; parapeto

mamut *m* (*pl:* -muts) especie fósil del elefante

maná *m* (Bib.) alimento que Dios envió a los israelitas en el desierto; (fig.) alimento celeste

manada *f* conjunto de animales que andan juntos; hato de ganado; lo que cabe en la mano

Managua *f* capital de Nicaragua

manantial *adj* (*agua*) que mana; *m* nacimiento de las aguas; origen, principio

manar *tr* derramar; *intr* brotar (*un líquido*); provenir; abundar

manatí *m* (*pl:* -tíes) cetáceo herbívoro de América (*Trichechus*)

mancar §72 *tr* herir en las manos; estropear, lisiar

manceba *f* concubina

mancebía *f* casa de prostitutas; desorden con que viven los mozos

mancebo *m* mozo joven; dependiente

mancera *f* esteva

mancilla *f* mancha, desdoro

mancillar *tr* amancillar

manco -ca *adj* defectuoso, incompleto; que ha perdido un miembro o el uso de él; *mf* persona que ha perdido un miembro o el uso de él

mancomún: de mancomún de común acuerdo

mancomunar *tr* unir (*personas, fuerzas, caudales, etc.*); *ref* unirse

mancomunidad *f* acción de mancomunar; asociación de provincias para fines comunes

mancha *f* marca de suciedad; parte de una cosa con distinto color; desdoro; la Mancha región del centro de España; **canal de la Mancha** estrecho entre Francia e Inglaterra

manchar *tr* hacer manchas en; deslustrar la buena fama de

manchego -ga *adj* y *mf* natural de la Mancha

manchú -chúa (*pl:* -chúes o -chús y -chúas) *adj* ‖ *mf* individuo de la raza mogólica de Manchuria

Manchuria *f* región del Asia oriental que formaba parte del Imperio chino

manda *f* donación, oferta; legado

mandadero -ra *mf* persona que hace encargos o comisiones

mandado *m* orden; encargo, comisión

mandamás *m* (pop.) jefe, persona que tiene mando

mandamiento *m* precepto, orden; cada uno de los preceptos del decálogo

mandar *tr* dar orden o ǀmandado a (*una persona*); demandar, pedir (*una cosa*); encargar; enviar; legar en testamento; *intr* tener el mando; mandar por enviar a buscar

mandarín -rina *adj* ‖ *m* alto funcionario de China; *f* fruto del mandarino; lengua sabia de China

mandarino *m* planta que da una naranja pequeña y más dulce que la común (*Citrus nobilis*)

mandatario *m* el que representa a otro en alguna gestión; (Amér.) el que ejerce un cargo político electivo

mandato *m* orden, precepto; encargo

mandíbula *f* quijada

mandil *m* delantal colgado del cuello

mandioca *f* arbusto de cuya raíz se extrae tapioca (*Manihot utilissima*)

mando *m* autoridad del superior; gobierno de un aparato; dispositivo que sirve para gobernar un aparato

mandolina *f* instrumento de cuerdas semejante a la bandurria

mandón -dona *adj* ‖ *mf* persona que manda más de lo que debe; *m* (Arg.) capataz de mina

mandril *m* árbol o huso en que se asegura en el torno la pieza que se ha de labrar; mono africano (*Papio mormon*)

manducar §72 *tr* e *intr* comer

manecilla *f* mano pequeña; saeta del reloj; broche para cerrar libros; signo ortográfico en forma de mano

manejar *tr* traer o usar entre las manos; gobernar, dirigir; (Amér.) gobernar (*el automóvil*); *ref* moverse; comportarse

manejo *m* acción de manejar; ardid, intriga

manera *f* modo y forma particular de hacer o decir algo; **maneras** *fpl* conducta propia de una persona

manes *mpl* en la antigua Roma, almas de los difuntos, consideradas como divinidades

manga *f* parte del vestido que cubre el brazo; tubo flexible para riego; tromba de agua; la mayor anchura de un buque; en el juego del bridge, anotación de 100 o más puntos por bazas ofrecidas y cumplidas

manganeso *m* cuerpo simple metálico, muy oxidable (*símbolo* Mn; *núm. atómico* 25; *peso atómico* 54,93)

mangle *m* arbusto tropical de muchas raíces aéreas (*Rhizophora mangle*); *f* máquina para prensar tejidos por medio de rodillos

mango *m* parte por donde se ase un utensilio; árbol de fruto aromático y astringente (*Mangifera indica*)

mangonear *intr* (fam.) vagabundear; (fam.) entremeterse

mangosta *f* mamífero carnicero de África (*Herpestes fasciatus*)

manguera *f* tubo flexible para riego; tubo de ventilación de un buque

manguito *m* rollo de piel, usado por las mujeres para preservar las manos del frío; cilindro hueco para empalmar dos piezas cilíndricas

maní *m* (*pl:* -níes o -nises) cacahuete

manía *f* forma de locura caracterizada por el dominio de una idea fija; preocupación caprichosa ‖ **maníaco -ca** *adj* y *mf*

maniatar *tr* atar las manos a

maniático -ca *adj* ‖ *mf* persona que tiene manías o extravagancias

manicomio *m* asilo para locos y maníacos

manicuro -ra *mf* persona que cuida las manos, esp. las uñas; *f* cuidado de las manos y las uñas

manido -da *adj* muy usado; (*carne o pescado*) que empieza a podrirse; *f* guarida

manifestación *f* acción de manifestar; reunión pública al aire libre en la cual los concurrentes dan a conocer su deseo u opinión

manifestante *mf* persona que toma parte en una manifestación

manifestar §1 *tr* dar a conocer abiertamente; poner a la vista; *ref* darse a conocer

manifiesto -ta *adj* patente, claro; *m* escrito dirigido a la opinión pública; declaración del cargamento de un buque preparado para el administrador de aduanas

manigua *f* en las Antillas, terreno cubierto de malezas

manija *f* mango, puño, manubrio

Manila *f* capital de las Islas Filipinas ‖ **manilense** o **manileño -ña** *adj* y *mf*

manilla *f* brazalete; anillo de hierro para aprisionar las muñecas

manillar *m* pieza en forma de tubo que sirve para dirigir la bicicleta

maniobra *f* operación manual; evolución de las tropas o la armada; artificio, manejo; (mar.) conjunto de cabos o aparejos; **maniobras** *fpl* movimientos de los trenes en las estaciones y patios ‖ **maniobrar** *intr*

manipulador *m* aparato telegráfico transmisor

manipular *tr* manejar, arreglar con las manos; (fam.) manejar (*negocios*) a su modo

maniquí *m* (*pl:* -quíes) figura de madera articulada para uso de pintores y escultores; armazón para probar y exhibir prendas de vestir; persona que exhibe prendas de moda; (fam.) persona sin voluntad, dominada por otra de más decisión

manirroto -ta *adj* ‖ *mf* persona demasiado liberal y dadivosa

manivela *f* manubrio

manjar *m* cualquier comestible; recreo del espíritu

mano *f* parte del cuerpo humano desde la muñeca hasta la extremidad de los dedos; pie delantero de los cuadrúpedos; capa de pintura o barniz; **manecilla del reloj**; instrumento para machacar; conjunto de cinco cuadernillos de papel; habilidad, destreza; poder, influencia; partida; **mano de obra** trabajo de los obreros; *m* en el juego, el primero de los que juegan

manojo *m* hacecillo que puede cogerse con la mano

manolo -la *mf* joven del pueblo bajo de Madrid

manómetro *m* instrumento con que se mide la tensión de los gases

manopla *f* pieza de la armadura que defendía la mano; (Chile) pieza de metal con que se resguardan los nudillos

manosear *tr* tocar repetidamente con la mano

manotada *f* o **manotazo** *m* golpe dado con la mano

manotear *tr* golpear con la mano; *intr* mover las manos al hablar

manquedad *f* falta de mano o brazo; defecto

mansalva: a mansalva sin peligro

mansedumbre *f* suavidad, benignidad de carácter; apacibilidad en los irracionales

mansión *f* detención, estancia; morada; casa lujosa

manso -sa *adj* suave, benigno; apacible; (*animal*) que no es bravo; *m* animal que sirve de guía al rebaño

manta *f* prenda de abrigo de forma cuadrada; frazada

mantear *tr* echar al aire con una manta

manteca *f* gordura del cerdo; substancia crasa de la leche y de algunos frutos; pomada

mantecado *m* bollo amasado con manteca de cerdo; sorbete de leche, huevos y azúcar

mantecoso -sa *adj* que tiene mucha manteca; que se parece a la manteca

mantel *m* lienzo con que se cubre la mesa de comer

mantelería *f* conjunto de mantel y servilletas

mantener §71 *tr* proveer del alimento necesario; conservar; afirmar, apoyar

mantenida *f* querida que vive a expensas de un hombre

mantenido *m* (Méx.) hombre que vive a expensas del trabajo de una mujer

mantenimiento *m* acción o efecto de mantener; alimento

mantequera *f* vasija para la manteca en la mesa; vasija en que se hace la manteca

mantequería *f* ‖ **mantequero -ra** *adj* ‖ *mf* persona que hace o vende manteca; *f* véase mantequera

mantequilla *f* manteca de vaca; manteca de vaca batida con azúcar

mantilla *f* prenda de tul o encaje con que las mujeres se cubren la cabeza; **mantillas** *fpl* lienzos en que se envuelve al niño de pecho

mantillo *m* parte orgánica del suelo; estiércol fermentado

mantisa *f* (mat.) parte decimal de un logaritmo

manto *m* prenda femenina a modo de capa; ropa talar que se usa en ciertas ceremonias; fachada de la campana de una chimenea

mantón *m* prenda de mujer a modo de pañuelo grande

Mantua *f* ciudad italiana en la Lombardía || mantuano -na *adj y mf*

manuable *adj* fácil de manejar

manual *adj* que se hace con las manos; manuable; *m* libro que contiene lo más substancial de una materia

manubrio *m* manija que sirve para hacer girar una rueda u otro mecanismo

Manuel *m* nombre propio de varón

manufactura *f* obra fabricada; lugar donde se fabrica algo || manufacturar *tr*

manumisión *f* || manumiso -sa *adj* || manumitir *tr* dar libertad a (*un esclavo*)

manuscrito -ta *adj* || *m* libro o papel escrito a mano

manutención *f* acción de mantener; conservación, amparo

manzana *f* fruto del manzano; conjunto aislado de varias casas contiguas; manzana de Adán prominencia que forma la laringe en la garganta

manzanilla *f* camomila; vino blanco y seco de Andalucía

manzano *m* árbol rosáceo de fruto globoso (*Malus*)

maña *f* destreza, habilidad; astucia; mala costumbre

mañana *adv* en el día después de hoy; en tiempo futuro; *m* el día después del de hoy; tiempo futuro; *f* parte del día desde el amanecer al mediodía

mañanita *f* blusa que las mujeres usan al incorporarse de la cama

mañoso -sa *adj* que tiene maña; que se hace con maña

mapa *m* representación geográfica en una superficie plana de la Tierra o parte de ella

mapache *m* mamífero norteamericano de piel muy estimada (*Procyon lotor*)

mapamundi *m* mapa del globo terrestre dividido en dos hemisferios

maqueta *f* primer bosquejo de una obra de escultura; modelo en tamaño reducido de una construcción, monumento, edificio, etc.

maquiavélico -ca *adj* || maquiavelismo *m* doctrina de Maquiavelo, que aconsejaba el empleo de la mala fe en la política de un Estado; modo de proceder con astucia y perfidia || maquiavelista *adj y mf*

maquillador -dora *mf* || maquillaje *m* || maquillar *tr* componer con afeites; (*teat.*) componer el rostro y la fi-

gura de (*un actor*) conforme al personaje que ha de representar

máquina *f* artificio para dirigir y regular la acción de una fuerza; locomotora; proyecto, traza; hombre que obedece sólo al impulso ajeno

maquinación *f* intriga

máquina-herramienta *f* (*pl:* máquinas-herramientas*) máquina que efectúa el trabajo de las herramientas manuales

maquinal *adj* perteneciente a la máquina; involuntario, espontáneo

maquinaria *f* conjunto de máquinas; arte de construir máquinas

maquinismo *m* predominio de las máquinas en la industria

maquinista *mf* persona que inventa o fabrica máquinas; persona que gobierna y dirige una máquina o locomotora

mar *m y f* gran masa de agua salada que cubre la mayor parte de la Tierra; cada una de las partes determinadas de ella; gran abundancia

marabú *m* (*pl:* -búes) ave africana parecida a la cigüeña (*Leptoptilus crumeniferus*); adorno hecho de su plumaje

maraña *f* maleza; embrollo, enredo; embuste

marañón *m* árbol de la América tropical (*Anacardium occidentale*)

marasmo *m* enflaquecimiento excesivo; inmovilidad, suspensión

maratón *m* (dep.) carrera de resistencia a pie de 42,195 km.; (*cap.*) aldea de Grecia, célebre por la victoria de Milcíades sobre los persas en 490 a. de J.C.

maravedí *m* (*pl:* -díes, dís o dises) antigua moneda española

maravilla *f* cosa que causa admiración; admiración

maravillar *tr* causar admiración a; *ref* sentir admiración

maravilloso -sa *adj* admirable, extraordinario

marbete *m* papel pegado a un envase u otro objeto; papel sujeto a un bulto con la dirección del destinatario

marca *f* señal hecha en una cosa; límite máximo alcanzado hasta ahora en cualquier aspecto de la actividad humana; distrito fronterizo; marca de fábrica o marca registrada señal particular que el fabricante pone a sus productos

marcado -da *adj* singular, señalado

marcar §72 *tr* poner una marca a; bordar iniciales en (*la ropa*); destinar; (dep.) obtener (*tantos*); (telp.)

señalar cada una de las cifras de
(*el número que se desea*)

marcasita *f* bisulfuro de hierro

marcial *adj* perteneciente a Marte;
perteneciente a la guerra; bizarro,
gallardo; (*cap.*) *m* poeta latino (40–
102 d. de J.C.) ‖ **marcialidad** *f*

marciano -na *adj* perteneciente al
planeta Marte; *m* supuesto habitante de este planeta

marco *m* cerco en que se encaja una
puerta, ventana; cerco que rodea
algunas cosas; moneda alemana;
(*cap.*) *m* nombre propio de varón

Marcos *m* nombre propio de varón

marcha *f* acción de marchar; velocidad de marcha; funcionamiento;
curso; partida, salida; relación de
velocidades entre el árbol motor y
el eje de transmisión; pieza de música destinada a regular el paso

marchamar *tr* ‖ **marchamo** *m* señal
que los aduaneros ponen en los
bultos

marchar *intr* partir, salir; caminar;
andar, funcionar; seguir su curso
(*p.ej., los asuntos*); *ref* partir,
salir

marchitar *tr* ajar, deslucir, poner
mustio; enflaquecer

marchitez *f* ‖ **marchito** -ta *adj* ajado,
deslucido; falto de vigor

marchoso -sa *adj* (fam.) airoso, garboso; (fam.) gallardo; (fam.) juerguista

Mardoqueo *m* (Bib.) tío de Ester, que
fué llevado cautivo a Babilonia

marea *f* movimiento alternativo y
diario de ascenso y descenso de las
aguas del mar

mareamotor -triz (*pl:* -trices) *adj*
(*generador eléctrico*) accionado por
la marea

marear *tr* gobernar (*una nave*); *ref*
sentir mareo

marejada *f* movimiento de grandes
olas; murmuración sorda de la
multitud

mareo *m* malestar con náuseas provocado por los movimientos del
barco, del tren, del avión; (fam.)
incomodidad

marfil *m* parte dura de los colmillos
del elefante; parte dura de los dientes, cubierta por el esmalte ‖ **marfileño** -ña *adj*

marga *f* roca compuesta de arcilla y
carbonato de cal; tela usada para
jergones, sacos, etc.

margarita *f* perla; planta de flores de
centro amarillo y pétalos blancos
(*Bellis perennis*); (*cap.*) *f* nombre
propio de mujer

margen *m* y *f* blanco alrededor de una
página; orilla, extremidad; ocasión,
motivo ‖ **marginal** *adj*

María *f* nombre propio de mujer;
madre de Jesucristo

marica *m* (fam.) hombre afeminado;
f urraca

maridaje *m* unión de los casados;
unión, enlace

maridar *tr* unir, enlazar; *intr* casarse;
hacer vida marital

marido *m* hombre casado, con respecto a su mujer

marihuana *f* (Méx.) cáñamo, cuyas
hojas y flores disecadas se fuman
en forma de cigarrillos

marimacho *m* (fam.) mujer hombruna

marimba *f* instrumento musical de
origen indio que se usa en Centro-
américa; (fam.) paliza

marina *f* conjunto de buques de un
Estado; fuerzas navales de un
Estado; pintura que representa el
mar; arte de navegar

marinar *tr* sazonar (*el pescado*) para
conservarlo; tripular (*un buque*)

marinera *f* blusa de marinero, usada
también por los niños

marinería *f* oficio de marinero; conjunto de marineros

marinero -ra *adj* perteneciente a la
marina o a los marineros; (*buque*)
fácil de gobernar; *m* hombre de
mar; *f* véase **marinera**

marinesco -ca *adj* perteneciente a los
marineros

marino -na *adj* perteneciente al mar;
m hombre que sirve en la marina; *f*
véase **marina**

marioneta *f* títere

mariposa *f* insecto lepidóptero

mariposear *intr* variar a menudo de
gustos u ocupaciones; vagar con insistencia en torno de alguien

mariquita *m* (fam.) hombre afeminado; *f* insecto coleóptero (*Coccinella
septempunctata*)

marisabidilla *f* (fam.) mujer que presume de sabia

mariscal *m* oficial en la milicia antigua, inmediatamente inferior al
condestable; oficial supremo de la
milicia en algunos países; veterinario

marisco *m* cualquier molusco o crustáceo, esp. si es comestible

marisma *f* terreno anegadizo próximo
al mar

marisquería *f* ‖ **marisquero** -ra *mf*
persona que pesca o vende mariscos

marital *adj* perteneciente al marido o
a la vida conyugal

marítimo -ma *adj* perteneciente al mar

maritornes f (pl: -nes) (fam.) criada ordinaria, hombruna y fea

marjal m terreno bajo y pantanoso

marjoleta f fruto del marjoleto

marjoleto m espino arbóreo (*Crataegus monogyna y C. oxyacantha*)

marmita f olla de metal con tapadera ajustada

marmitón m pinche de cocina

mármol m piedra caliza, susceptible de pulimento; objeto de mármol

marmolería f taller de marmolista; obra de mármol; conjunto de mármoles

marmolista m el que trabaja en mármoles; el que los vende

marmóreo -a adj de mármol o parecido a él

marmota f roedor que pasa el invierno durmiendo; persona que duerme mucho

maroma f cuerda gruesa de cáñamo o esparto

marqués m dignatario de la nobleza entre duque y conde

marquesa f mujer de marqués o que tiene marquesado

marquesado m título y territorio del marqués

marquesina f cobertizo que avanza sobre una puerta, escalinata, etc.

marquetería f ebanistería; obra de taracea

marrajo -ja adj astuto, cauto; (toro) malicioso

marrano -na adj (fam.) sucio, desaseado; (fam.) vil, ruin; mf cerdo; (fam.) persona sucia; (fam.) persona que se conduce con bajeza

marrar intr faltar, errar; desviarse de lo recto

marras: de marras (fam.) de otro tiempo

marrasquino m licor hecho con cerezas amargas y azúcar

marro m juego en que se tira con una piedra a un bolo hincado en el suelo; juego en que dos bandos de jugadores procuran cogerse unos a otros; falta, yerro

marrón adj || m color castaño; castaña confitada

marroquí (pl: -quíes) adj y mf natural de Marruecos; m tafilete

marrubio m planta de flores amargas y medicinales

Marruecos m estado del norte de África

marrullería f || **marrullero -ra** adj astuto, taimado

Marsella f ciudad y puerto de Francia a orillas del Mediterráneo

marsellés -llesa adj y mf natural de Marsella; f himno nacional francés

Marsias m (mit.) sátiro de Frigia, hábil tocador de flauta

marsopa o **marsopla** f cetáceo parecido al delfín (*Phocaena phocaena*)

marsupial adj || m mamífero cuyas hembras llevan una bolsa delante del vientre donde guardan a sus hijos hasta que terminan su desarrollo

mart. abr. de martes

marta f mamífero carnicero de piel estimada (*Martes martes*); su piel; (cap.) f nombre propio de mujer

Marte m (mit.) dios romano de la guerra; planeta del sistema solar

martes m (pl: -tes) tercer día de la semana

martillar tr golpear con el martillo; atormentar, oprimir

martillo m herramienta para golpear, compuesta de una cabeza de hierro y un mango; martillo pilón (pl: martillos pilones) martillo mecánico de fragua de grandes dimensiones

Martín m nombre propio de varón; martín cazador (pl: martín cazadores) ave de gran tamaño que destruye reptiles (*Dacelo gigas*); martín del río ave zancuda de pico largo y grueso (*Nycticorax nycticorax*); martín pescador (pl: martín pescadores) ave trepadora de pico prolongado (*Alcedo atthis ispida*)

martinete m martillo pilón; martín del río

martingala f artificio, astucia

Martinica, la isla del grupo de las Antillas Menores, que pertenece a Francia

mártir mf persona que sufre la muerte por sostener la verdad de su creencia; persona perseguida por sus opiniones; persona que padece grandes trabajos y sufrimientos || **martirio** m || **martirizar** §62 tr

márts. abr. de mártires

Marx, Carlos revolucionario alemán y fundador del comunismo (1818–1883) || **marxismo** m || **marxista** adj y mf

marzal adj || **marzo** m tercer mes del año

mas conj pero

más m signo de la suma o adición; adv en mayor cantidad, en grado superior; de preferencia

masa f conjunto de las partes que forman un todo; totalidad; pueblo, vulgo; pasta que se forma con harina y agua; (elec.) cuerpo metálico de un vehículo, que actúa de tierra; (fís.) cantidad de materia que contiene un cuerpo

masaje *m* ‖ masajear *tr* friccionar (*el cuerpo*) con fin terapéutico ‖ **masajista** *mf*

masar *tr* amasar; masajear

mascar §72 *tr* desmenuzar con la dentadura

máscara *mf* persona enmascarada; *f* figura de cartón o tela para cubrir el rostro; utensilio para proteger el rostro; disfraz; traje que sirve para disfrazar

mascarada *f* fiesta de máscaras

mascarilla *f* máscara que cubre sólo la parte superior del rostro; vaciado en yeso del rostro de una persona

mascarón *m* persona extremadamente fea; (arq.) cara de adorno

mascota *f* persona o cosa que, según creencia vulgar, da la suerte

mascujar *tr* (fam.) mascar mal; (fam.) pronunciar mal

masculino -na *adj* perteneciente al hombre; dotado de órganos para fecundar; (gram.) del género masculino; *m* (gram.) género que significa hombre, animal macho o cosa que pertenece a esta clase por su terminación o uso

mascullar *tr* (fam.) pronunciar mal; (fam.) mascar mal

masilla *f* masa de aceite de linaza y tiza para asegurar los vidrios

maslo *m* tronco de la cola de los cuadrúpedos; tallo de una planta

masón *m* francmasón ‖ **masonería** *f* ‖ **masónico -ca** *adj*

mastelerillo *m* (mar.) palo menor que se coloca sobre el mastelero

mastelero *m* (mar.) palo menor que se coloca sobre cada uno de los mayores

masticar *tr* mascar; meditar

mástil *m* palo derecho que sirve de sostén; parte más estrecha de violín, guitarra, etc.; palo de buque

mastín -tina *mf* perro de cuerpo membrudo, muy valiente y leal

mastodonte *m* mamífero fósil parecido al mamut y al elefante

mastoides *adj* ‖ *m* apófisis del hueso temporal, situada detrás de la oreja

mastranzo *m* planta aromática, usada en medicina (*Mentha rotundifolia*)

mastuerzo *m* planta hortense que se come en ensalada (*Lepidium sativum*)

masturbación *f* ‖ **masturbar** *ref* procurarse solitariamente goce sexual

masurio *m* cuerpo simple muy raro (*símbolo* Ma; *núm. atómico* 43; *peso atómico* 99) — véase **tecnetio**

mat. abr. de matemática

mata *f* cualquier planta vivaz de tallo bajo; pie de alguna hierba; porción grande de cabello

matabuey *m* amarguera

matacán *m* veneno para matar perros; en la Edad Media, balcón de piedra con aberturas en el suelo

matadero *m* sitio donde se mata el ganado; (fam.) trabajo penoso

matador *m* torero que mata al toro

matadura *f* llaga hecha en la piel de las bestias

matalascallando *mf* (fam.) persona que sabe conseguir su intento sin aparentarlo

matalobos *m* (*pl:* -bos) acónito

matalón -lona *adj* ‖ *mf* caballo viejo y lleno de mataduras

matamoros *m* (*pl:* -ros) (fam.) valentón

matamoscas *m* (*pl:* -cas) instrumento para matar moscas; tira de papel pegajoso para matar moscas

matanza *f* acción de matar; acción de matar los cerdos; mortandad, p.ej., en una batalla

mataperros *m* (*pl:* -rros) (fam.) muchacho callejero y travieso

matapolvo *m* lluvia menuda y pasajera

matar *tr* dar o causar la muerte a; apagar (*el fuego, la luz, la cal viva*); quitar los cantos o aristas a; echar una carta superior a (*la del contrario*); incomodar con pesadeces; arruinar; gastar ociosamente (*el tiempo*); *ref* darse la muerte; trabajar con afán

matarife *m* el que mata y descuartiza las reses

matarratas *m* (fam.) aguardiente fuerte de muy mala calidad

matasanos *m* (*pl:* -nos) (fam.) mal médico, curandero

matasellar *tr* ‖ **matasellos** *m* (*pl:* -llos) marca o sello con que se inutilizan los sellos de correo

matasiete *m* (*pl:* -te) (fam.) perdonavidas

match *m* (inglés) competición deportiva

mate *adj* falto de brillo; *m* lance final del juego de ajedrez; planta sudamericana con cuyas hojas se prepara una infusión (*Ilex paraguayensis*); esta infusión

matemático -ca *adj* perteneciente a las matemáticas; exacto; *mf* persona que se dedica a las matemáticas; *f* matemáticas; **matemáticas** *fpl* ciencia que trata de la cantidad y la extensión

Mateo *m* nombre propio de varón

materia f substancia extensa, divisible e impenetrable, susceptible de toda clase de formas; substancia corpórea en oposición a espíritu; aquello de que está hecha una cosa; asunto, negocio; pus; **materia prima** o **primera materia** la que una industria transforma

material adj perteneciente a la materia; m materia necesaria para una obra; elementos necesarios en un servicio, profesión, etc.; manuscrito preparado para la prensa

materialismo m doctrina que reduce a la materia todo cuanto existe ‖ **materialista** adj y mf

materializar §62 tr volver material; considerar como material (lo que no lo es); adquirir (ganancias); ref abandonar lo espiritual por lo material

maternal adj perteneciente a la madre

maternidad f estado o calidad de madre; hospital de parturientas

materno -na adj maternal; (lengua) de los naturales de un país

Matías m nombre propio de varón

Matilde f nombre propio de mujer

matinal adj perteneciente a la mañana

matiné m y f función teatral de la tarde; peinado de mujer

matiz m (pl: -tices) cada una de las gradaciones diferentes de un color; unión de colores diversos; color, aspecto

matizar §62 tr dar un determinado matiz a (un color); armonizar los colores de (varias cosas); graduar sutilmente (sonidos, conceptos, etc.)

matón m (fam.) bravucón, espadachín

matorral m terreno lleno de maleza

matraca f instrumento de madera para hacer ruido; (fam.) insistencia molesta; (fam.) burla, chasco

matraz m (pl: -traces) frasco esférico de cuello largo

matricida adj ‖ mf persona que mata a su madre

matricidio m crimen del matricida

matrícula f registro de las personas que se asientan para un fin determinado; inscripción en un centro docente ‖ **matricular** tr y ref

matrimonial adj ‖ **matrimonio** m unión legal de hombre y mujer; sacramento que une a un hombre y una mujer; (fam.) marido y mujer

matritense adj y mf madrileño

matriz (pl: -trices) adj principal, materna; f órgano de la mujer y demás hembras de los mamíferos donde está encerrado el feto hasta

que se verifica el parto; molde para fundir objetos de metal; tuerca; parte del talonario que queda encuadernada al separar los talones

matrona f madre de familia respetable; partera; mujer que registra a las personas de su sexo en las aduanas, cárceles, etc.

Matusalén m (Bib.) abuelo de Noé, que vivió 969 años; (fig.) hombre de mucha edad

matute m contrabando

matutino -na adj perteneciente a la mañana

maula mf (fam.) persona tramposa y mala pagadora; f cosa inútil; retal; engaño

maullar §8 intr ‖ **maullido** m voz del gato

Mauritania f antigua región del noroeste de África ‖ **mauritano -na** adj y mf

mausoleo m sepulcro monumental

maxilar adj perteneciente a la mandíbula

máxima f principio generalmente admitido; sentencia moral

máxime adv principalmente, especialmente

Maximiliano m nombre propio de varón

máximo -ma adj tan grande que no lo hay igual ni mayor; m límite extremo o superior; f véase máxima

máximum m máximo

maxvelio m (elec.) unidad del flujo magnético

may. abr. de mayúscula

maya adj ‖ mf individuo de un antiguo pueblo centroamericano de civilización bastante desarrollada; f margarita (Bellis perennis)

mayo m quinto mes del año

mayólica f loza de esmalte metálico

mayonesa f mahonesa

mayor adj más grande; que tiene más edad; primero en tamaño, cantidad, calidad, edad, etc.; **al por mayor** en cantidad grande; m superior, jefe; **mayores** mpl antepasados

mayoral m capataz de trabajadores del campo; el que conduce la diligencia

mayorazgo m institución que perpetuaba en una familia la posesión de ciertos bienes en favor del hijo mayor; estos bienes; poseedor de estos bienes; hijo mayor

mayordomía f ‖ **mayordomo** m jefe de criados

mayoría f calidad de mayor; mayor edad; el mayor número, la mayor parte; el mayor número de votos

mayoridad f calidad de mayor; mayor edad

mayorista adj ‖ m comerciante que vende al por mayor

mayoritario -ria adj que está en mayoría, que representa la mayoría

mayúsculo -la adj (letra) que se usa como inicial de los nombres propios, en principio de frase, en títulos, etc.; (fam.) muy grande; f letra mayúscula

maza f instrumento para machacar el lino, cáñamo, etc.; insignia de los maceros; arma antigua a modo de bastón con cabeza gruesa

mazapán m pasta de almendras molidas y azúcar cocida al horno

mazmorra f prisión subterránea

mazo m martillo de madera; puñado

mazorca f hilo que cabe en el huso; espiga del maíz

mazurca f danza y música de origen polaco

m/c abr. de mi cargo, mi cuenta y moneda corriente

me pronombre personal de primera persona del singular, en acusativo o dativo

meada f orina expelida de una vez

meadero m sitio destinado para orinar

meandro m recoveco de un río o camino

mear intr y ref orinar

Meca f centro de cualquier actividad; La Meca ciudad santa y patria de Mahoma en la Arabia Saudita

mecánico -ca adj perteneciente a la mecánica; perteneciente a los oficios manuales; m el que maneja y arregla máquinas; f parte de la física que trata del movimiento y el equilibrio de las fuerzas; arte de construir o manejar máquinas

mecanismo m combinación de las partes de una cosa que producen o transforman un movimiento

mecano -na adj y mf natural de La Meca; m juego infantil de piezas mecánicas

mecanografía f ‖ **mecanografiar** §76 tr escribir con máquina ‖ **mecanográfico -ca** adj ‖ **mecanógrafo -fa** mf

mecedor -dora adj ‖ m instrumento para mecer líquidos; columpio; f silla de brazos que descansa en dos arcos

mecenas m (pl: -nas) el que protege a los artistas e intelectuales; (cap.) m amigo de Augusto, que protegió a Horacio y Virgilio (69–8 a. de J.C.)

mecer §47 tr mover acompasadamente de un lado a otro; agitar, remover (un líquido)

mecha f torcida de una bujía o lámpara; cuerda inflamable para dar fuego a minas y cohetes; mechón; trozo de tocino

mechera f ladrona de tiendas

mechero m encendedor mecánico; cañón de candelero; boquilla de lámpara

mechinal m (fam.) habitación muy pequeña

mechón m porción de pelos, hebras o hilos

medalla f pieza de metal acuñada con algún símbolo o figura

medallón m bajorrelieve ovalado o redondo; joya en forma de caja pequeña para retratos, rizos, etc.

médano m duna; banco de arena casi a flor de agua

Medea f (mit.) hechicera, esposa de Jasón

media f prenda que cubre pie y pierna

mediacaña f moldura cóncava; gubia

mediado -da adj que sólo contiene la mitad; a mediados de hacia la mitad de

mediana f taco largo de billar; en una serie de valores observados, el que tiene exactamente tantos por encima como por debajo de él; (geom.) recta que une un vértice de un triángulo con el punto medio del lado opuesto

medianería f pared medianera

medianero -ra adj que está en medio; mf intercesor; m dueño de un edificio que tiene medianería con otro

medianía f término medio entre dos extremos; persona que no posee méritos relevantes

mediano -na adj intermedio en calidad, clase, tamaño, etc.; casi malo; f véase mediana

medianoche f las doce de la noche

mediante prep por la intercesión o intervención de

mediar intr llegar a la mitad; interceder; interponerse; estar en medio; transcurrir

médica f mujer que ejerce la medicina; mujer del médico

medicación f administración de los medicamentos

medical adj médico; perteneciente a los medicamentos

medicamento m substancia empleada como remedio ‖ **medicamentoso -sa** adj

medicastro m (fam.) matasanos

medicina f ciencia de curar las enfermedades; medicamento

medicinal adj perteneciente a los medicamentos

medicinar *tr* administrar medicinas a
medición *f* acción de medir
médico -ca *adj* perteneciente a la
medicina; *m* hombre que ejerce la
medicina; *f* véase médica
médicolegal *adj* perteneciente a la
aplicación de los conocimientos
médicos a cuestiones de la ley
medida *f* medición; lo que sirve para
medir; expresión comparativa de
la cantidad y las dimensiones;
prudencia; proporción; disposición;
número de sílabas de un verso
medieval *adj* perteneciente a la Edad
Media
medio -dia *adj* igual a la mitad; que
dista igualmente a dos extremos;
medieval; *m* parte que dista igualmente de dos extremos; diligencia
para lograr algo; ambiente; médium; por medio de mediante;
medios *mpl* caudal, recursos; *f*
véase media; medio *adv* no enteramente, incompletamente
mediocre *adj* mediano || mediocridad *f*
mediodía *f* hora en que el Sol está en
el punto máximo de su elevación
sobre el horizonte; sur
medioeval *adj* medieval
medir §80 *tr* determinar la extensión,
longitud, capacidad, volumen, tamaño, etc. de; *ref* moderarse en
acciones o palabras
meditabundo -da *adj* || meditación *f* ||
meditar *tr* someter al examen interior; proyectar; *intr* entregarse a la
reflexión || meditativo -va *adj*
mediterráneo -a *adj* rodeado de tierra;
mar Mediterráneo mar situado
entre la Europa meridional, el
África septentrional y el Asia occidental
médium *mf* (*pl:* médium o médiums)
persona que pretende comunicar
con los espíritus || mediúmnico -ca
adj || mediumnismo *m*
medra *f* || medrar *intr* crecer; mejorar
de fortuna || medro *m*
medroso -sa *adj* temeroso; terrible
medula o médula *f* substancia que se
halla en el interior de los huesos;
substancia que hay en el centro de
los tallos vegetales; (fig.) lo más
esencial de una cosa
medusa *f* acéfalo marino de cuerpo
gelatinoso en forma de campana;
(cap.) *f* (mit.) una de las tres Gor-
gonas, monstruo cuyos ojos tenían
el poder de convertir en piedra a
cuantos la mirasen
mefistofélico -ca *adj* propio del demonio Mefistófeles; diabólico
megaciclo *m* (fís.) un millón de ciclos

megáfono *m* aparato para reforzar la
voz
megalito *m* piedra gigantesca de
tiempos prehistóricos
megalomanía *f* manía o delirio de
grandezas || megalómano -na *adj*
y mf
megaterio *m* mamífero desdentado
fósil
megatonelada *f* un millón de tone-
ladas
megohmio *m* un millón de ohmios
mejicano -na *adj* y *mf* || Méjico
república federal de la América del
Norte; capital de esta república
mejilla *f* cada una de las dos partes del
rostro humano debajo de los ojos
mejor *adj* más bueno, superior; *adv*
más bien; antes
mejora *f* aumento, perfeccionamiento;
puja
mejorar *tr* hacer o poner mejor; acrecentar; pujar; *intr y ref* ponerse
mejor de salud; volverse mejor (*el
tiempo*); medrar en su posición
social
mejoría *f* mejora; alivio en una enfermedad
mejunje *m* medicamento mezclado,
de sabor desagradable
melancolía *f* tristeza vaga, profunda
y permanente || melancólico -ca *adj*
Melanesia, la una de las tres grandes
divisiones de la Oceanía, al noreste
de Australia || melanesio -sia *adj*
y mf
melaza *f* residuo de la cristalización
del azúcar
Melburna *f* ciudad de Australia
melcocha *f* miel que, caliente, se
echa en agua fría y se pone correosa
melchor *m* aleación de cobre, cinc y
níquel; (*cap.*) *m* nombre propio de
varón; uno de los tres Reyes Magos
Meleagro *m* (mit.) héroe que tomó
parte en la expedición de los argonautas
melena *f* cabello colgante o suelto;
crin del león || melenudo -da *adj*
melifluo -flua *adj* dulce, suave
melindre *m* fruta de sartén, hecha con
harina y miel; delicadeza afectada
|| melindroso -sa *adj y mf*
melocotón *m* melocotonero; su fruto
melocotonero *m* árbol rosáceo (*Prunus
persica*)
melodía *f* serie de sonidos que deleitan
el oído; aire musical; calidad musical, p.ej., de una poesía
melódico -ca *adj* perteneciente a la
melodía
melodioso -sa *adj* que tiene melodía,
grato al oído

melodrama *m* drama popular de acción violenta y sentimientos exagerados ‖ **melodramático -ca** *adj*

melomanía *f* ‖ **melómano -na** *mf* persona que tiene afición desmedida a la música

melón *m* planta cucurbitácea de fruto de carne dulce y aguanosa; su fruto

meloso -sa *adj* que tiene calidad de miel; dulce, suave

Melpómene *f* (mit.) musa de la tragedia

mella *f* hendidura o rotura en el filo o borde de una cosa; hueco, vacío; merma, menoscabo

mellado -da *adj* ‖ *mf* persona falta de una o más dientes

mellar *tr* hacer mella a; menoscabar

mellizo -za *adj* y *mf* gemelo

membrana *f* piel o tejido delgado en forma de túnica; lámina delgada de un metal u otra substancia ‖ **membranoso -sa** *adj*

membrete *m* nombre, señas y calidades de una persona o empresa impresas en la parte superior del papel de escribir y los sobres; apunte, memoria; aviso; convite

membrillero *m* arbusto rosáceo cuyo fruto se emplea para hacer jaleas y jarabes (*Cydonia oblonga*)

membrillo *m* membrillero y su fruto

membrudo -da *adj* fornido, forzudo

Memnón *m* estatua colosal de Tebas en Egipto que dejaba oír sonidos armoniosos al ser iluminada por los rayos del Sol naciente; (mit.) héroe oriental que pereció a manos de Aquiles

memo -ma *adj* y *mf* tonto, simple

memorable *adj* digno de recordarse

memorándum *m* (*pl:* -dum) librito de apuntes; comunicación diplomática que registra datos y hechos ya pasados; papel con membrete

memoria *f* facultad por la cual reproducimos mentalmente objetos ya adquiridos; recuerdo; **memorias** *fpl* saludo a un ausente; relación escrita de acontecimientos particulares

memorial *m* libro o cuaderno de apuntes; escrito en que se solicita una gracia

memorioso -sa *adj* ‖ *mf* persona que tiene buena memoria

mena *f* mineral metalífero

ménade *f* sacerdotisa de Baco; mujer frenética

menaje *m* muebles de una casa; material de una escuela

Mencio *m* filósofo chino del siglo IV a. de J.C.

mención *f* referencia que se hace de una persona o cosa; **mención honorífica** recompensa inferior al accésit ‖ **mencionar** *tr*

menchevique *adj* ‖ *m* partidario ruso del socialismo moderado

mendaz (*pl:* -daces) *adj* ‖ *mf* persona mentirosa

mendeliano -na *adj* ‖ **mendelismo** *m* teoría de la herencia biológica del austríaco Mendel

mendicante *adj* y *mf* ‖ **mendicidad** *f* condición de mendigo; acción de mendigar ‖ **mendigante** *adj* y *mf*

mendigar §45 *tr* pedir (*alguna cosa*) a título de limosna; solicitar con humillación; *intr* pedir limosna

mendigo -ga *mf* persona que vive mendigando

mendrugo *m* pedazo de pan duro o desechado

menear *tr* mover, agitar; dirigir (*un negocio*); *ref* (fam.) obrar con prontitud, andar de prisa

Menelao *m* (mit.) hermano de Agamenón y esposo de Elena

menester *m* falta; necesidad; ocupación, empleo; **menesteres** *mpl* necesidades corporales; (fam.) enseres, útiles

menesteroso -sa *adj* ‖ *mf* persona indigente

menestra *f* guisado de hortalizas y trozos de carne

menestral -trala *mf* trabajador manual, artesano

Menfis *f* ciudad del antiguo Egipto

mengua *f* acción de menguar; escasez; pobreza; descrédito

menguado -da *adj* cobarde; necio; mezquino, cicatero

menguante *adj* que mengua; *m* marea descendente; estiaje; decadencia

menguar §10 *tr* amenguar; *intr* disminuir; decaer; disminuir (*la parte visible de la Luna*)

menhir *m* megalito formado por una piedra hincada verticalmente en el suelo

menina *f* señora que desde niña servía a la reina y las infantas

meninge *f* cada una de las tres membranas que envuelven el encéfalo

meningitis *f* inflamación de las meninges

menino *m* caballero que desde niño servía a la reina y los príncipes

menisco *m* vidrio cóncavo por una cara y convexo por la otra; superficie de un líquido dentro de un tubo

menopausia *f* cesación natural del menstruo

menor *adj* más pequeño; no emancipado de la patria potestad; último en tamaño, cantidad, calidad, edad, etc.; **al por menor** en cantidad pequeña

Menorca *f* la segunda en extensión de las islas Baleares

menoría *f* subordinación, inferioridad; menor edad

menorquín -quina *adj y mf* natural de Menorca

menos *m* signo de resta o substracción; *adv* en menor cantidad, en grado inferior; **a menos que** a no ser que; *prep* excepto

menoscabar *tr* disminuir, reducir; deslucir, desacreditar ‖ **menoscabo** *m*

menospreciar *tr* apreciar en menos de lo que vale; despreciar ‖ **menosprecio** *m*

mensaje *m* comunicación que se envía a una persona

mensajería *f* carruaje público en servicio periódico; **mensajerías** *fpl* empresa que realiza este servicio

mensajero -ra *mf* persona que lleva un mensaje o noticia; *m* anuncio de una cosa futura

menstruación *f* ‖ **menstrual** *adj* ‖ **menstruar** §20 *intr* evacuar el menstruo

menstruo *m* sangre que evacuan periódicamente las mujeres y las hembras de ciertos animales

mensual *adj* que se repite cada mes; que dura un mes

mensualidad *f* salario o sueldo de un mes

ménsula *f* adorno arquitectónico saliente para sostener alguna cosa; apoyo para sustentar alguna cosa

mensurar *tr* medir

menta *f* hierbabuena

mental *adj* perteneciente a la mente

mentalidad *f* capacidad o actividad mental

mentalismo *m* supuesta arte de leer mentes ‖ **mentalista** *adj y mf*

mentar §1 *tr* mencionar, nombrar

mente *f* facultad intelectual, inteligencia, pensamiento

mentecatez *f* ‖ **mentecato -ta** *adj y mf* tonto, necio

mentidero *m* (fam.) sitio donde se junta la gente ociosa para conversar

mentir §48 *intr* faltar a la verdad a sabiendas

mentira *f* dicho contrario a la verdad; error, ficción

mentiroso -sa *adj* ‖ *mf* persona que tiene costumbre de mentir

mentís *m* (*pl:* -tis) voz con que se desmiente a uno

mentol *m* alcohol cristalino que se extrae de la esencia de menta

mentón *m* prominencia de la mandíbula inferior

mentor *m* guía, consejero; (*cap.*) *m* (mit.) amigo de Ulises y maestro de Telémaco

menú *m* (*pl:* -nús) lista de platos de una comida

menudear *tr* hacer a menudo; *intr* suceder a menudo; (Col.) vender al por menor

menudencia *f* pequeñez; cosa de poco aprecio; detalle; esmero

menudeo *m* acción de menudear; venta al por menor

menudillo *m* articulación entre la caña y la cuartilla de los cuadrúpedos; **menudillos** *mpl* vísceras de las aves

menudo -da *adj* chico, pequeño; de poca importancia; minucioso; (*dinero*) en monedas pequeñas; **a menudo** con frecuencia; **por menudo** con mucha minuciosidad; **al por menor**

meñique *adj* (*dedo*) menor; (fam.) muy pequeño; *m* dedo menor

meollo *m* médula; encéfalo; entendimiento; fondo, substancia

meón -ona *adj* que mea mucho; (*niebla*) de la cual se desprenden gotas menudas

mequetrefe *m* (fam.) sujeto entremetido y de poco provecho

mercachifle *m* buhonero; (desp.) comerciante de poca monta

mercadear *intr* comerciar

mercader -dera *mf* comerciante

mercadería *f* mercancía

mercado *m* plaza o local destinado al comercio público; contratación pública; **mercado negro** estraperlo

mercadotecnia *f* mecanismo de la distribución comercial

mercancía *f* trato de comercio; género vendible; cosa que es objeto de trato o venta; **mercancías** *msg* tren de mercancías

mercante *adj* ‖ *m* mercader; buque que transporta mercancías

mercantil *adj* perteneciente al comercio

merced *f* gracia, dádiva; arbitrio, voluntad

Mercedes *f* nombre propio de mujer

mercenario -ria *adj* ‖ *m* soldado que, mediante salario, servía a un soberano extranjero; el que por una paga defiende cualquier causa

mercería *f* comercio de cosas menudas como alfileres, botones, cintas ‖ **mercero -ra** *mf*

mercurio *m* azogue; (*cap.*) *m* (mit.)

dios de la elocuencia y el comercio; planeta del sistema solar

merecedor -dora *adj* que merece, que tiene mérito

merecer §19 *tr* ser digno de; lograr; *intr* hacer méritos

merecido *m* castigo de que se juzga digno a uno

merendar §1 *tr* comer en la merienda; *intr* tomar la merienda

merendero *m* sitio donde se merienda

merengue *m* dulce de claras de huevo con azúcar, cocido al horno

meretriz *f* (*pl*: -trices) prostituta

mergánser *m* o **mergo** *m* ave palmípeda que vive cerca del mar y se alimenta de peces (*Phalacrocorax carbo*)

Mérida *f* ciudad en el sudoeste de España; ciudad de Méjico, capital del estado de Yucatán; ciudad de Venezuela

meridiano -na *adj* perteneciente a la hora del mediodía; luminoso, clarísimo; *m* círculo máximo que pasa por los polos; *f* sofá, canapé; siesta

meridional *adj* perteneciente al sur o mediodía

merienda *f* comida ligera que se toma por la tarde

merino -na *adj* (*lana*) muy fina y rizada; (*carnero*) que da esta lana; *m* pastor; tejido de lana merina

mérito *m* lo que hace digno de premio o castigo; lo que da valor a una cosa

meritorio -ria *adj* digno de premio; *m* el que trabaja sin sueldo

merluza *f* pez marino de carne muy estimada (*Merluccius*); (fam.) borrachera

merma *f* acción de mermar; desgaste natural

mermar *tr* quitar, rebajar; *intr* y *ref* disminuir, consumirse

mermelada *f* conserva de fruta con miel o azúcar

mero -ra *adj* simple, puro, sin mezcla; *m* pez de carne muy fina (*Epinephelus gigas*)

merodear *intr* vagar por los campos viviendo de lo que se roba ‖ **merodeo** *m*

merovingio -gia *adj* perteneciente a la dinastía de reyes francos, que reinó de 500 a 751

mes *m* cada una de las doce partes en que se divide el año; espacio que transcurre entre un día determinado y otro de igual fecha en el mes siguiente; mensualidad

mesa *f* mueble que se compone de una tabla lisa sostenida sobre uno

o más pies; **mesa de batalla** en el correo, la que sirve para distribuir y clasificar las cartas

mesada *f* mensualidad

mesana *f* (mar.) mástil de popa, y vela que se coloca en él

mesar *tr* arrancar (*el cabello o la barba*) con las manos

mesenterio *m* pliegue del peritoneo

meseta *f* piso horizontal en una escalera; terreno elevado y llano

mesiánico -ca *adj* ‖ **Mesías** *m* (Bib.) el enviado de Dios

Mesina *f* ciudad de Sicilia ‖ **mesinés -nesa** *adj* y *mf*

mesmerismo *m* hipnotismo, magnetismo animal

mesnada *f* compañía de gente de armas que servía a un señor; compañía, junta

mesón *m* albergue, venta ‖ **mesonero -ra** *mf*

Mesopotamia *f* región del Asia antigua entre el Éufrates y el Tigris

mesotrón *m* partícula de los rayos cósmicos de masa 200 veces mayor que la del electrón

mester *m* (ant.) arte, oficio; (ant.) género literario; **mester de clerecía** poesía de temas históricos, devotos o clásicos, de los siglos XIII y XIV; **mester de juglaría** poesía de los juglares, a partir del siglo X

mestizo -za *adj* híbrido; *mf* persona nacida de padres de raza distinta; persona nacida de blanco e india o de indio y blanca

mesura *f* gravedad, circunspección; cortesía, moderación

meta *f* término señalado a una carrera; fin que se desea alcanzar

metabolismo *m* cambio de materia y de energía entre el organismo vivo y el medio exterior

metacarpo *m* parte de la mano entre la muñeca y los dedos

metafísico -ca *adj* perteneciente a la metafísica; difícil de entender; *mf* persona que profesa la metafísica; *f* parte de la filosofía que trata de los principios primeros y universales y de las primeras causas de las cosas

metafonía *f* alteración de vocal bajo la influencia de otra vocal próxima

metáfora *f* expresión figurada por la cual se transporta el sentido de una palabra a otra mediante una comparación tácita ‖ **metafórico -ca** *adj*

metal *m* cuerpo simple que tiene brillo especial y es buen conductor del calor y la electricidad; timbre de la voz; calidad, condición; el vil metal (fam.) el dinero; metal blanco aleación de cobre, cinc y níquel

metálico -ca *adj* perteneciente al metal; sonoro como los metales; *m* dinero amonedado

metaloide *m* cuerpo simple no metálico

metalurgia *f* arte de extraer y labrar los metales ‖ **metalúrgico -ca** *adj* y *m* ‖ **metalurgista** *m*

metamorfosear *tr* ‖ **metamorfosis** *f* (*pl:* -sis) cambio de forma que experimentan ciertos animales durante su vida; cambio de un ser en otro ser; cambio en la fortuna, el carácter, etc.

metano *m* gas de los pantanos y las minas de carbón (CH_4)

metatarso *m* parte del pie entre el tobillo y los dedos

metátesis *f* (*pl:* -sis) alteración del orden de los sonidos de una palabra

metempsicosis *f* (*pl:* -sis) transmigración de las almas

metemuertos *m* (*pl:* -tos) (teat.) empleado encargado de meter y de retirar los muebles en las escenas; persona entrometida

meteórico -ca *adj* perteneciente a los meteoros

meteorito *m* aerolito

meteoro *m* fenómeno atmosférico, como la lluvia, el viento, el rayo, el trueno, el granizo, el arco iris; persona o cosa que brilla con resplandor fugaz

meteorología *f* estudio de los meteoros ‖ **meteorológico -ca** *adj* ‖ **meteorologista** *mf* o **meteorólogo -ga** *mf*

meter *tr* introducir; causar, ocasionar; promover; *ref* introducirse; enredarse

meticuloso -sa *adj* cuidadoso, minucioso

metilo *m* el radical CH_3, derivado del metano

metódico -ca *adj* que procede con método; que se hace con método

metodismo *m* secta protestante de origen inglés ‖ **metodista** *adj* y *mf*

método *m* modo ordenado de obrar o hablar; orden que se sigue en las ciencias; principios para aprender una ciencia o arte

metodología *f* ciencia del método

metonimia *f* designación de una cosa con el nombre de otra, cuando ambas están reunidas por alguna relación ‖ **metonímico -ca** *adj*

metraje *m* longitud en metros; longitud en metros de una película cinematográfica

metralla *f* munición menuda con que se cargan granadas

métrico -ca *adj* perteneciente al metro o a la medida; *f* arte de la versificación

metro *m* unidad de longitud, base del sistema métrico, equivalente a la diezmillonésima parte del cuadrante de meridiano que pasa por París; medida del verso; ferrocarril subterráneo o aéreo

metrónomo *m* instrumento para medir el tiempo y marcar el compás de la música

metrópoli *f* ciudad principal de una nación; nación con relación a sus colonias; iglesia arzobispal

metropolitano -na *adj* perteneciente a la metrópoli; *m* ferrocarril subterráneo o aéreo; arzobispo

mexicano -na *adj* y *mf* ‖ **México** grafía usada oficialmente por los mejicanos

mezcal *m* variedad de pita; aguardiente que se saca de esta planta

mezcla *f* acción de mezclar; agregado de substancias que no se combinan químicamente entre sí; tejido de hilo de diferentes colores; argamasa

mezclar *tr* juntar, unir, incorporar; *ref* enlazarse; introducirse; entremeterse

mezcolanza *f* (fam.) mezcla confusa

mezquindad *f* ‖ **mezquino -na** *adj* pobre; avaro; pequeño

mezquita *f* templo de los mahometanos

mezquite *m* árbol americano, parecido a la acacia (*Prosopis juliflora*)

mg. abr. de miligramo o miligramos

mi *adj* posesivo de la primera persona del singular

mí *pron* personal de primera persona del singular, empleado sólo con preposiciones

miaja *f* migaja

miasma *m* emanación de un cuerpo corrompido

miau *m* maullido

mica *f* mineral de brillo metálico que se puede separar en hojas

micado *m* soberano del Japón

micción *f* acción de mear

Micenas *f* antigua ciudad de la Argólida ‖ **micénico -ca** *adj*

micología *f* parte de la botánica que estudia los hongos

microbio *m* organismo microscópico; bacteria

microbiología *f* estudio de los microorganismos ‖ **microbiológico -ca** *adj* ‖ **microbiólogo -ga** *mf*

microcopia _f_ copia fotográfica en tamaño muy reducido ‖ **microcopiar** _tr_

microfaradio _m_ una millonésima de faradio

microficha _f_ fotografía sobre ficha o tarjeta

microfilm _m_ fotografía miniatura sobre film para reproducción de documentos ‖ **microfilmar** _tr_

micrófono _m_ aparato que sirve para convertir las ondas sonoras en cambios correspondientes de fuerza eléctrica

micrómetro _m_ instrumento para medir longitudes muy pequeñas

Micronesia, la división de la Oceanía, que comprende los archipiélagos de las Marianas, Carolinas, Marshall, etc. ‖ **micronesio -sia** _adj y mf_

microonda _f_ (electrón.) onda cuya longitud es menor de un metro

microorganismo _m_ planta o animal microscópicos

microscópico -ca _adj_ perteneciente al microscopio; muy pequeño

microscopio _m_ instrumento óptico para observar objetos extremadamente pequeños; **microscopio electrónico** microscopio que amplía la imagen con rayos electrónicos en lugar de rayos luminosos

microsurco _adj invar_ (_disco gramofónico_) de surco o ranura muy estrecha y que es, por tanto, de larga duración

microteléfono _m_ combinación de un receptor telefónico y de un micrófono, que se adapta a las dimensiones de la cabeza

Midas _m_ (mit.) rey de Frigia que tuvo el don de convertir en oro cuanto tocaba

miedo _m_ angustia causada por la idea de un peligro real o imaginario

miedoso -sa _adj_ (fam.) que tiene miedo

miel _f_ substancia muy dulce que producen las abejas

miembro _m_ cualquiera de las extremidades de los hombres o de los animales; individuo de una comunidad o cuerpo; parte de un todo

mientes _fpl_ mente, pensamiento

mientras _conj_ durante el tiempo en que; a la vez que

miérc. abr. de **miércoles**

miércoles _m_ (_pl:_ -les) cuarto día de la semana

mies _f_ cereal maduro; tiempo de la siega; mieses _fpl_ sembrados

miga _f_ parte interior y blanda del pan; porción pequeña; substancia

migaja _f_ porción pequeña de una cosa; **migajas** _fpl_ partículas del pan; sobras

migración _f_ cambio de residencia de un pueblo; viaje periódico de las aves de paso ‖ **migratorio -ria** _adj_

Miguel _m_ nombre propio de varón

mijo _m_ planta gramínea (_Panicum miliaceum_); su grano

mil _adj_ diez veces ciento; _m_ millar

milagro _m_ hecho sobrenatural, debido al poder divino; suceso maravilloso

milagroso -sa _adj_ sobrenatural; que hace milagros; maravilloso

Milán ciudad en el norte de Italia ‖ **milanés -nes** _adj y mf_

Milcíades _m_ general ateniense del siglo V a. de J.C.

mildeu _m_ o **mildiú** _m_ enfermedad de la vid, producida por un hongo

milenario -ria _adj_ perteneciente al número mil; muy antiguo; _m_ milenio

milenio _m_ espacio de mil años

milésimo -ma _adj_ ‖ _m o f_ cada una de las mil partes iguales de un todo; persona o cosa que ocupa el último lugar en una serie de mil

milesio -sia _adj y mf_ ‖ **Mileto** _f_ ciudad de la antigua Jonia

miliamperio _m_ unidad eléctrica equivalente a la milésima parte de un amperio

milicia _f_ gente de guerra; arte militar; servicio militar

miliciano -na _adj_ perteneciente a la milicia; _m_ el civil que se inscribe en un cuerpo armado

miligramo _m_ milésima parte de un gramo

mililitro _m_ milésima parte de un litro

milímetro _m_ milésima parte de un metro

militar _adj_ perteneciente a la guerra, al ejército, a los soldados; _m_ individuo que forma parte del ejército; _intr_ servir en el ejército; figurar en un partido; influir

militara _f_ (fam.) esposa, hija o viuda de militar

militarismo _m_ predominio del elemento militar en un país ‖ **militarista** _adj y mf_

militarizar §62 _tr_ dar carácter militar a; inculcar el espíritu militar en

milla _f_ medida itineraria usada en la Gran Bretaña y los Estados Unidos (1.609,3 metros); medida itineraria marina (1.852 metros)

millar _m_ conjunto de mil unidades

millón _m_ mil millares

millonario -ria _adj_ ‖ _mf_ persona que posee millones; persona muy rica millonésimo -ma *adj* ‖ *m o f* cada una del millón de partes iguales de un todo; persona o cosa que ocupa el último lugar en una serie de un millón

mimar *tr* acariciar; tratar con excesiva condescendencia

mimbre *m* y *f* mimbrera; rama o varita de ésta

mimbrear *intr* y *ref* moverse con flexibilidad como el mimbre

mimbrera *f* arbusto cuyas ramas flexibles se emplean en obras de cestería (*Salix viminalis*)

mimeógrafo *m* ciclostilo

mimético -ca *adj* ‖ *m* mimetismo *m* propiedad de algunos animales y plantas de asemejarse a los objetos y seres entre los cuales viven

mímico -ca *adj* perteneciente al mimo o a la mímica; imitativo; *f* arte de representar o expresarse por medio de ademanes

mimo *m* entre griegos y romanos, farsa; actor que representaba farsas; cariño, halago; excesiva condescendencia

mimoso -sa *adj* consentido, mimado; melindroso; *f* planta tropical de flores amarillas

mina *f* criadero de un mineral; lugar subterráneo de donde se extraen los minerales; barrita de grafito del lapicero; artefacto explosivo que se coloca bajo tierra o en el agua con fines militares; cosa de la que se saca mucho provecho con poco trabajo

minador -dora *adj* ‖ *m* ingeniero que abre minas; buque destinado a colocar minas submarinas

minar *tr* abrir minas debajo de; colocar minas en; consumir, roer

minarete *m* torre de las mezquitas

mineral *adj* ‖ *m* cuerpo inorgánico que se halla en la corteza terrestre; origen de las fuentes; principio, origen

mineralogía *f* ciencia de los minerales ‖ mineralógico -ca *adj* ‖ mineralogista *mf*

minería *f* ‖ minero -ra *adj* ‖ *m* el que trabaja en las minas

Minerva *f* (mit.) diosa romana de la sabiduría, las artes y la guerra

miniatura *f* pintura muy pequeña ejecutada con delicadeza; reproducción de cualquier objeto en pequeña escala

miniaturista *mf* pintor de miniaturas

miniaturización *f* producción de dispositivos diminutos de precisión

mínimo -ma *adj* tan pequeño que no lo hay igual ni menor; *m* límite

inferior de una cosa; *f* parte o cosa muy pequeña

mínimum *m* mínimo

minino -na *mf* (fam.) gato

minio *m* óxido de plomo de color rojo

ministerial *adj* ‖ *m* ministerio *m* cargo u ocupación; cargo de ministro; departamento de un ministro; cuerpo de ministros

ministro *m* jefe de un departamento del gobierno; diplomático inferior al embajador; oficial inferior de justicia; el que ejecuta los proyectos de otro; sacerdote de un culto protestante

minorar *tr* disminuir

minoría *f* calidad de menor; menor edad; el menor número, la menor parte; el menor número de votos

minoridad *f* menor edad

minorista *adj* ‖ *m* comerciante que vende al por menor

minoritario -ria *adj* que está en minoría, que representa la minoría

Minos *m* (mit.) rey de Creta y después de muerto, juez de los infiernos

Minotauro *m* (mit.) monstruo con cabeza de toro y cuerpo de hombre

minucia *f* cosa de poca importancia

minucioso -sa *adj* que se detiene en cosas de poca importancia

minué *m* baile francés elegante y grave y música que lo acompaña

minuendo *m* cantidad de la que se substrae otra

minúsculo -la *adj* (letra) de menor tamaño que la mayúscula; (fam.) muy pequeño; (fam.) de poca entidad; *f* letra minúscula

minuta *f* borrador; menú; apuntación; catálogo, lista

minutero *m* aguja del reloj que señala los minutos

minuto -ta *adj* muy pequeño; *m* sexagésima parte de la hora; sexagésima parte de un grado de círculo; *f* véase minuta

mío -a *adj* posesivo y pron posesivo de la primera persona del singular

miocardio *m* parte muscular del corazón

miocarditis *f* inflamación del miocardio

miope *adj* ‖ *mf* persona que necesita acercarse mucho a los objetos para verlos ‖ miopía *f*

Miqueas *m* (Bib.) uno de los profetas menores

mira *f* pieza para asegurar la puntería en las armas de fuego; pieza para dirigir la vista; intención

mirada *f* acción o modo de mirar

miradero *m* lugar desde donde se mira; aquello que es objeto de la atención pública

mirado -da *adj* circunspecto, cauto; tenido en buen o mal concepto; *f* véase **mirada**

mirador *m* galería para explayar la vista; balcón cerrado con cristales

miramiento *m* acción de mirar; (fam.) circunspección, respeto, recelo

mirar *tr* fijar la vista en; considerar, observar; reconocer, respetar; *intr* estar situado enfrente; **mirar por** amparar, cuidar

miríada *f* conjunto de diez mil unidades; cantidad muy grande

mirilla *f* abertura en la puerta para ver quién llama; abertura en algunos instrumentos que sirve para mirar

miriñaque *m* falda interior con aros para dar vuelo a la falda exterior

mirística *f* árbol cuya semilla es la nuez moscada

mirlo *m* pájaro de plumaje negro que se domestica fácilmente (*Turdus merula*)

mirón -rona *adj* ‖ *mf* persona que mira demasiado; persona curiosa; persona que presencia una partida de juego sin jugar

mirra *f* gomorresina aromática que se emplea para substituir el incienso

mirto *m* arrayán

misa *f* ceremonia de la Iglesia católica en que se realiza la transubstanciación del pan y del vino en el cuerpo y sangre de Jesucristo

misantropía *f* aversión a la humanidad ‖ **misantrópico -ca** *adj* ‖ **misántropo -pa** *mf*

misceláneo -a *adj* mezclado, vario; *f* mezcla de cosas inconexas; escrito que trata materias inconexas

miserable *adj* pobre, infeliz; avariento; vil, despreciable; ínfimo

miserere *m* salmo de la Iglesia católica que se canta en los funerales

miseria *f* infortunio; pobreza extremada; avaricia; (fam.) cosa pequeña

misericordia *f* virtud que inclina a ser compasivo y perdonar ‖ **misericordioso -sa** *adj*

mísero -ra *adj* miserable

misión *f* acción de enviar; encargo, cometido; predicación del Evangelio, esp. en tierra de infieles

misionero *m* eclesiástico que predica el Evangelio en tierra de infieles

Misisipí *m* gran río de los EE.UU.; uno de los estados de los EE.UU.

misivo -va *adj* ‖ *f* papel o carta que se envía a alguien

mismo -ma *adj* que es la persona o cosa de que se trata, y no otra; semejante, igual; propio

misógino -na *adj* ‖ *mf* persona que aborrece a las mujeres

misterio *m* cosa secreta; cosa inexplicable; cosa inaccesible a la razón; paso de la vida y pasión de Jesucristo; (ant.) drama de asunto religioso

misterioso -sa *adj* que encierra misterio; que hace misterios de cosas que no lo son

mística *f* teología mística; misticismo literario

misticismo *m* doctrina que enseña la comunicación directa e inmediata entre el hombre y la divinidad en la visión intuitiva o en el éxtasis

místico -ca *adj* perteneciente al misticismo; misterioso; *mf* persona que se dedica a la vida espiritual; *f* véase **mística**

mistificación *f* ‖ **mistificar** §72 *tr* burlarse de la credulidad de

Misurí *m* gran río de los EE.UU.; uno de los estados de los EE.UU

mitad *f* cada una de las dos partes iguales en que se divide un todo; parte central; **cara mitad** (fam.) esposo o esposa

mítico -ca *adj* perteneciente al mito

mitigar §45 *tr* aplacar, moderar

mitin *m* (*pl*: mitins o mítines) reunión pública de carácter político ‖ **mitinear** *intr*

mito *m* relato legendario de los tiempos heroicos; (fam.) cosa inverosímil

mitología *f* historia fabulosa de los dioses y héroes de la antigüedad ‖ **mitológico -ca** *adi*

mitón *m* guante de punto que deja los dedos al descubierto

mitra *f* toca propia de los arzobispos, obispos, etc.; dignidad de arzobispo u obispo

Mitrídates *m* rey del Ponto y enemigo de Roma (120–63 a. de J.C.)

mixtificación *f* ‖ **mixtificar** §72 *tr* mistificar

mixtión *f* mezcla, mixtura

mixto -ta *adj* mezclado; compuesto; *m* compuesto; fósforo; tren que transporta viajeros y mercancías

mixtura *f* mezcla de varias cosas; medicamento compuesto

m/l abr. de **mi letra**

m/m abr. de **más o menos**

m/n abr. de **moneda nacional**

Mnemosina o **Mnemósine** *f* (mit.) diosa de la memoria y madre de las musas

mnemotecnia f método para fijar las ideas en la memoria ‖ **mnemotécnico -ca** adj

mobiliario -ria adj mueble; aplícase a los efectos públicos al portador o transferibles por endoso; m **moblaje**

moblaje m conjunto de muebles de una habitación

moca m café procedente del Yemen

mocedad f época de la vida que va desde la pubertad hasta la edad adulta; acción propia de mozos ‖ **moceril** adj

mocerío m conjunto de gente moza

mocetón -tona mf persona joven, alta y vigorosa

moción f acción de moverse o ser movido; proposición hecha en una asamblea

mocito -ta adj ‖ mf persona muy joven

moco m humor que sale de las narices

mocoso -sa adj que tiene las narices llenas de mocos; insignificante; mf niño mal criado; mozo imprudente

mochila f bolsa o saco que se lleva a la espalda

mocho -cha adj sin punta; sin remate; (fam.) con el pelo cortado; m remate grueso o romo

mochuelo m ave rapaz nocturna (*Athene noctua*)

moda f uso en materia de trajes y costumbres, en boga durante cierto tiempo

modal adj perteneciente al modo; **modales** mpl porte y conducta de una persona

modalidad f manera, modo, método

modelaje m acción de modelar; construcción de modelos para fundición

modelar tr formar (*una figura*) de cera, barro, etc.; amoldar; ref ajustarse a un modelo

modelo adj invar ejemplar, p.ej., una ciudad modelo; m forma o ejemplar que se imita; representación en pequeña escala; pieza de madera, cuya forma se ha de reproducir en ejemplares fundidos; persona o cosa digna de ser imitada; **modelo vivo** persona desnuda que sirve para el estudio en la escultura; f mujer joven que tiene por profesión lucir los trajes de última moda

moderación f ‖ **moderado -da** adj de poca intensidad; cuerdo, sensato; que guarda el medio entre los extremos

moderador m substancia como el agua pesada, el grafito o el berilio que se emplea para frenar a los neutrones en la pila atómica

moderar tr atenuar, templar, ajustar

modernismo m afición a las cosas modernas ‖ **modernista** adj y mf

modernizar §62 tr dar forma o aspecto moderno a

moderno -na adj perteneciente a la época actual; nuevo, reciente; m hombre de la época actual

modestia f ‖ **modesto -ta** adj que no siente ni muestra elevada opinión de sí mismo; falto de lujo; pundonoroso, recatado

modicidad f ‖ **módico -ca** adj moderado, reducido, limitado

modificación f ‖ **modificar** §72 tr cambiar ligeramente la forma, la calidad, etc. de; (gram.) particularizar el significado de

modillón m (arq.) saliente que adorna por debajo una cornisa

modismo m modo de hablar propio de una lengua

modista mf persona que hace prendas de vestir para señora; f mujer que tiene tienda de modas

modisto m sastre para señoras

modo m manera de ser sin cambio de esencia; manera de portarse; (gram.) categoría del verbo que expresa la actitud del que habla ante la acción verbal; a **modo de** semejantemente a, como

modorra f pesadez soñolienta, sueño pesado

modulación f ‖ **modular** tr dar inflexiones variadas a (*la voz o el sonido*); (rad.) imprimir variaciones de amplitud o frecuencia a (*las ondas continuas de una emisora*) mediante las corrientes producidas por el micrófono; intr (mús.) pasar melódicamente de un tono a otro

mofa f befa, escarnio ‖ **mofar** intr y ref

mofeta f gas pernicioso que se desprende de las minas o de algunas regiones de actividad volcánica; mamífero de América, parecido a la comadreja (*Mephitis mephitis*)

moflete m (fam.) carrillo grueso y carnoso ‖ **mofletudo -da** adj

mogol -gola adj y mf ‖ **la Mogolia** región del Asia central

mogón -gona adj que carece de una asta o que la tiene despuntada

mogote m montículo aislado de forma cónica; cornamenta poco crecida del venado

moharra f hierro de la lanza

mohatra m venta fraudulenta; engaño, fraude

mohín *m* mueca, gesto

mohino -na *adj* triste, melancólico; disgustado; *f* tristeza, melancolía; disgusto

moho *m* capa formada en la superficie de un cuerpo metálico; hongo pequeño que se cría en la superficie de ciertos cuerpos ‖ mohoso -sa *adj*

Moisés *m* (Bib.) legislador del pueblo hebreo, que lo condujo de Egipto a Palestina

mojado *m* (Méx.) bracero mejicano que ha pasado la frontera de los EE.UU. ilegalmente

mojar *tr* humedecer con un líquido; *intr* sopetear pan; mojar en (fam.) introducirse en, tener parte en

mojicón *m* bizcocho de mazapán; (fam.) puñetazo en la cara

mojiganga *f* fiesta con disfraces ridículos; cosa ridícula; (fam.) hipocresía

mojigatería *f* ‖ mojigato -ta *adj* ‖ *mf* persona que se finge piadosa y humilde; santurrón que hace escrúpulo de todo

mojón *m* hito para dividir dos términos; señal que sirve de guía en un camino

molar *adj* ‖ *m* cada uno de los dientes posteriores a los caninos

Moldavia *f* antiguo principado danubiano, hoy parte de Rumania ‖ moldavo -va *adj* y *mf*

molde *m* pieza hueca que da su forma a la materia que se introduce en él; patrón que sirve para cortar prendas de vestir; forma dispuesta para imprimir

moldear *tr* formar en un molde; sacar el molde de; moldurar

moldura *f* parte saliente y corrida que sirve de adorno en obras de carpintería, arquitectura, etc.

moldurar *tr* hacer molduras en

mole *adj* blando, muelle; *f* cosa de gran bulto

molécula *f* la partícula más pequeña de una substancia que es capaz de existencia independiente conservando sus propiedades químicas ‖ molecular *adj*

moler §49 *tr* reducir a partes menudas o a polvo; fastidiar; maltratar

molestar *tr* ‖ molestia *f* incomodidad, fastidio; desazón, inquietud

molesto -ta *adj* que causa molestia; que siente molestia

molibdeno *m* cuerpo simple metálico, del grupo del cromo (*símbolo* Mo; *núm. atómico* 42; *peso atómico* 95,95)

molicie *f* blandura; afeminación, afición al regalo

molienda *f* acción de moler; (fam.) molestia

molificar §72 *tr* ablandar, suavizar

molinero -ra *adj* perteneciente al molino; *mf* persona que tiene molino o trabaja en él; *f* mujer del molinero

molinete *m* juguete de papel que gira impulsado por el viento; ruedecilla con aspas que se pone en las vidrieras para renovar el aire; movimiento circular que se hace con el bastón, la espada, etc.

molinillo *m* palillo para batir el chocolate; molinillo de café instrumento pequeño para moler el café

molino *m* máquina para moler; edificio donde se muelen granos u otros productos; persona inquieta o molesta

Moloc *m* (Bib.) dios al cual se ofrecían sacrificios humanos, esp. de niños

molusco *m* animal invertebrado de cuerpo blando, protegido por una concha calcárea

mollar *adj* blando; (fam.) fácil de engañar

molledo *m* parte carnosa de un miembro; miga del pan

mollejón *m* piedra de afilar; (fam.) hombre grueso y flojo; (fam.) hombre de genio apacible

mollera *f* parte superior de la cabeza; acierto, tino, seso

momentáneo -a *adj* que sólo dura un instante

momento *m* mínimo espacio de tiempo; ocasión; tiempo presente; importancia; al momento en seguida

momia *f* cadáver que se deseca y conserva

momificar §72 *tr* convertir (*un cadáver*) en momia

momio -mia *adj* magro; *m* ganga; de momio de balde; *f* véase momia

momo *m* gesto, acción burlesca; (*cap.*) *m* (mit.) dios de la risa y la burla

mona *f* hembra del mono; mono del Peñón de Gibraltar y del norte de África (*Simia sylvana*); (fam.) persona que imita a otra; (fam.) borrachera; (fam.) persona borracha

monacal *adj* perteneciente a los monjes

monacillo *m* monaguillo

Mónaco pequeño principado en la costa del Mediterráneo; su capital

monada *f* acción de mono; cosa delicada y primorosa; monería; tontería

monaguillo *m* niño empleado en el servicio del altar

monarca *m* jefe de una monarquía

monarquía *f* gobierno en que el poder supremo reside en una sola persona; estado que tiene esta forma de gobierno ‖ **monárquico -ca** *adj y mf*

monasterio *m* convento

monástico -ca *adj* perteneciente al estado monacal o al monasterio

mondadientes *m* (*pl:* -tes) instrumento para limpiar los dientes

mondadura *f* acción de mondar; **mondaduras** *fpl* despojos de lo que se monda

mondar *tr* limpiar; quitar la piel, cáscara, vaina, etc. a (*los frutos y tubérculos*); quitar lo superfluo a; podar; cortar el pelo a; *ref* limpiarse (*los dientes*)

mondo -da *adj* limpio de cosas inútiles

moneda *f* signo representativo del precio de las cosas; pieza de metal acuñada que sirve de medida común para el precio de las cosas; billete de banco; (fam.) dinero

monedero *m* el que fabrica moneda; portamonedas

monegasco -ca *adj y mf* natural de Mónaco

monería *f* gesto o acción graciosa de los niños y las mujeres; cosa fútil y graciosa

monetario -ria *adj* perteneciente a la moneda

monetizar §62 *tr* amonedar; dar curso legal como moneda a (*billetes de banco*)

monigote *m* persona ignorante y necia; muñeco de trapo; estatua o pintura mal hecha; títere

monís *f* cosa pequeña y pulida; **monises** *mpl* (fam.) dinero

monitor *m* el que amonesta o avisa; alumno que ayuda al maestro en la clase; buque de guerra fuertemente acorazado; (rad. y telv.) dispositivo que comprueba el grado de precisión con que funciona un transmisor

monja *f* religiosa profesa

monje *m* religioso de una orden monacal; anacoreta

monjil *adj* perteneciente a las monjas; *m* hábito de monja

monjío *m* estado de monja; ingreso de una monja en religión

mono -na *adj* (fam.) bonito, lindo, gracioso; *m* mamífero cuadrumano, de notable parecido con el hombre; persona que hace muchos gestos; traje de faena de una sola pieza; *f* véase **mona**

monóculo *m* lente para un solo ojo

monogamia *f* régimen familiar que prohibe la pluralidad de esposas o esposos ‖ **monógamo -ma** *adj y mf*

monografía *f* tratado especial de un asunto determinado

monograma *m* enlace de dos o más letras iniciales de nombres o apellidos

monolito *m* monumento de piedra de una sola pieza

monólogo *m* discurso que se dirige uno a sí mismo; escena dramática en que habla un solo personaje

monomanía *f* locura sobre un solo orden de ideas; preocupación desmedida ‖ **monomaniaco -ca** *adj y mf*

monomio *m* (álg.) expresión que consta de un solo término

monopatín *m* tabla montada sobre dos ruedas sobre la cual los muchachos montan con un pie para empujarse con el otro en tierra

monoplano *m* avión que tiene un solo par de alas unidas en un mismo plano

monoplaza *m* avión que tiene una sola plaza

monopolio *m* aprovechamiento exclusivo de una industria o comercio; convenio entre mercaderes para vender a un precio determinado

monopolista *mf* ‖ **monopolizar** §62 *tr* adquirir, tener o ejercer el monopolio de

monosabio *m* mozo que en las plazas de toros ayuda a los picadores

monosilábico -ca *adj* ‖ **monosílabo -ba** *adj* ‖ *m* vocablo de una sola sílaba

monospermo -ma *adj* (bot.) que sólo contiene una semilla

monoteísmo *m* doctrina que afirma la existencia de un solo Dios ‖ **monoteísta** *adj y mf*

monotipista *mf* ‖ **monotipo** *m* máquina para componer que funde tipos sueltos, en vez de líneas

monotonía *f* ‖ **monótono -na** *adj* de tono uniforme y fastidioso; falto de variedad

monóxido *m* óxido que contiene un solo átomo de oxígeno en cada molécula

Mons. abr. de **Monseñor**

monseñor *m* título de honor que se da en la Iglesia católica a eclesiásticos de dignidad y en Francia a los príncipes, obispos y otras personas de alta dignidad

monserga *f* (fam.) lenguaje confuso

monstruo *m* ser cuya forma difiere de la de los seres de su especie; ser fantástico en la mitología o la leyenda; animal u objeto enorme; persona muy perversa; persona o cosa muy fea

monstruosidad f ‖ **monstruoso -sa** adj que tiene los caracteres del monstruo; enorme; muy perverso; muy feo

monta f acción de montar; suma, total; valor, calidad

montacargas m (pl: **-gas**) ascensor para elevar pesos, generalmente mercancías

montaje m acción de montar una máquina; fotografía compuesta; (rad.) disposición de los órganos y circuitos de un aparato

montante m pie derecho de una armazón; ventana sobre la puerta de una habitación; espada grande que se esgrime con ambas manos; columnita que divide una ventana; f pleamar

montaña f elevación muy grande de tierra; montón grande de cosas; **la Montaña** provincia de Santander, España; **montaña rusa** camino ondulado y tortuoso por el cual se desliza sobre rieles un carrito que ocupa la gente por diversión

montañés -ñesa adj y mf natural de una montaña; natural de la Montaña de Santander

montañoso -sa adj perteneciente a las montañas; lleno de montañas

montar tr subir a (un caballo, una bicicleta, etc.); armar (una máquina); engastar (piedras preciosas); amartillar (un arma de fuego); establecer; importar (cierta suma); intr subirse encima; ser de importancia; ref subirse encima

montaraz (pl: **-races**) adj criado en los montes; casi salvaje; m guardabosque

monte m montaña, grande elevación de terreno; bosque; espesura; naipes que quedan para robar; **monte alto** bosque; **monte bajo** arbustos, matas o malezas; **monte de piedad** establecimiento público que hace préstamos a interés sobre ropas o alhajas

montea f ‖ **montear** tr buscar y perseguir (la caza); ojear (la caza)

montenegrino -na adj y mf ‖ **el Montenegro** antiguo reino, ahora parte de Yugoslavia

montepío m depósito de dinero destinado a socorrer a las viudas y huérfanos; establecimiento fundado con este fin

montera f prenda para cubrir la cabeza, esp. la de los toreros; cubierta de cristales sobre un patio

montería f arte de cazar; caza mayor

montero m cazador profesional

Monterrey ciudad en el nordeste de Méjico

montés adj (cabra, gato) que se cría en el monte

montevideano -na adj y mf ‖ **Montevideo** capital del Uruguay

montículo m monte pequeño

montón m conjunto de cosas puestas sin orden unas encima de otras; (fam.) número considerable

montuoso -sa adj abundante en montes o bosques

montura f cabalgadura; arreos de una caballería; montaje; soporte de las gafas

monumental adj ‖ **monumento** m obra de arquitectura o escultura, conmemorativa; construcción que recubre una sepultura; documento memorable por su mérito excepcional

monzón m y f viento periódico que sopla en el océano Índico

moña f lazo en la coleta del torero; adorno de cintas en la divisa de los toros; (fam.) borrachera

moño m atado del cabello; lazo de cintas; penacho de plumas

moñón -ñona o **moñudo -da** adj que tiene moño

moquear intr echar mocos

moquero m pañuelo para limpiar las narices

moquete m golpe dado en el rostro

mora f fruto del moral, de la morera y de la zarza

morabito m ermitaño mahometano; ermita en que éste vive

morado -da adj ‖ m color de violeta obscuro; f casa, domicilio; estancia en un lugar

moral adj perteneciente a la moral; conforme a la moral; m árbol de fruto pequeño y negro (Morus nigra); f principios de la buena o mala conducta; conducta en su aspecto moral; ánimo, espíritu, confianza en sí mismo; (fam.) moraleja

moraleja f lección que se deduce de un cuento, fábula, etc.

moralidad f conformidad con los principios de la buena conducta; moraleja

moralista mf profesor de moral; autor de obras de moral

moralizar §62 tr hacer moral; intr hacer reflexiones morales

morar intr habitar, residir

moratoria f plazo concedido al deudor
Moravia f comarca de Checoslovaquia
‖ moravo -va adj y mf
mórbido -da adj blando, suave; que
padece o causa enfermedad
morbilidad f proporción de enfermedades en una comunidad
morbo m enfermedad
morbosidad f calidad de morboso; morbilidad
morboso -sa adj enfermo; que causa
enfermedad; perteneciente a la enfermedad
morcilla f embuchado de sangre;
(fam.) añadidura que hace el actor
a su papel
mordaz adj (pl: -daces) picante al gusto; que critica u ofende con acritud o maledicencia
mordaza f pañuelo o instrumento que
puesto en la boca impide el hablar
morder §49 tr clavar los dientes en;
mordicar; gastar poco a poco
mordicar §72 tr picar, punzar
mordiscar §72 tr morder ligeramente
y a menudo
moreno -na adj de color obscuro que
tira a negro; que tiene la tez muy
obscura y el pelo negro; (fam.)
negro, mulato; f pez comestible del
Mediterráneo (Muraena helena)
morera f árbol de fruto pequeño y
blanco (Morus alba)
morería f barrio de moros; país de
moros
morfema m la más pequeña unidad
morfológica de una lengua
Morfeo m (mit.) dios de los sueños
morfina f alcaloide que se extrae del
opio y que se emplea como anestésico y soporífero
morfinomanía f abuso de la morfina ‖
morfinómano -na adj y mf
morfología f estudio de la forma de
los seres orgánicos; (gram.) estudio
de la flexión, la composición y la
derivación de las palabras ‖ morfo-
lógico -ca adj
morganático -ca adj (matrimonio) contraído por un príncipe o princesa
con una persona de linaje inferior y
en el cual cada cónyuge conserva
su anterior condición
moribundo -da adj ‖ mf persona que
está muriendo
morigerar tr templar, moderar (p.ej.,
sus pasiones)
morillo m utensilio de hierro para
sostener la leña en el hogar
morir §31 y §83 intr y ref dejar de
vivir; apagarse (el fuego, la luz);
morir por o morirse por ser muy
aficionado a, desear violentamente

morisco -ca moruno; mf moro bauti-
zado que se quedó en España, terminada la Reconquista
morisma f mahometismo; multitud de
moros
morlaco -ca adj ‖ mf persona que
afecta tontería o ignorancia
mormón -mona mf ‖ mormonismo m
secta religiosa fundada en los
EE.UU.. que tiene su centro en el
estado de Utah
moro -ra adj ‖ mf individuo de la raza
árabe y bereber del norte de África;
ca; mahometano
morondanga f (fam.) mezcla de cosas
inútiles
morosidad f ‖ moroso -sa adj lento;
retrasado en el pago de deudas, impuestos, etc.
morra f parte superior de la cabeza
morrada f golpe dado con la cabeza;
guantada
morral m saco que con el pienso se
cuelga a la cabeza de las bestias;
saco que llevan colgado a la espalda
o al hombro los cazadores, soldados
y caminantes
morriña f (fam.) tristeza, melancolía
morrión m casco antiguo con un
adorno en su parte superior; prenda
militar a manera de sombrero de
copa sin alas y con visera
morro m cosa redonda de forma de
cabeza; saliente que forman los
labios; monte o roca de forma redonda
morrongo -ga mf (fam.) gato
morsa f mamífero anfibio de los mares
árticos (Odobenus rosmarus)
mortaja f envoltura con que se cubre
el cadáver para el sepulcro
mortal adj sujeto a la muerte; que
puede causar la muerte; próximo
a morir; implacable; muy grave;
excesivo; seguro, cierto; (salto) que
dan los volatineros, lanzándose de
cabeza y tomando vuelta en el aire
para caer de pies; m hombre,
humano
mortalidad f calidad de mortal; proporción de defunciones en población o tiempo determinados
mortandad f multitud de muertes
mortecino -na adj (animal o carne de
animal) muerto naturalmente; apagado, débil; hacer la mortecina
(fam.) fingirse muerto
mortero m vaso ancho que sirve para
machacar; argamasa; pieza de artillería corta y de gran calibre
mortífero -ra adj que causa la muerte
mortificar §72 tr afligir, molestar;
privar de vida (una parte del cuer-

po); afligir (*el cuerpo*) con austeri-
dades; avergonzar, humillar
mortuorio -ria *adj* perteneciente al
muerto o a las exequias
moruno -na *adj* perteneciente a los
moros
mosaico -ca *adj* perteneciente a
Moisés; *m* obra taraceada de piedras de varios colores; (telv.)
lámina de mica cubierta de un gran
número de minúsculos gránulos
sensibles a la luz
mosca *f* insecto díptero muy común
(*Musca domestica*); pelo que nace
al hombre debajo del labio inferior;
(fam.) dinero; *m* (box.) el peso más
ligero
moscarda *f* mosca grande que se alimenta de carne muerta (*Sarcophaga
y Calliphora*)
moscareta *f* pájaro insectívoro (*Muscicapa striata*)
moscatel *adj* ‖ *m* variedad de uva
sumamente dulce y aromática; vino que se hace con ella; (fam.) hombre cargante e importuno
Moscova *m* río de Rusia que pasa por
Moscú
Moscovia *f* nombre antiguo de la
región de Moscú, y a veces de toda
la Rusia
moscovita *adj* ‖ *mf* natural de Moscovia; ruso
Moscú *f* capital de Rusia
mosquear *tr* ahuyentar (*las moscas*);
ref resentirse
mosquete *m* antigua arma de fuego,
más pesada que el arcabuz
mosquetero *m* soldado armado de
mosquete
mosquitero *m* colgadura de cama para
impedir el acceso de los mosquitos
mosquito *m* insecto díptero de picadura dolorosa
mostacera *f* tarro para la mostaza
mostacho *m* bigote
mostachón *m* bollo de almendras,
harina y especias
mostaza *f* planta crucífera cuya harina
se utiliza en condimentos (*Brassica
alba y B. nigra*); salsa hecha con la
semilla de esta planta
mosto *m* zumo de la uva antes de
hacerse vino; (fam.) vino
mostrador *m* mesa larga en las tiendas
para presentar los géneros; esfera
de reloj
mostrar §63 *tr* exponer a la vista;
explicar, dar a conocer
mostrenco -ca *adj* que no tiene propietario aparente; (fam.) que no
tiene casa ni hogar; (fam.) torpe,
ignorante

mota *f* mancha, señal; partícula que
se pega a la ropa; nudillo que se
forma en el paño
mote *m* sentencia breve y enigmática;
apodo
motear *tr* salpicar de motas
motejar *tr* censurar con motes o apodos
motel *m* albergue para motoristas a
lo largo de la carretera
motete *m* composición musical breve
sobre versículos de la Escritura
motín *m* rebelión contra la autoridad
motivar *tr* dar motivo para; explicar
el motivo de
motivo *m* causa que mueve a hacer
una cosa; dibujo repetido; (mús.)
tema de una composición
moto *m* hito, poste; *f* (fam.) motocicleta
motobomba *f* bomba aspirante que
funciona por medio de un motor
motocicleta *f* vehículo parecido a la
bicicleta, movido por motor ‖
motociclista *mf*
motocultura *f* cultivo de la tierra con
utensilios mecánicos
motogrúa *f* grúa automóvil para servicio en las carreteras
motón *m* polea cuya caja cubre completamente la rueda
motonáutico -ca *adj* ‖ *f* navegación
en naves de motor
motonautismo *m* deporte que utiliza
embarcaciones de motor
motonave *f* nave impulsada por motor
de explosión o eléctrico
motoneta *f* o **motopatín** *m* moto muy
baja de ruedas pequeñas
motor -tora o -triz (*pl:* -trices) *adj* que
comunica movimiento; *m* máquina
que imprime movimiento a un aparato, vehículo, etc.; motor de explosión aquel en que la combustión
se efectúa dentro del cilindro;
motor de reacción aquel que impulsa hacia adelante al vehículo en
que está instalado con un chorro de
gases que sale por la parte posterior; motora *f* embarcación pequeña provista de motor
motorismo *m* deporte de los automovilistas y de los motociclistas
motorista *mf* persona que conduce un
automóvil o motocicleta; persona
aficionada al motorismo; policía
que hace cumplir en moto las disposiciones sobre el tránsito rodado
en las carreteras; (Cuba) conductor
de tranvía
motorizar §62 *tr* dotar (*un vehículo*)
de motor; equipar (*un ejército*) con
material movido por motor
motosilla *f* motoneta

movedizo -za *adj* fácil de ser movido; inseguro; inconstante

mover §49 *tr* hacer mudar de lugar; hacer obrar; agitar; inducir, persuadir; suscitar; *ref* mudar de lugar

movible *adj* que puede moverse; inconstante, variable

móvil *adj* movible; *m* cuerpo en movimiento; motivo, estímulo

movilización *f* ‖ movilizar §62 *tr* poner en actividad; poner en pie de guerra

movimiento *m* acción de mover o moverse; circulación; bullicio en un lugar de grande concurrencia; primera manifestación de un afecto; agitación en pro de una idea; (mús.) velocidad del compás

moza *f* muchacha; mujer soltera; criada que sirve en menesteres ordinarios; camarera; buena moza o real moza mujer alta y de gallarda presencia

mozalbete *m* mozo muy joven

mozallón *m* mozo robusto entre la gente obrera

mozárabe *adj* ‖ *mf* cristiano que vivía entre los moros de España

mozo -za *adj* joven; soltero; *m* muchacho; hombre soltero; hombre que sirve en menesteres ordinarios; camarero; jornalero; criado que lleva bultos, p. ej., en las estaciones; buen mozo o real mozo hombre alto y de gallarda presencia; *f* véase moza

mozuelo -la *mf* muchacho

m/p abr. de mi pagaré

M.P.S. abr. de Muy Poderoso Señor

mr. abr. de mártir

m/r abr. de mi remesa

mrd. abr. de merced

Mro. abr. de Maestro

Ms. abr. de manuscrito

mtd. abr. de mitad

mu *m* mugido del toro o la vaca; *f* en el lenguaje infantil, sueño, cama

muaré *m* tela de seda que hace aguas o visos

muceta *f* esclavina de doctores, prelados, etc.

mucilaginoso -sa *adj* ‖ mucílago o mucilago *m* substancia viscosa que se halla en algunas plantas; substancia viscosa que se hace disolviendo en agua materias gomosas

mucosa *f* membrana que tapiza las cavidades interiores del cuerpo

mucosidad *f* materia viscosa de la naturaleza del moco

mucoso -sa *adj* que tiene o segrega mucosidad; parecido al moco; *f* véase mucosa

muchachada *f* acción propia de muchacho

muchacho -cha *mf* niño que no ha llegado a la adolescencia; mozo o moza que sirve de criado

muchedumbre *f* abundancia, gran número

mucho -cha *adj* abundante, numeroso; gran cantidad de, gran número de; largo (*tiempo*); mucho *adv* fuertemente, con fuerza; largo tiempo

muda *f* acción de mudar; ropa que se muda de una vez; cambio de plumas en las aves o de piel en otros animales

mudanza *f* acción de mudar; cambio de domicilio; movimiento del baile; inconstancia

mudar *tr* cambiar (*el aspecto, la naturaleza*); dejar o tomar (*una cosa*) en lugar de otra; remover de un sitio o empleo; *intr* cambiar; *ref* cambiar; trasladarse a un domicilio u oficina diferente

mudéjar *adj* (*mahometano*) que, sin mudar de religión, quedaba por vasallo de los reyes cristianos; (arq.) (*estilo*) caracterizado por la mezcla del románico, gótico y árabe; *m* mahometano mudéjar

mudez *f* ‖ mudo -da *adj* ‖ *mf* persona privada del uso de la palabra; persona muy callada; *f* véase muda

mueblaje *m* moblaje

mueble *adj* que puede moverse; *m* objeto movible que sirve para comodidad o adorno en una casa; muebles *mpl* moblaje

mueblería *f* ‖ mueblista *adj* ‖ *mf* persona que hace o vende muebles

mueca *f* contorsión del rostro burlesca o ridícula

muela *f* piedra para moler o para afilar; cada uno de los dientes posteriores a los caninos; cerro escarpado; almorta

muelle *adj* blando, delicado; voluptuoso; *m* pieza metálica elástica; obra en la orilla del mar o de un río para el embarque y desembarque; andén de ferrocarril para la carga y descarga

muérdago *m* planta parásita de los árboles (*Viscum album*)

muermo *m* enfermedad contagiosa de los caballos

muerte *f* cesación de la vida; homicidio; destrucción, ruina; esqueleto que personifica la muerte; muerte chiquita (fam.) estremecimiento nervioso

muerto -ta *adj* que está sin vida; apagado; mar Muerto lago de agua salada al este de Palestina; *mf* persona sin vida

muesca *f* hueco hecho en una cosa para que encaje otra

muestra *f* pequeña cantidad de una mercancía que sirve para conocer su calidad; rótulo sobre una tienda para indicar la naturaleza del comercio; modelo que se ha de imitar o copiar; esfera del reloj; indicio, señal; parada del perro para levantar la caza

muestrario *m* colección de muestras

mugido *m* voz del buey, vaca o toro; ruido estrepitoso del viento, el mar, etc. ‖ **mugir** §28 *intr*

mugre *f* suciedad grasienta ‖ **mugriento -ta** *adj*

muguete *m* planta liliácea con florecitas blancas (*Convallaria majalis*)

mujer *f* ser humano del sexo femenino; esposa

mujeriego -ga *adj* mujeril; que frecuenta mucho las mujeres; **a mujeriegas** sentado en la silla de montar, y no a horcajadas

mujeril *adj* perteneciente a la mujer

mujerío *m* grupo numeroso de mujeres

mujerona *f* mujer alta, tosca y corpulenta

mújol *m* pez de carne muy estimada (*Mugil cephalus*)

mula *f* hembra del mulo; **en la mula de San Francisco** a pie

muladar *m* sitio donde se echa el estiércol o basura; cosa que ensucia o corrompe

muladí (*pl:* **-díes**) *adj* ‖ *m* cristiano español que abrazaba el islamismo

mulato -ta *adj* ‖ *mf* persona nacida de negra y blanco o de blanca y negro

muleta *f* palo con un puño atravesado que sirve a los cojos para apoyarse al andar; cosa que sostiene o ayuda a otra; bastón de que cuelga un paño rojo que sirve al torero cuando entra a matar el toro

muletilla *f* voz o frase repetida por vicio

mulo *m* cuadrúpedo nacido de asno y yegua o de caballo y asna

multa *f* pena pecuniaria ‖ **multar** *tr*

multicelular *adj* compuesto de muchas células

multicopista *m* aparato para reproducir copias de un escrito

multimillonario -ria *adj* ‖ *mf* persona que posee muchos millones

múltiple *adj* que no es simple; que tiene varios elementos de la misma categoría; *m* tubería con varias entradas y salidas

multiplicación *f* acción de multiplicar

multiplicador *m* número por el cual se multiplica otro

multiplicando *m* número que se ha de multiplicar por otro

multiplicar §72 *tr* aumentar en número; (mat.) tomar por adición (*un número*) tantas veces como unidades tiene otro número; *intr y ref* aumentar en número

multiplicidad *f* número considerable; calidad de múltiple

múltiplo -pla *adj* ‖ *m* (mat.) número que contiene a otro varias veces exactamente; **mínimo común múltiplo** (mat.) el menor de los múltiplos comunes de varios números

multitud *f* gran número; vulgo, masa popular

mullir §13 *tr* esponjar, poner fofo; cavar (*la tierra*) alrededor de las cepas

mundano -na *adj* perteneciente al mundo; aficionado a las cosas del mundo; (*mujer*) frágil

mundial *adj* de todo el mundo, universal

mundillo *m* conjunto de personas o cosas de clase determinada; almohadilla para hacer encaje; arbusto de flores blancas (*Viburnum opulus*)

mundo *m* conjunto de todo lo creado; el planeta que habitamos; sociedad humana; vida secular; baúl grande; **Nuevo Mundo** América; **todo el mundo** la generalidad de las personas; **Viejo Mundo** Europa

munición *f* pertrechos de un ejército; carga de arma de fuego ‖ **municionar** *tr*

municipal *adj* perteneciente al municipio; *m* guardia municipal

municipalidad *f* conjunto de habitantes de un término regido por un ayuntamiento

munícipe *m* vecino de un municipio; concejal

municipio *m* municipalidad; ayuntamiento

Munich ciudad de Alemania, capital del estado de Baviera

munificencia *f* ‖ **munificente** o **munífico -ca** *adj* generoso, liberal

muniquense o **muniqués -quesa** *adj y mf* natural de Munich

muñeca *f* parte del cuerpo donde se articula la mano con el brazo; figurilla infantil con que juegan las niñas; maniquí para ropas de mujer; lío de trapo para diversos usos; (fam.) mujer linda y delicada; (fam.) mozuela frívola

muñeco *m* figurilla de hombre; (fam.) mozuelo afeminado muñequera f manilla de cuero, en la cual se lleva sujeto un reloj

muñidor m persona que sirve de agente para concertar tratos, preparar elecciones, tramar intrigas, etc.

muñir §12 tr convocar (los muñidores a sus agentes); concertar; manejar

muñón m parte de un miembro cortado que permanece adherida al cuerpo

mural adj perteneciente al muro; que se coloca sobre un muro

muralla f muro defensivo que circunda una plaza fuerte; Gran Muralla la construída en China en el siglo III a. de J.C. para protegerla de las invasiones tártaras

murar tr cercar con muro

Murcia f provincia del sudeste de España y su capital || murciano -na adj y mf

murciélago m mamífero volador, parecido al ratón, del orden de los quirópteros

murga f alpechín; (fam.) grupo de músicos callejeros

muriático -ca adj clorhídrico

múrice m caracol de mar del que sacaban la púrpura los antiguos; (poét.) color de púrpura

murmullo m ruido confuso de voces, las aguas corrientes, el viento, etc.

murmuración f conversación en perjuicio de alguien

murmurar tr quejarse de (una cosa) entre dientes; intr hacer ruido sordo y apacible (varias personas hablando a un tiempo, las aguas corrientes, el viento, etc.); quejarse entre dientes o en voz baja; (fam.) chismear

murmureo m murmullo continuado

muro m pared o tapia; muralla

murrio -rria adj triste, melancólico; f tristeza, melancolía

musa f inspiración del poeta; poesía; (mit.) cada una de las nueve diosas que presidían las ciencias y las artes

muscular adj perteneciente a los músculos

musculatura f conjunto de los músculos

músculo m (anat.) órgano fibroso que sirve para producir el movimiento

musculoso -sa adj que tiene muchos músculos o los tiene abultados

muselina f tela fina y ligera

museo m colección importante de objetos de arte o de ciencia

muserola f correa de la brida que pasa por encima de la nariz del caballo

musgo m planta criptógama que crece sobre el suelo, las piedras, los árboles, etc.; conjunto de estas plantas que cubren una superficie

musgoso -ga adj perteneciente al musgo; cubierto de musgo

música f arte de combinar los sonidos conforme a los principios de la melodía, armonía y ritmo; obra musical; compañía de músicos; (fam.) ruido desagradable; música celestial (fam.) palabras insubstanciales, promesas vanas

musical adj perteneciente a la música; propio de la música; || musicalidad f

music-hall m café cantante

músico -ca adj musical; mf persona que sabe el arte de la música; f véase música

musicología f estudio científico de la historia, las fuentes y las formas de la música || musicológico -ca adj || musicólogo -ga mf

musiquero m mueble para papeles de música

muslime adj y mf mahometano || muslímico -ca adj

muslo m parte de la pierna desde la cadera hasta la rodilla

mustio -tia adj triste, melancólico; marchito

musulmán -mana adj y mf mahometano

mutación f acción de mudar; destemple de la estación; (biol.) variación brusca, transmisible por herencia; (teat.) cambio escénico

mutilación f || mutilar tr cortar (un miembro); cortar parte de (un cuerpo); cortar, cercenar, destruir

mutis m (teat.) voz que emplea el apuntador para indicar a un actor que salga de la escena; acción de retirarse; interj ¡silencio!

mutismo m mudez; silencio

mutual adj mutuo

mutualidad f calidad o condición de mutuo; reciprocidad de servicios; asociación de servicios mutuos

mutuo -tua adj que existe o se hace entre dos personas o cosas que obran una sobre otra; que tiene la misma relación cada uno respecto del otro u otros

muy adv en alto grado

muzárabe adj y mf mozárabe

N

N, n f décimosexta letra del alfabeto
n. abr. de **nacido** y **noche**
n/ abr. de **nuestro**
N. abr. de **norte**
naba f planta crucífera (*Brassica napus*)
nabab m o **nababo** m gobernador de provincia en la vieja India musulmana; europeo que vuelve rico de la India; hombre sumamente rico
nabo m planta crucífera (*Brassica rapa*); raíz comestible de esta planta
Nabucodonosor m (Bib.) rey de Babilonia, que destruyó la ciudad de Jerusalén
nácar m substancia dura, blanca e irisada del interior de ciertas conchas ‖ **nacarado -da** o **nacarino -na** adj
nacela f barquilla del globo aerostático
nacencia f bulto, tumor
nacer §19 intr entrar en la vida, venir al mundo; originarse; provenir; empezar a brotar; aparecer (*un astro*) en el horizonte
nacido -da adj propio, connatural; apto; m ser humano; bulto, tumor
naciente adj que nace; muy reciente; m oriente, este
nacimiento m acción de nacer; origen; principio; manantial; representación del nacimiento de Jesucristo
nación f conjunto de habitantes de un territorio regido por el mismo gobierno; conjunto de personas de igual origen étnico
nacional adj perteneciente a la nación; mf natural de una nación; m individuo de la milicia nacional
nacionalidad f carácter nacional; estado de la persona nacida o naturalizada en una nación; nación, pueblo
nacionalismo m amor a la propia nación; doctrina que antepone a todo los intereses nacionales ‖ **nacionalista** adj y mf
nacionalizar §62 tr hacer pasar al Estado la posesión y explotación de (*el comercio o la industria*); naturalizar
nacionalsocialismo m doctrina política y social de la Alemania de Hitler ‖ **nacionalsocialista** adj y m
nada pron indef ninguna cosa; poco; **de nada** no hay de qué; f inexisten-

cia; cosa que no existe; adv en ningún modo
nadadera f vejiga para aprender a nadar
nadadero m sitio a propósito para nadar
nadador -dora adj ‖ mf persona diestra en nadar
nadar intr avanzar en el agua moviendo ciertas partes del cuerpo; flotar; **nadar en** tener en abundancia
nadería f cosa sin valor
nadie pron indef ninguna persona; m persona sin importancia
nadir m punto del firmamento directamente debajo de nuestros pies y opuesto al cenit
nado: a nado nadando
nafta f producto de destilación del alquitrán de hulla; uno de los productos de la destilación fraccionada del petróleo
naftalina f hidrocarburo cristalino blanco que se retira del alquitrán de hulla y que se emplea contra la polilla
naftol m cada uno de dos derivados de la naftalina, de propiedades antisépticas
nahuatl o **nahuatle** adj ‖ m lengua principal de los indios mejicanos
Nahum m (Bib.) profeta de Israel
naipe m tarjeta que se usa para jugar; baraja de naipes
nalga f cada una de las dos partes carnosas del trasero
nalgada f pernil del cerdo
nana f (fam.) abuela; canción de cuna
napa f (Amér.) capa de agua subterránea
napalm m (mil.) gelatina incendiaria
napea f (mit.) ninfa de los bosques
Nápoles f ciudad y puerto en el sudoeste de Italia ‖ **napolitano -na** adj y mf
naranja f fruto del naranjo
naranjado -da adj anaranjado; f zumo de naranja; (fam.) dicho o hecho grosero
naranjal m terreno plantado de naranjos
naranjero -ra adj ‖ mf persona que vende naranjas
naranjo m árbol aurdanciáceo cuyo fruto es la naranja (*Citrus sinensis* y *C. aurantium*)

narciso *m* planta de flores blancas o amarillas y raíz bulbosa; hombre que cuida mucho de su adorno; narciso trompón el de flor solitaria muy grande y amarilla (*Narcissus pseudo-narcissus*); (*cap.*) *m* (mit.) joven que se enamoró de su propia imagen al mirarse en las aguas de una fuente

narcótico -ca *adj* ‖ *m* medicamento que produce sopor ‖ narcotizar §62 *tr*

narguile *m* pipa oriental con un tubo largo y flexible y un vaso lleno de agua perfumada a través de la cual pasa el humo

narigudo -da *adj* ‖ *mf* persona que tiene narices muy grandes

nariz *f* (pl: -rices) órgano del olfato; cada uno de los orificios de la nariz; olfato; olor de un vino

narración *f* acción de narrar; exposición de los hechos de un relato

narrar *tr* dar a conocer, exponer (*un suceso*)

narrativo -va *adj* ‖ *f* acción de narrar; habilidad en narrar

narria *f* carrito fuerte y bajo a propósito para llevar arrastrando cosas de gran peso; (fam.) mujer gruesa y pesada

narval *m* cetáceo que tiene un colmillo que se prolonga hasta unos tres metros (*Monodon monoceros*)

nasa *f* arte de pesca de forma de cilindro

nasal *adj* perteneciente a la nariz; (*sonido*) que requiere que el aire salga por la nariz; *f* letra nasal

nasalizar §62 *tr* dar carácter nasal a (*una letra o sonido*)

nata *f* substancia espesa que se forma en la superficie de algunos líquidos, esp. de la leche; lo más selecto; natas *fpl* nata batida con azúcar; natillas

natación *f* acción o arte de nadar

natal *adj* perteneciente al nacimiento; nativo; *m* día del nacimiento de una persona

natalicio -cia *adj* ‖ *m* día del nacimiento

natalidad *f* proporción de nacimientos en población o tiempo determinados

Natán *m* (Bib.) profeta de Israel

Natanael *m* (Bib.) discípulo de Jesucristo

natillas *fpl* dulce de huevo, leche y azúcar

natividad *f* nacimiento de Jesucristo, de la Virgen María o de San Juan Bautista

nativo -va *adj* que nace naturalmente; perteneciente al lugar donde uno ha nacido; innato

nato -ta *adj* nacido, p.ej., criminal nato; *f* véase nata

natural *adj* perteneciente a la naturaleza; producido por la naturaleza; innato; regular, lógico; sencillo; hecho sin artificio; nacido, nativo; (mús.) no modificado por sostenido ni bemol; *mf* persona que ha nacido en un país; *m* genio, índole; (b.a.) modelo vivo; al natural sin arte ni compostura

naturaleza *f* conjunto de lo creado; esencia de los seres; origen de uno según el lugar en que ha nacido; genio, índole; temperamento

naturalidad *f* sencillez, ingenuidad

naturalismo *m* teoría filosófica que atribuye todo a la naturaleza como primer principio; imitación objetiva de la naturaleza en las artes y la literatura, según el método experimental

naturalista *adj* ‖ *mf* persona que profesa el naturalismo; persona que se dedica a la historia natural

naufragar §45 *intr* irse a pique (*una embarcación*); fracasar (*un negocio*); ‖ naufragio *m*‖ náufrago -ga *adj* y *mf*

náusea *f* ansia de vomitar; asco grande, repugnancia

nauseabundo -da *adj* que produce náuseas

nauta *m* navegante, marinero

náutico -ca *adj* ‖ *f* arte o ciencia de navegar

nava *f* tierra llana y baja entre montañas

navaja *f* cuchillo plegable; cortaplumas; navaja de afeitar la que se emplea para hacerse la barba

naval *adj* perteneciente a las naves y a la navegación; naval militar perteneciente a la marina de guerra

Navarra *f* provincia del norte de España ‖ navarro -rra *adj* y *mf*

nave *f* buque; espacio entre muros o filas de arcadas de un edificio; crujía o corredor seguido, de un almacén, fábrica, etc.; cobertizo

navegación *f* acción de navegar; viaje por mar

navegante *adj* ‖ *mf* persona que navega; *m* marinero

navegar §45 *intr* viajar por agua o por aire; andar (*una embarcación*)

Navidad *f* fiesta del nacimiento de Jesucristo; día en que se celebra; época de esta fiesta; año ‖ navideño -ña *adj*

naviero -ra *adj* ‖ *m* dueño de buques

navío *m* buque grande

náyade *f* (mit.) ninfa de los ríos y fuentes

nazareno -na *adj y mf* natural de Nazaret; **el Nazareno** Jesucristo

Nazaret ciudad de Palestina, residencia de la Sagrada Familia hasta el bautismo de Jesús

nazi *adj y mf* ‖ **nazismo** *m* nacional-socialismo

N.B. abr. de nota bene

neblí *m* (*pl*: **-blíes**) ave de cetrería (*Falco aesalon*)

neblina *f* niebla baja y espesa

nebulización *f* conversión de un líquido en una nube de vapor por una corriente de aire

nebulosa *f* masa difusa y luminosa que se observa en el cielo, compuesta de estrellas

nebulosidad *f* calidad de nebuloso; sombra, niebla, nube ligera

nebuloso -sa *adj* obscurecido por las nubes; sombrío, obscuro; difícil de entender; ceñudo; *f* véase nebulosa

necedad *f* calidad de necio; dicho o hecho necio

necesario -ria *adj* que hace absolutamente falta; que no puede dejar de ser; que sucede sin falta; *f* letrina, retrete

neceser *m* estuche con objetos de tocador o costura

necesidad *f* condición de necesario; aquello de que no puede uno prescindir; impulso irresistible; penuria, falta de alimento; evacuación corporal

necesitado -da *adj* ‖ *mf* persona que no tiene con que vivir

necesitar *tr* hacer necesario; tener necesidad de; *intr* tener necesidad; *ref* hacer falta

necio -cia *adj* tonto; ignorante, imprudente; terco; (Amér.) picajoso

necrología *f* biografía de una persona muerta recientemente; lista de muertos durante cierto período ‖ **necrológico -ca** *adj*

necrópolis *f* (*pl*: **-lis**) cementerio

néctar *m* jugo de las flores que chupan las abejas; licor delicioso; (mit.) bebida de los dioses

neerlandés -desa *adj y mf* holandés

nefando -da *adj* infame, execrable

nefario -ria *adj* muy malo, impío

nefasto -ta *adj* funesto, ominoso

nefrítico -ca *adj y mf* ‖ **nefritis** *f* inflamación de los riñones

negación *f* acción de negar; falta absoluta de una cosa; (gram.) palabra que sirve para negar

negado -da *adj* incapaz

negar §16 *tr* declarar que no es verdad (*una cosa*); no conceder; prohibir; ocultar, disimular; *ref* excusarse; declararse ausente para no recibir a un visitante

negativo -va *adj* que contiene o expresa negación; (*placa o película*) en que los claros y los obscuros salen invertidos; *f* acción de negar

negligencia *f* ‖ **negligente** *adj* descuidado, falto de cuidado y aplicación

negociación *f* acción de negociar; asunto

negociado *m* sección de una oficina; negocio

negociante *mf* comerciante

negociar *tr* tratar (*un asunto, una alianza*); ajustar el traspaso o descuento de; *intr* comerciar, traficar

negocio *m* comercio, tráfico; asunto; ocupación, empleo; utilidad que se obtiene en un asunto

negrear *intr* mostrar negrura; tirar a negro

negrero -ra *adj* ‖ *mf* persona que se dedica a la trata de negros; persona que trata cruelmente a sus dependientes u obreros

negrilla o **negrita** *f* letra gruesa de imprenta

negro -gra *adj* de color de carbón, falto de todo color; moreno; de la raza de piel negra o muy morena; sombrío, obscuro; infeliz; triste; magullado; (fam.) necesitado; *mf* individuo de la raza negra; *m* color negro ‖ **negror** *m* o **negrura** *f*

negruzco -ca *adj* que tira a negro

neguilla *f* planta herbácea anual (*Agrostemma githago*)

negundo *m* árbol parecido al arce (*Acer negundo*)

negus *m* (*pl*: **-gus**) emperador de Abisinia

Nehemías *m* (Bib.) caudillo judío

Némesis *f* (mit.) diosa de la venganza

Nemrod *m* (Bib.) bisnieto de Noé; (fig.) cazador infatigable

nene -na *mf* niño pequeñito

nenúfar *m* planta acuática de flores blancas (*Nymphaea alba*)

neo *m* neón

neocelandés -desa *adj y mf* natural de Nueva Zelanda

neoclasicismo *m* corriente literaria y artística del siglo XVIII basada en la imitación de los clásicos ‖ **neoclásico -ca** *adj y mf*

neodimio *m* cuerpo simple metálico, cuyas sales tienen un color rosado (*símbolo* Nd; *núm. atómico* 60; *peso atómico* 144,27)

neoescocés -cesa *adj y mf* natural de la Nueva Escocia

neófito -ta *mf* persona recién convertida a una creencia religiosa; persona que ha adoptado recientemente una opinión o partido; novato

neogranadino -na *adj y mf* natural de la Nueva Granada

neoguineano -na *adj y mf* natural de la Nueva Guinea

neolatino -na *adj* que procede de los latinos o de la lengua latina

neolítico -ca *adj* del período más reciente de la edad de piedra

neologismo *m* vocablo o giro nuevo; empleo de ellos

neomejicano -na *adj y mf* natural de Nuevo Méjico

neón *m* cuerpo simple gaseoso (*símbolo* Ne; *núm. atómico* 10; *peso atómico* 20,183)

neoplasma *m* tejido patológico de nueva formación

neoyorquino -na *adj y mf* natural de Nueva York

Nepote *m* historiador romano (99–24 a. de J.C.)

nepotismo *m* favoritismo para con los parientes

neptunio *m* cuerpo simple radiactivo (*símbolo* Np; *núm. atómico* 93; *peso atómico* 239)

Neptuno *m* (mit.) dios romano del mar; planeta del sistema solar

nereida *f* (mit.) ninfa del mar

Nerón *m* emperador romano (37–68 d. de J.C.)

nervadura *f* moldura saliente; nervios de una hoja o del ala de un insecto

nervio *m* haz fibroso que transmite las impresiones y los impulsos motores en el ser viviente; tendón; haz fibroso aparente en una hoja o el ala de un insecto; fuerza, vigor

nerviosidad *f* fuerza de los nervios; excitación nerviosa

nervioso -sa *adj* perteneciente a los nervios; que tiene nervios; de nervios irritables; fuerte, vigoroso

nervosidad *f* fuerza de los nervios; ductilidad

nervudo -da *adj* que tiene nervios fuertes

nesga *f* pieza triangular que se agrega a un vestido

Neso *m* (mit.) centauro al cual mató Hércules con una flecha envenenada

Néstor *m* (mit.) viejo consejero de los griegos en el sitio de Troya

neto -ta *adj* limpio, puro; (*peso*) sin contar el embalaje; (*precio*) sin contar los gastos o descuentos

neumático -ca *adj* perteneciente al aire; que opera con el aire o el vacío; lleno de aire comprimido; *m* tubo de caucho lleno de aire comprimido que sirve de llanta a las ruedas de ciertos vehículos; *f* parte de la física que trata de las propiedades mecánicas del aire

neumonía *f* pulmonía

neuralgia *f* dolor a lo largo de un nervio ‖ **neurálgico -ca** *adj*

neurastenia *f* debilidad del sistema nervioso ‖ **neurasténico -ca** *adj y mf*

neuritis *f* inflamación de un nervio o nervios

neurología *f* estudio del sistema nervioso y de sus enfermedades ‖ **neurológico -ca** *adj* ‖ **neurólogo -ga** *mf*

neurópata *mf* persona que padece neuropatía; neurólogo

neuropatía *f* padecimiento nervioso

neurosis *f* (*pl:* -sis) enfermedad funcional del sistema nervioso; desorden mental sin cambios orgánicos visibles ‖ **neurótico -ca** *adj y mf*

neutral *adj* que no es ni de uno ni de otro; que no toma parte en la guerra que otros sostienen ‖ **neutralidad** *f*

neutralismo *m* ademán neutral de un país respecto del comunismo ‖ **neutralista** *adj y mf*

neutralizar §62 *tr* hacer neutral; hacer neutro; contrarrestar

neutrino *m* partícula hipotética de masa inferior a la del electrón

neutro -tra *adj* gris, sin color determinado; (*animal o planta*) que no tiene sexo; (elec.) que no es positivo ni negativo; (gram.) que no es masculino ni femenino; (gram.) intransitivo; (quím.) que no es ácido ni básico

neutrón *m* corpúsculo que no tiene carga eléctrica y cuya masa es igual a la del protón

nevado -da *adj* cubierto de nieve; blanco como la nieve; *f* acción de nevar; cantidad de nieve que cae de una vez

nevar §1 *tr* poner blanco; *intr* caer nieve

nevasca *f* nevada; ventisca

nevatilla *f* aguzanieves

nevera *f* mueble frigorífico para la conservación de alimentos y bebidas

nevisca *f* ‖ **neviscar** §72 *intr* nevar en copos menudos y durante poco tiempo

nevoso -sa *adj* cubierto de nieve; abundante en nieve

nexo *m* unión, vínculo; *adv* (pop.) no

ni *conj* y no; ni ... ni no ... y no

niacina *f* ácido nicotínico

nibelungos *mpl* raza de enanos que poseyeron el tesoro y el anillo que conquistó Sigfredo; los guerreros de Sigfredo que se apoderaron del tesoro

Nicaragua *f* estado de la América Central ‖ nicaragüense o nicaragüeño -ña *adj* y *mf*

Nicea *f* antigua ciudad del Asia Menor ‖ niceno -na *adj* y *mf*

Nicolás *m* nombre propio de varón

nicotina *f* alcaloide contenido en las hojas y las semillas del tabaco

nicotínico -ca *adj* (*ácido*) que se prepara oxidando la nicotina y que es un componente del complejo vitamínico B: ($C_6H_5O_2N$)

nicromo *m* aleación de cromo, níquel y hierro

nicho *m* concavidad en un muro para poner una estatua, un jarrón u otra cosa

nidada *f* conjunto de huevos o pajarillos de un nido

nidal *m* lugar donde las aves de corral ponen sus huevos; sitio que una persona frecuenta

nido *m* construcción que forman las aves para poner sus huevos y criar sus pollos

niebla *f* nube en contacto con la tierra; confusión

nieto -ta *mf* hijo del hijo

nieve *f* agua de lluvia congelada que cae de las nubes formando copos blancos; (Amér.) sorbete

Niger *m* río del África occidental

Nigeria *f* colonia inglesa del África occidental

nigromancia *f* arte supersticioso de evocar a los muertos para adivinar lo futuro

nigua *f* insecto sudamericano, parecido a la pulga (*Sarcopsylla penetrans*)

nihilismo *m* negación de todo principio religioso, político o social; movimiento revolucionario y terrorista ‖ nihilista *adj* y *mf*

Nilo *m* gran río del África oriental

nilón *m* producto químico sintético que se emplea en la fabricación de tejidos

nimbo *m* aureola; nube de lluvia

nimiedad *f* ‖ nimio -mia *adj* excesivo; insignificante; cicatero; (fam.) tímido

ninfa *f* (mit.) deidad de las aguas, bosques, etc.; insecto entre larva e insecto perfecto; joven hermosa

ningún *adj* apócope de ninguno

ninguno -na *adj indef* ni uno solo; ninguno *pron indef* nadie

Nínive *f* antigua ciudad de Asiria ‖ ninivita *adj* y *mf*

niña *f* ser humano del sexo femenino que está en el período de la vida que va del nacimiento a la adolescencia; pupila del ojo

niñada *f* acción propia de niños

niñera *f* criada que cuida de un niño

niñería *f* niñada; cosa de poca importancia

niñez *f* ‖ niño -ña *adj* ‖ *mf* ser humano que está en el período de la vida que va del nacimiento a la adolescencia; persona de poca experiencia, persona irreflexiva; *f* véase niña

Níobe *f* (mit.) madre orgullosa de su fecundidad, que fué convertida en roca

niobio *m* cuerpo simple metálico raro, antes llamado colombio (*símbolo* Nb)

nipón -pona *adj* y *mf* japonés

níquel *m* cuerpo simple metálico, parecido a la plata (*símbolo* Ni; *núm. atómico* 28; *peso atómico* 58, 69)

niquelar *tr* cubrir con un baño de níquel

nirvana, el en el budismo, bienaventuranza lograda por la incorporación del individuo en la esencia divina

níspero *m* arbusto rosáceo (*Mespilus germanica*); níspola

níspola *f* fruto dulce del níspero

nitidez *f* ‖ nítido -da *adj* claro, brillante; distinto, bien definido

nitrato *m* sal del ácido nítrico

nítrico -ca *adj* perteneciente al nitro o al nitrógeno; (*ácido*) líquido, incoloro y corrosivo (NO_3H)

nitro nitrato de potasio

nitrógeno *m* cuerpo simple gaseoso que forma la mayor parte del aire (*símbolo* N; *núm. atómico* 7; *peso atómico* 14,008)

nitroglicerina *f* aceite amarillento que hace explosión con violencia y que se emplea para fabricar la dinamita

nivel *m* horizontalidad; grado de elevación; instrumento para comprobar la horizontalidad de un plano o para averiguar la diferencia de altura entre dos puntos; (fig.) grado

nivelar *tr* comprobar con el nivel; poner (*un plano*) en la posición horizontal justa; poner a igual altura (*dos o más cosas*); igualar; equilibrar (*el presupuesto*)

Niza f ciudad de Francia, en el Mediterráneo ‖ **nizardo -da** adj y mf
no adv que expresa negación
noble adj ilustre, preclaro; excelente; digno, honroso; que goza de ciertos títulos o privilegios; m hombre que goza de ciertos títulos o privilegios
nobleza f calidad de noble; clase o conjunto de los nobles
nocaut m (box.) golpe que pone fuera de combate
noción f idea superficial de una cosa
nocivo -va adj dañoso
noctámbulo -la adj ‖ mf persona que hace vida nocturna
nocturno -na adj perteneciente a la noche; m pieza musical de carácter sentimental
noche f tiempo comprendido entre el anochecer y el alba; obscuridad
Nochebuena f noche de la víspera de Navidad
nochebueno m torta de almendras, aceite, etc. para la colación de Nochebuena; tronco grande que se quema la noche de Navidad
Nochevieja f noche de la víspera de año nuevo
No-Do abr. de Noticiario y Documentales (cine de sucesos y noticias de actualidad)
nodo m cada uno de los dos puntos opuestos en que la órbita de un cuerpo celeste corta la eclíptica; tumor duro y pequeño; (fís.) punto en que se cruzan dos ondulaciones en el movimiento vibratorio
nodriza f ama de cría; en los automóviles, aparato que aspira la gasolina, utilizando la fuerza del vacío de la tubería de aspiración del motor
Noé m (Bib.) patriarca hebreo que construyó el arca o embarcación que había de preservarle del diluvio universal
noel m canción de Navidad; **el papá Noel** el que distribuye los regalos de Navidad a los niños y que en los países del norte ocupa el lugar de los Reyes Magos
Noemí f (Bib.) suegra de Rut
nogal m o **noguera** f árbol de madera muy apreciada en ebanistería y fruto comestible (Juglans regia); madera de este árbol
nómada o **nómade** adj ‖ mf persona que vive errante sin domicilio o asiento fijo
nombradía f fama, reputación
nombrado -da adj famoso, célebre
nombramiento m ‖ **nombrar** tr decir el nombre de; elegir, escoger

nombre m palabra con que se designa una persona o cosa; parte de la oración con que se designan personas, animales, cosas, sitios, etc.; nombradía
nomenclatura f conjunto de las voces propias de un arte o ciencia
nomeolvides m (pl: -des) raspilla; planta herbácea (Myosotis)
nómina f lista de nombres; hoja de paga
nominal adj perteneciente al nombre; que tiene el nombre sin la realidad de la cosa
nominativo m caso de la declinación que corresponde al sujeto
nonagenario -ria adj ‖ mf persona que tiene noventa años
nonagésimo -ma adj ‖ m o f cada una de las noventa partes iguales en que se divide un todo; persona o cosa que sigue a la octogésima novena
nonato -ta adj no nacido aún; no nacido naturalmente
nonio m pieza que sirve para evaluar magnitudes lineales o angulares muy pequeñas
nono -na adj ‖ m o f noveno
nopal m chumbera
noquear tr (box.) vencer por nocaut
norcoreano -na adj y mf natural de la Corea del Norte
nordeste m punto del horizonte entre norte y este; viento de nordeste
nórdico -ca adj ‖ mf individuo de los países y pueblos escandinavos; m cada una de las lenguas de estos pueblos
noria f máquina para elevar agua que tiene una rueda vertical y una cadena provista de cangilones; rueda grande y giratoria que tiene sillas en la pina, empleada en parques de recreo, ferias, etc.; (fam.) trabajo penoso de poco beneficio
norma f regla; regla de conducta; cartabón
normal adj regular, ordinario; que sirve de norma o regla; perpendicular; f escuela para preparar maestros; perpendicular ‖ **normalidad** f
normalizar §62 tr hacer normal, poner en buen orden
Normandía f antigua provincia del norte de Francia ‖ **normando -da** adj y mf
normánico -ca adj ‖ m antiguo dialecto de Normandía
noroeste m punto del horizonte entre norte y oeste; viento de noroeste
norte m punto cardinal que se halla frente a un observador que tiene la

salida del Sol a su derecha; viento que viene de este punto; polo ártico; estrella polar; (fig.) guía

Norteamérica *f* la América del Norte, parte septentrional del continente americano

norteamericano -na *adj y mf* natural de Norteamérica; estadounidense

norteño -ña *adj* situado hacia el norte

Noruega *f* estado del norte de Europa ‖ **noruego -ga** *adj y mf*

nos *pronombre personal de primera persona del plural, en acusativo o dativo*

nosocomio *m* hospital

nosotros -tras *pronombre personal de primera persona del plural, en nominativo y con preposiciones*

nostalgia *f* pena de verse ausente de la patria o de los amigos; pesar del bien perdido ‖ **nostálgico -ca** *adj*

nosticismo *m* escuela cristiana del siglo II d. de J.C. que pretendía tener un conocimiento intuitivo y misterioso de las cosas divinas ‖ **nóstico -ca** *adj*

nota *f* marca, señal; apunte breve; breve comentario a un texto; comunicación diplomática; palabra que expresa el valor de un examen; fama, crédito; (mús.) signo que indica un sonido y su duración; (mús.) este sonido

notabilidad *f* calidad de notable; persona notable

notable *adj* que descuella mucho, digno de atención; *m* persona de importancia

notación *f* anotación; representación en las ciencias y la música por medio de signos convencionales

notar *tr* marcar, señalar; observar; poner notas a; dictar; reprender; criticar

notarial *adj* ‖ **notario** *m* funcionario público que da fe de la veracidad de un documento o de un hecho

noticia *f* suceso reciente que se comunica; relación de un suceso reciente; conocimiento

noticiar *tr* hacer saber

noticiario *m* sección de periódico o película de corto metraje dedicada a noticias de actualidad

noticiero -ra *adj* ‖ *mf* persona que recoge y da noticias

notición *m* (fam.) noticia extraordinaria o increíble

noticioso -sa *adj* ‖ *m* (Amér.) radiodifusión de noticias de corta extensión

notificación *f* ‖ **notificar** §72 *tr* hacer saber (*una cosa*) a (*una persona*)

noto -ta *adj* sabido, conocido; bastardo; *m* viento del sur; *f* véase **nota**

notoriedad *f* ‖ **notorio -ria** *adj* sabido de todo el mundo; manifiesto

nov. abr. de noviembre

novatada *f* broma pesada que se da en academias, colegios, etc. a los recién llegados; tropiezo de novato

novato -ta *adj* ‖ *mf* principiante; alumno recién llegado

novecientos -tas *adj* ‖ novecientos *m* nueve veces ciento

novedad *f* calidad de nuevo; noticia, suceso reciente; extrañeza; alteración, cambio

novel *adj y m* principiante

novela *f* obra literaria en prosa en que se narra una acción fingida; ficción, mentira

novelar *tr* dar forma de novela a; *intr* escribir novelas; contar patrañas

novelería *f* ‖ **novelero -ra** *adj* ‖ *mf* persona amiga de narrar aventuras en que aparece; persona chismosa; persona inconstante

novelesco -ca *adj* propio de las novelas; fingido; singular; exaltado, sentimental

novelista *mf* autor de novelas

novelístico -ca *adj* ‖ *f* literatura novelesca; estudio de la novela

novelizar §62 *tr* dar forma de novela a

novembrino -na *adj* perteneciente a noviembre

noveno -na *adj* ‖ *m o f* cada una de las nueve partes iguales en que se divide un todo; persona o cosa que sigue a la octava; *f* serie de oraciones que dura nueve días

noventa *adj* ‖ *m* cuatro veces diez

noventón -tona *adj y mf* nonagenario

novia *f* mujer que está prometida; mujer que acaba de casarse

noviazgo *m* estado o calidad de novio o novia; tiempo que dura

noviciado *m* ‖ **novicio -cia** *adj* aprendiz, principiante; *mf* aprendiz, principiante; persona que, habiendo tomado el hábito religioso, no ha profesado aún

noviembre *m* undécimo mes del año

novilunio *m* conjunción de la Luna con el Sol

novilla *f* vaca joven

novillada *f* conjunto de novillos; lidia de novillos

novillero *m* el que cuida de los novillos; lidiador de novillos; (fam.) el que hace novillos

novillo *m* toro o buey joven; **hacer novillos** (fam.) faltar a la clase; **novillos** *mpl* lidia de novillos

novio *m* hombre que ha prometido casamiento a una mujer; hombre que acaba de casarse

novocaína *f* anestésico local, menos tóxico que la cocaína

nro. abr. de nuestro

N.S. abr. de Nuestro Señor

ntro. abr. de nuestro

nubada o nubarrada *f* chaparrón local

nubarrón *m* nube grande, negra y aislada

nube *f* masa de vapor de agua suspendida en la atmósfera; cosa que obscurece otra

Nubia *f* región de África entre el mar Rojo y el Nilo ‖ nubiense *adj y mf*

núbil *adj* en edad de casarse

nublado -da *adj* cubierto de nubes; *m* nube tempestuosa; multitud

nublar *tr* anublar

nubloso -sa o nuboso -sa *adj* cubierto de nubes; adverso, desgraciado

nuca *f* parte alta de la cerviz

nuclear *adj* ‖ núcleo *m* parte central y más densa; elemento primordial; hueso de las frutas; semilla de ciertos frutos; corpúsculo esencial de la célula; pieza de hierro en el centro del arrollamiento de un electroimán o carrete de inducción; (fís.) parte central del átomo, formada de protones y neutrones; (quím.) cadena cerrada constituída por átomos de carbono o sus substitutos

nucleónica *f* ciencia de los fenómenos del núcleo atómico

nudillo *m* articulación de los huesos de los dedos

nudismo *m* doctrina y práctica de la completa desnudez como modo sano de vida ‖ nudista *adj y mf*

nudo *m* lazo apretado y difícil de desatar; bulto, protuberancia; trabazón de los sucesos que preceden al desenlace en el drama y la novela; unión, lazo; principal dificultad; parte del tallo de una planta por donde brotan las hojas; (mar.) milla por hora

nudoso -sa *adj* que tiene nudos

nuera *f* esposa del hijo

nuestro -tra *adj posesivo y pron posesivo de la primera persona del plural*

nueva *f* noticia que no se ha dicho ni oído antes

Nueva Delhi *f* capital de la India

Nueva Escocia, la provincia del Canadá

Nueva Gales del Sur, la estado de Australia

Nueva Granada, la nombre primitivo de Colombia

Nueva Guinea, la isla de la Oceanía, al norte de Australia

Nueva Inglaterra, la los estados del nordeste de los EE.UU.

Nueva Orleáns *f* ciudad de la Luisiana, EE.UU. a orillas del Misisipí

Nueva York *f* uno de los estados de los EE.UU.; ciudad y puerto en el estado de su nombre

Nueva Zelanda *f* archipiélago de la Oceanía, formado por dos grandes islas

nueve *adj* ‖ *m* ocho y uno

nuevo -va *adj* recién hecho o fabricado; no usado, poco usado; que se ve u oye por primera vez; otro; de nuevo otra vez; *f* véase nueva

nuevomejicano -na *adj y mf* ‖ Nuevo Méjico *m* uno de los estados de los EE.UU.

nuez *f* (*pl:* nueces) fruto del nogal; fruto parecido de otros árboles; prominencia que forma la laringe en la garganta; nuez moscada fruto de la mirística, empleado como condimento; nuez vómica semilla de un árbol de la Oceanía, empleada como tónico y estimulante

nulidad *f* falta de mérito; (fam.) persona inútil

nulificar §72 *tr* anular

nulo -la *adj* que carece de efecto legal; que no vale nada

núm. abr. de número

numen *m* deidad gentílica; inspiración poética

numerador *m* instrumento para estampar números; (mat.) término de un quebrado que indica cuantas partes de la unidad contiene

numeral *adj* que designa un número

numerar *tr* contar; marcar con números sucesivos; expresar (*la cantidad*) con números

numerario -ria *adj* perteneciente al número; *m* moneda acuñada

numérico -ca *adj* que corresponde a los números; que se expresa con números

número *m* unidad o suma de unidades; signo con que se representa la unidad o la suma de unidades, o el lugar que ocupa en una serie; cantidad de personas o cosas de una especie; ejemplar de una publicación periódica que corresponde a cierta fecha; parte de un programa; billete de lotería; clase, categoría; (gram.) accidente que indica si una palabra se refiere a una sola persona o cosa o a más de una; Números *mpl* cuarto libro del Pentateuco numeroso -sa *adj* que incluye gran número

númida *adj y mf* ‖ Numidia *f* antigua comarca del África septentrional, que corresponde a la actual Argelia

numismático -ca *y mf* ‖ *f* estudio de las monedas y medallas

nunca *adv* en ningún tiempo; ninguna vez

nuncio *m* mensajero; representante diplomático del Papa; (fig.) anuncio

nupcial *adj* perteneciente a las bodas

nupcialidad *f* proporción de matrimo-

nios en población o tiempo determinados

nupcias *fpl* boda, casamiento

nutria *f* mamífero carnicero que vive a orillas de los ríos (*Lutra lutra*)

nutricio -cia *adj* que sirve para nutrir

nutrición *f* acción de nutrir

nutrido -da *adj* abundante, lleno; denso, espeso; (mil.) (*fuego*) no interrumpido

nutrimento o nutrimiento *m* nutrición; alimento

nutrir *tr* alimentar

nutritivo -va *adj* nutricio

Ñ

Ñ, ñ *f* décimoséptima letra del alfabeto

ñagaza *f* añagaza

ñame *m* planta parecida a la batata (*Dioscorea*); raíz comestible de esta planta

ñandú *m* (*pl:* -dúes) ave americana, parecida al avestruz (*Rhea americana*)

ñapa *f* (Col.) dádiva pequeña que hace el vendedor al comprador

ñaque *m* montón de cosas inútiles y ridículas

ñiquiñaque *m* (fam.) persona o cosa despreciable

ñoclo *m* melindre hecho de harina, azúcar, huevos, vino y anís

ñoñería o ñoñez *f* ‖ ñoño -ña *adj* quejumbroso, asustadizo; soso, de poca substancia

ñu *m* antílope del sur de África (*Connochaetes taurinus*)

O

O, o *f* décimoctava letra del alfabeto

o *conj* indica alternativa, p.ej., Pedro o Juan; equivalencia, p.ej., el jefe o caudillo; sinonimia, p.ej., la botánica o ciencia de las plantas; duda o incertidumbre, p.ej., era Juan o su hermano gemelo

oasis *m* (*pl:* -sis) sitio con vegetación en medio de un desierto; descanso

ob. abr. de obispo

obcecar §72 *tr* cegar, ofuscar

obedecer §19 *tr* cumplir (*una orden*); *intr* ceder, someterse; obedecer a cumplir la voluntad de (*la persona que manda*); estar sometido a (*p.ej., una fuerza*); provenir de ‖ obediencia *f* ‖ obediente *adj*

obelisco *m* monumento en forma de aguja piramidal

obenque *m* (mar.) cabo que sujeta la cabeza de un palo

obertura *f* (mús.) pieza que precede a una ópera

obesidad *f* ‖ obeso -sa *adj* gordo, muy grueso

óbice *m* obstáculo, estorbo

obispal *adj* ‖ obispo *m* prelado superior de una diócesis

óbito *m* defunción

objeción *f* ‖ objetar *tr* oponer (*dudas, dificultades, inconvenientes*); proponer (*una razón contraria*)

objetivo -va *adj* perteneciente al objeto en sí; fuera del sujeto pensante; desinteresado; *m* fin, propósito; lente de un aparato de óptica dirigida hacia los objetos

objeto *m* cosa; asunto; fin, propósito; (gram.) régimen directo

oblación *f* ofrenda hecha a Dios

oblea *f* hoja delgada de harina y agua cocida en molde

oblicuo -cua *adj* que no es perpendicular ni paralelo a una recta o a un plano determinado

obligación *f* vínculo que obliga a hacer

o no hacer una cosa; motivo de agradecimiento; (com.) título que representa un préstamo con interés hecho al Estado o a una compañía

obligacionista mf (com.) poseedor de obligaciones

obligar §45 tr imponer una obligación a; compeler; conquistar la voluntad de (una persona) con beneficios u obsequios; ref contraer una obligación

obligatorio -ria adj que tiene fuerza legal de obligación; forzoso

obliterar tr hacer desaparecer; inutilizar (los sellos de correo); obstruir (un conducto del cuerpo)

oblongo -ga adj más largo que ancho

oboe m instrumento de viento con agujeros y llaves; persona que lo toca

óbolo m cantidad muy pequeña que se contribuye para un fin benéfico

obpo. abr. de obispo

obra f trabajo; resultado del trabajo; producción del entendimiento; acción benéfica; construcción; reparo en un edificio, carretera, etc.; obra de cerca de, poco más o menos; poner por obra comenzar, emprender

obrador -dora adj ‖ mf persona que obra; m taller

obrar tr hacer; trabajar en (p. ej., madera); construir; intr proceder; funcionar; estar; defecar

obrerismo m clase obrera; partido obrero; movimiento en pro de la clase obrera ‖ **obrerista** adj y mf

obrero -ra adj ‖ mf persona que se dedica a trabajos manuales

obscenidad f ‖ **obsceno -na** adj lascivo, impúdico

obscurantismo m oposición a la difusión de la cultura ‖ **obscurantista** adj y mf

obscurecer §19 tr privar de luz o claridad; desacreditar; volver poco inteligible; intr caer la noche; ref anublarse (el cielo); (fam.) desaparecer

obscuridad f ‖ **obscuro -ra** adj falto de luz o claridad; que tira a negro; confuso; humilde; **a obscuras** sin luz; sin comprender

obsecuente adj servil, sumiso

obseder tr causar obsesión a

obsequiar tr agasajar con atenciones, regalos, etc.; cortejar, galantear

obsequio m acción de obsequiar; cortesía; regalo

obsequioso -sa adj excesivamente atento

observación f acción de observar; advertencia

observancia f cumplimiento de una ley o regla; respeto a los mayores y superiores

observar tr examinar con atención; advertir, reparar; espiar; guardar, cumplir

observatorio m establecimiento para hacer observaciones astronómicas, meteorológicas o sísmicas

obsesión f idea fija de que no puede uno deshacerse

obsesionar tr obseder

obseso -sa adj que padece obsesión

obstáculo m lo que no permite o hace más difícil la realización de algo

obstante: **no obstante** a pesar de eso

obstar intr oponerse; **obstar a** o **para** impedir, estorbar

obstetricia f parte de la medicina que trata del parto ‖ **obstétrico -ca** adj y mf

obstinación f ‖ **obstinado -da** adj terco, porfiado, tenaz

obstinar ref mantenerse tenazmente en un propósito, opinión, etc.

obstrucción f acción de obstruir

obstruccionismo m conducta encaminada a dificultar o imposibilitar algún acuerdo en asambleas deliberantes ‖ **obstruccionista** adj y mf

obstruir §27 tr estorbar (el paso); impedir (la acción); cerrar (una abertura, un conducto)

obtención f ‖ **obtener** §71 tr llegar a poseer

obturador -dora adj ‖ m aparato que sirve para obturar; en las cámaras fotográficas, dispositivo que sirve para regular el tiempo de exposición

obturar tr tapar, cerrar

obtuso -sa adj romo, sin punta; torpe; (ángulo) mayor que un recto

obús m pieza de artillería para disparar granadas; proyectil que se dispara con ella

obvio -via adj visible, manifiesto, evidente

oca f ánsar

ocarina f instrumento músico de viento de forma de huevo con agujeros para los dedos

ocasión f momento oportuno; causa, motivo; circunstancia; peligro, riesgo; **de ocasión** usado

ocasional adj que sirve de motivo; que sobreviene accidentalmente

ocasionar tr causar; poner en peligro

ocaso m puesta de un astro; oeste; decadencia

occidental adj ‖ **occidente** m punto cardinal por donde se pone el Sol; parte de la Tierra hacia donde se pone el Sol; conjunto de naciones de la parte occidental de Europa

occipital *adj* perteneciente al occipucio; *m* hueso del occipucio

occipucio *m* parte posterior de la cabeza

occiso -sa *adj* muerto violentamente

Oceanía, la vasto archipiélago del océano Pacífico entre América, Asia y África

Oceánidas *fpl* (mit.) ninfas del mar

océano *m* vasta extensión de agua salada que cubre la mayor parte del globo; cada una de sus grandes divisiones; vasta extensión de varias cosas; (*cap.*) *m* (mit.) dios griego que personificaba el mar

oceanografía *f* ciencia que estudia los mares ‖ **oceanográfico -ca** *adj* ‖ **oceanógrafo -fa** *mf*

ocio *m* descanso, inacción; diversión, entretenimiento

ociosidad *f* estado del que no trabaja; vicio de no trabajar

ocioso -sa *adj* entregado al ocio; desocupado; inútil

ocluir §27 cerrar (*un conducto u orificio*) ‖ **oclusión** *f*

oclusivo -va *adj* perteneciente a la oclusión; *f* consonante explosiva que se produce cerrando momentáneamente la salida del aire

ocre *m* mineral terroso que es un óxido de hierro hidratado

octaedro *m* sólido de ocho caras

octágono -na *adj* ‖ *m* polígono de ocho lados

octano *m* cada uno de 18 hidrocarburos isómeros procedentes de la destilación de petróleos (C_8H_{18})

octava *f* espacio de ocho días que dura una fiesta religiosa; combinación métrica de ocho versos; (mús.) intervalo de ocho tonos

octavilla *f* hoja suelta que se reparte; combinación métrica de ocho versos octosílabos

Octavio *m* emperador romano que llevó el título de Augusto

octavo -va *adj* ‖ *m* o *f* cada una de las ocho partes iguales en que se divide un todo; persona o cosa que sigue a la séptima; *f* véase octava

octobrino -na *adj* perteneciente a octubre

octogenario -ria *adj* ‖ *mf* persona que tiene ochenta años

octogésimo -ma *adj* ‖ *m* o *f* cada una de las ochenta partes iguales en que se divide un todo; persona o cosa que sigue a la septuagésima novena

octosílabo -ba *adj* ‖ *m* verso de ocho sílabas

octubre *m* décimo mes del año

óctuple u **óctuplo -pla** *adj* ‖ *m* número que contiene a otro ocho veces exactamente

ocular *adj* perteneciente a los ojos; *m* lente de un aparato óptico situado en la parte a que se aplica el ojo

oculista *mf* médico que se dedica a las enfermedades de los ojos

ocultar *tr* tapar, esconder; callar, disfrazar

ocultismo *m* creencia en fuerzas ocultas que el hombre puede controlar ‖ **ocultista** *mf*

oculto -ta *adj* escondido; sobrenatural, misterioso

ocupación *f* acción de ocupar; trabajo; empleo, profesión

ocupar *tr* tomar posesión de; llenar; habitar; dar trabajo a; gozar (*un empleo*); *ref* estar atareado

ocurrencia *f* circunstancia, suceso; agudeza, chiste

ocurrir *intr* acontecer, suceder; venir de repente a la imaginación; concurrir

ochenta *adj* ‖ *m* ocho veces diez

ochentón -tona *adj* y *mf* octogenario

ocho *adj* ‖ *m* siete y uno

ochocientos -tas *adj* ‖ **ochocientos** *m* ocho veces ciento

oda *f* composición lírica de grande elevación

odalisca *f* esclava de un harén oriental

odiar *tr* abominar, aborrecer ‖ **odio** *m*

odiosidad *f* ‖ **odioso** *adj* digno de odio

odisea *f* serie de aventuras

Odiseo *m* (mit.) héroe griego que tomó parte en la guerra de Troya, más conocido por Ulises

Odoacro *m* caudillo que fundó el reino bárbaro de Italia (m. en 493 d. de J.C.)

odontología *f* estudio de los dientes ‖ **odontológico -ca** *adj* ‖ **odontólogo -ga** *mf*

odorífero -ra *adj* que despide buen olor

odre *m* cuero dispuesto para contener vino o aceite; (fam.) borracho

OEA *f* Organización de Estados Americanos

oeste *m* punto cardinal por donde se pone el Sol; viento que viene de este punto

ofender *tr* maltratar; molestar; afrentar, agraviar; *ref* resentirse ‖ **ofensa** *f*

ofensivo -va *adj* que ofende; que ataca; *f* situación de quien trata de ofender o atacar el primero

oferta f acción de ofrecer; dádiva, regalo; proposición de un negocio

offset m (inglés) método de impresión en que un rodillo de caucho toma tinta del molde para transferirla al papel

oficial adj que emana de una autoridad; m obrero, trabajador; empleado de una oficina; militar desde alférez en adelante

oficiar tr comunicar (una cosa) oficialmente por escrito; celebrar (los oficios divinos); intr celebrar los oficios divinos

oficina f sitio donde se hacen los trabajos administrativos; taller

oficinal adj (planta) medicinal; (medicamento) que se conserva preparado en las farmacias

oficinesco -ca adj (fam.) perteneciente a las oficinas y los oficinistas; (fam.) burocrático

oficinista mf persona empleada en una oficina

oficio m ocupación habitual; cargo, función, profesión; comunicación escrita oficial; rezo diario de eclesiásticos; función de iglesia; el Santo Oficio la Inquisición

oficioso -sa adj diligente; solícito; servicial; provechoso; entrometido; no oficial

ofrecer §19 tr manifestar el propósito de dar o de hacer; prometer; proponer; ref entregarse voluntariamente; ocurrir

ofrenda f || **ofrendar** tr ofrecer (dones o sacrificios) a Dios; contribuir con (dinero u otros dones) para un fin

oftalmía f inflamación de los ojos

oftalmología f estudio de las enfermedades de los ojos || **oftalmológico** -ca adj || **oftalmólogo** -ga mf

oftalmoscopio m instrumento para examinar las partes internas del ojo

ofuscar §72 tr turbar la vista a; confundir

ogro m gigante que comía carne humana; (fam.) persona muy feroz

oh interj expresa asombro, alegría, pena

ohmio m unidad de medida de la resistencia eléctrica

oída f acción de oír; de o por oídas por noticia de otra persona

oidio m hongo parásito que ataca la vid

oído m sentido del oír; órgano de la audición; disposición para la música

oír §50 tr percibir (los sonidos); escuchar

oíslo f (fam.) esposa

ojal m hendedura hecha para abrochar un botón; agujero

ojalá interj ¡quiera Dios!

ojeada f mirada rápida

ojear tr mirar con atención; aojar; espantar, ahuyentar; espantar y acosar (la caza)

ojera f mancha lívida bajo el párpado inferior; copita para bañar el ojo

ojeriza f mala voluntad

ojeroso -sa adj que tiene ojeras

ojete m ojal redondo y reforzado

ojiva f (arq.) figura formada por dos arcos cruzados en ángulo || **ojival** adj

ojo m órgano de la vista; agujero de la aguja, la cerradura, la balanza, el pan, el queso, etc; abertura de arco de puente; ¡ojo! interj ¡cuidado!

ola f onda grande en la superficie del agua; movimiento parecido al de las olas; variación repentina en la temperatura; multitud de gente

ole u **olé** interj que se usa para animar o aplaudir

oleada f ola grande; golpe de la ola; movimiento impetuoso de gente apiñada; serie, sucesión

oleaginoso -sa adj aceitoso

oleaje m sucesión de olas

óleo m aceite; aceite que usa la Iglesia en los sacramentos; pintura al óleo

oleoducto m tubería para el transporte del petróleo

oleomargarina f sucedáneo de la manteca de vaca, compuesto de grasas animales y vegetales

oleoso -sa adj aceitoso

oler §51 tr percibir el olor de; inquirir, escudriñar; adivinar; intr exhalar algún olor; exhalar perfume o fragancia; heder; oler a tener trazas de

olfacción f acción de oler; sentido del olfato

olfatear tr oler repetidas veces; (fam.) averiguar || **olfateo** m

olfativo -va adj || **olfato** m sentido con que se perciben los olores; sagacidad

oliera f vaso para guardar el santo óleo

oligarca m || **oligarquía** f gobierno en manos de un reducido grupo de personas || **oligárquico** -ca adj

Olimpia f llanura de la antigua Grecia, famosa por las Olimpíadas

Olimpíada f fiesta que los griegos celebraban cada cuatro años en Olimpia; certamen deportivo internacional que se realiza cada cuatro años

olímpico -ca *adj* perteneciente al Olimpo o a la Olimpíada; altanero, soberbio

Olimpo, el la montaña más elevada de Grecia; (mit.) morada de los dioses

oliscar §72 *tr* oler con cuidado; averiguar; *intr* empezar a oler mal

oliva *f* olivo; aceituna; lechuza; paz

olivar *m* terreno plantado de olivos

olivo *m* árbol de tronco retorcido y hojas persistentes (*Olea europaea*)

olmo *m* árbol de tronco robusto (*Ulmus campestris*)

olor *m* sensación que producen en el olfato las emanaciones de los cuerpos; lo que produce esta sensación; esperanza; fama, reputación

oloroso -sa *adj* que exhala fragancia

olvidadizo -za *adj* que olvida fácilmente; ingrato

olvidar *tr* perder la memoria de; dejar por descuido; dejar pasar; omitir

olvido *m* falta de memoria; efecto de olvidar; descuido

olla *f* vasija redonda para cocer; guiso de carne, legumbres y hortalizas; olla a presión vasija herméticamente cerrada en la cual se cuecen las viandas con vapor bajo presión

ombligo *m* cicatriz que se forma en medio del vientre después de cortado el cordón umbilical

omega *f* última letra del alfabeto griego

ómicron *f* décimoquinta letra del alfabeto griego

ominoso -sa *adj* de mal agüero

omisión *f* || omitir *tr* dejar de hacer; pasar en silencio; suprimir

ómnibus *m* (*pl: -bus*) carruaje público para transportar muchos pasajeros; *adj* (*tren*) que pára en todas las estaciones

omnímodo -da *adj* que todo lo abarca

omnipotencia *f* || omnipotente *adj* que todo lo puede; que puede mucho

omnisciencia *f* || omnisciente u omniscio -cia *adj* que todo lo sabe; que sabe mucho

omnívoro -ra *adj* que se alimenta de toda clase de substancias orgánicas

omóplato *m* hueso plano triangular en la parte posterior de la espalda

onagro *m* asno silvestre (*Equus hemionus*)

onanismo *m* masturbación; coito interrumpido

once *adj* || *m* diez y uno

onda *f* porción de agua que se eleva y se deprime en la superficie de ríos, lagos o mares; movimiento a modo del de las ondas del agua; movimiento de la llama; sinuosidad en el pelo, el raso, etc.; (fís.) conmoción vibratoria que se propaga por un medio como el aire sin que las partículas del medio se adelanten

ondear *tr* hacer ondas en (*el pelo*); *intr* hacer ondas (*el agua*); moverse formando ondas; *ref* mecerse; columpiarse || ondeo *m*

ondina *f* ninfa de las aguas

ondulación *f* movimiento de ondas; sinuosidad; disposición del cabello en ondas

ondular *tr* hacer ondas en (*el pelo*); *intr* moverse formando ondas

oneroso -sa *adj* pesado, molesto; costoso

Onfala *f* (mit.) reina de Lidia que compró como esclavo a Hércules

ónice *m* u ónix *m* calcedonia listada de varios colores

onomástico -ca *adj* perteneciente a los nombres y esp. a los nombres propios; *m* día del santo de una persona

onomatopeya *f* imitación del sonido de una cosa en el vocablo formado para designarla || onomatopéyico -ca *adj*

ontología *f* parte de la metafísica que trata del ser en general || ontológico -ca *adj*

ONU *f* Organización de las Naciones Unidas

onubense *adj* y *mf* huelveño

onz. abr. de onza (*medida*)

onza *f* gato parecida al leopardo (*Felis uncia*); peso que vale 28,7 gramos

onzavo -va *adj* || *m* o *f* cada una de las once partes en que se divide un todo

opacidad *f* || opaco -ca *adj* que impide el paso de la luz; triste; obscuro

opalescente u opalino -na *adj* || ópalo *m* piedra preciosa, mineral silíceo de lustre resinoso y de diversos colores

opción *f* facultad de elegir; la elección misma

opcional *adj* sujeto a opción

ópera *f* composición dramática compuesta de recitados y cantos sostenidos por música de orquesta

operación *f* || operar *tr* ejecutar sobre (*una persona o animal o el cuerpo de una persona o animal*) algún trabajo con fines terapéuticos; *intr* obrar, producir efecto; maniobrar; especular

operario -ria *mf* obrero

opereta *f* ópera corta y ligera, y en parte hablada

operista *mf* cantante en las óperas; (Arg.) compositor de óperas

opimo -ma *adj* abundante, fértil, rico

opinable *adj* que puede ser defendido en pro y en contra

opinar *intr* tener opinión; expresar su opinión

opinión *f* dictamen, juicio, concepto

opio *m* jugo extraído de las adormideras, que se emplea como narcótico

opíparo -ra *adj* (*banquete*) abundante y espléndido

oponer §55 *tr* poner enfrente, contraponer; poner (*resistencia*); *ref* mostrarse contrario; estar enfrente; oponerse a impugnar, estorbar

oporto *m* vino tinto fabricado en Oporto; (*cap.*) ciudad en el norte de Portugal

oportunidad *f* calidad de oportuno; conveniencia de tiempo y lugar

oportunista *adj* ‖ *mf* persona que se mueve según las conveniencias del momento, sin miras a un ideal ni a principios

oportuno -na *adj* que se hace u ocurre en el momento en que conviene; pronto en la conversación

oposición *f* acción de oponer u oponerse; en una asamblea, minoría que se opone a los actos del gobierno; concurso para la obtención de ciertos empleos

oposicionista *mf* partidario de la oposición política

opositor -tora *mf* persona que hace oposición; persona que toma parte en las oposiciones a un empleo

opresión *f* ‖ opresivo -va *adj* ‖ opresor -sora *adj y mf* ‖ oprimir *tr* ejercer presión sobre; tiranizar; agobiar, fatigar

oprobio *m* ignominia, deshonra ‖ oprobioso -sa *adj*

optar *tr* entrar en (*una dignidad a que se tiene derecho*); *intr* escoger; optar a aspirar a

óptico -ca *adj* perteneciente a la visión o a la óptica; *m* comerciante en instrumentos de óptica y esp. en anteojos; *f* estudio de los fenómenos de la luz y de la visión; arte de construir instrumentos de óptica y esp. lentes

optimismo *m* disposición a ver las cosas en su aspecto más favorable; doctrina que afirma que el mundo es el mejor de los mundos posibles ‖ optimista *adj y mf*

óptimo -ma *adj* muy bueno, perfecto

opuesto -ta *adj* que está enfrente; contrario

opugnar *tr* atacar, combatir; contradecir

opulencia *f* ‖ opulento -ta *adj* muy rico; muy abundante

opúsculo *m* obra de poca extensión

oquedad *f* espacio hueco

oquedal *m* monte de árboles altos, sin matas

oración *f* discurso; rezo; (gram.) conjunto de palabras que expresan un juicio; **oración dominical** padrenuestro

oráculo *m* respuesta que los sacerdotes de los paganos emitían como dada por los dioses; lugar donde se daba el oráculo; persona considerada como una autoridad

orador -dora *mf* persona que pronuncia un discurso; *m* predicador

oral *adj* expresado de palabra, no por escrito; perteneciente a la boca

orangután *m* mono antropomorfo de gran corpulencia (*Simia satyrus*)

orar *intr* hablar en público; hacer oración

orate *mf* loco, demente; (fam.) persona de poco juicio

oratorio -ria *adj* perteneciente a la oratoria; lugar destinado para orar; drama musical de asunto religioso; *f* arte de hablar con elocuencia

orbe *m* círculo, esfera; mundo

orbicular *adj* circular, esférico

órbita *f* curva que describe un astro; trayectoria de los electrones alrededor del núcleo; cuenca del ojo; radio de influencia de una persona

Órcadas *fpl* archipiélago del norte de Escocia

órdago: de órdago (fam.) muy bueno, excelente

ordalías *fpl* pruebas a que en la Edad Media se sometían los acusados para demostrar su inocencia

orden *m* colocación metódica; serie, sucesión; método; paz, tranquilidad; categoría de la clasificación biológica entre la clase y la familia; disposición de las diversas partes de un edificio; *f* indicación que se debe obedecer; instituto religioso, civil o militar

ordenado -da *adj* que tiene orden y método; *f* (geom.) recta tirada desde un punto perpendicularmente al eje de las abscisas

ordenancista *adj* que exige a los subordinados el riguroso cumplimiento de sus deberes

ordenanza *m* empleado encargado de llevar recados; soldado que está a las órdenes de un oficial; *f* método, orden; conjunto de reglamentos; ley, estatuto; mandato

ordenar *tr* poner en orden; mandar;

conferir las sagradas órdenes a; *ref* recibir las sagradas órdenes

ordeñadero *m* recipiente en que cae la leche al ordeñar

ordeñador -dora *adj y mf* ‖ **ordeñar** *tr* extraer la leche de la ubre de (*p.ej.*, *la vaca*) ‖ **ordeño** *m*

ordinal *adj* (*número*) que expresa el orden o sucesión

ordinariez *f* (fam.) falta de urbanidad o cortesía

ordinario -ria *adj* común, regular, habitual; bajo, vulgar; *m* recadero

orear *tr* poner al aire; *ref* salir a tomar el aire

oreja *f* órgano externo del oído; pieza lateral de ciertas cosas; asa de una vasija

orejera *f* pieza de la gorra que cubre la oreja

orejón *m* tira de melocotón secada al sol; tirón de orejas

orejudo -da *adj* que tiene las orejas grandes

oreo *m* soplo suave de aire

Orestes *m* (mit.) hijo de Agamenón y Clitemnestra, que vengó la muerte de su padre dando la muerte a su madre

orfanato *m* asilo para huérfanos

orfandad *f* estado de huérfano

orfebre *mf* persona que labra objetos de oro o plata

orfebrería *f* obra de oro o plata

Orfeo *m* (mit.) hijo de la musa Calíope, célebre por su voz y su destreza en tocar la lira

orfeón *m* sociedad musical de coristas ‖ **orfeonista** *mf*

orgánico -ca *adj* perteneciente a los órganos, al organismo o a los seres vivientes; que tiene armonía y consonancia; (quím.) que pertenece al grupo de los compuestos de carbono

organillero -ra *mf* ‖ **organillo** *m* órgano que se toca con manubrio

organismo *m* conjunto de órganos que constituyen un ser viviente; conjunto de leyes, usos y costumbres por que se rige un cuerpo o institución social; conjunto de dependencias o empleos que forman un cuerpo o institución; ser vivo

organista *mf* persona que toca el órgano

organización *f* acción de organizar; disposición, orden; organismo

organizar §62 *tr* constituir, establecer, crear; sistematizar

órgano *m* instrumento de viento con tubos, fuelles y teclado; parte del cuerpo viviente que desempeña

una función; parte de una máquina; periódico que es portavoz de un grupo; medio

orgasmo *m* grado más alto de una excitación; intenso placer que acompaña a la eyaculación

orgía *f* fiesta de Baco; festín en que se come y bebe con exceso

orgullo *m* estimación excesiva del propio valor; sentimiento elevado de la dignidad personal ‖ **orgulloso -sa** *adj*

oriental *adj* perteneciente al oriente o a las regiones de Oriente; natural de Oriente; *mf* natural de Oriente

orientalista *mf* persona que cultiva las lenguas y literaturas de Oriente

orientar *tr* dirigir, informar; colocar en posición determinada respecto a los puntos cardinales; determinar la posición de (*una cosa*) respecto a los puntos cardinales

oriente *m* punto cardinal por donde sale el Sol; parte de la Tierra donde sale el Sol; logia masónica; brillo de las perlas; (*cap.*) *m* las Tierras situadas al este de Europa; **el Extremo Oriente** la China, el Japón, Corea, etc.; **el Oriente Medio** la India, el Irán, el Afganistán; **el Próximo Oriente** los países que rodean la parte oriental del mar Mediterráneo

orífice *m* el que trabaja en oro

orificio *m* abertura, agujero

oriflama *f* estandarte, gallardete

origen *m* causa, principio; procedencia; ascendencia, familia

Orígenes *m* célebre escritor eclesiástico, nacido en Alejandría (185-254 d. de J.C.)

original *adj* perteneciente al origen; que no es copia, imitación o traducción de otra cosa; extraño, singular; *m* manuscrito primitivo; manuscrito que se da a la imprenta; texto, a diferencia de la traducción; persona retratada respecto del retrato; persona extravagante

originar *tr* dar origen a; *ref* traer origen

originario -ria *adj* que tiene su origen en un sitio; que da origen

orilla *f* borde; extremo de una tela o vestido; parte de tierra más próxima al mar, a un río, etc.

orillar *tr* dejar orillas a; guarnecer la orilla de; concluir, arreglar

orín *m* óxido de hierro que se forma con la humedad; **orines** *mpl* orina

orina *f* líquido que secretan los riñones

orinal *m* vaso para recoger la orina

orinar *tr* expeler (*p.ej.*, *sangre*) por la uretra; *intr* y *ref* expeler la orina

Orinoco *m* gran río de Venezuela

Orión *m* (mit.) cazador a quien Diana convirtió en constelación; hermosa constelación ecuatorial

oriundo -da *adj* que trae su origen de algún lugar, persona o cosa

orla *f* orilla adornada; adorno que se pone alrededor de una cosa ‖ **orlar** *tr*

orlón *m* tejido sintético, semejante al nilón

orn. abr. de orden

ornamentación *f* ‖ **ornamental** *adj* ‖ **ornamentar** *tr* adornar, engalanar ‖ **ornamento** *m*

ornar *tr* adornar

ornato *m* adorno suntuoso; pompa

ornitología *f* estudio de las aves ‖ **ornitológico -ca** *adj* ‖ **ornitólogo -ga** *mf*

oro *m* cuerpo simple metálico, metal precioso que se usa en la fabricación de moneda y en joyería (*símbolo* Au; *núm. atómico* 79; *peso atómico* 197,2); fortuna, riquezas; naipe del palo de oros; **oros** *mpl* uno de los palos de la baraja

orografía *f* descripción de las montañas ‖ **orográfico -ca** *adj*

orondo -da *adj* esponjado, hueco; (fam.) lleno de vanidad

oropel *m* hoja fina de latón dorado; cosa de mucha apariencia y poco valor; adorno de una persona

oropéndola *f* pájaro de plumaje amarillo con alas y cola negras (*Oriolus oriolus*)

orquesta *f* conjunto de músicos que tocan juntos instrumentos principalmente de cuerda y madera; (teat.) lugar destinado para los músicos

orquestar *tr* instrumentar para orquesta

orquídea *f* planta herbácea con flores de forma y coloración muy raras; flor de esta planta

ortiga *f* hierba cuyas hojas producen escozor al tocarlas (*Urtica dioica*)

orto *m* salida de un astro

ortodoncia *f* corrección de irregularidades dentales

ortodoxia *f* ‖ **ortodoxo -xa** *adj* conforme con la doctrina establecida

ortografía *f* escritura correcta; parte de la gramática que la enseña; modo de escribir una palabra ‖ **ortográfico -ca** *adj*

ortopedia *f* corrección de las deformidades del cuerpo humano ‖ **ortopédico -ca** *adj* ‖ **ortopedista** *mf*

ortóptero -ra *adj* ‖ *m* insecto mascador, con las alas del primer par ligeramente endurecidas

oruga *f* larva de los lepidópteros, perjudicial para la agricultura; hierba crucífera (*Eruca longirostris*); mecanismo de arrastre que substituye a las ruedas

orujo *m* hollejo de la uva

orza *f* vasija vidriada de barro, sin asas

orzar §62 *intr* (mar.) inclinar la proa hacia donde viene el viento

orzuelo *m* divieso pequeño en el borde de un párpado

os *pronombre personal de segunda persona del plural, en acusativo y dativo*

osa *f* hembra del oso; Osa Mayor constelación boreal al sur del León; Osa Menor constelación boreal cuya estrella principal es la polar; el Osa montaña de la antigua Tesalia

osadía *f* ‖ **osado -da** *adj* atrevido, audaz

osamenta *f* esqueleto; conjunto de huesos

osar *intr* atreverse

osario *m* lugar donde se echan los huesos sacados de las sepulturas

oscence *adj* y *mf* natural de Huesca

oscilación *f* movimiento alternativo de un cuerpo a un lado y otro de su posición de equilibrio; cada alternación de este movimiento; vacilación; (elec.) variación de voltaje, corriente, etc. entre el valor máximo y el valor mínimo; (elec.) período completo; (fís.) movimiento de un cuerpo oscilante entre los dos extremos de su arco

oscilador -dora *adj* ‖ *m* (elec.) aparato que produce oscilaciones

oscilante *adj* que oscila

oscilar *intr* ejecutar oscilaciones; producir oscilaciones; variar; vacilar, titubear

oscilógrafo *m* aparato para registrar las variaciones de un estado eléctrico

osciloscopio *m* aparato destinado a hacer visibles las formas de las ondas eléctricas

osco -ca *adj* y *mf* ‖ *m* lengua, anterior al latín, de un antiguo pueblo de la Italia central

ósculo *m* beso

oscuridad *f* ‖ **oscuro -ra** *adj* obscuro

Oseas *m* (Bib.) el primero de los profetas menores

óseo -a *adj* de hueso; de la naturaleza del hueso

osificar §72 *tr* convertir en hueso

Osiris *m* (mit.) dios de los antiguos egipcios

osmanlí (*pl:* -líes) *adj y mf* otomano

osmio *m* cuerpo simple metálico, semejante al platino (*símbolo* Os; *núm. atómico* 76; *peso atómico* 190,2)

ósmosis *f* paso de un líquido a través de una membrana porosa ‖ **osmótico -ca** *adj*

oso *m* plantígrado carnicero de cabeza grande, pelaje largo, extremidades fuertes y cola corta

osteítis *f* inflamación de los huesos

ostensible *adj* visible, patente

ostensorio *m* parte superior del receptáculo en que se expone el Santísimo Sacramento; este receptáculo mismo

ostentación *f* acción de ostentar; jactancia; magnificencia

ostentar *tr* mostrar; hacer gala de

ostentoso -sa *adj* magnífico, suntuoso

osteología *f* estudio de los huesos ‖ **osteológico -ca** *adj* ‖ **osteólogo -ga** *mf*

osteópata *mf* ‖ **osteopatía** *f* sistema que trata ciertas enfermedades manipulando los huesos ‖ **osteopático -ca** *adj*

ostra *f* molusco bivalvo comestible

ostracismo *m* entre los antiguos griegos, destierro político; exclusión del trato de las gentes

ostrícola *adj* ‖ **ostricultor -tora** *mf* ‖ **ostricultura** *f* cría de ostras

ostrogodo -da *adj* ‖ *mf* individuo de la parte oriental del pueblo godo, que fundó su reino en Italia

osuno -na *adj* perteneciente al oso

OTAN *f* Organización para el Tratado del Atlántico Norte

otear *tr* observar desde lugar alto; escudriñar

otero *m* cerro aislado en un llano

otitis *f* inflamación del oído

otología *f* estudio del oído y sus enfermedades ‖ **otológico -ca** *adj* ‖ **otólogo -ga** *mf*

otomán *m* tejido que forma cordoncillo horizontal

otomano -na *adj y mf* turco; *f* sofá al estilo oriental

otoñal *adj* ‖ **otoño** *m* estación del año que sigue al verano

otorgar §45 *tr* consentir en, conceder; hacer (*una escritura, un testamento*)

otro -tra *adj indef* distinto, diferente; igual, semejante; anterior; *pron indef* otra persona o cosa; **otro**

tanto la misma cosa

otrora *adv* en otro tiempo

otrosí *adv* además

ovación *f* aplauso ruidoso que se tributa a una persona ‖ **ovacionar** *tr*

oval u **ovalado -da** *adj* ‖ **óvalo** *m* elipse, figura de elipse

ovárico -ca *adj* ‖ **ovario** *m* órgano de la reproducción propio de las hembras; (bot.) parte inferior del pistilo, que contiene las semillas

oveja *f* hembra del carnero ‖ **ovejuno -na** *adj*

ovetense *adj y mf* natural de Oviedo

Ovidio *m* poeta latino (43 a. de J.C. –17 d. de J.C.)

oviducto *m* conducto por donde sale el huevo del ovario

Oviedo provincia del norte de España y su capital

ovillar *tr* arrollar, devanar; compendiar, resumir; *ref* encogerse haciéndose un ovillo

ovillo *m* bola que se forma devanando hilo, lana, etc; cosa enredada

ovíparo -ra *adj* (*animal*) cuyas hembras ponen huevos

óvulo *m* vesícula que contiene el germen de un nuevo ser orgánico

oxálico -ca *adj* (*ácido*) muy venenoso que se usa para limpiar metales y blanquear el cuero (HOOC-COOH)

oxear *tr* espantar (*las aves domésticas*)

oxhídrico -ca *adj* compuesto de oxígeno e hidrógeno; (*soplete*) que produce temperaturas elevadísimas

oxidación *f* ‖ **oxidar** *tr* combinar con oxígeno

óxido *m* combinación del oxígeno con un cuerpo simple

oxigenación *f* ‖ **oxigenar** *tr* combinar con oxígeno; *ref* respirar el aire puro

oxígeno *m* cuerpo simple gaseoso, agente de la respiración y de la combustión (*símbolo* O; *núm. atómico* 8; *peso atómico* 16,00)

oxítono -na *adj* acentuado en la última sílaba

oxte *interj* ¡fuera!, ¡vete!

oyente *mf* persona que asiste a las clases sin estar matriculada; persona que oye programas de radiotelefonía

ozonizar §62 *tr* convertir (*el oxígeno*) en ozono; saturar o mezclar con el ozono

ozono *m* estado alotrópico del oxígeno (O_3)

P

P, p f décimonona letra del alfabeto
P. abr. de Padre, Papa y Pregunta
pabellón m edificio anexo a otro mayor; tienda de campaña cónica; bandera de una nación; colgadura de una cama, altar, trono; ensanche cónico de la boca de un instrumento de viento; parte exterior de la oreja; protección
pabilo o pábilo m torcida; parte carbonizada de la torcida
Pablo m nombre propio de varón
pábulo m fomento, motivo
pacana f árbol norteamericano (Carya pecan); su madera y su fruto
pacato -ta adj apacible, manso
paceño -ña adj y mf natural de La Paz, Bolivia
pacer §19 tr comer (el ganado la hierba de los campos); roer; apacentar; intr comer (el ganado) la hierba de los campos
paciencia f ‖ paciente adj que sufre con resignación; que espera o trabaja con calma; mf persona enferma o en tratamiento
pacificar §72 tr llevar la paz a; reconciliar; ref sosegarse
pacífico -ca adj sosegado, amigo de la paz; que tiende a la paz; (cap.) m el más grande de los océanos, comprendido entre Asia, África, América y los círculos polares
pacifismo m doctrina que aboga por la abolición de la guerra y por la paz universal ‖ pacifista adj y mf
paco m moro en Marruecos que, aislado y escondido, dispara sobre los soldados; tirador escondido
pacotilla: de pacotilla de ínfima calidad
pactar -ca convenir en; intr convenir
pacto m acuerdo, convenio; tratado
pachón -chona adj ‖ m perro de caza, parecido al perdiguero; (fam.) hombre flemático
pachorra f (fam.) cachaza, indolencia ‖ pachorrudo -da adj
padecer §19 tr sentir (daño, dolor, enfermedad, agravios, castigo, etc.); ser víctima de (engaño, error); intr sentir daño o dolor
padrastro m marido de la madre respecto de los hijos que ésta tiene de un matrimonio anterior; mal padre; obstáculo; pedacito de pellejo levantado junto a las uñas

padrazo m (fam.) padre demasiado indulgente
padre m el que tiene uno o varios hijos; macho destinado para la procreación en el ganado; creador, fundador; tratamiento que se da a los sacerdotes; padres mpl padre y madre; antepasados
padrenuestro m (pl: padrenuestros) oración que comienza con las palabras Padre nuestro
padrinazgo m ‖ padrino m el que asiste a una persona en el bautismo, el matrimonio, etc; protector; padrinos mpl padrino y madrina
padrón m lista de los habitantes de un pueblo; patrón, dechado; nota de infamia
paella f plato de arroz con carne, legumbres, etc.
paf interj que expresa el ruido de una caída o choque
pág. abr. de página
paga f acción de pagar; sueldo; amor correspondido
pagadero -ra adj que se ha de pagar; m tiempo en que uno ha de pagar lo que debe
pagaduría f local u oficina donde se paga
paganismo m ‖ paganizar §62 tr ‖ pagano -na adj ‖ mf persona que adora falsas divinidades
pagar §45 tr dar a (una persona) lo que se le debe; satisfacer (una deuda); satisfacer en dinero el valor de (una compra); corresponder a (un beneficio); expiar; ref prendarse; ufanarse
pagaré m documento por el que uno se obliga a pagar una cantidad en tiempo determinado
página f cada cara de la hoja de un libro o cuaderno
paginación f ‖ paginar tr numerar las páginas de
pago m entrega del dinero que se debe; premio, recompensa; tierras o heredades, esp. de viñas u olivares
pagoda f templo asiático en forma de torre con varios pisos
paila f vasija de metal, grande y poco profunda
pailebote m goleta pequeña y fina y sin gavias
pairar intr (mar.) estar quieta (la nave) con las velas tendidas

país *m* región, comarca; patria; los Países Bajos Holanda

paisaje *m* porción de terreno que forma conjunto artístico; pintura que representa tal porción de terreno

paisajista *mf* pintor de paisajes

paisano -na *adj* ‖ *mf* persona que es del mismo país, lugar, etc. que otra; campesino, labrador; *m* el que no es militar

paja *f* caña de los cereales, seca y despojada de su grano; cosa de poca importancia

pajar *m* lugar donde se encierra la paja

pájara *f* pájaro, ave; cometa (*juguete*); papel doblado en figura de pájaro; mujer astuta

pajarera *f* jaula para pájaros

pajarería *f* tienda de pájaros y otros animales caseros; multitud de pájaros

pajarero -ra *adj* (fam.) alegre, festivo; (fam.) abigarrado; *mf* persona que caza, cría o vende pájaros; *f* véase pajarera

pajarita *f* papel doblado en figura de pájaro; cometa (*juguete*)

pájaro *m* ave; hombre astuto

pajarota *f* (fam.) bola, noticia falsa

pajarraco *m* (desp.) ave grande y fea; (fam.) hombre astuto y disimulado

paje *m* joven que servía a un caballero; criado, sirviente

pajizo -za *adj* hecho de paja; de color de paja

pajolero -ra *adj* molesto, fastidioso

pajoso -sa *adj* de paja; que tiene mucha paja

Pakistán, el nuevo estado islámico de la India ‖ pakistaní (*pl:* -níes) o pakistano -na *adj* y *mf*

pala *f* útil de trabajo que comprende una cuchara plana y un mango; raqueta; parte plana del remo; parte superior del calzado; cuchara de una máquina excavadora; (fam.) astucia, maña

palabra *f* sonido o conjunto de sonidos que expresan una idea; facultad de hablar; promesa; derecho de hablar en una junta o assamblea; última palabra última moda; lo más perfecto que hay

palabrería *f* ‖ palabrero -ra *adj* ‖ *mf* persona que habla mucho; persona que ofrece mucho y no cumple nada

palabrota *f* palabra grosera u ofensiva

palaciego -ga *adj* perteneciente al palacio real; *m* el que sirve al rey en la corte

palacio *m* edificio donde residen los reyes; casa solariega de una familia noble; edificio grande y suntuoso

palada *f* lo que la pala coge de una vez; golpe que se da al agua con la pala del remo

paladar *m* parte interior y superior de la boca

paladín *m* caballero valeroso; defensor denodado

paladio *m* cuerpo simple metálico, del grupo del platino (*símbolo* Pd; *núm.* atómico 46; *peso atómico* 106, 7)

paladión *m* cosa en que se estriba la defensa de algo; (*cap.*) *m* (mit.) estatua de Palas, que se veneraba en Troya

palafito *m* vivienda lacustre primitiva, construída sobre largas estacas

palafrén *m* caballo en que montaban las damas

palafrenero *m* mozo de caballos; criado que llevaba del freno al caballo

palanca *f* barra rígida, móvil alrededor de un punto de apoyo, y que sirve para remover o levantar pesos; pértiga que sirve para llevar un objeto pesado entre dos personas

palangana *f* jofaina

palanganero *m* mueble en que se coloca la palangana

palangre *m* cordel con varios anzuelos para pescar

palanqueta *f* pequeña barra de hierro para forzar puertas o cerraduras; halterio

palanquín *m* andas a modo de litera, usadas en Oriente; mozo que lleva cargas

Palas *f* (mit.) Atena o Minerva

palatal *adj* perteneciente al paladar; *f* consonante que se articula entre la lengua y el paladar duro ‖ palatalizar §62 *tr*

palatino -na *adj* perteneciente a palacio; perteneciente al paladar; el monte Palatino una de las siete colinas de la antigua Roma

palco *m* localidad independiente con balcón en los teatros, plazas de toros, etc.

Palencia *f* provincia en el norte de España y su capital ‖ palentino -na *adj* y *mf*

paleografía *f* arte de leer la escritura antigua ‖ paleográfico -ca *adj* ‖ paleógrafo -fa *mf*

paleontología *f* estudio de los seres orgánicos fósiles ‖ paleontológico -ca *adj* ‖ paleontólogo -ga *mf*

Palestina *f* territorio en el extremo oriental del Mediterráneo ‖ palestino -na *adj* y *mf*

palestra *f* sitio para luchas deportivas

paleta _f_ tabla en que el pintor dispone sus colores; badil; llana de albañil; omóplato; pieza de la rueda hidráulica o del ventilador que recibe la acción del agua o el viento

pali _adj_ ‖ _m_ lengua hermana de la sánscrita, pero menos antigua

paliar §76 o regular _tr_ encubrir, disimular; mitigar ‖ **paliativo** -va _adj_

palidecer §19 _intr_ ‖ **palidez** _f_ ‖ **pálido** -da _adj_ amarillento, descolorido

palillo _m_ palo con que se toca el tambor; mondadientes; bolillo; castañuela

palimpsesto _m_ manuscrito antiguo que conserva huellas de una escritura anterior

palinodia _f_ retractación de lo que se había dicho anteriormente

palio _m_ dosel portátil colocado sobre cuatro varas largas; insignia del Papa

palique _m_ (fam.) charla sin importancia ‖ **paliquear** _intr_

palisandro _m_ madera de guayabo, usada para muebles de lujo

paliza _f_ zurra de golpes

palizada _f_ empalizada; sitio cercado de estacas

palma _f_ parte cóncava de la mano; palmera; hoja de la palmera; gloria, triunfo; **palmas** _fpl_ aplausos; **Palma** _f_ ciudad y puerto de Mallorca y capital de la provincia de Baleares; **Las Palmas** provincia de España, en las Canarias, y su capital

palmada _f_ golpe con la palma de la mano; **palmadas** _fpl_ aplausos

palmario -ria _adj_ claro, evidente

palmatoria _f_ candelero bajo de forma de platillo con asa

palmense _adj y mf_ natural de Las Palmas, Canarias

palmera _f_ árbol muy alto y coronado de un penacho de grandes hojas; palmera que produce dátiles (_Phoenix dactylifera_)

palmero _m_ peregrino que traía palma en señal de su romería a Tierra Santa

palmesano -na _adj y mf_ natural de Palma de Mallorca

palmiche _m_ palma de la Florida y la isla de Cuba (_Roystonea regia_); fruto de este árbol; (Cuba) tela ligera para trajes de verano

palmípedo -da _adj_ ‖ _f_ ave cuyos dedos, unidos por una membrana, son propios para la natación

palmito _m_ palma pequeña de hojas en figura de abanico; (fam.) rostro de mujer

palmo _m_ medida de longitud, cuarta parte de la vara (_21 cm._)

palmotear _intr_ dar palmadas ‖ **palmoteo** _m_

palo _m_ trozo de madera, largo y más o menos cilíndrico; golpe que se da con él; mango; madera; trazo grueso de una letra; cada uno de los cuatro grupos de naipes de la baraja; (mar.) mástil

paloma _f_ ave doméstica, símbolo de la paz (_Columba_); persona de genio apacible; (pop.) cuello alto de camisa; (pop.) aguardiente con agua de Seltz; **palomas** _fpl_ cabrillas, pequeñas olas espumosas

palomar _m_ lugar donde se anidan las palomas

palomino _m_ pollo de paloma; uva de Jerez que da el amontillado; caballo de patas esbeltas de color crema con manchas blancas en la cabeza y las piernas; (fam.) mancha de excremento en la parte posterior de la camisa

palomo _m_ macho de la paloma

palotada _f_ golpe dado con el palote

palote _m_ palo mediano; primer trazo para aprender a escribir

palpable _adj_ que puede tocarse; evidente

palpar _tr_ tocar con las manos; andar a tientas en; conocer muy claramente; _intr_ andar a tientas

palpitación _f_ acción de palpitar; latido rápido e incómodo del corazón

palpitante _adj_ que palpita; que conmueve y agita los ánimos; de actualidad

palpitar _intr_ latir (_el corazón_); latir con violencia; manifestarse con vehemencia (_un afecto_)

pálpito _m_ (Arg.) presentimiento

palpo _m_ apéndice movible de los crustáceos e insectos

palta _f_ (Amér.) aguacate (_fruto_)

palto _m_ (Amér.) aguacate (_árbol_)

palúdico -ca _adj_ perteneciente al pantano; perteneciente al paludismo

paludismo _m_ enfermedad infecciosa propia de los terrenos pantanosos y transmitida por mosquitos

palurdo -da _adj_ ‖ _mf_ persona rústica, grosera

palustre _adj_ perteneciente a la laguna o al pantano; _m_ llana de albañil

pamela _f_ sombrero de paja, ancho de alas y flexible, para señoras; (cap.) _f_ nombre propio de mujer

pamema _f_ (fam.) cosa fútil a que se ha querido dar importancia

pampa _f_ grande llanura sudamericana sin vegetación arbórea

pámpano *m* sarmiento tierno de la vid; hoja de la vid

pampero -ra *adj* perteneciente a las pampas; *m* viento fuerte y frío que sopla de las pampas en el Río de la Plata

pampirolada *f* salsa de pan y ajos; (fam.) necedad

pamplina *f* álsine; (fam.) cosa sin fundamento

Pamplona *f* ciudad en el nordeste de España ‖ pamplonés -nesa *adj y mf*

pan *m* alimento hecho de masa de harina y agua, fermentada y cocida al horno; sustento diario; trigo; cosa de figura de pan; hoja de oro o plata muy batida; (*cap.*) *m* (mit.) dios de los rebaños y los pastores

pana *f* tela de algodón semejante al terciopelo; avería de automóvil, avión, etc.

panacea *f* medicina que se supone lo cura todo

panadería *f* ‖ panadero -ra *mf* persona que hace o vende pan

panadizo *m* inflamación del tejido celular de los dedos; (fam.) persona enfermiza

panal *m* conjunto de celdillas de cera que forman las abejas y avispas para depositar la miel

panamá *m* (*pl:* -maes) sombrero de pita; (*cap.*) *m* estado de la América Central; *f* capital de Panamá ‖ panameño -ña *adj y mf*

panamericanismo *m* doctrina que aspira a la solidaridad de todos los países americanos ‖ panamericanista *mf*

panamericano -na *adj* perteneciente al panamericanismo; perteneciente a toda la América

pancarta *f* cartel

pancista *adj* ‖ *mf* (fam.) persona que no quiere pertenecer a ningún partido para estar siempre al servicio del que manda

páncreas *m* (*pl:* -as) glándula que vierte en el intestino un jugo digestivo ‖ pancreático -ca *adj*

pancromático -ca *adj* sensible a la luz de todos los colores

pancho *m* (fam.) barriga, panza

panda *m* mamífero plantígrado de los montes Himalaya (*Ailurus fulgens*); *f* galería de claustro

pandear *intr y ref* alabearse (*una pared, una viga, etc.*)

pandemia *f* enfermedad que acomete a la vez a muchos individuos de una región ‖ pandémico -ca *adj*

pandemonio *m* (fam.) lugar donde reina mucho ruido y confusión

pandeo *m* acción de pandear

pandero *m* instrumento de percusión formado por una piel estirada sobre un aro, provisto de sonajas

pandilla *f* grupo de personas que se une con mal fin; reunión de gente que va a divertirse al campo

pando -da *adj* que pandea; cachazudo, pausado; *f* véase panda

Pandora *f* (mit.) la primera mujer

pandorga *f* cometa (*juguete*); (fam.) mujer gorda y pesada

panecillo *m* pan pequeño algo esponjado

panegírico -ca *adj* ‖ *m* discurso en elogio de alguien ‖ panegirizar §62 *tr*

panel *m* cuadro de la hoja de una puerta; (elec.) cuadro de los mandos

paneslavismo *m* idea de la unión política de todos los pueblos de origen eslavo ‖ paneslavista *adj y mf*

panfletista *mf* ‖ panfleto *m* libelo, folleto

pangermanismo *m* idea de la unión política de todos los pueblos de origen germánico ‖ pangermanista *adj y mf*

panhelénico -ca *adj* ‖ panhelenismo *m* idea de la unión política de todos los pueblos de origen griego ‖ panhelenista *adj y mf*

paniaguado *m* (fam.) protegido

pánico -ca *adj* ‖ *m* terror grande e injustificado, generalmente colectivo

panificar §72 *tr* convertir (*la harina*) en pan

panislamismo *m* idea de la unión política de todos los pueblos musulmanes ‖ panislamista *adj y mf*

panizo *m* planta gramínea (*Setaria italica*)

panoja *f* mazorca del maíz, el panizo y el mijo

panoplia *f* armadura completa; trofeo formado con armas diversas

panorama *m* gran extensión de terreno que se descubre desde un punto; vista pintada en las paredes de una sala cilíndrica ‖ panorámico -ca *adj*

pantalón *m* prenda masculina que cubre desde la cintura hasta los tobillos; prenda interior femenina que cubre desde la cintura hasta las rodillas

pantalla *f* lámina que se pone alrededor de la luz artificial para que no ofenda los ojos; mampara que se pone ante las chimeneas; telón sobre el cual se proyecta una cinta cinematográfica; superficie que sirve para interceptar radiaciones o para hacerlas visibles; superficie luminiscente donde se reproduce la imagen de televisión; cinematografía; blindaje; lo que puesto delante de una cosa la oculta a la vista; persona que encubre a otra

pantano *m* terreno bajo donde se detienen las aguas; depósito que se forma cerrando la boca de un valle; dificultad ‖ **pantanoso -sa** *adj*

panteísmo *m* doctrina que afirma que el mundo es Dios ‖ **panteísta** *adj y mf*

panteón *m* monumento funerario donde se entierran varias personas; templo consagrado a todos los dioses; conjunto de todos los dioses

pantera *f* leopardo de manchas anulares (*Panthera pardus*)

pantógrafo *m* instrumento para copiar, ampliar o reducir dibujos mecánicamente; aparato a modo de trole para locomotoras eléctricas

pantomima *f* representación mímica sin palabras

pantomimo *m* actor que representa pantomimas

pantorrilla *f* parte carnosa de la pierna por debajo de la corva

pantufla *f* o **pantuflo** *m* chinela

panza *f* barriga, vientre; primera de las cuatro cavidades del estómago de los rumiantes

panzada *f* golpe dado con la panza; (fam.) hartazgo

panzudo -da *adj* de mucha panza

pañal *m* lienzo en que se envuelve a los niños de teta

pañería *f* tienda de paños; conjunto de paños

pañero -ra *adj* ‖ *mf* persona que comercia en paños

paño *m* tela de lana; cualquier tela tupida; colgadura; lienzo de pared; trapo para limpiar; papel, p.ej., de agujas

pañol *m* compartimiento del buque donde se guardan los víveres, las municiones, etc.

pañoleta *f* pañuelo doblado en triángulo con que las mujeres se abrigan el cuello y los hombros

pañuelo *m* pieza cuadrada de lienzo, seda, etc. que sirve para limpiar las narices y otros usos

papa *m* sumo pontífice de la Iglesia católica; (fam.) padre; *f* (Amér.) patata; (fam.) paparrucha; **papas** *fpl* (fam.) gachas

papá *m* (*pl*: **-pás**) (fam.) padre; **papás** *mpl* (fam.) papá y mamá

papada *f* exceso de carne debajo de la barba

papado *m* dignidad de Papa y tiempo que dura

papagayo *m* ave de pico corvo que puede aprender palabras (*Psittacus*)

papalina *f* gorra de mujer que cubre las orejas; (fam.) borrachera

papamoscas *m* (*pl*: **-cas**) pajarillo insectívoro (*Muscicapa albicollis*); (fam.) papanatas

papanatas *m* (*pl*: **-tas**) (fam.) hombre tonto y crédulo

papar *tr* comer (*cosas blandas*) sin mascar; (fam.) comer

paparrabias *mf* (*pl*: **-bias**) (fam.) persona muy irritable

paparrucha *f* (fam.) noticia falsa, mentira; (fam.) obra sin valor

papaveráceo -a *adj* perteneciente a la familia de plantas de que se saca el opio

papaya *f* fruto del papayo

papayo *m* arbolillo tropical (*Carica papaya*)

papel *m* substancia en forma de hojas delgadas que se obtiene macerando en agua trapos, paja, madera, etc.; pliego u hoja de esta substancia; escrito o impreso; parte de la obra teatral que representa cada actor; función que uno cumple; manera de proceder; **papel de lija** papel que en una cara lleva polvos de esmeril, vidrio molido o arena para lijar; **papel pintado** el que se emplea para revestir paredes; **papel secante** el que se emplea para secar lo escrito

papelear *intr* revolver papeles; (fam.) hacer figura, querer aparentar

papelera *f* escritorio; cesto para papeles inútiles

papelería *f* tienda de papel y objetos de escritorio; papeles en desorden

papelero -ra *adj* ‖ *mf* persona que fabrica o vende papel; *f* véase papelera

papeleta *f* cédula; cédula de cartulina

papelista *m* fabricante o vendedor de papel; obrero que empapela las habitaciones

papelón -lona *adj* ‖ *mf* (fam.) persona que ostenta más que es; *m* papel inútil; cartón delgado

papel-prensa *m* papel para periódicos

papera *f* bocio; inflamación contagiosa de la parótida

papila *f* pequeña eminencia en la piel y en las membranas mucosas

papilla *f* gachas; (fam.) astucia halagüeña

papillote *m* rizo de pelo sujeto con un papel

papiro *m* planta acuática de Oriente (*Cyperus papyrus*); lámina sacada del tallo de esta planta, en que escribían los antiguos

papirotada _f_ capirotazo; (Venez.) tontería

papismo _m_ nombre que los protestantes dan a la Iglesia católica ‖ papista _adj y mf_

papo _m_ buche de las aves; parte abultada en el cuello de los animales

papú -púa (_pl:_ -púes -púas) _adj y mf_ ‖ la Papuasia la Nueva Guinea

paq. abr, de paquete

paquear _tr_ disparar (_los pacos_) sobre

paquebote _m_ barco de vapor que lleva correo y pasajeros

paquete _m_ lío, bulto; paquebote; (fam.) hombre elegante

paquidermo _m_ mamífero de piel gruesa y dura, como el elefante, hipopótamo, rinoceronte

paquisandra _f_ planta de adorno que tiene afinidad con el boj (_Pachysandra_)

par _adj_ igual; divisible por dos; _m_ número divisible por dos; conjunto de dos personas o cosas semejantes; conjunto de dos bestias de labranza; título de alta dignidad; (elec.) dos metales en comunicación con un líquido que originan una corriente eléctrica; (fís.) dos fuerzas iguales y de sentido contrario que producen una rotación; _f_ (com.) igualdad de cambio; (com.) precio orginal de una acción

para _prep_ al objeto de; en dirección a; en provecho de; comparado con; a punto de; contra; antes de; para que para el objeto que; ¿para qué? ¿con qué motivo?

parabién _m_ felicitación

parábola _f_ alegoría que encierra una enseñanza moral; (geom.) curva cuyos puntos equidistan todos de un punto fijo y de una recta fija ‖ parabólico -ca _adj_

parabrisa _m_ o **parabrisas** _m_ (_pl:_ -sas) guardabrisa de automóvil

paracaídas _m_ (_pl:_ -das) aparato en forma de paraguas que sirve para moderar la caída desde un avión

paracaidista _mf_ persona ejercitada en el uso del paracaídas

Paracelso _m_ médico y alquimista suizo (1493–1541)

paracleto o **paráclito** _m_ el Espíritu santo

parachoques _m_ (_pl:_ -ques) dispositivo protector contra los choques en un automóvil; (f. c.) aparato constituído por dos topes que sirve para amortiguar los choques de los vehículos unos con otros o para detenerlos al final de línea

parada _f_ acción de parar; sitio donde se pára; formación de tropas; cantidad de dinero que se apuesta en el juego

paradero _m_ lugar donde se pára o se encuentra una persona o cosa; fin, término; (Cuba) apeadero de ferrocarril

paradigma _m_ ejemplo, modelo

paradoja _f_ aserción verdadera que parece absurda; hecho que está en contradicción con lo establecido ‖ paradójico -ca _adj_

parador _m_ mesón; fonda para viajeros donde pueden conseguir combustible, neumáticos, piezas de recambio, etc. para sus automóviles

parafina _f_ substancia blanca y translúcida que se obtiene destilando petróleo y que se emplea en la fabricación de bujías

parafrasear _tr_ ‖ **paráfrasis** _f_ (_pl:_ -sis) explicación amplificativa de un texto ‖ parafrástico -ca _adj_

paragoge _f_ adición de una letra al final de una palabra ‖ paragógico -ca _adj_

paraguas _m_ (_pl:_ -guas) utensilio portátil para resguardarse de la lluvia

Paraguay, el estado de la América del Sur

paraguayo -ya _adj y mf_ natural del Paraguay; _f_ fruta de forma aplastada y de sabor parecido al del melocotón

paragüería _f_ ‖ **paragüero** -ra _adj_ ‖ _mf_ persona que hace o vende paraguas; _m_ mueble donde se colocan los paraguas

paraíso _m_ lugar en que Dios colocó a Adán y Eva; morada de los bienaventurados; lugar ameno; piso más alto del teatro

paraje _m_ sitio, lugar; estado

paralaje _m_ diferencia entre las posiciones aparentes de un astro según el punto de observación

paralela _f_ línea o superficie paralela; paralelas _fpl_ aparato de gimnasia consistente en dos barras horizontales y paralelas, montadas sobre pies verticales

paralelepípedo _m_ sólido de seis caras cada una de las cuales es un paralelogramo

paralelo -la _adj_ correspondiente, semejante; (geom.) (_línea o plano_) que es equidistante de otra en todos sus puntos; _m_ comparación, cotejo; cada uno de los círculos menores paralelos al ecuador; _f_ véase paralela

paralelogramo *m* cuadrilátero cuyos lados opuestos son paralelos

parálisis *f* (*pl:* -sis) privación o disminución del movimiento o la sensibilidad de alguna parte del cuerpo ‖ **paralítico -ca** *adj y mf*

paralizar §62 *tr* causar parálisis a; detener la actividad o el movimiento de

paramento *m* adorno con que se cubre una cosa; cara de una pared o muro

páramo *m* terreno yermo, elevado y sin vegetación

parangón *m* comparación ‖ **parangonar** *tr*

paraninfo *m* salón de actos en una universidad; el que anuncia una felicidad; (poét.) padrino de bodas

paranoia *f* enfermedad mental crónica caracterizada por delirios sistematizados ‖ **paranoico -ca** *adj y mf*

parapeto *m* terraplén o muralla que sirven para resguardarse del fuego enemigo; antepecho o baranda para evitar caídas en puentes, etc.

paraplejia *f* parálisis que afecta la mitad inferior del cuerpo ‖ **parapléjico -ca** *adj y mf*

parapsicología *f* estudio y experimentación en el campo de la percepción extrasensorial

parar *tr* hacer cesar el movimiento, avance o acción de; arriesgar (*dinero*) al juego; parar mientes en meditar sobre; *intr y ref* cesar en el movimiento, avance o acción; ir a dar a su término o fin; hospedarse; convertirse

pararrayo o **pararrayos** *m* (*pl:* -yos) artificio que para preservar los edificios contra el rayo

parasitario -ria o **parasítico -ca** *adj* ‖ **parásito -ta** *adj* ‖ *mf* persona que come a costa ajena; *m* animal o planta que vive a expensas de otro animal o de otra planta; **parásitos** *mpl* (rad.) ruidos que perturban las transmisiones

parasitología *f* estudio de los parásitos ‖ **parasitológico -ca** *adj* ‖ **parasitólogo -ga** *mf*

parasol *m* quitasol

parca *f* (poét.) la muerte; (*cap.*) *f* (mit.) cada una de las tres deidades dueñas de la vida de los hombres

parcela *f* porción pequeña de terreno; partícula

parcelar *tr* dividir (*una finca*) en parcelas

parcial *adj* que sólo se verifica en parte; que favorece a una persona en detrimento de las demás; partidario; *mf* partidario

parcialidad *f* preferencia injusta; conjunto de los que componen una facción; amistad, familiaridad en el trato

parco -ca *adj* moderado, sobrio; escaso, corto; *f* véase parca

parche *m* lienzo con emplasto que se aplica a la parte enferma; remiendo; piel del tambor; el tambor mismo

pardiez *interj* (fam.) ¡por Dios!

pardillo -lla *mf* (desp.) aldeano; *m* pájaro de vivos colores (*Acanthis cannabina*)

pardo -da *adj* del color intermedio entre blanco y negro y más obscuro que el gris; obscuro; *m* color pardo

pardusco -ca *adj* que tira a pardo

pareado *m* estrofa de dos versos rimados entre sí

parear *tr* juntar, igualar (*dos cosas*); formar pares de, poner de dos en dos; banderillear

parecer *m* opinión, juicio; facciones del rostro; §19 *intr* aparecer; dejarse ver; encontrarse (*lo que estaba perdido*); dar motivos para creer; tener cierto aspecto; *ref* ser semejantes; **parecerse a** guardar parecido con

parecido -da *adj* que se parece a otro; que tiene buena o mala figura; *m* semejanza

pared *f* obra de fábrica, madera u otro material que se levanta verticalmente para cerrar un recinto o sostener techumbres; superficie lateral de una cosa

parejo -ja *adj* igual, semejante; liso, llano; *f* conjunto de dos personas o cosas semejantes, esp. el formado por un hombre y una mujer; compañero o compañera de baile; **correr parejas** ser semejantes; **ir iguales**; ir al mismo paso

parentela *f* conjunto de parientes

parentesco *m* lazo de consanguinidad o afinidad; conexión, unión

paréntesis *m* (*pl:* -sis) palabra u oración que se inserta en un período; signo ortográfico que la contiene; (fig.) interrupción ‖ **parentético -ca** *adj*

paresa *f* mujer de un par (*título*)

paresia o **paresis** *f* parálisis incompleta ‖ **parético -ca** *adj y mf*

parhilera *f* madero que forma el lomo de la armadura

paria *mf* persona de la casta ínfima de la India; persona excluida de las ventajas de que gozan las demás; **parias** *fpl* homenaje, obediencia

paría *f* dignidad de par; reunión de los pares

paridad *f* igualdad; comparación

pariente -ta *adj* ‖ *mf* persona vinculada con otra por lazos de consanguinidad o afinidad; (pop.) esposo o esposa

parihuela *f* o parihuelas *fpl* mueble para llevar una carga entre dos; camilla para transportar heridos o enfermos

parir *tr* expeler (*la hembra el feto*); *intr* dar a luz; salir a luz; hablar con acierto

Paris *m* (mit.) hijo de Príamo y Hécuba, que raptó a Elena y provocó la guerra de Troya

Paris *m* capital de Francia ‖ parisiense *adj y mf*

parlamentar *intr* hablar, conversar; conferenciar para un arreglo, capitulación, etc.

parlamentario -ria *adj* perteneciente al parlamento; *mf* miembro de un parlamento; persona que va a parlamentar

parlamento *m* asamblea legislativa; acción de parlamentar; (teat.) relación larga

parlanchín -china *adj* ‖ *mf* (fam.) persona que habla mucho y sin substancia

parlar *intr* hablar con soltura; charlar; hablar (*las aves*)

parlería *f* ‖ parlero -ra *adj* que habla mucho; chismoso; (*ave o arroyo*) que canta; expresivo

parlotear *intr* (fam.) hablar mucho y sin substancia ‖ parloteo *m*

Parménides *m* fisósofo griego (siglo V a. de J.C.)

parnaso *m* conjunto de todos los poetas; colección de poesías; el Parnaso monte de la Grecia central, consagrado a Apolo y a las musas

paro *m* suspensión de los trabajos industriales; interrupción de una explotación industrial por parte de los patronos; pájaro con pico recto y fuerte y cola larga (*Parus*)

parodia *f* imitación burlesca de una obra literaria ‖ parodiar *tr* ‖ parodista *mf*

parótida *f* cada una de las dos glándulas salivales situadas debajo del oído

paroxismo *m* exaltación extrema de las pasiones; acceso violento de una enfermedad

paroxitono -na *adj* acentuado en la penúltima sílaba

parpadear *intr* abrir y cerrar los ojos ‖ parpadeo *m*

párpado *m* membrana movible que cubre y resguarda el ojo

parque *m* lugar arbolado para caza o recreo; lugar en calles, plazas, etc. para estacionar automóviles; sitio donde se guardan armas y municiones

parquedad *f* calidad de parco

parra *f* vid, esp. la que extiende mucho sus vástagos

párrafo *m* división de un escrito o impreso, en que después de punto final se pasa a otro renglón; (fam.) charla

parral *m* conjunto de parras sostenidas con armazón de madera

parranda *f* (fam.) holgorio, jarana ‖ parrandear *intr* ‖ parrandista *mf*

parricida *adj y mf* ‖ parricidio *m* muerte violenta que uno da a su padre, su madre, su cónyuge, a cualquiera de sus ascendientes o descendientes

parrilla *f* instrumento de hierro en forma de rejilla, para asar y tostar; restaurante o comedor de hotel cuya especialidad es la carne asada o el pescado asado

párroco *m* sacerdote encargado de una parroquia

parroquia *f* territorio eclesiástico que tiene iglesia y cura; esta iglesia; feligresía, conjunto de fieles de este territorio; conjunto de parroquianos de una tienda

parroquial *adj* perteneciente a la parroquia

parroquiano -na *adj* parroquial; *mf* persona que pertenece a una parroquia; persona que compra de costumbre en una tienda

parsi *adj* ‖ *mf* descendiente de los antiguos persas en la India

parsimonia *f* ‖ parsimonioso -sa *adj* moderado en los gastos, frugal

parte *m* comunicado, despacho, informe; *f* porción de un todo; sitio, lugar; cada una de las personas o entidades que contratan entre sí; lado, partido; papel de un actor

Partenón *m* templo en honor de Palas en la Acrópolis de Atenas (438 a. de J.C.)

partera *f* mujer que asiste a la que está de parto

partición *f* división de una herencia, hacienda, etc.

participación *f* ‖ participar *tr* comunicar, notificar (*una cosa*); *intr* tener o tomar parte

partícipe *adj* ‖ *mf* persona que tiene parte en una cosa

participial *adj* ‖ participio *m* parte de la oración que participa a la vez del verbo y del nombre o del verbo y del adjetivo

partícula f parte pequeña

particular adj propio, privativo; especial, extraordinario; singular, individual; no público; m persona que no ejerce cargo oficial; asunto, materia de que se trata

particularidad f calidad de singular o individual; circunstancia particular; preferencia en el trato o cariño

particularizar §62 tr detallar; hacer distinción especial de; ref distinguirse

partida f acción de partir; asiento de bautismo, matrimonio, etc. en el registro parroquial o civil; copia certificada de él; artículo de una cuenta; conjunto de personas que se reúnen para un determinado fin; facción, bando; porción de mercaderías; mano de juego; número de manos necesarias para ganar; proceder de una persona con respecto a otra

partidario -ria adj ‖ mf persona que sigue un partido o bando; persona que se muestra adicta a una persona o cosa

partido m conjunto de los que componen una facción; ventaja; amparo; resolución que uno adopta; trato, convenio; medio para conseguir una cosa; distrito; (dep.) conjunto de los compañeros en un juego; (dep.) serie de jugadas hasta un límite determinado

partiquino -na mf cantante de ópera que ejecuta una parte de escasa importancia

partir tr dividir; repartir; hender, romper; (fam.) desconcertar; intr ponerse en camino, irse

partisano -na mf miembro de las guerrillas situadas dentro de las líneas enemigas

partitivo -va adj que divide; que expresa división

partitura f (mús.) texto que contiene todas las partes de una obra

parto m acción de parir; ser que ha nacido; producción del ingenio

parturienta adj ‖ f mujer que está de parto o recién parida

párvulo -la adj pequeño; inocente; humilde; mf niño pequeño; niño menor de seis años en las escuelas de niños

pasa f uva seca

pasacalle m (mús.) marcha de compás muy vivo; (mús.) danza de origen italiano o español, parecida a la chacona

pasada f acción de pasar; mala pasada mala jugada

pasadero -ra adj que se puede pasar; medianamente bueno; f piedra que se pone para atravesar charcos, arroyos, etc.

pasadizo m paso estrecho, corredor

pasado -da adj que pasó; medio podrido; m tiempo que pasó; pasados mpl antepasados; f véase pasada

pasador m barra que sirve para cerrar puertas, ventanas, etc.; alfiler, broche; aguja grande con que se sujetan el pelo las mujeres; coladero de tela metálica

pasaje m acción de pasar; lugar por donde se pasa; precio y billete de un viaje marítimo o aéreo; los pasajeros de una nave; galería cubierta entre dos calles; trozo de un libro u obra musical

pasajero -ra adj que dura poco; mf viajero

pasamanería f ‖ **pasamanero** -ra mf persona que hace o vende flecos, galones, franjas, etc.

pasamano m fleco, galón, franja, etc. para adornos; antepecho, baranda

pasaporte m documento para poder pasar de un país a otro

pasar tr conducir, llevar; trasladar; atravesar; mover (p.ej., la mano) por una superficie; ocupar (un rato, el día, la noche, etc); introducir; introducir o extraer (géneros de contrabando); poner en circulación (p.ej., moneda falsa); aventajar; tragar; sufrir, padecer, tolerar; recorrer leyendo (un libro); ayudar (a un abogado); acompañar (a un médico); repasar (el estudiante la lección); intr moverse, trasladarse; durar, servir; suceder; tener lo necesario para vivir; entrar; no jugar por no tener naipe conveniente; cesar, acabarse; pasar sin abstenerse de; ref desaparecer; mudar de partido; borrarse de la memoria; empezar a pudrirse; filtrarse por los poros; pasarse sin abstenerse de

pasarela f pequeño puente

pasatiempo m diversión, entretenimiento

pascua f fiesta de los hebreos que conmemora su salida de Egipto; fiesta de la Resurrección; Navidad; Pentecostés; Epifanía; **Pascuas** fpl fiesta de Navidad

pase m licencia escrita o impresa; finta; lance del toreo

paseante adj ‖ mf persona que va a dar un paseo

pasear *tr* hacer pasear (*p.ej.*, *a un niño*); llevar de una parte a otra; *intr y ref* andar a pie, en coche, en bote, a caballo, etc. por diversión o por higiene

paseo *m* acción de pasear; sitio para pasear

pasillo *m* corredor, pasadizo; pieza dramática breve

pasión *f* emoción intensa; deseo vehemente; objeto de deseo; sufrimiento ‖ **pasional** *adj*

pasionaria *f* planta cuyos verticilos recuerdan los atributos de la Pasión de Jesucristo (*Passiflora caerulea*)

pasividad *f* ‖ **pasivo** *-va adj* que deja obrar, que no se opone resistencia; que recibe la acción del agente; *m* importe total que una persona o empresa debe

pasmar *tr* causar a (*una persona*) pérdida de los sentidos y del movimiento; asombrar mucho

pasmo *m* asombro grande ‖ **pasmoso** *-sa adj*

paso *m* acción de pasar; lugar por donde se puede pasar; movimiento que hace el pie al andar y espacio que abarca; huella del pie; peldaño; manera de andar; diligencia que se da por una cosa; lance, suceso; apuro; vado; vuelta de una rosca de tornillo; pieza dramática breve; *adv* en voz baja

pasodoble *m* (mús.) marcha de compás vivo

pasquín *m* cartel anunciador; escrito anónimo que se fija en sitio público

pasta *f* masa de diversas cosas machacadas; masa de harina propia para hacer pasteles, hojaldres, fideos, etc.; cartón cubierto de tela o piel para encuadernar; pastelito dulce; (fam.) dinero

pastar *tr* conducir (*el ganado*) al pasto; *intr* pacer

pastel *m* pasta de harina y manteca que envuelve otros ingredientes y se cuece al horno; barrita de color; pintura al pastel; planta crucífera (*Isatis tinctoria*); conjunto de letras desordenadas; fullería en el modo de barajar; (fam.) convenio secreto con malos fines

pastelería *f* ‖ **pastelero** *-ra mf* persona que hace o vende pasteles

pastelillo *m* dulce de masa muy delicada y relleno de conservas

pastelista *mf* pintor al pastel

pasterización *f* ‖ **pasterizar** §62 *tr* calentar (*la leche, etc.*) a 70⁰ para destruir los microbios patógenos

pastilla *f* porción de pasta de figura cuadrangular o redonda; trozo pequeño de una pasta dulce y medicinal

pasto *m* acción de pastar; hierba que come el ganado; prado o campo donde pasta; alimento; de pasto de uso diario

pastor *-tora mf* persona que cuida del ganado; *m* eclesiástico, prelado; **el Buen Pastor** el Salvador

pastoral *adj* perteneciente a los pastores; campestre; *f* drama bucólico; carta pastoral

pastorear *tr* llevar (*el ganado*) al campo; cuidar (*el prelado*) de (*sus fieles*)

pastoril *adj* perteneciente a los pastores de ganado

pastoso *-sa adj* suave y blando

pata *f* pie y pierna de los animales; pie de un mueble; hembra del pato; (fam.) pierna del hombre

patada *f* golpe dado con el pie o con la pata; (fam.) huella

patagón *-gona adj y mf* ‖ **la Patagonia** extensa región del extremo meridional de la América del Sur que se extiende entre el Atlántico y el Pacífico

patalear *intr* mover las piernas o patas con violencia; dar patadas en el suelo ‖ **pataleo** *m*

pataleta *f* (fam.) convulsión fingida

patán *adj* ‖ *m* (fam.) hombre rústico e inculto; (fam.) hombre grosero y tosco

patata *f* planta cuyo tubérculo es un alimento muy importante para el hombre (*Solanum tuberosum*); este tubérculo

patatús *m* (fam.) desvanecimiento pasajero

patear *tr* (fam.) golpear con los pies; (fam.) tratar mal; *intr* (fam.) dar patadas en señal de enojo, dolor, etc.

patentar *tr* obtener la patente de (*un invento*)

patente *adj* claro, evidente, visible; *f* título que acredita el derecho de propiedad de un invento; licencia para el ejercicio de un comercio, empleo, privilegio, etc.

paternal *adj* propio del padre

paternidad *f* estado o calidad de padre

paterno *-na adj* paternal

paternóster *m* (*pl*: paternóster) padrenuestro

patético *-ca adj* que conmueve el ánimo infundiéndole tristeza y compasión ‖ **patetismo** *m*

patibulario -ria *adj* ‖ **patibulo** *m* lugar en que se ejecuta la pena de muerte

patilla *f* pelo que se deja crecer en los carrillos

patín *m* aparato que se ajusta al calzado para deslizar sobre el hielo o sobre un pavimento liso; ave palmípeda marina (*Procellaria*); (aer.) parte del tren de aterrizaje destinada a resbalar por el suelo; (elec.) zapata o toma de corriente de un vehículo eléctrico

pátina *f* moho del bronce; tono dado por el tiempo a las pinturas

patinadero *m* sitio para patinar

patinador -dora *adj* ‖ *mf* persona que patina

patinar *tr* dar pátina artificial a; *intr* deslizar con patines; dar vueltas (*las ruedas de un vehículo*) sin avanzar

patinete *m* juguete infantil consistente en una plancha montada sobre ruedas

patio *m* espacio descubierto en lo interior de las casas; espacio en las estaciones para las maniobras de los trenes; (teat.) planta baja

patitieso -sa *adj* que tiene las piernas paralizadas; (fam.) atónito

patituerto -ta *adj* que tiene torcidas las piernas o patas; (fam.) torcido, mal hecho

patizambo -ba *adj* que tiene las piernas torcidas hacia afuera

pato *m* ave acuática palmípeda (*Anas*)

patochada *f* (fam.) disparate, dicho necio

patología *f* estudio de las enfermedades

patológico -ca *adj* perteneciente a la patología; morboso

patólogo -ga *mf* persona que se dedica a la patología

patoso -sa *adj* (fam.) que presume de chistoso sin serlo

patraña *f* (fam.) noticia de pura invención

patria *f* tierra o lugar donde uno ha nacido

patriarca *m* anciano respetable; fundador; obispo de una iglesia principal; (Bib.) jefe de familia o tribu ‖ **patriarcal** *adj*

patricio -cia *adj* ‖ *mf* individuo de la nobleza; persona de ilustre abolengo

patrimonial *adj* ‖ **patrimonio** *m* bienes heredados de los padres o abuelos; lo que pertenece a una persona

patrio -tria *adj* perteneciente a la patria; perteneciente al padre; *f* véase **patria**

patriota *mf* persona que tiene amor a su patria

patriotería *f* (fam.) patriotismo exagerado ‖ **patriotero -ra** *adj y mf*

patriótico -ca *adj* ‖ **patriotismo** *m* amor a la patria

patrocinar *tr* amparar, favorecer, proteger ‖ **patrocinio** *m*

Patroclo *m* (mit.) amigo de Aquiles, que pereció a manos de Héctor

patrón -trona *mf* dueño de la casa donde uno se aloja; amo, señor; defensor, protector; santo bajo cuya protección se halla una iglesia, un pueblo, etc.; *m* jefe de un barco mercante; modelo, ejemplar; metal adoptado como tipo de moneda ‖ **patronal** *adj*

patronato *m* derecho y cargo del patrono; corporación de patronos; fundación de una obra pía

patronear *tr* gobernar (*un barco*) como patrón

patronímico -ca *adj* ‖ *m* nombre de persona derivado del nombre del padre

patrono -na *mf* dueño, amo, señor; defensor, protector; santo bajo cuya protección se halla una iglesia, un pueblo, etc.; persona que emplea obreros en una empresa

patrulla *f* partida de gente armada que ronda para mantener el orden ‖ **patrullar** *tr e intr*

patullar *intr* pisar con mucho ruido; (fam.) dar muchos pasos para conseguir alguna cosa; (fam.) conversar

paulatino -na *adj* lento, que va poco a poco

paulina *f* (fam.) carta ofensiva anónima; (*cap.*) *f* nombre propio de mujer

pauperismo *m* existencia de muchos pobres en un país

pausa *f* interrupción breve; tardanza, lentitud; (mús.) intervalo en el que se deja de tocar o cantar

pausado -da *adj* que obra o se hace con lentitud; **pausado** *adv* con lentitud

pauta *f* rayas en el papel con que se aprende a escribir; regla; modelo

pava *f* hembra del pavo; (fam.) mujer sin gracia

pavana *f* antiguo baile español, lento y grave

pavesa *f* partícula que salta de una materia inflamada y se convierte en ceniza

pavimentar *tr* revestir (*el suelo*) con ladrillos, losas, etc.

pavimento *m* piso artificial, revestimiento de un piso

pavipollo *m* pollo del pavo

pavo *m* ave gallinácea de carne sabrosa (*Meleagris gallopavo*); (fam.) hombre sin gracia; **pavo real** ave de hermosa cola que el macho abre en abanico (*Pavo cristatus*)

pavón *m* pavo real; color azul que se da a los objetos de hierro y acero

pavonar *tr* dar pavón a (*un objeto de hierro o acero*)

pavonear *intr y ref* hacer vana ostentación de sus prendas

pavor *m* terror, gran miedo ‖ **pavoroso -sa** *adj*

payasada *f* ‖ **payaso** *m* bufón, gracioso de circo

paz *f* (*pl*: **paces**) estado de la nación que no sostiene guerra con ninguna otra; tranquilidad; descanso; reconciliación; **La Paz** capital efectiva de Bolivia

pazguato -ta *adj y mf* bobalicón, tonto

pbro. abr. de **presbítero**

P.D. abr. de **posdata**

peaje *m* derecho de tránsito

peal *m* parte de la media que cubre el pie

peana *f* pedestal, apoyo, sostén

peatón *m* el que anda a pie

pebete *m* pasta que, encendida, despide un humo fragante

peca *f* mancha pequeña en el cutis

pecado *m* transgresión de la ley divina

pecador -dora *adj* ‖ *mf* persona que peca; *f* (fam.) prostituta

pecaminoso -sa *adj* contaminado de pecado

pecar §72 *intr* incurrir en pecado; dar motivo para un castigo

pecera *f* vasija llena de agua para poner peces

pecina *f* cieno negruzco ‖ **pecinoso -sa** *adj*

peciolo *m* pezón de la hoja

pécora *f* cabeza de ganado lanar; **buena o mala pécora** (fam.) persona astuta y taimada

pecoso -sa *adj* que tiene pecas

pectoral *adj* perteneciente al pecho; provechoso para el pecho; *m* cruz que llevan sobre el pecho los prelados

pecuario -ria *adj* perteneciente al ganado

peculiar *adj* propio, característico ‖ **peculiaridad** *f*

pecuniario -ria *adj* perteneciente al dinero; que consiste en dinero

pechblenda *f* mineral de uranio, de donde se saca el radio

pechero -ra *adj y mf* plebeyo; *f* parte de la camisa que cubre el pecho

pecho *m* parte del cuerpo que va desde el cuello hasta el vientre; parte exterior del pecho; parte anterior del cuerpo de algunos animales; teta de la mujer; interior del hombre; ánimo, valor; fuerza de la voz

pechuga *f* pecho del ave; (fam.) pecho del hombre o la mujer

pedagogía *f* arte de enseñar ‖ **pedagógico -ca** *adj* ‖ **pedagogo -ga** *mf*

pedal *m* palanca o mecanismo que se mueve con el pie

pedante *adj* ‖ *mf* persona que hace vano alarde de erudición ‖ **pedantería** *f* ‖ **pedantesco -ca** *adj*

pedazo *m* parte, fragmento

pederasta *m* ‖ **pederastia** *f* abuso deshonesto cometido con un niño

pedernal *m* cuarzo que da chispas al ser herido por el eslabón

pedestal *m* cuerpo sólido que sostiene una columna, estatua, etc.

pedestre *adj* que anda a pie; llano, vulgar

pediatra *mf* ‖ **pediatría** *f* medicina de los niños ‖ **pediátrico -ca** *adj*

pedicuro -ra *mf* persona que corta y cura callos

pedido *m* petición; encargo de mercancías

pedigüeño -ña *adj* que pide con frecuencia e impertinencia

pediluvio *m* baño de pies

pedir §80 *tr* rogar (*a una persona*) que dé o haga (*una cosa*); apetecer, desear; exigir, requerir; encargar (*mercancías*); *intr* mendigar

pedo *m* gas que sale del ano con ruido

pedorreta *f* sonido hecho con la boca, imitando al pedo

pedrada *f* acción de arrojar una piedra; golpe dado con ésta y señal que deja

pedrea *f* acción de apedrear; combate a pedradas; granizo

pedregal *m* terreno pedregoso

pedregoso -sa *adj* lleno de piedras

pedrera *f* cantera

pedrería *f* conjunto de piedras preciosas

pedrisco *m* multitud de piedras; granizo grueso

Pedro *m* nombre propio de varón

pedúnculo *m* (anat.) apéndice encefálico; (bot.) pezón de la hoja de la flor o el fruto; (zool.) pieza de sostén que une dos partes

peer §21 *intr y ref* despedir pedos

pega *f* acción de pegar; (fam.) chasco, burla; (fam.) zurra

pegadizo -za *adj* pegajoso; gorrón; postizo

pegajoso -sa *adj* que se pega con facilidad; contagioso; (fam.) suave, meloso; (fam.) sobón

pegar §45 *tr* unir con cola, goma, etc.; atar, coser; comunicar (*una enfermedad, un vicio*); poner (*fuego*); golpear, castigar a golpes; dar (*un golpe, tiro, etc.; un grito, un salto, etc.*); intr asir, arraigar; prender (*el fuego*); ser de oportunidad; tener efecto; *ref* unirse con cola, goma, etc.; quemarse (*los guisos*) por adherirse al fondo de la cazuela; meterse (*uno*) donde no le llaman; aficionarse

Pegaso *m* constelación boreal; (mit.) caballo alado

pegote *m* emplasto; (fam.) cosa espesa y pegajosa; (fam.) persona que se pega a otra

peguero *m* el que fabrica o vende la pez

pegunta *f* marca puesta con pez al ganado ‖ **peguntar** *tr*

peinado *m* compostura del pelo

peinador -dora *adj* ‖ *mf* persona que peina por oficio; *m* bata de señora

peinar *tr* arreglar (*el cabello*) con peine; arreglar el cabello a (*una persona*); desenredar (*la lana de los animales*)

peine *m* utensilio con púas para arreglar el cabello

peineta *f* peine convexo de adorno que usan las mujeres

p.ej. abr. de por ejemplo

peje *m* pez (*animal*); (fam.) hombre taimado

pejiguera *f* (fam.) cosa de poco provecho, embarazosa y molesta

Pekín capital de China

peladilla *f* almendra confitada; guijarro pequeño de río

pelafustán -tana *mf* (fam.) persona holgazana, perdida y miserable

pelagallos *m* (*pl:* -llos) (fam.) hombre bajo y que no tiene oficio

pelagatos *m* (*pl:* -tos) (fam.) hombre pobre y despreciable

pelagra *f* enfermedad crónica debida a una deficiencia de ácido nicotínico

pelaje *m* pelo de un animal; (fam.) calidad de una persona o cosa

pelamesa *f* riña en que los contendientes se mesan los cabellos

pelar *tr* cortar o arrancar el pelo a; quitar las plumas a; quitar la piel, la película, la corteza a; (fam.) en el juego, ganar a (*una persona*) todo el dinero

pelasgo -ga *adj* ‖ *mf* individuo de un pueblo muy antiguo que se estableció en Grecia, el Archipiélago e Italia

peldaño *m* cada una de las partes de una escalera en que se apoya el pie

pelea *f* combate, batalla; riña; afán por conseguir una cosa ‖ **pelear** *intr y ref*

pelechar *tr* (fam.) mantener y vestir; intr echar pelo o pluma; (fam.) comenzar a medrar, a recobrar la salud

pelele *m* muñeco de paja o trapos; (fam.) persona simple o inútil

Peleo *m* (mit.) padre de Aquiles

peleón -ona *adj* (fam.) amigo de pelear; *m* (fam.) vino ordinario y barato; *f* (fam.) riña, pendencia

pelerina *f* esclavina

peletería *f* oficio o tienda del peletero; arte de preparar las pieles; conjunto de pieles finas

peletero -ra *mf* persona que adoba pieles finas o las vende

peliagudo -da *adj* de pelo largo y delgado; (fam.) difícil; (fam.) sutil y mañoso

pelícano *m* ave palmípeda acuática, con la piel de la mandíbula inferior en forma de bolsa

película *f* piel muy delgada; capa de espuma; lámina de celuloide, recubierta de una preparación sensible, que se usa en fotografía; rollo de película cuyo paso rápido produce la ilusión del movimiento; asunto representado en dicho rollo

peligrar *intr* estar en peligro

peligro *m* inminencia de algún mal o daño ‖ **peligroso -sa** *adj*

pelillo *m* (fam.) motivo leve de disgusto

pelilloso -sa *adj* (fam.) que se pára demasiado en pelillos

Pelión, el montaña de la antigua Tesalia

pelma *mf* (fam.) persona tarda o pesada

pelmazo *m* cosa apretada o aplastada demasiado; (fam.) pelma

pelo *m* filamento que nace en la piel de los mamíferos; cabello; vello; plumón; cosa de poca importancia

pelón -lona *adj* que no tiene pelo; (fam.) pobre; (fam.) de escaso entendimiento

Pélope *m* (mit.) hijo de Tántalo

Peloponeso, el región meridional de Grecia

peloso -sa *adj* que tiene pelo

pelota *f* bola elástica de diversa materia, que sirve para jugar; juego hecho con ella; bola de materia blanda; pelota base juego que se practica en un losange jalonado de bases cuyo curso debe seguir el jugador después de haber golpeado la pelota con el bate; **pelota vasca** juego que se hace impulsando la pelota contra un frontón con la mano, una pala o una cesta

pelotari *mf* jugador de pelota vasca

pelote *m* pelo de cabra para rellenar muebles

pelotear *intr* jugar a la pelota sin hacer partido; reñir

pelotón *m* mechón de pelo enredado; grupo desordenado de personas; (mil.) cuerpo de soldados

peltre *m* aleación de cinc, plomo y estaño

peluca *f* cabellera postiza; (fam.) persona que la usa; (fam.) represión severa

peludo -da *adj* que tiene mucho pelo

peluqueria *f* ‖ **peluquero -ra** *mf* persona que peina y corta el pelo; persona que hace o vende pelucas

pelusa *f* vello suave; pelo menudo que se desprende de las telas; (fam.) celos

pelvis *f* (*pl:* **-vis**) cavidad ósea del cuerpo humano en el extremo inferior y parte delantera del tronco

pella *f* masa apretada y redonda; masa de metal fundido y sin labrar

pelleja *f* piel de un animal; zalea

pellejo *m* piel de un animal o de las frutas; odre; (fam.) persona ebria

pelliza *f* prenda de abrigo hecha o forrada de pieles

pellizcar §72 *tr* asir entre los dedos una pequeña porción de piel y carne de (*una persona*); tomar con los dedos una pequeña cantidad de ‖ **pellizco** *m*

pena *f* castigo impuesto; aflicción; dolor, tormento corporal; trabajo, dificultad; **no valer la pena** no merecer el trabajo que cuesta

penacho *m* grupo de plumas que tienen en la cabeza ciertas aves; adorno de plumas; cosa que tiene forma de penacho; (fam.) vanidad, soberbia

penado -da *adj* lleno de penas; difícil; *mf* delincuente condenado a una pena

penal *adj* perteneciente a la pena; *m* lugar destinado a encierro de los penados

penalidad *f* pena, trabajo; sanción impuesta por la ley

penar *tr* imponer pena a; señalar castigo a (*la persona que comete un delito*); *intr* padecer, sufrir

penates *mpl* (mit.) dioses domésticos; (fig.) casa u hogar

pendencia *f* contienda, disputa, riña ‖ **pendenciero -ra** *adj* y *mf*

pender *intr* estar colgado; depender; estar por resolverse

pendiente *adj* que pende; que está por resolverse; *m* arete que cuelga de la oreja; *f* cuesta, declive

péndola *f* péndulo de un reloj; reloj de péndola; pluma

pendolista *mf* persona que escribe diestra y gallardamente

pendón *m* bandera; estandarte; (fam.) persona alta y desaliñada; (fam.) persona despreciable

péndulo -la *adj* que pende; *m* cuerpo que puede oscilar, suspendido desde un punto; reloj de péndola

Penélope *f* (mit.) esposa de Ulises, modelo de fidelidad conyugal

penetración *f* acción de penetrar; agudeza, perspicacia

penetrar *tr* pasar por los poros de; entrar en; conmover o impresionar profundamente; comprender (*una cosa difícil*); *intr* pasar por los poros; entrar; *ref* empaparse

penicilina *f* antibiótico enérgico sacado de un moho u hongo

península *f* tierra cercada de agua excepto por una parte que comunica con otra mayor

peninsular *adj* perteneciente a una península; *mf* habitante de una península; español

penique *m* moneda inglesa, duodécima parte del chelín

penit. abr. de **penitente**

penitencia *f* dolor de haber pecado; virtud que lo inspira; sacramento por el cual se perdonan los pecados; pena que impone el confesor o que uno se impone a sí mismo

penitenciaria *f* cárcel donde los penados cumplen sus condenas

penitente *adj* ‖ *mf* persona que hace penitencia o que se confiesa; persona que en las procesiones va vestida de túnica en señal de penitencia

penol *m* (mar.) extremo de una verga

penología *f* estudio del castigo y la prevención del crimen ‖ **penológico -ca** *adj* ‖ **penologista** o **penólogo -ga** *mf*

penoso -sa *adj* que causa pena; trabajoso, difícil; que padece pena

pensador -dora *adj* ‖ *mf* persona que se dedica a pensamientos profundos

pensamiento *m* acción o facultad de pensar; idea de una obra; sentencia; designio, proyecto; trinitaria

pensar §1 *tr* imaginar; considerar; tener en la mente; intentar, tener ánimo de; *intr* formarse ideas en la mente; pensar en dirigir sus pensamientos a

Pensilvania f uno de los estados de los EE.UU. ‖ **pensilvano -na** adj y mf

pensión f cantidad periódica que se da a alguien por algún servicio; auxilio pecuniario para ampliar estudios; casa de huéspedes; precio del hospedaje

pensionado -da adj ‖ mf persona que cobra una pensión; m lugar donde se alojan y comen los internos de un colegio

pensionar tr conceder pensión a

pensionista mf persona que cobra una pensión; alumno que paga pensión por sus alimentos y enseñanza; (Amér.) persona que se aloja en una casa de huéspedes

pentaedro m sólido de cinco caras

pentágono -na adj ‖ m polígono de cinco lados; el **Pentágono** edificio del ministerio de Defensa en Wáshington

pentágrama m conjunto de cinco rayas paralelas sobre las cuales se escribe la música

pentámetro adj ‖ m verso formado por cinco pies

pentano m hidrocarburo de la serie del metano que se presenta en tres modificaciones isómeras (C_5H_{12})

pentasílabo -ba adj ‖ m verso de cinco sílabas

Pentateuco m los cinco primeros libros de la Biblia

pentatlón m conjunto de cinco pruebas atléticas de los juegos deportivos

Pentecostés f fiesta de los judíos en memoria de la ley que Dios les dió en el monte Sinaí; fiesta cristiana cincuenta días después de Pascua, en memoria de la venida del Espíritu Santo

penúltimo -ma adj inmediatamente anterior al último

penumbra f sombra débil entre la luz y la obscuridad; (astr.) porción de espacio situada detrás de un cuerpo opaco que está parcialmente iluminada

penuria f escasez

peña f roca, piedra grande; monte peñascoso; círculo de recreo

peñasco m peña grande y escarpada ‖ **peñascoso -sa** adj

peñón m monte peñascoso

peón m el que anda a pie; soldado de infantería; obrero que trabaja en cosas que no piden arte ni habilidad; pieza menor del ajedrez; pieza del juego de damas; trompo (juguete); auxiliar del diestro o matador

peonía f planta ranunculácea (*Paeonia*)

peonza f peón que se hace bailar con un látigo; (fam.) persona pequeña y bulliciosa

peor adj más malo, inferior; adv más mal

pepino m planta cucurbitácea de fruto cilíndrico (*Cucumis sativus*)

pepita f semilla del melón, pera, manzana, etc.; pequeño trozo de oro que se encuentra entre las arenas de arroyos y ríos; tumorcillo en la lengua de las gallinas

pepitoria f guisado de ave con salsa de yema de huevo; (fam.) conjunto de cosas desordenadas

pepsina f enzima del jugo gástrico

péptico -ca adj perteneciente a la digestión; que ayuda a la digestión

peptona f producto de la acción de la pepsina sobre las proteínas

pequeñez f (pl: -ñeces) calidad de pequeña; cosa de poca importancia; infancia; bajeza de ánimo

pequeño -ña adj de cortas dimensiones; de corta edad; de poca importancia; humilde, bajo

pequinés -nesa adj y mf natural de Pekín; mf perro pequeño de origen chino, de nariz chata, orejas caídas, ojos prominentes y pelo largo

pera f fruto del peral; porción de pelo que se deja crecer en la punta de la barba

peral m árbol rosáceo de fruto algo ahusado

peralte m mayor elevación de la parte exterior de una curva; lo que excede del semicírculo la altura de un arco

perca f pez de río, de carne comestible

percal m tela de algodón fina

percance m contratiempo, daño

percatar ref estar en guardia; percatarse de darse cuenta de; guardarse de, precaverse de

percebe m marisco crustáceo comestible (*Pollicipes cornucopia*)

percepción f ‖ **perceptible** adj ‖ **percibir** tr darse cuenta de (*una cosa*) por medio de los sentidos; comprender, conocer; cobrar, recoger

percloruro m cloruro que contiene la cantidad máxima de cloro

percolador m cafetera de filtro

percudir tr ajar, maltratar, manchar

percusión f ‖ **percutir** tr golpear

percha f madero que sostiene algo; mueble para colgar la ropa; perca

percherón -rona adj ‖ mf caballo de una raza francesa de gran fuerza y corpulencia

perder §52 *tr* dejar de tener (*lo que se poseía*); quedar vencido en (*una batalla, una contienda, etc.*); no conseguir (*p.ej., el tren*); echar a perder; arruinar; malgastar (*tiempo, dinero, etc.*); *intr* quedar vencido; desteñirse; *ref* extraviarse; irse a pique; entregarse a los vicios; padecer daño o ruina

perdición *f* acción de perder; daño, ruina; condenación eterna

pérdida *f* privación de lo que se poseía; cosa perdida; daño, menoscabo

perdido -da *adj* que no tiene dirección determinada; extraviado; ciegamente enamorado; rematado; *m* persona viciosa

perdidoso -sa *adj* que pierde; fácil de perder

perdigón *m* pollo de la perdiz; granos de plomo para la caza; (fam.) el que pierde en el juego; (fam.) alumno que pierde el curso; (fam.) mozo que malbarata su hacienda

perdis *m* (*pl:* -dis) (fam.) perdido, calavera

perdiz *f* (*pl:* -dices) ave gallinácea estimada por su carne (*Alectoris rufus*)

perdón *m* ‖ **perdonar** *tr* remitir (*la deuda, falta, delito de una persona*); remitir la deuda, falta, delito de (*una persona*); no perdonar no perder, no omitir

perdonavidas *m* (*pl:* -das) (fam.) bravucón, valentón

perdulario -ria *adj* ‖ *mf* persona desaliñada; persona viciosa

perdurable *adj* que dura mucho tiempo; perpetuo

perecer §19 *intr* acabar, morir; padecer trabajo grande; *ref* padecer con violencia un afecto o pasión; perecerse por desear con ansia

peregrinación *f* o **peregrinaje** *m* ‖ **peregrinar** *intr* andar viajando por tierras extrañas; ir en romería a un santuario

peregrino -na *adj* que peregrina; raro, extraño; hermoso, perfecto; *mf* persona que peregrina

perejil *m* hierba que se usa como condimento (*Petroselinum hortense*); (fam.) compostura excesiva de mujer

perendengue *m* arete; adorno de poco valor

perenne *adj* que no se acaba nunca; (bot.) vivaz

perentorio -ria *adj* decisivo, terminante; urgente

pereza *f* ‖ **perezoso -sa** *adj* que huye del trabajo; tardo, lento; *m* mamí-

fero desdentado de movimientos muy lentos (*Bradypus y Choloepus*)

perfección *f* calidad de perfecto; cosa perfecta; acción de perfeccionar

perfeccionamiento *m* ‖ **perfeccionar** *tr* hacer perfecto; concluir con esmero

perfecto -ta *adj* que tiene todas las cualidades; muy bueno, excelente

perfidia *f* ‖ **pérfido -da** *adj* desleal, infiel, traidor

perfil *m* contorno de una persona o cosa vista de lado; corte, sección; adorno o trazo fino y sutil

perfilado -da *adj* (*rostro*) delgado y largo; (*nariz*) bien formada

perfilar *tr* dar o sacar los perfiles de; afinar, hacer con primor; *ref* colocarse de perfil

perforación *f* ‖ **perforar** *tr* agujerear; practicar líneas de agujeros en; barrenar (*suelos duros*) con máquina de aire comprimido

performance *f* prueba notable de deporte

perfumar *tr* aromatizar con un perfume

perfume *m* composición industrial que despide buen olor; olor agradable

perfumería *f* ‖ **perfumista** *mf* persona que fabrica o vende perfumes

pergamino *m* piel de carnero o cabra preparada para recibir la escritura; documento escrito en pergamino

pergeñar *tr* disponer, preparar; ejecutar con destreza

pergeño *m* (fam.) aspecto, disposición

pérgola *f* emparrado; jardín sobre la techumbre de una casa

pericardio *m* tejido membranoso que envuelve el corazón

pericarpio *m* parte del fruto que envuelve las semillas

pericia *f* habilidad, experiencia práctica

Pericles *m* estadista y general ateniense (490-429 a. de J.C.)

perico *m* especie de papagayo pequeño (*Melopsittacus*)

perieco -ca *adj* ‖ **periecos** *mpl* habitantes de la Tierra en puntos diametralmente opuestos de un mismo paralelo

periferia *f* circunferencia; contorno; contorno de una figura curvilínea; alrededores de una ciudad

perifollo *m* planta usada como condimento (*Anthriscus cerefolium*); **perifollos** *mpl* (fam.) adornos de mujer

perífrasis *f* (*pl:* -sis) circunlocución

perigeo *m* punto en que un planeta se halla más cerca de la Tierra

perihelio *m* punto en que un planeta está más cerca del Sol

perilla f adorno de figura de pera; pelo que se deja crecer en la punta de la barba

perillán -llana adj ‖ mf persona pícara y astuta

perímetro m contorno de una figura plana

perineo m espacio comprendido entre el ano y las partes sexuales

perinola f peonza pequeña con letras o números que se hace bailar con los dedos; (fam.) mujer pequeña y vivaracha

periódico -ca adj que se produce en períodos iguales; m diario o revista que se publica en época fija

periodismo m profesión del que escribe en periódicos ‖ **periodista** mf ‖ **periodístico -ca** adj

período m espacio de tiempo determinado; tiempo que tarda un fenómeno en recorrer todas sus fases; menstruación; (gram.) oración compuesta

peripuesto -ta adj (fam.) que se compone con demasiada elegancia

periquete m (fam.) brevísimo espacio de tiempo

periscio -cia adj ‖ **periscios** mpl habitantes de los polos cuya sombra da la vuelta al horizonte cada veinticuatro horas en el verano

periscopio m tubo óptico que se emplea en los submarinos para ver objetos sobre la superficie del mar

peristalsis f (pl: -sis) movimiento de contracción del esófago y los intestinos ‖ **peristáltico -ca** adj

peristilo m galería de columnas que rodea un patio o edificio; patio rodeado de columnas

perito -ta adj ‖ mf persona versada en una ciencia o arte; m persona autorizada legalmente para dar su opinión en alguna materia

peritoneo m membrana serosa que cubre la superficie interior del vientre

peritonitis f inflamación del peritoneo

perjudicar §72 tr ‖ **perjudicial** adj ‖ **perjuicio** m daño, menoscabo

perjurar intr jurar en falso; jurar mucho o por vicio; ref jurar en falso; faltar a la fe que se había jurado

perjurio m acción de perjurarse

perjuro -ra adj ‖ mf persona que comete perjurio; m perjurio

perla f concreción que se produce en lo interior de la concha de la madreperla; pequeño glóbulo; persona de excelentes prendas; cosa preciosa

perlático -ca adj y mf ‖ **perlesía** f parálisis, esp. la parálisis con temblor

permaloy m aleación de níquel y acero que posee gran permeabilidad magnética

permanecer §62 intr mantenerse en el mismo sitio, estado, etc.

permanencia f calidad de permanente; estancia en algún lugar

permanente adj que dura sin modificación; f ondulación del cabello que dura mucho tiempo

permanganato m sal del ácido derivado del manganeso

permeabilidad f ‖ **permeable** adj que se deja atravesar por un flúido o por radiaciones

permisible adj que se puede permitir

permisión f acción de permitir; permiso

permiso m autorización de hacer una cosa; documento en que consta el permiso; diferencia consentida en el peso de las monedas

permitir tr dar permiso a; no impedir; dar facilidad para; ref estar permitido; tomar la libertad de

permuta o **permutación** f ‖ **permutar** tr cambiar, trocar; variar la disposición u orden de (dos o más cosas)

pernada f golpe dado con la pierna; pierna de algún objeto

pernear intr mover mucho las piernas; (fam.) dar muchos pasos, hacer muchas diligencias

pernera f pernil del pantalón

pernicioso -sa adj muy dañoso, nocivo

pernil m parte del pantalón que cubre cada pierna; anca o muslo del animal

pernio m gozne

perno m clavo grueso que se asegura con una tuerca

pernoctar intr pasar la noche fuera del propio domicilio

pero m (fam.) dificultad; adv sin embargo, no obstante; al contrario

perogrullada f (fam.) verdad muy evidente

perol m vasija de metal en forma de media esfera

peroné m hueso largo y delgado que se articula con la tibia

peroración f ‖ **perorar** intr pronunciar un discurso; (fam.) hablar enfática y largamente

perorata f discurso o razonamiento fastidioso

peróxido m óxido que contiene la mayor cantidad de oxígeno

perpendicular adj ‖ f línea o plano que forma ángulo recto con otra línea o plano

perpetración f ‖ **perpetrar** tr cometer (*un crimen o culpa grave*)

perpetua f planta cuyas flores persisten meses enteros sin secarse (*Gomphrena globosa*)

perpetuar §20 tr hacer perpetuo; dar larga duración a

perpetuidad f ‖ **perpetuo -tua** adj que dura siempre; que dura toda la vida; f véase **perpetua**

perplejidad f ‖ **perplejo -ja** adj confuso, irresoluto; que confunde

perra f hembra del perro; (fam.) rabieta; (fam.) borrachera; (fam.) moneda de cinco o diez céntimos

perrera f lugar donde se guardan los perros; (fam.) mal pagador

perrería f conjunto de perros; (fam.) acción desleal

perro -rra adj (fam.) indigno, muy malo; mf mamífero carnívoro doméstico, muy leal para con el hombre (*Canis familiaris*); f véase **perra**

perruno -na adj perteneciente al perro

persa adj y mf natural de Persia

persecución f acción de perseguir

Perséfone f (mit.) diosa griega, reina de las regiones infernales

perseguir §68 tr seguir (*al que huye*); buscar por todas partes; tratar de conseguir; hacer sufrir, molestar

Perseidas fpl estrellas fugaces que parecen salir de la constelación de Perseo

Perseo m constelación boreal; (mit.) héroe griego que decapitó a Medusa y libertó a Andrómeda de un monstruo marino

perseverancia f ‖ **perseverante** adj ‖ **perseverar** intr mantenerse firme en un propósito o resolución

Persia f antiguo imperio del Asia occidental; el Irán

persiano -na adj y mf persa; f celosía formada de tablillas

pérsico -ca adj persa; m árbol y fruto parecido al melocotón

persignar ref santiguarse; (fam.) manifestar admiración haciéndose cruces; (fam.) empezar la venta del día

persistencia f ‖ **persistente** adj ‖ **persistir** intr mantenerse constante; continuar

persona f hombre o mujer; personaje de una obra literaria; (gram.) accidente que indica si se trata de la persona que habla, la a quien se habla o la de quien se habla; **persona desplazada** persona sin hogar en país extranjero

personaje m sujeto considerable, ilustre; persona que toma parte en la acción de una obra literaria

personal adj perteneciente a cada persona; (*pronombre*) que designa las personas gramaticales; m conjunto de los empleados de una casa, oficina, etc.

personalidad f diferencia individual que distingue a una persona de las otras; persona notable; dicho o escrito ofensivo para determinada persona

personalizar §62 tr hacer personal; aludir de modo ofensivo a

personar ref presentarse personalmente; avistarse

personificación f ‖ **personificar** §72 tr atribuir cualidades propias de una persona a (*una cosa inanimada*); ser (*una persona*) la representación de (*una cualidad, opinión, etc.*)

perspectiva f arte de representar los objetos en una superficie según las diferencias de posición y distancia que ocupan; conjunto de objetos que se presentan a la vista; apariencia, aspecto; apariencia engañosa; contingencia que puede preverse

perspicacia f ‖ **perspicaz** adj (*pl:* -caces*) (*vista, mirada*) muy aguda; (*ingenio*) agudo; que tiene ingenio agudo

perspicuidad f ‖ **perspicuo -cua** adj claro, inteligible; que se explica claramente

persuadir tr mover con razones, consejos, etc.; hacer (*a uno*) creer una cosa ‖ **persuasión** f ‖ **persuasivo-va** adj

pertenecer §19 intr ser parte; pertenecer a ser propio de; formar parte de

perteneciente adj que pertenece; relativo

pertenencia f derecho de propiedad; cosa que pertenece a uno; cosa accesoria

pértiga f vara larga

pértigo m lanza de un coche o carro

pertinacia f ‖ **pertinaz** adj (*pl:* -naces*) obstinado, tenaz; duradero o persistente

pertinencia f ‖ **pertinente** adj perteneciente; que viene a propósito

pertrechar tr abastecer de pertrechos; preparar lo necesario para

pertrechos mpl municiones, armas, etc.; instrumentos necesarios para algún fin

perturbación f acción de perturbar

perturbado -da adj ‖ mf enfermo mental

perturbar tr alterar el orden de; trastornar la tranquilidad de; confundir, interrumpir

Perú, el estado de la América del Sur ‖ **peruano -na** adj y mf

perversidad f calidad de perverso

perversión f acción de pervertir; corrupción de costumbres; acto o deseo sexual anómalo

perverso -sa adj depravado, malo

pervertido -da mf persona con instinto sexual anómalo

pervertir §48 tr perturbar el orden o estado de; corromper, depravar

pesa f pieza de determinado peso que sirve para pesar; pieza que colgada de una cuerda sirve de contrapeso en ciertos relojes

pesacartas m (pl: -tas) pequeña balanza para pesar cartas

pesada f lo que se pesa de una vez

pesadez f calidad de pesado; gravedad (fuerza)

pesadilla f ensueño angustioso; preocupación grave y continua

pesado -da adj que tiene peso; que pesa mucho; tardo, lento; intenso, profundo; impertinente; obeso; agobiante; f véase pesada

pesadumbre f calidad de pesado; desazón, disgusto; tristeza

pesalicores m (pl: -res) areómetro para líquidos menos densos que el agua

pésame m expresión del sentimiento que se tiene de la aflicción de otra persona

pesantez f gravedad (fuerza)

pesar m pena, sentimiento, arrepentimiento; a pesar de contra la voluntad de; contra la resistencia de; tr determinar el peso de; causar dolor o arrepentimiento a; considerar; intr tener (cierto peso)

pesaroso -sa adj afligido, arrepentido

pesca f acción de pescar; lo que se ha pescado; pesca de altura la que se hace fuera de la vista de la tierra; pesca de bajura la que se hace cerca del litoral

pescadería f ‖ **pescadero -ra** mf persona que vende pescado

pescadilla f merluza pequeña

pescado m pez comestible sacado del agua

pescador -dora mf persona que pesca

pescante m asiento del cochero o conductor

pescar §72 tr coger (peces); sacar (alguna cosa) del fondo del mar o del río; agarrar, coger; conseguir; (fam.) sorprender

pescuezo m cuello del hombre o del animal; altanería, vanidad

pesebre m armazón de tablillas a modo de cajón donde comen las bestias; sitio destinado para este fin

peseta f moneda de España

pesimismo m disposición a ver las cosas en su aspecto más desfavorable; doctrina que afirma que el mundo es irremisiblemente malo ‖ **pesimista** adj y mf

pésimo -ma adj sumamente malo

peso m calidad de pesado, intensidad de la gravedad de los cuerpos; balanza; importancia; carga; unidad monetaria de Méjico, Cuba y otras naciones de América

pespuntar tr coser (una tela) metiendo la hebra, después de cada punto, en el mismo sitio por donde pasó antes ‖ **pespunte** m

pesquera f sitio donde se pesca

pesquería f acción de pescar; oficio de pescador; f véase pesquera

pesquero -ra adj perteneciente a la pesca; f véase pesquera

pesquis m cacumen, caletre

pesquisa f ‖ **pesquisar** tr investigar, averiguar

pestaña f pelo del borde de los párpados; parte saliente en el borde de una cosa

pestañear intr mover las pestañas; **no pestañear** arrostrar un peligro con serenidad ‖ **pestañeo** m

peste f enfermedad contagiosa que causa gran mortandad; mal olor; (fam.) gran abundancia

pestífero -ra adj que lleva peste; que tiene muy mal olor

pestilencia f peste ‖ **pestilencial** o **pestilente** adj

pestillo m pasador con que se asegura una puerta o ventana; pieza de la cerradura accionada por la llave

pesuño m cada uno de los dedos del animal de pata hendida

petaca f estuche para el tabaco o para cigarros

pétalo m hoja de la corola de la flor

petardear tr batir o derribar con petardos; estafar; intr explotar (los gases) en el silenciador del automóvil ‖ **petardeo** m

petardista mf persona que estafa

petardo m pequeño artefacto explosivo; estafa, engaño

petate m esterilla usada para dormir en países cálidos; lío de la cama y ropa; (fam.) equipaje; **liar el petate** (fam.) mudarse de casa; (fam.) morir

petición f acción de pedir

petimetre -tra mf persona que cuida demasiado de seguir las modas

petirrojo m pájaro cuyo plumaje es de color aceitunado y rojo (Erithacus rubecula)

peto *m* armadura del pecho; adorno que llevan las mujeres sobre el pecho; defensa de cuero que se pone a los caballos para protegerles la parte derecha del cuerpo en la suerte de picar

petral *m* correa que ciñe el pecho del caballo

petrel *m* ave palmípeda marina, muy voladora (*Procellaria pelagica*)

pétreo -a *adj* de piedra; lleno de piedras

petrificar §72 *tr* convertir en piedra

petróleo *m* líquido oleoso y combustible, constituído por una mezcla de hidrocarburos, que se encuentra en lo interior de la tierra

petrolero -ra *adj* perteneciente al petróleo; *mf* persona que vende petróleo; *m* buque que transporta petróleo

petrolífero -ra *adj* que contiene o produce petróleo

petulancia *f* ‖ **petulante** *adj* vivo, descarado, engreído

peyorativo -va *adj* despectivo

pez *m* (*pl:* peces) animal vertebrado acuático, de sangre fría, respiración branquial y generación ovípara; *f* substancia resinosa que se obtiene del alquitrán, la trementina, etc.

pezón *m* rabillo de la hoja, flor o fruto; extremidad de la teta; parte saliente de una cosa

pezuña *f* pata hendida de algunos animales

P.G.M. abr. de **Primera Guerra Mundial**

phi *f* vigésima primera letra del alfabeto griego

pi *f* décimosexta letra del alfabeto griego que se emplea para representar la relación entre la circunferencia y el diámetro del círculo (3,141592 . . .)

piadoso -sa *adj* que tiene piedad; que mueve a piedad; devoto

piafar *intr* golpear (*el caballo*) el suelo con las patas delanteras, cuando está parado

piamadre *f* o **piamáter** *f* la más interior de las tres meninges

Piamonte, el región del noroeste de Italia ‖ **piamontés -tesa** *adj y mf*

pianista *mf* persona que toca el piano

piano *m* instrumento músico de teclado y cuerdas

pianola *f* piano mecánico

piar §76 *intr* emitir su voz (*los polluelos*)

piara *f* manada de cerdos, yeguas o mulas

pica *f* antigua lanza larga; garrocha del picador de toros

picada *f* picotazo, picadura

picadillo *m* carne, legumbres, etc., reducidas a pequeños trozos

picado *m* picadillo; (aer.) descenso casi vertical de un aparato

picador *m* el que adiestra caballos; torero de a caballo que pica al toro

picadura *f* acción de picar; pinchazo; tabaco picado para fumar

picajoso -sa que fácilmente se da por ofendido

picamaderos *m* (*pl:* -ros) ave que pica la corteza de los árboles (*Picus viridis*)

picana *f* (Amér.) aguijada

picante *adj* acerbo, mordaz; picaresco; *m* acrimonia; (Amér.) condimento que produce ardor en la boca

picaporte *m* instrumento que sirve para cerrar de golpe las puertas; llave para abrir el picaporte; aldaba

picar §72 *tr* morder, punzar (*la piel el ave o el insecto*); herir de punta levemente; morder (*el pez el cebo*); causar escozor en; quemar (*la boca ciertos manjares*); excitar, estimular; enojar, enfadar; picar (*el ave la comida*) con el pico; cortar o dividir (*la carne, el tabaco*) en trozos menudos; adiestrar (*el picador al caballo*); herir (*el picador al toro*) con la garrocha; agujerear (*papel, tela, etc.*) para estarcirlo; *intr* tomar un poco de manjar; calentar mucho (*el sol*); (aer.) descender en picado; **picar en** tener noticias superficiales de; **ref** empezar a pudrirse; avinagrarse (*el vino*); cariarse; agitarse (*la superficie del mar*); ofenderse; **picarse de** preciarse de

picardía *f* acción baja, ruindad, vileza; travesura; **la Picardía** antigua provincia de Francia

picardo -da *adj y mf* natural de la Picardía

picaresco -ca *adj* perteneciente a los pícaros; (*obra o género literario*) en que se pinta la vida de los pícaros; (fam.) burlesco, festivo; *f* reunión o profesión de pícaros

pícaro -ra *adj* bajo, ruin, vil; astuto; travieso; *m* hombre descarado, holgazán y de mala vida; **pícaro de cocina** pinche

picatoste *m* rebanada pequeña de pan frita y tostada con manteca

picaza *f* urraca

picazón *f* comezón; (fam.) disgusto, enojo

pick-up *m* fonocaptor

pico *m* boca córnea de las aves; parte de una vasija por donde se vierte el líquido; cúspide aguda de una montaña; montaña puntiaguda; herramienta de cantero, con dos puntas opuestas; herramienta agrícola con una sola punta; parte pequeña que sobra de una cantidad redonda; (fam.) boca; (fam.) facundia

picor *m* picazón; escozor del paladar

picota *f* poste en que se exponían las cabezas de los ajusticiados o los condenados a la vergüenza

picotada *f* o **picotazo** *m* golpe que da el ave con el pico; señal que deja; punzada de un insecto

picotear *tr* herir con el pico; *intr* (fam.) charlar; *ref* (fam.) reñir (*las mujeres*)

picotería *f* ‖ **picotero** -ra *adj y mf* (fam.) parlanchín

pícrico -ca *adj* (*ácido*) amarillo, venenoso y explosivo ($C_6H_3O_7N_3$)

pictografía *f* escritura ideográfica propia de las civilizaciones primitivas

pictórico -ca *adj* perteneciente a la pintura

picudo -da *adj* que tiene pico; (fam.) parlanchín

pichel *m* vaso de estaño con tapa

pichón -chona *mf* (fam.) queridito; *m* pollo de la paloma casera

pie *m* extremidad de la pierna o la pata; parte de la media o la bota que cubre el pie; parte de un mueble que lo sustenta; parte opuesta a la cabecera; base, asiento; fundamento; ocasión, motivo; poso, sedimento; árbol joven; medida de longitud (*28 cm. en Castilla*); elemento de dos o más sílabas con que se miden los versos; metro de la poesía castellana

piedad *f* compasión, lástima; devoción

piedra *f* materia mineral dura y sólida; porción de ella; granizo; cálculo, esp. de la vejiga

piel *f* membrana que cubre el cuerpo del hombre y de los animales; cuero curtido; membrana que cubre las frutas; **piel roja** *m* indio norteamericano

pienso *m* ración de alimento seco que se da al ganado

pierna *f* parte del cuerpo entre el pie y la rodilla, o comprendiendo, además, el muslo; muslo de los cuadrúpedos y aves

pieza *f* parte que entra en la composición de un objeto; moneda; habitación, cuarto; obra dramática; composición musical; cada una de las partes que forman una colección; **buena pieza** (fam.) persona astuta

piezoelectricidad *f* electricidad producida por presiones, esp. sobre ciertos cristales ‖ **piezoeléctrico** -ca *adj*

pífano *m* flauta pequeña de tono muy agudo; persona que toca el pífano

pifia *f* golpe dado en falso en la bola de billar; (fam.) error, descuido

Pigmalión *m* (mit.) escultor de Chipre que se enamoró de una estatua por él mismo esculpida

pigmento *m* materia colorante de la piel y demás substancias orgánicas

pigmeo -a *adj* ‖ *mf* persona de pequeña estatura

pijama *m* traje de dormir, compuesto de pantalón y blusa

pila *f* recipiente grande donde cae el agua para diferentes usos; recipiente con agua bendita; montón; aparato que produce una corriente eléctrica mediante la acción química; **pila atómica** reactor regulable en que se produce la fisión nuclear

pilar *m* pilón de las fuentes; pilastra aislada; hito, mojón; persona que sirve de amparo

pilastra *f* columna cuadrada empotrada en un muro

Pilatos *m* (Bib.) procurador romano de Judea, que entregó a Jesús a las iras del pueblo

píldora *f* bolita medicamentosa

pileta *f* pila para lavar, bañarse; estanque de natación

pilón *m* receptáculo en las fuentes para recoger el agua; mortero; pesa de la romana; estructura delgada vertical

píloro *m* abertura del estómago que comunica con los intestinos

piloso -sa *adj* peloso, peludo

pilotaje *m* ciencia del piloto; conjunto de pilotes

pilotar *tr* dirigir (*un buque*) en la entrada o salida de un puerto, etc.; dirigir (*un avión, globo, etc.*)

pilote *m* madero puntiagudo que se hinca en tierra para consolidar cimientos

piloto *m* el que dirige un buque, avión, globo, etc.

pillaje *m* ‖ **pillar** *tr* hurtar, robar; agarrar, coger; (fam.) sorprender en una mentira, descuido, etc.

pillo -lla *adj* ‖ *m* (fam.) bribón, pícaro, granuja; (fam.) persona astuta

pilluelo -la *adj* ‖ *m* pillo de corta edad; chiquillo travieso

pimentero *m* vasija para la pimienta molida; arbusto trepador cuyo fruto es la pimienta (*Piper nigrum*)

pimienta *f* fruto del pimentero

pimiento *m* planta hortense de fruto en baya hueca (*Capsicum annuum*); fruto de esta planta

pimpollo *m* vástago, renuevo; capullo de rosa; (fam.) niño o niña de gran belleza

pina *f* cada una de las piezas curvas que forman el aro de una rueda

pinacoteca *f* galería de pinturas

pináculo *m* parte más alta de un edificio; parte más sublime

pincel *m* instrumento para pintar hecho con pelos atados sólidamente a un cabo; modo de pintar; artista, pintor; haz de luz

pincelada *f* toque que se da con el pincel

pincelar *tr* pintar; retratar

pinchar *tr* herir con una cosa punzante; agujerear; incitar, aguijonear

pinchazo *m* acción de pinchar; perforación de un neumático producida por algún objeto punzante

pinche -cha *mf* ayudante de cocina

pincho *m* aguijón, punta aguda, espina

Pindaro *m* poeta lírico griego (522–443 a. de J.C.)

pindonga *f* (fam.) mujer callejera ǁ **pindonguear** *intr*

pineal *adj* (*glándula*) situada delante del cerebelo

pingajo *m* (fam.) harapo que cuelga

pingo *m* (fam.) pingajo; **pingos** *mpl* (fam.) vestidos femeninos de calidad inferior

pingorotudo -da *adj* (fam.) alto, elevado, empinado

pingüe *adj* gordo, grasiento; abundante, fértil

pingüino *m* ave palmípeda de los mares polares antárticos (*de la familia Spheniscidae*)

pinito *m* primer paso que hace el niño al andar

pino *m* árbol conífero, muy usado en carpintería (*Pinus*); pinito

pinta *f* mancha, señal; adorno en forma de lunar; señal que tienen los naipes por un extremo

pintado -da *adj* que tiene pintas; matizado; **el más pintado** (fam.) el más hábil o listo; *m* acción de pintar; *f* ave poco mayor que la gallina común (*Numida meleagris*)

pintar *tr* cubrir con una capa de color; representar en una superficie por medio de colores; describir; *intr* empezar a tomar color; *ref* darse colores y afeites

pintarrajar o **pintarrajear** *tr* (fam.) pintorrear

pintiparado -da *adj* igual, semejante; muy a propósito

pintor -tora *mf* persona que pinta; **pintor de brocha gorda** el de puertas y ventanas; (fam.) mal pintor

pintoresco -ca *adj* que merece ser pintado; (*lenguaje, estilo*) vivo, animado

pintorrear *tr* (fam.) pintar mal y sin arte

pintura *f* arte de pintar; color preparado para pintar; obra pintada; descripción

pinturero -ra *adj* ǁ *mf* (fam.) persona que alardea de fino y elegante

pinzas *fpl* instrumento de metal a modo de tenacillas; instrumento de madera que se cierra con un muelle y sirve para tender la ropa; órgano prensil del cangrejo, el alacrán, etc.

pinzón *m* ave insectívora cantora (*Fringilla coelebs*)

piña *f* fruto del pino; ananá; conjunto de personas o cosas unidas; nudo

piñón *m* rueda dentada que engrana con otra mayor; simiente del pino

pío -a *adj* devoto, piadoso; compasivo; (*caballo*) de pelo blanco con manchas de otro color; *m* voz del polluelo; (fam.) deseo vivo

piojento -ta *adj* ǁ piojo *m* insecto parásito en el hombre y otros mamíferos

piojoso -sa *adj* que tiene piojos; (fam.) tacaño, mezquino

pionero -ra *adj* ǁ *mf* persona que es la primera en explorar un territorio; persona emprendedora que prepara el camino a otras

piorrea *f* flujo de pus

pipa *f* utensilio para fumar tabaco picado; barrica, tonel; pepita de fruta

pipeta *f* tubo de vidrio que sirve para transvasar pequeñas cantidades de líquido

pipirigallo *m* planta cuyas flores semejan la cresta de un gallo (*Onobrychis crista-galli*)

pique *m* resentimiento; empeño en hacer una cosa; a pique de a riesgo de, a punto de; irse a pique hundirse (*una embarcación*)

piquera *f* agujero en un tonel para sacar el vino

piquero *m* soldado armado de pica

piqueta *f* zapapico; herramienta de albañil con dos bocas opuestas, una plana y otra aguzada

piquete *m* pinchazo leve; agujero pequeño; jalón pequeño; pequeña partida de tropa

pira *f* hoguera en que se quema un cadáver

piragua *f* embarcación larga y estrecha, generalmente de una sola pieza; (dep.) embarcación muy baja y estrecha para regatas a remo

piramidal *adj* ‖ **pirámide** *f* sólido que tiene por base un polígono y por caras laterales triángulos que se juntan en un vértice común

Píramo *m* (mit.) joven babilonio, amante de Tisbe

pirata *m* ladrón de los mares ‖ **piratear** *intr* ‖ **piratería** *f*

pirenaico -ca *adj* perteneciente a los montes Pirineos

Pireo, el *m* ciudad de Grecia que sirve de puerto a Atenas

Pirineos *mpl* cadena de montes entre Francia y España

pirita *f* bisulfuro de hierro

piromanía *f* manía del incendiario ‖ **piromaníaco -ca** *adj y mf*

piropear *tr* (fam.) dirigir galanteos a (*una mujer*); (fam.) alabar, lisonjear

piropo *m* granate de color de fuego; (fam.) galanteo que se dirige a una mujer

pirosfera *f* masa candente que se cree ocupa el centro de la Tierra

pirosis *f* sensación de ardor que sube por el tubo digestivo hasta la faringe

pirotecnia *f* arte de la fabricación de artificios de fuego ‖ **pirotécnico -ca** *adj y mf*

Pirro *m* rey del Epiro (318–272 a. de J.C.); (mit.) hijo de Aquiles

pirueta *f* vuelta que se hace sobre un pie o sobre las puntas de los pies; vuelta rápida del caballo sobre uno de sus pies ‖ **piruetear** *intr*

pisa *f* acción de pisar; porción de aceituna o uva que se pisa de una vez; (fam.) zurra de patadas

pisada *f* acción de pisar; huella que deja el pie

pisapapeles *m* (*pl:* -les) objeto que se coloca sobre los papeles para que no se muevan

pisar *tr* poner el pie sobre; apretar o estrujar con los pies o con pisón; tocar (*las cuerdas o la tecla de un instrumento de música*); hollar, maltratar; *intr* estar (*el suelo de una habitación*) sobre el techo de otra

pisaverde *m* (fam.) hombre presumido y afeminado

piscicultura *f* arte de criar y multiplicar los peces

piscina *f* estanque para tener peces; estanque para nadar

Piscis *m* duodécimo signo del zodíaco; constelación zodiacal

piscívoro -ra *adj* que se alimenta de peces

piscolabis *m* (*pl:* -bis) (fam.) comida muy ligera

Pisístrato *m* tirano de Atenas (605–527 a. de J.C.)

piso *m* acción de pisar; suelo, pavimento; cada uno de los planos horizontales de una casa o edificio; apartamiento, vivienda

pisón *m* instrumento pesado para apretar la tierra, piedras, etc.

pisotear *tr* pisar repetidamente y maltratar

pista *f* rastro de los animales; conjunto de indicios que conducen a la averiguación de un hecho; campo para carreras de automóviles, bicicletas, etc.; suelo para bailar, patinar, etc.; terreno para despegue y aterrizaje de aviones

pistar *tr* exprimir, estrujar

pistilo *m* órgano femenino de la flor

pistola *f* arma de fuego corta, que se maneja con una sola mano; pulverizador para pintar; jeringa para engrasar

pistolera *f* estuche para guardar la pistola

pistolero *m* bandido que usa la pistola

pistón *m* émbolo de bomba o motor; llave de un instrumento músico

pita *f* planta textil (*Agave americana*); hilo o tela de pita; bolita de cristal; silba, pitada

pitada *f* sonido de pito; salida inoportuna; (Arg., Chile y Perú) chupada de cigarro o cigarrillo

Pitágoras *m* filósofo y matemático griego (siglo VI a. de J.C.) ‖ **pitagórico -ca** *adj*

pitanza *f* ración de comida que se reparte a los pobres; (fam.) alimento

pitar *intr* tocar el pito

pitecántropo *m* eslabón entre el hombre y el mono

Pitias *m* (mit.) amigo de Damón

pitido *m* silbido

pitillera *f* mujer que fabrica pitillos; petaca para pitillos

pitillo *m* cigarrillo

pítima *f* (fam.) borrachera

pitio -tia *adj* perteneciente a Apolo o a Delfos

pito *m* instrumento para pitar o silbar

pitón *m* serpiente no venenosa muy larga; cuerno que empieza a salir; punta del cuerno del toro; tubo de una vasija; (cap.) m (mit.) serpiente fabulosa de cien cabezas

pitonisa f sacerdotisa de Apolo que daba los oráculos en el templo de Delfos; hechicera, encantadora

pituitario -ria adj (glándula) pendiente del cerebro que regula el crecimiento, afecta la presión sanguínea y contrae los músculos lisos

pituso -sa adj ‖ mf niño lindo, chico y gracioso

pivotar intr girar alrededor de un pivote

pivote m gorrón

pixide f cajita en que se conserva el Santísimo Sacramento

pizarra f piedra tierna y azulada que fácilmente se divide en hojas planas; lámina de esta piedra que se usa para tejados; trozo con marco de madera en que se escribe con el pizarrín; cuadro de varias materias que se usa en las escuelas para escribir en él con tiza

pizarrín m barrita de pizarra con que se escribe en las pizarras de piedra

pizca f (fam.) porción muy pequeña

pizpireta adj (mujer) vivaracha y habladora

placa f lámina, plancha; insignia de algunas órdenes; vidrio sensibilizado para fotografía; (electrón.) ánodo de un tubo de vacío; placa giratoria aparato para hacer cambiar de vía a las locomotoras

placable adj fácil de aplacar

placebo m medicamento más bien agradable que útil

pláceme m felicitación

placenta f masa carnosa que une el feto con la superficie del útero

placentero -ra adj alegre, agradable

placer m alegría, contento; diversión; banco de arena; arenal que tiene partículas de oro; pesquería de perlas; §53 tr dar gusto a

placidez f ‖ plácido -da adj apacible, grato, tranquilo

plaga f gran calamidad pública; daño grave; azote que aflige la agricultura; llaga, herida; contratiempo; clima, región; rumbo

plagar §45 tr llenar o cubrir de algo nocivo

plagiar tr copiar y representar como propios (escritos ajenos) ‖ **plagiario -ria** adj y mf ‖ **plagio** m

plan m intento, proyecto; representación gráfica de un terreno, una ciudad, etc.; altitud, nivel; disposición general de cualquier trabajo

plana f cara de una hoja de papel; llanura; llana de albañil

plancton m conjunto de plantas y animales microscópicos que flotan en el agua

plancha f lámina de metal; instrumento para planchar; ropa planchada; molde estereotípico; (fam.) patochada; a la plancha asado en parrillas; (huevo) frito

planchar tr alisar (la ropa) por medio de la plancha caliente

planeador m aeroplano sin motor

planear tr trazar el plan de; proyectar; intr deslizarse sin propulsión (un aeroplano) por el aire

planeta m cuerpo celeste opaco que gira alrededor del Sol

planetario -ria adj perteneciente a los planetas; m dispositivo que representa los movimientos de estrellas y planetas por medio de aparatos de proyección

planicie f llanura

planilla f (Amér.) lista, nómina

plano -na adj llano, liso; m superficie plana; diseño, dibujo; representación gráfica de un terreno, una ciudad, etc.; (aer.) superficie de sustentación; f véase **plana**

planta f vegetal; parte inferior del pie; pie; diseño, proyecto; plano de un edificio; piso de un edificio; lista de las dependencias y empleados de una oficina; (Amér.) fábrica

plantar tr meter en tierra (un vegetal) para que arraigue; poner derecho; establecer; (fam.) asestar (un golpe); (fam.) abandonar, dejar burlado; ref ponerse de pie firme; (fam.) no querer seguir adelante (un animal)

plantear tr trazar el plan de; proponer; establecer; ejecutar

plantel m criadero, vivero; establecimiento de educación

plantificar §72 tr establecer; ejecutar; (fam.) asestar (un golpe)

plantígrado -da adj ‖ m cuadrúpedo que al andar apoya toda la planta de los pies y las manos en el suelo

plantilla f pieza que constituye la base interior del calzado; planta de las dependencias y empleados de una oficina; patrón para cortar o labrar una pieza

plantío -a adj ‖ m sitio plantado

plañidero -ra adj lloroso; f mujer que pagaban para llorar en los entierros

plañido m ‖ **plañir** §12 tr e intr llorar quejándose

plasma m parte líquida de la sangre

plasmar tr hacer, formar

plaste m masa de yeso y cola usada para llenar las grietas de lo que se ha de pintar ‖ **plastecer** §19 tr

plástico -ca *adj* blando, fácil de modelar; perteneciente a la plástica; *m* substancia sintética que puede ser moldeada o ablandada por la presión o el calor; *f* arte de modelar

plata *f* cuerpo simple metálico, blanco y brillante (*símbolo* Ag; *núm. atómico* 47; *peso atómico* 107,880); moneda de plata; dinero, riqueza

plataforma *f* tablero horizontal y elevado sobre el suelo; programa de gobierno, de un partido, etc.; (f.c.) andén; (f.c.) vagón chato y descubierto

plátano *m* árbol de sombra que se pone en calles y paseos (*Platanus orientalis*); planta parecida a la banana (*Musa paradisiaca*); su fruto

platea *f* (teat.) planta baja

platear *tr* recubrir de una delgada capa de plata

plateresco -ca *adj* (estilo) arquitectónico castellano de la primera mitad del siglo XVI

platería *f* ‖ **platero -ra** *mf* persona que labra la plata; persona que vende objetos de plata y oro o joyas con pedrería

plática *f* conversación; sermón destinado a exhortar

platicar §72 *tr* discutir (*un asunto*); *intr* conversar; conferir

platija *f* pez plano (*Pleuronectes platessa*)

platillo *m* plato pequeño; cada una de dos chapas metálicas circulares que constituyen un instrumento músico de percusión; guisado de carne y verduras; objeto de murmuración; **platillo volante** disco luminoso y dotado de gran velocidad, que algunas personas dicen haber visto cruzando la atmósfera

platina *f* superficie de la máquina de imprimir en que se colocan las formas; rodillo del carro de una máquina de escribir; parte del microscopio donde se coloca el objeto

platinar *tr* recubrir de una delgada capa de platino

platino *m* cuerpo simple metálico de color de plata, muy pesado y duro (*símbolo* Pt; *núm. atómico* 78; *peso atómico* 195,23)

plato *m* vasija baja y redonda donde se sirven y comen los manjares; manjar que se sirve en los platos; platillo de la balanza; objeto de murmuración; **plato giratorio** plato plano en que se hace girar el disco fonográfico para grabarlo o tocarlo

plató *m* (*pl:* -**tós**) escenario cinematográfico

Platón *m* filósofo griego (427–347 a. de J.C.) ‖ **platónico -ca** *adj* ‖ **platonismo** *m* ‖ **platonista** *adj y mf*

plausible *adj* que merece aplauso; admisible

Plauto *m* autor cómico latino (254–184 a. de J.C.)

playa *f* ribera arenosa y casi plana de mar o río; (f.c.) lugar de carga y descarga

playero -ra *mf* persona que trae pescado de la playa para venderlo; *f* calzado blando que se usa en las playas; aire popular de Andalucía

plaza *f* lugar ancho y espacioso dentro de poblado; sitio en las poblaciones donde hay mercado y ferias; población comercial; sitio fortificado; empleo, puesto; espacio, lugar; asiento; **plaza de toros** circo donde lidian toros; **sentar plaza** entrar a servir de soldado

plazo *m* término o tiempo señalado para pagar o satisfacer una cosa; cada parte de una cantidad pagadera en dos o más veces

pleamar *f* término del flujo del mar; tiempo que éste dura

plebe *f* el común de los habitantes de un país; populacho

plebeyo -ya *adj* perteneciente a la plebe; *mf* persona que no es noble ni hidalga

plebiscito *m* resolución tomada por todos los habitantes por mayoría de votos

plectro *m* púa para tocar ciertos instrumentos de cuerda; (poét.) inspiración

plegar §16 *tr* hacer pliegues en; doblar; *ref* ceder, someterse

plegaria *f* súplica humilde y ferviente; toque de oraciones a mediodía

pleitear *intr* contender judicialmente

pleitista *adj* ‖ *mf* persona propensa a poner pleitos

pleito *m* contienda, disputa; litigio judicial; **pleito homenaje** (ant.) fidelidad que tributaba el vasallo a su señor

plenario -ria *adj* entero, cumplido, cabal

plenilunio *m* la Luna en el tiempo de su oposición con el Sol

plenipotenciario -ria *adj* ‖ *mf* representante diplomático con plenos poderes

pleno -na *adj* entero, completo, lleno

pleonasmo *m* uso de palabras innecesarias ‖ **pleonástico -ca** *adj*

plétora *f* abundancia, exceso; exceso de sangre o de otros humores ‖ **pletórico -ca** *adj*

pleura *f* cada una de las dos membranas serosas que envuelven los pulmones ‖ **pleural** *adj*

pleuresía *f* inflamación de la pleura

pleuroneumonía *f* pleuresía combinada con neumonía; peste pulmonar del ganado vacuno

plexiglás *m* substancia termoplástica transparente

plexo *m* red de filamentos nerviosos o vasculares

pléyade *f* grupo de personas célebres; **Pléyades** *fpl* grupo de estrellas de la constelación de Tauro; (mit.) las siete hijas de Atlas

pliego *m* hoja de papel; papel doblado por medio; carta o documento que se envía cerrado

pliegue *m* doblez, arruga

Plinio *m* naturalista romano, llamado el Viejo (23–79 d. de J.C.); **Plinio** el **Joven** orador y hombre de estado romano (62–113 d. de J.C.)

plinto *m* cuadrado que sirve de asiento a la base de la columna

plomada *f* pesa de metal colgada de un hilo, que determina la línea vertical; barrita de plomo del carpintero; sonda para medir la profundidad de las aguas

plombagina *f* grafito

plomería *f* ‖ **plomero** *m* el que trabaja en cosas de plomo o las vende; el que coloca instalaciones de agua o gas

plomizo **-za** *adj* de plomo; de color de plomo; parecido al plomo

plomo *m* cuerpo simple metálico, blando y de color gris (*símbolo* Pb; *núm. atómico* 82; *peso atómico* 207, 21); pedazo de plomo; plomada; bala; (fam.) persona molesta; **a plomo** verticalmente

Plotino *m* filósofo alejandrino (205–270 d. de J.C.)

pluma *f* pieza del revestimiento de las aves que se compone de cañón y astil con barbas a ambos lados; pluma de ave, o instrumento metálico que la substituye, que sirve para escribir; escritor; destreza caligráfica; **pluma esferográfica** (Amér.) bolígrafo; **pluma estilográfica** o **pluma fuente** la de mango hueco lleno de tinta que fluye a las puntas de ella

plumaje *m* conjunto de plumas del ave; adorno hecho con plumas

plumear *tr* sombrear (*un dibujo*) con rayas cruzadas

plumero *m* atado de plumas que sirve para quitar el polvo; penacho de plumas

plumilla *f* punta de la pluma de escribir

plumón *m* plumaje muy fino que tienen las aves debajo de las plumas exteriores ‖ **plumoso** **-sa** *adj*

plural *adj* ‖ *m* (gram.) número que se refiere a dos o más personas o cosas

pluralidad *f* calidad de plural; multitud

pluralizar §62 *tr* dar número plural a

plus *m* gratificación, sobresueldo

pluscuamperfecto **-ta** *adj* ‖ *m* tiempo que expresa una acción pasada con relación a otra también pasada

plusmarca *f* (dep.) record ‖ **plusmarquista** *adj y mf*

plusvalía *f* incremento del valor de una cosa, esp. de los inmuebles

Plutarco *m* biógrafo griego (46–120 d. de J.C.)

plutocracia *f* dominio de los ricos o del dinero; clase de los ricos ‖ **plutócrata** *mf* ‖ **plutocrático** **-ca** *adj*

Plutón *m* el planeta del sistema solar más alejado del Sol; (mit.) dios de los infiernos

plutonio *m* cuerpo simple radiactivo (*símbolo* Pu; *núm. atómico* 94; *peso atómico* 239)

pluvial *adj* perteneciente a la lluvia

pluviómetro *m* aparato para medir la pluviosidad

pluviosidad *f* cantidad de agua de lluvia que cae en lugar y tiempo determinados; calidad de pluvioso

pluvioso **-sa** *adj* lluvioso

población *f* acción de poblar; número de habitantes de un pueblo, lugar, país, etc.; ciudad, villa, lugar

poblado *m* ciudad, villa, lugar

poblar §63 *tr* establecer personas o animales en; plantar árboles en; fundar, colonizar; *intr* procrear mucho; *ref* llenarse, cubrirse

pobre *adj* menesteroso; falto, escaso; desdichado; de poco valor; *mf* persona menesterosa; mendigo

pobreza *f* calidad o estado de pobre; carencia de lo necesario para vivir

pocero *m* el que hace pozos; el que limpia pozos

pocilga *f* establo para los cerdos; (fam.) lugar sucio y hediondo

pocillo *m* vasija empotrada en el suelo; jícara

pócima *f* bebida medicinal; (fam.) bebida ingrata al paladar

poción *f* bebida; bebida medicinal

poco **-ca** *adj* escaso, corto, limitado; pequeña cantidad de, pequeño número de; corto (*tiempo*); **poco** *adv* en pequeña cantidad; en corto grado; poco tiempo

poda f ‖ **podar** tr cortar las ramas superfluas de (los árboles, las vides)

podenco -ca adj ‖ mf perro de caza, muy sagaz y ágil

poder m dominio, imperio; fuerza; posesión; autorización; documento en que consta la autorización; §54 intr ser posible; tener la fuerza necesaria; aux tener la facultad, el medio, el tiempo de

poderío m dominio, imperio; bienes, riquezas; vigor o fuerza grande

poderoso -sa adj que tiene poder; activo, eficaz; muy rico

podómetro m aparato para contar el número de pasos de quien lo lleva

podre f pus

podredumbre f corrupción, putrefacción; pus

poema m obra en verso

poesía f obra en verso; arte de componer obras en verso; sentimiento íntimo de la belleza; expresión del sentimiento poético en prosa

poeta m el que compone poesías

poetastro m mal poeta

poético -ca adj perteneciente a la poesía; f arte de la poesía; tratado sobre las reglas de la poesía

poetisa f mujer que compone poesías

poetizar §62 tr dar carácter poético a

pogrom m matanza de judíos

póker m juego de naipes de envite

polaco -ca adj y mf natural de Polonia

polaina f prenda que cubre la pierna y la parte superior del pie

polar adj perteneciente a los polos

polaridad f propiedad de tener polos; propiedad de una barra imantada de tener polos norte y sur; (elec.) estado positivo o negativo con relación a un polo magnético

polarización f ‖ **polarizar** §62 tr modificar (los rayos luminosos) por medio de refracción o reflexión de manera que queden incapaces de refractarse o reflejarse en ciertas direcciones; depositar hidrógeno en (los polos de una pila) aumentando la resistencia del circuito; dar polaridad a (un electrodo)

polaroide m material que polariza la luz

polca f danza de origen polonés

polea f rueda acanalada, móvil sobre su eje, por la que corre una cuerda

polémico -ca adj ‖ f arte de disputar; disputa ‖ **polemista** mf

polen m (bot.) célula masculina producida en el interior de la antera

poliandria f práctica social que permite a la mujer tener varios maridos

policía m agente de policía; f buen orden y observancia de las leyes; cuerpo encargado de mantener el orden; limpieza; urbanidad ‖ **policíaco -ca** o **policial** adj

policlínica f clínica en que se tratan diversas enfermedades; clínica de enfermos ambulantes; clínica en una ciudad

policromo -ma adj de varios colores

polichinela m personaje del teatro de títeres

Polidoro m (mit.) el menor de los hijos de Príamo

poliedro m sólido terminado por superficies planas

polietileno m polímero plástico de etileno

polifacético -ca adj que ofrece muchas caras o aspectos

Polifemo m (mit.) cíclope que devoró a seis compañeros de Ulises

polifonía f reunión de dos o más melodías en un todo armónico ‖ **polifónico -ca** adj

poligamia f estado de un hombre que está casado con varias mujeres ‖ **polígamo -ma** adj y mf

poligloto -ta adj escrito en varias lenguas; versado en varias lenguas; mf persona versada en varias lenguas; (cap.) f Biblia impresa en varias lenguas

poligonal adj ‖ **polígono -na** adj ‖ m porción de plano limitado por líneas rectas

polígrafo m erudito versado en gran diversidad de materias; multicopista

polilla f mariposa nocturna cuya larva ataca géneros de lana, ropas, papelería, etc.; larva de este insecto

polimerización f ‖ **polimerizar** §62 tr convertir (una substancia) en otra de un peso molecular doble, triple, etc.

polímero -ra adj ‖ m combinación obtenida por polimerización

Polimnia f (mit.) musa de los himnos y cantos sublimes

polimorfo -fa adj que se presenta bajo diversas formas

Polinesia, la una de las grandes divisiones de la Oceanía ‖ **polinesio -sia** adj y mf

polinización f ‖ **polinizar** §62 tr transportar el polen a (el estigma)

polinomio m (álg.) expresión de dos o más términos

polio f o **poliomielitis** f inflamación de la substancia gris de la médula espinal

pólipo *m* animal marino provisto de tentáculos; tumor fibroso que se forma en las membranas mucosas

polisílabo -da *adj* ‖ *m* palabra que tiene más de una sílaba

polista *mf* jugador de polo

politburó *m* comité principal del partido comunista ruso

politécnico -ca *adj* que abraza muchas ciencias o artes

politeísmo *m* doctrina religiosa que admite la existencia de muchos dioses ‖ **politeísta** *adj y mf*

político -ca *adj* perteneciente a la política; que se ocupa en negocios del Estado; cortés; *mf* persona que se ocupa en negocios del Estado; *f* arte de gobernar; asuntos que interesan al Estado; modo de dirigirlos; manera de conducir un asunto; cortesía; política de buena vecindad fomento de relaciones amistosas y ayuda mutua entre las naciones de América

politiquear *intr* (fam.) inmiscuirse en cosas de política; (fam.) hablar de política sin capacidad para ello ‖ **politiqueo** *m*

póliza *f* documento que justifica el contrato de seguros; orden de cobro; billete de entrada

polizón *m* vagabundo; el que se embarca en un buque clandestinamente

polizonte *m* (desp.) agente de policía

polo *m* cada uno de los dos extremos del eje de rotación de una esfera y esp. de la Tierra; cada uno de los dos puntos de un cuerpo en los cuales se acumula la energía magnética o eléctrica; juego de pelota entre jinetes; fundamento; término opuesto a otro; canto popular de Andalucía; pequeño sorbete preparado en el extremo de un palito

polonés -nesa *adj y mf* ‖ **Polonia** *f* estado de la Europa central

polonio *m* cuerpo simple radiactivo (*símbolo* Po; *núm. atómico* 84; *peso atómico* 210)

poltrón -trona *adj* holgazán, perezoso; *f* butaca ancha y cómoda

Pólux *m* (mit.) hermano gemelo de Cástor; estrella beta de la constelación de Géminis

polvareda *f* nube de polvo

polvera *f* estuche en que las mujeres guardan los polvos de la cara

polvo *m* tierra muy menuda que se levanta en el aire y se pone sobre los objetos; substancia desmenuzada o molida; **polvos** *mpl* substancia molida y perfumada para el tocador

pólvora *f* mezcla explosiva de salitre, azufre y carbón

polvorear *tr* esparcir polvo o polvos sobre

polvoriento -ta *adj* cubierto de polvo

polvorín *m* pólvora fina; lugar donde se guarda la pólvora

polla *f* gallina joven; (fam.) muchachita

pollería *f* ‖ **pollero -ra** *mf* persona que cría o vende pollos; *m* sitio donde se crían los pollos

pollino -na *mf* asno joven; (fam.) persona necia e ignorante

pollo *m* cría de las aves; gallo joven; (fam.) mozo joven; (fam.) hombre astuto

polluelo -la *mf* pollo pequeño

poma *f* manzana; vaso para perfumes

pomada *f* composición grasa y perfumada que se aplica como afeite sobre la piel

pomelo *m* toronjo y su fruto

Pomerania *f* antigua provincia de Prusia ‖ **pomerano -na** *adj y mf*

pómez *adj* ‖ *f* piedra volcánica y porosa, que es muy usada para pulir

pomo *m* frasco pequeño para licores o perfumes; extremo de la guarnición de la espada

Pomona *f* (mit.) diosa romana de los frutos

pompa *f* aparato, fausto; ostentación, vanidad; procesión solemne; burbuja; ampolla formada por el agua jabonosa

Pompeya *f* antigua ciudad de Italia, sepultada por una erupción volcánica ‖ **pompeyano -na** *adj y mf*

Pompeyo *m* general romano (106–48 a. de J.C.)

pomposo -sa *adj* magnífico, ostentoso; ampuloso, hinchado

pómulo *m* hueso de la mejilla

ponche *m* bebida hecha de ron u otro licor con agua, limón y azúcar

ponchera *f* vasija en que se prepara el ponche

poncho *m* manta con una abertura en medio para meter por ella la cabeza

ponderar *tr* pesar; examinar con cuidado; exagerar; encarecer

ponedero -ra *adj* (*ave*) que ya pone huevos; *m* nidal

poner §55 *tr* mover (*a una persona o cosa*) a un sitio distinto del que ocupa; hacer cambiar de posición, condición o estado; dedicar (*a una persona*) a un empleo u oficio; disponer; aplicar; suponer; causar;

apostar; soltar (*los huevos el ave*); *ref* vestirse (*una prenda*); ocultarse (*un astro*) bajo el horizonte; ponerse a comenzar a

poniente *m* oeste; viento del oeste

ponqué *m* (Cuba y Venez.) torta de harina, manteca y huevos que se hace en moldes

pontaje *m* o **pontazgo** *m* derecho que se paga por pasar un puente

pontificado *m* dignidad de pontífice; ejercicio del poder papal

pontifical *adj* ‖ pontífice *m* sacerdote; obispo, arzobispo; Papa ‖ **pontificio -cia** *adj*

ponto *m* (poét.) mar; el Ponto reino antiguo del nordeste del Asia Menor, que fué reducido a provincia romana; el Ponto Euxino antiguo nombre del mar Negro

pontón *m* barco chato; buque viejo que sirve de almacén, hospital, prisión; puente de maderas

ponzoña *f* veneno ‖ **ponzoñoso -sa** *adj*

popa *f* parte posterior de la nave

pope *m* sacerdote de la Iglesia griega ortodoxa

populachería *f* ‖ **populachero -ra** *adj* perteneciente al populacho; propio para halagar al populacho

populacho *m* las masas incultas

popular *adj* perteneciente al pueblo; grato al pueblo ‖ **popularidad** *f*

popularizar §62 *tr* hacer popular; dar carácter popular a

populoso -sa *adj* muy habitado, lleno de habitantes

popurrí *m* (*pl*: **-rríes**) sucesión libre de melodías

poquedad *f* escasez, miseria; timidez; cosa de ningún valor

por *prep* en; por motivo de; en busca de; en defensa de; a través de; mediante; en calidad de; en lugar de; en cambio de; acerca de; en tiempo de; al objeto de; estar por estar dispuesto a; estar sin; **por qué** por qué razón, causa o motivo

porcelana *f* loza fina, blanca y translúcida

porcentaje *m* proporción de tanto por ciento

porción *f* parte segregada de un todo; cantidad de alimento que se da a cada persona; cuota individual; (fam.) gran cantidad

porche *m* soportal, cobertizo

pordiosear *intr* mendigar, pedir limosna ‖ **pordiosero -ra** *adj* y *mf*

porfía *f* acción de porfiar; a porfía con emulación

porfiado -da *adj* obstinado, terco

porfiar §76 *intr* continuar insistentemente; disputar obstinadamente

pórfido *m* roca compacta y dura de color rojo manchado de verde

pormenor *m* detalle, circunstancia

pormenorizar §62 *tr* referir con todos sus pormenores

pornografía *f* literatura obscena ‖ **pornográfico -ca** *adj*

poro *m* agujerito o intersticio pequeño ‖ **poroso -sa** *adj*

porque *conj* por causa o razón de que; para que

porqué *m* (fam.) causa, razón, motivo; (fam.) cantidad, porción

porquería *f* (fam.) suciedad; (fam.) acción indecente; (fam.) cosa de poco valor; (fam) golosina nociva a la salud

porquerizo -za *mf* persona que guarda cerdos; *f* pocilga

porquero -ra *mf* porquerizo

porra *f* clava; cachiporra; (fam.) sujeto pesado; (Méx.) claque política

porrazo *m* golpe dado con la porra; golpe que se recibe al caer

porrón -rrona *adj* (fam.) torpe, pachorrudo; *m* botijo

porta *f* abertura en el costado de un buque

portaaviones *m* (*pl*: **-nes**) buque de guerra para transportar y lanzar aviones

portada *f* adorno de la fachada de un edificio; frontispicio; primera plana de un libro impreso

portador -dora *adj* ‖ *mf* persona que lleva o trae una cosa; persona que presenta al cobro un documento de crédito

portaequipajes *m* (*pl*: **-jes**) parte de un automóvil en que se llevan los equipajes

portaestandarte *m* (mil.) el que lleva el estandarte

portafusil *m* correa para llevar colgado el fusil

portal *m* entrada, zaguán; soportal

portalámparas *m* (*pl*: **-ras**) cápsula de contacto para insertar lámparas incandescentes

portamonedas *m* (*pl*: **-das**) bolsa o estuche para llevar dinero

portañola *f* (mar.) cañonera, tronera

portañuela *f* tira de tela que tapa la bragueta de los calzones

portaobjeto *m* plaquilla de vidrio sobre la cual se coloca el objeto que se ha de estudiar en el microscopio; platina sobre la cual se coloca esta plaquilla de vidrio

portaplumas *m* (*pl*: **-mas**) mango de la pluma metálica

portar *ref* conducirse; distinguirse

portasenos *m* (*pl:* -nos) prenda interior de vestir que usan las mujeres para apretar el pecho

portátil *adj* adecuado para ser transportado fácilmente

portavoz *m* (*pl:* -voces) bocina utilizada para hacer llegar la voz a distancia; persona, periódico, etc. que expresa las opiniones de un partido, agrupación, etc.

portazgo *m* derecho que se paga por pasar por ciertos caminos

porte *m* acción de portear; precio que se paga por el transporte; conducta, modo de portarse

portear *tr* transportar por precio convenido; *intr* dar golpes (*las puertas*)

portento *m* cosa extraordinaria, prodigio ‖ **portentoso** -sa *adj*

porteño -ña *adj y mf* natural del Puerto de Santa María; bonaerense; natural de Valparaíso

portería *f* empleo de portero; pieza en el zaguán donde está el portero

portero -ra *mf* persona que tiene a su cargo la vigilancia de la entrada de una casa

portezuela *f* puerta de carruaje; cartera de bolsillo

pórtico *m* portal con columnas delante de un edificio importante; galería cubierta a lo largo de un edificio

portilla *f* abertura cerrada con cristal en los costados de los buques

portillo *m* abertura en un muro; postigo

portorriqueño -ña *adj y mf* puertorriqueño

portuario -ria *adj* perteneciente al puerto de mar; *m* cargador en un muelle marítimo

Portugal *m* estado de la Europa occidental ‖ **portugués** -guesa *adj y mf*

porvenir *m* tiempo futuro; estado de fortuna a que se está destinado

pos: en pos de detrás de

posada *f* casa, domicilio; mesón; casa de huéspedes; hospedaje

posar *intr* hospedarse; descansar; pararse (*las aves*); servir de modelo a un pintor o escultor; *ref* pararse (*las aves*); depositarse en el fondo (*lo que está en suspensión en un líquido*); caer (*el polvo*) sobre las cosas

posdata *f* lo que se escribe en una carta después de la firma

pose *f* postura de la persona que sirve de modelo; afectación; (fot.) exposición

poseedor -dora *mf* ‖ **poseer** §21 *tr* ser dueño o propietario de; saber perfectamente

Poseidón *m* (mit.) dios griego del mar

posesión *f* acción de poseer; cosa poseída; apoderamiento del espíritu de un hombre por otro espíritu

posesionar *tr* dar posesión a; *ref* entrar en posesión

posesivo -va *adj* que indica posesión

posguerra *f* tiempo inmediato a la terminación de una guerra

posibilidad *f* ‖ **posible** *adj* que puede ser o hacerse; posibles *mpl* bienes, riquezas, fortuna

posición *f* modo en que está puesta una persona o cosa; estado social o económico; suposición

positivismo *m* calidad de positivo; sistema filosófico que sólo admite el método experimental y rechaza toda metafísica; afición a las comodidades ‖ **positivista** *adj y mf*

positivo -va *adj* que no admite duda alguna; que se apoya en la experiencia; (*prueba*) que reproduce los claros y los obscuros del original sin invertirlos; (*grado de comparación*) expresado por el adjetivo solo

positrón *m* partícula positiva de electricidad con la misma masa que el electrón

posma *mf* (fam.) persona lenta y cachazuda; *f* (fam.) cachaza

poso *m* sedimento; descanso, quietud

posponer §55 *tr* poner detrás; apreciar (*a una persona o cosa*) menos que a otra

posta *f* conjunto de caballos apostados para mudar los tiros; a posta adrede

postal *adj* perteneciente al correo; *f* tarjeta que se emplea como carta sin cubierta

poste *m* madero, piedra o columna vertical que sirve de apoyo o señal

postema *f* absceso; persona molesta

postergar §45 *tr* dejar para más tarde; perjudicar (*a un empleado*) posponiéndole a otro

posteridad *f* descendencia, generación venidera; fama póstuma

posterior *adj* que sigue en lugar o tiempo ‖ **posterioridad** *f*

postigo *m* puerta pequeña abierta en otra mayor; puerta excusada

postilla *f* costra que queda al secarse una llaga o grano

postillón *m* mozo que iba montado en una caballería del tiro de un carruaje

postín *m* (fam.) presunción, vanidad

postizo -za *adj* que no es natural; fingido; de quita y pon; *m* cabellera artificial

postmeridiano -na *adj* posterior al mediodía; perteneciente a la tarde

postónico -ca *adj* que sigue inmediatamente a la sílaba tónica

postor -tora *mf* licitador en una subasta

postración *f* ‖ **postrar** *tr* rendir; derribar; debilitar; *ref* arrodillarse; debilitarse

postre *adj* último; *m* fruta, dulces y otras cosas que se sirven al fin de la comida

postrer *adj* apócope de **postrero**

postrero -ra *adj* último

postrimerías *fpl* últimos días (*del mes, del año, etc.*)

postulado *m* proposición cuya admisión es necesaria para establecer una demostración

postular *tr* pedir, suplicar

póstumo -ma *adj* que sale a luz después de la muerte del padre o autor

postura *f* modo en que está colocada una persona, animal o cosa; precio que ofrece el licitador; cantidad que se apuesta; huevo del ave y acción de ponerlo; pacto, convenio

potable *adj* que se puede beber

potaje *m* legumbres guisadas; legumbres secas; caldo de un guisado

potasa *f* carbonato de potasio; hidróxido de potasio; óxido de potasio

potásico -ca *adj* ‖ **potasio** *m* cuerpo simple metálico, blando e inflamable (*símbolo* K; *núm. atómico* 19; *peso atómico* 39,096)

pote *m* vaso alto de barro o metal; vasija redonda de metal para cocer; tiesto para flores

potencia *f* capacidad para hacer una cosa o producir un efecto; imperio, dominación; nación soberana; fuerza que mueve una máquina; trabajo realizado en la unidad de tiempo; (*mat.*) producto de un número multiplicado una o más veces por sí mismo

potencial *adj* que puede suceder o existir; *m* fuerza, capacidad; (*elec.*) tensión acumulada en un punto en comparación con la acumulada en otro punto del mismo circuito o campo; (*gram.*) modo que expresa la acción del verbo como posible

potenciar *tr* aprovechar; (*mat.*) elevar a una potencia

potenciómetro *m* instrumento que sirve para medir o controlar el potencial eléctrico

potentado *m* soberano absoluto; individuo poderoso

potente *adj* que tiene poder o virtud; poderoso; (*fam.*) grande, fuerte

poterna *f* puerta accesoria de una fortaleza

potestad *f* poder, dominio; (*mat.*) potencia

potestativo -va *adj* que está en la potestad de uno, no obligatorio

potingue *m* (*fam.*) bebida medicinal

potosí *m* riqueza extraordinaria

potro -tra *mf* caballo joven; *m* aparato gimnástico que se salta con las piernas juntas; antiguo aparato de tortura; *f* (*fam.*) hernia

poyo *m* banco de piedra que está arrimado a la pared

poza *f* charca

pozal *m* cubo del pozo; brocal del pozo

pozo *m* hoyo que se hace en la tierra para sacar agua; hoyo análogo para bajar a una mina o cantera; **pozo de ciencia** hombre muy sabio

P.P. abr. de porte pagado y por poder

prácrito o **pracrito** *m* idioma vulgar de la India que existió al mismo tiempo que el sánscrito

práctica *f* ejercicio de un arte o facultad; destreza adquirida en este ejercicio; costumbre; ejercicio de una profesión que se hace bajo la dirección de un maestro

practicante *mf* persona que ejerce la cirugía menor; auxiliar de farmacéutico; persona que cuida enfermos bajo la dirección del médico

practicar §72 *tr* poner en práctica (*cosas aprendidas*); usar o ejercer continuadamente; hacer (*una abertura*)

práctico -ca *adj* diestro, experimentado; que no es enteramente teórico; que da más fe a los hechos que a las teorías; que sabe aprovecharlo todo; *m* piloto que dirige las maniobras de un buque para entrar en puerto; *f* véase **práctica**

pradera *f* pradería; prado extenso

pradería *f* conjunto de prados

prado *m* tierra muy húmeda en la que se deja crecer la hierba para pasto

Praga *f* capital de Checoslovaquia

pragmatismo *m* sistema filosófico según el cual se ha de juzgar la verdad de acuerdo con sus resultados prácticos ‖ **pragmatista** *adj* y *mf*

pral. abr. de principal

praseodimio *m* cuerpo simple metálico (*símbolo* Pr; *núm. atómico* 59; *peso atómico* 140,92)

Praxíteles *m* escultor griego (390–340 a. de J.C.)

preámbulo *m* prólogo, prefacio; rodeo, digresión

preamplificador *m* (rad.) amplificador intercalado entre el generador de audiofrecuencia y el amplificador propiamente dicho

prebenda *f* beneficio eclesiástico; (fam.) empleo lucrativo y de poco trabajo

preboste *m* (ant.) jefe de una comunidad o gremio; jefe educacional en algunas universidades norteamericanas

precario -ria *adj* poco estable, inseguro, transitorio

precaución *f* cautela, prudencia

precaver *tr* prevenir (*un peligro*); *ref* estar en guardia; **precaverse de** guardarse de, preservarse de

precedencia *f* ‖ **precedente** *adj* anterior en tiempo, lugar u orden; *m* caso anterior que sirve de norma

preceder *tr* ir delante de (*una persona o cosa*) en tiempo, lugar u orden; tener preferencia sobre

precepto *m* mandato, orden; regla, método

preceptor -tora *mf* persona que enseña

preces *fpl* oraciones, súplicas

preciar *tr* apreciar, estimar; tasar; *ref* jactarse, vanagloriarse

precinta *f* tira de cuero para reforzar las esquinas de los baúles

precinto *m* ligadura sellada

precio *m* cantidad de dinero por la que se cambia una mercancía o un bien; estimación, crédito; esfuerzo

precioso -sa *adj* de mucho valor; excelente; chistoso; (fam.) hermoso

precipicio *m* despeñadero; caída precipitada; ruina, desastre

precipitación *f* acción de precipitar o precipitarse; lluvia o nieve que cae

precipitado -da *adj* atropellado, irreflexivo; *m* (quím.) substancia que se separa del líquido y va al fondo del recipiente

precipitar *tr* arrojar de un lugar alto; acelerar, apresurar; (quím.) producir (*un precipitado*) en una disolución; *ref* arrojarse inconsideradamente

precisar *tr* fijar o determinar de un modo exacto; necesitar; obligar, forzar; *intr* ser necesario

precisión *f* calidad de preciso; necesidad; obligación; **precisiones** *fpl* datos

preciso -sa *adj* bien definido; fijo, cierto; conciso, exacto; necesario

precitado -da *adj* antes citado

preclaro -ra *adj* famoso, ilustre

precocidad *f* calidad de precoz

precolombino -na *adj* anterior a Cristóbal Colón

preconcebido -da *adj* nacido en la mente sin examen

preconizar §62 *tr* elogiar públicamente

precoz *adj* (*pl*: **-coces**) que se desarrolla antes de tiempo; (*fruto*) prematuro

precursor -sora *adj* ‖ *mf* persona que precede o anuncia; **el Precursor** San Juan Bautista

predecesor -sora *mf* antecesor

predecir §23 *tr* anunciar (*algo que va a suceder*)

predestinar *tr* destinar anticipadamente

prédica *f* sermón de un ministro protestante

predicación *f* acción de predicar; doctrina que se predica

predicado *m* (gram.) lo que se dice del sujeto de la oración

predicador -dora *adj* ‖ *mf* persona que predica; *m* orador sagrado

predicar §72 *tr* pronunciar (*un sermón*); alabar con exceso; reprender agriamente; (gram.) afirmar o negar (*algo*) del sujeto

predicción *f* acción de predecir; anuncio meteorológico

predilección *f* ‖ **predilecto -ta** *adj* preferido por afecto especial

predio *m* posesión inmueble

predisponer §55 *tr* disponer anticipadamente ‖ **predisposición** *f* ‖ **predispuesto -ta** *adj*

predominar *tr* exceder en altura; tener principal dominio en; *intr* tener superioridad; sobresalir ‖ **predominio** *m*

preeminencia *f* ‖ **preeminente** *adj* muy eminente, muy distinguido

preexistencia *f* ‖ **preexistente** *adj* ‖ **preexistir** *intr* existir antes

prefabricar §72 *tr* fabricar de antemano; construir en serie (*casas cuya erección sólo requiere el montaje sobre el terreno*)

prefacio *m* prólogo de un libro

prefecto *m* jefe militar o civil ‖ **prefectura** *f*

preferencia *f* elección de una persona o cosa entre varias; ventaja

preferir §48 *tr* dar la preferencia a

prefijo *m* afijo que se antepone a ciertas palabras

pregón *m* promulgación en voz alta y en lugar público

pregonar *tr* publicar en voz alta; alabar en público; divulgar (*lo secreto u oculto*); anunciar a voces (*la mercancía que se quiere vender*)

pregonero *m* oficial público que da los pregones

pregunta *f* proposición con que expresamos a alguno lo que queremos saber

preguntar *tr* hacer preguntas a; *intr* hacer preguntas; *ref* ser curioso por saber

prehistoria *f* estudio de la vida del hombre con anterioridad a todo documento histórico ‖ **prehistórico** **-ca** *adj*

prejuicio *m* acción de prejuzgar; opinión preconcebida

prejuzgar §45 *tr* juzgar de (*una cosa*) sin tener de ella cabal conocimiento

prelacia *f*‖ **prelado** *m* superior eclesiástico, como abad, obispo; eclesiástico de la familia del Papa

preliminar *adj* que precede y prepara; *m* paso o gestión que precede o prepara

preludio *m* lo que precede y sirve de principio; composición musical que precede a la ejecución de otra obra

prematuro **-ra** *adj* que sucede antes de tiempo; maduro antes de tiempo

premeditación *f* ‖ **premeditar** *tr* pensar detenidamente (*una cosa*) antes de ejecutarla

premiar *tr* dar premio o recompensa a

premio *m* recompensa, galardón; aumento de valor dado a algunas monedas; cada uno de los lotes sorteados en la lotería nacional

premioso **-sa** *adj* que apremia; apretado, ajustado; incómodo, molesto; rígido, estricto

premisa *f* cada una de las dos primeras proposiciones de un silogismo, de donde se saca la conclusión

premolar *adj* ‖ *m* molar bicúspide

premura *f* prisa, urgencia, instancia ‖ **premuroso** **-sa** *adj*

prenda *f* lo que se da o toma como garantía; lo que sirve de señal o prueba; alhaja, tesoro, mueble; perfección del cuerpo o del alma de una persona; pieza del vestido; persona muy amada

prendar *tr* comprometer (*una prenda o alhaja*) en garantía de una obligación; ganar la voluntad de; *ref* aficionarse

prender *tr* asir, agarrar; apresar, aprisionar; hacer presa en; ataviar (*a una mujer*); *intr* arraigar (*una planta*); comunicarse (*el fuego*)

prendería *f* ‖ **prendero** **-ra** *mf* persona que compra y vende prendas, alhajas o muebles usados

prensa *f* máquina para comprimir; máquina de imprimir; imprenta; periodismo; conjunto de publicaciones periódicas

prensar *tr* apretar en la prensa

prensil *adj* (*órgano*) que sirve para asir o coger

prensista *m* oficial de imprenta que trabaja en la prensa

preñado **-da** *adj* cargado, lleno; (*hembra*) que ha concebido; (*pared*) que forma panza

preñez *f* estado de la hembra preñada

preocupación *f* ‖ **preocupar** *tr* ocupar anticipadamente; prevenir el ánimo de (*una persona*) en favor o en contra; inquietar; absorber, distraer; *ref* estar prevenido en favor o en contra; inquietarse

preopinar *intr* manifestar su opinión antes que otro

preparación *f* ‖ **preparar** *tr* disponer de antemano; predisponer; poner en estado o condición; fabricar (*un producto químico*)

preponderancia *f* ‖ **preponderante** *adj* superior en prestigio, crédito, autoridad, etc.

preponderar *intr* prevalecer

preposición *f* parte de la oración que indica la relación de dos palabras o términos entre sí

prepotencia *f* ‖ **prepotente** *adj* más poderoso que otros; imperioso

prepucio *m* piel móvil que cubre el bálano

prerrafaelista *adj* ‖ *m* individuo de un grupo de pintores y poetas ingleses que eligieron por modelo el arte anterior a Rafael

prerrogativa *f* privilegio anexo a una dignidad, cargo o empleo

prerromanticismo *m* época y tendencia que preparó el advenimiento de la escuela romántica ‖ **prerromántico** **-ca** *adj*

presa *f* acción de prender; cosa apresada; víctima; colmillo; uña; embarcación enemiga que se toma por la fuerza; acequia; muro de contención o de desviación de un río

presagiar *tr* anunciar, predecir

presagio *m* señal que anuncia lo porvenir; adivinación

presbicia *f* ‖ **présbita** o **présbite** *adj* *mf* persona que ve mejor de lejos que de cerca

presbiterado *m* sacerdocio

presbiterianismo *m* secta protestante que no reconoce la autoridad episcopal sobre los presbíteros ‖ **presbiteriano** **-na** *adj* y *mf*

presbítero *m* sacerdote

presciencia *f* conocimiento de las cosas futuras

prescindir *intr* hacer abstracción; prescindir de omitir, evitar; pasar sin

prescribir §83 *tr* ordenar por escrito o de otro modo; adquirir por virtud de posesión continuada; *intr* extinguirse (*una obligación o deuda*) al cabo de cierto tiempo ‖ **prescripción** *f*

presea *f* alhaja, cosa preciosa

presencia *f* estado de la persona que se halla delante de otra u otras; figura, aspecto; **presencia de ánimo** dominio de sí mismo

presenciar *tr* hallarse presente a

presentación *f* acción de presentar; representación teatral primorosa; aspecto, p.ej., de un nuevo automóvil, un nuevo libro

presentar *tr* poner (*una cosa*) en la presencia de uno; proponer (*a una persona*) para un cargo o dignidad; introducir (*a una persona*) en el trato de otra persona; dar, regalar; *ref* mostrarse; ofrecerse

presente *adj* que está en presencia de alguien; actual; *m* don, regalo; tiempo actual; **al presente** ahora

presentimiento *m* ‖ **presentir** §48 *tr* antever por algún movimiento interior del ánimo

preservación *f* ‖ **preservar** *tr* amparar, resguardar

presidencia *f* dignidad o cargo de presidente; acción de presidir

presidenta *f* mujer que preside; mujer del presidente

presidente *m* el que preside; jefe electivo del Estado

presidiario *m* el que cumple condena en presidio

presidio *m* pena de trabajos forzosos; lugar en que cumplen su condena los penados por graves delitos

presidir *tr* dirigir como presidente; tener principal influjo en

presión *f* acción de apretar o comprimir; fuerza ejercida por un fluido en todas direcciones; coacción

preso -sa *adj* ‖ *mf* persona cogida por la justicia; *f* véase presa

prestación *f* acción o efecto de prestar; servicio exigido por la ley o convenido en un pacto

prestamista *mf* persona que presta a réditos

préstamo *m* acción de prestar o tomar prestado; cosa prestada; vocablo que una lengua toma de otra

prestancia *f* excelencia, elegancia

prestar *tr* entregar (*dinero u otra cosa*) bajo la condición de ser devuelto; dar (*p. ej., ayuda*); poner (*atención*); tener (*paciencia*); guardar (*silencio*); tomar (*juramento*); **tomar prestado** obtener un préstamo de; *intr* ser útil; *ref* dar de sí, extenderse

prestatario -ria *adj* ‖ *mf* persona que obtiene un préstamo

presteza *f* agilidad, prontitud

prestidigitación *f* ‖ **prestidigitador -dora** *mf* persona que hace juegos de manos

prestigio *m* influencia grande, ascendiente; fascinación de la magia; engaño, ilusión

prestigioso -sa *adj* que tiene prestigio; que causa prestigio

presto -ta *adj* pronto, diligente; preparado, dispuesto; **presto** *adv* en seguida

presumido -da *adj* ‖ *mf* persona que tiene alto concepto de sí misma

presumir *tr* conjeturar, sospechar; *intr* tener alto concepto de sí mismo

presunción *f* acción de presumir; cosa que se reputa verdad mientras no se demuestre lo contrario; jactancia, vanidad

presunto -ta *adj* supuesto

presuntuoso -sa *adj* lleno de orgullo

presuponer §55 *tr* suponer previamente ‖ **presuposición** *f*

presupuesto *m* cálculo anticipado del coste de una cosa; cálculo anticipado de gastos e ingresos; motivo, razón

presura *f* aprieto, congoja; prontitud, ligereza; ahinco, empeño

presuroso -sa *adj* pronto, ligero, veloz

pretender *tr* aspirar a; creerse con derecho a; procurar, intentar

pretendiente *adj* ‖ *mf* persona que pretende una cosa; *m* el que pretende a una mujer

pretensión *f* acción de pretender; derecho que se juzga tener sobre una cosa; aspiración; vanidad

preterir §48 *tr* hacer caso omiso de

pretérito -ta *adj* que ya ha pasado; *m* tiempo que pasó

pretextar *tr* utilizar como pretexto

pretexto *m* razón alegada que oculta la verdadera razón

pretil *m* muro o vallado en los puentes y otros parajes para evitar caídas

pretina *f* correa o cinta con hebilla para sujetar una prenda en la cintura; parte de una prenda que se ciñe a la cintura

pretor *m* antiguo magistrado romano

prevalecer §19 *intr* existir; persistir; predominar; aumentar, crecer; echar raíces

prevaler §75 *ref* valerse

prevaricación *f* ‖ **prevaricar** §72 *intr* faltar a las obligaciones de un cargo; (fam.) desvariar

prevención *f* acción de prevenir; preparación; previsión; concepto desfavorable; puesto de policía; guardia de cuartel

prevenir §78 *tr* impedir, evitar; preparar; prever (*un daño o perjuicio*); vencer (*una dificultad*); avisar, advertir; disponer el ánimo de (*una persona*) en favor o en contra; *intr* sobrevenir; *ref* prepararse

preventivo -va *adj* que previene o impide

prever §79 *tr* ver o conjeturar (*lo que ha de suceder*)

previo -via *adj* que sucede antes; preliminar

previsión *f* acción de prever; adopción de las medidas necesarias para hacer frente a sucesos futuros; anuncio meteorológico

prez *m* y *f* estima, honor

Príamo *m* (mit.) último rey de Troya

prima *f* primera de las cuatro partes del día, entre los antiguos romanos; hora canónica que se canta por la mañana; precio que se paga por el seguro; cantidad que se paga como regalo o indemnización; hija del tío o la tía; (mús.) cuerda que produce el sonido más agudo

primacía *f* superioridad; dignidad de primado

primada *f* (fam.) engaño que se hace a un incauto

primado *m* primero de todos los arzobispos y obispos de un país

primario -ria *adj* primero en orden o grado; de primera enseñanza; *m* (elec.) circuito de un carrete o transformador que recibe la corriente de la fuente de energía

primate *m* personaje importante; (zool.) mamífero superior

primavera *f* estación del año que sigue al invierno || **primaveral** *adj*

primer *adj* apócope de primero

primerizo -za *adj* y *mf* novicio, principiante

primero -ra *adj* que precede a las demás personas o cosas; antiguo, de antes; excelente; más notable; (arit.) (*número*) que sólo es divisible por sí mismo y por la unidad; *m o f* persona o cosa que precede a las demás; *primero adv* antes de todo; más bien

primicia *f* primer fruto; frutos y ganados que se daban a la Iglesia; **primicias** *fpl* primeros frutos de una cosa no material

primitivo -va *adj* que no se origina de otra cosa

primo -ma *adj* primero; excelente; (arit.) (*número*) primero; *m* hijo del tío o la tía; *f* véase prima

primogénito -ta *adj* || *mf* hijo que nace primero

primogenitura *f* calidad o derecho del primogénito

primor *m* calidad de primoroso

primordial *adj* primero, más antiguo; fundamental

primoroso -sa *adj* excelente, perfecto, hermoso; diestro, muy hábil

princesa *f* mujer de familia real o imperial; mujer del príncipe; hija de rey

principado *m* dignidad y territorio del príncipe

principal *adj* primero en importancia; noble, ilustre; esencial, fundamental; (*piso*) primero de una casa; *m* jefe de una casa comercial, una fábrica, etc.; capital prestado sin los réditos

príncipe *m* individuo de familia real o imperial; hijo de rey; primogénito del rey; el primero y más excelente; **príncipes** *mpl* príncipe y princesa || **principesco -ca** *adj*

principiante *adj* y *mf* || **principiar** *tr* dar principio a

principio *m* primer instante de la existencia de una cosa; punto que se considera como el primero en una extensión; base, fundamento; causa, origen; componente; máxima, precepto, norma de acción; **principios** *mpl* rudimentos

pringar §45 *tr* untar o manchar con pringue; (fam.) herir haciendo sangre; (fam.) infamar

pringoso -sa *adj* || **pringue** *m* y *f* grasa; suciedad

prior *m* superior de un convento; vicario del abad benedictino

priora *f* superiora de un convento de monjas

prioridad *f* anterioridad, precedencia

prisa *f* ansia o necesidad de hacer una cosa sin demora; prontitud, rapidez

prisión *f* acción de prender; cárcel; **prisiones** *fpl* grilletes

prisionero -ra *mf* persona que cae en poder del enemigo; preso; cautivo de una pasión o afecto; *m* varilla redonda, roscada en sus dos extremos

prisma *m* sólido que tiene por bases dos polígonos y por caras paralelogramos; cuerpo prismático de cristal que descompone la luz

prismático -ca *adj* de figura de prisma; **prismáticos** *mpl* instrumento óptico con dos tubos y cristales graduables para ver a distancia

prístino -na *adj* antiguo, original, primitivo

priv. abr. de privilegio

privación f acción de privar; ausencia del bien que se desea

privado -da adj particular, personal, íntimo; m el que tiene privanza; f excusado

privanza f favor con un príncipe o con un alto personaje

privar tr despojar; destituir; prohibir

privativo -va adj que causa privación; propio, peculiar

privilegiar tr conceder privilegio a

privilegio m exención especial, ventaja exclusiva

pro m y f provecho; el pro y el contra lo favorable y lo adverso; en pro de en favor de

proa f parte delantera de la nave o el avión

probabilidad f ‖ probable adj que parece verdadero; que parece que se verificará

probar §63 tr experimentar las cualidades de; examinar la calidad o medida de (p.ej., un vestido); demostrar la verdad de; intentar; tomar una pequeña porción de (un manjar o líquido)

probeta f tubo de cristal cerrado por un extremo que sirve para experimentos químicos; vaso de cristal graduado; manómetro

probidad f calidad de probo

problema m cuestión que hay que resolver; cosa difícil de explicar ‖ problemático -ca adj

probo -ba adj honrado, íntegro; imparcial

probóscide f prolongación bucal o nasal de ciertos mamíferos e insectos, como la trompa del elefante

proc. abr. de procesión

procacidad f ‖ procaz adj (pl: -caces) insolente, desvergonzado

procedencia f origen; punto de donde procede una embarcación, un tren, un avión, una persona

procedente adj que procede o trae origen; conforme a derecho

proceder m comportamiento, conducta; modo de proceder; intr traer origen; ir (personas o cosas) unas tras otras en cierto orden; portarse; ser conforme a derecho; proceder a pasar a ejecutar ‖ procedimiento m

prócer m persona importante

procesar tr formar procesos contra; declarar y tratar como presunto reo de delito

procesión f paseo solemne; hilera de personas en marcha; acción de proceder una cosa de otra

proceso m conjunto de las fases sucesivas de un fenómeno; marcha, desarrollo; transcurso del tiempo; causa criminal; conjunto de los autos y demás escritos en una causa criminal; apófisis

procio m isótopo ligero del hidrógeno (símbolo H¹; peso atómico 1,008)

Proción m estrella de primera magnitud en la constelación del Can menor

proclama f notificación pública; alocución política o militar

proclamación f ‖ proclamar tr publicar en alta voz; aclamar

proclítico -ca adj ‖ f partícula que se liga al vocablo siguiente sin acentuación prosódica propia

proclive adj inclinado, esp. a lo malo ‖ proclividad f

procónsul m gobernador de una provincia en la antigua Roma

procreación f ‖ procrear tr dar origen a (un nuevo ser)

procurador m administrador de negocios ajenos por mandato de su dueño

procurar tr hacer esfuerzos por; hacer esfuerzos por conseguir; ocasionar, producir; administrar como procurador

Procusto m (mit.) bandido que mutilaba a sus víctimas para adaptarlas a su lecho

prodigar §45 tr disipar, gastar con exceso; dar profusamente

prodigio m suceso sobrenatural, milagro; cosa rara o admirable

prodigioso -sa adj milagroso; extraordinario; excelente

pródigo -ga adj que consume su hacienda en gastos vanos; muy dadivoso; mf persona que consume su hacienda en gastos vanos

producción f ‖ producir §24 tr criar, engendrar; dar o rendir (frutos los árboles, terrenos, etc.); fabricar, crear; ref explicarse ‖ productivo -va adj

producto m cosa producida; beneficio; (mat.) cantidad que resulta de la multiplicación

proemio m prólogo, introducción

proeza f hazaña

prof. abr. de profeta

profanar tr tratar sin respeto (una cosa sagrada o una cosa respetable)

profano -na adj irreverente; que no tiene que ver con la religión; deshonesto; dado a las cosas del mundo; mf persona que no entiende de un arte o una ciencia

profecía f predicción; don de profetizar

proferir §48 *tr* articular, decir, pronunciar

profesar *tr* ejercer o enseñar (*una ciencia o arte*); manifestar (*una opinión, afición, etc.*); adherirse a, creer; *intr* hacer votos religiosos

profesión *f* acción de profesar; empleo, oficio

profesional *adj* perteneciente a la profesión; *mf* persona que ejerce una profesión, arte, deporte, etc. como medio de lucro ‖ **profesionalismo** *m*

profesor -sora *mf* persona que ejerce o enseña una ciencia o arte ‖ **profesorado** *m*

profeta *m* el que anuncia sucesos futuros ‖ **profético -ca** *adj*

profetisa *f* mujer profeta

profetizar §62 *tr* predecir (*cosas futuras*) en virtud de un don divino; presagiar

profiláctico -ca *adj* ‖ **profilaxis** *f* (med.) tratamiento preventivo

prófugo -ga *adj* ‖ *mf* fugitivo; *m* mozo que huye para evitar el servicio militar

profundidad *f* calidad de profundo; grueso, espesor

profundizar §62 *tr* hacer más profundo; examinar a fondo

profundo -da *adj* que tiene el fondo distante del borde u orificio; difícil de comprender; intenso, vivo

profusión *f* ‖ **profuso -sa** *adj* abundante con exceso

progenie *f* familia de que desciende una persona

progenitor *m* ascendiente directo e inmediato

prognosis *f* (*pl:* -sis) conocimiento anticipado de algún suceso; previsión meteorológica; pronóstico

programa *m* escrito que indica los pormenores de una fiesta, un espectáculo, etc.; plan de estudios; proyecto determinado

progresar *intr* hacer progresos

progresión *f* acción de avanzar o proseguir

progresista *adj y mf* partidario del progreso

progresivo -va *adj* ‖ **progreso** *m* acción de ir hacia adelante; desarrollo gradual de un ser, una actividad, la civilización

prohibición *f* acción de prohibir; disposición legal para prohibir el uso de bebidas alcohólicas

prohibir *tr* impedir, no permitir ‖ **prohibitivo -va** *adj*

prohijar *tr* recibir como hijo (*al que no lo es*); adoptar (*una opinión*)

prohombre *m* el que goza de especial consideración entre los de su clase; (fam.) el que se jacta de hombre importante

prójimo *m* todo ser humano respecto de otro

pról. abr. de prólogo

prolán *m* hormón de la orina de la mujer embarazada

prolapso *m* caída o salida de una parte o víscera

prole *f* hijos, descendencia

prelegómeno *m* escrito preliminar en una obra

proletariado *m* clase obrera ‖ **proletario -ria** *adj y mf*

proliferación *f* ‖ **proliferar** *intr* multiplicarse (*células, tejidos, etc.*)

prolífico -ca *adj* que se multiplica rápidamente

prolijidad *f* ‖ **prolijo -ja** *adj* largo, pesado; esmerado con exceso

prólogo *m* escrito antepuesto al cuerpo de una obra; lo que sirve de principio

prolongar §45 *tr* hacer más largo, extender

promecio *m* cuerpo simple metálico (*símbolo* Pm; *núm. atómico* 61; *peso atómico* 147)

promediar *tr* repartir en dos partes iguales; *intr* mediar

promedio *m* término medio; punto en que una cosa se divide por mitad

promesa *f* acción de prometer; señal que hace esperar algún bien

Prometeo *m* (mit.) titán que robó del cielo el fuego para uso de los hombres

prometer *tr* obligarse a dar o a hacer; *intr* dar buenas muestras para lo futuro; *ref* darse mutuamente palabra de casamiento

prometido -da *mf* persona que promete matrimonio; *m* promesa

prominencia *f* ‖ **prominente** *adj* que se levanta sobre lo que está alrededor; ilustre, insigne

promiscuidad *f* ‖ **promiscuo -cua** *adj* mezclado confusamente; de doble sentido; (*unión sexual*) que se verifica indistintamente entre varias personas

promisión *f* promesa

promisorio -ria *adj* que incluye en sí promesa

promoción *f* acción de promover; conjunto de personas que obtienen un grado o dignidad en un mismo año

promontorio *m* altura de tierra que forma cabo a orillas del mar; cosa muy abultada

promotor -tora *adj y mf* ‖ **promover** §49 *tr* adelantar, dar impulso a; elevar a un grado o dignidad

promulgación *f* ‖ **promulgar** §45 *tr* publicar solemnemente; anunciar

pronombre *m* parte de la oración que hace las veces del nombre ‖ **pronominal** *adj*

pronosticar §72 *tr* predecir por indicios

pronóstico *m* predicción por indicios; juicio acerca del curso y la terminación probable de una enfermedad

prontitud *f* ‖ **pronto -ta** *adj* veloz, rápido; dispuesto; vivo; *m* (fam.) movimiento repentino, inesperado del ánimo; **pronto** *adv* en seguida; en breve

prontuario *m* resumen; compendio

pronunciación *f* acción de pronunciar; modo de pronunciar

pronunciamiento *m* golpe de estado militar

pronunciar *tr* emitir (*sonidos, palabras*); hacer (*un discurso*); declarar con autoridad; determinar, resolver; *ref* sublevarse

propagación *f* acción de propagar

propaganda *f* esfuerzo que se hace para difundir una opinión, doctrina, etc.; publicidad que se da a una mercancía para fomentar su venta ‖ **propagandista** *adj y mf*

propagar §45 *tr* multiplicar por vía de reproducción; extender; difundir

propalar *tr* divulgar (*un secreto*)

propano *m* hidrocarburo gaseoso que se encuentra en el petróleo (C₃H₈)

proparoxítono -na *adj* acentuado en la antepenúltima sílaba

propasar *ref* excederse de lo razonable

propender *intr* ‖ **propensión** *f* inclinación, tendencia, afición; predisposición a contraer una enfermedad ‖ **propenso -sa** *adj*

propiciar *tr* aplacar, hacer propicio

propiciatorio -ria *adj* que tiene virtud para hacer propicio

propicio -cia *adj* benigno, favorable

propiedad *f* dominio sobre una cosa que poseemos; hacienda, inmueble; atributo, cualidad; semejanza perfecta

propietario -ria *adj* ‖ *mf* persona que posee una cosa

propina *f* gratificación que se da a un criado por algún servicio

propinar *tr* dar (*algo*) a beber; prescribir (*una medicina*); (fam.) dar (*palos, golpes, etc.*)

propincuidad *f* ‖ **propincuo -cua** *adj* cercano, próximo

propio -pia *adj* perteneciente a una persona o cosa; característico; mis-

mo; a propósito para un fin; natural, no artificial; conveniente; (gram.) (*nombre substantivo*) que se aplica sólo a una persona, un país, etc.; *m* persona que se envía con recado o carta

propóleos *m* substancia cérea con que las abejas bañan la colmena

proponer §55 *tr* manifestar con razones; presentar (*argumentos*) en pro y en contra; presentar (*a una persona*) para un empleo; *ref* tener intención de

proporción *f* correspondencia relativa entre cosas o tamaños; ocasión, coyuntura; tamaño; (mat.) igualdad de dos razones; **proporciones** *fpl* dimensiones

proporcionado -da *adj* que tiene buena proporción; apto, competente

proporcional *adj* perteneciente a la proporción; que incluye proporción; (mat.) que tiene razón igual o constante

proporcionar *tr* facilitar, suministrar; disponer con la debida proporción

proposición *f* acción de proponer; cosa que se propone; oración gramatical

propósito *m* intención; objeto, mira; de propósito con intención

propuesta *f* idea que se propone

propulsar *tr* impeler hacia adelante

propulsión *f* acción de propulsar; propulsión a chorro propulsión conseguida por la reacción de un chorro de gases calentados y expelidos hacia atrás

pror. abr. de **procurador**

prorrata *f* porción que corresponde a cada uno en un reparto

prorratear *tr* repartir proporcionalmente ‖ **prorrateo** *m*

prórroga o **prorrogación** *f* ‖ **prorrogar** §45 *tr* dilatar, continuar; suspender hasta una fecha ulterior

prorrumpir *intr* salir con ímpetu; prorrumpir en proferir repentinamente y con violencia (*lágrimas, voces, gritos, suspiros, etc.*)

prosa *f* forma del lenguaje que no está sujeta a la métrica; (fam.) abundancia de palabras inútiles

prosaico -ca *adj* perteneciente a la prosa; insulso, vulgar

prosaísmo *m* insulsez, vulgaridad

prosapia *f* ascendencia, linaje

proscenio *m* parte anterior del escenario

proscribir §83 *tr* desterrar; prohibir ‖ **proscripción** *f*

prosecución *f* acción de proseguir; acción de seguir

proseguir §68 *tr* continuar (*lo empezado*)

proselitismo *m* celo por ganar prosélitos
prosélito *m* partidario ganado para un partido o doctrina
Proserpina *f* (mit.) diosa romana, reina de las regiones infernales
prosista *mf* escritor en prosa
prosodia *f* parte de la gramática que enseña la recta pronunciación y acentuación
prosódico -ca *adj* perteneciente a la prosodia; (*acento*) intensivo
prospección *f* exploración en busca de yacimientos de minerales
prospecto *m* anuncio breve en forma de folleto
prosperar *tr* ocasionar prosperidad a; *intr* tener prosperidad
prosperidad *f* buen éxito, buena suerte
próspero -ra *adj* favorable; feliz, favorecido por la suerte
próstata *f* glándula del varón, situada entre la vejiga y la uretra
prosternar *ref* arrodillarse
prostitución *f* ‖ **prostituir** §27 *tr* deshonrar, entregar al vicio
prostituta *f* mujer que comercia con su cuerpo
protactinio *m* cuerpo simple radiactivo (*símbolo* Pa; *núm. atómico* 91; *peso atómico* 231)
protagonista *mf* personaje principal de un drama, novela, etc. o de un suceso cualquiera
protagonizar §62 *tr* desempeñar el papel de protagonista de
Protágoras *m* filósofo griego (481–411 a. de J.C.)
prótasis *f* (*pl*: -sis) primera parte de una oración condicional
protección *f* acción de proteger
proteccionismo *m* doctrina económica que aboga por la protección de la agricultura y la industria de un país mediante derechos aduaneros ‖ **proteccionista** *adj y mf*
protector -tora *adj* ‖ *mf* persona que protege
protectorado *m* tutela de una nación sobre un país débil; este país
proteger §35 *tr* amparar, favorecer; apoyar, ayudar
protegido -da *mf* persona que es protegida por otra
proteico -ca *adj* perteneciente a las proteínas; que cambia de aspecto
proteína *f* substancia que contiene carbono, oxígeno, hidrógeno, nitrógeno y a veces azufre y que forma parte de todas las células vivas
Proteo *m* (mit.) dios marino que adoptaba las formas más diversas; (fig.) hombre que cambia continuamente de opinión o de aspecto

protervo -va *adj* perverso
prótesis *f* adición de un sonido al principio de un vocablo; reparación artificial de un órgano o parte de él
protesta *f* acción de protestar
protestante *adj y mf* ‖ **protestantismo** *m* conjunto de sectas surgidas de la Reforma
protestar *tr* declarar (*su intención*); confesar (*la fe*); (com.) hacer protesto de (*una letra*); *intr* indignarse, reclamar
protesto *m* (com.) certificado notarial de la falta de aceptación o pago de un documento
protoactinio *m* protactinio
protocolo *m* escritura custodiada por un notario; acta relativa a un acuerdo o congreso diplomático; reglas del ceremonial diplomático o cortesano
protohistoria *f* prehistoria
protón *m* partícula elemental de carga positiva, constituyente de todos los núcleos atómicos
protoplasma *m* substancia que constituye la parte activa y viva de la célula
prototipo *m* modelo original y primitivo
protozoario o **protozoo** *m* animal microscópico constituido por una sola célula o bien por la agregación de muchas células iguales entre sí
protuberancia *f* prominencia más o menos redonda
provecto -ta *adj* de edad avanzada
provecho *m* beneficio, utilidad; progreso; ¡buen provecho! ¡buena suerte!; ¡buen apetito!
provechoso -sa *adj* que es de provecho o utilidad
proveer §21 y §83 *tr* preparar y suministrar; resolver; conferir
provenir §78 *intr* traer su origen, originarse
Provenza, la región del sudeste de Francia ‖ **provenzal** *adj y mf*
proverbial *adj* ‖ **proverbio** *m* máxima breve de uso popular
providencia *f* disposición que se toma para el logro de un fin; cuidado que Dios tiene de sus criaturas; (*cap.*) *f* Dios
providencial *adj* que procede de la Providencia
providente *adj* diligente, cuidadoso; prudente
próvido -da *adj* diligente, cuidadoso; favorable, propicio
provincia *f* gran división administrativa de un Estado; **en provincias** fuera de la capital ‖ **provincial** *adj*

provincialismo *m* apego a la provincia; costumbre de la provincia; voz o giro propio de una provincia

provinciano -na *adj* ‖ *mf* habitante de una provincia

provisión *f* acción de proveer; providencia que se toma para un fin; **provisiones** *fpl* víveres u otras cosas necesarias

provisional *adj* dispuesto interinamente; interino

provocar §72 *tr* incitar, inducir; enojar, irritar ‖ **provocativo -va** *adj*

próximamente *adv* pronto, en breve; de un modo próximo; aproximadamente

proximidad *f* calidad de próximo; **proximidades** *fpl* contornos

próximo -ma *adj* que dista poco; inmediato, contiguo; siguiente, que viene

proyección *f* ‖ **proyectar** *tr* lanzar hacia adelante o a distancia; dirigir (*p.ej., una imagen*) sobre una superficie; dirigir (*p.ej., rayos de luz*) al espacio; disponer, preparar; *ref* extenderse

proyectil *m* cuerpo lanzado al espacio; **proyectil dirigido** cohete guiado en su vuelo por medio de la radio u otro mando

proyectista *mf* persona que se dedica a hacer proyectos

proyecto *m* intención, designio; plan, diseño

proyector *m* aparato para dirigir un haz luminoso; aparato para proyectar imágenes en una pantalla

prudencia *f* ‖ **prudente** *adj* que obra con buen juicio; hecho con buen juicio; circunspecto, providente

prueba *f* acción de probar; lo que sirve para probar algo; indicio, señal; ensayo; primera muestra de la composición tipográfica; (*Amér.*) acrobacia; **a prueba de** capaz de resistir

prurigo *m* enfermedad cutánea caracterizada por comezón

prurito *m* picor, comezón; deseo vehemente

Prusia *f* comarca de Alemania, antes reino ‖ **prusiano -na** *adj y mf*

prusiato *m* sal del ácido prúsico

prúsico -ca *adj* cianhídrico

ps. abr. de **pesos**

pseudónimo *m* seudónimo

psicoanálisis *m* método de tratamiento de enfermedades nerviosas y mentales que consiste en hacer conscientes los impulsos instintivos reprimidos, para poder superarlos ‖ **psicoanalista** *mf* ‖ **psicoanalítico -ca** *adj* ‖ **psicoanalizar** §62 *tr*

psicología *f* ciencia que estudia la mente, sus facultades y operaciones; manera de sentir de una persona o un grupo de personas ‖ **psicológico -ca** *adj* ‖ **psicólogo -ga** *mf*

psicometría *f* medición de los fenómenos mentales ‖ **psicométrico -ca** *adj*

psicópata *mf* ‖ **psicopatía** *f* enfermedad mental ‖ **psicopático -ca** *adj*

psicosis *f* (*pl:* -sis) enfermedad mental

psicosomático -ca *adj* perteneciente a las enfermedades orgánicas causadas o influidas por estados mentales

psicoterapia *f* tratamiento de las enfermedades mentales

psique *f* espejo de cuerpo entero, que se puede inclinar a voluntad; alma, espíritu; (*cap.*) *f* (mit.) joven de gran belleza, amada por Cupido

psiquiatra *mf* ‖ **psiquiatría** *f* estudio y tratamiento de los trastornos mentales ‖ **psiquiátrico -ca** *adj*

psíquico -ca *adj* perteneciente a la mente

psitacosis *f* enfermedad contagiosa de los papagayos y loros

pta. abr. de **pasta y peseta**

pte. abr. de **parte y presente**

ptolemaico -ca *adj* ‖ **Ptolomeo** *m* astrónomo y geógrafo griego (127–151 d. de J.C.); nombre de varios reyes macedonios de Egipto

Pto. Rico abr. de **Puerto Rico**

púa *f* punta aguda; pincho del erizo; diente de peine; (fam.) persona sutil y astuta

púber -bera *adj y mf* ‖ **pubertad** *f* época de la vida en que se desarrolla la aptitud para reproducir

pubescencia *f* ‖ **pubescente** *adj* que llega a la pubertad; (bot.) velloso

publicación *f* acción de publicar; obra publicada

publicano *m* entre los romanos, cobrador de impuestos

publicar §72 *tr* dar a conocer al público; revelar (*un secreto*); imprimir y poner en venta

publicidad *f* calidad de público; anuncios, avisos

publicista *mf* persona que escribe para el público

público -ca *adj* perteneciente al pueblo en general; que no es privado; manifiesto, notorio; *m* el pueblo en general; conjunto de personas que concurren a un espectáculo

puchero *m* olla pequeña, con una sola asa; olla, guisado; (fam.) alimento diario; (fam.) gesto que precede al llanto

puches *mpl y fpl* gachas
pudelar *tr* convertir en acero o hierro dulce (*el hierro colado*)
pudendo -da *adj* torpe, feo, vergonzoso
pudibundo -da *adj* lleno de pudor
pudiente *adj* poderoso, rico
pudor *m* honestidad, recato ‖ **pudoroso -sa** *adj*
pudrición *f* acción de pudrir
pudridero *m* sitio donde se pudre una cosa
pudrir §83 *tr* resolver en podre; molestar; *ref* resolverse en podre
pueblo *m* población, lugar poblado; conjunto de habitantes de un lugar o país; gente común y humilde
puente *m* construcción que permite pasar un río, precipicio, etc.; cubierta de un buque de guerra; árbol transversal que lleva las ruedas de un automóvil; **puente aéreo** servicio de abastecimiento por aeroplanos
puerco -ca *adj* sucio; *mf* cerdo; (fam.) persona sucia o grosera; **puerco espín** roedor cuyo tiene el cuerpo cubierto de púas (*Hystrix cristata*)
puericia *f* edad que media entre la infancia y la adolescencia
puericultura *f* arte de criar y educar a los niños
pueril *adj* perteneciente al niño; fútil, trivial ‖ **puerilidad** *f*
puérpera *f* mujer recién parida
puerro *m* planta liliácea cuyo bulbo se usa como condimento (*Allium porrum*)
puerta *f* abertura hecha en una pared, cerca, etc. para entrar y salir; armazón para cerrar dicha abertura; principio, introducción
puertaventana *f* contraventana
puerto *m* lugar en la costa donde los barcos cargan y descargan; garganta entre montañas; amparo, refugio; **puerto aéreo** aeropuerto
Puerto Rico *m* isla de las Antillas, que pertenece a los EE.UU. ‖ **puertorriqueño -ña** *adj y mf*
pues *adv* bien; conque; sí; ¿cómo?, ¿por qué?; **pues que** ya que; *conj* porque
puesta *f* acción de poner; acción de ponerse un astro; dinero apostado
puesto *m* sitio que ocupa una cosa; cargo, empleo; lugar ocupado por tropa en actos de servicio; tiendecilla o compartimiento en el mercado o feria; **puesto que** ya que
puf *interj* voz que denota asco o molestia
púgil *m* boxeador ‖ **pugilato o pugilismo** *m*

pugna *f* pelea; disputa, oposición ‖ **pugnar** *intr*
puja *f* acción de pujar; cantidad que se puja
pujante *adj* fuerte, potente, vigoroso ‖ **pujanza** *f*
pujar *tr* ofrecer (*mayor precio*); esforzarse por adelantar (*una acción*); *intr* tener dificultad en expresarse; vacilar; (fam.) hacer pucheros
pujo *m* deseo grande; gana frecuente y dolorosa de evacuar el cuerpo; gana violenta de prorrumpir en risa o llanto; conato, propósito
pulcro -cra *adj* cuidadoso, limpio; esmerado
pulchinela *m* polichinela
pulga *f* insecto parásito del hombre y de algunos animales
pulgada *f* medida de longitud (*duodécima parte del pie*)
pulgar *m* dedo primero y más grueso de los de la mano
pulgarada *f* golpe dado con el pulgar; cantidad de polvo que se toma de una vez con las yemas del pulgar e índice
pulidez *f* ‖ **pulido -da** *adj* agraciado; pulcro; limpio
pulidor -dora *adj* ‖ *m* instrumento para pulir; *f* máquina para pulir
pulimentar *tr* ‖ **pulimento** *m* acción de pulir o pulimentar; estado de lo pulido; polvo u otra cosa que se usa para pulir
pulir *tr* alisar, dar tersura y lustre a
pulmón *m* órgano de la respiración de los vertebrados que viven fuera del agua; **pulmón de acero** aparato que, en caso de parálisis del pulmón, permite sostener la respiración y la vida ‖ **pulmonar** *adj*
pulmonía *f* inflamación del pulmón
pulmotor *m* aparato de respiración artificial
pulóver *m* chaqueta o blusa de punto que se pone comenzando por la cabeza
pulpa *f* parte blanda de las carnes y las frutas
pulpería *f* (Amér.) tienda de comestibles ‖ **pulpero -ra** *mf*
púlpito *m* tribuna en las iglesias, donde predica el sacerdote
pulpo *m* molusco con ocho brazos, que vive de ordinario en el fondo del mar (*Octopus*)
pulque *m* (Méx.) bebida embriagante sacada del jugo del maguey
pulsación *f* acción de pulsar; movimiento periódico o rítmico
pulsador *m* (elec.) botón interruptor
pulsar *tr* tocar, tañer; golpear; tomar

el pulso a; tantear (*un asunto*); *intr* latir (*el corazón o las arterias*)

pulsear *intr* probar (*dos personas*) cuál de ellas tiene más fuerza en las muñecas, asiéndose mutuamente la mano derecha y apoyando los codos sobre una mesa

pulsera *f* cerco de metal u otra materia que las mujeres se ponen en la muñeca; pulsera de cuero u otra materia en que se lleva un pequeño reloj; venda que se aplica al pulso

pulso *m* ritmo de la sangre en las arterias; parte de la muñeca donde se siente; firmeza en la mano; cuidado, tiento

pulular *intr* multiplicarse rápidamente (*insectos, sabandijas, etc.*); abundar

pulverizador *m* aparato para proyectar líquidos en gotas finísimas, mediante aire comprimido

pulverizar §62 *tr* reducir a polvo; reducir (*un líquido*) a partículas muy tenues; rociar con un pulverizador

pulla *f* dicho que hiere a una persona; expresión grosera e indecente ‖ **pullista** *mf*

pum *interj* que expresa ruido, explosión o golpe

puma *m* mamífero carnicero de América (*Felis concolor*)

punción *f* operación que consiste en abrir una cavidad para reconocer o vaciar el contenido ‖ **puncionar** *tr*

puncha *f* púa, espina

punches *mpl* (Hond.) rosetas de maíz

pundonor *m* estado en que consiste la honra o crédito de una persona

pundonoroso -sa *adj* que incluye en sí pundonor; que tiene pundonor

punición *f* castigo

púnico -ca *adj* cartaginés; (fig.) pérfido

punitivo -va *adj* perteneciente al castigo

punta *f* extremo; extremo agudo; lengua de tierra; asta del toro; colilla; parada del perro ante la caza; pequeña cantidad

puntada *f* cada uno de los agujeros que hace la aguja al coser; espacio entre dos de ellos; hilo que los une; alusión que se hace para recordar una cosa

puntal *m* madero hincado en el suelo para sostener una pared; (fig.) apoyo, sostén

puntapié *m* golpe dado con la punta del pie

punteado -da *adj* formado por puntos; *m* acción de puntear; serie de puntos

puntear *tr* marcar puntos en; dar puntadas a; tocar (*la guitarra*) hiriendo las cuerdas con un dedo

puntera *f* remiendo en las medias y calcetines y en los zapatos, de la parte que cubre la punta del pie; (fam.) puntapié

puntería *f* acción de apuntar un arma; destreza del tirador

puntero *m* vara con que se señala una cosa; punzón; aguja del reloj

puntiagudo -da *adj* de punta aguda

puntilla *f* encaje angosto hecho en puntas; cachetero, puñal; **de puntillas** tocando en el suelo sólo con la punta de los pies

puntillazo *m* (fam.) puntapié

puntillero *m* el que remata al toro con el cachetero

puntillo *m* cosa leve en que repara la persona pundonorosa; pundonor exagerado ‖ **puntilloso -sa** *adj*

punto *m* señal de dimensiones poco perceptibles; signo ortográfico que indica el fin de la frase; puntada de costura; manera de enlazar los hilos de ciertas telas; malla de tejido; rotura en un tejido de punto; sitio, lugar; parada de los coches de alquiler; instante, momento; estado, grado; estado perfecto; asunto; medida tipográfica (0,37 mm.); pundonor; unidad de tanteo; (geom.) posición sin extensión

puntuación *f* acción de puntuar

puntual *adj* exacto en ejecutar las cosas a su tiempo; cierto; conveniente ‖ **puntualidad** *f*

puntualizar §62 *tr* grabar con exactitud en la memoria; referir minuciosamente; perfeccionar

puntuar §20 *tr* poner los puntos, comas, puntos y comas, etc. en (*un escrito*)

puntura *f* herida con instrumento o cosa que punza

punzada *f* herida de punta; dolor agudo, repentino y pasajero; dolor interior

punzante *adj* ‖ **punzar** §62 *tr* herir con alfiler, espina, etc.; dar punzadas a; *intr* dar punzadas

punzón *m* instrumento de hierro puntiagudo; instrumento de acero grabado para estampar cuños, matrices, etc.; buril de grabador

puñada *f* golpe dado con el puño cerrado

puñado *m* porción de cualquier cosa que cabe en el puño o la mano; pequeña cantidad

puñal *m* arma corta de acero, que sólo hiere de punta

puñalada *f* golpe dado con el puñal; herida que resulta de este golpe; pesadumbre repentina

puñetazo *m* puñada

puño *m* mano cerrada; puñado; mango de bastón, paraguas, arma blanca, etc.; parte de las prendas de vestir que rodea la muñeca

pupa *f* postilla; erupción en los labios; ninfa del insecto; dolor, en el lenguaje infantil

pupila *f* abertura del centro del iris; huérfana menor de edad, respecto de su tutor; huéspeda; interna

pupilaje *m* estado de pupilo; casa de huéspedes; precio que éstos pagan

pupilo *m* huérfano menor de edad, respecto de su tutor; huésped; interno

pupitre *m* escritorio con tapa inclinada

puré *m* pasta o sopa de patatas, tomates, judías o lentejas cocidas y pasadas por colador

pureza *f* calidad de puro

purga *f* remedio para descargar el vientre; válvula o grifo para evacuar los residuos de algunas operaciones industriales

purgación *f* ‖ purgar §45 *tr* dar una purga a; limpiar, purificar; expiar (*una culpa o delito*); *ref* tomar una purga

purgatorio *m* lugar donde las almas no condenadas al infierno purgan sus pecados; lugar donde se sufre mucho

puridad *f* pureza; secreto; en puridad sin rodeos; en secreto

purificar §72 *tr* limpiar de toda impureza; limpiar de toda mancha o imperfección

Purísima *f* Virgen María

purismo *m* ‖ purista *adj* ‖ *mf* persona que escribe con pureza excesiva

puritanismo *m* tendencia rigorista del protestantismo inglés que no se conformaba con la Iglesia oficial; severidad de principios morales ‖ puritano -na *adj* y *mf*

puro -ra *adj* libre de mezclas o imperfecciones; exento de toda falta; correcto; casto; mero, solo; *m* cigarro

púrpura *f* molusco gasterópodo marino (*Murex*); color rojo que tira a violado; dignidad real, imperial o de cardenal; (poét.) sangre

purpurar *tr* teñir o vestir de púrpura

purpúreo -a *adj* de color de púrpura

purulencia *f* ‖ purulento -ta *adj* que contiene pus

pus *m* materia que secretan los tejidos inflamados, diviesos, llagas, etc.

pusilánime *adj* cobarde, falto de valor ‖ pusilanimidad

pústula *f* vesícula de la piel llena de pus ‖ pustuloso -sa *adj*

puta *f* prostituta

putativo -va *adj* supuesto, falso

putrefacción *f* acción de pudrir

putrefacto -ta *adj* podrido

pútrido -da *adj* podrido; producido por la putrefacción

puya *f* punta de la garrocha

puyazo *m* herida hecha con puya

puyo *m* (Arg.) poncho basto de lana

Q

Q, q *f* vigésima letra del alfabeto

q. abr. de que

q.b.s.m. abr. de que besa su mano

q.b.s.p. abr. de que besa sus pies

q.D.g. abr. de que Dios guarde

q.e.p.d. abr. de que en paz descanse

q.e.s.m. abr. de que estrecha su mano

quántum *m* (*pl.* quanta) (fís.) unidad elemental de energía

que *pron rel* el cual; *conj* sirve para enlazar oraciones subordinadas con el verbo principal; a que (fam.) apuesto a que

qué *adj interr* qué clase de, cuál o cuáles de; *pron interr* qué cosa

quebrada *f* paso estrecho entre montañas

quebradizo -za *adj* que se quiebra fácilmente

quebrado -da *adj* ‖ *mf* persona que ha hecho quiebra; persona que padece hernia; *m* número que expresa partes de la unidad; *f* véase quebrada

quebradura *f* acción de quebrar; grieta, raja; hernia

quebraja *f* grieta, raja

quebrantahuesos *m* (*pl.* -sos) la mayor de las aves de rapiña de Europa (*Gypaëtus barbatus*); (fam.) sujeto muy molesto

quebrantamiento *m* ‖ quebrantar *tr* quebrar, romper; machacar; forzar (*p.ej., la prisión*); suavizar (*un color*); violar, infringir; molestar

quebranto *m* acción de quebrantar; desaliento; dolor, aflicción; grande pérdida

quebrar §1 *tr* romper, rajar, cascar; doblar, torcer; ajar (*el color del rostro*); interrumpir; *intr* ceder; declararse insolvente; *ref* hacerse una hernia

queche *m* barco pequeño de un solo palo e igual proa que popa

queda *f* hora de la noche fijada para que todos se recojan; toque de campana para anunciar esta hora

quedar *intr* permanecer; hallarse; resultar; convenir; haber restos; *ref* permanecer; hospedarse; **quedarse con** retener en su poder

quedo -da *adj* tranquilo; *f* véase queda; **quedo** *adv* en voz baja; con tiento

quehacer *m* tarea, ocupación

queja *f* ‖ **quejar** *ref* expresar el dolor que se siente; manifestar resentimiento

quejicoso -sa *adj* que se queja mucho y sin causa

quejido *m* voz lastimosa motivada por dolor o pena

quejigo *m* árbol común en España y estimado por su bellota (*Quercus lusitanica*)

quejoso -sa *adj* que tiene queja de otro

quejumbroso -sa *adj* que se queja mucho y con poco motivo

quelonio *m* reptil que tiene cuatro extremidades y el cuerpo protegido por una concha

quema *f* acción de quemar; incendio; **a quema ropa** desde muy cerca; sin rodeos

quemar *tr* consumir con fuego; calentar mucho; secar (*el excesivo calor o frío una planta*); causar sensación ardiente en; impacientar; *intr* estar muy caliente; *ref* consumirse con fuego; sentir calor; arder en una pasión

quemazón *f* quema; calor excesivo; (fam.) comezón

quena *f* flauta de los indios de los Andes

quepis *m* (*pl:* -pis) gorra militar con visera

querella *f* disputa; acusación ante un juez

querellar *ref* quejarse; presentar querella

querencia *f* afición, cariño; afición a un sitio; tal sitio

querer §56 *tr* desear; tener cariño a; **querer decir** significar, dar a entender

quermes *m* (*pl:* -mes) insecto que vive en la coscoja y produce agallas que dan un color rojo

quermese *f* reunión en donde se rifan objetos con fin benéfico; verbena, feria nocturna

Queronea *f* antigua ciudad de la Beocia

querub *m* o **querube** *m* (poét.) querubín

querúbico -ca *adj* ‖ **querubín** *m* espíritu celeste; niño hermoso

quesadilla *f* pastel de queso y masa

quesera *f* plato con cubierta en que se guarda el queso

quesería *f* lugar donde se hace o vende queso

quesero -ra *adj* ‖ *mf* persona que hace o vende queso; *f* véase quesera

queso *m* alimento obtenido cuajando la leche, exprimiéndola y echándole sal; **queso helado** helado hecho en molde

quetzal *m* ave trepadora de la América tropical (*Pharomacrus mocinno*); moneda de Guatemala

quevedos *mpl* anteojos que se sujetan en la nariz

quia *interj* ¡nunca!, ¡de ningún modo!

quid *m* esencia, razón

quiebra *f* abertura, grieta; rotura; pérdida, menoscabo; acción de declararse insolvente

quiebro *m* ademán para hurtar el cuerpo; adorno en el canto

quien *pron rel* que, el cual

quién *pron interr* qué persona

quienquiera *pron indef* sea el que fuere

quietismo *m* doctrina según la cual consiste la perfección del alma en el anonadamiento de la voluntad ‖ **quietista** *adj y mf*

quieto -ta *adj* que está sin moverse; tranquilo, sosegado ‖ **quietud** *f*

quijada *f* cada uno de los huesos en que están encajados los dientes; cada una de las dos piezas en una herramienta que están destinadas a sujetar

quijones *m* planta umbelífera aromática (*Scandix australis*)

quijotada *f* (fam.) acción propia de un quijote

quijote *m* hombre que muestra excesivo amor a lo ideal; hombre que se mete a juzgar cosas que no le importan; hombre ridículamente serio y grave ‖ **quijotesco** -ca *adj*

quilate *m* unidad de peso para las perlas y piedras preciosas (205 mg.); cada una de las veinticuatro partes de oro fino que contiene una mezcla

quilífero -ra adj (vaso linfático de los intestinos) que absorbe el quilo

quilo m líquido absorbido por la mucosa intestinal durante la digestión; kilo

quilogramo m kilogramo

quilolitro m kilolitro

quilómetro m kilómetro

quilla f pieza que forma la base del barco o del dirigible

quimera f monstruo fabuloso con cabeza de león y cola de dragón; creación imaginaria e imposible; pendencia, riña

quimérico -ca adj fabuloso, imaginario; que se forja quimeras

quimerista adj y mf amigo de quimeras; aficionado a pendencias o riñas

químico -ca adj perteneciente a la química; mf persona que se dedica a la química; f ciencia que estudia la constitución de las substancias a partir de los elementos, sus propiedades, reacciones y transformaciones

quimicultura f cultivo de las plantas en agua o arena, agregando substancias químicas que constituyen el alimento del vegetal

quimioterapia f tratamiento de las enfermedades por substancias químicas

quimismo m acción química

quimo m masa en que se transforman los alimentos en el estómago por la digestión

quimógrafo m instrumento para medir y registrar gráficamente las variaciones de la presión de un fluido

quimono m bata japonesa o hecha a su semejanza, que usan las mujeres

quina f corteza medicinal del quino

quincalla f conjunto de objetos de metal, como tijeras, dedales, imitaciones de joyas

quincallería f || quincallero -ra mf persona que fabrica o vende quincalla

quince adj || diez más cinco

quincena f espacio de quince días

quincenal adj que se repite cada quincena; que dura una quincena

quincuagésimo -ma adj || m o f cada una de las cincuenta partes iguales en que se divide un todo; persona o cosa que sigue a la cuadragésima nona

quinescopio m kinescopio

quiniela f juego de pelota entre cinco jugadores; sistema de apuestas mutuas del fútbol

quinientos -tas adj || quinientos m cinco veces ciento

quinina f alcaloide febrífugo que se extrae de la quina

quino m árbol rubiáceo americano (Cinchona)

quinola f cuatro cartas de un palo; (fam.) extravagancia

quinqué m lámpara de petróleo con tubo de cristal y pantalla

quinquenal adj que se repite cada quinquenio; que dura un quinquenio

quinquenio m espacio de cinco años

quinta f casa de campo; acceso de tos; reemplazo para el ejército; (mús.) intervalo de cinco grados

quintacolumnista m persona que forma parte de la quinta columna

quintaesencia f última esencia o extracto de algo; lo más íntimo y puro de una cosa

quintal m peso de cuatro arrobas o cien libras

quintar tr sacar por suerte (uno) de cada cinco; sacar por suerte (los mozos) para el ejército

quinteto m obra musical para cinco voces o instrumentos; conjunto de cinco músicos que la ejecutan

Quintiliano m retórico y orador romano (n. hacia el año 42 d. de J.C.)

quintilla f combinación métrica de cinco versos octosílabos

quintillizo -za mf cada uno de cinco hermanos gemelos

quinto -ta adj || m o f cada una de las cinco partes iguales en que se divide un todo; persona o cosa que sigue a la cuarta; m mozo a quien le toca ser soldado; f véase quinta

quintuplicar §72 tr multiplicar por cinco

quíntuplo -pla adj cinco veces mayor

quinzavo -va adj || m o f cada una de las quince partes en que se divide un todo

Quío f isla griega del Archipiélago || quío -a adj y mf

quiosco m edificio pequeño en parajes públicos para vender periódicos, flores, fósforos, etc.; pabellón de estilo oriental en parques, jardines, etc; quiosco de necesidad retrete público

quiquiriquí m (pl: -quíes) voz imitativa del canto del gallo; (fam.) persona que quiere gallear

Quirinal m una de las siete colinas de la antigua Roma; el Estado italiano

quirófano m sala de operaciones quirúrgicas

quiromancia *f* adivinación supersticiosa por las rayas de la mano ‖ **quiromántico -ca** *adj y mf*

Quirón *m* (mit.) el más sabio y más justo de todos los centauros

quiropodia *f* tratamiento de las afecciones del pie ‖ **quiropodista** *mf*

quiropráctico -ca *adj* ‖ *f* tratamiento de las enfermedades por la manipulación de los órganos, esp. de la columna vertebral ‖ **quiropractor** *m*

quiróptero -ra *adj* ‖ *m* mamífero nocturno de alas membranosas, como el murciélago

quirúrgico -ca *adj* perteneciente a la cirugía

quisicosa *f* (fam.) cosa difícil de averiguar

quisquilla *f* dificultad de poca monta; camarón

quisquilloso -sa *adj* delicado con exceso; que se agravia o se ofende fácilmente

quistar *ref* hacerse querer

quiste *m* vejiga membranosa que se forma en algunas regiones del cuerpo y contiene substancias líquidas o semisólidas

quitamanchas (*pl:* -chas) *mf* persona que quita las manchas de la ropa; *m* producto que sirve para quitar las manchas

quitamotas *mf* (*pl:* -tas) (fam.) persona servilmente obsequiosa

quitanieves *m* (*pl:* -ves) aparato para quitar la nieve de las calles y caminos y esp. de las vías férreas

quitapón *m* adorno con borlas que se pone a la cabeza de las caballerías; **de quitapon** que fácilmente se quita y se pone

quitar *tr* apartar, separar, retirar; hurtar; impedir; despojar; ahorrar; *ref* apartarse; desvestirse (*una prenda de vestir*); tise

quitasol *m* utensilio a modo de paraguas para resguardarse del sol

quite *m* acción de quitar o estorbar; suerte que ejecuta un torero para librar al picador del toro

quiteño -ña *adj y mf* ‖ **Quito** *f* capital del Ecuador

quizá o **quizás** *adv* tal vez

quórum *m* (*pl:* -rum) número de individuos necesario para que tome ciertos acuerdos un cuerpo deliberante

R

R, r *f* vigésima primera letra del alfabeto

R. abr. de reprobado (*en examen*), respuesta, Reverencia y Reverendo

rabadán *m* mayoral que gobierna la cabaña y manda a los demás pastores

rabadilla *f* extremidad inferior de la columna vertebral

rabanillo *m* hierba perjudicial para los sembrados (*Raphanus raphanistrum*)

rábano *m* planta crucífera (*Raphanus sativus*); su raíz comestible

rabear *intr* menear el rabo

rabel *m* antiguo instrumento músico que se tocaba con un arco

rabí *m* (*pl:* -bies) maestro de la ley, entre los judíos; ministro del culto israelita

rabia *f* cólera, ira; hidrofobia

rabiar *intr* encolerizarse; sentir dolores agudos; padecer rabia; **rabiar por** desear con vehemencia

rabieta *f* (fam.) acceso pasajero de cólera sin motivo

rabihorcado *m* ave palmípeda de cola ahorquillada (*Fregata aquila*)

rabillo *m* pecíolo; pedúnculo; **rabillo del ojo** extremidad exterior del ojo

rabínico -ca *adj* ‖ **rabino** *m* rabí

rabión *m* corriente impetuosa de un río en los parajes estrechos

rabioso -sa *adj* colérico; que padece rabia

rabo *m* cola de ciertos animales; pecíolo; pedúnculo; cosa que cuelga; extremidad exterior del ojo

rabón -bona *adj* que no tiene rabo; que tiene corto el rabo; **hacer rabona** (fam.) hacer novillos

rabosear *tr* ajar, manosear

rabotada *f* (fam.) grosería

rabudo -da *adj* de rabo grande

racial *adj* perteneciente a la raza

racimo *m* grupo de uvas o granos de la vid, o de flores o frutos que tienen un mismo pie; grupo análogo de cosas menudas arracimadas

raciocinar *intr* razonar, hacer uso de la razón ‖ **raciocinio** *m*

ración *f* porción de alimento; asignación diaria de dinero

racional *adj* conforme a la razón; (*ser*) dotado de razón

racionalismo *m* doctrina que todo lo funda en la razón ‖ **racionalista** *adj y mf*

racionalización *f* organización del trabajo con vistas a un mayor rendimiento

racionar *tr* distribuir raciones a; limitar la cantidad de (*alimento, combustible, etc. que se puede adquirir*)

racismo *m* doctrina o programa de la superioridad de ciertas razas sobre las demás

racha *f* golpe súbito y corto de viento; (fam.) breve período de fortuna o de suerte

rada *f* ensenada natural o artificial

radar *m* aparato de detección por medio de ondas electromagnéticas que permite percibir y localizar aviones, barcos, obstáculos, etc.

radaroscopio o **radarscopio** *m* osciloscopio usado en las exploraciones por medio del radar

radiación *f* acción de radiar; energía radiada

radiactividad *f* ‖ **radiactivo -va** *adj* que emite radiaciones procedentes de los núcleos atómicos de ciertos elementos

radiador *m* unidad de calefacción compuesta de tubos por donde circulan agua o vapor calientes; aparato refrigerante de los motores de explosión

radial *adj* perteneciente al radio de círculo; radiotelefónico

radián *m* ángulo cuyo arco correspondiente tiene una longitud igual al radio

radiante *adj* que radia; brillante de placer

radiar *tr* emitir (*rayos de luz, calor, etc.*); difundir o transmitir por la radio; *intr* emitir rayos de luz, calor, etc.

radicación *f* acción de radicar; (mat.) operación que tiene por objeto hallar la base desconocida de una potencia

radical *adj* perteneciente a la raíz; fundamental; completo; extremado, excesivo; *mf* partidario de reformas extremas, esp. en sentido democrático; *m* (gram.) parte que queda de un vocablo al quitarle la desinencia; (mat.) signo con que se indica la extracción de raíces; (quím.) átomo o grupo de átomos que se considera como base para formar combinaciones

radicalismo *m* conjunto de ideas de los partidarios de reformas extremas; modo extremado de tratar los asuntos

radicar §72 *intr* arraigar; estar, hallarse; *ref* arraigar

radiestesia *f* supuesta sensibilidad que permite localizar aguas subterráneas, venas minerales, objetos perdidos, etc. ‖ **radiestesista** *mf*

radio *m* rayo de rueda; recta que va del centro del círculo a la circunferencia; hueso que con el cúbito forma el antebrazo; zona, sector; radiograma; cuerpo simple radiactivo (*símbolo* Ra; *núm. atómico* 88; *peso atómico* 226,05); radio de acción distancia máxima a la que pueden apreciarse los efectos de una fuerza, o a la que puede llegar un buque o avión sin repostarse de combustible; *f* radiodifusión; radiorreceptor

radiocobalto *m* cobalto radiactivo, usado en el tratamiento del cáncer

radiodifundir *tr* difundir o transmitir por la radio ‖ **radiodifusión** *f*

radioelemento *m* cualquier cuerpo simple radiactivo

radioescucha *mf* radioyente

radiofaro *m* (aer.) emisora automática que permite a los aviones localizar los aeropuertos y orientarse con mayor seguridad

radiofonía *f* producción del sonido por la energía radiante; radiotelefonía ‖ **radiofónico -ca** *adj*

radiofrecuencia *f* frecuencia mayor que las que el oído puede percibir

radiogoniómetro *m* receptor para determinar, en función de los ángulos e intensidades de las ondas, la situación de una nave o avión

radiografía *f* fotografía obtenida por los rayos X ‖ **radiográfico -ca** *adj*

radiograma *m* telegrama transmitido por radiotelegrafía

radiogramola *f* combinación de un gramófono y un radiorreceptor

radioisótopo *m* isótopo radiactivo

radiolario *m* protozoo con seudópodos y esqueleto interno

radiología *f* estudio de la energía radiante y sus aplicaciones médicas ‖ **radiológico -ca** *adj* ‖ **radiólogo -ga** *mf*

radiomutación *f* mutación producida en las especies animales y vegetales por la radiactividad

radiorreceptor *m* aparato para recoger las señales emitidas por el radiotransmisor

radioscopia *f* examen del interior de un cuerpo por medio de los rayos X

radiotelefonía f telefonía sin hilos ‖ **radiotelefónico -ca** adj

radiotelegrafía f telegrafía sin hilos ‖ **radiotelegrafiar** §76 tr ‖ **radiotelegráfico -ca** adj

radioterapia f empleo de los rayos X y del radio para el tratamiento del cáncer y otras enfermedades

radiotransmisor m aparato para transmitir comunicaciones radiotelefónicas o radiotelegráficas

radioyente mf oyente de radiotelefonía

radón m cuerpo simple que nace en la desintegración del radio (símbolo Rn; núm. atómico 86; peso atómico 222)

raedura f ‖ **raer** §57 tr raspar; quitar (pelos, vello); rasar; extirpar

Rafael m nombre propio de varón

ráfaga f golpe súbito y corto de viento; golpe de luz instantáneo; serie de disparos sin interrupción de una ametralladora

raído -da muy gastado por el uso; descarado

raigón m raíz de muela o diente

rail m carril de vía

Raimundo m nombre propio de varón

raíz f (pl: -íces) parte de las plantas que se desarrolla bajo tierra; origen, principio; (gram.) palabra primitiva de una lengua; (mat.) cantidad que, multiplicada por sí misma cierto número de veces, da una cantidad determinada; **a raíz de cerca de**; acto seguido de

raja f hendedura; astilla; pedazo cortado a lo largo o a lo ancho de un melón, sandía, etc.

rajá m (pl: -jaes) soberano hindú

rajar tr agrietar, hender; dividir en rajas; intr (fam.) mentir, jactarse; ref (fam.) faltar a su palabra

ralea f raza, linaje; calidad, clase

ralear intr hacerse ralo; descubrir (una persona) su mala ralea

raleza f ‖ **ralo -la** adj (cosa) cuyas partes están separadas más de lo regular

rallador m utensilio de cocina para rallar

rallar tr desmenuzar (pan, queso, etc.) restregándolo con el utensilio apropiado

rallo m rallador; lima de dientes muy gruesos; alcarraza

rama f parte que nace del tronco de una planta; serie de personas descendientes del mismo tronco; parte de una cosa que se deriva de otra principal; **en rama** (lo no manufacturado); (ejemplares) no encuadernados aún

Ramadán, el noveno mes del año lunar mahometano, durante el cual se observa riguroso ayuno

ramaje m conjunto de ramas

ramal m cada uno de los cabos de que se compone una cuerda, trenza, etc.; cabestro, ronzal; parte que arranca de otra principal

ramalazo m golpe dado con el ramal y señal que deja; dolor repentino; pesar inesperado

rambla f lecho arenoso de las aguas pluviales; bulevar, paseo

ramera f prostituta

ramificar §72 tr dividir en ramas; ref dividirse en ramas

ramillete m ramo pequeño de flores formado artificialmente; plato de dulces; centro de mesa

ramio m planta textil (Boehmeria nivea)

ramo m rama que sale de otra más grande; manojo de flores; cada una de las partes en que se divide una ciencia, arte, industria, comercio; enfermedad ligera

ramonear intr cortar las ramas delgadas de los árboles; pacer (los animales) las puntas de las ramas

ramoso -sa adj que tiene muchas ramas

rampa f plano inclinado; calambre

ramplón -plona adj tosco, grosero; desaliñado

rampollo m rama cortada del árbol para plantarla

Ramsés m nombre de varios faraones de Egipto

rana f anfibio sin cola, de piel lisa, ojos saltones y patas largas

rancidez f o **ranciedad** f ‖ **rancio -cia** adj (vino o comestible grasiento) que con el tiempo adquieren sabor y olor más fuertes; anticuado, antiguo

ranchería f conjunto de ranchos o chozas

ranchero m el que guisa el rancho

rancho m comida hecha para muchos en común; lugar despoblado donde acampan varias personas o familias; choza; (Amér.) granja donde se cría ganado

randa m (fam.) granuja, pillo; f encaje algo grueso

rango m clase, categoría; (Amér.) situación social elevada

Rangún f capital de Birmania

ranunculáceo -a adj perteneciente a los dicotiledones de hojas simples, flores de colores brillantes y fruto seco y carnoso, como la anemona, el acónito, la peonía

ranúnculo *m* planta ranunculácea de flores amarillas

ranura *f* surco que se abre en una tabla, piedra, etc.

raño *m* garfio para arrancar de las peñas ostras y otros mariscos; pez marino (*Scorpaena scrofa*)

rapabarbas *m* (*pl:* -bas) (fam.) barbero

rapacidad *f* calidad de rapaz

rapapiés *m* (*pl:* -piés) buscapiés

rapapolvo *m* (fam.) reprensión áspera

rapar *tr* afeitar; cortar el pelo de (*la cabeza*) al rape; (fam.) arrebatar, hurtar

rapaz (*pl:* -paces) *adj* inclinado al robo; ávido de ganancia; (*ave*) de rapiña; *mf* muchacho joven

rape *m* (fam.) rasura o corte del pelo hecho muy aprisa; **al rape** casi a raíz

rapé *m* tabaco en polvo

rapidez *f* ‖ **rápido** -da *adj* veloz; *m* tren rápido; rabión

rapiña *f* robo con violencia

rapiñar *tr* (fam.) arrebatar, hurtar

raposa *f* zorra; (fam.) persona astuta

raposear *intr* usar de ardides o trampas

raposo *m* zorro; (fam.) hombre astuto

rapsodia *f* trozo de un poema épico; composición musical formada de fragmentos de otras obras o de aires populares

raptar *tr* llevarse (*a una mujer o un niño*) por la violencia

rapto *m* acción de raptar; arrebato, impulso; éxtasis

raptor -tora *mf* persona que rapta a un niño; *m* hombre que rapta a una mujer

raque *m* rebusca de objetos perdidos en las costas por algún naufragio ‖ **raquear** *intr*

Raquel *f* nombre propio de mujer; (Bib.) esposa de Jacob

raqueta *f* aro de madera cubierto de red para jugar al volante, al tenis, etc.; calzado parecido a la raqueta; utensilio con que se recoge el dinero en las mesas de juego

raquis *m* (*pl:* -quis) espinazo

raquítico -ca *adj* que padece raquitis; mezquino, débil

raquitis *f* o **raquitismo** *m* enfermedad infantil de la nutrición ósea

raramente *adv* de un modo extravagante; rara y

rarefacción *f* ‖ **rarefacer** §41 *tr* enrarecer

rareza *f* ‖ **raro** -ra *adj* poco frecuente; de poca densidad; extravagante

ras *m* igualdad de nivel de las cosas; **a ras** casi rozando

rasar *tr* igualar con el rasero; pasar rozando; *ref* ponerse raso o limpio

rascacielos *m* (*pl:* -los) edificio altísimo

rascar §72 *tr* refregar con una cosa áspera o aguda; raer con las uñas; limpiar rascando

rascatripas *mf* (*pl:* -pas) (fam.) mal violinista

rasero *m* palo para rasar las medidas de los áridos

rasgado -da *adj* muy grande, muy abierto

rasgar §45 *tr* romper, hacer pedazos (*papel, tejidos, etc.*)

rasgo *m* línea en la escritura; acción notable; facción del rostro; atributo, carácter; chiste, agudeza

rasgón *m* rotura de una tela

rasguear *tr* tocar (*la guitarra*) pasando la mano por varias cuerdas a un tiempo; *intr* hacer rasgos con la pluma ‖ **rasgueo** *m*

rasguñar *tr* arañar ‖ **rasguño** *m*

raso -sa *adj* llano; despejado; que pasa a poca altura del suelo; que carece de título que lo distinga; (*asiento*) sin respaldo; *m* tela de seda lustrosa; **al raso** a cielo descubierto

raspa *f* espina de pescado; arista del grano; escobajo de las uvas

raspar *tr* raer ligeramente; rozar; picar (*al paladar el vino*); hurtar

raspear *intr* correr con aspereza (*la pluma*)

raspilla *f* planta de hojas ásperas y flores azules (*Asperugo procumbens*)

rasqueta *f* planchuela de hierro con mango que sirve para raer y limpiar; (Amér.) almohaza

rastra *f* rastro; narria; grada (*instrumento agrícola*); señal que deja la cosa arrastrada; cosa que va colgando y arrastrando

rastracueros *m* (*pl:* -ros) (fam.) individuo enriquecido en el comercio de cueros; (fam.) individuo ostentoso cuyos recursos se ignoran; (fam.) estafador

rastrear *tr* seguir el rastro de, buscar por el rastro; arrastrar; llevar arrastrando por el fondo del agua; averiguar; *intr* trabajar con el rastro; ir volando casi tocando el suelo

rastrero -ra *adj* que va arrastrando; que vuela casi tocando el suelo; bajo, vil, despreciable

rastrillar *tr* recoger o limpiar con el rastrillo; limpiar (*el lino o cáñamo*) de la arista o estopa

rastrillo *m* rastro; instrumento que sirve para limpiar el lino o el cáñamo; verja levadiza para defender la entrada de los fuertes

rastro *m* instrumento agrícola formado por un mango largo con un travesaño armado de dientes; señal que deja la cosa arrastrada; señal, huella, vestigio; el Rastro mercado de cosas viejas en Madrid; **rastro de condensación** (aer.) estela de vapor

rastrojar *tr* arrancar el rastrojo de (*un campo*)

rastrojo *m* residuo que queda en el campo de las cañas de la mies; el campo después de segada la mies

rasurar *tr* afeitar; *ref* afeitarse

rata *f* roedor de cola larga que vive en edificios y embarcaciones; *m* (fam.) ratero

ratafía *f* rosoli de cerezas o guindas

rataplán *m* voz con que se imita el sonido del tambor

ratería *f* ‖ **ratero -ra** *adj* ‖ *mf* ladrón que hurta cosas de poco valor, o de los bolsillos

ratificación *f* ‖ **ratificar** §72 *tr* aprobar o confirmar (*lo dicho por otro o por uno mismo*)

rato *m* espacio de tiempo de corta duración

ratón *m* roedor, semejante a la rata, pero más pequeño

ratonar *tr* morder (*el ratón pan, queso, etc.*); *ref* enfermar (*el gato*) por haber comido muchos ratones

ratonera *f* trampa para cazar ratones; madriguera de ratones; agujero que hace el ratón

raudal *m* corriente violenta de agua; abundancia

raudo -da *adj* rápido, veloz, violento

ravioles *mpl* pequeños cuadros de masa con carne picada que se sirven con salsa y queso rallado

raya *f* línea; tira, lista; guión largo; banda del espectro; señal que divide los cabellos; término, límite; pez marino comestible de cuerpo aplastado, que vive en el fondo del agua; **a raya** dentro de los justos límites

rayano -na *adj* que linda con otra cosa; que está en la raya que divide

rayar *tr* hacer rayas en; tachar con rayas; subrayar; *intr* confinar; asemejarse; sobresalir; empezar (*el alba, el día*)

rayo *m* línea de luz; fuego eléctrico que se produce entre dos nubes o entre una nube y la tierra; cada una de las piezas que unen el cubo a las pinas de la rueda; desgracia imprevista; persona muy pronta en sus acciones; (fís.) línea que sigue la onda de energía radiante; (fís.) corriente de partículas que emite una substancia radiactiva; **rayos X** rayos electromagnéticos de onda muy corta que tienen la propiedad de atravesar los cuerpos opacos a la luz ordinaria

rayón *m* fibra textil artificial fabricada a partir de la celulosa

rayuela *f* juego que consiste en tirar monedas o tejos a una raya en el suelo

raza *f* casta; origen, linaje; cada uno de los grupos en que se subdividen algunas especies; cada una de las grandes divisiones biológicas de los seres humanos; grieta; lista clara en un tejido

razón *f* facultad de pensar y juzgar; expresión del pensamiento; juicio; argumento, prueba; motivo, causa; justicia, derecho; cuenta; cantidad medida por otra cosa tomada como unidad; (mat.) relación entre dos cantidades; **a razón de** al precio de; al tipo de (*interés, descuento, etc.*); a la velocidad de; **razón social** nombre de una casa de comercio

razonable *adj* conforme a razón; mediano, bastante grande

razonar *tr* exponer las razones de; *intr* pensar lógicamente; hablar dando razones para probar una cosa

R.D. abr. de Real Decreto

Rda.M. abr. de Reverenda Madre

Rdo.P. abr. de Reverendo Padre

rea *f* mujer acusada de un delito; (*cap.*) *f* (mit.) esposa de Cronos y madre de Zeus; **Rea Silvia** (mit.) madre de Rómulo y Remo

reacción *f* acción contraria a otra; acción que produce un cuerpo sobre otro; respuesta a un estímulo; en política, tendencia opuesta a innovaciones; sistema de propulsión aérea basado en la fuerza de un chorro de gases que sale por la parte posterior del aparato; **reacción en cadena** reacción entre átomos que desencadena la misma reacción entre átomos vecinos

reaccionar *intr* responder a un estímulo

reaccionario -ria *adj* ‖ *mf* persona opuesta a las innovaciones

reacio -cia *adj* terco, porfiado

reactancia *f* (elec.) oposición que encuentra la corriente alterna, debida a la inductancia o la capacidad

reactivo *m* substancia usada para producir una reacción característica en los análisis químicos

reactor *m* pila atómica en que se puede controlar una reacción en cadena

real *adj* que tiene existencia verdadera; perteneciente al rey; muy bueno, muy hermoso; *m* campamento de un ejército; campo de una feria; cuarto de peseta

realce *m* adorno de relieve; brillo, lustre

realeza *f* dignidad real

realidad *f* existencia verdadera; cosa real; verdad

realimentación *f* (electrón.) fenómeno que se produce cuando parte de la energía del circuito de ánodo vuelve nuevamente a introducirse por el circuito de rejilla de la misma válvula

realismo *m* actitud de tomar las cosas tales como realmente son; doctrina filosófica que enseña que lo real existe independientemente de nuestro conocimiento; doctrina estética que hace consistir la belleza artística en la imitación de la naturaleza; doctrina favorable a la monarquía; partido que profesa dicha doctrina ‖ **realista** *adj y mf*

realizar §62 *tr* hacer, efectuar; convertir en dinero; dirigir (*una película*)

realzar §62 *tr* labrar de realce; elevar (*una cosa*) más de lo que estaba; engrandecer, dar brillo a

reanimar *tr* confortar; infundir ánimo a (*la persona que está abatida*)

reanudar *tr* continuar (*lo interrumpido*)

rearmar *tr* volver a armar; equipar con nuevo armamento ‖ **rearme** *m*

reata *f* hilera de caballerías; cuerda o correa que las une

rebaba *f* resalto que se forma en ciertos objetos de metal vaciados

rebaja *f* ‖ **rebajar** *tr* hacer más bajo el nivel o la altura de; disminuir; abatir, humillar; *ref* humillarse; quedar dispensado del servicio militar

rebalsa *f* agua estancada

rebalsar *tr* detener y estancar (*las aguas corrientes*) ‖ **rebalse** *m*

rebanada *f* porción delgada que se corta de una cosa

rebanar *tr* cortar en rebanadas; cortar de una parte a otra

rebaño *m* hato de ganado; congregación de fieles

rebasar *tr* exceder; pasar más allá de

rebatir *tr* batir de nuevo; rechazar; rebajar; refutar

rebato *m* convocación de los habitantes de un pueblo por medio de toque o señal; alarma; ataque repentino

rebeca *f* chaqueta de lana tejida; (*cap.*) *f* (Bib.) madre de Esaú y de Jacob

rebelar *ref* levantarse contra la autoridad; oponer resistencia

rebelde *adj* que se rebela; indócil, duro; *mf* persona que se rebela

rebeldía *f* calidad de rebelde

rebelión *f* acción de rebelarse

rebenque *m* (mar.) cuerda corta; (Arg.) látigo de jinete

reblandecer §19 *tr* poner blando

rebollo *m* especie de roble (*Quercus cerris*)

reborde *m* borde saliente

rebosar *intr* derramarse (*un líquido*) por encima de los bordes de un recipiente; abundar con exceso; rebosar de o en tener en abundancia

rebotar *tr* redoblar la punta de (*una cosa aguda*); *intr* botar varias veces ‖ **rebote** *m*

rebotica *f* pieza que está detrás de la botica; trastienda

rebozar §62 *tr* cubrir (*el rostro*) con la capa o el manto; bañar (*una vianda*) en huevo, harina, etc.

rebozo *m* modo de llevar una prenda cuando con ella se cubre el rostro; simulación, pretexto

rebujina *f* (fam.) alboroto, bullicio

rebullir §13 *intr y ref* empezar a moverse (*lo que estaba quieto*)

rebuscado -da *adj* que adolece de afectación, falto de naturalidad

rebuscar §72 *tr* escudriñar; recoger (*lo que queda en los campos después de la recolección*)

rebuznar *intr* ‖ **rebuzno** *m* voz del asno

recabar *tr* alcanzar, conseguir (*lo que se desea*)

recadero -ra *mf* persona que por oficio lleva recados

recado *m* comisión, mandado; mensaje verbal; provisión diaria; precaución, seguridad; presente, regalo; conjunto de objetos necesarios para una cosa

recaer §15 *intr* volver a caer; reincidir; volver a caer enfermo; **recaer en** venir a parar en

recaída *f* reincidencia; segunda caída en una enfermedad

recalar *tr* empapar, mojar; *intr* llegar (*un buque*) a la vista de la costa

recalcar §72 *tr* apretar mucho; llenar mucho; decir (*las palabras*) con énfasis exagerada; *intr* inclinarse (*un buque*) sobre la máxima de un balance; *ref* repetir mucho una cosa; arrellanarse recalcitrante *adj* obstinado, terco

recalentar §1 *tr* volver a calentar; calentar demasiado

recalzar §62 *tr* arrimar tierras alrededor de (*las plantas*); reparar los cimientos de (*un edificio*)

recamado *m* ‖ recamar *tr* bordar de realce

recámara *f* cuarto detrás de la cámara; parte de la culata en que se aloja la carga de proyección; (fam.) cautela, prudencia

recambiar *tr* cambiar de nuevo; (com.) volver a girar (*la letra no pagada*)

recambio *m* acción de recambiar; lo que sirve para cambiar; pieza nueva de una máquina que se tiene en reserva

recancanilla *f* modo de andar los muchachos fingiendo que cojean; (fam.) modo de hablar recalcando las palabras

recapacitar *tr* recorrer en la memoria

recapitular *tr* repetir sumariamente, resumir

recargar §45 *tr* volver a cargar; hacer nuevo cargo a; agravar (*una cuota de impuesto*); adornar con exceso; *ref* tener aumento de calentura ‖ recargo *m*

recatado -da *adj* cauto, circunspecto; honesto, modesto

recatar *tr* ocultar; *ref* ocultarse; mostrar recelo en tomar una resolución

recato *m* calidad de recatado

recauchutaje *m* ‖ recauchutar *tr* reponer la parte de caucho gastada en (*un neumático*)

recaudación *f* ‖ recaudador -dora *mf* ‖ recaudar *tr* cobrar (*impuestos o tributos*)

recaudo *m* acción de recaudar; precaución, cuidado; custodia; a buen recaudo en seguro, bien custodiado

recazo *m* guarnición de la espada; parte del cuchillo opuesta al filo

recelar *tr* temer, sospechar; *intr y ref* tener miedo ‖ recelo *m* ‖ receloso -sa *adj*

recensión *f* texto revisado; exposición crítica o literaria

recental *adj* (*cordero o ternero*) que no ha pastado aún

recepción *f* acción de recibir; admisión en un empleo, sociedad, etc.; reunión en que los invitados desfilan delante de un invitado de honor

receptáculo *m* cavidad que puede contener algo

receptividad *f* ‖ receptivo -va *adj* que

es capaz de recibir; apto para contraer ciertas enfermedades

receptor -tora *adj* ‖ *m* aparato que recibe las señales telefónicas, telegráficas o radiotelefónicas

receta *f* nota que indica el modo de hacer una cosa; prescripción médica

recetar *tr* prescribir (*un medicamento*)

recibimiento *m* acción de recibir; acogida; antesala; reunión en que una persona recibe a sus amistades

recibir *tr* admitir, aceptar; cobrar; aprobar; hacer frente a; salir al encuentro de; padecer (*un daño*); *intr* admitir visitas

recibo *m* acción de recibir; documento en que se declara haber recibido algo

recién *adv* recientemente, poco tiempo antes

reciente *adj* que acaba de suceder o hacerse

recinto *m* espacio comprendido dentro de determinados límites

recio -cia *adj* fuerte, robusto; grueso; áspero, duro; riguroso; veloz, impetuoso

recipiente *m* receptáculo

reciprocidad *f* correspondencia mutua

recíproco -ca *adj* igual en la correspondencia de uno a otro; (gram.) (*verbo*) que expresa la acción mutua entre dos o más personas o cosas

recitación *f* acción de recitar

recitado *m* (mús.) canto que imita la declamación hablada

recitar *tr* referir de memoria y en voz alta (*versos, lecciones, etc.*); decir (*un discurso u oración*)

reclamar *tr* exigir con derecho; pedir con instancia; llamar repetidamente; *intr* clamar, protestar

reclamo *m* ave amaestrada con que se atrae a otras de su especie; instrumento con que se imita la voz de las aves; llamada; cosa que atrae; anuncio, propaganda

reclinar *tr* inclinar y apoyar (*el cuerpo o parte de él*); *ref* tenderse para descansar

reclinatorio *m* mueble para arrodillarse y orar

recluir §27 *tr* encerrar, aprisionar ‖ reclusión *f* ‖ recluso -sa *adj y mf*

recluta *m* mozo alistado para el servicio militar; *f* acción de reclutar

reclutar *tr* alistar (*mozos*) para el servicio militar; alistar (*personas*) para algún fin

recobrar *tr* volver a adquirir; *ref* volver en sí ‖ recobro *m*

recocer §17 *tr* volver a cocer; cocer demasiado; calentar al rojo y en-

friar lentamente (*metal, vidrio, etc.*)
recodo *m* ángulo que hace una calle, camino, río, etc.
recoger §35 *tr* coger (*una cosa caída*); juntar (*lo que estaba separado*); cosechar; acoger; guardar; encoger, estrechar; *ref* retirarse
recogido -da *adj* que vive retirado del trato social; modesto; *f* acción de recoger
recolectar *tr* recoger (*frutos, cosechas, fondos*)
recoleto -ta *adj* que vive en retiro; que viste modestamente
recomendación *f* ‖ recomendar §1 *tr* encargar, encomendar; hablar en favor de
recompensa *f* ‖ recompensar *tr* compensar; remunerar; premiar
recomponer §55 *tr* volver a componer; reparar, concertar ‖ recomposición *f*
reconcentrar *tr* introducir; reunir; disimular (*un sentimiento*); *ref* ensimismarse
reconciliación *f* ‖ reconciliar *tr* restablecer la concordia entre
reconditez *f* (*pl*: -teces) (fam.) ‖ cosa escondida
recóndito -ta *adj* escondido; abstruso, profundo
reconfortar *tr* confortar, reanimar, fortalecer
reconocer §19 *tr* distinguir (*a una persona o cosa que se había conocido antes*); distinguir por ciertos caracteres; admitir como cierto; confesar; examinar con cuidado; tantear (*la fuerza enemiga*)
reconocido -da *adj* agradecido
reconocimiento *m* acción de reconocer; gratitud
reconquista *f* acción de reconquistar; la Reconquista expulsión de los moros de España (1492)
reconquistar *tr* volver a conquistar
reconstituyente *adj* ‖ *m* remedio que despierta la actividad de los órganos
reconstruir §27 *tr* volver a construir
recontar §63 *tr* volver a contar; referir
reconvención *f* ‖ reconvenir §78 *tr* hacer cargo a (*una persona*) arguyéndole con sus propios actos o palabras
reconvertir §48 *tr* devolver a su estado o destino anterior
recopilación *f* compilación; compendio
recopilar *tr* compilar
record *m* (*pl*: -cords) (dep.) resultado superior a todos los obtenidos anteriormente; batir el record superar la marca anterior

recordar §63 *tr* traer a la memoria (*una cosa*); hacer pensar en (*lo pasado; una obligación*); *intr* traer algo a la memoria; volver en sí
recordatorio *m* advertencia para hacer recordar algo
recordman *m* (dep.) poseedor de un record
recorrer *tr* atravesar de un cabo a otro; transitar por; leer ligeramente; registrar; reparar (*lo deteriorado*)
recorrido *m* acción de recorrer; espacio que se recorre; carrera del émbolo del motor de explosión; reparación; represión
recortado *m* figura recortada de papel
recortar *tr* cortar (*lo que sobra de una cosa*); cortar con arte (*papel u otra cosa*) en figuras; *ref* resaltar, destacar
recorte *m* acción de recortar; cosa recortada; noticia breve de un periódico; movimiento repentino para evitar un golpe; recortes *mpl* trozos que sobran de algo recortado
recoser *tr* remendar, zurcir ‖ recosido *m*
recostar §63 *tr* reclinar (*la parte superior del cuerpo el que está de pie o sentado*); inclinar
recova *f* comercio de huevos, gallinas, etc.
recoveco *m* vuelta que da una calle, arroyo, camino, etc.; artificio, rodeo
recreación *f* acción de recrear; diversión para alivio del trabajo
recrear *tr* crear de nuevo; divertir, entretener ‖ recreativo -va *adj*
recrecer §19 *tr* aumentar; *intr* ocurrir de nuevo
recreo *m* recreación; sitio para diversión
recría *f* ‖ recriar §76 *tr* engordar (*animales nacidos en otra región*); cruzar (*animales*) para obtener descendientes de determinadas propiedades; redimir (*la especie humana*)
recriminar *tr* responder a (*una acusación*) con otra acusación
recrudecer §19 *intr y ref* tomar nueva fuerza (*un mal, o cosa perjudicial o desagradable*) ‖ recrudecimiento *m* o recrudescencia *f* ‖ recrudescente *adj*
recta *f* línea recta
rectangular *adj* ‖ rectángulo -la *adj* ‖ *m* paralelogramo que tiene los cuatro ángulos rectos
rectificador *m* (elec.) aparato que convierte la corriente alterna en continua
rectificar §72 *tr* enmendar, corregir; (elec.) convertir (*la corriente al-*

terna) en continua; (*mat.*) determinar la longitud de (*una curva*); (*mec.*) corregir o ajustar la superficie de (*una pieza de acero*) por la acción de una muela; (*mec.*) volver a taladrar (*el cilindro de un motor de explosión*); (*quím.*) purificar (*un líquido*) por destilación; *ref* enmendar su conducta

rectilíneo -a *adj* de líneas rectas

rectitud *f* ‖ **recto -ta** *adj* que no se inclina a un lado ni a otro; (*línea*) que tiene todos sus puntos en una misma dirección; (*ángulo*) de 90°; justo, íntegro; (*sentido*) primitivo, literal; (*folio de un libro abierto*) que cae a la derecha del lector; *m* extremo terminal del intestino grueso; *f* véase recta

rector -tora *adj* que rige; *m* superior de un colegio, comunidad o universidad; párroco

rectorado *m* cargo y oficina del rector

rectoría *f* cargo o jurisdicción de rector; dirección, mando

recua *f* conjunto de acémilas; (*fam.*) multitud

recuadro *m* división en un muro en forma de cuadrado o rectángulo; pequeña sección de un impreso encerrado dentro de un marco

recubrimiento *m* ‖ **recubrir** §83 *tr* cubrir de nuevo; cubrir por completo

recuento *m* segunda cuenta; acción de contar o enumerar

recuerdo *m* impresión que conserva la memoria de algo que ya pasó; regalo que se da para que quien lo recibe se acuerde de uno; **recuerdos** *mpl* saludo a un ausente

recular *intr* retroceder; (*fam.*) ceder en su empeño

reculones: a reculones (fam.) retrocediendo

recuperación *f* ‖ **recuperar** *tr* recobrar; *ref* recobrarse

recurrir *intr* acudir, apelar; acogerse

recurso *m* acción de recurrir; remedio, solución; **recursos** *mpl* medios de subsistencia

recusar *tr* no admitir, no aceptar

rechazar §62 *tr* obligar a retroceder; no ceder a; refutar; no aceptar

rechazo *m* retroceso de un cuerpo por encontrarse con otro de mayor resistencia

rechifla *f* ‖ **rechiflar** *tr* silbar con insistencia (*a un autor, una comedia*); *ref* burlarse

rechinar *intr* hacer (*una cosa*) un sonido desapacible por ludir o chocar con otra; obrar de mala gana

rechoncho -cha *adj* (*fam.*) grueso y bajo

rechupete: de rechupete (*fam.*) exquisito

red *f* labor o tejido de mallas; aparejo de mallas para pescar o cazar; prenda de malla para recoger el pelo; conjunto de conductores eléctricos enlazados, estaciones radiofónicas, cañerías para el abastecimiento de aguas, vías de comunicación, etc.; lazo, ardid; reja

redacción *f* acción de redactar; oficina del redactor; conjunto de redactores

redactar *tr* poner por escrito

redactor -tora *mf* persona que redacta; individuo de la redacción de un periódico

redada *f* lance de red; (*fam.*) conjunto de personas o cosas que se cogen de una vez

redaño *m* mesenterio; **redaños** *mpl* (fam.) fuerzas, valor

redargüir §6 *tr* convertir (*un argumento*) contra su autor

redecilla *f* red pequeña; red para el pelo; segundo estómago del rumiante

redención *f* acción de redimir

redentor -tora *adj* ‖ *mf* persona que redime; **el Redentor** Jesucristo

redimir *tr* libertar mediante precio; volver a comprar (*lo que antes se vendió o empeñó*); poner término a (*algún vejamen, dolor, etc.*); cumplir (*una promesa*); compensar, pagar

redingote *m* capote, levitón

rédito *m* renta o beneficio que produce un capital

redoblar *tr* aumentar (*una cosa*) al doble de lo que era; volver (*la punta del clavo*); volver a hacer; *intr* tocar redobles

redoble *m* acción de redoblar; toque vivo y rápido de tambor

redoma *f* vasija de vidrio ancha de asiento y angosta de boca

redomado -da *adj* astuto, cauteloso

redondear *tr* poner redondo; *ref* adquirir bienes

redondel *m* espacio destinado a la lidia, en las plazas de toros; (*fam.*) círculo

redondilla *f* combinación métrica de cuatro versos octosílabos

redondo -da *adj* de figura circular o esférica; claro, sin rodeo; (*número*) aproximado que sólo expresa unidades completas; *m* cosa de figura circular o esférica; (*fam.*) moneda corriente

reducción f ‖ **reducir** §24 tr disminuir; convertir, transformar; sujetar a la obediencia; persuadir; restablecer en su posición (los huesos dislocados); separar el oxígeno de (un óxido); ref moderarse en los gastos

redundancia f ‖ **redundante** adj sobrante; que se repite inútilmente

redundar intr rebosar (un líquido); redundar en resultar en (beneficio o daño de uno)

reembolsar tr pagar (lo que se tomó prestado); ref cobrar lo que se prestó ‖ **reembolso** m

reemplazar §62 tr poner a una persona o cosa en lugar de; tomar el lugar de; reemplazar con cambiar por

reemplazo m acción de reemplazar; renovación parcial del ejército activo; (mil.) hombre que entra a servir por otro

reencarnación f renacimiento del alma en otro cuerpo

reestrenar tr ‖ **reestreno** m representación de una obra que no se ha representado desde hace mucho tiempo

reexamen m o **reexaminación** f ‖ **reexaminar** tr volver a examinar; ref sufrir un nuevo examen

refacción f alimento moderado para recobrar fuerzas; compostura, reparación

refajo m falda exterior; falda interior de abrigo

refectorio m comedor de una comunidad o colegio

referencia f narración; relación de una cosa respecto de otra; informe acerca de una persona; lugar en un escrito a que se remite al lector

referéndum m (pl: -dums) consulta de la voluntad del pueblo por medio del sufragio

referir §48 tr dar a conocer; dirigir, encaminar; ref remitir; aludir

refilón: de refilón de lado, oblicuamente

refinación f ‖ **refinar** tr hacer más fino y puro (el azúcar, el petróleo, etc.); perfeccionar

refinería f fábrica donde se refina una cosa

reflector -tora adj ‖ m aparato que refleja las ondas luminosas, caloríferas, sonoras; aparato de iluminación para vehículos, teatros, buques de guerra, etc.

reflejar tr hacer retroceder o cambiar de dirección (una superficie lisa a la luz, el calor, el sonido); dar (un espejo la imagen de una persona o cosa); manifestar; ref dejarse ver (una cosa) en otra

reflejo -ja adj que ha sido reflejado; (acto) que obedece a estímulos no percibidos por la conciencia; (gram) reflexivo; m luz reflejada; respuesta involuntaria a un estímulo

reflexión f acción o efecto de reflejar; acción de reflexionar

reflexionar tr considerar detenidamente; intr pensar

reflexivo -va adj que refleja; que obra o habla con reflexión; (gram.) (verbo) cuya acción recae en la misma persona que la produce

refluir §27 intr volver hacia atrás (un líquido); resultar

reflujo m movimiento de descenso de la marea

refocilar tr alegrar, deleitar

reforma f acción de reformar; (cap.) f movimiento religioso de comienzos del siglo XVI, del que fueron promotores Lutero, Calvino y otros

reformar tr volver a formar; reparar, dar nueva forma a; enmendar, corregir; ref enmendarse; moderarse

reformatorio m establecimiento correccional para jóvenes delincuentes

reformista adj y mf partidario de reformas

reforzar §38 tr añadir nuevas fuerzas a; fortalecer; alentar, animar

refracción f ‖ **refractar** tr hacer cambiar de dirección a (un rayo luminoso, calorífero, sonoro, etc.) al pasar oblicuamente de un medio a otro de distinta densidad

refractario -ria adj que resiste la acción del fuego sin descomponerse; que rehusa cumplir una promesa o deber; rebelde

refrán m máxima fundada en la experiencia, de origen popular

refregar §16 tr estregar, frotar; (fam.) reprochar

refreír §59 y §83 tr volver a freír, freír mucho

refrenar tr sujetar con el freno (al caballo); contener, reprimir

refrendar tr legalizar (un documento) por medio de una firma autorizada; (fam.) volver a ejecutar

refrescar §72 tr moderar el calor de; renovar; intr tomar aliento; templarse, moderarse; tomar el fresco; beber un refresco

refresco m corto alimento para reparar las fuerzas; bebida fría; bebidas y dulces que se ofrecen en las visitas

refriega f pelea de poca importancia o duración

refrigeración *f* ‖ **refrigerador** *m* ‖ **refrigerar** *tr* disminuir el calor de; reparar las fuerzas de
refrigerio *m* alivio; comida ligera
refringir §28 *tr* refractar
refuerzo *m* acción de reforzar; **refuerzos** *mpl* nuevas tropas
refugiado -da *mf* persona separada forzosa o voluntariamente de su lugar de residencia a consecuencia de guerra, persecuciones raciales, etc.
refugiar *tr* dar asilo a; *ref* acogerse a un asilo
refugio *m* asilo, amparo; edificio destinado a albergar alpinistas
refulgencia *f* ‖ **refulgente** *adj* que resplandece
refundición *f* ‖ **refundir** *tr* volver a fundir; dar nueva forma a (*una comedia, novela, etc.*); *intr* resultar, redundar
refunfuñar *intr* gruñir o hablar entre dientes en señal de enojo
refutación *f* ‖ **refutar** *tr* destruir con argumentos (*lo que otro dice*)
regadera *f* vasija portátil que sirve para regar; reguera
regadío -a *adj* ‖ *m* terreno que se riega
regalar *tr* dar en muestra de afecto; deleitar, recrear; *ref* vivir con comodidades
regalía *f* excepción, privilegio; sobresueldo
regaliz *m* o **regaliza** *f* planta de raíz medicinal (*Glycyrrhiza glabra*)
regalo *m* dádiva, obsequio; gusto, comodidad; comida delicada
regalón -lona *adj* (fam.) que vive con mucho regalo
regañadientes: a regañadientes (fam.) a disgusto, de mala gana
regañar *tr* (fam.) reprender; *intr* gruñir (*el perro*) mostrando los dientes; mostrar enojo; reñir, pelear
regaño *m* gesto o palabra de enojo; (fam.) represión
regañón -ñona *adj* ‖ *mf* persona que tiene costumbre de regañar
regar §16 *tr* esparcir agua sobre (*la tierra, las plantas, la calle, etc.*); atravesar (*un río cierto territorio*); esparcir, derramar, sembrar
regata *f* carrera entre embarcaciones pequeñas; reguera pequeña; ranura en una pared
regate *m* movimiento que se hace hurtando el cuerpo; (fam.) escape, pretexto
regatear *tr* debatir (*el comprador y el vendedor el precio de una cosa*); vender al por menor; *intr* dar regates

regateo *m* acción de regatear en la compra
regatón -tona *adj* que regatea mucho en la compra; *m* contera
regazo *m* enfaldo o seno que hace la falda desde la cintura hasta la rodilla; parte del cuerpo que corresponde a ese enfaldo; cosa que acoge y da amparo a otra
regencia *f* acción de regir; cargo de regente; gobierno de un Estado durante la menor edad del legítimo soberano
regeneración *f* acción o efecto de regenerar; (electrón.) realimentación
regenerar *tr* restablecer (*una cosa que degeneró*); renovar moralmente
regentar *tr* dirigir sin ser dueño; mandar ostentando autoridad
regente *mf* persona que desempeña la regencia de un Estado; *m* el que dirige un comercio sin ser dueño; catedrático
regicida *adj* ‖ *mf* persona que mata a un rey o una reina
regicidio *m* crimen del regicida
regidor -dora *adj* que rige; *m* miembro de un ayuntamiento o concejo
régimen *m* (*pl:* regímenes) manera de regirse; forma de gobierno; manera de alimentarse; condiciones regulares; (gram.) dependencia que tienen entre sí las palabras; (gram.) preposición que pide cada verbo
regimentar §1 *tr* incorporar en un regimiento; someter a régimen
regimiento *m* acción de regir; cuerpo militar compuesto de varios batallones, que manda un coronel
regio -gia *adj* perteneciente al rey; suntuoso
regiomontano -na *adj* y *mf* natural de Monterrey, Méjico
región *f* porción de territorio que tiene carácter propio; espacio; parte de la tierra o del universo; espacio determinado de la superficie del cuerpo ‖ **regional** *adj*
regir §58 *tr* gobernar; dirigir, guiar; (gram.) pedir (*una palabra tal o cual preposición, modo verbal, etc.*); *intr* estar vigente; obedecer (*la nave*) al timón; funcionar bien
registrar *tr* examinar con cuidado; rebuscar para hallar algo oculto; indicar, p.ej., en una escala; inscribir en el registro; copiar en los libros de registro; poner un registro entre (*las hojas de un libro*); anotar, señalar; marcar, indicar
registro *m* acción de registrar; pieza del reloj que regula sus movimientos; libro con índice en que se ano-

tan ciertas cosas; padrón de vecinos; cinta que se pone entre las
hojas de un libro para su mejor
consulta; (mús.) pieza que permite
modificar el timbre del órgano;
(mús.) mecanismo para apagar o
reforzar el sonido en el piano

regla f instrumento para trazar líneas
rectas; principio, precepto; norma,
pauta; disciplina; menstruación

reglamentar tr sujetar a reglamento

reglamentario -ria adj ‖ **reglamento** m
conjunto de reglas que rigen una
colectividad

reglar tr trazar líneas en (p.ej., un
papel) con la regla; sujetar a reglas

regleta f planchuela de metal para
espaciar la composición tipográfica

regocijar tr alegrar; ref alegrarse ‖
regocijo m

regodear ref (fam.) deleitarse; (fam.)
bromear ‖ **regodeo** m

regoldar §2 intr (pop.) eructar

regolfar intr y ref formar (las aguas
corrientes) un remanso

regordete -ta adj (fam.) pequeño y
grueso

regresar intr volver al sitio de donde
se salió

regresión f acción de volver hacia
atrás; (biol.) retorno a una fase anterior ‖ **regresivo -va** adj

regreso m acción de regresar

regüeldo m (pop.) eructo

reguera f canal para riego

reguero m pequeña corriente de una
cosa líquida; señal que queda de
una cosa que se va vertiendo; reguera

regulador m mecanismo que regula el
funcionamiento de una máquina;
mecanismo que regula el paso del
vapor de la caldera a los cilindros

regular adj conforme a regla; común,
ordinario; mediano; (geom.) que
tiene iguales todos los lados y ángulos; tr hacer regular, poner en orden; ajustar a regla; (mec.) gobernar la alimentación de (vapor) en
una máquina

regularidad f calidad de regular

regularizar §62 tr regular

régulo m señor de un Estado pequeño;
reyezuelo (ave); basilisco (animal
fabuloso); (cap.) m estrella principal de la constelación del León

regurgitar intr vomitar sin sentir náuseas ni hacer esfuerzo

rehabilitar tr restituir al antiguo estado

rehacer §41 tr volver a hacer (lo deshecho); reparar, componer; ref
tomar nuevas fuerzas

rehecho -cha adj robusto y de mediana estatura

rehén m persona que queda en poder
del enemigo como garantía

rehenchir §80 tr rellenar (p.ej., un
colchón, almohada, mueble, etc.)

rehilar tr hilar o torcer mucho; intr
temblar; ir zumbando por el aire

rehilete m flechilla; banderilla; volante; dicho malicioso

rehogar §45 tr cocer a fuego lento en
manteca o aceite

rehuir §27 tr evitar por temor o repugnancia; rehusar; intr volver a
huir (el ciervo) por las mismas huellas

rehusar tr no aceptar; no conceder

reimprimir §83 tr volver a imprimir

reina f esposa del rey; mujer que
ejerce la potestad real; pieza del
ajedrez, la más importante después
del rey; abeja madre; (fig.) la más
hermosa, la que sobresale

reinado m tiempo en que gobierna un
rey o reina

reinar intr gobernar como rey; dominar; existir, prevalecer

reincidencia f ‖ **reincidir** intr volver a
caer en falta; recaer en una enfermedad

reino m territorio sometido a un rey;
cada una de las tres grandes divisiones en que se distribuyen los
cuerpos naturales; el Reino Unido el
Estado británico: la Gran Bretaña
y la Irlanda del Norte

reintegrar tr restituir; reconstituir;
ref recobrar lo perdido; volver,
regresar

reír §59 tr celebrar con risa; intr y ref
expresar la alegría por medio de
ciertos movimientos de la boca y
otras partes del rostro y con una
serie de sonidos explosivos; hacer
burla

reiterar tr repetir, volver a hacer o
decir

reivindicar §72 tr reclamar (una persona lo que le pertenece)

reja f red de barras de hierro que se
pone en las ventanas y en otras
partes para seguridad; pieza del
arado que remueve la tierra; entre
rejas encerrado en la cárcel

rejalgar m sulfuro de arsénico, que se
usa en pirotecnia

rejilla f celosía, red de alambre; tejido hecho con tiras de mimbre para asientos de sillas; armazón de
barras de hierro para sostener el
combustible en el hogar; rejuela;
(elec.) placa del acumulador de
plomo; (electrón.) electrodo situa-

do entre el cátodo y el ánodo del tubo electrónico; (f.c.) red sobre los asientos para colocar cosas menudas

rejo *m* punta aguda; aguijón; robustez, vigor

rejón *m* barra de hierro puntiaguda; puñal; asta de madera con una moharra para herir al toro

rejoneador -dora *mf* ‖ **rejonear** *tr* herir (*el jinete al toro*) con el rejón ‖ **rejoneo** *m*

rejuela *f* braserillo para calentarse los pies

rejuvenecer §19 *tr* comunicar nueva juventud a; dar actualidad a

relación *f* acción de contar o referir; conexión, enlace; trato; lista

relacionar *tr* contar, hacer relación de; poner en relación

relajar *tr* aflojar, laxar; hacer menos riguroso; distraer, divertir

relamer *tr* volver a lamer; *ref* lamerse los labios; componerse mucho el rostro

relamido -da *adj* afectado, demasiado pulcro

relámpago *m* luz vivísima producida en las nubes por una descarga eléctrica; cosa que pasa con suma ligereza; iluminación producida por el magnesio durante un corto período para tomar fotografías

relampaguear *intr* haber relámpagos; lanzar destellos ‖ **relampagueo** *m*

relapso -sa *adj* ‖ *mf* persona que reincide en un pecado o herejía; *m* recaída en una enfermedad

relatar *tr* contar, referir

relatividad *f* calidad de relativo; (fís.) teoría según la cual espacio y tiempo son conceptos relativos y el valor observado de la velocidad de la luz es constante e independiente del movimiento del observador

relativo -va *adj* que guarda relación con una cosa; no absoluto

relato *m* narración; informe

relé *m* (elec.) dispositivo que al ser accionado por la corriente de un circuito hace que se cierren o se abran unos contactos que gobiernan la corriente de otro circuito

relegar §45 *tr* postergar, posponer; desterrar

relente *m* humedad de la atmósfera en las noches serenas

relevante *adj* sobresaliente

relevar *tr* hacer de relieve; remediar, socorrer; aliviar de un cargo; reemplazar; (mil.) mudar (*un centinela o guardia*); *intr* resaltar fuera del plano

relevo *m* (mil.) acción de relevar; (mil.) soldado que releva; **relevos** *mpl* (dep.) prueba a pie, en bicicleta, etc. en la que los competidores se substituyen unos a otros dentro de cada equipo

relicario *m* lugar donde se guardan las reliquias; estuche para guardar reliquias

relieve *m* labor o figura que resalta sobre un plano; mérito, renombre; **relieves** *mpl* sobras de una comida

religión *f* culto que se tributa a Dios; doctrina religiosa; fe, creencia

religioso -sa *adj* perteneciente a la religión; que tiene religión o la profesa con celo; exacto, puntual; *m* fraile, monje; *f* monja

relimpio -pia *adj* (fam.) muy limpio

relinchar *intr* ‖ **relincho** *m* voz del caballo

relinga *f* (mar.) cabo que refuerza la orilla de una vela; cuerda en que se colocan los plomos y corchos de las velas

reliquia *f* residuo; vestigio; achaque que queda de una enfermedad; parte del cuerpo de un santo o cosa que ha tocado sus restos

reloj *m* instrumento para medir e indicar el tiempo

relojera *f* caja o bolsa para el reloj de bolsillo; mujer del relojero

relojería *f* ‖ **relojero** -ra *mf* persona que hace, compone o vende relojes; *f* véase relojera

relucir §46 *intr* brillar; sobresalir

reluctancia *f* (elec.) resistencia que ofrece un circuito al flujo magnético

reluctante *adj* reacio, terco

relumbrar *intr* dar viva luz, resplandecer mucho ‖ **relumbre** *m*

relumbrón *m* golpe de luz vivo y pasajero; oropel, ostentación vana

rellano *m* meseta de escalera; llano que interrumpe la pendiente de un terreno

rellenar *tr* volver a llenar; llenar (*un cojín, colchón, etc.*; *un ave u otro manjar*); (fam.) dar de comer a, hasta la saciedad

relleno -na *adj* muy lleno; *m* acción de rellenar; picadillo para rellenar; parte superflua que alarga una oración o un escrito

remachar *tr* machacar la punta de (*un clavo ya clavado*); percutir el extremo de (*un roblón*); recalcar (*sus palabras*)

remache *m* acción de remachar; roblón

remanente *m* resto, residuo

remansar *ref* detenerse (*el curso de un líquido*)

remanso *m* detención de una corriente de agua

remar *intr* manejar el remo; luchar, trabajar con afán

rematado -da *adj* en mal estado, sin remedio

rematante *mf* persona a quien se adjudica la cosa vendida en una subasta

rematar *tr* acabar de matar; acabar, concluir; afianzar la última puntada de; hacer remate de (*una cosa*) en una subasta; *intr* terminar; *ref* perderse, destruirse

remate *m* fin, cabo, extremo, conclusión; venta en pública subasta; de remate completamente, sin remedio

remedar *tr* imitar; seguir el ejemplo de; imitar los gestos y ademanes de (*una persona*) para burlarse

remediar *tr* reparar (*un daño*); socorrer (*una necesidad*); librar de un peligro; evitar, impedir

remedio *m* acción de remediar; cosa que sirve para reparar un daño; medicamento; auxilio, recurso

remedo *m* imitación; imitación imperfecta

remendado -da *adj* que tiene manchas como remiendos

remendar §1 *tr* reforzar con remiendo; enmendar, corregir

remendón -dona *adj* ‖ *mf* persona que remienda por oficio, sastre o zapatero de viejo

remero -ra *mf* persona que rema; *f* pluma larga del ala de las aves

remesa *f* envío; cosa enviada

remesar *tr* enviar

remeter *tr* volver a meter; meter más adentro

remezón *m* (Amér.) sacudida fuerte; (Amér.) temblor de tierra

remiendo *m* pedazo de tela que se cose a lo viejo o roto; compostura, reparación

remilgado -da *adj* que afecta excesiva delicadeza y gracia

remilgar §45 *ref* hacer gestos y ademanes afectados ‖ remilgo *m*

reminiscencia *f* acción de recordar; lo que se recuerda

remirado -da *adj* circunspecto, reflexivo

remisión *f* acción de remitir; indicación en un escrito del lugar a que se remite al lector; perdón

remiso -sa *adj* flojo, perezoso

remitido *m* comunicado de periódico

remitir *tr* enviar; perdonar; diferir; suspender; dejar; dirigir (*al lector*)

a cierta página, línea, nota de un escrito; *intr* y *ref* ceder en intensidad; llamar la atención

remo *m* instrumento a modo de pala larga para impulsar embarcaciones menores; deporte de los remeros para carreras; brazo, pierna, ala; (*cap.*) *m* (mit.) hermano de Rómulo

remoción *f* acción de remover

remojar *tr* meter en un líquido; celebrar (*un asunto feliz*) convidando a beber a sus amigos ‖ remojo *m*

remolacha *f* planta de cuya raíz se extrae azúcar (*Beta vulgaris*); esta raíz

remolcador -dora *adj* ‖ *m* vapor que sirve para remolcar a otros buques, esp. en los puertos

remolcar §72 *tr* hacer andar (*un barco, un carro, etc.*) tirando de él con un cabo

remolino *m* movimiento giratorio y rápido del aire, el agua, el polvo, etc.; confusión de gente que se apiña en desorden

remolón -lona *adj* flojo, perezoso, holgazán ‖ remolonear *intr* y *ref*

remolque *m* acción de remolcar; cabo con que se remolca; cosa remolcada; vehículo arrastrado por otro vehículo o tractor

remonta *f* compostura de las botas o de una prenda de vestir; compra y cría de caballos para el ejército

remontar *tr* ahuyentar; elevar; subir (*p.ej., un río*); rehenchir; remendar; proveer (*la tropa*) de nuevos caballos; *intr* tener su origen en cierta época; *ref* volar muy alto; tener su origen en cierta época

remontuar *m* reloj de bolsillo al que se da cuerda sin llave

remoquete *m* puñada; dicho agudo; (fam.) cortejo, galanteo; (fam.) apodo

rémora *f* pez marino que puede adherirse fuertemente a los objetos flotantes; estorbo, obstáculo

remordimiento *m* pesar interno de quien ha obrado mal

remosquear *ref* mancharse con tinta (*el pliego recién tirado*); (fam.) mostrarse receloso

remoto -ta *adj* distante, lejano; poco probable

remover §49 *tr* trasladar; deponer del empleo; apartar (*obstáculos*); conmover; agitar; *ref* trasladarse

remozar §62 *tr* volver más joven

remudar *tr* poner a una persona o cosa en lugar de (*otra*)

remunerar *tr* premiar, pagar (*a una persona; un servicio, un trabajo*)

renacer §19 *intr* volver a nacer; cobrar nuevas fuerzas

renacimiento *m* acción de renacer;
(*cap.*) *m* movimiento cultural sur-
gido en Italia en el siglo XV

renacuajo *m* rana en la primera época
de la vida; (fam.) hombrecillo despreciable

renal *adj* perteneciente al riñón

Renania *f* conjunto de territorios alemanes de la orilla del Rin

renano -na *adj* perteneciente al Rin

Renato *m* nombre propio de varón

rencilla *f* cuestión de que queda algún rencor

rencor *m* resentimiento tenaz ‖ ren-
coroso -sa *adj*

rendición *f* acción de rendir; réditos
de una cosa

rendija *f* abertura muy estrecha,
grieta

rendimiento *m* fatiga, cansancio; sumisión; sumisión excesiva; producto, utilidad; proporción entre
el efecto útil y la potencia motora
de una máquina

rendir §80 *tr* vencer; someter; cansar,
fatigar; entregar (*p.ej., las armas*);
restituir; dar (*fruto o utilidad; gracias; obsequios; buen olor*); *ref* someterse, entregarse; cansarse

renegado -da *adj* (fam.) de genio áspero; *mf* persona que abandona su
religión, sus opiniones o doctrinas

renegar §16 *tr* negar con instancia;
abominar; *intr* blasfemar; abandonar una religión, opinión o doctrina; (fam.) decir injurias

Renfe *f* Red Nacional de Ferrocarriles Españoles

renglón *m* línea escrita o impresa;
ramo de industria o comercio

rengo -ga *adj* cojo por lesión de las
caderas

reniego *m* blasfemia

renio *m* cuerpo simple metálico (*símbolo* Re; *núm. atómico* 75; *peso
atómico* 186,31)

reno *m* ciervo de las regiones septentrionales (*Rangifer tarandus*)

renombrado -da *adj* que goza de gran
nombradía

renombre *m* fama, celebridad; apellido, sobrenombre

renovación *f* ‖ renovar §63 *tr* volver
al primer estado; restablecer; reiterar, repetir; reformar, transformar

renquear *intr* cojear

renta *f* utilidad que, en un período
fijo, produce el capital; lo que paga
el inquilino; deuda pública; **renta
nacional** suma de todos los ingresos

netos de los habitantes de un país
en determinado período

rentar *tr* rendir (*renta o beneficio*)

rentista *mf* persona que cobra rentas
o vive de ellas

renuencia *f* ‖ renuente *adj* remiso,
indócil

renuevo *m* acción de renovar; vástago
que echa el árbol podado

renunciar *tr* dejar voluntariamente;
no aceptar; *intr* en los juegos de
naipes, no servir al palo que se
juega teniendo cartas de él

renuncio *m* acción de renunciar en el
juego; falta ligera; (fam.) mentira
en que se sorprende a alguien

reñidero *m* lugar destinado a la riña
de gallos

reñido -da *adj* enemistado; encarnizado, muy disputado

reñir §60 *tr* reprender; librar (*batalla*); *intr* pelear, luchar; enemistarse

reo -a *adj* culpado; reo *mf* persona
acusada de un delito; *f* véase rea

reojo: mirar de reojo mirar con disimulo, mirar por encima del hombro; (fam.) mirar con desprecio

reorganizar §62 *tr* volver a organizar

reóstato *m* (elec.) resistencia que se
intercala en un circuito para hacer
variar su intensidad

repanchigar §45 o repantigar §45 *ref*
arrellanarse

reparación *f* ‖ reparar *tr* arreglar, componer; enmendar, corregir; satisfacer, desagraviar; remediar; restablecer (*las fuerzas*); mirar con
cuidado

reparo *m* acción de reparar; advertencia, observación crítica; duda,
dificultad; defensa, resguardo

reparón -rona *adj* ‖ *mf* (fam.) persona
propensa a notar defectos

repartir *tr* distribuir entre varios

reparto *m* acción de repartir; los actores de una pieza de teatro

repasar *tr* volver a pasar; examinar
para corregir; volver a explicar (*la
lección*); recorrer (*lo estudiado*) para
refrescar la memoria; recoser (*la
ropa*)

repaso *m* acción de repasar; (fam.)
reprimenda

repatriación *f* ‖ repatriar §76 *tr* hacer
regresar a su patria; *intr y ref* regresar a su patria

repecho *m* cuesta pendiente pero
corta

repelar *tr* tirar del pelo a; arrancar (*el
pelo*)

repeler *tr* arrojar de sí con impulso;
rechazar

repelo m lo que no va al pelo; partícula de una cosa que se levanta contra lo natural; (fam.) repugnancia; (fam.) riña ligera

repelón m tirón del pelo; hebra en las medias, que al salir encoge los puntos inmediatos; carrera impetuosa del caballo

repente m (fam.) movimiento súbito

repentino -na adj brusco, súbito, inesperado

repentista mf || **repentizar** §62 intr ejecutar piezas de música a la primera lectura

repercusión f || **repercutir** intr causar efecto; reverberar; producir eco; cambiar de dirección (un cuerpo) al chocar con otro

repertorio m lista de obras musicales o teatrales que tiene estudiadas un artista, una compañía, etc.

repetición f acción de repetir; mecanismo que hace repetir; reloj que da la hora siempre que se toca un su muelle

repetir §80 tr volver a decir o hacer

repicar §72 tr reducir a partes muy menudas; tañer rápidamente (las campanas) || **repique** m

repiquetear tr repicar muy vivamente (las campanas)

repisa f ménsula de más longitud que vuelo

replantear tr trazar en el suelo (la planta de una obra)

replegar §16 tr plegar repetidas veces; ref (mil.) retirarse en buen orden

repleto -ta adj muy lleno; muy gordo

réplica f acción de replicar; (b.a.) copia de una obra artística

replicar §72 tr poner objeciones a; intr argüir contra la respuesta o argumento

repliegue m pliegue doble; (mil.) acción de replegarse las tropas

repoblación f || **repoblar** §63 tr volver a poblar; plantar árboles en

repollo m col de hojas firmes y sólidas; grumo o cabeza que forman el col y otras plantas al apiñarse sus hojas

repolludo -da adj que hace repollo; de figura de repollo; rechoncho

reponer §55 tr volver a poner; poner (a una persona o cosa) en el empleo, lugar o estado que antes tenía; repetir en otra temporada la representación de (una pieza de teatro); ref recobrar la salud o la fortuna; serenarse

reportaje m información periodística o cinematográfica

reportar tr contener, refrenar; traer, llevar

reporte m suceso o novedad que se comunica; chisme

repórter m noticiero de periódico || **reporteril** adj || **reporterismo** m

reportero -ra mf repórter

reposar intr descansar; dormir; yacer enterrado; ref posarse (un líquido)

reposición f acción de reponer; reestreno

repositorio m lugar donde se guarda algo

reposo m acción de reposar

repostar tr volver a aprovisionar, volver a aprovisionar de combustible

repostería f || **repostero** m pastelero que hace o vende pastas, dulces, confites, helados, fiambres

reprender tr corregir (a una persona) desaprobando su conducta || **reprensión** f

represa f acción de represar; barrera que se construye a través de un río para hacer subir el nivel del agua

represalia f daño que se hace sufrir al enemigo en venganza del que se sufrió por culpa suya

represar tr detener, estancar (un río o arroyo); recobrar (la nave apresada)

representación f acción de representar; figura, imagen o idea que expresa otra; autoridad, dignidad; petición apoyada en razones; ejecución de una obra teatral; grupo de representantes

representante adj || mf persona que representa a otra o a un cuerpo; actor, comediante; persona que representa a una casa comercial

representar tr hacer presente por medio de figuras o palabras; ser imagen o símbolo de; hacer las veces de; ejecutar (una obra teatral); ref imaginarse || **representativo** -va adj

represión f acción de reprimir

represivo -va adj que reprime

reprimenda f reprensión severa

reprimir tr contener, refrenar

reprobar §63 tr no aprobar, dar por malo; desechar

réprobo -ba adj || mf persona condenada a las penas eternas

reprochar tr reconvenir (a una persona); echar en cara (una mala acción) || **reproche** m

reproducción f || **reproducir** §24 tr volver a producir; engendrar nuevos individuos de (una especie); copiar, imitar; repetir || **reproductor** -tora adj y mf

reps *m* (*pl*: reps) tejido fuerte que se usa para forrar muebles

reptar *intr* andar arrastrándose; ser adulón

reptil *adj* ‖ *m* vertebrado que va rozando el suelo con el vientre; persona servil y rastrera

república *f* forma de gobierno representativo en que el poder reside en el pueblo; forma de gobierno representativo en que el poder ejecutivo no es hereditario; cuerpo político de una nación; República Árabe Unida unión de Egipto y Siria; República Dominicana estado de la isla de Santo Domingo ‖ **republicanismo** *m* ‖ **republicano -na** *adj y mf*

repúblico *m* estadista; patriota; hombre de prestigio

repudiar *tr* renunciar, no aceptar; rechazar (*a la mujer propia*)

repudrir §83 *tr* pudrir mucho; *ref* pudrirse mucho; (fam.) consumirse mucho interiormente de callar un sentimiento o pena

repuesto -ta *adj* apartado, escondido; *m* provisión de víveres o de otra cosa; pieza de recambio

repugnancia *f* oposición entre dos cosas; asco, aversión, antipatía

repugnante *adj* que repugna; que causa repugnancia

repugnar *tr* ser opuesto a; contradecir, negar; rehusar

repujar *tr* labrar de relieve (*un metal, cuero, etc.*)

repulgo *m* dobladillo; borde labrado en las empanadas o pasteles; **repulgos** *mpl* (fam.) escrúpulos ridículos

repulir *tr* volver a pulir; acicalar, componer exageradamente

repulsa *f* acción de repulsar; reprimenda

repulsar *tr* desechar, repeler

repulsión *f* acción de repeler; aversión, repugnancia

repulsivo -va *adj* que repulsa; que repele; repugnante

reputación *f* fama, nombre, crédito

reputar *tr* juzgar, hacer concepto de; apreciar

requebrar §1 *tr* quebrar en piezas más menudas; lisonjear; lisonjear (*a una mujer*) alabando sus atractivos

requemar *tr* volver a quemar; quemar o tostar con exceso; causar calor picante en (*la boca*); secar (*las plantas el sol*); *ref* quemarse con exceso; resentirse sin manifestarlo

requerir §48 *tr* mandar, ordenar; examinar; necesitar; buscar; esfor-

zarse por coger; solicitar; solicitar amorosamente

requesón *m* masa de leche cuajada

requiebro *m* acción de requebrar; palabras con que se requiebra a una persona

réquiem *m* (*pl*: -quiems) misa de difuntos; música compuesta para la misa de difuntos

requilorio *m* (fam.) rodeo innecesario en que se pierde el tiempo

requisa *f* inspección; (mil.) requisición

requisición *f* recuento y embargo de ciertas cosas que se hace para el servicio militar

requisito *m* condición necesaria para una cosa

res *f* cabeza de ganado

resabiar *tr* hacer tomar un vicio; *ref* desazonarse

resabio *m* mal gusto; vicio, mala costumbre

resaca *f* movimiento de la ola al retirarse de la orilla; (com.) letra de cambio que el tenedor de otra que ha sido protestada gira a cargo del librador

resalado -da *adj* (fam.) que tiene gracia y donaire

resaltar *intr* rebotar; sobresalir; distinguirse, descollar

resalte *m* parte que sobresale

resalto *m* acción de resaltar o rebotar; parte que sobresale

resarcir §36 *tr* reparar (*un daño o agravio*)

resbaladero -ra *adj* ‖ *m* lugar resbaladizo

resbaladizo -za *adj* que resbala fácilmente; (*lugar*) en que es fácil resbalar; que expone a caer en algún desliz

resbalar *intr* deslizar, escurrir; desviarse (*un coche*) de su trayectoria normal; *ref* deslizar, escurrir; cometer un desliz ‖ **resbalón** *m*

rescatar *tr* recobrar mediante pago (*lo caído en poder ajeno*); libertar pagando; librar de trabajo, vejación; recobrar (*el tiempo perdido*)

rescate *m* acción de rescatar; dinero con que se rescata; juego de niños, parecido al marro

rescindir *tr* dejar sin efecto (*un contrato, una obligación*)

rescoldera *f* pirosis

rescoldo *m* brasa menuda que se conserva bajo la ceniza; recelo, escrúpulo

resecar §72 *tr* secar mucho; efectuar la resección de (*un órgano*)

resección *f* operación que consiste en cortar un órgano o parte de él

reseco -ca *adj* demasiado seco

reseda *f* planta de jardín (*Reseda odorata*); gualda

resentimiento *m* ‖ **resentir** §48 *ref* comenzar a flaquear; enojarse, ofenderse

reseña *f* nota de las señales más notables de una persona o cosa; descripción; revista de la tropa ‖ **reseñar** *tr*

reserva *f* acción de reservar; excepción; discreción; parte del ejército que no está en servicio activo

reservado -da *adj* cauteloso; discreto; *m* lugar reservado; (f.c.) compartimiento reservado

reservar *tr* guardar para otra ocasión; destinar (*un lugar*) para persona o uso determinados; encubrir, callar

reservista *adj* ‖ *m* soldado de la reserva

resfriado *m* estado morboso debido a la exposición al frío o humedad

resfriar §76 *tr* poner frío; templar, moderar; *intr* empezar a hacer frío; *ref* contraer resfriado

resguardar *tr* defender, proteger; *ref* defenderse

resguardo *m* guardia, seguridad; servicio contra el contrabando; cuerpo de empleados destinados a este servicio; garantía que se da por escrito

residencia *f* acción de residir; lugar donde se reside; casa lujosa; acción de residenciar

residencial *adj* (*barrio*) en que abundan las residencias o casas lujosas

residenciar *tr* pedir cuentas a (*un funcionario público*)

residente *adj* ‖ *mf* persona que vive habitualmente en un lugar

residir *intr* vivir habitualmente en un lugar; existir, radicar

residual *adj* ‖ **residuo** *m* lo que queda de un todo; lo que queda de la descomposición o destrucción de una cosa; resultado de la sustracción

resignación *f* ‖ **resignar** *tr* entregar (*el mando*) a otra persona; renunciar (*una cosa*) en favor de otra persona; *ref* conformarse, sujetarse

resina *f* materia viscosa e inflamable que fluye de ciertos árboles como el abeto ‖ **resinoso -sa** *adj*

resistencia *f* acción de resistir; capacidad para resistir; lo que se opone a la acción de una fuerza; (elec.) propiedad que tiene una substancia de oponerse al paso de la corriente eléctrica; (elec.) pieza usada por su capacidad de resistencia

resistente *adj* que resiste; muy fuerte

resistir *tr* combatir (*la tentación*); aguantar, tolerar; *intr y ref* oponerse, no ceder; defenderse

resistor *m* (elec.) aparato para cambiar la intensidad y tensión eléctricas

resma *f* conjunto de 20 manos de papel

resmilla *f* paquete de 20 cuadernillos de papel de cartas

resobrino -na *mf* hijo del sobrino

resol *m* reverberación del sol

resolución *f* acción de resolver; ánimo, valor; prontitud

resolver §49 y §83 *tr* tomar una decisión acerca de; hallar la solución de; analizar; resumir; *ref* tomar decisión; reducirse

resollar §63 *intr* respirar; respirar con ruido; (fam.) dar noticia de sí (*una persona ausente*)

resonancia *f* prolongación del sonido que se va apagando por grados; sonido elemental que acompaña al principal; gran divulgación que adquiere un hecho

resonar §63 *intr* ser muy sonoro; repercutir (*el sonido*)

resoplar *intr* ‖ **resoplido** *m* resuello fuerte

resorte *m* muelle (*pieza elástica*); fuerza elástica; medio para lograr un fin

respaldar *m* respaldo de un asiento; *tr* notar en el respaldo de un escrito; apoyar, proteger; *ref* inclinarse de espaldas; arrimarse al respaldo de un asiento

respaldo *m* dorso de un escrito; parte de la silla en que se descansan las espaldas

respectar *tr* atañer, tocar

respectivo -va *adj* perteneciente individualmente a cada una de un número de personas o cosas

respecto *m* relación; con respecto a o de, respecto a o de por lo que toca a

respetabilidad *f* ‖ **respetable** *adj* digno de respeto; considerable

respetar *tr* tener respeto a

respeto *m* atención, miramiento; reverencia, veneración; cosa de respuesto

respetuoso -sa *adj* que observa respeto; que mueve a respeto

réspice *m* (fam.) respuesta desabrida; (fam.) represión severa

respigón *m* padrastro en el dedo

respingar §45 *intr* sacudirse y gruñir (*la bestia*); (fam.) elevarse (*el borde de una prenda*); (fam.) obrar de mala gana

respingo *m* acción de respingar; (fam.) movimiento y expresión de disgusto de la persona que obra de mala gana

respingón -gona *adj* (*bestia*) que respinga; (*nariz*) cuya punta tira hacia arriba

respiración *f* acción de respirar

respiradero *m* abertura por donde entra y sale el aire; rato de descanso

respirar *tr* absorber por los pulmones; *intr* absorber y exhalar el aire; cobrar aliento; (fam.) hablar; (fam.) dar noticia de sí (*una persona ausente*) ‖ **respiratorio -ria** *adj*

respiro *m* respiración; alivio; rato de descanso; prórroga para pagar una deuda

resplandecer §19 *intr* despedir rayos de luz; brillar, sobresalir

resplandor *m* brillo, luz; esplendor

responder *tr* decir (*algo*) en satisfacción de una pregunta; explicar; *intr* dar una respuesta; corresponder; surtir el efecto que se desea; ser respondón; responder a satisfacer (*a lo que se pregunta; un argumento, duda, dificultad*); responder de garantizar (*una cosa*); responder por salir fiador por (*una persona*)

respondón -dona *adj* (fam.) que tiene el vicio de replicar irrespetuosamente

responsabilidad *f* ‖ **responsable** *adj* obligado a responder de una cosa o por una persona

responso *m* responsorio que se reza por los difuntos

responsorio *m* ciertas preces y versículos que se dicen en el rezo

respuesta *f* acción de responder; respuesta comercial tarjeta postal incluida en una carta y que se ofrece como hoja de pedido

resquebradura o **resquebrajadura** *f* ‖ **resquebrajar** *tr* hender o rajar ligeramente

resquemar *tr* causar calor picante en (*la boca*); secar (*las plantas el sol*); desagradar, molestar

resquemazón *f* o **resquemo** *m* acción de resquemar; sabor desagradable del alimento requemado

resquemor *m* enojo, enfado, pesadumbre

resquicio *m* hendedura pequeña; ocasión que se proporciona para un fin

resta *f* (mat.) operación de restar; (mat.) resultado de restar

restablecer §19 *tr* poner (*una cosa*) en el estado que antes tenía; *ref* re-

cobrar la salud ‖ **restablecimiento** *m*

restallar *intr* dar chasquidos; crujir

restante *adj* ‖ *m* lo que queda de un todo

restañar *tr* estancar (*p.ej., la sangre de una herida*); volver a estañar; *intr* restallar

restar *tr* separar (*parte*) de un todo; (mat.) substraer; devolver (*la pelota*); *intr* quedar, faltar

restauración *f* acción de restaurar

restaurante *m* establecimiento en que se sirven comidas

restaurar *tr* poner nuevamente en su primitivo estado; recobrar, recuperar

restinga *f* (mar.) banco de arena

restitución *f* ‖ **restituir §27** *tr* volver (*una cosa*) a quien la tenía antes; restablecer

resto *m* residuo; acción de restar una pelota; jugador que la resta; (mat.) resta; restos mortales cadáver de una persona

restregar §16 *tr* estregar repetidas veces ‖ **restregón** *m*

restricción *f* ‖ **restrictivo -va** *adj* ‖ **restringir §28** *tr* limitar, reducir; astringir

restriñir §12 *tr* astringir

resucitar *tr* volver la vida a (*un muerto*); (fam.) restablecer; *intr* volver a la vida

resudar *intr* sudar ligeramente; rezumar ‖ **resudor** *m*

resuelto -ta *adj* audaz, arrojado; diligente, pronto

resuello *m* respiración, esp. la violenta

resulta *f* resultado; lo que se resuelve en una deliberación

resultado *m* consecuencia, efecto

resultante *adj* que resulta; *f* (mec.) fuerza que equivale al conjunto de otras

resultar *intr* ser consecuencia; aparecer, manifestarse; redundar

resumen *m* acción de resumir; exposición resumida

resumir *tr* reducir a términos breves y precisos

resurgimiento *m* ‖ **resurgir §28** *intr* surgir de nuevo; resucitar; resultar

resurrección *f* acción de resucitar; (*cap.*) *f* la de Jesucristo

retablo *m* adorno de piedra o de madera esculpida en que se apoya un altar

retaguardia *f* tropa que camina detrás para cubrir la marcha y el movimiento de un ejército

retahila *f* serie de cosas que están o van una tras otra

retal *m* pieza sobrante de una cosa recortada

retama *f* mata leguminosa de flores amarillas (*Spartium junceum*)

retar *tr* desafiar a duelo, contienda, etc.; (fam.) reprender

retardar *tr* dilatar, retrasar, detener ǁ **retardo** *m*

retazo *m* retal; fragmento de un escrito o discurso

retemblar §1 *intr* temblar con movimiento repetido

retén *m* repuesto de una cosa; (mil.) tropa que refuerza algún puesto

retención *f* ǁ **retener** §71 *tr* guardar, no devolver; detener; suspender el pago de; conservar en la memoria

retentivo -va *adj* que tiene virtud de retener; *f* memoria

reteñir §60 *tr* volver a teñir; *intr* reteñir

reticencia *f* ǁ **reticente** *adj* que omite voluntariamente lo que se debería decir

reticular *adj* ǁ **retículo** *m* tejido en figura de red; hilos cruzados en ciertos instrumentos ópticos para efectuar medidas delicadas

retina *f* membrana interior del ojo en la que se reciben las impresiones luminosas

retinte *m* segundo tinte; retintín

retintín *m* sonido prolongado de una campana u otro cuerpo sonoro; (fam.) tonillo para zaherir

retiñir §12 *intr* durar el retintín

retirado -da *adj* apartado, distante; *m* militar jubilado; *f* acción de retirarse; retreta; (mil.) retroceso en buen orden

retirar *tr* apartar, separar; sacar; ocultar; quitar; imprimir (*un pliego ya impreso por la cara*) por el revés; *ref* irse; apartarse del trato de las gentes

retiro *m* acción de retirarse; lugar apartado; situación del militar retirado y su sueldo

reto *m* acción de retar; amenaza

retocar §72 *tr* volver a tocar; dar la última mano a; corregir los defectos de (*una placa fotográfica*); tocar (*un disco fonográfico acabado de grabar*)

retoñar *intr* volver a echar retoños (*la planta*); reproducirse, repetirse

retoño *m* vástago, renuevo

retoque *m* acción de retocar; ataque leve de una enfermedad

retorcer §73 *tr* torcer mucho; dar a (*una cosa*) un sentido diferente del que tiene; *ref* hacer contorsiones a causa de un dolor

retórico -ca *adj* ǁ *mf* persona versada en la retórica; *f* arte del bien decir; **retóricas** *fpl* (fam.) sofisterías

retornar *tr* devolver, restituir; *intr* y *ref* volver atrás, retroceder

retornelo *m* (mús.) repetición de la primera parte de un aria

retorno *m* acción de retornar; recompensa; cambio, trueque

retorromano -na *adj* ǁ *m* grupo de lenguas neolatinas habladas en la región alpina central y oriental

retorta *f* vasija de cuello largo y doblado que se usa en química

retortero *m* vuelta, revuelta; andar al retortero (fam.) andar sin sosiego de aquí para allí; traer al retortero (fam.) no dejar parar; (fam.) tener engañado con falsas promesas

retortijón *m* ensortijamiento; retortijón de tripas dolor breve y agudo en los intestinos

retozar §62 *intr* saltar, brincar, travesear

retozo *m* acción de retozar; retozo de la risa ímpetu de la risa que se procura reprimir

retozón -zona *adj* inclinado a retozar

retracción *f* acción de retraer

retractación *f* ǁ **retractar** *tr* retirar (*lo que se ha dicho*); *ref* revocar lo dicho

retráctil *adj* (*órgano de un animal o parte de un mecanismo*) que puede retraerse u ocultarse

retraer §74 *tr* volver a traer; disuadir; *ref* retirarse; refugiarse

retraído -da *adj* amigo de la soledad; poco comunicativo

retranca *f* ataharre para las bestias de tiro

retransmisión *f* ǁ **retransmitir** *tr* volver a transmitir; (rad.) transmitir desde una emisora (*lo que se ha transmitido a ella desde otro lugar*)

retrasar *tr* diferir la ejecución de; hacer que (*el reloj*) señale un tiempo ya pasado; hacer andar menos aprisa; *intr* ir atrás, ir a menos; andar menos aprisa que lo debido; *ref* quedarse atrás (*las agujas del reloj*); andar menos aprisa que lo debido ǁ **retraso** *m*

retratar *tr* hacer el retrato de; describir; copiar, imitar

retratista *mf* pintor de retratos; fotógrafo

retrato *m* representación de una persona o cosa mediante la pintura, la escultura, la fotografía; descripción; persona o cosa que se parece extraordinariamente a otra

retrechería *f* ǁ **retrechero -ra** *adj*

(fam.) astuto, mañoso; (fam.) que tiene mucho atractivo

retrepar *ref* reclinar hacia atrás el cuerpo; recostarse en la silla

retreta *f* (mil.) toque para marchar en retirada o para avisar a la tropa que se recoja al cuartel; (Amér.) concierto de banda al aire libre

retrete *m* lugar destinado para expeler las inmundicias

retribución *f* ‖ **retribuir** §27 *tr* pagar, recompensar

retroactividad *f* ‖ **retroactivo -va** *adj* que obra sobre el tiempo pasado

retroceder *intr* volver hacia atrás ‖ **retrocesión** *f* o **retroceso** *m*

retrógrado -da *adj* que retrocede; contrario al progreso

retrogresión *f* movimiento hacia atrás

retromarcha *f* marcha atrás del automóvil

retropropulsión *f* propulsión a chorro

retrospectivo -va *adj* que se refiere a tiempo pasado

retrovisor *m* espejo que permite al conductor de un automóvil ver detrás de sí

retrucar §72 *intr* ‖ **retruco** *m* golpe que la bola de billar, dando en la banda, vuelve a dar a la bola que la hirió

retruécano *m* juego de palabras

retruque *m* retruco

retumbar *intr* resonar mucho ‖ **retumbo** *m*

reuma *m* y *f* reumatismo; flujo catarral

reumático -ca *adj* y *mf* ‖ **reumatismo** *m* enfermedad caracterizada por dolores en las articulaciones

reunificación *f* ‖ **reunificar** §72 *tr* volver a unificar

reunión *f* ‖ **reunir** §61 *tr* volver a unir; unir; juntar (*lo separado*; *lo disperso*); acopiar, recoger

revacunación *f* ‖ **revacunar** *tr* vacunar nuevamente

reválida *f* examen final para un grado académico

revalidación *f* ‖ **revalidar** *tr* ratificar, confirmar; *ref* sufrir el examen para obtener un grado académico

revalorizar §62 *tr* dar nuevo valor a

revancha *f* desquite, venganza

revelación *f* acción de revelar

revelado *m* acción de revelar una fotografía

revelador -dora *adj* que revela; *m* baño para revelar fotografías

revelar *tr* descubrir, manifestar (*un secreto*); mostrar; manifestar (*Dios lo futuro u oculto*); hacer visible (la imagen impresa en la placa, película o papel fotográficos)

revendedor -dora *mf* persona que revende; persona que revende localidades de teatro

revender *tr* vender (*lo comprado*); vender al por menor

revenir §78 *intr* volver a su estado propio; *ref* encogerse, consumirse; avinagrarse; ponerse blando y correoso con la humedad o el calor; ceder en lo que se sostenía con tesón

reventa *f* segunda venta de una cosa

reventar §1 *tr* romper con violencia; causar gran daño a; molestar; fatigar con exceso de trabajo; *intr* y *ref* abrirse por impulso interior; estallar; brotar o salir con ímpetu; tener deseo vehemente; (fam.) morir

reventón *m* acción de reventar; cuesta muy pendiente; desinflado instantáneo de un neumático; apriento, fatiga grande

rever §79 *tr* volver a ver o examinar; ver (*un tribunal el pleito visto en otra sala*)

reverberación *f* ‖ **reverberar** *intr* reflejarse (*la luz, el sonido*)

reverbero *m* acción de reverberar; farol con reflectores; farol de calle

reverdecer §19 *tr* dar nuevo verdor a; *intr* cobrar nuevo verdor; recobrar nuevo vigor

reverencia *f* respeto, veneración; inclinación del cuerpo en señal de respeto; (cap.) *f* tratamiento que se da a los religiosos condecorados

reverenciar *tr* respetar, venerar; *intr* hacer reverencias

reverendo -da *adj* digno de reverencia; (fam.) muy grave y serio

reverente *adj* que muestra reverencia

reversible *adj* que puede revertir; que se puede poner en marcha atrás

reversión *f* acción de revertir

reverso *m* revés de una moneda, medalla, tela, etc.

revertir §48 *intr* volver al estado anterior

revés *m* parte opuesta a la cara principal; golpe dado con la mano vuelta; desgracia, infortunio

revestimiento *m* acción de revestir; capa o cubierta con que se cubre una superficie

revestir §80 *tr* vestir (*una ropa*) sobre otra; cubrir con un revestimiento; disfrazar; conceder; arrogarse; *ref* dejarse llevar por una idea; envanecerse

revisar *tr* rever, examinar con detención ‖ **revisión** *f*

revisionismo *m* movimiento encaminado a modificar el socialismo marxista ‖ **revisionista** *adj y mf*

revisor **-sora** *adj* ‖ *mf* persona que examina o inspecciona; (f.c.) persona que comprueba los billetes

revista *f* segundo examen; inspección militar; publicación periódica; examen publicado de una obra literaria, dramática, etc.; espectáculo teatral que consiste en una serie de cuadros sueltos

revistar *tr* pasar revista a (*la tropa*)

revistero **-ra** *mf* persona que escribe revistas en un periódico

revivificar §72 *tr* dar nueva vida a

revivir *tr* volver la vida a; *intr* volver a la vida; volver en sí (*el que parecía muerto*); renovarse

revocación *f* acción de anular un acto, fallo, mandato, etc.

revocar §72 *tr* anular; disuadir; hacer retroceder; enlucir o pintar de nuevo (*una pared*); *intr* retroceder

revolar §63 *intr y ref* revolotear; dar segundo vuelo

revolcar §81 *tr* derribar, revolver por el suelo; vencer; reprobar en un examen; *ref* echarse sobre una cosa, refregándose en ella; obstinarse

revolotear *tr* arrojar a lo alto; *intr* venir por el aire dando vueltas; volar dando vueltas ‖ **revoloteo** *m*

revoltijo o **revoltillo** *m* conjunto de muchas cosas desordenadas; confusión

revoltoso **-sa** *adj* travieso; sedicioso

revolución *f* movimiento circular; vuelta completa; cambio fundamental en el estado de las cosas; cambio violento en las instituciones políticas

revolucionario **-ria** *adj* ‖ *mf* alborotador; partidario de la revolución política

revolver §49 y §83 *tr* agitar, menear; alterar el buen orden de (*las cosas*); mover y separar (*p.ej.*, *papeles*); enredar; inquietar; volver a andar (*lo andado*); envolver; reflexionar; *intr* dar vuelta entera; *ref* dar vuelta entera; moverse de un lado a otro; ponerse borrascoso (*el tiempo*); revolverse a, contra o sobre volver la cara a (*el enemigo*)

revólver *m* pistola de repetición con cilindro giratorio

revoque *m* acción de revocar una pared; material con que se revoca

revuelco *m* acción de revolcar

revuelo *m* agitación, turbación

revuelto **-ta** *adj* en desorden; (*huevos*) que se fríen revolviéndolos para

que no se unan; (*tiempo*) muy variable; travieso; difícil de entender; *f* alboroto, revolución; riña, pendencia; cambio de dirección en un camino

rey *m* soberano de un reino; pieza principal del ajedrez; carta de la baraja que representa un rey; (fig.) el que sobresale entre los demás; **reyes** *mpl* rey y reina; **Reyes** *mpl* Epifanía; los **Reyes Católicos** Fernando e Isabel

reyerta *f* contienda, riña

reyezuelo *m* pájaro cantor de plumaje vistoso (*Regulus regulus*)

rezagar §45 *tr* dejar atrás; dejar para más tarde; *ref* quedarse atrás

rezar §62 *tr* recitar (*una oración, la misa*); (fam.) decir, anunciar; *intr* orar vocalmente

rezo *m* acción de rezar; oficio religioso que se reza cada día

rezongar §45 *intr* gruñir, refunfuñar ‖ **rezongón** **-gona** *adj y mf*

rezumar *intr y ref* salir (*un líquido*) por los poros del recipiente

Rh (factor) elemento aglutinante que existe en la sangre del 85 por 100 de las personas

ría *f* parte del río próxima a su entrada en el mar

riacho o **riachuelo** *m* río pequeño

riada *f* crecida, inundación

ribazo *m* terreno algo elevado y en declive

ribera *f* orilla de mar o de río; tierra cercana a un río

ribereño **-ña** *adj* perteneciente a la ribera; *mf* habitante de la ribera o de una ciudad ribereña

ribete *m* cinta que refuerza un borde; aumento; adorno; **ribetes** *mpl* señal, indicio

ribetear *tr* poner ribetes a

riboflavina *f* factor del complejo vitamina B, cuya falta causa defecto de crecimiento

ricacho **-cha** o **ricachón** **-chona** *mf* (fam.) persona muy rica y vulgar

Ricardo *m* nombre propio de varón

ricino *m* planta de cuyas semillas se extrae un aceite purgante

rico **-ca** *adj* adinerado; noble; abundante; fértil; magnífico; muy bueno en su línea; *mf* persona adinerada

ricohombre *m* (*pl:* ricoshombres) el que pertenecía a la primera nobleza de España

rictus *m* (*pl:* -tus) contracción de los labios que da la apariencia de la sonrisa

ridiculez *f* dicho o hecho ridículo; nimia delicadeza

ridiculizar §62 *tr* burlarse de

ridículo -la *adj* que mueve a risa; nimiamente delicado; extraño, extravagante; *m* situación ridícula

riego *m* acción de regar; agua para regar

riel *m* barra de metal en bruto; carril de vía férrea

rienda *f* cada una de las dos correas con que se gobierna la caballería; **riendas** *fpl* dirección o gobierno de una cosa; **dar rienda suelta** a dar libre curso a

riesgo *m* probabilidad de un daño, exposición a un daño

Rif, el comarca montañosa del norte de Marruecos

rifa *f* sorteo de una cosa entre varios, por medio de billetes

rifar *tr* ofrecer como premio en una rifa

rifeño -ña *adj y mf* natural del Rif

rifirrafe *m* (fam.) contienda, riña

rifle *m* fusil rayado

rigidez *f* ‖ **rígido -da** *adj* tieso, poco flexible; riguroso, severo

rigor *m* severidad excesiva; aspereza, dureza; exactitud inflexible; propiedad y precisión; **de rigor** requerido por la costumbre o la etiqueta

rigorismo *m* exceso de severidad, esp. en materias de moral y disciplina ‖ **rigorista** *adj y mf*

riguroso -sa *adj* muy severo; áspero y acre; austero; extremado, inclemente

rima *f* semejanza entre los sonidos finales de verso, a partir de la última vocal acentuada; composición poética

rimar *tr* hacer (*una palabra*) consonante de otra; *intr* hacer rima; componer en verso

rimbombante *adj* que retumba; ampuloso; ostentoso, llamativo

rin *m* vino del Rin; (*cap.*) *m* río de Europa que desemboca en el mar del Norte

rincón *m* ángulo entrante que forman dos superficies; sitio apartado

rinconera *f* mueble pequeño que se coloca en un rincón

ring *m* (inglés) plataforma de forma cuadrada, donde pelean los boxeadores; (inglés) grupo de personas que cruzan apuestas en las carreras de caballos

ringla *f*, **ringle** *m* o **ringlera** *f* fila o hilera

ringorrango *m* (fam.) rasgo de pluma exagerado y superfluo; (fam.) adorno extravagante

rinoceronte *m* mamífero muy corpulento, con uno o dos cuernos sobre la línea media de la nariz

riña *f* pendencia, pelea, disputa

riñón *m* cada uno de los dos órganos que secretan la orina; centro de una región

río *m* corriente de agua continua que desemboca en otra o en el mar; gran abundancia de un líquido; gran abundancia; **Río de Janeiro** ciudad y puerto del Brasil; **Río de la Plata** inmenso estuario entre la Argentina y el Uruguay

Rioja, la parte de la provincia de Logroño, España; provincia de la Argentina y su capital ‖ **riojano -na** *adj y mf*

rioplatense *adj y mf* natural de los países de la cuenca del Río de la Plata

riostra *f* pieza oblicua de una armazón

ripia *f* tabla delgada sin cepillar

ripio *m* residuo; conjunto de cascotes; palabras inútiles

riqueza *f* calidad o condición de rico

risa *f* acción de reír; lo que mueve a reír

risco *m* peñasco alto y escarpado ‖ **riscoso -sa** *adj*

risotada *f* carcajada

ristra *f* trenza de ajos o cebollas; (fam.) hilera

risueño -ña *adj* que muestra risa; que ríe con facilidad; de aspecto deleitable; favorable

rítmico -ca *adj* ‖ **ritmo** *m* sucesión de latidos, sonidos, movimientos, etc. periódicos; metro o verso

rito *m* costumbre, ceremonia; ceremonia de carácter religioso

ritual *adj* perteneciente al rito; *m* conjunto de ritos

ritualismo *m* apego a los ritos; secta protestante inglesa que tiende a acercarse al catolicismo ‖ **ritualista** *adj y mf*

rival *mf* persona que rivaliza; adversario, enemigo ‖ **rivalidad** *f*

rivalizar §62 *intr* aspirar a obtener la misma cosa que otra persona; alcanzar casi al mérito de otra persona

rizar §62 *tr* formar rizos en (*el pelo*); hacer dobleces menudos en; mover (*el viento la mar*) formando olas pequeñas; *ref* ensortijarse (*el pelo*) de un modo natural

rizo *m* mechón de pelo que tiene forma de sortija; (aer.) vuelta de campana en avión; (mar.) cabo que sirve para acortar las velas

rizoma *m* tallo horizontal y subterráneo de algunas plantas

rizoso -sa *adj* que tiene rizos
ro *interj* voz que se usa para arrullar a los niños
róbalo *m* pez marino de carne apreciada (*Labrax lupus*)
robar *tr* tomar con violencia o engaño (*lo ajeno*); raptar; tomar (*naipes*) del monte
Roberto *m* nombre propio de varón
robin *m* orín, herrumbre
robinia *f* acacia falsa
roblar *tr* remachar
roble *m* árbol que produce bellotas y cuya madera es muy dura y resistente (*Quercus*)
roblón *m* clavija de metal dulce, cuyo extremo se remacha
robo *m* acción de robar; cosa robada; naipes que se toman del monte
roborar *tr* dar fuerza a; confirmar
robot *m* (*pl: -bots*) aparato automático que actúa como si poseyese inteligencia humana; persona insensible
robustecer §19 *tr* ‖ **robustez** *f* ‖ **robusto -ta** *adj* fuerte, vigoroso
roca *f* masa grande de piedra; piedra muy dura; cosa muy dura; la **Roca** el peñón de Gibraltar
rocalla *f* fragmentos de roca; abalorio grueso
roce *m* acción de rozar; trato frecuente
rociada *f* acción de rociar; rocío; reprensión severa
rociar §76 *tr* esparcir en menudas gotas (*un líquido*); regar (*p.ej., flores*); arrojar (*ciertas cosas*) de modo que caigan esparcidas; *intr* caer el rocío o la lluvia menuda
rocín *m* caballo de mala traza; caballo de trabajo
rocío *m* vapor de la atmósfera que se condensa de noche en gotas menudas; llovizna
rococó *adj* ‖ *m* estilo arquitectónico que se considera como una ulterior evolución del barroco
rocoso -sa *adj* lleno de rocas
roda *f* pieza gruesa y curva que forma la proa de la nave
rodado -da *adj* (*vehículo*) que tiene ruedas; (*transporte*) que se hace con tales vehículos; (*canto*) alisado a fuerza de rodar; *m* (Arg. y Chile) vehículo de ruedas; *f* señal que deja la rueda
rodaja *f* pieza circular y plana
rodaje *m* conjunto de ruedas; acción de rodar una película cinematográfica; período en que un motor nuevo gira a un régimen de poca potencia

Ródano *m* río de Suiza y Francia que desagua en el Mediterráneo
rodapié *m* paramento con que se cubren alrededor los pies de las mesas, camas, etc.; tabla que rodea la parte inferior de un balcón
rodar §63 *tr* impresionar o proyectar (*una película cinematográfica*); mover por medio de ruedas; *intr* dar vueltas alrededor del eje; moverse por medio de ruedas; caer dando vueltas; no tener sitio fijo; abundar; desplazarse (*un avión*) sin elevarse sobre el terreno
Rodas *f* isla del Archipiélago; su capital
rodear *tr* poner alrededor; dar la vuelta a; (Col., Cuba y Chile) circundar (*un hato de ganado*); *intr* andar alrededor; ir por el camino más largo; *ref* agitarse, rebullirse
rodeo *m* acción de rodear; camino más largo que el camino directo; manera indirecta de hacer una cosa; reunión y recuento del ganado y lugar donde se efectúa; circunloquio; efugio
Rodesia, la región del África meridional, colonia inglesa
rodete *m* rosca del peinado; rosca de paño, esparto, etc. que se pone en la cabeza para llevar un peso
rodezno *m* rueda hidráulica con eje vertical
rodilla *f* articulación del muslo con la pierna; paño basto para limpiar
rodillera *f* cosa que se pone para adorno o defensa de la rodilla; bolsa que forma el pantalón en la parte de la rodilla; remiendo que se echa a las rodillas de un pantalón
rodillo *m* madero redondo; cilindro pesado que se usa para alisar o apretar el suelo; cilindro para entintar los tipos de imprenta
rodio -dia *adj* y *mf* natural de Rodas; *m* cuerpo simple metálico, escaso (*símbolo* Rh; *núm. atómico* 45; *peso atómico* 102,91)
rododendro *m* planta de adorno, de flores sonrosadas, purpúreas o blancas
Rodolfo *m* nombre propio de varón
rodomontada *f* bravata, fanfarronada
rodrigar §45 *tr* poner rodrigones a (*las plantas*)
Rodrigo *m* nombre propio de varón
rodrigón *m* vara para sostener el tallo de las plantas; (fam.) criado anciano que acompañaba a las damas
roedor -dora *adj* que roe; que consume el ánimo; *m* mamífero con in-

cisivos largos y fuertes que sirven para roer

roer §64 *tr* cortar menudamente con los dientes; quitar con los dientes la carne de (*un hueso*); desgastar poco a poco; molestar interiormente

rogar §65 *tr* pedir por gracia; instar con súplicas

rogativa *f* oración pública para pedir algo a Dios

Rogelio o **Rogerio** *m* nombre propio de varón

roído -da *adj* (fam.) corto, mezquino

rojear *intr* tirar a rojo

rojez *f* ‖ **rojo -ja** *adj* ‖ *mf* persona cuyos cabellos son muy encendidos y así colorados; revolucionario; comunista; *m* color de la sangre arterial

rol *m* nómina, lista

roldana *f* rodaja de una garrucha o un motón

rollizo -za *adj* redondo, cilíndrico; grueso y robusto; *m* madero en rollo

rollo *m* cilindro de cualquier materia; cilindro de madera; porción de papel, tejido, etc. dando vueltas alrededor de un palo central; columna de piedra en una plaza pública; papel que desempeña un actor

Roma *f* capital de Italia

romadizo *m* catarro nasal

romaico -ca *adj* ‖ *m* lengua griega moderna

romana *f* instrumento para pesar, formado por una palanca de brazos desiguales, que tiene el fiel sobre el punto de apoyo

romance *adj* (*idioma*) neolatino; *m* idioma neolatino; idioma castellano; novela de caballería; combinación métrica en que los versos pares tienen rima; **romances** *mpl* bachillerías

romancear *tr* traducir al romance

romanche *adj* y *m* retorromano

románico -ca *adj* neolatino; *m* estilo arquitectónico que dominó en Europa durante los siglos XI y XII

romanizar §62 *tr* transformar en romano; *ref* adoptar la civilización romana; adoptar la lengua latina

romano -ma *adj* perteneciente a Roma; perteneciente a la Iglesia católica; *mf* natural de Roma; *f* véase romana

romanticismo *m* movimiento literario y artístico de la primera parte del siglo XIX; propensión a lo sentimental, fantástico, generoso

romántico -ca *adj* perteneciente al romanticismo; sentimental, fantástico, generoso; *mf* partidario del romanticismo

romanza *f* aria o composición musical de carácter sencillo y tierno

rombal *adj* ‖ **rombo** *m* paralelogramo de lados iguales y ángulos oblicuos

romboidal *adj* ‖ **romboide** *m* paralelogramo que tiene iguales los lados y ángulos opuestos

romería *f* peregrinación a un santuario; fiesta popular en un santuario

romero -ra *adj* ‖ *mf* persona que va en romería; *m* arbusto de hojas aromáticas (*Rosmarinus officinalis*)

romo -ma *adj* obtuso, sin punta; (*cap.*) *f* véase Roma

rompecabezas *m* (*pl:* -zas) pasatiempo que consiste en recomponer una figura que ha sido caprichosamente cortada en un gran número de trozos; acertijo o problema difícil

rompehielos *m* (*pl:* -los) buque para abrir canales en el hielo, rompiéndolo bajo su peso

rompehuelgas *mf* (*pl:* -gas) obrero que ocupa el puesto de un huelguista

rompenueces *m* (*pl:* -ces) cascanueces

rompeolas *m* (*pl:* -las) obra exterior de un puerto, destinada a quebrar la fuerza del oleaje

romper §83 *tr* quebrar, hacer pedazos; dividir en pedazos (*p.ej.*, *un papel*); gastar (*p.ej.*, *la ropa*); interrumpir (*p.ej.*, *el ayuno*); abrir paso por entre; *intr* reventar; prorrumpir; empezar de pronto; desavenirse

rompiente *m* escollo donde rompen las olas

Rómulo *m* (mit.) fundador de Roma que fué amamantado por una loba, juntamente con su hermano Remo

ron *m* licor alcohólico que se saca de la melaza y el zumo de caña de azúcar

ronca *f* grito del gamo; época del celo del gamo; (fam.) amenaza jactanciosa

roncar §72 *intr* hacer ruido bronco al respirar durante el sueño; hacer ruido sordo o bronco (*el mar, el viento, etc.*); (fam.) amenazar con roncas

roncear *intr* dilatar una cosa por hacerla de mala gana; (fam.) halagar para lograr un fin ‖ **roncería** *f* ‖ **roncero -ra** *adj*

ronco -ca *adj* (*sonido o voz*) áspera y bronca; que tiene la voz áspera y bronca por afección de la laringe; *f* véase ronca

roncha f bulto que se eleva en figura de haba en el cuerpo después de una picadura; señal de un golpe; tajada delgada cortada en redondo; (fam.) estafa

ronda f acción de rondar; gente que ronda; (fam.) distribución de bebidas, etc. a personas reunidas; (cap.) f ciudad en la provincia de Málaga

rondar tr andar vigilando (el servicio militar las calles de una población); andar de noche paseando (las calles); dar vueltas alrededor de; (fam.) andar tras de (una persona) solicitando algo; (fam.) amenazar; (fam.) acercarse a; intr andar vigilando

rondeño -ña adj y mf natural de Ronda; f especie de fandango de Ronda

rondó m (pl: -dós) composición musical cuyo tema se repite varias veces

rondón: de rondón impetuosamente y sin reparo

ronquear intr estar ronco

ronquera f afección de la laringe que vuelve ronca la voz

ronquido m ruido que se hace roncando

ronronear intr producir (el gato) un ronquido de satisfacción; producir (la hélice del avión, la marcha de un motor, etc.) un ruido sordo y vibratorio ‖ **ronroneo** m

ronzal m cuerda que se ata al pescuezo o la cabeza de las caballerías

ronzar §62 tr mascar con ruido; (mar.) mover (una cosa pesada) por medio de palancas

roña f sarna del ganado lanar; suciedad pegada fuertemente; tacañería

roñería f (fam.) miseria, tacañería

roñoso -sa adj que tiene roña; sucio, puerco; (fam.) miserable, tacaño

ropa f cosa que sirve de vestido o adorno

ropavejero -ra mf persona que vende ropas viejas

ropero -ra mf persona que vende ropa hecha; m mueble para guardar ropa

roque m torre del ajedrez

roqueño -ña adj lleno de rocas; duro como la roca

roquero -ra adj perteneciente a las rocas; edificado sobre las rocas

rorcual m ballena grande (Balaenoptera)

rorro m (fam.) niño pequeñito

ros m chacó español

rosa f flor del rosal; cosa de figura de rosa; **rosa de los vientos** o **náutica** círculo que tiene marcados los treinta y dos rumbos en que se divide el horizonte; **rosas** fpl rosetas de maíz; m color encarnado poco subido

rosáceo -a adj de color de rosa; (planta) de la familia del rosal, el almendro, la fresa, etc.

rosado -da adj de color de rosa; preparado con rosas; f escarcha

rosal m arbusto de jardín, de flores hermosas de colores variados

rosaleda o **rosalera** f plantío de rosales

Rosalía f nombre propio de mujer

rosario m sarta de cuentas, separadas de diez en diez por otras más gruesas, que sirve de guía al rezar; rezo en que se conmemoran los quince misterios de la Virgen; serie; especie de noria

rosbif m (pl: -bifs) carne de vaca soasada

rosca f vuelta circular o espiral de una cosa; tornillo con tuerca; pan o bollo de forma circular con un espacio vacío en medio

Rosellón, el antiguo condado del sudeste de Francia ‖ **rosellonés -nesa** adj y mf

róseo -a adj de color de rosa

roséola f enfermedad caracterizada por erupción cutánea de pequeñas manchas róseas

roseta f mancha de color encendido en las mejillas; chapa agujereada de la boca de la regadera; **rosetas** fpl granos de maíz que al tostarse se abren en forma de flor

rosetón m adorno circular en el techo; ventana circular y calada con adornos

rosicler m color rosado de la aurora; plata roja, sulfuro de plata

rosicruciano -na adj ‖ mf miembro de una secta de iluminados alemanes del siglo XVII, que se entregaban a la magia y la alquimia

roso -sa adj raído, sin pelo; rojo; f véase rosa

rosolí m aguardiente aromatizado con canela, anís, etc.

rosquilla f bollo en figura de rosca

rostro m cara, semblante

rota f ruta de embarcación; fuga desordenada; palma que sirve para hacer bastones (Calamus)

rotación f acción de rodar o girar; alternación de cultivos

rotativo -va adj que da vueltas; m periódico de gran circulación, impreso en máquina rotativa; f máquina de imprimir en que la composición se dispone en forma de cilindro

rotatorio -ria *adj* que tiene movimiento circular

rotén *m* rota (*planta*); bastón de rota

roto -ta *adj* andrajoso; licencioso; *f* véase rota

rotograbado *m* grabado en hueco por medio de cilindros de metal

rotonda *f* edificio o sala de planta circular

rotor *m* parte móvil de un motor o dínamo

rótula *f* trocisco; hueso que forma la parte saliente de la rodilla

rotular *tr* ‖ **rótulo** *m* título, etiqueta, letrero; cartel, anuncio público

rotundo -da *adj* redondo; claro, preciso y terminante; (*lenguaje*) lleno y sonoro

rotura *f* acción de romper; parte rota

roturar *tr* arar por primera vez

roya *f* honguillo parásito de varios cereales

roza *f* acción de rozar; tierra rozada

rozadura *f* acción de ludir una cosa con otra; herida superficial

rozagante *adj* vistoso; elegante; (*vestidura*) vistosa y muy larga

rozamiento *m* acción de rozar; desavenencia; (*mec.*) fricción

rozar §62 *tr* raer la superficie de (*p.ej., el suelo*); limpiar (*la tierra*) de malezas; cortar (*leña menuda o hierba*); cortar (*las bestias la hierba*) con los dientes; pasar tocando ligeramente; tener semejanza o relación con; *intr* pasar (*una cosa*) tocando ligeramente otra; herirse (*un pie*) con otro; tratarse mucho (*dos personas*)

roznar *tr* mascar con ruido; *intr* rebuznar ‖ **roznido** *m*

R.P. abr. de Reverendo Padre

Rte. abr. de Remite

Ruán *f* ciudad en el norte de Francia ‖ **ruanés -nesa** *adj y mf*

Rubén *m* (Bib.) el mayor de los hijos de Jacob

rúbeo -a *adj* que tira a rojo

rubéola *f* sarampión alemán

ruberoide *m* material hecho de fieltro embetunado que da una superficie impermeable e incombustible

rubí *m* (*pl*: -bíes) piedra preciosa, más dura que el acero, de brillo intenso y color rojo

rubia *f* granza (*planta*); coche rural; mujer de cabellos rubios; (*fam.*) peseta

rubiáceo -a *adj* (*planta*) de la familia de la rubia, el quino, el café, etc.

rubiales *mf* (*pl*: -les) (*fam.*) persona rubia

Rubicón *m* pequeño río de la antigua Italia; pasar el Rubicón dar un paso decisivo arrostrando un gran peligro

rubicundez *f* ‖ **rubicundo -da** *adj* rubio que tira a rojo; de buen color

rubidio *m* cuerpo simple metálico, parecido al potasio (*símbolo* Rb; *núm. atómico* 37; *peso atómico* 85, 48)

rubio -bia *adj* de color rojo claro parecido al del oro; de cabellos rubios; *m* hombre de cabellos rubios; pez marino de color rojo (*Trigla cuculus*); *f* véase rubia

rublo *m* moneda rusa

rubor *m* color rojo que la vergüenza saca al rostro; vergüenza ‖ **ruborizar** §62 *ref* ‖ **ruboroso -sa** *adj*

rúbrica *f* rasgo que se pone después de la firma; rótulo

rubricar §72 *tr* poner su rúbrica en (*un escrito*) con o sin la firma; firmar y sellar; dar fe de

rucio -cia *adj* (*caballo*) de color pardo o gris; (*fam.*) entrecano, gris

ruda *f* planta de flores amarillas y olor desagradable (*Ruta graveolens*)

rudeza *f* calidad de rudo

rudimentario -ria *adj* ‖ **rudimento** *m* embrión de un ser; parte imperfectamente desarrollada; **rudimentos** *mpl* primeros elementos de una ciencia o arte

rudo -da *adj* basto, tosco; descortés, grosero; que no se ajusta a las reglas del arte; poco inteligente; impetuoso, violento; *f* véase ruda

rueca *f* instrumento para hilar; vuelta, torcimiento

rueda *f* disco o aro que gira sobre un eje; círculo o corro

ruedo *m* acción de rodar; esterilla redonda; contorno; circunferencia; redondel en las plazas de toros

ruego *m* súplica, petición

rufián *m* el que se dedica al tráfico de prostitutas; hombre vicioso ‖ **rufianesco -ca** *adj*

rufo -fa *adj* rubio, bermejo; que tiene el pelo ensortijado

rugido *m* ‖ **rugir** §28 *intr* bramar (*el león*); crujir, rechinar, hacer ruido fuerte

rugoso -sa *adj* que tiene arrugas

ruibarbo *m* planta de rizoma purgante (*Rheum palmatum* y *R. officinale*); raíz de esta planta

ruido *m* sonido inarticulado, fuerte y confuso; conjunto de sonidos sin ninguna armonía; alboroto, pendencia ‖ **ruidoso -sa** *adj*

ruin *adj* bajo, vil; despreciable, pequeño; mezquino, avariento; humilde

ruina f acción de destruirse un edificio u otra cosa; pérdida de fortuna; decadencia, perdición; **ruinas** fpl restos de un edificio arruinado

ruindad f calidad de ruin; acción ruin

ruinoso -sa adj que amenaza ruina; que arruina; pequeño, desmedrado

ruiseñor m pájaro de canto melodioso (Luscinia megarhyncha)

ruleta f juego de azar en que se usa una rueda horizontal giratoria, dividida en 36 casillas numeradas; (Arg.) cinta métrica

Rumania f estado de la Europa oriental ‖ **rumano -na** adj y mf

rumba f baile cubano de origen negro

rumbo m dirección de la nave; camino que uno sigue; (fam.) pompa, ostentación; (fam.) garbo, desinterés

rumboso -sa adj (fam.) pomposo, magnífico; (fam.) desprendido, generoso

rumí m (pl: -míes) cristiano, en el lenguaje de los moros

rumia f acción de rumiar

rumiante adj ‖ m mamífero herbívoro que tiene el estómago dividido en cuatro cavidades y rumia los alimentos

rumiar § 76 o regular tr masticar nuevamente (los rumiantes el alimento que ya estuvo en el estómago); (fam.) considerar despacio

rumor m voz que corre entre el público; ruido confuso de voces; ruido sordo y confuso ‖ **rumoroso -sa** adj

runa f carácter de la antigua escritura escandinava

runfla f (fam.) serie de cosas de la misma especie

rúnico -ca adj perteneciente a las runas

runrún m (fam.) rumor; (fam.) ronroneo

Ruperto m nombre propio de varón

rupia f moneda indostánica y persa

ruptor m dispositivo que sirve para efectuar la ruptura de un circuito eléctrico

ruptura f acción de romper; desavenencia

rural adj perteneciente al campo; tosco, grosero

Rusia f estado de Europa y Asia ‖ **ruso -sa** adj y mf

rusófilo -la adj ‖ mf amigo de los rusos

rusófobo -ba adj ‖ mf persona que tiene odio a los rusos

rúst. abr. de rústica

rusticidad f ‖ **rústico -ca** adj perteneciente al campo; tosco, grosero; en rústica encuadernado con cubierta de papel; m hombre del campo

Rut f (Bib.) mujer laboriosa y fiel, de la que desciende David

ruta f camino, itinerario

Rutenia f antigua provincia de Checoslovaquia

rutenio m cuerpo simple metálico (símbolo Ru; núm. atómico 44; peso atómico 101,7)

ruteno -na adj y mf natural de Rutenia

rutina f costumbre, hábito inveterado ‖ **rutinero -ra** adj

ruzafa f jardín, parque de recreo

S

S, s f vigésima segunda letra del alfabeto

S. abr. de San, Santo, sobresaliente y sur

sáb. abr. de sábado

Sabá (Bib.) ciudad de la Arabia antigua, cuya reina fué a visitar a Salomón

sábado m séptimo y último día de la semana

sábalo m pez marino, parecido al arenque (Clupea alosa)

sabana f (Amér.) llanura de gran extensión, sin vegetación arbórea

sábana f pieza de lienzo que se pone en la cama

sabandija f insecto o reptil pequeño; persona despreciable

sabañón m inflamación acompañada de picazón, causada por el frío excesivo

sabelotodo mf (pl: sabelotodo) (fam.) persona que presume de entendido sin serlo

sabeo -a adj y mf natural de Sabá

saber m ciencia, sabiduría; §66 tr conocer, entender; ser docto en; haber aprendido de memoria; tener habilidad para; averiguar; intr conocer; a saber esto es; saber a tener sabor de; tener semejanza con

sabidillo -lla adj ‖ mf (desp.) sabelotodo

sabiduría f prudencia; conocimiento profundo; información

sabiendas: a sabiendas con pleno conocimiento

sabihondo -da *adj* ‖ *mf* (fam.) sabelotodo

sabina *f* arbusto conífero siempre
verde (*Juniperus sabina*)

sabio -bia *adj* que posee sabiduría;
cuerdo; instructivo; (*animal*) que
tiene muchas habilidades; *mf* persona que posee sabiduría, erudito

sablazo *m* golpe o herida de sable;
(fam.) acción de sacar dinero con
maña

sable *m* espada de un solo corte y
algo corva

sablista *mf* (fam.) persona que tiene
por hábito sonsacar dinero a otras
o que vive a costa ajena

saboneta *f* reloj de bolsillo con tapa
articulada

sabor *m* sensación que produce una
cosa en el órgano del gusto; impresión en el ánimo

saborear *tr* dar sabor y gusto a; percibir con deleite el sabor de; apreciar
con deleite; *ref* comer o beber con
expresión de deleite

sabotaje *m* trabajo malo que para perjudicar los intereses del patrono
hacen los obreros en las máquinas,
útiles, producción, etc.; daño que
se hace en una fábrica, buque, etc.
de una nación para favorecer los
intereses de otra ‖ saboteador -dora
mf ‖ sabotear *tr e intr*

Saboya, la comarca del sudeste de
Francia, en la frontera italiana,
antes ducado ‖ saboyano -na *adj y*
mf

sabroso -sa *adj* grato al gusto; deleitable al ánimo

sabueso -sa *mf* perro de olfato muy
fino; *m* persona que sabe indagar

sabuloso -sa *adj* que tiene mucha
arena

saburra *f* capa blanquecina que cubre
la lengua en las dispepsias ‖ sa-
burroso -sa *adj*

saca *f* acción de sacar; costal muy
grande; exportación

sacabocados *m* (*pl:* -dos) instrumento
que sirve para taladrar; medio eficaz

sacabuche *m* instrumento músico de
viento, parecido al trombón

sacaclavos *m* (*pl:* -vos) instrumento
para sacar clavos

sacacorchos *m* (*pl:* -chos) instrumento
para sacar los corchos de las botellas

sacadinero o sacadineros *m* (*pl:* -ros)
(fam.) cosa de poco valor pero de
buena apariencia; (fam.) persona
que tiene arte para sacar dinero al
público

sacamanchas *mf* (*pl:* -chas) persona
que quita las manchas de la ropa y
también la tiñe

sacamuelas *mf* (*pl:* -las) (fam.) persona que sin título saca muelas

sacapotras *m* (*pl:* -tras) (fam.) mal
cirujano

sacar §72 *tr* extraer; quitar; hacer
salir (*a una persona o cosa*) de su
sitio; obtener; mostrar; citar; tomar (*una fotografía*); copiar; hacer
(*una copia*); ganar por suerte; deducir; exceptuar, excluir; hacer
decir (*lo que una persona quiere*
ocultar)

sacarificar §72 *tr* convertir en
azúcar

sacarino -na *adj* que tiene azúcar; que
se asemeja al azúcar; *f* polvo blanco
azucarado, que es mucho más dulce
que el azúcar

sacarosa *f* azúcar común

sacasillas *m* (*pl:* -llas) (teat.) metemuertos

sacerdocio *m* ‖ sacerdotal *adj* ‖ sacerdote *m* ministro de un culto religioso; en la Iglesia católica, hombre
consagrado a Dios, ungido y ordenado para celebrar y ofrecer el
sacrificio de la misa

sacerdotisa *f* mujer dedicada al culto
de deidades paganas

saciar *tr* hartar de comida o de bebida;
hartar, satisfacer ‖ saciedad *f* ‖
sacio -cia *adj*

saco *m* receptáculo de tela, harpillera,
cuero, papel, etc., abierto por un
extremo; lo contenido en él; chaqueta; saqueo; hato, p.ej., de mentiras

sacra *f* oración impresa que en marco
con cristal se pone en el altar

sacramental *adj* perteneciente al
sacramento

sacramentar *tr* administrar a (*un en-*
fermo) el viático y la extremaunción; convertir (*el pan*) en el cuerpo
de Nuestro Señor Jesucristo

sacramento *m* signo sensible de un
efecto espiritual que Dios obra en
el alma; Cristo sacramentado en la
hostia

sacrificar §72 *tr* poner (*a una persona*
o cosa) en grave riesgo o trabajo
para algún fin elevado; dar u ofrecer en reconocimiento de la divinidad; matar (*reses*) para el consumo; *ref* someterse a grandes privaciones o riesgos

sacrificio *m* acción de sacrificar o
sacrificarse; ofrenda a una deidad;
ofrenda del cuerpo de Cristo en la
misa

sacrilegio *m* profanación de una cosa sagrada ‖ **sacrílego -ga** *adj*

sacristán *m* el que ayuda al sacerdote en el cuidado de la iglesia

sacristana *f* mujer del sacristán; religiosa que cuida de la iglesia del convento

sacristanía *f* empleo de sacristán

sacristía *f* lugar donde se revisten los sacerdotes y se guardan los objetos del culto

sacro -cra *adj* sagrado; (*hueso*) situado al extremo inferior de la columna vertebral; *f* véase **sacra**

sacrosanto -ta *adj* muy sagrado y santo

sacudida *f* acción de sacudir

sacudidor *m* instrumento para sacudir alfombras, colchones, etc.

sacudir *tr* agitar o golpear violentamente; arrojar con violencia; castigar con golpes

sachar *tr* escardar (*la tierra*)

sádico -ca *adj y mf* ‖ **sadismo** *m* perversión sexual en que se comete actos de crueldad en otros; deleite anormal en la crueldad

saduceísmo *m* ‖ **saduceo** *m* miembro de una secta judía opuesta a los fariseos

saeta *f* arma arrojadiza que se dispara con arco; manecilla del reloj; copla andaluza que se canta en las procesiones

saetín *m* canal por donde se precipita el agua a la rueda de los molinos

safari *m* expedición de caza, esp. en África; caravana de tal expedición

Safo *f* poetisa griega (hacia 580 a. de J.C.)

saga *f* leyenda poética de Escandinavia; hechicera

sagacidad *f* ‖ **sagaz** *adj* (*pl:* -gaces) astuto, prudente

sagitario *m* el que combate con arco y saetas; (*cap.*) *m* noveno signo del zodíaco; constelación zodiacal

sagrado -da *adj* dedicado a Dios y al culto; que debe inspirar veneración; *m* asilo, refugio

sagrario *m* lugar donde se guardan las cosas sagradas

saguntino -na *adj y mf* ‖ **Sagunto** ciudad de España, en la provincia de Valencia

Sahara, el vasto desierto del África septentrional

sahariana *f* guerrera usada en los uniformes de verano

sahumar *tr* dar humo aromático a ‖ **sahumerio** *m*

saín *m* grasa de un animal

sainete *m* salsa; bocado delicioso; sabor suave; pieza dramática en un acto de asunto jocoso y carácter popular

saíno *m* mamífero americano, parecido al jabalí, pero más pequeño y sin cola (*Tayassus pecari*)

sajar *tr* cortar (*la carne*)

sajón -jona *adj* ‖ *mf* individuo de un pueblo germánico que habitaba en la desembocadura del Elba y parte del cual se estableció en Inglaterra en el siglo V; natural de Sajonia

Sajonia *f* vasta región de Alemania

sal *f* cloruro de sodio que se usa como condimento; (quím.) todo cuerpo que se produce mediante substitución total o parcial del hidrógeno de un ácido por un metal o un radical electropositivo; (fig.) agudeza, gracia

sala *f* pieza principal de la casa; aposento grande; recinto; pieza donde se reúne un tribunal

saladillo *m* tocino fresco poco salado; cacahuete tostado y salado

Salamanca *f* provincia en el oeste de España; su capital

salamandra *f* anfibio de forma de lagarto, negro y con manchas amarillas; estufa de fuego lento

salamanqués -quesa *adj y mf* natural de Salamanca; *f* pequeño reptil, de cuerpo comprimido y ceniciento (*Tarentola mauritanica*)

Salamina *f* isla de Grecia, célebre por la victoria naval que obtuvieron los griegos sobre los persas (480 a. de J.C.)

salar *tr* echar en sal; sazonar con sal; echar demasiada sal a

salario *m* pago de un servicio o trabajo

salaz *adj* (*pl:* -laces) lujurioso

salazón *f* acción de salar; tiempo de salar; carnes o pescados salados

salcochar *tr* cocer sólo con agua y sal

salchicha *f* embutido de carne de cerdo

salchichería *f* ‖ **salchichero -ra** *mf* persona que hace o vende embutidos

salchichón *m* embutido de jamón, tocino y pimienta

saldar *tr* liquidar enteramente (*una cuenta*); vender a bajo precio

saldo *m* pago de una cuenta; diferencia entre el debe y el haber de una cuenta; resto de mercancías que se vende a bajo precio

saledizo -za *adj* que sobresale más de lo regular; *m* salidizo

salega *m* sitio donde se da la sal al ganado

salero *m* vasija para guardar o servir la sal; salegar; (fam.) gracia, donaire

saleroso -sa *adj* (fam.) que tiene gracia o donaire

salesa *adj* ‖ *f* religiosa de la orden de San Francisco de Sales

salesiano -na ‖ *mf* religioso de la congregación fundada por Juan Bosco

salicilato *m* sal o ester del ácido salicílico

salicílico -ca *adj* (*ácido*) cuyas sales se emplean contra el reumatismo ($C_7H_6O_3$)

sálico -ca *adj* (*ley*) que excluía del trono a las hembras

salida *f* acción de salir; parte por donde se sale; parte que sobresale; escapatoria, efugio; fin, término; ocurrencia; venta de los géneros; capa o abrigo ligero de mujer; (elec.) circuito por donde sale la corriente; salida de tono (fam.) dicho inconveniente

salidizo *m* parte del edificio que sobresale de la pared

saliente *adj* que sale; *m* este, oriente; *f* parte que sobresale

salificar §72 *tr* convertir en sal

salina *f* mina de sal; sitio donde se beneficia la sal

salinidad *f* ‖ **salino -na** *adj* que contiene sal; *f* véase salina

salir §67 *intr* pasar de dentro afuera; irse, partir; librarse; aparecer, brotar; quitarse (*una mancha*); resaltar, sobresalir; resultar; costar; ser el primero que juega; salir bien tener buen éxito; *ref* rebosar; derramarse

salitral *adj* que tiene salitre; *m* sitio donde se halla el salitre

salitre *m* nitro

salitroso -sa *adj* que tiene salitre

saliva *f* humor segregado por las glándulas de la boca

salivazo *m* (fam.) porción de saliva que se expele de una vez

salmantino -na *adj y mf* natural de Salamanca

salmear *intr* cantar o rezar los salmos

salmista *m* el que compone salmos; el que canta los salmos en las catedrales; el Salmista el rey David

salmo *m* cántico que contiene alabanzas a Dios; los Salmos los de David, libro del Antiguo Testamento

salmodia *f* canto que se usa para los salmos; (fam.) canto monótono

salmodiar *tr* cantar (*algo*) con cadencia monótona; *intr* salmear

salmón *m* pez que remonta los ríos en la época de la cría (*Salmo salar*)

salmonete *m* pez marino de color rojo (*Mullus barbatus*)

salmuera *f* agua cargada de sal

salobre *adj* que tiene sabor de sal

saloma *f* canto con que acompañan los marineros y otros obreros su faena

Salomé *f* (Bib.) hija de Herodes, que hizo cortar la cabeza a San Juan Bautista

Salomón *m* (Bib.) hijo y sucesor de David, cuya sabiduría se hizo legendaria en todo Oriente; (fig.) hombre de gran sabiduría

salomónico -ca *adj* perteneciente a Salomón; (arq.) (*columna*) contorneada en espiral

salón *m* sala grande; exposición; comedor en los buques de pasaje

saloncillo *m* (teat.) habitación donde los actores reciben visitas

salpicadura *f* ‖ **salpicar** §72 *tr* mojar o ensuciar rociando con movimiento brusco; esparcir como rociando; pasar rápidamente y sin orden

salpicón *m* fiambre de carne picada, aderezado con vinagre, sal, pimienta y cebolla; acción de salpicar; (fam.) cosa hecha pedazos menudos

salpimentar §1 *tr* adobar con sal y pimienta; (fig.) amenizar

salpimienta *f* mezcla de sal y pimienta

salpresar *tr* salar (*p.ej., pescado*) apretándolo

salpullido *m* erupción cutánea leve y pasajera; roncha que deja la picadura de la pulga ‖ **salpullir** §13 *tr y ref*

salsa *f* mezcla de cosas desleídas para aderezar o condimentar la comida

salsera *f* vasija para servir la salsa

salsifí *m* (*pl: -fíes*) planta herbácea, de raíz comestible (*Tragopogon porrifolius*)

saltabanco o **saltabancos** *m* (*pl: -cos*) charlatán; jugador de manos; (fam.) hombre de poca substancia

saltador -dora *adj* que salta; *m* cuerda para saltar

saltamontes *m* (*pl: -tes*) insecto saltador de color verde amarillento

saltaojos *m* (*pl: -jos*) peonía

saltar *tr* atravesar de un salto; omitir parte de (*lo que se lee o copia*); en el juego de damas, mover una pieza por encima de (*otra pieza*); *intr* levantarse del suelo con el impulso de las piernas; arrojarse desde una altura para caer de pie; moverse con gran velocidad; salir (*un líquido*) con violencia hacia arriba; sobresalir mucho; desprenderse o romperse violentamente; saltar a los ojos ser muy claro y comprensible; *ref* omitir parte de (*lo que se lee o copia*)

saltarín -rina *adj* ‖ *mf* persona que danza o baila

saltatumbas *m* (*pl:* **-bas**) (desp.) clérigo que vive de lo que gana asistiendo a los entierros

salteador *m* el que roba en los caminos

saltear *tr* asaltar, acometer; robar en los caminos; hacer con interrupciones; sofreír a fuego vivo en manteca o aceite hirviendo

salterio *m* libro de coro que contiene sólo los salmos; instrumento músico de cuerdas metálicas; (*cap.*) *m* (Bib.) libro de los salmos

saltimbanco o **saltimbanqui** *m* (fam.) saltabanco, titiritero

salto *m* acción de saltar; espacio que se salta; palpitación violenta del corazón; omisión en un escrito o lectura; cascada de agua; salto de cama bata de cama; salto mortal el que se da en el aire, lanzándose de cabeza para caer de pie

saltón -tona *adj* que anda a saltos; (*ojo, diente, etc.*) que parece salirse de su sitio; *m* saltamontes

salubre *adj* bueno para la salud corporal ‖ **salubridad** *f*

salud *f* estado normal de las funciones orgánicas e intelectuales; estado bueno o malo de estas funciones; estado de gracia; salvación; libertad, bien público de cada persona; **saludes** *fpl* actos y expresiones corteses; *interj* (fam.) para saludar a una persona

saludable *adj* bueno para conservar o restablecer la salud; provechoso

saludador -dora *adj* ‖ *mf* persona que saluda; *m* curandero

saludar *tr* dirigir palabras de cortesía a; dar muestras de cortesía a; honrar con señales de cortesía ‖ **saludo** *m*

Salustio *m* historiador romano (86–34 a. de J.C.)

salutación *f* acción de saludar

salutista *mf* miembro del Ejército de Salvación

salva *f* prueba que se hacía de la comida servida a un rey; saludo; saludo hecho con armas de fuego; aplausos nutridos

salvación *f* acción de salvar; bienaventuranza eterna

salvado *m* cáscara del trigo desmenuzada por la molienda

salvador -dora *adj* ‖ *mf* persona que salva; (*cap.*) *m* nombre propio de varón; **El Salvador** Jesucristo; estado de la América Central

salvadoreño -ña *adj y mf* natural de El Salvador

salvaguardar *tr* defender, proteger

salvaguardia *m* guarda que custodia algo; *f* papel o señal que se da a uno para que no sea detenido o estorbado; amparo, defensa

salvaje *adj* silvestre; no doméstico; áspero, inculto; natural de un país no civilizado; necio, tonto; *mf* natural de un país no civilizado; necio, tonto

salvajismo *m* modo de obrar o de ser propio de salvaje

salvamento o **salvamiento** *m* ‖ **salvar** *tr* librar de un peligro; evitar (*un inconveniente, dificultad, etc.*); vencer (*un obstáculo*); recorrer (*cierta distancia*); exceptuar; dar (*Dios*) la bienaventuranza eterna a; *ref* librarse de un peligro; alcanzar la gloria eterna

salvavidas *m* (*pl:* **-das**) aparato con que los náufragos pueden salvarse sobrenadando; bote no sumergible que llevan los buques mercantes y los aeroplanos; dispositivo que se coloca ante las ruedas delanteras de los tranvías para evitar desgracias en casos de atropello

salvedad *f* advertencia que limita el alcance de lo que se va a decir o hacer

salvia *f* planta de hojas aromáticas y amargas que se usa como estomacal

salvo -va *adj* ileso, librado de un peligro; exceptuado, omitido; *f* véase salva; salvo *prep* a excepción de

salvoconducto *m* permiso para transitar sin riesgo; todo lo que dé seguridad

samario *m* cuerpo simple metálico (*símbolo* Sm; *núm. atómico* 62; *peso atómico* 150,43)

samaritano -na *adj y mf* natural de Samaria, antigua ciudad de Palestina; el buen samaritano (Bib.) el que tomó a su cargo al viajero herido; (fig.) el que ama al prójimo

samba *f* baile brasileño, de origen africano

sambenito *m* saco de penitencia que se ponía a los reos condenados por la Inquisición; capotillo que se ponía a los penitentes reconciliados por la Inquisición; mala nota que queda de una acción; difamación

samio -mia *adj y mf* natural de Samos

Samoa *f* archipiélago de la Polinesia ‖ **samoano -na** *adj y mf*

Samos *f* isla griega del Archipiélago

Samotracia *f* isla griega del Archipiélago ‖ **samotracio -cia** *adj y mf*

samovar *m* tetera rusa con hornillo

sampán *m* embarcación china

Samuel *m* nombre propio de varón; (Bib.) profeta y juez de Israel

san *adj* apócope de **santo** antes de un nombre, salvo los de **Tomás** o **Tomé**, **Toribio** y **Domingo**

sanalotodo *m* (*pl:* sanalotodo) medio que se aplica a cualquier daño

sanar *tr* devolver la salud a; *intr* recobrar la salud

sanatorio *m* establecimiento para atender enfermos o convalecientes

sanción *f* acción de autorizar una ley, ordenanza o estatuto; ley, estatuto; aprobación, confirmación; pena, castigo; mal que proviene de una culpa

sancionar *tr* dar fuerza de ley a; imponer pena a (*una persona o un acto*)

sancochar *tr* cocer a medias (*los manjares*) sin sazonar

sanctasanctórum *m* (*pl:* -rum) parte más sagrada del tabernáculo de los judíos; cosa de gran aprecio; lo misterioso

Sancho *m* nombre propio de varón

sanchopancesco -ca *adj* semejante a Sancho Panza; falto de idealidad

sandalia *f* calzado formado por una suela asegurada con correas o cintas

sándalo *m* árbol de madera olorosa (*Santalum freycinetianum*); variedad de hierbabuena

sandáraca *f* resina amarillenta que se usa en barnices

sandez *f* (*pl:* -deces) calidad de sandio; necedad, tontería

sandía *f* planta cucurbitácea de fruto casi esférico, corteza verde y pulpa encarnada (*Citrullus vulgaris*); su fruto

sandio -dia *adj* ‖ *mf* persona necia o tonta

sandunga *f* (fam.) gracia, donaire, sal ‖ **sandunguero** -ra *adj*

sándwich *m* emparedado

saneamiento *m* ‖ **sanear** *tr* desaguar, preservar de las vías de agua, dar condiciones de salubridad a; reparar, remediar; garantizar (*el reparo de un daño*)

sanedrín *m* consejo supremo de los judíos

sangradera *f* lanceta; recipiente para recoger la sangre

sangradura *f* parte de la articulación del brazo opuesta al codo; salida que se da a las aguas de un río, canal, etc.

sangrar *tr* abrir a (*un enfermo*) una vena para sacarle sangre; dar salida al líquido contenido en; comenzar (*un renglón*) más adentro que los otros; *intr* arrojar sangre

sangre *f* líquido que circula por las arterias y las venas; **sangre fría** serenidad, dominio de sí mismo

sangría *f* acción de sangrar; parte de la articulación del brazo opuesta al codo; refresco de agua y vino tinto con azúcar y limón

sangriento -ta *adj* que echa sangre; teñido de sangre; que provoca efusión de sangre; feroz, cruel

sanguijuela *f* anélido acuático que se empleaba en medicina para sacar sangre; (fam.) persona que sonsaca dinero a otra

sanguinario -ria *adj* feroz, cruel; *f* piedra parecida al ágata, de color de sangre

sanguíneo -a *adj* perteneciente a la sangre; que contiene sangre; de color de sangre; (*complexión*) en que predomina la sangre

sanguinoso -sa *adj* de la naturaleza de la sangre; sanguinario

sanidad *f* calidad de sano; conjunto de organismos destinados a la conservación, recuperación y mejora de la salud nacional, de una comunidad, etc.

sanitario -ria *adj* perteneciente a la sanidad; perteneciente a la salud; *m* individuo del cuerpo de sanidad militar

San José capital de Costa Rica

San Juan capital y puerto de Puerto Rico

sano -na *adj* que no está enfermo; saludable; libre de error o de vicio; entero, no roto, sin daño; **sano y salvo** sin daño, enfermedad ni peligro

San Salvador isla de las Antillas, la primera tierra que descubrió Colón; capital de El Salvador; ciudad de Puerto Rico

sánscrito -ta *adj* ‖ *m* lengua de la literatura clásica india

sanseacabó *interj* (fam.) ¡terminado!, ¡ya está!

San Sebastián capital de la provincia de Guipúzcoa, España

sansimoniano -na *adj y mf* ‖ **sansimonismo** *m* sistema socialista de Saint-Simón (1760-1825) conforme al cual debe ser cada uno clasificado según su capacidad y remunerado según sus obras

Sansón *m* (Bib.) juez de los hebreos, a quien Dalila cortó los cabellos, donde residía su vigor; (fig.) hombre de mucha fuerza

santabárbara *f* (mar.) pañol para guardar la pólvora

Santander provincia en el norte de España; su capital ‖ **santanderino -na** *adj y mf*

santelmo *m* meteoro ígneo que se deja ver en los mástiles y vergas de las embarcaciones

Santiago *m* nombre propio de varón; (Bib.) uno de los doce apóstoles -patrón de España; **Santiago de Compostela** ciudad en el noroeste de España; **Santiago de Cuba** ciudad de la región oriental de Cuba; **Santiago de Chile** capital de Chile; *interj* grito de guerra de los antiguos españoles

santiaguero -ra *adj y mf* natural de Santiago de Cuba

santiagués -guesa *adj y mf* natural de Santiago de Compostela

santiaguino -na *adj y mf* natural de Santiago de Chile

santiamén *m* (fam.) instante, espacio brevísimo

santidad *f* calidad de santo; **su Santidad** tratamiento que se da al Papa

santificar §72 *tr* hacer santo; dedicar a Dios; venerar como santo; (fam.) disculpar

santiguar §10 *tr* hacer la señal de la cruz con la mano sobre; hacer supersticiosamente cruces sobre; (fam.) castigar, maltratar; *ref* hacerse cruces

santo -ta *adj* libre de culpa; sagrado, inviolable; consagrado a Dios; (fam.) sencillo, muy bueno; *mf* persona a quien la Iglesia declara santo y le da culto; *m* imagen de un santo; día del santo de una persona

Santo Domingo isla de las Antillas, dividida en dos Estados independientes: la República Dominicana y Haití

santón *m* asceta mahometano; hombre muy influyente; (fam.) hipócrita

santónico *m* planta cuyas cabezuelas se usan como vermífugas (*Artemisia cina*)

santoral *m* libro de vidas de santos; lista de los santos de cada día

santuario *m* lugar en que se venera la imagen de un santo; (Col.) tesoro enterrado

santurrón -rrona *adj* ‖ *mf* persona que afecta devoción exagerada ‖ **santurronería** *f*

saña *f* furor ciego; crueldad ‖ **sañoso -sa** o **sañudo -da** *adj*

sápido -da *adj* que tiene sabor

sapiencia sabiduría; (*cap.*) *f* (Bib.) Libro de la Sabiduría de Salomón

sapo *m* anfibio parecido a la rana, pero de cuerpo más grueso y con la piel llena de verrugas (*Bufo vulgaris*)

saponáceo -a *adj* jabonoso

saponificar §72 *tr* convertir en jabón

saque *m* acción de iniciar una suerte en el juego de pelota

saquear *tr* apoderarse violentamente (*los soldados*) de (*lo que hallan en una ciudad, casa, etc.*) ‖ **saqueo** *m*

S.A.R. abr. de **Su Alteza Real**

Sara *f* (Bib.) esposa de Abrahán

sarampión *m* enfermedad febril y contagiosa que se manifiesta por una erupción de manchas rojas en la piel; **sarampión alemán** enfermedad más benigna y de menor duración que el sarampión

sarao *m* reunión nocturna donde hay baile y música

sarcasmo *m* burla sangrienta, ironía mordaz

sarcástico -ca *adj* perteneciente al sarcasmo; propenso a emplearlo

sarcófago *m* sepulcro monumental, con relieves o estatua

sarcoma *m* tumor maligno de las células conjuntivas

sardana *f* baile popular catalán

Sardanápalo *m* rey muy disoluto de Asiria (siglo IX a. de J.C.)

sardina *f* pez marino comestible (*Arengus pilchardus*)

sardónica o **sardónice** *f* ágata de color amarillo con fajas obscuras

sarga *f* tela cuyo tejido forma líneas diagonales; especie de sauce (*Salix incana*)

sargatillo *m* sauce blanco

sargazo *m* alga que flota en los mares tropicales del Atlántico; **mar de los Sargazos** parte del Atlántico situada entre Cabo Verde, Azores y Canarias

sargento *m* individuo de tropa superior al cabo

sarmentoso -sa *adj* ‖ **sarmiento** *m* vástago de la vid, nudoso, largo, flexible

sarna *f* enfermedad de la piel, debida a un ácaro ‖ **sarnoso -sa** *adj*

sarpullido *m* salpullido ‖ **sarpullir** §13 *tr y ref*

sarracénico -ca *adj* ‖ **sarraceno -na** *adj y mf* moro, mahometano

sarracina *f* riña entre varios con gran confusión y desorden

Sarre *m* río de Francia y Alemania; territorio además regado por el río Sarre, que tiene ricas minas de carbón ‖ **sarrés -rresa** *adj y mf*

sarro *m* sedimento que se adhiere al fondo y paredes de una vasija;

substancia amarillenta que se pega a los dientes; substancia amarillenta que cubre la parte superior de la lengua ‖ **sarroso -sa** adj

sarta f serie de cosas metidas en un hilo, cuerda, etc.; fila, hilera

sartén f utensilio de hierro, circular, de fondo plano y con mango largo, para freír

sartenada f lo que se fríe de una vez

sartenazo m golpe dado con una sartén; (fam.) golpe fuerte

sasafrás m árbol lauráceo aromático, americano

sastra f mujer del sastre; mujer que tiene el oficio de sastre

sastre m hombre que tiene por oficio hacer trajes ‖ **sastrería** f

Satán m o **Satanás** m Lucifer, el príncipe de los ángeles rebeldes; el demonio ‖ **satánico -ca** adj

satelitario -ria adj ‖ **satélite** m astro opaco que gira alrededor de un planeta; persona o cosa que depende de otra; estado dominado política y económicamente por una potencia vecina; (fam.) alguacil

satinar tr dar tersura y lustre a (el papel o la tela)

sátira f escrito, discurso, etc., que sirve para criticar; composición que censura o ridiculiza ‖ **satírico -ca** adj

satirio m rata de agua

satirión m planta herbácea vivaz (Orchis maculata)

satirizar §62 tr zaherir de un modo satírico; intr escribir sátiras

sátiro m hombre lascivo; (mit.) semidiós silvestre, con los cuernos y patas de macho cabrío

satisfacción f ‖ **satisfacer** §41 tr pagar enteramente (lo que se debe); dar solución a (una duda, problema, etc.); saciar (una pasión, un apetito)

satisfactorio -ria adj que satisface; grato, próspero

satisfecho -cha adj contento; cumplido; presumido, vanidoso

sátrapa m gobernador de una provincia de la antigua Persia

saturación f ‖ **saturar** tr hacer que (una cosa) esté completamente penetrada o impregnada por otra; dar el máximo de imantación a; saciar

saturnal adj perteneciente a Saturno; f orgía desenfrenada; **saturnales** fpl fiesta em honor del dios Saturno

saturnino -na adj perteneciente al plomo; de genio triste y melancólico

Saturno m (mit.) dios de la agricultura; planeta del sistema solar, que está rodeado de dos grandes anillos

sauce m árbol que crece en las orillas de los ríos (Salix); **sauce blanco** sauce muy alto (Salix alba); **sauce llorón** sauce cuyas ramas largas se inclinan hacia tierra (Salix babylonica)

saúco m arbusto de flores olorosas, usadas en medicina (Sambucus nigra)

saudades fpl (portugués) añoranza, morriña

Saúl m (Bib.) primer rey de Israel

saurio -ria adj ‖ m reptil de cuatro patas, cola larga, piel escamosa, párpados libres y esternón, como el lagarto

sauzgatillo m arbusto ornamental, que crece en lugares frescos (Vitex agnus-castus)

savia f jugo que nutre las plantas y circula por sus vasos; (fig.) energía

saxífraga f planta que crece entre las rocas o en los sitios húmedos

saxofón m o **saxófono** m instrumento músico de viento formado por un tubo de metal y con sonido semejante al del clarinete

saya f falda de las mujeres

sayal m tela basta de lana burda

sayo m casaca holgada, larga y sin botones

sayón m verdugo; (fam.) hombre de aspecto feroz

sazón f madurez, perfección; ocasión, tiempo oportuno; gusto, sabor

sazonar tr dar sazón a (un manjar); madurar; intr madurar

s/c abr. de su cuenta

s.c. o **S.C.** abr. de su casa

S.D. abr. de se despide

se forma reflexiva y recíproca del pronombre personal de la tercera persona para el dativo y el acusativo; dativo del mismo pronombre delante de los acusativos lo, la, los, las

sebáceo -a adj de la naturaleza del sebo; que segrega grasa

Sebastián m nombre propio de varón

sebo m grasa de los animales herbívoros ‖ **seboso -sa** adj

seca f sequía; banco de arena a flor de agua

secadal m tierra sin riego

secadero m lugar donde se pone a secar una cosa

secador -dora adj que seca; m aparato para secar los cabellos; f máquina para secar la ropa

secamente adv con pocas palabras; de una manera brusca o áspera

secano *m* tierra sin riego; banco de arena a flor de agua; cosa muy seca

secante *adj* que seca; que corta; *m* papel secante; *f* (geom.) línea que corta a otra línea; (trig.) línea recta tirada del centro de un círculo a la extremidad de un arco y prolongada hasta que encuentre la tangente tirada por el origen del arco

secar §72 *tr* extraer la humedad de; enjugar; consumir el jugo de; (fam.) aburrir, cansar; *ref* quedar sin agua (*un río, una fuente, etc.*); perder su vigor y frescura (*una planta*); enflaquecer

seccion *f* acción de cortar; lugar donde una cosa está cortada; parte o división de un todo; figura que resultaría si se cortara un cuerpo por un plano ‖ **seccional** *adj*

seccionar *tr* dividir, fragmentar

secesión *f* acción de separarse de una nación parte de su pueblo o territorio ‖ **secesionista** *adj y mf*

seco -ca *adj* falto de agua; que carece de humedad; flaco, enjuto; (*golpe*) fuerte y rápido; (*aguardiente o vino*) sin azúcar; (*tiempo*) en que no llueve; áspero, poco cariñoso; *f* véase seca

secoya *f* conífera gigante de California

secreción *f* ‖ **secretar** *tr* separar y elaborar (*las glándulas ciertas substancias como saliva, jugo gástrico, etc.*)

secretaria *f* mujer del secretario; mujer que hace oficio de secretario

secretaría *f* cargo y oficina del secretario

secretariado *m* carrera de secretario; conjunto de secretarios

secretario *m* el que escribe la correspondencia, extiende las actas, etc.

secretear *intr* (fam.) hablar en secreto (*dos o más personas*) ‖ **secreteo** *m*

secreter *m* pequeño escritorio

secreto -ta *adj* oculto; callado; *m* lo que se tiene oculto o callado; razón o medio oculto de hacer una cosa; escondrijo; reserva, sigilo; **en el secreto de las cosas** con informes confidenciales; **secreto a voces** el que todo el mundo sabe

secta *f* doctrina religiosa particular; reunión de personas que profesan una misma creencia ‖ **sectario -ria** *adj y mf*

sector *m* parte de una clase o grupo; (geom.) figura plana limitada por dos radios de un círculo y el arco determinado por ambos; (mil.) zona determinada de un frente de batalla; **sector de distribución** canalización de consumo de electricidad

secuaz (*pl:* -cuaces) *adj* ‖ *mf* persona que sigue el partido u opinión de otra

secuestrar *tr* depositar (*una cosa*) judicialmente en manos de un tercero hasta decidir de quién es; retener (*una cosa*) en virtud de mandato judicial; apoderarse de (*una persona*) para exigir dinero por su rescate

secuestro *m* acción de secuestrar; bienes secuestrados

secular *adj* seglar; que dura un siglo o desde hace siglos; (*sacerdote*) que vive en el siglo

secularizar §62 *tr* hacer secular (*lo que era eclesiástico*)

secundar *tr* ayudar, apoyar, favorecer

secundario -ria *adj* segundo en orden o grado; de segunda enseñanza; *m* (elec.) circuito de un carrete o transformador por donde pasa la corriente inducida

sed *f* necesidad de beber; necesidad de agua; deseo ardiente

seda *f* hebra sutil que segregan ciertos gusanos; hilo formado con estas hebras; tela hecha con este hilo

sedal *m* cuerda de la caña de pescar

sedán *m* conducción interior de cuatro puertas, 4 a 6 plazas, con techo rígido metálico

sedante *adj* ‖ *m* medicamento que tiene virtud de calmar

sedar *tr* calmar, sosegar

sede *f* centro de una entidad; silla de un prelado; capital de una diócesis; jurisdicción y potestad del Papa

Sedecías *m* (Bib.) último rey de Judá

sedentario -ria *adj* que permanece sentado mucho tiempo; de poco movimiento

sedeño -ña *adj* de seda; parecido a la seda

sedería *f* ‖ **sedero -ra** *mf* persona que labra la seda o trata en ella

sediciente *adj* pretenso, supuesto

sedición *f* levantamiento contra la autoridad

sedicioso -sa *adj* que promueve una sedición o toma parte en ella

sediento -ta *adj* que tiene sed; que necesita humedad; afanoso

sedimentario -ria *adj* ‖ **sedimento** *m* materia que se precipita al fondo de un líquido

sedoso -sa *adj* parecido a la seda

seducción *f* ‖ **seducir** §24 *tr* inducir con halagos a obrar mal; cautivar, encantar; sobornar, corromper ‖

seductivo -va *adj* ‖ **seductor -tora** *adj y mf*

sefardí (*pl:* **-díes**) o **sefardita** *adj y mf* judío oriundo de España y Portugal

segador -dora *adj* ‖ *mf* persona que siega; *f* máquina para segar

segar §16 *tr* cortar (*mieses o hierbas; algo que sobresale*)

seglar *adj* perteneciente a la vida del mundo; *m* religioso que no tiene opción a las órdenes sagradas

segmento *m* parte o división de una cosa; (*geom.*) porción de círculo comprendida entre el arco y su cuerda

Segovia *f* provincia de España al norte de Madrid; su capital ‖ **segoviano -na** o **segoviense** *adj y mf*

segregación *f* ‖ **segregar** §45 *tr* separar, aislar; secretar

segueta *f* sierra de marquetería

seguidilla *f* estrofa formada por versos heptasílabos y pentasílabos; **seguidillas** *fpl* aire y baile popular español

seguido -da *adj* continuo, sin interrupción; que está en línea recta

seguir §68 *tr* ir detrás de; ir en busca de; continuar; ser del partido o de la opinión de; imitar el ejemplo de; ir por (*cierto camino*); acosar; ejercer, profesar; *ref* inferirse; suceder

según *prep* con arreglo a; *conj* con arreglo a lo que; como

segundar *tr* repetir segunda vez; ayudar; *intr* ser segundo

segundero *m* aguja del reloj que señala los segundos; **segundero central** el que gira alrededor de un eje concéntrico con los del minutero y el horario

segundo -da *adj* ‖ *m o f* persona o cosa que sigue a la primera; *m* el que manda después del principal; sexagésima parte del minuto

segundón *m* hijo segundo; hijo que no sea el primogénito

segur *f* hacha grande; hoz para segar

seguridad *f* ‖ **seguro -ra** *adj* libre de peligro; que no admite duda; firme, sólido; confiable; *m* certeza, confianza; sitio exento de peligro; contrato con que se asegura a una persona o cosa de algún riesgo; muelle de un arma de fuego que evita que se dispare; **sobre seguro** sin exponerse a ningún riesgo

seis *adj* ‖ *m* cinco y uno

seiscientos -tas *adj* ‖ **seiscientos** *m* seis veces ciento

seise *m* cada uno de los niños de coro, vestidos de seda azul y blanca, que bailan y cantan en la catedral de Sevilla

selacio -cia *adj* ‖ *m* pez del orden que incluye el tiburón

selección *f* ‖ **seleccionar** *tr* elegir, escoger ‖ **selectivo -va** *adj*

selecto -ta *adj* escogido; excelente

Selene *f* (mit.) diosa de la Luna

selenio *m* cuerpo simple parecido al azufre (*símbolo* Se; *núm. atómico* 34; *peso atómico* 78,96)

self *f* (elec.) bobina de inductancia

selva *f* terreno grande, inculto y muy poblado de árboles

selvático -ca *adj* perteneciente a la selva; silvestre, rústico

selvoso -sa *adj* cubierto de selvas

sellar *tr* imprimir el sello a; comunicar determinado carácter a; cerrar; tapar; poner fin a

sello *m* utensilio para estampar las letras, figuras o cifras en él grabadas; lo que queda estampado con él; trozo pequeño de papel con figuras o signos que se pega a ciertos documentos y a las cartas; carácter distintivo

semáforo *m* telégrafo óptico establecido en las costas; aparato de señales de ferrocarril

semana *f* serie de siete días, que comprende desde el domingo hasta el sábado; espacio de siete días consecutivos; **semana inglesa** régimen semanal de trabajo que termina a mediodía del sábado

semanal *adj* que se repite cada semana; que dura una semana

semanario -ria *adj* semanal; *m* periódico que se publica por semanas

semántico -ca *adj* ‖ *f* parte de la lingüística que trata de la significación de las palabras

semasiología *f* semántica

semblante *m* cara, rostro; apariencia, aspecto

semblanza *f* biografía breve

sembrado *m* campo sembrado

sembradura *f* ‖ **sembrar** §1 *tr* esparcir (*semillas en la tierra; minas; dinero; discordias; noticias*); esparcir semillas en (*un campo*)

semejante *adj* parecido; *m* prójimo

semejanza *f* calidad de semejante

semejar *tr* parecerse a; *intr y ref* parecerse

Semele *f* o **Sémele** *f* (mit.) madre de Dionisos

semen *m* líquido blanquecino, espeso, secretado por los testículos, que tiene en suspensión los espermatozoos; semilla

semental *adj* perteneciente a la siembra; *m* animal macho destinado a la reproducción

sementera *f* acción de sembrar; tierra sembrada; tiempo en que se siembra; origen o causa de alguna cosa

semestral *adj* que se repite cada semestre; que dura un semestre

semestre *m* espacio de seis meses

semibola *f* en ciertos juegos de naipes, lance en que hace uno todos las bazas menos una

semicircular *adj* ‖ **semicírculo** *m* medio círculo

semiconductor -tora *adj* ‖ *m* (elec.) material de resistencia alta, pero no lo suficiente para clasificarlo como aislador

semiconsonante *adj* ‖ *f* letra i o u cuando forma diptongo con una vocal siguiente

semicorchea *f* nota musical que vale la media corchea

semicultismo *m* palabra más evolucionada que el cultismo y menos que una voz popular

semideponente *m* verbo latino que en los tiempos perfectos se conjuga como si fuera deponente

semidiós -diosa *mf* hijo de una deidad y un mortal; deidad inferior; ser humano divinizado

semifinal *adj* ‖ *f* (dep.) carrera que se corre o partido que se juega para determinar los que han de tomar parte en la final

semifusa *f* nota musical que vale media fusa

semilunar *adj* de figura de media luna

semilla *f* parte del fruto que da origen a la nueva planta; origen

semillero *m* sitio donde se crían los vegetales que han de transplantarse; origen de cosas perjudiciales

seminal *adj* perteneciente al semen o a la semilla

seminario *m* establecimiento para la educación de niños y jóvenes, esp. para la carrera eclesiástica; clase universitaria en que se reúne el profesor con los estudiantes para llevar a cabo algún trabajo de investigación; semillero

Semíramis *f* reina de Asiria y fundadora de Nínive (hacia 800 a. de J.C.)

semi-remolque *m* gran camión tirado por un tractor y cuya parte delantera carga sobre el tractor

semisólido -da *adj* ‖ *m* substancia que tiene propiedades de los sólidos y los líquidos, como la gelatina

semita *adj* ‖ *mf* individuo de las razas que hablan o hablaban árabe, he-

breo, asirio, fenicio, etc. ‖ **semítico -ca** *adj*

semitono *m* (mús.) medio tono

semivocal *adj* ‖ *f* letra i o u cuando forma diptongo con una vocal precedente

sémola *f* pasta para sopa, de harina reducida a granos menudos

semoviente *adj* que se mueve por sí mismo; **semovientes** *mpl* ganado

sempiterno -na *adj* eterno

sen *m* árbol cuyas hojas se usan en infusión como purgante (*Cassia*)

Sena *m* río en el norte de Francia

senado *m* consejo supremo de la antigua Roma; cámara alta de un parlamento bicameral

senador *m* miembro del senado ‖ **senaduría** *f*

Senaquerib *m* rey de Asiria (705-681 a. de J.C.)

senatorial *adj* perteneciente al senado o al senador

sencillez *f* ‖ **sencillo -lla** *adj* no compuesto; no complicado; fácil; que no tiene adornos; de poco cuerpo; ingenuo, franco; incauto; *m* dinero suelto

senda *f* o **sendero** *m* camino estrecho

sendos -das *adj pl* uno para cada cual de dos o más personas o cosas

séneca *m* hombre muy sabio; (*cap.*) *m* filósofo y dramaturgo romano (4 a. de J.C.-65 d. de J.C.)

senectud *f* vejez, edad senil

Senegal, el territorio francés en el África occidental ‖ **senegalés -lesa** *adj y mf*

senescal *m* antiguo mayordomo de una casa real ‖ **senescalía** *f*

senil *adj* perteneciente a la vejez o producido por ella

senilidad *f* calidad de senil; debilidad mental inherente a la vejez

sénior *m* (dep.) viejo, veterano

seno *m* concavidad, hueco; parte interna; pecho humano; teta de la mujer; cavidad entre el pecho de la mujer y su vestido; regazo; matriz; ensenada; curvatura de una vela; (trig.) perpendicular tirada de uno de los extremos del arco al radio que pasa por el otro extremo

sensación *f* impresión que se recibe por medio de los sentidos; emoción que causa un suceso o noticia

sensacional *adj* que causa gran sensación

sensatez *f* ‖ **sensato -ta** *adj* prudente, juicioso

sensibilidad *f* calidad de sensible; facultad de sentir

sensibilizar §62 *tr* hacer sensible (*p.ej.*, *una placa fotográfica*; *el oído de una persona*)

sensible *adj* capaz de sentir; apreciable para los sentidos; fácil de observar; fácil de conmover o impresionar; que produce profunda impresión; que indica muy leves diferencias; que cede a la acción de la luz, el calor, etc.; (rad.) que capta señales muy débiles o de estaciones muy lejanas

sensiblería *f* ‖ **sensiblero -ra** *adj* excesivamente sentimental

sensitivo -va *adj* capaz de sentir; perteneciente a los sentidos; *f* planta cuyas hojas se abaten y pliegan si se las toca o sacude (*Mimosa pudica*)

sensorial *adj* perteneciente a la sensibilidad

sensorio -ria *adj* sensorial; *m* centro común de las sensaciones

sensual *adj* dado a los placeres de los sentidos; de los sentidos, perteneciente a los sentidos ‖ **sensualidad** *f*

sentado -da *adj* juicioso, quieto; *f* tiempo que está sentada una persona

sentar §1 *tr* poner en un asiento; *intr* convenir, cuadrar; **sentar bien** hacer provecho; caer bien (*una prenda*); *ref* tomar asiento; hacer asiento (*un edificio*)

sentencia *f* dictamen, parecer; dicho que encierra moralidad o doctrina; decisión; decisión del juez o árbitro

sentenciar *tr* pronunciar sentencia contra; (fam.) destinar para un fin

sentencioso -sa *adj* que encierra una sentencia; (*tono*) de afectada gravedad

sentido -da *adj* que incluye sentimiento; que se ofende fácilmente; *m* facultad de recibir impresiones de los objetos externos; cada una de las cinco formas de esta facultad; entendimiento, juicio; significación; interpretación; razón de ser; una u otra de las dos direcciones opuestas en que se puede suponer descrita una línea; **perder el sentido** desmayarse; **sentido común** juicio recto que tienen la generalidad de las personas

sentimental *adj* que expresa o excita sentimientos tiernos; propenso a ellos; que afecta sensibilidad ridícula ‖ **sentimentalismo** *m*

sentimiento *m* acción de sentir; impresión y movimiento que causan las cosas espirituales; aflicción, pesar; estado del ánimo afligido

sentina *f* cavidad inferior del buque, sobre la quilla; lugar inmundo; sitio donde abundan los vicios

sentir *m* sentimiento; juicio, parecer; §48 *tr* percibir por medio de los sentidos; experimentar (*p.ej.*, *alegría, miedo*); experimentar aflicción por; juzgar, opinar; barruntar, presentir; *ref* estar, hallarse; considerarse; padecer un dolor; quejarse; resentirse

seña *f* nota, indicio; señal convenida; **señas** *fpl* indicación del domicilio de una persona

señá *f* (pop.) contracción de señora

señal *f* nota, marca; hito, mojón; signo para recordar una cosa; vestigio; cicatriz; dinero que se da como garantía de un pago; aviso; (f.c.) semáforo; (rad.) onda emitida por una estación emisora; **señal de ocupado** (telp.) señal acústica enviada hacia atrás por un circuito ocupado; **señal para marcar** (telp.) señal que percibe el abonado, una vez ha descolgado su aparato, procedente de la central, y que le indica que los aparatos automáticos están dispuestos para recibir los impulsos de llamada

señalado -da *adj* célebre, insigne

señalar *tr* poner marca o señal en; hacer señales para comunicarse con; herir dejando cicatriz; indicar, esp. con la mano o el dedo; hacer el amago de; nombrar (*persona, lugar, día, hora, etc.*) para algún fin; rubricar; *ref* distinguirse

señalización *f* ‖ **señalizar** §62 *tr* (f.c.) habilitar con el sistema de señales eléctricas

señor -ñora *adj* propio de señor; *mf* dueño; poseedor de estados y lugares; *m* tratamiento que se da a cualquier hombre; título nobiliario; **el Señor Dios; señores** *mpl* señor y señora; señoras y caballeros; *f* mujer del señor; esposa; tratamiento que se da a cualquier mujer; **Nuestra Señora** la Virgen María; **señora de compañía** la que acompaña a señoritas cuando salen de casa

señorear *tr* dominar, mandar; apoderarse de

señoría *f* tratamiento de cortesía; persona a quien se da este tratamiento; señorío, dominio

señorial *adj* perteneciente al señorío; majestuoso, noble

señoril *adj* perteneciente al señor

señorío *m* dignidad de señor; dominio, mando; gravedad en el porte; conjunto de señores

señorita *f* tratamiento que se da a una mujer soltera; (fam.) ama, con respecto a los criados

señorito *m* hijo de persona de alguna representación; (fam.) amo, con respecto a los criados; (fam.) joven acomodado y ocioso

señorón -rona *adj* ‖ *mf* (fam.) persona importante o que afecta grandeza

señuelo *m* cosa que sirve para atraer a las aves; ave que se emplea para cazar otras aves; cosa con que se atrae o induce

sépalo *m* hoja del cáliz de una flor

separable *adj* ‖ **separación** *f* ‖ **separar** *tr* desunir (*lo que estaba junto*); destituir; distinguir; dividir; *ref* apartarse; retirarse de una ocupación

separata *f* impresión por separado de un artículo publicado en una revista

separatismo *m* ‖ **separatista** *adj* ‖ *mf* persona que trabaja para que un territorio se separe del Estado a que pertenece

sepelio *m* entierro, sepultura

sepia *f* jibia; materia colorante sacada de la jibia

septembrino -na *adj* perteneciente a septiembre

septentrional *adj* perteneciente al norte; que está al norte

septicemia *f* alteración de la sangre causada por gérmenes infecciosos

séptico -ca *adj* que produce la putrefacción o es producido por ella

septiembre *m* noveno mes del año

séptimo -ma *adj* ‖ *m o f* cada una de las siete partes iguales en que se divide un todo; persona o cosa que sigue a la sexta; *f* (mús.) intervalo de siete tonos

septuagenario -ria *adj* ‖ *mf* persona que tiene setenta años

septuagésimo -ma *adj* ‖ *m o f* cada una de las setenta partes iguales en que se divide un todo; persona o cosa que sigue a la sexagésima

séptuplo -pla *adj* ‖ *m* número que contiene a otro siete veces exactamente

sepulcral *adj* ‖ **sepulcro** *m* obra destinada para la sepultura de un cadáver

sepultar *tr* poner en la sepultura; ocultar; abismar, sumergir

sepultura *f* acción de sepultar; hoyo o lugar donde se entierra un cadáver

sepulturero *m* el que entierra los muertos

sequedad *f* calidad de seco; expresión dura y áspera

sequedal *m* o **sequeral** *m* terreno seco

sequía *f* tiempo seco de larga duración

séquito *m* gente que forma el acompañamiento de una persona

ser *m* esencia, naturaleza; ente; vida, existencia; el Ser Supremo Dios; §69 *intr* existir; pertenecer; suceder; tener origen; formar parte; servir; valer; sirve para unir el sujeto al atributo, p.ej., mi hermano es médico; *aux* sirve para formar la voz pasiva, p.ej., fué herido por una bala

sera *f* espuerta grande

seráfico -ca *adj* ‖ **serafín** *m* espíritu bienaventurado perteneciente al más alto de los nueve coros de ángeles; persona muy hermosa

serba *f* fruto del serbal

serbal *m* o **serbo** *m* árbol de fruto comestible (*Sorbus domestica*)

serenar *tr* calmar, sosegar; apaciguar

serenata *f* música que, para festejar a una persona, se toca en la calle por la noche; composición musical o poética destinada a este fin

serenidad *f* ‖ **sereno -na** *adj* apacible, sosegado; claro, sin nubes; *m* humedad de la noche; vigilante de noche; **al sereno** a la intemperie de la noche

serial *adj* que forma series; *m* (rad.) drama en episodios

sericultor -tora *mf* ‖ **sericultura** *f* industria de la producción de seda

serie *f* conjunto de cosas relacionadas entre sí y que se siguen; **en serie** (*fabricación*) en gran número y según el mismo patrón; **fuera de serie** especial, extraordinario; **de tamaño extraordinario**

seriedad *f* ‖ **serio -ria** *adj* austero, severo; grave, importante; verdadero, real, sincero; majestuoso; formal

sermón *m* discurso religioso; amonestación, represión

sermonar *intr* echar sermones

sermonear *tr* (fam.) reprender por medio de un sermón; *intr* sermonar

serón *m* sera más larga que ancha

serosidad *f* líquido que lubrica ciertas membranas; humor que se acumula en las ampollas de la piel

seroso -sa *adj* perteneciente al suero o a la serosidad

serpentear *intr* andar dando vueltas; tener el curso muy sinuoso

serpentín *m* tubo en espiral del alambique para facilitar el enfriamiento de la destilación

serpentino -na *adj* perteneciente a la serpiente; *f* piedra de color verdoso con manchas como la piel de las serpientes; cinta de papel arrollada con que se juega en carnaval serpentón *m* instrumento músico de viento en forma de S o de U

serpiente *f* reptil sin pies, por lo común, de gran tamaño; el demonio; persona maldiciente; **serpiente de cascabel** crótalo

serpigo *m* erupción cutánea que se cicatriza por un extremo y progresa por el otro

serpol *m* tomillo de tallos rastreros (*Thymus serpyllum*)

serpollo *m* brote que nace al pie de un árbol o en la parte podada; retoño

serradizo -za *adj* propio para ser serrado; serrado

serraduras *fpl* serrín

serrallo *m* lugar en que los mahometanos tienen a sus mujeres

serrano -na *adj* ‖ *mf* persona que habita en una sierra

serrar §1 *tr* cortar con la sierra

serrín *m* partículas desprendidas de la madera cuando se sierra

serrucho *m* sierra de hoja ancha y con una sola manija

serventesio *m* composición poética de origen provenzal; cuarteto en que riman el primer verso con el tercero y el segundo con el cuarto

Servia *f* antiguo reino del sudeste de Europa que hoy forma parte de Yugoslavia

servicial *adj* que sirve con diligencia; pronto a complacer

servicio *m* acción de servir; favor, obsequio; estado de criado; utilidad que presta una cosa; organización o personal que sirve; estado militar; conjunto de piezas para servir el café, té, etc.

servidor -dora *mf* persona que sirve como criado; nombre que por cortesía se da una persona a sí misma; *m* el que corteja a una dama

servidumbre *f* conjunto de los criados de una casa; estado del servidor; sujeción de las pasiones; limitación al derecho de dominio; servidumbre de la gleba adscripción de las personas a la tierra de tal manera que no podían separarse y eran vendidas con ella

servil *adj* perteneciente a los siervos; bajo, rastrero; que sigue un modelo demasiado estrechamente

servilismo *m* ciega y baja adhesión a la autoridad de una persona

servilleta *f* paño que sirve en la mesa para aseo de cada persona

servilletero *m* aro para la servilleta

servio -via *adj y mf* natural de Servia; *f* véase Servia

servir §80 *tr* estar al servicio de; obrar en favor de; asistir (*a una persona*) a la mesa; poner en la mesa (*lo que se ha de comer o beber*); vender mercancías a; dar culto a (*Dios, los santos*); cortejar (*a una dama*); *intr* ser de utilidad; ser a propósito; ejercer un cargo o empleo; ser soldado; *ref* tener a bien; servirse de emplear, usar

servocontrol *m* (aer.) mecanismo para reforzar o substituir al esfuerzo del piloto en el manejo de los mandos

servocroata *adj* ‖ *m* lengua eslava principal de Yugoslavia

servodirección *f* mecanismo que facilita la maniobra del volante del automóvil

servoembrague *m* embrague automático

servofreno *m* mecanismo que ayuda con su fuerza la acción del chófer sobre el pedal

servomecanismo *m* sistema de control, en el cual una pequeña corriente sirve para regular la aplicación de una corriente mucho mayor

servomotor *m* dispositivo para amplificar un esfuerzo relativamente pequeño, generalmente por medios hidráulicos

sésamo *m* ajonjolí; ¡ábrete, sésamo! palabras mágicas

sesear *intr* pronunciar la c castellana como la s

sesenta *adj* ‖ *m* seis veces diez

sesentón -tona *adj y mf* sexagenario

seseo *m* acción de sesear

sesera *f* parte de la cabeza del animal donde están los sesos; (fam.) cerebro del hombre

sesga *f* nesga

sesgadura *f* ‖ sesgar §45 *tr* cortar en sesgo; torcer a un lado

sesgo -ga *adj* oblicuo, torcido; *m* oblicuidad; curso de un asunto; *f* véase sesga

sesión *f* reunión de una asamblea; conferencia, consulta; cada representación de un drama o película

seso *m* cerebro; prudencia, juicio

sestear *intr* pasar la siesta

sesudez *f* ‖ sesudo -da *adj* cuerdo, juicioso, sensato

seta *f* hongo de sombrerillo

setecientos -tas *adj* ‖ setecientos *m* siete veces ciento

setenta *adj* ‖ *m* siete veces diez

setentón -tona *adj y mf* septuagenario

setiembre *m* septiembre

seto *m* cercado, valla; **seto vivo** el formado de arbustos

sétter *m* (*pl: -ters*) perro de muestra de pelo largo y rizado

seudónimo *m* nombre supuesto con que firma un autor

seudópodo *m* prolongación del protoplasma de algunos seres unicelulares para trasladarse y capturar presas

Seúl capital de la Corea del Sur

s.e.u.o. abr. de salvo error u omisión

severidad *f* ‖ severo -ra *adj* áspero, sin indulgencia; rígido en la observancia de leyes o reglas; austero, grave; muy regular, sin adornos

sevicia *f* crueldad excesiva

Sevilla *f* provincia en el sudoeste de España y su capital

sevillano -na *adj y mf* natural de Sevilla; **sevillanas** *fpl* aire y baile andaluces

sexagenario -ria *adj* ‖ *mf* persona que tiene sesenta años

sexagésimo -ma *adj* ‖ *m o f* cada una de las sesenta partes iguales en que se divide un todo; persona o cosa que sigue a la quincuagésima nona

sexo *m* condición orgánica que diferencia al macho de la hembra; conjunto de individuos del mismo sexo; aparato genital masculino o femenino

sexta *f* (mús.) intervalo de seis tonos

sextante *m* instrumento astronómico para medir ángulos o tomar alturas

sexteto *m* (mús.) conjunto de seis voces o instrumentos y composición para él

sexto -ta *adj* ‖ *m o f* cada una de las seis partes iguales en que se divide un todo; persona o cosa que sigue a la quinta; *f* véase sexta

séxtuplo -pla *adj* ‖ *m* número que contiene a otro seis veces exactamente

sexual *adj* perteneciente al sexo

S.G.M. abr. de Segunda Guerra Mundial

si conjunción que denota condición o hipótesis, p.ej., vendrá si puede; expresa duda, p.ej., no sé si está en casa

sí *forma reflexiva del pronombre personal de la tercera persona, usada como término de una preposición; adv* que expresa afirmación

Siam reino del Asia meridional, cuyo nombre actual es Tailandia

siamés -mesa *adj y mf* natural de Siam; **hermanos siameses** gemelos que nacen unidos por el tórax, la espalda, las caderas, etc.

sibarita *adj* ‖ *mf* persona muy dada a placeres y deleites refinados ‖ **sibarítico -ca** *adj* ‖ **sibaritismo** *m*

Siberia, la la parte norte de la Rusia asiática ‖ **siberiano -na** *adj y mf*

sibila *f* entre los antiguos, profetisa

sibilante *adj* ‖ *f* consonante que se pronuncia produciendo una especie de silbido

sibilino -na o **sibilitico -ca** *adj* perteneciente a la sibila; misterioso, profético

sicalipsis *f* donaire de sugestión erótica rayano en la obscenidad

sicalíptico -ca *adj* gracioso, ingenioso; rayano en la obscenidad

sicamor *m* ciclamor

sicario *m* asesino pagado

sicigia *f* conjunción u oposición de un planeta, esp. la Luna con el Sol

Sicilia *f* isla del Mediterráneo, perteneciente a Italia ‖ **siciliano -na** *adj y mf*

siclo *m* antigua moneda hebrea de plata

sicoanálisis *m* psicoanálisis ‖ **sicoanalista** *mf* ‖ **sicoanalítico -ca** *adj* ‖ **sicoanalizar** §62 *tr*

sicofanta *m* o **sicofante** *m* calumniador, impostor

sicología *f* psicología ‖ **sicológico -ca** *adj* ‖ **sicólogo -ga** *mf*

sicómoro *m* higuera de Egipto (*Ficus sycomorus*); árbol de sombra (*Acer pseudo-platanus*)

sidecar *m* (inglés) cochecillo unido al lado de una motocicleta

sideral o **sidéreo -a** *adj* perteneciente a los astros

siderurgia *f* arte de trabajar el hierro y el acero ‖ **siderúrgico -ca** *adj*

Sidón antigua ciudad de Fenicia ‖ **sidonio -nia** *adj y mf*

sidra *f* jugo fermentado de la manzana

siega *f* acción y tiempo de segar las mieses; las mieses cortadas

siembra *f* acción y tiempo de sembrar; sembrado

siempre *adv* en todo tiempo; en todo caso; **siempre que** con tal de que

siempreviva *f* planta herbácea vivaz (*Helichrysum orientale*)

sien *f* parte lateral de la cabeza junto a la frente

sierpe *f* serpiente; persona mala y fea; cosa que se mueve a manera de sierpe

sierra *f* herramienta para cortar o dividir madera y otros cuerpos, que consiste en una hoja de acero con dientes en el borde; cordillera de montañas

siervo -va *mf* esclavo; persona que sin ser esclava, estaba sometida a servidumbre; servidor

siesta *f* tiempo después de mediodía en que hace mucho calor; sueño después de comer

siete *adj* ‖ *m* seis y uno

sietemesino -na *adj* nacido antes de tiempo; (fam.) enclenque, raquítico

sífilis *f* enfermedad venérea producida por el microorganismo *Spirochaeta pallida* o *Treponema pallidum* ‖ **sifilítico -ca** *adj y mf*

sifón *m* tubo encorvado para trasegar líquidos; tubo acodado que se pone en las cañerías para impedir la salida de gases al exterior; botella con agua carbónica, provista de una llave de metal para vaciarla

sigilar *tr* callar, ocultar

sigilo *m* secreto; discreción

sigiloso -sa *adj* que guarda sigilo

sigla *f* letra inicial usada como abreviatura

siglo *m* espacio de cien años; tiempo muy largo; época muy notable; comercio y trato de los hombres

sigma *f* decimoctava letra del alfabeto griego

signar *tr* poner el signo a; firmar; hacer la señal de la cruz sobre; *ref* hacer la señal de la cruz

signatario -ria *adj y mf* firmante

signatura *f* acción de firmar un documento importante; nota que se pone al pie de la primera página de cada pliego; número o letra que se pone a un libro para indicar su colocación en la biblioteca

significación *f* sentido de una palabra o frase; importancia

significado *m* sentido de una palabra o frase

significar §72 *tr* tener el sentido de; ser signo de; manifestar, hacer saber; *intr* tener importancia; *ref* distinguirse

signo *m* cosa o señal que evoca la idea de otra; carácter de la escritura, la imprenta, la música; señal hecha por modo de bendición; rúbrica que el notario agrega a su firma; síntoma de una enfermedad; cada una de las doce partes del zodíaco; hado, destino; (mat.) señal que indica las operaciones o la naturaleza de las cantidades

siguiente *adj* que sigue; posterior

Sila *m* general y estadista romano (138–78 a. de J.C.)

sílaba *f* letra o conjunto de letras que se pronuncian en una sola emisión de voz

silabario *m* libro elemental para aprender a leer

silabear *tr* ir pronunciando separadamente cada sílaba de (*una palabra, un párrafo, etc.*) ‖ **silabeo** *m*

silábico -ca *adj* perteneciente a la sílaba

silba *f* acción de silbar, esp. para manifestar desagrado

silbar *tr* manifestar con silbidos desaprobación de (*un actor, una comedia*); tocar (*el silbato*); *intr* producir silbos o silbidos; agitar el aire produciendo un ruido como el del silbo

silbato *m* instrumento para silbar

silbido *m* silbo; sonido desagradable en un altoparlante

silbo *m* sonido agudo que se produce con la boca o con algún instrumento hueco; sonido agudo del aire

silbón *m* ave palmípeda que produce un silbo fuerte (*Anas penelope*)

silenciador *m* aparato para amortiguar el ruido que producen los motores de explosión

silenciar *tr* pasar en silencio; imponer silencio a

silencio *m* ausencia de ruido o de palabras; (mús.) pausa

silencioso -sa *adj* que calla; que no hace ruido; (*lugar*) en que hay silencio; *m* silenciador

Sileno *m* (mit.) sátiro, bufón de los dioses

silente *adj* callado, silencioso

Silesia *f* región de la Europa central, perteneciente en gran parte a Alemania ‖ **silesiano -na** o **silesio -sia** *adj y mf*

sílex *m* pedernal

sílfide *f* ninfa del aire; mujer esbelta

silfo *m* genio o espíritu del aire

silicato *m* sal del ácido silícico

sílice *f* combinación del silicio con el oxígeno

silíceo -a *adj* de sílice o parecido a él

silícico -ca *adj* perteneciente a la sílice; que contiene silicio

silicio *m* cuerpo simple, que forma parte de la corteza terrestre (*símbolo* Si; *núm. atómico* 14; *peso atómico* 28,06)

silicón *m* cualquiera de varios productos industriales que se obtienen reemplazando por silicio el carbono de una substancia orgánica

silicosis *f* enfermedad respiratoria producida por el polvo de la sílice

silo *m* lugar seco para guardar granos o semillas

silogismo *m* argumento que consta de tres proposiciones, una de las cuales se deduce de las otras dos ‖ **silogístico -ca** *adj*

silueta *f* forma que presenta a la vista un objeto obscuro proyectado sobre un fondo claro

silva *f* miscelánea; combinación métrica en que los versos endecasílabos alternan con los heptasílabos

silvestre *adj* criado en campos o selvas; agreste, rústico

silvicultor -tora *mf* ‖ **silvicultura** *f* cultivo de los montes, selvas o bosques

silla *f* asiento con respaldo; aparejo para montar a caballo; **silla de manos** coche llevado por hombres y sostenido en dos varas largas

sillar *m* piedra labrada en cuadro para un edificio

sillería *f* conjunto de sillas con que se amuebla un aposento; taller o tienda de sillero; edificio hecho de sillares

sillero -ra *mf* persona que hace, compone o vende sillas

silleta *f* orinal para la cama

sillín *m* silla de montar sencilla y ligera; asiento de bicicleta o motocicleta

sillón *m* silla de brazos, grande y cómoda

sima *f* abismo, hoyo profundo

simbiosis *f* asociación íntima de organismos de distintas especies con adaptación mutua ‖ **simbiótico -ca** *adj*

simbólico -ca *adj* perteneciente al símbolo

simbolismo *m* sistema de símbolos; carácter simbólico

simbolizar §72 *tr* servir como símbolo de, expresar por medio de un símbolo

símbolo *m* figura u objeto que tiene significación convencional; letra u otra señal que se emplea para representar una palabra, una cantidad, un cuerpo simple, etc.; fórmula que contiene los artículos de la fe

simetría *f* correspondencia de posición, forma y dimensiones de las partes de una figura o de un cuerpo a uno y otro lado de una línea divisoria o un plano; armonía que resulta de tal correspondencia ‖ **simétrico -ca** *adj*

simiente *f* semilla; semen

simil *adj* semejante, parecido; *m* comparación

similar *adj* semejante, parecido ‖ **similitud** *f*

similor *m* aleación de cobre y cinc que tiene el color del oro

simonía *f* compra o venta de cosas espirituales ‖ **simoníaco -ca** *adj y mf*

simpatía *f* comunidad de sentimientos; apego, cariño; amistad; relación funcional o patológica entre órganos sin conexión directa

simpático -ca *adj* que inspira simpatía; *m* sistema nervioso que rige la vida vegetativa y es independiente de la voluntad

simpatizar §62 *intr* congeniar; sentir simpatía

simple *adj* no compuesto; no doble; no complicado; sin adornos; incauto, ingenuo; mentecato; *m* planta medicinal; material que entra en un medicamento

simpleza *f* necedad; rusticidad

simplicidad *f* calidad de sencillo; candor

simplificar §72 *tr* hacer más sencillo o más fácil

simulacro *m* figura hecha a semejanza de una persona o cosa; apariencia sin realidad; acción de guerra simulada

simular *tr* fingir, aparentar

simultaneidad *f* ‖ **simultáneo -a** *adj* que ocurre o se hace al mismo tiempo

simún *m* viento abrasador de los desiertos de África y Arabia

sin *prep* falto de; libre de; además de; **sin + inf** no + *gerundio*

sinagoga *f* congregación religiosa y templo de los judíos

Sinaí (monte) monte de la península de Arabia, donde el Señor dió su ley a Moisés

sinalefa *f* reunión en una sola sílaba de la vocal final de una palabra y la inicial de la siguiente

sinapismo *m* medicamento externo hecho con polvo de mostaza

sinceridad *f* ‖ **sincero -ra** *adj* sin doblez, no hipócrita; real, no fingido

síncopa *f* desaparición de un sonido o grupo de sonidos en el interior de una palabra; (mús.) enlace de dos notas iguales en diferentes tiempos del compás

sincopar *tr* hacer síncopa en o de; abreviar

síncope *m* síncopa; pérdida momentánea de la sensibilidad

sincrónico -ca *adj* que ocurre al mismo tiempo ‖ **sincronismo** *m* ‖ **sincronizar** §62 *tr*

sindical *adj* perteneciente al síndico o al sindicato

sindicalismo *m* organización obrera basada en los sindicatos ‖ **sindicalista** *adj y mf*

sindicar §72 *tr* acusar; asociar en sindicato; *ref* entrar en un sindicato

sindicato *m* reunión de síndicos; asociación formada para la defensa de intereses económicos comunes

sindicatura *f* ‖ **síndico** *m* individuo encargado de liquidar una quiebra; el que es elegido por una corporación para cuidar sus intereses

sindiós (*pl:* -**diós**) *adj y mf* ateo

sinécdoque *f* (ret.) figura que consiste en tomar una parte por el todo o el todo por una parte, o la materia de una cosa por la cosa misma

sinecura *f* empleo fácil y bien retribuído

sinéresis *f* contracción de dos sílabas en una sola

sinfín *m* infinidad, sinnúmero

sinfonía *f* composición para orquesta de cuatro tiempos ‖ **sinfónico** -**ca** *adj*

singladura *f* camino que recorre una nave en veinticuatro horas

singular *adj* único; extraordinario; excelente; (gram.) (*número*) que se refiere a una sola persona o cosa; *m* (gram.) número singular

singularidad *f* calidad de singular; modo de obrar o pensar que se aparta de lo común

sinhueso *m* (fam.) lengua, órgano de la palabra

siniestra *f* mano izquierda

siniestrado -**da** *adj* ‖ *mf* víctima de un siniestro

siniestro -**tra** *adj* que está a la mano izquierda; aciago, funesto; *m* catástrofe, inundación, incendio; *f* véase siniestra

sinnúmero *m* número muy grande

sino *m* destino, hado; *conj* al contrario, antes bien; excepto

sinodal *adj* ‖ **sínodo** *m* concilio; junta de eclesiásticos

sinojaponés -**nesa** *adj* perteneciente a la China y al Japón a la vez

sinónimo -**ma** *adj* ‖ *m* vocablo del mismo significado que otro

sinopsis *f* (*pl:* -**sis**) resumen claro y fácilmente comprensible ‖ **sinóptico** -**ca** *adj*

sinrazón *f* acción injusta

sinsabor *m* disgusto; pesar

sinsonte *m* ave canora americana (*Mimus polyglottos*)

sintáctico -**ca** *adj* ‖ **sintaxis** *f* parte de la gramática que estudia las relaciones de las palabras en la oración

síntesis *f* (*pl:* -**sis**) combinación de las partes en un todo complejo; formación de un compuesto a partir de sus elementos; suma, compendio ‖ **sintético** -**ca** *adj* ‖ **sintetizar** §62 *tr*

sintoísmo *m* religión de los japoneses, basada en el culto de los antepasados ‖ **sintoísta** *adj y mf*

síntoma *m* fenómeno que revela una enfermedad; señal, indicio ‖ **sintomático** -**ca** *adj*

sintonía *f* (fís.) igualdad de frecuencia entre dos sistemas vibrantes

sintonización *f* ‖ **sintonizar** §62 *tr* (rad.) poner (*el aparato receptor*) en sintonía con una estación emisora determinada; (rad.) recoger las señales de (*una estación emisora determinada*)

sinuosidad *f* ‖ **sinuoso** -**sa** *adj* que tiene ondulaciones o recodos; taimado

sinvergüenza *adj y mf* (fam.) pícaro, bribón

Sión uno de los montes de Jerusalén; Jerusalén

sionismo *m* movimiento en favor del restablecimiento del Estado de Israel ‖ **sionista** *adj y mf*

siquiera *adv* tan sólo, por lo menos; *conj* aunque

Siracusa *f* ciudad de Sicilia ‖ **siracusano** -**na** *adj y mf*

sirena *f* pito que se emplea en buques, automóviles, fábricas, etc.; ninfa marina con busto de mujer y cuerpo de pez o de ave; mujer seductora

sirga *f* maroma para tirar redes, para llevar embarcaciones desde tierra

sirgar §45 *tr* llevar (*una embarcación*) con la sirga

Siria *f* país en el extremo oriental del Mediterráneo

siringe *f* órgano de la voz de las aves

sirio -**ria** *adj y mf* natural de Siria; (*cap.*) *m* la más brillante de las estrellas fijas; *f* véase Siria

sirle *m* excremento de carneros y cabras

siroco *m* viento sudeste

sirte *f* banco o bajo de arena

sirvienta *f* criada

sirviente *adj* que sirve; *m* criado

sisa *f* ‖ **sisar** *tr* robar (*dinero; una pequeña parte de lo comprado*) en la compra diaria; hacer sesgadura en (*una prenda de vestir*)

sisear *tr* manifestar desaprobación de (*p.ej., un actor*) emitiendo repetidamente el sonido de s; *intr* emitir repetidamente el sonido de s para manifestar desaprobación o para llamar ‖ **siseo** *m*

Sísifo *m* (mit.) rey de Corinto, condenado a subir hasta la cima de una montaña una enorme roca que siempre volvía a caer

sísmico -ca *adj* perteneciente al terremoto

sismográfico -ca *adj* ‖ **sismógrafo** *m* aparato para registrar terremotos

sismología *f* ciencia que estudia los terremotos ‖ **sismológico -ca** *adj*

sismómetro *m* instrumento para medir la fuerza de los terremotos

sisón -sona *adj* ‖ *mf* (fam.) persona que sisa a menudo; *m* ave comestible (*Otis tetrax*)

sistema *m* conjunto de reglas, principios o cosas, ordenadas con arreglo a una ley y para una finalidad determinada; combinación de partes reunidas para formar un conjunto; método de clasificación ‖ **sistemático -ca** *adj* ‖ **sistematizar** §62 *tr*

sístole *f* contracción del corazón y las arterias que produce la circulación de la sangre ‖ **sistólico -ca** *adj*

sitial *m* asiento de ceremonia

sitiar *tr* acosar para coger; cercar para conquistar

sitio *m* lugar; terreno propio para una cosa; cerco, asedio

sito -ta *adj* situado

situación *f* disposición de una cosa respecto del lugar que ocupa; estado de las personas o cosas

situar §20 *tr* colocar, poner; asignar (*fondos*)

sixtina *adj* (*capilla*) del Vaticano

Sixto *m* nombre de varios Papas

S.l.n.a. abr. de sin lugar ni año

S.M. abr. de Su Majestad

smoking *m* (*pl:* -kings) chaqueta de hombre sin faldones que se usa como traje de etiqueta

so *prep* bajo, debajo de; *interj* para hacer que se detengan las caballerías

soasar *tr* asar ligeramente

soba *f* acción de sobar

sobaco *m* cavidad que se encuentra bajo la articulación del brazo con el cuerpo

sobajar *tr* manosear mucho o con fuerza

sobaquera *f* abertura en un vestido en la parte del sobaco; refuerzo en la parte del sobaco

sobaquina *f* sudor de los sobacos

sobar *tr* manejar y oprimir para ablandar; palpar, manosear mucho; castigar dando golpes; (fam.) molestar con trato impertinente

sobarcar §72 *tr* llevar debajo del sobaco; levantar (*los vestidos*) hacia los sobacos

soberanía *f* ‖ **soberano -na** *adj* que ejerce la autoridad suprema; alto, extremado; *mf* persona que ejerce la autoridad suprema; *m* moneda de oro inglesa del valor de la libra esterlina

soberbio -bia *adj* que tiene soberbia; altivo, arrogante; fogoso, violento; alto, fuerte; magnífico; *f* orgullo desmedido; gran magnificencia; cólera, rabia

sobón -bona *adj* ‖ *mf* (fam.) persona que se hace fastidiosa por su excesiva familiaridad

sobornar *tr* prometer o entregar dádivas a (*una persona*) con el fin de obtener ventajas ilegales ‖ **soborno** *m*

sobra *f* exceso; **sobras** *fpl* lo que queda de la comida

sobradillo *m* tejadillo encima de los balcones y ventanas

sobrado -da *adj* demasiado; que tiene con abundancia; audaz; *m* desván; **sobrado** *adv* demasiado

sobrante *adj* que sobra; *m* lo que sobra

sobrar *tr* exceder; *intr* haber más de lo necesario; estar de más; quedar

sobre *m* cubierta de una carta; sobrescrito; *prep* encima de; acerca de; cerca de

sobreabundancia *f* ‖ **sobreabundante** *adj* ‖ **sobreabundar** *intr* abundar con exceso

sobrealiento *m* respiración fatigosa

sobrealimentar *tr* dar a (*un individuo*) más alimento que el ordinario; introducir en (*un motor de explosión*) una más grande cantidad de combustible gracias a la acción de un compresor

sobrecama *f* colcha para adorno

sobrecarga *f* lo que se añade a la carga regular; soga para asegurar la carga sobre las bestias; molestia que agrava un sentimiento

sobrecargar §45 *tr* cargar con exceso

sobrecargo *m* (mar.) el que cuida del cargamento

sobreceja *f* parte de la frente sobre las cejas

sobrecejo *m* ceño

sobreceño *m* ceño muy sañudo

sobrecoger §35 *tr* coger desprevenido; *ref* sorprenderse

sobrecubierta *f* segunda cubierta; cubierta exterior de un libro

sobredicho -cha *adj* dicho arriba o antes

sobreexcitación *f* ‖ **sobreexcitar** *tr* excitar con exceso

sobreexponer §55 *tr* (fot.) exponer (*una placa o película*) con exceso ‖ **sobreexposición** *f*

sobrehilar *tr* dar puntadas sobre el borde de (*una tela cortada*) para que no se deshilache ‖ **sobrehilo** *m*

sobrehombre *m* ser superior al hombre actual

sobrehumano -na *adj* que excede a lo humano

sobrellevar *tr* ayudar (*a una persona*) a llevar una carga; aguantar, tolerar

sobremanera *adv* más allá de lo corriente

sobremarcha *f* marcha que proporciona una velocidad mayor que la del eje motor

sobremesa *f* tapete de la mesa; tiempo que se está a la mesa después de comer; de sobremesa colocado sobre la mesa; después de comer y sin dejar la mesa

sobrenadar *intr* mantenerse encima del agua

sobrenatural *adj* que excede a lo natural

sobrenombre *m* nombre añadido; apodo

sobrentender §52 *tr* entender (*una cosa no expresa*)

sobrepaga *f* aumento de paga

sobreparto *m* tiempo que sigue al parto; estado delicado de salud consiguiente al parto

sobrepasar *tr* aventajar, exceder

sobrepelliz *f* (*pl*: -llices) vestidura blanca que los eclesiásticos llevan sobre la sotana

sobreponer §55 *tr* poner encima; *ref* obtener superioridad; dominar los impulsos del ánimo

sobreprecio *m* recargo de precio

sobreproducción *f* exceso de producción

sobrepujar *tr* aventajar, exceder

sobresaliente *adj* que sobresale; *mf* persona que suple la ausencia de otra

sobresalir §67 *intr* exceder en figura, tamaño, etc.; distinguirse

sobresaltar *tr* acometer de repente; asustar; *intr* venirse (*una cosa*) a los ojos

sobresalto *m* temor o susto repentino

sobresaturar *tr* saturar con concentración superior a la que corresponde al equilibrio

sobrescrito *m* lo que se escribe en el sobre de una carta

sobreseer §21 *tr* dejar sin curso ulterior (*p.ej.*, *un proceso*); *intr* desistir, cesar ‖ **sobreseimiento** *m*

sobrestante *m* capataz mayor

sobresueldo *m* lo que se paga además del sueldo fijo

sobretiro *m* separata

sobretodo *m* abrigo ancho y largo con mangas; *adv* con especialidad

sobrevenir §78 *intr* suceder; venir de improviso

sobrevidriera *f* segunda vidriera; alambrera para resguardar una vidriera

sobreviviente *adj* y *mf* ‖ **sobrevivir** *intr* seguir vivo; sobrevivir a vivir más que (*otra persona*); vivir después de (*determinado suceso*)

sobriedad *f* calidad de sobrio

sobrino -na *mf* hijo del hermano o la hermana, o del primo o la prima

sobrio -bria *adj* moderado en comer y beber; sencillo

socaire *m* (mar.) abrigo que ofrece una cosa en su lado opuesto al viento

socaliña *f* ardid con que se saca a uno lo que no está obligado a dar

socapa *f* pretexto; a socapa con disimulo, con cautela

socarrar *tr* quemar ligeramente

socarrén *m* alero del tejado

socarrina *f* (fam.) chamusquina, quemadura

socarrón -rrona *adj* astuto, taimado ‖ **socarronería** *f*

socavar *tr* excavar por debajo

socavón *m* cueva o galería subterránea; hundimiento

sociable *adj* inclinado a la sociedad

social *adj* perteneciente a la sociedad; perteneciente a los socios

socialismo *m* doctrina que aboga por una organización de la sociedad sobre la base de la propiedad en común de los medios de producción ‖ **socialista** *adj* y *mf*

socializar §62 *tr* transferir al Estado (*las propiedades, industrias, etc. particulares*)

sociedad *f* reunión permanente de personas, familias o naciones; agrupación de personas para un fin; agrupación cuyo objeto es el ejercicio o explotación de un comercio o industria

socio -cia *mf* persona asociada con otra u otras para un fin; individuo de una sociedad; (fam.) individuo

sociología *f* ciencia que trata de las sociedades humanas ‖ **sociológico -ca** *adj* ‖ **sociólogo -ga** *mf*

socorrer *tr* ayudar, amparar

socorrido -da *adj* que socorre fácilmente; bien provisto; común, trillado

socorro *m* acción de socorrer; cosa con que se socorre

Sócrates *m* filósofo griego (470-399 a. de J. C.) ‖ **socrático -ca** *adj*

sochantre *m* director de coro en los oficios divinos

soda *f* sosa; bebida de agua gaseosa

sódico -ca *adj* ǁ **sodio** *m* cuerpo simple metálico, que descompone el agua (*símbolo* Na; *núm. atómico* 11; *peso atómico* 22,997)

Sodoma *f* (Bib.) ciudad de Palestina, destruída por la depravación de sus habitantes

sodomía *f* trato carnal entre personas de un mismo sexo

sodomita *adj* ǁ *mf* natural de Sodoma; persona que comete sodomía

soez *adj* (*pl:* -eces) bajo, grosero, vil

sofá *m* (*pl:* -fás) canapé con respaldo y brazos

sofaldar *tr* alzar (*las faldas*)

Sofía *f* nombre propio de mujer; capital de Bulgaria

sofión *m* bufido de enojo

sofisma *m* argumento falso

sofista *adj* ǁ *mf* persona que se vale de sofismas; *m* filósofo o retórico griego

sofistería *f* empleo de sofismas

sofisticar §72 *tr* adulterar con sofismas; falsificar

soflama *f* llama tenue; ardor que sube al rostro; expresión para engañar; (desp.) discurso

soflamar *tr* engañar; avergonzar; *ref* requemarse con la llama

sofocar §72 *tr* ahogar; acosar; avergonzar

Sófocles *m* poeta trágico griego (495-406 a. de J.C.)

sofoco *m* vergüenza; disgusto grave

sofocón *m* (fam.) disgusto que sofoca o aturde

sofreír §59 y §83 *tr* freír ligeramente

sofrenada *f* ǁ **sofrenar** *tr* refrenar violentamente (*a la caballería*); refrenar (*una pasión*); reprender con aspereza

soga *f* cuerda gruesa de esparto

soguero *m* el que hace o vende sogas

soja *f* planta leguminosa, de fruto parecido a la judía (*Glycine max*)

sojuzgar §45 *tr* avasallar, dominar

sol *m* astro luminoso, centro de nuestro sistema planetario; su luz; su calor; sitio donde da el sol; estrella fija; moneda peruana

solamente *adv* de un solo modo, nada más

solana *f* sitio donde el sol da de lleno; pieza expuesta al sol en una casa

solanáceo -a *adj* (*planta*) como la belladona, la patata, la berenjena, el tabaco

solano *m* viento que sopla de levante

solapa *f* parte del saco, junto al cuello, que se dobla hacia fuera; ficción, doblez

solapado -da *adj* taimado, disimulado

solapo *m* solapa; parte de una cosa que queda cubierta por otra; (fam.) sopapo

solar *adj* perteneciente al Sol; *m* terreno edificado o donde se ha de edificar; casa antigua, cuna de una familia noble; §63 *tr* pavimentar; echar suelas a (*el calzado*)

solariego -ga *adj* perteneciente al solar de la familia; antiguo, noble

solaz *m* (*pl:* -laces) descanso, recreo, alivio ǁ **solazar** §62 *tr*

solazo *m* (fam.) sol abrasador

soldadesco -ca *adj* perteneciente a los soldados; *f* conjunto de soldados; tropa indisciplinada

soldado *m* el que sirve en la milicia; soldado raso militar sin graduación

soldador *m* el que suelda; instrumento para soldar

soldadura *f* acción de soldar; aleación fusible que sirve para soldar; la parte soldada

soldar §63 *tr* unir (*dos piezas de metal*) con una soldadura; unir, pegar; enmendar (*un desacierto*)

solear *tr* tener al sol

solecismo *m* falta de sintaxis

soledad *f* falta de compañía; lugar desierto; pesar que se siente por la ausencia de una persona

solemne *adj* celebrado con gran ceremonia; imponente, majestuoso; formal, grave; (fam.) terrible, enorme

solemnidad *f* calidad de solemne; ceremonia solemne; festividad eclesiástica

solemnizar §62 *tr* celebrar de manera solemne

solenoide *m* carrete cilíndrico y hueco que, atravesado por la corriente, funciona como un imán

soler §49 *intr* acostumbrar; ser frecuente

solera *f* madero sobre el que descansan otros; muela del molino; madre del vino; viejo jerez

soleraje *m* vinos de buena cosecha

solevantar *tr* levantar empujando desde abajo; soliviantar

solfa *f* arte de solfear; conjunto de signos con que se escribe la música; música; (fam.) paliza, zurra

solfear *tr* cantar pronunciando las notas de; (fam.) zurrar ǁ **solfeo** *m*

solicitación *f* ǁ **solicitar** *tr* pedir, buscar con diligencia; requerir de amores; (fís.) atraer solícito -ta *adj* diligente, cuidadoso, afanoso por servir ‖ solicitud *f*

solidaridad *f* ‖ solidario -ria *adj* ligado por comunidad de intereses y responsabilidades; adherido, asociado ‖ solidarizar §62 *tr* y *ref*

solideo *m* casquete de seda que usan los eclesiásticos para cubrirse la tonsura

solidez *f* calidad de sólido

solidificar §72 *tr* hacer sólido (*un fluído*)

sólido -da *adj* que tiene forma propia y opone resistencia a ser dividido; firme, fuerte; bien establecido; *m* cuerpo sólido

soliloquio *m* conversación consigo mismo

Solimán *m* sultán de Constantinopla (1495-1566)

solio *m* silla real con dosel

solípedo -da *adj* ‖ *m* mamífero ungulado que tiene las extremidades terminadas en un solo dedo

solista *mf* (mús.) persona que ejecuta un solo

solitario -ria *adj* solo, falto de compañía; desamparado, desierto; *mf* persona que vive en la soledad; *m* diamante engastado solo en una joya; juego que ejecuta una sola persona; *f* tenia

sólito -ta *adj* acostumbrado, habitual

soliviantar *tr* inducir a adoptar una actitud rebelde u hostil

soliviar *tr* solevantar; *ref* levantarse un poco

solo -la *adj* que no tiene compañía; único; *m* composición musical para una sola persona

sólo *adv* solamente

solomillo *m* en las reses de matadero, carne situada entre las costillas y el lomo

Solón *m* legislador de Atenas (638–558 a. de J.C.)

solsticio *m* momento en que el Sol ocupa el lugar más elevado o más bajo sobre el horizonte

soltar §63 *tr* desatar; dar salida o libertad a; resolver; (fam.) decir; *ref* desasirse; adquirir agilidad o desenvoltura; soltarse a empezar a (*p.ej., andar, hablar*)

soltería *f* ‖ soltero -ra *adj* ‖ *mf* persona que no ha contraído matrimonio

solterón -rona *adj* y *mf* (fam.) soltero ya entrado en años

soltura *f* acción de soltar; agilidad, desenvoltura; desvergüenza

solubilidad *f* ‖ soluble *adj* que se puede disolver; que se puede resolver

solución *f* acción de desatar, disolver o resolver; desenlace; satisfacción de una duda, dificultad o problema; líquido que contiene un cuerpo disuelto

solucionar *tr* resolver

solvencia *f* acción de solventar; calidad de solvente

solventar *tr* arreglar (*cuentas*) pagando la deuda; dar solución a (*un problema*)

solvente *adj* capaz de pagar sus deudas; libre de deudas; *m* líquido capaz de disolver

sollado *m* piso inferior de un buque

sollozar §62 *intr* llorar con un movimiento convulsivo del diafragma ‖ sollozo *m*

somalí (*pl:* -líes) *adj* y *mf* ‖ la Somalia comarca del África oriental en el golfo de Aden

somanta *f* (fam.) tunda, paliza

somático -ca *adj* perteneciente al cuerpo

somatología *f* estudio de la estructura del cuerpo humano

sombra *f* imagen obscura que proyecta un cuerpo opaco al interceptar los rayos luminosos; falta de luz; apariencia; spectro, aparición; amparo; suerte; donaire, gracia

sombrajo *m* resguardo de ramas para hacer sombra; sombra que uno hace poniéndose delante de la luz

sombrear *tr* dar sombra a

sombrerazo *m* golpe que se da con el sombrero; (fam.) saludo precipitado que se hace con el sombrero

sombrerera *f* caja para guardar sombreros

sombrerería *f* ‖ sombrerero -ra *mf* persona que hace o vende sombreros; *f* véase sombrerera

sombrerete *m* caperuza de chimenea; parte superior de un hongo

sombrerillo *m* parte superior de un hongo

sombrero *m* prenda de vestir que sirve para cubrir la cabeza; techo del púlpito; sombrerillo de los hongos

sombría *f* sitio donde hay sombra

sombrilla *f* quitasol; sombrilla aérea aviones que protegen la tropa o los buques

sombrío -a *adj* que tiene poca luz; melancólico; taciturno; *f* véase sombría

sombroso -sa *adj* que hace mucha sombra; sombrío

somero -ra *adj* ligero, superficial

someter *tr* dominar, sujetar, subyugar; proponer

somier *m* colchón de tela metálica

somnambulismo *m* ‖ **somnámbulo -la** *adj* ‖ *mf* persona que camina, obra o habla durante el sueño

somnífero -ra *adj* que causa sueño

somnolencia *f* ‖ **somnolento -ta** *adj* soñoliento

somorgujo *m* ave palmípeda que mantiene por mucho tiempo la cabeza sumergida bajo el agua (*Podiceps cristatus*)

son *m* sonido grato al oído; noticia, rumor; modo, manera; motivo

sonado -da *adj* célebre, famoso; divulgado con mucho ruido

sonaja *f* par de chapas de metal dispuestas para producir sonido fuerte

sonajero *m* juguete con sonajas o cascabeles

sonar *m* dispositivo para descubrir mediante ondas sonoras de alta frecuencia la presencia de submarinos sumergidos; §63 *tr* hacer sonar; tocar (*un instrumento*); limpiar (*las narices*); *intr* hacer ruido; dar (*el reloj*); producir sonido (*una letra*); pronunciarse, mencionarse; (fam.) ofrecerse vagamente a la memoria; **sonar a** tener apariencia de; *ref* esparcirse rumores; limpiarse las narices

sonata *f* composición musical en varios tiempos, para piano u otro instrumento o instrumentos

sonda *f* acción de sondar; instrumento para explorar conductos, heridas, etc.; (mar.) cuerda con un peso que sirve para sondar

sondaleza *f* (mar.) cuerda de la sonda

sondar o **sondear** *tr* averiguar, inquirir con cautela; explorar (*una llaga*) con la sonda; averiguar la profundidad y la calidad de (*el fondo del mar*) ‖ **sondeo** *m*

sonería *f* sonido de varias campanas juntas; conjunto de las piezas que hacen sonar un reloj

sonetista *mf* ‖ **soneto** *m* composición poética de catorce versos endecasílabos

sónico -ca *adj* ‖ **sonido** *m* movimiento vibratorio de los cuerpos, transmitido por un medio material como el aire; sensación que produce en el oído; valor fonético de una letra

sonorizar §62 *tr* convertir (*una consonante sorda*) en sonora; hacer sonora (*una película cinematográfica*)

sonoro -ra *adj* que suena o puede sonar; que suena bien; (gram.) (*sonido*) que se produce con vibración de las cuerdas vocales

sonreír §59 *intr* y *ref* reír ligeramente y sin ruido ‖ **sonriente** *adj* ‖ **sonrisa** *f*

sonrojar *tr* hacer salir a (*una persona*) los colores al rostro ‖ **sonrojo** *m*

sonrosado -da *adj* de color de rosa

sonsacar §72 *tr* sacar u obtener con maña; procurar con maña que diga una persona (*lo que sabe*)

sonsonete *m* sonido de golpecitos repetidos a compás; tonillo monótono; tonillo de desprecio y burla

soñador -dora *adj* ‖ *mf* persona que sueña mucho; persona que se entrega a la fantasía

soñar §63 *tr* representar en la fantasía (*cosas o sucesos*) mientras se duerme; imaginar (*cosas que no tienen realidad*)

soñera *f* propensión al sueño

soñolencia *f* ‖ **soñoliento -ta** *adj* que tiene sueño; que está dormitando; que causa sueño; perezoso

sopa *f* plato de caldo y pan, arroz, fideos, etc.; pedazo de pan empapado en un líquido; **sopas** *fpl* rebanadas de pan que se echan en el caldo

sopapear *tr* (fam.) dar sopapos a; (fam.) maltratar

sopapo *m* golpe que se da con la mano debajo de la barba; (fam.) bofetón

sopera *f* vasija en que se sirve la sopa

sopesar *tr* tantear el peso de

sopetear *tr* mojar varias veces (*el pan*) en el caldo; maltratar

sopetón *m* golpe fuerte dado con la mano; **de sopetón** de improviso

sopista *mf* persona que vive de limosna

soplar *tr* despedir (*aire*) con la boca o con un fuelle; apartar con el viento; llenar de aire; inspirar; hurtar, robar; acusar; sugerir (*lo que una persona debe decir*); *intr* despedir aire con la boca o con un fuelle; correr el viento; *ref* engreírse; (fam.) beber o comer rápidamente

soplete *m* tubo que aplica una corriente de aire u otro gas a una llama para dirigirla sobre objetos que se han de someter a muy alta temperatura

soplo *m* acción de soplar; instante; (fam.) aviso secreto; (fam.) delación; (fam.) delator

soplón -plona *adj* y *mf* (fam.) acusar en secreto ‖ **soplonear** *tr* soplonería *f*

soponcio *m* desmayo, desvanecimiento

sopor *m* sueño morboso; somnolencia

soporífero -ra *adj* que induce al sueño

soportable *adj* que se puede soportar o sufrir

soportal *m* espacio cubierto que está delante de la puerta principal soportar *tr* sostener; aguantar, tolerar

soporte *m* apoyo, sostén

soprano *mf* persona que tiene voz de soprano; *m* la más aguda de las voces humanas

sor *f* hermana, religiosa

sorber *tr* beber aspirando; absorber, tragar

sorbete *m* helado hecho con zumo de frutas

sorbo *m* acción de sorber; pequeña cantidad de líquido que se puede beber de una vez

sordera *f* privación o debilitación de la facultad de oír

sordidez *f* ‖ sórdido -da *adj* sucio; impuro, indecente; mezquino, tacaño

sordina *f* dispositivo que sirve para apagar la intensidad del sonido

sordo -da *adj* que no oye o que oye poco; que suena poco; insensible a la persuasión; (*dolor*) no agudo pero continuo; (*gram.*) (*sonido*) que se produce sin vibración de las cuerdas vocales

sordomudez *f* ‖ sordomudo -da *adj* ‖ *mf* persona que no puede oír ni hablar

sorna *f* lentitud estudiada con que se hace o dice una cosa

soroche *m* (*Amér.*) angustia que, a causa del enrarecimiento del aire, se siente a grandes altitudes

sorprendente *adj* ‖ sorprender *tr* asombrar, maravillar; coger desprevenido; descubrir (*un secreto*) ‖ sorpresa *f*

sortear *tr* someter a la decisión de la suerte; evitar con maña ‖ sorteo *m*

sortija *f* anillo para el dedo; rizo de pelo

sortilegio *m* adivinación por suertes supersticiosas

sortílego -ga *adj* ‖ *mf* persona que practica el sortilegio

S.O.S. señal internacional de peligro en el mar

sosa *f* barrilla; óxido de sodio

sosegar §16 *tr* apaciguar, tranquilizar; *intr* descansar, reposar

sosera o sosería *f* falta de gracia; insulsez, tontería

sosiego *m* tranquilidad, reposo

soslayar *tr* poner en dirección oblicua; evitar con un rodeo

soslayo: al o de soslayo oblicuamente, de lado

soso -sa *adj* que no tiene sal o tiene poca; falto de gracia; *f* véase sosa

sospecha *f* ‖ sospechar *tr* juzgar por conjeturas; *intr* desconfiar

sospechoso -sa *adj* que da motivo para sospechar; *m* sujeto de conducta sospechosa

sostén *m* acción de sostener; persona o cosa que sostiene; portasenos; apoyo moral

sostener §71 *tr* mantener firme; prestar apoyo a; defender; sufrir, tolerar

sostenido -da *adj* ‖ *m* (*mús.*) alteración que eleva la nota medio tono; signo que la representa

sota *f* carta de la baraja que representa un infante

sotabanco *m* piso habitable encima de la cornisa de la casa

sotana *f* vestidura talar de los eclesiásticos

sótano *m* pieza subterránea de un edificio

sotavento *m* (*mar.*) costado de la nave opuesto al barlovento

sotechado *m* cobertizo

soterrar §1 *tr* enterrar; esconder

soto *m* sitio poblado de árboles en riberas o vegas; sitio poblado de malezas

soviet *m* (*pl:* -viets) órgano de gobierno local en la Rusia comunista; soviets *mpl* poder supremo del Estado comunista ruso ‖ soviético -ca *adj y mf* ‖ sovietizar §62 *tr*

sovoz: a sovoz en voz baja

spre. abr. de siempre

sputnik *m* satélite artificial ruso

Sr. abr. de Señor

Sra. abr. de Señora

Sria abr. de secretaría

Srta. abr. de Señorita

S.S. abr. de Su Santidad

S.S.S. abr. de su seguro servidor

ss.ss. abr. de seguros servidores

stajanovismo *m* sistema soviético de emulación en el trabajo a destajo ‖ stajanovista *adj y mf*

stalinismo *m* doctrina comunista de Stalin ‖ stalinista *adj y mf*

stand *m* (*pl:* stands) (inglés) puesto de feria, mercado, etc.

Sto. abr. de Santo

su *adj* posesivo *de la tercera persona de ambos números*

Suabia *f* antiguo ducado de Alemania, hoy región de Baviera ‖ suabo -ba *adj y mf*

suave *adj* sin aspereza; dulce, grato; tranquilo; dócil, apacible; moderado

suavizador *m* cuero para suavizar el filo de las navajas de afeitar

suavizar §62 *tr* hacer suave

subalterno -na *adj* ‖ *m* empleado u oficial de categoría inferior

subarrendar §1 *tr* dar o tomar en arriendo (*una cosa*) de otro arrendatario de la misma ‖ subarriendo *m*

subasta f venta pública al mejor postor ‖ **subastar** tr

subcampeón -ona mf ganador inferior al campeón

subconsciencia f conjunto de fenómenos psíquicos por debajo del nivel de la conciencia ‖ **subconsciente** adj

subcutáneo -a adj que está debajo de la piel

súbdito -ta adj ‖ mf persona sujeta a la autoridad de un superior y obligada a obedecerle

subdividir tr dividir (lo ya dividido) ‖ **subdivisión** f

subentender §52 tr sobrentender

subfusil m pistola ametralladora

subido -da adj fino, puro, superior; (color u olor) fuerte; (precio) muy elevado; f acción de subir; sitio o camino que va subiendo

subir tr hacer más alto; levantar; trasladar a un lugar más alto; recorrer (un espacio) hacia arriba; dar más precio a; intr pasar a un lugar más alto; crecer; agravarse (p.ej., la fiebre); subir a o en montar (un caballo, una bicicleta, etc.); ascender a, importar (cierta suma); ref trasladarse a un lugar más alto

súbito -ta adj que sucede de pronto; precipitado; **súbito** adv de manera súbita

subjetivo -va adj perteneciente al sujeto, al yo; sólo percibido por el sujeto en sí mismo

subjuntivo -va adj ‖ m (gram.) modo del verbo que expresa deseo, duda, mandato, posibilidad, etc.

sublevación f ‖ **sublevado -da** mf ‖ **sublevar** tr alzar en rebelión; excitar la indignación de

sublimar tr engrandecer, ensalzar; (quím.) volatilizar (un sólido), condensando luego sus vapores sin pasar por el estado líquido

sublime adj elevado, excelso ‖ **sublimidad** f

submarino -na adj que se halla bajo la superficie del mar; m nave de guerra que navega debajo del mar

subordinación f ‖ **subordinado -da** adj y mf ‖ **subordinar** tr sujetar (una persona o cosa) a la dependencia de otra u otras

subproducto m producto obtenido como resultado de la fabricación de otro

subrayar tr trazar una raya debajo de (una letra, palabra, etc.); recalcar (las palabras)

subrepticio -cia adj que se hace u obtiene ocultamente

subsanar tr disculpar; reparar, resarcir

subscribir §83 tr firmar al fin de (un escrito); obligarse al pago de; abonar; convenir con (el dictamen de una persona); ref obligarse al pago de una cantidad para algún fin; abonarse ‖ **subscripción** f ‖ **subscriptor -tora** mf

subsidio m ayuda o socorro de carácter extraordinario

subsiguiente adj que sigue inmediatamente

subsistencia f acción de subsistir; lo necesario para la vida humana

subsistir intr durar, permanecer, conservarse; existir, vivir

substancia f cualquier materia; esencia de las cosas; lo que nutre; jugo; parte nutritiva de los alimentos; (fam.) juicio, madurez

substancial adj perteneciente a la substancia; substancioso

substancioso -sa adj que tiene substancia o jugo; importante

substantivo -va adj que tiene existencia real e independiente; (gram.) que expresa el ser, la existencia; m (gram.) palabra que designa un ser o una cosa material o mental

substitución f ‖ **substituir** §27 tr poner a una persona o cosa en el lugar de; tomar el lugar de, hacer las veces de

substitutivo -va adj y mf sucedáneo

substituto -ta mf persona que substituye a otra

substracción f acción de substraer; (mat.) resta

substraendo m cantidad que se resta de otra

substraer §74 tr separar, extraer; hurtar; (mat.) restar

substrato m base, fundamento

subsuelo m terreno que está debajo de la superficie

subtender §52 tr extenderse (una línea recta) debajo de (un arco, un ángulo, etc.)

subteniente m oficial inferior al teniente

subterfugio m efugio, pretexto

subterráneo -a adj ‖ m lugar que está debajo de tierra; (Arg.) tren subterráneo

subtítulo m segundo título puesto debajo del principal

suburbano -na adj próximo a la ciudad; mf habitante de un suburbio

suburbio m arrabal

subvención f ‖ **subvencionar** tr apoyar con un subsidio

subvenir §78 intr venir en auxilio

subversión *f* ‖ **subversivo -va** *adj* ‖ **subversor -sora** *adj y mf* ‖ **subvertir** §48 *tr* trastornar, revolver; corromper moralmente

subyugar §45 *tr* avasallar, dominar

succión *f* acción de chupar

sucedáneo -a *adj* ‖ *m* substancia que puede reemplazar a otra

suceder *tr* entrar en lugar de; heredar los bienes de; *intr* descender, proceder; *impers* acaecer, efectuarse; *ref* continuarse (*dos cosas*)

sucedido *m* (fam.) suceso, acontecimiento

sucesión *f* acción de suceder; herencia; descendencia, prole

sucesivo -va *adj* que sucede o se sigue

suceso *m* cosa que sucede

sucesor -sora *adj* ‖ *mf* persona que sucede o reemplaza a otra; descendiente

suciedad *f* calidad de sucio; dicho o hecho sucio

sucinto -ta *adj* breve, conciso

sucio -cia *adj* que tiene manchas o impurezas; deshonesto, obsceno; que se ensucia fácilmente; que tiene mezcla de cosas extrañas; **sucio** *adv* sin la debida observancia de las reglas

suco *m* jugo

sucre *m* moneda del Ecuador; (*cap.*) capital de Bolivia ‖ **sucreño -ña** *adj*

suculencia *f* ‖ **suculento -ta** *adj* substancioso, nutritivo

sucumbir *intr* ceder, rendirse; morir

sucursal *adj* ‖ *f* establecimiento que depende de otro principal

Sudamérica *f* la América del Sur, parte meridional del continente americano ‖ **sudamericano -na** *adj y mf*

Sudán, el territorio africano entre el Sahara y la selva tropical ‖ **sudanés -nesa** *adj y mf*

sudar *tr* arrojar (*sudor*) por los poros; empapar en sudor; (fam.) dar a disgusto; *intr* arrojar sudor por los poros; (fam.) trabajar mucho

sudario *m* lienzo en que se envuelven los difuntos

sudcoreano -na *adj y mf* natural de la Corea del Sur

sudeste *m* punto del horizonte entre sur y este; viento de sudeste

sudetano -na *adj y mf* ‖ **montes Sudetes** cordillera de Checoslovaquia, Polonia y Alemania

sudoeste *m* punto del horizonte entre sur y oeste; viento de sudoeste

sudor *m* humor ácueo que sale por los poros; (fig.) trabajo, fatiga ‖ **sudoroso -sa** *adj*

Suecia *f* estado del norte de Europa ‖ **sueco -ca** *adj y mf*

suegra *f* madre de un cónyuge respecto del otro

suegro *m* padre de un cónyuge respecto del otro

suela *f* parte del calzado que toca el suelo; cuero curtido para hacer suelas; lenguado

sueldo *m* salario, estipendio

suelo *m* superficie de la tierra; superficie inferior de una cosa; revestimiento de un piso; **suelo natal** patria

suelto -ta *adj* ágil, ligero, veloz; hábil, expedito; poco compacto; separado, sin unión; atrevido, libre; (*lenguaje, estilo*) fácil, corriente; *m* escrito muy pequeño de un periódico; moneda fraccionaria; *f* acción de soltar

sueño *m* acción de dormir; gana de dormir; acción de soñar; cosa que se sueña; cosa fantástica y sin fundamento

suero *m* parte líquida de la sangre; parte líquida que se separa de la leche cuajada; suero sanguíneo de animales inoculados, que se administra en inyecciones

suerte *f* encadenamiento fortuito de los sucesos; destino, hado; casualidad; buena o mala fortuna; condición, estado; género, especie; calidad; modo de hacer una cosa; jugada; juego de manos; lance del torero; parte de tierra de labor

sueste *m* sudeste; sombrero impermeable de los marinos

suéter *m* (*pl:* -ters) chaqueta de punto de lana

Suetonio *m* historiador y retórico romano (75–150 d. de J.C.)

suevo -va *adj* ‖ *mf* individuo de unas tribus germánicas que en el siglo V invadieron las Galias y parte de España

Suez puerto de Egipto; **canal de Suez** canal navegable que une el Mediterráneo y el mar Rojo

suficiencia *f* ‖ **suficiente** *adj* bastante; apto, idóneo

sufijo *m* afijo que va pospuesto

sufragar §45 *tr* ayudar, favorecer; costear; *intr* (Amér.) votar

sufragio *m* voto; ayuda, socorro

sufragista *mf* partidario del voto de la mujer

sufrible *adj* que se puede sufrir

sufridero -ra *adj* sufrible; *f* herramienta empleada para sostener la cabeza de un roblón mientras se forma la otra cabeza

sufrido -da *adj* que sufre con resignación; (*marido*) consentido

sufrimiento *m* ‖ **sufrir** *tr* padecer; llevar con resignación; aguantar, tolerar; permitir; sostener, resistir; experimentar; tomar (*un examen*)

sugerencia *f* acción de sugerir; lo sugerido

sugerir §48 *tr* hacer entrar en el ánimo de alguno (*una idea*)

sugestión *f* acción de sugerir; lo sugerido; acción de sugestionar

sugestionar *tr* inspirar a (*una persona*) palabras o actos involuntarios; dominar la voluntad de

sugestivo -va *adj* llamativo, que llama la atención

suicida *adj* que constituye suicidio; *mf* persona que se quita la vida

suicidar *ref* quitarse voluntariamente la vida

suicidio *m* acción o efecto de suicidarse

Suiza *f* estado de la Europa central ‖ **suizo -za** *adj y mf*

sujeción *f* ‖ **sujetar** *tr* afirmar, asegurar con la fuerza; someter, avasallar

sujeto -ta *adj* expuesto, propenso; *m* individuo, persona indeterminada; (gram.) agente de la acción verbal

sulfatar *tr* impregnar o bañar con un sulfato; (elec.) causar la formación del sulfato de plomo en (*las placas de un acumulador*)

sulfato *m* sal del ácido sulfúrico

sulfhídrico -ca *adj* (*ácido*) gaseoso que huele a huevos podridos (H_2S)

sulfito *m* sal del ácido sulfuroso

sulfonamida *f* cualquiera de las drogas (sulfanilamida, sulfapiridina, sulfatiazol, etc.) de poderosa acción contra las bacterias, usadas en el tratamiento de diversas infecciones

sulfurar *tr* combinar con el azufre; irritar, encolerizar

sulfúrico -ca *adj* perteneciente al azufre; (*ácido*) compuesto de azufre, oxígeno e hidrógeno en su mayor grado de oxidación

sulfuro *m* combinación del azufre con otro elemento o radical

sulfuroso -sa *adj* que contiene azufre; (*ácido*) compuesto de azufre, oxígeno e hidrógeno en menor grado de oxidación que el ácido sulfúrico y que se conoce principalmente por sus sales

sultán *m* soberano mahometano

sultana *f* mujer del sultán

suma *f* agregado de varias cosas; cantidad de dinero; acción de sumar; lo más importante de una cosa

sumando *m* término de una suma

sumar *tr* reunir (*varias cantidades*) en una sola; ascender a; recopilar, compendiar; *ref* adherirse

sumario -ria *adj* breve, sucinto; *m* resumen, compendio

Sumatra *f* isla de la Indonesia ‖ **sumatrino -na** *adj y mf*

sumergible *adj* que se puede sumergir; *m* buque sumergible o submarino

sumergir §28 *tr* meter debajo de un líquido; abismar, hundir ‖ **sumersión** *f*

sumidad *f* cima, extremo más alto

sumidero *m* conducto o abertura por donde se sumen las aguas

suministrar *tr* proveer ‖ **suministro** *m*

sumir *tr* hundir, sumergir; abismar, abrumar

sumisión *f* acción de someter o someterse; obediencia

sumiso -sa *adj* sometido; obediente

sumo -ma *adj* muy grande, enorme; supremo; *f véase* suma

suntuosidad *f* ‖ **suntuoso -sa** *adj* magnífico y costoso

supeditar *tr* sujetar con violencia; avasallar, someter

superabundancia *f* ‖ **superabundante** *adj* ‖ **superabundar** *intr* sobreabundar

superación *f* ‖ **superar** *tr* sobrepujar, exceder

superávit *m* exceso de los ingresos sobre los gastos

superbomba *f* la bomba de hidrógeno

supercarburante *m* gasolina que permite la utilización de una compresión muy elevada

superconductividad *f* (fís.) pérdida de resistencia eléctrica de algunos metales cuando se hallan a la temperatura del cero absoluto

superchería *f* astucia, engaño, fraude

superficial *adj* perteneciente a la superficie; que está en la superficie; sin solidez; frívolo

superficie *f* parte exterior de un cuerpo; apariencia externa; extensión en que sólo se consideran dos dimensiones

superfino -na *adj* muy fino

superfluidad *f* ‖ **superfluo -flua** *adj* inútil, no necesario; que está de más

superfortaleza *f* avión de bombardeo de excepcional potencia

superheterodino -na *adj* ‖ *m* (rad.) aparato dispuesto para obtener una selectividad elevada por la conversión de una señal de radiofrecuencia en otra de frecuencia intermedia, y realizando la amplificación sobre esta última

superhombre *m* sobrehombre

superintendente *mf* persona que tiene la dirección superior de una cosa

superior *adj* que está encima o más alto; mayor; más importante; de mejor calidad, muy bueno; *m* persona que tiene autoridad sobre otra; el que dirige una comunidad

superiora *f* la que dirige una comunidad

superioridad *f* calidad de superior; persona o conjunto de personas de superior autoridad

superlativo -va *adj* muy grande y excelente en su línea; *(grado)* superior de comparación

supermarcha *f* sobremarcha

supermercado *m* gran tienda de comestibles en que los parroquianos se sirven a sí mismos

supernumerario -ria *adj* que está sobre el número establecido; *mf* empleado de una oficina pública que no figura en la plantilla

superponer §55 *tr y ref* sobreponer

superproducción *f* exceso de rendimiento con relación al consumo nacional

superreación *f* (rad.) procedimiento de amplificación que consiste en variar periódica y alternativamente el valor y el signo de la resistencia del circuito oscilante

supersónico -ca *adj (vibración u onda acústica)* cuya frecuencia es superior a la que puede percibir el oído humano; *(velocidad)* que supera a la del sonido

superstición *f* creencia contraria a la razón

supersticioso -sa *adj* perteneciente a la superstición; que la tiene

supervivencia *f* acción de sobrevivir ‖ superviviente *adj y mf*

supino -na *adj* tendido sobre el dorso

suplantar *tr* ocupar con malas artes el lugar de; falsificar *(un escrito)* con palabras que alteren su sentido

suplementario -ria *adj* ‖ suplemento *m* acción de suplir; parte que se agrega a una cosa para completarla; número u hoja adicional de una revista o periódico; lo que le falta a un ángulo para igualar 180o

suplente *adj* ‖ *mf* substituto

súplica *f* ‖ suplicar §72 *tr* rogar o pedir con humildad

suplicio *m* dolor físico o moral muy vivo; muerte infligida como castigo; último suplicio pena de muerte

suplir *tr* completar *(lo que falta en algo)*; hacer las veces de; disimular *(un defecto de otro)*

suponer §55 *tr* dar por real o existente; importar, traer consigo; fingir; *intr* tener autoridad o importancia ‖ suposición *f*

supositorio *m* pequeño cilindro de una materia medicamentosa que se introduce en el ano para facilitar la evacuación del vientre

suprarrenal *adj* situado encima de los riñones

supremacía *f* grado supremo; preeminencia

supremo -ma *adj* altísimo; que no tiene superior en su línea; último

supresión *f* ‖ suprimir *tr* eliminar, omitir

supuesto -ta *adj* fingido, hipotético; *m* hipótesis; por supuesto ciertamente, naturalmente

supuración *f* ‖ supurar *intr* formar pus o materia

sur *m* punto cardinal diametralmente opuesto al norte; viento que viene de este punto; polo antártico

Suramérica *f* Sudamérica

surcar §72 *tr* hacer surcos en; hacer rayas en; cortar *(un barco las aguas)*

surco *m* hendidura que hace el arado en la tierra; señal o huella que deja una cosa sobre otra; arruga en el rostro; ranura en el disco gramofónico

surcoreano -na *adj y mf* sudcoreano

surgir §28 *intr* brotar *(el agua)*; aparecer, levantarse; fondear *(la nave)*

suripanta *f* (teat.) mujer corista; (fam.) mujer de mala vida

surrealismo *m* movimiento artístico que tiende a representar la vida profunda del subconsciente ‖ surrealista *adj y mf*

surtido -da *adj* ‖ *m* conjunto de artículos de comercio que se ofrece como mezcla de diversas clases; acción de surtir

surtidor -dora *adj* que surte o provee; *m* chorro de agua que brota hacia arriba; surtidor de gasolina aparato para el suministro de gasolina a los automóviles

surtir *tr* proveer *(a una persona o entidad)* de lo necesario; *intr* brotar *(p.ej., el agua)* hacia arriba

susceptibilidad *f* ‖ susceptible *adj* que puede recibir modificación; quisquilloso

suscitar *tr* causar, promover

suscribir §83 *tr y ref* subscribir ‖ suscripción *f* ‖ suscriptor -tora *mf*

susodicho -cha *adj* sobredicho

suspender *tr* colgar en alto; detener temporalmente; causar admiración a; no aprobar (*al que se examina*); privar temporalmente del empleo, sueldo, etc. ‖ **suspensión** *f*

suspenso -sa *adj* asombrado, perplejo; *m* nota de haber sido suspendido en examen

suspensores *mpl* (Amér.) tirantes

suspensorio *m* vendaje para sostener el escroto

suspicacia *f* ‖ **suspicaz** *adj* (*pl:* -caces) propenso a sospechar

suspirar *intr* dar suspiros; suspirar por desear con ansia

suspiro *m* aspiración lenta y prolongada producida por una emoción honda

sustancia *f* substancia

sustantivo -va *adj y m* substantivo

sustentar *tr* alimentar, mantener; defender

sustento *m* lo que sirve para sustentar

sustitución *f* ‖ **sustituir** §27 *tr* substituir

susto *m* impresión repentina y pasajera de miedo

sustraer §74 *tr* substraer

susurrar *intr* hablar en voz muy baja; murmurar (*un arroyo*); comenzar a divulgarse (*una cosa secreta*) ‖ **susurro** *m*

susurrón -rrona *adj y mf* (fam.) amigo de murmurar secretamente

sutil *adj* delgado, tenue; listo, perspicaz ‖ **sutileza** *f*

sutilizar §62 *tr* adelgazar, atenuar; limar, prefeccionar; discurrir ingeniosamente; *intr* valerse de argucias

sutura *f* costura de los bordes de una llaga; línea de unión

suyo -ya *adj posesivo y pron posesivo de la tercera persona de ambos números*

svástica *f* cruz de brazos iguales de extremidades dobladas en ángulo recto

T

T, t *f* vigésima tercera letra del alfabeto

t. abr. de tarde

ta *interj* ¡detente! ; ¡poco a poco!

taba *f* hueso del pie; juego de muchachos en que se emplea una taba de carnero

tabaco *m* planta solanácea de olor fuerte (*Nicotiana*); hoja de esta planta curada y preparada para ser fumada, mascada o aspirada en polvo; cigarro

tabalada *f* (fam.) golpe que se da uno cayendo con violencia en el suelo; (fam.) manotada

tabalear *tr* agitar, menear; *intr* golpear con las puntas de los dedos acompasadamente ‖ **tabaleo** *m*

tabanazo *m* (fam.) manotada; (fam.) bofetada

tabanco *m* puesto para la venta de comestibles

tábano *m* insecto parecido a la mosca, que pica a las caballerías

tabaquera *f* caja para tabaco en polvo; receptáculo para el tabaco en la pipa de fumar

tabaquería *f* ‖ **tabaquero -ra** *mf* persona que tuerce o vende tabaco; *f* véase **tabaquera**

tabaquismo *m* intoxicación por el tabaco

tabardillo *m* (fam.) insolación; (fam.) persona bulliciosa y molesta

tabardo *m* prenda de abrigo de los labriegos

taberna *f* tienda en que se bebe y se expende vinos y otros licores

tabernáculo *m* sagrario; entre los hebreos, lugar donde tenían el arca santa

tabernario -ria *adj* propio de la taberna o del borracho

tabernero -ra *mf* persona que vende vino en la taberna

tabica *f* tablilla con que se cubre un hueco, p.ej., el frente de un escalón

tabicar §72 *tr* cerrar con tabique; cerrar, tapar

tabique *m* pared delgada

tabla *f* pieza de madera, más larga que ancha y poco gruesa; pieza plana y poco gruesa de cualquier materia; pliegue ancho en la ropa; índice de materias; catálogo, lista, cuadro; cuadro de tierra; pintura hecha en tabla; **tablas** *fpl* escenario del teatro; empate

tablado *m* suelo de tablas; pavimento del escenario; patíbulo

tablear *tr* dividir (*un madero o un terreno*) en tablas; igualar (*la tierra*); hacer tablas en (*la ropa*)

tablero *m* tabla o conjunto de tablas que forman una superficie plana; encerado o pizarra escolar; tabla cuadrada con divisiones para jugar al ajedrez, las damas, etc.; mostrador

tableta *f* tabla pequeña; pastilla de chocolate

tabletear *intr* hacer ruido igual o semejante al choque de tablas ‖ **tableteo** *m*

tablilla *f* tabla pequeña; tabla en que se exponen al público anuncios o noticias

tabloncillo *m* último asiento en las gradas de las plazas de toros

tabú (*pl:* -búes) *adj* prohibido; *m* prohibición de tocar o nombrar ciertas personas o cosas o de comer o beber ciertas cosas

tabuco *m* aposento pequeño

tabulador *m* mecanismo de la máquina de escribir para formar columnas

tabular *adj* de forma de tabla; *tr* expresar o presentar en forma de tabla

taburete *m* asiento sin brazos ni respaldo

tac *m* golpe acompasado

tacada *f* golpe dado con el taco a la bola del billar

tacañería *f* ‖ **tacaño -ña** *adj* cicatero, mezquino

tácito -ta *adj* callado, silencioso; que se sobrentiende; (*cap.*) *m* historiador romano (55–120 d. de J.C.)

taciturno -na *adj* habitualmente callado; melancólico

taco *m* pedazo de madera o metal, grueso y corto; vara para jugar al billar; paquete de hojas de papel; tacón; (fam.) trago de vino; (fam.) bocado ligero; (fam.) palabrota, reniego

tacón *m* pieza del zapato que corresponde al talón

taconear *intr* hacer ruido con los tacones ‖ **taconeo** *m*

táctico -ca *adj* ‖ *m* el que sabe o practica la táctica; *f* habilidad para lograr un fin; arte de disponer y ejecutar las operaciones militares

tacto *m* sentido con el que se percibe, gracias al contacto directo, la forma y el estado exterior de los cuerpos; acierto, destreza, tino; pulsación de un instrumento de teclado

tacha *f* falta, defecto

tachar *tr* borrar (*lo escrito*); censurar, culpar

tachón *m* raya con que se borra algo escrito; clavo de adorno; galón o cinta de adorno

tachonar *tr* clavetear con tachones; adornar con golpes de galón, cinta, etc.; salpicar

tachuela *f* clavo corto de cabeza grande

tafetán *m* tela delgada de seda, muy tupida; tela engomada que se emplea para curar heridas; tafetanes *mpl* banderas; (fam.) galas de las mujeres

tafilete *m* cuero delgado, bruñido y lustroso, preparado originariamente en Marruecos; (Amér.) tira de badana que rodea el interior del sombrero

tahalí *m* (*pl:* -líes) tira de cuero u otra materia que cruza desde el hombro derecho hasta la cintura por el lado izquierdo, y sostiene la espada

Tahití isla de la Polinesia ‖ **tahitiano -na** *adj y mf*

tahona *f* molino de harina movido por una caballería; panadería ‖ **tahonero -ra** *mf*

tahur -hura *adj* ‖ *mf* persona que tiene el vicio de jugar; *m* jugador y esp. el fullero

tailandés -desa *adj y mf* ‖ **Tailandia** *f* reino del Asia meridional, situado en la parte central de la Indochina

taimado -da *adj* astuto, disimulado; (Chile) hosco, displicente

tajada *f* porción cortada de una cosa; (fam.) ronquera; (fam.) borrachera

tajadera *f* cuchilla a modo de media luna; cortafrío

tajadero *m* tajo en que se corta la carne

tajamar *m* espolón en las pilas de los puentes; tabla curva, ensamblada en la roda, que hiende el agua cuando el buque marcha

tajar *tr* cortar, dividir

tajo *m* corte; filo; escarpa empinada; trozo de madera que se usa para cortar la carne; trozo de madera sobre el cual se decapitaba a los condenados; (*cap.*) *m* río de España y Portugal, que pasa por Toledo y desemboca en el Atlántico

tal *adj indef* semejante, parecido; tan grande; el tal ese; un tal un cierto; *pron indef* alguno; semejante cosa; *adv* así, de esta manera

tala *f* acción de talar; juego de muchachos

talabarte *m* cinturón del que se lleva colgante la espada

talabartería *f* ‖ **talabartero** *m* guarnicionero

taladradora *f* máquina para la perforación de metales, madera, piedras, etc.

taladrar *tr* agujerear, horadar; herir (*los oídos un sonido agudo*); comprender

taladro *m* instrumento para taladrar; agujero hecho con él

tálamo *m* lecho conyugal

talán *m* sonido de la campana

talante *m* manera de hacer una cosa; semblante; ánimo; voluntad, gusto

talar *adj* (*ropa*) que llega hasta los talones; *tr* cortar (*árboles*); arrasar, destruir

talco *m* silicato de magnesia, suave al tacto ‖ **talcoso -sa** *adj*

talega *f* bolsa ancha y corta; **talegas** *fpl* (fam.) caudal, dinero

taleguilla *f* talega pequeña; calzones de torero

talento *m* dotes intelectuales, capacidad mental ‖ **talentoso -sa** o **talentudo -da** *adj*

Tales *m* filósofo griego (640–546 a. de J.C.)

Talía *f* (mit.) musa de la comedia; (mit.) una de las tres Gracias

talio *m* cuerpo simple metálico, parecido al plomo (*símbolo* Tl; *núm. atómico* 81; *peso atómico* 204,39)

talión *m* pena igual a la ofensa

talismán *m* objeto a que se atribuye virtud sobrenatural

Talmud *m* libro que contiene las doctrinas y ceremonias de los judíos

talón *m* calcañar; parte del zapato que cubre el calcañar; patrón monetario; resguardo o garantía que se corta de un talonario

talonario -ria *adj* ‖ *m* libro de que se cortan talones, cheques, etc.

talud *m* inclinación del paramento de un terreno o de un muro

talla *f* obra de escultura; estatura; instrumento para medir la estatura

tallar *tr* labrar (*una piedra preciosa*); esculpir en metal o madera; amolar (*un lente*); medir la estatura de; apreciar, valuar; llevar (*la baraja*); *intr* (Arg.) charlar; (Chile) hablar de amores (*un hombre y una mujer*)

tallarines *mpl* macarrones que se usan para sopa

talle *m* disposición del cuerpo humano; cintura y parte del vestido que corresponde a la cintura; apariencia

tallecer §19 *intr* y *ref* entallecer

taller *m* local donde se trabaja en un oficio; estudio de escultor o pintor

tallo *m* parte de la planta que lleva las hojas, flores y frutos; renuevo que echa una planta

talludo -da *adj* que tiene tallo grande; muy alto, crecido

tamal *m* (Amér.) empanada de harina y maíz, envuelta en hojas de plátano; (Amér.) intriga

tamaño -ña *adj* tan grande; tan pequeño; muy grande; *m* volumen, dimensión o magnitud de una cosa

tamarindo *m* árbol leguminoso cuyo fruto se usa como laxante

tambalear *intr* y *ref* menearse por falta de estabilidad ‖ **tambaleo** *m*

también *adv* asimismo, igualmente

tambor *m* instrumento músico de percusión, de forma cilíndrica y cubierto con piel estirada; el que lo toca; recipiente grande de metal; aro de madera para bordar; tímpano del oído; **tambor mayor** jefe de una banda de tambores

tamboril *m* tambor pequeño

Tamerlán *m* conquistador tártaro (1336–1405)

Támesis *m* río de Inglaterra

tamiz *m* (*pl:* -mices) cedazo muy tupido ‖ **tamizar** §62 *tr*

tamo *m* pelusa de lino, algodón o lana; polvo o paja menuda de semillas trilladas

tampoco *adv* también no

tampón *m* almohadilla impregnada de tinta para humedecer los sellos de caucho

tamujo *m* mata con cuyas ramas se hacen escobas

tan *m* sonido de golpear el tambor; *adv* apócope de **tanto**, que precede al adjetivo y al adverbio

tanda *f* turno, alternativa; cada uno de los grupos que alternan en un trabajo; capa, tonga; partida, esp. de billar; gran cantidad

tándem *m* (*pl:* -demes) bicicleta para dos personas

tangencia *f* ‖ **tangente** *adj* (*línea o superficie*) que toca otra línea o superficie en un solo punto; *f* línea recta que sólo tiene un punto común con la curva; (trig.) relación entre la ordenada y la abscisa

Tánger ciudad de Marruecos, en el estrecho de Gibraltar ‖ **tangerino -na** *adj* y *mf*

tangible *adj* que se puede tocar

tango *m* baile y música de origen argentino

tanino *m* substancia astringente que se extrae de la corteza de ciertos árboles y que sirve para curtir pieles

tanque *m* automóvil de guerra blindado y artillado; depósito metálico

tantalio *m* cuerpo simple metálico, muy raro (*símbolo* Ta; *núm. atómico* 73; *peso atómico* 180,88)

tántalo *m* tantalio; (*cap.*) *m* (mit.) rey de Lidia, condenado a sed y hambre perpetuas

tantán *m* batintín

tanteador -dora *mf* persona que tantea en el juego; *m* aparato en los partidos de pelota, donde se escriben los tantos de cada bando

tantear *tr* medir (*una cosa*) con otra; considerar con reflexión; explorar, examinar; esbozar; apuntar (*los tantos*) en el juego; *intr* apuntar los tantos; andar tocando con los dedos para no caer

tanteo *m* acción de tantear; número de tantos

tanto -ta *adj* tal cantidad de; igual cantidad de; *pron* tal cantidad; igual cantidad; *m* cantidad determinada; unidad de cuenta en los juegos; **al tanto** de enterado de; **por lo tanto** por consiguiente; **tantos** *mpl* número que no se quiere expresar o se ignora; **tanto** *adv* de tal modo; igualmente

tañer §70 *tr* tocar (*un instrumento músico*); *intr* tabalear

tañido *m* sonido de un instrumento músico o de una campana

taoismo *m* antigua religión de la China ‖ **taoísta** *adj* y *mf*

tapa *f* pieza que cubre y cierra las cajas, cofres, vasijas, etc.; cada una de las dos cubiertas de un libro; pechera de la camisa; (fam.) bocado para beber

tapaboca *f* golpe dado en la boca; bufanda; (fam.) dicho con que se hace callar a una persona

tapada *f* mujer que se tapa el rostro con el manto para no ser conocida

tapadera *f* cubierta movible de ollas, vasijas, etc.

tapafunda *f* cubierta que cierra la boca de las pistoleras

tapar *tr* poner una tapa a; cubrir o llenar (*un agujero o cavidad*); abrigar, proteger; arropar; encubrir, esconder

taparrabo *m* pedazo de tela, a modo de falda, con que se cubren los salvajes; calzón corto que se usa como traje de baño

tapete *m* alfombra pequeña; paño que se pone por adorno encima de un mueble; **tapete verde** mesa de juego

tapia *f* pared de tierra apisonada en una horma; muro de cerca

tapial *m* molde para hacer tapias

tapiceria *f* juego de tapices; arte, obra y tienda del tapicero

tapicero *m* el que teje tapices; el que pone tapices o cortinajes, guarnece muebles, etc.

tapioca *f* fécula blanca que se extrae de la mandioca o yuca

tapir *m* paquidermo de los países tropicales con hocico en forma de trompa

tapiz *m* (*pl:* -pices) paño con cuadros, paisajes, etc. para adornar las paredes

tapizar §62 *tr* entapizar; forrar con tela (*los muebles*); alfombrar; cubrir

tapón *m* pieza de corcho, madera o cristal, para tapar frascos, botellas, toneles; masa de algodón con que se limpia u obstruye una herida; fusible; embotellamiento del tráfico ‖ **taponar** *tr*

taponazo *m* golpe que da el tapón de una botella al destaparla; ruido que hace

taponeria *f* ‖ **taponero -ra** *adj* ‖ *mf* persona que fabrica o vende tapones

tapujar *ref* (fam.) cubrirse el rostro por la parte inferior

tapujo *m* embozo; (fam.) disimulo para disfrazar la verdad

taque *m* ruido que hace la puerta al cerrarse

taquera *f* estante para los tacos de billar

taquicardia *f* aceleración anormal del ritmo cardíaco

taquigrafia *f* ‖ **taquigrafiar** §76 *tr* escribir por medio de signos con la misma velocidad que la palabra ‖ **taquigráfico -ca** *adj* ‖ **taquigrafo -fa** *mf*

taquilla *f* despacho de billetes; recaudación que en él se hace; casillero para billetes; armario para guardar papeles

taquillero -ra *mf* persona que vende billetes

taquimeca *mf* (fam.) persona versada en taquigrafía y mecanografía

taquímetro *m* instrumento para medir ángulos y distancias

tara *f* peso que se rebaja en un bulto por razón del embalaje; defecto

tarabilla *f* tablilla que golpea continuamente contra la piedra del molino; (fam.) persona que habla mucho y de prisa; (fam.) copia de palabras

taracea *f* incrustación de maderas finas, marfil o metal ‖ **taracear** *tr*

tarambana *adj* ‖ *mf* (fam.) persona alocada, poco juiciosa

tarantela *f* baile y música de movimiento muy vivo, de origen napolitano

tarántula *f* araña muy grande (*Lycosa tarentula*)

tararear *tr* e *intr* cantar sin articular palabras ‖ **tarareo** *m*

tarasca f figura de sierpe monstruosa; (fam.) mujer fea y mala

tardanza f retraso, lentitud

tardar tr emplear (p.ej., una hora, dos días, un mes) en hacer una cosa; intr y ref no llegar a tiempo; emplear más tiempo del que es necesario

tarde f parte del día desde el mediodía al anochecer; adv a hora avanzada; después del tiempo oportuno

tardecer §19 intr empezar a caer la tarde

tardío -a adj que tarda mucho; que sucede tarde; lento

tardo -da adj lento en obrar; que sucede tarde; torpe, no pronto en la comprensión

tardón -dona adj || mf (fam.) persona perezosa, que tarda mucho; (fam.) persona que comprende tarde

tarea f obra, trabajo; afán

tarifa f lista de precios, derechos o impuestos; (cap.) f cabo de España, extremo meridional de la Península Ibérica

tarifar tr fijar una tarifa a; intr reñir

tarificación f || **tarificar** §72 tr fijar (el Estado los precios de venta de un producto)

tarima f estrado, tablado movible

tarja f escudo grande; (fam.) azote, golpe

tarjeta f pedazo de cartulina rectangular, esp. el que lleva el nombre y dirección de una persona

tarjetero m cartera para tarjetas de visita; fichero

Tarquino m último rey de Roma (m. 510 a. de J.C.)

tarraconense adj y mf || **Tarragona** f provincia de España y su capital a orillas del Mediterráneo

tarro m vasija cilíndrica

tarso m parte posterior del pie, entre el metatarso y la pierna; parte de la pata de las aves que une los dedos con la tibia; (cap.) f ciudad de la Turquía asiática, patria de San Pablo

tarta f torta rellena; cacerola casi plana

tártago m planta herbácea anual (Tithymalus lathyrus); (fam.) suceso infeliz; (fam.) chasco pesado

tartajear intr hablar pronunciando torpemente || **tartajeo** m || **tartajoso** adj y mf

tartalear intr (fam.) moverse trémulamente y sin orden; (fam.) turbarse (una persona) de modo que no acierta a hablar

tartamudear intr leer o hablar con pronunciación entrecortada y repitiendo las primeras sílabas de las palabras || **tartamudeo** m || **tartamudo -da** adj y mf

tartán m tela de lana con cuadros y listas de varios colores

tartana f coche de dos ruedas con cubierta abovedada; embarcación menor de vela

Tartaria f antiguo nombre del Asia central

tártaro -ra adj y mf natural de Tartaria; m tartrato de potasio que se deposita en los toneles; sarro de los dientes; (cap.) m (poét.) el infierno

tartera f cazuela de barro; fiambrera

tartrato m sal del ácido tártrico

tártrico -ca adj (ácido) que se extrae del tártaro y se usa en medicina, fotografía, tintorería, etc.

tarugo m clavija gruesa de madera; zoquete; trozo de madera para pavimentar calles

tas m yunque pequeño de platero

tasa f acción de tasar; regla, medida; precio puesto por la autoridad a las mercancías

tasación f acción de tasar

tasajo m pedazo de carne acecinado

tasar tr poner precio a (cosas vendibles); estimar, valuar; regular; reducir con mezquindad (lo que hay que dar)

tasca f (fam.) taberna; (fam.) casa de juego de mala fama

tascar §72 tr quebrantar (el cáñamo) con la espadilla; morder (el caballo el freno)

Tasmania f gran isla situada al sudeste de Australia || **tasmanio -nia** adj y mf

tasto m sabor desagradable de viandas pasadas

tatarabuelo -la mf tercer abuelo

tataranieto -ta mf tercer nieto

tate interj ¡detente!, ¡poco a poco!; ¡ya caigo en la cuenta!

tato -ta adj (tartamudo) que vuelve la c y la s en t

tatuaje m || **tatuar** §20 tr y ref grabar (dibujos indelebles) en la piel; grabar dibujos indelebles en (el rostro, el brazo)

taumaturgia f arte o facultad de hacer prodigios || **taumatúrgico -ca** adj || **taumaturgo -ga** mf

taurino -na adj perteneciente al toro o a las corridas de toros

Tauro m segundo signo del zodíaco; constelación zodiacal

taurófilo -la adj y mf aficionado a las corridas de toros

taurómaco -ca *adj* ‖ *mf* persona entendida en el arte de lidiar toros ‖ **tauromaquia** *f*

tautologia *f* repetición inútil de un pensamiento en distintos términos ‖ **tautológico -ca** *adj*

taxear *intr* carretear (*un avión*)

taxi *m* automóvil de alquiler

taxidermia *f* arte de disecar animales muertos o sus pieles ‖ **taxidérmico -ca** *adj* ‖ **taxidermista** *mf*

taximetro *m* aparato que registra tiempo y distancias recorridas en los automóviles de alquiler; automóvil con taxímetro

taxista *mf* persona que conduce un taxi

taxonomia *f* parte de una ciencia que trata de la clasificación ‖ **taxonómico -ca** *adj* ‖ **taxonomista** *mf*

taylorismo *m* organización científica del trabajo

taza *f* vasija pequeña con asa; recipiente de las fuentes

tazón *m* taza grande y sin asa

te *pronombre personal de segunda persona del singular, en acusativo o dativo*

té *m* arbusto de Oriente (*Thea sinensis*); hojas de este arbusto; infusión hecha con ellas; reunión por la tarde en la cual se toma el té

tea *f* astilla de madera resinosa que sirve para dar luz

teatral *adj* perteneciente al teatro; exagerado, estudiado ‖ **teatralidad** *f*

teatro *m* lugar destinado a la representación de obras dramáticas o la presentación de espectáculos; arte de componer obras dramáticas; literatura dramática; profesión de actor; lugar donde ocurre una cosa

tebano -na *adj y mf* ‖ **Tebas** *f* antigua ciudad de Egipto; ciudad de la antigua Grecia, la principal de la Beocia

teca *f* árbol de madera muy dura (*Tectona grandis*)

tecla *f* cada una de las piezas que, por la acción de los dedos, hacen sonar ciertos instrumentos musicales o funcionar ciertos aparatos; materia delicada

teclado *m* conjunto de teclas

tecleado *m* acción de teclear con los dedos

teclear *tr* (fam.) probar (*varios medios*) para lograr un fin; *intr* tocar las teclas; (fam.) menear los dedos como el que mueve las teclas

tecleo *m* acción de teclear; movimiento que se imprime a las teclas; ruido que hacen las teclas

tecnetio *m* cuerpo simple metálico, raro (*símbolo* Tc; *núm. atómico* 43; *peso atómico* 99)

técnica *f* conjunto de procedimientos de un arte o ciencia; pericia para usar de estos procedimientos

tecnicismo *m* terminología de un arte o ciencia; término técnico

técnico -ca *adj* perteneciente a las aplicaciones de un arte o ciencia; propio del lenguaje de un arte o ciencia; *m* especialista en un arte o ciencia; perito; *f* véase técnica

tecnicolor *m* procedimiento para la obtención de películas en color

tecnocracia *f* gobierno por técnicos o según principios establecidos por técnicos ‖ **tecnócrata** *mf* ‖ **tecnocrático -ca** *adj*

tecnologia *f* conjunto de conocimientos propios de un oficio o industria; terminología de un arte o ciencia ‖ **tecnológico -ca** *adj* ‖ **tecnólogo -ga** *mf*

techado *m* techo

techar *tr* cubrir con un techo

techo *m* parte superior que cubre un edificio o habitación; (aer.) altura máxima a que puede alcanzar un aparato; (fig.) casa, hogar

techumbre *f* techo de un edificio

tedeum *m* (*pl:* -deum) cántico para dar gracias a Dios

tedio *m* hastío, repugnancia ‖ **tedioso -sa** *adj*

Tegucigalpa *f* capital de Honduras

tegumento *m* tejido que recubre ciertas partes de los animales o las plantas

Teherán capital del Irán

teismo *m* creencia en un Dios personal ‖ **teista** *adj y mf*

teja *f* pieza de barro cocido que sirve para cubrir por fuera los techos

tejado *m* parte exterior y superior de un edificio, hecha generalmente con tejas

tejano -na *adj y mf* natural de Tejas

tejar *m* fábrica de tejas; *tr* cubrir con tejas

Tejas *m* uno de los estados de los EE.UU.

tejedor -dora *adj* ‖ *mf* persona que teje; *m* insecto que corre por la superficie del agua

tejer *tr* entrelazar hilos para formar (*una tela*); entrelazar (*hilos*) para formar una tela; preparar (*una intriga*)

tejera *f* fábrica de tejas

tejeria *f* fábrica de tejas; industria de la fabricación de tejas

tejero -ra *mf* persona que fabrica tejas; *f* véase tejera

tejido *m* textura de hilos que se cruzan; cosa tejida; tela; (biol.) agrupación de células, fibras y productos celulares que forman un conjunto estructural

tejo *m* pedazo redondo de teja u otra materia que sirve para jugar; disco de metal; árbol de la familia de las coníferas (*Taxus baccata*)

tejoleta *f* pedazo de teja; pedazo de barro cocido

tejón *m* mamífero carnicero de piel dura y pelo largo (*Meles taxus*)

tejuelo *m* tejo pequeño; rótulo en el lomo de un libro; pieza en que entra el gorrón de un árbol

tela *f* obra hecha de muchos hilos entrecruzados; tejido que hace la araña; membrana; asunto, materia; (pop.) dinero

telar *m* máquina para tejer; aparato en que cosen los libros los encuadernadores

telaraña *f* tejido que hace la araña; cosa sutil

telecomunicación *f* comunicación informativa por conductores o por radio

telecontrol *m* gobierno de aparatos mecánicos a distancia

teledifusión *f* transmisión por conductores de ondas de radiofrecuencia; emisión de ondas de televisión

teleferaje *m* transporte de vehículos por medio de cables aéreos

teleférico -ca *adj* ‖ *m* instalación de teleferaje

telefonazo *m* (pop.) llamada telefónica

telefonear *tr* comunicar (*algo*) por teléfono; *intr* hablar por teléfono

telefonema *m* despacho telefónico

telefonía *f* arte de construir, instalar y manejar los teléfonos

telefónico -ca *adj* perteneciente al teléfono o a la telefonía

telefonista *mf* persona ocupada en el servicio de teléfonos

teléfono *m* aparato eléctrico que sirve para transmitir a distancia la voz y toda clase de sonidos

telefotogénico -ca *adj* que se reproduce bien ante el tomavistas de televisión

telefotografía *f* fotografía de objetos distantes con objetivo telescópico; fotografía transmitida por un circuito eléctrico

telegrafía *f* arte de construir, instalar y manejar los telégrafos ‖ **telegrafiar** §76 *tr e intr* ‖ **telegráfico -ca** *adj* ‖ **telegrafista** *mf*

telégrafo *m* aparato eléctrico que sirve para transmitir despachos a distancia por medio de señales formadas de puntos y rayas o caracteres escritos

telegrama *m* despacho telegráfico

teleguiado -da *adj* dirigido por telemando

teleimpresor *m* teletipo

Telémaco *m* (mit.) hijo de Ulises y de Penélope

telemando *m* telecontrol

telemecánico -ca *adj* ‖ *f* mando a distancia de un mecanismo o vehículo mediante ondas eléctricas

telemetría *f* ‖ **telemétrico -ca** *adj* ‖ **telémetro** *m* anteojo para medir la distancia entre el observador y un punto inaccesible; (mil.) instrumento para determinar la distancia al objetivo antes de abrir fuego

teleobjetivo *m* objetivo para fotografías a distancia

teleología *f* parte de la metafísica que estudia las causas finales ‖ **teleológico -ca** *adj*

telepatía *f* percepción extraordinaria de un fenómeno ocurrido fuera del alcance de los sentidos ‖ **telepático -ca** *adj* ‖ **telepatista** *mf*

telerán *m* sistema que sirve para guiar al piloto de un avión por las señales emitidas por el radar

telerreceptor *m* receptor de televisión

telescopaje *m* introducción de un objeto en otro a modo de los tubos del telescopio

telescópico -ca *adj* ‖ **telescopio** *m* instrumento óptico para observar objetos lejanos, esp. los astros

telesilla *f* asiento teleférico que permite a un esquiador subir a lo alto de una pista

telespectador -dora *mf* espectador de programas de televisión

telesquí *m* aparato teleférico para esquiadores

teletipo *m* aparato telegráfico de teclado, cuyo receptor imprime el mensaje en caracteres tipográficos

televidente *mf* telespectador

televisar *tr* transmitir u observar por medio de la televisión

televisión *f* transmisión y recepción a distancia de imágenes en movimiento

televisor -sora *adj* ‖ *m* receptor de televisión; *f* aparato transmisor de televisión

telón *m* lienzo grande pintado que puede subirse o bajarse en el escenario de un teatro; **telón de acero** cortina de hierro

telúrico -ca *adj* perteneciente a la Tierra; (ácido) del telurio

telurio o teluro m cuerpo simple, metaloide pero de lustre metálico (símbolo Te; núm. atómico 52; peso atómico 127,61)

tema m asunto, materia; f idea fija; manía; antipatía

temario m conjunto de temas o asuntos que se han de tratar en una conferencia o reunión

temblar §1 intr agitarse con movimiento repetido y continuado; tener gran miedo

temblequear intr (fam.) temblar con frecuencia; (fam.) afectar temblor

temblón -blona adj (fam.) que tiembla mucho; m álamo cuyas hojas tiemblan al menor soplo de aire

temblor m agitación de lo que tiembla; agitación morbosa involuntaria; temblor de tierra terremoto

tembloroso -sa adj que tiembla mucho

temer tr tener miedo a; recelar, sospechar; sentir temor reverencial por; intr sentir temor

temerario -ria adj imprudente, demasiado atrevido; hecho o dicho sin fundamento ‖ temeridad f

temerón -rona adj y mf (fam.) fanfarrón

temeroso -sa adj que causa temor; cobarde; irresoluto

temible adj digno de ser temido

Temístocles m general y político ateniense (527–460 a. de J.C.)

temor m aprensión, miedo

témpano m atabal, timbal; piel de pandero, tambor, etc.; tapa de cuba o tonel; témpano de hielo bloque de hielo a la deriva

temperamental adj de temperamento muy sensible o excitable

temperamento m carácter físico y mental de una persona; temperie

temperar tr moderar; calmar

temperatura f grado de calor; temperie

temperie f estado de la atmósfera o el tiempo

tempero m buena sazón que adquiere la tierra con la lluvia

tempestad f violenta perturbación de la atmósfera, de las aguas del mar; turbación del alma; explosión súbita y violenta, p.ej., de risas, de injurias ‖ tempestuoso -sa adj

templado -da adj moderado en los apetitos; ni frío ni caliente; (fam.) valiente

templanza f moderación en los apetitos; temperatura suave

templar tr moderar la fuerza de; calentar ligeramente; poner en tensión moderada; dar temple a (un

metal); arreglar (un instrumento músico) para que dé las notas con exactitud

Templario m individuo de una orden religiosa y militar cuyo objeto era asegurar los Santos Lugares de Jerusalén

temple m temperie; temperatura; punto de dureza o elasticidad dado a un metal o al vidrio; arrojo, vigor

templete m templo pequeño; pabellón, quiosco; pabellón para las bandas de música

templo m edificio destinado públicamente a un culto

temporada f espacio de varios días, semanas o años, que se consideran formando un conjunto

temporal adj perteneciente al tiempo; que sólo dura algún tiempo; secular, profano; perteneciente a las sienes; m tempestad; tiempo de lluvia persistente

témporas fpl tiempo de ayuno en cada estación del año

temporero -ra adj ‖ mf persona que desempeña un empleo u oficio sólo por algún tiempo

temporizar §62 intr contemporizar; ocuparse en alguna cosa por simple pasatiempo

tempranal adj ‖ m tierra o plantío de fruto temprano

temprano -na adj que llega o sucede antes del tiempo señalado; temprano adv en las primeras horas del día o de la noche; en tiempo anterior al señalado

tenacillas fpl tenazas pequeñas; las que sirven para coger terrones de azúcar; las que sirven para rizar el pelo; tijeras para despabilar la luz

tenaz adj (pl: -naces) resistente a la deformación o la ruptura; que se pega a una cosa; terco, obstinado

tenazas fpl instrumento de metal que sirve para asir, coger o arrancar, compuesto de dos brazos movibles trabados por un eje; pinzas, p. ej., del cangrejo

tenazón: a o de tenazón sin fijar la puntería

tenca f pez de río, cuya carne es blanca y sabrosa (Tinca tinca)

tendal m toldo; sitio donde se tiende una cosa

tendalera f (fam.) desorden de los objetos tendidos por el suelo

tendedero m sitio donde se tiende la ropa u otra cosa

tendencia f inclinación, propensión

tendencioso -sa adj que manifiesta tendencia hacia un fin o doctrina

tender §52 *tr* desdoblar; extender sobre el suelo; poner a secar (*la ropa*); instalar (*conductores eléctricos, vías de ferrocarril, cañerías*); dar (*la mano*); *intr* inclinarse; *ref* acostarse, echarse; presentar (*un jugador*) todas sus cartas

ténder *m* vagón enganchado a la locomotora que lleva el combustible y el agua

tenderete *m* puesto de venta al aire libre; (fam.) tendalera

tendero -ra *mf* persona que tiene tienda

tendido *m* acción de tender; ropa que tiende una lavandera; capa de yeso o cal; masa de panes; gradería descubierta en las plazas de toros; (Col.) ropa de cama

tendón *m* haz de fibras que une los músculos a los huesos

tenducha *f* o **tenducho** *m* (desp.) tienda pobre y de mal aspecto

tenebroso -sa *adj* cubierto de tinieblas; difícil de comprender; secreto, pérfido

tenedor -dora *adj* ‖ *mf* persona que tiene una cosa; *m* instrumento de mesa compuesto de un mango con tres o cuatro púas; **tenedor de libros** empleado que tiene a su cargo los libros de contabilidad

teneduría *f* cargo del tenedor de libros

tenencia *f* posesión. cargo de teniente

tener §71 *tr* poseer; asir, mantener asido; detener; sostener; guardar; considerar; *aux* tener que estar obligado a; *ref* asegurarse para no caer; considerarse

tenería *f* taller donde curten las pieles

Tenerife isla principal de las Canarias

tenia *f* gusano parásito del intestino que llega a medir varios metros de largo

teniente *adj* no maduro; tacaño; (fam.) algo sordo; *m* el que ejerce las funciones de otro; (mil.) oficial inmediatamente inferior al capitán

tenífugo -ga *adj* ‖ *m* medicamento que sirve para la expulsión de la tenia

tenis *m* juego de pelota entre dos o cuatro personas que se practica con raquetas y una red ‖ **tenista** *mf* ‖ **tenístico -ca** *adj*

tenor *m* constitución de una cosa; contenido de un escrito; voz media entre la de contralto y la de barítono; persona que tiene esta voz

tenorio *m* galanteador atrevido

tensar *tr* hacer tenso o tirante

tensión *f* estado de un cuerpo estirado por la acción de alguna fuerza; fuerza con que los gases tienden a dilatarse; grado de energía eléctrica que se manifiesta en un cuerpo; presión de la sangre en los vasos del cuerpo

tenso -sa *adj* que se halla en estado de tensión

tensor *m* combinación de un tornillo con dos tuercas opuestas, cuya distancia disminuye con la rotación del tornillo

tentación *f* persona o cosa que incita a hacer una acción mala; impulso que excita a hacer una acción mala

tentáculo *m* apéndice móvil que sirve como órgano de tacto a ciertos animales invertebrados

tentadero *m* lugar en que se hace la tienta de becerros

tentar §1 *tr* tocar, palpar; reconocer por medio del tacto; probar (*a una persona*); intentar; instigar, seducir

tentativa *f* acción con que se intenta una cosa

tentempié *m* (fam.) refrigerio, refresco

tenue *adj* delicado, débil, delgado; de poca importancia ‖ **tenuidad** *f*

teñir §60 *tr* dar a (*una cosa*) un color distinto del que tenía

teocracia *f* gobierno ejercido por Dios o por los sacerdotes ‖ **teócrata** *mf* ‖ **teocrático -ca** *adj*

Teócrito *m* poeta bucólico griego (siglo III a. de J.C.)

teodolito *m* instrumento geodésico para medir ángulos

Teodorico *m* rey de los ostrogodos (454–526 d. de J.C.)

Teodoro *m* nombre propio de varón

Teodosio *m* emperador romano (346–395 d. de J.C.)

Teófilo *m* nombre propio de varón

Teofrasto *m* filósofo y naturalista griego (372–287 a. de J.C.)

teologal *adj* ‖ **teología** *f* ciencia que trata de Dios, su esencia y sus atributos ‖ **teológico -ca** *adj*

teólogo -ga *adj* ‖ *m* persona que profesa la teología; estudiante de teología

teorema *m* proposición no evidente por sí mismo, pero demostrable

teoría *f* conocimiento especulativo; explicación especulativa; conjunto de principios generales de una ciencia; opinión sistematizada

teórico -ca *adj* perteneciente a la teoría; *mf* persona versada en la teoría de un arte o ciencia

teorizar §62 *tr* tratar (*un asunto*) sólo en teoría; *intr* formular una teoría

teosofía *f* doctrina de varias sectas que pretenden estar iluminadas por la divinidad; movimiento religioso moderno fundado en la doctrina oriental de la transmigración ‖ **teosófico -ca** *adj* ‖ **teósofo -fa** *mf*

tepe *m* trozo de tierra cubierto de césped

tequila *m* (Méx.) aguardiente destilado de una especie de maguey

terapeuta *mf* ‖ **terapéutico -ca** *adj* ‖ *f* parte de la medicina que tiene por objeto el tratamiento de las enfermedades

terbio *m* cuerpo simple metálico (*símbolo* Tb; *núm. atómico* 65; *peso atómico* 159,2)

tercer *adj* apócope de **tercero**

tercero -ra *adj* ‖ *m o f* persona o cosa que sigue a la segunda; *mf* persona que media entre dos o más personas; *m* alcahuete

terceto *m* combinación métrica de tres endecasílabos; composición para tres voces o instrumentos, y conjunto de éstos

terciana *f* fiebre intermitente que vuelve cada tres días

terciar *tr* poner al sesgo (*p.ej., la capa, el fusil*) respecto del cuerpo humano; *intr* interponerse, mediar; *ref* venir bien

tercio -cia *adj* ‖ *m o f* cada una de las tres partes iguales en que se divide un todo; *m* regimiento español de infantería de los siglos XVI y XVII

terciopelo *m* tela de seda, tupida y velluda por una cara, formada por dos urdimbres y una trama

terco -ca *adj* obstinado, testarudo

terebinto *m* arbolillo que exuda una trementina olorosa (*Pistacia terebinthus*)

Terencio *m* poeta cómico romano (190–159 a. de J.C.)

Teresa *f* nombre propio de mujer

tergiversar *tr* forzar (*un argumento*); deformar (*las palabras de uno*)

terliz *m* tela fuerte de lino o algodón

termal *adj* (*agua*) que sale caliente del manantial

termas *fpl* baños termales

térmico -ca *adj* perteneciente al calor; que funciona por la acción del calor

terminación *f* acción de terminar; parte final; (gram.) desinencia

terminacho *m* (fam.) palabra grosera o malsonante; (fam.) palabra bárbara o mal usada

terminal *adj* final, último; *m* (elec.) pieza metálica para asegurar un conductor

terminante *adj* que no admite réplica

terminar *tr* poner fin a; *intr y ref* tener fin

terminista *mf* persona que usa términos afectados

término *m* mojón, hito; fin, límite; plazo; palabra; plano en que se representa un objeto en un cuadro; plano de distancia en el escenario; (mat.) cada una de las cantidades que componen un polinomio o forman una razón, una progresión o un quebrado

terminología *f* conjunto de las palabras técnicas de un arte, ciencia, profesión, etc. ‖ **terminológico -ca** *adj*

termión *m* partícula cargada de electricidad emitida por una substancia incandescente ‖ **termiónico -ca** *adj*

termistor *m* (elec.) resistencia delicada montada en el vacío que varía en proporción a la temperatura

termita *f* hormiga que vive en colonias y destruye la madera muerta

termo *m* recipiente que mantiene a una temperatura constante los sólidos o líquidos en él contenidos

termodinámico -ca *adj* ‖ *f* parte de la física que trata de la fuerza mecánica del calor

termoelectricidad *f* energía eléctrica producida por la acción del calor ‖ **termoeléctrico -ca** *adj*

termólisis *f* disociación química por medio del calor

termómetro *m* instrumento para medir la temperatura

termonuclear *adj* que se produce en el núcleo del átomo bajo la acción de una temperatura muy elevada

termopila *f* grupo de pares termoeléctricos que generan una corriente eléctrica o miden pequeñas diferencias de temperatura

Termópilas, las desfiladero donde Leónidas intentó detener el ejército de Jerjes

termoplástico -ca *adj* (*material plástico*) que puede ser ablandado y vuelto a endurecer cualquier número de veces por la acción del calor

termos *m* (pl: -mos) termo

termosifón *m* aparato que sirve para calentar agua y distribuirla a los baños, lavabos, etc. de una casa; aparato de calefacción por medio del agua caliente

termostático -ca *adj* ‖ **termóstato** *m* artificio para mantener un recinto a una temperatura constante

ternera *f* cría hembra de la vaca; carne de ternero o de ternera

ternero *m* cría macho de la vaca

terneza f calidad de tierno; (fam.) requiebro

ternilla f cartílago ‖ **ternilloso -sa** adj

terno m traje completo de varón; juramento, voto

ternura f terneza

Terpsícore f (mit.) musa de la danza y el canto coral

terquedad f calidad de terco

terracota f barro cocido; obra de arte ejecutada en barro cocido

terrado m azotea

terraja f instrumento para labrar roscas de tornillo; tabla recortada para hacer molduras de yeso

terral adj ‖ m viento que sopla de tierra

terramicina f antibiótico derivado de una muestra de tierra

terranova m perro corpulento, de pelo ensortijado, oriundo de Terranova; (cap.) f gran isla de la costa oriental del Canadá

terraplén m macizo de tierra con que se rellena un hueco o que se levanta para hacer un camino

terraplenar tr rellenar de tierra; levantar un terraplén en

terráqueo -a adj que está compuesto de tierra y agua

terrateniente mf dueño de una tierra

terraza f terrado; arriate de jardín; café en la acera; jarra vidriada de dos asas

terremoto m temblor violento de la tierra

terrenal adj perteneciente a la Tierra y a este mundo

terreno -na adj terrestre; terrenal; m espacio de tierra; campo o esfera de acción; orden de ideas de que se trata; (dep.) sitio de juego

térreo -a adj de tierra o parecido a ella

terrestre adj perteneciente a la tierra; terrenal

terrible adj que causa terror; fuerte, violento; áspero de genio

terrier m (pl: -rriers) perro de caza, de talla mediana o pequeña

terrífico -ca adj que aterroriza

territorial adj ‖ territorio m extensión de tierra perteneciente a una nación, provincia, comarca, etc.; término que comprende una jurisdicción

terrón m pequeña masa compacta de tierra; pedazo pequeño de azúcar

terror m miedo grande; persona o cosa que lo infunde; el Terror régimen revolucionario que imperó en Francia desde el 31 de mayo de 1793 hasta el 27 de julio de 1794

terrorismo m dominación por el terror; actos de violencia llevados a cabo para infundir terror ‖ **terrorista** adj y mf

terroso -sa adj que parece de tierra; sucio de tierra

terruño m masa de tierra; espacio de tierra; país natal

terso -sa adj limpio, bruñido; (lenguaje, estilo) puro, limado ‖ **tersura** f

tertulia f reunión habitual de personas que se juntan para distraerse y conversar

tertuliano -na adj ‖ mf persona que concurre a una tertulia; (cap.) m doctor de la Iglesia latina (160–230 d. de J.C.)

tertulio -lia adj y mf tertuliano; f véase tertulia

Tesalia, la región de la antigua Grecia ‖ **tesalio -lia** adj y mf

Tesalónica f ciudad de la antigua Macedonia

tesar tr (mar.) poner tieso (un cabo)

Teseo m (mit.) rey de Atenas, que dió muerte al Minotauro

tesis f (pl: -sis) proposición que se mantiene con razonamientos; disertación presentada para doctorarse

tesón m firmeza, inflexibilidad

tesorería f ‖ **tesorero -ra** mf persona encargada de la custodia y distribución de caudales

tesoro m cantidad de dinero y cosas preciosas reunida y guardada; diccionario; persona o cosa muy querida o estimada; tesoro público fortuna del Estado

Tespis m poeta griego (siglo VI a. de J.C.)

test m (pl: tests) prueba de carácter psicológico

testa f cabeza; frente, parte anterior; (fam.) inteligencia; testa coronada soberano, monarca

testáceo -a adj ‖ m animal que está cubierto de una concha

testador -dora mf persona que hace testamento

testaferro m (fam.) persona que presta su nombre en un negocio ajeno

testamentario -ria mf persona encargada de cumplir la voluntad del testador

testamento m documento mediante el cual dispone una persona de sus bienes para después de su muerte; **Antiguo o Viejo Testamento** parte de la Biblia que comprende los libros sagrados anteriores a la venida de Jesucristo; **Nuevo Testamento** parte de la Biblia que comprende los libros sagrados posteriores al nacimiento de Jesucristo

testar *tr* borrar (*lo escrito*); *intr* hacer testamento

testarudez *f* ‖ **testarudo -da** *adj* terco, obstinado, porfiado

testículo *m* glándula que produce espermatozoos

testificar §72 *tr* probar por medio de testigos o documentos; deponer como testigo

testigo *mf* persona que presencia una cosa; persona que da testimonio de una cosa; *m* prueba de un hecho

testimoniar *tr* servir de testigo para

testimonio *m* prueba de la verdad de una cosa; atestación

testosterona *f* hormona sexual masculina

teta *f* órgano glandular que en las hembras de los mamíferos segrega leche

tetánico -ca *adj* ‖ **tétanos** *m* enfermedad infecciosa con dolorosos espasmos musculares, causada por un bacilo que penetra por una herida

tetera *f* vasija propia para hacer y servir el té

tetilla *f* teta del macho; pezón de goma que se pone al biberón

Tetis *f* (mit.) diosa griega del mar

tetraedro *m* sólido de cuatro caras

tetrágono -na *adj* ‖ *m* polígono de cuatro lados

tetralogía *f* conjunto de cuatro obras dramáticas

tetrámetro -tra *adj* ‖ *m* verso formado por cuatro pies

tetramotor *m* avión de cuatro motores

tetrasílabo -ba *adj* ‖ *m* verso de cuatro sílabas

tétrico -ca *adj* melancólico, sombrío

Tetuán ciudad de Marruecos ‖ **tetuaní** (*pl:* -níes) *adj y mf*

teutón -tona *adj* ‖ *mf* individuo de un antiguo pueblo de raza germánica; (fam.) alemán ‖ **teutónico -ca** *adj*

textil *adj* ‖ *m* materia que puede tejerse; género tejido

texto *m* contenido del cuerpo de una página excepto las notas e ilustraciones; pasaje citado; libro de texto ‖ **textual** *adj*

textura *f* disposición de los hilos en una tela; estructura

tez *f* piel de la cara

ti *pronombre personal de segunda persona del singular, empleado sólo con preposiciones*

tía *f* hermana o prima del padre o de la madre; mujer casada, mujer de cierta edad; (fam.) mujer grosera

tiamina *f* vitamina que se extrae de los cereales y cuya falta origina el beriberi y neuritis

tiara *f* gorro alto de los antiguos persas; mitra de tres coronas del Papa; dignidad papal

Tíber *m* río de Italia, que pasa por Roma

Tiberio *m* emperador romano (42 a. de J.C.–37 d. de J.C.)

Tibet, el país del Asia interior, en la meseta más alta del mundo ‖ **tibetano -na** *adj y mf*

tibia *f* hueso principal y anterior de la pierna; flauta

tibieza *f* ‖ **tibio -bia** *adj* ni frío ni caliente; flojo, sin entusiasmo; *f* véase tibia

tiburón *m* pez marino, rápido y voraz (*Carcharodon*)

tic *m* (*pl:* tiques) movimiento habitual, de origen nervioso

ticket *m* (*pl:* tickets) billete

tictac *m* ruido repetido, p.ej., del reloj

tiempo *m* espacio entre dos acontecimientos; ocasión de hacer algo; edad; época, siglo; largo espacio de tiempo; estado de la atmósfera; (gram.) modificación del verbo para indicar lo pasado, lo presente y lo futuro; (mec.) cada una de las carreras de un motor de combustión interna; (mús.) grado de velocidad; (mús.) cada una de las partes de, p.ej., una sinfonía

tienda *f* armazón de palos hincados en tierra y cubierta con telas o pieles, que sirve de alojamiento; toldo; local donde se vende cualquier mercancía al por menor

tienta *f* astucia, habilidad; operación en que se prueba la bravura de los becerros de lidia; sonda para explorar heridas, etc.; **a tientas** por el tacto, tanteando; **en la duda**

tiento *m* prudencia, cuidado; seguridad de la mano; ejercicio del tacto; palo con que se guían los ciegos; vara que usa el pintor para apoyar la mano; (fam.) trago; **a tiento a tientas**

tierno -na *adj* blando, muelle; reciente, joven; propenso al llanto; cariñoso

tierra *f* planeta que habitamos; parte sólida de su superficie; componente principal del suelo natural; suelo; piso; terreno de cultivo; región, territorio; patria; (elec.) conexión con tierra; **la Tierra del Fuego** archipiélago del extremo sur de Sudamérica; **tierra de nadie** (mil.) zona situada entre los dos frentes enemigos; **Tierra Firme** las costas de Colombia y Venezuela en tiempo de los descubridores; **Tierra Santa** Palestina

tieso -sa *adj* tenso; duro, rígido; terco; grave, estirado

tiesto -ta *adj* tieso; *m* maceta para criar plantas; pedazo de vasija de barro

tiesura *f* dureza, rigidez; gravedad afectada

tifo *m* enfermedad infecciosa transmetida por los piojos

tifoideo -a *adj* perteneciente al tifo; (*fiebre*) contagiosa causada por un bacilo introducido por el agua y los alimentos

tifón *m* huracán en el mar de la China; manga, tromba de agua

tifus *m* tifo

tigre *m* mamífero carnicero, muy feroz, de pelaje amarillento con rayas negras

tigresa *f* hembra del tigre

Tigris *m* río del Asia occidental, que se une con el Éufrates

tijeras *fpl* instrumento cortante, compuesto de dos hojas de acero trabadas por un eje

tijereta *f* zarcillo de la vid

tijeretada *f* o **tijeratazo** *m* corte hecho con un golpe de las tijeras

tijeretear *tr* dar tijeretadas a ‖ **tijereteo** *m*

tila *f* flor del tilo; tisana hecha con la flor del tilo

tildar *tr* poner tilde a; borrar (*lo escrito*); señalar con nota ınjuriosa

tilde *m* y *f* rasgo que se pone sobre la ñ

tilín *m* sonido de la campanilla

tilo *m* árbol de flores blanquecinas y hojas acorazonadas (*Tilia*)

tillar *tr* solar con tablas de madera

tímalo *m* pez semejante al salmón (*Thymallus vulgaris*)

timar *tr* quitar o hurtar con engaño; engañar con promesas; *ref* (fam.) hacerse guiños (*los enamorados*)

timbal *m* tambor de caja metálica hemisférica ‖ **timbalero** *m*

timbrar *tr* estampar un timbre o sello en (*un documento*)

timbre *m* sello para estampar; campanilla que suena por medio de un resorte o de la electricidad; sonido característico de une voz o instrumento; acción gloriosa; (fís.) cualidad del sonido

timidez *f* ‖ **tímido -da** *adj* apocado, corto de ánimo

timo *m* acción de timar; glándula situada detrás del esternón; tímalo; (fam.) estribillo propio del lenguaje popular

timón *m* pieza móvil que sirve para dar dirección a los buques y aeroplanos; pieza para gobernar el arado; (fig.) dirección de un negocio

timonear *intr* gobernar el timón

timonel *m* el que gobierna el timón de la nave

timorato -ta *adj* tímido, indeciso; que teme a Dios

tímpano *m* tamboril; instrumento músico compuesto de varias tiras de vidrio; espacio triangular en un frontón; membrana del oído

tina *f* tinaja; vasija de madera que sirve para lavar ropa y otros usos

tinada *f* montón de leña; cobertizo para el ganado

tinaja *f* vasija grande, más ancha por el medio que por el fondo y por la boca

tinerfeño -ña *adj* y *mf* natural de Tenerife

tinglado *m* cobertizo; tablado; artificio, enredo

tinieblas *fpl* falta de luz; suma ignorancia

tino *m* facilidad de acertar a tientas con las cosas; destreza para dar en el blanco; cordura, juicio

tinta *f* líquido que se usa para escribir; matiz; color con que se tiñe; mezcla de colores preparada para pintar; líquido que segregan los calamares; **de buena tinta** (fam.) por conducto digno de crédito

tinte *m* acción de teñir; color con que se tiñe; casa donde se tiñe

tintero *m* vaso en que se pone la tinta de escribir

tintín *m* sonido de la campanilla, del cristal, etc. ‖ **tintinear** *intr*

tinto -ta *adj* (uva o vino) de color obscuro; *f* véase tinta

tintóreo -a *adj* (*planta u otra substancia*) que se usa para teñir

tintorería *f* ‖ **tintorero -ra** *mf* persona que por oficio tiñe ropas o telas

tintura *f* acción de teñir; líquido con que se tiñe; disolución de una substancia medicinal; afeite de tocador; noción superficial de una cosa

tiña *f* enfermedad producida por parásitos en la piel de la cabeza; (fam.) mezquindad ‖ **tiñoso -sa** *adj*

tío *m* hermano o primo del padre o de la madre; hombre casado, hombre de cierta edad; (fam.) hombre grosero; (fam.) persona, sujeto; **tíos** *mpl* tío y tía

tiovivo *m* máquina giratoria con caballitos de madera, que sirve de recreo a los niños

tipiadora f máquina de escribir; mujer dedicada a escribir a máquina

tipiar tr e intr escribir a máquina

típico -ca adj característico, peculiar; muy original

tiple mf persona que tiene voz de tiple; m la más aguda de las voces humanas

tipo m modelo, ejemplar; carácter de imprenta; figura o talle de una persona; tasa de descuento, de interés; (fam.) persona extraña y singular

tipografía f arte de imprimir; taller donde se imprime ‖ **tipográfico -ca** adj

tipógrafo m impresor; máquina de componer

típula f insecto, parecido al mosquito, que no pica

tiquismiquis mpl (fam.) reparos y escrúpulos de poca importancia; (fam.) cortesías ridículas

tira f pedazo largo y angosto de papel, tela, etc.; **tiras cómicas** serie de dibujos cómicos en los periódicos

tirabotas m. (pl: **-tas**) gancho para calzar las botas

tirabuzón m sacacorchos; rizo de cabello pendiente en espiral

tirada f acción de tirar; distancia; acción de imprimir; número de ejemplares de una edición; lo que se dice o escribe de un tirón; **tirada aparte** separata

tiradero m puesto donde el cazador acecha

tirador -dora mf persona que tira; persona que tira un arma de fuego; persona que estira; m asidero o puño para abrir un cajón; cordón o cadenilla para cerrar o abrir un circuito eléctrico; juguete para disparar piedrecitas; prensista; artífice que reduce a hilo el oro o la plata; soldado de guerrilla

tiralíneas m (pl: **-as**) instrumento de dibujo que sirve para trazar líneas

tiranía f gobierno de un tirano; abuso de poder

tiranicida adj ‖ mf persona que mata a un tirano

tiranicidio m acción de matar a un tirano

tiránico -ca adj perteneciente a la tiranía; propio de un tirano

tiranizar §62 tr dominar u oprimir tiránicamente

tirano -na adj ‖ mf persona que abusa de su poder; m soberano despótico y cruel

tirante adj tenso; (amistad) próxima a romperse; m cuerda o correa para tirar de un carruaje; pieza que se coloca horizontalmente en una armadura de tejado; **tirantes** mpl conjunto de las dos tiras elásticas que sujetan los pantalones

tirantez f calidad de tirante

tirapié m correa con que sujetan los zapateros al zapato al coserlo

tirar tr arrojar con la mano; disparar (un arma de fuego); imprimir; derribar; malgastar; estirar; reducir a hilo (un metal); trazar (una línea); intr producir corrientes de aire (p. ej., una chimenea); dirigirse; durar; inclinarse; asemejarse; atraer por la simpatía; **tirar de** hacer fuerza para traer hacia sí o para llevar tras de sí; arrastrar; atraer; sacar (p.ej., la espada); ref precipitarse; echarse

tirilla f tira de lienzo en el cuello de la camisa para fijar en ella el cuello postizo

tirio -ria adj y mf natural de Tiro

tiritar intr temblar de frío ‖ **tiritón** m

tiro m acción de tirar; disparo de un arma; estampido que produce; alcance de cualquier arma arrojadiza o de fuego; sitio donde se tira al blanco; conjunto de animales que tiran de un carruaje; corriente de aire en un conducto; longitud de una pieza de tejido; (cap.) f antigua ciudad de Fenicia

tiroideo -a adj ‖ **tiroides** m glándula situada en la parte anterior y superior de la tráquea, cuyas hormonas influyen en el metabolismo

Tirol, el comarca situada en ambas vertientes de los Alpes ‖ **tirolés -lesa** adj y mf

tirón m acción de tirar con violencia; estirón; aprendiz, novicio

tirotear tr disparar repetidos tiros de fusil contra; ref andar en dimes y diretes ‖ **tiroteo** m

Tirreno (mar) parte del Mediterráneo comprendida entre Italia, Sicilia, Córcega y Cerdeña

tirria f (fam.) antipatía, odio

tisana f bebida medicinal que se obtiene cociendo en agua ciertas hierbas

Tisbe f (mit.) joven babilonia, símbolo del amor desgraciado

tísico -ca adj ‖ mf persona que padece tisis

tisis f tuberculosis pulmonar

tit. abr. de **título**

titán m (mit.) cualquiera de los gigantes que quisieron tomar el cielo por asalto; sujeto de gran poder

titánico -ca adj perteneciente a los titanes; gigantesco; (quím.) que contiene titanio

titanio -nia *adj* perteneciente a los titanes; *m* titano

titano *m* cuerpo simple metálico, de color gris de acero (*símbolo* Ti; *núm. atómico* 22; *peso atómico* 47,90)

títere *m* figurilla que se mueve con algún artificio; idea fija; (fam.) sujeto ridículo; (fam.) sujeto necio y casquivano; **títeres** *mpl* diversión pública de volatines

tití *m* (*pl:* **-ties**) mono pequeño de la América del Sur

titilar *intr* moverse con ligero temblor; centellear

titiritar *intr* temblar de frío o de miedo

titiritero -ra *mf* persona que maneja los títeres; volatinero

tito *m* almorta; (*cap.*) *m* emperador romano (40–81 d. de J.C.)

Titono *m* (mit.) príncipe troyano a quien los dioses metamorfosearon en cigarra

titubear *intr* tambalearse; tropezar al pronunciar las palabras; dudar, vacilar ‖ **titubeo** *m*

titulado *m* el que tiene un título académico

titular *adj* que tiene algún título; que da su nombre por título a una cosa; que tiene un cargo con carácter oficial; *f* letra mayúscula grande; *tr* poner título a

titulillo *m* renglón en lo alto de la página impresa

título *m* inscripción que se pone al frente de un libro, un capítulo, etc.; calificativo de dignidad; pieza auténtica que acredita la propiedad de una cosa o el derecho a ejercer un empleo o profesión; persona que disfruta de un título de nobleza

tiza *f* arcilla blanca para escribir en los encerados

tiznar *tr* manchar con tizne; manchar; deslustrar la fama de; *ref* (Arg.) emborracharse

tizne *m y f* humo que se pega a todo lo que ha estado a la lumbre; *m* palo a medio quemar

tiznón *m* mancha de tizne

tizo *m* pedazo de leña mal carbonizada

tizón *m* palo a medio quemar; honguillo negruzco, parásito de los cereales; mancha, deshonra

tizona *f* (fam.) espada

tizonada *f* o **tizonazo** *m* golpe dado con un tizón; (fam.) castigo del fuego en el infierno

tno. abr. de teléfono

T.N.T. abr. de trinitrotolueno

toalla *f* lienzo para secarse cuando se lava o se baña

toallero *m* mueble para colgar toallas

tobera *f* abertura por donde entra el aire en un horno o forja

tobillera *f* (dep.) abrazadera de tela o cuero que se ajusta a los tobillos; (fam.) jovencita que deja de vestir de niña pero que todavía no se ha puesto de largo

tobillo *m* protuberancia ósea de la garganta del pie

tobogán *m* trineo bajo para deslizarse en planos inclinados sobre la nieve; plano inclinado artificial para deslizarse por él

toca *f* prenda femenina para cubrir la cabeza; la usada por las monjas

tocadiscos *m* (*pl:* **-cos**) aparato para tocar los discos fonográficos

tocado *m* peinado y adorno de la cabeza, en las mujeres; prenda con que se cubre la cabeza

tocador -dora *mf* persona que toca un instrumento músico; *m* mueble para el peinado y el aseo de la persona; aposento destinado a este fin

tocar §72 *tr* entrar (*una parte del cuerpo, esp. la mano o algo que se tiene en la mano*) en contacto con; dar toques sobre (*lo pintado*); hacer sonar (*una campana*); hacer sonar con arte (*un instrumento músico*); tratar superficialmente (*un asunto*); *intr* pertenecer, corresponder; entrar en contacto; llegar de paso; *ref* cubrirse la cabeza; asearse

tocata *f* (mús.) composición para instrumentos de teclado, con pasajes de virtuosidad

tocayo -ya *mf* persona que tiene el mismo nombre que otra

tocino *m* carne gorda del cerdo, esp. la salada que se guarda

tocología *f* obstetricia ‖ **tocológico -ca** *adj* ‖ **tocólogo -ga** *mf*

tocón *m* parte del tronco que queda unida a la raíz cuando cortan el árbol; muñón

todabuena o **todasana** *f* planta medicinal de flores amarillas (*Hypericum androsaemum*)

todavía *adv* hasta un determinado momento; a pesar de eso

todo -da *adj* entero; cada; *m* la cosa entera; **todos** todo el mundo

todopoderoso -sa *adj* omnipotente; el Todopoderoso Dios

toga *f* prenda exterior del traje romano; ropa talar que usan los magistrados, abogados, catedráticos, etc.

Tokio capital del Japón

toldilla *f* cubierta puesta a popa en el alcázar de la nave

toldo *m* cubierta de tela fuerte para dar sombra; cubierta de un carro

tole *m* confusión, vocerío; desaprobación general

toledano -na *adj* y *mf* ‖ **Toledo** provincia situada en la región central de España; su capital, a orillas del Tajo

tolerable *adj* que puede tolerarse

tolerancia *f* acción de tolerar; diferencia en las dimensiones de una cosa

tolerar *tr* llevar con paciencia; consentir (*algo ilícito*); resistir sin daño la acción de

tolete *m* escálamo

tolmo *m* peñasco aislado

Tolón ciudad de Francia, a orillas del Mediterráneo

tolondro -dra o **tolondrón -drona** *adj* ‖ *mf* persona alocada; *m* bulto, chichón

Tolosa *f* ciudad en el sur de Francia; ciudad de España en la provincia de Guipúzcoa ‖ **tolosano -na** *adj* y *mf*

tolteca *adj* ‖ *mf* individuo de un pueblo que imperó en Méjico antes de los aztecas

tolva *f* gran embudo para granos, mortero, minerales, etc.

tolvanera *f* remolino de polvo

toma *f* acción de tomar; cantidad tomada de una vez; abertura en una cañería o depósito de agua; dosis; (elec.) conexión tomada de un punto de la línea; (elec.) ficha; (mil.) conquista; toma de posesión acción de comenzar el ejercicio de un cargo

tomar *tr* coger; coger con la mano; aceptar, recibir; adquirir, cobrar; comprar; alquilar; ocupar; comer; beber; elegir; adoptar, emplear; quitar; conquistar; considerar; *intr* encaminarse, dirigirse; *ref* cubrirse de moho

Tomás *m* nombre propio de varón

tomate *m* fruto de la tomatera; tomatera

tomatera *f* planta solanácea hortense (*Lycopersicon esculentum*)

tomavistas (*pl: -tas*) *adj* ‖ *mf* operador de la cámara cinematográfica; *m* cámara cinematográfica

tómbola *f* rifa de objetos con fines benéficos

tomillo *m* planta perenne muy olorosa (*Thymus vulgaris*)

tomo *m* cada parte de una obra impresa, con propia paginación y encuadernada por separado; cuerpo de una cosa; importancia

ton. abr. de tonelada

tonada *f* composición poética para cantarse

tonalidad *f* sistema de sonidos que sirve de fundamento a una composición musical; sistema de tonos o colores

tonel *m* barrica grande para transportar vino y otros líquidos; (aer.) giro acrobático que hace el avión alrededor de su eje longitudinal

tonelada *f* unidad de peso que equivale a 1.000 kilogramos; (mar.) unidad de arqueo

tonelaje *m* cabida de un buque mercante; desplazamiento de un buque de guerra

tonelería *f* ‖ **tonelero -ra** *adj* ‖ *m* el que fabrica toneles

tonelete *m* falda corta

tonga *f* porción de una cosa colocada sobre otra

tónico -ca *adj* que da vigor; que recibe el acento; *m* remedio que da vigor; *f* primera nota de una escala

tonificar §72 *tr* dar vigor a

tonillo *m* tono monótono

tono *m* grado de elevación de un sonido; manera particular de decir algo; buen estado; gusto, trato cortesano; energía, vigor; tonada; (mús.) tonalidad; (mús.) intervalo de dos notas de la escala; (mús.) cada una de las escalas que se forman partiendo de una nota inicial diferente que le da nombre

tonsila *f* amígdala

tonsura *f* acción de tonsurar; parte del pelo cortada en la ceremonia del grado preparatorio para recibir las órdenes menores; esta ceremonia

tonsurar *tr* cortar el pelo o la lana a; dar la tonsura clerical a

tontear *intr* decir o hacer tonterías

tontedad *f*, **tontera**-o **tontería** *f* calidad de tonto; dicho o hecho de tonto

tonto -ta *adj* falto de entendimiento; propio de un tonto; *mf* persona falta de entendimiento

topacio *m* piedra preciosa, amarilla, muy dura

topar *tr* dar (*una cosa en movimiento*) con (*otra*); hallar, encontrar; *intr* chocar; encontrarse; dar golpes con la cabeza; tropezar, embarazarse; consistir; acertar; salir bien

tope *m* parte por donde pueden topar dos cosas; pieza que detiene el movimiento de un mecanismo; cada una de las piezas metálicas redondas que se ponen en los extremos de los coches de ferrocarril; punto difícil; (mar.) extremo superior de un palo; *adj* máximo, último

topera f madriguera del topo

topetada f golpe que dan con la cabeza ciertos animales; (fam.) golpe dado con la cabeza

topetar tr dar con la cabeza en; intr dar con la cabeza; topar, chocar

topetazo m topetada

tópico -ca adj perteneciente a determinado lugar; m medicamento externo; expresión trivial; asunto, tema

topo m mamífero insectívoro, que abre galerías subterráneas, donde vive (Talpa europaea); (fam.) persona que tropieza en todo; (fam.) persona de cortos alcances

topografía f arte de representar la configuración de un terreno; conjunto de particularidades que presenta la configuración de un terreno ‖ **topográfico -ca** adj ‖ **topógrafo -fa** mf

topología f estudio topográfico de un lugar determinado; anatomía regional; (mat.) estudio de las propiedades del espacio consideradas bajo el aspecto cualitativo solamente ‖ **topológico -ca** adj

toponimia f estudio de los nombres de lugar; conjunto de nombres de lugar de un pueblo o región ‖ **toponímico -ca** adj

topónimo m nombre de lugar

toque m acción de tocar; acción de tocar una campana, un instrumento músico; acción de tocar ligeramente con el pincel; examen, prueba; (fam.) golpe

toquilla f pañuelo que llevan las mujeres a la cabeza

Tora, la el Pentateuco

torácico -ca adj ‖ **tórax** m (pl: -rax) pecho; cavidad del pecho

torada f manada de toros

torbellino m remolino de viento; masa de agua o polvo arrastrada en movimiento giratorio; abundancia de cosas que ocurren a un mismo tiempo; (fam.) persona viva e inquieta

torcaz adj (pl: -caces) (paloma) que ostenta un collar blanco

torcedura f ‖ **torcer** §73 tr dar vueltas a (un cuerpo) sobre sí mismo; doblar, encorvar; hacer cambiar de dirección o posición; doblar (la esquina); desviar; mover violentamente (p.ej., un brazo); interpretar mal; intr cambiar de dirección o posición; ref frustrarse (un negocio); desviarse del camino recto de la virtud o la razón; avinagrarse (el vino); cortarse (la leche)

torcido -da adj que no es recto; que

no obra con rectitud; m rollo de pasta de frutas; f mecha de velas, candiles, etc.; papel en que se envuelve el pelo para que tome rizo

torcijón m retortijón de tripas; torozón

tórculo m prensa de tornillo

tordo -da adj ‖ mf caballería que tiene el pelo mezclado de negro y blanco; m pájaro grueso y de pico negro (Turdus philomelus)

torear tr lidiar (toros); burlarse disimuladamente de; intr lidiar toros ‖ **toreo** m

torero -ra adj ‖ mf persona que torea en las plazas; f chaquetilla corta

torete m (fam.) asunto difícil de resolver; (fam.) asunto de que se trata en la conversación

toril m encierro para los toros de lidia

torio m cuerpo simple metálico radiactivo (símbolo Th; núm. atómico 90; peso atómico 232,12)

tormenta f tempestad; adversidad

tormento m acción de atormentar; dolor físico o moral; tortura

tormentoso -sa adj (tiempo) en que hay o amenaza tormenta; (buque) que trabaja mucho contra la mar y el viento

torna f acción de tornar o devolver

tornaboda f día siguiente al de la boda

tornadizo -za adj inconstante; mf persona que varía con facilidad de partido, opinión o creencia

tornado m huracán; ciclón; torbellino o tromba terrestre

tornar tr devolver; convertir; intr regresar; tornar a + inf otra vez, p.ej., torna a escribir; ref hacerse, ponerse

tornasol m girasol; materia colorante vegetal azul que se torna roja con los ácidos; reflejo, viso

tornear tr labrar o redondear al torno; intr girar; combatir en el torneo

torneo m acción de labrar al torno; combate a caballo; fiesta pública entre cuadrillas de caballeros; certamen, competición

tornería f ‖ **tornero** m obrero que labra objetos al torno

tornillero m (fam.) soldado desertor

tornillo m cilindro con resalto helicoidal que entra en la tuerca; clavo con resalto helicoidal; instrumento con dos mandíbulas para sujetar las piezas que hay que labrar

torniquete m torno en forma de cruz para cerrar un paso; instrumento para contener hemorragias; palanca de la campanilla

torno m máquina simple consistente en un cilindro que gira sobre su eje;

máquina que sirve para labrar objetos de madera o metal con un movimiento circular; instrumento con dos mandíbulas para sujetar las piezas que hay que labrar; cualquier aparato que da vueltas sobre sí mismo; armazón giratoria, empotrada en una pared, para pasar objetos de una parte a otra, sin verse las personas que a cada lado están; vuelta, rodeo; recodo de un río; **en torno a** o **de alrededor de**

toro *m* rumiante corpulento con la cabeza gruesa, armada de dos cuernos; hombre muy fuerte y robusto; **toros** *mpl* fiesta o corrida de toros

torófilo -la *mf* aficionado a las corridas de toros

torón *m* isótopo radiactivo del radón, producido por la desintegración del torio (*símbolo* Tn; *núm. atómico* 86; *peso atómico* 220)

toronja *f* fruto del toronjo, que por sus propiedades se sitúa entre el limón y la naranja

toronjo *m* árbol cuyo fruto es la toronja (*Citrus paradisi*)

torozón *m* enteritis de las bestias

torpe *adj* que no tiene movimientos libres; que carece de habilidad; feo, tosco; deshonesto; infame

torpedear *tr* atacar con torpedos ǁ **torpedeo** *m*

torpedero -ra *adj* ǁ *m* buque de guerra destinado a lanzar torpedos; avión dispuesto para lanzar torpedos

torpedo *m* proyectil submarino o aéreo de gran poder explosivo; pez marino cuyo contacto produce una conmoción eléctrica

torrar *tr* quemar ligeramente

torre *f* construcción alta y fuerte de defensa; edificio elevado que sirve de campanario en iglesias y de adorno en las casas; estructura de acero para sostener los conductores de una línea de alta tensión; pieza del ajedrez, de figura de torre; **torre de lanzamiento** la que sirve para lanzar cohetes; **torre del homenaje** la principal de un castillo en que el gobernador juraba defender la fortaleza

torrencial *adj* ǁ **torrente** *m* corriente de agua impetuosa; abundancia

torrezno *m* pedazo de tocino frito

tórrido -da *adj* muy ardiente o caluroso

torrija *f* rebanada de pan mojada en vino o leche, frita y endulzada

torsión *f* acción de torcer; estado de tensión que se establece en un

cuerpo cuando se le hace girar sobre su eje longitudinal

torso *m* tronco del cuerpo humano; estatua falta de cabeza y extremidades

torta *f* masa redonda hecha con harina y cocida a fuego lento; (fam.) bofetada

tortada *f* torta grande rellena de carne o dulce

tortícolis *m* o **torticolis** *m* dolor en los músculos del cuello, que obliga a tener éste torcido

tortilla *f* fritada de huevos batidos

tórtola *f* ave parecida a la paloma pero más pequeña (*Streptopelia turtur*)

tórtolo *m* macho de la tórtola

Tortosa *f* ciudad de la provincia de Tarragona ǁ **tortosino -na** *adj y mf*

tortuga *f* quelonio terrestre o marino

tortuoso -sa *adj* que tiene vueltas y rodeos; solapado

tortura *f* suplicio; tormento para la averiguación de la verdad ǁ **torturar** *tr*

torva *f* remolino de nieve o lluvia

torvisco *m* mata de flores blanquecinas (*Daphne gnidium*)

torvo -va *adj* airado, terrible; *f* véase **torva**

tos *f* (*pl:* toses) movimiento brusco y ruidoso del aparato respiratorio; **tos ferina** enfermedad infecciosa de los niños, caracterizada por accesos de tos sofocantes

Toscana, la región de la Italia central ǁ **toscano -na** *adj y mf*

tosco -ca *adj* basto, grosero; inculto, sin enseñanza

toser *intr* tener tos

tostada *f* rebanada de pan tostada

tostar §63 *tr* exponer (*una cosa*) a la lumbre hasta que tome color y se deseque sin quemarse; calentar mucho; atezar (*el sol o el viento la piel del cuerpo*)

tostón *m* cosa demasiado tostada; tostada mojada en aceite; cochinillo tostado

total *adj* que lo abarca todo; *m* conjunto; suma, adición; *adv* en resumen

totalidad *f* condición de total; conjunto

totalitario -ria *adj y mf* ǁ **totalitarismo** *m* régimen político y social que tiende a la absorción y regulación por parte del Estado de todas las actividades

totalizador *m* aparato que indica al cliente el importe total de sus compras; tablero automático que, en las carreras de caballos, señala el estado de las apuestas

totalizar §62 *tr* determinar el total de

tótem *m* (*pl:* -tems) objeto de la naturaleza, generalmente un animal, que tienen por sagrado y protector algunas tribus salvajes, que llegan a veces a considerarlo como antepasado de la raza ‖ **totémico -ca** *adj*

toxemia *f* presencia de toxinas en la sangre y estado morboso consecutivo ‖ **toxémico -ca** *adj*

toxicidad *f* ‖ **tóxico -ca** *adj* venenoso; *m* veneno

toxicología *f* estudio de los venenos ‖ **toxicológico -ca** *adj* ‖ **toxicólogo -ga** *mf*

toxina *f* substancia tóxica producida en el cuerpo de los seres vivos por la acción de los microorganismos, cualquier substancia tóxica de origen animal o vegetal

tozo -za *adj* enano, de baja estatura

tozudez *f* ‖ **tozudo -da** *adj* obstinado, terco

tpo. abr. de tiempo

traba *f* lo que sujeta dos cosas entre sí; cuerda con que se atan los pies a los caballos; estorbo, impedimento; embargo de bienes

trabacuenta *f* error en una cuenta; controversia

trabado -da *adj* fuerte, robusto; (gram.) (*sílaba*) que termina en consonante

trabajador -dora *adj y mf* ‖ **trabajar** *tr* formar con orden y método, molestar, inquietar; *intr* ocuparse en un ejercicio u obra; esforzarse; funcionar

trabajo *m* acción de trabajar; esfuerzo; obra hecha o por hacer; (fís.) producto del valor de una fuerza por la distancia que recorre su punto de aplicación; **trabajos** *mpl* miserias, pobreza

trabajoso -sa *adj* que cuesta mucho trabajo

trabalenguas *m* (*pl:* -guas) palabra o frase difícil de pronunciar

trabar *tr* atar, unir; asir, prender; emprender, empezar; espesar

trabazón *f* enlace, conexión; espesor, consistencia

trabucar §72 *tr* trastornar el buen orden de; confundir; equivocar (*palabras*)

trabuco *m* arma de fuego corta y de boca ancha

tracción *f* acción de tirar de algún objeto para moverlo

tracería *f* (arq.) decoración a base de figuras geométricas

Tracia, la región de la antigua Grecia que se halla repartida actualmente entre este país y Turquía ‖ **tracio -cia** *adj y mf*

tracoma *m* afección contagiosa de la conjuntiva de los párpados

tractocamión *m* tractor con semi-remolque

tractor *m* vehículo automóvil de gran potencia de tiro, usado esp. para trabajos agrícolas y para arrastre de piezas de artillería; **tractor oruga** el que lleva cadenas sin fin para salvar accidentes y evitar que se hunda o resbale

tradición *f* transmisión oral de noticias, costumbres, doctrinas, etc. hecha de generación en generación; lo transmitido de este modo ‖ **tradicional** *adj*

tradicionalismo *m* doctrina fundada en la tradición ‖ **tradicionalista** *adj y mf*

traducción *f* ‖ **traducir** §24 *tr* expresar en una lengua (*lo dicho o escrito en otra*); expresar, representar ‖ **traductor -tora** *mf*

traer §74 *tr* trasladar al lugar donde está el que habla; atraer hacia sí; llevar, tener puesto; causar, ocasionar; alegar

tráfago *m* conjunto de trabajos y faenas que confunde y marea; tráfico, negocio

traficante *adj y mf* ‖ **traficar** §72 *intr* comerciar, negociar

tráfico *m* acción de traficar; circulación de vehículos

tragabolas *m* juego en que se procura meter una bola en la boca de una cabeza de cartón

tragacanto *m* arbusto de cuyo tronco fluye una goma (*Astragalus*); esta goma

tragaderas *fpl* esófago; (fam.) credulidad

tragahombres *m* (*pl:* -bres) (fam.) bravucón, perdonavidas

trágala *m* canción con que los liberales se burlaban de los absolutistas en tiempo de Fernando VII; **cantarle a uno el trágala** (fam.) obligarle a uno a aceptar alguna cosa que antes rechazaba

tragaldabas *mf* (*pl:* -bas) (fam.) persona muy tragona; (fam.) persona muy crédula o indulgente

tragaleguas *mf* (*pl:* -guas) (fam.) persona que camina mucho y de prisa

tragaluz *m* (*pl:* -luces) ventana en el techo o en lo alto de un muro

tragamallas *mf* (*pl:* -llas) (fam.) persona muy tragona

tragantada *f* trago muy grande

tragantón -tona *adj y mf* (fam.) tragón; *f* (fam.) comida abundante

tragaperras *m* (*pl:* -rras) (fam.) aparato que, al echarle una moneda, marca el peso o suelta un billete automáticamente

tragar §45 *tr* hacer pasar de la boca al esófago; comer con voracidad; dar fácilmente crédito a; tolerar o soportar (*cosa repulsiva*); absorber, gastar

tragasable *m* ilusionista que finge tragar espadas

tragasantos *mf* (*pl:* -tos) (fam.) persona beata que frecuenta mucho las iglesias

tragasopas *mf* (*pl:* -pas) (fam.) persona que vive de limosna

tragavenado *m* serpiente que ataca, para alimentarse, al venado y otros animales (*Eunectes murinus*)

tragavino *m* embudo para trasvasar vino

tragavirotes *m* (*pl:* -tes) (fam.) hombre muy serio y erguido

tragedia *f* obra dramática de acción grande, capaz de excitar el terror o la compasión; género trágico; suceso funesto

trágico -ca *adj* perteneciente a la tragedia; funesto, sangriento; *mf* autor que escribe tragedias; actor que las representa

tragicomedia *f* obra dramática que participa de lo trágico y de lo cómico ‖ **tragicómico** -ca *adj*

trago *m* porción de líquido que se bebe de una vez; (fam.) adversidad

tragón -gona *adj* ‖ (fam.) persona que come mucho

traguear *intr* (fam.) beber frecuentes tragos

traición *f* violación de la fidelidad o lealtad; alta traición la cometida contra el soberano o el Estado ‖ **traicionar** *tr* ‖ **traicionero** -ra *adj y mf*

traído -da *adj* gastado, usado; *f* acción de traer

traidor -dora *adj* ‖ *mf* persona que comete traición

trailla *f* cuerda con que se lleva el perro atado

trainerilla *f* embarcación para regatas a remo

Trajano *m* emperador romano (53 – 117 d. de J.C.)

traje *m* vestido; vestido completo; traje de luces el de los toreros

trajear *tr* proveer de traje

trajín *m* ‖ **trajinante** *adj y mf* ‖ **trajinar** *tr* acarrear (*mercancías*); *intr* andar de un sitio a otro para algo útil

trama *f* conjunto de hilos que, cruzados con la urdimbre, forman una tela; maquinación; intriga de un drama o novela

tramar *tr* enlazar (*la trama*) con la urdimbre; disponer con habilidad; preparar (*un enredo o traición*)

tramitar *tr* hacer pasar (*un negocio*) por los trámites debidos

trámite *m* diligencia necesaria en la gestión de un negocio

tramo *m* parte de un terreno, de un camino, etc.; parte de la escalera entre dos rellanos

tramojo *m* lazo para atar los haces de la siega; (fam.) apuro, trabajo

tramontano -na *adj* del otro lado de los montes; *f* norte; cierzo; vanidad

tramoya *f* máquina para cambiar la decoración en el teatro; enredo, embuste

tramoyista *adj* ‖ *mf* persona que usa de engaños; *m* el que mueve las tramoyas de teatro

trampa *f* artificio para cazar; puerta abierta en el suelo; portañuela de pantalón; ardid, artimaña; deuda no pagada

trampantojo *m* (fam.) trampa para engañar a ojos vistas

trampear *tr* (fam.) engañar, defraudar; *intr* (fam.) pedir prestado sin intención de pagar; (fam.) buscar medios para hacer más llevadera la adversidad

trampolín *m* plano horizontal y elástico en que toma impulso el nadador para saltar; pista para saltos de esquí; persona o cosa de que uno se aprovecha para medrar de manera apresurada

tranca *f* palo grueso y fuerte; palo o hierro con que se asegura una puerta o ventana

trancar §72 *tr* asegurar (*la puerta*) con tranca; *intr* (fam.) dar pasos largos

trance *m* momento crítico; mal paso

tranco *m* paso largo; umbral

tranquilidad *f* calidad o estado de tranquilo

tranquilizar §62 *tr* calmar, poner tranquilo

tranquilo -la *adj* sin agitación; sin inquietud

tranquillón *m* mezcla de trigo y centeno

transacción *f* acción de transigir; convenio, negocio

transaéreo *m* avión de travesía

transalpino -na *adj* de allende los Alpes

transandino -na *adj* de allende los Andes; que atraviesa los Andes

transatlántico -ca *adj* situado al otro lado del Atlántico; *m* buque que hace la travesía del Atlántico

transbordador *m* barco que transporta trenes de una orilla a otra; barca pequeña suspendida en dos cables que marcha entre dos puntos

transbordar *tr* trasladar de un buque a otro, de un tren a otro, de una orilla a otra de un río ‖ **transbordo** *m*

transceptor *m* (rad.) aparato emisor y receptor combinados en una sola pequeña unidad

transcontinental *adj* que atraviesa un continente

transcribir §83 *tr* copiar (*lo escrito*); escribir con un sistema de caracteres (*lo que está escrito con otro*); arreglar para un instrumento (*la música escrita para otro*) ‖ **transcripción** *f*

transcurrir *intr* pasar (*un mes, un año, etc.*)

transcurso *m* paso del tiempo

transductor *m* (elec.) cualquier aparato transformador de potencia; dispositivo para convertir el error de un servomecanismo en una señal eléctrica

transepto *m* nave transversal de una iglesia

transeúnte *adj* ‖ *mf* persona que pasa por la vía pública; persona que no tiene residencia habitual en un sitio

transferencia *f* ‖ **transferir** §48 *tr* trasladar de un lugar a otro; ceder (*un derecho, el dominio de una cosa*); diferir, retardar

transfiguración *f* ‖ **transfigurar** *tr* hacer cambiar de figura, forma o carácter

transfixión *f* acción de herir atravesando de parte a parte

transformación *f* acción de transformar

transformador -dora *adj* que transforma; *m* aparato para cambiar el voltaje de una corriente eléctrica

transformar *tr* hacer cambiar de forma; hacer mudar de costumbres; convertir

transformismo *m* doctrina biológica según la cual las especies animales y vegetales se transforman en otras bajo la influencia de la adaptación

transformista *adj* perteneciente al transformismo; *mf* actor que hace mutaciones rápidas en trajes y tipos

tránsfuga *mf* persona que huye de una parte a otra; persona que pasa de un partido a otro

transfundir *tr* hacer pasar (*un líquido*) de un recipiente a otro; hacer pasar (*la sangre*) de una persona a otra; comunicar a varias personas ‖ **transfusión** *f*

transgredir §39 *tr* infringir, violar ‖ **transgresión** *f* ‖ **transgresor -sora** *adj y mf*

transiberiano -na *adj* que atraviesa la Siberia

transición *f* acción de pasar de un estado a otro; cambio, mudanza

transido -da *adj* acongojado, angustiado

transigencia *f* ‖ **transigente** *adj* ‖ **transigir** §28 *tr* consentir en parte con (*lo que repugna*) para llegar a un acuerdo; *intr* avenirse mediante concesiones mutuas

Transilvania, la provincia de Rumania ‖ **transilvano -na** *adj y mf*

transistor *m* (electrón.) cristal semiconductor que oscila y amplifica como una válvula

transitable *adj* (*sitio*) por donde se puede transitar

transitar *intr* pasar por calles o caminos, viajar

transitivo -va *adj* (*verbo*) que tiene complemento directo

tránsito *m* acción de transitar; lugar de parada en un viaje; paso de un empleo a otro; muerte santa

transitorio -ria *adj* pasajero, que no dura

translucidez *f* ‖ **translúcido -da** *adj* que, sin ser transparente, deja pasar la luz

transmigración *f* ‖ **transmigrar** *intr* emigrar; pasar (*un alma*) de un cuerpo a otro

transmisión *f* acción de transmitir

transmisor -sora *adj* ‖ *m* (rad., telg. y telp.) aparato que sirve para transmitir las señales

transmitir *tr* hacer pasar (*una noticia, un telegrama, una enfermedad*) de un lugar a otro; dejar pasar (*los nervios las impresiones de los sentidos; el aire el sonido; un conductor la electricidad*); enviar (*señales una estación de radiodifusión*); transferir (*p.ej., un derecho*)

transmutación *f* ‖ **transmutar** *tr* cambiar, convertir

transparencia *f* calidad de transparente

transparentar *ref* dejarse ver a través de un cuerpo transparente; ser transparente; dejarse adivinar o descubrir

transparente *adj* (*cuerpo*) a través del cual pueden verse los objetos; que se deja adivinar fácilmente; *m* cortina que se coloca delante de la ventana para templar la luz

transpirar *tr* exhalar (*una planta vapor de agua*); sudar; *intr* sudar; dejarse adivinar

transponer §55 *tr* poner en lugar diferente; trasplantar; desaparecer detrás de; *ref* ocultarse detrás del horizonte (*el Sol u otro astro*); quedarse algo dormido

transportar *tr* llevar de un lugar a otro; transportarse; (*electricidad*); (*mús.*) trasladar de un tono a otro; *ref* extasiarse

transporte *m* acción de transportar; buque de transporte; acción de transportarse; **transportes en común** medios de transporte urbano de pasajeros

transportista *mf* empleado de los transportes

transposición *f* acción de transponer; inversión del orden de las palabras

transubstanciar *tr* convertir totalmente (*una substancia*) en otra

transuraniano -na o **transuránico -ca** *adj* (quím.) (*elemento*) que se obtiene por transmutación partiendo del uranio, como el neptunio y el plutonio

Transvaal, el provincia de la Unión Sudafricana || **transvaaliano -na** *adj* y *mf*

transvasar *tr* trasegar (*un líquido*)

transversal *adj* que atraviesa de un lado a otro

transverso -sa *adj* oblicuo

tranvía *m* ferrocarril en una calle; coche de tranvía

tranviario -ria *adj* || *m* empleado en el servicio de transvías

trapacear *intr* usar de artificios o engaños || **trapacería** *f* || **trapacero -ra** *adj* y *mf*

trapajoso -sa *adj* andrajoso, desaseado

trápala *mf* (fam.) persona que habla sin substancia; (fam.) persona falsa y embustera; *m* (fam.) prurito de hablar; *f* (fam.) confusión, ruido de gente; (fam.) ruido del trote de un caballo; (fam.) embuste, engaño

trapatiesta *f* (fam.) alboroto, riña, ruido grande

trapecio *m* palo suspendido horizontalmente de dos cuerdas por sus extremos, para ejercicios gimnásticos; (geom.) cuadrilátero que sólo tiene dos lados paralelos

trapecista *mf* acróbata que hace habilidades en el trapecio

trapería *f* || **trapero -ra** *mf* persona que recoge trapos de desecho y otros objetos usados para comerciar con ellos

trapezoide *m* (geom.) cuadrilátero que no tiene ningún lado paralelo a otro

trapiche *m* ingenio de azúcar; molino de aceituna o caña de azúcar

trapichear *intr* comerciar al menudeo; (fam.) buscar medios para lograr algún fin || **trapicheo** *m*

trapío *m* (fam.) aire garboso de una mujer; (fam.) buena planta del toro, ímpetu con que acude el toro a la muleta del torero

trapisonda *f* (fam.) bulla, algazara; (fam.) embrollo, enredo

trapisondear *intr* (fam.) armar embrollos o enredos || **trapisondista** *mf*

trapo *m* pedazo de tela viejo y roto; velamen; muleta del torero; **trapos** *mpl* (fam.) prendas de vestir, esp. de la mujer

traque *m* estallido del cohete

tráquea *f* conducto que lleva el aire a los pulmones || **traqueal** *adj*

traquear *tr* agitar; manosear; *intr* hacer ruido semejante al de un cohete || **traqueo** *m*

traquetear *tr* e *intr* traquear || **traqueteo** *m*

traquido *m* traque; chasquido de la madera

tras *m* golpe con ruido; (fam.) trasero; *prep* después de; detrás de; en busca de; **tras de** además de

trascendencia *f* penetración, perspicacia; importancia

trascendental *adj* de gran importancia o gravedad

trascendente *adj* perspicaz; importante

trascender §52 *tr* averiguar, penetrar; *intr* exhalar olor muy penetrante; tener consecuencias; empezar a ser conocido (*lo que estaba oculto*)

trascocina *f* pieza detrás de la cocina

trascoro *m* parte de la iglesia detrás del coro

trasegar §16 *tr* trastornar, revolver; trasladar (*un líquido*) de una vasija a otra

trasero -ra *adj* que está detrás; *m* parte posterior del animal; (fam.) asentaderas; *f* parte posterior de un edificio, una puerta, etc.

trasfondo *m* lo más profundo de una cosa

trasgo *m* duende; niño travieso

trashojar *tr* hojear

trashumación *f* || **trashumante** *adj* || **trashumar** *intr* pasar (*el ganado*) desde las dehesas de invierno a las de verano y viceversa

trasiego *m* acción de trasegar un líquido

trasladar *tr* mudar, remover; hacer pasar de un puesto o cargo a otro; diferir; copiar; *ref* mudar de lugar; dirigirse

traslado *m* copia

traslucir §46 *tr* conjeturar; *ref* ser translúcido; deducirse, inferirse

traslumbrar *tr* deslumbrar (*a una persona una luz viva y repentina*); *ref* desaparecer repentinamente

trasluz *m* luz que pasa a través de un cuerpo translúcido; luz reflejada de soslayo por la superficie de un cuerpo; **al trasluz** con el objeto entre la luz y el ojo

trasmano: a trasmano fuera del alcance de la mano; fuera del trato corriente

trasnochado -da *adj* que se echa a perder; macilento; falto de novedad

trasnochar *tr* dejar pasar la noche sobre (*un problema*); *intr* pasar la noche o gran parte de ella sin acostarse

trasoír §50 *tr* oír con error

trasojado -da *adj* ojeroso

traspalar *tr* mover con la pala

traspapelar *tr* perder, extraviar (*un papel, una carta*); *ref* desaparecer (*un papel*) entre otros

traspasar *tr* atravesar; pasar (*una cosa*) de un lugar a otro; espetar con un arma; afligir, punzar; transferir; violar ‖ **traspaso** *m*

traspié *m* resbalón, tropezón; zancadilla

traspintar *ref* clarearse, transparentarse

trasplantar *tr* trasladar (*una planta*) de un terreno a otro ‖ **trasplante** *m*

trasponton *m* colchón pequeño debajo del colchón de la cama; (fam.) asentaderas

traspunte *m* apuntador que avisa a cada actor cuando ha de salir a escena

traspuntín *m* traspontín; asiento plegadizo de un coche

trasquilar *tr* cortar el cabello a (*una persona*) sin arte; esquilar; (fam.) menoscabar

trastada *f* (fam.) mala pasada

trastajo *m* mueble sin valor

trastazo *m* golpe, porrazo

traste *m* resalto de metal o hueso en el mástil de la guitarra u otros instrumentos

trastear *tr* poner los trastes a (*un instrumento*); pisar (*las cuerdas de un*

instrumento de trastes); dar (*el espada*) pases de muleta a (*un toro*); (fam.) manejar con habilidad; *intr* menear o mudar trastos; discurrir con viveza

trastera *f* pieza en que se guardan los trastos sin valor

trastería *f* montón de trastos viejos; (fam.) trastada

trastienda *f* aposento detrás de la tienda; (fam.) astucia, cautela

trasto *m* mueble o utensilio doméstico, esp. si no sirve; artificio de la decoración teatral; (fam.) persona inútil o informal; trastos *mpl* utensilios de un arte; armas

trastornar *tr* volver de abajo arriba; invertir el orden de; inquietar; perturbar (*el sentido el vino, los olores, etc.*) ‖ trastorno *m*

trastrocar §81 *tr* mudar el ser o estado de (*una cosa*)

trasunto *m* copia; figura que imita con propiedad una cosa

trasver §79 *tr* ver (*una cosa*) a través de otra; ver mal y equivocadamente

trasverter §52 *intr* rebosar (*un líquido*)

trasvolar §63 *tr* atravesar volando de un extremo a otro

trata *f* tráfico de negros; **trata de blancas** tráfico de mujeres para su prostitución

tratable *adj* fácil de tratar; cortés, accesible

tratado *m* escrito sobre una materia; ajuste, convenio; convenio entre dos gobiernos

tratamiento *m* acción o modo de tratar; título de cortesía; sistema de curación; modo de trabajar ciertas materias

tratante *mf* persona que compra y vende

tratar *tr* manejar; gestionar; obrar bien o mal con; comunicar con; someter (*una cosa*) a una acción, operación, fuerza; someter a curación médica; discutir o disputar sobre; **tratar de** dar tratamiento de (*p.ej., señor, usted*) a; calificar de; *intr* discutir, disputar; **tratar de** procurar, intentar; **tratar en** comerciar en; *ref* cuidarse

trato *m* acción de tratar; título de cortesía; ajuste, convenio; negocio, tráfico; relaciones amistosas; **¡trato hecho!** (fam.) ¡queda convenido!

trauma *m* herida o lesión; choque o sentimiento emocional que deja una huella duradera en la subconsciencia

traumático -ca *adj* ‖ **traumatismo** *m*
herida o lesión; estado del organismo afecto de una herida grave

través *m* inclinación; desgracia; **al
través de** o **a través de** por entre; **de
través** en dirección transversal

travesaño *m* pieza que atraviesa de
una parte a otra; almohada larga

travesear *intr* andar revoltoso de una
parte a otra; discurrir con ingenio
y viveza; llevar una vida viciosa

travesero -ra *adj* que se pone de través; *m* almohada larga; *f* calle
transversal

travesía *f* camino o calle transversal;
viaje por mar; distancia entre dos
puntos de tierra o de mar; calle
que atraviesa entre calles principales; viento perpendicular a la
costa

travesío *m* sitio por donde se atraviesa

travesura *f* acción de travesear; viveza de ingenio; acción culpable,
hecha con destreza

travieso -sa *adj* puesto de través; bullicioso, inquieto, pícaro; sutil, sagaz; *f* madero de una vía férrea, en
que se asientan los rieles; galería
transversal de una mina; apuesta a
favor de un jugador

trayecto *m* espacio que se recorre de
un punto a otro; acción de recorrerlo

trayectoria *f* curva que sigue el proyectil; camino que sigue una cosa

traza *f* diseño de una obra; medio
para realizar un fin; invención, arbitrio; apariencia, figura

trazado *m* acción de trazar; recorrido
o dirección de un camino, canal, etc.

trazador *m* isótopo radiactivo que
permite seguir el curso de fenómenos fisiológicos, patológicos, etc.

trazar §62 *tr* delinear la traza de; señalar los contornos de; tirar (*una
línea*); describir (*los rasgos de una
persona o cosa*); disponer los medios para conseguir

trazo *m* delineación; contorno; línea,
raya; rasgo

trébedes *mpl* aro de hierro con tres
pies que sirve para poner vasijas al
fuego

trébol *m* planta con hojas de tres folí-
olos, que se utiliza como forraje
(*Trifolium pratense*); (arq.) adorno
geométrico que se compone de tres
lóbulos

trece *adj* ‖ *m* diez y tres

trecho *m* espacio de lugar o tiempo

trefilar *tr* reducir a hilos (*una barra
de metal dúctil*)

tregua *f* suspensión temporal de hostilidades; descanso, intermisión

treinta *adj* ‖ *m* tres veces diez

treintena *f* conjunto de treinta unidades

tremedal *m* terreno pantanoso que re-
tiembla al menor movimiento

tremendismo *m* tendencia en la novela española moderna a presentar
lo violento, lo macabro, lo que
causa sufrimiento y angustia ‖ tre-
mendista *adj* y *mf*

tremendo -da *adj* terrible, espantoso;
digno de respeto; (fam.) muy grande

trementina *f* resina casi líquida que
fluye de los pinos, abetos y otros
árboles

trémolo *m* (mús.) sucesión rápida de
notas cortas iguales

trémulo -la *adj* tembloroso

tren *m* serie de vagones arrastrados
por una locomotora; conjunto de
cosas necesarias para un viaje o
para una operación cualquiera; sucesión de ondas; pompa, fausto

treno *m* canto fúnebre, queja, lamen-
tación

trenza *f* enlace de ramales entretejidos; la que se hace entretejiendo el
cabello

trenzado *m* peinado en trenza; salto
ligero en el cual se cruzan los pies;
paso que da el caballo piafando

trenzar §62 *tr* hacer trenzas (*cuerdas,
cabello, etc.*); *intr* hacer trenzados

trepa *f* acción de trepar; guarnición
en el borde de los vestidos; (fam.)
astucia, engaño; (fam.) paliza

trepador -dora *adj* que trepa; *m* sitio
por donde se puede trepar; *f* ave
que trepa con facilidad; planta que
trepa; máquina de taladrar

trepanar *tr* ‖ **trépano** *m* instrumento
para horadar el cráneo

trepar *tr* subir a (*un lugar*) valiéndose
de pies y manos; taladrar; *intr*
subir valiéndose de pies y manos;
crecer (*una planta*) agarrándose a
algo

trepidación *f* ‖ **trepidar** *intr* temblar,
estremecerse

tres *adj* ‖ *m* dos y uno

tresbolillo: al tresbolillo (*plantas*) co-
locadas en filas paralelas cruzadas
en diagonal

trescientos -tas *adj* ‖ **trescientos** *m* tres
veces ciento

tresillo *m* juego de naipes entre tres
personas, cada una de las cuales
recibe nueve cartas; sortija con
tres piedras preciosas; juego de un
sofá y dos butacas; (mús.) conjunto

de tres notas de igual valor que se ejecutan en el tiempo de dos de ellas

treta f artificio sutil, artimaña

tría f acción de triar

triangular adj de figura de triángulo; tr dar la forma de triángulo a; dividir en triángulos; levantar el plano de (una comarca) dividiéndola en triángulos y midiendo los ángulos de éstos

triángulo -la adj triangular; m figura formada por tres líneas rectas que se cortan mutuamente; (mús.) instrumento metálico en forma de triángulo que suena hiriéndolo con una varilla de metal

triar §76 tr entresacar

tribal adj ‖ **tribu** f conjunto de familias nómadas que obedecen a un jefe; cada uno de los grupos en que se dividían algunos pueblos antiguos

tribulación f congoja, adversidad

tribuna f plataforma elevada para oradores; gradería en el interior o al aire libre, para los espectadores; balcón en el interior de una iglesia

tribunal m lugar donde se administra justicia; juez o jueces que administran justicia; jueces de un examen; cosa capaz de pronunciar una sentencia

tribuno m magistrado romano elegido por el pueblo; demagogo elocuente

tributar tr pagar (el vasallo o el súbdito cierta contribución en dinero o en especie) al señor o al Estado; manifestar (admiración, veneración, gratitud, etc.)

tributo m contribución; impuesto; homenaje

triciclo m vehículo de tres ruedas

tricolor adj de tres colores

tricornio m sombrero de tres picos

tricot m tejido de género de punto

tricromía f procedimiento fotográfico o tipográfico de reproducción de imágenes en tres colores; prueba o estampa hechas con este procedimiento

tridente adj de tres dientes; m cetro de Neptuno

tridimensional adj que tiene tres dimensiones; (cine) que da la impresión de relieve

triedro m ángulo sólido de tres caras

trigésimo -ma adj ‖ m o f cada una de las treinta partes iguales en que se divide un todo; persona o cosa que sigue a la vigésima nona

triglifo m (arq.) adorno del friso dórico en forma de rectángulo surcado por tres canales verticales

trigo m planta gramínea, de cuyos granos se saca la harina con que se hace el pan (Triticum); su grano; (pop.) dinero

trigonómetra mf ‖ **trigonometría** f parte de las matemáticas que trata de la resolución de los triángulos ‖ **trigonométrico -ca** adj

trigueño -ña adj de color entre moreno y rubio

trilogía f conjunto de tres obras dramáticas

trilla f acción de trillar; tiempo de trillar

trillado -da adj (camino) muy frecuentado; muy sabido

trillador -dora adj ‖ mf persona que trilla; f máquina para trillar

trillar tr quebrantar (la mies) separando el grano de la paja; maltratar; (fam.) frecuentar

trillizo -za adj ‖ mf cada uno de tres hermanos nacidos de un parto

trillo m instrumento para trillar que consiste en una tabla armada con pedernales o cuchillas de acero

trillón m un millón de billones

trimensual adj que sucede tres veces al mes

trimestre adj ‖ m tiempo de tres meses; sueldo, pensión, etc., que se cobra o paga al fin de cada tres meses

trinar intr hacer trinos; (fam.) rabiar, impacientarse

trinca f reunión de tres cosas de igual clase

trincar §72 tr atar fuertemente; partir en trozos; intr beber vino o licor

trinchante m el que trincha la vianda en la mesa; tenedor con que se afianza lo que se ha de trinchar; cuchillo para trinchar; mueble donde se trinchan las viandas

trinchar tr partir en trozos (la vianda); (fam.) disponer de (una cosa) con aire de autoridad

trinchera f desmonte con taludes para un camino; impermeable; (mil.) excavación estrecha y larga que resguarda a los soldados

trinchero m mueble de comedor para trinchar; plato grande para trinchar

trineo m vehículo sin ruedas que se desliza sobre el hielo y la nieve

trinidad f unión de tres personas o cosas; (cap.) f reunión de tres personas divinas en una sola y única esencia

trinitaria f planta de jardín con flores de cinco pétalos (Viola tricolor)

trinitrotolueno m explosivo de alta potencia muy utilizado en granadas, minas y torpedos: $C_6H_2(NO_2)_3$ CH_3

trino -na adj que contiene en sí tres cosas; m (mús.) vibración rápida y alternada de dos notas entre las cuales media la distancia de un tono o de un semitono

trinomio m (álg.) expresión que consta de tres términos

trinquete m garfio que impide el retroceso de una rueda dentada; (mar.) palo de proa; (mar.) verga mayor y vela que se larga en ella

trinquis m (pl: -quis) (fam.) trago de vino o licor

trio m tría; (mús.) terceto

triodo m (electrón.) lámpara de tres electrodos

tripa f intestino; vientre, panza; relleno de cigarro puro

tripartito -ta adj dividido en tres partes; (convenio) firmado por tres potencias

triple adj ‖ m número que contiene otro número tres veces exactamente

triplicar §72 tr hacer triple; multiplicar por tres

triplice adj triple

tripode m y f mesa o banquillo de tres pies; m armazón de tres pies para sostener instrumentos fotográficos, geodésicos, etc.

Tripoli capital de la Libia; puerto del Líbano ‖ **tripolitano -na** adj y mf

tripón -pona adj ‖ mf (fam.) persona que tiene mucha tripa

triptico m pintura en una tabla dividida en tres hojas que se doblan unas sobre otras

triptongo m unión de tres letras vocálicas en una sola sílaba

tripudo -da adj y mf tripón

tripulación f personal de una nave o vehículo aéreo

tripulante m miembro de la tripulación

tripular tr dotar de tripulación; ir de tripulación en

triquina f parásito que vive en la carne del cerdo, de donde puede pasar al intestino del hombre

triquinosis f enfermedad producida por la triquina

triquiñuela f (fam.) pretexto para eludir algo

triquitraque m ruido de golpes desordenados; artificio de pólvora, que se quema como cohete

trirreme m galera antigua con tres filas de remos

tris m ruido ligero que hace una cosa al quebrarse; (fam.) instante; (fam.) poca cosa

triscador -dora adj ‖ m persona que trisca; m instrumento de acero para triscar los dientes de una sierra

triscar §72 tr mezclar; torcer alternativamente y a uno y otro lado (los dientes de una sierra) para que corte bien; intr retozar, travesear; hacer ruido con los pies

trisecar §72 tr dividir en tres partes iguales ‖ **trisección** f

trisílabo -ba adj de tres sílabas

triste adj afligido, apenado; melancólico; desgraciado; insignificante, mísero ‖ **tristeza** f

tritio m isótopo del hidrógeno, con peso atómico 3

tritón m hombre muy experto en la natación; anfibio parecido a la salamandra; (cap.) m (mit.) deidad marina, medio hombre y medio pez

trituración f ‖ **triturar** tr desmenuzar, moler; maltratar, molestar

triunfal adj perteneciente al triunfo

triunfante adj que triunfa

triunfar intr salir victorioso; tener éxito; jugar del palo de triunfo

triunfo m éxito militar; éxito brillante; carta del palo preferido, que vence a las de los otros palos

triunvirato m magistratura de la antigua Roma en que intervenían tres personas; junta de tres personas

triunviro m miembro de un triunvirato

trivial adj llano, vulgar, sin importancia; (camino) trillado ‖ **trivialidad** f

trivio m paraje donde concurren tres caminos; conjunto de las tres artes liberales en la Edad Media: gramática, retórica y dialéctica

triza f pedazo pequeño, fragmento

trizar §62 tr hacer trizas, desmenuzar

trocar §81 tr cambiar, permutar; equivocar; ref cambiarse, mudarse; cambiar asientos (dos personas)

trocisco m pastilla medicamentosa

trocha f vereda estrecha; camino abierto en la maleza; (Amér.) ancho de la vía férrea

trochemoche: a trochemoche (fam.) disparatadamente

trofeo m despojo obtenido en la guerra; señal de una victoria; victoria

troglodita adj ‖ m hombre que habita en cavernas; hombre bárbaro y cruel; hombre muy comedor

troica f trineo ruso tirado por tres caballos

Troilo *m* (mit.) hijo de Príamo y de Hécuba

troj *f* o **troje** *f* granero

trole *m* pértiga de hierro que transmite a los tranvías eléctricos la corriente del cable conductor

trolebús *m* tranvía eléctrico sin rieles

tromba *f* nube en forma de embudo que gira rápidamente

trombón *m* instrumento músico de metal, de hermoso timbre

trombosis *f* formación de coágulos en un vaso sanguíneo

trompa *f* instrumento de viento, de tubo enroscado circularmente; prolongación muscular de la nariz del elefante; aparato chupador de algunos insectos; trompo hueco que suena; tromba; (fam.) hocico; **trompa de Eustaquio** conducto que hace comunicar el tímpano con la faringe; **trompa de Falopio** cada uno de los dos conductos que van de la matriz a los ovarios

trompeta *f* instrumento músico de viento, que consiste en un tubo de metal que va ensanchándose desde la boquilla al pabellón; clarín

trompetilla *f* pequeño aparato acústico para sordos

trompicar §72 *tr* hacer tropezar; (fam.) promover (*a una persona*) al oficio que pertenecía a otra persona; *intr* (fam.) tropezar violenta y repetidamente

trompis *m* (*pl:* -pis) (fam.) puñetazo

trompo *m* juguete cónico de madera con una punta de hierro, al cual se arrolla una cuerda para lanzarlo y hacerlo bailar; peonza

tronado -da *adj* deteriorado por el uso; arruinado; *f* tempestad de truenos

tronar §63 *intr* dar estampido; tronar contra hablar o escribir violentamente contra; *impers* sonar truenos

tronco *m* parte del árbol desde el nacimiento de la raíz hasta el de las ramas; cuerpo de una persona o animal sin las extremidades ni la cabeza; cuerpo truncado; origen de una familia; pareja de animales que tiran de un carruaje; persona insensible o inútil

tronchar *tr* partir o romper con violencia

troncho *m* tallo de las hortalizas

tronera *mf* persona de poco juicio; *f* abertura para disparar los cañones; ventana estrecha; agujero de la mesa de billar

tronido *m* estampido del trueno

trono *m* asiento de los reyes y los emperadores; poder soberano

tronzar §62 *tr* hacer trozos; cansar, rendir

tropa *f* reunión de gente; conjunto de militares; toque para que las tropas tomen las armas y formen

tropel *m* movimiento acelerado y ruidoso; confusión, prisa

tropelía *f* aceleración confusa; violencia; ilusión de los prestidigitadores

tropezadero *m* sitio donde hay peligro de tropezar

tropezar §18 *intr* dar con los pies en algún estorbo; encontrar un estorbo; deslizarse en una falta o error; reñir; **tropezar con** hallar casualmente

tropezón -zona *adj* (fam.) que tropieza mucho; *m* tropiezo

tropical *adj* ‖ **trópico** *m* cada uno de los dos círculos menores del globo terrestre, paralelos al ecuador; **trópico de Cáncer** el del hemisferio septentrional; **trópico de Capricornio** el del hemisferio meridional

tropiezo *m* acción de tropezar; dificultad, estorbo; falta, yerro; riña

tropismo *m* movimiento de un organismo en respuesta a un estímulo

tropo *m* empleo de las palabras en sentido figurado

troposfera *f* zona más baja de la atmósfera

troquel *m* molde de acero para acuñar monedas y medallas

troqueo *m* pie de la poesía clásica, de una sílaba larga y una breve; pie de la poesía española, de una sílaba acentuada y otra átona

trotaconventos *f* (*pl:* -tos) alcahueta

trotamundos *mf* (*pl:* -dos) persona aficionada a viajar

trotar *intr* ir al trote; (fam.) andar mucho y de prisa

trote *m* marcha del caballo, intermedia entre el paso y el galope; faena fatigosa

trotón -tona *adj* (*caballo*) cuyo paso ordinario es el trote; *m* caballo; *f* señora de compañía

trovador *m* poeta provenzal de la Edad Media ‖ **trovadoresco** -ca *adj*

trovero *m* poeta francés de la Edad Media

Troya *f* ciudad prehistórica del Asia Menor que los griegos tomaron después de 10 años de sitio ‖ **troyano** -na *adj y mf*

trozo *m* pedazo, parte

truco *m* treta, ardid engañoso; **trucos** *mpl* juego parecido al billar

truculencia *f* ‖ **truculento -ta** *adj* atroz, cruel, terrible

trucha *f* pez de agua dulce, de carne delicada

trueno *m* ruido de una descarga eléctrica en las nubes; ruido del tiro de un arma; (fam.) muchacho alborotador y de mala conducta

trueque *m* acción de trocar

trufa *f* hongo subterráneo muy sabroso (*Tuber*); mentira, patraña

trufar *tr* rellenar de trufas; *intr* decir trufas o mentiras

truhán -hana *adj* ‖ *mf* persona astuta y maliciosa; (fam.) persona que procura divertir con bufonadas ‖ **truhanesco -ca** *adj*

truísmo *m* perogrullada

trujal *m* prensa para las uvas o la aceituna; molino de aceite

truncar §72 *tr* cortar una parte a; cortar la cabeza a; mutilar; omitir palabras en (*un escrito*); dejar incompleto

trunco -ca *adj* truncado, incompleto

trupial *m* pájaro americano parecido a la oropéndola

trusas *fpl* (ant.) gregüescos; (Cuba) taparrabo, traje de baño

trust *m* (*pl:* trusts) asociación de fabricantes de un producto, para dominar el mercado y eliminar la competencia

tsetsé *f* mosca africana que transmite la enfermedad del sueño (*Glossina*)

tu *adjetivo posesivo de segunda persona del singular*

tú *pronombre personal de segunda persona, en nominativo*

tuba *f* instrumento de viento de tubo grueso y sonido grave

Tubalcaín *m* (Bib.) forjador de obras de cobre y de hierro

tubérculo *m* porción abultada y feculenta de las raíces de algunas plantas; pequeña protuberancia natural en la piel de ciertos animales; tumorcillo, duro al principio y purulento más tarde

tuberculosis *f* enfermedad producida por un bacilo específico y que consiste en la formación de tubérculos, esp. en los pulmones

tuberculoso -sa *adj* perteneciente al tubérculo; que tiene tubérculos; *mf* enfermo de tuberculosis

tubería *f* cañería; serie de tubos; taller o comercio de tubos

tuberosa *f* planta liliácea de jardín (*Polianthes tuberosa*)

tubo *m* pieza cilíndrica hueca; canal o conducto natural; **tubo de vacío** (electrón.) tubo de vidrio o de

metal en cuyo interior se ha hecho el vacío y que sirve para controlar el flujo de corrientes eléctricas ‖ **tubular** *adj*

tucán *m* ave trepadora americana de pico muy grueso (*Ramphastos*)

Tucídides *m* historiador griego (460–400 a. de J.C.)

tudesco -ca *adj* y *mf* alemán

tuerca *f* pieza con un hueco helicoidal en que encaja el filete de un tornillo

tuerto -ta *adj* torcido, no recto; *mf* persona que carece de un ojo o de vista en uno de ellos; *m* agravio

tuétano *m* medula

tufarada *f* olor fuerte y vivo

tufo *m* emanación gaseosa; mechón de pelo que cae por delante de las orejas; (fam.) olor desagradable; **tufos** *mpl* (fam.) altivez, vanidad

tugurio *m* choza de pastores; habitación mezquina

tul *m* tejido transparente de mallas poligonales

tularemia *f* septicemia de algunos roedores silvestres, transmisible al hombre

Tule *f* localidad incierta de la geografía; última Tule el límite del mundo; la tierra más septentrional de Europa

tulio *m* cuerpo simple metálico (*símbolo* Tm; *núm. atómico* 69; *peso atómico* 169,4)

tulipa *f* alhelí; tulipán pequeño; pantalla de vidrio

tulipán *m* planta liliácea de raíz bulbosa

tullido -da *adj* ‖ *mf* persona que ha perdido el movimiento del cuerpo o de algún miembro

tullir §13 *tr* dejar tullido; maltratar; *ref* perder el movimiento del cuerpo o de algún miembro

tumba *f* sepulcro; armazón en forma de ataúd para las exequias; cubierta arqueada

tumbacuartillos *mf* (*pl:* -llos) (fam.) persona que frecuenta las tabernas

tumbar *tr* derribar, hacer caer; (fam.) privar de sentido; *ref* descuidar un trabajo; (fam.) echarse a dormir

tumbo *m* caída; vaivén violento

tumbón -bona *adj* ‖ *mf* (fam.) persona socarrona; (fam.) persona perezosa

tumefacción *f* ‖ **tumefacto -ta** *adj* hinchado, inflamado

tumor *m* bulto anormal que se forma en alguna parte del cuerpo

túmulo *m* sepulcro elevado; armazón que se levanta para celebrar honras fúnebres

tumulto *m* alboroto popular; motín

tuna *f* chumbera y su fruto; (fam.) vida holgazana y vagabunda

tunanta *adj* ‖ *f* (fam.) bribona, pícara

tunantada *f* acción propia de tunante

tunante *adj* ‖ *mf* bribón, pícaro; vagabundo

tunantear *intr* obrar como pícaro

tunantería *f* tunantada

tunar *intr* andar vagando holgazanamente

tunda *f* acción de tundir; (fam.) castigo de azotes

tundidor -dora *adj* ‖ *mf* persona que tunde paños; *f* máquina para tundir paños; cortacésped

tundir *tr* cortar o igualar el pelo de (*los paños*); (fam.) castigar con azotes

tundra *f* estepa helada de Alaska y Siberia

tunear *intr* (fam.) hacer vida de tunante o pícaro

tunecino -na *adj y mf* natural de Túnez

túnel *m* paso subterráneo abierto artificialmente a través de una montaña, debajo de un río, etc.; (aer.) dispositivo tubular de ensayo

Túnez estado del norte de África; su capital y puerto a orillas del Mediterráneo

tungsteno *m* cuerpo simple metálico, duro y difícilmente fusible (*símbolo* W; *núm. atómico* 74; *peso atómico* 183,92)

túnica *f* vestidura interior sin mangas de los antiguos; vestidura exterior amplia y larga; (anat. y bot.) envoltura

tuno -na *adj y mf* tunante, bribón, pícaro; *f* véase tuna

tuntún: al o al buen tuntún (fam.) sin reflexión ni previsión

tupé *m* copete de pelo; (fam.) descaro, desfachatez

tupido -da *adj* apretado, espeso, denso; obtuso, torpe

tupir *tr* apretar mucho; *ref* hartarse de comida o bebida

turba *f* muchedumbre; combustible fósil formado por materias vegetales

turbación *f* confusión, desorden

turbamulta *f* (fam.) multitud desordenada

turbante *m* tocado oriental que consiste en una faja arrollada alrededor de la cabeza

turbar *tr* alterar el estado de; poner turbio; causar inquietud a

turbina *f* motor que consiste en una rueda provista de paletas curvas y accionada por la presión del agua, el vapor de agua, el aire caliente o el viento

turbinto *m* árbol de la América del Sur, que da una buena trementina (*Schinus molle*)

turbio -bia *adj* mezclado con algo que quita la natural transparencia; revuelto, dudoso; confuso, obscuro

turbión *m* lluvia repentina con viento fuerte; multitud de cosas que caen de golpe

turbogenerador *m* (elec.) dínamo accionada por una turbina

turbohélice *m* (aer.) motor movido en parte por una turbina y en parte por el chorro de los gases de escape

turbonada *f* lluvia violenta acompañada de truenos

turbopropulsor *m* (aer.) turbohélice

turborreactor *m* (aer.) motor de reacción que emplea una turbina de gas para comprimir el aire destinado a la mezcla combustible

turbulencia *f* ‖ **turbulento -ta** *adj* turbio; confuso, alborotado

turco -ca *adj y mf* natural de Turquía; *f* (fam.) borrachera

Turena, la antigua provincia de Francia

turfista *adj* ‖ *mf* persona que tiene gran afición a las carreras de caballos

turgente *adj* abultado, hinchado; (*estilo*) elevado, pomposo

Turín ciudad en el norte de Italia ‖ **turinés -nesa** *adj y mf*

Turingia *f* estado de la Alemania central ‖ **turingio -gia** *adj y mf*

turismo *m* afición a los viajes de recreo; coche de turismo

turista *mf* persona que viaja por turismo ‖ **turístico -ca** *adj*

turmalina *f* silicato de boro y aluminio que se emplea como piedra fina

turnar *intr* alternar ordenadamente con una o más personas

turnio -nia *adj* (*ojo*) torcido; que tiene ojos turnios; que mira con ceño

turno *m* orden sucesivo establecido para la ejecución de algo

turón *m* mamífero que despide olor fétido (*Putorius putorius*)

turquesa *f* fosfato de aluminio con algo de cobre, que se emplea en joyería

turquesco -ca *adj* perteneciente a Turquía

Turquestán, el vasta región del Asia central, al este del mar Caspio

turquí *adj* (*pl:* **-quíes**) azul muy obscuro

Turquía *f* estado de Europa y Asia, que comprende la extremidad oriental de la península balcánica y el Asia Menor

turrón *m* dulce en cuya composición entran almendras o avellanas, miel y azúcar

turulato -ta *adj* (fam.) atontado, estupefacto

tus *interj* voz para llamar a los perros

tutear *tr* dar a (*una persona*) el tratamiento de tú; *ref* hablarse mutuamente de tú

tutela *f* autoridad y cargo de tutor; amparo, defensa, protección

tutelar *adj* perteneciente a la tutela;

que ampara o protege; *tr* amparar; poner bajo tutela

tuteo *m* acción de tutear

tutiplén: a tutiplén (fam.) en abundancia

tutor -tora *mf* persona a quien se confía la tutela de un menor; defensor, protector; *m* rodrigón

tutoria *f* tutela, cargo de tutor

tuyo -ya *adjetivo posesivo y pronombre posesivo de segunda persona del singular;* *f* árbol americano de ramos siempre verdes y madera muy resistente (*Thuja occidentalis*)

tuza *f* mamífero roedor de Méjico (*Geomys bursarius*)

TV abr. de televisión

U

U, u *f* vigésima cuarta letra del alfabeto

U. abr. de usted

u *conj* o (se usa en vez de o antes de palabras que empiezan por o o por ho)

ubicación *f* situación, posición

ubicar §72 *intr y ref* hallarse, encontrarse

ubicuidad *f* ‖ ubicuo -cua *adj* que está a un mismo tiempo en todas partes; que vive en continuo movimiento

ubre *f* teta de la hembra

ucase *m* decreto del zar; mandato despótico

Ucrania *f* estado de Europa, uno de los que constituyen la U.R.S.S. ‖ ucraniano -na o ucranio -nia *adj y mf*

Ud. abr. de usted

uf *interj* para expresar asco, cansancio, etc.

ufanar *ref* engreírse, jactarse

ufania *f* ‖ ufano -na *adj* engreído, orgulloso; satisfecho, contento

ujier *m* portero; alguacil

ukulele *m* especie de guitarrillo que se popularizó en las Islas Hauaii

ulano *m* lancero de caballería en los ejércitos polaco, austríaco y alemán

úlcera *f* destrucción lenta con supuración de un tejido orgánico

ulceración *f* ‖ ulcerar *tr* causar úlcera a; *ref* convertirse en úlcera ‖ ulceroso -sa *adj*

ulema *m* doctor de la ley mahometana

Ulfilas *m* obispo arriano que tradujo la Biblia al gótico (311–382 d. de J.C.)

Ulises *m* (mit.) rey de Ítaca que, tomada Troya, vaga 10 años por los mares antes de poder volver a su esposa Penélope

ulmáceo -a *adj* propio de los árboles que tienen por tipo el olmo

ulterior *adj* de la parte de allá; que se ha de decir o hacer después

últimamente *adv* al fin; recientemente

ultimar *tr* acabar, concluir, terminar

ultimátum *m* (*pl:* -tum) proposición terminante que hace una potencia a otra

último -ma *adj* que sigue a todas las demás personas o cosas en el espacio o en el tiempo; más remoto; definitivo; más excelente; (*piso*) más alto; (*precio*) mínimo que se pide, máximo que se ofrece; por último al fin; *m o f* persona o cosa que sigue a todas las demás

ultrajar *tr* ‖ ultraje *m* injuria u ofensa grave

ultramar *m* lugar o país situado de la otra parte del mar

ultramarino -na *adj* del otro lado del mar; ultramarinos *mpl* comestibles traídos de la otra parte del mar

ultramicroscopio *m* instrumento óptico que hace visibles en el campo obscuro, mediante iluminación lateral, objetos tan pequeños que no pueden verse en el microscopio

ultramontano -na *adj* que está allende los montes; partidario de Roma y del Papa; conservador fanático

ultranza: a ultranza a muerte; a todo trance, resueltamente

ultrasónico -ca *adj* perteneciente al ultrasonido; más veloz que el sonido

ultrasonido *m* movimiento vibratorio de frecuencia superior a las 20.000 oscilaciones por segundo

ultratumba *adv* más allá de la tumba

ultravioleta -da o **ultravioleta** *adj* ‖ *m* parte del espectro invisible que sigue al violeta y con onda más corta

ultravirus *m* (*pl*: **-rus**) virus tan pequeño que pasa a través de los filtros

ulular *intr* aullar, gritar

umbela *f* inflorescencia en forma de sombrilla

umbelífero -ra *adj* (*planta*) que tiene flores en umbela

umbilical *adj* perteneciente al ombligo

umbral *m* parte inferior del vano de la puerta de entrada; entrada; primer paso

umbrío -a *adj* sombrío; *f* sitio donde hay siempre sombra; **la Umbría** región de la Italia central

umbro -bra *adj* y *mf* natural de la Umbría; *m* lengua, anterior al latín, del pueblo de la antigua Umbría

umbroso -a *adj* que da sombra; que tiene sombra

un *artículo indeterminado y adj numeral masculinos*, *p.ej.*, **un libro**; *y femeninos antes de nombre que empieza con* **a** *acentuada*, *p.ej.*, **un arma**

una *artículo indeterminado y adj numeral femeninos de* **un**, *p.ej.*, **una casa**

unánime *adj* del mismo parecer; (*voto, dictamen, etc.*) tomados de común acuerdo ‖ **unanimidad** *f*

unción *f* acción de ungir; extremaunción; devoción, piedad

uncir §36 *tr* sujetar (*las bestias*) al yugo

undécimo -ma *adj* ‖ *m* o *f* cada una de las once partes iguales en que se divide un todo; persona o cosa que sigue a la décima

undoso -sa *adj* que forma muchas ondas

undulación *f* movimiento de ondas; onda

undular *intr* moverse formando ondas; moverse haciendo giros en forma de eses

Unesco *f* Organización Educativa, Científica y Cultural de la ONU

ungido *m* persona que ha recibido el óleo santo

ungimiento *m* ‖ **ungir** §28 *tr* aplicar aceite u otra materia grasa a; signar con óleo santo

ungüento *m* preparación medicamentosa de uso externo a base de ceras

y resinas; composición aromática, perfume; cosa que ablanda el ánimo

ungulado -da *adj* ‖ *m* animal que tiene casco o pezuña

unicameral *adj* (*parlamento*) con un solo congreso o cámara

unicelular *adj* que tiene una sola célula

único -ca *adj* solo en su especie; raro, extraordinario

unicornio *m* (mit.) animal fabuloso de figura de caballo con un cuerno en medio de la frente

unidad *f* concepto de una sola cosa; calidad de lo que es uno; acción simultánea y armoniosa; armonía de conjunto; el número entero más pequeño; cantidad que se toma como medida común de todas las demás de igual clase; grupo que obra independientemente

unificación *f* ‖ **unificar** §72 *tr* hacer de (*muchos*) un todo

uniformar *tr* hacer uniforme; vestir (*a una persona*) con un uniforme

uniforme *adj* de igual forma; (*movimiento*) de velocidad igual y constante; *m* traje distintivo de los integrantes de un cuerpo

uniformidad *f* calidad de uniforme

unigénito -ta *adj* (*hijo*) único; el **Unigénito** el Hijo de Dios

unilateral *adj* que se refiere a un solo lado o aspecto; que compromete a uno solo de los dos contratantes

unión *f* acción de unir; asociación de intereses; conformidad; casamiento; **la Unión** los Estados Unidos de la América del Norte; **la Unión de Repúblicas Socialistas Soviéticas** federación de 16 estados de la Europa oriental y el Asia septentrional; **la Unión Sudafricana** estado federal del África del Sur, que forma parte de la Comunidad Británica de Naciones

unipersonal *adj* que consta de una sola persona; que pertenece a una sola persona; (gram.) (*verbo*) impersonal

unir *tr* atar, mezclar, juntar, combinar; ligar por el amor o el matrimonio

unisón *adj* unísono; *m* conjunto de voces o instrumentos que interpretan la misma nota al mismo tiempo

unisonancia *f* concordancia de dos o más voces o instrumentos en un mismo tono; monotonía viciosa en la voz de un orador

unísono -na *adj* que tiene el mismo tono o sonido

unitario -ria *adj* perteneciente a la unidad; que propende a la unidad o la conserva; *mf* partidario del unitarismo

unitarismo *m* principio de la centralización en política; secta que no reconoce en Dios más que una sola persona

universal *adj* que pertenece o se extiende a todo el mundo o a todos los tiempos; que comprende o es común a todo en su especie, versado en muchas ciencias ‖ **universalidad** *f*

universalismo *m* doctrina según la cual Dios da a todos los hombres su gracia para alcanzar la salvación; secta que acepta esta doctrina ‖ **universalista** *adj y mf*

universalizar §62 *tr* hacer universal

universidad *f* centro de enseñanza superior en todas las ramas del saber ‖ **universitario -ra** *adj*

universo -sa *adj* universal; *m* conjunto de todo lo creado

uno, una *pron indeterminado* alguno; la misma cosa, el que habla, una persona; véase **un y una**; **uno** *m* unidad y signo que la representa

unos, unas *adj y pron indeterminado, en plural* algunos; poco más o menos

untar *tr* ungir con materia grasa, (fam.) sobornar con dádivas; *ref* mancharse con materia grasa; (fam.) quedarse con algo de lo que se administra

unto *m* materia grasa para untar; grasa del animal; ungüento; (Chile) betún para el calzado; **unto de Méjico** (fam.) dinero con que se soborna a alguien

untuoso -sa *adj* pingüe, pegajoso

uña *f* parte córnea y dura que crece en la extremidad de los dedos; pezuña; punta, garfio

uñada *f* señal hecha con la uña; arañazo

uñate *m* (fam.) acción de apretar alguna cosa con la uña

uñero *m* inflamación del dedo en la raíz de la uña; herida producida por la uña cuando, al crecer, se introduce en la carne

uñeta *f* cincel de los canteros

Urales (montes) gran cordillera de la Europa oriental, en los límites con Asia

uranio -nia *adj* perteneciente a los astros y al espacio celeste; *m* cuerpo simple metálico radiactivo (*símbolo* U; *núm. atómico* 92; *peso atómico* 238,07); (*cap.*) *f* (mit.) musa de la astronomía; (mit.) Afrodita, diosa del amor espiritual

urano *m* uranio (*cuerpo simple*); (*cap.*) *m* (mit.) dios griego, personificación del Cielo; planeta del sistema solar

urbanidad *f* cortesía, buenos modales

urbanismo *m* ciencia de la disposición y embellecimiento de las ciudades; tendencia de la población rural a establecerse en las ciudades

urbanista *adj* ‖ *mf* persona versada en urbanística

urbanística *f* ciencia de la disposición y embellecimiento de las ciudades

urbanización *f* ‖ **urbanizar** §62 *tr* hacer urbano o sociable; convertir (*un terreno*) en poblado, abriendo calles y dotándolas de alumbrado, alcantarillado, empedrado, etc.

urbano -na *adj* perteneciente a la ciudad; atento, cortés; (*cap.*) *m* nombre de ocho Papas

urbe *f* ciudad grande y muy populosa

urce *m* brezo

urchilla *f* liquen que vive en las rocas marinas (*Roccella tinctoria*); color que se saca de este liquen

urdidera *f* mujer que urde; instrumento donde se preparan los hilos de las urdimbres

urdidor -dora *adj* ‖ *mf* persona que urde; *f* urdidera (*instrumento*)

urdimbre *f* estambre después de urdido; conjunto de hilos puestos paralelamente en el telar para tejer

urdir *tr* preparar (*los hilos*) en la urdidera, para pasarlos al telar; tramar (*un enredo*)

urea *f* compuesto orgánico, presente en la orina

uremia *f* acumulación en la sangre de substancias que normalmente son eliminadas con la orina ‖ **urémico -ca** *adj*

urente *adj* ardiente, que escuece

uréter *m* conducto que lleva la orina de los riñones a la vejiga

uretra *f* conducto por donde se expele la orina

urgencia *f* calidad de urgente, prisa grande

urgente *adj* que corre prisa, necesario prontamente; (*correo*) llevado por mensajero especial

urgir §28 *intr* correr prisa

Urías *m* (Bib.) oficial de David, esposo de Betsabé

urinario -ria *adj* perteneciente a la orina; *m* lugar para orinar

urna *f* vaso o arquita de metal, piedra, barro, etc., esp. la destinada a contener las cenizas de los muertos; caja de cristales apropiada para contener visibles diversos objetos;

caja para depositar cédulas o números en las votaciones y sorteos
urología f parte de la medicina que
trata de las enfermedades del apa-
rato urinario || **urológico -ca** adj ||
urólogo -ga mf
uropigio m rabadilla de las aves
uroscopia f inspección de la orina
urraca f pájaro domesticable que
aprende a remedar palabras (*Pica*);
(fam.) persona muy habladora
U.R.S.S. f Unión de Repúblicas Socialistas Soviéticas
urticaria f enfermedad eruptiva de la
piel, caracterizada por violenta
comezón y grandes ronchas
Uruguay, el estado de la América del
Sur || **uruguayo -ya** adj y mf
usado -da adj gastado, deslucido;
habituado
usagre m erupción pustulosa que sale
en el rostro a los niños durante la
primera dentición; sarna del perro
y de otros animales
usanza f uso, costumbre, moda
usar tr emplear; practicar habitualmente; intr acostumbrar, soler
useñoría mf o **usía** mf vuestra señoría
usina f (Arg.) fábrica; (Arg.) central
eléctrica
uso m acción de usar; manera, estilo;
ejercicio; derecho de servirse de
una cosa ajena; hacer uso de la
palabra pronunciar un discurso
usted pronombre personal de segunda
persona, en nominativo y con preposiciones; exige el verbo en tercera
persona
usual adj que se usa comúnmente
usuario -ria adj || mf persona que usa
ordinariamente una cosa
usufructo m derecho de usar y aprovechar los frutos de una cosa que
pertenece a otro; utilidades, frutos
o provechos
usufructuar §20 tr tener el usufructo
de; intr producir utilidad
usufructuario -ria adj || mf persona
que usufructúa una cosa
usura f elevado interés del préstamo;
provecho que se saca de una cosa

usurario -ria adj (*trato o contrato*) en
que hay usura
usurear intr prestar con usura; ob-
tener provecho excesivo || **usurero**
-ra mf
usurpación f || **usurpar** tr apropiarse
injustamente o violentamente (*lo*
que pertenece a otro)
utensilio m objeto manual de uso frecuente; instrumento, herramienta
uterino -na adj perteneciente al útero;
(*hermano*) que sólo lo es por parte
de madre
útero m matriz (*órgano de la gestación*)
Útica f antigua ciudad en la costa
septentrional de África
útil adj que puede servir; que produce provecho; m utensilio, instrumento
utilería f (Arg.) conjunto de utensilios; (Arg.) vestuario y enseres para
el servicio escénico del teatro
utilidad f calidad de útil; fruto, ganancia
utilitario -ria adj que antepone a todo
la utilidad
utilitarismo m doctrina ética que de-
fine la utilidad como fin último de
la vida moral || **utilitarista** adj y mf
utilizar §62 tr aprovecharse de, servirse de
utillaje m útiles, herramientas
utopia o **utopía** f país imaginario,
ideal y perfecto; plan halagüeño,
pero de imposible realización ||
utópico -ca adj || **utopista** mf
UU. abr. de ustedes
uva f fruto de la vid, baya que crece
en racimos
uvada f abundancia de uva
uval adj parecido a la uva
uvate m conserva hecha de uvas
uvero -ra adj || mf persona que vende
uvas; m árbol silvestre, que crece
a orillas del mar (*Coccolobis uvifera*)
úvula f apéndice carnoso que pende
de la parte media y posterior del
velo palatino || **uvular** adj
uxoricida adj || m hombre que mata a
su mujer
uxoricidio m crimen del uxoricida

V

V, v f vigésima quinta letra del alfabeto
V. abr. de usted
V.A. abr. de **Vuestra Alteza**
vaca f hembra del toro; carne de vaca

o buey; cuero de vaca o buey curtido
vacación f suspensión del trabajo o
del estudio durante algún tiempo;
cargo o empleo que está sin proveer

vacada f manada de vacas o bueyes
vacancia f cargo o empleo sin proveer
vacante adj (cuarto) no ocupado; (cargo o empleo) que está sin proveer; f vacación
vacar §72 intr cesar por algún tiempo en sus trabajos o estudios; quedar sin proveer (un cargo o empleo); vacar a dedicarse a
vacari adj (pl: -ríes) de cuero de vaca
vaciado m acción de vaciar en molde; figura de yeso formada en el molde
vaciar §76 o regular tr verter o beber el contenido de; dejar vacío; formar en un molde; formar un hueco en; sacar filo a; intr desaguar; ref (fam.) decir (uno) sin reparo cuanto sabe
vaciedad f necedad, sandez
vacilación f || **vacilar** intr estar poco firme; oscilar, temblar; estar perplejo o irresoluto
vacío -a adj que no contiene nada; que sólo contiene aire; no ocupado; presuntuoso, vano; ocioso; m cavidad, hueco; vacante de un empleo; ijada; el espacio infinito; espacio de que se ha extraído el aire
vacuidad f calidad de vacuo o vacío; vaciedad
vacuna f grano que sale en las ubres de las vacas y cuyo virus se inocula al hombre para preservarlo de la viruela; este virus; cualquier virus cuya inoculación preserva de una enfermedad determinada
vacunación f || **vacunar** tr aplicar una vacuna a
vacuno -na adj perteneciente a las vacas y los bueyes; de cuero de vaca; f véase vacuna
vacuo -cua adj vacío; vacante; tonto; m concavidad, hueco
vadear tr pasar (un río) por un vado; tantear; vencer (una dificultad)
vado m lugar de un río donde por su poca profundidad puede atravesarse a pie || **vadoso -sa** adj
vagabundear intr andar vagando; pasar el tiempo holgazaneando || **vagabundeo** m
vagabundo -da adj que anda vagando; mf holgazán sin domicilio fijo, que anda de un lugar a otro
vagancia f estado del que está sin empleo
vagar m tiempo libre para hacer algo; §45 intr andar errante; estar ocioso; no hallar camino o lo que se busca; asomar (p.ej., una sonrisa en los labios de una persona)
vagido m llanto del recién nacido

vagina f conducto que en las hembras se extiende desde la vulva hasta la matriz || **vaginal** adj
vago -ga adj indefinido, indeciso, ligero; que anda de un lugar a otro sin fijarse en ninguno; mf persona que sin domicilio fijo anda de un lugar a otro
vagón m carruaje de ferrocarril
vagoneta f vagón pequeño y descubierto, para transporte; rubia, automóvil para pasajeros o para el transporte de mercancías
vaguada f línea que marca el fondo de un valle
vaguedad f calidad de vago o indefinido; expresión o frase vaga
vaguido -da adj que padece vahídos; m vahído
vahar intr echar vaho, vapor, aliento || **vaharada** f
vaharina f (fam.) vaho, vapor, niebla
vahear intr vahar
vahído m desmayo fugaz
vaho m vapor tenue que despiden las cosas; aliento de personas o animales
vaída adj (arq.) (bóveda) formada de un hemisferio cortado por cuatro planos verticales, paralelos entre sí de dos en dos
vaina f funda de algunas armas o instrumentos; cáscara tierna y larga de ciertas semillas
vainazas m (pl: -zas) (fam.) persona floja y descuidada
vainica f costura calada que a la vez asegura el dobladillo
vainilla f orquídea trepadora de las regiones tropicales, de fruto oloroso (Vanilla planifolia); fruto de esta planta; vainica
vaivén m movimiento alternativo; inconstancia; riesgo
vajilla f conjunto de platos, tazas, vasos, etc., que se destinan al servicio de la mesa
valaco -ca adj y mf || **Valaquia** f antiguo principado danubiano, que hoy forma parte de Rumania
valar adj perteneciente al vallado, muro o cerca
valdense adj || mf sectario de Pedro de Valdo, heresiarca francés del siglo XII
vale m documento por el cual se reconoce una deuda; nota firmada que se da al que ha de entregar una cosa
valedero -ra adj que debe valer
valedor -dora mf protector
valencia f (quím.) valor de combinación de un cuerpo simple, deter-

minado por el número de átomos de hidrógeno que cada átomo de dicho cuerpo simple puede retener o reemplazar; (*cap.*) *f* provincia de España en la costa del Mediterráneo; capital de esta provincia

valenciano -na *adj y mf* natural de Valencia

valentía *f* acto de valor; arrogancia, arrojo; hazaña heroica

valentón -tona *adj* ‖ *mf* persona que se jacta de valiente; *f* valentonada

valentonada *f* jactancia, exageración del propio valor

valer *m* valor; §75 *tr* defender, proteger; dar, rendir; tener un valor de; sumar, importar; ser igual a; *intr* tener valor; tener autoridad o poder; tener mérito; servir; *ref* defenderse; valerse de aprovecharse de; recurrir al favor de

valeriana *f* planta herbácea de rizoma fragante

valeroso -sa *adj* eficaz, que puede mucho; valiente; valioso

valetudinario -ria *adj* ‖ *mf* persona enfermiza

Valhala, el en la mitología germana, mansión de los guerreros caídos en combate

valía *f* valor, aprecio, mérito; favor, poder; facción

validación *f* ‖ **validar** *tr* hacer válido; dar fuerza legal a

validez *f* ‖ **válido -da** *adj* sano, fuerte; que tiene fuerza legal

valido -da *adj* apreciado, estimado; *m* ministro favorito; primer ministro

valiente *adj* fuerte, animoso; activo, eficaz; grande, excelente; *m* hombre animoso; valentón

valija *f* maleta; saco de cuero, donde los correos llevan la correspondencia; el mismo correo

valimiento *m* amparo, favor; privanza

valioso -sa *adj* que vale mucho; rico, poderoso

valisoletano -na *adj y mf* vallisoletano

valón -lona *adj* ‖ *mf* habitante del sur de Bélgica y los departamentos franceses vecinos; *m* dialecto francés de los valones; *f* cuello grande y vuelto

valor *m* lo que vale una persona o cosa; suma de dinero en que se aprecia una cosa; rédito, utilidad; fuerza; alcance de una cosa, importancia; arrojo, intrepidez; osadía; (*mús.*) duración relativa de una nota; **valores** *mpl* documentos, acciones, obligaciones, bonos, etc.

valoración *f* ‖ **valorar** o **valorear** *tr*

determinar el valor de; poner precio a; aumentar el valor de

valorización *f* ‖ **valorizar** §62 *tr* valorar; aumentar el valor de

Valparaíso segunda ciudad de Chile y centro comercial del país

valquiria *f* en la mitología germana, cada una de las diosas que en el Valhala escanciaban cerveza a los guerreros caídos en combate

vals *m* baile de parejas al compás de 3/4; música de este baile ‖ **valsar** *intr*

valuación *f* ‖ **valuar** §20 *tr* valorar

valva *f* (bot.) ventalla; (zool.) cada una de las piezas que constituyen la concha de ciertos moluscos

válvula *f* pieza móvil que sirve para cerrar o interrumpir la comunicación entre dos partes de una máquina; aparato del organismo animal que intercepta ciertos orificios; (electrón.) tubo de vacío

valla *f* línea de estacas o tablas que circunda un sitio; vallado; obstáculo

valladar *m* vallado; obstáculo

valladear *tr* cercar con vallado

vallado *m* cerco para impedir la entrada en un sitio

Valladolid provincia en el norte de España y su capital

vallar *adj* valar; *m* valladar; *tr* valladear

valle *m* espacio entre montes o alturas; cuenca de un río; **valle de Tempe** valle de la Tesalia entre el Olimpo y el Osa, consagrado a Apolo

vallisoletano -na *adj y mf* natural de Valladolid

vampiresa *f* mujer que seduce a los hombres hasta conseguir arruinarlos

vampiro *m* cadáver que, según el vulgo, va a chupar la sangre de los vivos; persona que se enriquece por malos medios; murciélago que chupa la sangre de las personas o animales dormidos (*Desmodus rufus y otros géneros*)

vanadio *m* cuerpo simple metálico que entra en varias aleaciones (*símbolo* V; *núm. atómico* 23; *peso atómico* 50,95)

vanagloria *f* ‖ **vanagloriar** §76 o regular *ref* jactarse ‖ **vanaglorioso -sa** *adj*

vandálico -ca *adj* ‖ **vandalismo** *m* espíritu de destrucción que no respeta nada

vándalo -la *adj* ‖ *mf* individuo de un pueblo germánico que invadió las

Galias y España en el siglo V; *m* el que comete acciones vandálicas

vanguardia *f* parte de una fuerza armada que camina delante del cuerpo principal

vanguardismo *m* movimiento artístico y literario que, desentendiéndose de las normas clásicas, busca nuevas formas de expresión estética ‖ **vanguardista** *adj y mf*

vanidad *f* calidad de vano; pompa, fausto; palabra vana; ficción de la fantasía

vanidoso -sa *adj* ‖ *mf* persona que tiene y ostenta vanidad

vanilocuencia *f* ‖ **vanilocuente** o **vanilocuo -cua** *adj* ‖ *mf* persona que habla insubstancialmente ‖ **vaniloquio** *m*

vanistorio *m* (fam.) vanidad ridícula; (fam.) persona vanidosa

vano -na *adj* falto de substancia, sin efecto; sin fundamento; inútil; presuntuoso; frívolo, tonto; **en vano** inútilmente; *m* hueco de ventana, puerta, etc.

vapor *m* gas en que se transforma un líquido, esp. el agua bajo la acción del calor; buque de vapor; vértigo, desmayo

vapora *f* (fam.) lancha de vapor

vaporizador *m* aparato de tocador que sirve para vaporizar un líquido perfumado

vaporizar §62 *tr* convertir (*un líquido*) en vapor; dispersar (*un líquido*) en gotitas muy finas

vaporoso -sa *adj* que contiene vapores; que despide vapores; tenue, ligero, sutil

vapular o **vapulear** *tr* azotar

vaquería *f* vacada; lugar donde hay vacas o se vende su leche

vaquerizo -za *adj* perteneciente al ganado bovino; *mf* vaquero; *f* lugar donde se recoge el ganado bovino en el invierno

vaquero -ra *adj* ‖ *mf* pastor de reses vacunas

vaqueta *f* cuero curtido de res vacuna

vara *f* palo largo y delgado; rama de árbol o arbusto lisa y larga; cada uno de los dos palos entre los cuales se engancha la caballería al carro; garrochazo dado al toro; bastón de mando; medida de longitud (*84 cm.*); vara alta autoridad

varada *f* acción de varar

varadera *f* palo o tabla que se pone en el costado de un buque para protegerlo

varadero *m* lugar donde varan las embarcaciones para su compostura

varal *m* vara larga y gruesa; (fam.) persona alta y desgarbada

varapalo *m* palo largo; golpe que se da con el palo; (fam.) desazón grande

varar *tr* sacar (*una embarcación*) a la playa; *intr* encallar (*una embarcación*); pararse (*un negocio*)

varear *tr* golpear con vara; derribar (*los frutos*) con la vara; medir con vara; picar (*al toro*); *ref* enflaquecer

varec *m* (*pl:* -recs) planta marina que el mar echa a la playa

varenga *f* (mar.) pieza curva atravesada sobre la quilla; (mar.) madero arqueado que se pone en la proa

vareta *f* vara untada con liga para cazar pájaros; lista de distinto color del principal en un tejido; expresión picante; indirecta

varetazo *m* golpe de lado que da el toro con el asta

varga *f* parte más inclinada de una cuesta

variabilidad *f* ‖ **variable** *adj* que puede variar; inestable, inconstante; *f* (mat.) cantidad que no guarda valor fijo

variación *f* acción de variar

variado -da *adj* que tiene variedad; de varios colores

variante *adj* que varía; *f* lección de un texto que difiere de la lección generalmente admitida

variar §76 *tr* hacer diferente; dar variedad a; *intr* cambiar, ser diferente

varice *f* o **várice** *f* dilatación permanente de una vena

varicela *f* enfermedad eruptiva, contagiosa, parecida a la viruela benigna

varicoso -sa *adj* ‖ *mf* persona que tiene varices

variedad *f* calidad de vario; cierto número de cosas de clases diferentes; clase, categoría; inconstancia; **variedades** *fpl* género teatral ligero, en el que se suceden números de baile, canto, acrobacia, etc.

varilla *f* barra delgada y larga; cada una de las costillas que forman la armazón del abanico, el paraguas, etc.

varillaje *m* conjunto de varillas

vario -ria *adj* diverso, diferente; inconstante; **varios -rias** *adj pl* algunos

varioloide *f* viruela benigna

varioloso -sa *adj y mf* virolento

varón *m* ser humano del sexo masculino; hombre de respeto o autoridad

varonil *adj* perteneciente al varón; fuerte, esforzado

Varsovia f capital de Polonia ‖ **varso-viano -na** adj y mf

vasallaje m condición de vasallo; sujeción, rendimiento; tributo que el vasallo pagaba a su señor

vasallo -lla mf persona sujeta a un señor a causa de un feudo; súbdito

vasco -ca adj y mf vascongado; natural de una zona del departamento francés de los Bajos Pirineos; m vascuence

vascón -cona adj y mf natural de la Vasconia

vascongado -da adj y mf natural de alguna de las provincias de Álava, Guipúzcoa y Vizcaya; m vascuence; las Vascongadas las provincias españolas de Álava, Guipúzcoa y Vizcaya, habitadas por vascos

Vasconia, la antigua región que comprendía casi todo el reino de Navarra y partes de otras provincias españolas y francesas vecinas

vascuence adj ‖ m lengua hablada por los vascos; (fam.) cosa confusa y poco inteligible

vascular adj perteneciente a los vasos de animales o plantas

vaselina f substancia amarillenta, semisólida y translúcida, que se obtiene del petróleo y se utiliza en medicina

vasera f caja o bandeja con asa para llevar vasos

vasija f toda pieza cóncava propia para contener líquidos

vaso m receptáculo en forma cilíndrica, generalmente de vidrio, que sirve para beber; líquido que cabe en él; tubo o canal por donde circulan los flúidos en los seres orgánicos

vasomotor -tora adj (nervio o agente) que determina la contracción o dilatación de los vasos sanguíneos

vástago m ramo tierno de la planta; varilla de un mecanismo; persona descendiente de otra

vastedad f ‖ **vasto -ta** adj dilatado, muy extenso, muy ancho, muy grande

vate m adivino; poeta

váter m (fam.) water-closet

vatiaje m potencia de una corriente eléctrica expresada en vatios

vaticano -na adj ‖ (cap.) m palacio de los papas en Roma; corte pontificia; Ciudad del Vaticano territorio romano perteneciente a la Santa Sede

vaticinar tr adivinar, profetizar

vatio m unidad de medida de potencia eléctrica; **vatio hora** (pl: vatios hora)

energía eléctrica desarrollada durante una hora por la potencia de un vatio

vaya f burla, mofa

Vd. abr. de usted

V.E. abr. de **Vuestra Excelencia**

vecera f manada de ganado, generalmente porcino, que pertenece a un vecindario

vecería f vecera

vecero -ra adj (planta) que da mucho fruto en un año y poco o ninguno en otro; mf persona que aguarda turno; parroquiano; f véase vecera

vecinal adj perteneciente al vecindario o a los vecinos

vecindad f calidad de vecino; conjunto de personas que viven en una misma casa o barrio; cercanías; proximidad; buena vecindad amistad y cooperación defensiva entre las naciones americanas

vecindario m conjunto de los vecinos de un barrio o de una población

vecino -na adj cercano, próximo; parecido; mf persona que habita con otras en una misma población, barrio, calle; persona que tiene casa y hogar en un pueblo

vector m (biol.) insecto que transporta y transmite el germen de una enfermedad; (mat.) magnitud dotada de dirección y que se representa por la línea que une un punto fijo con otro móvil

veda f acción de vedar; tiempo en que está vedada la caza o la pesca; (cap.) m libro sagrado primitivo de la India

vedado m lugar cercado en que no se permite entrar o cazar

vedar tr prohibir; impedir

vedeja f guedeja

vedija f mechón de lana; pelo enredado

veedor -dora adj ‖ mf persona que mira con curiosidad las acciones ajenas

vega f tierra baja, llana y fértil; (Cuba) campo de tabaco

vegetación f acción de vegetar; conjunto de los vegetales de una región

vegetal adj ‖ m ser orgánico que carece de sensibilidad y de movimiento voluntario

vegetar intr y ref crecer y desarrollarse (las plantas); vivir con vida meramente orgánica

vegetarianismo m ‖ **vegetariano -na** adj ‖ mf persona que se alimenta sólo de vegetales

vehemencia f ‖ **vehemente** adj ardiente, impetuoso

vehicular *adj* ‖ **vehículo** *m* cualquier medio que sirve para transportar personas o cosas; lo que sirve para transmitir

veinte *adj* ‖ *m* dos veces diez

veintena *f* conjunto de veinte unidades

veinticinco *adj* ‖ *m* veinte y cinco

veinticuatro *adj* ‖ *m* veinte y cuatro

veintidós *adj* ‖ *m* veinte y dos

veintinueve *adj* ‖ *m* veinte y nueve

veintiocho *adj* ‖ *m* veinte y ocho

veintiséis *adj* ‖ *m* veinte y seis

veintisiete *adj* ‖ *m* veinte y siete

veintitrés *adj* ‖ *m* veinte y tres

veintiún *adj* apócope de veintiuno

veintiuno -na *adj* ‖ *m* veinte y uno; *f* juego de naipes o de dados en que gana el que hace veintiún puntos

vejación *f* acción de vejar

vejamen *m* vejación; reprensión satírica

vejar *tr* maltratar, molestar; reprender satíricamente

vejestorio *m* (desp.) persona vieja

vejete *m* (fam.) viejo pequeño y ridículo

vejez *f* calidad de viejo; edad senil; impertinencia propia de los viejos; repetición de una cosa muy sabida

vejiga *f* saco hecho de tripa, piel o goma; órgano en que se va depositando la orina; órgano en que el hígado va depositando la bilis; ampolla en la piel

vejigatorio -ria *adj* ‖ *m* emplasto que levanta vejigas en la piel

vejigoso -sa *adj* lleno de vejigas

vela *f* acción de velar; tiempo que se vela; tiempo que se trabaja por la noche; cilindro de cera, sebo, etc. con una torcida, que sirve para alumbrar; romería; trozo de lona o lienzo que se ata a las vergas para recibir el viento y hacer adelantar la nave; barco de vela; **en vela** sin dormir

velación *f* acción de velar; ceremonia del matrimonio que consiste en cubrir con un velo a los cónyuges

velacho *m* (mar.) gavia del trinquete

velada *f* acción de velar; reunión nocturna de varias personas para distraerse

velador -dora *adj* ‖ *mf* persona que vela o cuida de algo; *m* mesita redonda de un solo pie

velaje *m* o **velamen** *m* conjunto de velas de una embarcación

velar *adj* ‖ *f* letra que se articula por la aproximación del dorso de la lengua y el velo del paladar; *tr* cubrir con un velo; cubrir, ocultar;

empañar o borrar (*la imagen fotográfica la acción indebida de la luz*); observar con atención; asistir de noche a (*un enfermo o un difunto*); *intr* estar sin dormir el tiempo destinado al sueño; trabajar por la noche después de la jornada ordinaria; **velar por** cuidar

velarización *f* desplazamiento del punto de articulación de un sonido hacia el velo del paladar

veleidad *f* voluntad antojadiza, intención leve; inconstancia

veleidoso -sa *adj* inconstante

velejar *intr* utilizar las velas en la navegación

velería *f* tienda de velas para el alumbrado

velero -ra *adj* (*embarcación de vela*) muy ligera o que navega mucho; *mf* persona que hace o vende velas para el alumbrado; *m* el que hace velas para buques; buque de vela

veleta *f* pieza giratoria que sirve para indicar la dirección del viento; dispositivo que mantiene en la dirección normal al viento a la rueda de aspas de un molino; *mf* (fam.) persona inconstante

velo *m* prenda de tela delgada con que las mujeres se cubren la cabeza o el rostro; tela que cubre u oculta algo; cualquier cosa ligera que encubre otra; **velo del paladar** cortina membranosa que separa la cavidad de la boca de la de las fauces

velocidad *f* celeridad, rapidez; relación entre el espacio recorrido y el tiempo empleado en recorrerlo

velocípedo *m* vehículo con dos o tres ruedas que se hacen girar mediante un pedal

velódromo *m* lugar destinado para carreras en bicicleta

velón *m* lámpara metálica de aceite con uno o varios mecheros y un eje por el que puede girar, subir y bajar

velorio *m* reunión por la noche para esparcimiento; vela de un difunto; (Amér.) tertulia desanimada

veloz *adj* (*pl:* -loces) ligero, rápido

vello *m* pelo corto y suave que nace en algunas partes del cuerpo; pelusilla de frutas y plantas

vellocino *m* la lana que sale junta al esquilar; zalea

vellón *m* la lana que sale junta al esquilar; zalea; liga de plata y cobre

vellorí *m* (*pl:* -ríes) paño entrefino de lana sin teñir

vellorín *m* vellorí

vellosidad *f* abundancia de vello

vellosilla f hierba de flores amarillas (*Hieracium pilosella*)

velloso -sa adj que tiene vello

velludo -da adj que tiene mucho vello; m felpa o terciopelo

vena f vaso que lleva la sangre al corazón; filón; nervio de hoja; lista o raya en piedras o maderas; disposición favorable; inspiración poética

venablo m jabalina; (fam.) palabra de cólera

venado m ciervo

venal adj perteneciente a las venas; vendible; que se deja sobornar

venalidad f calidad de venal o sobornable

venático -ca adj (fam.) medio loco, extravagante

venatorio -ria adj perteneciente a la caza

vencedor -dora adj ‖ mf persona que vence o triunfa

vencejo m ligadura, esp. la de los haces de mieses; pájaro insectívoro (*Apus apus*)

vencer §77 tr rendir, someter (*al enemigo*); dominar (*las pasiones, los ímpetus*); aventajar; intr salir victorioso; cumplirse (*un plazo*)

vencimiento m acción de vencer; hecho de ser vencido; cumplimiento de un plazo

venda f tira de lienzo para ligar un miembro, herida; faja ceñida a las sienes para tapar los ojos

vendaje m ligadura que se hace con vendas

vendar tr atar o ligar con vendas; tapar (*los ojos*) con una venda

vendaval m viento fuerte que sopla de la parte del mar

vendedor -dora adj ‖ mf persona que vende

vendehumos mf (pl: -mos) (fam.) persona que vende su privanza con un poderoso

vender tr ceder a cambio de dinero; hacer comercio de; traicionar; ref dejarse sobornar

vendi m (pl: -dies) certificado de venta

vendible adj que se puede vender

vendimia f cosecha de la uva; provecho abundante

vendimiar tr recoger el fruto de (*las viñas*); disfrutar; (fam.) matar

Venecia f provincia en el norte de Italia y su capital ‖ **veneciano -na** adj y mf

veneno m substancia que, introducida en el organismo, causa la muerte o graves trastornos en la salud; senti-

miento de rencor, envidia, etc. ‖ **venenoso -sa** adj

venera f concha semicircular de un molusco, común en los mares de Galicia; insignia de algunas órdenes de caballería; manantial de agua

venerable adj ‖ **veneración** f ‖ **venerar** tr dar culto a (*Dios, los santos, etc.*); tener gran respeto a

venéreo -a adj sexual; m mal contagioso que se contrae por el trato sexual

venero m manantial de agua; filón de mineral; línea horaria del reloj de sol; fuente, origen

venezolano -na adj y mf ‖ **Venezuela** f estado de la América del Sur

venganza f ‖ **vengar** §45 tr tomar satisfacción de (*un agravio u ofensa*) ‖ **vengativo -va** adj

venia f perdón; licencia, permiso

venial adj (*pecado*) leve, de fácil remisión ‖ **venialidad** f

venida f acción de venir; regreso

venidero -ra adj que ha de venir o suceder; **venideros** mpl sucesores

venir §78 intr moverse al lugar donde está el que habla; llegar (*un tiempo*); comparecer; ajustarse, acomodarse; acercarse, aproximarse; presentarse a la mente; traer origen; inferirse; ref fermentar

venoso -sa adj perteneciente a las venas; que tiene venas

venta f acción de vender; posada o mesón en los caminos

ventada f golpe de viento

ventaja f superioridad de una persona o cosa respecto de otra; ganancia anticipada que se da en juegos o apuestas

ventajoso -sa adj que tiene o proporciona ventaja

ventalla f cada una de las dos o más partes de la cáscara de un fruto que encierran la semilla

ventana f abertura en la pared para dar luz y ventilación; armazón con que se cierra, provista de cristales; abertura de la nariz

ventanear intr (fam.) asomarse con frecuencia a la ventana

ventanilla f abertura pequeña en la pared de despachos u oficinas para la comunicación de los empleados con el público

ventanillo m postigo de puerta o ventana; abertura en la puerta exterior para ver quién llama

ventarrón m viento muy fuerte

ventear tr tomar (*los perros*) el viento para olfatear (*la caza*); exponer al viento; *intr* soplar el viento; *ref* henderse; alterarse por la acción del aire; (fam.) ventosear

ventero -ra *adj (perro)* que ventea; *m* persona que tiene a su cargo una venta o posada

ventilación *f* acción de ventilar

ventilador *m* aparato que sirve para renovar el aire de una habitación

ventilar *tr* hacer circular el aire en; renovar el aire de; exponer al viento; discutir, examinar

ventisca *f* borrasca de viento y nieve

ventiscar §72 *intr* nevar con mucho viento; levantarse (*la nieve*) a impulsos del viento

ventisco *m* ventisca

ventisquear *intr* ventiscar

ventisquero *m* ventisca; sitio en las montañas donde se conservan la nieve y el hielo

ventola *f* (mar.) fuerza del viento al chocar con un obstáculo

ventolera *f* golpe de viento recio y pasajero; molinete (*juguete*); (fam.) jactancia, vanidad; (fam.) capricho

ventolina *f* (mar.) viento leve y variable

ventor -tora *adj* ‖ *m* perro que sigue la caza por el olfato y el viento

ventorrero *m* sitio azotado por los vientos

ventorrillo *m* ventorro; merendero en las afueras de una población

ventorro *m* venta o posada pequeña y mala

ventosa *f* órgano de ciertos animales que les permite adherirse por medio del vacío; vaso en que se hace el vacío y se aplica sobre una parte del cuerpo para producir una irritación local; abertura para dar salida al aire

ventosear *intr* expeler del cuerpo los gases intestinales

ventosidad *f* flatulencia; gases intestinales que se expelen del cuerpo

ventoso -sa *adj* que contiene viento; (*tiempo o sitio*) en que hace viento; flatulento; *f* véase ventosa

ventral *adj* perteneciente al vientre

ventrecha *f* vientre de los pescados

ventregada *f* conjunto de animales nacidos de un parto

ventrera *f* faja que aprieta el vientre

ventricular *adj* ‖ **ventrículo** *m* cavidad en un órgano; cada una de las dos cavidades inferiores del corazón

ventrílocuo -cua *adj* ‖ *mf* persona que tiene el arte de modificar la voz, sin mover los labios, de manera que parezca venir de lejos ‖ **ventriloquia** *f*

ventrudo -da *adj* que tiene mucho vientre

ventura *f* felicidad; casualidad; riesgo, peligro

venturero -ra *adj* que anda vagando pero dispuesto a trabajar; venturoso; *mf* aventurero

venturina *f* cuarzo que contiene en su masa laminillas doradas

venturo -ra *adj* que ha de suceder; *f* véase ventura

venturoso -sa *adj* afortunado

Venus *m* planeta del sistema solar; *f* (mit.) diosa romana del amor; mujer muy hermosa

venustez *f* o **venustidad** *f* ‖ **venusto -ta** *adj* hermoso, agraciado

ver *m* sentido de la vista; apariencia; parecer, opinión; §79 *tr* percibir por los ojos; ser testigo de; examinar; visitar; conocer, juzgar; *ref* ser visible; hallarse

vera *f* orilla; **veras** *fpl* verdad, realidad; **de veras** con verdad; **en serio**

veracidad *f* calidad de veraz

Veracruz uno de los estados de Méjico; ciudad de Méjico en el estado de su nombre ‖ **veracruzano -na** *adj* y *mf*

veranada *f* temporada de verano, respecto de los ganados

veranadero *m* sitio donde pastan los ganados en verano

veranda *f* galería y balcón exterior; balcón con cierre de cristales

veraneante *adj* y *mf* ‖ **veranear** *intr* ir a pasar el verano ‖ **veraneo** *m*

veranero *m* veranadero

veraniego -ga *adj* perteneciente al verano; de poca importancia

veranillo *m* breve tiempo de calor en otoño

verano *m* estación más caliente del año, cuando el Sol proyecta sus rayos directamente sobre la Tierra

veraz *adj* (*pl:* -races) que dice siempre la verdad

verba *f* labia, locuacidad

verbal *adj* perteneciente a la palabra; que se hace de palabra; perteneciente al verbo

verbena *f* planta de flores hermosas, que se usa en medicina casera; fiesta popular nocturna

verbenear *intr* agitarse, hormiguear; abundar, apiñarse

verberar *tr* azotar (*la lluvia, el viento etc.*) so

verbigracia *adv* por ejemplo

verbo *m* palabra; parte de la oración que expresa acción, estado o existencia; (*cap.*) *m* segunda persona de la Trinidad

verborragia o **verborrea** f (fam.) verbosidad excesiva

verbosidad f ‖ **verboso -sa** adj abundante de palabras

verdacho m arcilla de color verde para pintar

verdad f conformidad de lo que se dice con lo que existe; veracidad; cosa cierta; buena fe

verdadero -ra adj que contiene verdad; veraz; cierto, real

verdal adj (fruta) de color verde aún después de madura

verdasca f vara delgada, ordinariamente verde

verde adj (color) de la hierba fresca; no seco; no maduro; (leña) recién cortada; joven, vigoroso; libre, obsceno; m color de la hierba fresca; follaje; sabor áspero del vino; hierbas segadas en verde

verdea f vino de color verdoso

verdear tr coger (la uva o la aceituna); intr mostrar color verde, tirar a verde

verdecer §19 intr cubrirse de verde (la tierra o los árboles)

verdecillo m pájaro cantor de plumaje verdoso (Chloris chloris)

verdegay adj ‖ m color verde muy claro

verdeguear intr verdear

verdejo -ja adj verdal

verdemar m color verde de mar

verderol m verdecillo

verderón -rona adj verde, verdoso; m verdecillo

verdete m cardenillo

verdezuelo m verdecillo

verdín m primer color de las hierbas o plantas que no han llegado a su sazón; verdete, cardenillo; capa verde formada por ciertas plantas en lugares húmedos y en las aguas estancadas ‖ **verdinoso -sa** adj

verdiseco -ca adj medio seco

verdolaga f planta de hojas pequeñas y carnosas que se comen en ensalada (Portulaca oleracea)

verdón m verdecillo

verdor m color verde de los vegetales; color verde; vigor, lozanía

verdoso -sa adj que tira a verde

verdugo m vástago, renuevo; azote de materia flexible; roncha; estoque delgado; ministro de justicia que ejecuta las penas de muerte; persona cruel; cosa que atormenta

verduguillo m estoque delgado; navaja estrecha de afeitar; listón labrado en forma de mediacaña

verdulera f mujer grosera y malhablada

verdulería f tienda de verduras

verdulero -ra mf persona que vende verduras; f véase **verdulera**

verdura f color verde; calidad de verde u obsceno; **verduras** fpl hortalizas

verdusco -ca adj que tira a verde obscuro

verecundia f ‖ **verecundo -da** adj que se avergüenza fácilmente

vereda f senda o camino angosto

veredicto m dictamen, parecer; declaración dictada por el jurado

verga f (mar.) percha colocada horizontalmente en un mástil y que sirve para sostener la vela

vergel m huerto con flores y árboles

vergonzoso -sa adj que causa vergüenza; que se avergüenza con facilidad; mf persona que se avergüenza con facilidad

vergüenza f turbación del ánimo causada por una falta cometida, por una humillación recibida o por sentirse objeto de la atención de alguien; cortedad, timidez; pundonor; exposición pública de un reo

vergueta f varita delgada

vericueto m lugar áspero, alto y quebrado, por donde se anda con gran dificultad

verídico -ca adj que dice verdad; que la incluye

verificación f acción de verificar

verificador -dora adj ‖ mf persona que verifica; m empleado encargado de verificar los contadores de agua, electricidad o gas; aparato para comprobar un servicio o la exactitud de un mecanismo

verificar §72 tr probar la verdad de; comprobar, examinar; efectuar, realizar; ref realizarse; salir cierto

veril m (mar.) orilla de un bajo

verisímil adj verosímil ‖ **verisimilitud** f

verja f enrejado que sirve de puerta, ventana o cerca

verme m lombriz intestinal

vermicida adj ‖ m agente que destruye las lombrices intestinales

vermicular adj que cría vermes o gusanos; que tiene forma de gusano

vermiforme adj de forma de gusano

vermífugo -ga adj y m vermicida

vermut m (pl: -mutes) licor aperitivo compuesto de vino blanco y otras substancias amargas y tónicas

vernáculo -la adj doméstico, propio del país

vernal adj perteneciente a la primavera

vernier m instrumento para medir dimensiones muy pequeñas verónica *f* planta con coronas de flores azules; lance del toreo que consiste en esperar al toro con la capa extendida con ambas manos

verosimil *adj* que parece verdadero, que puede creerse ‖ verosimilitud *f*

verraco *m* cerdo padre

verraquear *intr* (fam.) gruñir como el cerdo; (fam.) llorar (*un niño*) con rabia

verraquera *f* (fam.) lloro rabioso de los niños

verriondez *f* ‖ verriondo -da *adj* (*animal*) que está en celo; mal cocido, duro

verruga *f* pequeña excrecencia cutánea; abultamiento en la superficie de una planta; defecto; (fam.) persona molesta

verrugo *m* (fam.) hombre tacaño

verrugoso -sa *adj* que tiene verrugas

versado -da *adj* ejercitado, instruído

versal *adj* ‖ *f* letra mayúscula

versalilla o versalita *adj* ‖ *f* letra mayúscula de igual tamaño que la minúscula

Versalles ciudad francesa al sudoeste de París

versar *intr* dar vueltas; versar acerca de o sobre tratar de; *ref* hacerse diestro o perito

versátil *adj* que se vuelve fácilmente; inconstante ‖ versatilidad *f*

versículo *m* breve división de los capítulos de un libro, esp. de la Biblia; oración formada por una frase y la respuesta

versificación *f* ‖ versificador -dora *adj y mf* ‖ versificar §72 *tr* poner en verso; *intr* hacer versos

versión *f* modo que tiene cada uno de referir el mismo suceso; traducción

versista *mf* persona que hace versos; persona que tiene prurito de versificar

verso *m* forma poética del lenguaje sujeta a métrica, es decir, a ritmo y generalmente, a rima; obra escrita en verso

versta *f* medida itineraria rusa (*1,067 km.*)

vértebra *f* cada uno de los huesos que componen el espinazo

vertebrado -da *adj* ‖ *m* animal que tiene vértebras

vertebral *adj* perteneciente a las vértebras

vertedera *f* pieza del arado que voltea la tierra que va levantándose al arar

vertedero *m* sitio donde se vierten escombros, basuras, etc.

vertedor *m* canal para dar salida al agua

verter §52 *tr* hacer salir de un recipiente (*un líquido o polvo*); inclinar (*un recipiente*) para que salga su contenido; traducir; *intr* correr (*un líquido*) por una pendiente

vertible *adj* que puede volverse o cambiarse; inconstante

vertical *adj* perpendicular al plano del horizonte; *f* línea vertical

vértice *m* punto en que concurren los dos lados de un ángulo o tres o más planos; parte más elevada de la cabeza humana

verticilo *m* conjunto de ramos, hojas o flores, etc. dispuestas en un mismo plano alrededor de un eje

vertiente *m y f* declive por donde corre el agua

vertiginoso -sa *adj* que produce vértigo; que padece vértigo

vértigo *m* alteración del sentido del equilibrio, caracterizada por una sensación de inestabilidad y de movimiento aparente rotatorio del cuerpo y de los objetos presentes; turbación del juicio repentina y pasajera; apresuramiento anormal de la actividad

vesania *f* ‖ vesánico -ca *adj* ‖ *mf* persona que padece demencia o locura

vesical *adj* perteneciente a la vejiga

vesicante *adj* ‖ *m* substancia que produce ampollas en la piel

vesícula *f* ampolla en la piel; pequeña cavidad membranosa en el cuerpo del animal; ampolla de aire en las hojas de las plantas acuáticas ‖ vesicular *adj*

veso *m* turón

Vespasiano *m* emperador romano (9–79 d. de J.C.)

Véspero *m* el planeta Venus como lucero de la tarde

vespertino -na *adj* perteneciente a las últimas horas de la tarde

Vesta *f* (mit.) diosa virgen que presidía el hogar y el fuego

vestal *adj* perteneciente a Vesta; *f* doncella romana consagrada a la diosa Vesta

Vestfalia *f* provincia del oeste de Alemania ‖ vestfaliano -na *adj y mf*

vestíbulo *m* atrio a la entrada de un edificio; antecámara; cavidad del oído interno

vestido *m* lo que sirve para cubrir el cuerpo humano; conjunto de las piezas que sirven para este uso

vestidura *f* vestido, traje; vestiduras *fpl* vestido que, sobrepuesto al ordinario, usan los sacerdotes para el culto

vestigio *m* señal que queda de una cosa; huella; seña, indicio; ruina

vestimenta *f* vestidura

vestir §80 *tr* cubrir con vestidos; suministrar vestidos a; cubrir, guarnecer; llevar (*tal o cual vestido*); *intr* ir vestido; *ref* ponerse el vestido; cubrirse

vestuario *m* conjunto de prendas necesarias para vestirse; parte del teatro donde se visten los actores; cuarto para cambiarse de ropa en los balnearios, etc.; uniforme del soldado

vesubiano -na *adj* ‖ **el Vesubio** volcán de Italia, en la costa oriental del golfo de Nápoles

veta *f* filón, vena; franja, lista

vetar *tr* poner veto a

vetear *tr* señalar o pintar vetas en

veterano -na *adj* ‖ *mf* persona experimentada en una profesión; *m* militar experto por haber servido mucho tiempo

veterinario -ria *adj* ‖ *mf* facultativo que se especializa en veterinaria; *f* ciencia de curar las enfermedades de los animales

veto *m* oposición, negativa; derecho para vedar una cosa

vetustez *f* ‖ **vetusto -ta** *adj* muy viejo

vez *f* (*pl:* **veces**) caso en que se hace o sucede una cosa susceptible de repetición; tiempo u ocasión en que se hace una cosa; tiempo u ocasión de hacer una cosa por turno; **veces** *fpl* ministerio, oficio

veza *f* arveja

vg., v.g. o **v.gr.** abr. de **verbigracia**

vía *f* camino; canal, conducto del cuerpo del animal; medio de transporte; dirección de los correos; (f.c.) par de carriles y el suelo en que se asientan; (fig.) conducto; *prep* por la vía de

viabilidad *f* ‖ **viable** *adj* que puede llevarse a cabo; que puede vivir

viaducto *m* puente con arcos, para el paso de una vía férrea o carretera sobre una hondonada

viajante *adj* ‖ *mf* persona que viaja; *m* empleado de comercio que hace viajes para colocar mercancías

viajar *tr* vender como viajante; recorrer (*un viajante cierta localidad*); *intr* hacer viaje

viaje *m* ida de un punto o de un país a otro; camino por donde se hace

viajero -ra *adj* ‖ *mf* persona que hace viajes

vial *adj* perteneciente a la vía; *m* calle de árboles

vialidad *f* conjunto de servicios correspondientes a las vías públicas

vianda *f* sustento de las personas; comida que se sirve a la mesa

viandante *mf* persona que va de camino

viaticar §72 *tr* administrar el viático a (*un enfermo*)

viático *m* dinero para un viaje; sacramento de la Eucaristía administrado a un enfermo en peligro de muerte

víbora *f* serpiente venenosa (*Vipera*); persona muy mala

vibración *f* acción de vibrar

vibrador *m* aparato que transmite vibraciones eléctricas

vibrar *tr* dar un movimiento trémulo a; arrojar con violencia; *intr* moverse rápidamente (*un cuerpo o sus moléculas*) a uno y otro lado de sus puntos de equilibrio

vibratorio -ria *adj* que vibra o se compone de vibraciones

viburno *m* arbusto de flores blanquecinas y olorosas

vicaria *f* religiosa inmediatamente inferior a la superiora en un convento

vicaría *f* dignidad, oficina y jurisdicción del vicario

vicariato *m* vicaría; tiempo que dura la vicaría

vicario -ria *adj* ‖ *mf* persona que hace las veces de otra; *m* juez eclesiástico nombrado por un prelado para ejercer jurisdicción ordinaria; *f* véase **vicaria**

vicealmirante *m* oficial general de la armada inmediatamente inferior al almirante

vicecónsul *m* funcionario inmediatamente inferior al cónsul ‖ **viceconsulado** *m*

vicenal *adj* que sucede cada veinte años; que dura veinte años

Vicente *m* nombre propio de varón

vicepresidencia *f* ‖ **vicepresidente -ta** *mf* persona que hace las veces del presidente

vicerrector *m* persona que hace las veces del rector

vicesecretaría *f* ‖ **vicesecretario -ria** *mf* persona que hace las veces del secretario

vicetesorero -ra *mf* persona que hace las veces del tesorero

viceversa *adv* recíprocamente, al contrario

viciar *tr* dañar, corromper; adulterar, falsear; anular; *ref* entregarse a los vicios

vicio *m*, defecto, imperfección; hábito de obrar mal; licencia, liberti-

naje; lozanía; de vicio sin motivo;
por costumbre

vicioso -sa *adj* perteneciente al vicio;
que tiene algún vicio o defecto;
entregado al vicio; fuerte, robusto;
(fam.) (*niño*) mimado

vicisitud *f* sucesión, mudanza de las
cosas; **vicisitudes** *fpl* alternativa de
sucesos prósperos y adversos

víctima *f* ser sacrificado o destinado
al sacrificio; persona que padece
por culpa ajena o por causa fortuita

víctor *interj* ¡bravo!

victorear *tr* vitorear

victoria *f* acción de vencer; resultado
feliz; coche de dos asientos, descubierto y con capota; (*cap.*) *f*
nombre propio de mujer

victorioso -sa *adj* que ha conseguido
una victoria; (*acción*) en que se
consigue una victoria

vicuña *f* rumiante salvaje de los Andes (*Lama vicunna*); pelo de este
animal; tejido hecho con este
pelo

vid *f* planta trepadora cuyo fruto es
la uva (*Vitis*)

vida *f* estado de actividad del ser
orgánico; tiempo que transcurre
desde el nacimiento hasta la muerte; duración de una cosa; modo
de vivir; medios de subsistencia;
ser humano; biografía; expresión,
viveza

videncia *f* ‖ **vidente** *adj* ‖ *mf* persona
que percibe las cosas con claridad;
persona a quien se atribuye la facultad de ver cosas que no están al
alcance de los ojos; profeta

video *m* televisión; la parte de una
emisión televisora correspondiente a la imagen en contraposición a la parte correspondiente al
sonido

vidriado -da *adj* quebradizo; *m* barro
o loza con barniz vítreo; este barniz; vajilla

vidriar §76 o regular *tr* dar un barniz
vítreo a; *ref* ponerse vidrioso

vidriera *f* bastidor con vidrios con que
se cierran puertas y ventanas;
(Amér.) escaparate; **vidriera de colores** la formada por vidrios de
distintos colores, combinados para
componer adornos o figuras

vidriería *f* ‖ **vidriero** *m* el que trabaja
en vidrio o vende vidrios

vidrio *m* cuerpo sólido, transparente
y frágil, que se obtiene fundiendo
una mezcla de sílice con potasa o
sosa; objeto de vidrio; cosa muy
delicada

vidrioso -sa *adj* quebradizo como el
vidrio; resbaladizo; que fácilmente
se resiente; (*ojos o mirada*) sin vida

vidual *adj* perteneciente a la viudez

viejo -ja *adj* de mucha edad; antiguo;
no reciente; estropeado por el uso;
mf persona de mucha edad

Viena *f* capital de Austria ‖ **vienés
-nesa** *adj y mf*

viento *m* corriente de aire producida
en la atmósfera; aire; olor que da
la caza; rumbo; cuerda que mantiene una cosa derecha; vanidad,
jactancia; (fam.) gases intestinales

vientre *m* cavidad del cuerpo donde
están el estómago y los intestinos;
conjunto de estas vísceras; región
exterior del cuerpo que corresponde
a esta cavidad; panza de una vasija

vier. abr. de viernes

viernes *m* (*pl:* -nes) sexto día de la
semana

vierteaguas *m* (*pl:* -guas) resguardo
que forma una superficie inclinada
y que sirve para escurrir la lluvia

Vietnam, el estado del sudeste de
Asia, antes parte de la Indochina
francesa ‖ **vietnamiense** o **vietnamita** *adj y mf*

viga *f* madero largo y grueso para
sostener construcciones; barra de
hierro de igual uso

vigencia *f* ‖ **vigente** *adj* que está en
vigor y observancia

vigésimo -ma *adj* ‖ *m o f* cada una
de las veinte partes iguales en que
se divide un todo; persona o cosa
que sigue a la decimonona

vigía *mf* persona destinada a vigiar;
f acción de vigiar; atalaya; escollo que sobresale en el mar

vigiar §76 *tr* cuidar de descubrir desde
un paraje adecuado

vigilancia *f* acción de vigilar; cuidado, suma atención

vigilante *adj* ‖ *mf* persona encargada
de velar por algo; agente de policía; **vigilante de noche** funcionario
encargado de abrir la puerta a los
vecinos y de vigilar la calle durante
la noche

vigilar *tr* velar sobre, cuidar bien
de

vigilia *f* privación de sueño durante
la noche; trabajo intelectual nocturno; víspera; comida con abstinencia de carne

Vigo ciudad y puerto de Galicia, España

vigor *m* fuerza del cuerpo o del espíritu; eficacia, viveza; expresión
enérgica; observancia

vigorizar §62 *tr* dar vigor a; animar,
alentar

vigoroso -sa *adj* que tiene vigor; hecho con vigor

vigueria *f* conjunto de vigas

vigués -guesa *adj y mf* natural de Vigo

vigueta *f* viga pequeña

vil *adj* bajo, despreciable; indigno, infame ‖ **vileza** *f*

vilipendiar *tr* tratar con vilipendio

vilipendio *m* desprecio, ignominia

vilipendioso -sa *adj* que causa vilipendio

vilo: en vilo colgado en el aire; sin el apoyo necesario; con indecisión, sin seguridad

vilorta *f* aro de madera flexible; arandela

villa *f* población mayor que la aldea y menor que la ciudad; casa de recreo en el campo

Villadiego: tomar las de Villadiego (fam.) irse, huir de un riesgo o compromiso

villanaje *m* gente del estado llano en los lugares

villancejo, villancete *m* o **villancico** *m* composición poética popular de asunto religioso, que se canta en Navidad

villanesco -ca *adj* perteneciente a los villanos

villania *f* bajeza de nacimiento o condición; acción ruin; expresión indecorosa

villano -na *adj* rústico, descortés; ruin, indigno; *mf* habitante de una villa o aldea, a distinción de noble

villorrio *m* población pequeña y poco urbanizada

vinagrada *f* refresco de agua con vinagre

vinagre *m* líquido agrio, producido por la fermentación acética del vino y usado como condimento; (fam.) persona de genio áspero

vinagrero -ra *mf* persona que hace o vende vinagre; *f* vasija para el vinagre; **vinagreras** *fpl* accesorio de mesa con dos frascos para aceite y vinagre

vinagreta *f* salsa de vinagre, cebolla y aceite

vinagrillo *m* vinagre ligero

vinagroso -sa *adj* de gusto agrio como el vinagre; (fam.) de genio áspero

vinajera *f* cada uno de los dos jarros con que en la misa se sirven el vino y el agua

vinariego *m* persona que posee viñas y es práctica en su cultivo

vinario -ria *adj* perteneciente al vino

vinatería *f* ‖ **vinatero -ra** *adj* ‖ *mf* persona que comercia en vinos

vinaza *f* vino inferior lleno de heces

vinazo *m* vino fuerte y espeso

vincular *tr* fundar (*p.ej., esperanzas*); continuar, perpetuar; sujetar (*los bienes*) a vínculo

vínculo *m* unión, lazo; sujeción de unos bienes al perpetuo dominio en una familia

vindicar §72 *tr* vengar; defender o exculpar (*al que ha sido injuriado injustamente*)

vindicta *f* venganza

vínico -ca *adj* perteneciente al vino

vinícola *adj* ‖ *m* vinariego

vinicultor -tora *mf* ‖ **vinicultura** *f* elaboración de vinos

vinificación *f* transformación del mosto en vino

vinilo *m* radical monovalente: CH₂:CH, cuyos compuestos se usan en la fabricación de discos de fonógrafo

vinillo *m* (fam.) vino muy flojo

vino *m* zumo de uvas fermentado; reunión por la tarde donde se sirve vino

vinolencia *f* ‖ **vinolento -ta** *adj* que bebe vino con exceso

vinosidad *f* ‖ **vinoso -sa** *adj* que tiene las propiedades o apariencias del vino

viña *f* terreno plantado de vides

viñadero *m* guarda de una viña

viñador *m* el que cultiva las viñas; viñadero

viñedo *m* viña

viñero -ra *mf* persona que posee viñas

viñeta *f* dibujo que se pone por adorno al principio y fin de un libro o capítulo

viola *f* instrumento músico que tiene la figura del violín pero es algo mayor; *mf* persona que lo toca

violáceo -a *adj* violado; (*planta*) de la familia de la violeta

violación *f* acción de violar

violado -da *adj* ‖ *m* color de la violeta

violar *tr* infringir, quebrantar; forzar (*a una mujer*); profanar (*un lugar sagrado*); ajar, deslucir

violencia *f* calidad de violento; acción violenta

violentar *tr* forzar por medios violentos; entrar en (*un lugar*) contra la voluntad de su dueño; dar interpretación torcida a; *ref* vencer su repugnancia a hacer una cosa

violento -ta *adj* que obra con ímpetu y fuerza; hecho con ímpetu y fuerza; arrebatado, impetuoso; falso, torcido

violeta *f* planta herbácea de flores moradas y de suave olor (*Viola*); su flor; *m* color de la violeta; *adj* de color de la violeta

violetera *f* vendedora de violetas

violetero *m* florero pequeño para violetas

violín *m* instrumento músico de cuerda y arco, el más pequeño y agudo de los instrumentos de su clase; soporte para la mediana en el billar ‖ **violinista** *mf*

violón *m* instrumento músico de cuerda y arco, parecido al contrabajo; persona que lo toca

violoncelista *mf* ‖ **violoncelo** o **violonchelo** *m* instrumento músico de cuerda y arco, medio como tamaño entre el violín y el violón

viperino -na *adj* perteneciente a la víbora o que tiene sus propiedades

vira *f* saeta delgada y de punta muy aguda; tira de tela o badana que se cose entre la suela y la pala

virada *f* acción de virar o dar vuelta; (mar.) acción de cambiar de rumbo o de bordada

virador *m* (fot.) baño para virar las pruebas

virago *f* mujer hombruna

viraje *m* acción de virar una fotografía o un automóvil

virar *tr* (fot.) alterar el color de la imagen de plata de (*un papel impreso, una diapositiva, etc.*) por acción química; (mar.) hacer cambiar de rumbo o de bordada; (mar.) dar vuelta a (*el cabrestante*); *intr* mudar de dirección en su marcha; (mar.) cambiar de rumbo o de bordada

viratón *m* vira grande

virazón *f* viento que en las costas sopla de mar durante el día

virgen *adj* no manchado ni mezclado; (*tierra*) que nunca fué cultivada; intacto; *mf* persona que no ha tenido relaciones sexuales; (*cap.*) *f* María, madre de Dios; pintura que la representa

virgiliano -na *adj* ‖ **Virgilio** *m* poeta latino (70–19 a. de J.C.)

virginal *adj* perteneciente a la virgen; puro, intacto; *m* variedad de espineta rectangular

virgíneo -a *adj* virginal

virginia *m* tabaco virginiano; (*cap.*) *f* nombre propio de mujer; uno de los estados de los EE.UU.

virginiano -na *adj* y *mf* natural de Virginia

virginidad *f* calidad de virgen; pureza, candor

virgo *m* virginidad; (*cap.*) *m* sexto signo del zodíaco

vírgula *f* vara pequeña; línea muy delgada

virgulilla *f* línea corta y muy delgada; signo ortográfico

viril *adj* varonil; (*edad*) en que el hombre ha adquirido ya todo su vigor y desarrollo ‖ **virilidad** *f*

virola *f* abrazadera; anillo de hierro en la extremidad de la garrocha; (Arg.) rodaja de plata en los arneses

virolento -ta *adj* ‖ *mf* persona que tiene viruelas o está señalada por ellas

virología *f* ciencia que estudia los virus ‖ **virológico -ca** *adj* ‖ **virólogo -ga** *mf*

virote *m* saeta guarnecida con punta de hierro; (fam.) mozo soltero que se precia de guapo; (fam.) hombre erguido, estirado y serio

virreina *f* mujer del virrey; mujer que gobierna como virrey

virreinato o **virreino** *m* dignidad de virrey; tiempo que dura y territorio gobernado por él

virrey *m* el que gobierna en nombre del rey

virtual *adj* implícito, tácito; (fís.) (*imagen*) aparente y no real

virtud *f* capacidad de una cosa para producir sus efectos; disposición del alma para obrar en conformidad con la ley moral; castidad de la mujer; en virtud de por resultado de

virtuosismo *m* dominio excepcional de la técnica de un arte, esp. de la música

virtuoso -sa *adj* que tiene virtud; inspirado por la virtud; *m* artista o músico consumado

viruela *f* enfermedad contagiosa con erupción de pústulas; cada una de estas pústulas

virulencia *f* ‖ **virulento -ta** *adj* ocasionado por un virus; ponzoñoso, maligno; mordaz

virus *m* (*pl:* **-rus**) *m* podre, humor maligno; agente infeccioso más pequeño que las formas corrientes de bacterias

viruta *f* hoja delgada que sale de la madera o de los metales al ser labrados con el cepillo u otras herramientas

visa *f* visado del pasaporte

visado *m* acción de visar; endoso que los cónsules estampan en los pasaportes

visaje *m* gesto, mueca

visar *tr* autorizar (*un documento*) poniéndole el visto bueno; dirigir la visual a

visceral *adj* ‖ **vísceras** *fpl* órganos encerrados en las principales cavidades del cuerpo

visco *m* liga para cazar

viscosilla *f* hilo de rayón

viscoso -sa *adj* pegajoso; *f* solución de celulosa que se usa para la fabricación de rayón, celofán, etc.

visera *f* ala pequeña de la parte anterior de las gorras, chacós, etc.

visibilidad *f* ‖ **visible** *adj* que se puede ver; evidente; notable

visigodo -da *adj* ‖ *mf* individuo de la parte occidental del pueblo godo que fundó su reino en España ‖ **visigótico -ca** *adj*

visillo *m* cortina pequeña puesta a las ventanas

visión *f* acción de ver; objeto que se ve; imaginación que no tiene realidad y se toma como verdadera; percepción visual de una realidad sobrenatural; (fam.) persona fea y ridícula

visionario -ria *adj* ‖ *mf* persona que cree ver visiones sobrenaturales; persona que tiene ideas extravagantes

visir *m* ministro de un soberano musulmán

visita *f* acción de visitar; persona que visita

Visitación *f* visita de la Virgen a su prima Santa Isabel

visitador -dora *mf* persona que hace visitas de inspección

visitante *adj* ‖ *mf* persona que visita

visitar *tr* ir a ver (*a una persona*) en su casa; acudir frecuentemente a; examinar, inspeccionar

visitero -ra *adj* ‖ *m* (fam.) persona que hace muchas visitas

visitón *m* (fam.) visita larga y enfadosa

vislumbrar *tr* ver débil y confusamente; conjeturar por leves indicios

vislumbre *f* reflejo, luz tenue; indicio; leve semejanza

viso *m* reflejo de color distinto que hacen algunas cosas por efecto de la luz; tela de color que se pone debajo de otra muy clara para que se transparente; destello luminoso de ciertas cosas heridas por la luz; apariencia

visón *m* mamífero carnicero norteamericano (*Mustela vison*); piel curtida de este animal

visor *m* dispositivo para determinar el campo de visión al hacer una fotografía; dispositivo de puntería en los aviones de bombardeo

víspera *f* día que antecede inmediatamente a otro; cosa que antecede a otra; en vísperas de cerca de, próximo a (*algo que ha de suceder*)

vista *f* sentido del ver; acción de ver; ojeada; ojos; apariencia, aspecto; paisaje que se ve desde un punto; cuadro o estampa que representa un lugar; intento, propósito; actuación de un pleito ante un tribunal; *m* empleado de aduanas

vistazo *m* ojeada

vistillas *fpl* sitio elevado desde el cual se descubre mucho terreno

visto -ta *adj* en consideración de, p.ej., **vista** la importancia del asunto; **visto bueno** fórmula que se pone al pie de un documento para autorizarlo; **visto que** ya que; *f* véase **vista**

vistoso -sa *adj* que llama mucho la atención por su apariencia ostentosa

Vístula *m* río de Polonia

visual *adj* perteneciente a la vista; *f* recta que se traza desde el ojo del espectador hacia el objeto

vital *adj* perteneciente a la vida; de suma importancia

vitalicio -cia *adj* que dura hasta el fin de la vida; que disfruta de un cargo vitalicio; *m* póliza de seguro sobre la vida; pensión vitalicia

vitalidad *f* calidad de tener vida; actividad y energía de las facultades vitales

vitalizar §62 *tr* dar fuerza o vigor a

vitamina *f* cada una de varias substancias orgánicas que existen en los alimentos y cuya ausencia ocasiona determinadas enfermedades

vitando -da *adj* que se debe evitar; odioso, detestable

vitela *f* pergamino de piel de vaca o ternera

viticola *adj y mf* ‖ **viticultor -tora** *mf* ‖ **viticultura** *f* cultivo de la vid

vitola *f* forma y tamaño de los cigarros puros; facha, aspecto de una persona

vitor *interj* ¡bravo!

vitorear *tr* aplaudir o aclamar con vítores

Vitoria *f* ciudad en el nordeste de España ‖ **vitoriano -na** *adj y mf*

vitral *m* vidriera de colores, esp. la de las iglesias

vítreo -a *adj* de vidrio; parecido al vidrio

vitrificar §72 *tr* convertir en vidrio; dar la apariencia del vidrio a

vitrina *f* armario con puerta y costados de cristal para exponer objetos; (Amér.) escaparate de tienda

vitriolar *tr* arrojar vitriolo a (*una persona*) para desfigurarla

vitriólico -ca *adj* perteneciente al vitriolo

vitriolizar §62 *tr* mezclar con vitriolo

vitriolo *m* cualquiera de algunos sulfatos de aspecto vítreo; ácido sulfúrico concentrado

vitualla *f* conjunto de víveres

vituallar *tr* proveer de vituallas

vituperación *f* ‖ vituperar *tr* desaprobar, censurar ‖ vituperio *m* ‖ vituperioso -sa *adj*

viuda *f* mujer cuyo marido ha fallecido; planta de jardín (*Scabiosa atropurpurea*)

viudal *adj* perteneciente al viudo o la viuda

viudedad *f* pensión que percibe la viuda

viudez *f* estado del viudo o la viuda

viudo -da *adj* ‖ *mf* persona cuyo cónyuge ha fallecido; *f* véase viuda

viva *interj* ‖ ¡vítor!, ¡bravo!

vivac *m* (*pl:* -vaques) vivaque

vivacidad *f* ardor, vigor; viveza, brillo

vivandero -ra *mf* persona que vende víveres a los militares en campaña o en marcha

vivaque *m* campamento militar de noche; guardia principal en las plazas de armas; (Amér.) cuartel de policía

vivaquear *intr* acampar de noche (*las tropas*) al raso

vivar *m* lugar donde crían los conejos; vivero de peces; *intr* (Amér.) dar vivas

vivaracho -cha *adj* (fam.) de genio vivo; (fam.) travieso y alegre

vivaz *adj* (*pl:* -vaces) que vive largo tiempo; vigoroso, enérgico; perspicaz; (bot.) (*planta*) que vive más de dos años

víveres *mpl* alimentos, comestibles

vivero *m* terreno adonde se trasplantan desde la almáciga los árboles, para recriarlos; estanque para peces vivos; origen de cosas perjudiciales

viveza *f* calidad de vivo; acción o palabra poco considerada

vividero -ra *adj* habitable

vívido -da *adj* intenso, agudo

vividor -dora *adj* que vive largo tiempo; *mf* persona económica y trabajadora; *m* el que vive a expensas de los demás

vivienda *f* casa, domicilio; modo de vivir

viviente *adj* que vive, que está vivo

vivificar §72 *tr* dar vida a; hacer más vivo

vivíparo -ra *adj* (*animal*) cuyas hembras paren vivos sus hijos

vivir *m* vida, medios de subsistencia; *tr* habitar; pasar (*toda la vida; la vejez*); *intr* tener vida; durar; durar con vida; mantener la vida; saber conducirse en sociedad; habitar, morar

vivisección *f* práctica de experimentos fisiológicos o quirúrgicos en animales vivos ‖ viviseccionista *mf*

vivo -va *adj* que tiene vida; ágil, pronto; intenso, fuerte; agudo, sutil, ingenioso; activo, diligente; brillante; (*retrato*) muy semejante; (*carne*) que ha sido desollada; (*idioma*) moderno; *m* borde, canto; tira de tela en el borde de una prenda de vestir

vizcacha *f* roedor sudamericano, parecido a la liebre (*Lagostomus trichodactylus*)

vizcaíno -na *adj y mf* ‖ Vizcaya *f* provincia en el norte de España

vizcondado *m* ‖ vizconde *m* dignatario de la nobleza, inferior al conde ‖ vizcondesa *f*

V.M. abr. de Vuestra Majestad

vocablo *m* palabra, término

vocabulario *m* conjunto de las palabras de un idioma; conjunto de las palabras de alguna materia; lista especial de palabras por orden alfabético

vocación *f* inclinación a una profesión, carrera o estado; advocación

vocal *adj* perteneciente a la voz; que se expresa con la voz; *m* individuo de una junta o consejo; *f* letra que se pronuncia con emitir tan sólo la voz

vocálico -ca *adj* perteneciente a las vocales

vocalismo *m* predominio en una lengua de las vocales; sistema vocálico

vocalista *mf* persona que canta en los cafés, salones de baile, etc.

vocalización *f* ‖ vocalizar §62 *tr* convertir (*una consonante*) en vocal; *intr* cantar pronunciando sólo una misma vocal o sílaba

vocativo *m* caso de la declinación que sirve para invocar o llamar a una persona o cosa

voceador -dora *adj* ‖ *mf* persona que vocea mucho; *m* pregonero; (Méx.) vendedor de periódicos

vocear *tr* publicar con voces; llamar (*a una persona*) dando voces; *intr* dar voces

vocejón *m* voz áspera y bronca

vocería *f* vocerío; cargo de vocero

vocerío *m* gritería

vocero *m* el que habla en nombre de otro u otros

vociferación *f* ‖ vociferar *tr* publicar jactanciosamente; *intr* dar grandes voces

vocinglería *f* ‖ **vociniglero -ra** *adj* ‖ *mf* persona que da muchas voces al hablar; persona que habla sin substancia

vodca *m* o **vodka** *m* aguardiente de centeno de origen ruso

voduismo *m* prácticas o culto de los fetichistas afroamericanos ‖ **voduista** *adj y mf*

vol. abr. de volumen y voluntad

volada *f* vuelo a corta distancia; (Arg.) lance. suceso

voladero -ra *adj* que puede volar; fugaz; *m* precipicio; *f* paleta de rueda hidráulica

voladizo -za *adj* ‖ *m* parte del edificio que sobresale de la pared

volado -da *adj* (*letra o tipo*) de menor tamaño que se pone en la parte superior del renglón; *f* véase volada

volador -dora *adj* que vuela; que pende, que cuelga; que corre rápidamente; *m* cohete

voladura *f* acción de volar algo con un explosivo

volandas: en volandas por el aire, elevado del suelo; (fam.) rápidamente

volandero -ra *adj* que empieza a volar; que pende y se mueve fácilmente; *f* muela de molino; (fam.) mentira

volante *adj* que vuela; que no tiene asiento fijo; *m* rueda pesada que regula el movimiento de una máquina; rueda de mano para la dirección del automóvil; pieza circular oscilante de un reloj, movida por la espiral; corcho coronado de plumas para jugar con raquetas; juego hecho con él; hoja de papel; guarnición rizada de adorno

volantín *m* cordel con varios anzuelos para pescar

volantista *m* (fam.) conductor de automóvil

volantón -tona *adj* ‖ *mf* pájaro que empieza a volar

volapié *m* suerte que consiste en herir de corrida el espada al toro, hallándose éste parado

volar §63 *tr* llevar (*a una persona*) en un aparato de aviación; hacer saltar o estallar; irritar; levantar (*una letra, tipo o signo*) de modo que resulte volado; *intr* moverse en el aire por medio de alas; elevarse y moverse en el aire (*una cosa arrojada violentamente*; *cualquier cosa impulsada por el viento*; *un aparato propulsado por un motor*; *una persona que conduce tal aparato o que va en él*); elevarse a gran altura (*p.ej., una torre*); ir con gran prisa; propagarse rápidamente; correr

rápidamente; desaparecer rápidamente; sobresalir de la pared

volatería *f* caza de aves con otras aves amaestradas para ello; conjunto de diversas aves

volátil *adj* que puede convertirse en vapor; inconstante, mudable ‖ **volatilidad** *f*

volatilizar §62 *tr* convertir en vapor o gas; *ref* disiparse en vapor o gas; (fam.) desaparecer rápidamente (*p.ej., el dinero*)

volatín *m* volatinero; ejercicios del volatinero

volatinero -ra *mf* persona que hace ejercicios acrobáticos por el aire sobre una cuerda o alambre

volcán *m* montaña de donde salen llamas, materias encendidas, humo, etc. ‖ **volcánico -ca** *adj*

volcar §81 *tr* inclinar o invertir (*una cosa*) de modo que caiga lo que contiene; turbar (*a una persona un olor fuerte*); hacer mudar de parecer; *intr* derribarse (*un vehículo*)

volea *f* palo que cuelga de la punta de la lanza de los carruajes y sujeta los tirantes de las caballerías delanteras; voleo dado a la pelota

volear *tr* golpear (*una cosa*) en el aire para impulsarla; sembrar (*p.ej., trigo*) esparciendo la semilla en el aire

voleo *m* acción de volear

volframio *m* tungsteno

Volga *m* río de Rusia, el mayor de Europa

volición *f* acto de la voluntad

volitar *intr* revolotear

volitivo -va *adj* perteneciente a la volición

volquear *ref* dar vuelcos

volquete *m* carro o camión que se puede volcar girando sobre el eje

voltaico -ca *adj* perteneciente a las corrientes eléctricas; perteneciente a las corrientes eléctricas producidas por acción química

voltaje *m* fuerza electromotriz expresada en voltios

voltámetro *m* aparato para medir una corriente eléctrica mediante la descomposición electrolítica

voltario -ria *adj* inconstante, cambiadizo

voltear *tr* dar vueltas a; poner (*una cosa*) al revés de como estaba; derribar, echar por tierra; *intr* dar vueltas

voltejear *tr* voltear, volver; *intr* (mar.) navegar de bolina, virando de vez en cuando

voltereta *f* vuelta ligera que se da en el aire

volterianismo m espíritu de incredulidad e impiedad burlona ‖ **volteriano -na** adj y mf

voltímetro m aparato para medir voltios

voltio m unidad de medida de la tensión eléctrica

volubilidad f ‖ **voluble** adj que se puede volver alrededor; inconstante, volterio; (bot.) (tallo) que, al crecer, da vueltas alrededor de los objetos vecinos

volumen m libro; grueso de un objeto; espacio ocupado por un cuerpo; cantidad o intensidad del sonido

volumétrico -ca adj perteneciente a la medición de los volúmenes

voluminoso -sa adj que tiene mucho volumen o bulto

voluntad f facultad que mueve a hacer o no hacer una cosa; ejercicio de esta facultad; energía moral; disposición; intención, propósito; amor, cariño

voluntariado m alistamiento voluntario para el servicio militar

voluntariedad f ‖ **voluntario -ria** adj que nace de un acto de voluntad; **voluntarioso;** mf persona que se presta a hacer una cosa por su propia voluntad; m soldado que se alista libremente

voluntarioso -sa adj que quiere hacer siempre su voluntad; que obra con voluntad constante

voluptuosidad f ‖ **voluptuoso -sa** adj amigo de los deleites sensuales; que inspira complacencia en los deleites sensuales; mf persona dada a los deleites sensuales

voluta f espiral (p.ej., de humo); (arq.) adorno en espiral en los capiteles

volver §49 y §83 tr dar vuelta a; cerrar o entornar (la puerta, la ventana); enviar por repercusión; dirigir; devolver, restituir; corresponder, pagar; mudar la haz de; convertir; hacer mudar de opinión; traducir; intr regresar; torcer, dejar el camino; **volver a +** inf otra vez, p.ej., **vuelve a escribir;** ref regresar; hacerse, ponerse; cambiar de aspecto o de estado; agriarse (ciertos licores)

vómer m hueso pequeño en las fosas nasales

vomitar tr arrojar violentamente por la boca (el contenido del estómago o sangre o pus del pulmón); arrojar fuera de sí; proferir con violencia

vomitivo -va adj ‖ m medicamento que mueve al vómito

vómito m acción de vomitar; lo que se vomita

vomitón -tona adj (niño) que vomita mucho; f (fam.) vómito muy abundante

voquible m (fam.) vocablo

voracidad f calidad de voraz

vorágine f remolino impetuoso en el mar o en un río

voraz adj (pl: -races) que devora o come con ansia; pronto en consumir

vórtice m torbellino; centro de un ciclón

vos pronombre personal de segunda persona, en nominativo y con preposiciones; usado como tratamiento en singular, exige el verbo en segunda persona del plural

vosear tr (Amér.) dar a (una persona) el tratamiento de vos por tú ‖ **voseo** m

Vosgos mpl cadena de montañas en el nordeste de Francia

vosotros -tras pronombre personal de segunda persona del plural, en nominativo y con preposiciones

votación f acción de votar; conjunto de votos emitidos

votante adj ‖ mf persona que vota

votar tr hacer voto o promesa a; prometer (una cosa); dar su voto a; intr hacer voto; dar su voto; echar juramentos o maldiciones

votivo -va adj ofrecido por voto o promesa

voto m promesa hecha a Dios, a la Virgen o a un santo; deseo del bien de una persona; expresión de la voluntad del elector; facultad de votar; persona que da su voto; juramento, maldición

voz f (pl: voces) sonido que sale por la boca del hombre; grito; ruido; palabra, vocablo; facultad y derecho de hablar; aptitud para cantar; fama, rumor; voto dado en una junta o asamblea; (gram.) accidente que indica si la acción del verbo es producida por el sujeto o recibida por éste

vozarrón m (fam.) voz muy fuerte y áspera

vro. abr. de **vuestro**

vuduísmo m voduísmo ‖ **vuduísta** adj y mf

vuelco m acción de volcar

vuelo m acción de volar; distancia que se recorre volando; envergadura del ave; amplitud en la parte inferior de un vestido; parte saliente de una fábrica

vuelta f movimiento de una cosa alrededor de un punto; regreso; devolución; paseo corto; dinero sobrante de un pago; curvatura del camino; revés; mudanza; repetición; **vuelta de campana** salto mortal

vuestro -tra *adjetivo posesivo y pronombre posesivo de la segunda persona del plural*

vulcanita *f* caucho vulcanizado

vulcanización *f* ‖ **vulcanizar** §62 *tr* combinar azufre con (*caucho*) para darle mayor elasticidad y resistencia

Vulcano *m* (mit.) dios del fuego y el arte de trabajar los metales

vulgacho *m* (desp.) pueblo ínfimo, plebe

vulgar *adj* común; general; ordinario; comúnmente admitido; (*idioma*) que se habla comúnmente

vulgaridad *f* calidad de vulgar; cosa que carece de novedad o importancia

vulgarismo *m* dicho vulgar; fenómeno lingüístico de índole vulgar

vulgarización *f* ‖ **vulgarizar** §62 *tr*

hacer vulgar o común; poner al alcance de todo el mundo; *ref* darse al trato de la gente del vulgo

Vulgata *f* versión latina de la Biblia, revisada o traducida por San Jerónimo y auténticamente recibida por la Iglesia católica

vulgo *m* la masa popular; conjunto de las personas que en una materia sólo conocen la parte superficial

vulnerable *adj* susceptible de ser herido

vulneración *f* ‖ **vulnerar** *tr* herir, lesionar; dañar, perjudicar; quebrantar (*una ley, precepto, etc.*)

vulnerario -ria *adj* ‖ *m* remedio que cura las heridas

vulpeja *f* zorra

vulpino -na *adj* perteneciente a la zorra; astuto

vultuoso -sa *adj* (*rostro*) abultado por congestión

vulva *f* abertura genital externa de la hembra de un mamífero

V.V. o VV. abr. de ustedes

W

W, w *f* ve doble, que no figura en el alfabeto español

wagneriano -na *adj* perteneciente a Wagner o su música

wagón *m* vagón

Wáshington capital de los EE.UU.; uno de los estados de los EE. UU.

water-closet *m* retrete dotado de agua corriente

water-polista *mf* ‖ **water-polo** *m* fútbol acuático

WC abr. de water-closet

whisky *m* licor alcohólico obtenido por la destilación de cereales fermentados

wigwam *m* choza de forma cónica de los pieles rojas norteamericanos

wolfram *m* volframio

X

X, x *f* vigésima sexta letra del alfabeto

xeno *m* xenón

xenofobia *f* ‖ **xenófobo -ba** *adj* ‖ *mf* persona que siente odio a los extranjeros

xenón *m* cuerpo simple gaseoso (*símbolo* Xe; *núm. atómico* 54; *peso atómico* 131,3)

xifoideo -a *adj* ‖ **xifoides** *adj* ‖ *m* apéndice cartilaginoso en que termina el esternón

xilófago -ga *adj* (*insecto*) que roe la madera

xilófono *m* instrumento de percusión compuesto de varias tablillas de longitud diferente, que se tocan con dos martillos de madera ‖ **xilofonista** *mf*

xilografía *f* arte de grabar en madera; impresión tipográfica hecha con planchas de madera grabadas ‖ **xilográfico -ca** *adj*

Xro abr. de Cristo

Y

Y, y *f* vigésima séptima letra del alfabeto

y *conj* también, además; tanto como

ya *adv* en tiempo pasado; ahora; por último; en seguida; más adelante; ya no no más; ya que dado que

yacer §82 *intr* estar echado o tendido; estar (*un cadáver*) en el sepulcro; estar, hallarse; pacer de noche (*las caballerías*) en el campo

yacija *f* cama, lecho; sepultura

yacimiento *m* sitio donde se halla naturalmente un mineral

yanqui *adj y mf* norteamericano

yantar *m* manjar, vianda; *tr e intr* comer

yapa *f* (Amér.) regalo que hace el vendedor al comprador

yarda *f* unidad de longitud inglesa (0,9144 m.)

yaro *m* aro (*planta*)

yatagán *m* sable curvo de los orientales

yate *m* embarcación de deporte y recreo

yedra *f* hiedra

yegua *f* hembra del caballo

yeísmo *m* defecto que consiste en pronunciar la **elle** como **ye**

yelmo *m* pieza de la armadura antigua que cubría la cabeza y el rostro

yema *f* renuevo en forma de botón en el tallo de los vegetales; parte amarilla del huevo del ave; parte de la punta del dedo opuesta a la uña; dulce hecho con azúcar y yema de huevo; medio de una cosa; lo mejor de una cosa

Yemen, el reino del sudoeste de Arabia ‖ **yemenita** *adj y mf*

yen *m* moneda japonesa

yerba *f* hierba

yermar *tr* dejar yermo

yermo -ma *adj* ‖ *m* terreno deshabitado; terreno inculto

yerno *m* marido de la hija

yero *m* planta que se cultiva para alimento del ganado (*Ervum ervilia*)

yerro *m* falta, error, equivocación

yerto -ta *adj* tieso, rígido

yesca *f* materia seca, preparada con la pulpa de hongos y madera deteriorada por el ataque de los hongos, que arde con suma facilidad; cosa que excita la sed o una pasión

yesería *f* fábrica o tienda de yeso; obra de yeso

yesero -ra *adj* ‖ *m* el que fabrica o vende yeso

yeso *m* sulfato de cal hidratado que, amasado con agua, se endurece rápidamente; obra de escultura vaciada en yeso

yesoso -sa *adj* de yeso; abundante en yeso

yesquero *adj* (*hongo*) con que se hace yesca; *m* el que fabrica o vende yesca

yeyuno *m* parte del intestino delgado comprendida entre el duodeno y el íleon

yezgo *m* planta herbácea de olor fétido (*Sambucus ebulus*)

yo *pronombre personal de primera persona, en nominativo*

Yocasta *f* (mit.) mujer que por ignorancia casó con su propio hijo Edipo y, descubierto el secreto, se ahorcó

yod *f* décima letra del alfabeto hebreo; el sonido palatal de **y**

yodato *m* sal del ácido yódico

yodhídrico -ca *adj* (*ácido*) gaseoso e incoloro (IH)

yódico -ca *adj* (*ácido*) sólido cristalizado en prismas blancos (IO₃H)

yodo *m* cuerpo simple no metálico, de color gris negruzco y brillo metálico (*símbolo* I; *núm. atómico* 53; *peso atómico* 126,92)

yodoformo *m* materia cristalina amarilla, compuesta de carbono, hidrógeno y yodo, usado como antiséptico

yoduro *m* combinación del yodo con un cuerpo simple

yoga *m* contemplación extática de los ascetas de la India

yogui *m* asceta indio que practica los principios del yoga

yogurt *m* leche cuajada fabricada por los montañeses búlgaros

yola *f* embarcación para regatas a remo

yuca *f* planta liliácea de cuya raíz se saca una harina alimenticia

Yucatán península de la América Central, que abarca territorio de Méjico, Guatemala y la Honduras Británica; estado de Méjico ‖ **yucateco -ca** *adj y mf*

yugada *f* espacio de tierra que puede arar un par de bueyes en un día

yugo *m* instrumento de madera que se coloca en la cabeza a los bueyes para uncirlos; dominio superior que obliga a obedecer

Yugoeslavia *f* estado de la Europa oriental ‖ yugoeslavo -va *adj* y *mf*

Yugoslavia *f* Yugoeslavia ‖ yugoslavo -va *adj* y *mf*

yuguero *m* mozo de labranza que ara con un par de bueyes o mulas

yugular *adj* ‖ *f* cada una de las dos grandes venas que hay a ambos lados del cuello; *tr* atajar (*p.ej.*, *una enfermedad*)

Yugurta *m* rey de Numidia (m. 104 a. de J.C.)

yunque *m* bloque de hierro acerado encajado en un tajo de madera y que se usa para labrar a martillo

los metales; pequeño hueso que se halla en el oído interno

yunta *f* par de bestias de labor que aran juntos

yusera *f* piedra grande que sirve de suelo en el alfarje de los molinos de aceite

yute *m* planta textil cultivada en gran escala en la India; materia textil que se saca de las fibras de esta planta; hilado o tejido de esta materia

Yuturna *f* (mit.) ninfa protectora de las aguas, amada de Júpiter

yuxtalineal *adj* (*traducción*) colocada al lado del texto línea con línea

yuxtaponer §55 *tr* poner (*una cosa*) junto a otra ‖ yuxtaposición *f*

yuyuba *f* azufaifa

Z

Z, z *f* vigésima octava letra del alfabeto

zabida o zabila *f* áloe

zabordar *intr* encallar (*un barco*) en tierra

zabucar §72 *tr* bazucar

zabullir §13 *tr* zambullir; *ref* zambullirse

zacapela o zacapella *f* (fam.) riña, disputa ruidosa

Zacarías *m* (Bib.) uno de los profetas menores

zacate *m* (Amér.) forraje de plantas gramíneas

zacatín *m* plaza o calle donde se venden ropas

zafado -da *adj* (Amér.) descarado; (Amér.) vivo, despierto; *f* (mar.) acción de zafar

zafar *tr* adornar, guarnecer; (mar.) desembarazar, soltar; *ref* escaparse, rehuir un encuentro o compromiso; salirse (*la correa*) del carril de la rueda

zafarrancho *m* (mar.) acción de desembarazar cierta parte de la embarcación, preparándola para determinada maniobra; (fam.) riña, alboroto

zafiedad *f* ‖ zafio -fia *adj* tosco, ignorante, grosero

zafir *m* zafiro

zafireo -a o zafirino -na *adj* de color de zafiro

zafiro *m* piedra preciosa, variedad azul de corindón

zafo -fa *adj* libre, sin daño; (mar.) desembarazado, suelto

zafra *f* vasija grande de hoja de lata en que se guarda el aceite; recolección de la caña dulce; elaboración del producto

zaga *f* parte posterior; carga dispuesta en la trasera de un vehículo

zagal -gala *mf* adolescente, mozo; pastor mozo

zagalón -lona *mf* adolescente muy crecido

zagual *m* remo corto con pala plana que no se apoya en el barco

zaguán *m* vestíbulo en la entrada de una casa

zaguero -ra *adj* que va en zaga o está atrás; *m* jugador que se coloca detrás de los demás, en el juego de pelota

zahareño -ña *adj* esquivo, huraño, intratable; (*pájaro*) difícil de amansar

zaherir §48 *tr* avergonzar con represión o alusión maligna

zahína *f* planta gramínea que sirve de pasto (*Andropogon*); su semilla

zahones *mpl* calzones de cuero o paño, con perniles abiertos que se atan a los muslos

zahorí *m* (*pl.* -ríes) adivino; persona perspicaz

zahurda *f* pocilga

zaida *f* ave zancuda, con un moño eréctil de plumas (*Anthropoides virgo*)

zaino -na *adj* falso, traidor; (*caballería*) de color castaño obscuro; (*toro o vaca*) de color negro

zalagarda *f* emboscada; escaramuza; trampa para cazar animales; (fam.) ardid mañoso; (fam.) alboroto repentino

zalama o **zalamería** *f* ‖ **zalamero -ra** *adj* ‖ *mf* persona que hace demostraciones afectadas de cariño

zalea *f* cuero curtido de carnero u oveja que conserva la lana

zalear *tr* arrastrar de un lado a otro

zalema *f* (fam.) reverencia, cortesía humilde

zamacuco *m* (fam.) hombre tonto y bruto; (fam.) hombre solapado que calla y hace su voluntad

zamarra *f* piel de carnero; chaqueta hecha con la piel de carnero con su lana

zamarrear *tr* sacudir a un lado y otro (*la presa asida con los dientes*); (fam.) maltratar; (fam.) apretar en una disputa ‖ **zamarreo** *m*

zamarrico *m* zurrón de zalea

zamarrilla *f* planta aromática y medicinal (*Teucrium polium*)

zamarro *m* zamarra; (fam.) hombre lerdo y grosero

zambo -ba *adj* ‖ *mf* persona que tiene juntas las rodillas y separadas las piernas hacia afuera

zambomba *f* instrumento rústico de música que produce un sonido ronco; *interj* (fam.) que expresa sorpresa

zambombo *m* (fam.) hombre tosco y grosero

zamborotudo -da *adj* (fam.) tosco, mal formado; (fam.) torpe, desmañado

zambra *f* (fam.) algazara, ruido de muchos

zambucar §72 *tr* (fam.) esconder (*una cosa*) entre otras ‖ **zambuco** *m*

zambullida *f* acción de zambullir

zambullidor -dora *adj* ‖ *mf* persona que zambulle; *m* somorgujo (*ave*)

zambullir §13 *tr* meter debajo del agua con ímpetu; *ref* meterse debajo del agua con ímpetu; esconderse, cubrirse

Zamora *f* provincia de España y su capital ‖ **zamorano -na** *adj* y *mf*

zampa *f* estaca que se clava en el suelo para hacer un zampeado

zampabollos *mf* (*pl:* -llos) (fam.) tragón; (fam.) persona grosera y torpe

zampalimosnas *mf* (*pl:* -nas) (fam.) pobre que anda pidiendo por todas partes

zampar *tr* esconder (*una cosa*) en otra rápidamente; comer de prisa y con exceso; *ref* esconderse de golpe

zampatortas *mf* (*pl:* -tas) (fam.) zampabollos

zampeado *m* obra de pilotes para edificar sobre terrenos falsos

zampear *tr* afirmar (*el suelo*) con zampeado

zampón -pona *adj* y *mf* (fam.) comilón, tragón

zampoña *f* instrumento músico de pastor, compuesto de flauta o varias flautas; (fam.) tontería

zampuzar §62 *tr* zambullir; (fam.) zampar ‖ **zampuzo** *m*

zanahoria *f* planta umbelífera de raíz comestible (*Daucus carota*); raíz de esta planta

zanca *f* pierna larga del ave; (fam.) pierna larga y delgada; madero inclinado en que se apoyan los peldaños de una escalera

zancada *f* paso muy largo

zancadilla *f* acción de cruzar uno su pierna con la de otro para derribarle; (fam.) ardid para perjudicar

zancajear *intr* andar mucho y con prisa de una parte a otra

zancajo *m* hueso del talón; parte del pie donde sobresale el talón; parte del zapato o de la media que cubre el talón (fam.) persona pequeña y fea

zancajoso -sa *adj* que tiene los pies torcidos hacia afuera; que tiene grandes zancajos; que lleva rotos los zancajos de las medias

zancarrón *m* (fam.) hueso de la pierna, despojado de carne; (fam.) hombre viejo y delgado; (fam.) el que trata de enseñar lo que no sabe

zanco *m* cada uno de los dos palos altos que se usan para andar sin mojarse donde hay agua o para juegos de equilibrio; **en zancos** (fam.) en posición elevada o ventajosa

zancón -cona *adj* (fam.) de zancas largas

zancudo -da *adj* de zancas largas; (*ave*) que tiene muy largos los tarsos

zanfonía *f* antiguo instrumento de cuerda que se tocaba haciendo girar un cilindro armado de púas

zangamanga *f* (fam.) treta, ardid

zanganada *f* (fam.) impertinencia

zangandongo -ga o **zangandungo -ga** *mf* (fam.) persona desmañada y holgazana

zanganear *intr* (fam.) vagabundear sin trabajar

zángano *m* macho de la abeja reina; el que vive sin trabajar

zangarilleja *f* (fam.) muchacha sucia y vagabunda

zangarrear *intr* (fam.) rasguear sin arte la guitarra

zangarriana *f* enfermedad del ganado lanar; (fam.) dolencia periódica y poco grave; (fam.) melancolía, tristeza

zangarullón *m* (fam.) muchacho crecido que anda ocioso

zangolotear *tr* (fam.) mover, sacudir continuamente; *intr* (fam.) moverse sin concierto ni propósito; *ref* (fam.) moverse (*una cosa*) por haberse aflojado lo que la tenía sujeta ‖ **zangoloteo** *m*

zangolotino -na *adj* (*muchacho*) ya crecido que quiere pasar por niño

zangón *m* (fam.) zangarullón

zangotear *tr y ref* (fam.) zangolotear ‖ **zangoteo** *m*

zanguango -ga *adj* ‖ *mf* (fam.) persona que busca pretextos para no trabajar; *f* (fam.) acción de fingir una enfermedad para no trabajar; (fam.) zalamería, lagotería

zanja *f* excavación larga y estrecha

zanjar *tr* abrir zanjas en; resolver, dar por terminado

zanquear *intr* torcer las piernas al andar; zancajear

zanquilargo -ga *adj* (fam.) que tiene las piernas largas

zanquillas *m* (*pl*: -llas) (fam.) hombre pequeño de piernas muy cortas

zanquituerto -ta *adj* ‖ *mf* (fam.) persona que tiene tuertas las zancas

zanquivano -na *adj* ‖ *mf* (fam.) persona que tiene largas y flacas las piernas

zapa *f* pala herrada con un corte acerado; excavación; piel de la lija; labor que imita la lija; zanja de la trinchera

zapador *m* soldado que abre trincheras

zapapico *m* herramienta a modo de pico con dos bocas, una puntiaguda y otra de corte angosto

zapar *tr* trabajar con la zapa

zaparrada *f* (fam.) zarpazo

zaparrastrar *intr* (fam.) llevar arrastrando los vestidos

zaparrastroso -sa *adj* (fam.) desaliñado, desaseado

zapata *f* calzado que llega a media pierna; dispositivo mediante el cual un tractor eléctrico recoge la corriente de un rail conductor; calce de una herramienta

zapatazo *m* golpe que se da con el zapato; ruido que produce

zapateado *m* antiguo baile español que se ejecuta taconeando; música de este baile

zapatear *tr* golpear con el zapato; maltratar; *intr* dar golpes en el suelo con los pies calzados; *ref* tenerse firme con alguno en una contienda ‖ **zapateo** *m*

zapatería *f* lugar donde se hace o vende el calzado; oficio del zapatero

zapateril *adj* perteneciente al zapatero

zapatero -ra *adj* crudo, no cocido; correoso; *mf* persona que hace, remienda o vende zapatos; *m* (fam.) el que no hace baza en el juego

zapateta *f* golpe o palmada que se da en el pie o en el zapato, brincando al mismo tiempo

zapatilla *f* zapato ligero y de suela muy delgada; zapato casero; suela del taco de billar; botón de cuero que se pone a los floretes y espadas

zapato *m* calzado que no pasa del tobillo

zapatón *m* zapato grande; (Amér.) chanclo de goma

zapatudo -da *adj* que tiene zapatos grandes y fuertes; reforzado con una zapata

zape *interj* (fam.) para ahuyentar a los gatos

zapear *tr* ahuyentar (*al gato*); (fam.) ahuyentar

zapote *m* árbol americano de fruto comestible (*Sapota achras*)

zapotillo *m* árbol americano de fruto de forma de manzana (*Achras zapota*)

zaque *m* odre pequeño; (fam.) borracho

zaquear *tr* trasegar de un zaque a otro; transportar en zaques

Zaqueo *m* (Bib.) publicano rico de Jericó, que hospedó a Jesus en su casa

zaquizamí *m* (*pl*: -míes) desván; cuarto pequeño y sucio

zar *m* antiguo soberano de Rusia y de Bulgaria

zarabanda *f* danza picaresca española; música que solía acompañarla; baile y música solemne y majestuosa en la corte francesa; cosa que causa ruido estrepitoso

zaragalla *f* carbón vegetal menudo

zaragata *f* (fam.) riña, pendencia

zaragatería *f* ‖ **zaragatero** -ra *adj* ‖ *mf* (fam.) pendenciero, gamberro

zaragatona *f* planta de semillas pequeñas que, cocidas, dan una substancia mucilaginosa (*Plantago psyllium*)

Zaragoza *f* provincia de España y su capital ‖ **zaragozano** -na *adj y mf*

zaragüelles *mpl* calzones anchos de los labradores de Valencia y Murcia

zaragutear *tr* (fam.) hacer de prisa y mal ‖ **zaragutero -ra** *adj y mf*

zaramagullón *m* somorgujo

zaranda *f* criba

zarandajas *fpl* (fam.) cosas menudas y de poca importancia

zarandar *tr* cribar; agitar, mover con prisa; separar (*lo esencial o más precioso*)

zarandear *tr* zarandar; *ref* ajetrearse ‖ zarandeo *m*

zarandillo *m* zaranda pequeña; (fam.) persona viva y ágil

zarapito *m* ave zancuda de pico largo, que vive en las playas (*Numenius*)

zaraza *f* antigua tela de algodón muy ancha y fina; **zarazas** *fpl* veneno para matar perros, gatos, etc.

zarcear *tr* limpiar (*una cañería*) con zarzas; *intr* entrar (*el perro*) en un zarzal para buscar la caza; andar aprisa de una parte a otra

zarceño -ña *adj* perteneciente a la zarza

zarcero -ra *adj* (*perro*) que entra en los zarzales

zarceta *f* cerceta

zarcillo *m* pendiente (*joya*); órgano voluble y prensil de algunas plantas trepadoras; azada para escardar

zarco -ca *adj* azul claro

zarevitz *m* (*pl:* -vitz) hijo del zar, esp. el primogénito

zarigüeya *f* mamífero marsupial de América (*Didelphis virginiana*)

zarina *f* esposa del zar; antigua soberana de Rusia y de Bulgaria

zarismo *m* gobierno del zar; gobierno absoluto, propio de los zares ‖ **zarista** *adj y mf*

zarpa *f* garra de ciertos animales; cazcarria; acción de zarpar

zarpada *f* golpe dado con la zarpa

zarpar *tr* levar (*el ancla*); *intr* levar el ancla, hacerse a la mar

zarpazo *m* zarpada; batacazo

zarposo -sa *adj* que tiene zarpas o cazcarrias

zarracatería *f* (fam.) halago engañoso

zarracatín *m* (fam.) el que regatea, procurando comprar barato para vender caro

zarramplín *m* (fam.) chapucero; (fam.) pelagatos

zarrapastra *f* (fam.) cazcarria

zarrapastroso -sa *adj* (fam.) zaparrastroso

zarria *f* cazcarria; harapo, pingajo; tira de cuero de la abarca

zarza *f* arbusto rosáceo de tallos sarmentosos (*Rubus*)

zarzagán *m* cierzo, viento helado

zarzal *m* terreno poblado de zarzas; matorral espinoso

zarzamora *f* fruto de la zarza

zarzaparrilla *f* arbusto trepador tropical (*Smilax*); raíz de esta planta; bebida preparada con esta raíz

zarzaperruna *f* escaramujo

zarzarrosa *f* flor del escaramujo

zarzo *m* tejido plano que se hace con varas, cañas o mimbres

zarzoso -sa *adj* lleno de zarzas

zarzuela *f* obra teatral española en que alternan la declamación y el canto

zas *interj* que expresa el ruido de un golpe o una caída

zascandil *m* (fam.) hombre despreciable y entremetido

zata o **zatara** *f* balsa para transportes fluviales

zazo -za o **zazoso -sa** *adj* tartajoso

Zebedeo *m* (Bib.) esposo de Salomé

Zelanda, la provincia de Holanda ‖ **zelandés -desa** *adj y mf*

zenit *m* cenit

Zenón *m* filósofo griego, fundador del estoicismo (336-264 a. de J.C.); filósofo griego, precursor de Sócrates (siglo V a. de J.C.)

zepelín *m* dirigible rígido impulsado por varios motores

Zeus *m* (mit.) dios supremo griego

zigzag *m* (*pl:* -zags) línea quebrada que forma ángulos entrantes y salientes

zigzaguear *intr* andar o moverse en zigzag

zinc *m* cinc

zipizape *m* (fam.) riña ruidosa

zis, zas *interj* que expresa repetición de golpes

ziszás *m* zigzag

zoca *f* plaza pública

zócalo *m* friso inferior o superior de una pared; miembro inferior del pedestal; base o cuerpo inferior de un edificio; (electrón.) dispositivo del tipo de enchufe que recibe las clavijas de que están provistas las bases de las válvulas; (Méx.) parte central de la plaza mayor

zocato -ta *adj* (*fruto*) amarillo y fofo; (fam.) zurdo

zoclo *m* zueco, chanclo

zoco -ca *adj* (fam.) zurdo; *m* mercado árabe; *f* véase **zoca**

zodiacal *adj* ‖ **zodíaco** *m* zona o faja celeste que comprende las doce constelaciones que recorre el Sol en el espacio de un año

zoilo *m* crítico maligno

zolocho -cha *adj* (fam.) mentecato, simple

zollipar intr (fam.) sollozar hipando ‖ **zollipo** m

zona f parte de la superficie de una esfera comprendida entre dos planos paralelos; cada una de las cinco partes en que se considera dividida la superficie de la Tierra; lugar caracterizado por alguna circunstancia particular; división administrativa de un país; lista, banda, faja; m erupción cutánea de origen nervioso

zoncería f ‖ **zonzo** -za adj ‖ mf persona sosa

zoo m (fam.) parque zoológico

zoófito m animal que tiene aspecto de planta

zoología f ciencia que estudia los animales ‖ **zoológico** -ca adj ‖ **zoólogo** -ga mf

zoospora f espora de ciertos hongos, que está provista de una pestaña vibrátil

zopas mf (pl: -pas) (fam.) persona que cecea mucho

zopenco -ca adj ‖ mf (fam.) persona torpe, de poca inteligencia

zopilote m ave de rapiña, de plumaje negro (Catharista atrata)

zopisa f brea; resina de pino

zopitas mf (pl: -tas) (fam.) zopas

zopo -pa adj torpe, desmañado; (mano o pie) contrahecho; que tiene contrahechos los pies o las manos

zoquete m pedazo de madera corto y sin labrar; pedazo de pan; (fam.) hombre rudo y torpe

zoquetero -ra adj ‖ mf persona pobre que anda buscando mendrugos de pan

zoquetudo -da adj basto o mal hecho

zoroástrico -ca adj ‖ **zoroastrismo** m ‖ Zoroastro m legislador religioso del país del Irán (siglo VI o VII a. de J.C.)

zorra f mamífero carnicero de gran astucia que persigue toda clase de caza y ataca a las aves de corral; hembra de esta especie; carro bajo y fuerte para transportar grandes pesos; (fam.) persona astuta y solapada

zorrastrón -trona adj ‖ mf (fam.) persona pícara y astuta

zorrera f cueva de zorros

zorrería f (fam.) astucia, cautela

zorrero -ra adj astuto; (perro) que sirve para cazar zorras; (barco) pesado en navegar; f véase **zorrera**

zorrillo m mofeta (animal)

zorro m macho de la zorra; piel de la zorra, curtida con el pelo; (fam.) hombre astuto; (fam.) persona que hace la tonta para no trabajar; **zorros** mpl utensilio para sacudir el polvo

zorronglón -glona adj ‖ mf (fam.) persona que obedece refunfuñando

zorruno -na adj perteneciente a la zorra

zorzal m ave canora que invierna en España (Turdus pilaris)

zote adj y mf bobo, ignorante, estúpido

zozobra f acción de zozobrar; congoja, inquietud

zozobrar tr hacer zozobrar; intr peligrar (la embarcación); estar cerca de perderse; afligirse mucho; irse a pique; ref irse a pique

zozobroso -sa adj afligido, lleno de inquietud

zuavo m soldado de un cuerpo de infantería creado en Argelia; soldado uniformado como el anterior

zubia f sitio por donde corre mucha agua

zucarino -na adj sacarino

zueco m zapato de madera de una pieza; zapato de cuero con suelo de corcho o madera

zulacar §72 tr ‖ **zulaque** m betún de estopa, cal y otras materias con que se tapan las juntas de cañerías y otras obras hidráulicas

zulú (pl: -lúes o -lús) adj ‖ mf individuo de un pueblo de raza negra del África austral; m (Cuba) tejido negro de algodón usado para vestido de luto

Zululandia f comarca de la Unión Sudafricana

zulla f planta leguminosa que sirve de pasto para el ganado (Hedysarum coronarium)

zullar ref (fam.) ventosear; (fam.) ensuciarse

zullenco -ca adj (fam.) que ventosea con frecuencia

zullón -llona adj ‖ mf (fam.) persona que ventosea con frecuencia; m (fam.) ventosidad

zumacar §72 tr adobar (las pieles) con zumaque

zumaque m arbusto abundante en tanino, que se emplea para curtir (Rhus); (fam.) vino de uva

zumaya f chotacabras; ave de rapiña (Syrnium aluco); ave zancuda de paso

zumba f cencerro grande; broma, chanza; tunda, zurra

zumbador -dora adj que zumba mucho; m (elec.) instrumento que abre y cierra rápidamente un circuito y que funciona mediante un electroimán, produciendo un zumbido

zumbar *tr* dar broma o chasco a; (fam.) dar (*un golpe, una bofetada, etc.*); *intr* hacer ruido continuado y bronco; (fam.) estar muy inmediatos (*p.ej., los cincuenta, la vejez*)

zumbel *m* cuerda para hacer bailar el peón

zumbido *m* ruido continuado y bronco; (fam.) golpe, porrazo; **zumbido de oídos** ruido subjetivo semejante al que produce el vuelo de un insecto, debido a una afección del oído

zumbo *m* zumbido

zumbón -bona *adj y mf* burlón

zumiento -ta *adj* que arroja zumo

zumo *m* líquido que se extrae de las hierbas, flores o frutas; utilidad, provecho; **zumo de cepas** o **de parras** (fam.) el vino

zumoso -sa *adj* que tiene zumo

zunchar *tr* ‖ **zuncho** *m* abrazadera o anillo de metal

zupia *f* poso del vino; vino turbio; líquido de mal aspecto y sabor; lo más inútil y despreciable de una cosa

zurcidor -dora *adj y mf* ‖ **zurcidura** *f* ‖ **zurcir** §36 *tr* coser (*una tela rota*) de manera que no quede señal; rellenar (*un agujero, una rotura*) con puntadas entrecruzadas; unir sutilmente; (fam.) combinar (*embustes, mentiras*) para dar apariencia de verdad

zurdo -da *adj* izquierdo; que usa de la mano izquierda con preferencia a la derecha; *f* mano izquierda

zurear *intr* hacer arrullos (*la paloma*) ‖ **zureo** *m*

zurito -ta *adj* (*paloma*) silvestre

zuro -ra *adj* zurito; *m* raspa de la mazorca del maíz

zurra *f* acción de zurrar las pieles; (fam.) paliza, tunda; (fam.) pendencia, riña

zurrapa *f* brizna o filamento que forma el poso de los líquidos; (fam.) cosa vil y despreciable; (fam.) muchacho feo y desgarbado

zurrapelo *m* (fam.) rapapolvo

zurrapiento -ta o **zurraposo -sa** *adj* (*vino u otro líquido*) que tiene zurrapas

zurrar *tr* curtir (*las pieles*); (fam.) castigar con azotes o golpes; (fam.) censurar con dureza; *ref* ensuciarse, hacer sus necesidades involuntariamente; (fam.) experimentar gran miedo; (Arg.) peerse sin ruido

zurriaga *f* látigo grueso

zurriagar §45 *tr* castigar con el zurriago

zurriagazo *m* golpe dado con el zurriago; desgracia inesperada; desdén de quien no se esperaba

zurriago *m* látigo grueso; correa con que se hace bailar la peonza

zurriar §76 *intr* zurrir

zurribanda *f* (fam.) paliza grande y repetida; (fam.) pendencia, riña

zurriburri *m* (fam.) sujeto vil y despreciable; (fam.) gente de malos procederes; (fam.) confusión, barullo

zurrido *m* sonido desagradable y bronco; (fam.) golpe dado con algo duro

zurrir *intr* producir un sonido desagradable y bronco

zurrón *m* bolsa grande de cuero de los pastores; cualquier bolsa de cuero; cáscara exterior de algunos frutos

zurrona *f* (fam.) mujer de mala vida y estafadora

zurullo *m* pedazo rollizo de materia blanda

zurupeto *m* (fam.) corredor de bolsa no matriculado; (fam.) intruso en la profesión notarial

zuzo *interj* ¡chucho!

zuzón *m* planta herbácea con flores amarillas (*Senecio vulgaris*)

ENGLISH INDEX

This English index is a door opening on a wide vista of the Spanish language. Use this door to enter the main part of the *Diccionario* and you will move into the heart of the Spanish language. Here, unlike English-Spanish dictionaries, everything is Spanish. Here you will find thousands of Spanish words, their meanings, their synonyms, and their inflections. Here you will find easy paths to an understanding and use of modern Spanish.

Be assured that all the Spanish words occurring in the index will be found in the *Diccionario*, many of them with more than one meaning. And the meaning you seek will be there.

It will be noticed that words belonging to the so-called International Scientific Vocabulary are often represented in this index by only one member of an associated group. Thus, for example, *bacteriology* is given but not *bacteriological* and *bacteriologist*. By turning to *bacteriología* in the *Diccionario* the user will readily find the Spanish equivalents of all these words grouped together.

Read the "Characteristics of This Dictionary" (page v) and see how easy and rewarding it is to take this new approach to Spanish.

ÍNDICE INGLÉS

Este índice inglés es una puerta que se abre hacia un amplio panorama del idioma español. Sírvanse de esta puerta para entrar en la parte principal del *Diccionario* y se encontrarán en el corazón mismo del idioma español. Aquí, a diferencia de los diccionarios de inglés-español, todo está en español. Aquí se encontrarán miles de voces españolas, sus acepciones, sus sinónimos y sus inflexiones. Aquí se encontrará un camino fácil para la comprensión y el uso del español moderno.

Téngase la seguridad de que todas las palabras españolas incluídas en el índice se hallarán en el *Diccionario* y muchas de ellas con más de una acepción. Y allí estará la acepción que se busque. Se debe observar que las palabras que pertenecen al llamado Vocabulario Científico Internacional se representan a menudo en este índice con un solo elemento de un grupo asociado. Así, por ejemplo, se consigna la palabra *bacteriology*, pero no *bacteriological* ni *bacteriologist*. Refiriéndose a la palabra *bacteriología* en el *Diccionario*, el usuario encontrará agrupadas las equivalentes españolas de todas estas palabras.

Léanse las "Características de este diccionario" (página viii) y se verá cuán fácil y útil resulta este nuevo enfoque del idioma español.

A

a *artículo indef* un
abandon *s* abandono; *tr* abandonar
abdicate *tr e intr* abdicar
abhor *tr* aborrecer
able *adj* capaz, hábil; to be able to poder
aboard *adv* a bordo
abode *s* domicilio, morada
abolish *tr* eliminar, suprimir, abolir
abominate *tr* abominar
abomination *s* abominación
abortion *s* aborto
abound *intr* abundar
about *adv* casi; *prep* acerca de; hacia
above *adv* arriba, encima; *prep* sobre, encima de
abreast *adv* — to keep abreast correr parejas
abridge *tr* abreviar
abroad *adv* al extranjero
abscess *s* absceso
absent *adj* ausente; *tr* — to absent oneself ausentarse
absinthe *s* ajenjo, absenta
absolutely *adv* absolutamente
absolve *tr* absolver
absorption *s* absorción
abstain *intr* abstenerse
abuse *s* abuso; injuria; *tr* abusar de; injuriar; maltratar
abyss *s* abismo
academician *s* académico
academy *s* academia
accede *intr* acceder; ascender
accelerate *tr* acelerar
accelerator *s* acelerador
accent *s* acento; *tr* acentuar
accept *tr* aceptar
accessory *adj* accesorio; *s* accesorio; cómplice
accident *s* accidente
accommodate *tr* acomodar; alojar, hospedar
accommodating *adj* servicial
accompaniment *s* acompañamiento
accompany *tr* acompañar
accomplice *s* cómplice
accomplish *tr* llevar a cabo, cumplir, realizar
accord *s* acuerdo; *intr* acordar, concordar
according *adj* acorde; according to según, conforme a

accordion *s* acordeón
account *s* cuenta
accountant *s* contador
accounting *s* contabilidad
accuracy *s* acierto, exactitud, precisión
accurate *adj* acertado; exacto, fiel
accuse *tr* acusar
accustomed *adj* acostumbrado
ace *s* as
ache *s* dolor; *intr* doler
acknowledge *tr* confesar, reconocer; (*receipt of a letter*) acusar; (*a favor*) agradecer
acorn *s* bellota
acquaintance *s* conocido, conocimiento
acquire *tr* adquirir
acronym *s* acrónimo
across *prep* a través de
act *s* acto; *intr* actuar
active *adj* activo
act of God *s* fuerza mayor
actor *s* actor
actress *s* actriz
actual *adj* real, verdadero
acute *adj* agudo
add *tr* agregar, añadir; sumar
addition *s* adición
address *s* dirección; *tr* dirigir
adhere *intr* adherir
adhesive tape *s* esparadrapo
adjective *s* adjetivo
adjoining *adj* colindante
administer *tr* administrar
admiral *s* almirante
admire *tr* admirar
admirer *s* admirador; enamorado
admission *s* admisión; precio de entrada
admit *tr* admitir
adolescent *adj y s* adolescente
adorable *adj* adorable
adultery *s* adulterio
advance *s* adelanto, avance; *tr e intr* adelantar, avanzar
advantage *s* ventaja
adventure *s* aventura
adverb *s* adverbio
adversary *s* adversario
advertise *tr* anunciar
advertisement *s* anuncio
advice *s* consejo

advise *tr* aconsejar; avisar
advocate *s* abogado; *tr* abogar por
aerial *s* antena
aeronaut *s* aeronauta
aerosol *s* aerosol
aesthetics *s* estética
affection *s* afecto, cariño; (*disease*) afección
affectionate *adj* afectuoso, cariñoso
afford *tr* proporcionar; to be able to afford poder permitirse, poder costear
affront *s* afrenta; *tr* afrentar
afraid *adj* asustado; to be afraid tener miedo
African *adj y s* africano
after *adv* después; *prep* después de; *conj* después de que
afternoon *s* tarde
again *adv* otra vez; to + *inf* + again volver a + *inf*
against *prep* contra
age *s* edad; siglo
agenda *s* temario
agent *s* agente
ago *adv* hace
agree *intr* ponerse de acuerdo
agreement *s* acuerdo, convenio
ahead *adv* delante; ahead of antes de; delante de
aid *s* ayuda; *tr* ayudar
aim *s* puntería; objeto, propósito; *tr* apuntar, encarar
air *adj* aéreo; *s* aire; *tr* airear, ventilar
air conditioning *s* aire acondicionado; clima artificial
air field *s* campo de aviación
air hostess *s* aeromoza, azafata
airlift *s* puente aéreo
air mail *s* correo aéreo
air-mail *adj* aeropostal
airman *s* aviador
airplane *s* avión
airplane carrier *s* portaaviones
air pocket *s* bache aéreo
airport *s* aeropuerto
airship *s* aeronave
aisle *s* pasillo; (*in a store*) nave
ajar *adj* entreabierto
akimbo *adv* — with arms akimbo en jarras
alarm *s* alarma; *tr* alarmar
alarm clock *s* despertador
algebra *s* álgebra
Algiers *s* Argel
alive *adj* vivo
all *adj* todo; *pron* todo; todos
alliance *s* alianza
allow *tr* dejar, permitir
almond *s* almendra
almond tree *s* almendro
almost *adv* casi
alms *s* limosna

alone *adj* solo; *adv* solamente
along *adv* conmigo, consigo, con él, etc.; *prep* a lo largo de
aloud *adv* alto
alphabet *s* alfabeto
already *adv* ya
also *adv* también
although *conj* aunque
always *adv* siempre
amass *tr* acumular; (*money*) amasar
amateur *s* aficionado
amaze *tr* asombrar
amazing *adj* asombroso
Amazon *s* Amazonas
ambassador *s* embajador
ambulance *s* ambulancia
American *adj y s* americano; norteamericano; estadounidense
amiable *adj* amable, bonachón
ammonia *s* amoníaco; agua amoniacal
ammunition *s* munición
among *prep* entre
amount *s* cantidad
ampere *s* amperio
amuse *tr* divertir, entretener; to be amused divertirse
amusement *s* diversión; (*in a circus*) atracción
amusing *adj* divertido
ancestor *s* antecesor, antepasado
anchor *s* áncora, ancla; *intr* ancorar, anclar
anchovy *s* anchoa
ancient *adj* antiguo
and *conj* y
Andalusian *adj y s* andaluz
andiron *s* morillo
angel *s* ángel
anger *s* cólera, enojo; *tr* encolerizar, enojar
angle *s* ángulo
Anglo-Saxon *adj y s* anglosajón
angry *adj* acalorado, enojado, airado
animal *s* animal
ankle *s* tobillo
ankle support *s* tobillera
announce *tr* anunciar
announcer *s* locutor
annoy *tr* fastidiar, molestar
another *adj y pron indef* otro
answer *s* contestación, respuesta; (*to a problem or puzzle*) solución; *tr* contestar
ant *s* hormiga
antibiotic *adj y s* antibiótico
antibody *s* anticuerpo
antifreeze *s* anticongelante
antimissile *adj* antiproyectil
Antwerp *s* Amberes
anvil *s* yunque
anxious *adj* ansioso, inquieto
any *adj indef* algún, cualquier; *pron indef* alguno, cualquiera; *adv* algo

anybody *pron indef* alguien; cualquiera

anything *pron indef* algo, alguna cosa

anywhere *adv* dondequiera

apartment *s* apartamiento, **piso**

apologize *intr* disculparse

apology *s* excusa

appear *intr* aparecer

appearance *s* apariencia; *(look of a new product)* presentación

appetite *s* apetito

apple *s* manzana

apple tree *s* manzano

appoint *tr* nombrar

appointment *s* cita; *(to a post)* designación

apportion *tr* prorratear

appreciate *tr* apreciar

appreciation *s* aprecio; agradecimiento; *(in value)* plusvalía

apprentice *s* aprendiz

approach *s* acercamiento; *intr* acercarse

appropriate *adj* apropiado; *tr* apropiarse

approve *tr* aprobar

approximately *adv* aproximadamente

apricot *s* albaricoque

apricot tree *s* albaricoquero

April *s* abril

apron *s* delantal; *(hanging from neck)* mandil

aquatic *adj* acuático

aqueduct *s* acueducto

Arab *adj y s* árabe

Arabic *adj y s* arábigo

Aragonese *adj y s* aragonés

arcade *s* arcada

arch *s* arco; *tr* abovedar

archangel *s* arcángel

archbishop *s* arzobispo

architect *s* arquitecto

area *s* superficie

Argentina *s* la Argentina

Argentine *adj* argentino; *s* argentino; la Argentina

argue *tr e intr* argüir, disputar

arise *intr* levantarse

Aristotle *s* Aristóteles

arithmetic *s* aritmética

arm *s* brazo; *(weapon)* arma; *tr* armar; *intr* armarse

armature *s* (elec.) armadura, inducido

armchair *s* sillón, butaca

armillary sphere *s* esfera armilar

armor plate *s* coraza, blindaje

armor-plate *tr* acorazar, blindar

army *adj* castrense; *s* ejército

around *adv* alrededor; *prep* alrededor de

arrange *tr* arreglar, disponer

arrest *s* arresto; *tr* arrestar

arrival *s* llegada

arrive *intr* llegar

arrow *s* flecha

art *s* arte

artichoke *s* alcachofa

article *s* artículo

articulate *tr* articular

artificial *adj* artificial

artist *s* artista

as *adv* tan; *conj* como

ash *s* ceniza; *(tree)* fresno

ashamed *adj* avergonzado; **to be ashamed** tener vergüenza

ash tray *s* cenicero

aside *adv* aparte; **aside from** además de; *s* aparte

ask *tr (to request)* pedir; *(to question)* preguntar; *intr* — **to ask for** *(to request)* pedir

askance *adv* de soslayo; **to look askance at** mirar de reojo

asleep *adj* dormido; **to fall asleep** dormirse

asparagus *s* espárrago

aspirin *s* aspirina

ass *s* asno

assassin *s* asesino

assemble *tr* juntar, reunir; *intr* juntarse, reunirse

assembly *s* asamblea

assistant *s* ayudante

associate *s* asociado; *tr* asociar; *intr* asociarse

assume *tr* arrogarse; suponer

assure *tr* asegurar

astonish *tr* asombrar, extrañar

astronaut *s* astronauta

astronomy *s* astronomía

at *prep* en

Athens *s* Atenas

athletic *adj* atlético; **athletics** *s* atletismo; deportes

Atlantic *adj y s* Atlántico

atmosphere *s* atmósfera

atom *s* átomo

atomic bomb *s* bomba atómica

attach *tr* atar, juntar; atribuir

attaché *s* agregado

attack *s* ataque; *tr* atacar, embestir

attempt *s* tentativa, intento; *tr* procurar, intentar

attend *tr* asistir a, presenciar

attendant *s* encargado

attention *s* atención

attitude *s* ademán, actitud

attract *tr* atraer; (fís.) solicitar

attribute *s* atributo; *tr* atribuir

auction *s* subasta; *tr* subastar

audience *s* auditorio

auditor *s* oyente; (com.) interventor

August *s* agosto

aunt *s* tía

Australian *adj y s* australiano

Austrian *adj y s* austríaco

authentic *adj* auténtico

author *s* autor
authoress *s* autora
authority *s* autoridad
automatic *adj* automático
automatic clutch *s* servoembrague
automation *s* automatización
automobile *s* automóvil
autopsy *s* autopsia
autumn *s* otoño
avail *tr* beneficiar; to avail oneself of valerse de
available *adj* disponible
avenue *s* avenida

average *s* promedio
aviation *s* aviación
aviation medicine *s* aeromedicina
avoid *tr* evitar
await *tr* esperar
awake *adj* despierto; *tr e intr* despertar
aware *adj* enterado; to become aware of darse cuenta de
away *adj* ausente; *adv* lejos; to go away irse
awful *adj* atroz
awkward *adj* desmañado, torpe

B

baby *s* bebé, criatura; (*youngest child*) benjamín
baby carriage *s* cochecillo
bachelor *s* (*holder of degree*) bachiller; soltero
back *adj* posterior; trasero; *adv* detrás; back of detrás de; *s* dorso; *tr* apoyar, respaldar
backswept wing *s* ala en flecha
bacon *s* tocino
bacteriology *s* bacteriología
bad *adj* malo
badly *adv* mal; con urgencia
bag *s* saco
baggage *s* equipaje
baker *s* panadero
balance *s* (*scales*) balanza; balance, equilibrio; resto; saldo; *tr* balancear, equilibrar
balcony *s* balcón; (*in theater*) galería
bald *adj* calvo
ball *s* bola, pelota
balloon *s* globo
ball-point pen *s* bolígrafo, pluma esferográfica
bamboo curtain *s* cortina de bambú
banana *s* banana, guineo, plátano
band *s* banda; música; (*of hat*) cintillo
bandage *s* venda; *tr* vendar
bandit *s* bandido
bank *s* banco; alcancía; ribera
banker *s* banquero
bankrupt *adj y s* bancarrotero
bankruptcy *s* bancarrota, quiebra
banquet *s* banquete; *tr e intr* banquetear
baptize *tr* bautizar
bar *s* bar; barra; behind bars entre rejas; *tr* abarrotar, barrear; estorbar; excluir
barber *s* barbero, peluquero
barbershop *s* barbería, peluquería

bargain *s* ganga; *intr* negociar
bargain counter *s* baratillo
bargain hunter *s* ganguero
bark *s* (*of tree*) corteza; (*of dog*) ladrido; *intr* ladrar
barrel *s* barril
basement *s* sótano
basin *s* palangana, jofaina; (*of river*) cuenca
basket *s* canasta, cesta
basketball *s* basket-ball, baloncesto
bassoon *s* bajón
bat *s* palo; (*flying mammal*) murciélago; *tr* batir
batch *s* (*of dough*) cochura; (*of papers*) lío
bath *s* baño
bathe *tr* bañar; *intr* bañarse
bathhouse *s* caseta
bathing suit *s* bañador
bathing trunks *spl* taparrabo
bathrobe *s* albornoz
bathroom *s* baño
bathtub *s* bañera
battalion *s* batallón
battery *s* batería; (*primary*) pila; (*secondary*) acumulador
battle *s* batalla
bay *s* bahía; *intr* aullar, ladrar
bazaar *s* bazar; (*for charity*) quermese
be *intr* ser; estar
beach *s* playa; *tr e intr* varar
bead *s* cuenta, abalorio
beam *s* rayo; viga; (*greatest breadth of ship*) manga; *tr* emitir
bean *s* haba; habichuela
bear *s* oso; bajista; *tr* llevar; aguantar
beard *s* barba
bearer *s* portador
bearing *s* porte, conducta, presencia; cojinete
beast *s* bestia
beast of burden *s* acémila

beat s golpe; latido; batimiento; tr golpear; batir; aventajar; intr latir

beautiful adj hermoso

beauty s belleza

because conj porque

become tr sentar bien; intr hacerse, volverse

bed s cama; to go to bed acostarse

bedbug s chinche

bedroom s alcoba, dormitorio

bedspread s cubrecama

bee s abeja

beech tree s haya

beef s carne de vaca

beefsteak s biftec, bistec

beehive s colmena

beer s cerveza

beet s remolacha

beetle s escarabajo

before adv delante; antes; prep delante de; ante; antes de; conj antes de que

beg tr rogar, solicitar; intr mendigar

beget tr engendrar

beggar s mendigo

begin tr e intr comenzar, empezar; beginning with a partir de; to begin to ponerse a

beginner s principiante, novicio

beginning s comienzo, principio

behave intr conducirse

behavior s conducta, comportamiento

behead tr descabezar

behind adv detrás; prep detrás de

being s ser, ente

belch s eructo; intr eructar

belfry s campanario

Belgian adj y s belga

Belgium s Bélgica

belief s creencia

believe tr creer

bell s campana; campanilla; timbre

bellboy s botones

bellgable s espadaña

bellglass s fanal

belligerent adj y s beligerante

bellow s bramido; bellows spl fuelle; intr bramar

bellwether s manso

belly s barriga, vientre

belong intr pertenecer

below adv abajo; prep debajo de

belt s cinturón

bench s banco

bend s curva; recodo; tr encorvar

beneath adv abajo; prep debajo de

benediction s bendición

benefactor s bienhechor

beneficial adj beneficioso

benefit s beneficio; tr beneficiar

benevolent adj benéfico; benévolo

benign adj benigno

benzine s bencina

bequeath tr legar

bequest s legado

bereavement s desconsuelo, aflicción

berry s baya, haba, grano

berth s litera; amarradero

besides adv además; prep además de

best adj y adv mejor

bet s apuesta; tr apostar

Bethlehem s Belén

betray tr traicionar

betrayal s traición

better adj y adv mejor; tr mejorar

between prep entre

beware interj ¡ojo!

bewilder tr aturdir, confundir

bib s babador

Bible s Biblia

biblical adj bíblico

bibliography s bibliografía

bicarbonate s bicarbonato

bid s oferta; postura; tr ofrecer; pujar

bier s féretro, andas

big adj grande

bigot s intolerante

bile s bilis

bill s cuenta; billete; (of bird) pico

billboard s cartelera

billiards s billar

bind tr atar, ligar; (a wound) vendar; (a book) encuadernar

binding s encuadernación

binding post s borne

binoculars spl prismáticos

biochemistry s bioquímica

biography s biografía

biology s biología

biophysics s biofísica

birch s abedul

bird s ave, pájaro

birth s nacimiento

birthday s cumpleaños

birthplace s suelo natal

birth rate s natalidad

bishop s obispo; (in chess) alfil

bison s bisonte

bit s freno; pizca; bocado

bite s tentempié; picadura; tr morder; picar

bitter adj amargo; (intense) encarnizado

biweekly adj bisemanal

bizarre adj extravagante

black adj y s negro

blackboard s encerado, pizarra

black lead s plombagina

blackmail s chantaje

black market s estraperlo, mercado negro

blackout s apagón

bladder s vejiga

blade s hoja; (of propeller) aleta

blame s culpa; tr culpar

blanket s manta

blasphemy s blasfemia
blast s ráfaga; toque; voladura; tr volar
blast furnace s alto horno
blaze s llamarada; intr encenderse; resplandecer
bleat s balido; intr balar
bleed tr e intr sangrar
blend s mezcla, combinación; tr mezclar, combinar; intr mezclarse, combinarse
bless tr bendecir
blessing s bendición
blight s roya; plaga, infortunio
blind adj ciego; s estor, transparente; (person who shields another) pantalla; tr cegar; (to dazzle) deslumbrar
blind alley s callejuela sin salida
blindness s ceguedad
blink s guiñada; tr e intr guiñar
blip s bache
bliss s bienaventuranza
blister s ampolla
blitzkrieg s guerra relámpago
blizzard s ventisca
bloated adj vultuoso
block s bloque; (of houses) manzana
blockade s bloqueo; tr bloquear
blonde adj rubio; s rubia
blood s sangre
blood bank s banco de sangre
bloodhound s sabueso
blood pudding s morcilla
bloodthirsty adj sanguinario
bloody adj sangriento
bloom intr florecer
blossom s pimpollo, brote; flor; intr brotar
blot s borrón; tr borrar, emborronar
blotting paper s papel secante
blouse s blusa
blow s golpe; tr e intr soplar
blowout s reventón
bludgeon s cachiporra; tr aporrear
blue adj y s azul
blueprint s cianotipia; tr copiar a la cianotipia
bluestocking s marisabidilla
blunder s patochada; intr desatinar, disparatar
blur tr empañar, velar
blush s rubor, sonrojo; intr ruborizarse
boar s verraco; (wild boar) jabalí
board s tabla; junta
boarder s huésped; interno
boarding house s pensión
boast s jactancia; intr jactarse; to boast of picarse de
boastful adj jactancioso
boat s barco, buque
boat race s regata

bobbin s carrete
body s cuerpo; carrocería
Bohemian adj y s bohemio
boil s divieso; tr herventar; intr hervir
boiler s caldera; termosifón
boisterous adj bullicioso, ruidoso
bold adj audaz, osado
boldness s audacia, osadía
Bolivian adj y s boliviano
Bolshevik adj y s bolchevique
bolster s travesaño; tr apoyar; alentar
bolt s perno; pestillo, cerrojo; rayo; tr empernar; cerrar con cerrojo
bomb s bomba; tr bombardear, bombear
bombard tr bombardear
bombastic adj ampuloso
bomb crater s embudo
bond s enlace, vínculo; obligación
bondholder s obligacionario
bone s hueso, (of fish) espina
boner s patochada
bonfire s hoguera
book s libro
bookkeeper s tenedor de libros
bookkeeping s teneduría (de libros)
bookmark s registro
bookplate s ex libris
bookstand s atril
bookstore s librería
boom s estruendo; (sudden rise in prosperity) auge; intr tronar
boor s patán
boost s empujón hacia arriba; alza; tr empujar hacia arriba; (prices) alzar
boot s bota
bootblack s limpiabotas
booth s quiosco; (to house public telephone) cabina; (at a fair) puesto
bootlicker s quitamotas, lavacaras
booty s botín, presa
border adj fronterizo; s frontera; tr ribetear, intr confinar
bore s fastidio; (person) machaca; (of a cylinder) alesaje; tr taladrar; aburrir
boring adj aburrido, cansado
born adj nacido; to be born nacer; to be born again renacer
borrow tr tomar prestado
boss s mandamás; (of workmen) capataz, (in politics) cacique
botany s botánica
botch s chapucería; tr chapucear
both adj y pron indef ambos
bother s molestia, incomodidad; tr molestar, incomodar; intr molestarse
bothersome adj molesto, incómodo
bottle s botella; (for babies) biberón
bottleneck s embotellamiento
bottle opener s abrebotellas
bottom s fondo

boudoir s tocador
bough s rama
bouillon s caldo
boulevard s bulevar
bounce s bote; tr hacer botar; intr botar
boundary s frontera, límite
bountiful adj generoso; copioso, abundante
bouquet s ramillete; (of wine) buqué, nariz
bow s reverencia; arco; lazo; proa; tr inclinar; intr inclinarse
bowels spl intestinos, vientre
bowl s escudilla; jofaina
bowlegged adj estevado
bowling s bolos, boliche
bowling alley s bolera
bowsprit s bauprés
box s caja; tr encajonar; intr boxear
boxer s boxeador
box office s contaduría
boy s muchacho
boycott s boicot; tr boicotear
boy scout s explorador
brace s riostra, tirante; (in printing) corchete
bracelet s brazalete, pulsera
bracket s ménsula
brag s jactancia; intr jactarse
braggart s fanfarrón
braid s galón, pasamano
brain s cerebro
brainy adj sesudo, inteligente
brake s freno; tr frenar
brakeman s guardafrenos
bramble s zarza, frambueso
bran s afrecho, salvado
branch s rama; ramo
branch office s sucursal
brand s clase, género, especie; marca (de fábrica); tr herrar, motejar, tiznar
brandy s aguardiente
brass s latón
brass band s charanga
brass hat s espadón
brassière s portasenos, sostén
brave adj bravo, valiente
brawny adj musculoso
bray s rebuzno; intr rebuznar
brazen adj descarado, desvergonzado
Brazil s el Brasil
Brazilian adj y s brasileño
bread s pan
breadth s anchura
break s romper, quebrantar
breakdown s avería, pana; (in nego-tiations) ruptura; (of health) colapso
breakfast s desayuno; intr desayunar, desayunarse
break of day s amanecer
breakwater s rompeolas

breast s pecho, seno; (of chicken) pechuga
breastbone s esternón
breath s aliento, respiración
breathe tr e intr respirar
breed s casta, raza; tr criar
brewery s cervecería
bribe s soborno; tr sobornar
brick s ladrillo
brick ice cream s queso helado
bride s novia
bridegroom s novio
bridge s puente
brief adj breve
brief case s cartera
brigand s bandolero
bright adj brillante, claro; inteligente
brilliant adj brillante
brim s borde, labio
brimstone s azufre
brine s salmuera
bring tr traer; acarrear; to bring down abatir
brink s borde, margen
bristle s cerda; (of cloth) pelusa
Britisher s británo
British Isles spl Islas Británicas
broach s espetón; tr espetar; hacer mención de
broad adj ancho; lato
broadcast s audición; radiodifusión; tr radiodifundir
broaden tr ensanchar
brocade s brocado
broccoli s brécol
brochure s folleto
broil tr asar a la parrilla
broker s corredor
brokerage s corretaje
bromide s bromuro; perogrullada
bromine s bromo
bronchial adj bronquial
bronze s bronce; tr broncear
brooch s broche
brood s camada, cría; nidada; tr empollar; intr enclocar; to brood over meditar con tristeza
brook s arroyo
broom s escoba
broth s caldo; (culture medium) caldo de cultivo
brother s hermano
brother-in-law s cuñado; concuñado
brown adj y s pardo, moreno
bruise s contusión; tr contundir
brush s cepillo; tr acepillar
brush-off s desaire
brushwood s broza
Brussels s Bruselas
Brussels sprouts spl col de Bruselas
bubble s burbuja; intr burbujear; to bubble over rebosar
bucket s balde; (of a well) pozal

buckle *s* hebilla; *tr* abrochar; *intr* pandear
bud *s* botón; *intr* abotonar
Buddhism *s* budismo
budge *intr* bullirse
budget *s* presupuesto
buffet *s* aparador
buffoon *s* bufón
buffoonery *s* bufonada
bug *s* sabandija, insecto
bugle *s* corneta
build *s* talle; *tr* construir, edificar
building *s* edificio
building lot *s* solar
bulb *s* bulbo; bombilla, ampolla
Bulgarian *adj y s* búlgaro
bulge *s* protuberencia; *intr* pandearse; to make bulge abombar
bulk *s* bulto; mole; in bulk a granel; *intr* abultar
bulkhead *s* mamparo
bulky *adj* abultado
bull *s* toro; alcista
bulldog *s* dogo
bullet *s* bala
bulletin *s* boletín; anuncio
bullfight *s* toros, corrida de toros
bullfighting *s* toreo
bull ring *s* plaza de toros
bully *s* bravucón, matón
bulrush *s* junco
bulwark *s* baluarte
bum *s* holgazán, vagabundo, sablista; *intr* holgazanear, vagabundear, mendigar
bumblebee *s* abejorro
bump *s* chichón; choque; *tr* topar *intr* chocar
bumper *s* parachoques
bunch *s* manojo; racimo
bundle *s* paquete; (*of papers*) legajo; (*of wood, grass, etc.*) haz
bung *s* bitoque, piquera
bungle *s* chapucería; *tr e intr* chapucear
bunion *s* juanete
buoy *s* boya
burden *s* carga, peso; (*of a poem*) estribillo; *tr* cargar

burglar *s* ladrón
burial *s* entierro
burlap *s* harpillera
burlesque *s* parodia; music-hall; *tr* parodiar
burn *s* quema; *tr* quemar; inflamar; to burn out fundir; *intr* quemarse, arder
burnish *tr* bruñir
burnoose *s* albornoz
bury *tr* enterrar
bush *s* arbusto
bushing *s* buje, tejuelo
bushy *adj* espeso, tupido
business *s* negocios; empleo
businessman *s* comerciante
business reply card *s* respuesta comercial
bust *s* busto; reventón; *tr e intr* reventar
bustle *s* alboroto, bullicio; *intr* — to bustle around andar al retortero
busy *adj* ocupado
busybody *s* metemuertos, buscavidas
busy signal *s* señal de ocupado
but *conj* pero
butcher *s* carnicero
butcher shop *s* carnicería
butler *s* mayordomo; despensero
butter *s* mantequilla
butterfly *s* mariposa
buttocks *spl* nalgas
button *s* botón; *tr* abotonar
buttonhole *s* ojal; *tr* detener con conversación
buttonhook *s* abotonador
buttress *s* contrafuerte; *tr* apoyar, reforzar
buxom *adj* frescachón, rollizo
buy *tr* comprar
buzz *s* zumbido; *intr* zumbar
buzzard *s* alfaneque
buzzer *s* zumbador
by *prep* por; (*a certain hour, day, etc.*) para
byproduct *s* subproducto
bystander *s* circunstante, asistente
Byzantine *adj y s* bizantino
Byzantium *s* Bizancio

C

cab *s* taxi
cabaret *s* cabaret
cabbage *s* berza, col
cab driver *s* cochero; taxista
cabin *s* barraca, cabaña; cabina, camarote

cabinet *s* escaparate; gabinete
cabinetmaker *s* ebanista
cabinetwork *s* ebanistería
cable *s* cable; cablegrama; *tr* cablegrafiar
cabstand *s* punto, parada de coches

cadet s cadete
Caesar s César
café s café, restaurante; bar
cafeteria s cafetería
cage s jaula; tr enjaular
cajole tr camelar, halagar
cake s pastelillo, torta
calcium s calcio
calendar s calendario
calf s ternero, ternera; (of leg) pantorrilla
caliber s calibre
caliph s califa
call s llamada; visita; tr llamar; intr—to call on visitar
callboy s (in hotel) botones; (in theater) traspunte
callous adj calloso; duro, insensible
call to arms s llamada
calm adj tranquilo; s calma; tr calmar
calumny s calumnia
calvary s humilladero
Calvary s Calvario
Calvinism s calvinismo
cam s leva
camel s camello
cameo s camafeo
camera s cámara
cameraman s camarógrafo
camp s campamento; intr acampar
campaign s campaña
camp follower s vivandero
camphor s alcanfor
campstool s catrecillo
can s lata; tr enlatar; aux puedo, puedes, etc. (see poder)
Canada s el Canadá
Canadian adj y s canadiense
canal s canal
canary s canario
cancel tr cancelar, suprimir; matasellar
cancer s cáncer
candidacy s candidatura
candidate s candidato; (for a diploma) graduando
candle s bujía, candela, vela
candlestick s palmatoria
candy s bombones, dulces
cane s bastón; caña; (for chair seats) rejilla
canned goods spl conservas (alimenticias)
cannibal s caníbal
cannon s cañón
canoe s canoa
canon s canon; canónigo
can opener s abrelatas
canopy s dosel; pabellón
canteen s cantina; (flask) cantimplora
canvas s lona; (sails) velaje; (painting) lienzo
canvass s escrutinio, pesquisa; (of

votes) solicitación; tr escudriñar, pesquisar; solicitar
canyon s cañón
cap s gorra; (of bottle) cápsula
capable adj capaz, hábil
capacity s capacidad
cape s capa, esclavina; cabo
caper s cabriola; travesura; alcaparra
capital s capital; (letter) mayúscula
capital punishment s último suplicio, pena de muerte
capitulate intr capitular
caprice s capricho, veleidad
capricious adj caprichoso
capstan s cabrestante
capsule s cápsula
captain s capitán; tr capitanear
captivate tr cautivar, fascinar
captive adj y s cautivo
captivity s cautiverio
capture s captura, presa, toma; tr capturar, apresar, tomar; (someone's affection) captar
car s coche
carafe s garrafa
carat s quilate
caravan s caravana
caraway seeds spl alcaravea
carbide s carburo
carbon s (quím.) carbono; (elec.) carbón
carboy s bombona
carburetor s carburador
card s tarjeta; carta, naipe
cardboard s cartón
card case s tarjetero
cardiac adj y s cardíaco
cardigan s rebeca
card index s tarjetero, fichero
cardsharp s tahúr, fullero
care s cuidado; esmero; custodia; intr interesarse, preocuparse
career s carrera
carefree adj despreocupado, jacarandoso
careful adj cuidadoso, esmerado
careless adj descuidado
caress s caricia; tr acariciar
caretaker s custodio, guardián; portero
cargo s cargamento
Caribbean adj caribe
caricature s caricatura
carnage s carnicería, mortandad
carnation s clavel
carnival s espectáculo de atracciones, verbena; carnaval
carol s villancejo
carom s carambola
carouse intr jaranear, emborracharse
carpenter s carpintero
carpet s alfombra; tr alfombrar
carriage s carruaje

carrion s carroña
carrot s zanahoria
carrousel s tiovivo, caballitos
carry tr llevar
cart s carreta; tr acarrear
carte blanche s carta blanca
cartel s cartel
cartoon s caricatura
cartridge s cartucho
cartridge belt s canana, cartuchera
carve tr (wood, stone) tallar; (meat) trinchar
carving knife s trinchante
car washer s lavacoches
caryatid s cariátide
case s caso; just in case por si acaso
cash s dinero contante; tr cobrar
cashew s anacardo
cashier s cajero
cash register s caja registradora
cask s pipa, casco
casket s (for jewelry) estuche; (coffin) ataúd
casserole s cacerola
cassock s sotana
cast s (teat.) reparto; tr echar, lanzar; (a shadow) proyectar; (metal) fundir, vaciar
castanet s castañuela
caste s casta
caster s frasco; angarillas
Castile s Castilla
Castilian adj y s castellano
cast iron s hierro colado, fundición
castle s castillo; (in chess) torre, roque; intr enrocar
casualty s accidente; accidentado, víctima; (in war) baja
cat s gato
Catalan adj y s catalán
catalogue s catálogo; tr catalogar
Catalonia s Cataluña
catapult s catapulta
cataract s catarata
catarrh s catarro
catastrophe s catástrofe
catch tr asir, coger; sorprender
category s categoría
caterpillar s oruga
caterpillar tractor s tractor oruga
cathedral s catedral
Catholic adj y s católico
cattail s anea, espadaña
cattle s ganado; cabaña
cattle raising s ganadería
cauliflower s coliflor
caulk tr calafatear
cause s causa; (person) causante; tr causar
caution s cautela; tr advertir
cautious adj cauteloso, cauto
cave s cueva; intr — to cave in derrumbarse, hundirse

cease intr cesar, dejar
cease fire s cese de fuego
ceaseless adj incesante
cedar s cedro
ceiling s techo, cielo raso
celebrate tr e intr celebrar
celebrity s celebridad
celery s apio
celibacy s celibato
cell s célula; (in a jail) celda
cellar s sótano
cello s violoncelo
celluloid s celuloide
cement s cemento
cemetery s cementerio
census s censo
cent s centavo
center adj central; s centro; tr centrar
center piece s ramillete
centimeter s centímetro
Central America s Centro América
Central American adj y s centroamericano
century s siglo
ceramic adj cerámico
cereal adj y s cereal
ceremony s ceremonia
certain adj cierto
certificate s certificado
certify tr certificar
chain s cadena; tr encadenar
chair s silla
chair lift s telesilla
chairman s presidente
chair rail s guardasilla
chalk s tiza
challenge s desafío; tr desafiar, retar
chamois s gamuza
champagne s champaña
champion s campeón
chance s oportunidad; riesgo; acaso
chandelier s araña
change s cambio; suelto; vuelta; tr e intr cambiar, mudar
change of life s menopausia
channel s canal; tr acanalar; canalizar
chaos s caos
chaotic adj caótico
chapel s capilla
chaperon s señora de compañía
chapter s capítulo
character s carácter
characteristic adj característico; s característica
characterize tr caracterizar
charge s carga; cargo; tr cargar; cobrar
chargé d'affaires s encargado de negocios
charity s caridad
charm s hechizo; amuleto; tr hechizar
charming adj encantador
charter s carta

chassis s chasis
chastity s castidad
chat s charla, plática; intr charlar, platicar
chatterbox s tarabilla, charlador
cheap adj y adv barato
cheapen tr abaratar
check s cheque; tr refrenar; trabar; verificar; facturar; (in chess) jaquear
checkers s damas
checkmate s jaque mate
cheek s mejilla; descaro
cheer s alegría; tr alegrar
cheerful adj alegre
cheese s queso
chemistry s química
cherish tr acariciar
cherry s cereza
cherry tree s cerezo
chess s ajedrez
chest s arca, cajón; pecho
chestnut s castaña
chestnut tree s castaño
cheval glass s psique
chicken s pollo
chicken pox s varicela
chickpea s garbanzo
chicory s achicoria
chide tr reprender
chief s jefe; (of Indians) cacique
chignon s moño, castaña
child s niño, hijo
childbirth s alumbramiento, parto
Chilean adj y s chileno
chill s frialdad; calofrío; tr enfriar
chime s carillón
chimera s quimera
chimney s chimenea
chimney sweep s limpiachimeneas
chimpanzee s chimpancé
chin s barba, mentón
china s china, porcelana
China s la China
Chinese adj y s chino
chip s astilla; (in poker) ficha; to be a chip off the old block saber a la madera; intr saltar, desprenderse, desconcharse
chiropody s quiropodia
chisel s escoplo; tr escoplear
chivalrous adj caballeroso
chivalry s caballería; caballerosidad
chloride s cloruro
chlorine s cloro
chloroform s cloroformo; tr cloroformizar
chlorophyll s clorofila
chocolate s chocolate
choice adj selecto; s selección
choir s coro
choke tr estrangular, sofocar
cholesterol s colesterol

choose tr escoger
chop s corte; chuleta; tr cortar, tajar
chopping block s tajo
chord s cuerda; (mús.) acorde
chore s faena, tarea, quehacer
chorus girl s corista
Christian adj y s cristiano
Christianity s cristianismo
Christmas adj navideño; s Navidad
Christmas card s christmas
Christmas carol s villancico
Christmas eve s nochebuena
Christmas gift s aguinaldo
chronic adj crónico
chronicle s crónica
chronicler s cronista
chrysanthemum s crisantemo
chubby adj rechoncho
chum s compinche
church s iglesia
Cicero s Cicerón
cider s sidra
cigar s puro, cigarro
cigarette s cigarrillo, pitillo
cigarette case s pitillera
cigarette holder s boquilla
cinnamon adj acanelado; s canela
cipher s cifra
circle s círculo
circuit s circuito
circular adj y s circular
circulate tr e intr circular
circumference s circunferencia
circumstance s circunstancia
citizen s ciudadano
citrus fruit s agrios
city s ciudad
city hall s casa consistorial, ayuntamiento
city limits spl casco (urbano)
city planner s urbanista
civilian s paisano
civilization s civilización
clam s almeja
clap s palmada; trueno; intr palmotear
claptrap s faramalla; (of actor) latiguillo
clarify tr aclarar, clarificar
clasp s broche; tr abrazar; abrochar
class s clase
clay s arcilla
clean adj limpio; tr limpiar
cleaner s quitamanchas
clear adj claro; (cloudless) despejado; tr aclarar; intr aclarar, abonanzar
clearing s roza; claro; compensación
clear-sighted adj perspicaz
clerk s dependiente; oficinista
click s tecleo; (of heels) taconeo
cliff s acantilado, risco
climate s clima
climb s trepa; subida; tr e intr trepar; subir

clip s abrazadera; broche
cloak s capote
clock s reloj
clodhopper s destripaterrones
cloister s claustro; tr enclaustrar
close adj cercano; tr cerrar
closed car s conducción interior
closet s armario
cloth s tela, paño
clothe tr vestir; trajear; clothes spl ropa, vestidos
clothespin s pinza
clothing s ropa, vestido
cloud s nube; tr anublar
clover s trébol
clown s payaso
club s porra; club; tr aporrear
clutch s garra; (of automobile) embrague
coach s coche; entrenador; tr aleccionar; entrenar
coal s carbón
coalyard s carbonería
coarse adj basto, burdo; grosero
coast s costa
coat s americana, saco; abrigo; (e.g., of paint) capa, mano
coat hanger s percha
cobweb s telaraña
cock s gallo; espita, grifo
cocktail s coctel
cocktail party s coctel
cocktail shaker s coctelera
coconut s coco
cocoon s capullo
code s código
codfish s bacalao
coffee s café
coffee grinder s molinillo de café
coffin s ataúd
cog s diente
cognac s coñac
coil s rollo; carrete; (of still) serpentín; (of hair) rizo; tr enrollar
coin s moneda; tr acuñar, amonedar
cold adj y s frío; to be cold hacer frío; tener frío; to catch cold resfriarse
cold blood s sangre fría
cold war s guerra fría
collar s cuello; collar
collarbone s clavícula
collection s colección; (of taxes) recaudación; (of mail) recogida; (of gifts for charity) colecta
college s colegio universitario
cologne s colonia, agua de Colonia
colonel s coronel
colony s colonia
color s color; tr colorar
colt s potro
Columbus s Colón
columnist s columnista
comb s peine; tr peinar

combat s combate; tr e intr combatir
combination s combinación
combine tr combinar
come intr venir; come in! ¡adelante!; to come out salir; (in society) ponerse de largo
comedy s comedia
comet s cometa
comfort s confort
comfortable adj cómodo, confortable
comfort station s quiosco de necesidad
comical adj cómico
comics spl tiras cómicas
command s mandato; comando; tr mandar; comandar
commerce s comercio
commit tr entregar, confiar; cometer
committee s comité
common adj común
communicate tr e intr comunicar
communion s comunión
communiqué s comunicado, parte
communist adj y s comunista
commuter s abonado (al ferrocarril)
company s compañía
compare tr comparar
comparison s comparación
compass s brújula; compás
competition s competición; (in business) concurrencia
complexion s tez
compliment s cumplido, cumplimiento; tr cumplimentar
composition s composición
compound adj y s compuesto; tr componer; (interest) capitalizar
compute tr computar
conceited adj engreído, vanidoso
concern s inquietud; compañía, empresa; tr atañer, concernir; inquietar
concert s concierto
conclude tr concluir
concrete adj concreto; s hormigón
condescension s dignación
condition s condición; tr acondicionar
confinement s encierro; sobreparto
conflict s conflicto
confuse tr confundir
congratulation s enhorabuena, felicitación
congregate tr congregar; intr congregarse
congress s congreso; diputación
conquer tr conquistar, vencer
conquest s conquista
conscience s conciencia
conscientious adj concienzudo
conscious adj consciente
consciousness s conciencia
consider tr considerar
consist intr consistir; to consist of consistir en, constar de

consistent *adj* consecuente
consonant *s* consonante
constipated *adj* estreñido
constipation *s* estreñimiento
constitution *s* constitución
consul *s* cónsul
consulate *s* consulado
contact *s* contacto
contagion *s* contagio
contain *tr* contener
container *s* envase
content *adj* contento; *s* contenido
continent *s* continente
continue *tr e intr* continuar
contract *s* contrato; *tr* contraer; *intr* contraerse
contrail *s* rastro de condensación
contribute *tr e intr* contribuir
conundrum *s* acertijo, adivinanza
convenient *adj* cómodo
convent *s* convento (de religiosas)
convoy *s* convoy, conserva; *tr* convoyar
cook *s* cocinero; *tr* cocer, guisar
coöperate *intr* cooperar
cop *s* polizonte
copper *s* cobre
copy *s* copia; (*e.g., of a book*) ejemplar; (*for printer*) original; *tr* copiar
Corinth *s* Corinto
cork *adj* corchoso; *s* corcho; tapón
corkscrew *s* tirabuzón, sacacorchos
corn *s* maíz; (*on the skin*) callo
corner *s* esquina, rincón; (*e.g., of the lips*) comisura; *tr* arrinconar; acaparar
corn liquor *s* chicha
corporation *s* corporación
correct *adj* correcto; *tr* corregir
Corsica *s* Córcega
Corsican *adj y s* corso
cortisone *s* cortisona
cosmetic *adj y s* cosmético
cost *s* costo; *tr* costar
Costa Rican *adj y s* costarriqueño
costume jewelry *s* bisutería
cot *s* catre
cotton *s* algodón
couch *s* canapé, sofá
could *aux* pude, podía; podría (see poder)
council *s* consejo
counsel *s* consejo; *tr* aconsejar; *intr* aconsejarse
count *s* conde; cuenta; recuento; *tr e intr* contar; to count on contar con
countenance *s* semblante
counterfeit *tr* contrahacer
country *adj* campestre; *s* campo; país; patria
couple *s* par, pareja; *tr* juntar, unir
coupon *s* cupón

course *s* curso; asignatura; rumbo; of course desde luego, por supuesto
court *s* corte; tribunal; patio; *tr* cortejar
courteous *adj* cortés
court plaster *s* esparadrapo
cousin *s* primo
cover *s* cubierta; tapa; *tr* cubrir; tapar
cow *s* vaca; *tr* acobardar
crab *s* cangrejo
crack *s* grieta; crujido; *tr* agrietar; romper; *intr* agrietarse; crujir; to crack up estrellarse
cradle *s* cuna
cramp *s* calambre; cramps *spl* retortijón de tripas
crane *s* garza; grulla; (*lifting device*) grúa
crank *s* manivela; maniático
crash *s* fracaso, desplome; crac; *intr* fracasar, desplomar; estrellarse
crate *s* jaula
crave *tr* anhelar, ansiar
crazy *adj* loco
cream *s* crema, nata
crease *s* arruga, pliegue; *tr* arrugar, plegar
creature *s* criatura
credit *s* crédito; *tr* acreditar; abonar
creditor *s* acreedor
creep *intr* arrastrarse, gatear
crew *s* tripulación, dotación
crew member *s* tripulante
crime *s* crimen, delito
crocodile *s* cocodrilo
crop *s* cosecha
crop dusting *s* aerofumigación
cross *adj* transversal; malhumorado; *s* cruz; *tr* cruzar, atravesar
cross-eyed *adj* bisojo, bizco
crossroads *s* cruce, encrucijada
crossword puzzle *s* crucigrama
crouch *intr* agacharse
crowd *s* gentío, multitud
crown *s* corona; *tr* coronar
cruet stand *s* vinagreras
cruise *s* crucero; *intr* cruzar
cruising radius *s* autonomía
crusade *s* cruzada
crusader *s* cruzado
crutch *s* muleta
cry *s* grito; lloro; *intr* gritar; llorar
crybaby *s* llorón; lloraduelos
crypt *s* cripta
crystal *s* cristal
cub *s* cachorro
Cuban *adj y s* cubano
cuckoo *s* cuclillo
cucumber *s* pepino
cuff *s* puño
cuff links *spl* gemelos
cultivate *tr* cultivar
culture *s* cultura

cup s taza
cupboard s alacena, aparador
curb s encintado; tr contener, refrenar
cure s cura, curación; tr curar
cure-all s sanalotodo
curfew s queda
curl s bucle, rizo; tr rizar; intr rizarse
currant s grosella; grosellero
current adj y s corriente
current events spl actualidad
curtain s cortina; telón
curve s curva; tr encorvar; intr encor-
varse
cushion s cojín

custard s flan
custom s costumbre
customer s cliente, parroquiano
customhouse adj aduanero; s aduana
cut s corte; cuchillada; tr cortar
cybernetics s cibernética
cycle s ciclo; bicicleta; (of a motor)
tiempo
cylinder s cilindro
Cyprus s Chipre
czar s zar
Czechoslovak adj y s checoslovaco
Czechoslovakia s Checoslovaquia

D

dagger s puñal
dairy s lechería
daisy s margarita
dam s presa, dique; tr represar, embalsar
damage s daño; tr dañar
damp adj húmedo
dance s baile; tr e intr bailar
dandruff s caspa
Dane s danés, dinamarqués
danger s peligro
Danish adj y s danés, dinamarqués
dapper adj apuesto
dare tr retar; intr atreverse, osar
dark adj obscuro; trigueño, moreno
darn tr zurcir
dash s arranque; (of water) rociada;
(spirit) brío, pujanza; (mark in
punctuation) raya; tr arrojar, lanzar;
intr precipitarse
dashing adj brioso, pujante
date s fecha; cita; dátil; tr fechar,
datar
daub tr embadurnar, pintorrear
daughter s hija
daughter-in-law s nuera
dawn s e intr amanecer
day s día
dead adj muerto
deaf adj sordo
deafen tr asordar
deafness s sordera
deal s trato, negocio; tr (a blow)
asestar; (cards) dar
dean s decano
dear adj (expensive) caro; (beloved)
querido
death s muerte
death rate s mortalidad
debt s deuda
debtor s deudor

decade s decenio
deceive tr engañar
December s diciembre
decide tr e intr decidir
deck s (of cards) baraja; (of ship)
cubierta
deed s acto, hecho; (feat) hazaña,
proeza
deep adj profundo
deer s venado
defeatism s abandonismo
defend tr defender
defense s defensa
defer tr aplazar, diferir
deferential adj deferente
definite adj definido
delay s tardanza; tr retrasar; intr
tardar
delicate adj delicado
delicatessen s colmado
delight s deleite; tr deleitar
delinquent adj (in payment) moroso
deliver tr entregar; librar; (mail)
distribuir
delivery s entrega; (of mail) distribución
democracy s democracia
demolish tr demoler
demonstration s demostración; (public show of feeling) manifestación
Demosthenes s Demóstenes
Denmark s Dinamarca
dent s abolladura; tr abollar; intr
abollarse
dentist s dentista
deny tr negar
depart intr salir, partir
departure s salida
dependent s carga de familia
deposit s depósito; (down payment)
señal; tr depositar

depth s profundidad
deputy s diputado
descend intr descender, bajar
describe tr describir
desert s desierto; merecido; tr e intr desertar
deserter s desertor, tornillero
desire s deseo; tr desear
desk s escritorio, pupitre; (where bills are paid in a hotel) caja
desk clerk s cajero
despair s desesperación; intr desesperarse
dessert s postre
destalinization s destalinización
destine tr destinar
destiny s destino
destroy tr destruir
destruction s destrucción
desultory adj descosido, deshilvanado
detachable adj de quitapón
detail s detalle, pormenor
detour s desviación
detriment s perjuicio, detrimento
devalue tr desvalorizar
devastate tr devastar
develop tr desarrollar; (a film) revelar
deviationism s desviacionismo
device s dispositivo
devil s diablo
devise tr idear, inventar
dew s rocío
diagram s diagrama
dial s (of watch) esfera, muestra; (of phone) disco; tr (a telephone number) marcar
dial tone s señal para marcar
diameter s diámetro
diamond s diamante; losange
dice spl dados
dictaphone s dictáfono
dictation s dictado
die intr morir
diet s dieta; intr estar a dieta
difference s diferencia
different adj diferente
difficult adj difícil
digest tr digerir
dignified adj digno, grave
dimple s hoyuelo
dine intr comer
dining room s comedor
dinner s comida
diphtheria s difteria
diplomacy s diplomacia
dipper s cazo
direct adj directo; tr dirigir
direction s dirección
dirge s endecha
dirty adj sucio; tr ensuciar
disable tr inhabilitar
disadvantage s desventaja
disagree intr desconvenir

disagreeable adj desagradable
disappear intr desaparecer
disappoint tr decepcionar, desilusionar
disarmament s desarme
disaster s desastre, siniestro
disburse tr desembolsar
discount s descuento; tr descontar
discourage tr abatir, desalentar, desanimar
discover tr descubrir
discovery s descubrimiento
disease s enfermedad
disguise s disfraz; tr disfrazar
dish s plato; dishes spl vajilla
dishevel tr desmelenar, desgreñar
dishonest adj improbo
dishwasher s fregona; lavaplatos
disillusion s desilusión; tr desilusionar
disinfect tr desinfectar
disinherit tr desheredar
dismiss tr despedir, destituir
dispensary s dispensario
displaced person s desplazado
display s exhibición; tr exhibir
displeasure s desplacer
disregard s desatención; tr desatender; pasar por alto
dissatisfaction s desagrado
distance s distancia
distinguished adj distinguido, esclarecido
distort tr deformar, torcer; (the truth) falsear
district s comarca; barrio
disturb tr molestar; disturbar, alborotar
ditch s zanja
dive s zambullida; tasca; (aer.) picado; intr zambullirse; (aer.) picar
divest tr despojar, desposeer
divide tr dividir; intr dividirse
diving board s trampolín
divorce s divorcio; tr divorciar
do tr hacer; to do without pasar sin
dock s muelle
doctor s doctor; médico
document s documento; tr documentar
documentary adj y s documental
dog s perro
doghouse s perrera
doll s muñeca
dollar s dólar
dome s cúpula, domo
domestic adj y s doméstico
donkey s burro
doodle tr e intr borrajear
door s puerta; portezuela
doorman s portero; abrecoches
dose s dosis
dot s punto
dote intr chochear
double adj y s doble; tr doblar
doubt s duda; tr e intr dudar

dove *s* paloma
down *adj* descendiente; *adv* abajo; *prep* bajando; *s* plumón, vello
downstairs *adv* abajo
dowry *s* dote
draft *s* corriente de aire; *(in a chimney)* tiro; borrador; giro; conscripción; *tr* quintar
draft dodger *s* prófugo
draftee *s* quinto, conscripto
drain *s* dren, desaguadero; *tr* drenar, desaguar
drama *s* drama
dramatist *s* dramático
draw *s* empate; *tr* tirar de; atraer; dibujar; *(water; a sword)* sacar; *intr (said of a chimney)* tirar
drawer *s* cajón; **drawers** *spl* calzoncillos
dream *s* ensueño; *tr e intr* soñar
dreamer *s* soñador
dredge *s* draga; *tr* dragar
drench *tr* mojar, empapar
dress *s* vestido; *(skirt)* falda; *tr* vestir; aderezar; *intr* vestir; vestirse
dress form *s* maniquí
dressing gown *s* peinador, salto de cama
dressing room *s* camarín, vestuario
dressmaker *s* costurera, modista
drift *intr* ir a la deriva; *(said of snow)* ventiscar
drill *s* taladro; ejercicio; *tr* taladrar; adiestrar
drink *s* bebida; *tr e intr* beber
drive *s* paseo; *tr* accionar, actuar; conducir; hincar
drive-in movie *s* auto-teatro

driver *s* conductor; chófer
drizzle *s* llovizna; *intr* lloviznar
drone *s* zángano
drop *s* gota; caída; *(in health, wealth, etc.)* bajón; *tr* dejar caer; *intr* caer
drop hammer *s* martillo pilón
drugstore *s* farmacia
drum *s* tambor; *(container)* bidón
drumhead *s* parche (de tambor)
drum major *s* tambor mayor
drumstick *s* palillo
drunk *adj y s* borracho
dry *adj* seco; *tr* secar
dry cleaning *s* lavado a seco
dub *tr* apellidar; *(a film)* doblar
duchess *s* duquesa
duck *s* pato; dril; *tr* chapuzar; *intr* agacharse
duke *s* duque
dull *adj* romo; *(sound; pain)* sordo; lerdo, torpe
dumb *adj* mudo; estúpido, torpe
dumbbell *s* halterio; estúpido
dumfound *tr* asombrar, pasmar
dungeon *s* mazmorra
dupe *s* inocentón; *tr* embaucar
during *prep* durante
dust *s* polvo; *tr* desempolvar
dust cloud *s* polvareda
Dutch *adj y s* holandés
Dutchman *s* holandés
duty *s* deber, obligación
dwarf *s* enano
dwell *intr* vivir, morar
dye *s* tinte; *tr* teñir
dynamite *s* dinamita; *tr* dinamitar
dynasty *s* dinastía
dysentery *s* disentería

E

each *adj* cada
eager *adj* ansioso, vivamente deseoso
eagerness *s* afán, anhelo
eagle *s* águila
ear *s* oreja; oído; *(of corn)* mazorca
eardrum *s* tímpano
early *adj y adv* temprano
earn *tr* ganar
earnest *adj* serio, diligente
earring *s* arete
earth *s* tierra
earthquake *s* temblor de tierra, terremoto
ease *s* facilidad
easel *s* caballete
east *s* este, oriente
Easter *s* pascua (de flores)

eastern *adj* oriental
easy *adj* fácil
easy chair *s* butaca, poltrona
eat *tr e intr* comer
ebb *s* menguante
ebony *s* ébano
eccentric *adj* excéntrico; *s* excéntrica
echo *s* eco
eclipse *s* eclipse; *tr* eclipsar
economic *adj* económico; **economics** *s* economía
economy *s* economía
ecstasy *s* éxtasis
Ecuador *s* el Ecuador
Ecuadorian *adj y s* ecuatoriano
eddy *s* remolino
edge *s* borde; *(of a knife)* filo

edition *s* edición
editor *s* redactor
education *s* instrucción, educación
eel *s* anguila
effect *s* efecto
efficiency *s* eficiencia; rendimiento
effusive *adj* extremoso
egg *s* huevo
eggcup *s* huevera
eggplant *s* berenjena
Egypt *s* Egipto
Egyptian *adj* y *s* egipcio
eight *adj* y *s* ocho
eighteen *adj* y *s* dieciocho
eight hundred *adj* y *s* ochocientos
eighty *adj* y *s* ochenta
either *adj* y *pron* uno u otro; *adv* tampoco; *conj* o
elastic *adj* y *s* elástico
elbow *s* codo
elderberry *s* saúco
elect *adj* y *s* electo; *tr* elegir
electric *adj* eléctrico
electricity *s* electricidad
electrify *tr* electrificar; electrizar
electrocute *tr* electrocutar
electrolyte *s* electrólito
electromagnet *s* electro, electroimán
electron *s* electrón
electronic *adj* electrónico; electronics *s* electrónica
electroplate *tr* galvanizar
electrotype *s* electrotipo
elegant *adj* elegante
element *s* elemento
elephant *s* elefante
elevate *tr* elevar
elevator *s* ascensor, elevador
eleven *adj* y *s* once
eleventh *adj* y *s* undécimo; onzavo
elide *tr* elidir
elm tree *s* olmo
emancipate *tr* emancipar
embalm *tr* embalsamar
embark *tr* embarcar; *intr* embarcarse
embarrass *tr* avergonzar
embassy *s* embajada
embellish *tr* aderezar, embellecer
embrace *s* abrazo; *tr* abrazar
embroidery *s* bordado, recamado
emerald *s* esmeralda
emery *s* esmeril
eminence *s* eminencia
emit *tr* emitir
emotion *s* emoción
emperor *s* emperador
empire *s* imperio
employ *s* empleo; *tr* emplear
empress *s* emperatriz
empty *adj* vacío; *tr* vaciar
emulate *tr* emular
emulsify *tr* emulsionar
enable *tr* habilitar

enamel *s* esmalte; *tr* esmaltar
encamp *tr* y *intr* acampar
encompass *tr* abarcar, encuadrar
encore *s* bis; *interj* ¡bis!
encourage *tr* alentar, animar; fomentar
end *s* extremo; fin; propósito; *tr* e *intr* acabar, terminar
endanger *tr* arriesgar
endeavor *s* esfuerzo; *intr* esforzarse
endive *s* escarola
endorse *tr* endosar
endow *tr* dotar
endowment *s* dotación
endure *tr* aguantar; *intr* durar
enema *s* lavativa, ayuda
enemy *adj* y *s* enemigo
energy *s* energía
engaged *adj* prometido
engagement *s* cita; esponsales; contrato; batalla
engine *s* máquina
engineer *s* ingeniero; (*of locomotive*) maquinista
engineering *s* ingeniería
England *s* Inglaterra
English *adj* inglés; *s* inglés; (*in billiards*) efecto
English Channel *s* canal de la Mancha
Englishman *s* inglés
enjoy *tr* gustar de; to enjoy oneself divertirse
enhance *tr* realzar, engrandecer
enlarge *tr* abultar, agrandar, ampliar
enlargement *s* ampliación
enlist *intr* alistarse, sentar plaza
enmity *s* enemistad
enough *adj* y *adv* bastante
enter *intr* entrar; *interj* ¡adelante!
enterprise *s* empresa
enterprising *adj* emprendedor
entertain *tr* divertir, entretener; *intr* recibir
enthrone *tr* entronizar
enthusiasm *s* entusiasmo
entire *adj* entero
entrance *s* entrada; *tr* embelesar
entry *s* entrada; (*in an account*) partida
envelop *tr* envolver, rodear
envelope *s* sobre
envoy *s* enviado
envy *s* envidia; *tr* envidiar
epidemic *adj* epidémico; *s* epidemia
episcopal *adj* episcopal
Episcopalian *adj* y *s* episcopalista
episode *s* episodio
epoch *s* época
epoch-making *adj* — to be epoch-making hacer época
equal *adj* y *s* igual; *tr* igualar
equation *s* ecuación
equator *s* ecuador

equipment s equipo
ermine s armiño
erosion s erosión
errand s recado
errand boy s recadero
error s error
eruption s erupción
escape s escape; intr escapar
escort s escolta; tr escoltar
essay s ensayo
estate s bienes, hacienda; herencia
Euclid s Euclides
Europe s Europa
European adj y s europeo
evade tr evadir; intr evadirse
evaporate tr evaporar; intr evaporarse
eve s víspera; on the eve of en vísperas de
even adj llano; (number) par; adv aun, hasta; tr allanar
evening adj vespertino; s tarde
event s acontecimiento; resultado
eventful adj memorable
ever adv jamás; alguna vez; as ever como siempre; scarcely ever casi nunca
every adj todo; todos los; cada
everybody s todo el mundo, todos
everything s todo
evict tr desahuciar
evidence s evidencia
evoke tr evocar
exact adj exacto; tr exigir
exaggerate tr exagerar
examination s examen
examine tr examinar
excede tr exceder
excellence s excelencia
except prep excepto; tr exceptuar
excess s exceso
exchange s cambio; canje; bolsa, central (de teléfonos); tr cambiar, trocar
excite tr excitar
exclaim tr e intr exclamar

excommunicate tr excomulgar
excursion s excursión
excuse s excusa; tr excusar, dispensar
execute tr ejecutar
execution s ejecución
executioner s verdugo
exempt adj exento; tr eximir
exercise s ejercicio; tr ejercer; ejercitar; intr hacer ejercicios
exhaust s escape; tr agotar
exhibit s exhibición; tr exhibir
exit s salida
expand tr dilatar; ampliar; intr dilatarse; ampliarse
expect tr esperar; (fam.) suponer
expedient adj conveniente, oportuno; s expediente
expeditious adj expeditivo
expenses spl gastos
expensive adj costoso, dispendioso
explain tr explicar
explode tr volar; intr explotar
exploit s hazaña, proeza; tr explotar
export s exportación; tr exportar
expose tr exponer; (a film) impresionar
exposure s exposición
express adj y s expreso; tr expresar
exterminate tr exterminar
extreme adj y s extremo
extinguish tr extinguir, apagar
extract s extracto; tr extraer; extractar
extrapolate tr extrapolar
extrasensory adj extrasensorial
extravagant adj despilfarrado, pródigo; extravagante
eye s ojo; tr ojear
eyebrow s ceja
eyecup s lavaojos
eyelash s pestaña
eyelid s párpado
eyepiece s ocular
eyesight s vista
eyetooth s colmillo
eyewash s colirio

F

fable s fábula
fabric s género, tejido
fabulous adj fabuloso
façade s fachada
face s cara, rostro; tr arrostrar; **facing** cara a
facet s faceta
facilitate tr facilitar
facility s facilidad
facsimile s facsímile

fact s hecho
faction s facción; disensión
factory s fábrica
faculty s facultad
fade tr descolorar, marchitar; intr descolorarse, marchitarse; desvanecerse
fail intr faltar; fracasar, malograrse; (com.) quebrar
failure s fracaso; (student) perdigón; (com.) quiebra

faint *adj* débil; *s* desmayo; *intr* desmayarse

fainting spell *s* accidente, desmayo

fair *adj* justo, imparcial; despejado; sereno; *s* feria; verbena

fairground *s* real

fairy *s* hada

faith *s* fe

faithful *adj* fiel; leal; the faithful los fieles

fake *adj* falso, fingido; *s* patraña; (*person*) farsante; *tr e intr* falsificar, fingir

falcon *s* halcón

falconry *s* cetrería, halconería

fall *s* caída, cascada, catarata; (*of prices*) baja; (*season*) otoño; *intr* caer

fallacy *s* error, equivocación

fallout *s* caída radiactiva

fallow *adj* en barbecho; *s* barbecho; *tr* barbechar

false *adj* falso; (*artificial*) falso; postizo; (*treacherous*) fementido

false face *s* mascarilla

falsehood *s* falsedad, mentira

falsify *tr* falsificar; *intr* falsificar; mentir

falter *intr* vacilar

fame *s* fama

familiar *adj* familiar; to be familiar with estar familiarizado con

familiarity *s* familiaridad; conocimiento

family *adj* familiar; *s* familia

family name *s* apellido

famine *s* hambre, falta de alimento

famished *adj* famélico

famous *adj* famoso, célebre

fan *s* abanico; ventilador; (dep.) hincha; *tr* abanicar

fanatic *adj y s* fanático

fanaticism *s* fanatismo

fancied *adj* imaginario

fanciful *adj* fantástico

fancy *adj* fantástico; de fantasía, de imitación; de lujo, de adorno; *s* fantasía; afición, gusto; *tr* imaginar

fantastic *adj* fantástico

fantasy *s* fantasía

far *adv* lejos

farce *s* farsa

farcical *adj* absurdo, ridículo

fare *s* alimento; (*price*) pasaje

farewell *s* adiós, despedida; *interj* ¡adiós!

farm *s* granja

farmer *s* granjero, agricultor

farmhouse *s* cortijo

farming *s* agricultura

fascinate *tr* fascinar

fascism *s* fascismo

fashion *s* moda; *tr* forjar, labrar

fashionable *adj* elegante, de moda

fashion plate *s* figurín

fast *adj* rápido; adelantado; disipado; *adv* aprisa, rápidamente; *s* ayuno; *intr* ayunar

fasten *tr* fijar, asegurar; cerrar; abrochar; (*blame*) aplicar

fastidious *adj* quisquilloso, difícil, exigente

fat *adj* gordo

fatal *adj* fatal

fatalist *s* fatalista

fatality *s* fatalidad; muerte, víctima

fate *s* hado; the Fates las Parcas

fateful *adj* fatídico

father *s* padre

father-in-law *s* suegro

fatherland *s* patria

fatherly *adj* paternal

fathom *s* braza; *tr* desenmarañar

fatigue *s* fatiga; *tr* fatigar

faucet *s* grifo

fault *s* culpa; to find fault with culpar

faulty *adj* defectuoso

favor *s* favor; *tr* favorecer

fawn *s* cervato; *intr* reptar; to fawn on adular servilmente

fear *s* miedo; *tr e intr* temer

fearful *adj* medroso

fearless *adj* arrojado, intrépido

feasible *adj* factible

feast *s* fiesta; festín; *intr* banquetear

feat *s* hazaña, proeza

feather *s* pluma

feather duster *s* plumero

feature *s* característica; especialidad; (*of face*) facción; *tr* representar; destacar

February *s* febrero

feces *spl* heces (see hez)

fee *s* honorario; propina

feeble *adj* débil

feeble-minded *adj* imbécil

feed *s* alimento; *tr* alimentar

feed bag *s* morral

feed trough *s* comedero

feel *tr* tentar; sentir; *intr* sentirse

feeling *s* sensación; sentimiento

feign *tr* aparentar, fingir

feint *s* finta

feldspar *s* feldespato

felicity *s* felicidad

fellow *s* sujeto, tipo; prójimo; miembro; pensionista

fellow man *s* prójimo

fellow member *s* consocio

fellowship *s* compañerismo; pensión

felt *s* fieltro

female *s* hembra; hembrilla

feminine *adj y s* femenino

fence *s* cerca; *tr* cercar; *intr* esgrimir

fender *s* guardabarros

fennel *s* hinojo

fern *s* helecho
ferocious *adj* feroz
ferret *s* hurón; *tr* huronear
Ferris wheel *s* noria
ferry *s* balsa; transbordador
fertilize *tr* abonar, fertilizar
fester *s* úlcera; *intr* ulcerarse
festival *s* fiesta, festival
festoon *s* festón; *tr* festonear
fete *s* fiesta; *tr* festejar
fever *s* fiebre
feverish *adj* calenturiento
few *adj y pron* pocos; a few unospocos
fiancé *s* prometido, novio
fiancée *s* prometida, novia
fickle *adj* caprichoso, veleidoso
fiction *s* novelística; ficción
fictional *adj* novelesco
fictitious *adj* ficticio
field *s* campo; (elec.) inductor
fiend *s* demonio; (*cruel person*) fiera; (*addict*) maníaco
fife *s* pífano
fifteen *adj y s* quince
fifth *adj y s* quinto
fifth column *s* quinta columna
fifth columnist *s* quintacolumnista
fifty *adj y s* cincuenta
fig *s* higo, breva
fight *s* lucha, pelea; *intr* luchar, pelear
fig tree *s* higuera
figure *s* figura; talle; *tr* imaginar, suponer; descifrar; explicarse
file *s* fila; archivo; (*tool*) lima; *tr* archivar; limar; *intr* desfilar
filing cabinet *s* fichero, archivador, casillero
filing card *s* ficha
Filipino *adj y s* filipino
fill *s* llenar; rellenar; (*a tooth*) empastar
filling *s* relleno; empaste
fillip *s* capirotazo
film *s* película; *tr* rodar
film library *s* filmoteca
filter *s* filtro; *tr* filtrar
filthy *adj* sucio, inmundo
fin *s* aleta
final *adj* final; último; finals *spl* final
finances *spl* finanzas
find *s* hallazgo; *tr* encontrar, hallar
finger *s* dedo; *tr* manosear
finger bowl *s* lavadedos
finger dexterity *s* dedeo
fingering *s* (mús.) digitación
finish *s* acabado; *tr e intr* acabar, terminar
fir *s* abeto
fire *s* fuego; (*harmful burning*) incendio; *tr* disparar, tirar
firebug *s* incendiario
firefly *s* luciérnaga
fireman *s* (*man who puts out fires*)

· · bombero; (*stoker*) fogonero
firm *adj* firme; *s* empresa, sociedad
first *adj, s y adv* primero
fish *s* pez; (*for eating*) pescado; *tr* pescar
fishbone *s* espina
fisherman *s* pescador
fishing *s* pesca
fishing rod *s* caña (de pescar)
fish market *s* pescadería
fishpond *s* piscina
fission *s* fisión
fist *s* puño
fit *adj* apto, apropiado; *s* ajuste; (*e.g., of coughing*) acceso, ataque; *tr* ajustar; encajar; *intr* encajar
fitting *adj* adecuado, apropiado; conveniente; *s* ajuste
five *adj y s* cinco
five hundred *adj y s* quinientos
fix *tr* componer, reparar; fijar
flabby *adj* flojo, lacio
flag *s* bandera
flagship *s* capitana
flagstone *s* losa
flame *s* llama; *intr* llamear
flash *s* destello, relámpago; *intr* destellar, relampaguear
flashy *adj* chillón, llamativo
flask *s* frasco
flat *adj* chato; plano; mate; *s* bemol
flavor *s* sabor; *tr* saborear; sazonar
flaw *s* defecto, imperfección
flax *s* lino
flea *s* pulga
flee *tr e intr* huir
fleet *adj* veloz; *s* armada
flesh *s* carne
flexible cord *s* flexible
flight *s* fuga; vuelo; (*of stairs*) tramo
flint *s* pedernal
flirt *s* coqueta; *intr* flirtear; to flirt with piropear
float *intr* flotar
flock *s* bandada; rebaño; gentío; *intr* agolparse
flood *s* inundación, crecida; *tr* inundar
floor *s* piso; suelo; *tr* confundir
flour *s* harina
flourish *intr* florecer
flow *s* flujo; *intr* fluir; to flow into desembocar en
flower *s* flor; *intr* florecer
flowerpot *s* maceta, tiesto
fluffy *adj* fofo
flunk *s* suspenso; *tr* suspender; *intr* salir mal, fracasar
fluoridation *s* fluorización
fluoride *s* fluoruro
fluorine *s* flúor
fluoroscope *s* fluoroscopio
flute *s* flauta
flutter *intr* aletear, revolotear; flamear

fly s mosca; (of trousers) bragueta; intr volar

flying saucer s platillo volante

flywheel s volante

foam s espuma; intr espumar

focus s foco; tr enfocar

fog s bruma, neblina; tr empañar, velar

foggy adj brumoso; **to get foggy** abrumarse

foil s hojuela; tr frustrar

folder s pliego, folleto

folding seat s catrecillo; (of auto) estrapontín

follow tr seguir

following adj siguiente; s séquito

food s comida, alimento

fool s tonto; tr engañar; intr tontear; **to fool with** manosear

foot s pie

foot warmer s calientapiés

footwear s calzado

for prep para; por; conj pues

force s fuerza; tr forzar

forefather s antepasado

forehead s frente

foreign adj extranjero

foreigner s extranjero

foreign exchange s cambio extranjero; (money) divisa

forest s bosque, selva

forget tr olvidar

forgetful adj olvidadizo

forgive tr perdonar

fork s horca; (for use at table) tenedor

form s forma; tr formar

formal adj formalista; ceremonioso

former adj anterior

fortunate adj afortunado

fortune s fortuna; (divination) buenaventura

fortuneteller s adivino

forty adj y s cuarenta

forward adj delantero; atrevido; adv adelante; tr (a letter) hacer seguir

fountain s fuente

fountain of knowledge s pozo de ciencia

fountain pen s pluma fuente

four adj y s cuatro

four hundred adj y s cuatrocientos

fourth adj y s cuarto

fragrant adj fragante

France s Francia

frantic adj frenético

fraud s fraude

free adj libre; tr libertar

freedom s libertad

freeze s helada; tr helar; (credit, prices, etc.) congelar; intr helarse

freight s carga; flete

freight elevator s montacargas

freight train s mercancías

French adj y s francés

French dressing s vinagreta

Frenchman s francés

freon s freón

frequent adj frecuente; tr frecuentar

fresh adj fresco

freshman s novato

Friday s viernes

fried egg s huevo a la plancha

friend s amigo

frisk tr cachear; intr juguetear, retozar

frisky adj juguetón, retozón

frog s rana

frogman s hombre rana

from prep de; desde

front s frente; (of shirt) pechera; **in front of** enfrente de

frontispiece s frontispicio

frost s escarcha; tr (a cake) escarchar; (glass) deslustrar

frown s ceño; intr fruncir las cejas

fruit s fruta

fruit juice s almíbar

fry tr freír

frying pan s sartén

fuel s combustible, carburante

fulfill tr cumplir

full adj lleno

fume s humo, vaho; intr ahumar, humear

fun s diversión; **to have fun** divertirse

funds spl fondos

funeral s entierro

funnel s embudo; (for ventilating a ship) manguera

funny adj cómico; divertido, gracioso; **funnies** spl tiras cómicas

fur s piel

furnace s horno

furnish tr proporcionar; (e.g., a room) amueblar

furniture s muebles

furniture store s mueblería

furrier s peletero

furrow s surco

further adj adicional; adv además; más lejos; tr adelantar, fomentar

fuse s mecha; (elec.) fusible; (mil.) espoleta; tr fundir

fuselage s fuselaje

fusion s fusión

fuss s alharaca; intr ajetrearse; reñir

fussy adj descontentadizo, peliagudo; melindroso

future adj futuro; s porvenir

fuzz s pelusa, tamo, borra

G

gable end s hastial

gag s mordaza; (of an actor) morcilla; tr amordazar; intr arquear

gain s ganancia; tr ganar

gale s ventarrón

gallant adj galante

gallon s galón

gallop s galope; intr galopar

gallows s horca

gamble s juego; tr e intr jugar

gambler s jugador

gambol s retozo; intr retozar

game adj bravo, peleón; s juego; partido; (in bridge) manga; caza

game of chance s juego de suerte

gang s cuadrilla

gangster s pistolero, gamberro, gángster

gap s laguna; (in a wall) boquete

gape intr bostezar

garage s garaje

garbage s basura, bazofia

garden s huerto; (of flowers) jardín

gargle s gargarismo; intr gargarizar

garlic s ajo

garment s prenda (de vestir)

gas s gas; tr gasear

gasoline s gasolina

gate s puerta

gatekeeper s portero; guardabarrera

gather tr recoger; reunir; intr reunirse

gay adj alegre; vistoso

gear s engranaje; tr e intr engranar

gelatin s gelatina

gem s gema

gene s gen

general adj y s general

general delivery s lista de correos

generous adj generoso

genetics s genética

Geneva s Ginebra

genial adj afable, simpático

genital adj genital

genius s genio

Genoa s Génova

genocide s genocidio

gentle adj apacible, dulce

gentleman s caballero

geography s geografía

geology s geología

geometry s geometría

geriatrics s geriatría

germ s germen

German adj y s alemán

Germany s Alemania

gerontology s gerontología

gesticulate intr accionar, manotear

get tr conseguir; tomar; intr hacerse, volverse; to get off apearse, bajar; to get on subir; to get up levantarse

ghost s aparecido, fantasma, espectro

giant adj y s gigante

gift s regalo; (natural endowment) don, dote

giggle s retozo de la risa; intr reírse nerviosamente

gild tr dorar

gill s agalla

gilt adj y s dorado

gin s ginebra

ginger s jenjibre

giraffe s jirafa

girl s muchacha

give tr dar

glad adj contento; alegre; to be glad alegrarse

gland s glándula

glass s vidrio; (for drinking) vaso; glasses spl anteojos, gafas

glide intr deslizar; (aer.) planear

glimpse s vislumbre; tr vislumbrar

glitter intr resplandecer

gloomy adj lóbrego

glorify tr glorificar

glorious adj glorioso

glory s gloria

glove s guante

glue s cola; tr encolar

gluttony s glotonería

glycerin s glicerina

go intr ir; to go away irse, marcharse; to go back volver; to go for ir por; to go in entrar; entrar en; to go out salir; to go to bed acostarse

goal s meta; gol

goat s cabra

god s dios

goddaughter s ahijada

goddess s diosa

godfather s padrino

godmother s madrina

godson s ahijado

gold s oro

goldbeater s batihoja

golden wedding s bodas de oro

goldfinch s jilguero

goldsmith s orfebre

good adj bueno

good-by s adiós; interj ¡adiós!

good-looking adj guapo, buen mozo

Good Neighbor Policy s política de buena vecindad

goose *s* ganso, oca, ánsar
Gospel *s* Evangelio
gossip *s* chismes; *intr* chismear
Gothic *adj* gótico
gouge *s* gubia; *tr* escoplear; estafar
govern *tr* gobernar
government *s* gobierno
gown *s* vestido; toga
grab *s* arrebatiña; *tr* arrebatar
grace *s* gracia, donaire; the Graces las Gracias
graceful *adj* agraciado
grace note *s* apoyatura
grade *s* grado; (*slope*) pendiente; (*mark in school*) nota
graduate *tr* graduar; *intr* graduarse
graft *s* injerto; trapacería; *tr* injertar; *intr* trapacear
grain *s* grano
grammar *s* gramática
granddaughter *s* nieta
grandfather *s* abuelo
grandmother *s* abuela
grandson *s* nieto
grandstand *s* tribuna
grant *s* concesión; subvención; *tr* conceder, otorgar
grape *s* uva; (*vine*) vid
grape fruit *s* toronja
grasp *s* apretón; alcance; comprensión; *tr* asir, empuñar; comprender
grasping *adj* avaro, codicioso
grass *s* hierba; césped
grate *s* reja; parrilla; *tr* (*e.g., cheese*) rallar
grateful *adj* agradecido, reconocido
grave *adj* grave; *s* sepultura
graveyard *s* camposanto
gravity *s* gravedad
gravy *s* jugo; salsa
gray *adj* y *s* gris
graze *s* roce; *tr* e *intr* rozar; pacer, pastar
grease *s* grasa; *tr* engrasar
greasy *adj* grasiento
great *adj* grande
Great Bear *s* Osa Mayor
Great Britain *s* la Gran Bretaña
Greece *s* Grecia
greed *s* codicia
Greek *adj* y *s* griego
green *adj* y *s* verde
greenhouse *s* invernáculo

greet *tr* saludar
grenade *s* granada
greyhound *s* galgo
grid *s* (electrón.) rejilla
grillroom *s* parrilla
grim *adj* austero, ceñudo; horrible
grimace *s* mueca
grin *s* sonrisa; *intr* sonreírse
grind *s* molienda; (*student*) empollón; *tr* moler
grindstone *s* muela
grip *s* apretón; maleta; *tr* agarrar
groan *s* gemido; *intr* gemir
grocery store *s* abacería
groin *s* ingle
groom *s* novio
groove *s* ranura
grope *intr* andar a tientas
ground *s* tierra; grounds *spl* poso, heces (see hez); terreno
grove *s* arboleta
grow *tr* cultivar; criar; *intr* crecer
grudge *s* inquina, rencor
grunt *s* gruñido; *intr* gruñir
guarantee *s* garantía; *tr* garantizar
guard *s* guarda; *tr* guardar; *intr* — to guard against guardarse de
Guatemalan *adj* y *s* guatemalteco
guess *s* conjetura; *tr* adivinar, conjeturar; *intr* — to guess right acertar
guest *s* huésped; convidado; (*of a hotel*) cliente
guide *s* guía; *tr* guiar
guided missile *s* proyectil dirigido
guilt *s* culpa
guilty *adj* culpable
guinea pig *s* cobayo, conejillo de Indias
guitar *s* guitarra
gulf *s* golfo
gum *s* goma; (*of mouth*) encía; (*for chewing*) chicle
gun *s* fusil; pistola
gurgle *s* gluglú, gorgoteo
gush *intr* surgir, chorrear; hacer extremos
gushing *adj* extremoso; *s* extremos
gutter *s* (*along street*) arroyo; (*on roof*) canal; (*along road*) cuneta
gymnasium *s* gimnasio
gypsy *adj* y *s* gitano
gyroscope *s* giroscopio

H

haberdasher *s* camisero
habit *s* hábito
habitual *adj* acostumbrado
haggle *intr* regatear; to haggle over regatear

Hague, The La Haya
hair *s* pelo; cabello
hairdo *s* peinado
hairdresser *s* peluquero
hair net *s* redecilla

hairpin s horquilla
hairspring s espiral
Haitian adj y s haitiano
half adj y adv medio; s mitad
half title s anteportada
hall s corredor; salón; paraninfo
halt s alto; interj ¡alto!
ham s jamón; comicastro; aficionado (a la radio)
hammer s martillo; tr martillar
hand s mano; tr dar, pasar, entregar
handcuffs spl esposas
handicap s handicap; tr handicapar
handkerchief s pañuelo
handle s asa; mango; puño; tirador; tr manejar, manipular
handset s microteléfono
handsome adj hermoso, guapo, buen mozo
handwriting s letra
handy adj manuable; diestro, hábil
hang tr colgar; (clothes to dry) tender; (wallpaper) pegar; (the head) inclinar; (a person) ahorcar; intr colgar, pender
happen intr acontecer, suceder
happening s acontecimiento, suceso
happy adj feliz; contento
harangue s arenga; tr e intr arengar
harass tr acosar, afanar
harbor adj portuario; s puerto; tr abrigar
hard adj duro; difícil; adv fuerte
hard candy s caramelos
hardly adv apenas
hardship s apuro, penalidad, trabajos
hardware s quincalla; herraje
hardware store s quincallería
hare s liebre
harm s daño, perjuicio; tr dañar, perjudicar
harmful adj dañoso, perjudicial
harmonious adj armonioso
harmony s armonía
harness s arreos, arneses, guarniciones; tr enjaezar; (a waterfall) captar
harpoon s arpón
harsh adj acerbo
harvest s cosecha; tr e intr cosechar
haste s prisa
hasten tr apresurar; intr apresurarse
hat s sombrero
hatband s cintillo
hatbox s sombrerera
hate s aborrecimiento, odio; tr aborrecer, odiar
hateful adj aborrecible, odioso
haughty adj altivo
have tr tener; aux haber
hawk s halcón; chotacabras
hawthorn s espino
hay s heno

hazard s azar
hazardous adj azaroso
he pron él
head s cabeza; tr acaudillar
headache s dolor de cabeza
headdress s tocado
headlight s faro
headphone s auricular
heal tr cicatrizar; intr cicatrizarse
health s salud
hear tr oír
hearing s oída; oído; audiencia
hearing aid s audífono
hearsay s rumor; by hearsay de oídas
heart s corazón; (e.g., of lettuce) cogollo
hearth s hogar
hearty adj cordial, sincero
heat s calor; tr acalorar, calentar
heathen adj y s gentil, pagano
heaven s cielo
heavenly body s astro
heavy adj pesado
Hebrew adj y s hebreo
hectic adj turbulento
heel s calcañar, talón
heir s heredero
helicopter s helicóptero
hell s infierno
help s ayuda, socorro; tr ayudar, socorrer
helper s ayudante; mancebo, dependiente
helpful adj servicial; provechoso
helpless adj impotente, incapaz
hem s bastilla, dobladillo; tr bastillar, dobladillar
hemisphere s hemisferio
hemlock s cicuta
hemorrhage s hemorragia
hen s gallina
hence adv de aquí; por lo tanto
her adj su; pron la; ella
herd s manada, rebaño
here adv aquí, acá
heredity s herencia
heritage s herencia
hero s héroe
heroin s heroína
heroine s heroína
heroism s heroísmo
hers pron suyo, el suyo
hesitate intr vacilar
hew tr cortar, tajar; intr — to hew close to the line hilar delgado
hide tr esconder; intr esconderse
hi-fi s alta fidelidad
high adj alto
highbrow s erudito
high cost of living s carestía (de la vida)
high fashion s alta costura
high-test gas s supercarburante

high treason s alta traición
highway s carretera
highwayman s salteador
hill s cerro, colina
hilt s empuñadura
him pron le, lo; él
hinder tr estorbar, impedir
hindrance s estorbo, obstáculo
Hindu adj y s hindú
hinge s gozne, bisagra, charnela
hint s indirecta; tr insinuar
hip s cadera
hire s alquiler; tr alquilar
his adj su; pron suyo, el suyo
Hispanic adj hispánico
hiss s silbido, siseo; tr e intr silbar, sisear
history s historia
hit s golpe; impacto; éxito; tr golpear, pegar; intr — to hit upon acertar
hitch tr enganchar; (oxen) uncir
hitchhiking s auto-stop
hive s colmena; hives spl urticaria
hoard tr acumular secretamente
hoarfrost s escarcha
hoarse adj ronco
hobby s comidilla
hobnob intr codearse
hog s cerdo, puerco
hoity-toity adj altanero; to be hoity-toity ponerse tan alto
hold s bodega; tr tener, guardar, retener
holdup s atraco, asalto
hole s agujero
holiday s fiesta, día festivo
Holland s Holanda
hollow adj hueco; tr — to hollow out ahuecar, excavar
holly s acebo
holm oak s encina
holy adj santo
Holy Land s Tierra Santa
homage s homenaje
home adj casero; s casa, hogar; adv a casa, en casa
homely adj doméstico, casero; simple, llano; feo
home run s jonrón, cuadrangular
homesick adj nostálgico
Honduran adj y s hondureño
honest adj honrado, probo
honey s miel
honeymoon s luna de miel
honeysuckle s madreselva
honor s honor; tr honrar
honorable mention s accésit
hood s capucha; (of an auto) capó
hoodlum s gamberro
hook s gancho; (with horns) cogida; tr enganchar; abrochar
hookah s narguile
hook and eye s corchete

hookup s montaje
hoop s aro
hop s brinco; hops spl hombrecillo, lúpulo; intr brincar
hope s esperanza; tr e intr esperar
hopelessly adv de remate
Horace s Horacio
horizon s horizonte
horn s cuerno; bocina
hors d'oeuvre s entremés
horse s caballo
horse chestnut s castaño de Indias
horsepower s caballo de vapor
horseshoe s herradura
hose s media; calcetín; manguera
hospitable adj hospitalario
hospital s hospital
host s huésped; anfitrión
hostage s rehén
hostile adj hostil
hot adj caliente, cálido, caluroso; to be hot hacer calor; tener calor
hotel s hotel
hothouse s estufa, invernáculo
hot plate s calientaplatos
hot-water heater s termosifón
hour s hora
hour hand s horario
house s casa
household chores spl haciendas
hover intr cernerse
how adv cómo; how many cuántos; how much cuánto
however adv sin embargo, no obstante
howl s aullido; intr aullar
hug s abrazo; tr abrazar
human adj humano
humble adj humilde; tr abatir, humillar
hunch s joroba, corcova; corazonada
hunchback s jorobado, corcovado
hundred adj cien; s ciento
hundredth adj y s centésimo
Hungarian adj y s húngaro
Hungary s Hungría
hunger s hambre; intr hambrear, tener hambre
hungry adj hambriento; to be hungry tener hambre
hunt s caza; tr cazar; (to look for) buscar
hunter s cazador
hunting ground s cazadero
hurl tr abalanzar, arrojar
hurricane s huracán
hurry s prisa; to be in a hurry tener prisa; tr apresurar; intr apresurarse
hurt tr dañar; doler; intr doler
husband s marido
hush s silencio; interj ¡chito!; tr callar
hustle interj apresurarse, menearse
hyacinth s jacinto
hybrid adj y s híbrido

hydrant s boca de riego
hydrogen s hidrógeno
hydrogen bomb s bomba de hidrógeno
hyena s hiena
hymn s himno
hyphen s guión

hypnotism s hipnotismo
hypocrite s hipócrita
hypodermic adj hipodérmico
hypotenuse s hipotenusa
hypothesis s hipótesis

I

ice s hielo; tr garapiñar
iceberg s banquisa
icebox s cámara, fresquera, nevera
ice cream s helado
ice-cream freezer s heladora, garapiñera
Iceland s Islandia
Icelander s islandés
Icelandic adj y s islandés
ice water s agua helada
idea s idea
ideal adj y s ideal
identical adj idéntico
identification s identificación
idiom s modismo
idiot s idiota
idle adj ocioso
if conj si
ignite tr encender
ignition s encendido, ignición
ignoble adj innoble
ignorant adj ignorante
ignore tr desairar, desconocer
ill adj enfermo
ill-bred adj malcriado
illegal adj ilegal
ill-fated adj aciago, funesto, nefasto
illness s enfermedad
ill-treat tr maltratar
illuminate tr alumbrar, iluminar
illustrate tr ilustrar
illustration s ilustración
illustrious adj ilustre
image s imagen
imagine tr imaginar; intr imaginar,
imaginarse
imitate tr imitar
imitation s imitación
immediate adj inmediato
immense adj inmenso
immigrate intr inmigrar
immoral adj inmoral
immortal adj inmortal
immune adj inmune
impart tr comunicar, imprimir
impatient adj impaciente
imperfect adj y s imperfecto
imperialism s imperialismo
imperishable adj imperecedero

impious adj impío
implore tr implorar
import tr importar
important adj importante
impose tr imponer; intr — to impose
on abusar de
impossible adj imposible
imprison tr aprisionar, encarcelar
improbable adj improbable
improve tr e intr mejorar
improvement s mejora, mejoría
impute tr achacar, imputar
in adv adentro; prep en
inauguration s inauguración; toma de
posesión
incense s incienso; tr incensar; exasperar
incentive s incentivo
inch s pulgada
incident s incidente
inclemency s inclemencia; intemperie
include tr incluir
incognito adj incógnito; adv de incógnito; s incógnito
income s renta, rédito
incomplete adj incompleto
inconvenient adj incómodo
incorrect adj erróneo, incorrecto
increase s aumento; tr e intr aumentar
incredible adj increíble
incur tr incurrir en; (a debt) contraer
indecent adj deshonesto
indeed adv de veras
indefinite adj indefinido
independent adj independiente
India s la India
Indian adj y s indio
Indian summer s veranillo
indigestion s indigestión
indisposition s achaque, indisposición
individual adj y s individuo
Indochina s la Indochina
Indochinese adj y s indochino
Indo-European adj y s indoeuropeo
indoors adv dentro, en casa
industry s industria; laboriosidad
infection s infección
infectious adj infeccioso
influence s influencia; tr influenciar

influence peddler *s* vendehumos
influential *adj* influyente
inform *tr* informar, avisar
informal *adj* informal; familiar
information *s* información, informes
infrared *adj y s* infrarrojo
ingenious *adj* ingenioso
ingrowing nail *s* uñero
inhabitant *s* habitante
inherit *tr* heredar
inheritance *s* herencia
injection *s* inyección
injure *tr* herir, lastimar
injury *s* daño, herida
ink *s* tinta
inn *s* fonda, mesón, posada
innate *adj* innato, ingénito
innocent *adj* inocente
inquire *intr* preguntar
insane *adj* insano, loco
insane asylum *s* manicomio
inside *adv* dentro; *s* interior; on the inside en el secreto de las cosas; insides *spl* entrañas
insist *intr* insistir
inspect *tr* inspeccionar
inspire *tr* inspirar
instead *adv* — instead of en lugar de, en vez de
institution *s* institución
instruct *tr* instruir
instructive *adj* instructivo
instrument *s* instrumento; *tr* instrumentar
insulate *tr* aislar
insulin *s* insulina
insurance *s* seguro
insure *tr* asegurar
intact *adj* intacto, ileso, incólume
intellectual *adj y s* intelectual
intelligence *s* inteligencia
intention *s* intención
intercept *tr* interceptar
intercom *s* intercomunicador
interest *s* interés; *tr* interesar
interesting *adj* interesante
interfere *intr* interferir; to interfere with estorbar
intermission *s* entreacto, descanso

international *adj* internacional
interpolate *tr* interpolar
interpret *tr* interpretar
interpreter *s* intérprete
interrupt *tr* interrumpir
intersection *s* intersección; (of roads, streets) cruce, encrucijada
interview *s* entrevista; *tr* entrevistarse con
intestines *spl* intestinos
intimate *adj* íntimo; *tr* insinuar
into *prep* en; dentro de
intrigue *s* intriga; *tr e intr* intrigar
introduce *tr* introducir; presentar
introduction *s* introducción; presentación
invade *tr* invadir
invest *tr* investir; (money) invertir
investigate *tr* investigar
invite *tr* convidar, invitar
iodide *s* yoduro
iodine *s* yodo; (antiseptic solution) tintura de yodo
Ireland *s* Irlanda
Irish *adj y s* irlandés
Irishman *s* irlandés
iron *s* hierro; plancha; *tr* planchar
iron curtain *s* telón de acero, cortina de hierro
iron lung *s* pulmón de acero
irrigate *tr* irrigar, regar
irrigation trench *s* acequia
island *s* isla
isolate *tr* aislar
isotope *s* isótopo
Israel *s* Israel; Estado de Israel; Reino de Israel
Israeli *adj y s* israelí
Israelite *adj y s* israelita
issue *s* tirada; número, entrega; emisión; consecuencia, resultado; problema; prole; *tr* emitir; *intr* salir
isthmus *s* istmo
it *pron* él, ella; lo, la
Italian *adj y s* italiano
Italy *s* Italia
itch *s* comezón; *tr e intr* picar
ivory *adj* marfileño; *s* marfil
ivy *s* hiedra

J

jack *s* cric, gato; sota
jacket *s* chaqueta; (of book) sobrecubierta; (metal casing) camisa
jack of all trades *s* factótum
jail *s* cárcel; *tr* encarcelar
jailer *s* carcelero

jam *s* compota, conserva; aprieto; embotellamiento; *tr* abarrotar, apiñar
janitor *s* conserje, portero
January *s* enero
Japan *s* el Japón

Japanese *adj y s* japonés
jar *s* tarro, frasco; sacudida; *tr* sacudir
jardiniere *s* florero
jaundice *s* ictericia
jaunt *s* jira, excursión
jaunty *adj* airoso, gallardo
jaw *s* mandíbula, quijada; *tr* regañar; *intr* chismear
jawbreaker *s* trabalenguas
jealous *adj* celoso
jealousy *s* celos
jelly *s* jalea
jellyfish *s* aguamar, medusa; *(weak-willed person)* calzonazo
Jerusalem *s* Jerusalén
Jesus Christ *s* Jesucristo
jet *s* chorro; avión a reacción; azabache
jet propulsion *s* propulsión a chorro
Jew *s* judío
jewel *s* alhaja, joya; *(person)* dije
jewelry *s* joyas
jewelry store *s* joyería
Jewess *s* judía
Jewish *adj* judío
Jews'-harp *s* birimbao
jigsaw puzzle *s* rompecabezas
job *s* empleo
join *tr* ensamblar; juntar, unir; juntarse con; *intr* asociarse

joint *s* empalme; articulación
joist *s* viga
joke *s* chiste; *intr* bromear, chancear
jolt *s* sacudida; *tr* sacudir
journal *s* diario; revista; gorrón
journalism *s* periodismo
journalist *s* periodista
journey *s* viaje; *intr* viajar
joy *s* alegría, regocijo, alborozo
judge *s* juez; *tr* juzgar
judgment *s* juicio
jug *s* botija, jarra
juice *s* jugo, zumo
July *s* julio
jump *s* salto; *tr e intr* saltar
June *s* junio
jungle *s* jungla; selva
junk *s* chatarra; ropa vieja; *(ship)* junco
junk room *s* leonera, trastera
juror *s* jurado
jury *s* jurado
just *adj* justo; *adv* justamente; apenas; to have just acabar de
justice *s* justicia; juez
justify *tr* justificar
jut *intr* — to jut out resaltar, proyectarse

K

kangaroo *s* canguro
keel *s* quilla
keep *s* torre del homenaje; *tr* guardar, conservar; *(a purchase)* quedarse con; *(a promise)* cumplir; *intr* quedarse; durar
kernel *s* almendra
kettle *s* caldera; tetera
key *adj* clave; *s* llave; tecla; clavija
keyboard *s* teclado
keyhole *s* bocallave
key ring *s* llavero
keystone *s* clave
kibitzer *s* mirón
kick *s* puntapié; coz; *intr* cocear
kid *s* cabrito; *(leather)* cabritilla; *tr* embromar; to kid oneself forjarse ilusiones; *intr* bromearse
kidnap *tr* secuestrar
kidney *s* riñón
kill *tr* matar
kill-joy *s* aguafiestas
kilocycle *s* kilociclo
kilogram *s* kilogramo
kilometer *s* kilómetro
kilowatt *s* kilovatio
kilowatt-hour *s* kilovatio-hora

kind *adj* amable, bondadoso; *s* especie, género; in kind en especie
kindergarten *s* jardín de la infancia
kinescope *s* kinescopio
king *s* rey; *(in checkers)* dama
kingdom *s* reino
kiss *s* beso; *tr* besar
kitchen *s* cocina
kitchenmaid *s* fregona, pincha
kitchen sink *s* fregadero
kite *s* cometa
kitty *s* minino; *(stake at cards)* puesta
knack *s* acierto, tino
knapsack *s* mochila
knave *s* canalla, bribón
knavish *adj* acanallado
knead *tr* amasar, heñir
knee *s* rodilla; on one's knees de hinojos
kneel *intr* arrodillarse
knell *s* doble; *intr* doblar
knife *s* cuchillo
knight *s* caballero; *(in chess)* caballo
knock *s* golpe; llamada; *tr* golpear; llamar
knocker *s* aldaba; criticón
knot *s* nudo; *tr* anudar

knotty *adj* nudoso; espinoso, difícil
know *tr* saber; conocer
knowingly *adv* a sabiendas
knowledge *s* saber; conocimiento; conocimientos

knuckle *s* nudillo; **knuckles** *spl* bóxer
Koran *s* Alcorán
Korea *s* Corea
Korean *adj y s* coreano

L

label *s* rótulo, marbete, etiqueta; *tr* rotular
labor *s* trabajo, labor; mano de obra; parto; *intr* trabajar
labor movement *s* obrerismo
Labourite *s* laborista
labyrinth *s* laberinto
lace *s* encaje
lack *s* falta; *tr* carecer de; hacerle a uno falta
lacquer *s* laca
ladder *s* escala, escalera de mano
ladle *s* cazo
lady *s* señora, dama
ladybug *s* mariquita
ladyfinger *s* melindre
lady-killer *s* tenorio
lake *s* lago
lamb *s* cordero
lame *adj* cojo
lament *s* lamento; *tr e intr* lamentar
lamp *s* lámpara
land *s* tierra; *tr* desembarcar; *intr* desembarcar; aterrizar
landing *s* desembarco; desembarcadero; aterrizaje; descansillo, rellano
landlord *s* dueño; patrón; mesonero
landscape *s* paisaje
language *s* idioma, lengua; lenguaje
languish *intr* languidecer
lantern *s* linterna
lap *s* regazo
large *adj* grande
lark *s* alondra
lasso *s* lazo; *tr* lazar
last *adj* pasado; último; *intr* durar
last night *adv* anoche
Last Supper *s* Cena
last word *s* última palabra
latch *s* picaporte
late *adj* tardío; reciente; (*hour*) avanzado; fallecido; *adv* tarde
lathe *s* torno
Latin *adj* latino; *s* latino; (*language*) latín
latter *adj* posterior
laugh *s* risa; *intr* reír
laughingstock *s* hazmerreír
laughter *s* risa
launch *s* lancha; *tr* lanzar

launching tower *s* torre de lanzamiento
laundress *s* lavandera
laundry *s* lavadero
lavender *s* alhucema, espliego
lavish *adj* pródigo; *tr* prodigar
law *s* ley; derecho; abogacía
lawn *s* césped
lawn mower *s* cortacésped
lawsuit *s* pleito
lawyer *s* abogado
lay *s* poner, colocar; (*eggs*) poner; (*plans*) formar, proyectar
layette *s* canastilla
lazy *adj* perezoso
lead *adj* plomizo; *s* plomo; *tr* conducir; acaudillar; dirigir
leader *s* líder; (*of a riot*) cabecilla
leading *adj* principal
leaf *s* hoja
league *s* liga, sociedad; (*measure of distance*) legua
leak *s* escape, fuga; *intr* escaparse
lean *adj* magro; *intr* arrimarse, inclinarse
leap *s* salto; *tr e intr* saltar
leap year *s* año bisiesto
learn *tr* aprender
learning *s* aprendizaje; erudición
least *adj* menor, mínimo; *adv* menos
leather *s* cuero
leave *s* permiso, licencia; *tr* dejar; salir de; *intr* irse, marcharse; salir
leavings *spl* sobras
lecture *s* conferencia
left *adj* izquierdo; *s* izquierdo; (*left hand*; *liberal position*) izquierda
leg *s* pierna; (*of animal*; *of piece of furniture*) pata
legend *s* leyenda
legerdemain *s* juego de manos, prestidigitación
legion *s* legión
leisure *s* ocio, desocupación
lemon *s* limón
lemonade *s* limonada
lend *tr* prestar
length *s* largura
Lent *s* cuaresma
lentil *s* lenteja
less *adj* menor; *adv* menos

let *tr* dejar,permitir;alquilar, arrendar
letter *s* carta; (*of alphabet*) letra
letter box *s* buzón
letter carrier *s* cartero
letter opener *s* abrecartas
letter scales *s* pesacartas
lettuce *s* lechuga
level *s* nivel; *tr* nivelar
lewd *adj* obsceno, lujurioso
liberal *adj y s* liberal
liberate *tr* libertar
liberty *s* libertad
library *s* biblioteca
license *s* licencia; *tr* licenciar
lick *tr* lamer
lid *s* tapa, tapadera
lie *s* mentira; *intr* mentir; acostarse; estar acostado; hallarse; yacer
lieutenant *s* lugarteniente; (mil.) teniente
life *s* vida
lift *tr* elevar, levantar
light *adj* ligero; *s* luz; (*for lighting a cigar*) fuego, lumbre; *tr* alumbrar; encender
lighter *s* encendedor
lighthouse *s* faro
lightning *s* rayo, relámpago; *intr* relampaguear
lightning rod *s* pararrayo
light year *s* año luz
like *adj* parecido, semejante; *tr* gustar; gustar de
likely *adv* probable
likewise *adv* igualmente, asimismo
lily *s* azucena, lirio blanco
lily of the valley *s* muguete
limb *s* miembro
lime *s* cal
limp *adj* flojo; *s* cojera; *intr* cojear
line *s* línea; renglón; *tr* (*a coat*) forrar
lineage *s* linaje, progenie
linen *s* lino
lining *s* forro
link *s* eslabón; *tr* eslabonar
lion *s* león
lip *s* labio
lip reading *s* labiolectura
lip service *s* jarabe de pico
lipstick *s* lápiz (labial)
liquor *s* licor
Lisbon *s* Lisboa
list *s* lista; *tr* alistar; *intr* recalcar
listen *intr* escuchar; **to listen to** escuchar
listener *s* oyente, radioyente
liter *s* litro
litmus *s* tornasol
litter *s* litera; (*for wounded*) camilla; (*bedding for animals*) cama; (*young of an animal born at one time*) ventregada; (*things lying in disorder*) papelería

little *adj* pequeño; *adv* poco
Little Bear *s* Osa Menor
live *adj* vivo, viviente; *tr e intr* vivir
livelihood *s* vida
liver *s* hígado
livestock *adj* ganadero; *s* ganadería, cabaña, semovientes
load *s* carga; *tr e intr* cargar
loaf *s* pan; *intr* haraganear, holgazanear
loan *s* préstamo; (*of government*) empréstito
loan word *s* préstamo (lingüístico)
lobby *s* vestíbulo; *intr* cabildear
lobster *s* langosta; bogavante
location *s* localidad
lock *s* cerradura; (*of canal*) esclusa; *tr* cerrar (con llave, cerrojo, etc.)
locomotive *s* locomotora
locus *s* lugar geométrico
locust *s* langosta, saltamontes; acacia falsa
lodge *s* cabaña; (*of Masons*) logia; *tr* alojar, hospedar
lofty *adj* empinado, encumbrado
log *s* leño
loincloth *s* taparrabo
London *s* Londres
lonely *adj* solitario
long *adj* largo; *adv* mucho tiempo; **so long!** ¡hasta luego!; *intr* tener anhelo; **to long for** suspirar por
longshoreman *s* portuario, estibador
look *s* mirada; apariencia; semblante; búsqueda; *intr* mirar; aparecer; **to look after** mirar por; **to look for** buscar; **to look like** parecerse a
looker-on *s* mirón
looking glass *s* espejo
loose *adj* flojo; suelto
loosen *tr* aflojar, soltar; *intr* aflojarse, soltarse
lord *s* señor; **the Lord** el Señor
lose *tr e intr* perder
loss *s* pérdida
lot *s* solar, parcela; (*fate*) suerte; (*portion*) lote; **a lot of** mucho; muchos
loud *adj* alto; ruidoso; chillón, llamativo; *adv* alto
loudspeaker *s* altavoz
louse *s* piojo
love *s* amor; *tr* amar, querer
lover *s* amante; aficionado
low *adj y adv* bajo; *s* mugido; *intr* mugir
low-flying *adj* rastrero
loyal *adj* leal
lubricate *tr* lubricar
luck *s* suerte, buena suerte
lucky *adj* afortunado
lullaby *s* arrullo

lumber s madera aserradiza
lumberman s leñador; maderero
lump s terrón
lunch s almuerzo; intr almorzar
Lutheranism s luteranismo
Lutheran adj y s luterano
luxurious adj lujoso

luxury s lujo
lye s lejía
lymph s linfa
lynch tr linchar
lynx s lince
lyric adj lírico; s lírica; (of a song) letra
lyricist s letrista

M

machine s máquina
machine gun s ametralladora
machinery s maquinaria
mad adj furioso; (dog) rabioso; (crazy) loco
madam s señora
magazine s revista; almacén
magnet s imán
magnetize tr imanar
maid s criada, moza
maiden adj virginal; primero; s doncella
mail adj postal; s correo; tr echar al correo
mailbox s buzón
mailman s cartero
main adj principal
major adj mayor; s especialidad; (mil.) comandante; intr especializarse
Majorcan adj y s mallorquín
majority adj mayoritario; s mayoría
make s modelo; tr hacer; to make up preparar; inventar; maquillar
make-up s constitución; maquillaje
malaria s paludismo
male s varón; macho
malicious adj malicioso
mall s alameda
man s hombre; (in chess and checkers) peón; tr tripular
manage tr manejar; intr ingeniarse
manager s gerente
maneuver s maniobra; intr maniobrar
manicure s manicura
manicurist s manicuro, manicura
manner s manera; manners spl ademanes, modales; costumbres
manufacture s fabricación; tr fabricar, manufacturar
manuscript adj y s manuscrito
many adj muchos; how many cuántos; too many demasiados
many-sided adj polifacético
maple tree s arce
marble s mármol; canica
march s marcha; intr marchar
March s marzo

mark s marca, señal; (in school) nota; tr marcar, señalar
market s mercado; to play the market jugar a la bolsa
margin s margen
marionette s títere
marmalade s mermelada
marriage s boda, matrimonio
marriage rate s nupcialidad
marry tr casar; casarse con; intr casar
martinet s ordenancista
martyr s mártir
marvelous adj maravilloso
mask s máscara; tr enmascarar
mason s albañil; masón
mass s masa; mole; misa
massage s masaje; tr masajear
massive adj macizo; abultado
mast s mástil, árbol
master s amo; dueño; maestro; señorito; tr dominar
master of ceremonies s animador
masterpiece s obra maestra
match s fósforo, cerilla; mecha; pareja; partido; tr igualar; aparear; intr hacer juego
material adj material; s material; materia; tela, género
mathematics s matemáticas
matter s materia; asunto; a matter of obra de; no matter no importa; intr importar
mattress s colchón
mausoleum s mausoleo
may aux puedo, puedes, etc. (see poder)
May s mayo
maybe adv acaso, quizá
mayonnaise s mayonesa
me pron me; mí; with me conmigo
meadow s prado
meal s comida; harina
mean adj medio; mezquino, tacaño; ruin, vil; humilde; s medio; promedio; by means of por medio de; tr significar, querer decir
meaning s sentido, significado, acepción
measles s sarampión

measure s medida; diligencia, gestión, paso; tr medir

meat s carne

Mecca s La Meca

mechanic s mecánico; mechanics s mecánica

medal s medalla

meddle intr entremeterse

medicine s (treatment of disease) medicina; (remedy) medicamento

medicine dropper s cuentagotas

medicine kit s botiquín

meerschaum s espuma de mar

meet adj conveniente; s concurso; tr encontrar; encontrarse con; conocer

meeting s reunión; encuentro

megacycle s megaciclo

megaphone s megáfono

megaton s megatonelada

melancholy adj melancólico; s melancolía

melody s melodía

melon s melón

melt tr derretir; intr derretirse

member s miembro

memoirs spl memorias

memory s memoria, acuerdo

menace s amenaza; tr amenazar

mend tr componer, remendar

mention s mención; tr mencionar

menu s menú

meow s maullido; intr maullar

merchant s comerciante

merciful adj misericordioso

merciless adj despiadado

mercury s azogue, mercurio

mercy s misericordia

mercy killing s eutanasia

merry adj alegre

merry-go-round s tiovivo

mess s revoltijo; asco, bazofia; rancho

message s mensaje, recado

messenger s mensajero

metabolism s metabolismo

metal adj metálico; s metal

meter s metro; (for measuring gas, electricity, etc.) contador

meter reader s lector (del contador)

method s método

Methodist adj y s metodista

Mexican adj y s mejicano, mexicano

Mexico s Méjico, México

mezzanine s entresuelo

microfilm s microfilm; tr microfilmar

microgroove adj microsurco

microphone s micrófono

middle adj medio; intermedio; s centro; about the middle of a mediados de

Middle Ages spl Edad Media

middle class s burguesía

midnight s medianoche

midshipman s aspirante de marina; guardia marina

midwife s comadrona, partera

might s fuerza, podería; aux podría (see poder)

mighty adj fuerte, potente; adv muy

mile s milla

military adj militar

milk s leche; tr ordeñar

mill s molino; fábrica; hilandería

miller s molinero

million s millón

mind s mente, espíritu; tr cuidar

mind reading s lectura de la mente

mine pron mío, el mío; s mina; tr minar

mineral adj y s mineral

mingle tr mezclar, confundir; intr mezclarse, confundirse

miniaturization s miniaturización

minister s ministro

mink s visón

minor adj menor

Minorcan adj y s menorquín

minority adj minoritario; s minoría

mint s hierbabuena, menta; casa de moneda; tr acuñar

minuet s minué

minus adj, s y prep menos

minute adj diminuto, menudo; s minuto; minutes spl actas

minute hand s minutero

miracle s milagro

miraculous adj milagroso

mirror s espejo; (of automobile) retrovisor

misfortune s desgracia, desventura

misplace tr extraviar

miss s falta; tr no encontrar; echar de menos; intr fallar

Miss s señorita

missile s proyectil

mission s misión

mist s niebla

mistake s error; to make a mistake equivocarse; tr confundir

mistaken adj equivocado; erróneo

Mister s señor

mistletoe s muérdago

mistreat tr maltratar

misunderstanding s malentendido; desavenencia

mite s óbolo; ácaro

mix tr mezclar; (drinks, a salad) aderezar

mob s gentío; populacho, chusma; tr atropellar

mobilize tr movilizar

model adj y s modelo

model airplane s aeromodelo

moderate adj moderado; tr moderar; (a meeting) presidir; intr (said of weather) ablandar

modern *adj y s* moderno
modernize *tr* modernizar
modest *adj* modesto
modify *tr* modificar
Mohammed *s* Mahoma
Mohammedanism *s* mahometismo
moist *adj* húmedo
moisten *tr* humedecer
mold *s* molde; moho; *tr* moldear
molding *s* moldura
mole *s* rompeolas; (*mammal*) topo; (*on skin*) lunar
molest *tr* molestar, incomodar
moment *s* momento
momentous *adj* trascendental
monarch *s* monarca
monarchy *s* monarquía
Monday *s* lunes
money *s* dinero
monk *s* monje
monkey *s* mono; *intr* — to monkey with manosear
monologue *s* monólogo
monopolize *tr* acaparar, monopolizar
monster *s* monstruo
month *s* mes
mood *s* humor, genio; modo
moon *s* luna
moor *s* páramo; *tr* amarrar
Moor *s* moro
mop *s* aljofifa
moral *adj* moral; *s* moraleja; morals *spl* moral
morale *s* moral
more *adj y adv* más
moreover *adv* además
morning *s* mañana
mortal *adj y s* mortal
mortgage *s* hipoteca; *tr* hipotecar
mortify *tr* mortificar
Moscow *s* Moscú
Moses *s* Moisés
mosque *s* mezquita
mosquito net *s* mosquitero
moss *s* musgo
most *adj y adv* más; mayoría, (la) mayor parte
moth *s* polilla
mother *s* madre
mother-in-law *s* suegra
motion *s* movimiento; moción
motor *s* motor; automóvil
motorcycle *s* motocicleta

mountain *s* montaña
mountain sickness *s* soroche
mourning *s* luto
mouse *s* ratón
mouth *s* boca
mouthpiece *s* boquilla; portavoz
mouthwash *s* enjuagadientes
move *tr* mover; *intr* moverse; mudarse, trasladarse
movement *s* movimiento; (*of a symphony*) tiempo
movie *s* cine
mow *tr* segar
Mr. *s* señor
Mrs. *s* señora
much *adj y adv* mucho; how much cuánto; too much demasiado
mucilage *s* mucílago
mud *s* barro, fango, lodo
muffle *tr* embozar; (*a sound*) amortiguar
muffler *s* bufanda; (*of auto*) silenciador
mule *s* mulo, macho
multitude *s* multitud, muchedumbre
murder *s* asesinato, homicidio; *tr* asesinar
murmur *s* murmullo; *intr* murmurar
muscle *s* músculo
museum *s* museo
music *s* música
musical *adj* músico
musician *s* músico
must *aux* debo, tengo que; debo de, Vd. debe de
mustache *s* bigote
mustard *s* mostaza
mute *adj y s* mudo
mutilate *tr* mutilar
mutiny *s* motín; *intr* amotinarse
mutton *s* carnero
mutual *adj* mutuo
mutual benefit association *s* mutabilidad
muzzle *s* bozal; *tr* abozalar
my *adj* mi
mycology *s* micología
myrtle *s* arrayán
mysterious *adj* misterioso
mystery *s* misterio
mysticism *s* misticismo
myth *s* mito
mythology *s* mitología

N

nail *s* clavo; (*of hand and foot*) uña; *tr* clavar
naked *adj* desnudo
name *s* nombre; apellido; *tr* nombrar; designar
name day *s* santo, días
nap *s* flojel, lanilla; siesta; against the nap a contrapelo; *intr* dormitar

napkin s servilleta
Naples s Nápoles
narrow adj angosto, estrecho
nasal adj y s nasal
nation s nación
nationality s nacionalidad
native adj nativo; s natural
Nato s OTAN
naturally adv naturalmente; claro, por supuesto
nature s naturaleza
naughty adj desobediente, pícaro
naval adj naval; naval militar
Navarrese adj y s navarro
navel s ombligo
navigation s navegación
navy s armada, marina
near adv cerca; to bring near acercar; to come near acercarse; prep cerca de
nearly adv casi
neat adj aseado, pulcro
nebula s nebulosa
necessary adj necesario
neck s cuello
necklace s collar
necktie s corbata
need s necesidad; tr necesitar
needle s aguja
needy adj necesitado
neglect s negligencia; tr descuidar
negligent adj negligente, descuidado
Negro adj y s negro
neigh s relincho; intr relinchar
neighbor s vecino
neighborhood s vecindad
neither conj ni; tampoco; neither ... nor ni ... ni
nephew s sobrino
nerve s nervio; descaro
nervous adj nervioso
nervy adj audaz, atrevido
nest s nido
net adj neto, líquido; s red
Netherlands, The los Países Bajos
nettle s ortiga; tr irritar
network s red
neurotic adj y s neurótico
neuter adj neutro
neutral adj neutral; neutro
neutralism s neutralismo
never adv nunca
nevertheless adv sin embargo
new adj nuevo; news s noticias
New Delhi s Nueva Delhi
New England s la Nueva Inglaterra
newscast s noticiario
newsman s noticiero
newspaper adj periodístico; s periódico
newsprint s papel-prensa
newsreel s No-Do
newsstand s quiosco (de periódicos)

New York adj neoyorkino; s Nueva York
New Yorker s neoyorkino
next adj próximo; adv después, luego
Nicaraguan adj y s nicaragüeno
nice adj simpático; bueno
niche s nicho, hornacina
nickel s níquel
nickel-plate tr niquelar
nickname s apodo; tr apodar
niece s sobrina
night s noche
night club s café cantante, cabaret
night gown s camisón
nightingale s ruiseñor
nightmare s pesadilla
Nile s Nilo
nine adj y s nueve
nine hundred adj y s novecientos
nineteen adj y s diecinueve
ninety adj y s noventa
ninth adj y s noveno
nip s pellizco; escarcha, helada; tr pellizcar; escarchar, helar
nitrogen s nitrógeno
no adj ninguno; adv no; no longer ya no
Noah s Noé
nobleman s noble, hidalgo
nobody pron y s nadie
noise s ruido
noisy adj ruidoso
no man's land s tierra de nadie
none pron ninguno
nonmetal s metaloide
nonsense s disparate
noodles spl tallarines
noon s mediodía
nor conj ni
Norman adj y s normando
north s norte
North America s Norteamérica
North American adj y s norteamericano
northeast s nordeste
North Korean adj y s norcoreano
northwest s noroeste
Norway s Noruega
Norwegian adj y s noruego
nose s nariz
not adv no
notable adj notable; s notable, notabilidad
note s nota; tr notar, apuntar
notebook s cuaderno
nothing pron nada; for nothing de balde, gratis
notice s aviso, noticia; tr advertir, observar, notar
notify tr notificar, avisar
noun s nombre
Nova Scotia s la Nueva Escocia
Nova Scotian adj y s neoescocés

novel *adj* insólito, nuevo; *s* novela
novelty *s* novedad; baratija
November *s* noviembre
now *adv* ahora
nuance *s* matiz
nuclear *adj* nuclear
nude *adj* desnudo
nuisance *s* molestia
nullify *tr* anular, invalidar
number *s* número; *tr* numerar

numerous *adj* numeroso
nun *s* religiosa, monja
nurse *s* enfermera; niñera; *tr* amamantar
nursemaid *s* niñera
nut *s* nuez; tuerca
nutcracker *s* cascanueces
nutmeg *s* mirística; nuez moscada
nylon *s* nilón
nymph *s* ninfa

O

oak *s* roble
oar *s* remo
OAS *s* OEA
oasis *s* oasis
oath *s* juramento
oats *spl* avena
obedience *s* obediencia
obelisk *s* obelisco
obey *tr* obedecer
object *s* objeto; *intr* hacer objeciones
oblige *tr* obligar; agradar, servir; much obliged muchas gracias
obliging *adj* servicial
obnoxious *adj* ofensivo, odioso
obscene *adj* obsceno
obscure *adj* obscuro; *tr* obscurecer
obsequies *spl* exequias
obsequious *adj* obsequioso, servil
observatory *s* observatorio
observe *tr* observar
obsolete *adj* desusado, inusitado
obtuse *adj* obtuso
obvious *adj* obvio, evidente
occasion *s* ocasión; *tr* ocasionar
occupation *s* ocupación; (*of a house*) inquilinato
occupy *tr* ocupar
occur *intr* ocurrir; aparecer, encontrarse
ocean *s* océano
o'clock *adv* — it is one o'clock es la una; it is two o'clock son las dos
October *s* octubre
oculist *s* oculista
odd *adj* impar; raro, extraño
odor *s* olor
of *prep* de; a: to taste of saber a; en: to think of pensar en
off *adv* fuera, lejos; *prep* de, desde; fuera de; al lado de; (mar.) a la altura de
offend *tr* ofender
offense *s* ofensa; to take offense ponerse tan alto
offer *s* oferta; *tr* ofrecer
office *s* oficina; (*of lawyer*) bufete;

(*of doctor*) consultorio; (*function, duty*) oficio
officer *s* director; funcionario; policía; (*in services*) oficial
often *adv* a menudo
ohm *s* ohmio
oil *adj* aceitero; *s* aceite; *tr* aceitar
oilcan *s* aceitera
oily *adj* aceitoso
old *adj* viejo; how old are you? ¿cuántos años tiene Vd.?; I am ten years old tengo diez años
old-clothes dealer *s* ropavejero
old maid *s* solterona
oleander *s* adelfa
olive *s* aceituna; (*tree*) aceituno
olive oil *s* aceite (de oliva)
omelet *s* tortilla
omit *tr* omitir
on *prep* en, encima de, sobre
once *s* vez; una vez; at once al momento, en el acto
one *adj*, *pron* y *s* uno
onion *s* cebolla
onlooker *s* circunstante, espectador
only *adj* solo, único; *adv* sólo, solamente
open *adj* abierto; *s* — in the open a la intemperie, al raso; *intr* abrir, abrirse; to open into desembocar en
opening *s* abertura, orificio; apertura
openness *s* abertura, franqueza
open secret *s* secreto a voces
open sesame *interj* ¡ábrete, sésamo!
opera *s* ópera
opera hat *s* clac
opera glasses *spl* gemelos
operate *tr* manejar; *intr* operar; to operate on operar
operating room *s* quirófano
operation *s* operación
operator *s* telefonista
opinion *s* opinión
opportune *adj* oportuno
opportunity *s* ocasión, oportunidad
opposite *adj* opuesto; *prep* enfrente de

opposition *s* oposición
oppress *tr* abrumar, oprimir
optician *s* óptico
optics *s* óptica
optimism *s* optimismo
orange *s* naranja
orangeade *s* naranjada
orbit *s* órbita
orchard *s* huerto, vergel
orchestra *s* orquesta
orchestra seat *s* butaca
orchid *s* orquídea
order *s* orden; (*direction to purchase
  goods*) pedido; **in order that** a fin
  de que; **in order to** para; **out of
  order** descompuesto; *tr* ordenar;
  mandar; pedir
orderly *adj* ordenado; *s* ordenanza
ordinary *adj* ordinario
organ *s* órgano
orgy *s* orgía
origin *s* origen
originate *tr* originar; *intr* originarse
ornament *s* ornamento; *tr* ornamentar
orphan *s* huérfano
osier *s* mimbre
ostrich *s* avestruz
other *adj y pron* otro
ouch *interj* ¡ay!
ought *aux* debiera
ounce *s* onza
our *adj* nuestro

ours *pron* nuestro, el nuestro
out *adv* fuera; *prep* allá en; por
outburst of laughter *s* carcajada,
  risotada
outrage *s* atrocidad, ultraje
outside *adv* fuera; *s* exterior
outsider *s* foráneo, forastero; intruso
oven *s* horno
over *adv* encima; *prep* encima de,
  sobre
overbearing *adj* altanero, imperioso
overboard *adv* al agua
overcoat *s* abrigo
overhead *adj* aéreo, elevado; *s* gastos generales; *adv* arriba
overlook *tr* tener vista a; pasar por
  alto; perdonar
overpower *tr* dominar, subyugar
overture *s* proposición; (mús.) obertura
overturn *s* vuelco; *tr e intr* volcar
Ovid *s* Ovidio
owe *tr* deber
owl *s* buho, lechuza, mochuelo
own *adj* propio; *tr* poseer; reconocer
owner *s* dueño, propietario
ox *s* buey
oxide *s* óxido
oxygen *s* oxígeno
oyster *s* ostra
oyster knife *s* abreostras
ozone *s* ozono

P

Pacific *adj y s* Pacífico
pack *s* paquete; (*of cigarettes*)
  cajetilla; (*of cards*) baraja; (*of
  hounds*) jauría; *tr* empaquetar;
  abarrotar; *intr.* — **to pack up** liar
  el petate
package *s* paquete
pact *s* pacto
pad *s* almohadilla; bloc, taco;
  tampón; *tr* acolchar; rellenar
padlock *s* candado
page *s* página; paje; botones; *tr*
  paginar; llamar
pain *s* dolor; *tr e intr* doler
paint *s* pintura; afeite, colorete; *tr*
  pintar; *intr* pintar; pintarse
painting *s* pintura
pair *s* par; *tr* aparear
pajamas *spl* pijama
palace *s* palacio
palate *s* paladar
pale *adj* pálido
palm *s* palma; *tr* (*a card*) escamotear
palmist *s* quiromántico

pan *s* cacerola, sartén
Panama hat *s* jipijapa, panamá
Panamanian *adj y s* panameño
pansy *s* pensamiento, trinitaria
pant *s* jadeo; *intr* jadear
pantry *s* despensa
paper *s* papel; periódico; (*e.g., of
  needles*) paño; *tr* empapelar
paper cutter *s* guillotina
parachute *s* paracaídas
parade *s* desfile; *intr* desfilar
paradise *s* paraíso
paradox *s* paradoja
paraffin *s* parafina
paragraph *s* párrafo
Paraguay *s* el Paraguay
Paraguayan *adj y s* paraguayo
parallel *adj* paralelo; *s* (*line or plane*)
  paralelo; (*on earth's surface*)
  paralela
parallel bars *spl* paralelas
parasol *s* parasol, quitasol
parcel *s* paquete; parcela; *tr* empaquetar; parcelar; repartir

parchment *s* pergamino
pardon *s* perdón; *tr* perdonar, dispensar
parents *spl* padres
Paris *s* París; (mit.) Paris
Parisian *adj* y *s* parisiense
park *s* parque; *tr* estacionar, aparcar
parrot *s* papagayo, loro
parsley *s* perejil
parsnip *s* chirivía
part *s* parte; (*of a machine*) órgano; (*in hair*) raya
partisan *s* partidario; partisano
partner *s* compañero; cónyuge; (*in business*) socio; (*in dancing*) pareja
partridge *s* perdiz
party *s* fiesta, reunión, tertulia; (*in politics*) partido
pass *s* pase; *tr e intr* pasar; aprobar
passage *s* pasaje
passenger *s* pasajero
passer-by *s* transeúnte
passion *s* pasión
passionate *adj* apasionado
passport *s* pasaporte
past *adj* y *s* pasado
paste *s* engrudo; *tr* engrudar, pegar
pastry *s* pastelería
pastry shop *s* repostería
patch *s* remiendo; *tr* remendar
patent *adj* y *s* patente
patient *adj* paciente; *s* paciente, enfermo
patriotism *s* patriotismo
patrol *s* patrulla; *tr e intr* patrullar
pattern *s* patrón, modelo; *tr* modelar
pawn *s* peón; *tr* empeñar
pawnshop *s* monte de piedad, casa de empeños
pay *s* paga; *tr e intr* pagar
payment *s* pago
pay station *s* teléfono público
pea *s* guisante
peace *s* paz
peach *s* melocotón
peach tree *s* melocotonero
peacock *s* pavo real
peak *s* cumbre, pico
peanut *s* cacahuete
pear *s* pera
pearl *s* margarita, perla
pear tree *s* peral
peasant *s* campesino
peat *s* turba
peck *s* picotazo; *tr e intr* picotear
peddler *s* buhonero
peevish *adj* cojijoso
pen *s* pluma; corral; *tr* escribir; acorralar
penalty *s* pena, sanción
pencil *s* lápiz; (*of rays of light*) haz
pencil sharpener *s* afilalápices
pendulum *s* péndulo

penicillin *s* penicilina
peninsula *s* península
peninsular *adj* y *s* peninsular
penknife *s* navaja, cortaplumas
penny *s* centavo; penique
people *s* nación, pueblo; *spl* gente, personas; *tr* poblar
pepper *s* pimienta (molida); (*capsicum*) pimiento
pepperbox *s* pimentero
perfect *adj* y *s* perfecto; *tr* perfeccionar
perform *tr* ejecutar; representar; *intr* funcionar; actuar
performance *s* ejecución; representación; función
perhaps *adv* acaso, quizá
period *s* período; (*mark in punctuation*) punto
periscope *s* periscopio
permanent wave *s* ondulación permanente
permit *s* permiso; *tr* permitir
Persian *adj* y *s* persa
person *s* persona; no person nadie
personal *adj* personal; *s* (*note in a newspaper*) remitido
personal property *s* bienes muebles
personnel *s* personal
perspire *intr* transpirar, sudar
persuade *tr* persuadir
Peru *s* el Perú
Peruvian *adj* y *s* peruano
pessimism *s* pesimismo
pet phrase *s* muletilla
petroleum *s* petróleo
pet shop *s* pajarería
petticoat *s* enaguas
phantom *s* fantasma
Pharisee *s* fariseo
pharmacist *s* farmacéutico
pharmacy *s* farmacia
pharynx *s* faringe
phenomenon *s* fenómeno
philanthropy *s* filantropía
philately *s* filatelia
Philippines *spl* Filipinas
philology *s* filología
philosophy *s* filosofía
phlegm *s* flema
Phoenicia *s* Fenicia
Phoenician *adj* y *s* fenicio
phoenix *s* fénix
phone *s* teléfono; *tr e intr* telefonear
phonograph *s* fonógrafo
phosphorus *s* fósforo
photo *s* foto; *tr* fotografiar
photocell *s* fotocélula
photograph *s* fotografía; *tr* fotografiar
photography *s* fotografía
physic *s* purga; physics *s* física; *tr* purgar
physician *s* médico

physiology s fisiología
pick s pico; tr escoger, entresacar; (e.g., flowers) recoger; (e.g., the teeth) mondarse; to pick up recoger
pickpocket s ratero
pickup s fonocaptor, pick-up
picture s cuadro; imagen; retrato; pintura; tr dibujar
pie s pastel
piece s pedazo
piecework s destajo
pier s muelle; rompeolas
pierce tr agujerear, traspasar, penetrar
piety s piedad, devoción
piffle s música celestial
pig s cerdo, puerco, cochino
pigeon s paloma
pigeonhole s casilla; tr encasillar
pile s pila, montón; pilote; tr apilar, amontonar
pilgrim s peregrino
pill s píldora
pillow s almohada
pilot s piloto; tr pilotar
pimple s grano
pin s alfiler; clavija
pinball s billar romano
pinch s pellizco; tr pellizcar; apretar
pinchers s pinzas
pincushion s acerico
pine tree s pino
pink adj rosado
pin money s alfileres
pinprick s alfilerazo
pioneer s pionero
pious adj piadoso, pío
pipe s caño, tubo; (for smoking) pipa
pipe cleaner s limpiapipas
pirate s pirata; tr robar; intr piratear
pistol s pistola
piston s pistón
pitch s pez; lanzamiento; (of a ship) cabeceo; (of a screw) paso; tr lanzar; intr cabecear
pitcher s jarro
pitfall s escollo
pity s piedad, compasión; what a pity! ¡qué lástima!; tr compadecer
pivot s pivote; intr pivotar
place s lugar, sitio; tr colocar, poner
place name s topónimo
plain adj llano; (in dress) recoleto; sencillo; ordinario; s llano, llanura
plan s plan; tr planear
plane s plano; avión; (tool) cepillo; tr acepillar
planet s planeta
plant s planta; fábrica, taller; tr plantar
plaster s argamasa; (med.) emplasto, parche; tr argamasar
plastic adj y s plástico

plate s placa; (dish) plato; tr chapear
platform s plataforma; (of an orator) tribuna
Plato s Platón
platoon s pelotón
Plautus s Plauto
play s juego; (teat.) pieza; tr jugar; representar; (mús.) tocar; to play back (a phonograph record) retocar
playback s lectura
player s jugador; actor, representante; pianola
play on words s juego de palabras
plaything s juguete
playwright s dramaturgo
plea s ruego, súplica; excusa
pleasant adj agradable
please tr e intr gustar; please + inf tenga la bondad de + inf
pleasure s placer, gusto
pledge s prenda, empeño; tr prometer, empeñar
plenty adj y adv bastante; s copia, abundancia
Pliny s Plinio
plow s arado; tr arar
plug s tarugo; (elec.) clavija, toma; tr atarugar
plum s ciruela
plumber s fontanero, cañero, plomero
plum tree s ciruelo
plus adj, s y pron más
plush s felpa
Pluto s Plutón
pneumonia s pulmonía
poach tr (eggs) escalfar; intr cazar o pescar en vedado
poacher s cazador furtivo
pocket s bolsillo; (of pool table) tronera; tr embolsar
pocketbook s cartera, portamonedas
pocketknife s navaja, cortaplumas
pock-marked adj virulento
poem s poema, poesía
poet s poeta
point s punta; (geom.) punto; to come to the point venir al grano; tr apuntar; señalar
point-blank adv a quema ropa
poison s veneno; tr envenenar
poisonous adj venenoso
Poland s Polonia
pole s poste; (of the earth or a magnet) polo
Pole s polaco
police s policía, fuerza pública
policeman s policía, agente (de policía)
policy s política; (of insurance) póliza
polish s pulimento; (for shoes) betún, bola; tr pulimentar; embolar
Polish adj y s polaco
political adj político
poll s encuesta

poll tax s capitación
polo player s polista
pond s estanque
pontiff s pontífice
pool s charca; piscina; (game) trucos; tr mancomunar
poor adj pobre; malo
poorly adv mal
popcorn s rosetas, rosas
pope s papa
poplar s álamo
poppy s amapola
popsicle s polo
popularize tr popularizar
population s población
porcupine s puerco espín
pork s carne de puerco
port s puerto; (left-hand side of ship) babor; (wine) oporto
portable adj portátil
porter s mozo; portero
portrait s retrato
Portugal s Portugal
Portuguese adj y s portugués
pose s pose; tr (a question) plantear; intr posar; to pose as erigirse en
possess tr poseer
possible adj posible, acaecedero
possum s zarigüeya; to play possum hacer la mortecina
postage s porte
postage stamp s sello (de correo)
post card s tarjeta postal
poster s cartel
posterity s posteridad
posthumous adj póstumo
postman s cartero
postmark s matasellos; tr matasellar
post office s correo
post-office box s apartado de correos, casilla
postpone tr aplazar
potato s patata
pottery s cacharros
poultry s aves de corral
pound s libra; tr golpear; machacar
pour tr derramar, verter; intr llover a cántaros
poverty s pobreza
powder s polvo; (cosmetic) polvos; (explosive) pólvora; tr polvorear
power s poder; potencia
power brake s servofreno
powerful adj poderoso
powerhouse s central eléctrica
power steering s servodirección
practical adj práctico
practice s práctica; ejercicio; tr practicar; ejercitar; ejercer; intr ejercitarse; ejercer
praise s alabanza, elogio; tr alabar, elogiar
prattle s charla, parloteo; intr charlar, parlotear
pray intr orar, rezar
prayer s oración
preceding adj precedente
precious adj precioso; amado, querido; considerable
preface s advertencia, prefacio; tr empezar
prefer tr preferir
preference s preferencia
pregnant adj preñado, encinta
preliminary adj y s preliminar
première s estreno
premium s premio; prima
premonition s presentimiento
prepare tr preparar
preparedness s armamentismo
preposition s preposición
presage s presagio; tr presagiar
Presbyterian adj y s presbiteriano
prescribe tr prescribir; recetar
prescription s prescripción; receta
present adj presente; actual; s presente, regalo; actualidad; tr presentar
presently adv luego, pronto
president s presidente
press s prensa; tr prensar; (clothing) planchar
pressure s presión
presumptuous adj abusón, desenvuelto
pretty adj bonito, lindo
prevent tr impedir, prevenir
previous adj previo, anterior
price s precio
pride s orgullo
prie-dieu s reclinatorio
priest s sacerdote
priestess s sacerdotisa
prim adj relamido
primary adj y s primario
prime minister s primer ministro
primer s abecedario
prince s príncipe
princely adj principesco
princess s princesa
principal adj y s principal
principle s principio
print s estampa, grabado; edición, tirada; letra de molde; tr imprimir
printed calico s indiana
printed matter s impresos
printer s impresor
prior adj anterior; adv antes; prior to antes de
priority s prioridad
prison s cárcel
prisoner s preso; prisionero
private adj particular; privado; s soldado raso
prize s premio; tr apreciar, estimar
probable adj probable

problem *s* problema
procure *tr* conseguir
produce *tr* producir
product *s* producto
profanity *s* blasfemia
professional *adj y s* profesional
professor *s* catedrático, profesor
profit *s* provecho, beneficio
profound *adj* profundo
progeny *s* prole
progress *s* progreso; *intr* progresar
projectile *s* proyectil
projector *s* proyector
proletarian *adj y s* proletario
promenade *s* paseo; *intr* pasear
promise *s* promesa; *tr e intr* prometer
promissory note *s* abonaré
promote *tr* promover; fomentar
prompt *adj* pronto; puntual
prompter *s* apuntador
prompter's box *s* concha
pronoun *s* pronombre
pronounce *tr* pronunciar
pronunciation *s* pronunciación
proof *s* prueba
prop *s* apoyo; puntal; rodrigón; *tr* apoyar; apuntalar; rodrigar
propel *tr* propulsar
property *s* propiedad
prophecy *s* profecía
prophesy *tr* profetizar
prophet *s* profeta
proposal *s* propuesta; oferta de matrimonio
propose *tr* proponer
prose *s* prosa
prosody *s* métrica
prostitute *s* prostituta, ramera; *tr* prostituir
protect *tr* proteger
pro-tempore *adj* accidental, interino
protest *s* protesta; protesto; *tr e intr* protestar
Protestant *adj y s* protestante
protrude *intr* resaltar, sobresalir
proud *adj* orgulloso
Provençal *adj y s* provenzal
provide *tr* abastecer, suministrar, proporcionar
provided *conj* a condición de que, siempre que
provident *adj* providente
province *s* provincia
provision *s* provisión; condición
prow *s* proa

Prussian *adj y s* prusiano
psalm *s* salmo
pseudonym *s* seudónimo
psychiatry *s* psiquiatría
psychology *s* psicología
public *adj y s* público
publish *tr* publicar
publisher *s* editor
puddle *s* aguazal, charco
Puerto Rican *adj y s* puertorriqueño
puff *s* ventolera; bocanada (de humo)
puff paste *s* hojaldre
pull *s* tirón; *(influence, protection)* enchufe; *tr* tirar de
pulley *s* polea
pulpit *s* púlpito
pulse *s* pulso
pump *s* bomba
pun *s* retruécano, equívoco, juego de palabras
punch *s* puñada; sacabocados; ponche; *tr* pegar; perforar, taladrar
punch bowl *s* ponchera
punching bag *s* boxibalón
puncture *s* pinchazo; *tr* pinchar
punish *tr* castigar
punk *s* yesca
pupil *s* alumno; *(of the eye)* pupila
puppet *s* títere
puppy *s* cachorro
purchase *s* compra; *tr* comprar
pure *adj* acendrado, puro; casto; *(language)* castizo
purity *s* pureza; castidad
purple *adj* purpúreo, morado
purpose *s* propósito; on purpose adrede, de propósito
purse *s* bolsa
pursue *tr* perseguir
push *s* empuje; *tr* empujar; to push around traer al retortero
push button *s* pulsador, botón
push-pull *s* contrafase
put *tr* colocar, poner; *intr* — to put up at *(a hotel)* parar en
putter *intr* — to putter around temporizar
putty *s* masilla
puzzle *s* acertijo, enigma, rompecabezas; *tr* confundir
puzzling *adj* enigmático
pygmy *s* pigmeo
pyramid *s* pirámide
pyre *s* pira

Q

quack *s* charlatán; curandero, medicastro
quadrangle *s* cuadrángulo
quadruplet *s* cuatrillizo
quake *s* temblor; *intr* temblar
Quaker *s* cuáquero
quail *s* codorniz
qualify *tr* calificar; capacitar
quality *s* calidad; cualidad
quantity *s* cantidad
quarrel *s* disputa, riña; *intr* disputar, reñir
quarrelsome *adj* pendenciero
quarry *s* cantera, pedrera
quarter *adj* cuarto; *s* cuarto; trimestre; *tr* alojar; (*troops*) acantonar, acuartelar
quarterdeck *s* alcázar
quartet *s* cuarteto
queen *s* reina; (*in chess and cards*) dama
queer *adj* curioso; estrambótico, estrafalario; sospechoso
quest *s* búsqueda

question *s* pregunta; cuestión; *tr* interrogar; cuestionar
queue *s* coleta; cola
quibble *s* argucia; *intr* sutilizar
quick *adj* rápido
quick-change artist *s* transformista
quickly *adv* aprisa, pronto
quicksilver *s* azogue
quiet *adj* quieto, silencioso; *s* tranquilidad; *tr* acallar, silenciar
quince *s* membrillo
quinsy *s* cinanquia, esquinancia
quintet *s* quinteto
quintuplet *s* quintillizo
quit *tr* dejar; *intr* irse, marcharse
quite *adv* bastante, muy
quiver *s* temblor; aljaba, carcaj; *intr* temblar, vibrar
quiz *s* examen; *tr* examinar; interrogar
quotation marks *spl* comillas
quote *s* cita; cotización; **quotes** *spl* comillas; *tr* citar; cotizar

R

rabbit *s* conejo
rabble *s* canalla, chusma
rabble rouser *s* alborotapueblos
rabies *s* rabia
race *s* (*of people*) raza; (*contest*) carrera; (*channel*) caz; *intr* correr; (*said of a motor*) embalarse
racket *s* raqueta; trapacería; barahúnda
radiator *s* radiador
radiant *adj* radiante
radiate *tr* e *intr* radiar
radiation *s* radiación
radio *s* radio; radiograma; *tr* radiar
radioactive *adj* radiactivo
radiology *s* radiología
radio set *s* radiorreceptor
radish *s* rábano
rag *s* trapo; **rags** *spl* trapos; harapos
rage *s* rabia; boga, moda; **all the rage** el último grito; *intr* arrebatarse
rag fair *s* Rastro
ragpicker *s* trapero
railroad *adj* ferroviario; *s* ferrocarril
railway mail car *s* ambulancia
rain *s* lluvia; *intr* llover

rainbow *s* arco iris
raincoat *s* impermeable
rainy *adj* lluvioso
raise *s* aumento; *tr* levantar; aumentar; (*children, animals*) criar
raisin *s* pasa
rake *s* rastro; *tr* rastrillar
ranch *s* hacienda, rancho
rancor *s* rencor
range *s* escala; alcance; gama; cocina, hornillo; *intr* divagar, errar
range finder *s* telémetro
rank *s* grado; fila; rango; *tr* ordenar
ransom *s* rescate; *tr* rescatar
rape *s* estupro, violación; *tr* estuprar, violar
rapid *adj* rápido
rapprochement *s* acercamiento
rarely *adv* raramente
rash *adj* temerario; *s* erupción
raspberry *s* frambuesa
rat *s* rata; postizo
rate *s* razón; **at the rate of** a razón de; *tr* calificar
rather *adv* antes, más bien
ration *s* ración; *tr* racionar

rattle *s* matraca; sonajero; traqueteo; *tr* traquetear; confundir; *intr* traquetear

rattle snake *s* serpiente de cascabel

rave *intr* desvariar

raven *s* cuervo

ravine *s* cañón

raw *adj* crudo

raw material *s* materia prima, primera materia

ray *s* rayo

razor *s* navaja de afeitar

reach *s* alcance; out of reach a trasmano; *tr* alcanzar; *(a certain age)* cumplir; *intr* alcanzar

read *tr* leer

reader *s* lector; libro de lectura

ready *adj* listo, pronto

ready-made clothes *spl* ropa hecha

real *adj* real; auténtico

real estate *s* bienes inmuebles, bienes raíces

reality *s* realidad

reap *tr* segar; cosechar

rear *adj* posterior, trasero; *s* espalda; *(of a room)* fondo; cola; retaguardia; *intr* encabritarse

rearmament *s* rearme

rear-view mirror *s* retrovisor

reason *s* razón; *tr e intr* razonar

reasonable *adj* razonable

rebirth *s* renacimiento

rebut *tr* rebatir, refutar

recap *tr* recauchutar

recast *s* refundición; *tr* refundir

receipt *s* recepción; recibo

receive *tr e intr* recibir

recent *adj* reciente

recipe *s* receta

recognize *tr* reconocer

recommend *tr* recomendar

reconcile *tr* acomodar, reconciliar

record *s* registro; disco; expediente académico; plusmarca, record; *tr* inscribir, registrar; grabar

record changer *s* cambiadiscos

record holder *s* plusmarquista, record-man

record player *s* tocadiscos

recover *tr* recobrar; *intr* recobrarse

recovery *s* recobro

red *adj* rojo; *(wine)* tinto; *s* rojo

redeem *tr* redimir

redskin *s* piel roja

red tape *s* formalismo, expedienteo

reduce *tr* reducir; *intr* enflaquecerse

reef *s* arrecife, escollo, abrojos

reel *s* carrete, devanadera; rollo; *tr* aspar, devanar; *intr* tambalear

refer *tr* referir; *intr* referirse

referee *s* árbitro; *tr* arbitrar

reference *s* referencia; remisión

refine *tr* refinar

reflect *tr* reflejar; *intr* reflexionar

refrigerator *s* nevera

refuel *tr* repostar

refuge *s* asilo, refugio; to take refuge acogerse, refugiarse

refugee *s* refugiado

refund *s* reembolso; *tr* reembolsar

refuse *tr* rehusar

regard *s* mirada; consideración; regards *spl* recuerdos, memorias; *tr* mirar, considerar

regarding *prep* respecto a o de

regiment *s* regimiento; *tr* regimentar

region *s* región

register *s* registro; *tr* registrar; matricular; *(a letter)* certificar; *(a boat)* abanderar; *intr* matricularse

regret *s* pesar, sentimiento; regrets *spl* excusas; *tr* sentir, lamentar

rehearsal *s* ensayo

rehearse *tr* ensayar

rein *s* rienda

reindeer *s* reno

reinforce *tr* reforzar

reinforced concrete *s* hormigón armado

reinforcements *spl* refuerzos

relative *adj* relativo; *s* deudo, pariente

relax *tr* relajar; *intr* despreocuparse

relays *spl* (dep.) relevos

relevant *adj* pertinente

relief *s* alivio; *(elevation of part of figure)* relieve; (mil.) relevo

relieve *tr* relevar; aliviar

remain *intr* permanecer, quedarse; remains *spl* restos; restos mortales

remark *s* observación; *tr e intr* observar

remedy *s* remedio; *tr* remediar

remember *tr* acordarse de, recordar

remind *tr* recordar

remiss *adj* descuidado

remnant *s* retal, retazo; saldo

remorse *s* remordimiento

remorseful *adj* contrito

remove *tr* remover; quitar

Renaissance *s* Renacimiento

rendezvous *s* cita

renege *tr* renuncio; *intr* renunciar

renew *tr* renovar

renewal *s* renovación

rent *s* alquiler; rasgón, desgarro; *tr* alquilar

repair *s* reparación; *tr* concertar, componer

repeat *tr* repetir

repent *intr* arrepentirse

reply *s* respuesta; *tr e intr* responder

replica *s* réplica

reporter *s* repórter

represent *tr* representar

representative *s* representante

reprint s tirada aparte, sobretiro; tr reimprimir

reprisal s represalia

reproach s reproche; tr reprochar

republic s república

request s petición; tr pedir

rescue s salvación; liberación; tr salvar; libertar

research s investigación

resemble tr parecerse a

reserve s reserva; tr reservar

resident adj y s residente

respect s respeto; respecto; with respect to respecto a; tr acatar, respetar; respectar

responsible adj responsable; to be responsible for (a thing) responder de; (a person) responder por

rest s descanso; resto; restante; intr descansar

restaurant s restaurante

restless adj inquieto; insomne

rest room s excusado, retrete; (teat.) saloncillo

result s resultado; intr resultar

retail adj y adv al por menor

retire intr retirarse, retraerse; jubilarse; acostarse

retiring adj retraído, tímido

retort s réplica; (quim.) retorta; intr replicar

retouch tr retocar

retract tr retractar; intr retractarse

retreat s retirada; (signal) retreta; intr cejar, retroceder

return s vuelta, regreso; tr devolver; intr volver

review s revista; tr rever, revisar; (a lesson) repasar; (troops) revistar

revisionism s revisionismo

revive tr revivir; (a play) reestrenar; intr revivir

revolution s revolución

reward s recompensa; (for finding something) hallazgo; tr recompensar

rhetoric s retórica

Rhine s Rin

Rhineland s Renania

Rhone s Ródano

rhubarb s ruibarbo

rhyme s rima; tr e intr rimar

rib s costilla; (of fan or umbrella) varilla

ribbon s cinta

rice s arroz

rich adj rico

rid tr desembarazar; to get rid of desembarazarse de, deshacerse de

ride s paseo; tr montar; intr montar; pasear

ridge s cordillera; arista; caballete

ridicule s irrisión; tr ridiculizar

riffraff s canalla

right adj derecho; correcto; to be right tener razón; s derecho; (right hand; conservative position) derecha; adv correctamente; a la derecha; right after a raíz de; right away inmediatamente; tr enderezar; corregir

ring s anillo; (for finger) sortija, anillo; (for boxing) cuadrilátero; campanada; tintín; tr anillar; cercar; sonar; repicar; intr sonar; tintinear

ringdove s paloma torcaz

ringing s campaneo, repique; ringing in the ears zumbido de oídos

ringleader s cabecilla

rink s patinadero

rinse tr aclarar, enjuagar

riot s alboroto, revuelta

rise s subida; intr levantarse; subir; encumbrarse

risk s riesgo; tr arriesgar

rival s rival; intr rivalizar

rivalry s rivalidad

river s río

roach s cucaracha

road s camino

roadhouse s venta

roast s asado; tr asar

rob tr robar

robber s ladrón

rock s roca; tr mecer; acunar

rocket s cohete

rocket launcher s lanzacohetes

rocking chair s mecedora

rocky adj rocoso, roqueño

roll s rollo; rodillo; panecillo; lista; balance; tr arrollar; intr rodar; balancear

roller coaster s montaña rusa

Roman adj y s romano

Romantic adj romántico

Rome s Roma

roof s tejado

rook s grajo; (in chess) roque

room s cuarto, habitación; espacio, sitio

root s raíz; (of a tooth) raigón

rope s cuerda

ropewalker s volatinero

rosary s rosario

rose s rosa

rosebush s rosal

rose garden s rosaleda

rosemary s romero

rot intr pudrirse

rotgut s matarratas

rouge s colorete; intr pintarse

rough adj áspero; tosco; (sea) grueso

rough draft s borrador; bosquejo

round adj redondo

round trip s ida y vuelta

route s ruta, derrota

row *s* fila, hilera; **in a row** seguidos; *intr* remar
royal *adj* real
royalty *s* realeza
rub *tr* frotar
rubber *s* caucho, goma
ruby *s* rubí
rude *adj* rudo
ruin *s* ruina; *tr* arruinar
rule *s* regla; *tr* gobernar; regir; reglar
ruler *s* gobernador; regla
rum *s* ron
Rumanian *adj y s* rumano
run *s* corrida, carrera; *tr* dirigir; *intr* correr; funcionar, marchar; **to run**

over atropellar
runner-up *s* subcampeón
rupture *s* ruptura; *(hernia)* quebradura
rush *s* precipitación; junco; *intr* arrojarse, abalanzarse, precipitarse
Russia *s* Rusia
Russian *adj y s* ruso
rust *s* herrumbre; *intr* aherrumbrarse
rustle *s* crujido, susurro; *intr* crujir, susurrar
rusty *adj* herrumbroso; *(out of practice)* desusado
rut *s* bache, rodada; celo; rutina
rye *s* centeno

S

sabotage *s* sabotaje; *tr e intr* sabotear
sackcloth *s* harpillera; *(worn by penitents)* cilicio
sack coat *s* americana
sacred *adj* sagrado
sacrifice *s* sacrificio; *tr* sacrificar
sad *adj* triste
saddle *s* silla (de montar)
safe *adj* seguro; **safe and sound** sano y salvo; *s* caja
safety *s* seguridad
safety island *s* burladero
safety pin *s* imperdible
sail *s* vela; *intr* navegar; salir
saint *s* santo
salad *s* ensalada
salary *s* sueldo
sale *s* venta
salesman *s* vendedor
salmon *s* salmón
saloon *s* taberna; *(of a steamship)* salón
salt *s* sal
saltcellar *s* salero
salute *s* saludo; *tr* saludar
Salvadoran *adj y s* salvadoreño
same *adj* mismo
sample *s* muestra; *tr* catar, probar
sand *s* arena
sandal *s* sandalia, abarca
sandpaper *s* papel de lija; *tr* lijar
sandwich *s* emparedado
sandy *adj* arenoso
sane *adj* cuerdo, sensato
sanitary *adj* sanitario
Santa Claus *s* el papá Noel
sap *s* savia; *tr* zapar; agotar
sapphire *s* zafiro
sarcastic *adj* sarcástico
sardine *s* sardina
satin *s* raso

satire *s* sátira
satisfactory *adj* satisfactorio
satisfied *adj* satisfecho
satisfy *tr* satisfacer
Saturday *s* sábado
sauce *s* salsa
saucer *s* platillo
saucy *adj* respondón
sausage *s* salchicha
sauté *tr* saltear
savage *adj y s* salvaje
save *prep* salvo; *tr* salvar; *(e.g., money)* ahorrar
saving *adj* ahorrativo; **savings** *spl* ahorros
savings bank *s* caja de ahorros
Saviour *s* Salvador
saw *s* sierra; *tr* serrar
sawdust *s* aserrín
sawmill *s* aserradero
say *tr* decir
scab *s* costra, postilla; *(strikebreaker)* esquirol
scaffold *s* andamio; *(for an execution)* cadalso
scale *s* balanza; escama; *(e.g., of a map)* escala; *(mús.)* escala; *tr* escamar; escalar
scalp *s* cuero cabelludo; *tr* escalpar
scaly *adj* escamoso
scan *tr* (telv.) explorar
scandal *s* escándalo
scandalous *adj* escandaloso
Scandinavia *s* Escandinavia
scar *s* cicatriz; *tr* señalar
scarce *adj* escaso
scare *s* susto; *tr* asustar
scarf *s* bufanda, chal
scarlet *s* escarlata
scatter *tr* dispersar, esparcir
scenario *s* guión

scene s escena; vista; behind the scenes entre bastidores; to make a scene causar escándalo
scenery s paisaje; (teat.) decoración
scene shifter s tramoyista
scenic adj pintoresco
scent s olor; (track) pista; (sense) olfato; tr rastrear
scepter s cetro
sceptic adj y s escéptico
sceptical adj escéptico
schedule s horario
scheme s plan, proyecto; intriga; (diagram) esquema; intr intrigar
scholarly adj erudito
school s escuela
science s ciencia
scientific adj científico
scientist s científico
scissors s tijeras
scoff intr mofarse; to scoff at escarnecer
scold tr regañar
scooter s monopatín
score s tanteo; veintena; (mús.) partitura; tr e intr tantear
Scotch adj y s escocés
Scotchman s escocés
Scotland s Escocia
scoundrel s bribón, pícaro, belitre
scour tr fregar
scourge s azote; the Scourge of God el azote de Dios; tr azotar
scout s explorador
scrambled eggs spl huevos revueltos
scrape tr raspar, rascar
scratch s arañazo, rasguño; tr arañar, rasguñar, rascar
scream s grito; intr gritar
screw s tornillo; tr atornillar
screwdriver s destornillador
scribble intr garrapatear
sculpture s escultura
sea s mar
seacoast s litoral
seal s sello; foca; tr sellar
seam s costura
search s busca; pesquisa; tr pesquisar; cachear; intr — to search for buscar
seasick adj — to get seasick marearse
seasickness s mareo
season s estación; temporada; sazón; tr aderezar, sazonar
seasoning s condimento
seat s asiento; sede, localidad; (of trousers) fondillos; tr sentar
seaweed s alga
seclude tr recluir
second adj y s segundo
secondary adj y s secundario
second hand s segundero
second-hand adj de ocasión
secret adj y s secreto

secretary s secretario
sect s secta
secure adj seguro; tr asegurar; conseguir
security s seguridad; securities spl valores
sedge s juncia
see tr ver
seed s semilla, simiente
seek tr buscar
seem intr parecer
seer s vidente
seesaw s balancín, columpio
Seine s Sena
seize tr agarrar, asir, coger
seldom adv raramente
select adj selecto; tr seleccionar
self adj mismo
self-portrait s autorretrato
self-service s autoservicio
sell tr vender
senate s senado
senator s senador
send tr enviar, mandar, remitir
sense s sentido; tr sentir
sentence s oración; sentencia; tr sentenciar
sentinel s centinela
separate adj separado; tr separar; intr separarse
September s septiembre
sepulcher s sepulcro
Serbian adj y s serbio
serfdom s servidumbre de la gleba
sergeant s sargento
serial adj y s serial
series s serie
serious adj serio, grave
sermon s sermón
servant s criado
serve tr e intr servir
service s servicio
service station s gasolinera
set adj resuelto, determinado; (price) fijo; s (of chairs, dishes, etc.) juego; (for a motion picture) plató; (of people) grupo, corro; aparato; tr asentar, colocar, poner; (fire) pegar; intr (said of the sun, moon, etc.) ponerse
settle tr arreglar; colonizar, poblar; intr asentar
settler s colonizador
seven adj y s siete
seven hundred adj y s setecientos
seventeen adj y s diecisiete
seventh adj y s séptimo
seventy adj y s setenta
several adj diversos, varios
severe adj severo; riguroso
sew tr coser
sewer s albañal, cloaca
sewing s costura

sex *s* sexo

sextant *s* sextante

shade *s* sombra; (*of a lamp*) pantalla; (*of a window*) estor, visillo; *tr* sombrear, asombrar

shadow *s* sombra

shake *s* sacudida; *tr* sacudir; *intr* temblar

sham battle *s* simulacro (de combate)

shame *s* vergüenza; *tr* avergonzar

shampoo *s* champú

shanks' mare *s* — to ride on shanks' mare caminar en el coche de San Francisco

shape *s* forma; *tr* formar

share *s* parte, porción; (*of stock*) acción; *tr* compartir; *intr* participar

shark *s* tiburón

sharp *adj* agudo; nítido; *s* sostenido

shatterproof *adj* inastillable

shave *s* afeitado; *tr* afeitar; *intr* afeitarse

shaving *s* afeitado; acepilladura, viruta

she *pron* ella

shear *tr* esquilar; shears *spl* cizalla

sheep *s* carnero, oveja

sheet *s* sábana; hoja

sheik *s* jeque

shelf *s* anaquel, estante

shell *s* cáscara; concha; vaina; bomba, proyectil; (*racing boat*) yola; *tr* descascarar; bombardear

shellfish *s* marisco

shelter *s* abrigo, refugio; *tr* abrigar, amparar

shepherd *s* pastor; *tr* pastorear

sherry *s* jerez

sherry party *s* vino

shield *s* escudo; blindaje; *tr* amparar; blindar

shin *s* espinilla

shine *s* lustre; *tr* abrillantar, pulir; (*shoes*) embolar; *intr* brillar, lucir

shingle *s* ripia; shingles *spl* (pat.) zona

ship *s* nave, barco, navío; *tr* embarcar; enviar, remitir

ship's company *s* tripulación, dotación

shirt *s* camisa

shiver *s* tiritón; *intr* tiritar

shoal *s* bajío

shock *s* choque; *tr* chocar; sobresaltar

shoe *s* bota, botina; zapato; *tr* herrar

shoeblack *s* limpiabotas

shoehorn *s* calzador

shoe polish *s* betún, bola

shoot *tr* tirar; fusilar; to shoot down abatir

shop *s* tienda; taller

shore *s* orilla, ribera; playa; *tr* apuntalar

short *adj* corto; *s* cortometraje

short circuit *s* cortocircuito

shorten *tr* acortar

shorthand *s* taquigrafía

shorthand-typist *s* taquimeca

shortly *adv* luego, en breve

shot *s* tiro; balazo; (*pellets of lead*) perdigón

shot gun *s* escopeta

shoulder *s* hombro; (*of a coat*) hombrera

shoulder blade *s* escápula, omóplato

shout *s* grito, voz; *intr* gritar

shove *s* empujón; *tr* empujar

shovel *s* pala; *tr* traspalar

show *s* espectáculo; función; sesión; *tr* mostrar, enseñar

showcase *s* vitrina

shower *s* aguacero, chaparrón; ducha

shower bath *s* ducha

show-off *s* pinturero

show window *s* escaparate

shrimp *s* camarón; (*person*) renacuajo

shrine *s* santuario

shrink *intr* contraerse, encogerse

shroud *s* mortaja; *tr* amortajar

shrub *s* arbusto

shudder *intr* estremecerse

shuffle *tr* barajar

shun *tr* esquivar, evitar

shut *tr* cerrar

shutter *s* persiana; contraventana; (*of camera*) obturador

shuttle *s* lanzadera

shy *adj* recatado, tímido

Siamese *adj y s* siamés

Siamese twins *spl* hermanos siameses

Siberian *adj y s* siberiano

sick *adj* enfermo

sickly *adj* enfermizo

side *s* lado; cara

sideboard *s* aparador

sideburns *spl* patillas

sidesaddle *adv* a mujeriegas

sidewalk *s* acera, banqueta

sidewalk café *s* terraza

siding *s* apartadero

siege *s* asedio, sitio

sieve *s* cedazo, tamiz; *tr* cerner, tamizar

sigh *s* suspiro; *intr* suspirar

sight *s* vista; mira; *tr* avistar

sightless *adj* invidente, ciego

sign *s* signo; letrero, muestra; *tr* firmar

signal *s* señal; *tr* señalar

signature *s* firma

silence *s* silencio; *tr* acallar, silenciar

silent *adj* silencioso

silk *s* seda

silly *adj* tonto

silver *adj* argentino; *s* plata

silver wedding *s* bodas de plata

similar *adj* similar, semejante

simple *adj* simple, sencillo
simple substance *s* cuerpo simple
sin *s* pecado; *intr* pecar
since *adv* después; *prep* desde; *conj* desde que; puesto que, ya que
sing *tr e intr* cantar
singe *tr* chamuscar
singer *s* contante, vocalista
single *adj* individual; suelto; soltero
sink *s* fregadero; *tr* hundir, sumergir; *intr* hundirse, irse a pique
sinner *s* pecador
sip *s* sorbo; *tr* sorber
siphon bottle *s* sifón
sir *s* señor
siren *s* sirena
sirloin *s* solomillo
sister *s* hermana
sister-in-law *s* cuñada; concuñada
sit *intr* sentarse; estar sentado
sitting *s* sentada; (*e.g., of a legislative body*) sesión; (*before a painter or sculptor*) estadía
sitting room *s* sala (de estar)
six *adj y s* seis
six hundred *adj y s* seiscientos
sixteen *adj y s* dieciséis
sixth *adj y s* sexto
sixty *adj y s* sesenta
size *s* tamaño; *tr* (*before painting*) encolar
skate *s* patín; *intr* patinar
skating rink *s* patinadero
skeleton *s* esqueleto
skeptic *adj y s* escéptico
skeptical *adj* escéptico
sketch *s* boceto; bosquejo, esbozo; *tr* abocetar; bosquejar, esbozar
ski *s* esquí; *intr* esquiar
skid *intr* resbalar; patinar
skier *s* esquiador
skill *s* acierto; destreza, habilidad
skillful *adj* diestro, hábil
skim *tr* desnatar; espumar; rasar, rozar
skin *s* piel; *tr* desollar
skinny *adj* flaco, magro, seco
skip *s* salto; *tr* saltar; *intr* saltar; escabullirse
skipping rope *s* comba
skirmish *s* escaramuza; *intr* escaramuzar
skirt *s* falda
skull *s* cráneo
sky *s* cielo
skylight *s* tragaluz
skyrocket *s* cohete
skyscraper *s* rascacielos
slab *s* losa
slacker *s* haragán; (mil.) prófugo
slam *s* golpe; (*in cards*) bola; *tr e intr* golpear
slander *s* calumnia; *tr* calumniar

slang *s* vulgarismo
slant *s* inclinación; *tr* inclinar; tergiversar; *intr* inclinarse
slap *s* bofetada, manotada, palmada; *tr* abofetar, manotear
slap on the back *s* espaldarazo
slate *s* pizarra
slaughter *s* matanza; *tr* matar
slaughter house *s* matadero
Slav *adj y s* eslavo
slave *adj y s* esclavo
slavery *s* esclavitud
slay *tr* matar
sled *s* luge
sledge hammer *s* acotillo
sleep *s* sueño; to go to sleep dormirse; *intr* dormir
sleeper *s* durmiente
sleepwalker *s* somnámbulo
sleepy *adj* soñoliento; to be sleepy tener sueño
sleet *s* cellisca
sleeve *s* manga
sleigh *s* trineo
sleigh bell *s* cascabel
sleight of hand *s* juego de manos, prestidigitación
slice *s* rebanada, tajada; *tr* rebanar, tajar
slide *s* resbaladero; cursor; *tr e intr* deslizar
slide fastener *s* cierre relámpago
slide rule *s* nonio
slight *adj* ligero; delgado; insignificante; *s* desaire; *tr* desairar
slime *s* légamo
sling *s* cabestrillo; *tr* lanzar, tirar
slingshot *s* honda
slip *s* desliz; (*for a pillow or piece of furniture*) funda; (*for transplanting*) sarmiento; (*undergarment*) combinación; (*of paper*) papeleta; *tr e intr* deslizar
slipper *s* chinela, pantufla
slippery *adj* resbaladizo
slit *s* hendidura; *tr* hender
slobber *s* baba; *intr* babear
slot *s* agujero, ranura; (*for letters*) buzón
slot machine *s* tragaperras
Slovene *adj y s* esloveno
slow *adj* lento; tardo, torpe; *adv* despacio
slowly *adv* despacio
sly *adj* socarrón
smack *s* manotada; *tr* manotear; *intr* — to smack of oler a
small *adj* pequeño
smallpox *s* viruela
smart *adj* listo, vivo; elegante; *intr* escocer
smattering *s* tintura; to have a smattering of picar en

smear s mancha; (bact.) frotis; tr manchar

smell s olor; (sense) olfato; tr e intr oler

smile s sonrisa; intr sonreír

smiling adj risueño

smoke s humo; tr ahumar; (tobacco) fumar; intr humear; fumar

smoking room s fumadero

smooth adj liso; (wine) abocado; tr alisar

smother tr ahogar, sofocar

smuggle intr contrabandear

snack s tentempié

snail s caracol; babosa

snake s culebra, serpiente, sierpe; buscapiés, carretilla

snap tr (a whip) chasquear; (the fingers) castañetear

snappy adj picante; elegante, garboso

snapshot s instantánea

sneak intr andar furtivamente

sneak thief s descuidero, ratero

sneeze s estornudo; intr estornudar

sniff s husmeo; tr husmear; intr ventear

snipe s agachadiza; intr paquear; to snipe at paquear

sniper s paco

snivel intr lloriquear; moquear

snob s esnob

snobbishness s esnobismo

snoop s buscavidas; intr curiosear

snore s ronquido; intr roncar

snort s bufido; intr bufar

snow s nieve; intr nevar

snowflake s ampo, copo (de nieve)

snow flurry s nevisca

snowplow s expulsanieves, quitanieves

snowshoe s raqueta (de nieve)

snowstorm s nevada

snowy adj nevoso

snub s desaire; tr desairar

snuff s rapé; tr husmear; (a candle) despabilar

snuffle s gangueo; intr ganguear

so adv así; tan; por lo tanto; so long! ¡hasta luego!; so that a fin de que, para que

soap s jabón; tr enjabonar

soap bubble s pompa (de jabón)

soapy adj jabonoso

soar intr cernerse; planear

sob s sollozo; intr sollozar

sociable adj sociable

socialism s socialismo

society s sociedad

sociology s sociología

sock s calcetín

socket s portalámparas; (of eye) cuenca; (of tooth) alvéolo

soda s soda

soda water s gaseosa

soft adj blando, muelle

soft-boiled egg s huevo pasado por agua

soft hat s flexible

soil s suelo; tr manchar, ensuciar

solder s soldadura; tr soldar

soldering iron s cautín, soldador

soldier s soldado, militar

solemn adj solemne

solid adj y s sólido

solitary confinement s incomunicación

so long interj ¡hasta luego!

solstice s solsticio

solve tr solucionar; (a puzzle) adivinar

some adj algún; algunos, unos; pron algunos, unos

somebody pron alguien

somersault s salto mortal, vuelta de campana

something pron algo, alguna cosa

somewhat adv algo

son s hijo

song s canción

son-in-law s yerno

soon adv en breve, pronto; as soon as así que, luego que

soot s hollín

sore adj irritado; s llaga, úlcera

sorrow s dolor, pesar, añoranza

sorrowful adj doloroso, pesaroso

sorry adj pesaroso; to be or feel sorry for compadecer; sentir

sort s clase, especie; tr clasificar; entresacar

soul s alma

sound adj sano; s sonido; tr e intr sonar; to sound like sonar a

soup s sopa

sour adj acedo, acerbo, agrio; tr acedar

source s fuente

south s sur

South America s Sudamérica

South American adj y s sudamericano

southeast s sudeste

South Korean adj y s sudcoreano

southwest s sudoeste

southwest wind s ábrego

souvenir s recuerdo

sow tr sembrar

space adj espacial; s espacio; tr espaciar

spacious adj espacioso

Spain s España

spangle s lentejuela

Spaniard s español

Spanish adj y s español

Spanish American adj y s hispanoamericano

Spanish Main s Tierra Firme

Spanish National Railway s Renfe

spare adj de repuesto; tr pasar sin; ahorrar

spare part s repuesto, pieza de recambio
spark s chispa; *intr* chispear
spark plug s bujía
sparrow s gorrión
speak *tr* e *intr* hablar
spear s lanza; *tr* alancear
special *adj* especial
species s especie
specimen s espécimen
spectacle s espectáculo; spectacles *spl* anteojos, gafas
spectrum s espectro
speech s habla; to make a speech hacer uso de la palabra
speed s velocidad; *intr* apresurarse
speleology s espeleología
spell s encanto, hechizo; turno; rato; *tr* e *intr* deletrear
spend *tr* (*money*) gastar; (*time*) pasar
sphere s esfera
sphinx s esfinge
spice s especia
spicy *adj* picante; sicalíptico
spider s araña
spider web s telaraña
spigot s grifo
spill *tr* derramar; *intr* derramarse
spin s giro, vuelta; to go into a spin entrar en barrena; *tr* e *intr* hilar; (*a top*) bailar
spinach s espinaca
spinster s solterona
spiral *adj* y s espiral
spirit s espíritu
spiritual *adj* espiritual
spit s esputo; *tr* escupir, esputar; *intr* neviscar; fufar
spite s despecho; in spite of a despecho de, a pesar de; *tr* despechar
splash s salpicadura; *tr* salpicar; *intr* chapotear
splendid *adj* espléndido
splinter s astilla; (*of bone, glass, etc.*) esquirla; *tr* astillar; *intr* astillarse
split s hendidura; *tr* hender; *intr* henderse
spoil *tr* echar a perder; (*e.g., a child*) mimar; *intr* echarse a perder
spoke s rayo
sponge s esponja
spontaneous *adj* espontáneo
spoon s cuchara
sport *adj* deportivo; s deporte; elegante, majo
sport fan s deportista, hincha
sporty *adj* majo, elegante, jacarandoso
spot s mancha; *tr* manchar; *intr* mancharse
spout s canalón; (*of a pitcher*) pico; (*stream of liquid*) chorro
sprawl *intr* arrellanarse

spring s primavera; muelle, ballesta; fuente, manantial; salto, brinco; *intr* saltar
spring mattress s somier
sprinkle s rociada; *tr* rociar, regar; (*e.g., sugar*) espolvorear; *intr* rociar
sprinkling can s regadera
spruce *adj* apuesto, garboso
spruce tree s abeto del Norte, abeto falso
spy s espía; *tr* e *intr* espiar; to spy on acechar
spyglass s catalejo
squad s escuadra
squadron s escuadra; escuadrilla
square *adj* cuadrado; s cuadrado; plaza; manzana; casilla, escaque; *tr* cuadrar
squeeze *tr* apretar, estrujar
squeezer s exprimidera
squirrel s ardilla
stab s puñalada; *tr* apuñalar
staff s bastón; personal; [a] estado mayor; pentágrama
stage s escena; etapa
stagehand s metemuertos
stagger *intr* tambalear
stain s mancha; tinte; tintura; *tr* manchar; teñir; *intr* mancharse
stained-glass window s vitral
stainless *adj* inoxidable
stairs *spl* escalera
stake s estaca; (*for plants*) rodrigón; (*in a bet*) puesta; *tr* rodrigar; (*money*) apostar
stammer *intr* tartamudear
stamp s sello; estampilla; *tr* sellar; estampar; hollar; *intr* patalear
stamp pad s tampón
stanch *adj* constante, leal; estanco; *tr* estancar; (*blood*) restañar
stand s soporte, pedestal; *tr* aguantar, tolerar; *intr* estar, estar de pie
standard s patrón; norma; bandera
star s estrella; astro
starboard s estribor
starch s almidón; *tr* almidonar
starling s estornino
start s comienzo, principio; sobresalto; *tr* e *intr* comenzar
startle *tr* sobresaltar
starve *tr* e *intr* hambrear
state s estado; *tr* declarar
statement s declaración, relación, relato
stateroom s camarote
static *adj* estático; s estáticos, parásitos
station s estación; condición; *tr* estacionar
stationery store s papelería
station wagon s rubia
statistics s estadística

statue s estatua

stay s permanencia; *intr* permanecer, quedarse

steak s filete, lonja; biftec

steal *tr* hurtar, robar

steam s vapor

steamboat s vapor

steel s acero; *(for striking fire)* eslabón

steep *adj* abrupto, acantilado, escarpado

steeple s campanario

steeplejack s escalatorres

steer s buey; *tr* gobernar, guiar, manejar

steering s dirección

steering wheel s volante

stenographer s estenógrafo, taquígrafo

step s paso; *(of stairs)* peldaño; *(act or move in a process)* gestión, medida; *intr* dar un paso; andar

stepbrother s hermanastro

stepdaughter s hijastra

stepfather s padrastro

stepmother s madrastra

stepsister s hermanastra

stepson s hijastro

stereo *adj* estereofónico; estereoscópico

sterilize *tr* esterilizar

stern *adj* austero, severo; s popa

stethoscope s estetoscopio

stevedore s estibador

stew s estofado; *tr* estofar

steward s camarero

stewardess s camarera; aeromoza, azafata

stick s palo; *tr* pegar; picar, punzar; *(e.g., in the ground)* hincar; *intr* pegarse; adherir; **to stick out** salir, proyectarse

sticky *adj* pegajoso; *(weather)* bochornoso

stiff *adj* tieso

stilt s zanco

stimulant *adj y* s estimulante

sting s picadura; *tr* picar

stink s hedor; *intr* heder

stir s agitación; alboroto; *tr* agitar; revolver; excitar; *(the fire)* atizar; *intr* moverse

stitch s puntada; *(pain)* punzada; *tr* bastear, puntear

stock s existencias, surtido; acciones; *tr* abastecer, surtir

stockbroker s bolsista

stock certificate s acción

stockholder s accionista

stock market s bolsa; **to play the stock market** jugar a la bolsa

stomach s estómago

stone s piedra; *(of fruit)* hueso; *tr* apedrear

stony *adj* pedregoso

stool s escabel

stop s parada; *tr* parar, detener; obstruir, cegar; *intr* pararse, detenerse; cesar; permanecer; *(e.g., in a hotel)* parar

storage battery s acumulador

store s tienda; *tr* almacenar

stork s cigüeña

storm s tempestad, borrasca; *tr* asaltar

storm window s sobrevidriera

story s cuento, historia; mentira; piso

stove s estufa; cocina, hornillo

stow *tr* abarrotar; (mar.) estibar

stowaway s llovido, polizón

straight *adj* derecho; recto; *adv* derecho; **straight ahead** todo derecho

straighten *tr* enderezar

strait s estrecho

strange *adj* extraño

stranger s forastero; desconocido

strangle *tr* estrangular; *intr* estrangularse

strap s correa; tira

stratosphere s estratosfera

straw *adj* pajizo; s paja

strawberry s fresa

straw hat s sombrero de paja; canotié

stray *intr* extraviarse

streak s raya; *(of light)* rayo; *(of luck)* racha

stream s corriente; arroyo

streamlined *adj* aerodinámico

street *adj* callejero; s calle

streetcar s tranvía

street sprinkler s carricuba

strength s fuerza

strengthen *tr* fortalecer, fortificar

stretch s estirón; trecho; *tr* estirar; *intr* estirarse; desperezarse

stretcher s camilla, parihuela

strike s golpe; *(of workmen)* huelga; *tr* golpear, herir; *(a match)* frotar, encender; *intr (said of a bell, a clock)* dar, sonar; estar en huelga

strikebreaker s esquirol, rompehuelgas

striker s huelguista

string s cuerda; fila; sarta; *tr* ensartar; **to string along** traer al retortero

string bean s habichuela

strip s tira; *tr* desnudar; desmantelar; *intr* desnudarse

stripe s raya; *tr* rayar

strive *intr* esforzarse, luchar

stroke s golpe; *(of bell)* campanada; *(of a piston)* carrera; *(of an oar)* palada; ataque de parálisis

stroll s paseo; *intr* pasear a pie

strong *adj* fuerte

strontium s estroncio

stub s talón; *(of cigarette)* colilla; *(of an arm or leg)* muñón; *(of tree)* tocón

stuck-up *adj* empinado, estirado, orgulloso

stud bolt *s* espárrago
student *s* estudiante
studio *s* taller, estudio
study *s* estudio; *tr e intr* estudiar
stuff *s* materia; género, paño, tela; *tr* rellenar
stuffed shirt *s* tragavirotes
stumble *s* tropiezo; *intr* tropezar
stun *tr* abombar, aturdir, atolondrar
stupid *adj y s* estúpido
sty *s* pocilga; *(on eyelid)* orzuelo
style *s* estilo; moda
stylish *adj* elegante
styptic *adj y s* estíptico
subconscious *s* subconsciencia
subdeb *s* tobillera
subject *s* asunto, materia; *(of a government)* súbdito; *(of a sentence)* sujeto; *tr* sujetar, someter
subjugate *tr* subyugar
submarine *adj y s* submarino
subscribe *intr* subscribirse, abonarse
subscriber *s* abonado
subscription *s* abono
substantive *adj y s* substantivo
substitute *s* *(person)* substituto; *(substance)* sucedáneo; *(mil.)* reemplazo; *tr* cambiar; **to substitute one thing for another** cambiar una cosa por otra; *intr*—**to substitute for** *(to act as)* substituir
suburb *s* arrabal, suburbio
subversion *s* subversión
subway *s* subterráneo; metro
succeed *tr* suceder; *intr* acertar, tener buen éxito, salir bien
success *s* acierto, éxito, buen éxito
successful *adj* próspero; acertado
succumb *intr* sucumbir
such *adj y pron* tal
suck *s* chupada; *tr e intr* chupar
suckle *tr e intr* lactar
suction *adj* aspirante; *s* succión
sudden *adj* repentino
sue *tr* demandar
suffer *tr e intr* sufrir, padecer
sugar *adj* azucarero; *s* azúcar; *tr* azucarar
sugar bowl *s* azucarero
sugar cane *s* caña de azúcar
sugar mill *s* ingenio
sugary *adj* azucarado; (fig.) almibarado
suggest *tr* sugerir
suggestion *s* sugerencia
suit *s* traje; *tr* ir bien a
suitable *adj* adecuado, conveniente
suitor *s* galán, servidor
sulfide *s* sulfuro
sulfur *s* azufre
sullen *adj* adusto, hosco
summer *s* verano; *intr* veranear

summon *tr* emplazar; *(a group)* convocar
sun *s* sol; *tr* asolear; *intr* asolearse
sunburnt *adj* atezado
Sunday *s* domingo
sundial *s* cuadrante
sunflower *s* girasol, tornasol
supper *s* cena
supply *s* suministro; surtido; **supplies** *spl* provisiones; artículos; *tr* suministrar
support *s* apoyo, sustento; *tr* apoyar; sustentar
suppose *tr* suponer; creer
sure *adj* seguro; *interj* ¡claro!
surface *adj* superficial; *s* superficie; *intr* emerger
surgeon *s* cirujano
surgery *s* cirugía
surpass *tr* aventajar, sobrepasar
surprise *s* sorpresa; *tr* sorprender
surround *tr* abarcar, rodear
surroundings *spl* alrededores
survive *tr* sobrevivir a; *intr* sobrevivir
susceptible *adj* susceptible; *(to illness)* receptivo
suspect *adj y s* sospechoso; *tr e intr* sospechar
suspend *tr* suspender
suspenders *spl* tirantes
suspicious *adj* *(distrustful)* suspicaz; *(subject to suspicion)* sospechoso
swallow *s* trago; golondrina; *tr* tragar,
swamp *s* pantano
swan *s* cisne
swap *s* cambalache, trueque
swarm *s* enjambre; *intr* hormiguear
sway *s* oscilación, vaivén; dominio, imperio; *tr* influenciar; *intr* oscilar, mimbrear
swear *tr e intr* jurar
sweat *s* sudor; *tr e intr* sudar
sweatband *s* tafilete
sweater *s* suéter
Swede *s* sueco
Sweden *s* Suecia
Swedish *adj y s* sueco
sweep *tr* barrer
sweep-second *s* segundero central
sweet *adj* dulce
sweetheart *s* enamorado, enamorada
swell *tr* hinchar; abultar; *intr* hincharse; abultarse
swelling *s* hinchazón; chichón
swift *adj* rápido, veloz; *s* vencejo
swim *tr* pasar a nado; *intr* nadar
swimmer *s* nadador
swimming *s* natación
swimming pool *s* piscina
swing *s* vaivén; columpio; *tr* columpiar; *intr* oscilar; columpiarse
Swiss *adj y s* suizo
Swiss cheese *s* gruyere

switch s añadido; látigo; (elec.) interruptor, llave; (f.c.) aguja; tr azotar; (a train) desviar
Switzerland s Suiza
swoop intr abatirse
sword s espada
sword swallower s tragasable
syllable s sílaba
symbol s símbolo
symmetrical adj simétrico
sympathize intr simpatizar; to sympathize with compadecerse de

sympathy s simpatía; conmiseración
symphony s sinfonía
symposium s coloquio
synagogue s sinagoga
syntax s sintaxis
synthesis s síntesis
synthesize tr sintetizar
Syrian adj y s sirio
syringe s jeringa; lavativa
syrup s almíbar
system s sistema
systole s sístole

T

table s mesa
tablecloth s mantel
tablet s pastilla; bloc, taco
taboo adj y s tabú
tact s discreción
tactful adj discreto
tadpole s renacuajo
tail s cola, rabo; tails spl frac
tailor s sastre
take tr llevar; tomar; (a purchase) quedarse con; (a trip) hacer; (a walk) dar; (a photograph) sacar; (a certain size of shoe) calzar
tale s cuento
talent s talento
talk s charla; tr e intr hablar
tall adj alto
tallow s sebo
tan adj marrón; atezado; tr adobar, curtir
tank s tanque; depósito; ténder
tape s cinta
tape recorder s magnetófono
tapeworm s solitaria
tar s alquitrán; tr alquitranar
task s tarea
tassel s borla
taste s gusto; tr gustar; intr — to taste like u of saber a
tasty adj sabroso
tattoo s tatuaje; retreta; tr tatuar
tawdry adj charro, cursi
tax s impuesto
taxi s taxi
taxi driver s taxista
taxpayer s contribuyente
tea s té; tisana
teach tr enseñar
teacher s maestro
team s tiro; equipo
teammate s equipier
teamster s camionista
tear s lágrima; rasgón, desgarro; tr rasgar, desgarrar

teaspoon s cucharilla
technical adj técnico
teethe intr endentecer
telecommunication s telecomunicación
telegraph s telégrafo; tr e intr telegrafiar
telepathy s telepatía
telephone s teléfono; tr e intr telefonear
telephone booth s locutorio
telephone operator s telefonista
telescope s telescopio
televise tr televisar
television s televisión
television set s televisor
tell tr decir; contar
temper s cólera, ira; tr templar
temple s templo; sien
tempt tr tentar
ten adj y s diez
tenant s inquilino
tendentious adj tendencioso
tender adj tierno; s oferta; ténder; tr ofrecer
tennis adj tenístico; s tenis
tense adj tenso; s tiempo
tent s tienda
tenth adj y s décimo
term s término; semestre
terminate tr e intr terminar
terrace s terraza
terrify tr aterrorizar
territory s territorio
test s prueba, ensayo; tr probar; examinar
testify tr atestiguar, testificar
Thai adj y s tailandés
Thailand s Tailandia
Thames s Támesis
thank tr agradecer; thanks spl gracias
thankful adj agradecido
thanksgiving s acción de gracias

that *adj* ese; aquel; *pron* ése; aquél; that which el que

the *artículo def* el

theater *s* teatro

their *adj* su

theirs *pron* suyo, el suyo

them *pron* les, los; ellos

then *adv* entonces, luego

theology *s* teología

theorem *s* teorema

theory *s* teoría

theosophy *s* teosofía

there *adv* allí, allá; **there is** o **there are** hay (see haber *impers*)

therefore *adv* por lo tanto

thermometer *s* termómetro

thermonuclear *adj* termonuclear

thermos bottle *s* termos

thermostat *s* termóstato

they *pron* ellos

thick *adj* espeso

thicken *tr* espesar

thicket *s* matorral

thief *s* ladrón

thimble *s* dedal

thin *adj* delgado, flaco, fino; *tr* adelgazar, enflaquecer; aclarar

thing *s* cosa

think *tr* pensar; *intr* pensar; **to think of** pensar en

third *adj y s* (*in order*) tercero; (*part*) tercio

thirst *s* sed; *intr* tener sed

thirsty *adj* sediento; **to be thirsty** tener sed

thirteen *adj y s* trece

thirty *adj y s* treinta

this *adj* este; *pron* éste

thorn *s* espina

thorough *adj* cabal, completo; cuidadoso

thoroughly *adv* a fondo

though *adv* sin embargo; *conj* aunque

thought *s* pensamiento

thousand *adj y s* mil

thousandth *adj y s* milésimo

thrash *tr* trillar; azotar

thread *s* hilo; (*of a screw*) filete; *tr* enhebrar; filetear

threat *s* amenaza

threaten *tr* amenazar

three *adj y s* tres

three-D *adj* tridimensional; *s* cinestéreo, estereocinema, film de bulto

three hundred *adj y s* trescientos

three R's *spl* primeras letras

threshold *s* umbral

thrifty *adj* ahorrativo, económico

thrive *intr* medrar, prosperar

throat *s* garganta

throb *s* palpitación, pulsación; *intr* palpitar, pulsar

throne *s* trono

through *adj* directo; acabado; *prep* al través de; por medio de

throw *tr* arrojar, tirar

thumb *s* pulgar

thumbtack *s* chinche

thunder *s* trueno; *intr* tronar

Thursday *s* jueves

thus *adv* así

thwart *tr* frustrar, impedir

ticket *s* billete

ticket agent *s* taquillero

ticket office *s* taquilla

tickle *tr* e *intr* cosquillear

ticklish *adj* cosquilloso; difícil, arriesgado

tick-tock *s* tictac

tide *s* marea

tie *s* lazo; corbata; durmiente, traviesa; (*in a match*) empate; *tr* atar; enlazar; *intr* empatar

tiger *s* tigre

tight *adj* apretado; estanco; **tights** *spl* malla

tile *s* azulejo; (*for roofing*) teja; (*for floors*) baldosa

till *s* cajón; *prep* hasta; *conj* hasta que; *tr* labrar

timber *s* maderaje

time *s* tiempo; hora; vez; **what time is it?** ¿qué hora es?; *tr* cronometrar

timing gears *spl* distribución

tin *s* estaño; hojalata; *tr* estañar

ting *s* tintín; *intr* tintinear

tinkle *s* retintín; *intr* retiñir

tinsmith *s* hojalatero

tip *s* punta; herrete; visera; propina; (*secret information*) soplo; *tr* herretear; inclinar; dar propina a

tipsy *adj* chispo; **to get tipsy** achisparse

tiptoe *s* punta del pie; **on tiptoe** de puntillas; *intr* andar de puntillas

tire *s* neumático, llanta; *tr* cansar; *intr* cansarse

tired *adj* cansado

tire iron *s* desmontable

tiresome *adj* cansado, aburrido

title *s* título

to *prep* a

toad *s* sapo

toast *s* tostada; brindis; *tr* tostar; *intr* brindar

tobacco *s* tabaco

tobacco pouch *s* petaca

today *adj y s* hoy

toddle *intr* tambalear; (*said of a child*) hacer pinitos

toe *s* dedo (del pie)

together *adv* juntos; junto; juntamente

toil *s* afán, fatiga; *intr* afanarse, fatigarse

toilet *s* excusado, retrete; atavío

toll *s* peaje, portazgo; pontazgo; (*of bell*) doble; *intr* doblar

tomato *s* tomate
tomb *s* tumba
tomorrow *adj y s* mañana
ton *s* tonelada
tongue *s* lengua
tongue twister *s* trabalenguas
tonight *adj y s* esta noche
tonsil *s* amígdala, tonsila
too *adv* también; demasiado
tool *s* herramienta
tooth *s* diente
toothache *s* dolor de muelas
toothbrush *s* cepillo de dientes
toothpick *s* mondadientes, palillo
top *s* cima, cumbre; tapa; peonza, trompo
top hat *s* chistera
torch *s* antorcha
torment *s* tormento; *tr* atormentar
torpedo *s* torpedo; *tr* torpedear
torrent *s* torrente
tortoise *s* tortuga
torture *s* tortura, suplicio; *tr* torturar
total *adj y s* total
touch *s* toque; tacto; *tr* tocar; conmover; *intr* tocar
touchy *adj* quisquilloso
tough *adj* correoso; tosco; difícil
tour *s* jira, vuelta, viaje
touring car *s* turismo
tourist *s* turista
tournament *s* torneo
tourniquet *s* torniquete
tow *s* remolque; *tr* remolcar
toward *prep* hacia; para con
towel *s* toalla, enjuagamanos
town *s* población, pueblo
town hall *s* casa consistorial, ayuntamiento
toy *s* juguete
track *s* rastro; rodada; (f.c.) vía; *tr* rastrear
trackless trolley *s* filobús, trolebús
tractor *s* tractor
trade *s* comercio; (*exchange*) trueque; clientela; *tr* trocar; *intr* comerciar
trademark *s* marca de fábrica, marca registrada
trade name *s* razón social
trading post *s* factoría
traffic *s* tráfico; *intr* traficar
tragedy *s* tragedia
trail *s* huella, pista; sendero; *tr* rastrear
train *s* tren; *tr* adiestrar; entrenar
trait *s* rasgo, característica
traitor *s* traidor
tramp *s* vagabundo; *tr* pisar; *intr* patullar
trample *tr* hollar
transatlantic *adj y s* transatlántico
transcribe *tr* transcribir

transfer *s* traslado; *tr* trasladar, transferir
transform *tr* transformar
transistor *s* transistor
transitory *adj* transitorio
translate *tr* traducir
translation *s* traducción
transmit *tr* transmitir
transom *s* montante
transport *s* transporte; *tr* transportar
trap *s* trampa; sifón; *tr* entrampar
trapeze *s* trapecio
trash *s* broza; basura
travel *s* viaje; *intr* viajar
traveler *s* viajero
travesty *s* parodia; *tr* parodiar
tray *s* bandeja; cubeta
treacherous *adj* traicionero, fementido; incierto
treason *s* traición
treasure *s* tesoro; *tr* atesorar
treat *s* convite; convidada; *tr* tratar; convidar; curar, medicinar
treatise *s* tratado
treaty *s* tratado
tree *s* árbol
tremble *intr* temblar; tiritar, titiritar
trench *s* zanja; trinchera
trestle *s* caballete
trial *s* ensayo; aflicción; juicio, proceso
triangle *s* triángulo
tribe *s* tribu
trick *s* maña; truco; (*in card games*) baza; *tr* trampear
trifle *s* bagatela, friolera; pizca
trigonometry *s* trigonometría
trim *adj* bonito, elegante; *tr* desbastar; (*a tree*) podar; (*a Christmas tree*) decorar, enguirnaldar; (*a candle*) despabilar
trip *s* viaje; tropiezo; *tr* trompicar; *intr* tropezar; brincar, correr
tripe *s* callos
triplet *s* terceto; trillizo
triumph *s* triunfo; *intr* triunfar
trivial *adj* trivial, insignificante
triviality *s* trivialidad, fruslería
troll *intr* cacear
trolley car *s* tranvía
trolling *s* cacea
troop *s* tropa; (*of actors*) compañía
trophy *s* trofeo
trot *s* trote; *intr* trotar
trouble *s* molestia; apuro; the trouble is . . . lo malo es . . .; to be not worth the trouble no valer la pena; *tr* incomodar, molestar; inquietar
trousers *spl* pantalones
trousseau *s* ajuar, canastilla, joyas
trowel *s* llana
truant *s* novillero; to play truant hacer novillos

truck *s* camión, autocamión
true *adj* verdadero
trump *s* triunfo; *intr* triunfar
trumpet *s* trompeta
trunk *s* (*of body*) tronco; (*for traveling*) baúl; (*of auto*) portaequipajes; (*of elephant*) trompa; trunks *spl* taparrabo
truss *s* braguero
trust *s* confianza; crédito; *tr e intr* confiar
trusteeship *s* fideicomiso
trustworthy *adj* abonado, fidedigno
truth *s* verdad
try *s* ensayo, prueba; *tr e intr* ensayar, probar
Tuesday *s* martes
tugboat *s* remolcador
tumbler *s* vaso
tumult *s* tumulto
tune *s* aire, tonada; *tr* acordar; sintonizar
tuning fork *s* diapasón
tunnel *s* túnel
turban *s* turbante
turbojet *s* turborreactor
turf *s* césped; hipódromo
turfman *s* carrerista, turfista
Turk *s* turco
turkey *s* pavo
Turkey *s* Turquía
Turkish *adj y s* turco
turn *s* vuelta; *tr* volver; *intr* volver; volverse
turnip *s* nabo

turnout *s* concurrencia, entrada; producción; apartadero
turnstile *s* torniquete
turntable *s* (*of phonograph*) plato giratorio; (f.c.) placa giratoria
turtle *s* tortuga
turtledove *s* tórtola
Tuscan *adj y s* toscano
Tuscany *s* la Toscana
tusk *s* colmillo
tutor *s* preceptor; *tr* enseñar
tuxedo *s* smoking
tweezers *spl* bruselas, pinzas
twelfth *adj y s* duodécimo; dozavo
twelve *adj y s* doce
twentieth *adj y s* vigésimo
twenty *adj y s* veinte
twilight *adj* crepuscular; *s* crepúsculo
twin *adj y s* gemelo
twine *s* bramante; *tr* enroscar
twist *s* torcedura; *tr e intr* torcer
two *adj y s* dos
two hundred *adj y s* doscientos
tycoon *s* magnate
type *s* tipo; (*in printing*) tipo, letra de molde, carácter de imprenta; *tr* mecanografiar
typewrite *tr* mecanografiar
typewriter *s* máquina de escribir; dactilógrafo, mecanógrafo
typhoid fever *s* fiebre tifoidea
typical *adj* típico
typography *s* tipografía
tyranny *s* tiranía
tyrant *s* tirano

U

ugly *adj* feo
ulcer *s* úlcera
ultraviolet *adj y s* ultraviolado
umbrella *s* paraguas
umbrella stand *s* paragüero
umlaut *s* metafonía; diéresis
umpire *s* árbitro; *tr* arbitrar
UN *s* ONU
unable *adj* incapaz, inhábil; to be unable to no poder
unanimous *adj* unánime
unarmed *adj* inerme
unavoidable *adj* inevitable
unbiased *adj* imparcial
unbreakable *adj* irrompible
unbutton *tr* desabotonar
uncertain *adj* incierto
uncle *s* tío
unclean *adj* sucio
uncomfortable *adj* incómodo
uncompromising *adj* intransigente

unconditional *adj* incondicional
unconscious *adj* inconsciente
uncork *tr* descorchar, destapar
undamaged *adj* indemne
undefeated *adj* invicto
undeniable *adj* innegable
under *adv* debajo; *prep* debajo de, bajo
underclothes *spl* ropa interior
undermine *tr* socavar
underneath *adv* debajo; *prep* debajo de
underscore *tr* subrayar
undershirt *s* camiseta
understand *tr* comprender, entender; sobreentender
understanding *s* entendimiento
undertake *tr* emprender
undertaker *s* funerario, director de funeraria
undertaking *s* empresa

undertaking establishment *s* funeraria
undertow *s* resaca
underwear *s* ropa interior
underwrite *tr* subscribir; asegurar
undo *tr* deshacer
undress *tr* desnudar, desvestir; *intr* desnudarse, desvestirse
undue *adj* indebido
uneconomic *adj* antieconómico
unemployed *adj* desocupado
unemployment *s* desempleo, desocupación
unending *adj* interminable
unequal *adj* desigual
uneven *adj* desigual, irregular; *(number)* impar
unexpected *adj* inesperado
unfair *adj* injusto
unfit *adj* incapaz, inhábil; impropio
unflinching *adj* impávido
unforeseen *adj* imprevisto
unforgettable *adj* inolvidable
unforgivable *adj* imperdonable
unfortunate *adj y s* desgraciado
ungainly *adj* desgarbado
ungrammatical *adj* antigramatical
ungrateful *adj* desagradecido
unhappy *adj* infeliz
unharmed *adj* incólume, ileso
unhealthy *adj* malsano
unheard-of *adj* inaudito
unhook *tr* desabrochar; descolgar
uniform *adj y s* uniforme
unify *tr* unificar
union *s* unión; gremio, sindicato
unit *s* unidad
unite *tr* unir
United Arab Republic *s* República Árabe Unida
United Kingdom *s* Reino Unido
United States *adj* estadounidense; the United States los Estados Unidos
universal joint *s* cardán
universe *s* universo
university *s* universidad
unjust *adj* injusto
unknown *adj* desconocido; *s* desconocido; incógnita
unlawful *adj* ilegal
unless *conj* a menos que
unlike *adj* desemejante
unlikely *adj* improbable, inverosímil
unlucky *adj* desdichado; aciago, funesto
unnecessary *adj* innecesario

unpack *tr* desembalar, desempaquetar
unpleasant *adj* desagradable
unpopular *adj* impopular
unreal *adj* irreal
unruly *adj* indómito, revoltoso
unsafe *adj* inseguro
unscientific *adj* anticientífico
unselfish *adj* desinteresado
untactful *adj* indiscreto
untangle *tr* desenredar
untenable *adj* insostenible
untie *tr* desatar
until *prep* hasta; *conj* hasta que
untiring *adj* incansable
untold *adj* inenarrable; incalculable
unusual *adj* extraordinario, desacostumbrado
unwary *adj* incauto
unwell *adj* enfermo, indispuesto
unwrap *tr* desenvolver; desempaquetar
unyielding *adj* insumiso, inflexible
up *adj* ascendiente; *adv* arriba; *prep* subiendo
uphold *tr* apoyar, sostener, defender
upon *prep* sobre, encima de
upright *adj* derecho, vertical; probo, recto
uprising *s* levantamiento, rebelión
uproar *s* alboroto, tumulto
uproot *tr* desarraigar
upstairs *adv* arriba
upstart *s* advenedizo
upturned *adj (nose)* respingón
uranium *s* uranio
urchin *s* chiquillo, pilluelo
urge *s* impulso; *tr* impeler; instar
urgent *adj* urgente
urinate *tr e intr* orinar
urn *s* urna; jarrón; cafetera; tetera
urology *s* urología
Uruguay *s* el Uruguay
Uruguayan *adj y s* uruguayo
us *pron* nos; nosotros
use *s* uso, empleo; *tr* usar, emplear
useful *adj* útil
useless *adj* inútil
user *s* usuario
usher *s* acomodador
U.S.S.R. *s* U.R.S.S.
usual *adj* acostumbrado, usual
usurp *tr* usurpar
utensil *s* utensilio
utter *adj* absoluto, completo; *tr* proferir, pronunciar

V

vacant *adj* vacante
vacation *s* vacación
vaccination *s* vacunación
vacuum *s* vacío
vacuum tank *s* nodriza
vacuum tube *s* tubo de vacío
vain *adj* (*futile*) vano; (*proud*) vanidoso; **in vain** en vano
valley *s* valle
valuable *adj* valioso
value *s* valor; *tr* estimar
valve *s* válvula
vanguard *s* vanguardia
vanilla *s* vainilla
vanish *intr* desvanecerse
vapor trail *s* rastro de condensación
variable *adj* *y* *s* variable
variety *s* variedad
various *adj* varios
varnish *s* barniz; *tr* barnizar
vary *tr* *e intr* variar
vase *s* florero
vaudeville *s* variedades
vault *s* bóveda; sepultura; *tr* abovedar; saltar; *intr* saltar
veal *s* ternera
vegetable *s* hortaliza, legumbre
vehicle *s* vehículo
veil *s* velo; *tr* velar
velvet *s* terciopelo
vending machine *s* distribuidor automático
Venetian *adj* *y* *s* veneciano
Venezuelan *adj* *y* *s* venezolano
vengeance *s* venganza
Venice *s* Venecia
ventilate *tr* ventilar
verb *s* verbo
verify *tr* verificar
very *adj* mismo; *adv* muy; mucho
vessel *s* vasija; buque, navío
vest *s* chaleco
vestibule *s* vestíbulo, zaguán
Vesuvius *s* el Vesubio
veterinarian *s* veterinario
vibrate *tr* *e intr* vibrar
victim *s* víctima; (*of an accident*) accidentado
victory *s* victoria
video *s* vídeo
vie *intr* competir, rivalizar
Vietnam *s* el Vietnam
Vietnamese *adj* *y* *s* vietnamita
view *s* vista; *tr* ver, mirar
viewer *s* espectador; televidente
village *s* aldea
vine *s* enredadera; (*of grapes*) vid
vinegar *s* vinagre
vintage *s* vendimia
vintage sherry *s* solera
violet *adj* violado; *s* violado; (*flower*) violeta
violin *s* violín
Virgil *s* Virgilio
virgin *adj* *y* *s* virgen
virology *s* virología
virtue *s* virtud
virtuosity *s* virtuosismo
virtuoso *s* virtuoso
virtuous *adj* virtuoso
virulence *s* virulencia
visa *s* visa; *tr* visar
vise *s* tornillo
visionary *adj* *y* *s* visionario
visit *s* visita; *tr* visitar
vocabulary *s* vocabulario
vogue *s* boga
voice *s* voz
volcano *s* volcán
volt *s* voltio
volume *s* volumen; (*one of a set of books*) tomo
volunteer *s* voluntario; *intr* ofrecerse
vomit *tr* *e intr* vomitar
vote *s* voto; *tr* *e intr* votar
vouch *intr*—**to vouch for** abonar
voucher *s* resguardo; garante
vow *s* voto, promesa; *tr* votar, jurar
vowel *adj* vocálico; *s* vocal
voyage *s* viaje; *intr* viajar
vulcanize *tr* vulcanizar
vulgar *adj* grosero; (*common; commonly spoken*) vulgar
vulnerable *adj* vulnerable

W

waddle *intr* anadear
wages *spl* salario
waist *s* cintura, talle; blusa
wait *s* espera; *intr* esperar; **to wait for** esperar
waiter *s* camarero; bandeja
waiting room *s* sala de espera
waitress *s* camarera, servidora
wake *s* vigilia; (*of a ship*) estela; *tr* *e intr* despertar

wakeful *adj* desvelado

Wales *s* el país de Gales

walk *s* paseo; caminata; *intr* pasear; andar, caminar

wall *s* pared; muro; muralla; *tr* emparedar; murar

wallow *s* revuelco; *intr* revolcarse; to wallow in nadar en

wallpaper *s* papel pintado; *tr* empapelar

waltz *s* vals; *intr* valsar

wander *intr* errar, vagar

want *s* deseo; carencia, necesidad; *tr* desear; carecer de

war *s* guerra; *intr* guerrear

warble *s* gorjeo, trino; *intr* gorjear, trinar

ward *s* barrio; crujía; pupilo

warden *s* carcelero, alcaide

ward heeler *s* muñidor

wardrobe *s* guardarropa; (*stock of clothes*) vestuario; (*teat.*) guardarropía

wares *spl* géneros, mercancías

warm *adj* caluroso; (*neither hot nor cold*) templado, tibio; *tr* acalorar

warn *tr* advertir, avisar; aconsejar

warning *s* advertencia, aviso

warp *intr* alabearse

Warsaw *s* Varsovia

wash *s* lavado; *tr e intr* lavar

washing machine *s* lavadora

washstand *s* lavabo, lavamanos

wash water *s* lavazas

wasp *s* avispa

waste *s* derroche; desgaste; desecho; *tr* malgastar; desgastar; *intr* consumirse

wastebasket *s* papelera

watch *s* reloj; vigilancia; *tr e intr* mirar; acechar

watchful *adj* vigilante

watchman *s* vigilante; sereno

water *s* agua; *tr* aguar; rociar; (*e.g., cattle*) abrevar

water carrier *s* aguador

water clock *s* clepsidra

water closet *s* váter

water color *s* acuarela

waterfall *s* cascada

water gap *s* garganta

watering can *s* regadera

watering trough *s* abrevadero

water lily *s* nenúfar

watermark *s* filigrana

watermelon *s* sandía

water power *s* hulla blanca

waterproof *adj* impermeable

water wings *spl* nadaderas

watt *s* vatio

wave *s* onda; ola; *tr* agitar; ondular; *intr* ondular

wax *s* cera; *tr* encerar

ways vía, camino; manera; costumbre

waylay *tr* asechar

way station *s* apeadero

we *pron* nosotros

weak *adj* débil

wealth *s* riqueza; abundancia

wean *tr* destetar

weapon *s* arma

wear *s* desgaste; durabilidad; *tr* gastar, desgastar; *intr* deteriorarse; durar

weary *adj* cansado; *tr* cansar; *intr* cansarse

weasel *s* comadreja

weather *s* tiempo; *tr* (*e.g., a storm*) aguantar

weather vane *s* veleta

weave *s* tejido; *tr* tejer

wed *tr* casar; casarse con; *intr* casar

wedding *adj* nupcial; *s* bodas, matrimonio

wedge *s* cuña; *tr* acuñar

Wednesday *s* miércoles

weed *s* mala hierba; *tr* escardar, desherbar

week *s* semana

weekly *adj* semanal; *s* semanario

weep *intr* llorar

weeping willow *s* sauce llorón

weigh *tr e intr* pesar

weight *s* peso; (*of scales, of clock*) pesa

weird *adj* misterioso, horripilante; extraño

welcome *adj* bienvenido; you are welcome no hay de qué; *s* acogida, bienvenida; *tr* acoger, dar la bienvenida a

welding *s* soldadura autógena

welfare *s* bienestar

well *adj* bien (de salud); *adv* bien; *s* pozo

well-off *adj* adinerado

well-read *adj* leído

well-to-do *adj* acaudalado

Welsh *adj* y *s* galés

Welshman *s* galés

west *s* oeste, occidente

western *adj* occidental

wet *adj* húmedo; *tr* mojar

wetback *s* mojado

wet blanket *s* aguafiestas

wet goods *spl* caldos

whale *s* ballena

wharf *s* muelle

what *adj* y *pron* qué; cuál

wheat *s* trigo

wheel *s* rueda

wheelbarrow *s* carretilla

when *adv* cuándo; *conj* cuando

where *adv* dónde; *conj* donde

whereabouts *s* paradero

wherewithal *s* dinero, medios

whether *conj* si
which *adj* qué; *pron* cuál; que
while *conj* mientras; *s* rato; *tr* — to while away *(the time)* entretener
whip *s* látigo; azote; *tr* batir, azotar
whiskers *spl* barbas, bigotes, patillas
whisper *s* cuchicheo; *intr* cuchichear
whistle *s* silbido; *(instrument)* pito, silbato; *tr* e *intr* silbar
white *adj* y *s* blanco
whitecaps *spl* cabrillas, palomas
white-of-egg *s* clara (de huevo)
whitewash *tr* enjalbegar
who *pron interr* quién; *pron rel* que, quien
whom *pron interr* a quién; *pron rel* que, a quien
whose *pron interr* de quién; *pron rel* de quien, cuyo
why *adv* por qué
wick *s* mecha
wicker *s* mimbre
wide *adj* ancho
widow *s* viuda
widower *s* viudo
width *s* anchura
wife *s* esposa, mujer
wig *s* peluca
wild *adj* salvaje; feroz
wild boar *s* jabalí
will *s* voluntad; testamento
willing *adj* dispuesto, pronto
willow tree *s* sauce
wilt *intr* abochornarse, marchitarse
win *tr* e *intr* ganar
wind *s* viento; *tr* enrollar, envolver; devanar; *(a clock)* dar cuerda a
window *s* ventana; ventanilla
windpipe *s* tráquea
windshield *s* parabrisas
windshield wiper *s* enjugaparabrisas
wine *s* vino
wing *s* ala
wink *s* guiñada; *tr* e *intr* guiñar
winnow *tr* aventar
winter *s* invierno; *intr* invernar
wipe *tr* frotar; enjugar
wire *s* alambre, hilo; telegrama; *tr* alambrar; canalizar; telegrafiar
wireless *adj* inalámbrico
wisdom *s* sabiduría
wise *adj* sabio
wish *s* deseo; *tr* desear, querer
witch *s* hechicera, bruja
witchcraft *s* hechicería, brujería
with *prep* con
withdraw *tr* retirar; *intr* retirarse
wither *tr* secar, marchitar; *intr* secarse, marchitarse
within *adv* dentro; *prep* dentro de
without *adv* fuera; *prep* sin; to do without pasar sin
withstand *tr* soportar, resistir

witness *s* testigo
wobble *intr* bambolear; *(said of a chair, table, etc.)* bailar, cojear
woe *s* aflicción, pesar
wolf *s* lobo
woman *s* mujer
woman hater *s* misógeno
wonder *s* maravilla; admiración; *tr* preguntarse; *intr* maravillarse
wonderful *adj* maravilloso
woo *tr* cortejar
wood *s* madera; *(for making a fire)* leña; woods *spl* bosque
woodshed *s* leñera
wool *s* lana
word *s* palabra; *tr* formular, redactar
wordplay *s* juego de palabras
wordstock *s* léxico
work *s* trabajo; obra; works *s* fábrica; *tr* trabajar, obrar; *intr* trabajar; funcionar
working class *s* obrerismo, clase obrera
workshop *s* obrador, taller
world *s* mundo
world-wide *adj* global, mundial
worm *s* gusano, lombriz
wormwood *s* ajenjo
worry *s* inquietud; *tr* inquietar; *intr* inquietarse; don't worry no se preocupe Vd.
worse *adj* y *adv* peor
worship *s* adoración, culto; *tr* e *intr* adorar
worst *adj* y *adv* peor
worth *adj* — to be worth valer; *s* valor, valía
worthless *adj* inservible; despreciable
worth while *adj* — to be worth while valer la pena
worthy *adj* digno, benemérito
wound *s* herida; *tr* herir
wrangle *s* disputa, riña; *intr* disputar, reñir
wrap *s* abrigo; *tr* envolver
wrapper *s* bata, peinador; *(of magazine or newspaper)* faja
wrath *s* cólera, ira; venganza
wreck *s* catástrofe; colisión; naufragio; *tr* arrasar, destruir; descarrilar
wrench *s* llave
wrestle *s* lucha; *intr* luchar
wretched *adj* miserable
wriggle *intr* culebrear
wringer *s* secadora
wrinkle *s* arruga; *tr* arrugar; *intr* arrugarse
wrinkle-free *adj* inarrugable
wrist *s* muñeca
wristband *s* bocamanga
wrist watch *s* reloj de pulsera
write *tr* escribir
writhe *intr* retorcerse

wrong *adj* equivocado; erróneo; malo; to be wrong no tener razón; tener la culpa; *s* daño, malo; injusticia; *tr* ofender, agraviar

wrong side *s* contrahaz, revés

X

xenophobe *s* xenófobo

X ray *s* radiografía; X rays *spl* rayos X

xylophone *s* xilófono

Y

yacht *s* yate

Yankee *adj y s* yanqui

yard *s* yarda; corral, patio; (f.c.) patio; (mar.) verga

yawn *s* bostezo; *intr* bostezar

year *s* año

yeast *s* levadura

yellow *adj y s* amarillo

yes *adv* sí

yesterday *adj y s* ayer

yet *adv* todavía

yew tree *s* tejo

yield *s* rendimiento; *tr e intr* rendir

yoke *s* yugo; (*pair of yoked animals*)

yunta; *tr* uncir

yolk *s* yema (de huevo)

you *pron* usted; le, lo

young *adj* joven

your *adj* su

yours *pron* suyo, el suyo

youth *s* juventud; (*young man*) mozuelo

youthful *adj* moceril

Yugoslav *adj y s* yugoeslavo

Yugoslavia *s* Yugoeslavia

Yule *s* Navidad

Yule log *s* nochebueno

Z

zeal *s* celo

zebra *s* cebra

zenith *s* cenit

zephyr *s* céfiro

zero *s* cero

zigzag *s* zigzag; *intr* zigzaguear

zinc *s* cinc

zipper *s* cremallera, cierre relámpago

zodiac *s* zodíaco

zone *s* zona

zoo *s* zoo

zoölogy *s* zoología